江西省公路图

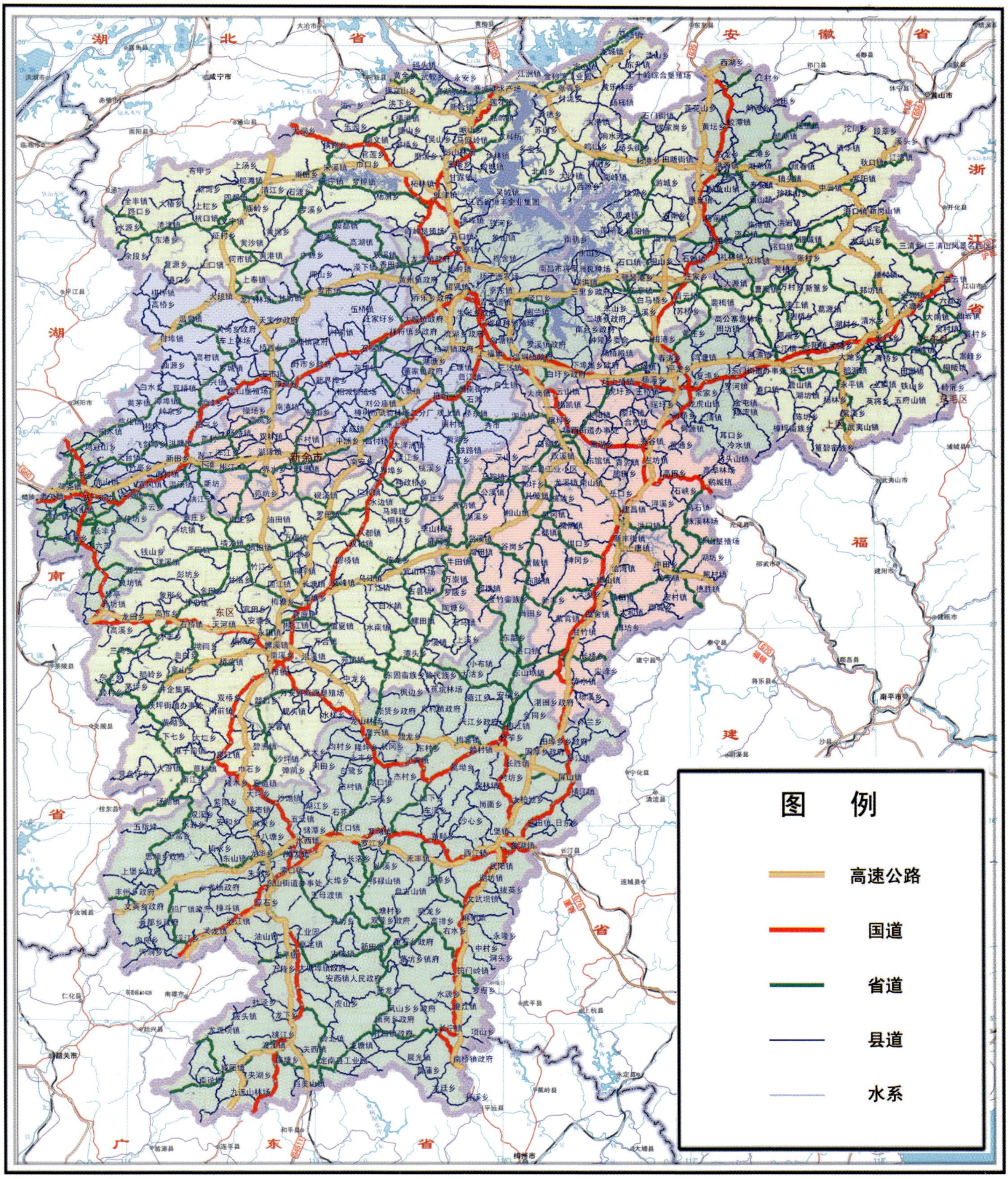

赣审图：赣 S（2017）011 号

江西省航道图

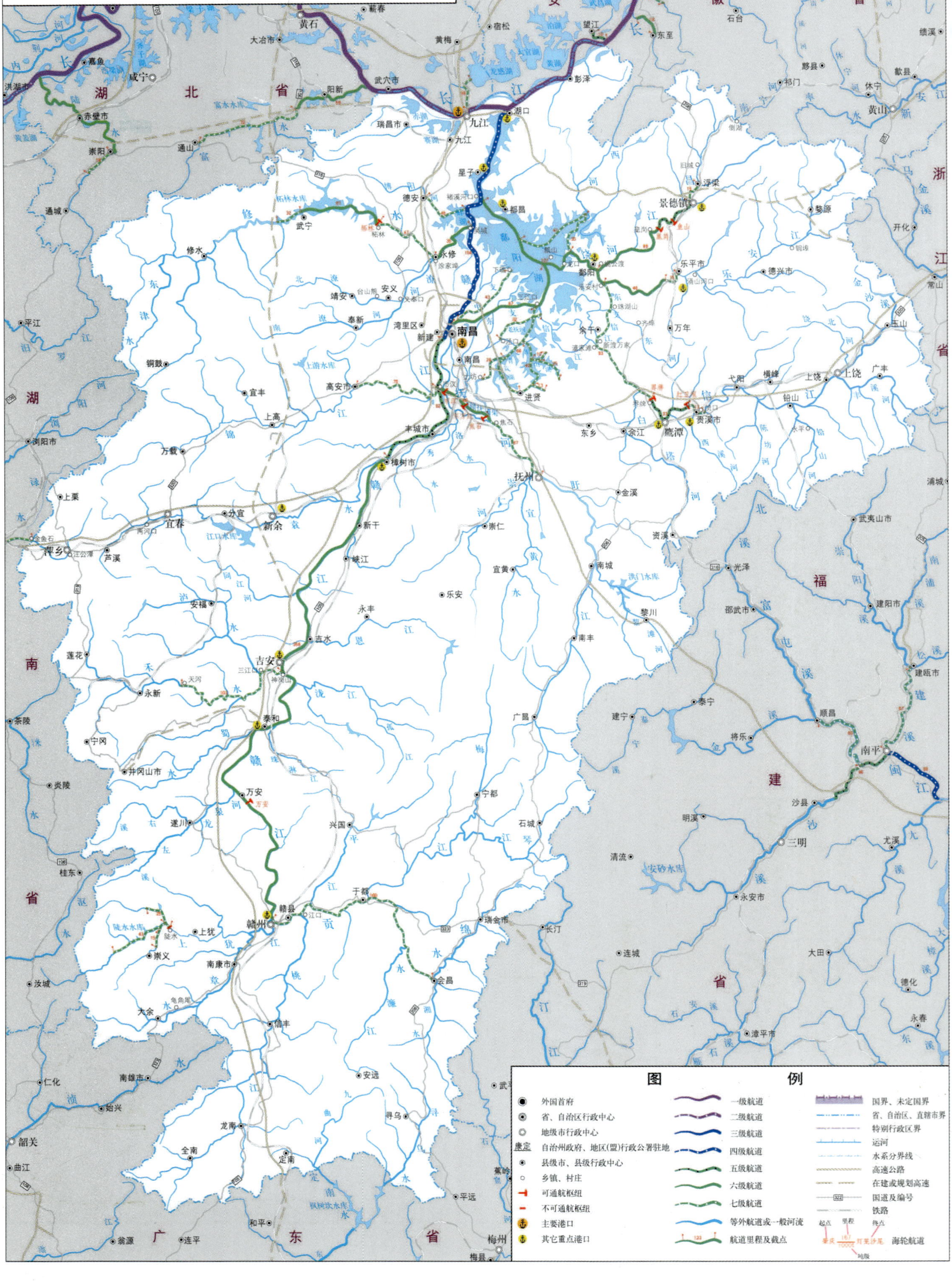
图例
外国首府
省、自治区行政中心
地级市行政中心
自治州政府、地区(盟)行政公署驻地
县级市、县级行政中心
乡镇、村庄
可通航枢纽
不可通航枢纽
主要港口
其它重点港口
一级航道
二级航道
三级航道
四级航道
五级航道
六级航道
七级航道
等外航道或一般河流
航道里程及截点
国界、未定国界
省、自治区、直辖市界
特别行政区界
运河
水系分界线
高速公路
在建或规划高速
国道及编号
铁路
海轮航道
南昌
九江
景德镇
鹰潭
上饶
抚州
新余
宜春
萍乡
吉安
赣州
湖口
都昌
鄱阳
余干
丰城市
樟树市
新干
峡江
吉水
泰和
万安
赣县
会昌
瑞金市
湖北省
安徽省
浙江省
福建省
湖南省
广东省

兴赣高速赣县枢纽互通

中国年鉴资源全文数据库
CHINA YEARBOOK DATABASE
核心年鉴
中国年鉴全文数据库
收录年鉴

江西交通年鉴

2017

江西省交通运输厅交通史志编审委员会

方志出版社
Publishing House of Local Records

图书在版编目(CIP)数据

江西交通年鉴. 2017 / 江西省交通运输厅交通史志编审委员会编. --北京：方志出版社，2017.11
ISBN 978-7-5144-2761-5

Ⅰ.①江… Ⅱ.①江… Ⅲ.①交通运输业-江西省-2017-年鉴 Ⅳ.①F512.756-54

中国版本图书馆 CIP 数据核字(2017)第 295711 号

江西交通年鉴(2017)

编　　者:江西省交通运输厅交通史志编审委员会
责任编辑:刘方圆

出 版 人:冀祥德
出 版 者:方 志 出 版 社
地址　北京市朝阳区潘家园东里 9 号(国家方志馆 4 层)
邮编　100021
网址　http://www.fzph.org
发　　行:方志出版社发行中心
电话(010)67110500
经　　销:各地新华书店
印　　刷:江西龙莹印务有限公司

开　　本:889×1194　1/16
印　　张:45.5
字　　数:1141 千字
版　　次:2017 年 11 月第 1 版　2017 年 11 月第 1 次印刷
印　　数:0001~1200 册

ISBN 978-7-5144-2761-5　定价:200.00 元

2016 年 1 月 13 日，随着南昌至宁都高速公路冈上至宁都段项目、南昌至上栗高速公路项目建成通车，江西省高速公路通车总里程突破 5000 千米

2016 年底，江西高速公路通车里程基本建成 6000 千米

8 月 17 日，省政府召开五大交通重点工程推进动员会

“交通先行，筑起江西富裕之路”入选 2016 江西经济十件大事

2016 江西经济十件大事发布会

东乡至昌傅高速公路东乡西互通

修水至平江高速公路北岸修河大桥

铜鼓至万载高速公路万载枢纽

宁都至定南高速安定段天龙仙高架桥

宁都至定南高速公路于都县境内的禾丰枢纽

都昌至九江高速公路都昌枢纽

7月28日，江西省公路养护管理工作会在婺源召开

井冈山环山公路

宜春市明月大道

安远县农村公路

石城通天寨公路

遂川县农村公路

南昌龙头岗综合码头一期工程建成试运行

赣江新干航电枢纽

赣江石虎塘航电枢纽

长江航道

信江八字嘴航电枢纽效果图

宽阔的赣江航道

2月1日，省政府召开全省治超工作电视电话会议，全面启动新一轮治超工作

全省货运车辆超限率大幅度下降

全面启动高速公路沿线广告清理工作

上饶新能源公交车上线

樟树市镇村公交方便村民

运管部门对长途客运实行实名管理

高速公路各相关部门开展联合应急演练

完善普通公路监测点

积极为司乘人员提供出行信息服务

省高速集团举办第三届“映山红杯”收费服务技能暨最美收费窗口展示大赛

320 国道宜春境内建起了袁州服务区

江西交通职业技术学院通过国家骨干高职院校验收

4月29日，省交通运输厅召开全厅“两学一做”学习教育动员部署暨先进模范事迹报告会

7月19日，中共江西省交通运输厅直属机关第二次代表大会在南昌召开

9月12日，省交通运输厅处级干部学习习近平总书记系列重要讲话精神轮训班在南昌开班

省公路管理局"两学一做"学习教育动员部署会召开

交通通信总站迎"三八"绿色文明环保行

省公路管理局学雷锋志愿者捐赠衣物传递爱心

江西省交通运输厅交通史志编审委员会

主 任 委 员　王爱和

常务副主任　胡钊芳

副主任委员　熊华武　于钦民　易宗发　王江军　朱隆亮

李国峰

委　　　员　黄伟钢　乔文典　刘文革　邝宏柱　雷茂锦

刘维文　刘盖群　刘晓兰（女）　吴相金　江祥林

徐远明　黄　炬　张春晓　王继东　朱　晗

席文良　彭　瑜（女）　娄鸿雁　胡建强　糜向荣

贺一军　王亲勇　熊昌军　秦炜婷（女）　祝炳荣

王林水　邓振胜　黄自强

《江西交通年鉴》编辑部

主　　编　李国峰

副 主 编　王林水　邓振胜

主　　任　王林水

副 主 任　邓振胜　黄自强

编　　辑　（按姓名笔画排序）

邓振胜　何战鏖　陈明中　陈海明　黄自强

游小荣（女）　彭益民

《江西交通年鉴(2017)》编辑分工

特　　载	邓振胜
专　　记	何战鏖
便　　览	陈明中
大事记	彭益民
交通基础设施建设	陈海明
运输生产	邓振胜
科技　教育　卫生	彭益民
交通管理	黄自强
党群工作	何战鏖
市、县交通	游小荣(女)
交通统计资料	黄自强
人物、先进集体	陈明中
文献文件	彭益民
附　　录	何战鏖
彩色图片	王林水　游小荣(女)
索　　引	游小荣(女)
发　　行	游小荣(女)　王小旭

《江西交通年鉴(2017)》提供资料单位主审名单

(以姓氏笔画为序)

丁国华	王江军	王继东	龙　骏	邝宏柱
刘维文	朱洪波	朱　晗	朱隆亮	江　彪
乔文典	李　坪	李荣良	李星勇	陈　虹
陈玉书	陆　萍(女)	张　洪	张有红	罗　强
郭　昌	钟家毅	贺一军	胡建强	谢海泉
聂复生	黄　炬	黄伟钢	秦小辉	秦炜婷(女)
彭　瑜(女)	曾　敏	蔡建新	熊华武	熊昌军
廖　辉	糜向荣			

《江西交通年鉴(2017)》提供资料单位主笔

(以姓氏笔画为序)

万海飙	万庭慧	王丽琴(女)	云　丽(女)	邓清华
毛　涛	艾年宗	刘　飞	刘　晔	刘　晖
刘　勤	刘　仁	刘芳栋	冯俊竹	江涛达
李　丹(女)	李发淳	李青峰	任金平	陈志光
陈　菁(女)	陈雪玲	陈根玲	吴　琛	吴泽水
吴敏杰	余明华	杨　曦	肖慧莎	罗新民
钟恢万	赵　晖	胡金明	胡晋谊(女)	洪耀祖
饶品涵	饶梅香(女)	聂玉洁(女)	徐勇新	高　梅(女)
龚仁平	龚莉萍(女)	崔建林	章春华	黄　云(女)
黄　戍	韩　翔	韩晓艺(女)	鲁德彪	蒋少全
蒋护纹	管婧湉(女)	虞德军	熊长生	熊家凤(女)
熊慧芹(女)	廖晓锋	潘　婧(女)	颜卫民	

编　辑　说　明

一、《江西交通年鉴(2017)》是江西省交通运输厅交通史志编审委员会主持编修的第21卷省级交通年鉴。载录江西交通系统2016年1月1日至12月31日的资料。出版年鉴的宗旨是为江西交通建设服务,为社会了解江西交通提供信息。

二、本年鉴以马列主义、毛泽东思想、邓小平理论、“三个代表”重要思想、科学发展观和习近平新时代中国特色社会主义思想为指导,坚持实事求是的撰编原则。在充分反映成绩、经验的同时,对工作中的困难、问题和缺点也作了如实记述;同时注意时代特征、地方特色、行业特点;力求全面准确地展示交通系统广大干部职工在物质文明、精神文明、政治文明和生态文明建设中的成果和风貌;充分发挥信息密集、多功能的作用,满足多方面、多层次读者的需要。

三、本年鉴的体例采用分类条目法,以交通专业分工立目,内容由特载、专记、便览、大事记、交通基础设施建设、运输生产、科技教育卫生、交通管理、党群工作、市县交通、交通统计资料、人物及先进集体、文献文件、附录和索引组成,并设置彩页。

四、本年鉴文稿由省交通运输厅机关各处室、厅直属各单位、各设区市及县交通运输局提供,并经领导审核。条目文后括号内的人名或单位名为撰稿者。

五、本年鉴选录的统计资料,主要依据江西省交通运输厅规划处编印的《2016年江西省交通统计年鉴》,部分由交通运输厅直属单位和设区市交通运输局提供,统计口径不一的以厅规划处统计数字为准。

六、本年鉴对获省、部级以上奖励的先进个人设简介;对厅级以上的先进集体、先进个人列表记述。

七、本年鉴的计量单位、数字用法、语言文字等均依照国家现行有关规定执行。

目　录

特　载

专　记

便　览

大事记

交通基础设施建设

公路建设

公路养护

公路桥梁建设

港航建设

规划与勘察设计

站场(厂)房屋建设

运输生产

道路运输

水路运输

交通附属工业

节能环保

科技　教育　卫生

科　技

教　育

卫　生

学会　协会

交通管理

行政管理

政务管理

财务管理

公路交通管理

安全与应急管理

水路交通管理

交通基本建设管理

高速公路管理

水路运输管理

船舶检验

港口管理

渡运管理

党群工作

党建工作

纪检监察工作

精神文明

工会工作

共青团工作

老龄工作

扶贫救灾工作

市、县交通运输

交通统计资料

人物　先进集体

人物简介

2016年度全省交通运输系统先进个人

2016 年度全省交通运输系统先进集体

2016 年省交通运输厅厅直单位取得高级专业技术职务任职资格人员

文件　文献

附　　录

铁　路

航空运输

索　　引

《江西省高速公路建设实录》审稿会

特　　载

抢抓黄金期机遇　当好发展先行官　为决胜全面小康建设富裕美丽幸福江西提供交通运输保障*

朱　希

（2017 年 1 月 6 日）

一、2016 年交通运输工作回顾

刚刚过去的一年，是“十三五”开局之年，也是全面建成小康社会进入决胜阶段的第一年。在省委、省政府和交通运输部的正确领导下，全省交通运输系统深入贯彻五大发展理念，积极做好稳增长、促改革、调结构、惠民生、防风险各项工作，圆满完成了各项目标任务，实现了“十三五”良好开局。

（一）以 6000 千米为标志，高速公路建设实现新跨越

省委、省政府高度重视交通重大项目对扩投资稳增长的重要作用，省领导鹿心社、刘奇、毛伟

* 这是江西省交通运输厅党委书记、厅长朱希在 2017 年全省交通运输工作会议上的讲话（摘录）

明、李贻煌等同志密集深入交通建设一线,实地察看项目建设,详细了解工程进展,给我们极大的鼓舞和鞭策。

全年交通基础设施建设预计完成投资612亿元,超额完成交通运输部下达的目标任务。其中高速公路建设预计完成投资367亿元。建成东乡至昌傅、上饶至万年、修水至平江、铜鼓至万载、船顶隘至广昌、宁定高速宁都至安远段、宁定高速安远至定南段、宁定高速定南联络线、都九高速都昌至星子段(不含鄱阳湖二桥)、昌宁高速南昌连接线、兴国至赣县、资溪花山界至里木等12个项目820千米,打通28个出省通道,全省高速公路通车里程基本达到6000千米,“纵贯南北、横跨东西、覆盖全省、连接周边”高速公路网基本形成,向全省人民和省委省政府兑现了“两步并作一步走,6000千米大提速”的庄严承诺,提前4年基本达到目标,实现了高速公路建设新的跨越。

建设规模实现新跨越。这12个项目总投资604亿元。其中11个项目在2014年12月开工,同期开工和同期建成通车项目在江西省高速公路建设史上前所未有。从2012年跨越4000千米、2014年实现县县通高速、2015年跨越5000千米,到2016年基本实现6000千米,高速公路实现“四级连跳”,受到省委、省政府多次嘉奖。

建设融资实现新跨越。从2014年至2016年,争取交通运输部补助资金208亿元,其中,高速公路补助资金61亿元。省高速集团融资1686亿元,其中2016年融资591亿元。直接融资规模持续扩大,通过发行中期票据等方式直接融资851亿元,发债成本多次创国内最低纪录,积极推动央行发行国内首单地方超短融等金融创新。间接融资总额持续增长,通过组建银团等方式间接融资835亿元,创造了国内首单外资银团公路贷款等记录。与中石化签订合资协议和120亿元融资协议,完成油品公司组建。在执行“绿色通道”和重大节假日小客车免费通行政策减免60.6亿元的情况下,收费总额达450亿元,其中2016年162亿元。

建设管理水平实现新跨越。强化施工调度,克服了雨水天气较多、有效施工期短、建设环境复杂等不利因素,在确保工程质量的同时加快建设。扎紧制度笼子,建立健全了项目设计变更、公路工程施工分包等11项制度。在省直部门首创交通工程建设项目巡查制度,发挥震慑作用。在全国率先实行项目建设电子化招标,实现公路主体工程施工、绿化、交安、房建、机电等附属工程的全覆盖。对高速公路项目前期、工程招标、财务管理、技术管理和纪检监察实行“五统一”管理。深入开展建设市场秩序专项整治,查出串标、转包、违规分包企业83户,分别给予信用降级、信用扣分等处罚。

项目工程质量实现新跨越。深入推进项目施工标准化,打造“品质工程”,九江长江二桥项目继2015年获得“中国建设工程鲁班奖”后,2016年又通过了“中国土木工程詹天佑奖”评审,分别代表国内工程建设质量和技术创新最高水平。探索工业化建设道路,昌九高速改扩建项目打造20公顷的大型预制场,实行全线构件集中预制,实现生产方式由“作坊式”向“工厂化、流水化”突破,管理手段由“人工式”向“信息化、智能化”突破。东乡至昌傅项目赣江特大桥主跨采用180米悬浇预应力砼连续刚构,是目前同类桥梁单跨长度的“江西第一”。广吉高速项目开展钢结构桥梁应用试点,抚州东外环和铜万高速宜丰联络线两个项目为钢结构桥梁推广应用示范项目。深入开展“平安工地”创建,昌樟、昌宁、昌栗、萍洪等4个高速公路项目已向交通运输部申报“平安工程”冠名。

续建和新开工项目南昌南外环、都九高速都昌至星子段鄱阳湖二桥、昌九高速全线“四改八”、广吉高速项目阶段性目标任务全面完成。抚州东外环、铜万高速宜丰联络线项目征地拆迁全面启动。启动了梨温高速梨园(赣浙界)至东乡段、大广高速南康至龙南段改造升级项目前期工作。萍乡至莲花高速已完成工可方案比选工作。

(二)以38个重点扶贫攻坚县25户以上自然村率先通水泥路为重点,农村公路建设取得新突破

全年农村公路预计完成投资88亿元,超额完成交通运输部下达的1万千米建设任务,新建和改造农村公路1.2万千米,完成生命防护工程1751千米,改造危桥632座。

在实现了100%乡镇和行政村通水泥(油路)的基础上,从2013年开始,在没有国家资金补助的情况下,通过统筹高速公路通行费线性调整的

增量部分,在全国率先提出并启动实施25户以上自然村通水泥路建设工程,力争到2020年底前,通过厅安排省级补助资金60亿元,建成6.8万千米自然村通水泥路,惠及全省8万多个25户以上自然村1400多万人口。到2016年底,厅共筹措安排省级补助资金48亿元,每年以1万千米以上规模推进,累计建成4.8万千米,使5万多个自然村、1000多万农民兄弟告别泥巴路、走上水泥路。安排村内道路建设省级补助资金6.7亿元,支持自然村村内道路建设。

2016年38个重点扶贫攻坚县25户以上自然村率先实现村村通水泥路,厅补助31亿元,建成自然村通水泥路3.1万千米,惠及3.6万个25户以上自然村近660万人口,为江西省农村脱贫攻坚、同步全面小康提供交通保障。

争取到农发行抵押补充贷款资金额度328亿元专项用于"十三五"农村公路建设。积极争取省政府与交通运输部签订交通扶贫部省共建协议,为江西省贫困地区的"十三五"交通运输发展提供有力的政策支持和资金保障。编制《江西省关于进一步发展交通扶贫攻坚基础支撑作用实施方案》,统筹安排和推进各项交通扶贫工作。完成42个"十二五"罗霄山集中连片特困地区县道升级改造项目。新增通农村客运建制村152个,完成交通运输部下达任务的200%,建制村通班车率达到96%。大力推广石城县、婺源县农村公路管理养护先进经验。加大厅扶贫点上饶县湖村乡西龙岗村帮扶力度,当地群众出行条件明显改善。

(三)以"两江两港"为中心,水运建设迈上新台阶

紧紧抓住长江经济带、长江中游城市群发展等重大历史机遇,以"两江两港"为中心,重点推进通江达海、干支直达的内河水运体系建设。

全年水运建设预计完成投资11亿元。南昌龙头岗综合码头一期工程建成试运营。赣江新干航电枢纽项目建设稳步推进。赣江井冈山航电枢纽、九江港彭泽港区红光作业区综合枢纽码头PPP项目实施方案获批,启动了社会资本方招标工作。赣江石虎塘—神岗山Ⅲ级航道整治工程开工建设。信江八字嘴航电枢纽、双港航运枢纽等项目前期工作加快推进。完善港口集疏运体系建设,编制完成《南昌港、九江港疏港公路规划》并上报交通运输部,纳入专项公路补助范围。

争取7.5亿元中央专项资金用于赣江新干、井冈山航电枢纽建设。做大做强省港航建设投资公司水上融资平台,争取财政补助资金7亿元,获银行授信57.5亿元,成功发行2016年度第一期中期票据,发行额度2亿元,票面利率3.68%,发行利率创下了全国同时期同评级同期限的市场最低水平,是江西省第一单水运行业项目债务融资,为水运建设进入债务融资市场开创了良好开端。探索"以电养航"模式,赣江石虎塘航电枢纽累计实现发电收入4.95亿元,用于水运基础设施建设的滚动开发。

(四)以迎国检为契机,普通国省道建设取得新成绩

全年普通国省道建设预计完成投资142亿元,完成普通国省道升级改造662千米,养护大中修1050千米,危桥改造63座,安全生命防护工程801千米。抚州市资溪花山界至南城黄狮渡段、九江市武宁罗溪至宜春市靖安石境、宜春市明月山至萍乡市黄芽岭、吉安市遂川草林至赣州市上犹双溪段、抚州市宜黄黄陂至乐安鳌溪段等普通国省道瓶颈路、断头路建设扎实推进。积极筹措资金3.5亿元,协助南昌市、九江市完成昌九大道建设,开工建设普通公路服务区9个。加快盘活车购税存量资金。对12个普通国省道项目和20个罗霄山县道升级改造项目实行"挂牌督办",对普通公路建设进行专项督查。"十二五"时期,江西省公路养护管理创历史最好成绩,交通运输厅荣获全国"公路养护管理先进单位"称号。

支持力度持续加大。江西省政府于2013年、2014年分别印发了《关于进一步推动交通运输事业发展的意见》《关于进一步加强"十二五"后两年普通国省干线公路建设与养护管理工作的通知》,进一步明确了各设区市政府主体责任,给予更多政策、资金支持。省财政在"十二五"后两年拿出10亿元专项资金,省厅在资金极其紧张的情况下,通过银行贷款50亿元,采取以奖代补方式,加大对普通国省道建设养护支持力度。对746千米升级改造项目发放奖补资金8.47亿元,平均每千米达到113.5万元。明确了市、县两级财政每年投入普通国省道发展的专项资金不低于地方财政预算收入总额的2.5%。将达到一定规模的普通国省道建设项目用地列入省重大项目调度会,安排省预留建设用地计划指标。筹融资模式不断

创新,积极搭建市级交通建设投融资平台。

路网结构不断完善。“十二五”全省普通国省道二级及以上比例由“十一五”末的75.1%提高至82.2%。其中,普通国道二级及以上比例由94.6%提高至96.9%,省道二级及以上比例由67.6%提高至76.5%。完成了国道网线位规划调整,实现县县通国道,普通国省道网乡镇覆盖率提高到82%以上,实现对省内AAAA级以上景区、省级以上开发区、重要港口、机场等100%覆盖。

服务保障能力有效提升。建成普通公路服务区5对,公路驿站15个,打造“畅安舒美”示范路905千米。建成集“养护、应急、服务”三位一体的50个普通干线综合养护中心,其中市级20个、县级30个,公路服务水平明显提升。强力推进市、县交通质监机构标准化建设,9个市站(局)通过达标验收,35个县(区、市)完成质监机构标准化建设,市县交通质监机构履职能力明显增强。

全力推进公路治超工作。提请省政府印发了《全省深入开展货运车辆超限超载治理工作方案》,治超主体责任进一步落实,形成了省、市、县三级政府主导的治超工作格局,建立了公路、交警、运政联合执法的工作机制。创新治超手段,采购50辆流动执法检测车,以固定治超站为依托,强化流动治超,保持了路面执法高压态势。宜春市不停车检测违法超载运输自动取证系统作为创新项目入选全国综治工作“南昌会议”会刊。全年共查处超限超载货运车辆7.2万辆,卸载货物171万吨,恢复非法改装车辆8011辆。通过对全省主要国省道抽查结果来看,超限超载车辆所占比例从治理前的29.7%下降到7%左右,有效遏制了违法超限超载运输现象。

(五)以深化改革为动力,行业治理和服务能力得到新提升

改革不断深化。出租汽车行业改革稳步推进,提请省政府出台了《全省深化改革推进出租汽车行业健康发展的实施方案》。高速公路建设管理体制改革深入推进,试点的4个项目5种建设管理方式的改革,得到了交通运输部的充分肯定。高速公路建设体制改革初见成效,会同省发改委出具了贵溪至资溪、兴赣北延高速公路列入全省高速公路网规划意见,由地方政府负责项目筹资、建设和运营。推进以“三去一降一补”为主要任务的供给侧结构性改革,降成本优环境专项行动成效明显,出台8条具体政策措施,为企业减负超过20亿元。取消普通一、二级公路收费,累计减免11亿元。“放管服”改革加快推进,调整审批中介服务事项6项,取消其他行政权力1项、征收2项,下放1项,推进“双随机一公开”,组建行政服务窗口进驻省政务服务中心。创新农民工工资管理,在全国综治“南昌会议”上,作为创新经验在全国推广。企事业改革步伐加快,省高速联网中心和厅应急指挥中心(信息中心)合署办公,推进省交通工程集团公司整体划入省高速集团公司,整合“96122”和“12328”电话服务热线,提供准确便捷出行服务信息。实施“走出去”战略,积极开拓省外和国外市场,赣藏开展交通合作。

依法行政能力不断提升。制定了《江西省交通运输厅2015—2020年立法规划》。《江西省交通建设工程质量安全监督管理条例》通过省人大一审,预计2017年3月将颁布实施。启动了《江西省道路运输条例》修订、《江西省航道管理条例》《江西省治理货物运输车辆超限超载办法》立法调研工作。修订了《江西省交通运输行政处罚自由裁量权执行标准》。全力推进高速公路广告牌清理,提请省政府印发了《全省高速公路沿线广告设施专项清理整治工作方案》。按照“整治违法广告、管好合法广告”的要求,对违法广告牌,统一纳入到当地政府“打违拆违”专项行动。截至2016年年底,全省共拆除违法广告2639块,完成率89.1%,广告牌清理工作取得明显成效,高速公路行车环境大为改观。依法依规做好萍洪高速特许经营合同纠纷一案的应诉工作,以江西省交通运输厅胜诉而终结。

安全监管应急工作不断强化。深化平安交通建设,开展港口危险化学品安全管理百日专项整治、危险化学品储存场所专项整治、“道路运输平安年”、落实施工方案等专项行动。完善安全事故隐患排查分级实施指南成套体系框架。推进“平安工地”“平安船舶”创建。做好春运、汛期、G20峰会等重点时段安全监管工作。强化应急值守。圆满完成部队抗洪抢险交通保障任务。深刻吸取丰城发电厂“11·24”特别重大事故教训,深入开展安全生产大排查,全省交通运输安全形势总体平稳。

运输服务能力不断提升。南昌、南昌西、宜春西等3个综合客运枢纽顺利建成并投入试运行，上饶、抚州、萍乡3个综合客运枢纽站和井冈山旅游客运站基本完成。宜春开发区物流中心等4个货运枢纽项目按时间节点推进。南昌市"公交都市"创建进展顺利。赣州、上饶开展"公交城市"创建试点。道路客运联网售票系统连接113个客运站，实现二级以上客运站全覆盖。南昌、赣州、吉安公交一卡通已基本完成互联互通工作。开通接驳长途客运线路58条，接驳运输联盟运转良好。选取高安市等5个县(市)开展镇村公交发展试点工作。开展无车承运人、"定制客运"等试点工作。"两客一危"车辆周均上线率达97.7%，多次受到交通运输部肯定和表扬。改革机动车驾培服务。ETC赣通卡用户突破150万。强化科研攻关，7项科技成果获得中国公路学会和省科技进步奖，省交通科研院桥梁结构安全监测与状态评估技术，在全省科技创新大会上受到省长刘奇表扬。交通职业技术学院继通过国家骨干高职院校验收后，又入选全国高等职业院校服务贡献50强，获得"2016年度优秀全国公路科普教育基地"称号。昌樟高速改扩建项目被交通运输部评为绿色交通优秀示范项目，广吉高速公路被列为绿色公路典型示范项目。完成横市等服务区升级改造。支持高速公路服务区电动汽车充电基础设施建设，开工建设36个服务区快充站，建成22个。新增新能源和清洁能源汽车1350辆，淘汰黄标车和老旧车辆2.65万辆。

(六)以落实"两个责任"为核心，全面从严治党得到新强化

党的建设不断增强。深入学习贯彻党的十八届六中全会精神，扎实开展"两学一做"学习教育，形成了一级抓一级、层层抓落实的"深学实做"生动局面。突出抓好党员组织关系排查、党费专项检查、基层党组织按期换届等重点任务，对全厅7000余名党员组织关系进行了排查，整顿软弱涣散基层党组织13个，所属党组织全部按期完成换届，补缴2008年至2016年上半年党费995万元。全面推行"党建+"工作，党建工作服务中心工作的形式更新颖、内容更丰富。发挥省交通干部学院的干部培训基地作用。

全面从严治党主体责任不断强化。深入开展巡视整改工作，将省委巡视反馈的四个方面16个问题，按照"事事有回音，件件有着落"的原则，细化为51项整改任务，定责任、定时限，已全部整改到位。出台了《"两个责任"约谈制度》，对厅领导班子成员、厅直各单位主要负责同志和纪委书记、厅机关各处室主要负责同志开展了落实"两个责任"约谈。制定了《关于开展巡察工作的试行办法》，将巡察对象扩展为对厅属各单位党组织和重点人、重点事、重点问题等方面的综合巡察，实现巡察工作的常态化、全覆盖。开展了选人用人专项检查，着力加强干部日常监督，严格执行领导干部个人有关事项报告制度，进一步规范了厅管后备干部的选拔培养和管理任用。扎实推进了机关纪律作风、基层侵害群众利益不正之风和腐败问题、"红包"问题等3项专项治理工作，对各单位贯彻落实严禁出入私人会所接受吃请纪律进行了明察暗访。切实发挥审计监督作用，全年完成107项审计，发现问题354个，已整改到位200个。坚持把纪律和规矩挺在前面，运用好监督执纪"四种形态"，保持惩治腐败的高压态势。一年来，共处置问题线索93件，立案16件，组织处理36人次，党纪处分24人次，行政处分6人次。

文明创建持续深化。深入开展文明创建活动，省交通运输厅被评为省第十四届文明单位，全省交通系统受表彰单位约占全省总数(1600个)的10%。深入开展感动交通人物评选，省厅被交通运输部和全国总工会评为"感动交通十大年度人物"最佳组织贡献奖，泰和管理中心莲花所"龚全珍班组"获"感动交通年度人物"。扎实推进行业文化创建，打造出"映山红"收费班组、"温暖伴君行"等特色服务品牌，省"12328"电话服务中心入选"全国'12328'电话十佳服务中心"。精心组织行业新闻宣传，省厅被评为"全省十佳新闻发布单位"。

与此同时，江西省交通运输厅也清醒地认识到，交通运输发展中还存在一些困难和问题:公路水路交通基础设施发展结构性矛盾依然突出，不能有效满足全省社会经济发展日益增长的需求；普通公路建设项目进度总体滞后，项目储备不足，前期工作推进缓慢，项目不能按时开工导致车购税资金沉淀，消化工作难度大；水运基础设施供给能力不足，高等级航道里程少、比重低；各种运输方式衔接性和协调性不够顺畅；高速公路存在债务风险。对于这些发展中的困难和问题，交通运

输厅要加强研究,采取更加有效的措施,认真加以解决。

二、2017 年交通运输发展的总体思路和主要工作

做好交通运输工作,必须深入分析形势。交通运输厅要深刻认识到,大力发展交通运输的基本面没有变。2016 年 9 月,习近平总书记对交通运输工作作出新的重要指示,这次全国交通运输工作会进行了概括,主要是“七个重点、四项要求”。七个重点是紧紧抓住交通运输黄金时期,建好“四好农村路”,促进物流业“降本增效”,积极服务三大战略,创新发展综合交通运输,大力弘扬“两路精神”,全面加强党的建设。四项要求是把握机遇,加快发展;真抓实干,久久为功;组织创新,管理创新;找准位置,履职尽责。会议进一步强调,“十三五”是交通运输基础设施加速成网的黄金时期,是现代综合交通运输体系加快构建的黄金时期,是交通运输行业加快转型升级的黄金时期,是交通运输现代治理能力持续提升的黄金时期。交通运输部在项目、资金、政策等方面加大了对江西省的支持力度。“十三五”期,交通运输部初步安排江西省车购税资金 350 亿元,2017 年安排 87 亿元,第一批 48.8 亿元已下达。2016 年 12 月,毛伟明常务副省长带队拜访交通运输部,江西省提出了高速公路建设、农村公路建设、公路灾毁重建、中央转移支付资金基数、宁定高速公路项目国家专项建设基金等五方面的恳请事项,交通运输部明确表示将以积极的态度、合适的方式和机会给予支持解决,在“十三五”规划中期评估调整时,将结合江西省规划执行情况,积极支持江西省交通建设。从全省看,省第十四次党代会和全省经济工作会做出了“三个仍然”的省情判断,将完善现代化基础设施体系作为支撑全省经济社会发展的重大战略之一,对交通运输明确提出了“提高公路网络化水平,加强航道、港口、码头建设,完善现代化综合立体交通运输体系”的要求。随着“一带一路”、长江经济带、赣南等原中央苏区振兴发展、赣江新区建设等国家、省级战略的深入实施,都需要交通运输进一步发挥支撑作用,加强交通基础设施建设的方向和力度不会变。江西交通运输厅要紧紧抓住交通运输发展黄金期机遇,做大增量,提高质量。

综合分析交通运输发展面临的形势任务,2017 年江西省交通运输工作的总体思路是:以党的十八大和十八届三中、四中、五中、六中全会和中央经济工作会议精神为指导,深入贯彻习近平总书记系列重要讲话精神和治国理政新理念新思想新战略,特别是对江西工作的重要要求,全面贯彻省第十四次党代会、全省经济工作会、全国交通运输工作会议精神,坚持稳中求进工作总基调,牢固树立和贯彻落实新发展理念,主动适应把握引领经济发展新常态,坚持以提高交通运输发展质量和效益为中心,着力完善交通运输基础设施,着力提升运输服务品质,着力推进改革攻坚和依法行政,全面做好稳增长、促改革、调结构、惠民生、防风险各项工作,抢抓黄金期机遇,当好发展先行官,为决胜全面小康建设富裕美丽幸福江西提供交通运输保障,以优异的成绩迎接党的十九大胜利召开。

围绕上述要求,2017 年重点抓好六项工作。

(一)着力加快高速公路转型升级

全年全省交通基础设施建设投资规模预计突破 390 亿元。其中,高速公路建设预计完成投资 90 亿元。南昌南外环年内建成通车。昌九改扩建项目基本完成新建分离路段施工、拓宽幅基本具备第一次交通转换条件。都九高速都昌至星子段鄱阳湖二桥全面完成主桥索塔、梁板安装,基本完成钢梁节段及桥面板安装。广吉、抚州东外环、铜万高速宜丰联络线实现全线半幅基本贯通。力争开工建设大广高速南康至龙南段改扩建工程、兴赣北延、贵溪至资溪、萍乡至莲花等 4 条高速公路。力争完成彭湖、隘瑞等 9 个项目的竣工验收工作。

推进高速公路项目前期。赣州、鹰潭、抚州等地要抓紧推进大广高速南康至龙南段改扩建工程、兴赣北延、贵溪至资溪等 3 个项目前期工作。省高速集团要抓紧推进萍乡至莲花项目前期工作,尽快与地方政府签订相关协议,明确各自责任;大力推进高速公路提质升级,提升通行能力和服务水平,重点加快推进沪昆高速玉山至东乡段、大广高速吉安至赣州段 2 个改扩建工程项目前期工作,力争 2017 年完成两个项目工可报告编制及上报工作,争取 2018 年开工建设。

推进高速公路多元融资。支持省高速集团实施“高速 + 多元经营”模式,“变过客为顾客,化路网为商网”,创造利润增长点。实施“高速 + 能源”策略，利用国家新能源改革机遇，推进光伏、充电桩、LNG加气站等项目的投产运营。实施“高速＋旅游”策略，创造性地将交通与旅游进行融合、升级，使服务区集交通中转、旅游休闲于一体。实施“高速＋资本”策略，以江西省加快发展金融服务业为契机，通过股权投资、增资扩股、产融结合等方式，积极投资布局银行、保险、信托等金融产业。支持省高速集团设立财务公司、境外子公司，开展境外股权和债权融资，用好用足政府一般债务和专项债务政策，合理调度资金，有效防范和化解交通运输政府性债务风险。积极争取将部分已建和在建高速公路项目批复为政府收费还贷公路，将符合条件的地方加密线申请为国家高速公路，积极推动财政专项补贴落实、税收返还。

（二）着力推进普通公路健康发展

全年普通公路建设预计完成投资280亿元，完成普通国省道升级改造800千米，养护大中修1000千米，危桥改造200座，安全生命防护工程600千米，灾害防治50千米，打造“畅安舒美”示范路600千米。加快推进抚州市资溪花山界至南城黄狮渡段瓶颈路、吉安市遂川草林至赣州市上犹双溪等4条普通国省道断头路建设。加强普通国省道服务区建设，建设便民服务的江西公路驿站，不断提升普通国省道服务水平。完成农村公路新改建8000千米，改造危桥800座，安全生命防护工程800千米。继续加快推进全省25户以上自然村通水泥路建设，确保到2017年底，实现54个赣南等原中央苏区县25户以上自然村基本通水泥路。

加快前期工作。针对普通国省道项目储备严重不足问题，在将普通国省道项目建设前期工作纳入对市县科学发展绩效考核指标的同时，对项目实行动态管理，把地方积极性高的项目与地方积极性不高但路网功能强的项目捆绑在一起，同步推进。交通运输部即将开展2018—2020年三年滚动计划编制，原则上原规划项目库的项目可调整建设时间，不在规划项目库需新安排的项目可调整纳入。要抓住这个机遇，对全省普通国省道建设项目进行梳理调整，尽可能争取更多项目、资金支持。省公路局要尽快与各设区市做好普通国省道规划建设项目前期工作对接。

抓好资金筹措。推进省级普通国省道投融资平台组建工作，采用政府购买服务方式解决江西省“十三五”省级补助资金缺口。探索研究设立普通公路发展基金，筹集普通公路发展资金。支持市县创新交通运输投融资方式，加大政策资金和政府债券投入，鼓励以公路沿线设施收益分成、沿线资源开发收益共享、养护企业税费返还等方式筹措养护资金。积极试点PPP模式、建立普通公路发展基金等交通投融资创新方式。

抓好养护管理。制定《“十三五”江西省普通国省干线公路建设养护管理目标考核评分标准》，树立“好路优先”的思维模式和预防性养护理念。开展普通国省道养护市场化改革试点工作，健全并完善养护市场准入和退出条件，逐步构建多层次、多方式的养护市场供给体系。深入推进市、县交通质监机构标准化建设，加强普通国省道质量安全督查。按照交通运输部“四好农村路”的部署，制定“四好农村路”示范县的创建标准，促进“四好农村路”建设工作全面开展。构建养护管理资金保障体系，推进养护市场化改革，更加重视农村公路养护、管理和运输服务发展，实现建、管、养、运协调发展。

抓好公路治超。牢固树立“以人为本、安全发展”理念，坚持“依法严管、标本兼治、立足源头、长效治理”原则，通过深入持久的治理，确保到2017年6月份超限超载率控制在1%以内。重点管住两个源头：管好“车”和“货”这两个源头，加强车辆生产和改装监管；狠抓货物装载源头监管。抓好三项行动：开展整治货车非法改装、整治公路货车违法超限超载行为、运输车辆治理三个专项行动。突出四个重点：加强路面执法，做到严管重罚；强化联勤联动，形成治超合力；推进科技与信用治超，建立长效机制；落实保障措施，夯实主体责任。加强路政和运政部门联系，填补农村公路路政治超空白，形成国省道和农村公路治超联动。

（三）着力推进内河水运发展

全年水运建设预计完成投资20亿元。着力实施“两江两港”建设。加快推进赣江新干航电枢纽工程、赣江石虎塘－神岗山Ⅲ级航道整治工程等项目建设。开工建设信江八字嘴航电枢纽、双港航运枢纽项目。抓好南昌龙头岗码头（一期）运营后的货源集聚工作，完善日常运营管理，早日发挥项目效益。推动《九江港总体规划（修编）》的实施和《南昌港总体规划》的修编工作。

抓好PPP项目公开招标工作。赣江井冈山航电枢纽和九江港彭泽港区红光作业区综合枢纽码头一期工程项目作为全省水运首批PPP项目,省港航局要采取措施加快推进两个PPP项目的招标进度,力争2017年2月底完成招标工作,3月底完成合作框架协议及合作的签署。

加快水运项目前期工作。咬住信江八字嘴航电枢纽、双港航运枢纽项目在2017年8月底前开工建设的目标,加快推进项目前期工作。推进集疏运和多式联运发展,九江市、南昌市要加快启动九江港、南昌港已列入国家《"十三五"港口集疏运建设方案》中的12条疏港公路和4条疏港铁路前期工作,争取尽早开工建设。加快九江港彭泽港区红光码头、南昌港龙头岗两大多式联运综合枢纽示范项目前期工作,推动南昌、九江区域性物流中心建设。

破解资金难题。积极争取国家的资金补助,解决建设项目资本金难题。整合航电枢纽、港口码头、综合物流园资源,进一步做大做强省港航建设投资有限公司,打造现代化集团公司。积极探索"以电养航"、PPP、特许经营等投融资模式,破解水运投融资难题。

着力调整运输结构。加快优化资源配置。适度发展内支线船舶运输,引导江海直达货船、集装箱船运力有序投放。加快船舶运力结构调整。加快全省现有老旧船舶、单壳化学品船和单壳油船的淘汰进程,落实中央补贴资金和省、市级财政配套补贴资金,确保老旧船舶拆解和改造工作按时间节点完成。加快建造新型环保低碳节能的标准化船舶。推动江西省航运企业加快发展、转型升级。推进鄱阳湖区、枢纽库区、水库等主要景点旅游码头服务能力提档升级,推动传统水上客运向高品质旅游客运转型,促进水上旅游客运业发展。

(四)着力提升运输服务品质

推进物流业"降本增效"。加快萍乡赣湘国际物流港、宜春开发区物流中心、吉安河西物流园、井冈山经济技术开发区物流园等货运枢纽建设。新开工建设南昌龙头岗综合枢纽物流园工程等4个物流园项目。推进"互联网+"运输服务模式,推动各种运输方式新旧业务加快融合。积极组织申报第二批国家多式联运示范工程。鼓励传统货运企业积极发展甩挂运输。加快推进全省交通运输物流公共信息平台建设。

提升客运服务质量效率。继续推进抚州、上饶综合客运枢纽建设。实施普通县级客运站提档升级,推进星子等5个县级客运站建设,新开工建设信丰等3个县级客运站。支持贫困地区农村客运站点建设,建设一批兼有客运、物流等功能的农村客运站。加快江西省与其他省份的道路客运联网售票建设。积极组织申报城乡交通运输一体化建设工程试点,力争1—2个县(市)列入试点范围。推进长途客运接驳运输。跟踪九江至昌北机场"定制客运"试点工作。鼓励企业大力发展机场、高铁的集疏运班线。

强化公共交通建设。鼓励各地积极向当地政府部门争取出台城市公共交通建设项目和扶持政策。重点支持城市公交换乘枢纽、公交首末站、公交停保场和出租汽车综合服务区等建设。推动省内有条件的设区市尽快实现"一卡通"互联互通,继续开展镇村公交发展试点,全省新增一批乡镇开通镇村公交。跟踪指导南昌市"公交都市"创建,推动赣州、上饶两市"公交城市"创建工作,继续做好第二批"公交城市"创建和第三批"公交都市"申报工作。加快公交线路新辟、优化调整提升城市公交覆盖率和公交线网密度,提高新型环保公交车占比。

加强绿色交通建设。扎实推进交通运输节能减排管理,推广资源节约集约循环利用和低碳技术,加强环境保护和污染防治,加快建成绿色交通运输体系。扎实推进绿色公路建设,稳步推进公路钢结构桥梁建设。加快道路客运、城市公交等领域推进清洁能源装备应用,各地新增及更换的公交车中新能源公交车比重达到45%以上。严格执行车辆燃料消耗量限值标准,禁止不符合标准的车辆参与经营。加快营运黄标车和老旧车辆淘汰工作。推进货运车型标准化建设。

(五)着力推进改革攻坚和依法行政

深化重点领域改革。积极稳妥地推进出租汽车行业改革,依法依规加强网约车监管,努力实现新旧业态融合发展,维护行业稳定。深入总结公路建设管理体制改革试点经验,在4个项目实施5种建设管理方式改革上提炼出一批可复制、可推广的试点成果。完成"信用江西交通"信用平台建设。建立完善权责清单,加快建立公平开放、统一透明的交通运输市场。进一步转变政府职能,深化"放管服"改革。加快推进公路管理体制改革，提请省政府印发《江西省普通公路管养事权理顺工作方案》，在2017年9月底前全面理顺公路养护管理事权关系。扎实推进事业单位分类改革工作，深化国有企业改革。推进高速公路清障施救管理体制改革，组建规范统一的高速公路专职清障施救队伍，确保车辆救援服务工作的平稳健康发展。

继续实施"走出去"战略。一方面，要在地域上"走出去"。交通工程设计、施工、监理企业在盯住中部及沿海市场的同时，把目光转向交通建设市场前景广阔的西部地区。通过"品牌技术输出"和"资本协同带动"等方式，逐步实现西部市场深度开发。要通过跟班学习和联合投标等方式开展"海外练兵"，努力开拓海外市场。另一方面，要在业务上"走出去"。不能只盯着自己"一亩三分地"，更要大胆闯、大胆试，在守住交通主业外，积极开拓市政、海绵城市和地下综合管廊等多领域多层次业务。

深入推进依法行政。全力推进《江西省交通建设工程质量安全监督管理条例》立法工作，争取2017年3月颁布实施。开展《江西省道路运输条例(修订)》和《江西省治理货物运输车辆超限超载办法》的立法调研、起草工作。加强交通运输行业法治宣传教育，不断增强依法行政意识。深入开展交通运输行政执法"三基三化"建设，实现队伍职业化、站所标准化、管理规范化。加大执法监督力度，完善执法目标层级考核机制和执法过错责任追究机制，坚持日常监督、重点监督、专项监督和随机监督相结合，将法制工作情况纳机关考核、干部任免工作。深入推进"双随机一公开"工作。

强化安全生产监管。构筑"平安交通"安全体系，强化安全生产责任落实，细化安全生产监管履职标准规范。制订各行业领域"平安交通"考核评价细则，推进"平安交通"达标创建。加快研究构建交通运输行业安全生产风险分级管控和隐患治理双重预防体系。推进交通运输企业安全生产诚信管理，完善守信激励、失信惩戒机制。以"11·24"事故惨痛教训为警示，举一反三、防微杜渐，强化交通运输安全隐患排查整治。加强安全应急管理，强化突发事件和极端天气的预防预警。加强路网运行调度，做好应急物资、运力储备。抓好应急队伍建设，完善应急预案并组织演练。加强信访维稳和反恐防范，维护行业稳定大局。

(六)着力推进全面从严治党

进一步强化党建工作。创新学习方式方法，持续深入地组织全厅广大党员干部学习习近平总书记系列重要讲话精神和治国理政新理念新思想新战略，学习党章党规，学习党建工作基本知识，牢固树立"四个意识"，更加自觉地在思想上政治上行动上同以习近平为核心的党中央保持高度一致。认真贯彻落实《关于新形势下党内政治生活的若干准则》和《中国共产党党内监督条例》，加强和规范党内政治生活，坚持"三会一课"等制度，推进以"坚持弘扬井冈山精神"为核心的红色基因教育，强化党内监督约束，规范权力运行。进一步深化拓展"党建＋"理念，深入推进"连心、强基、模范"三大工程，加强基层服务型党组织建设。

进一步落实全面从严治党主体责任。各级党组织要切实担负起全面从严治党主体责任，不断完善党委主导、书记主责、纪委监督、党委部门和有关机关协同的工作格局，健全一级抓一级、层层抓落实的责任体系。党委书记要带头担当，认真履行第一责任人职责，对重要工作亲自部署、重大问题亲自过问、重要环节亲自协调、重要案件亲自督办，带头抓思想教育、带头坚持选人用人正确导向、带头严肃党内政治生活、带头严格执行民主集中制、带头加强作风建设。党委成员要履行"一岗双责"，切实对班子集体领导负责，对所分管领域负责。纪委书记要种好"责任田"，聚焦主责主业，切实履行好监督责任。下大力气整治慢作为、不作为、乱作为等问题，持续加大对侵害群众利益、群众反映强烈的"红包""违插""微腐败"等突出问题的治理力度。加大监督执纪问责力度，用好监督执纪"四种形态"，坚持抓早抓小、动辄得咎。坚定不移保持反腐高压态势，坚持无禁区、全覆盖、零容忍，有案必查、有腐必反，发现一起、坚决查处一起，保持风清气正的政治生态。

进一步加强队伍建设。始终坚持正确的选人用人导向，认真贯彻落实"20字"好干部标准，把公道正派作为干部工作核心理念贯穿选人用人全过程，做到公道对待干部、公平评价干部、公正使用干部。严格按照规定的程序和步骤选拔任用干部。进一步落实领导干部个人重大事项报告、民主评议、诫勉谈话、函询等制度，切实执行从严管理干部要求。不断加大人才引进力度,促进人才队伍提档升级。

进一步深化文明创建。贯彻落实党委意识形态工作责任制,持续抓好交通运输宣传工作。加强社会主义核心价值体系学习教育,大力弘扬井冈山精神,传承红色基因。完善交通运输行业核心价值体系建设,推进交通运输文化大发展大繁荣。深入挖掘培树交通运输改革发展实践中涌现出来的典型人物和感人事迹,在全系统营造崇尚先进、学习先进、争当先进浓厚氛围。

2017 年 7 月 19 日,胡钊芳、蔡建新、李国峰、曾敏等领导到厅史志办调研

专 记

严格监督执纪问责 保障交通运输发展*

——在2017年全省交通运输系统党风廉政建设工作会上的讲话

陈 兵

（2017年1月6日）

一、2016年工作回顾

2016年，在省纪委的正确领导下，在厅党委的大力支持下，驻厅纪检组认真贯彻落实上级关于全面从严治党的决策部署，坚持把纪律挺在前面，聚焦主责主业，强化监督执纪问责，将党风廉政建设和反腐败工作不断向前推进。

（一）落实全面从严治党政治责任

驻厅纪检组积极落实全面从严治党政治责任。一是督促厅党委担负主体责任。及时向厅党委传达中央纪委和省委、省纪委关于党风廉政建设和反腐败斗争的部署要求15次，与厅党委主要领导交换意见9次，和班子成员进行沟通9次，及

* 这是中共江西省纪委驻厅纪检组长陈兵在全省交通运输系统党风廉政建设工作会议上的讲话（摘录）

时交流发现的问题3个。督促厅党委制定了《关于落实把纪律挺在前面要求的实施办法》《巡察工作办法(试行)》及《党风廉政建设“两个责任”约谈制度》等制度,着力营造交通运输部门风清气正的政治生态;狠抓巡视发现问题整改,协助厅党委制定《省委第二巡视组反馈意见整改工作方案》,明确任务分工、进度安排和责任单位;对转来的41封信访件进行核查,逐件提出处理意见,目前该项工作已基本完成;督促厅巡察组开展全省交通重点工程建设项目第二轮巡察工作,对12个项目开展进驻巡察,4个项目开展工程变更专项巡察,2个项目开展分包转包专项巡察,共发现各类问题29项,截至2016年年底,相关问题已基本整改到位。二是协调机关纪委落实日常任务。加强与厅机关纪委的工作沟通,指导、协调并督促厅机关纪委主动承担教育、制度、监督等厅党风廉政建设的日常工作,确保工作不脱节。如,提请厅党委研究,明确由厅机关纪委履行党风廉政建设主体责任牵头部门的工作职责;与厅机关纪委联合成立督查组,以明查暗访的形式,于7月、11月分别对厅属58个基层窗口单位“红包”和“集中整治”工作开展情况进行监督检查,通报了存在问题的8个单位。三是指导厅属单位和机关处室落实“两个责任”。制定《关于建立与厅直属单位纪检监察机构工作机制的试行办法》,规范厅属单位纪检监察部门信息报送、工作例会、信访举报和指导监督等四个方面的工作内容,进一步推进厅直属单位纪检监察部门落实监督责任。同时,分别在7月和12月各召开一次厅直属单位纪检工作座谈会,汇报交流了落实“两个责任”和开展监督的工作做法、取得成效、存在不足和下步打算,进一步督促厅直属各单位落实好党风廉政建设“两个责任”。

(二)多措并举落实监督责任

驻厅纪检组加强对交通运输部门的监督,努力做到多措并举抓监督。一是开展调研督促主体责任落实。深入15家厅直属二级单位和30余家厅属单位、项目办进行调研,与各单位班子成员、纪检监察干部共计200余人进行了座谈交流;安排了厅机关建管处、路航管养处、科教处和战备办等处室负责人员向驻厅纪检组介绍工作职责的同时,一并报告了廉政风险自查工作开展情况,督促其履行主体责任。通过开展调研,督促厅直属各单位和厅机关相关处室落实主体责任,也摸清了交通运输部门监督工作的“家底”;二是及时约谈提醒。制定《驻厅纪检组2016年党风廉政建设“两个责任”约谈方案》,约谈厅直属单位党政和纪委负责人共计34人次,其中厅级6人次,县处级28人次,提醒各单位进一步加大反腐倡廉工作力度;12月,在传达学习了省委书记鹿心社在全省深化落实全面从严治党“两个责任”视频培训会上的重要讲话精神后,会同厅党委书记、厅长朱希,对厅领导班子成员进行了落实全面从严治党“两个责任”集体约谈。三是对口联系全覆盖。积极适应纪检监察派驻机构监督全覆盖的新形势,主动作为。努力发挥对口联系的“深入”作用,制定《驻厅纪检组关于对口联系厅属各单位实施办法》,采取每名驻厅纪检组成员分别对应2–4家厅直属单位的办法,及时了解、掌握对口单位党风廉政建设方面的工作情况,并通过列席党委会的方式,有效监督各单位党委学习贯彻执行党的路线方针政策情况和党风廉政责任制落实情况,推动监督关口前移,实现对厅直属单位监督的全覆盖。2016年以来,驻厅纪检组成员共列席厅直属单位党委会10次。四是强化“四风”问题监督。通过作风督查、暗访检查等方式,紧盯重要时间节点,强化对“四风”问题的监督检查,全年共开展明察暗访541次,查处“四风”问题9件,处理9人。其中,违规使用公车6件,违规领取津补贴3件。同时,厅直属各单位加强监督工作,取得较好成效。如,省港航局拓宽监督渠道,完善政风行风义务监督员制度,收集了3100多名船主船员联系电话,从中吸纳100名一线船员为义务行风监督员,加强行风监督;省运管局加强对行政审批的监督,实现了行政服务零投诉;省联网中心应用“四个一”技防手段监督落实中央八项规定精神执行情况;交通科研院针对3名职工挪用公款犯罪问题,认真分析原因,总结教训,修改《财务管理办法》,实行财务人员派驻制,及时堵塞廉政风险漏洞;交通干部学院抓关键领域的监督,实行财务周账制,要求财务部门每周将收支、待收待付等情况报送给院领导和纪检部门,便于及时掌握情况,加强日常工作监督。

(三)严肃履职坚持纪挺在前

本着纪检工作的本质是保护党员干部这一原则,驻厅纪检组认真落实习近平总书记“三个区分开来”的要求，坚持约束与激励并重、惩治与保护结合的原则，树立正确执纪导向，旗帜鲜明地为改革者鼓劲、为实干者撑腰、为担当者担当、为负责者负责，做到既鼓励创新、表扬先进，也允许试错、宽容失败，并将这一导向严格落实到执纪工作中。一是注重抓早抓小抓提醒。与厅属单位党政负责人谈话 78 人次，其中厅级 16 人次，县处级 55 人次，乡科级 7 人次；开展任前廉政谈话 70 人次。通过谈话提醒，避免小错变成大错。如，对某厅属三级单位正在新建的办公楼存在领导干部办公用房面积超标的问题，及时约谈厅直属二级单位纪委书记，要求提高思想认识，认真整改，将问题解决在萌芽状态，充分体现了“抓早抓小抓预防”的原则。厅直属各单位也加强抓早抓小工作，如，省公路局纪委在对反映某下属单位主要领导问题的信访件进行初核调查时，发现该单位还存在公务接待、福利发放等方面的问题，立即对其领导班子成员进行提醒谈话，并结合局纪委半年工作会，就严格公务接待和福利发放标准，对下属各单位纪委书记进行集体谈话，要求立即开展自查自纠和整改纠错，取得很好的预防效果。二是把握运用好“四种形态”。紧紧围绕监督执纪“四种形态”开展工作，加大纪律审查工作力度，取得新的成效。全年共处置问题线索 70 件，立案 7 件，初核 57 件，谈话函询 13 件，了结 64 件。严格落实“四种形态”工作要求，第一种形态方面，采取批评教育、谈话函询等方式 66 人次，占比 80.5%；第二种形态方面，与人事部门诫勉 1 人次，组织处理 4 人次，党纪轻处分 5 人次，占比 12.2%；第三种形态方面，党纪重处分 5 人次，重大职务调整 1 人次，占比 7.3%。

（四）勤修内功加强队伍建设

驻厅纪检组全面加强自身建设，努力做到“打铁还需自身硬”。一是认真开展“两学一做”。驻厅纪检组按照省纪委和厅党委要求，就做好“两学一做”学习教育工作进行集中研讨，研究制定了体现纪检监察工作特色和要求的“两学一做”学习教育总体安排。驻厅纪检组负责人以《学习准则条例的体会》为题，为支部全体党员干部上了一堂专题党课。二是及时进行学习讨论。利用召开组务会和周例会的方式，认真学习贯彻习近平总书记“七一”重要讲话、王岐山的署名文章和鹿心社同志、孙新阳的讲话精神，积极开展了 12 次学习讨论；以《关于陈阳霞、程子亮等在私人会所组织和接受吃请问题的通报》为鉴，自觉要求驻厅纪检组干部守纪律、讲规矩，做到防微杜渐、警钟长鸣；精心组织全厅纪检监察干部收看电视专题片《永远在路上》，通过微信和 QQ 等媒体进行交流讨论。三是积极组织教育培训。7 月，组织开展全厅纪检监察干部培训，共计 58 人参加，并邀请省纪委相关领导围绕纪检监察信访举报工作、依纪依法办案等内容进行授课，有效提高了纪检监察干部的业务能力。四是选调人员上挂锻炼。从全厅范围选派了 14 名干部参与省纪委案件查办工作，在实战中锻炼了队伍；抽调 2 名干部到省纪委参与换届和其他中心工作，与此同时，从下属单位选调了 2 名干部到纪检组上挂锻炼。五是建立健全监督制度。驻厅纪检组持续深化“三转”，加强制度建设，积极理顺派驻纪检组与驻在部门监督与被监督的关系，提高履职尽责能力。结合工作实际，健全完善《组务会议事规则》，进一步规范组务会议事范围、规则、程序以及纪律要求；制定《建立与厅直属单位纪检监察机构工作机制的试行办法》《关于对口联系厅属各单位实施办法》，在理顺关系的同时，加强对厅直属单位纪检监察工作的业务指导和监督检查。

回顾一年来的工作，尽管取得了一定的成绩，但也要清醒地认识到，当前，全省交通运输系统项目多、资金大、风险高的特点没有改变，交通行业始终是社会关注的热点和焦点，与此同时，驻厅纪检组的履职能力和监督力量还存在不足，监督形势依然严峻，监督任务依然繁重。驻厅纪检组要充分认识到自身工作中还存在的问题和不足。一是职责定位仍有惯性。少数单位纪检监察“三转”工作还没有完全到位，部分纪检干部还在分管其他业务工作。二是主动发现问题能力仍有欠缺。有的还习惯于等群众举报或上级转办，使“抓早”的效果打了折扣；有的对于违反纪律和规矩的小问题，不查不纠或网开一面，使“抓小”流于形式。三是执纪审查仍有短板。还存在执纪审查失之于宽、失之于软的情况，无法形成有效的震慑性等等。四是问责仍有缺位。厅属各单位今年监督和执纪工作都开展得不错，但在问责上，仍存在缺位。以上这些不足，都要引起驻厅纪检组的高度重视，认真加以研究，切实给予解决。

推进交通运输安全生产领域改革发展为当好发展先行官保驾护航*

——在全省交通运输系统安全生产工作会议上的讲话

胡钊芳

(2017年1月6日)

一、2016年全省交通运输安全生产工作回顾

2016年是“十三五”的开局之年,全省交通运输系统广大干部职工深入学习贯彻落实党中央、国务院、省委、省政府领导同志关于做好安全生产工作的系列重要讲话和批示指示精神,牢固树立安全发展理念,强化红线意识和底线思维,坚持安全第一,以“平安交通”建设为主线,以防范遏制重特大事故为重点,狠抓责任落实、制度落地,深化督查检查、专项整治,注重安全教育,加强应急管理,着力提升本质安全水平,实现了“十三五”全省交通运输安全生产工作的良好开局。2016年全省交通运输安全生产形势呈现“一个未发生、一降一平稳”:

——全省在建交通重点工程未发生生产安全亡人事故。在建交通重点工程生产安全事故死亡人数连续5年控制在5人以内。

——全省道路客运安全生产事故指标全面下降。全年共发生道路客运事故8起,死亡11人,受伤20人。与2015年同期相比,事故起数、死亡人数、受伤人数分别下降57.89%、74.17%和63.83%。其中发生较大事故1起,与2015年同比下降66.67%。道路客运事故死亡人数连续5年控制在50人以内。

——全省水上交通安全形势持续平稳。全年共发生水上交通事故3起、死亡3人,水上交通事故死亡人数连续6年控制在5人以内。

全省交通运输行业领域未发生重特大生产安全事故,较大事故和一般事故也得到了有效防控。各重点时段的安全生产形势也基本稳定。

2016年省交通运输厅主要开展了四个方面的工作:

(一)居安思危,坚持高压态势传导安全生产工作压力。

认真汲取2015年“6·1”东方之星号客轮翻沉事件、天津港“8·12”瑞海公司危险品仓库火灾爆炸事故、2016年丰城发电厂“11·24”冷却塔施工平台坍塌事故等特别重大事故、事件的教训,通过四个抓手,以高压态势层层传导安全生产工作压力,抓紧抓实安全生产工作。

一是常念安全生产这本经。狠抓“党政同责、一岗双责”和落实企业安全生产主体责任这个重点,逢会必讲、逢文必念。各单位一把手切实履行法定安全生产职责,指导协调行业领域安全生产工作的开展;班子成员严格按照“三个必须”的原则,对分管范围内的安全生产工作切实履行领导责任。层层压紧责任,层层传导压力,有效推动了安全生产责任落实。同时,通过引导企业加强对“安全生产事故隐患实施指南”的运用,初步形成企业安全隐患和问题自查、自报、自改的管理模式,进一步强化了企业安全生产主体责任落实,有效的预防和减少了安全生产事故的发生。

二是吹响督促督察集结号。春运、全国“两会”、节假日、汛期、G20杭州峰会、全国综治工作南昌会议、十八届六中全会等重点时段,省厅抽调精干力量,先后组成17个由厅领导带队,有关单位、部门专家参加的督察组,对全省交通运输各行

* 这是江西省交通运输厅总工程师胡钊芳全省交通运输系统安全生产工作会议上的讲话(摘录)

业领域安全生产工作开展督促督察。汛期，厅主要领导、分管领导还多次带队对新干航电枢纽等地防汛工作进行明察暗访，并邀请省防汛抗旱总指挥部有关专家对抚河特大桥、干港特大桥等交通在建特大桥梁涉汛度汛工作进行督查指导，保障安全度汛措施到位。每一次的督导督察后，都对督察情况进行了通报，并对整改情况进行持续跟踪。2016 年，仅省级交通运输管理部门组成督察组就有近 100 个，对全省交通运输安全生产工作形成了高压严管态势。

三是打好日常监管持久战。全省各级交通运输管理部门上下联动，突出重点领域、重点环节、重点部位和顽疾杂症，先后开展了全省交通运输安全生产检查督查、安全生产检查“回头看”、安全生产大排查集中行动。据不完全统计，仅丰城发电厂“11·24”事故发生后 1 个月内，运管部门就督查检查企业 1119 家，排查安全隐患 517 个；港航部门检查企业、设施、场所 496 处(家)，排查安全隐患 620 个；公路部门排查出各类隐患 501 个；省交通质监局由局领导带队的 3 个督查组，对所有在建重点公路水运工程项目进行全面督查，下发抽查意见通知书 16 份；省高速集团 9 位党委委员分别带队的督查组深入基层督导检查。省厅也派出了 4 个督查组对各行业贯彻落实大检查工作的开展情况进行了明查暗访。对排查出的安全隐患，各地各部门分门别类、区别对待，能立即整改的均及时整改予以消除；对一时难以整改到位的，均按照“措施、资金、责任、时限和预案”五到位要求，制定了整改方案，积极跟踪督促整改。

四是频出整治行动组合拳。2016 年以来，水上交通领域先后开展了港口危化品安全管理百日专项整治、全省铁路桥梁桥区水域通航安全专项整治、“三类重点”船舶专项整治、鄱阳湖区联勤巡逻执法等行动，打击治理各类违法违规行为 3712 起。道路运输领域先后开展了“两客一危”车辆 GPS 上线率专项整治、包车客运安全专项整治、超速行驶行为联合整治等行动，打击治理各类违法违规行为 13479 起，将 195 名客货运输营运驾驶员列入“黑名单”，淘汰 2.85 万辆营运黄标车和老旧车辆。公路水运工程领域开展了落实施工方案专项行动，加强了高速公路通车前交叉施工交通安全管控，强化了房建工程支架脚手架使用管理。高速路政部门巡查里程共计 612 万千米，发现治理隐患 700 余处。此外，对赣州、吉安 2 个设区市国省道公路工程建设质量安全开展联合督查。与有关部门联合开展公路治超，共查处超限超载货运车辆 6.6 万辆，卸载货物 164 万吨。

(二)创新驱动，建设平安交通夯实交通运输安全基础。

一是认真谋划重点工作任务。编制印发了《江西省交通运输安全应急“十三五”发展规划》。制定了《江西省交通运输防范遏制重特大事故工作方案》，对防范遏制重特大事故工作提出了明确的工作目标和重点工作要求。在 2015 年工作基础上，2016 年又完成了《江西省交通运输港口经营企业生产安全事故隐患排查分级实施指南》等 7 个分级实施指南的初稿编制，实施指南涉及 15 个交通运输行业领域，成套体系框架基本形成。

二是强化落实安全管理制度。先后印发“加强交通运输突发事件信息报送”“强化值班”、“加强事故信息报送统计”三个通知，完善落实值班和信息报告制度。2016 年，省厅共接报应急事件信息 61 起，均得到了有效处置。厅安委办共下发 31 份督办函，对日常监管和安全隐患整改工作跟踪督办。配合省安监局约谈了江西长运股份有限公司主要领导和班子成员。《江西省交通建设工程质量安全监督管理条例》已通过省人大一审，进入省人大二审准备阶段。

三是稳步推进“平安交通”建设。先后印发了《“平安交通”建设行动方案》、建设工作计划、“9+1”平安交通专项行动方案。开展了创建“平安船舶”“平安车站”专项活动。进一步完善了“平安工地”考核评价标准，昌宁、昌樟、昌栗、萍洪 4 个项目“平安工程”冠名申请已通过交通运输部初步评审。宜春市交通运输局作为交通运输部“平安交通”试点单位，主要领导亲自挂帅，实行安全会议优先安排、安全检查优先安排、安全工作经费优先安排，保障了试点工作深入开展。有序推进了交通运输企业安全生产标准化达标建设，截至 2016 年年底，全省交通运输企业实现标准化一级达标有 15 家，二级达标有 117 家，三级达标有 1018 家。

四是加快提升基础设施安全保障。完成普通国省干线危桥改造 63 座，安全生命防护工程 801 千米。完成农村公路危桥改造 632 座，安保工程

1751千米。建成集“养护、应急、服务”三位一体的50个普通国省干线综合养护中心。基本完成渡口标准化建设任务,建设标准化渡口共计112道。泰井、泰赣视频监控达到平均6公路一个的建设要求。此外,全省危险品港口分布图基本绘制完成;道路运输企业成立了长途客运接驳联盟,开通接驳运输长途客运线路58条,备案接驳车辆为96辆。

(三)注重本质,强化培训教育提高从业人员安全素养。

一是广泛开展了“安全生产月”宣传活动。各级交通运输管理部门通过宣传告知、竞赛论坛、现场观摩会和事故案例警示教育等多种途径,对交通运输安全知识进行了声势浩大的宣传普及。2016年我厅被省安委会评为全省安全生产月活动先进单位。

二是强化了安全技能教育。厅本级组织全省交通运输安全应急管理人员培训两期,计200多人次。编印了《交通运输安全生产法规文件选编》《江西省交通运输应急管理手册》供各级交通运输管理部门同志参考借鉴。交通质监部门完善了公路水运工程一线作业人员岗前安全培训视频教材和试题库,加强了对工程企业安管人员的培训考核。全省各级交通运输部门也结合本单位实际组织了形式多样的培训班,培训人员数万人次。11月30日省厅组织高速路政部门在都九高速华林枢纽举办了高速公路危化品运输车辆交通事故应急施救处置演练。各级交通运输部门也开展了客运车辆火灾时疏散旅客、消防处置工作和液罐车危险化学品泄漏燃烧等应急演练,通过实操提高了基层队伍的实战能力。

三是充实了安全管理队伍。省公路局成立了安全科技处,省路政总队成立了安全生产治超科。宜春、抚州、景德镇等一些地方交通运输主管部门、行业部门也充实了安监部门工作人员。

四是开展了送安全知识进校园活动。海事部门在全国中小学生安全教育日走进中小学校园,向3000名师生赠送宣传手册、水上交通知识读本以及救生衣,丰城市拖船埠小学被选为我省水上交通安全知识教育示范学校。

(四)敢于担当,高效应急处置保障交通运输安全畅通。

年初省厅及时启动抗冰雪Ⅲ应急响应,各级交通运输部门全力以赴抗冰除雪,保障了全省交通运输平稳有序。入汛以后,省厅立足于防大汛、抗大灾,早准备、早部署、早落实,切实做到各项防汛措施落实到位。保障防汛抗洪部队入赣及返营快速免费通行总里程3800余千米。6月20日,鄱阳县向阳圩发生溃口,交通运输部门参与救援抢险,靠前战斗,为抢险救灾做出了交通人应有的贡献。

二、当前交通运输安全生产形势

2016年全省交通运输安全生产做了一些工作,取得了一点成绩,全省安全生产形势基本稳定。在肯定成绩的同时,省交通运输厅也要清醒地看到,当前交通运输安全生产形势依然严峻,安全工作仍然存在诸多不确定因素,面临更大的挑战。

一方面,经济下行压力可能导致事故反弹,有些交通运输企业生产经营困难,亏损面扩大,企业安全投入严重不足,专业人员流失严重,安全管理滑坡,安全风险凸显。此外,交通基层基础仍然不牢实,交通运输行业点多线广、流动分散,市场主体经营行为不规范,装备水平仍比较落后,先进设施设备和现代科技尚未得到广泛普及,生产的本质安全基础还很薄弱。还有从业人员素质参差不齐,企业一线员工特别是关键岗位人员安全意识淡薄、安全技能较差等问题较为突出。基层行业监管机构不健全,监管力量薄弱,信息报告不及时,管理制度不能有效落地等问题较为突出。

另一方面,交通运输行业领域各类事故事件时有发生。从省内看,8月21日都九项目CFJ2标发生支架坍塌致6人受伤事故,虽未有人员死亡,但造成不良的社会影响。9月11日泰和废弃大桥拱上建筑拆除作业发生整体坍塌,暴露出交通运输行业安全生产工作中还存在漏洞。从全国看,“6·26”湖南特别重大道路交通事故造成35人死亡,“11·18”包茂高速榆靖段50余辆车辆追尾交通事故造成17人死亡,充分说明交通运输安全生产形势依然严峻。

特别是丰城发电厂“11·24”特别重大事故的发生,令人触目惊心、痛心疾首。事故发生后,党中央、国务院,省委、省政府等多位领导同志作出重要指示批示精神,国务院、省政府在短短的4天时间内,多次召开安全生产电视电话会议对安全生产工作进行再强调、再部署。这起事故虽然不是发生在交通运输行业，但交通运输部先后印发了7个文件，强化近期交通运输安全生产工作。省厅也召开了专题会议，并印发、转发了一系列文件加以贯彻落实。这些举措充分说明安全生产事关人民群众生命财产安全，事关经济社会发展大局，这根弦不能有一点点的松懈，不能有一点点的侥幸和大意。全省各级交通运输管理部门要积极行动起来，充分认识安全生产工作的极端重要性，准确把握当前安全生产工作的严峻形势，认真汲取事故深刻教训，在事故中受到警醒，坚决杜绝安全监管工作失之于宽、失之于松、失之于软现象。同时要切实加强对前期排查出来一时难以消除的安全隐患的跟踪督促整改，再大的项目、再好的企业都经不起事故破坏，企业不消灭事故，事故就会消灭企业；你不去解决问题，问题就会解决你。要切实把安全生产工作做细、做实、做好，努力保障全省交通运输安全生产形势持续稳定向好。

2017年9月11—12日《江西省高速公路建设实录》审稿会在南昌召开

便　览

历　史

【抗日战争时期的江西公路与汽车运输】 江西公路建设始于1909年,建成全长约13千米的九江至莲花洞段,当时已跻身全国公路建设先进行列。可惜此后20余年,江西公路建设滞缓。至1930年,全省公路通车里程仅130千米,而浙江省为896.9千米。1931年,上任不久的国民党省政府主席熊式辉列“交通清共”和“修建公路”为其施政重点。至1937年抗日战争爆发前夕,全省公路通车里程达6347千米,全省83个县有76个县通公路,居浙、皖、鄂、湘、闽、粤、赣7省第2位、全国第3位,仅次于粤、鲁两省。此时,江西已建成一个以省会南昌为中心、可通达省内外的公路交通网。

1930—1937年江西省与周边各省公路通车里程概况一览

表1　　单位:千米

	江西省	浙江省	安徽省	湖北省	湖南省	福建省	广东省
1930年	130	896.9	1631	1838	—	1950.4	1683.9
1933年	2300	1882	2498	1833	1368	2449	11700
1934年	4652	3121	2408	3240	2076	3263	11244
1935年	5851	3136	4290	3664	2689	3658	11288
1936年	6210	3308	5379	4438	2954	3820	11288
1937年	9347	3401	5433	4600	3165	4120	11288

1938年之后，随着东南沿海、华中、华南等地沦陷，日寇控制长江中、下游两岸大片国土、交通要道和中国漫长海岸线，军事形势变化相伴随的赣、浙、皖、闽、粤毗连地区逐渐成为华东、华南地区抗日战争大本营。1939年3月，为阻日寇西进，浙赣铁路除东乡至诸暨段保持正常运输外，几乎全线被迫炸毁。由于浙赣铁路和长江航运的中断，江西因其特殊的地理区位和战略地位，在抗日战争中、后期，其境内公路一跃成为东南和西南地区交通运输大动脉。面对中日关系激烈恶化和全国抗日战争形势与适应战时需要，江西公路承担的连接前后方和斡旋赣、浙、皖、湘、闽、粤等6省重大运输任务，东南地区和西南大后方的沟通几乎全靠江西境内公路交通运输来完成。1938—1945年，江西公路修建并重，加大境内公路新建和老路整修，其中，全省共修整48段、3390千米公路线，相当全省公路总里程的51.2%。至1945年末，江西实际修整境内各线公路8556千米、修复桥梁28501延米、新建公路1110千米，其中，新建重要区间公路有：①闽湘线长汀至赣县段（抗日战争前夕完成）；于都至赣县江口段35千米（1937年10月完成）；于都至瑞金段82千米（1938年完成），该线东与纵贯江西南北的汴粤线（郑州至广州）相连，西经长汀可通战时闽府驻地永安及龙岩、漳州、厦门等地。②兴国至银坑公路，全长45千米，此路修通后，自泰和至宁都不需再绕道遂川、赣县、于都，可自泰和经兴国、银坑至宁都，缩短运程130千米。③宁都至梅县公路会昌至寻乌澄江段83.5千米（1938年完成），该线北与鹰界线（途经鹰潭、南城、南丰、宁都、银坑、兴国、泰和、永阳、永新、界化陇）相接，中与湘赣线相交，南与粤北、粤东各县相连。④江村至分水关公路（1939年7月完成），其中，新修钩鱼台至分水关公路2千米，整修公路44千米，沟通铅山河口至建阳、南平一条赣闽通道。⑤泰和至井头（途经三都、永阳、天河、茅坪、永新）公路，全长132千米（1942年2月竣工），其中，新修公路30千米，整修公路102千米。此公路修通后，自泰和至界化陇可不必绕道吉安、安福、莲花等地，缩短路程65千米。⑥南丰至黎川公路，全长54千米（1944年5月完成），此线通车可大大缩短由福建光泽至赣南路程，不必再绕道资溪、南城等地。整个抗日战争时期，江西沟通东南、西南各省公路大动脉就是鹰（鹰潭）界（界化陇）公路干线。1938年后，这条交通运输通道把支离破碎的浙赣、湘桂、鄂皖、闽粤等省交通运输连接起来，成为东南诸省和西南诸省的交通要冲：向西可至湖南衡阳、长沙，向南经赣县可达粤北韶关，或经赣县、南康、龙南、全南入广东翁源，或经赣县、龙南、全南进广东和平，向东经上饶和浙、皖各地相通，向东南经黎川、光泽入闽，或经铅山可至福建建阳、南平。鹰界公路干线和上述相通的各条公路线及鹰小公路线（从鹰潭经南城、于都、赣州至赣粤交界小梅关）、汀赣公路线、宁大公路线等构筑起中国东南抗日战争的公路运输交通干线网，完善并优化战时东南诸省和西南诸省的省际公路运输交通要道。在此背景下，江西公路汽车运输迅速兴起，境内军需民用物资运输繁忙，江西工矿业逐步走上正轨，区域经济递进繁荣。江西公路处战时采取的以上措施和行动，为全国抗日战争持久深入和夺取最后胜利奠定坚实基础。

抗日战争时期江西省汽车数量概况一览

表2

民营运输业		公营运输业		
年份	数量（户）	年份	单位	数量（辆）
1937年7月	125	1937年7月	江西省公路处	526
1939年	265	1938年	—	212
1940年	574	1945年8月	—	85
—	—	1940年5月	江西省工商管理处	54
—	—	1941年	—	67

续表2

民营运输业		公营运输业		
年份	数量(户)	年份	单位	数量(辆)
—	—	1945年	—	33
—	—	1939年	江西省盐务联运处	100余
—	—	1942年	—	200余
—	—	1937年7月	江西省钨业管理处	8
—	—	1938年	—	50余

江西省公路处开办省际公路汽车联运业务概况一览

表3

线路名称和起讫地点	开办时间(年月)	停办时间(年月)	全程(千米)	运行方式	运行时间
南昌—长沙	1934年10月	—	376.8	对开1班/日	11小时
南京—南昌	1937年10月	1937年12月	710	隔日开行	3天
南昌—延平	1937年12月	1942年6月	—	对开1班/日	2天
衡阳—界化陇—鹰潭	1939年	1942年6月	—	分段驳运	3天
光泽—界化陇	1943年	1944年3月	—	—	—
云和—耒阳	1943年6月	—	1175	对开1班/日	8天
铅山—耒阳	1943年6月	—	1029	对开1班/2日	7天
上饶—界化陇	1944年3月	1944年5月	—	—	—
延平—韶关	1942年10月	1943年10月	—	对开2班/日	4天
永安—曲江	1943年10月	1944年7月	606	—	3天
上饶—建阳	1939年7月	—	—	每日开,隔日开	1天
闽韶直达联运	1940年7月	—	—	每日往返2次	—
界化陇	1940年9月	1941年12月	—	—	3天
赣县—曲江	1943年8月	1944年5月	—	1班/3天	1天

20世纪30年代中期至抗日战争,随着国共两党合作一致抗战,江西公路网初步建成,全省汽车运输业迅猛崛起。战前原民营汽车客运业继续营运,原本依照省政府《关于全省公路干支线客运应全部归政府垄断经营、货运准商人自由营运》之规定,由于赣浙交界玉山至常山、广丰和江山至衢县2条公路为民间资本修建而成,因此,这2条公路客运业务则分别由赣浙商人合办的常玉公司和广江衢公司经营,直至浙赣战役爆发时结束。后因广东军阀在赣南势力扩张,1933年余汉谋与广商合办利通公司(1936年改名南通公司),不仅经营赣州至广东的货运,还完全垄断大余至赣州的客运,公司客运班车由4辆增至10辆,大余至赣州的客运班次每天对开2班,大余至南康、信丰、唐江也各有1趟班次往返。大余至南雄客运先是由健行公司独家经营,每天8辆班车,后永行公司加入,业务扩大。与民营客运业在省际边区个别线路营运相比较,民营汽车货运业可谓纵横驰骋。1937—1940年,全省民营货车数量年年攀升,由125辆发展到574辆,增幅为3.6倍,民营汽车货运呈持续繁荣局面。寻乌县吉潭、澄江2镇货运汽车1936年仅为1辆,1940年增至10余辆;筠门岭镇经营油盐米豆的东兴行拥有货车4辆。1941年春夏,尽管鹰潭至衡阳公路运输线

受到浙江沿海口岸沦陷、货源断绝的影响,日均难超20辆汽车运货,但深受战争影响的省内其他公路线日均车流量仍保持一定水准。如:龙南、定南往返广东的汽车流量日均都在50辆左右,鹰潭至赣县公路上的货车流量日均也约有30辆。至1941年,太平洋战争和浙赣战役爆发,全省民营汽车货运业才逐渐走向一个低谷时期,而公营公路汽车运输业却毫不逊色。以投入营运汽车数量相比,1937年至抗日战争爆发,江西公路处所拥有汽车由最初的72辆上升到526辆,增幅6.3倍。之后,因受日机轰炸损、军运毁坏和自然报毁等,1938年末能行驶营运的汽车只剩212辆(均为1935年之前的旧车)。抗日战争爆发至20世纪40年代初,江西省工商管理处、江西省盐业联运处、江西省钨业管理处所拥有的汽车数量均有增加,少则50余辆,多则200余辆。至抗日战争胜利时,江西公路处所拥有客货汽车仅剩85辆,江西省工商管理处所拥有客货汽车仅剩33辆。在此期间,江西公路处业务亮点:一是开办省际业务联运。最早为1934年10月开行的长沙至南昌的湘赣联运,单程12小时。正由于江西公路在抗日战争时期成为沟通东南各省与西南大后方的主要交通通道,整个抗日战争时期,江西公路处先后开辟省际公路联运线路10余条。尽管此停彼开或此开彼停,但在1944年日军大陆交通线战役打响前,东南各省与西南大后方的公路汽车运输始终是畅通无阻的。二是兴办市内公交汽车业务。1939年,省公路处在总结九江、南昌开办市内公交的经验基础上,为利省政府南迁泰和的公务联系与民生需求,又在泰和、吉安两地先后开通7条公交班线。三是鉴于战事吃紧、运输繁重、燃料缺乏、汽油昂贵等诸因,江西公路处编组手车队,在黎川至光泽、浮梁至婺源路段开展联运。据统计,至1941年10月末,全省登记注册参加联运的手推车就有4000余辆。驻河口镇的第三战区省国际贸易联合办事处也组织几十辆手推车组成联运大队运送布匹。民间百姓为逃难和谋生则是广泛采用这一传统交通运输工具。浙赣战役前夕,上饶广大农村独轮车大量进城,运载木器家具,运往深山老林,其手车运输依旧全靠公路。

"八一三"事变后,江西较为通达的公路网和汽车运输极大地支援抗日战争,大批公私车辆被征用于战时军需民用运输任务。1937—1938年,江西公路处被征调汽车3次,第1次为1937年8月,120辆汽车征调参加淞沪战争军事运输;第2次为1937年11月—1938年1月,50辆汽车征调参加军事运输;第3次1938年5月,84辆雪佛兰汽车征调参加赣北军事运输;3次共征用汽车254辆,占省公路处建制汽车总数的50%。1939年,江西公路处共组织6批汽车参加军事运输,运量最大的是11月份,从吉安、赣县紧急运送伤员给养3批,共征调汽车282辆。1940年后,江西商车被编组为7个大队,每队45辆车,轮流应征军运,其中,仅1940年上半年,全省应征军运车辆4557辆次。1945年,日军进犯赣南,江西公路处急调汽车72辆赶赴泰和、赣县抢运机关公务人员和其他物资。江西省工商管理处、江西省盐务联运处、江西省钨业管理处所拥有的汽车则自始至终围绕战时军需民用运输开展业务,其中,江西省盐务联运处所设3个车队中,第2车队驻扎黎川,负责将福建建瓯、建阳两地食盐运至黎川、邵武两地;第3车队驻扎瑞金,负责将广东海、陆丰及新铺食盐运至瑞金、会昌两地;第1车队驻扎于都,负责将第2车队运来的食盐运至广昌、宁都两地,将第3车队运来的食盐运至赣县、吉安、泰和三地。每日运输车辆中,军用车辆约占50%。所有军需品、食盐、大米、枪支弹药及军队调防,无不依靠公路汽车运输来完成。

抢运战时物资和运送军粮是战时重要任务之重。1938—1941年10月,江西省战时贸易部共运出大米70万公担、锡锭267吨、其他物资200余万元;输入汽油52万加仑、柴油823吨、煤油11.2万加仑、奎宁粉3吨、麻袋76.5万条、机械零件98种、火柴原材料7种、其他物资211万吨、抢救物资65万吨、运送货物2.25万吨。军粮是大宗运输物资之一,江西本省驻军每年约需100万袋,接济支援外省也在100万袋左右,全部由专门运粮管理部门采购、供应和运输。1940年下半年,江西公路处将军政部存放在鹰潭的大批铁丝、汽油运往湖南衡阳、耒阳,仅10月份就急运出10000余桶汽油,分三批44天驳运完毕。闽、浙、赣三省为支援长沙三次大会战所需运送的枪支弹药和战用物资,全靠鹰界公路线完成。该线泰和至永阳路段,每日东来西往的运输汽车络绎不绝。由此可见,战时繁忙军运,江西省在军粮管理、调剂、运输等各个环节都发挥重要的作用和巨大的贡献。

1938—1941 年，在普通客货运输方面，江西公路处汽车行车次数和行车总里程虽呈逐年下降，但客运总体趋势仍稳步上升，从初年的 45 余万人次升至尾年的 80 余万人次，涨幅近 2 倍；货运也从初年的 454 吨升至尾年的 1600 吨，涨幅近 4 倍。1939 年末，浙江宁波、温州等东南沿线港口所输入物资，其中，90% 自金华西下经鹰界公路线运往赣南、长沙或衡阳至西南大后方。宁大线会昌至筠门岭段公路日均来往汽车 50 辆以上，赣县至韶关段公路仅杂粮运输至广东日均 30 余辆货车，最高纪录达 60 余辆。1942 年，因江西战事影响，货客运量开始下滑，唯鹰界段公路货物运输最为繁忙。

（夏　言）

抗日战争时期江西公路处客货运输概况一览

表 4

年份	客运人次	行车次数	行车里程（千米）	车均行程（千米）	货运吨数
1938 年	4540348	40107	4468269	21067	454
1939 年	770819	39780	4342532	40209	1646
1940 年	741000	37500	3491547	32901	1610
1941 年	800454	37303	2427215	33711	1600
1942 年	367336	18500	1248226	24475	—
1943 年	295500	15850	1049079	17198	—
1944 年	236000	13677	116383	17634	—
1945 年 8 月	57005	3315	250999	4482	—

地　理

【江西省第二大河——抚河】　抚河，水名，位于江西省中东部，地处北纬 36°29′～28°30′、东经 115°36′～117°18′之间。抚河干流全长 387.5 千米，南起广昌县南部武夷山脉，由南向北流经广昌、南丰、南城、金溪、临川、进贤、南昌入幽南乡太平渡汇青岚湖，与信江、赣江相连，流域面积 1.7000 万平方千米。境内有大小支流 10 余条，干流航道里程 287 千米，是江西省内仅次于赣江的第二大河，是鄱阳湖水系主要河流之一。

抚河发源于武夷山脉西麓广昌县驿前乡姚西村血木岭，《汉书·地理志》和郦道元《水经注》均有记载。经专家考证，源头为血木岭灵华峰东侧石壁下 1 处泉眼。血木岭最高处为灵华峰，海拔 991 米。山上怪石嶙峋，且多罅隙，泉水从中喷沫而出，汩汩作响，泉水汇集形成雄奇壮观的飞瀑，风景十分秀丽。至血木岭汇成竹管细流，顺着山谷下行，形成两股溪流，一经里木庄，二经罗家地，流经 5000 米至木头坑合流，先后形成五潭七瀑

抚河发源于武夷山脉西麓广昌县驿前乡姚西村血木岭

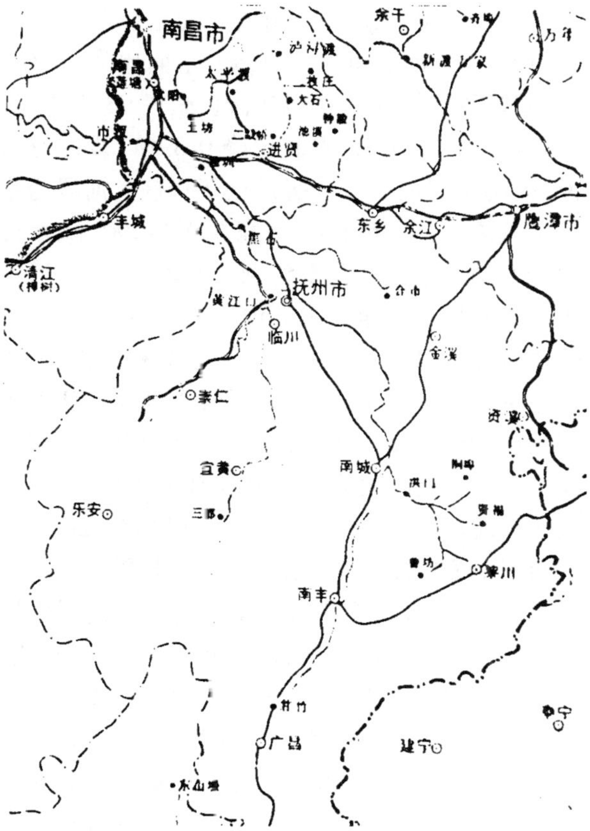

抚河水系图

布。飞瀑珠帘高挂，一泻三折。溪流经龙井、天井里形成驿前港，又环绕驿前镇，从东北向穿过高虎脑、杨溪、赤水、盱江、甘竹等6个乡镇，由千善港、长桥水、古竹港、尖峰港、头陂港、石梁港、塘坊港等11条港处纳69条溪流之水在赤水的石咀头与塘坊港汇合而成。汇合之水北流至南城、临川，在抚州市下源村附近纳入宜黄水和宝塘水之前始称盱江，又称汝水、后称抚河。盱江为抚河的上游，从甘竹镇罗家村流入南丰县境，再经南城黎川河至抚州纳宜黄河、乐安河等形成抚河。抚河过柴埠口入赣抚平原，经丰城、进贤、南昌后至箭江口分为东、西两支。东支为主流，经梁家渡下泄，由青岚湖注入鄱阳湖。西支流入金溪湖后北流经余干继分而为三，水系略显混乱，大部分经向塘、武阳回归主流。抚河上游支流有长桥水、青铜港、瞿溪河、密港水、石咀水、九剧水、沧浪水等，中、下游有黎滩河、龙安水、云山河、茶亭水、桐埠水、金溪水、崇仁河、宜黄水等，其中，黎滩河、崇仁河、宜黄水、云山河等4大支流为流域内主要通航支流。流域东、南、西三面环山，中部丘陵与河谷盆地相间，地势南高北低，渐次向鄱阳湖平原地区倾斜。地貌以丘陵为主，山地、岗地和河谷平原次之。海拔500米以上的山地占总面积的30%，海拔100～500米之间的丘陵占50%，海拔低于100米的岗地和河谷平原占20%，其中，位于南西部的雩山山脉中的军峰山海拔1761米。武夷山脉逶迤东南部，为盱江和闽江的分水岭。抚河流域处中亚热带湿润季风区，常年平均气温17.7℃，年均日照数1746小时，年均降雨量1649毫米。洪水期在每年4—6月，降雨量占49%，历史最高水位42.78米，最低水位36.46米。水能蕴藏量约60万千瓦（理论蕴藏量为70.246万千瓦），占全省水能蕴藏量的10.29%。其中，水能可开发量49.14万千瓦。水资源总量232.97亿立方米，地表水资源181.11亿立方米，人均占有水量6300立方米。森林资源主要分布在东部的资溪、黎川和南部的广昌与西南部的乐安、宜黄，有林地80余万公顷，武夷山林区和大王山林区为省内主要木材产区，有高等植物3000余种，其中，木本植物214科821属1895种（含亚种、变种及少数栽培种），优良速生树种26科55种，活立木蓄积量4063万立方米。南方红豆杉、钟萼木、香果树、银杏、松、樟、枫等32种被列为国家保护植物；香榧、江南油杉、罗汉松、赤皮桐、美毛含笑、沉水樟等45种树种被列为省级保护树种。动物资源中有哺乳类、鸟类、两栖类、爬行类、鱼类、软体动物、浮游动物等。野生脊椎动物共有29目87科196属292种，属国家一级保护动物有6种，分别为华南虎、金钱豹、云豹、梅花鹿、黄腹角雉、白颈长尾雉；属国家二级保护动物有穿山甲、娃娃鱼、白鹇、金猫、猕猴等37种；属省级保护动物62种；属《濒危野生动植物种国际贸易公约》保护的有银环蛇；特有的动物有黑熊、红腹锦鸡。矿产资源主要有有色金属（含贵金属、稀有金属）矿产、黑色金属矿产、非金属矿产（稀土、瓷土、建筑材料及冶金辅助矿产）等。已探明储量的230处矿床中，金矿储量10025.5千克，银矿储量167吨，铜矿储量199050吨，铅矿储量70585.47吨，锌矿储量12470.7吨，钨矿储量45492.42吨，铁矿储量3445.36吨。已探明储量的有铁矿700万吨、花岗石111.6亿吨、石灰百2400万吨、白云岩1500万吨、石墨359万吨、晶石矿200万吨、瓷土2000万吨。流域煤炭产地32处，累计探明储量为827万吨，占全省总量的0.7%左右。已开采利用的有色金属矿产有钨、金、铜、钾、锡、铅、钴、锌、铋等

20余种;黑色金属矿产有铁、锰;非金属矿产有碲、硒、硫、石墨、萤石、瓷土、石灰石等30余种;放射性矿产有铀。其中,广昌县锂辉石储量全国第一。金溪县石墨矿品位高,储量大,居江南之首。在唐朝时,金溪是江南的冶银重镇,出金产银,留存银坑遗址和千年冶银碑文(国内古代矿冶最早的实物性文字记载)。乐安县盛产核能利用中所需要的铀238亚洲储量最大,被称为铀都。

抚河流域是饭稻羹鱼的膏腴之地,经济以农业为主,是国家商品粮生产基地之一,享有赣东粮仓之美称。2015年,全流域国土面积1.88万平方千米,耕地面积24.53万公顷,人均占有耕地面积0.06公顷;耕地灌溉水田20.01万公顷,其中,望天田10.27万公顷,水浇田3万公顷,旱地1.85万公顷,菜地1.19万公顷,果园地3.8万公顷,牧草地0.064万公顷,可供开发利用土地13.73万公顷。土壤类型分为红壤、黄壤、山地草甸土、红黏土、粗骨土,潮土和水稻土9个土类及15个亚类、65个土属、200个土种。主要农畜物为水稻、瓜果、棉花、油料、甘蔗、生猪、家禽、水产品等。2016年粮食生产总量160.87万吨、油料生产总量5.9万吨、水果生产总量182.21万吨、甘蔗生产总量20.95万吨、蔬菜生产总量144.8万吨、茶叶生产总量0.26万吨、棉花生产总量0.31万吨、肉类生产总量34.48万吨、水产品生产总量19.38万吨、瓜类生产总量68.40万吨;出栏肉猪283.08万头、生猪年末存拦174.45万头、家禽年末数2551.35万只。抚河流域国民经济生产总值1105.14亿元,其中,第一产业增加值181.82亿元,第二产业增加值549.30亿元,第三产业增加值374.02亿元,主要工业企业为纺织、酿酒、水泥、汽车、化肥农药、农副产品加工、电力等,规模以上工业增加值全年完成364.20亿元。主要产品与产量:布类19567万米、酒与饮料21.81万吨、服装7716万件、变压器1306.95万千伏安、中成药676.4万千克。全年完成财政总收入165.18亿元,公共财政预算支出294.30亿元,城镇居民人均可支配收入2.51万元,农村居民人均可支配收入1.14万元。新创建2个国家级生态文化村、1个省级生态乡(镇)、5个省级生态村。

自古以来,抚河水路交通是流域物质运输的重要载体,是抚州各县、区通往省会南昌乃至长江流域各商贸发达城市的重要黄金水道。抚河干流航道分为4段:①广昌至南城河段为上游航道,全长108千米,河宽400~800米,水面比降0.5%。②南城至抚州河段为中游航道,全长73.5千米,河宽400~1000米,水面比降0.39%;段内有黎滩河、鸣山河汇入。③抚州至新建樵舍河段为中下游航道,全长36千米,河宽600~1200米,水面比降0.26%;段内有崇仁河、宜黄河、云山河汇入。④新建樵舍至太平渡河段为下游航道,全长69.5千米,1958年兴建赣抚平原水利工程时,于新建樵舍建成1座拦河坝,原航道改经新建樵舍船闸进赣抚运渠与赣江连通,再经柴埠口入东干渠由周坊入抚河运渠。1960年荏港土坝建成后,其干流航道经土坊至太平渡入青岚湖。20世纪60年代,流域加大水土保护、兴修水利和整治航道、新辟运渠等大型工程。全省航道部门对南城以下8个重点浅滩进行整治,共建堆石坝26座,全长7503米,总工程量22316立方米。1972年、1973年、1979年又对新建樵舍段进行整治,共筑丁坝86座,全长12562米,总工程量78808立方米,水深由原0.3米增至1.2米。20世纪80年代,政府在干流东西新辟干渠航道工程3条:①赣抚运渠:自新建樵舍西侧渠道开挖总干渠,在新建樵舍至市汊开挖人工渠道,经总干渠、天王渡、在市汊上游3千米处与赣江汇合,渠长47.5千米,渠宽14米,最低水深0.6米,最大流速1米/秒,弯曲半径150米,沿途设新建樵舍、东方红、市汊3座分流节制闸,干渠水位和流量受节制闸控制,运渠均按100吨级通航标准建设,接赣江,沟通抚河及赣江水运。②东干渠航道(柴埠口~温圳):渠长30.5千米,渠宽30米,最小水深1.93米,最小流量80立方米/秒。渠首位于新建樵舍坝上游4千米右岸,以东干渠至柴埠口以下至温家圳,柴埠口船闸通航标准为100吨级,构成与浙赣铁路的联运。③抚湖运渠(柴埠口~望湖岭):全长47.5千米,渠宽30米,最小水深0.7米,正常引水流量0立方米/秒。位于新建樵舍坝东岸,经柴埠口船闸入东干渠,再经周坊节制闸入抚湖运渠,于张王庙下望瑚汇入青岚湖。在20世纪70年代,抚河水运量占流域总运量70%以上。但由于流域水土流失和新建樵舍坝的建设,造成抚河航道淤塞,水流不畅,大宗货物弃水走陆,大量船舶从事外港水运。1994年,干流货运量仅18万吨,货物周转量3692万吨千米;2002年,干流货运量

200万吨，主要为域内沙石和农副产品，出域物资甚少；2005年，干流货运量180万吨；2008年，干流货运量272万吨；2009年，干流货运量222万吨；2010年，干流货运量318万吨；2015年，干流货运量206.4万吨，港口货物吞吐量620万吨。流域内有2条铁路干线：昌福铁路（向莆段）为国家一级快速铁路干线，时速200千米，全长632千米，途经南昌市、抚州市、三明市、福州市、莆田市，全线共设22个车站，境内有抚州、南城、南丰等火车站。向乐铁路是南昌县通往抚州乐安县公溪镇江边村站的铁路。全长117.4千米，1965年12月建成通车，沿线车站总数13个，境内有抚州北、临川等火车站。京九铁路通车后，向乐铁路江家站至三江镇站一段与京九铁路共轨。境内公路为折叠公路网：①福（州）银（川）高速公路是境内第一条高速公路，中国国家高速公路网编号为G70，途经闽、赣、鄂、陕、甘、宁，沟通中国华南、华中与西北地区，全长2485千米。境内有临川、罗针、东馆等出入口。②抚（州）吉（安）高速公路是江西省18条加密高速公路之一，东接福银高速，西接樟（树）吉（安）高速，全长179.19千米，途经临川区、崇仁县、宜黄县、乐安县、吉安市、永丰县、吉水县、吉州区。在临川境内有连城出入口。③抚（州）金（溪）高速全长39.29千米，属江西地方加密高速公路，建成将贯通花山界至里木、抚州至吉安、井冈山至睦村高速公路，成为江西高速公路网东西向又一条干线大通道。④抚八线起于文昌大道与抚城公路交界处，途经临川、崇仁、乐安3县（区）14个乡镇，终乐安县与永丰县交界处，全长120.1千米，2003年12月29日开工建设，2005年12月12日竣工通车，是流域公路建设史上自行一次性投资最大、建设里程最长、标准等级最高的一条公路。⑤东临一级公路全长40.99千米，路基宽18米，横跨东乡、临川2个县（区）12个乡镇32个村，是通往沪瑞高速公路、京福高速公路、梨温高速公路和浙赣铁路的连接线。

抚河流域历史文化可追溯到上古时代，临川章舍出土的石锛、石铲、石镞、石斧和诸多镌刻有云、绳、网纹、人、鱼等图形的钵、罐、尊、鼎、豆、壶、簋、盘、杯、瓮等陶器，展示流域早期文化的雏形。大禹治水后，全国以自然分区划分为九州，抚河流域属扬州；西汉高祖六年（公元前201年）定名南城县，为流域境区建县之始。三国吴太平二年（257年）临汝、南城两地始置临川郡；唐武德五年（622年）改临川郡为抚州；明洪武九年（1376年）抚州府辖临川、崇仁、宜黄、金溪、乐安5县。1949年7月1日成立抚州分区。1951年6月，改临川县城关镇为抚州市。该流域历史文化厚重，其代表为临川文化，亦为江右文化的重要支柱。临川文化生成于秦汉，兴盛于两宋，延绵于明清。其人文、风物、哲学、教育、文学、艺术、科学、技术、医理、学术、宗教、民俗、体育、语言、建筑、美食等实行向性组合，辐射昭武、南岭、庐陵、洪都、浙皖、瓯闽部分领地而形成独具特色的区域文化。它是地方社会经济发展的心力资源，是建构赣文化的重要支柱，是华夏文化的一朵奇葩。流域主要自然景观和人文古迹有：1. 始建北宋嘉祐二年（1057）的拟岘台（第7次重新修复），主体高度39.9米，为宋代风格建筑；位于临川区云山镇境内金山寺，是弘法一方的佛教圣地和历史景观。2. 临川文昌桥建于南宋嘉泰中期（1202—1203年），是中国古代建筑艺术的珍贵遗产。3. 南丰县现保存有：曾巩故里、曾巩读书岩、曾巩纪念馆及石邮傩文化古村、洽湾船形古镇、琴城明清古街与古城墙、白舍宋元古窑遗址等，其中，琴城镇老街保存151栋明清古居。4. 南城县明益王府遗址、唐代宝方寺、明崇祯七年万年桥（1634年）和素负洞天福地盛名麻姑山。5，广昌县驿前镇有千年历史、保存众多明清古建筑群，其石雕、木雕、砖雕堪称江南古文化之佳作，莲花、荷叶、莲蓬等吉祥图物随处可见，形成博学多姿的白莲文化。明清时期镇内36座半祠堂、24座庙宇和200多幢商宅民居，现存53幢古建筑尽显客家风情。该县保存的古迹名胜还有摩崖石刻、抚（河）源飞瀑、千年古刹定心寺、明代古寺龙凤岩、明代和雯峰书院、宋代雁塔、列为中华之最的广昌恐龙化石、太平军战斗旧址和中央苏区旧址等。6. 金溪县自然景观与名胜古迹多达200余处，名荐天朝牌楼（正中横刻“名荐天朝”四字，右题“洪熙元年”）为少见的保存完整具有明确纪年的明代牌楼；浒湾书铺街11000多栋明清古建筑、31处宋元时期烧陶制瓷遗址与列为全国重点文物保护单位之一的宝山金银矿冶炼场大遗址。7. 宜黄县曾是中央苏区第四次反围剿主战场，著名的黄陂战役、东陂战役就发生在这块红色土地上。该县有唐代高僧本寂禅师创建于870年的佛教五大禅宗之一曹洞宗祖庭曹山寺、全国罕见的丹霞地貌一太极岩风景区、明清棠阴古镇古建筑群等。8. 崇仁县人文古迹有大石楼、华山寺、甘氏宗祠、相山与相山石塔、世尚义坊、石经幢、廻澜桥、汤溪宝塔、黄洲桥,龙济寺、观音灵岩、南宋一品宰相吴道南墓遗址等。9. 黎川县新丰桥建于明代弘治十七年(1504 年),横港桥建于清乾隆年间(三孔石拱廊桥),菖蒲桥于 20 世纪 30 年代末期被水冲垮,李苑桥是潭溪荷塘宋代著名思想家、教育家李觏的后人为纪念祖先建造,钟贤古村(今中田村)始建宋朝。10. 资溪县大觉山是武夷山脉中段一处原生态的"人间净土",大觉岩寺坐落在 1118 米莲花峰的一个天然岩洞内,由东晋大觉禅师创建,集儒、释、道三教合一的朝觐圣地。莲花山奇峰独特,"将军石"等 50 余个景点分布于大觉寺周围;山下宋朝古镇建有一河三街六巷,有衙门、商店、茶楼、集市、客栈等,彰显古代民风古韵;有始建于明天启四年(1624 年)的高云古塔和接龙古桥、清朝道光十五年(1835 年)的祈雨石碑等。11. 乐安流坑是"中国历史文化名村",建于五代南唐,全村由横七竖八的棋盘街和密如蛛网的巷道组成,族人按房派宗支分巷居住,内有村墙,门楼守望,俨若一座城池。今存楼坊、祠堂、殿宇、戏院、书院、民宅等 309 栋明清古建及迷宫式建筑群组,砖雕、砖刻、石雕、石刻、彩画、墨绘等装饰随处可见;石桥寺始建于唐天宝三年(744 年)。12. 第二次国内革命战争时期,抚河流域有 6 个县为红色革命区,至今保存完好的革命遗址有第四次反"围剿"东、黄陂战役旧址,第五次反"围剿"高虎脑战场旧址,康都会议及红一方面军总部旧址,闽赣省苏维埃政府旧址,毛泽东、周恩来、朱德、邓小平等旧居。

抚河流域水陆四通,风物清嘉,文盛鼎沸,名人荟萃。几千年来,以"礼"为核心的儒家正统文化,兼之佛、道文化特点而形成的江南渔耕文化体系。临川文化是赣东江右民系创造出来的区域性文化,它以临川古治属为核心,涵盖流域 10 余县区。实行科考制度后,抚河流域在科举考试中共录取举人 1029 人,进士 731 人。著书立传的学者有 300 多人,著述 481 种,5580 多卷,其中,65 种 770 多卷被列入《四库全书》。单临川城内设有兴鲁、青城、临汝、峨峰、崇儒、碧涧、槐堂、兴贤书院及红泉精舍等,与各县乡学、社学、私塾、蒙馆、鉴馆,形成一个多层次的文化网络。"每课诗文,必须出自亲裁""为父兄者,以其子与弟不文为咎,为母妻者,以其子与夫不学为辱"的喜书好学风气,表明抚河流域在宋朝时的文化教育繁荣与发展。北宋思想家王安石(1021—1086 年,临川盐埠岭人),他以"天变不足畏,祖宗不足法,人言不足恤"致力为新政铺路。在其极为丰富的文学作品中,也闪烁着矢志改革的光彩。存世作品有《临川集》《临川集拾遗》《三经新义》(残卷)等。明代杰出的剧作家汤显祖(1550—1616 年,临川县云山乡人)为国粹戏剧鼻祖,其作品《牡丹亭》《紫钗记》《南柯记》《邯郸记》合称"临川四梦",被誉为"东方的莎士比亚"。被列为"唐宋八大家"之一曾巩(1019—1083 年,建昌南丰人)勤政爱民,公正廉明,卒后被遂称"曾文定公"或"南丰先生",存世作品有《曾巩集》《元丰类稿》《隆平集》等。北宋著名词人晏殊(991—1055 年,临川文港人),是"江西词派"的首领人物,与其子晏几道(1031—1106 年)被誉为"临川二晏"和"词坛二仙"。明、清朝临川文化杰出代表陈际泰(1567—1641 年,字大士,号方城,临川鹏田陈坊村人)、罗万藻(1647 年,字文正,临川腾桥人)、章世纯(1575—1644 年,字大力,临川箭港人)、艾南英(1583—1646 年,字千子,号天佣子,临川段溪艾家村人)号称"临川四大才子",结"豫章社",倡导时文。元代著名地理学家朱思本(1273—1333 年)用计里划方格定位方法绘成《舆地图》,是制图史上的杰作;明清以后所制新图多以《舆地图》为蓝本,著有《九城志》和《真一斋诗文稿》。历任山东道御史、山西巡按使、浙江巡按御史等要职祝徽(1568—1634 年,临川钟岭祝家村人)与汤显祖、邱兆麟、帅机齐名,被誉为明代"临川前四大才子"。清代著名理学家谢文洊(1615—1682 年,南丰县人)主要著作有《明学遗书》56 卷等,均收入《四库全书总目》。南宋著名理学家、思想家和教育家陆九渊(1139—1193 年,金溪县陆坊青田村人),世人称"存斋先生",为宋明两代"心学"开山之祖,与朱熹齐名,被誉为百世大儒,是中国十大思想家之一,著有《象山先生全集》。著名历史人物还有:北宋历史地理学家乐史,北宋水利学家侯叔献,明朝抗倭名将兵部尚书谭纶,明代诗人吴道南。东晋大书法家王羲之于晋成帝咸康元年至六年(335—340 年)在临川任内史,时年三十余岁,临池而学,刻苦练书。唐代颜真卿曾任临川刺史，撰《临川集》诗集，书《南岳魏夫人仙坛记》《宝应寺经台记》和《麻姑山仙坛记》。爱国诗人陆游在临川写近百首诗。近代、现代著名人士有第三、四、五届全国人大常委会副委员长李井泉（1909—1989年，临川人），中共早期优秀党员赵醒侬（1899—1926年），原解放军军事检察院检察长、中将黄火星（1909—1971年），著名数学家吴嘉善，历史学家吴宗慈，物理学家饶毓泰、丁渝，化学家邓丛豪，水利学家侯叔献，中科院院士余瑞璜、吴式枢、程孝刚、余瑞璜，桥梁建筑专家罗英等。流域非物质文化遗产有：抚州采茶戏、傩舞、海盐腔、板凳龙灯、狮子灯、跑马灯等；临川贡酒、抚州西瓜、南丰蜜橘、南丰泥炉；宜黄戏已入选首批国家级非物质文化遗产名录。民俗"跳八仙"是由宝唐水（崇仁河支流之一）河畔的前河、里河、詹家三村（属巴山镇）中杨、詹两姓祖传的"跳傩"傩舞，被誉为"中国舞蹈的活化石"。黎川陶瓷自古就有"江西第二瓷都"之称。最负盛名的潭溪乡香菇种植历史已有200多年。黎川宏村、樟村2古镇居住的客家人，迄今保留着客家擂茶习俗。

2016年，抚河流域启动生态保护及综合治理5大工程：（一）生态保护与修复工程：进一步改善抚河流域生态环境，加快实施抚河流域生态工程建设，治理水土流失，建设绿色生态抚河。重点推进抚河源头生态保护区工程、河流绿色廊道建设工程、森林生态系统的保护与修复工程、抚河流域水保生态工程、自然湿地保护工程、水文化工程的建设进程，将抚河建设成为生态型河流，其排洪灌溉、气候调节、景观休闲等功能得到恢复和完善，使抚河中上游河段成为一道靓丽的绿色生态走廊。（二）防洪疏浚工程：提高抚河流域中下游地区的防洪能力，构建抚河防洪安全屏障，重点建设对人民生命财产安全影响大的项目。通过防洪安全工程、重点支流治理工程、五河治理工程、水文监测工程等工程建设，将有效保障城乡人民群众的生命财产安全和农业综合生产能力。同时为充分发挥内河航运成本低、运载量大的优势，按照Ⅳ级航道开展干流航道整治与疏浚，积极推动恢复抚河航运通行能力，构建抚河干流黄金水道，促进昌抚一体化进程的加快。（三）水资源保护工程：按照源头抓起、支流治理、干流控制的原则，实现干流的水质控制目标，突出抓好抚河流域的污染治理，采取统筹城乡污水垃圾处理、综合治理农村面源污染、保护饮用水源地、整治山塘水库、建立水污染监测体系等多种措施，将大大减少城乡污水垃圾污染物的排放，减少农业和农村面源污染，促进抚河水质的改善，提高饮水安全和用水保障。（四）水资源利用配置工程：为更好地开发利用抚河水资源，加强水生态文明建设，解决全市工程性缺水等问题。坚持开源与节流并重的方针，加强水资源管理，重点实施灌区续建配套与节水改造工程、廖坊灌区二期工程、廖坊灌区节约环保型生态农业示范区工程、农村饮水安全工程、应急水源工程、抗旱应急水源工程，将有效提升水资源利用率，提高农业综合生产能力，使节水型社会建设逐见成效。（五）产业结构调整工程：大力实施节能、节水、环保、清洁生产和安全生产的技术改造，重点在有色金属加工、化工、造纸等高耗能行业进行重大节能技术改造，支持企业开展"废水、废气和废渣"的综合利用和无害化处理。加快推进产业绿色转型引导工程，引导发展科技型、环保型、节水型、低耗能产业，重点沿抚河流域布局以文化旅游、文化创意、电子信息、生物制药、数字出版、大数据中心等为主要内容的绿色产业。采取行政管理、经济调节、资源供给控制等多种手段，加快推进落后产能企业的关停并转。通过产业结构调整，促进绿色产业规模集聚、技术提升、布局优化，实现抚河流域经济社会健康可持续发展。整个生态保护及综合治理五大工程总投资291.2亿元。其中，生态保护与修复工程投资50.6亿元；防洪疏浚工程投资99.4亿元；水资源保护工程投资46.3亿元；水资源利用配置工程投资63.9亿元；产业结构调整工程投资31亿元。为将赣抚水系连通，整治入鄱阳湖水道，打通赣江、抚河航道，全面活化河湖水系，改善河湖健康，解决河湖枯水期径流问题。将启动赣江抚河下游尾闾综合整治工程，将构建"三横四纵"骨干水系连通格局。根据抚河下游尾闾综合整治方案，整治范围为抚河焦石坝至三阳河段全长76.5千米。其中，焦石坝至塔城大桥河段长52.5千米，塔城至三阳河段长24千米，此段右岸为青岚湖，面积122平方千米。工程还着重规划对赣抚水系进行连通，在赣抚水系连通方案中，提出将以现有河湖水系、调蓄工程和引排工程为基础，以赣江、抚河等主要河流为主线，以青岚湖、瑶湖、艾溪湖、青山湖、象湖等主要湖泊为节点,形成区域水网。发展目标:到2020年,抚河流域城镇体系进一步完善,城镇化水平达到55%,人均GDP超过4.5万元。产业结构进一步优化,高新技术产业增加值占GDP比重超过20%;闽台产业集聚形成规模,实际利用外资超过10亿美元。生态环境质量进一步提高,森林覆盖率稳定在65.5%以上,重要水功能区水质达标率达100%。人民生活更加富裕,城镇和农村居民人均可支配收入分别达到4万元和2万元,与全国同步全面建成小康社会。1、工业转型:A信息技术:建设抚州高新区、临川、广昌等县(区)电子信息产业园,引进一批电子信息产业,形成电子产业集群。支持键盘、鼠标、音响、摄像头等电脑周边产品生产,打造全国最大电脑零配件生产基地。打造大数据产业发展集聚区,江西移动大数据产业基地。B汽车及零配件:依托江铃轻汽等龙头企业,重点发展皮卡、轻卡、商用MPV、轻客、中档SUV等产品;重点推进抚州高新区江铃轻汽技改、重型货车、发动机生产。打造抚州高新区国家级汽车零部件产业基地,打造年产5万辆新能源汽车整车生产基地。2、服务业集聚:A现代物流:加快推进抚州海西综合物流园建设,将抚州打造成中部地区重要的商贸物流中心。B电子商务:创建抚州国家电子商务示范城市,打造一批在全省乃至全国知名的电商品牌。C旅游休闲:推进大觉山、流坑、麻姑山等创建国家5A级旅游景区,大力发展乡村旅游。D健康养老:支持资溪狮子山养老基地等项目建设,打造全国养生养老基地。3、基础设施:A铁路:加快推进吉抚武温、南昌至抚州城际、瑞金至南丰城际铁路的前期工作。B公路:加快推进东乡—昌傅、广昌—吉安、抚州东外环高速建设。规划建设南昌至抚州、抚州至东乡城际大道。C水运:推进广昌—南丰—南城—抚州—南昌水上旅游线路建设,逐步建成抚河旅游水运交通网络。D民航:推动抚州南城、南丰等通用机场前期工作。E枢纽场站:新建抚州客运枢纽、南城综合客运枢纽2个交通枢纽和抚州海西综合物流园、抚州农产品综合物流园、南丰农产品物流中心、南城现代物流园4个多式联运物流中心。为进一步明确生态文明建设的方向,将赣江、抚河流域生态保护和综合治理与构筑海西经济区的生态屏障作为生态文明建设的核心内容和样板工程。

为推动绿色旅游发展,抚河流域"看得见山、望得见水、记得住乡愁"的美丽乡愁特色挖掘保护将在2016—2017年全面实施,投入资金55.8亿元,改造、整合、提升沿河景观及配套设施,实施以驿前古镇为代表的沿岸6县(区)36个生态镇村示范点建设,其中,市城区文昌里历史文化街区改造,抚河源头姚西古村,驿前、莲花古镇,高虎脑苏区小镇,抚河源4个景点,临川区湖南乡坪山村灵谷峰十大胜景,佛教(道教、儒学)活动场所建设等一大批项目,积极推进全流域生态文明建设进程。

(夏 言)

经 济

2016年是"十三五"开局之年,是全面建成小康社会进入决胜阶段的第一年。面对复杂多变的国际经济环境和国内经济趋势明显下行的压力,全省上下牢固树立和贯彻落实新发展理念,主动适应经济发展新常态,积极推进在统筹推进供给侧结构性改革的同时,坚持以五大新发展理念为引领,突出"一个核心",聚焦"七大领域",加快培育经济增长新动能,推进经济体制各项改革任务,稳中求进,实干为本,发展为先,统筹全面做好稳增长、促改革、调结构、优生态、惠民生等各项工作,较好完成年初确定的主要目标任务,实现"十三五"良好开局。

一、综合:全年实现地区生产总值(GDP)18364.4亿元,比上年增长9.0%。其中,第一产业增加值1904.5亿元,比上年增长4.1%;第二产业增加值9032.1亿元,比上年增长8.5%;第三产业增加值7427.8亿元,比上年增长11.0%。三次产业结构由上年的10.6:50.3:39.1调整为10.4:49.2:40.4,三次产业对GDP增长的贡献率分别为4.8%、47.4%和47.8%。人均生产总值40106元,比上年增长8.4%,按年均汇率折算为6038美元。全年财政总收入3143.0亿元,比上年增长4.0%。其中,一般公共预算收入2151.4亿元,比上年下降0.7%;税收收入2462.6亿元,比上年增长3.8%,占财政总收入的比重为78.4%。县级财政总收入2534.3亿元,比上年增长5.1%，高于全省财政收入增幅1.1个百分点。其中，超20亿元的县(市、区)38个，比上年增加2个；超30亿元的县(市、区)18个，比上年增加1个；超40亿元的县(市、区)11个，比上年增加2个；超50亿元的县(市、区)6个，比上年增加1个，财政总收入最高的南昌县达104.4亿元。全年一般公共预算支出4619.5亿元，比上年增长4.7%。用于教育、社保、医疗等民生方面的支出完成3595.3亿元，比上年增长5.1%，占支出比重达77.8%，比上年提高0.3个百分点。省委、省政府年初确定的50件民生工程实事全面完成。全年居民消费价格(CPI)比上年上涨2.0%。其中，城市上涨2.0%，农村上涨1.9%。构成CPI的八大类商品服务价格"七涨一降"：食品烟酒类

图1 2012—2016年地区生产总值及其增长速度一览

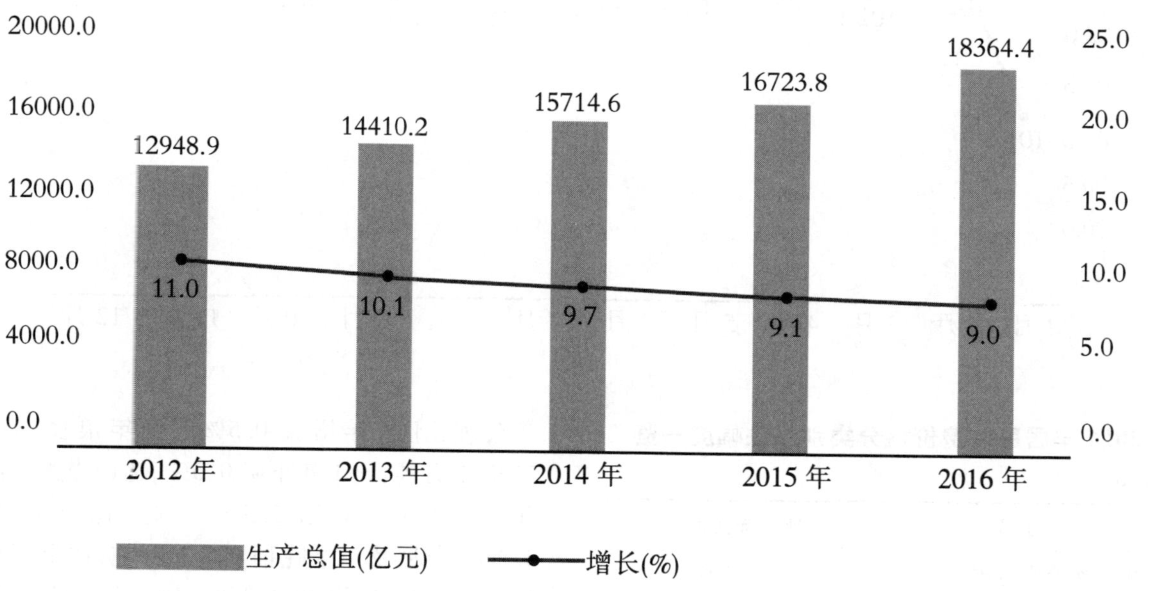

图2 2012—2016年财政总收入及其增长速度一览

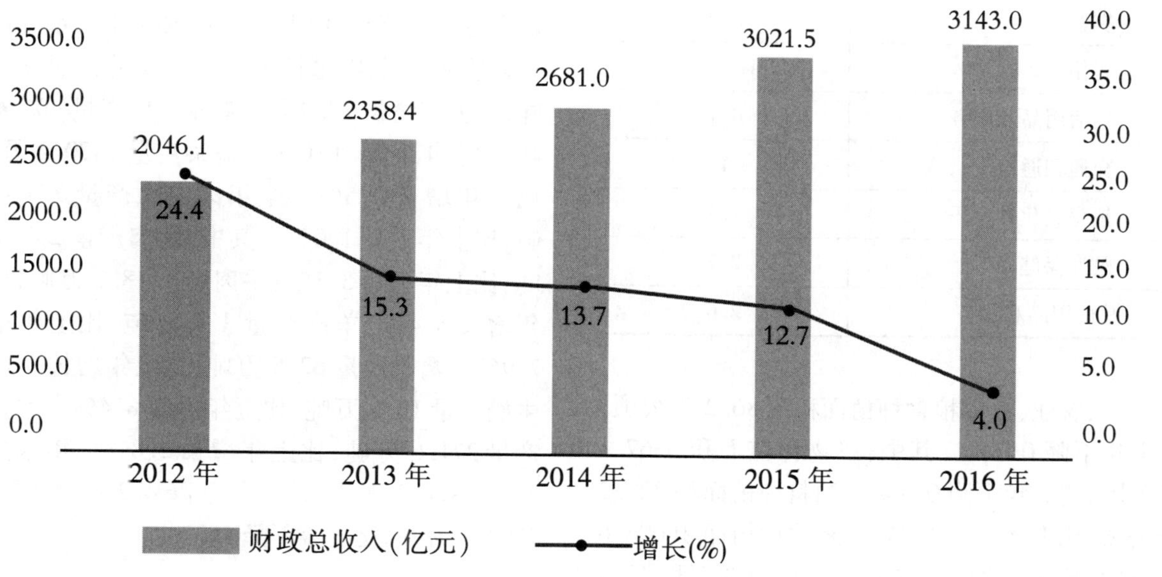

上涨4.4%,医疗保健类上涨2.7%,其他用品和服务类上涨2.6%,教育文化和娱乐类上涨1.5%,居住类上涨1.0%,衣着类上涨0.9%,生活用品及服务类上涨0.1%;交通和通信类下降1.2%。工业生产者出厂价格(PPI)下降1.4%,工业生产者购进价格下降2.3%

图3　2016年各月居民消费价格指数一览

(上年同期为100)

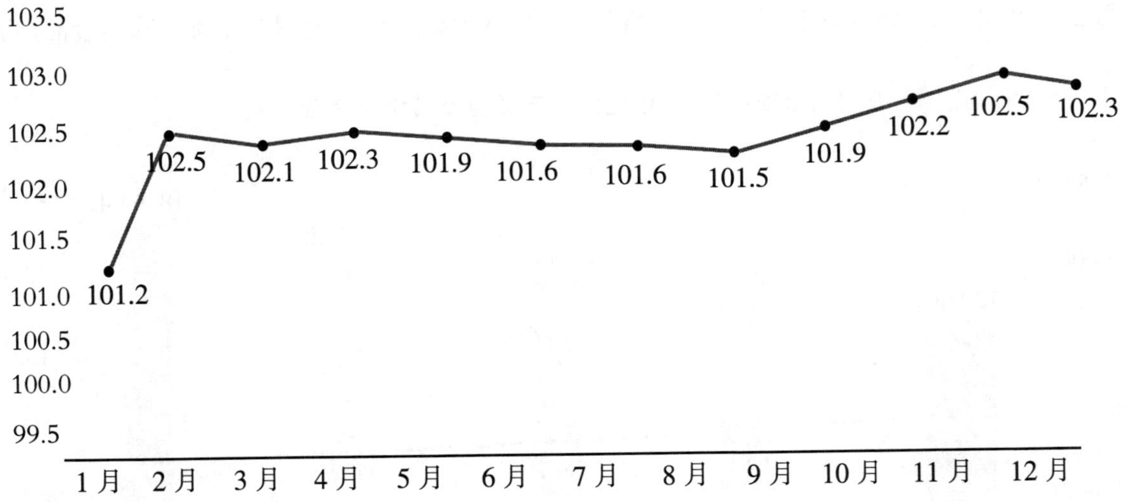

2016年居民消费价格分类别涨跌幅度一览

表5

类 别	比上年上涨(%)
居民消费价格指数	2.0
食品烟酒	4.4
粮食	0.6
衣着	0.9
居住	1.0 +
生活用品及服务	0.1
交通和通信	-1.2
教育文化和娱乐	1.5
医疗保健	2.7
其他用品和服务	2.6

二、农业:全年粮食种植面积3686.2千公顷,比上年下降0.5%。其中,谷物种植面积3367.1千公顷,比上年下降0.8%。油料种植面积729.2千公顷,比上年下降1.5%。蔬菜种植面积606.6千公顷,比上年增长3.6%。棉花种植面积49.3千公顷,比上年下降39.2%。糖料种植面积14.5千公顷,比上年增长0.5%。全年粮食总产量2138.1万吨,比上年下降0.5%,为历史第三高产年份。其中,早稻785.9万吨,比上年下降3.2%;中稻及一季晚稻298.6万吨,比上年增长7.0%;二季晚稻928.1万吨,比上年下降0.9%。全年油料产量122.0万吨,比上年下降1.6%。其中,油菜籽71.8万吨,比上年下降2.9%。棉花产量7.3万吨,比上年下降36.4%。烟叶产量6.4万吨,比上年增长17.4%。茶叶产量5.8万吨,比上年增长10.9%。园林水果产量405.4万吨,比上年下降10.0%。蔬菜产量1420.2万吨,比上年增长4.5%。全年肉类总产量351.6万吨,比上年下降1.0%。其中,猪肉产量258.7万吨,比上年下降3.3%;牛肉产量18.7万吨,比上年增长5.4%;羊肉产量1.7万吨,比上年增长7.9%。禽蛋产量62.5万吨,比上年增长5.0%。牛奶产量10.5万吨,比上年下降8.4%。水产品产量271.6万吨,比上年增长2.8%。年末生猪存栏1814.3万头,比上年下降4.2%;生猪出栏3103.1万头,比上年下降4.3%。

图 4　2012—2016 年粮食产量及其增长速度一览

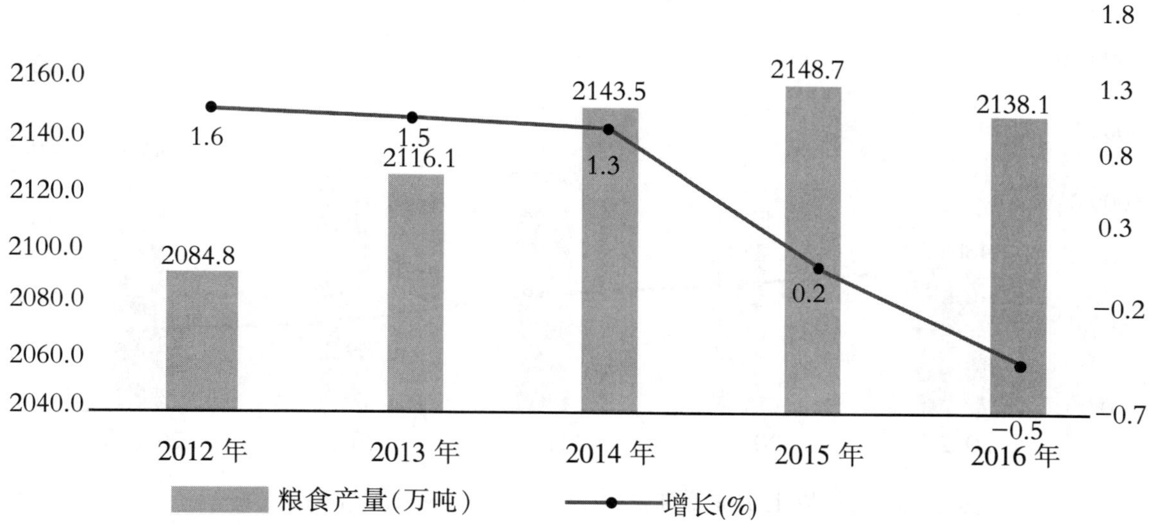

2016 年主要农产品产量及其增长速度一览

表 6

产品名称	产量(万吨)	比上年增长(%)
粮食	2138.1	-0.5
其中:谷物	2029.9	-0.7
油料	122.0	-1.6
其中:油菜籽	71.8	-2.9
棉花	7.3	-36.4
烟叶	6.4	17.4
茶叶	5.8	10.9
园林水果	405.4	-10.0
蔬菜	1420.2	4.5
肉类	351.6	-1.0
水产品	271.6	2.8

三、工业和建筑业:全年规模以上工业增加值 7803.6 亿元,比上年增长 9.0%。分轻重工业看,轻工业增加值 2964.1 亿元,比上年增长 7.4%;重工业 4839.4 亿元,比上年增长 10.0%。分经济类型看,国有企业增加值 241.6 亿元,比上年下降 4.7%;集体企业 17.9 亿元,比上年增长 1.6%;股份合作企业 20.8 亿元,比上年增长 0.1%;股份制企业 3140.9 亿元,比上年增长 9.2%;私营企业 3207.8 亿元,比上年增长 10.6%;外商及港澳台商投资企业 1167.1 亿元,比上年增长 10.4%。规模以上工业 38 个行业大类中,34 个实现增长,占比近九成。其中,电子、汽车、电气机械、农副食品、化工等五大重点行业表现突出,分别比上年增长 26.0%、17.0%、13.2%、10.1% 和 9.3%,占规上工业的三成以上,对规上工业增长的贡献率达 47.3%。高新技术产业增加值 2346.5 亿元,占规上工业的 30.1%,比上年提高 4.4 个百分点,比上年增长 10.8%。战略性新兴产业增加值 1166.0 亿元,占规上工业的 14.9%,比上年提高 1.9 个百分点,比上年增长 10.7%。装备制造业增加值 1925.6 亿元,占规上工业的 24.7%,比上年提高 1.9 个百分点,比上年增长 16.3%。六大高耗能行业增加值 2812.5 亿元,占规上工业的 36.0%,比上年下降 1.8 个百分点,比上年增长 6.1%。重点监测的 357 种主要工业品中 223 种实现不同程度增长,增长面超六成,114 种产品保持两位数以上增长,占比近三分之一。其中,手机比上年增长 51.7%,汽车比上年增长 27.4%,铜材比上年增长 15.3%,家用电冰箱比上年增长 14.3%,变压器比上年增长 13.1%,化学原料药比上年增长 12.5%。工业新产品中,新能源汽车比上年增长 2.0 倍,智能手机比上年增长 1.2 倍,太阳能电池(光伏电池)比上年增长 29.5%。全年规模以上工业企业实现主营业务收入 35518.7 亿元,比上年增长 8.6%;实现利润总额 2399.4 亿元,比上年增长 11.9%。主营业务收入超百亿元的企业 13 户,其中,江西省电力公司首次突破 500 亿元,实现主营业务收入 568.5 亿元;南昌欧菲光科技有限公司和南昌欧菲生物识别技术有限公司首次突破 100 亿元,分别实现主营业务收入 103.8 亿

图 5 2012—2016 年规模以上工业增加值及其增长速度一览

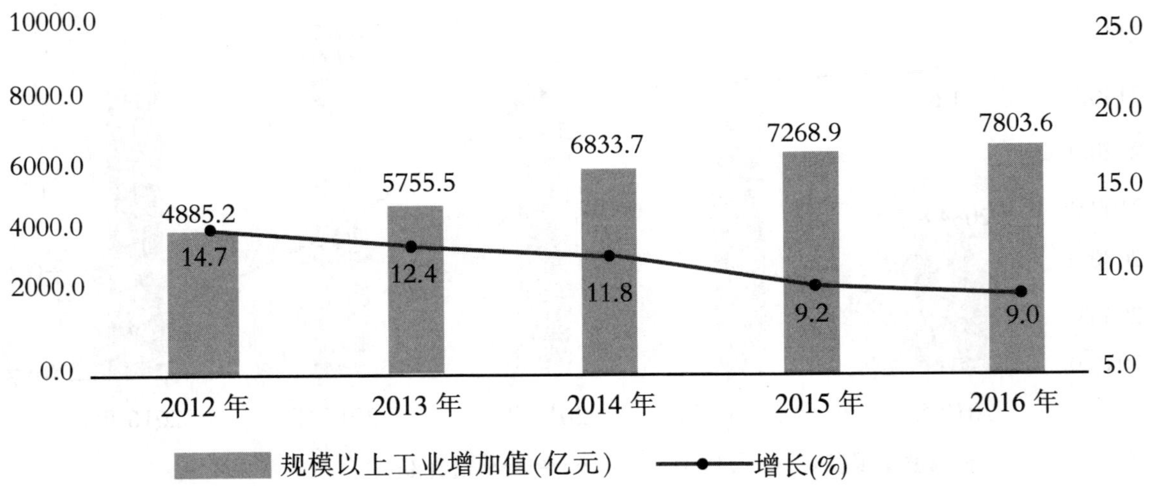

2016 年规模以上工业主要产品产量及其增长速度一览

表 7

产品名称	单 位	产 量	比上年增长(%)
发电量	亿千瓦时	922.9	9.4
白酒(折 65 度,商品量)	万千升	16.0	-12.2
啤酒	万千升	125.5	-3.1
卷烟	亿支	646.1	-4.7
布	万米	134572.4	2.0
服装	万件	143187.7	0.5
农用化学肥料	万吨	148.2	5.2
化学农药	吨	55742.5	9.6
化学原料药	吨	73138.3	12.5
水泥	万吨	9513.0	0.3
瓷质砖	万平方米	129434.8	4.3
粗钢	万吨	2241.5	1.8
钢材	万吨	2585.0	0.3
十种有色金属	万吨	161.1	-4.1
其中:精炼铜(电解铜)	万吨	128.0	-3.1
多晶硅	吨	13667.3	-16.8
单晶硅	吨	1730.9	7.2
铜材	万吨	354.4	15.3
汽车	万辆	53.7	27.4
其中:新能源汽车	万辆	1.8	196.1
彩色电视机	万台	20.1	-14.9
太阳能电池(光伏电池)	万千瓦	726.0	29.5
家用电冰箱	万台	98.1	14.3
移动通信手持机(手机)	万台	7413.9	51.7
其中:智能手机	万台	6398.6	121.7
房间空气调节器	万台	349.5	-6.3

元和 101.2 亿元。年末工业园区实际开发面积625.3 平方千米,比上年末增长 1.1%;完成基础设施投入 716.1 亿元,比上年增长 4.4%。园区内投产工业企业 10400 户,比上年增加 755 户;实现工业增加值 5468.4 亿元,比上年增长 9.3%;实现主营业务收入 28302.6 亿元,比上年增长 8.9%;实现出口交货值 2048.5 亿元,比上年增长 0.7%。主营业务收入过百亿工业园区 76 个,比上年增加 3 个。其中,主营业务收入超 500 亿元的园区 18 个,比上年增加 2 个。南昌高新技术产业开发区继续领跑,南昌经济技术开发区、九江经济技术开发区、南昌小蓝经济技术开发区分列二、三、四位。全年建筑业总产值 5179.0 亿元,比上年增长 12.5%;建筑业增加值 1609.9 亿元,比上年增长 7.5%。资质以上建筑业企业 1957 家,比上年增加 140 家。其中,特级企业和一级企业 215 家,增加 26 家。房屋竣工面积 14835.8 万平方米,比上年增长 4.1%。竣工房屋价值 2094.6 亿元,比上年增长 11.6%。

四、固定资产投资:全年全社会固定资产投资 19694.2 亿元,比上年增长 13.3%。其中,固定资产投资(不含农户)19378.7 亿元,比上年增长 14.0%。固定资产投资(不含农户)中:分产业看,第一产业投资 436.2 亿元,比上年增长 1.7%;第二产业投资 10322.0 亿元,比上年增长 14.2%,其中,工业投资 10284.9 亿元,比上年增长 15.3%;第三产业投资 8620.5 亿元,比上年增长 14.5%。分投资主体看,国有投资 4147.6 亿元,比上年增长 8.2%;非国有投资 15231.1 亿元,比上年增长 15.7%,其中,民间投资 13830.2 亿元,比上年增长 9.8%。全年房地产开发投资 1770.9 亿元,比上年增长 16.5%。其中,住宅投资 1247.6 亿元,比上年增长 12.1%;办公楼投资 73.9 亿元,比上年增长 41.8%;商业营业用房投资 315.8 亿元,比上年增长 31.9%。商品房竣工面积 1635.6 万平方米,比上年下降 14.3%;商品房销售面积 4691.8 万平方米,比上年增长 34.9%;商品房销售额 2678.4 亿元,比上年增长 43.7%。年末商品房待售面积 1434.6 万平方米,比上年下降 4.1%。

图 6 2012—2016 年全社会固定资产及其增长速度一览

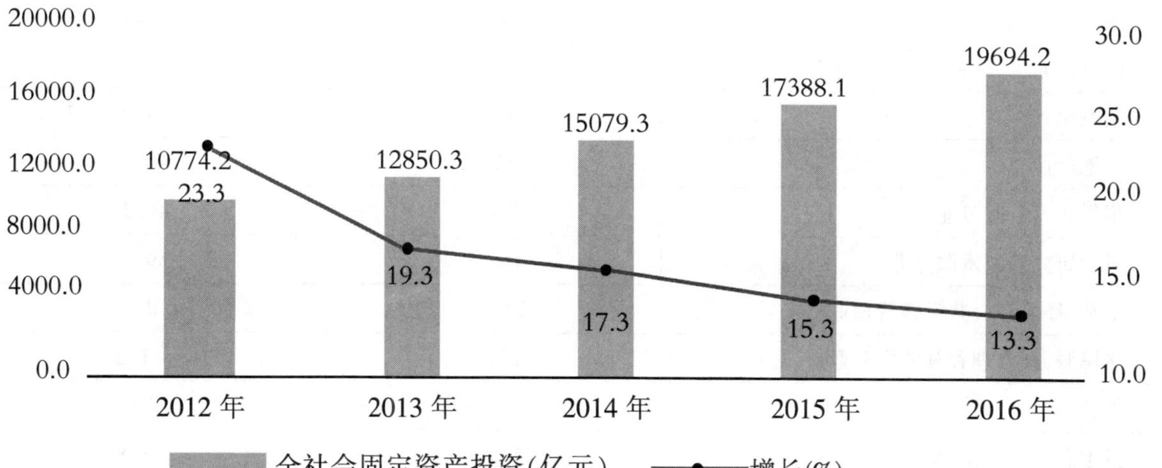

2016 年分行业固定资产投资(不含农户)及其增长速度一览

表 8

行业	投资额(亿元)	比上年增长(%)
总计	19378.7	14.0
第一产业	436.2	1.7
第二产业	10322.0	14.2
工业	10284.9	15.3
采矿业	302.0	23.0
制造业	9190.7	13.5
化学原料及化学制品制造业	746.4	5.7
非金属矿制品业	1039.5	10.8
黑色金属冶炼和压延加工业	93.7	68.7
有色金属冶炼和压延加工业	404.7	-0.2
电气机械及器材制造业	876.3	37.9
计算机、通信和其他电子设备制造业	575.1	31.3
电力、热力、燃气及水生产和供应业	792.2	38.2
建筑业	46.3	-64.6
第三产业	8620.5	14.5
批发和零售业	940.1	-3.2
交通运输、仓储和邮政业	958.3	17.2
住宿和餐饮业	275.4	-6.0
信息传输、软件和信息技术服务业	171.2	36.5
金融业	48.9	19.0
房地产业	2522.2	20.3
租赁和商务服务业	494.7	49.9
科学研究和技术服务业	153.3	59.7
水利、环境和公共设施管理业	2004.4	18.5
居民服务、修理和其他服务业	120.2	-1.2
教育	218.3	-10.4
卫生和社会工作	145.6	-8.8
文化、体育和娱乐业	176.0	-32.6
公共管理、社会保障和社会组织	327.6	44.4

五、交通、邮电和旅游:全年交通运输基础设施建设完成 612 亿元。建成东乡至昌傅、上饶至万年、修水至平江、铜鼓至万载、船顶隘至广昌、兴国至赣县、资溪花山界至里木、宁定高速宁都至安远段、宁定高速安远至定南段、宁定高速定南联络线、昌宁高速南昌连接线、都九高速都昌至星子段(不含鄱阳湖 2 桥)等 12 条高速公路,项目全长 820 千米,全省高速公路通车里程基本达到 6000 千米。打通 28 个出省通道,新增通往闽、粤、湘等 4 个出省高速通道,"纵贯南北、横跨东西、覆盖全

省、连接周边”高速公路网基本形成。全省高速公路通车里程占全国高速公路总里程的45%，高于全省经济总量占全国总量的25%比例，项目将累计拉动社会总产值1812亿元。全年完成普通公路投资233.5亿元，其中，国省道建设投资142亿元，完成普通国省道升级改造662千米，完成国省干线公路养护大中修1050千米，危桥改造63座，安全生命防护工程1751千米。建成普通公路服务区5对，公路驿站15个，建成“畅安舒美”示范路905千米。全省农村公路完成投资88亿元，完成新建和改造农村公路1.3万千米，完成生命防护工程1751千米，完成农村公路危桥改造632座，38个重点扶贫攻坚县25户以上自然村率先实现通水泥路，建成3.1万千米自然村通水泥路，惠及3.6万个25户以上自然村近660万人口，争取到农发行抵押补充贷款资金额度328亿元专项用于农村公路建设。年末公路通车里程161909千米，比上年末增加5284千米。其中，高速公路通车里程5894千米，增加836千米。新增通农村客运建制村152个，全省建制村通班车率达到96%。建成集“养护、应急、服务”三位一体的50个普通干线综合养护中心。全省公路运输场站建设完成投资4亿元，南昌、南昌西、宜春西等3个综合客运枢纽顺利建成并投入试运行，上饶、抚州、萍乡3个综合客运枢纽站和井冈山旅游客运站基本完成。宜春开发区物流中心、吉安市河西物流园区、井冈山经开物流园区、萍乡赣湘国际物流等4个货运枢纽项目按时间节点推进。南昌市“公交都市”创建进展顺利。赣州、上饶开展“公交城市”创建试点。道路客运联网售票系统连接113个客运站，实现二级以上客运站全覆盖。南昌、赣州、吉安公交一卡通已基本完成互联互通工作。开通接驳长途客运线路58条，接驳运输联盟运转良好。选取高安市等5个县(市)开展镇村公交发展试点工作。开展无车承运人、“定制客运”等试点工作。“两客一危”车辆周均上线率达97.7%。全省已形成省、市、县三级政府主导的治超工作格局，建立公路、交警、运政联合执法的工作机制。全年共查处超限超载货运车辆7.2万辆，卸载货物171万吨，恢复非法改装车辆8011辆。通过对全省主要国省道抽查结果来看，超限超载车辆所占比例从治理前的29.85%下降到6.78%左右，有效遏制违法超限超载运输现象。智慧绿色交通加快建设。编制完成《南昌港、九江港疏港公路规划》并上报交通运输部，纳入专项公路补助范围。全年完成公路货物运输量138061.6万吨，比上年增长6.4%；货物周转量3897.6亿吨千米，比上年增长4.1%。旅客运输量62874.0万人，比上年增长0.7%；旅客周转量970.6亿人千米，比上年增长1.8%。全省水运建设投资14.1亿元。成功发行全省第一单水运行业项目债务融资2亿元中期票据，重点推进通江达海、干支直达的内河水运体系建设。南昌龙头岗综合码头一期工程建成试运营；赣江新干航电枢纽项目建设稳步推进；赣江井冈山航电枢纽、九江港彭泽港区红光作业区综合枢纽码头PPP项目实施方案获批并启动社会资本方招标工作；赣江石虎塘—神岗山Ⅲ级航道整治工程开工建设；信江八字嘴航电枢纽、双港航运枢纽等项目前期工作加快推进；完善港口集疏运体系建设。全年投资2140万元加大工作船艇的更新改造，完成港航“十三五”信息化专项规划编制工作和赣江樟树至湖口及环鄱阳湖388千米电子航道图制作，建成南昌龙头岗综合码头岸电项目。全年完成港口吞吐量3.1亿吨、集装箱吞吐量38.8万标箱，比上年分别增长15.8%、13.4%。全年完成水路货运量1.1亿吨，比上年下降0.04%，货物周转量235.3亿吨千米，比上年增长0.7%，旅客运输量261.3万人，比上年下降4.4%，旅客周转量3410万人千米，比上年下降1.6%。全省铁路项目建设投资完成1400亿元以上，铁路营运里程3909.3千米，基本持平。其中，高铁达到1500千米，快速铁路覆盖所有设区市和70%左右的县(市、区)。全年省内建成武九客专江西段和上饶三清山机场客专；新开工建设安九客专、赣深客专等4条客专铁路；适时启动昌九客专、常岳九铁路、兴永郴赣铁路、鹰潭至建宁铁路、六安至景德镇铁路等项目前期工作；规划建设南昌至抚州、南丰至瑞金、南昌至修水、新余至吉安等一批城际铁路。全年完成铁路货物运输量4295.8万吨，比上年增长9%，同比提高27.2个百分点；完成货物周转量514.8亿吨千米，比上年增长3.6%，同比加快11.8个百分点。铁路客运保持平稳增长，共完成旅客发送量9248.7万人，比上年增长9.3%；旅客周转量688亿人千米，比上年增长2.9%。全年完成机场旅客吞吐量1050.1万人，比上年增长6.6%。其中,昌北机场旅客吞吐量786.4万人,比上年增长5.0%。全年邮电业务总量984.1亿元,比上年增长61.3%,其中,邮政业务总量100.3亿元,比上年增长43.9%;电信业务总量883.8亿元,比上年增长63.5%;快递业务量3.8亿件,比上年增长63.2%;快递业务收入41.3亿元,比上年增长49.2%。年末固定电话用户517.5万户,比上年下降9.0%,其中,城市电话用户337.4万户,比上年下降7.3%;乡村电话用户180.1万户,比上年下降12.0%。年末移动电话用户3140.7万户,比上年增长2.8%。3G移动电话用户360.0万户,比上年下降56.7%;4G移动电话用户1861.1万户,比上年增长74.1%。全年接待国内旅游者46913.4万人次,比上年增长22.2%;国内旅游收入4954.5亿元,比上年增长37.6%。接待入境旅游者181.9万人次,比上年增长2.8%;国际旅游外汇收入5.8亿美元,比上年增长3.1%。全省年末民用汽车保有量407.4万辆,比上年增长17.4%;民用轿车保有量225.2万辆,比上年增长20.4%,其中,私人轿车212.6万辆,比上年增长23.3%。

2016年货物、旅客运输量和周转量及其增长速度一览

表9

指　标	单位	绝对值	比上年增长(%)
货物运输量	万吨	138061.6	6.0
铁路	万吨	4295.8	9.0
公路	万吨	122877	6.4
水运	万吨	10888.8	0.0
货物周转量	亿吨千米	3897.6	3.8
铁路	亿吨千米	514.8	3.6
公路	亿吨千米	3147.5	4.1
水运	亿吨千米	235.3	0.7
旅客运输量	万人	62874.0	0.7
铁路	万人	9248.7	9.3
公路	万人	53364	-0.6
水运	万人	261.3	-4.4
旅客周转量	亿人千米	970.6	1.8
铁路	亿人千米	688.0	2.9
公路	亿人千米	282.3	-0.9
水运	亿人千米	0.3	-1.6

六、国内、外贸易:全年社会消费品零售总额6634.6亿元,比上年增长12.0%。按城乡分,城镇市场零售额5491.8亿元,比上年增长11.7%,其中,城区3536.6亿元,比上年增长13.4%;乡村市场零售额1142.8亿元,比上年增长13.1%。按行业分,批发业零售额987.1亿元,比上年增长9.0%;零售业零售额4826.0亿元,比上年增长11.9%;住宿业零售额78.3亿元,比上年增长12.5%;餐饮业零售额743.2亿元,比上年增长16.8%。从限额以上批发零售业零售额分商品看:日用生活消费品保持较快增长。粮油、食品类实现零售额228.9亿元,比上年增长19.5%;服装、鞋帽、针纺织品类144.8亿元,比上年增长10.0%;日用品类61.0亿元,比上年增长8.1%。汽车销售继续快速增长。汽车类实现零售额825.5亿元,比上年增长17.4%。与消费升级相

图 7 2012—2016 年社会消费品零售总额及其增长速度一览

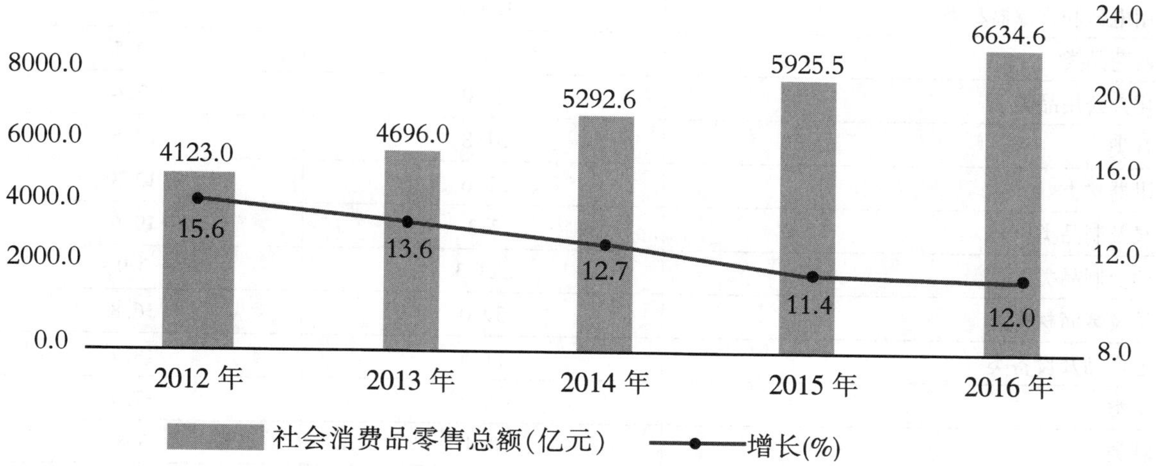

关商品快速增长。家具类实现零售额 51.8 亿元，比上年增长 17.5%；通讯器材类 33.6 亿元，比上年增长 12.3%；建筑及装潢材料类 39.0 亿元，增长 16.8%。全年进出口总值 2643.9 亿元，比上年增长 0.6%。其中，出口值 1966.9 亿元，比上年下降 4.1%；进口值 677.0 亿元，比上年增长 17.3%。分贸易方式看，一般贸易出口 1687.1 亿元，比上年下降 1.6%；加工贸易出口 270.0 亿元，比上年下降 7.2%。分重点商品看，机电产品出口 815.2 亿元，比上年下降 5.6%；高新技术产品出口 293.4 亿元，比上年下降 8.0%。全年新批外商投资企业 568 家，实际使用外商直接投资额 104.4 亿美元，比上年增长 10.2%。利用省外项目实际进资 5905.8 亿元，比上年增长 12.9%。至年底，在赣投资的具有世界 500 强投资背景企业 66 家，国内 500 强 148 家。全年新签对外承包工程合同项目 198 个，合同金额 28.9 亿美元，完成营业额 39.4 亿美元，比上年增长 12.3%。新增对外承包工程企业 22 家，总数达 135 家；新增境外投资企业 104 家，总数达 653 家。江西国际、江西中煤、中鼎国际等三家“走出去”龙头企业继续入围全球最大国际工程承包商 250 强。

2016 年限额以上批发零售业按商品分类零售额及其增长速度一览

表 10

类别	零售额(亿元)	比上年增长(%)
合计	2569.1	13.2
粮油、食品类	228.9	19.5
饮料类	34.9	14.0
烟酒类	55.0	13.7
服装、鞋帽、针纺织品类	144.8	10.0
化妆品类	19.3	3.0
金银珠宝类	36.5	0.7
日用品类	61.0	8.1
五金、电料类	12.5	20.4
体育、娱乐用品类	5.5	24.6
书报杂志类	38.1	9.4
电子出版物及音像制品类	8.8	7.8

续表 10

类别	零售额(亿元)	比上年增长(%)
家用电器和音像器材类	160.4	21.0
中西药品类	181.6	23.5
文化办公用品类	27.0	17.4
家具类	51.8	17.5
通讯器材类	33.6	12.3
煤炭及制品类	7.3	19.6
石油及制品类	523.3	0.9
建筑及装潢材料类	39.0	16.8
机电产品及设备类	11.5	18.7
汽车类	825.5	17.4
棉麻类	0.4	3.8
其他类	62.4	21.8

图 8 2012—2016 年进出口总值构成一览

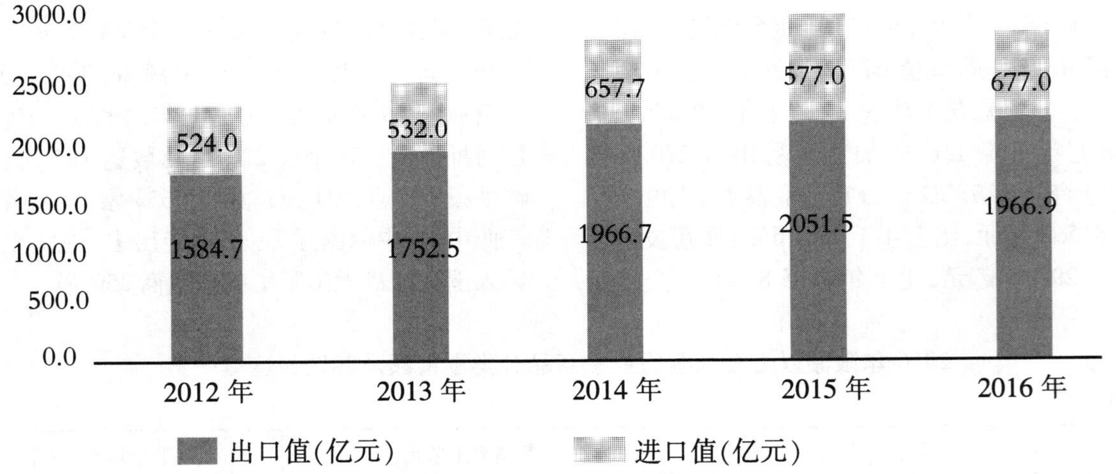

2016 年货物进出口总值及其增长速度一览

表 11

指　　标	金额(亿元)	比上年增长(%)
进出口总值	2643.9	0.6
出口值	1966.9	-4.1
其中:一般贸易	1687.1	-1.6
加工贸易	270.0	-7.2
其中:机电产品	815.2	-5.6
高新技术产品	293.4	-8.0
进口值	677.0	17.3
其中:一般贸易	427.0	29.3
加工贸易	239.5	3.8
其中:机电产品	332.0	20.4
高新技术产品	252.6	25.7

2016 年主要商品出口数量、金额及其增长速度一览

表 12

商品名称	单位	数量	比上年增长(%)	金额(亿元)	比上年增长(%)
机电产品(包括本目录已具体列名的机电产品)	—	—	—	815.2	-5.6
高新技术产品	—	—	—	293.4	-8.0
服装及衣着附件	—	—	—	226.1	-8.5
文化产品	—	—	—	105.7	21.3
鞋类	吨	88923	-2.5	91.9	-3.0
二极管及类似半导体器件	万个	92809	-74.4	76.9	-30.6
纺织纱线、织物及制品	—	—	—	71.1	-9.8
太阳能电池	万个	2506	-9.4	61.5	-23.0
家具及其零件	—	—	—	60.9	-27.5
灯具、照明装置及零件	—	—	—	58.6	-18.5
钢材	吨	1591205	6.4	56.5	1.7
陶瓷产品	吨	428748	5.2	54.1	-19.8

说明:“机电产品”和“高新技术产品”有交叉。

2016 年主要商品进口数量、金额及其增长速度一览

表 13

商品名称	单位	数量	比上年增长(%)	金额(亿元)	比上年增长(%)
机电产品(包括本目录已具体列名的机电产品)	—	—	—	332.0	20.4
高新技术产品	—	—	—	252.6	25.7
集成电路	万个	256543	20.8	145.3	27.3
铜矿砂及其精矿	吨	1390719	10.9	123.6	8.1
未锻轧铜及铜材	吨	147894	38.3	49.1	20.8
铁矿砂及其精矿	吨	10698264	25.4	37.4	28.7
二极管及类似半导体器件	万个	124379	18.7	24.4	-13.1
纸浆	吨	334469	36.8	19.3	49.6
纺织纱线、织物及制品	—	—	—	8.8	7.4
废铜	吨	44324	-21.6	6.1	-34.3

说明:”机电产品“和“高新技术产品”有交叉。

2016 年对主要国家和地区货物进出口额及其增长速度一览

表 14

国别(地区)	进出口总值(亿元)	比上年增长(%)	出口值(亿元)	比上年增长(%)	进口值(亿元)	比上年增长(%)
亚洲	1459.1	0.2	1073.5	-6.6	385.6	25.6
日本	114.1	22.0	65.0	3.2	49.1	61.0
韩国	188.4	22.0	112.8	3.2	75.6	67.3
非洲	160.2	-26.0	123.7	-33.6	36.5	21.4
南非	33.5	-10.7	18.2	-28.4	15.3	26.0
欧洲	336.5	1.3	282.6	-0.9	53.9	14.9
英国	55.1	-0.8	53.2	0.2	1.9	-20.7
德国	73.7	11.8	48.9	4.1	24.8	30.9
荷兰	44.7	-4.4	41.5	-5.9	3.2	21.1
拉丁美洲	248.2	-0.7	105.9	-0.6	142.3	-0.7
巴西	48.8	24.7	26.0	43.5	22.9	8.6
智利	107.1	-11.2	16.2	-37.0	90.9	-4.2
北美洲	371.5	19.7	346.3	19.2	25.2	27.6
美国	341.5	19.1	322.1	18.7	19.5	26.6
大洋洲	68.4	7.9	34.9	4.1	33.5	12.2
澳大利亚	61.0	9.2	28.0	6.1	33.0	11.9
东盟	405.9	-5.6	340.7	-10.4	65.2	30.8
欧盟	292.8	0.7	249.9	-0.7	42.9	9.4

七、金融、证券和保险:年末金融机构人民币各项存款余额 28893.1 亿元,比年初增加 4108.0 亿元。其中,住户存款余额 13981.0 亿元,比年初增加 1591.2 亿元;非金融企业贷款余额 8356.6 亿元,比年初增加 1663.3 亿元。年末金融机构人民币各项贷款余额 21721.8 亿元,比年初增加 3373.8 亿元。其中,住户贷款余额 8310.2 亿元,比年初增加 1382.1 亿元;非金融机构及机关团体贷款余额 13408.0 亿元,比年初增加 1989.2 亿元。年末辖区内上市公司 36 家,其中,主板公司 23 家,中小板公司 8 家,创业板公司 5 家。辖区内证券公司 2 家,分公司 24 家,证券营业部 293 家,证券交易额 5.34 万亿元;期货公司 1 家,期货营业部 33 家,期货成交金额 1.99 万亿元。全年保险公司保费收入 608.7 亿元,比上年增长 19.7%。其中,财产险公司保费收入 195.2 亿元,比上年增长 14.0%;人寿险公司保费收入 413.5 亿元,比上年增长 22.6%。支付各类赔款及给付 207.0 亿元,比上年增长 16.2%。其中,财产险公司赔款 101.4 亿元,比上年增长 18.2%;人寿险公司赔款 18.3 亿元,比上年增长 47.7%;寿险公司给付 87.2 亿元,比上年增长 9.2%。

八、科技、文化、卫生和体育:全年研究与试验发展(R&D)经费支出 201.1 亿元,占 GDP 的比重为 1.1%,比上年提高 0.06 个百分点。年末共有国家工程(技术)研究中心 8 个,省工程(技术)研究中心 255 个;国家级重点实验室 4 个,省级重点实验室 138 个。全年获省部级以上科技奖 106 项,其中,自然科学 17 项,技术发明 16 项,科技进步 73 项。全年受理专利申请 60494 件,授权专利 31472 件;签订技术合同 1985 项,技术市场合同成交金额 79.0 亿元,其中,技术开发合同成交额

34.1亿元，技术转让合同成交额19.5亿元。年末共有产品质量检测机构67个，其中，国家级检测中心10个。法定计量技术机构248个，全年强制检定计量器具68.7万台(件)，开展产品质量监督抽查4911批次。全年获得3C证书的企业780家，获得3C证书5125张，发放自愿性产品认证证书3332张，发放工业产品生产许可证253张。测绘部门为经济社会发展提供各种基本比例尺地形图3532张，大地成果2395点，航摄成果107643平方千米。年末共有艺术表演团体84个，文化馆118个，公共图书馆113个，博物馆133个。广播电视台86座，中、短波发射台19座；有线广播电视用户655.7万户，其中，数字电视用户579.0万户。年末广播综合人口覆盖率98.0%，电视综合人口覆盖率98.8%。全年出版各种图书、期刊、报纸7980种，出版各类图书19814万册、期刊7112万册、报纸106040万份。年末共有各类医疗卫生机构38261个(含村卫生室)。其中，医院、卫生院2183个，妇幼保健院(所、站)112个，专科疾病防治院(所、站)109个，疾病预防控制中心147个，卫生监督所(中心)110个。卫生技术人员22.1万人，其中，执业医师和执业助理医师7.9万人；注册护士9.6万人。医院、卫生院床位数19.3万张，其中，乡镇卫生院床位数4.8万张。年末共有全民健身中心1个，青少年俱乐部119个，城市社区多功能运动场25个，青少年户外活动营地4个；国家级体育传统项目学校15所，省级体育传统项目学校176所，省级单项体育后备人才基地33个。全年新建村级农民体育健身工程246个，乡镇农民体育健身工程35个。在国际和国内的重大比赛中共获得45枚金牌、55枚银牌和44枚铜牌。

九、人民生活和社会保障：全年居民人均可支配收入20110元，比上年增长9.1%。其中，城镇居民人均可支配收入28673元，比上年增长8.2%；农村居民人均可支配收入12138元，比上年增长9.0%。居民人均生活消费支出13259元，比上年增长6.9%。其中，城镇居民人均生活消费支出17696元，比上年增长5.8%；农村居民人均生活消费支出9128元，比上年增长7.6%。全年就业困难人员实现就业6.7万人。共发放创业担保贷款122.9亿元，扶持个人创业8.9万人次，带动就业44.7万人次。年末参加城镇职工基本养老保险人数957.3万人，其中，职工672.7万人，离退休人员284.6万人。参加城镇职工基本医疗保险人数591.6万人，其中，职工388.8万人，退休人员202.8万人。参加工伤保险人数502.1万人，参加生育保险人数258.9万人，参加失业保险人数282.6万人。向城市低保户发放低保金33.6亿元，月人均补差320元；向农村低保户发放低保金40.1亿元，月人均补差195元。城市居民得到政府最低生活保障人数87.7万人，农村居民得到政府最低生活保障人数169.2万人，农村居民得到政府五保救济人数21.8万人。义务教育阶段免费提供教科书的学生数603.0万名，得到政府资助的家庭生活困难学生数2.8万名。全年开工各类棚户区17.1万套(户)，保障性安居工程基本建成20.92万套(户)。城市棚户区改造货币化安置率59.2%，比上年提高27.4个百分点，公租房分配入住率达到70%，全面完成国家下达的12.78万户农村危房改造开工任务。年末共有提供住宿的社会福利机构1683个，床位数16.3万张，收养人数13.2万人，临时救济困难户13.0万户次。年末社区服务机构3472个，其中，社区服务中心384个。全年销售社会福利彩票29.6亿元，筹集福利彩票公益金8.6亿元，直接接受社会捐赠1.7亿元。

十、资源、环境与安全生产：年末地表水Ⅰ—Ⅲ水质达标比例为81.4%，主要河流监测断面水质达标率88.6%，城市污水、生活垃圾处理率分别达88%和95%，11个设区城市环境空气质量优良率达86.1%。森林覆盖率稳定在63.1%，居全国第2位；完成造林面积138666.7公顷，森林抚育373333.3公顷，改造低产低效林10000公顷，综合治理水土流失面积1100平方千米以上。争取赣州列为国家山水林田湖生态保护修复4个试点地区之一，新增17个国家重点生态功能区，新确定16个省级生态文明示范县、60个省级生态文明示范基地。至年底，共建立自然保护区159处，其中，国家级15处、省级37处、市县级107处。自然保护区面积10681平方千米，占全省国土面积的6.4%。年平均降水量1996.1毫米，较常年偏多19.2%，位列历史第10位。平均气温18.9℃，较常年偏高0.9℃，位列历史第2位。平均日照时数1485.8小时，较常年偏少9%，位列历史第6位。全年全社会能源消费总量

8747.2万吨标准煤,比上年增长3.6%;万元GDP能耗0.480吨标准煤,比上年下降4.9%,超额完成全年下降2.5%的目标任务。规模以上工业综合能源消费量5248.2万吨标准煤,比上年增长2.3%;万元规模以上工业增加值能耗0.663吨标准煤,比上年下降6.2%,超额完成下降4%的年度目标任务。

(夏 言)

人 口

2016年,全省年末常住人口4592.26万人,比上年增加26.6万人,人口总量继续保持稳定增长。在全省城乡人口结构比例中,城镇人口2438.49万人,占总人口的比重(常住人口城镇化率)53.1%,全年增加81.71万人,比上年增加6万人,乡村人口2153.77万人,占总人口的比重46.9%,全年减少55.08万人,比上年减少2.84万人,农村地区人口向城镇地区转移规模进一步扩大。户籍人口城镇化率35.7%,比上年提高3.5个百分点。全年出生人口61.59万人,出生率13.45‰,比上年增加1.48万人,全省人口出生率13.45‰,人口自然增长率7.29‰,分别比上年上升0.25、0.33千分点,人口出生率的反弹、出生人口的较快增加,反映全面二孩政策效应逐步显现。死亡人口28.2万人,死亡率6.16‰,比上年下降0.08‰;自然增长率7.29‰,比上年提高0.33‰。其中,男性人口2356.02万人,比上年增加12.32万人,女性人口2236.24万人,比上年增加14.31万人,男性比女性多119.78万,女性比男性多增近2万人,性别比为105.36,比上年下降0.12%,性别比继续呈下降趋势。全省老龄化程度继续加深,其中,60岁及以上人口654.86万人,占总人口比重14.26%,比上年提高0.38%;65岁及以上人口450.50万人,占总人口比重9.81%,比上年提高0.37%;16—59岁(含不满60周岁)人口2951.9万人,占总人口比重64.3%;0—15岁(含不满16周岁)人口985.5万人,占总人口比重21.5%。全年研究生教育招生1.1万人,在校生3.0万人,毕业生0.9万人。普通高等教育招生32.3万人,在校生103.9万人,毕业生25.6万人。成人高等教育招生4.2万人,在校生16.2万人,毕业生5.7万人。普通高中招生33.0万人,在校生94.3万人,毕业生30.2万人。中等职业教育招生13.6万人,在校生36.2万人,毕业生11.8万人。初中学校招生64.6万人,在校生180.3万人,毕业生57.5万人。普通小学招生68.5万人,在校生422.8万人,毕业生63.3万人。特殊教育在校生2.8万人。幼儿园14071所,在园幼儿159.0万人。各类民办学校11331所,各类民办学校在校学生191.7万人。小学净入学率99.7%,初中毛入学率100.3%。高中阶段教育毛入学率88.5%,高等教育毛入学率39.5%。普通高考报名人数36.3万人,连续第5年增长,高考录取率达81.31%,比上年提高2.5个百分点;全省高校公派出国留学人员总数近400人,省内高校、出国留学中介服务机构办理自费出国留学人数为2100人左右,来赣留学生约有4500人。全省年末全社会就业人数2637.6万人,比上年增加21.8万人。全年城镇新增就业55.2万人,失业人员再就业24.7万人,城镇登记失业率3.35%,低于4.5%的年度控制目标。年末农民工总量1181.6万人,比上年增长1.1%。其中,外出农民工813.3万人,比上年下降1.1%;本地农民工368.3万人,比上年增长6.5%。全年安全生产事故2630起,其中,道路交通事故2316起,工矿商贸事故216起,铁路交通事故60起,水上交通事故5起。安全生产事故死亡人数1649人,其中,道路交通事故死亡1261人,工矿商贸事故死亡315人,铁路交通事故死亡38人,水上交通事故死亡5人。亿元生产总值安全生产事故死亡人数0.09人。

2016 年末常住人口数及其构成一览

表 15

指 标	年末数(万人)	比重(%)
常住人口	4592.3	100.0
其中:城镇	2438.5	53.1
乡村	2153.8	46.9
其中:男性	2356.0	51.3
女性	2236.2	48.7
其中:0-15 岁(含不满 16 周岁)	985.5	21.5
16-59 岁(含不满 60 周岁)	2951.9	64.3
60 周岁及以上	654.9	14.3
其中:65 周岁及以上	450.5	9.8

2016 年各类学校招生、在校生和毕业生人数一览

表 16

单位:万人

指 标	招生数	在校生数	毕业生数
研究生教育	1.1	3.0	0.9
普通高等教育	32.3	103.9	25.6
成人高等教育	4.2	16.2	5.7
中等职业教育	13.6	36.2	11.8
普通高中	33.0	94.3	30.2
初中学校	64.6	180.3	57.5
普通小学	68.5	422.8	63.3

(夏 言)

交通运输机构及领导人名录

【2016 年江西省交通运输厅党组织领导成员】

中共江西省交通运输厅委员会

党委书记:朱 希

委 员:王爱和 胡钊芳 陈 兵(2 月任) 梁必康 谢德强 王昭春 杜继涛

中共江西省交通运输厅直属机关第二届委员会

书 记:王爱和

专职副书记:熊华武

副 书 记:秦炜婷

委 员:王江军 严 允 易宗发 吴克绍 黄生平 谢元银 熊昌军 蔡建新

中共江西省交通运输厅纪律检查委员会(省监察厅驻省交通运输厅监察室)已撤销(2016.02 撤销赣办字[2016]11 号)

省纪律检查委员会驻省交通运输厅纪检组(2016.02 设置赣办字[2016]11 号)

组 长:陈 兵(2 月任)

副组长:李　旷(3月任)
郑　阳(3月任)

中共江西省交通运输厅直属机关第二届纪律检查委员会

书　　记:熊华武
专职副书记:秦炜婷
委　　员:李建红　李建华　郑　阳
范年福　黄　强

【2016年江西省交通运输厅行政领导】

一、厅级领导

厅　　长:朱　希
副 厅 长:王爱和　彭志先(1月免)
梁必康　谢德强　王昭春
杜继涛(1月任)
总工程师:胡钊芳
副巡视员:吴铭汉(1月任)
谢元银(7月任,12月免)
王圣义(7月任)
夏太胜(1月免)

二、处室领导

办公室主任:熊华武
副主任:梁　波　曾　敏
政策法规处处长:张建明(4月病逝)
张春晓(10月任)
规划处处长:王继东
副处长:彭辉勇
基本建设监管处处长:朱　晗
副处长:丁光明
财务处处长:陈玉书
副处长:彭　嵘
审计处处长:席文良
运输处处长:秦小辉
副处长:唐小兵
安全监督处处长:彭　瑜
副处长:谈　勇
组织人事处处长:蔡建新
副处长:毛　茂(5月免)
张慧颖
科技教育处处长:胡建强
副处长:邹爱华　朱国英
路航管养处处长:糜向荣
副处长:徐华兴(10月任)
省交通战备办公室副主任(正处):贺一军
离退休干部管理处处长:王亲勇

(赵　辉)

2016年江西省交通运输厅直属机构及党政领导班子成员

表17

单位类别	单位名称	单位级别	党组织名称	党组织领导成员	行政领导成员
直属单位	省公路管理局	副厅	中共江西省公路管理局委员会	党委书记:熊华武(12月任),谢元银(8月免) 党委副书记:曾晓文 委员:谢元银(8月免)、熊华武(12月任)、曾晓文、吴铭汉(1月免)、刘凌、娄鸿雁、冯义卿、黄伟钢、范年福 纪委书记:范年福	局长:曾晓文 副局长:吴铭汉(1月免)、刘凌、娄鸿雁、冯义卿、黄伟钢
直属单位	省港航管理局(省船舶检验局、省地方海事局)	副厅	中共江西省港航管理局委员会	党委书记:严允 党委副书记:于钦民 委员:于钦民、严允、曾云谋、杨礼生、李建华、乔文典、徐良、刘水生、刘贤明、熊慎文、郭生根 纪委书记:李建华	局长:于钦民 副局长:曾云谋、杨礼生、乔文典、徐良
直属单位	省公路运输管理局	副厅	中共江西省公路运输管理局委员会	党委书记:易宗发(11月免) 党委副书记:王圣义(8月免) 党委委员:王圣义(8月)、肖伦发、唐晓鸣、罗志明、黄强、傅友华、龚文峰(3月任) 纪委书记:黄强	局长:王圣义(8月免) 易宗发(11月任) 副局长:肖伦发、唐晓鸣、罗志明、傅友华、龚文峰(3月任)

续表 17

单位类别	单位名称	单位级别	党组织名称	党组织领导成员	行政领导成员
直属单位	省高速公路投资集团有限责任公司(省高等级公路管理局)	副厅	中共江西省高速公路投资集团有限责任公司委员会	党委书记:王江军 党委副书记:任东红(女)、李建红 委员:王江军、任东红(女)、李建红、姚光南(11 月免职退休)、刘理、吴克海、邝宏柱、何闽(11 月免职退休)、段卫党、俞文生、黄铮、陈立新、李占荣 纪委书记:李建红	董事长:王江军 总经理:任东红(女) 副经理:姚光南(11 月免职退休)、刘理、何闽(11 月免职退休)、段卫党、俞文生 总工程师:邝宏柱 总会计师:阙泳 总经理助理:李占荣
直属单位	江西交通职业技术学院	副厅	中共江西交通职业技术学院委员会	党委书记:吴克绍 委员:吴克绍、朱隆亮、丁青(女)、张春晓(女,10 月免)、黄晓敏(8 月免职退休)、江志强、刘勇、高东升(11 月任)、王敏军(10 月任)、徐佩英(女,10 月任) 纪委书记:高东升(11 月任)	院长:朱隆亮 副院长:丁青(女)、张春晓(女,1 月免)、黄晓敏(8 月免职退休)、江志强、刘勇
直属单位	省交通建设工程质量监督管理局	正处	中共江西省交通建设工程质量监督管理局委员会	党委书记:项军 委员:项军、彭东领、刘学斌、蒲华(女)、徐远明	局长:彭东领 副局长:刘学斌、蒲华(女)、徐远明
直属单位	江西省高速公路联网管理中心	正处	中共江西省高速公路联网管理中心委员会	党委书记:雷毅 党委副书记:颜庆华(4 月任) 委员:雷茂锦、雷毅、颜庆华(4 月任)、莫宇蓉(女,4 月任)、王玉(女,4 月任)、郭昌、刘红生、何耀忠 纪委书记:郭昌	主任:雷茂锦 副主任:颜庆华(4 月任)、莫宇蓉(女,4 月任)、王玉(女,4 月任)、刘红生、何耀忠
直属单位	规划办公室(省交通工程造价管理站)	正处	中共江西省交通厅规划办公室支部委员会	党支部书记:刘维文 委员:刘维文、徐华兴(10 月免)、陈强	主任(站长):刘维文 副主任(副站长):徐华兴(10 月免)、陈强
直属单位	对外经济联络办公室	正处	中共江西省交通厅对外经济联系办公室支部委员会	党支部书记:傅晓驷 委员:肖国华、余明华(7 月任)	
直属单位	省交通工会	正处	中共江西省交通工会支部委员会	党支部书记:刘盖群 委员:刘盖群、李坪、刘传跃、万铮宇、孙明	主席:刘盖群 副主席:李坪
直属单位	江西省交通干部学院	正处	中共江西省交通干部学院委员会	党委书记:刘晓兰 党委委员:李国峰、刘晓兰(女)、来栋萍(女)、方向	院长:李国峰 副院长:来栋萍(女)、方向
直属企业	江西省交通设计研究院有限责任公司	正处	中共江西省交通设计研究院有限责任公司委员会	党委书记:吴相金 党委副书记:王垒嘉 委员:聂复生、吴相金、陈秋华(女)、张小明、王垒嘉、邵立范(女)、方向明、王伟 纪委书记:邵立范(女)	董事长兼总经理:聂复生 副总经理:张小明、方向明 总工程师:王伟 工会主席:陈秋华(女)

续表17

单位类别	单位名称	单位级别	党组织名称	党组织领导成员	行政领导成员
直属单位	江西省交通科学研究院	正处	中共江西省交通科学研究院委员会	党委书记:舒小平 党委副书记:高东升(11月免) 委员:江祥林、舒小平、高东升(11月免)、罗强	院长:江祥林 副院长:罗强 工会主席:高东升(11月免)
直属企业	江西交通工程咨询监理公司(与省交通工程咨询监理中心合署)	正处	中共江西交通工程咨询监理中心委员会	党委书记:刘云川 党委副书记:刘振宇 党委委员:刘云川、徐重财、徐义标、刘振宇、刁明星 纪委书记:刘振宇	总经理:徐重财 副经理:徐义标、刁明星
直属单位	厅信息中心(省交通运输厅应急指挥中心)	正处	中共江西省交通厅信息中心支部委员会	党支部书记:余力克(4月免) 委员:余力克(4月免)、颜庆华、莫宇蓉、王玉 (雷毅同志兼管厅信息中心党务工作;郭昌同志兼管厅信息中心纪检监察工作。2016年4月)	主任:余力克(4月免) 雷茂锦(4月任) 副主任:颜庆华、莫宇蓉、王玉、刘红生(4月任)、何耀忠(4月任)
直管单位	厅机关后勤服务中心	正处	中共江西省交通厅机关后勤服务中心总支部委员会	党总支书记:杜一峰 委员:杜一峰、金明盛、万嘉庆、陈浩、胡文峰	主任:杜一峰 副主任:金明盛
直管单位	江西省交通运输工程档案馆	副处			馆长:袁细斌 副馆长:张正辉
	省公路路政管理总队	正处	中共江西省公路路政管理总队委员会	党委书记:黄生平 党委副书记:万杰兵 委员:黄生平、毛茂(5月任)、李烨、万杰兵、黄炬 纪委书记:万杰兵	总队长:毛茂(5月任) 副总队长:李烨、黄炬

(赵　辉)

2016年各设区市交通运输机构及党政领导成员

表18

单位	党组织名称	党组织领导成员	行政领导成员
南昌市交通运输局	中共南昌市交通运输局委员会	党委书记:陆　萍 委员:陆　萍　俞剑平(3月任) 吴久铭(3月免)　黄振珠(4月免) 车小琴　严晓群　余其江(9月任) 黄书林(9月免)- 市纪委派驻局纪检组组长:余其江	局长:陆　萍 副局长:俞剑平(3月任)　车小琴　严晓群 总工程师:张　伟　闵小平 副调研员:李东昇
景德镇市交通运输局	中共景德镇市交通运输局委员会	党委书记:龙　骏 委员:陈景明　陈树生　方景萍 邵正东　宁足祥　汪卫民　吴群明 市纪委派驻局纪检组组长:邵正东	局长:龙　骏 副局长:陈景明　陈树生　方景萍 总工程师:汪卫民

续表 18

单位	党组织名称	党组织领导成员	行政领导成员
萍乡市交通运输局	中共萍乡市交通运输局委员会	党委书记:曾念辉 委员:曹砺白　李小勇　朱小东　巴颜林　林福萍(11 月任)　曾宪许(11 月免)　徐卫华　凌小春(9 月免) 市纪委驻局纪检组长:林福萍(11 月任)　曾宪许(11 月免)	局长:曾念辉 副局长:曹砺白　李小勇　朱小东　巴颜林(兼任萍乡市邮政管理局党组书记、局长) 总工程师:凌小春(9 月免) 调研员:毛惠明　贺志勇 副调研员:翟文新(7 月退休)　刘安萍
九江市交通运输局	中共九江市交通运输局委员会	党委书记:江　彪(5 月任)　王金初(4 月免) 党委委员:王金初(4 月免)　江　彪(5 月任)　吴照新　喻小明　刘赛喜　朱汉练　曹达会　邢诗勇(4 月任)　孔祥云(12 月任)　丁芳华　卢作林　周裔南 驻局纪检组长:邢诗勇(4 月任)	局长:江　彪(5 月任) 副局长:王金初(4 月免)　吴照新　喻小明　刘赛喜　朱汉练　曹达会　孔祥云(12 月任) 总工程师:丁芳华 调研员:黄　强　胡梅记 副调研员:周裔南　胡民礼
新余市交通运输局	中共新余市交通运输局委员会	党委书记:张有红(8 月任)　邹建福(8 月免) 副书记:艾绍平 委员:邹建福(8 月免)　张有红(8 月任)　艾绍平　潘会君　邱绍辉　黄　昕　余接华(9 月免)　邓柯　陈　卓　樊国华　陈仕斌　廖根宝　王慎刚 纪委书记:余接华(9 月免)	局长:张有红(9 月任)　邹建福(9 月免) 副局长:潘会君　黄　昕　陈　卓　樊国华 总工程师:王慎刚 调研员:欧光宏　蔡晓颖　罗志东 副调研员:陈仕斌　王伟力(1 月任)
鹰潭市交通运输局	中共鹰潭市交通运输局委员会	党委书记:齐群策 委员:齐群策　白剑魁　詹志平　阮亦彬　艾海荣(12 月任)　邱雪成(12 月免)　张爱民　许智先 驻局纪检组长:艾海荣(12 月任) 纪委书记:邱雪成(12 月免)	局长:齐群策 副局长:白剑魁　詹志平　阮亦彬　张爱民 调研员:李星勇 副调研员:廖乡兴
赣州市交通运输局	中共赣州市交通运输局委员会	党委书记:苏传辉(9 月免)　朱洪波(9 月任) 党委副书记:朱洪波(9 月免) 党委委员:苏传辉(9 月免)　朱洪波　罗宗祺(8 月免)　尹善奎(9 月免)　谢文才(11 月任)　陈爱东(4 月免)　陈建生(12 月免)　宋冬如(4 月免)　彭炎明　邓小荣(12 月任)　周小勇　郭远昌　钟佩芳　何祖林　胡超星 纪委书记:宋冬如(4 月免) 纪检组长:邓小荣(12 月任)	局长:朱洪波 副局长:罗宗祺(9 月免)　陈爱东(5 月免)　陈建生　彭炎明　郭远昌　钟佩芳(10 月免)　何祖林 调研员:陈爱东(5 月任、10 月免)　宋冬如(5 月任、10 月免) 副调研员:傅广仁(1 月免)　章广麟　李干荣
吉安市交通运输局	中共吉安市交通运输局委员会	党委书记:谢海泉(9.2 任)　胡红英(女、9.2 免) 党委副书记:谢海泉(8.3 任、9.2 免)　邹记根(8.3 免) 委员:龙林华(10.13 免)　王跃平　赵夫发　黄坚勇　刘　勇(7.25 免)　廖建洲　张志刚 纪委书记:赵夫发(9.2 免) 市纪委驻市局纪检组组长:赵夫发(9.2 任)	局长:谢海泉(8.30 任)　邹记根(3.30 免) 副局长:龙林华(10.24 免)　王跃平　黄坚勇　刘　勇(7.25 免)　廖建洲 总工程师:张志刚

续表 18

单位	党组织名称	党组织领导成员	行政领导成员
宜春市交通运输局	中共宜春市交通运输局党组	党组书记:李　奇(9 月 14 日免)　朱宜民(9 月 22 日任,12 月 29 日免)　陈　虹(12 月 29 日任) 党组副书记:朱宜民(9、22 免) 党组成员:曹幸军(6、12 免)　陈宜林　梁荣斌(9、12 免)　凌敏杰(9、12 任)　喻　军(9、12 免)　晏国繁　刘毅明　王赣闽(10、30 免)　刘少平(10、30 任)　曾义城 市纪委派驻局纪检组组长:王赣闽(10、30 免)　刘少平(10、30 任)	局长:朱宜民(12、30 免)　陈虹(12、30 任) 副局长:曹幸军(6、12 免)　陈宜林　梁荣斌(9、12 免)　凌敏杰(9、12 任)　喻　军(9、12 免)　晏国繁 总工程师:曾义城调研员:梁　彦(7、19 免)　曹幸军(7、19 任) 副调研员:王玉洁
抚州市交通运输局	中共抚州市交通运输局委员会	党委书记:丁国华(10 月任)　乐小红(10 月免) 副书记:丁国华(10 月免)　华河辉(10 月免) 委员:陈佐光(10 月免)　王爱民　罗　维　胡　怡(10 月任)　陈　峰　梁明昌　华河辉(10 月任) 市纪委派驻局纪检组组长:胡　怡(10 月任)	局长:丁国华 副局长:王爱民　罗　维　陈　峰　梁明昌　华河辉(10 月任)　陈佐光(10 月免)
上饶市交通运输局	中共上饶市交通运输局党组	党组书记:李荣良(3 月任)　吴步高(3 月免) 成员:赖　勇　周全行(　月免)　方　扬　刘光锌　彭芳德　王少波 市纪委驻局纪检组组长:程黎霞(女) 市纪委驻局纪检组副县级纪检员:王淑琴(女)	局长:李荣良(3 月任)　吴步高(3 月免) 副局长:赖　勇　周全行(　月免)　刘光锌　彭芳德 总工程师:方　扬 副调研员:周建英(女)　常建新

(各设区市交通运输局)

【设区市级交通机构】　全省 11 个市设交通运输局、公路管理局(其中赣州、上饶归交通运输局管理),归所在市人民政府领导,业务上受省交通运输厅指导。

2017 年 9 月 11—12 日《江西省高速公路建设实录》审稿会在南昌前湖酒店召开

大事记

2016 年

1 月

1 日 《中华人民共和国国防交通法》正式施行。该法共分 9 章 60 条，以满足国防需要为目的，适应铁路、道路、水路、航空、管道、邮政等交通领域进行的建设、管理和资源使用活动。

是日 截止即日，全省公路总里程达 15.7 万千米，其中：高速公路通车里程为 5088 千米，普通公路通车总里程 15.2 万千米，公路优良率为 85.2%，全省基本形成纵贯南北，横跨东西、覆盖全省、连接周边的高速公路网。

6 日 省委常委、赣州市委书记李炳军，市领导周光华、孙黎明等听取全市“十三五”时期交通规划编制情况专题汇报。

8 日 江西省部分全国人大、省人大代表集中视察(赣州)组一行 18 人，在省人大常委会副主任冯桃莲的带领下，察看昌宁高速公路建设情况，对建设成果予以充分肯定。

9 日 省委副书记、省长鹿心社到即将建成通车的昌宁高速公路察看项目建设情况，代表省委、省政府向交通运输系统干部职工致以新年祝福。省政府秘书长张勇、省交通运输厅党委书记、厅长朱希等陪同察看。

11 日 上饶市“12328”交通服务监督热线正式开通。

12 日 省委书记强卫对全省高速公路突破 5000 千米做出重要批示，称赞“全省高速公路通车里程突破 5000 千米，交通运输战线的同志们功不可没”。

13 日 昌宁(南昌至宁都)高速公路建成通车。该路途经南昌、宜春、抚州、吉安、赣州5市,主线全长243.167千米,互通连接线长27.4千米。全线按双向四车道高速公路标准建设,设计行车速度100千米/小时。工程总投资45亿元。

是日 省高速集团《大道如画》高速公路长卷在南昌展出。省委常委、常务副省长毛伟明,省政府副秘书长涂琼理,厅领导朱希、王爱和、胡钊芳、谢德强、王昭春、夏太胜和集团负责人与部分高速公路建设者观看展览。

是日 南昌至宁都、南昌至上栗高速公路建成通车暨全省高速公路通车里程突破5000千米新闻发布会在南昌召开。省委常委、常务副省长毛伟明出席并讲话。省政府副秘书长涂琼理主持会议并宣读省委、省政府主要领导批示和省政府对省交通运输厅及昌宁、昌栗高速公路项目办嘉奖令,省交通运输厅党委书记、厅长朱希介绍项目有关情况,厅领导王爱和、胡钊芳、谢德强、王昭春、夏太胜等出席会议。

15 日 省交通运输厅党委书记、厅长朱希带队到九江市浔阳区,代表省委、省政府走访慰问困难群众、困难企业和敬老院。

20 日 交通运输部党组成员、运输服务司司长刘小明一行到宜春汽运股份公司检查春运准备工作。省交通运输厅副厅长谢德强,省运管局、宜春市政府领导陪同检查。刘小明对宜春市春运管理、安全监管工作给予肯定。

是日 全省交通运输工作暨廉政工作、安全生产工作会议在南昌召开。会议总结2015年及“十二五”交通运输工作,研究“十三五”交通运输发展总体思路,部署2016年重点工作任务。省交通运输厅党委书记、厅长朱希作交通运输工作报告,副厅长王爱和主持会议并传达省委书记强卫批示、省长鹿心社重要讲话精神,宣读省政府嘉奖省交通运输厅及昌宁、昌栗项目办的决定与2015年度全省交通运输工作、安全生产工作先进单位表彰通报。厅总工程师胡钊芳做安全生产工作报告,副厅长梁必康代做廉政工作报告。

20—21 日 交通运输部党组成员、运输服务司司长刘小明带领部春运检查组到江西检查2016年春运及交通运输安全生产工作。省交通运输厅领导朱希、王爱和、胡钊芳、谢德强陪同。

21 日 省政府副省长李贻煌到赣州调研赣州黄金机场改扩建项目建设情况。

是日 全省道路运输工作暨春运、安全生产、廉政工作会议在南昌召开。会议总结“十二五”全省道路运输工作和2015年工作,部署“十三五”和2016年目标任务,表彰全省道路运输工作先进单位和安全生产工作先进单位。

22 日 省交通运输厅、省高速集团组织开展“新闻媒体感知春运”活动。邀请《江西日报》,江西广播电视台、新华社江西分社、中国江西网、《江南都市报》等10余家媒体记者实地探访、亲身体验交通运输部门雨雹冰冻保畅通工作和服务保障工作。

1 月 24 日—3 月 3 日 省运管局在全省范围内集中开展春运期间打击非法营运专项整治行动,确保春运道路运输安全稳定、畅通有序。

27 日 截至即日,南昌县、丰城市、樟树市、吉安市青原区镇村公交车开通率达100%,上犹县镇村公交开通率为92%。

是日 省交通运输厅副厅长王昭春到厅扶贫点上饶县湖村乡西岗村开展扶贫调研,并向贫困户、困难老党员和参战退伍军人致以新春祝福和送上慰问金。

27—30 日 交通运输部法规司司长梁晓安一行3人到江西考察调研交通运输法治工作,省交通运输厅党委书记、厅长朱希、副厅长谢德强等陪同调研。

31 日 赣州中心城区至崇义城际客运快线开通。

是月 省运管局组织8个督查组到全省各地基层运管机构、道路运输企业和运输生产一线检查春运准备和督查春运安全生产工作。

2 月

1 日 全省深入开展整治货运车辆超限超载工作电视电话会议在南昌召开。省政府副省长李贻煌出席会议并讲话,省政府副秘书长张小平主持会议,省交通运输厅党委书记、厅长朱希讲话,厅领导王爱和、谢德强、王昭春出席,省公安厅交通管理局政委叶琳到会发言。

2 日 省政府副省长李贻煌到徐坊客运站、

南昌西站公交枢纽检查道路春运和安全生产工作情况，慰问春运一线的职工。省政府副秘书长张小平，省交通运输厅副厅长谢德强等陪同。

3日 省高速集团2016年工作会议暨二届二次职工代表大会召开，同时套开党风廉政建设工作会议和安全生产工作会议。省交通运输厅党委书记、厅长朱希出席会议并讲话，副厅长王昭春出席会议，并为集团2015年度先进集体、劳动模范颁奖。

7—13日 春节“黄金周”期间，全省道路旅客运输累计完成客运量877.28万人，比去年同期下降0.56%。

23日 省交通运输厅、省财政厅在省运管局组织召开2016年镇村公交发展试点县(市)评审会。评审专家组择优推荐5个县(市)报省交通运输厅和省财政厅核定批复后，5个试点县(市)镇村公交发展可获得专项补助资金3000万元。

是日 省工信委副主任王亦武率领省交警总队、省工信委人员等组成的省春运检查组一行到宜春市公交公司检查指导春运工作，充分肯定该公司30天春运取得的成效。

3月

1—2日 省发改委副主任王前虎、省交通运输厅副厅长王昭春先后到赣江新干航电枢纽工程和东昌高速项目施工现场，察看工程建设进展情况。

3日 为期40天的2016春运结束。全省春运道路旅客运输量为4921.36万人次，与2015年春运相比下降0.73%。春运期间全省道路运输日均投入营运车辆16553辆，累计加班9132班次，包车14100趟次，春运工作安全有序。

9日 江西高速集团成为全国DFI统一注册首批试点企业以来发行首单超短期融资券，实现该集团10亿元超短期融资券在国内首发，期限180天，发行利率2.55%，为同期市场最低，可节约利息40%以上。

18日 江西省农村公路综合管理系统建设方案通过专家组评审。

是日 全省县级交通质监机构标准化建设动员暨市级交通质监机构标准化建设推进会在万年召开。省交通运输厅副厅长王昭春、上饶市副市长朱寅健出席会议并讲话。

20日 省高速集团联合省政府新闻办、省交通运输厅、省旅发委在南昌召开“沿着江西高速去旅游”2016踏春自驾游线路新闻发布会，发布由专家评委组评选出的10条自驾游精品线路。

24日 省交通运输厅与国家开发银行江西省分行签署“十三五”全面深化合作开发性金融合作备忘录。省交通运输厅党委书记、厅长朱希，国开行江西分行负责人吴守华分别在仪式上致辞。省交通运输厅副厅长王爱和、国开行江西省分行副行长张国良签署合作备忘录。省交通运输厅副厅长王昭春、国开行副行长黄志钢出席签字仪式。

28日 江西公路开发总公司与中国航空技术国际控股有限公司在南昌举行《战略合作协议》签约仪式，形成以高速路网投资建设带动土地资源开发、土地资源开发促进房地产开发的产业链条化、拓宽辐射发展的经营增长模式。

是日 即日系第二个“全国中小学生安全教育日”，全省各地海事部门联合教育部门连续第4年走进中小学校园，开展水上交通安全知识进校园活动。

29日 全国交通重点工程工作会在赣州召开。省交通运输厅党委书记、厅长朱希出席会议并讲话，副厅长梁必康通报2015年度江西在建高速公路考核评价结果，副厅长王昭春主持会议。厅机关有关处室，省港航局，省高速集团、省交通质监局、省交通设计研究院有限责任公司、省投资集团资溪高速公路公司、南昌城投公司、赣州高速公路公司及各重点工程项目办负责人参加会议。

29—31日 省交通运输厅党委书记、厅长朱希乘船从赣州至九江全线调研赣江航道、沿江港口码头和水运工程建设情况，督查交通重点工程、特别是水运工程安全防汛工作。副厅长梁必康、王昭春、省港航管理局局长于钦民等陪同调研。

是月 省交通运输厅、省财政厅联合印发《2016年江西省“公交城市”试点创建工作申报指南》。自2016年起，省财政每年设立2000万元专项资金用于支持“公交城市”创建工作，每批试点城市创建周期为3年。赣州市、上饶市被列为首批“公交城市”创建工作试点城市。

4月

1日 省交通运输厅组织人事工作会议在南昌召开。厅党委书记、厅长朱希出席会议并讲话，副厅长谢德强主持会议。会议部署2016年全厅组织人事工作主要任务，提出了落实措施和要求。

4日 全省普通公路项目建设电视电话会议召开。省交通运输厅党委书记、厅长朱希出席会议并讲话，副厅长王爱和、梁必康、王昭春分别通报全省普通公路车购税资金存量情况；“十二五”期间全省农村公路、普通国省道建设总体完成情况；交通运输部“十三五”农村公路、普通国省道发展基本思路和有关政策及全省农村公路、普通国省道项目前期工作情况。

6日 省交通工会在省交通科学研究院举行“江祥林劳模创新工作室”授牌仪式。省交通运输厅党委委员、副厅长王爱和为“江祥林劳模创新工作室”授牌并讲话。

11日 湖南省政协副主席、长沙理工大学校长赖明勇一行到江西省交通运输厅进行校企合作与人才培养调研。江西省交通运输厅党委书记、厅长朱希，总工程师胡钊芳和厅机关有关处室负责人陪同调研。

12日 全省高速公路服务区文明服务创建工作会议召开。省交通运输厅党委书记、厅长朱希出席会议并讲话，省文明办主任张天清出席会议，省交通运输厅副厅长王爱和主持会议并宣读2015年度文明服务创建表彰决定。会议总结2015年度全省高速公路服务区文明服务创建工作，部署2016年的文明服务创建工作目标任务。

是日 省交通运输厅党委书记、厅长朱希，副厅长梁必康到赣州高速公路路政支队检查工作。

是日 新抚北大桥全线通车。该桥于2013年1月28日开工建设，全长720米，其中，跨河大桥桥长488米，桥头引道长232米，桥宽36米。双向六车道，工程总投资9000多万元。

19日 省政府新闻办、省发改委、省交通运输厅、省商务厅、江西国际经济技术合作公司、南昌海关、省工商业联合会在南昌召开开放发展专题发布会。省交通运输厅党委委员、副厅长王爱和介绍省交通运输厅贯彻中共中央总书记习近平视察江西重要讲话精神、落实开放发展理念的有关情况，并回答记者提问。

20日 省政府副省长李贻煌在省政府副秘书长张小平陪同下到省交通运输厅专门听取省交通运输厅落实党风廉政建设“两个责任”和巡视整改工作落实情况汇报。省交通运输厅党委书记、厅长朱希主持会议并汇报有关情况。

25日 省交通运输厅党委委员、驻厅纪检组组长陈兵到省高速集团，就全面从严治党、“两个责任”落实情况开展专题调研，并与集团班子成员进行座谈交流，听取集团党委履行党风廉政建设单位体责任的情况和履行党风廉政建设监督责任情况汇报。

27—28日 省交通运输厅党委委员、总工程师胡钊芳带队督查赣江航电枢纽防汛工作，厅机关相关处室及省港航管理中有关负责人参加督查。

27—30日 交通运输部法规司司长梁晓安、副巡视员高强化一行3人到江西考察调查研交通运输法治工作。省交通运输厅党委书记、厅长朱希，副厅长谢德强等陪同或出席座谈会。

28日 交通运输部召开“2015年感动交通年度人物”视频报告会，宣布“感动交通特别致敬人物”“2015年感动交通十大年度人物”“2015年感动交通年度人物”名单。江西省交通运输厅获“2015年感动交通十大年度人物”最组织贡献奖，省高速集团泰和管理中心莲花管理所的“龚全珍班组”集体被授予“215年感动交通年度人物”称号。

29日 省交通运输厅、省公安厅、省安全生产监督管理局联合召开“2016年道路运输平安年”活动电视电话会议。省交通运输厅总工程师胡钊芳、省安监局副局长汪少舟、省公安厅交管局政委叶琳出席会议并讲话。省运管局党委委书记易宗发通报“2015年道路运输平安年”活动情况，会议全面部署全省开展“道路运输平安年”活动的目标任务和落实措施。

是日 全省精神文明建设工作表彰大会在南昌召开。会议表彰了全省第五届文明城市(区)、文明村镇和第十四届文明单位。省交通运输厅被评为江西省第十四届文明单位。全省交通系统受表彰单位约占全省受表彰总数(1600个)的

10%。

是日 省交通运输厅“两学一做”学习教育动员部署暨先进模范事迹报告会在南昌召开。厅党委书记、厅长朱希出席会议并讲话，省总工会副主席五海平到会指导，副厅长王爱和主持会议并宣读“两学一做”学习教育活动实施方案。厅领导陈兵、梁必康、王昭春出席会议。全省交通运输系统8位先进模范分别作先进事迹报告。

5 月

9—11 日 交通运输部第三防汛督查组一行5人在组长朱汝明带领下，到赣州进行防汛工作督查。省交通运输厅总工程师胡钊芳、省港航管理局局长于钦民陪同督查。

10 日 省交通运输厅党委书记、厅长朱希到赣州市南康区调研交通运输工作。

10—12 日 交通运输部副部长戴东昌率队到赣州考察调研罗霄山片区和对口支援县交通扶贫工作。省交通运输厅党委书记、省长朱希，副厅长梁必康等陪同调研。

12 日 2016年全省城市客运管理工作会议在南昌召开。会议总结全省城市客运管理的现状，分析面临的形势，部署2016年城市客运管理工作目标任务。

13 日 省交通运输厅党委书记、厅长朱希，副厅长梁必康到赣州高速路政支队一大队检查指导工作。

13—14 日 全国公路建设管理新标准规范技术研讨会在南昌举行。交通运输部原党组副书记、副部长、中国公路学会理事长翁孟勇出席会议并且讲话。江西省交通运输厅党委书记、厅长朱希出席会议并致词。

20 日 省政府副省长李贻煌到省交通运输厅，专门听取该厅落实党风廉政建设“两个责任”和巡视整改落实情况汇报。省交通运输厅党委书记、厅长朱希主持会议并汇报有关情况。在南昌的厅领导，省公路局、港航局、运管局、厅机关各处室负责人和省交通职业技术学院党政主要领导参加汇报会。

是日 全国交通干校转型发展座谈会在江西省交通干部学院召开。交通运输部管理干部学院党委书记张延华出席会议并讲话，省交通运输厅党委书记、厅长朱希看望与会代表，省交通运输厅总工程师胡钊芳出席会议并致辞。

24 日 省交通运输厅党委书记、厅长朱希、副厅长王昭春到江西方兴科技有限公司蛟桥研发基地调研，慰问一线科研人员。

25 日 省科技厅厅长洪三国、副厅长卢福财到省交通科研院调研指导工作，省交通运输厅总工程师胡钊芳陪同调研。

是日 省交通运输厅副厅长谢德强到吉安市调研指导治超工作，吉安市副市长王大胜陪同调研。

27 日 共青团江西省交通运输厅直属机关第六次代表大会在省交通干部学院召开。省交通运输厅党委委员、副厅长王爱和出席会议并讲话。

是日 “2015江西经济十件大事”评选结果发布，省交通运输厅被评为“2015江西经济十件大事”主导单位，省高速集团及其子公司公路开发总公司、赣粤高速公路公司被评为功勋企业。

是日 省交通运输厅召开“红包”问题专项治理工作第一次调度会。副厅长王爱和出席，厅机关相关处室负责人参加会议。会议讨论研究“红包”问题专项治理领导小组成员、领导小组办公室责任分工，部署下一步工作。

30 日 省交通运输厅党委中心组召开理论学习会，开展“两学一做”学习教育第一专题集体学习研讨。厅党委书记、厅长朱希主持会议并讲话。厅领导王爱和、胡钊芳、陈兵、梁必康、谢德强、杜继涛、吴铭汉参加学习。

30 日—6 月 1 日 省交通工会在吉安举办了为期三天的2016年全省交通职工羽毛球比赛，来自全省29个交通基层单位、共计190余名运动员参加了比赛。省交通运输厅副厅长王爱和、吉安市副市长王大胜出席闭幕式并为获奖代表队颁奖，省交通运输厅总工程师胡钊芳参加比赛并出席闭幕式。

是月 省交通厅、公安厅、住建厅、发改委、财政厅、国土厅、人保厅等七部门组成联合考核组，对11个设区市优先发展城市公共交通工作情况进行考核。

是月 省高速集团在省政府召开的全省安全生产工作会上被授予“江西省‘十二五’安全生产

工作先进单位”称号,受到省政府表彰。

6 月

1 日 省交通运输厅副厅长王爱和到泰和管理中心莲花管理所调研文明创建工作,厅直有关单位负责人陪同调研。

3 日 省交通运输厅召开 2016 年度社会治安综合治理工作会议。厅党委书记、厅长朱希出席并讲话,副厅长王爱和主持会议并作综治工作报告,副巡视员吴铭汉宣读表彰决定。会议总结 2015 年度综治工作,部署 2016 年综治工作目标任务。

6 日 省交通运输厅举行庆祝中国共产党成立 95 周年群众性合唱比赛。厅党委书记、厅长朱希,副厅长王爱和到场观看比赛并为获奖者颁奖。

13—14 日 省纪委驻省交通运输厅纪检组组长陈兵到都九高速二期(都昌至星子段)建设工地,察看项目建设情况,看望一线工程建设者。

16 日 五年一次的全国公路养护管理会议在江苏徐州召开。会议授予“江西省交通运输厅公路养护管理先进单位”称号。江西综合评价在全国(不含直辖市)排名第十,与“十一五”检查结果相比名次提升 4 位,创历史最好成绩。

是日 省交通运输厅副厅长梁必康先后到赣江新干航电枢纽工程、赣江信江段余干段虎山嘴坝址、豹皮岭坝址和鄱阳段双港坝址察看水运工程规划、建设情况。省港航局局长于钦民、吉安市副市长王大胜、上饶市副市长朱寅健等陪同察看。

19 日 省政协副主席刘晓庄到省交通科研院考察,省交通运输厅总工程师胡钊芳陪同考察。

20 日 新疆克州交通运输局第二期赴赣学习交流培训班在省交通干部学院开班。省交通运输厅党委书记、厅长朱希到学院看望克州交通运输局培训班一行,副厅长谢德强出席培训班开班式并讲话。

是日—7 月 20 日 省运管局开展为期一个月的执法监督检查活动。检查 2015 年 7 月至 2016 年 6 月各级运管机构执法工作情况。

21—24 日 省人大常委会预算工委对省交通运输厅 2015 年部门决算草案进行集中审核。省交通运输厅党委书记、厅长朱希,副厅长王爱和出席审核有关会议,介绍全省主要交通运输事业项目资金管理使用情况。大家一致对省交通运输厅 2015 年决算情况和编制工作表示肯定。

24 日 省委常委、省纪委书记周泽民到省高速集团上高管理中心梅棠管理所党支部参加主题党日活动。省委常委、秘书长汪爽,省交通运输厅党委书记、厅长朱希,省纪委驻省交通运输厅纪检组长陈兵陪同参加活动。

28 日 全省交通运输信用体系建设工作推进视频会召开。省交通运输厅党委书记、厅长朱希出席会议并讲话,副厅长谢德强主持会议,厅副巡视员吴铭汉传达交通运输部和省信用体系建设工作有关精神,并对 2016 年此项工作进行部署。

30 日 连接吉州区和青原区的城市桥梁——新井冈山大桥建成通车。

是月 交通运输部、公安部、国家安全监管总局通报表扬 2015 年“道路运输平安年”活动成绩突出单位。江西省新余市道路运输管理处、赣州市道路运输管理局、景德镇市公路运输管理处,江西新世纪汽运集团有限公司、江西景德镇长运有限公司、江西新余长运有限公司等多家道路运输管理机构和企业受到表彰。

是月 昌樟高速公路改扩建工程被交通运输部评为“全国绿色公路示范项目”。该工程项目已于 2014 年 5 月被交通运输部评为绿色循环低碳公路主题示范项目,成为江西省第一条绿色循环低碳主题性示范路。

7 月

8 日 江西公路“百姓满意服务区”创评活动——“驿路相伴、恒辉随行”在德昌高速公路军山湖服务区启动。省交通运输厅副厅长王爱和出席并讲话话,交通运输部公路局、中国公路学会有关负责人到会指导。

11 日 省交通运输厅党委书记、厅长朱希到上高管理中心九龙湖管理所调研。副厅长王昭春和省高速集团负责人陪同调研。

11—12 日 省委副书记、代省长刘奇到吉安市调研、考察江西交通工程建设情况,慰问广大工程建设者。

11—15 日 省纪委驻省交通运输厅纪检组组长陈兵先后到赣江新干航电枢纽工程、泰和管理中心、吉安高速路政支队调研党风廉政建设情况。省港航管理局局长于钦民、党委书记严允、省高速集团和省路政总队相关负责人陪同调研。

12 日 农发行江西省分行行长张孝成、副行长熊建国等一行 6 人到省交通运输厅走访座谈。省交通运输厅党委书记、厅长朱希,副厅长王爱和、梁必康,省公路局局长曾晓文等出席座谈会。

是日 省路政总队在宜春高速路政支队五大队召开全省高速路政系统党建工作座谈会暨“两学一做”学习教育推进会。省交通运输厅副厅长、厅直机关党委书记王爱和出席会议并讲话。

13 日 省交通运输厅安委会召开 2016 年第二次安全生产工作例会,厅总工程师胡钊芳出席会议并讲话。

15 日 全国高职高专校长联席会议发布《2016 中国高等职业教育质量年月度报告》。《报告》首次公布“2015 年高等职业院校服务贡献 50 强”名单,江西交通职业技术学院被授予“2015 年全国高等职业院校服务贡献 50 强”称号。

19 日 中共江西省交通运输厅直属机关第二次代表大会在南昌召开。省交通运输厅党委书记、厅长朱希,省直机关工委副书记李跃进出席会议并讲话,副厅长、厅直属机关党委书记王爱和代表厅直属机关第一届委员会向大会做工作报告,厅领导胡钊芳、陈兵、梁必康、谢德强、王昭春、杜继涛、吴铭汉出席会议。

21 日 省交通运输厅党委书记、厅长朱希,副厅长梁必康到省高速集团物资公司调研,省高速集团总经理任东红、交通运输厅办公室主任熊华武、战备办专职副主任贺一军等陪同调研。

是日 省发改委副主任王前虎、省交通运输厅副厅长王昭春察看上万高速公路项目建设情况,督促解决有关问题。

24 日 省委副书记、代省长刘奇到都九高速鄱阳湖特大桥施工现场视察项目建设情况,看望慰问一线建设者。省交通运输厅党委书记、厅长朱希和副厅长王昭春等陪同察看。

25—26 日 省交通运输厅副厅长梁必康带领厅规划处、组织人事处和省民宗局经济发展处有关负责人到铅山县篁碧乡、上饶县湖村乡西龙岗村察看交通扶贫工作情况。

26 日 全省高速公路沿线广告设施专项清理整治工作电视电话会议在南昌召开。省交通运输厅党委书记、厅长朱希出席会议并讲话。省国土资源厅总规划师梁春祥,省住建厅副厅长曾绍平,省工商局副巡视员袁建年,省政府法制办副巡视员刘晨华,省信访局副巡视员姚学明出席会议。会议提出了清理整治工作措施和目标任务。

27—29 日 省政府法制办副主任凌云、省交通运输厅副厅长谢德强一行到南昌市、宜春市上高县和新余市,就《交通建设工程质量安全监督管理条例》进行立法调研。

28 日 全省公路养护管理工作会议在婺源召开。省交通运输厅党委书记、厅长朱希出席并讲话,厅领导梁必康、吴铭汉分别就农村公路、治超工作作了部署,上饶市市长梁赣辉到会致辞,省交通运输厅副厅长王昭春主持会议。会议表彰“十二五”全省公路养护管理工作先进单位和先进个人,部署公路养护管理工作目标任务。

是日 《江西省交通建设工程质量监督管理条例》立法调研座谈会在上高县政府召开。省法制办副主任凌云、省交通厅副厅长谢德强、省交通质监局局长彭东领出席会议。座谈围绕《江西省交通建设工程质量安全监督管理条例》立法,征求宜春市、上高县交通主管部门及相关单位意见。

29 日 省交通运输厅党委书记、厅长朱希看望慰问中国人民解放军驻江西省航务军代处全体官兵。省港航局局长于钦民,党委书记严允及厅机关相关处室负责人陪同慰问。

8 月

3 日 省交通运输厅党委中心组用一整天时间进行“两学一做”学习教育第二专项的学习研讨。厅领导朱希、王爱和、梁必康、杜继涛、吴铭汉等参加学习研讨。

9—10 日 省交通运输厅副厅长王昭春到广吉、宁安、安定项目建设现场实地察看督导工程建设,省交通工程质量监督局局长彭东领、省高速集团副总经理俞文生等陪同。

9日 国家档案局副局长杨维波到省交通运输厅交通运输工程档案馆检查指导工作。副厅长王爱和、省档案局副局长潭向文陪同。

17日 省政府召开“五大交通重点工程”推进动员会。省委常委、常务副省长毛伟明出席会议并讲话,副省长李贻煌主持会议,省政府副秘书长张小平参加会议,省政府副秘书长涂琼理宣读了征地和房屋征收补偿及规费缴交标准,省交通运输厅党委书记、厅长朱希介绍5个项目概况。

19日 2016年下半年全省交通重点工程推进工作会在宜春召开。省交通运输厅党委书记、厅长朱希出席会议并讲话,副厅长王昭春主持会议,省高速集团负责人参加会议。

是日 省交通运输厅党委书记、厅长朱希在副厅长王昭春陪同下到铜万高速公路铜鼓段沿线各施工现场察看工程建设进展情况,看望广大筑路员工。

23日 省交通运输厅副厅长王昭春率厅机关有关处室和厅直有关单位负责人做客江西人民广播电台《党风政风热线》栏目,以“公路建设、维护、运输管理”为主题,接听群众热线电话,与广大听众朋友交流互动,就群众关心的热点、难点等相关问题一一做解答。

24日 省交通运输厅组织全体党员举行“两学一做”学习教育知识测试。厅机关各支部和厅直属各级党组织全体党员参加测试。

26日 省交通运输厅总工程师胡钊芳到厅定点包扶贫困村——上饶县湖村乡西龙岗村开展调研。厅机关有关处室负责人陪同调研。

27日 在湖南省长沙市召开的2016中国500强企业高峰论坛上,中国企业联合会和中国企业家协会联合发布了2016中国企业500强和服务业企业500强等榜单。江西共有5家企业入选服务业企业500强,其中赣粤高速公路公司位居377位,较上年提升43位,已连续12年被授予“中国企业500强”称号。

31日 省交通运输厅在昌九高速公路改扩建项目办召开“两学一做”学习教育推进会。厅党委书记、厅长朱希,省直机工委委员、工会工委主任喻子显出席会议并讲话,副厅长王爱和主持会议,厅领导陈兵、王昭春出席,厅直二级单位组织主要领导、“两学一做”学习教育分管领导及相关部门负责人和厅机关各党支部主要负责人参加会议。

9月

5日 省政府副省长李贻煌到南昌龙头岗综合码头一期工程施工一线,就项目开展情况进行专题调研。省政府秘书长张小平、省交通运输厅党委书记、厅长朱希,副厅长梁必康、王昭春,省港航局局长于钦民陪同调研。

6日 省交通运输厅党委书记、厅长朱希到恒锦九龙湖现场调研恒锦九龙湖施工项目建设情况并召开项目建设推进会议。厅领导王爱和、王昭春、陈兵、谢德强陪同调研。

9日 “九江—重庆”集装箱直达航线开通暨城西港集装箱码头新岸式装卸桥启用仪式在九江港城西港集装箱码头举行。九江港与泛亚航运公司联手打造“的九江—重庆”直航航线,开通解决九江及周边地区通往西南方向货物进出仓位不足、运输时间过长等问题,运输时间由原来的30天左右缩短到10—15天。

12日 省交通运输厅处级干部学习中共中央总书记习近平系列讲话精神和视察江西时重要讲话精神与五大发展理念轮训班在南昌开班。厅党委书记、厅长朱希出席开班式并讲话,副厅长谢德强主持开班式。培训班于12—14日、20—22日分两期举办。通过培训,学员们一致反映受益匪浅。

13日 省高速集团在北京举办2016年投资者交流会,省交通运输厅副厅长王爱和出席会议。中国建设银行、中信建设、工商银行等国内主要资管投资者,工银瑞信、华夏基金、易方达基金等知名基金投资者,人寿资产、泰康资管等重要保险机构投资者,大公国际、联合资信和中诚信等国内三大评级机构的代表等共100余人参加会议。

19日 全省运管处(局)长座谈会在南昌召开,会议总结今年以来的工作,部署下一阶段工作任务。

26日 省委常委、常务副省长毛伟明对江西交通运输信息专报刊登的《省高速集团成功发行私募公司债30亿元》做出批示,对省高速集团融资工作给予肯定和鼓励。

10 月

1 日　新修订的《江西省道路运输驾驶员诚信考核实施细则》自即日起施行，该细则进一步规范和完善了道路运输驾驶员诚信考核工作。

9 日　中国农业银行行长赵欢、中国农业银行江西省分行行长温学宇、副行长胡继华到省交通运输厅进行融资洽谈。厅党委书记、厅长朱希，副厅长王爱和、省高速集团总经理任东红等参加洽谈。

10 日　江西中长期铁路网规划（2016－2030年）出台。该规划提出，到2020年江西建成“五纵五横”铁路网主骨架，11个设区市开动车组列车。到2030年形成“六纵六横”铁路网主骨架全省铁路运营里程超过7000千米，覆盖96%以上的县（市、区），其中高铁达到2000千米以上构建（三纵三横）高铁通道。

10—11 日　全国社会治安综合治理创新工作会议在南昌召开。会上，重点展示江西省交通运输系统创新民工工资管理模式和取得的丰硕成果。11日，CCTV新闻频道《法治中国行》栏目，专题报道江西省交通运输系统创新民工工资的管理模式和丰硕成果。

13 日　省人大常委会党组副书记、副主任洪礼和到交通运输厅调研。省人大常委会办公厅主任张振珠，省国土资源厅党组书记、厅长刘定明陪同调研。省交通运输厅党委书记、厅长朱希主持座谈会并汇报有关情况，厅领导王爱和、胡钊芳、陈兵、王昭春出席座谈会。

18 日　全省治理货车非法改装和超限超载工作电视电话会议在南昌召开。省交通运输厅党委书记、厅长朱希出席会议并讲话，副厅长谢德强主持会议。省工信委副主任王亦斌、省公安厅副厅长王跃斌、省工商局副局长沈庆中、省质监局副局长张龙飞、省交通运输厅副巡视员吴铭汉出席会议。吉安市、抚州市政府负责人作了交流发言。

20 日　人社部副部长邱小平率国家解决企业拖欠工资问题部际联席会议第三督察组到铜万高速公路项目办，考查民工工资管理工作。省人社厅副厅长王书红，省交通运输厅副厅长王爱和、省高速集团董事长、党委书记王江军等陪同考查。

24—25 日　省纪委驻省交通运输厅纪检组组长陈兵先后到厅定点包扶的上饶县湖村乡西龙岗村和梨温高速公路公司调研。

26 日　省委常委、副省长毛伟明到宜春市中汽森泽国际视察指导，对项目“万亩大物流、千亿大产业”、倾力打造“六大中心”建设给予充分肯定。

28—29 日　全国高职高专校长联席会议在南昌召开。会议明确“十三五”时期职业教育发展重心和路径。会上，江西交通职业技术学院被授予“高等职业院校服务50强”称号，该院社会服务成果被评为“质量·开放·融合成果展优秀案例”。

是月　2016年国庆“黄金周”期间，全省道路客运投放客车121696辆次，其中包车4464辆次，加班车2402辆次，完成客运量1079.17万人，同2015年同期相比降低1.18%。

是月　全省境内桥梁连续钢构单跨长度的“第一跨”——东昌高速公路项目赣江特大桥180米悬浇主跨合龙，为整个东昌高速公路项目如期建成通车创造了条件。

是月　省高速集团上高管理中心被交通运输部授予“2014—2015年度全国交通运输行业文明示范窗口”称号；省高速集团团委书记巫过房被授予“2014—2015年度全国交通运输行业精神文明建设先进工作者”称号；抚州管理中心南昌东管理所收费员李媛媛被授予“2014—2015年度全国交通运输行业文明标兵”称号。

11 月

1 日　省交通运输厅召开党委（扩大）会议，传达省委十三届十四次全会、全省领导干部会议和省政府党组扩大会议精神，专题研究在全省交通运输系统迅速掀起学习宣传贯彻党的十八届六中全会精神高潮的举措。厅党委书记、厅长朱希主持会议并讲话，厅党委委员参加会议，厅副巡视员、厅机关有关处室负责人列席会议。

是日　全省普通国省干线公路养护管理现场会在九江召开。省交通运输厅副厅长王昭春出席会议并讲话,九江市副市长彭敏致辞,省公路局局长曾晓文作工作报告。会议通报“十二五”普通国省干线公路省级“畅安舒美”示范路建设情况。九江市、宜春市、上饶市、萍乡市、南昌市公路局分别作经验交流。

3—4 日 省交通运输厅党委书记、厅长朱希、厅副巡视员吴铭汉到赣州市实地督查赣州市2016年普通公路建设进展、前期工作、车购税资金沉淀消化以及治超工作开展情况。

3 日 省纪委驻省交通运输厅纪检组组长陈兵先后到省港局抚州分局、抚州高速路政支队调研指导。

3—4 日 省交通运输厅党委书记、厅长朱希、厅副巡视员吴铭汉到赣州市,实地督查赣州市2016年普通公路项目建设进展、前期工作、车购税资金沉淀消化以及治超工作开展情况。

5 日 G316国道资溪花山界至南城黄狮渡公路改建工程正式开工建设,全长49.28千米,按二级公路技术标准建设,设计荷载公路一级,设计行车速度60千米/小时,路基宽度10米,沥青混凝土路面,预算总投资6.0537亿元。

8 日 全省高速公路车辆通行秩序专项治理活动工作部署会在南昌召开。省交通运输厅副厅长王爱和出席会议并讲话。此次专项治理活动系省交通运输厅与省公安厅联合开展,自2016年11月8日起,至12月30日结束。

是日 省高速联网中心召开全省高速公路绿通车管理平台试点情况评审会。省交通运输厅副厅长王爱和出席会议。会议要求,各联网单位要树立全省一盘棋的思想;突出重点,分类管理;组建专业稽查队伍,调动各方积极性做好此项工作。

9—10 日 由中国公路学会组织的第三届“最美中国路姐”表彰活动暨“第四届全国高速公路服务品牌年会”在南昌举行。中国公路学会副秘书长、高速公路管理学院院长巨荣云主持表彰活动并致开幕词,省交通运输厅副厅长王爱和出席表彰活动并致辞,省公路学会理事长孙茂刚等出席表彰活动并给“最美中国路姐”获奖者颁奖。

18 日 省交通运输厅召开党委(扩大)会议,传达贯彻省第十四次党代会精神。专题研究贯彻落实党代会精神具体举措。厅党委书记、厅长朱希主持会议并讲话,厅党委委员参加会议。厅副巡视员、厅机关有关处负责人列席会议。

23 日 省委书记鹿心社到景德镇、九江调研,视察都九高速鄱阳湖二桥项目建设情况,慰问广大一线工程建设者。省交通运输厅总工程师胡钊芳陪同调研。

24 日 省直机关文明办督查组一行到省交通运输厅开展“两学一做”学习教育督查和省第十四届文明单位复查。厅领导王爱和、胡钊芳、陈兵、梁必康等参加满意度测评大会。

是日 由省人大常委会办公厅副主任巫新春一行组成的省法治江西年度督察组到省交通运输厅,对该厅2016年度法治建设工作进行督查考评。省交通运输厅副巡视员吴铭汉汇报有关情况,厅直有关单位、厅机关有关处室负责人参加会议。

27 日 省交通运输厅副厅长谢德强、省运管局副局长唐晓明一行4人到南昌市检查督导道路运输安全生产工作。

29 日 省交通运输厅召开安全生产会议,传达中共中央总书记习近平、总理李克强重要指示批示精神及省委书记鹿心社、省长刘奇的重要批示指示精神和交通运输部部署,深刻吸取丰城发电厂“11·24”特别重大事故的惨痛教训,确保全省交通运输生产安全、高效无事故。

是日 省委常委、常务副省长毛伟明到九江港区彭泽红光作业区综合枢纽码头项目现场,实地察看项目选址、岸线、水深及陆域腹地等建设规划情况。省发改委副主任周光华、省工信委副主任万庆胜、省港航局局长于钦民等陪同察看。

30 日 2016年江西高速公路危化品运输车辆事故应急救援处置演练在都九高速公路华林枢纽举办。省交通运输厅总工程师胡钊芳出席观摩并讲话。

是月 省政府出台《全省深化改革推进出租汽车行业健康发展的实施方案》,方案明确了该项工作的目标任务和落实措施。

12 月

1 日 省人大常委会召开省人大代表建议办理工作先进单位和先进个人表彰会。会上,省交通运输厅被授邓“江西省十二届人大五次会议代表建议办理工作先进单位(2015—2016 年)”称号。

是日 长江中游城市合作第二次联席会议在南昌召开。江西、湖南、湖北三省港航(水运)管理部门签署了水运合作备忘录,重点围绕加强水运基础设施建设、航道管理、港口经营管理、航运、水上交通安全监管、船舶检验六个方面开展合作,共治长江中游“梗阻”,共同推进长江中游水运发展。

9 日 省交通运输厅召开“两学一做”学习教育第 4 次专题研讨会。厅党委书记、厅长朱希就学习贯彻党的十八届六中全会和省第十四次党代会精神进行辅导、上党课。厅领导胡钊芳、陈兵、谢德强、王昭春、吴铭汉及厅机关全体党员参加学习。

是日 省交通运输厅举办学习贯彻党的十八届六中全会和省第十四次党代会精神专题宣讲报告会。邀请省委宣讲团成员、省委副秘书长、省委政策研究室主任、省委改革办副主任沈谦芳作专题报告。厅党委书记、厅长朱希主持报告会并讲话,厅领导胡钊芳、陈兵、谢德强、王昭春等出席报告会。

19 日 宜春市委副书记、市长张小平,市人大常委会副主任黄渭高等一行人走访省交通运输厅并进行座谈。省交通运输厅党委书记、厅长朱希,副厅长梁必康等出席座谈。

20 日 省发改委副主任李志刚率省委办公厅、省政府办公厅“降成本优环境”专项行动督察组到省交通运输厅开展督查。副厅长王爱和汇报该厅推进落实“降成本优环境”专项行动有关情况。

是日 省纪委驻省交通运输厅纪检组召开厅属单位纪检工作研讨会。驻厅纪检组组长陈兵出席并讲话。驻厅纪检组、厅属各单位纪委书记和监察室主任共计 40 余人参加会议。

是日 由交通运输部公路局副局长王太带领的安全运输检查组到泰井高速公路,就隧道安全开展专项检查,省交通运输厅副厅长王昭春、省高速集团总经理任东红陪同检查。

22 日 《江西交通运输信息化“十三五”发展规划》评审会在南昌召开,省交通运输厅总工程师胡钊芳、副厅长梁必康等出席评审会。

23 日 新余市委书记蒋斌、市委副书记、市长董晓健,市委常委、常务副市长万广明,市委常委、秘书长、统战部部长李新华,副市长徐文泊等一行走访省交通运输厅并进行座谈。省交通运输厅领导朱希、胡钊芳、梁必康、谢德强出席座谈。

27 日 全省高速公路车辆通行秩序专项治理总结会暨春运保障工作现场会在沪昆高速赣浙界梨园收费站召开。省交通运输厅副厅长谢德强出席会议并讲话。会议宣读了 2016 年全省高速公路车辆通行秩序专项治理活动情况通报,表彰了 2016 年度全省高速公路车辆通行秩序专项整治理活动先进集体与先进个人。省公安厅交通管理局高速公路交通警察总队及高速公路联网单位和省交通运输厅有关处室负责人参加会议。

是日 省文明委下发《关于 2016 年度江西省文明单位年度复查情况的通报》,省交通运输厅(机关)及全省交通运输系统 140 余家单位复查合格,约占全省复查合格总数的 9%。

28 日 赣江井冈山航电枢纽工程与九江港彭泽港区红光作业区综合枢纽码头一期工程项目开建。赣江井冈山航电枢纽工程是交通运输部和江西省“十三五”重点建设项目,是一座以航运为主,兼有发电等综合利用价值的大型航电枢纽工程,其船闸工程为三级航道标准,设计年单向通过能力为 946 万吨,并预留一线船闸位置,设计电站总装机容量为 133 兆瓦、年平均发电量 5077 亿度。

是日 萍乡市委书记李小豹,市委副书记市长李江河,副市长叶华林等一行走访省交通运输厅并进行座谈,厅领导朱希、王爱和、陈兵、梁必康等出席座谈。

29 日 省交通运输厅召开春运领导小组成员会议,厅党委书记、厅长朱希出席出席会议并讲话,副厅长谢德强主持会议。

30 日 省交通运输厅党委书记、厅长朱希,厅副巡视员吴铭汉到赣州市实地督查赣州市 2016 年普通公路项目建设进展、前期工作、车购税沉淀资金消化以及治超工作开展情况,重点督查第一次督查所发现的问题整改和采取的措施工作成效情况,省公路局及厅有关处室负责人等陪同督查。

是月 东乡至昌傅、上饶至万年、修水至平江、铜鼓至万载、船顶隘至广昌、宁定高速宁都至安远段、宁定高速安远至定南段、宁定高速定南联络线、都九高速都昌至星子段(不含鄱阳湖二桥)、昌宁高速南昌连接线、兴国至赣县、资溪花山界至里木等12个项目建成通车,至此,全省高速公路通车总里程达6000千米。

是月 省政府重点调度项目,樟吉高速互通连接线"二改一"改建工程交工验收。该工程于7月底建成通车,总长约21.847千米,道路路基宽30米,沥青路面,概算总投资4.49亿元。

是年 全省交通基础设施建设完成投资626亿元,其中,高速公路投资完成376亿元。打通出省通道28个,全省高速公路通车里程达到6000千米,全年新建和改造农村公路1.2万千米,累计建成公路4.8万千米。

《实录》审稿会

交通基础设施建设

公路建设

【概况】 2016年全省交通基础设施建设完成投资626亿元。其中:完成投资,高速公路376亿元,普通国省道146亿元,农村公路88亿元,运输站场4亿元。

截至2016年底,全省高速公路通车里程达5894千米,占全国的4.4%,超过全省经济总量、人口、土地面积等各项指标占全国的比重,基本形成"四纵六横八射十七联"高速公路网;全国高速公路密度为每百平方千米1.4千米(通车里程/土地面积),江西省为每百平方公里3.5千米,是全国平均水平的2.5倍;全国每万人平均拥有高速公路里程为0.9千米(通车里程/人口总数),江西省为1.3千米,为全国平均水平的1.4倍。打通28个出省通道,构建南昌到设区市省内3小时、到周边省会省际5小时的经济圈,"纵贯南北、横跨东西、覆盖全省、连接周边"的高速路网基本形成。

2016年,建成的高速公路有:①资溪花山界(赣闽界)至里木高速,全长38.578千米,2014年1月开工,2016年12月完工,双向4车道;②船顶隘(赣闽界)至广昌高速公路,全长21.6千米,2014年9月开工,2016年12月完工,双向4车道;③兴国至赣县高速公路,全长71.995千米,2014年11月开工,2016年12月完工,双向4车道;④都昌至九江高速公路都昌至星子段(除鄱阳湖二桥),全长41.769千米,2014年12月开工,2016年12月完工,双向4车道;⑤昌宁高速南昌连接线,全长12.229千米,2014年12月开工,2016 年 12 月完工,双向 4 车道;⑥宁都至定南(赣粤界)高速公路宁都至安远段,163.86 千米,2014 年 12 月开工,2016 年 12 月完工,双向 4 车道。⑦宁都至定南(赣粤界)高速公路安远至定南段,51.595 千米,2014 年 12 月开工,2016 年 12 月完工,双向 4 车道。⑧宁都至定南(赣粤界)高速公路定南联络线,38.851 千米,2014 年 12 月开工,2016 年 12 月完工,双向 4 车道。⑨东乡至昌傅高速公路,152.13 千米,2014 年 12 月开工,2016 年 12 月完工,双向 4 车道。⑩上饶至万年高速公路,76.057 千米,2014 年 12 月开工,2016 年 12 月完工,双向 4 车道。⑪修水至平江高速公路,79.676 千米,2014 年 12 月开工,2016 年 12 月完工,双向 4 车道。⑫铜鼓至万载高速公路,68.797 千米,2014 年 12 月开工,2016 年 12 月完工,双向 4 车道。

这 12 个项目 820 千米,完成总投资 604 亿元,打通 28 个出省通道,全省高速公路通车里程基本达到 6000 千米,“纵贯南北、横跨东西、覆盖全省、连接周边”高速公路网基本形成。从 2012 年跨越 4000 千米、2014 年实现县县通高速、2015 年跨越 5000 公里,到 2016 年基本实现 6000 千米。

2016 年开工建设的高速公路有:①南昌至九江高速公路改扩建,87.819 千米,2016 年 6 月开工,双向 4 车道改 8 车道。②广昌至吉安高速公路,189.277 千米,2016 年 11 月开工,双向 4 车道。

2016 年续建高速公路有:南昌南外环高速,35.802 千米,2014 年 6 月开工,双向 4 车道改 8 车道。

2016 年全省普通国省道建设完成投资 146 亿元,完成普通国省道升级改造 662 千米,养护大中修 1050 千米,危桥改造 63 座,安全生命防护工程 801 千米。建成普通公路服务区 5 对,公路驿站 15 个,打造“畅安舒美”示范路 905 千米,建成集“养护、应急、服务”三位一体的 50 个普通干线综合养护中心。

全年农村公路完成投资 88 亿元。新建和改造农村公路 1.3 万千米,完成生命防护工程 1751 千米,改造危桥 632 座。

(天 地)

高速公路建设

【强卫对全省高速公路通车里程突破 5000 千米做出重要批示】 1 月 12 日,江西省委书记强卫对全省高速公路通车里程突破 5000 千米做出重要批示。

强卫在批示中指出,全省高速公路里程突破 5000 千米,交通运输战线的同志们功不可没。希望他们再接再厉,继续保持真抓实干、狠抓落实的工作作风,按照省委、省政府的统一部署,大力实施基础设施提升战略,加快推进高速公路等重大交通项目建设,全面建成“布局合理、内外畅通、功能完善、衔接高效”的现代综合交通运输体系,为实现全省“十三五”各项目标任务提供强有力的支撑。

(省高速集团)

【全省高速公路通车里程突破 5000 千米】 1 月 13 日,南昌至宁都、南昌至上栗高速公路建成通车暨全省高速公路通车里程突破 5000 千米新闻发布会在南昌召开,省委书记强卫做出批示,省委副书记、省长鹿心社在昌宁、昌栗高速公路通车前夕,实地看望慰问了工程一线建设者。省委常委、常务副省长毛伟明出席新闻发布会并讲话。省政府副秘书长涂琼理主持会议并宣读省委、省政府主要领导批示和省政府对省交通运输厅及昌宁、昌栗高速公路建设项目办的嘉奖令,省交通运输厅党委书记、厅长朱希介绍项目有关情况。

会前,毛伟明一行参观《大道如画》江西高速公路摄影长卷,并与昌宁、昌栗项目建设先进单位、先进个人代表合影。省直有关部门、金融机构负责同志,项目沿线市、县(市、区)政府负责同志,项目参建人员代表和新闻媒体记者参加会议。

(省高速集团)

【鹿心社察看昌宁高速公路】 1 月 9 日,省委副书记、省长鹿心社来到即将建成通车的昌宁高速公路,察看项目建设情况,慰问广大工程建设人员,代表省委、省政府向交通运输系统职工致以新年祝福。

鹿心社指出，“十二五”以来，省交通运输厅认真贯彻落实省委、省政府决策部署，着力推进以高速公路为重点的交通基础设施建设，取得辉煌成就，进一步提升全省区位优势，优化投资环境，有力促进经济社会发展。2016年是“十三五”开局之年，是决胜全面小康的第一年，全省交通运输干部职工要继续保持昂扬向上的精神，保持勇往直前的干劲和韧劲，以2016年底建成6000千米高速公路为目标，下大力气推动全省交通基础设施建设跃上新台阶，更好地发挥交通运输对经济社会发展的先行支撑作用，为江西实现“提前翻番，同步小康”做出新的更大贡献。

（省高速集团）

【昌九改扩建工程成为江西省首个全线砼构件集中预制的高速公路建设项目】 4月27日，南昌至九江高速公路改扩建项目办召开大型预制场设计方案专家评审会。经过评审，专家组认为该方案具有较强的创新性、前瞻性与可操作性，一致同意通过。

据悉，昌九高速改扩建工程全省首个实行全线砼构件集中预制的高速公路建设项目，项目办在场站选址上多方考察和精挑细选，综合考虑占地面积、运输条件、用水、接电、材料进场等因素，最终设于共青城工业园区，距昌九高速直线距离约1.6千米，占地面积约300亩。

（省高速集团）

【刘奇察看都九高速鄱阳湖特大桥项目建设情况】 7月24日，省委副书记、代省长刘奇冒着高温酷暑，到都九高速鄱阳湖特大桥施工现场察看项目建设情况，看望慰问一线建设者。

上午11点30分许，刘奇一行来到都九高速鄱阳湖特大桥C5标施工现场，看望慰问正顶着烈日紧张施工的建设人员，向劳动者们致以崇高敬意，嘱咐建设人员科学施工、劳逸结合，切实做好防暑降温工作，勉励参建各方继续发扬不畏艰难的优良作风，落实责任，确保质量，努力建成安全优质廉洁高效工程。针对当前防汛抗洪工作，刘奇指出，要坚决克服松懈情绪和麻痹思想，强化措施、落实责任，切实加强施工平台巡查防守工作，确保安全度汛。

全长5589米的都九高速鄱阳湖特大桥地处有着内陆“百慕大”之称的老爷庙水域，施工难度大、自然条件复杂，是全省在建高速公路项目中跨径最大、长度最长的桥梁。

（省高速集团）

【江西高速光伏发电项目一期开工】 8月16日，江西省高速公路分布式光伏发电（一期）项目正式开工。该项目总体规划建设100MW。此次一期项目预期建设35MW，投资约2.6亿元，项目地点遍布在全省11个地市、77个县区，分布在江西省高速集团所辖高速公路沿线92个收费管理所站（含养护中心）、60对服务区以及部分边坡和空地，将建设屋顶光伏、地面光伏、光伏车棚等光伏应用类型。

据悉，项目建成后，25年累计发电量约为94557万千瓦，节约标准煤用量约38.85万吨，减少二氧化硫排放约2.9万吨，减少氮氧化物排放约1.46万吨，减少粉尘产生约26.4万吨，减少一氧化碳排放约32.3万吨，减少二氧化碳排放约64.5万吨。

（省高速集团）

【全省五大交通重点工程推进动员会召开】 8月17日，省政府召开五大交通重点工程推进动员会，省委常委、常务副省长毛伟明出席会议并讲话，副省长李贻煌主持会议，省政府副秘书张小平出席会议，省政府副秘书长涂琼理宣读了征地和房屋征收补偿及规费缴交标准，省交通运输厅党委书记、厅长朱希介绍五个项目概况。

这五个项目分别为广昌至吉安、抚州东外环、铜万高速宜丰联络线、赣江井冈山航电枢纽、九江港彭泽港区红光作业区综合枢纽码头一期项目（简称红光码头一期项目），总投资超过200亿元，涉及5个设区市、11个县区，共需征用土地约8.5万亩，征收各类房屋约22.9万平方米，迁移电力、电讯线路约40.1万米。其中赣江井冈山航电枢纽、红光码头一期项目推行PPP投融资模式首次进入实质性谈判。

毛伟明强调，要积极稳妥推进征地和房屋征收工作，①明确政策标准，严格遵守、落实到位，确保各项补偿及时足额兑现。②明确时间节点，有关市县政府要严格按照时间节点交付用地，促进项目顺利开工。③明确责任分工，项目所在地县级政府作为征地和房屋征收工作的主体，要履行好“包工作、包经费、包解决问题”职责，把工作做实做细，推动征收任务顺利完成。

毛伟明要求，要以更实的作风加快全省交通项目建设，①破解项目资金难题，落实既定政策，加大财政投入，盘活现有资源，强化市场融资。②优化项目施工环境，精简审批流程，保障失地农民权益，打击非法行为，全力营造良好的施工环境。③建设优质安全廉洁工程，保质量、保安全、保廉洁，实现资金安全、工程优质、干部廉洁。

朱希表示，这五大项目建设投资量大，征迁任务重，融资规模新，施工难度大。各项目办要尽快与地方政府沟通衔接，提前做好各项协调、沟通组织工作，确保项目如期开工。省高速集团、省港航局及港投公司要及时掌握项目推进动态，及时协调处理项目存在的困难和问题，确保项目扎实有序推进。同时，恳请沿线各级党委政府和省直有关部门给予大力支持。

吉安市和省国土资源厅负责同志分别作发言。省交通运输厅在家厅领导、副巡视员，省直有关单位分管负责同志，项目沿线市、县（区）政府分管同志及有关部门负责同志，中央驻赣、省内新闻媒体记者参加会议。

（省高速集团）

【沪昆高速李家山分离立交桥拆除】　8月18日13时，随着沪昆高速公路梨温段弋阳至杨梅岭区间恢复正常通行，标志着沪昆高速公路李家山分离立交桥拆除工作圆满完成。

在建的上饶至万年高速公路与已通车运营的沪昆高速公路在K556+664千米处交汇，设计为弋阳枢纽互通。按设计方案，李家山分离立交桥需拆除。经江西省交通运输厅、公安厅批准，定于2016年8月18日6点至2016年8月18日14点实行全封闭拆除李家山分离立交桥。为做好此次拆除工作，上万项目办积极协调、周密组织，制定详细的施工方案，各施工单位也做好充分细致的准备工作，调配20多台套施工设备，组织近百名施工技术人员参与拆除，比原计划提前1个多小时完成拆除。

（省高速集团）

【全省交通重点工程推进工作会召开】　8月19日，2016年下半年全省交通重点工程推进工作会在宜春召开，省交通运输厅党委书记、厅长朱希出席会议并讲话。

朱希指出，2016年以来，在省委、省政府和交通运输部的正确领导下，广大参建人员坚持把深入开展“两学一做”学习教育作为推动工程又好又快建设的强大动力，齐心协力、真抓实干，重点工程建设态势呈现出“快、好、实、新、严”的特点。①重大项目建设进展“快”。截至8月中旬，16个在建项目累计完成投资占年度投资计划的51.1%。②质量、安全管理“优”。各项目办按照建设“品质工程”的目标要求，树立更新的理念，追求更高的标准，打造更好的质量。③项目管理改革成效“实”。全省交通重点项目建设领域多项改革措施基本落实到位，项目管理体制改革成效实，路段管理单位管项目工作成效实，目标管理风险金制度成效实。④建设管理理念“新”。广吉等项目在前期工作上树立全新的建设理念，为打造全省公路水运“品质工程”奠定坚实基础。⑤交通建设市场监管“严”。省交通运输厅全面加强建设市场监管，进一步扎紧制度笼子，进一步加大对施工企业不良行为的惩治力度，进一步深化“违插”专项治理活动。

朱希强调，2016年以来，交通运输部和省委省政府都传递出抓项目扩投资稳增长的强烈信号，为加快交通重大项目建设提供重大机遇。要抢抓发展机遇，大干130天，科学安排，精心组织，加强调度，确保年内全省高速公路通车里程基本达到6000千米，打通28个出省通道；确保广吉等5个项目年内顺利开工；确保昌九改扩等4个续建项目稳步推进；确保全年建设目标如期实现。

朱希要求，要齐心协力，全力以赴，攻坚克难，努力实现交通重点建设项目工程优质、干部优秀。①强化组织保障。各项目法人要进一步加大项目融资和资金管理力度，确保交通建设资金不断档、不掉链。各项目办要敢于担当，主动履职，又好又快推进项目建设。②强化质量安全保障。要绷紧质量安全这根弦，把握好进度与质量安全的关系。③强化改革试点保障。要切实保证项目进度，保障工程质量和安全，对照改革试点工作目标，落实责任，做好内业资料管理完善工作。④强化廉政保障。要做到抓项目建设与抓廉政建设两不误、两促进，确保廉洁从业，实现工程优质、干部清廉。

（省高速集团）

【昌九高速改扩建潦河大桥钢便桥主体工程完工】 9月20日下午，随着最后一块钢板桥面铺设安装完成，由昌九高速改扩建项目控制性工程之一——潦河大桥钢便桥主体工程顺利完工，比原计划提前12天完成架设任务。

钢便桥架通后，从潦河南端立新乡车溪村到北端朱头弯淦家只需要15分钟车程，有效缩短在无钢便桥情况下需绕道上昌九高速运输材料的距离。同时，既能确保潦河大桥改扩建工程顺利推进，也不影响原桥面过往车辆的正常通行。

（省高速集团）

【江西省高速公路分布式光伏发电工程（一期）首批站点并网发电】 9月28日，德昌高速军山湖服务区308kwp分布式光伏项目正式并网发电，标志着江西省高速公路分布式光伏发电工程（一期）首批站点并网工作的顺利完成。

该项目所涉及场地遍布于全省11个地市、77个县区、92个收费所站及60对服务区，点多、面广、单体容量小，整体施工组织及协调难度较大。因此，自项目开工以来，江西省高速电建公司及时成立以南昌为中心，昌抚、吉赣、宜新萍、九景、鹰上五大片区同时推进的施工指挥协调小组，协调推进近200个场地项目的设计施工、场地协调、并网验收等相关工作。

这次率先并网的12个站点是该项目全省统一开工建设的首批示范项目，项目地点辐射全省5大片区11个地市，并涉及屋顶光伏、地面光伏、车棚光伏等多种光伏应用类型，为工程的后续开展积累宝贵经验。

江西省高速公路分布式光伏发电工程总体规划建设100MW，此次一期项目预期建设35MW。项目的建成，将成为国内首个实现全省高速公路收费所站、服务区全覆盖的分布式光伏发电工程，形成新能源建设在全国的典型示范效应。

（省高速集团）

【昌宁高速南昌连接线项目富山特大桥贯通】 9月，昌宁高速南昌连接线项目富山高架桥顺利贯通，标志着该项目主线便道全部接通，为加快推进路面施工实现年底建成通车目标奠定坚实基础。

富山高架桥全长1748米，是整个项目的关键控制性工程。由于该桥跨越桃花河农户珍珠养殖基地，对施工环保要求特别高。项目办及时办理相关施工许可，通过合理施工有效避免污染河道。

（省高速集团）

【东昌高速公路项目赣江特大桥180米悬浇主跨合龙】 9月，东昌高速公路项目赣江特大桥180米悬浇主跨顺利合龙，标志江西省境内桥梁连续钢构单跨长度的“第一跨”施工迎来关键胜利，也为整个东昌高速公路项目如期建成通车提供有力支撑。

东昌高速公路项目赣江特大桥工程位于新干县大洋洲境内，大桥跨越国道105和赣江，全桥长2156米，12联44跨，由主桥、临时通航孔、跨堤孔及引桥四部分组成。其中180米主跨预应力砼连续刚构共有4个0#块，每个0#块梁段长12米，单个0#块混凝土方量为534立方米，重量为1416.4t，0#块支架采用托架法进行施工；3跨变截面连续箱梁（105+180+105）米，跨径较大，悬浇节块共计22个，单个块件较重，其中11#块（4.5米长）单个块件重239.2吨。整个180米主跨工程，是江西省内目前同类桥梁单跨长度的“第一跨”，也是整个东昌高速公路项目最为关键的控制性工程。

（省高速集团）

【铜万高速路面摊铺施工完成】 10月15日，铜万高速公路路面工程摊铺施工全面完成。铜万高速公路全长69.13千米，依次经过万载、宜丰、铜鼓三个县区，自2016年3月以来，铜万项目热火朝天地先后开展“路床交验和路面基层施工”“路面上面层碎石备料及上下面层摊铺”“路面上面层碎石备料及上下面层摊铺”等专项活动，经过参建各方历时200多个工作日的协作奋战，共完成沥青单幅摊铺主线95.7千米，匝道连接线51.7千米，共计895.3万平方米。

（省高速集团）

【郑健龙赴昌樟高速调研】 11月5日，中国工程院土木、水利与建筑工程学部院士、中国公路学会常务理事、公路工程教育部重点实验室主任郑健龙来到昌樟改扩建项目,就“昌樟改扩建项目新老路基试验段工程研究”课题进行调研。

郑健龙对扩容升级后的昌樟高速安全性和通行效率大加赞赏,他鼓励项目办要围绕交通科技创新,认真总结改扩建项目建设成果,加强路基稳定性和路面耐久性等科学技术课题研究,形成可借鉴推广的科学技术成果。在沪昆高速昌樟段K766路基稳定性监测点,郑健龙认真听取新老路基改扩建试验段有关情况介绍,对课题组在监测点典型断面采取埋设横剖管和测斜管,对路基变形进行长期监测的技术措施给予充分肯定。他要求课题组要进一步加强路基变形和内部湿度等稳定性的观测,通过有效的技术监测,更好的验证高液限土路基填筑的合理性。

(省高速集团)

【抚州东外环高速公路王安石特大桥钢栈桥正式动工】 11月18日上午,抚州东外环高速王安石特大桥钢栈桥动工,抚州东外环高速公路建设正式拉开。

王安石特大桥作为该项目的控制性工程,设计为双向车道景观桥,全长1417米,全桥桥孔布置共8联,第二联主跨168米,为飞燕式钢管混凝土系杆拱桥,在江西高速公路建设中尚属首例。

(省高速集团)

【鹿心社察看都九高速鄱阳湖二桥项目建设情况】 11月23日,省委书记鹿心社赴景德镇、九江调研,来到都九高速鄱阳湖二桥,了解项目建设情况,看望慰问一线工程建设者。

都九高速鄱阳湖二桥是鄱阳湖上的第二座公路大桥。鹿心社和随行的省委常委、省委秘书长刘捷等一行,看望慰问建设者,听取工程设计、建设汇报。他叮嘱施工单位要确保工程安全和质量,施工建设中,要把环境保护摆在突出位置,保护好鄱阳湖一盆清水。

(省高速集团)

【景德镇管理中心德婺高速赣浙白沙关收费站顺利通车】 11月30日23时58分,随着第一辆小车驶出赣浙界白沙关收费站,标志德婺高速与浙江省杭新景高速公路衢州段正式通车。这是继沪昆高速公路后,江西与浙江连通的第二条高速通道,从德兴到杭州只要两个半小时。

(省高速集团)

【南康南互通项目第一片预应力箱梁架设成功】 3月30日15时30分,大广高速公路南康南互通项目A匝道桥梁第一片预应力箱梁稳稳落在第5跨墩台上,南康南互通项目全线第一片箱梁架设成功,标志着该项目梁片安装作业全面展开,整体施工向重要的节点工期迈进坚实的一步。据了解,通过各参建单位的不懈努力,采用石渣全部铺垫拉同一条运梁通道,确保箱梁的运输不受天气影响。南康南互通项目A匝道桥梁于大广高速K3054+165处跨越大广高速,与大广高速斜交度为105°,施工技术要求高、施工风险大,列为该项目重要危险源之一。在施工前项目办及项目经理部对作业班组进行系统的作业技术交底、安全教育培训及安全技术交底工作。箱梁施工的全过程实施统一计划、统一管理、统一监控、统一调度,严格抓好安全质量卡控,确保架梁施工安全质量平稳可控;同时加强现场施工过程控制,认真落实施工方案,严格按照架梁操作规程操作,确保箱梁位置无偏差;科学统筹配置机械设备,不断优化箱梁安装的主要施工方法与技术控制,保证此次架梁的顺利进行。

(大广高速新增互通项目办)

【大广高速公路龙杨段机电二期工程通过交工验收】 4月26日至28日,大广高速公路龙杨段机电二期工程交工验收检测顺利完成。此次交工验收内容包括赣粤界九连山主线收费站收费系统、九连山隧道机电系统工程。交工验收前,JD2标承包人与JD高驻办、第三方检测单位共同进行自检,初检合格后提交交工验收检测申请,由省质检站、省信息中心、中咨检测、项目办、JD高驻办、JD2标组成检测组正式检测。验收中,检测组对赣粤界九连山主线收费站收费系统、九连山隧道机电系统供电、照明、通风、消防等各项系统重要指标和归档资料进行了严格的检测和检查,检测、检查结果显示,各环节施工均符合设计及规范要求,大广高速公路龙杨段机电二期工程顺利通过验收。

(大广项目办)

【安定高速盘龙山一桥右幅桥面铺装完成】 2016年6月7日，盘龙山一桥右幅桥面铺装顺利完成。盘龙山一桥全长848米，是安定高速全线最长的桥，也是控制性工程。此前，该桥施工因受内部管理及多方面影响，造成该桥施工进展缓慢，在管理处和RA总监办强势调度下，及时调整、优化施工方案，调换施工队伍、增加施工人员，抢时间、赶进度，全力推进盘龙山一桥右幅桥面施工进度，为路面施工奠定了基础。

（赣州高管处）

【大广高速公路南康南互通项目通过交工验收】 12月26日，南康区高速办组织召开大广高速南康南互通及连接线项目交工验收会，经交工验收委员会讨论后一致认为，该项目验收合格，并通过交工验收，已具备通车条件。

（大广高速公路新增互通项目办）

【宜春市大力推进昌铜高速生态经济带建设】 昌铜高速生态经济带总体规划出台后，宜春市交通运输局高度重视，专门召开局长办公会议，按照《昌铜高速生态经济带总体规划（2015—2020年）》要求，研究工作部署，并结合实际情况及该局主要负责县乡村道农村公路建设的职责，制定了《昌铜高速生态经济带交通建设专项子规划2015—2020》；重点突出靖安、奉新、宜丰、铜鼓四县农村公路和旅游公路建设。截至年底，昌铜高速生态经济带沿线四县共安排农村公路建设自然村（25户以上）通水泥路项目239.9千米，投资金额3761.64万元，争取上级补助835.2万元，新增通水泥路的自然村319个；危桥改造建设项目1660.86延米/43座，投资金额7633万元，公路安全生命防护工程30千米，投资金额273万元，年底基本完成。

（杨　萍）

【宜春市坚持以人为本理念竭诚服务高速公路工程】 2016年，该市交通各征迁部门充分发扬“5+2”“白+黑”精神，并始终坚持以人为本理念，全力以赴，竭诚服务重点工程，同时在征地拆迁过程中，全力协调矛盾纠纷，做好沿线群众的思想工作，赢得群众的广泛支持，为铜万和东昌高速公路顺利建成通车营造良好的施工环境。一是提前做好“两手准备”，奠定工程建设服务基石。①坚实组织保障。每一项交通重点工程，市政府都快速制定征地拆迁工作方案，市政府和所涉的县（市、区）、乡（镇）人民政府都分别成立由政府主要领导任组长、分管领导任副组长的征地拆迁和工程建设协调领导小组，并设立征地拆迁协调工作办公室。严格落实“一把手”是第一责任人的责任机制，明确工作职责。②加强前期服务。提前介入，优化设计方案。市、县征迁协调办着眼服务大局，主动协调，在线路走向、连接线、出入口等方面充分听取当地政府和群众意见，尽量方便当地经济建设和群众生产生活，使线路走向科学、合理，避免在建设期间进行设计变更。二是全力管好“里外两头”，营造良好施工环境。①创优施工外部环境。在施工队伍进场时坚持开好征迁办工作人员会和施工单位负责人与当地乡村领导见面会，动员各级征迁办工作人员主动与施工单位联系，及时把工作重点由征地拆迁转移到矛盾纠纷协调上来。②创优施工内部环境。加强各施工单位之间的沟通，并引导施工单位与当地协调办沟通交流，把问题矛盾解决在萌芽状态，为高速公路施工节约大量时间。

（易　锋）

【铜万、东昌高速公路建成通车】 铜万高速公路全长69.134千米，项目总投资约为61.258亿元，2014年12月开工建设，在宜春市铜鼓、宜丰、万载境内。东昌总长151.718千米（断链长度2.222千米），项目总投资约为96.77亿元。2014年9月开工建设，途经丰城、樟树两市，境内线路长77.71千米。于2016年12月底建成通车。

（易　锋）

【昌栗高速公路上高东连接线A线工程竣工通车】 12月15日，昌栗高速公路上高东连接线A线工程竣工通车。该连接线起于上高县敖山镇上高科技工业园加油站前国道320处，起点桩号为K0+000，终于上高县野市乡，基本为南北走向，终点桩号为K6+198.987，全长6.199千米。路基宽度48米，双向6车道。侧分带4米，非机动车道5米，两侧人行道各2.75米。采用沥青砼路面，汽车荷载等级公路—Ⅰ级，设计速度80千米/小时，设计使用年限15年，设计标准轴载BZZ－

100KN,设计洪水频率1/100。全线暗桥1座,涵洞17道。工程总投资2.3亿元人民币。

(冷光明)

【铜万高速公路宜丰段建成通车】 铜鼓至万载高速公路北连南昌至铜鼓高速公路、中连南昌至上栗高速公路、南连南昌至萍乡高速公路(沪昆高速一段),并通过宜丰联络线与大庆至广州高速公路相连,是江西省地方加密高速公路,路线全长69.134千米,投资概算61.258亿元。全线通车后将缓解日益紧张的交通压力,改善赣西地区高速公路通道不足的瓶颈状况,促进赣西地区经济发展。该路在宜丰境内全长27.575千米,涉及黄冈、石花尖、车上、芳溪等4个乡镇场,12个行政村。该路为双向4车道,路基全宽26米,设计时速80千米。设"宜丰西"(芳溪)、"黄冈"互通式立交各一处,与铜万高速宜丰联络线衔接设置黄岗枢纽1个。自2015年6月开始修建,2016年12月建成通车。

(漆志勇)

【朱希调研铜万高速公路项目】 8月19日,江西省交通运输厅党委书记、厅长朱希来到铜万高速公路铜鼓段工地,察看工程建设进展情况,慰问广大筑路员工,发放降温药品。朱希一行仔细察看铜万高速铜鼓段与昌铜高速的互通建设情况,认真了解施工进展及质量、安全控制情况,紧接着一路察看路基、绿化、防护等工程,现场听取项目办主任徐志华项目总体实施情况汇报。朱希对项目建设取得的成绩表示充分肯定,并提出几点要求。①要坚定必胜信心,打好项目扫尾工程攻坚战,确保铜万项目年底建成通车目标实现。②要依靠科技创新、创新管理模式牢牢掌控工程质量,以严谨、准确的试验数据指导施工,确保工程建设在创优质的轨道上不出偏差。③要时刻绷紧安全生产弦,特别是在工程扫尾繁忙阶段,要勤排查,堵漏洞,夯实安全生产群防群治的基础。④要抓好综治维稳工作,参建各方与地方政府要多沟通协调,及时化解矛盾纠纷,努力消除不稳定因素,不得拖欠农民工工资,保施工沿线一方平安。⑤要抓实工程后期的廉政防腐肃贪工作,警钟长鸣,严防工程后期违反"八项规定"和违规收受"红包"回潮现象,确保项目工程优质、干部清廉、工作优秀。 (刘 伟)

【铜万高速铜鼓段正式通车】 2017年1月4日9点28分,连接铜鼓和万载两县的一条快速通道——铜万高速公路正式通车运行。铜万高速为双向四车道,设计时速80千米/小时,总体呈南北走向,起点位于铜鼓县,与昌铜高速相接,途经宜丰县,至万载枢纽互通处与昌栗高速和宜万高速相连接。路线全长69千米,共设置枢纽互通3处、出口互通5处、服务区1处,未来可分担沪昆国家高速公路和杭长国家高速公路线段持续增长的交通压力。该高速建成后将成为宜春市连接湘鄂两省的重要快速通道,对于完善赣西区域高速公路网络,进一步促进赣西经济转型加快发展、促进沿线地区经济社会发展和旅游资源开发具有重要意义。

(刘 伟)

【南昌至上栗高速公路建成通车】 南昌至上栗高速公路项目全长223.1千米,路线起于新建区望城镇,终于上栗县金山镇,与萍洪高速公路相接,途经红谷滩新区、新建区、高安市、上高县、宜丰县、万载县、袁州区、上栗县等8个县市区37个乡镇。该项目在万载境内,途经三兴、鹅峰、康乐、马步、高城、岭东、株潭等7个乡镇(街道)24个行政村和1个工业园区、1个林场,计47.3千米,总投资约28.5亿元。共征地326.6公顷,房屋征收拆迁274户、面积84190平方米,拆迁企业16家。沿线建有万载西(株潭)、万载(东田)2个互通出口,在高城联胜建有服务区1对,在康乐联和建高速枢纽1处,大中桥梁16座,计3516延米,分离式立交19座,互通立交桥4座,涵洞通道346道。项目工程建设于2013年11月正式启动,万载沿线分7个标段同时施工,历时两年零2个月,于2016年1月建成通车。

(辛慧民)

【朱寅健主持召开上饶至江山高速公路项目前期工作协调会】 3月23日上午,上饶市副市长朱寅健在广丰区政府主持召开上饶至江山(二十八都)高速公路项目前期工作协调会。会议在广丰区政府举行。

会议明确三项内容。①进一步科学论证项目起终点、线型走向和高速出口设置点,尽快组织专家现场走线、勘测,拿出比选方案及工程概算。②尽快开展项目效益分析,争取将该项目列入国家和省里的投资计划,同时抓紧研究投资模式,探索用PPP模式运作本项目。③拟于3月底由朱寅健副市长带队到衢州市政府进行项目对接，力争项目终点设在国高3(京台高速)二十八都。

（李　鹏）

【昌宁高速乐安段通车】　经过两年半时间的建设，昌宁(南昌至宁都)高速公路乐安段于1月13日通车。昌宁高速公路位于江西省中南部，穿南昌市、宜春市、抚州市、吉安市、赣州市5市境内，呈南北走向。公路自北向南主要经过南昌境内的南昌县、宜春境内的丰城市、抚州境内的乐安县、吉安境内的永丰县和赣州境内的宁都县等5个县(市)。

项目起点位于南昌市南昌县冈上镇接上海至昆明高速公路(国高60)，终点位于赣州市宁都县青塘镇附近接泉州至南宁高速公路(国高72)，项目主线全长243.167千米，互通连接线长27.4千米。全线按双向四车道高速公路标准建设，设计速度100千米/小时。昌宁高速在乐安县境内长64.633千米，途经山砀、龚坊、戴坊、牛田、万崇、湖坪、罗陂7个乡镇，在山砀、万崇设立乐安北、流坑南互通出口两处，在龚坊设立服务区一对，投资约45亿元。昌宁高速为《国务院关于支持赣南等原中央苏区振兴发展的若干意见》中规划建设项目，已纳入《国家公路网规划(2013—2030年)》中南昌—韶关国家高速公路的一部分，也是江西省“四纵六横八射线”公路网主骨架的重要路段。

昌宁高速于2013年7月开始施工，建设工期30个月，昌宁高速乐安段建成通车后，南昌至乐安的车程由2.5个小时缩短到2个小时。

（陈根玲）

【抚州市积极推进东外环高速公路项目建设】
金抚高速与东昌高速的连接线，抚州东外环高速公路项目有条不紊地推进，2016年该项目征地和房屋征收工作顺利完成，11月10东外环高速公路抚州东互通延伸线王安石特大桥钢便桥开工建设，其他各项建设稳步推进。

抚州东外环高速项目全线位于该市境内，与南面的金抚高速、西面的福银高速和北面的东昌高速共同组成了完整的抚州市环城高速公路网，路线全长22.609千米，总投资约为18.7亿元，设计时速100千米/小时，采用双向四车道标准建设。该项目起于临川区太阳镇季家源附近，与正在建设的东乡至昌傅高速公路对接，终于嵩湖乡杨家村附近，与金溪至抚州高速公路连接，项目途经临川区太阳镇、七里岗乡、湖南乡、嵩湖乡，金溪县浒湾镇等2个县(区)5个乡镇。

（陈根玲）

【江西省首座高速公路快充站落户东乡】　11月22日，沪昆高速东乡服务区电动汽车城际快充站成功接入国家电网公司“易充电”车联网平台，标志着江西省首座高速快充站正式投入运行，实现高速充电站建设“零”的突破。

高速公路城际快充站，按照“统一标准，统一规范”的原则，采取“一期两机四桩，远期四机八桩”典型设计，每站安装2台分体式直流充电机、4台直流充电桩，可同时满足4辆电动汽车快速充电需求。每辆电动汽车充电时间20至30分钟，就可充满电池额定容量的80%，满足电动汽车城际出行的需求。

“易充电”是国家电网公司打造的车联网平台，拥有资源丰富、标准统一的充电服务网络与智能、高效、安全的互联网平台，用户可通过支付宝、购买售电卡、扫描充电桩二维码等方式进行充电。自2016年8月30日，国网江西电力公司与省高速公路集团签订《服务区快充站特许经营框架协议》，高速公路快充站建设正式拉开大幕，至年底已建成沪昆、大广、福银3条高速服务区的36个高速城际快充站。

（陈根玲）

普通公路建设

国道

【寻乌县改造国省道57千米】　2016年，寻乌县2条公路开工改造。即国道236寻乌县城至虎石段公路改建工程和省道458寻乌南桥至吊神排段公路改建工程，两项工程总里程达到57千米，总投资6.2亿元。国道236寻乌至虎石公路升级改造项目，起于寻乌县石圳村，途经长宁镇、文峰乡、晨光镇、菖蒲乡4个乡镇9个村1个生态公园，与广东省省道227线相接,全长38千米。省道458寻乌南桥至吊神排段公路改建工程共分为两段,第一段起点位于瑞寻高速寻乌南桥出口连接线与国道206交叉处,自东向西沿着长江村、南龙村后与老路X401(与省道458共线)相接,第二段起点位于寻乌留车镇,沿X482,经雁洋村、大田、龙廷村,终于赣粤界吊神排,与广东省省道省道226相接,路线总体呈南北走向,全长约19千米,途经青龙岩景区和石崆寨漂流景区。

(凌林泉)

【颜赣辉调研国道320上饶城区段改建项目】 6月23日,上饶市委副书记、代市长颜赣辉深入国道320上饶城区段改建项目施工现场进行实地调研。上饶市公路局、信州区委有关领导参与调研。在新国道320与机场大道交叉处,颜赣辉仔细观阅展板,认真听取汇报,看望并与施工一线的建设者亲切交流。随后,沿着新国道320边走边看,实地察看项目施工进展情况。他要求,施工单位要保证质量,避免盲目赶工期抢进度,科学施工、精心组织,加大人员、机械、设备投入,抢抓晴好天气,加快推进项目建设,确保项目如期完成。此外,他叮嘱项目管理处要做好防暑降温工作,督促施工单位避开高温时段施工,确保施工人员的人身安全与健康。

(夏雯婷)

【国道319莲花县升坊至垒里冲路面改造工程开工】 国道319莲花县升坊至垒里冲路面改造工程开工。该项目起于萍乡莲花升坊镇国道319与吉莲高速连接线平交口,止于望山(国道319K799+270),全长8.8千米,按一级公路标准设计,双向6车道,车速60千米/小时,于10月中旬完工。该工程项目沿线基本为工业园和居民住宅,因原路面出现不同程度的病害,给市民出行带来不便,存在一定的安全隐患。项目施工单位萍乡蓝天路桥有限责任公司,在确保施工质量、安全的前提下,尽量缩短工期,力争早日完工,减少对附近居民的影响。该工程建成后,将缓解交通压力,为市民出行营造安全、畅通、和谐的道路交通环境。

(王　羽)

【国道105龙南东升至横岗段路面改造工程竣工通车】 国道105龙南东升至横岗段路面改造工程顺利竣工通车。据悉,国道105龙南东升至横岗段路面改造工程工程项目,起点K2255+674,终点K2311+461,全长55.787千米。项目共使用中央车购税投资2.3亿元,项目共分两期建设。其中第一期路面改造工程1.6亿元,第二期地质灾害治理工程0.7亿元。第一期路面改造工程于2015年12月份启动,自开工以来,龙南公路分局作为业主单位,精心组织各参建单位科学施工,严格管理,克服时间紧、任务重、雨水多、交通维护难度大等实际困难,严格施工程序,严把工程质量,严抓安全生产,确保工程顺利完成。竣工通车后的国道105为促进地方经济的发展提供更加便捷、舒适的公路环境。

(叶丽琼)

【国道319莲花县城至六市段省级示范路建设竣工】 国道319莲花县城至六市段省级示范路建设竣工。该工程全长33.199千米,共投资约1600万元,内容主要包括路面修复工程(K824+200—K825+900;K827+000—K832+000两路段进行修复,共计6.6千米)、排水系统整治、灾害防治、路容路貌整治、平面交叉及安保工程设施完善等。莲花公路分局自7月开工以来,精心布置,统筹安排。根据路况的具体情况,进行分路段建设,重点对K820—K823增设路缘石,水沟进行加高、抹面。同时,对回头弯开挖视距台,增设骨架护坡、盖板水沟和安全灯柱,完善交通标志标线,提高路面安全水平,用新种植的乔、灌、花草等绿化苗木植被摆出公路目标“畅安舒美,路通人和”美丽造型,提升公路沿线景观的观赏性,为群众构建一个安全舒适的公路交通环境。

(刘柳兰　万　琴)

【曹淑敏调研指导公路重点项目建设】 9月14日,鹰潭市委副书记、代市长曹淑敏深入公路重点项目施工现场,调研指导公路重点项目建设工作。曹淑敏一行先后来到国道320改建项目贵溪经济开发区至童家镇段、童家镇至鹰潭职业技术学院段,环城东路延伸工程,林荫西路改造项目等重点项目建设施工现场,实地察看项目进展情况,听取有关工作情况汇报,了解项目推进中存在的困难和问题。曹淑敏对公路重点项目建设取得的成绩给予了充分肯定,并对下一步工作提出明确要求。她强调,要坚持问题导向,严格落实责任,形成工作合力,注重科学施工,确保各项重点项目建设顺利推进。要切实增强工作的自觉性和主动性,进一步凝心聚力,攻坚克难,确保各项重点项目建设取得新突破、新进展、新成效。

(袁军辉　李国平)

【抚州宜乐项目开工】 9月7日上午,国道322宜黄黄陂至乐安鳌溪段新建工程(宜黄段)举行开工仪式。宜乐项目系全省"十三五"普通国省道建设重点项目,是消除国道瓶颈路段、完善区域公路网的重要举措,对全面建成小康社会和实现精准扶贫有着重要意义。项目负责人表示,项目建设过程中,将一切从沿线地区和居民的根本利益出发,特别是针对毗邻宜黄华南虎自然保护区的部分路段,必须结合项目建设实际,抓好抓实各项污染防治、生态保护、生态补偿和环境风险防范措施,科学安排,合理施工,保质保量完成任务,为促进区域经济发展做出积极贡献。该项目新建改造升级扩宽路面全长约40千米(其中宜黄段约13千米、乐安段约27千米),按照二级千米标准建设,路基设计宽10米,设计行车速度为60千米/小时,沥青混凝土路面,工期为2年。

(奚弟军　余达德)

【国道320贵溪工业园区至童家镇拓宽改造工程竣工】 贵溪工业园区至童家镇全长2.793千米,按一级公路改造,投资约2680万元,项目于10月底竣工并通车,12月份通过相关部门验收。

(鹰潭市交通运输局)

【国道320余江段2.2千米公路路面拓宽改造工程竣工】 国道320余江段2.2千米公路路面拓宽改造建设项目,2月由余江县交通运输局组织实施。项目位于国道320余江大桥至西大道。11月底全面竣工,累计完成投资3500万元。改造后的公路由二级公路提升为一级公路。路面由原来的15米拓宽到24米,拓宽了9米,并实行车行道与人行道分开,绿化带隔离,实现人便于行,车畅其流,有利于交通安全畅通。

(汪有根　吴小红)

【国道238兴国隆下至崇贤段项目完成沥青面层试验段摊铺】 1月12日,国道238项目顺利完成K376+333—K376+633沥青面层试验段摊铺。项目办、总监办对施工各环节进行全程参与指导。整个试验段施工,严格按施工规范要求的碾压速度、遍数和温度进行初压、复压和终压,监理工程师对前后场进行全过程旁站,过程检测及实体质量指标满足规范及设计要求。为后续大规模的沥青面层施工奠定良好的基础。

(杨青海)

【寻乌县国道206绕城公路竣工交付使用】 1月25日,国道206寻乌县城大路下至河岭村绕城公路全面通车,结束寻乌县城60年"国道当街道"的历史。国道206寻乌境内始建于1956年,通过多年的改造于2000年全面实现二级路。然而,随着寻乌经济的发展和人民生活水平的日益提高,寻乌城区的交通滞后明显突出。为此,寻乌县委、县政府高度重视,决定在文峰乡大路下村至河岭村开辟一条绕城公路,并于2014年4月开工,全长6.74千米,设计标准为二级公路,设计时速为每小时80千米,路基宽度12米,水泥路面宽9米,桥梁2座,工程总投资达6000万元。此公路的建成,使国道206绕过寻乌县城城区,与原路线相比缩短3.44千米,缓解寻乌城区日益增长的交通压力,改善寻乌交通条件,方便群众安全出行。

(凌林泉)

【抚州市改造国道316花山界至黄狮渡段开工】 11月5日,投资逾6亿元的国道316资溪花山界至南城黄狮渡公路改建工程正式开工建设。

国道316资溪花山界至南城黄狮渡路段现为三级公路,大多是盘山险路,也成为整个国道316的"瓶颈"。为此,抚州市决定彻底改造该路段。该工程项目全长49.28千米,按二级公路技术标准建设,设计荷载公路Ⅰ级,设计速度60千米/小时,路基宽度10米,沥青混凝土路面,预算总投资60537万元。为解决建设资金不足的问题,该项目采取PPP项目合作模式,引入社会资本融资建设。该路段的改建有利于打通国道316的"瓶颈",加速改善抚州市公路交通运输设施状况,促进全市经济和资溪县旅游业的发展。

(陈根玲)

省道

【省道402大塘段下穿高速公路改建主体工程完工】 3月28日,省道402大塘段下穿高速公路改建工程已完成沥青面层铺筑任务,主体工程顺利完工。该项工程起点位于黄老门机场九江县检察院门口,桩号为K0+000,终点位于国道105,桩号为K0+527,全长0.527千米,公路等级为二级,设计速度为60千米/小时,路基宽度12米。高速公路桥下路面采用水泥砼面层25厘米,水泥稳定碎石基层30厘米,级配碎石垫层20厘米;其他路面采用细粒式沥青砼面层为4厘米,中粒式沥青砼面层为6厘米,水泥稳定碎石基层为35厘米,未筛分碎石垫层为20厘米。

(吴菊花)

【宁都县外环路项目通过交工验收】 8月9日至12日,赣州市交通工程质量监督站会同参建各单位对宁都县外环路项目进行工程实体质量检测,标志着该项目进入通车试运营。交工验收小组审阅工程建设有关文件和交工验收资料,并分成路基、路面、桥梁、涵洞、交通安全实施和内业资料共6个检查组对该项目内、外业进行详细检查。验收小组对全线工程进行了实地查看,一致认为,该项目建设较好地执行了国家建设程序,有效地实行了政府监督、社会监理和项目自检,建设管理规范;该项目路基、路面、桥涵、交安设施等工程总体工程质量良好。这意味着宁都国道236七里至竹笮(外环路)项目满足通车条件,全线正式通车试运营。该项目路线全长24.077千米,工程预算总造价为8.5亿元。按一级公路标准建设,设计速度为80千米/小时,路基宽度24.5米。2013年11月,宁都县下大力气筹集资金,对省道208线公路宁都县城段进行改线绕开县城,由省道升级为国道。经过两年多的建设,外环路建成通车,意味着宁都县城周边交通环境的“突围”,县城的交通步伐铿锵地迈入快车道。

(宁　儒)

【宜严线路面改造工程启动】 8月5日,宜(春)严(田)线路面改造工程正式启动。该工程里程为14.1千米,路面宽9米,按二级公路标准建设。该路线起点为宜春市城区,是连接袁州区南庙、洪江、温汤及明月山风景区等多个乡镇的交通主干道路之一。该工程预计总投资为840余万元,前期K0+000—K2+200段路面改造工程已投入280余万元,现阶段施工K2+200—K4+500段开始,采用新工艺即厚25厘米就地冷再生基层后加铺18厘米水泥稳定碎石上基层+下封+5厘米AC—16沥青砼上面层,恢复路面标线。

(罗　芳　黄　春)

【靖安县全力打造景观公路】 9月12日上午,2016第七届环鄱阳湖国际自行车大赛于在靖安环城北路鸣枪。靖安公路分局全力打造的三爪仑特色生态景观公路,给200多位参赛选手和国内外嘉宾留下非常美好的印象。

(熊悠靖)

【宜春樟观线大中修完工】 樟观线是樟树市城区通往观上镇唯一的公路干线,全长14.534千米,由于年久失修,且超载车辆碾压,使得道路严重受损。8月初开始对樟观线进行大中修,历时近一个月,樟观线大中修工程已全部完成。观上镇是樟树市经济重镇,该镇以保险柜行业为主,是全国驰名的保险柜生产基地。樟观线大中修工程对推动保险柜行业的发展有着重大的影响,不仅改善了城乡交通,给观上镇群众带来了便利,而且拉动城乡经济发展,从而助推樟树经济的发展。

(徐汉文　彭冬林　吕　苗)

【全省普通国省干线公路养护管理现场会召开】 11月1日,全省普通国省干线公路养护管理现场会在南昌、九江召开,全面贯彻落实全省公路养护管理工作会议精神,总结并推广普通国省干线公路“畅安舒美”示范路建设、公路排水系统综合整治、桥梁养护管理的经验,部署2016年及至一段时期的养护管理工作,为全面实现“十三五”全省普通国省干线公路养护管理工作目标开好局、起好步。会前,与会代表们参观南昌市公路管理局昌万公路流动治超点治超工作,三阳特大桥健康监测系统及无人机协助检测演示,上坂周中桥和排头村中桥日常管理现场,九江市公路管理局省道306红修线“畅安舒美”示范公路建设成就,目睹南昌市公路局治超工作取得的成效和桥梁养护管理工作精细化、常态化、科学化、智能化、高效化,领略九江市公路局红修线示范路“车在路中走、人在画中行”的示范公路之美。

（黄　金　邵新羚）

城市路桥

【钟志生强调四个“城市门”建设】 8月10日下午，市委书记钟志生一行到江西省高速公路投资集团景婺黄高速管理处景北收费站看望慰问坚守一线的干部职工，并主持召开现场会，协调解决收费站扩建工程中遇到的问题。

在景北收费站路口，钟志生一行看望了在高温下坚守岗位的工作人员，给他们送去了人丹、十滴水、矿泉水等防暑用品，并向他们致以最亲切的问候，高度赞扬他们在烈日酷暑下始终坚守一线的主人翁精神，对他们默默无闻为瓷都经济社会发展做出的贡献表示满意。

钟志生一行还实地察看了景北收费站扩建工程的设计、建设情况，详细了解了工程相关规划，并主持召开座谈会，现场解决收费站扩建工程中遇到的问题。

钟志生要求各相关部门要加强与省高速公路投资集团的对接协作，全力以赴做好房屋拆迁、居民安置、站所建设工作，早日高质量完成四个“城市门”建设，为提升城市形象，彰显瓷都文化魅力，打造一座与世界对话城市奠定坚实基础。

（洪耀祖）

【景德镇建设的“城市之门”】 景德镇市积极推进四大“城市门”的设计施工，将城市地域文化融入城市大门的设计中去，让人们了解城市，领略城市的文化底蕴，使过往者通过城市大门景观引起内心共鸣。把“城市门”作为与世界对话、连接历史与未来的通道。

四个“城市门”分别采取四种不同的风格设计：东大门是清代徽派建筑风格，南大门是民国工业建筑风格，西大门是宋代风格，北大门是唐代风格。之所以选择这四个时期的风格，是因为这四个时期都是景德镇瓷器产业发展的鼎盛时期，代表着景德镇的历史文化内涵。

“西大门”景西罗家滩收费站，宋代建筑风格的罗家滩收费站早在2014年改造完工，整体为框架结构，上部为宫殿建筑，居中为双层重檐庑殿结构，其两侧各对称分布一座单层重檐庑殿结构，下部设计为5个收费通道，整体风格庄重大气、古朴厚实。收费站一旁，风雨亭项目主体工程已经完工，内部修饰工作于4月底基本完工。

与西大门对应的，“南大门”景鹰高速景德镇南收费站工程在近半月的地质勘探后，全面完成土地预征和项目设计招标工作，项目土地平整工作正在加紧实施，收费大棚基础工程开工在即。据悉，“南大门”与206国道连通，占地约8公顷，总投资约6500万元，将建设收费广场、收费大棚、风雨亭、收费管理所及收费机电（含通信、监控设施）系统等工程，并将设置全省第一个智慧收费岗亭，提升收费站智慧化程度。

另外，“东大门”景东收费站改造工程和“北大门”景北收费站改造工程正在加紧推进。景东收费站改造规划选址和设计进展顺利，通过与省高投景德镇分中心交流研讨，目前效果图已经初步完成。景北收费站设计改造工程经市交通运输局与陶瓷工业园区实地调研，收费站及周边区域整体形象已进入设计规划阶段，收费站效果图已出炉。

东南西北四个整洁、美观、大方的“城市门”将成为展现景德镇文化底蕴的标志性建筑。

（鄢志永）

【鹰潭市白鹤湖大道竣工通车】 7月1日，由鹰潭市城区通往白鹤湖国家级现代农业示范区的快速通道—白鹤湖大道竣工正式通车。白鹤湖大道起点位于沪昆高速公路鹰潭东互通出口约500米，向西北延伸，经志光镇上汪村后上跨沪昆高速，直通白鹤湖国家级现代农业示范区，终点止于圣农实业公司处，全长11.985千米，共设置7座公路桥涵。公路设计标准为双向四车道一级公路，宽25.5米，行车速度每小时80千米。该大道的建成通车，进一步完善了市域交通网络，极大改善当地群众出行条件，促进农业示范区和旅游业的发展。

（鹰潭市交通运输局）

【首座多功能景观廊桥落户宜春城区】 11月12日，宜阳新区管委会与香港中国东方廊桥投资控股集团有限公司达成框架协议，投资3亿元在宜阳新区钓台路跨袁河建设全市首座多功能景观廊桥。廊桥建设跨度200米，按照整体三层、局部四层设计，桥面总宽度设计为80米，其中22米为步行和车辆通道，廊房两侧通道各为6米，计12米，其余46米为桥面,建筑面积约2.8万平方米的商业综合体。桥面两侧一层为美食一条街,二层建有中国建筑艺术精华6000平方功能齐全的大型超市,三层以上设产权酒店和影视厅、民间赛艺厅、文化茶座,供人们休闲娱乐。廊桥景观项目将会对宜春历史文化、特色及独特建筑风格进行提炼,并在廊桥上予以充分体现。该项目建成后,将成为宜春城区标志性、独创性及具有旅游景点性的观光建筑,为提升城市品位,打造旅游新区注入新的活力。

(吴泽水)

【上高县石湖大桥竣工】 12月,上高县石湖大桥竣工。石湖大桥是上高县城区道路工程的单项工程,跨越锦江,连接锦江镇朱桥村和石湖村,是上高县重点工程之一,也是上高县中心城区的一座主干桥梁。该桥全长248米,宽35.5米,桥梁结构形式为30米跨径先简支后结构连续小箱梁。总投资3400万元。于2014年12月开工,总工期24个月。

(冷光明)

【宜丰县渊明大桥续建工程竣工通车】 经过两年多的紧张建设,5月,渊明大桥续建工程竣工通车。该项目是江西鄱阳湖生态经济区及流域城镇发展示范项目,由渊明大桥及引桥组成(引桥直至国道320连接线,有涵洞3道,路线长1.44km),起点位于宜丰县城天宝南路与永康路交叉口,终点与城南主干道相交,投资规模约7368.17万元,项目资金来源世界银行贷款。渊明大桥跨越耶溪河、旺园路及城南主干道A匝道。跨越宜丰河的主桥全长177米,设计为空腹式连拱桥,桥面双向四车道,设计时速每小时40千米。上部结构:主桥为4跨连拱空腹式预应力钢架拱桥,拱圈为单幅五室结构,单跨最大跨径40米,引桥为2跨16米简支预应力空心板梁。下部结构:桥台为扩大基础U型桥台(2个),桥墩均为桩基础。重力型墩身(3个),薄壁镂空型桥墩(2个)。桥长177米,桥宽24.5米(4.25米人行道+16米行车道+4.25米人行道)。引道全长1443.224米(含177米桥梁)。其中K0+000—K0+440路面全宽25米(4.5米人行道+16米行车道+4.5米人行道),K0+460—K1+443.224米路面全宽32米,(3.5米人行道+3.5米非机动车道1.0米分隔带+16米行车道+1.0米分隔带+3.5米非机动车道+3.5米人行道)。该项目于2013年12月开工,2016年5月竣工,共完成路基土方87505立方米,路面垫层40368平方米,路面基层76798平方米,路面面层96105平方米,人行道9382平方米,排水沟及雨污管4283米,平面交叉道6处,港湾式公交站台3处(双向6个站台)。大桥地理位置得天独厚,东面通过和合大桥与城东新区衔接,南面通过国道320连接线可达宜春和上高,西面可经规划隧道与桥西区联通,可由此通往万载和铜鼓。该大桥建成的通车,将新老城区紧密联系起来,对城南文化教育产业园乃至整个城南新区的建设有着重要意义。

(漆志勇)

【上饶市丰溪东路竣工】 该项目沿丰溪河北岸布设,西起前进桥北引道,东至朝阳大桥北引道,总长3.2千米,宽16米,双向四车道,路面12米,两边人行道为2米。设计为城市Ⅱ级次干道,采用沥青路面,项目总投资约2亿元,2016年5月份竣工。

(上饶市交通运输局)

【上饶机场大道竣工】 上饶机场大道位于上饶市区南部,为南北走向,作为龟峰大道的延伸段,沿线途经茅家岭同心村、茅家岭村、周田村、塔水村,全长4567米,道路红线宽60米,北起志敏大道,南接机场航站区围界限,双向6车道,按照城市快速通道设计,设计车速60千米/小时,总投资4.69亿元。

上饶机场大道于2012年9月开工,2015年春节前通路。到2016年4月,大道西侧主车道、非机动车道已全部完工,东侧非机动车道沥青摊铺已完成,4月底整个道路沥青面摊铺完成。绿化工程中的乔木种植已完成90%,完成小苗种植80%,4月底全部完工。6月底交通信号灯及228盏路灯全部安装到位。

(上饶市交通运输局)

【抚州市洋洲立交桥道路路面改造工程竣工通车】 经过3个月的施工,1月29日,抚州市昌抚公路洋洲立交桥道路路面改造工程竣工通车。

洋洲立交桥改造工程全长1.833千米，包括洋洲立交桥A、B、C、D、E、F匝道（长1.327千米）及洋洲立交桥至孔家渡大桥桥头（长0.1千米）。

（陈根玲）

【抚州市赣东大道改造工程竣工通车】 1月28日上午，市区赣东大道改造工程（临川大道至迎宾大道段）竣工通车。

抚州市区赣东大道是该市一条南北向城市主干道，贯穿中心城区的人口和商业密集区。原沥青路面年久失修，坑槽、网裂、沉陷等现象严重，赣东大道（环城南路段至迎大道段）改造工程被列入2015年市中心城区重点推进民生工程项目之一，路线全长约3千米，改造内容为路基、路面、排水、地下管线等工程，改造后的道路等级为城市主干道，设计行车速度为40千米/小时，路面结构为沥青砼路面，设计使用年限为15年。

（陈根玲）

【抚州南丰黄井大道扩建工程竣工】 南丰黄井大道2013年9月建成通车，随着向浦铁路的运营，南丰火车站车流量加大，现有道路已不能满足日趋增加的交通量，该县于2014年4月对黄井大道进行扩建。该项目位于洽湾镇，全长共2.371千米，扩建宽度为7.5米，路面由原来的9米加宽到16.5米，总投资670.399万元。路线起于黄井大道客运、货运分线处，下穿济广高速里程分离立交，终于南丰火车站站前广场。

（陈根玲）

县乡公路

【萍乡安源区大力推进农村公路建设】 该区2016年完成农村公路建设目标任务项目有15个，完成乡道路面改造项目3个，计6.3千米（分别是栋头—担米岭3.1千米、电扇厂—平岗1.5公、铁路背至野溏冲1.7千米）；完成客运改造项目6个，计18.9千米（分别是公交总站—丹江街1.9千米、萍乡西站—略下7.1千米、高坑—下桐木4千米、高坑—楠木2.7千米、油榨冲—人形岭2千米、水口—青山1.2千米）；完成客运拓宽项目1个，计4.7千米（青山—清泉公路）；完成客运新建项目1个，计9千米（中环路—工业园公路）；完成通自然村项目31.5千米。在建项目1个，高楠公路—玉屏峰3.3千米，完成1千米路面施工；正在进行招投标手续项目3个，计3.2千米（分别是宋家店—三候桥1.5千米、车里坪—王坑口1千米、高泉公路—上东门0.7千米）。青福公路已完成水泥路面施工，正在培护路肩完善安保工程。320至砖厂段约100米正在进行招投标工作。高坑至幕冲公路监山段2千米已完成水泥路面施工，蔬菜组约1千米正在进行路基拓宽，茶园老村部至320段于10月20日开标，马上可以施工。略下仙峰岩公路已全面完工。铁路背—野塘冲公路1.73千米完工，并可通车运行；朝阳—二南塘公路1.43千米已完成施工图设计，正在着手招投标工作；石板—源壁3.363千米、车里坪—王坑口1千米已完成招投标开工在即。

（萍乡市交通运输局）

【上栗县农村公路改造完成情况】 完成县道升级改造与客运网络化建设连通工程续建项目17.8千米；完成通自然村公路建设103.6千米；完成农村公路生命安全防护工程建设项目5个；完成乡道双车道拓宽项目建设里程9.4千米。另外，县政府安排的农村公路项目福双公路12月份全部竣工；X159清溪至孽龙洞公路，已完成征地，进行施工作业；X801楼下至新店改建工程，征地已完成90%，进行图纸设计。

（萍乡市交通运输局）

【上栗县创新推行农村公路PPP建设模式】 该县“十三五”规划项目中的2条高速路连接线、5条城区市政路、2条国道、3条省道、5条县道、1条县政府规划道路共计里程达107.2千米，总投资额达12.68亿元，该县成功将这18条道路实施PPP建设模式，并组建PPP公司。该县政府与社会投资人已签订协议，项目正高效推进。其中，昌栗高速桐木连接线建设项目、国道319上栗城区段路面改建工程项目、县道162高山至凤亭段改建工程项目等6个项目启动建设。未实施的12个项目中，4个项目启动征地拆迁，4个项目完成施工图设计，大部分项目启动图纸设计等前期工作。

（萍乡市交通运输局）

【萍乡三田－东源县道升级项目竣工验收】 该项目全长3.88千米，投资1600余万元。2016年已经完成全部验收资料，并且顺利通过市质监站竣工验收，市级补助资金132万元到位，并及时全额拨付到建设单位。

（萍乡市交通运输局）

【景德镇市用好用活抵押补充贷款支持农村公路发展】 “十三五”期间，景德镇市扶贫攻坚、美丽乡村建设工作对农村公路建设提出了新的要求，农村公路建设时间紧、任务重，农村公路建设资金十分紧缺。

在交通部、农发行联合下发《关于用好抵押补充贷款资金支持农村公路建设的通知》后，该市交通运输局高度重视、积极行动，根据省交通厅文件精神认真做好项目筛选、申报各项工作。①超前谋划，量力而行。根据“十三五”农村公路建设规划及2016年计划，除利用上级交通运输主管部门补助资金实施项目外，结合项目建设的轻重缓急筛选项目，优先实施市委、市政府部署的重点农村公路和各区县民生建设、资源开发、旅游产业发展急需的农村公路；②突出重点，明确主体。景德镇市交通运输局坚持把市委、市政府部署的重要农村公路项目优先纳入争取农发行抵押补充贷款资金的范围。乐平市国道206大田至罗源段公路国道升级改建项目作为全省农村公路“十三五”项目库外的重点工程已申报贷款2亿元。③行动迅速，落实有力。省厅抵押贷款工作启动以来，各区县迅速行动，积极开展2016年农村公路项目帅选、可研、打包等工作，全市首批抵押补充贷款资金项目清单已完成上报。

截止2016年底，景德镇市已申报首批项目共计国道升级改建项目13千米、县道升级改造项目14.93千米、乡道双车道拓宽改造12.774千米、建制村优选通达路线窄路面公路拓宽改造9.987千米，项目贷款总金额共计28671万元。

（洪耀祖）

【新余市复市以来最大政府性投资项目获批】 12月29日，新余市复市以来政府投资最大的城市基础设施项目：新余市国省道（国道533、省道221、省道312）改建工程（绕城公路）获省发改委批复同意开展前期工作。该项目规划里程为57.6千米，主线路基宽26米，设计时速为60千米/小时，采用沥青砼路面，总投资约33.81亿元。改造的3条国省道为国道533线水西至仙女湖段、省道221线水西至施家、省道312线珠珊至仙女湖。

（邓清华）

【新余市余新（新余至新干）公路通车】 11月3日，余新公路正式通车。余新公路位于新余市所辖的渝水区、吉安市所辖的新干县境内，项目起点与新余市南环路相接，终于新干河西码头，途经新余水西镇、罗坊镇、南安乡、新干界埠镇，主线终点位于新干县赣江大桥西桥头，主线全长38.42千米，挂线起点位于距离主线终点约175米处的主线交叉口处，终点位于河西码头大堤，挂线全长0.993千米。余新（新余至新干）货运快速公路的新余段是新余市构建“五纵五横一环”城乡骨架公路中的“五横中的一段”，新干县段是新干公路网规划的“第二横”。该项目按照一级公路标准设计，路基有20米、24.5米及23米三种宽度，双向四车道，设计车速60千米/小时。全线共设置共设桥梁544米/13座，以及165道涵洞。

（邓清华）

【鹰潭农村公路建设交通畅行工程完成】 2016年，鹰潭市政府下达目标任务：县道升级20千米、乡道升级30千米，25户以上自然村通水泥路建设240千米，实施危桥改造和加固15座，新建公路独立桥梁3座240延米。2016年，市、县两级成立了由主要领导任组长、分管领导任副组长的农村公路建设领导小组，高位推动农村公路工作。全面推行目标倒逼，层层压实工作责任，实行按月控制、按季考核，确保建设目标按期完成。交通畅行工程目标任务已基本完成，部分工程项目超额完成。

（1）县道升级：“十二五”遗留项目贵溪至泗塘19.6千米，年底全部完工；2016年计划枫树岗—中童1千米，已完工；狮马源—大桥16.5千米，年底可部分完成，到12月底全市县道升级改造项目完工里程超20千米。

（2）乡道升级：“十二五”遗留项目祝家—高速挂线2.5千米、河潭—谢家5千米、塔桥园艺场—杨前7.7千米、塘湾—冷水8.1千米、七都—范家2.8千米，年底均完成；东川—白家、龙界线—老危、跃进门—七都、七都—铁山年底部分完成；2016年计划倪家—段家1千米、吴家—赵家1.7千米均已完工,到12月底完成乡道升级35千米。

(3)25户以上自然村通水泥路建设:12月底完成260千米。

(4)危桥改造:已完成15座,分别是:塔路桥、洪桥、书院桥、湖塘桥、剑汪桥、箬港桥、周杨桥、屈碧桥、研究所桥、港西桥、揭家桥、大马岗桥、坛石桥、钱家桥、店前黎湖桥。

(5)新建独立桥梁:已完成358延米/3座,分别是:夏家桥285.04延米、侯家桥30延米、岭上桥43延米。

(鹰潭市交通运输局)

【鹰潭龙虎山景区天师府大道项目全线竣工通车】 天师府大道新建工程(二期)2.17千米1月25日如期完工后,全长5.51千米、总投资约5000万元的龙虎山景区天师府大道项目全线竣工通车,该项目是龙虎山景区迎接2016年全省旅发大会重点项目,项目的建成将上清古镇、圣井山、天师林、道学院等景点串珠连线,使得上清古镇环形旅游线路初步形成,为加快构建龙虎山景区生态公路网络,提升龙虎山旅游形象,促进区域旅游经济发展起到重要的作用。

(鹰潭市交通运输局)

【赣州南康区加快农村公路项目建设】 2016年下半年以来,南康区探索新路径、开创新举措,全力推进全区交通建设。第三季度,南康区交通基础设施建设项目推进步伐有大幅提升,投资完成占比从第二季度的18.63%增长至65.84%,在全市的排位从倒数第3名一跃成为第5名。①加大投入,强化扶持。与农行、农发行和交通银行达成初步协议,拟申请贷款39亿元用于交通基础设施建设。对县道升三级及以上、乡道升双车道四级及以上、通行政村路面拓宽工程按1:1进行配套。通25户以上自然村公路配套补助3万元/千米,贫困村中25户以上自然村公路增加补助至25万元/千米;对中桥及以上桥梁建设补助1000元/平方米,小桥危桥改造项目补助300元/平方米。②明确时限,细化任务。所有计划项目按照进展情况分解到月,倒排工期、挂图作战,要求各项目单位按照时间节点要求倒排工期,将工作内容细化到每月、每周。③强化督查,严格问责。将交通基础设施建设工作列入单位和个人年度考核,对项目推进不力的责任单位和责任人在进行各项考核中实行一票否决。定期和不定期对建设项目进展情况进行督查,并对督查结果进行全区通报,对推进工作不力的单位或个人进行问责。

(南康交通运输局)

【兴国县加快通自然村公路建设步伐】 2016年,赣州市下达兴国县25户以上自然村通水泥路建设计划1017.9千米(其中“十三五”贫困村426.1千米)、危桥改造31座,总投资3.3278亿元。目标任务明确后,兴国县委、县政府高度重视,加强督查调度,强化质量监管,扎实推进进度。各乡镇主要领导亲自抓、分管领导具体抓、村干部负责具体线路,逐级抓落实,在全县掀起了25户以上自然村通水泥路建设高潮。截止11月中旬,该县已累计完成路面913千米,完成总投资27620万元,占年度总投资89.7%。危桥改造9座已完工、18座在建,4座正在招投标,完成总投资0.203365万元。

(兴国交通运输局)

【安远县农村公路项目攻坚实招频出】 做法:①健全机构,加强项目建设管理。将国道和县道改造等列入全县重点工程项目,纳入县政府督查科督办。实行“每月一调度一督查一通报”制度。每个重点项目都成立工作组,明确分管领导、责任部门和责任人,同时组建了业主驻工地项目办。②多方筹资,整合部门支农资金。由县财政整合县级各部门涉农资金4500万元,支持通25户以上自然村水泥路建设和乡、村道拓宽改造。由城投集团通过银行贷款、融资、市场化运作推进项目整体推进等渠道解决交通建设项目缺口资金3亿元。

(安远县交通运输局)

【于都县多条农村公路升级改造】 4月,于都县交通运输局全力加快农村公路建设。已完成5条72.7千米县道升级改造,启动6条28.4千米客运网络公路改建,10座危桥重建完成3座、在建7座,完成自然村通水泥路251.8千米,实施209.2千米文明样板路建设,完成黄沙线、三金线、汾宽线、于新线等公路水毁抢修,投入238万元专项资金修复梓山方家口茶亭等公路水毁路段,保障农村公路通畅。

(林　琳)

【宜春市加快农村公路建设】 2016年,全市完成县道升级工程改造工程项目5个计40.7千米,投资9407万元。建制村优选通达路线窄路面公路拓宽改造项目1个计1.3千米,投资52万元;安保工程及生命防护工程8个计54千米,投资501万元;25户以上自然村通水泥路535.9千米,投资13397.5万元;农村公路危桥重建5040.59延米/128座。投资18731万元。农村公路改造计划96千米/14个,25户以上自然村通水泥路计划1200千米/1551个,新增1551个自然村通水泥路。农村公路危桥重建5040.59延米/128座,总投资5.869亿元。

(杨　萍)

【宜春袁州区宜春至慈化公路全线通车】 宜慈公路是该区农村公路建设项目中有史以来项目大、投资多、里程长、农村受益人口多的一项民生工程,于2013年7月立项,被省、市、区列入重点调度项目。起点为袁州区白泥岭,接环城南路,经湖田、新田、辽市、飞剑潭、天台、慈化,终点接湖南省交界处的双板桥,全长74.1千米,总投资达13亿元。项目分两期建设,第一期:白泥岭至接湖田小学旁机场A线至慈化镇武东村接万上线,全长64.7千米,于2013年8月动工建设,至2016年6月建成通车。第二期:慈化武东至花园村双板桥段,全长9.4千米,于2015年9月10日公开招投标,2015年10月开工建设,2016年11月26日建成通车。

(李　庆)

【宜新公路宜彬段项目工程基本建成】 该公路是市、区两级重点交通工程项目,连接袁州区与新余分宜县,对加快袁州新城建设、推动袁州新城周边开发、促进经济发展发挥着重要的纽带作用。项目起于宜安公路,终于彬江与分宜交界处,主车道为双向六车道的城市道路,路基全宽50米,全长11.11千米,总投资43215万元。项目于2014年8月正式动工,至2016年12月,路面工程基本完成,全线通车。

(李　庆)

【宜春樟树甘竹—中洲公路列入县道升级改造计划】 9月初,上级交通部门下达该市2016年县道升级改造计划,中洲乡的甘竹—中洲公路获得批复,总里程6.2千米,按三级公路标准建设,水泥砼路面宽7米,路基宽8米,总投资1550万元,其中争取上级补助车购税资金992万元。该路的升级改造后,该市中洲乡与新余市北岗乡群众的出行将更加安全、便捷。

(温伦平)

【宜春樟树中北线县道升级项目开工】 10月16日,樟树中北线县道升级项目正式开工。该项目总长6.1千米,宽9米,占地面积54900平方米,总投资近800万元。项目建成后,沿线4个村委12个自然村9000余人将直接受益,将极大改善中洲西大门的交通区位和促进经济社会发展。

(宜春市交通运输局)

【宜春樟树洲上赣江堤顶公路改建工程竣工通车】 该工程于2015年12月10日开工,2016年10月26日竣工通车。赣江堤顶公路位于樟树市洲上乡,起点桩号为K0+000,终点桩号K10+500。路线起于溪西渡口,途径溪西、洲山、双塘、村楼、逢中、灌溪,终于铜江村委,设计里程为10.5千米。公路等级采用三级技术标准,设计行车时20千米/小时。路基宽6.5米,路面宽4.5米;路面结构:面层为20厘米C30水泥砼,基层为15厘米厚水泥稳定沙砾,垫层为15厘米厚未筛分碎石调平层。项目估算总投资743.9万元。

(杨　波)

【樟树市66个自然村实现通水泥路】 2016年,樟树市完成25户以上自然村通水泥路33.9千米,66个自然村实现通水泥路,总投资约1053万元,惠及3361户13667人。到2016年底,全市1906个自然村中有1388个自然村实现通水泥(油)路,通畅率达到73%。

(温伦平)

【樟树市上阳旅游公路建设进展顺利】 樟树市樟店线至上阳水库旅游公路(简称“上阳旅游公路”)起点位于樟店线城山新村村口,终点位于上阳水库,项目为新建工程。路线总长为3.284千米,建设标准为二级公路,路基宽10米,沥青混凝土路面宽8.5米,路面结构为:6厘米沥青混凝土面层+1厘米下封层+20厘米水泥稳定碎石基层+20厘米未筛分碎石垫层,路面总厚度46厘米。该项目预算总投资1959万元,工程于2015年7月开工,2016年底全部完工通车。

(温伦平)

【樟树市空军樟树雷达站至清江基地改建工程完工并通车】 樟树市空军樟树雷达站至清江基地改建工程项目全长7千米,按三级公路标准建设,水泥路面宽4.5米,砂石路面宽4.5米,路基宽10米,总投资858万元。工程于2016年1月开工,7月完工并通车。

(温伦平)

【丰城市荣塘拖铁线至山林岗中学道路动工开建】 11月8日,荣塘镇拖铁线至山林岗中学道路动工开建,道路途径店里村的麻畲下、何家组,阳泗村的邓家、松垅组,彭家村的彭家、老屋组,终点位于山林岗中学。新建道路工程严格按照市政工程配套要求施工,设计路基宽度7米,路面宽度6米,全长3723米,总投资700余万元,预计2017年2月底竣工。新建道路通车后,将进一步优化荣塘的交通环境,改善途经村庄的村民出行难问题,有效缓解山林岗中学师生上下学时段,特别是雨天道路拥堵问题。

(沈壮华)

【丰城市荣塘籍企业家捐资修路回报家乡】 12月20日,籍贯丰城市荣塘镇的香港企业家张正辉捐资30万元新修的芳田村张家组通组公路正式竣工。当地村民告别泥烂道路出行的历史。张正辉是荣塘芳田村张家组人,十几年前定居香港创业,回乡探亲时看到进村组道路坑洼不平,泥泞不堪,给村民出行带来极大不便。为了解决村民出行难问题,同时回报家乡,张正辉在村民的大力支持下,捐资30万元修通通张家村小组1千米的道路。通组公路的修通得到当地村民和干部的一致称赞。

(沈壮华)

【丰城市荣塘拖铁线至山林岗中学道路正式动工开建】 11月8日,荣塘镇拖铁线至山林岗中学道路正式动工开建,道路途径店里村的麻畲下、何家组,阳泗村的邓家、松垅组,彭家村的彭家、老屋组,终点位于山林岗中学。新建道路工程严格按照市政工程配套要求施工,设计路基宽度7米,路面宽度6米,全长3723米,总投资700余万元,预计2017年2月底竣工。新建道路通车后,将进一步优化荣塘的交通环境,改善途经村庄的村民出行难问题,有效缓解山林岗中学师生上下学时段,特别是雨天道路拥堵问题。

(沈壮华)

【丰城市小白线路面大中修工程开工建设】 11月2日,丰城市小白线路面大中修工程开工。小白线是小港至白土的一条县乡道路。该段路面自建成以来,由于社会经济的发展,过往大吨位车辆日益均增,路面损坏较严重,主要表现为沥青路面龟裂、沉陷、坑槽等,并且部分路段麻面、松散。本次大中修路段为小港K0+000至白土K14+792,全长14.792千米。路面宽10.5米,采用冷再生加单基单面技术,按超二级公路标准建设,12月初完工。

(沈壮华)

【靖安县全力推进AAAAA景区旅游公路建设】 AAAAA景区建设是靖安县历届政府的工作目标。该县①科学规划发展目标,县政府出台加强农村、旅游公路、桥梁建设有关实施办法,大力推进交通基础建设项目,县交通运输局组织人员深入全县景区对旅游公路规划项目调查摸底登记,力争进入省厅及交通部公路项目库;②积极向上申报争取项目资金。2016年通过多渠道、多途径向上级发改委、旅委、交通部门申报旅游公路项目;③认真做好测设工作。6月中旬完成了水口哲里至宝峰、三爪仑旅游公路设计招投标工作。11月份完成了图纸设计。12月份就高湖镇西头至中源乡的拟建旅游公路,邀请专家进行了走向调研。

(刘　斌)

【靖安县认真做好农村公路、桥梁数据库更新】 "十三五"期间,靖安县规划实现555个自然村通水泥路目标,建设里程451.3千米,25户以上的自然村基本实现通水泥路。①认真调研,做好发展规划;②实地勘察,组织人员深入全县550多个村,对25户以上的自然村尚未通水泥路的村组公路和农村危桥改造、新建桥梁项目进行了调查摸底登记。③整理台账,并申报进入省交通运输厅及交通部农村公路项目库。

(刘　斌)

【奉新县新增通水泥路的25户以上自然村452个】 奉新交通局运输找准自己的角色和定位,结合工作实际,以农村公路建设为切入点,通过积极争取和各方共同努力,2016年,该县共争取到68.6千米的组级公路建设计划,至年底,已完成建设计划任务的100%,新增25户以上通水泥路自然村86个。通过4年的努力,共新增通水泥路的25户以上自然村452个,从而使不通水泥路的25户以上自然村由2013年初步的725个下降到273个,为2020年全面实现25户以上自然村通水泥路目标而努力。

(马洪金　魏振宇)

【奉新县开展跃进水库环湖公路(自行车赛道)建设】 该工程项目位于奉新县赤田镇跃进水库境内,分为四段进行设计,路线全长18.451千米,其中:第一段桩号为K0+000—K5+173.48,长5.17348千米,采用三级公路工程技术标准,设计行车速度30千米/小时,路基宽度为7.5米,路面宽6.5米,沥青砼路面;第二段桩号为K5+173.48—K16+856.293,即自行车赛道,长11.6828千米,参照采用四级公路工程技术标准,设计行车速度20千米/小时,路基宽度为5.0米,路面宽4.0米,彩色沥青砼路面,该路段共设置了一个停车点集7个修车补给区;第三段桩号为K0+000—K0+535.62,长0.53562千米,参照采用四级公路工程技术标准,设计行车速度20千米/小时,路基宽度为5.0米,路面宽4.5米,水泥砼路面;第四段桩号为K0+000—K0+581.16,全长0.581167千米参照采用四级公路工程技术标准,设计行车速度20千米/小时,路基宽度为5.5米,路面宽4.5米,水泥砼路面。该工程项目位于奉新县赤田镇跃进水库境内,分为四段进行设计,路线全长18.451千米。

(魏振宇)

【奉新县交通运输局在村组公路建设工作中做到"三个优先"】 经过十几年快速发展,奉新县累计改造硬化农村公路1200余千米。该县在2016年村组公路建设中,坚持和做到"三个优先",即在申报和安排村组公路建设计划时,边远山区的优先,交通不便的优先,农垦系统的村组优先。通过努力,使全县村组公路建设工作开展不平衡的现状得到较大改观,特别是林区、垦区公路建设步伐明显加快,2016年建设和改造农村垦殖场、林场水泥路8条,里程7.8千米,工程投资300万元。

(温之泗)

【高安市大族至武家四级公路竣工】 9月30日,大族至武家四级公路竣工。路线位于高安市汪家圩乡,路线起于大族,终于武家,路线里程为2.2千米,设计行车速度20千米/小时,桥涵汽车荷载为公路—Ⅱ级,设计洪水频率为1/25,路基宽6.5米,路面宽4.5米;路面结构类型:面层为20厘米厚C30水泥砼,基层为15厘米水泥稳碎石,垫层为15厘米厚未筛分碎石。工程为客运网络连通化项目,总投资170.9248万元。2016年8月18日开工建设,工期1.5个月。

(郑文斌)

【上高县黄抗线专项公路建成通车】 12月30日,黄金堆至抗头湾专项公路改造工程竣工。该线位于上高县敖山镇、新界埠镇、蒙山镇,属山岭重丘区,起点桩号K0+000,起于国道320K901+050处,经店上、新界埠堆锋、新界埠大桥、洲上、端溪、城陂,终于蒙山镇抗头湾与县道X556相接,终点桩号K25+171。线路全长25.171千米。全线按三级公路标准进行建设,路基宽7.5米,路面宽6.5米,设计速度30千米/小时。工程总投资5930万元人民币,工程于2016年6月开工,工期7个月。

(冷光明)

【上高县抓好25户以上自然村通村公路建设项目库核查工作】 上高县交通运输局于9月21日至10月24日,对全县通自然村公路建设项目库(25户以上)进行了全面的二次核查。①逐级核查。由行政村、乡镇、县交通运输局一级一级对尚未安排计划的项目进行逐条核查的,每个项目均落实责任人。②按上级要求对自然村公路项目库内的项目结合农村公路电子地图,最终确定了因已列过其他项目或自筹资金困难、村点已撤并等原因,而取消的自然村(25户以上)库内项目56个,合计53.3千米。全县通自然村公路建设项目库(25户以上)还有221个项目,共计155.8千米未安排项目,预计至2018年年底将全部安排项目。

(薛　旻)

【宜丰县自然村通水泥(油)路率达75%】 县交通运输局坚持从实际出发,加大工作力度,对符合省、市规划的农村公路无偿进行实地测量、工程预算。积极做好项目申报,共争取到农村自然村(25户以上)公路建设计划26.9千米,同时考虑到乡村群众修路的积极性,另增加30千米农村公路建设计划提前实施,全年共完成56.9千米农村自然村公路建设,新增78个自然村通水泥路,全县自然村通水泥(油)路率达75%。

(漆志勇)

【宜丰县邓家垅至石市公路大中修改造竣工通车】 该项目位于宜丰县桥西乡和石市镇,路线编号为X451,起点桩号为K0+000,终点桩号为K14+319,系市养县道,路线起于桥西乡邓家垅(接国道354),终于石市集镇(接国道320),全长14.319千米,路面宽9米,总投资2400万元,宜丰县财政配套286.38万元。2016年9月开工建设,2016年12月竣工通车。

(漆志勇)

【宜丰县行政中心至邓家垅公路大中修改造竣工通车】 该项目位于宜丰县新昌镇和桥西乡,路线编号为国道354,路线起于县城行政中心(国道354),终于桥西乡邓家垅(接县道451),全长6.7千米,城区路段K0+000—K3+500路面宽16米、K3+500—K3+800路面宽18米,城郊路段路面宽9米,K0+000—K3+500路面结构为25cm厚级配碎石垫层+(20+20)厘米水稳基层+1厘米下封层+(6厘米+4厘米)沥青混凝土面层,其他路面结构为(20+20)厘米水稳基层+1厘米下封层+(6厘米+4厘米)沥青混凝土面层,总投资1800万元,宜丰县财政配套1005万元。2016年9月开工建设,2016年12月竣工通车。

(漆志勇)

【宜丰县花桥至天宝公路大中修改造竣工通车】

该项目位于宜丰县桥西花桥乡、同安乡和天宝乡,路线编号为省道307,国省道调整前系市养县道,路线起于花桥集镇(接国道354),终于天宝集镇(接省道221),全长22千米,路面宽9米,总投资3564万元,宜丰县财政配套440万元。2016年9月开工建设,2016年12月竣工通车。

(漆志勇)

【宜丰县新庄至泗溪公路改造竣工通车】 该项目位于宜丰县新庄镇,路线编号为X568360924,起点桩号为K0+000,终点桩号为K3+400,系2014年县道升级项目,路线起于新庄镇(接县道616),途径小坑农科站、上塘村、邓家,终于新庄镇与泗溪镇县界,全长3.4千米,路基宽7.5米,路面宽6.5米,总投资约54.025万元。该工程于2015年12月启动招投标工作,2016年10月开工,2016年12月建成通车。

(漆志勇)

【铜鼓县港口公路全线竣工】 港西公路为西向至港口公路,该公路连接三都镇西向村、港口乡港口村和水坪村,路线全长35千米,其中25.78千米为新建,9.22千米为老路加宽,路面宽5米,路基宽6.5米,有桥梁8座。该公路项目总投资1250万元,是该县西河片通向县城的另外一条大循环通道。该工程从2014年7月底开工建设,2016年11月建成通车。

(黄祖芳)

【上饶横峰枫青公路改造完成通车】 枫青公路路面改造工程是横峰县2016年新年竣工的第一个项目,全长近24千米,总投资2900万元。起点为葛源枫林,终点为青板徐村,为三级沥青路面。该项目用20天时间建设完成,创造公路项目建设"一天一千米"的新速度。近年来,横峰县公路路网建设取得显著成绩,争取上万高速公路途经该县,2016年建成通车;投资7300万元,实施国道320、红军大道、山葛线旅游公路沥青路面重建工程,并对国、省干线11座危桥进行加固,全面提升横峰县对外开放畅达通行能力。

(上饶市交通运输局)

【上饶至广丰快速通道建成通车】 项目总投资约8亿元(其中广丰段约1亿元,信州区段约7亿元)。广丰段4.5千米已于2015年底建成通车。信州区段长12.7千米,含隧道748米/1座(双向全长1496米),大桥2座共长456米,中桥3座共长120米,土石方387万方,拆迁房屋4.4万平方,征地101公顷,2016年3月全面开工,2016年12月31日全面建成通车。

(上饶市交通运输局)

【上饶大石——湖里公路建成通车】 全长7.2千米,项目总投资约1.1亿元,征地346亩,拆迁12254平方,完成土石方37.5万方,该项目2015年5月开工建设,至2016年5月完成路基工程,6—10月配合九仙湖引水入城工程大湖线段的管道安装工作,10—12月完成路面工程,2016年12月31日全面建成通车。

(上饶市交通运输局)

【德上高速至合福高铁德兴站新建公路建设完工】 该项目为续建项目,路线全长5.69千米,按照二级公路标准进行建设,沥青混凝土路面,项目预算总投资12744.78万元(施工合同价8269.1238万元),该工程已于2016年4月竣工通车。

(上饶市交通运输局)

【樟吉高速互通口连接线"二改一"工程建成通车】 樟吉高速互通口连接线"二改一"改建工程,于7月底建成通车。该项目按一级公路双向六车道技术标准设计,兼顾城市道路,总长约21.847千米,道路路基宽30米,沥青路面,概算总投资4.49亿元。它连接樟吉高速公路和国道105,是国道233峡江境内一部分,是江西省"十纵十横"中的重要第"八横",它的建成,将明显改善原有公路网络的运营。

(吉安市交通运输局)

【吉安青原区滨江平安路、江晖路工程全部完工】 11月22日,青原区滨江平安路、江晖路工程全部完工。两条路位于新井冈山大桥引道(荣安大道)南侧,为新井冈山大桥安置小区配套工程。其中,平安路宽36米,长440米;江晖路宽30米,长370米,沥青路面,合计总投资约1800万。

(吉安市交通运输局)

【吉安将军山至宋溪公路升级改造工程全面完工】 10月24日,将军山至宋溪公路升级改造工程全面完工。该路段全长8.34千米,按三级水泥路标准建设,路基宽7.5米,路面宽6.5米,总投资约1150万元。

(吉安市交通运输局)

【吉安凤凰至高塘公路完成路基通车】 该项目起于凤凰镇国道105,途经横江镇,终于高塘大广高速吉安县出口,并与省道319相接,建设里程8.78千米,其中新横江大桥368米,按一级公路标准设计,路基宽17米,路面宽15.5米,桥面宽19米,设计时速60千米/小时,沥青混凝土路面,双向四车道,项目总投资约1.35亿元。该工程于2016年8月底完成路基通车,2016年完成投资额3000万元。

(吉安市交通运输局)

【抚州120余名能人志士捐资千万元建设家乡】 湖南乡余志平捐资30多万元为家乡修路,被传为佳话。自2016年以来,在各项政策的鼓励下,临川区各乡镇在外创业的能人志士热衷于家乡公益,纷纷为家乡建设捐资出力,回报家乡。

临川区是劳务输出大区,每年有近25万人在外务工,其中有很多创业成功人士。为了激发他们建设家乡的热情,该区专门出台相关举措,并采取"走出去、请进来"的办法,广泛宣传家乡建设的新成就。该区针对能人志士集中在上海、浙江、广东、北京等地的情况,派出专人上门宣传。同时,利用节假日向在外的能人志士发信函、送祝福,邀请他们回乡看看,叙乡情、谈建设,与他们共商发展大计,请他们提建议,并争取他们的支持。

2015年至2016年,临川区共有120余名在外创业的能人志士情系桑梓,共捐出1012万元投入家乡建设,其中新修农村公路30余千米,架桥6座。

(陈根玲)

【抚州南城至池门口县道升级工程竣工通车】 南城至池门口县道升级改造工程起于河东工业园区东二路与县道城上线罗坊村段平交口,经曹坊、周坊、南源、大路黎、塔岭，讫点为池门口，全长 9.4 千米，设计行车速度 40 千米/小时，路基宽 8.5 米、硬质路面宽 7 米，工程总投资 1577.4866 万元，并纳入南城县重点建设管理。于 2016 年 3 月开工，2016 年 11 月建成通车。

（王素红）

【抚州云山吴福清捐资 40 万修建家乡公路】 吴福清是云山镇厍坊村人。2002 年吴福清回乡创办江西恒力电池科技有限公司，经过多年努力，2016 年公司年营业额已有 2 亿多元。创业致富的吴福清，从没有忘记过家乡。2016 年 10 月 10 日，听说云占公路改造面临着资金缺口问题，吴福清便主动联系镇政府，捐资 40 万元用于云占公路的修建。10 月 22 日，临川区云山镇云占公路动工兴建，11 月底竣工通车，吴福清赢得当地群众一片赞誉。

（陈根玲）

【抚州临川农村公路建设稳步进行】 2016 年，临川区投资 6148 万元，建成通自然村公路 130.6 千米、农村客运网络公路 30 千米，改建温泉港石桥、荣山新村危桥 2 座计 90 延米，维修路基抢修 21 处。全区共有农村公路里程 1116 千米，其中县道 258 千米 13 条，乡村道 831 千米 95 条。按照“有路必养，养必有效，有路必管，管必到位”的要求，明确责任，层层落实，做到“建、管、养”并重，促进全区农村公路建设快速发展。

（陈根玲）

【南城东港头上至麻桥县道升级改造工程竣工】 南城县东港头上至港下园至麻桥县道升级改造工程起于黎河大道平交口处，经港下园、盱江大桥、西止于麻桥的富民西路，是南城县“六射九横四环”公路网中的“第十一横”的重要组成部分之一，全长 2.5 千米。该项目列入 2016 年全省县道升级工程，技术标准按城市二级道路进行设计，路基宽 39 米，通车道 15 米宽，设计时速 80 千米/小时。

该项目总投资约 1600 万元，于 2016 年 5 月开工，12 月底竣工。

（王素红）

公路养护

【概况】 2016 年，全省公路加大养护工程项目建设力度，积极落实建设资金，精心实施建设工程，取得“畅安舒美”实效。

一、高速公路

1、2016 年全省高速公路公路技术状况评定里程为 9926.376 千米，优良路率 100%，MQI 为 94.7，优等路 9471.158 千米，良等路 453.678 千米。全省高速公路路面为沥青混凝土路面，PQI 路而技术状况指数为 95.38，PCI 沥青路面损坏状况指数为 97.3，RQl 路而平整度状况指数为 94.7，RDI 路面车辙损坏状况指数为 92。PCI 优等路率 96.3%；RQI 优等路率 98.2%；RDI 优等路率 77%。桥梁技术状况情况。按桥梁检测评定周期，集团招标委托专业检测单位对 3450 座桥梁进行的定期检测（不包含新通车、未满缺陷期路段的桥梁），检测结果为一类桥 2404 座，占受检桥梁的 69.7%，二类桥 1040 座，占受检桥梁的 30.1%，三类桥 6 座（对桥梁病害进行维修），占受检桥梁 0.2%。

2、省高速集团养护

集团负责管养运营高速公路里程共计 5070 千米，其中公路开发公司管养 1018 千米，赣粤股份公司管养 768 千米，直属路段管理中心管养 3283 米。全集团管养桥梁共计 4394 座 696 千米，特大桥 44 座 82 千米，管养隧道 172 座，里程 387 千米（合计单洞），其中特大隧道 13 座 109 千米。

集团密切关注逐步进入大中修期的部分高速公路，重点对“十一五”期间建成的高速公路的路况进行分析，编制了合理养护方案，科学管理、攻坚克难，全面完成了养护工程三项重点任务，一是积极开展路面预防性养护，对通车年限较长的高速公路如泰井、鹰瑞、武吉南进行了路面预防性养护，并在不同路段有侧重的选择不同的预防性养护技术进行对比实验，探索养护技术优劣，总结养护施工经验，先后完成了微表处单幅180千米、超薄罩面单幅130千米、厂拌冷热再生单幅90千米、厂拌冷再生单幅20千米；二是开展“三类”桥梁病害整治，投入3000万元对温沙、景婺黄、昌金、石吉、泰赣等14条路的桥梁病害进行了维修，有效地提高桥梁的运营安全；三是做好迎接交通部路况检查，根据交通部和省厅统一安排，顺利完成了部对我省高速公路585千米的路况外业抽检工作，做好了福银高速乐温段赣江西支特大桥、大广高速武吉段赣鄂省界隧道迎检工作，获得专家组的好评。

2016全年总共投入养护资金8亿元。

二、普通国省干线公路。精心实施公路养护工程。完成“十二五”养护工程项目扫尾及存量资金拨付工作，及时下达养护工程项目计划和任务。加大养护工程项目建设力度，全年完成国省、干线公路养护大中修1050千米，危桥改造63座，安全生命防护工程801千米，灾害防治工程45千米。全力应对“鲇鱼”等台风侵袭，做好公路抢险救灾和应急保通工作，全省投入抢修资金3.9亿元，赣州市公路局顺利完成国道323瑞临线江口段和省道219沙龙线牛耳岽山体滑坡应急抢险任务。强化公路日常养护管理。加大公路排水系统综合整治力度，结合养护大中修工程和“畅安舒美”示范路建设，同步完善公路排水设施，2015年以来，全省累计投入2.9亿元，完成排水系统整治3693千米。强化公路日常小修保养和预防性养护，完成了《江西省普通国省干线公路日常小修保养绩效考核办法》初稿。建立日常检查与年终考评相结合的养护管理工作考核制度，加强日常养护督促检查，提升日常养护管理水平。

三、农村公路。加强农村公路养护管理。全省共有87家县级独立预算单位将农村公路日常养护资金纳入财政预算，落实1.6亿元日常养护资金。加强养护工程补助资金审核，安排省级补助资金2.5亿元。各设区市政府相继出台农村公路养护实施意见。赣州市政府、抚州市政府每年分别安排财政专项资金2000万元、300万元用于农村公路养护管理，并视财力逐年增加。农村公路养护长效机制已基本形成，养护管理逐渐向“有人管”、“有钱养”、“养到位”的新局面转变。加强“四好农村路”督导调研。为深入贯彻习近平总书记对农村公路工作的主要指示批示精神，根据《交通运输部关于印发2016年“四好农村路”建设工作督导调研方案的通知》要求，省交通运输厅下发《关于开展“四好农村公路”建设督导调研工作的通知》，9月份对赣州、吉安、上饶、九江、抚州、萍乡6个设区市进行“四好农村路”督导调研，重点了解农村公路政策制度、年度重点目标任务、“四好农村路"和补充抵押贷款（PSL）落实情况。

（省公路管理局、省高速集团公司养护部）

养护工程

【抚州广昌省道216新宁线路面养护大中修工程完工】 1月28日，广昌省道216新宁线路面养护大中修工程完工。该工程起于广昌白沙坪K0+000至与宁都交界的秀岭K16+190桩号处，全长16.19千米，按一级公路标准施工，设计速度90千米/小时，设计标准轴载BZZ—100，路基宽度15米，路面宽度15米（含硬路肩）。工程主要将全线原水泥砼路面整体击碎后作为底基层，然后再新建水泥稳定碎石基层及沥青混凝土路面结构，并对沿线排水、标线、标志等公路设施进行完善修复。

（刘艳群）

【寻乌县城区两路段正式换养】 寻乌公路分局、寻乌县城市管理局经过协商签订《国道206、省道327寻乌县城区路段与绕城路段换养协议》，标志着寻乌城区两路段换养工作正式开始，寻乌公路分局接养国道206绕城公路，国道206K2017+510—K2028+335、省道327K9+000—K4+100的县城城区路段交由寻乌县城市管理局实施养护和管理。国道206寻乌境内建于1956年，通过改造后，2000年寻乌境内的国道206线66.78千米全面实现二级路，是通往赣、粤、闽三省的重要通道。随着寻乌经济的发展和人民生活水平的日益提高，再加上过往车辆的日益增加，寻乌城区的交通明显滞后，对于当地群众出行存在一定的安全隐患。2014 年 5 月,该县正式启动寻乌国道 206 绕城公路改造项目建设,经过一年多的紧张施工,在 2016 年 2 月竣工并投入运营。此次的换养工作,对缓解寻乌县城区日益增长的交通压力,改善当地的交通条件,方便群众出行,保障国道 206 安全与畅通具有积极的意义。

(凌林泉 黄 婷)

【靖安县三爪仑大道路面大中修工程完工】 8 月 1 日上午,靖安三爪仑大道(清华大道接口至树化玉路段)路面大中修工程正式开工,该工程项目由靖安公路分局负责施工建设。靖安三爪仑大道(清华大道接口至树化玉路段)扼守靖安东大门,是靖安县城通往省会南昌和对外交通的最主要通道,对靖安经济社会发展和人民群众对外交往影响非常重大。此次大中修路线全长 3.3 千米,路面宽 24 米,按双向 8 车道一级公路标准建设,设计速度 80 千米/小时,9 月中旬建成完工。

(熊悠靖)

【景德镇市新建改建 20 座农村公路危桥】 景德镇市积极加快农村公路危桥改造步伐。近两年来,该市市、县两级交通运输部门先后筹集资金 4851 万元,对 20 座计 1159 延米农村公路危桥进行新建改建。

据悉,现已完成 13 座新建改建任务,即乐平市大坑桥、张家桥、下徐桥、李家桥;浮梁县红薯湾桥、七甲桥、朱锦桥、潘村一桥、郑家桥、米屋下桥、蛟潭小学桥、关门石桥;昌江区荫墩下桥。浮梁县马墩口大桥、锦里桥、长坡老桥 3 座正在进行地基处理、梁板吊装等施工。另有乐平市观峰大桥、南港大桥和浮梁县牛皮桥、庄湾渡大桥 4 座已做好施工设计等前期工作,正在积极筹备开工。该市交通运输部门知情人士介绍,这些年通过对全市县道、乡道、村道上近 500 座大中小桥的地毯式全方位排查,共评定四、五类桥梁 138 座,现已基本列入国家交通部或江西省危桥数据库,将分批争取计划进行改造,消除农村公路上的安全隐患。

(徐小明)

【萍乡湘东区探索公路管养新方法】 措施:①切实按照区政府《进一步加强农村公路养护管理工作的通知》,落实养护经费、人员责任、养护队伍和奖惩措施,通过湘东、老关综合服务站的正式运行,真正实现县道县管;②对危桥险路安全排查形成长效,将排查情况均进行建档,逐年按计划消除隐患,没有安排计划的均督促管养单位落实交通管制措施;③成立农村公路质量监督检测站,采购相关检测设备,并进行标准化建设,目前市检验收合格,已向省厅申请验收;④加大在建项目质量监督检查力度,及时下发质监计划,制作各种质监文书共 23 份;⑤协调省、市交通主管部门为公司(招商引资企业)取得农村公路养护资质,以购买服务的形式,真正落实农村公路养护责任和任务,并将农村公路养护工作常态化。完成县道麻山—龙头公路(船形段)、登官—排上(栗塘段)等农村公路路面修复 21900 平方米,完成县道农村公路养护 115 千米,打造文明样板路 3 条,修复危桥险路 46 处,总投资达到 383 万元。

(萍乡市交通运输局)

【芦溪县农村公路养护工作扎实有效】 该县聘请具有相应资质的专业养护队伍 5 支对县道进行日常养护,每个季度开展县道养护情况检查评比。督促做好全县 1308.191 千米农村公路日常养护,并对各乡镇养护工作进行季度评比打分,确保道路畅通整洁。全县好路率达到 90% 以上、绿化率达到 85% 以上,农村公路养护和绿化取得良好效果。

(萍乡市交通运输局)

【上栗县率先实行县道日常养护市场化】 2016 年,该县率先实行农村公路市场化养护模式,通过公开招标择优选择专业养护队伍,各乡镇都成立养护机构负责乡村道的日常养护,按“县道县管,乡道乡管”做到“有路必养”,农村公路列养率达到 100%,全年投入养护资金 350 万元。

(萍乡市交通运输局)

【莲花县强化农村公路管养机制】 2016 年,该县强化农村公路管养机制,进一步明确“县道县管、乡道乡管、村道村管”的养护原则,建立健全农村公路养护长效机制,做到管护责任落实到位、机构人员配备到位、制度制定执行到位、资金筹措管理到位、监督检查考核到位。根据县内农村公路的实际情况制定全年的农村公路养护计划(养护里程总计1188.8千米),依托湖上和坊楼两个农村公路综合服务站,进一步加强该县农村公路建、管、养、运综合管理水平,抓紧抓好抓实全县农村公路养护工作,着力抓紧雨季农村公路预防性养护工作,在"5.20"和"6.15"两次强降雨天气过程中,较好的保障了农村公路通行通畅。2016年在县道和主要乡道养护继续实行"四定两保"的养护模式,并着力打造养护管理文明示范样板路,明确责任,落实路线,责任到人。

(萍乡市交通运输局)

【萍乡武功山风景名胜区探索日常养护新机制】 武功山风景名胜区交通运输局探索建立全时段巡查制度,主要针对交通量大、建制村主要道路、隐患严重、偏远地区等存在巨大巡查压力的隐患路段,巡查人员由危桥险路隐患附近建制村的村干部担任,视实际情况也可由县、乡、村级共同出资聘请附近村民担任专职巡查人员,巡查人员需做好日常养护、隐患发展记录,并定时向县、乡交通主管部门上报。

(萍乡市交通运输局)

【新余市创新农村公路管理养护机制】 县(区)、乡(镇)两级农村公路管养机构逐步完善。高新区、仙女湖区的每个乡(镇)都组建农村公路养路队;分宜县政府重新制定《分宜县农村公路养护管理办法》,在全县10个乡镇增设乡村公路管理站,负责指导辖区内的农村公路建、管、养工作;渝水区公路管理站成立诚信公路养护公司,负责该区内农村公路养护工程工作,同时在全区建立乡镇长任"路长",班子成员任"分段长",村支书记任"责任段长"的农村公路养护责任体系。

(新余市交通运输局)

【新余章洋线欧里至麻田段路面改造工程完工】 章洋线欧里至麻田段全长2.9千米,是双林通往新余的主要通道之一,也是沿线村民、企业向外运输农产品、矿石资源等物资的主要通道,为双林镇的工农业等经济发展做出重要贡献。

该路段于2016年6月27日开工建设,10月22日完工。

(黄志坚)

【贵溪市加强农村公路养护管理】 贵溪市县道升省道的4条,调整后县道12条,总里程为332.463千米,乡道85条,总里程为668.961千米,村道906条,总里程为1312.161千米。通过积极探索农村公路养护可持续发展模式,落实地方政府公路养护管理主体责任,先后出台《贵溪市农村公路养护管理考核办法》《贵溪市加强农村公路管理养护工作意见》,对全市18个乡镇和3个街办下达农村公路管理养护目标任务,市政府每年投入291万元专项资金用于农村公路日常管理养护,另外每年增加100万元以奖代补资金用于农村公路管理养护,从而推进农村公路"重建轻养"向"建养并重"转变,实现农村公路"有路必养、有路必管、管必到位"的目标,并通过创新养护体制,解决全市农村公路管养中存在的遗留问题。

(鹰潭市交通运输局)

【余江县加强农村公路管养工作】 余江县委、县政府在《余江县2016年度乡(镇、场)实绩考核实施办法》中将农村公路发展纳入县政府考核体系,给全县农村公路提供政策支持。余江县农村公路养护向规范化、专业化、机械化、市场化方向发展,切实实现"有路必养"。在农村公路监督考核方面,余江县交通运输局对县道每月考核1次,乡村道路每季度开展1次农村公路检查考核,通报考核情况,督导落实整改。养护工程管理规范,全局配备桥梁养护工程师3人,日常养护考核机制健全,农村公路管养到位,技术状况指数逐年上升,路容路貌整洁达标。养护工程按省级补助资金下达养护计划,养护资金使用规范,养护工程管理到位。在工程管理方面,余江县交通运输局督导各乡(镇)农村公路管理站精心组织项目施工,全面推行"七公开",按计划执行项目,规范施工现场,及时交(竣)工验收。

(鹰潭市交通运输局)

【国道105龙南东升至横岗段路面改造工程竣工通车】 8月,国道105龙南东升至横岗段路面改造工程竣工通车。国道105龙南东升至横岗段路面改造工程项目,起点K2255+674,终点K2311+461,全长55.787千米。项目共使用中央车购税投资2.3亿元,分两期建设。其中第一期路面改造工程1.6亿元，第二期地质灾害治理工程0.7亿元。第一期路面改造工程自2015年12月启动开工以来，龙南公路分局作为业主单位，精心组织各参建单位科学施工，严格管理，克服时间紧、任务重、雨水多、交通维护难度大等实际困难，严格施工程序，严把工程质量，严抓安全生产，确保工程顺利完成。

（叶丽琼）

【宜春市加强农村公路管养工作】 措施：①宜春市政府办公室去年出台《关于印发宜春市农村公路管理养护的实施意见》（宜府办发［2015］45号），制定相关政策，明确农村公路养护责任主体和养护经费来源渠道。市交通运输局下发《宜春市农村公路养护考核办法》，各市县区政府也相继制定本县市区的农村公路管理养护体制改革方案或指导意见，对原有的养护机构改革、养护模式确定具体规定，特别是用制度形式把农村公路日常养护资金落实下来，正在积极推行农村公路养护市场化。②为落实上述政策，农村公路养护该局每年年初都下达好路率指标。据统计，上半年农村公路有补贴路线养护好路率达50.6%，比去年同期增加2%。③各县市日常养护资金在财政预算中全部得到落实，下拨乡镇。各县均已制定各项规章制度并已经通过市局审核，申报材料现已上级省公路局，正在申报养护工程省级补助。④已按《宜春市农村公路管理养护的实施意见》（宜府办发［2015］45号）文件，市本级财政日常养护奖补147.05万元，于10月底全部下拨各县市区财政账户。

（杨　萍）

【宜春袁州区加强农村公路养护】 2016年，该区农村公路养护里程2466.806千米，其中：县道412.28千米，乡道753.204千米，村道1301.322千米。年终好路率达66%，比上年提高1%。措施：①领导高度重视。确保农村公路安全畅通，提高全区农村公路好路率，召开专题会议研究农村公路养护问题，把公路养护作为公路建设重要内容，加强工程管理力度，设置专项资金，全面强化公路管养。②推进体制改革。深化农村公路管养体制改革，农村公路管养由交通运输部门行为项政府行为转变，坚持县道县养、乡道乡养、村道村养原则，落实责任。同时落实配套资金，争取省市补助资金，确保农村公路管养经费到位。③加强检查考核。制定下发《袁州区农村公路建设管理养护实施办法》，明确农村公路养护为乡镇全年工作考核重要内容，设置奖励资金及问责制度。区交通运输局组织3个工作组，每季一次分赴各乡镇，对全区农村公路路况进行排查汇总，并将情况上报区政府，有力督促各乡镇、村加大农村公路养护力度。

（李　庆）

【樟树市全面推进农村公路养护工作】 2016年，樟树市全面推进农村公路养护工作，开展四个季度的公路养护考核，根据考评情况拨付养护工作经费，奖罚分明，全年拨付农村公路养护经费130.19万元，印发农村公路建设及养护简报6期，分别呈送宜春市交通运输局、市委市政府主要领导和市四套班子成员。该市的农村公路养护水平较去年有明显提高，农村公路通行状况得到明显的改善，群众出行条件大为改观。其表现在：①路面清扫后，路面有效宽度增加，人车通行更加通畅；②修剪路树和清理路肩杂草后，视野更为开阔，特别是在弯道内侧，可以提前发现对面来车，减少交通事故的发生；③局部路面坑洞和起拱修补后，路面行车更平稳，使行车更安全。

（温伦平）

【樟树市农村公路养护工作现场交流会在吴城乡召开】 元月1日，樟树市农村公路养护工作现场交流会在吴城乡召开，全市19个乡镇（街道）、双金园艺场、试验林场分管交通的领导和相关从事农村公路养护的人员共40余人参加，现场观摩吴城乡的农村公路养护情况，吴城乡介绍经验做法，参会人员进行互相交流。吴城乡成立两支专业农村公路养护队伍，即湛溪、山前两个养路队，实行责任分段，全面承包。总共投入30万元进行基础建设，其中投入6万多元租赁装修了6间公路养护办公室，投入8万多元购置安全工作服、割草机、扫地机、三轮车等，投入15万多元租赁挖机进行清理。共清理5万多株路障树木，开挖公路排水沟53千米，培育路肩70千米。

（温伦平）

【靖安县农村公路养护县级配套资金得到落实】 2016 年,靖安县全县农村公路养护里程共732.787 千米,县道里程 25.175 千米;乡道里程276.549 千米;村道里程 431.063 千米。该县正式启动农村公路养护工作,①出台《靖安县农村公路养护管理实施办法》,建立农村公路养护长效机制,明确任务、职责、标准、付款方法,做到“五到位”(管养责任落实到位、机构人员配备到位、制度制订执行到位、资金筹措管理到位、监督检查考核到位)的乡镇,可申请养护工程补助资金。②县财政下拨配套资金 138 万元。用于全省农村公路养护工程的专项资金由省交通运输厅按标准统筹安排,市财政进行奖补、县财政根据大中修工程需求情况进行配套。凡县(市、区)日常养护资金到位(县级财政按每年县道3000 元/千米,乡道 1500 元/千米,村道 500 元/千米安排);在 7 月份该资金已下拨乡镇。

(刘 斌)

【靖安县强化农村公路养护管理】 靖安县采取八项措施加强农村公路养护管理,从而实现县道好路率提升 2%,乡、村道好路率提高 1.8%,综合好路率达 75%。①积极筹措农村公路管养资金,县财政安排当年度维修资金、养护资金计 490 余万元,并采取“政府安排一点、向上级争一点、受益单位集一点”的办法多方筹措;②选择条件好的地方,积极开展文明示范路创建活动;③加大路政管理力度;④严格执行养护作业规程;⑤多层次开展技术交流培训;⑥鼓励技术创新,树立循环发展理念;⑦充分发挥社会监督作用;⑧实现以下管养具体目标:县级公路管理机构负责县道、重要乡道和旅游公路的管理,乡(镇)负责乡道、村道的管理,农村公路管理养护力争全覆盖,逐步实现有路必养。公路技术状况指数(MQI)大力提升,农村公路优良率稳步提高,病危桥梁整治率达 100%。

(刘 斌)

【高安市推行专群结合加强农村公路养护管理】 市交通运输局大力推行专业养护与群众管养相结合的模式。①县乡干道统一养。重要乡村公路由县公路养护段统一养护,及时清障排危,定期修补,添装安全防护设施。共设置危险路段警示牌和三岔路口提示牌 1031 块,安装减速带 708 米。②村组公路包段养。村组公路由乡镇人民政府负责养护。由乡镇养路队负责组织实施辖区公路养护管理、质量检查评比、绿化及环境卫生整治工作。③灾害损毁应急养。针对水毁公路的实际,就近就地统筹协调维修队伍在灾害发生的第一时间组织抢修保畅。

(周世祥)

【上高县大力提升农村公路养护管理水平】 措施:①建章立制,规范管理。2016 年,县政府出台了《上高县农村公路管理养护实施意见》等三个规范性文件,对县、乡、村各级的管理职责、农村公路的养护管理、人员配备、养护标准、路政管理及养护资金筹措、管理养护质量考评标准和养护工作考核奖惩机制进一步给予明确,使农村公路养护管理实现规范化。②深入调查,确保农村公路“有路必养”。县交通运输局根据交通部《公路工程技术标准》,在对全县农村公路通达情况开展调查,对全县符合列养条件的农村公路,进行里程核查、养护公示牌的制定,将符合列养条件的农村公路全部纳入正常养护。全县农村公路养护里程1373.518 千米。③改革公路养护生产组织形式和作业方式。将公路日常养护通过委托、竞争等方式承包给各乡镇养护队和公路沿线的村民,实行计量支付和合同管理。公路大中修工程实行工程招投标制度。同时,在县道养护上进行市场化经营试点。④加强监督检查,确保养护质量。县交通运输局制定《上高县农村公路养护质量检查考评制度》,对各乡镇场(街办)的养护管理工作实行百分制考核,对县道进行月检、乡道进行季检、村道进行半年检,每半年根据养护考核情况拨付半年的养护经费。同时,还聘请当地人大代表、村镇干部和群众代表为监督员,加强农村公路养护的监督。

(冷光明)

【上高县加强农村公路养护资金监管】 5 月,上高县出台《上高县农村公路养护资金使用管理办法》,进一步规范农村公路养护资金管理使用。《办法》规定,农村公路日常养护资金的编制由县交通运输局依据养护计划,统一预算,统一编制,并上报县政府进行审批;养护工程资金由县交通运输局依据公路养护工程计划,全面进行公路养护成本市场调查和市场预测，按照概算、预算和施工组织设计的有关数据，采取有效措施，积极寻求降低成本的途径，最终编制成最佳预算。在农村公路养护资金的使用上，坚持“定额分配、投资包干、目标考核”的原则。设立“农村公路养护资金专账”，纳入财政预算管理的农村公路养护资金和农村道路建设养护补助资金，实行“专账”储存，按计划拨付使用。按照公路养护专项资金行业管理的原则，农村公路养护工程资金，由县交通运输局根据施工进度拨付；日常养护资金根据养护质量检查考核情况，每半年一次由县交通运输局拨付给各乡镇养护单位，实行统一规划、统一安排、统一检查、统一考核。

（冷光明）

【上高县实施县道（含部分省道）养护管理市场化试点】 10月，上高县交通运输局出台《上高县县道（含部分省道）市场化养护管理实施方案（试行）》，探索建立县道（含部分省道）管理养护运行机制，实行管养分离，推进县道（含部分省道）养护市场化。县公路管理所的主要职能是养护管理，不直接从事养护生产，县公路工程公司负责养护工作的具体组织实施工作。县道（含部分省道）采取承包制养护管理模式，由县公路工程公司以工程招标形式确定养护管理承包人，承包人必须按每4—5千米配备一名养护人员及相关养护机械设备，同等条件下优先考虑原乡镇有相关养护设备的专业队伍。县公路管理所每月一次对县道（含部分省道）的养护质量和养护组织管理进行检查评分，对连续2个月考评为不合格，终止其养护承包合同。日常养护资金从县财政拨付至县交通运输局后，由县交通运输局依据养护计划下拨至县公路工程公司。县公路工程有限公司依据每月考评结果将养护资金拨付至养护承包单位。月综合考评达优良的全额拨付，达合格的按比例拨付，不合格的不予拨付。大中修养护工程资金由交通主管部门拨付至项目建设单位。

（冷光明）

【宜丰县加强县、乡、村道全面养护】 措施：①在2015年县政府出台《宜丰县农村公路养护管理实施意见》基础上，积极争取农村公路养护日常资金从52万元增长至157.2037万元。②首次对所有县、乡、村道进行全面养护，合计养护里程1374.143千米。③乡、村两级均明确专职工作人员，村村配备养护员，形成全社会关心、支持并参与农村公路管养的良好氛围。④加强对各乡镇养护工作的检查、考核工作，使农村公路养护水平上水平、上台阶。截至12月，县乡级公路好路率达到75%、村道好路率达到55%。

（漆志勇）

【宜丰县芳溪至打石塘农村公路生命防护工程竣工】 芳溪至打石塘农村公路生命防护工程项目全长12.2千米，主要包括减速带、警示标志、护栏及反光镜等，总投资约107万元，8月开工建设，12月完工。工程的建成，进一步优化该路农村公路通行环境，保障客、货运车辆通行安全，全面构筑起农村公路通行安全保障网，有效减少各类交通事故的发生，更好地服务群众生产生活。

（漆志勇）

【铜鼓县全方位提升农村公路管养水平】 措施：①强化责任落实。严格落实“县道县养、乡道乡养、村道村养”的原则，完善公路养护管理机制，将日常养护经费落实作为考核指标，真正实现“有路必养”，全县公路列养率达到100%。②创新管养模式。按照“养必到位”要求，加快提升农村公路养护专业化、机械化、规范化水平，推进养护市场化进程，推广农村公路技术状况自动化快速检测等先进技术。全县农村公路路面技术状况指数逐年上升，优良中等路的比例达到75%以上。③严格安全监管，大力开展农村公路安保整治。全年共新设安全警示牌45块，新建防护栏240延米，新建挡土墙80余米。开展整治行动，全面优化路域环境。对全县公路路域环境进行全面排查，列出问题清单110条，并将整治任务下达到乡（镇）村。通过共同努力，共拆除公路路边违法违章建筑共265平方米，违法广告牌26块，种植苗木4万余株，公路绿化率达85%，农村公路路容、路貌大幅提升，有效营造“畅通、安全、舒适、优美、生态”的通行环境。

（黄祖芳）

【铜鼓县加强农村公路日常养护工作】 铜鼓县交通运输局辖养公路里程达到968.62千米，其中国道 12 千米,省道 90.65 千米,县道 149.84 千米,乡村道 716.13 千米。积极开展公路养护创优竞赛活动和清理边沟、清理白色垃圾、砍杂除灌等整治活动,日常养护得到不断的加强。全年共实施路面中修项目 13 个,里程 21 千米;修复挡墙 3353 立方米,防护路基混凝土 2405 立方米,克顶混凝土 128 立方米,整修路肩侧石 2219 立方米,挖运土石方 12994 立方米,回填宕渣防护路基 8249 立方米,修复桥梁杆 141 根,新砌混凝土盖板边沟 123 米,修复排水沟管 14 处、计 170 米,更换混凝土盖板 646 块,更换侧石 682 米,增设示警桩 352 支。到年底,交通管养的国、省道公路平均好路率达 90%,县乡公路平均好路率达 75.16%。

(林　青)

【万载县制定农村公路管理养护实施方案】 6 月 8 日,县政府《关于印发万载县农村公路管理养护实施方案的通知》(以下简称实施方案)。实施方案就指导思想和工作目标、养护职责、工作内容、资金筹措及使用管理、推进公路养护市场化,提高养护质量和效率共五个部分进行阐述,并在不少方面细化,做出具体规定。全县共有县乡村公路 1405.721 千米,日常养护资金,包括日常工作经费,全年县财政预算经费为 184.38 万元,从 2017 年开始列入财政预算。谋划建立农村公路养护长效机制,逐步做好管养责任落实、机构人员配备、制度执行、资金筹措管理和监督检查考核“五到位”,做到管理养护实施方案的全面落实。

(王松州)

【万载县加强农村公路养护专项资金管理】 万载县管养县道 235 千米,乡道 464 千米(其中 2/3 以上为通班线里程),县交通运输局负责所管的县道和主要乡道(指通班线乡道)日常养护和损毁维修,其余乡道和村道由乡村负责日常养护,损坏维修工作以乡村为主,县局根据实际给予一定的经费或物资(水泥等)扶助。2016 年由县本级财政预算中设立农村公路专项养护资金 81 万元,上级补助资金 12.1 万元,由县交通运输局统一管理,并按养护情况转付至各乡镇、村及个人。合理调整养护资金使用,主要侧重于保县道、主要乡道养护维修。其余乡村道由乡村进行养护,县局根据工程量大小进行一定的经费和物资(水泥等)补助。加大对建设项目施工工序的监管力度,做到每一个项目的每一道工序都有监督、有检查、有记录、有验收;对存在的问题不护短、不留情,及时督促整改,确保每一道建设工序都规范合理。2016 年全县农村公路应养护总里程为 1405.7 千米,实际养护里程 699.7 千米,实际拨付农村公路维修及日常养护经费 102 万元(其中用于农村公路维修用水泥款 12.99 万元)。通过努力,进一步提高全县农村公路的好路率达到 75%—80% 的目标,为万载经济跨越式发展,创造有利条件。

(龙韫梅)

【吉安青原区认真落实公路养护责任】 所有管养县道都签订日常养护协议,制定养护计划,并与各乡镇签订养护责任书及养护协议,明确责任、范围、管养里程、养护时间、养护质量等,落实专职管护员进行管养;为确保县、乡村道畅通,加大对乡、村两级养护工作的检查和考评力度,将检查结果与养护经费直接挂钩,根据每季度考评结果,将县道 5000 元/千米、乡道 1600 元/千米、村道 600 元/千米的日常养护奖补资金落实到位。

(吉安市交通运输局)

【泰和县加强农村公路养护和安保工程改造修复】 2016 年,泰和县安排专项资金,完成乐群至冠朝公路 K6 +000—K11 +500 悬崖处安装指纹板 380 米,安装防撞柱 460 根,碎板补板 1800 平方米,疏通边沟 5 千米,K7 +050—K13 +500 回填路肩 1900 立方米,新增涵管 80 厘米型 69 米,共投资 32 万元;完成沙村至浪川公路沿线增设道口桩 260 根,各类指示牌 120 块,K15 +500—K15 +550、K16 +050 处做挡土墙 580 立方米,浪川段碎板补根 890 立方米,疏通边沟 8 平方米,清理塌方 298 立方米,投入资金 42.3 万元;完成万合至石山公路沿线碎板补板 750 立方米,改道 125 米,170 立方米,道口桩 250 根,百米桩 80 根,里程碑 10 块,横江桥处修拦水坝,水西桥基础加固,石湖桥铺底,投入资金 42 万元,确保全县农村公路的安全畅通。

(吉安市交通运输局)

【峡江县做好农村公路管养】 峡江县交通运输局进一步落实县道县养、乡道乡养、村道村养的责任，投入县道养护资金66.6万元，养护里程84.3千米，并已将50%县道养护推向市场，确定“分类承包，合同管理；跟踪考核，计量支付”的市场化管养模式。以点带面，积极调动乡镇管养积极性，实现峡江县县养公路好路率要达到88%以上，乡村公路达到85%以上总体目标。在省交通运输厅关心下，争取农村公路养护大中修资金224.5万元，地方配套268.42万元，安排维修里程126.924千米，已全部实施完工，进一步提升全县农村公路等级，确保公路路况良好通畅。

（吉安市交通运输局）

【广昌县农村公路养护措施】 措施：①完善管理办法。继2015年出台《广昌县农村公路养护管理办法（试行）》后，2016年又以县政府名义出台《广昌县乡、村道公路养护管理办法（试行）》，完善了县道、乡道、村道养护管理的制度链，做到了农村公路养护管理有规可依。②多方筹措资金。该县交通运输局一方面争取县级财政资金投入，通过增加财政预算、追加专项资金等多种方式，落实农村公路日常养护资金160万元，水毁公路修复资金404万元，有效解决了农村公路养护管理资金的不足。另一方面大力争取上级补助资金，全年争取省补养护工程资金276万元，安保防护工程资金102万元，为确保全县农村公路安全畅通提供了有力支撑。③强化考核评价。对农村公路养护质量实行动态管理和定期考核，考核结果与养护管理经费拨付挂钩，实行公开通报、奖优罚劣，大大调动养护队伍的工作积极性。

（胡　刚）

公路绿化

【宜春市抓实公路绿化】 该市切实加强农村公路绿化生态建设，全年已绿化里程10770千米，其中省道1442千米，县道1948千米，乡道3456千米，村道3906千米，专用公路17.7千米。绿化率达到62.3%，绿化投入资金1854.2万元。针对该市实际情况，坚持点、线、面结合，立体绿化模式。①以线路绿化为主线，对不可绿化和难以绿化的路段通过开山、凿岩、整形造地等工程措施创造条件进行绿化，保证公路沿线不断绿，种植片林，提高绿化档次；②充分利用公路边坡、边沟，见缝插绿，全面覆盖可绿化的公路用地；③在保护原有野生植被的基础上，对公路绿化进行补充完善，提高绿化标准。

（杨　萍）

【宜春袁州区宜慈公路一期公路绿化工作完成】 2016年4月底，宜慈公路一期（宜春—慈化段）全长67.4千米的两旁绿化带建设完工，行进在6车道宽的沥青路面上，两旁整齐的绿化带里，一行行新种的小树苗昂首列队，迎接着来来往往的行人车辆。为建设绿色交通，打造生态宜居幸福袁州，宜慈公路作为一项省、市、区重点投资民生工程和省际连接干线，从筹建起公路绿化就是该项目建设的重要部分，绿化工程被列为工程验收的一个必备项目，绿化工程按标准完成也标志着该项目的全面竣工。根据公路绿化预算编制，按标准种植八月桂、香樟、红继木球、红叶石楠、茶梅球、铁树、罗汉松、白杨、低矮常青灌木、果岭草等十数种植被，数量达23571株，投入资金773.0765万元，5月份顺利通过宜慈公路项目建设指挥部验收，达到国家公路绿化标准。

（李　庆）

【宜春袁州区切实抓好农村公路绿化】 区交通运输局制定多项举措，切实加强农村公路绿化生态建设，大力打造绿色交通，创建“生态·旅游·宜居袁州”。2016年，投入绿化资金105万元，完成新建农村公路绿化里程506千米，绿化率达74%。①加强组织领导。成立农村公路绿化工作领导小组，建立主要领导亲自抓、分管领导具体管的常态机制。②抓好现状调查。每年对全区农村公路绿化情况进行调查统计，汇总分析，制定合理绿化方案。③因地制宜，充分利用现有资源。山林绿色植被充足，在对山地公路绿化过程中，有效整合原有野生植被，对公路绿化进行补充完善，提高绿化标准的同时，节省资金投入。④落实责任，严格监管考核。将农村公路绿化列入农村公路建设考核内容，逐级与乡镇、村、组签订管理责任状，定路线、定人员、定里程、划片区，形成网格化管理体系，全面落实管理责任。

（李　庆）

【樟树市公路绿化工作取得实效】 2016年，樟树市结合近年完成的旅游公路、县道升级、客运网络、村组公路等工程,狠抓公路绿化管护,开展春、冬两季行道树补(种)植工作,制定科学公路绿化补(种)植方案,精心挑选树种,在公路两旁因地制宜栽种了樟树、杨树等树种,并及时清除缺株、枯树,使补种栽植工作有效开展,在冬季还开展了行道树刷白工作,加强病虫害防治,确保生长状况良好。2016年樟树市共完成公路绿化200千米,特别是双金园艺场,高标准搞好公路绿化工作,让行人赏心悦目,心旷神怡。

(温伦平)

【靖安县构建森林生态廊道绿化保护体系】 靖安县持续推进森林生态廊道建设,突出生态景观带建设。①实施生态景观建设工程。在高速沿线、高速连接线2千米范围内,大力建设高速生态景观长廊和高速防护林,提升高速景观质量,建设和完善森林绿道、通道体系。以境内昌铜高速公路为主线,扩展到高速公路连接线、三爪仑大道、环城南路、环城北路沿线建设生态景观带,对沿线的景观节点进行绿化、美化,对周边林相林貌采取封山育林、补植补造、改造培育、新造等方式进行景观质量提升,形成具有区域特色的生态景观长廊,将全县花卉苗木培育基地尽量连接成带,沿公路主干道发展,形成具有靖安特色的"苗木景观观光园"。②打造农村公路环保工程,县政府拨专款款300余万元植树10万余株,建设了3条绿化精品线路。③制定保护名贵树种政策,对路树编号造册。该县组织人员对公路沿线樟树、红豆杉、桂花树等价值高的树种进行编号并登记造册,建立名贵树种的档案卡,登记编号4000多棵。④签订公路植树合同,为加快乡路植树进程,保质保量完成公路植绔任务,县政府与各乡镇签订《公路绿化责任状》,实行定线路、定里程、定树种、定管养的办法,使公路绿化工作落到实处。⑤加强道路绿化管理。县政府印发《靖安县关于进一步加强农村公路路树管理办法》,加大宣传教育,增强广大群众爱护路树意识,组织路政人员,强化巡查力度,发现损坏路树的人从严处理。

(刘 斌)

【靖安县组织林业、交通部门对公路沿途名贵路树编号造册】 靖安县制定保护公路沿途名贵树种政策,组织林业、交通部门对路树编号造册。该县组织人员对全县公路沿线樟树、红豆杉、桂花树等价值高的树种进行编号并登记造册,建立名贵树种的档案卡,登记编号4000多棵。

(刘 斌)

【奉新县天工大道绿化工程完工】 天工大道属昌铜高速与奉新冯田工业园区的连接线,是省道222奉新县城段绕城改造项目,工程总投资约2.79亿元,起点为昌铜高速连接线,终点接园区七路,全长13.04千米,设计路基总宽50米,路面结构为水泥砼和沥青路面。工程分两期建设,自2009年9月动工建设以来,先后克服工程征地拆迁难,地形复杂,地表水多,天气久雨等诸多不利因素的干扰,在奉新县委县政府的大力支持和沿途乡镇干部群众积极配合下,经过6年多的施工,于2015年12月全面竣工通车。天工大道作为连接昌铜高速到县工业园区的一级公路,长13.04千米,设计总宽50米,双向6车道,总投资2.79亿元。二期工程总投资约7792.56万元,起点为宋埠郑家洲K7+910,终点接园区七路K12+009,全长4099米,加上一期要修的天工大桥至冯石线(宋埠)的沥青路面总长4841米。设计路基总宽50米,路面结构为沥青路面,2013年10月动工,至2015年底,土石方工程完成100%,涵管构造物完成100%,沥青路面也全部摊铺完成。2016年,交通运输等部门再接再厉,通力协作,标识标牌、路缘石及绿化等附属工程也顺利推进和实施,至4月底全部完工。

(魏振宇)

【高安市完成农村公路绿化98千米】 市交通运输局组织各养护队紧紧抓住有利时机,提前计划、精心组织,筹措资金,新植与补植、乔木与灌木、绿化与美化相结合,对2015年新建完成路段,进行全面补苗、美化;对原由公路路段适时栽补增绿、浇水施肥,改造提升,努力打造"畅、安、舒、美"的行车环境。为确保公路绿化的进度和质量,局公路所认真制定绿化工作方案,落实绿化工作职责,统筹协调,严把挖坑、选苗、种植"三关",加强检查督导。完成绿化路段98千米,栽植树苗19240棵。

(周世祥)

【上高县完成昌栗高速上高东连接线(A)绿化工程】 12月底,上高东连接线(A)全长6.199千米绿化工程完工。主要绿化项目是:道路两侧各4米的侧分带种植广玉兰946棵、樱花896棵、红枫66棵、红叶李88棵及春鹃、金森女贞、红叶石楠、红花继木、金边黄杨等花木约3万平方米;两边人行道种植1000棵桂花树、1000棵香樟、长青草皮约2万平方米。绿化总投资约1200万元。

(胡忠明)

【宜丰县努力打造绿色交通】 措施:①把环评、水保、植保贯穿于交通规划、设计、建设、配套的各个环节,严禁乱挖滥采,防止大面积的破坏水土植被,做到乔、灌、花、草美化绿化,真正实现车在路上走,人在画中行。②结合昌铜高速风光带建设,正确处理好生态与风光、保护与建设、可视与内涵的关系,打造一批"生态路、景观路、安保路",推动全县公路绿化美化的进一步提升,全年绿化农村公路60千米。③深化公路绿化机制改革。在保证路产路权前提下,采取"谁投资,谁管理,谁受益"的原则,积极争取各方面的资金和力量来搞好农村公路绿化。

(漆志勇)

【万载县践行绿色环保施工】 万载县坚持绿色发展理念,认真践行绿色环保施工,2016年4月份开始对工程建设过程中挖除的旧路面材料实行集中存放,分类管理,并运用相关新技术实现资源循环利用。严格规范施工环境,对工程施工拌和场场地进行硬化处理;对所有运料车辆在运行中全部采用篷布覆盖,避免物料甩落、扬尘;对沥青混凝土拌和站均加装加湿除尘设备;选用清洁燃油代用燃料以减少车辆尾气中有害物质成分的含量。

(辛慧民)

【万载县五措施公路绿化】 县交通运输局以建设"生态万载"为目标,大力推进公路绿化。①大力宣传,提供公路绿化意识。②加强巡查,确保绿化成活率与打击破坏路树事件。③平时做好调查工作,分路段、地形、地理情况分别确定绿化树种和标准。④多方动员,调动乡、村及群众绿化积极性。⑤强化措施,将农村公路建设(含绿化)工作纳入政府对乡镇工作的年度考核。2016年,全县客运网络、通组公路等项目全部进行道路绿化,新增绿化里程约7千米。2016年,铜万高速建成通车,罗城、三兴连接线亦同步通车。沿线公路绿化工作正在进行,绿化里程约2千米,其他草皮绿化将在2017年春季种植。

(辛鹏远)

【崇仁县打造公路绿色长廊】 为进一步优化地域经济发展环境,崇仁县加大公路绿化力度,大力建设抚八线、崇宜线等文明样板路,倡导低碳新概念,营造出一条条风景优美、令人赏心悦目的绿色景观长廊。

2016年,该县对抚八线崇仁段行道树、花卉加强种植、补植和管理,按季节、高低、层次分别种植金叶女贞、冬青、丹桂、紫罗兰、杜英等20多个种类的景观树木,形成乔灌立体结合、彩色树种与常绿树种搭配的绿化格局,既减小来往车辆产生的噪音污染,又优化生态环境。同时,强化审美意识,在迎宾大道、"银三角"(沙堤路口)等重要路段、路口,设立具有区域文化特点的奇石、雕塑等文化标志,形成独具特色的公路文化。抚吉高速连接线、崇宜线、崇丰线也都高规格、高标准、高质量地进行造林绿化,美化效果明显。进入崇仁县境,公路两侧绿化带郁郁葱葱,各类鲜花娇艳绽放。

(陈根玲)

公路水毁

【宜春市积极抢修水毁路桥】 3月中旬以来,该市连续出现特大暴雨的强降雨过程,降雨持续时间长,范围广,雨量高度集中,给该市造成了严重的洪涝灾害,并导致袁州区(含明月山)、奉新县、宜丰县、铜鼓县的农村公路和桥梁遭受大面积、毁灭性的破坏。路基坍塌、边坡塌方、桥涵冲毁、水泥(油)路及砂石路面病害非常严重。据不完全统计截至5月16日,全市农村公路累计损毁桥梁99延米/5座,坍塌方567396立方米/769处,冲毁路基249123立方米/182千米,水泥路面254207平方米/129.5千米、砂石路面172145平方米/33.07千米、沥青路面53235平方米/14.1千米、涵洞503道,冲毁护坡3443立方米/26处、驳岸、挡土墙28247立方米/216处。造成直接经济损失达5992.352万元。灾情出现后,市委、市政府及市局领导高度重视先后深入受灾现场了解灾情,指挥水毁公路、桥梁的抢修工作。各级交通部门和当地政府及时组织力量,调集人、机、料先后投入经费1336.58万元对水毁公路和桥梁进行抢修,确保恢复通车,保障农村公路安全运行。

(杨　萍)

【宜春市袁州区全力抓好农村公路水毁道路抢修工作】 5月以来,区境内连降暴雨,河水猛涨,造成农村公路和桥梁严重破坏,路基塌方、路面毁损、桥涵冲毁及护坡塌陷等非常严重,致使公路中断5条,损毁桥梁20座,直接经济损失达2332万元。区交通运输局领导高度重视,积极组织抗洪抢灾。启动应急预案,成立抗洪救灾工作组,全力配合乡村急死修复水毁公路桥梁,确保公路安全畅通。累计修复中断的公路5处,修复水毁公路路基34千米,路面56千米,涵洞36道、护坡21处、挡墙18处5500立方米,坍塌方39处8100立方米,投入资金1300万元。农村公路水毁设施及时得到修复,确保道路畅通。

(李　庆)

【樟树市抓好公路水毁抢修工作】 7月初,樟树市遭遇集中强降水,造成公路水毁严重,特别是店下镇等山区,冲毁3座小桥,造成8处公路塌方,中断公路100米,该市积极应对,及时疏导交通,组织挖掘机2台,人员50多人次,投入资金20多万元,快速完成公路水毁抢修工作,保障公路畅通。

(温伦平)

【靖安县连夜抢修水毁确保公路畅通】 靖安受厄尔尼诺影响,在6~7月期间多次大暴雨造成多地山体滑坡,多条农村公路水毁严重。据统计路基塌方16700立方米/7.5千米,路面塌方4500平方米/5千米,桥梁损毁47延米/4座,涵洞50道,护坡、挡墙42520立方米/116处,坍塌方61350立方米/179处,造成4条公路中断12处,直接损失1291.5万元。特别是7月2日至7月3日,连降暴雨引发山洪暴发,造成由县管养的县道铁门堑至南村公路和国道353寺下至白沙坪路段(县养国道)多处边坡坍塌、路基挡土墙倒塌、涵洞冲毁,交通中断,给沿线人民群众的交通出行带来了很大的不便。灾情就是命令,县交通运输局密切加强与抗洪抢险指挥部的联系,及时掌握气象信息启动应急预案,县分管领导亲临现场靠前指挥,局领导班子与所在乡镇组织民兵抢险小分队从各工地调用挖掘机14台、推土机20余台赴险情最严重的地方投入公路抢险。所有参加抢险的干部职工从当晚奋战至次日,塌方路段恢复单边通行。

(刘　斌)

【靖安县财政拨出专款用于县养公路水毁修复】 7月初,靖安县普降暴雨,引起山洪暴发,造成由县管养的县道铁门堑至南村公路和国道G353寺下至白沙坪路段(县养国道)多处边坡坍塌、路基挡土墙倒塌、涵洞冲毁,交通中断。县交通运输局及时派人赶到现场核实灾情,与当地乡政府一道进行抢修,清理塌方,疏导交通。因灾情严重,水毁工程量巨大,多处路基下边坡坍塌,挡土墙、涵洞冲毁需重建,经现场测量核实,经预算共需修复资金87.5357万元。经县长专题办公会研究从县财政安排专项资金用于该项目,8月份专项资金落实到位,动工修复。两条公路共清理边坡塌方33处9620立方米,重建路基挡土墙12处1895.32立方米,修复水泥路面418平方米,重建涵洞2道17.51延米,至11月份两条公路完全修复。

(刘　斌)

【奉新县大力开展水毁公路抢修工作】 6月18日、19日、7月4日,奉新县先后遭遇两次特大暴雨导致的汛情,全县道路桥梁损毁严重。灾情就是命令,双休日雨还未停,奉新县交通运输局就安排组织全县水毁道路和桥梁的调查摸底和统计工作,局班子成员带领干部职工分5个工作组下到各个乡镇,深入灾区现场查勘,统计各地受损道路桥梁情况。6月19日至7月7日,全局干职工共计有近100人次到各地查访灾情。截至7月7日,全县交通口管理小桥涵损毁46座,农村公路160千米,直接经济损失5000万元。对此,该局做法:①及时将受灾情况如实向县委、县政府和上级交通主管部门汇报,争取政府和上级主管部门的资金技术支持;②对受损路、桥采取安全防护措施,设置安全警示标志和防护设施;③对重要桥梁、道路及时进行抢修;④请市交通设计院对受损路、桥进行重修设计;⑤协调组织对有关单位受损路、桥进行重建、重修。通过努力,灾区群众的生产、生活和出行基本恢复正常。

(温之泗　魏振宇)

【奉新县保障公路汛期畅通】 在2016年6月18日至7月2日,奉新出现全县范围大暴雨,公路桥梁安全防汛工作的压力不断增大。奉新县交通运输局迅速召开党政班子会议,研究成立五个防洪抢险工作领导小组,由孙乐平局长、余克勤书记、龙高猛副局长、余典辉战备办主任、温之泗公路所所长带领工作组人员分赴全县各乡镇(村),对全县重点道路、桥梁进行安全检查,日夜坚守在工作岗位上。6月18日凌晨2点多钟,突降暴雨,局长孙乐平、党委书记余克勤、公路所长温之泗带领班子人员连夜冒雨奔赴本县管辖区内的公路危桥进行现场查看,并且迅速组建12人的防洪抢险队伍,落实各项防汛措施,储备各种防汛物资,调用抢修机械五台套,组织各类抢险救灾车辆30辆,有力地保证道路的安全畅通。局班子成员当中,有的由于长时间在风暴雨中指挥抢险工作,身体严重感冒,但仍坚持战斗在抗洪工作一线,冒着大暴雨深入到西塔、甘坊、石溪、澡溪、上富、罗市、仰山、会埠、澡下等地察看危桥险路,对存在水毁隐患的道路、桥梁、重点路段进行严格排查,对防汛重点地段,危旧桥梁落实人员24小时监管,并在重要危险地段和桥梁,组织人员及时安装了道路桥梁安全警示标志。在防洪抢险期间,局班子成员得知赤岸港口桥引桥路段被洪水冲毁时,第一时赶赴现场,调用挖掘机2台,经过整整一天的紧张抢修,有效确保了桥梁主体的安全,并在第一时间里修复洪水冲毁的桥梁引道,保障汛期人身车辆安全。

(温之泗)

【高安市及时抢修水毁公路】 4月—7月份,全市普降暴雨,引发了滑坡、塌方等地质灾害,道路损毁严重,华林、伍桥、村前、荷岭等多个乡镇部分路线路基冲毁,路面滑坡,全线中断,灾情发生后,市交通运输局立即着手统计受灾情况,及时向上级交通运输部门报告灾情,请求资金援助,并预先拨付水毁道路抢修款100万元,会同相关乡镇组织人员开展水毁道路抢修工作,保障道路安全畅通。

(周世祥)

【上高县积极做好水毁公路抢修保通工作】 6月,上高县出现强降雨过程,导致农村公路部分遭受破坏,损坏农村公路水泥路面10处0.72千米计3690平方米,桥梁全毁2座80延米,局部损毁3座48延米,涵洞损毁1道,塌方5处8080立方米,水毁损失190.35万元。灾情出现后,县交通运输局立即深入受灾现场了解灾情,指挥水毁公路、桥梁的抢修工作。①对出现山体滑坡、路基悬空等重灾路段进行现场疏导交通,设立警示标志,并安排专人值守,确保不发生雨后次生灾害。②迅速组织公路养护人员及时清理道路淤积、边沟和塌方,增加道路防护工程,先后投入16台工程机械以及工程运输车辆对水毁路段进行抢修保通,合计投入抢险资金90.52万元。③加强值班值守,严格按照防汛值班表和防汛抢险分工表安排专人值班,发现问题,及时上报,确保信息通畅。

(冷光明)

【宜丰县积极做好水毁公路修复工作】 5月至6月,宜丰境内连降暴雨,造成农村公路严重损毁。县交通运输局积极应对,组织公路所、重点办专业技术人员加大巡查力度,积极配合乡村及时修复水毁公路,确保公路安全畅通。全力抓好水毁公路抢修。共完成奉带线、潭找线、官山旅游公路(西河)、牌楼至西刘公路、澄清线等60余千米水毁公路修复,整个水毁修复投入资金200万元。

(漆志勇)

【铜鼓县上路确保农村公路畅通】 6月16日以来,铜鼓县连日暴雨,局部特大暴雨,造成县内多条乡村公路坍塌,路面损毁,少数线路交通中断。灾情发生后,铜鼓县交通运输局立即安排部署抗洪抢险工作,出动抢险分队,全员上路,严格实行24小时值班制。同时,成立三个巡查小组,前往各乡镇进行现场巡查,做到"雨前查隐患,雨中查险情,雨后查损失",并联合交警、国土等相关部门,调配机械设备,科学快速封闭交通、抢险保通。防汛期间,累计投入抢险机械设备56台,干部职工245人次,快速清理塌方、路障,确保农村公路畅通。

(黄祖芳)

【铜鼓县全力做好台风“鲇鱼”后县养公路抢修保畅通工作】 受17号台风“鲇鱼”影响,铜鼓县遭受暴雨袭击,致使全县农村公路多处出现险情,县养公路棋坪至港口、大感桥至胆坑、密源至港口、大塅至金鸡桥公路受损严重。多条公路发生边坡塌方、路基坍塌、涵管冲毁的现象,奉带线部分路段中断通车。通过实地调查统计,县养公路共计冲毁路基1800立方米,沿线塌方21200立方米,冲毁挡土墙1380立方米,涵管冲毁一道净跨2米/7.5米。县交通运输局及时会同相关乡镇组织抢修,并协调财政水毁补助资金20余万元用于道路修复。

(林 青)

【万载县抢修水毁公路】 2016年春夏之交,万载连降暴雨,特别是山区公路损坏严重。万载县三兴道班养路工人从6月24日开始,在万载县三兴镇漕源村突击抢修三排线(三兴至排埠)十八洞桥头两侧六七处因暴雨冲刷侵蚀下沉的砼路段。这是万载北部山区连接万铜苏区的重要交通线。县交通运输局充分利用晴好天气见缝插针,科学组织,统筹安排,施工现场采用沥青浅贯新技术,抓紧检查修补前段时间因连续暴雨损毁的县、乡公路,前后七八天时间,修复面积达1450㎡,确保雨季汛期道路畅通。

(辛慧民)

【上饶交通部门快速投入鄱阳县抗洪抢险行动】 6月20日19时20分,因连日强降雨,上饶市鄱阳县古县渡镇向阳圩堤身出现一处宽度约100米的溃口,影响堤内人口5600余人、耕地面积1.1万亩,其中3200余人连夜紧急转移。按照省委省政府的统一部署和要求,21日凌晨,省交通运输厅领导、上饶市交通运输局分管副局长、上饶市农村公路管理处负责人及公路部门有关负责人星夜赶往鄱阳县参与现场救援工作。

6月18日8时至20日8时鄱阳区域内出现特大暴雨,过程降雨量385毫米。这次降雨持续时间长,范围广,雨量高度集中,是1998年以来最严重的一次,给鄱阳县造成严重的洪涝灾害。经初步统计,强降雨过程导致鄱阳县公路遭受大面积、毁灭性的破坏,大量路基坍塌,边坡塌方,圆涵冲毁,路面水毁严重。县道(X075)福山—经公桥公路侯岗乡及莲花山段、县道(X095)谢家滩—油墩街公路谢家滩段、省道209彭泽—都昌公路等公路大量路基路面被洪水冲毁,部分路段发生山体塌方,交通中断,多处桥梁发生坍塌,构成危桥,无法通行。截至6月21日统计,全县农村公路累计损毁路基147550立方米/33.565千米,路面损坏149050平方米,桥梁93.4延米/5座,涵洞冲毁15道,公路中断13处/12条,已抢通公路8处/5条。

灾情出现后,省、市、县各级交通运输部门同志深入受灾现场迅速开展道路抢通工作。鄱阳县交通运输局迅速启动应急预案实施抢险,调集机械、物资、人力奔赴受灾现场,路政、养护部门实行全天候巡查,水毁易发路段和重点路段安排专人值守,对公路路肩、边坡出现的小型水毁,随时组织养路工进行修复,防止水毁扩大,先解决路面排水问题,并对路基、路面进行修复。

(张新冬)

公路桥梁建设

【概况】 截至2016年底,全省普通公路桥梁累计27605座共1587566.79延米(危桥4758座169883.48延米)。其中,普通国道桥梁累计2449座共124782.07延米(危桥252座共19388.58),普通省道桥梁累计2747座共121955.41延米(危桥395座共15608.55延米)。全省特大桥69座共123578.6延米,大桥3328座共813866.71延米,中桥7348座共398559.53延米,小桥16860座共251561.95延米。

加强桥梁养护管理。全面开展公路桥梁安全

隐患排查及整治工作，严格落实桥梁安全运行十项制度，提高桥梁养护工程师责任意识，加强桥梁日常养护工作。2016年底，全省普通国省道有四、五类桥梁399座，其中258座已下达建设计划或纳入危桥改造项目库，农村公路有四类、五类桥梁4102座，其中3877座已下达建设计划或纳入危桥改造项目库。配合交通运输部对国省道路况和桥梁进行了扫检。大力推广南昌市公路局运用无人机检测桥梁等先进养护管理经验，促进全省公路桥梁安全形势逐步好转。

（省公路管理局）

【抚州会昌56座公路桥梁标牌“换新装”】 会昌公路分局9月下旬开始对该市管养的56座国省干线普通公路桥梁重新设置规范的限载标志和信息公示牌，有效地保障公路桥梁的通行安全。该市桥梁原有附属设施陈旧，没有统一的规范，此次严格按照省公路局的要求更换桥梁限载标志和信息公示牌，在桥梁信息公示牌上公示桥梁的类型、管养单位、监管单位、联系电话，方便群众了解和监督我市桥梁的基本状况。设置完成后，还将实行动态设置管理，定期检查公路桥梁。该市国省干线桥梁都有明确的通行吨位标准，桥梁安全和管养措施进一步得到落实，确保公路附属设施完整，有效防止超载运输车辆对公路桥梁造成的损害，保证公路桥梁的运行安全。

（任　敏）

【抚州广昌省道222宋水线杨背桥、水南桥危桥重建工程完工】 2月1日，随着水南桥危桥重建工程的竣工通车，标志着广昌省道222宋水线杨背桥、水南桥2座危桥重建工程全面完工。杨背桥、水南桥位于K468+927、K472+511桩号处，先后建成于1972年与1973年。桥梁重建总投资166.5万元，设计荷载为公路—I级，设计洪水频率为1/50，上部采用1—16米预应力钢筋混凝土空心板，下部构造桥台采用重力式台，基础均采用扩大基础。其中杨背桥于2015年6月25日开工建设，11月29日完工，全长26.04米；水南桥于同年10月12日开工，全长17.04米，桥面宽度均为10.5米(9.5米行车道+2×0.5米防撞墙)。

（刘艳群）

【国道206秋溪桥危桥改造工程完工】 2月25日，国道206秋溪桥危桥改造工程顺利完工，总投资240多万元。秋溪桥位于国道206线石城县横江镇秋溪村，中心桩号为K1838+709，桥梁全长56米，宽度12.5米，南往瑞金、赣州，北往县城的交通要道。

（省公路管理局）

【省道327线(寻茅线)全南绕城一级公路桃江大桥建成通车】 省道327线(寻茅线)全南绕城一级公路桃江大桥建成通车。桃江大桥是全南在建工程省道327线(寻茅线)全南绕城一级公路工程中的一座大桥，是江西省重点调度工程项目之一，也是市县重点工程项目。该项桥位于河谷平原区，中心桩号为K160+118处。大桥全长175米，桥宽为26米，双向四车道，按一级公路标准设计，设计时速为每小时60千米。大桥建设总投资为764万元。

（缪立峰）

【国道320芦溪竹恒桥危桥改造完工通车】 国道320芦溪宣风段(K1028公桩+463米处)竹垣桥兴建于1996年，桥梁全长43.9米、宽12.5米。因梁板出现病害、主梁严重下挠，被上级部门检测为四类危桥。2016年3月15日对该桥实施维修改造。于5月30日改造完毕，并于5月31日上午10点正式通车。

（李均学）

【上犹县上江县七星桥、楼角陂桥建成通车】 7月31日，位于上犹县上江线七星桥、楼角陂桥建成通车。上江线是上犹通往上犹县西部和湖南省桂东县的重要交通要道。原上犹县上江线七星桥、楼角陂桥均建成于20世纪70年代，由于桥梁受损严重，2015年被赣州市公路管理局列为危桥改造项目，其中七星桥重建投资180多万元，楼角陂桥重建投资80多万元。上犹公路分局于2015年10月28日进场施工，进场后受持续降雨影响，对施工进度造成一定的影响。为此，上犹公路分局抓住今年5月份以来短暂的晴好天气，克服高温酷暑，于7月31日完成桥梁主体工程，并成功通车。重建完工后的七星桥、楼角陂桥通车后，将极大消除上江线的安全隐患，为上犹西部各乡镇的发展提供更加安全便捷的交通条件。

(曾珍辉)

【赣州潭头桥危桥重建工程完工】 潭头桥位于国道323线K64+952于都县梓山镇路段,东通往会昌、瑞金福建省市;西通往赣县、赣州市、广西、湖南省市等重要交通要道,修建于1999年。由于重型车辆多,超载严重,桥梁超负荷运行,多拉快跑现象严重,桥设计承载能力低,梁板出现不同程度的裂缝病害,经检测评定为五类危桥。原桥为桥全长46.54米,为2×20米预应力钢筋混凝土空心板梁桥;新桥为全长46.54米,宽度为净9米+2×1.50米(人行道),公路—Ⅰ级。该桥于2016年11月底完工通车。

(刘会盛)

【宜春宋水线孙渡大桥改造工程竣工】 9月23日,宋水线孙渡大桥危桥改造工程竣工。孙渡大桥位于宋水线K227+374,桥长140.14米、桥面总宽12米,宋水线与丰城新国道105的交汇,是丰城连接乐安的重要交通之一。

(熊　伟　罗文峰　程少华)

【东昌高速公路抚河特大桥主桥成功合拢】 9月3日凌晨,东昌高速B1标抚河特大桥主桥全部成功合拢,该桥主体工程实现完美收官。抚河特大桥全长1689米,宽26米,为了满足通航及防洪的需要,主桥采用了40米+60米+60米+40米跨径的预应力混凝土现浇变截面连续箱梁,引桥采用预制30米、40米、50米预应力砼先简支后连续的T梁组合结构。

(黄　菲)

【萍乡袁河大桥竣工通车】 该桥位于萍乡芦溪县芦洲公园袁河东建设开发片区,大桥东、西端分别连接袁河东、西大道,全长147.16米,宽21.0米,上部采用预应力箱梁,桥面连续;下部构造桥台、桥墩均采用桩接盖梁,双向四车道,合同价约1000万元。该项目于2015年10月25日开工,2016年8月28日完成合龙,12月底顺利通车。

(萍乡市交通运输局)

【国道319萍栗段危桥改造工程完成】 国道319萍栗段危桥改造有5座桥梁,分别为杨岐桥、南源桥、金鸡一桥、栗水河桥、孔壁河桥。除孔壁河桥为加固改造外其他4座危桥需拆除重建,工程总预算为1341.8993万元。危桥改造工程于2015年9月中旬动工,于2016年6月完成5座危桥改造任务。

(萍乡市交通运输局)

【景德镇市新建改建20座农村公路危桥】 景德镇市积极加快农村公路危桥改造步伐。近两年来,市、县交通运输部门先后筹集资金4851万元(其中中央车购税和江西省补助资金2038万元),对20座农村公路危桥进行新建改建共计1159延米,目前乐平市大坑桥、浮梁县红薯湾桥等新建改建任务全部完工。

【于都县潭头桥改建工程竣工通车】 11月9日,随着潭头桥正式开放通车,标志着该危桥的重建建工程全面完工。潭头桥位于国道323线K64+952桩号处,东通往会昌、瑞金;西通往赣县、赣州市的重要交通要道,原桥建成于1999年。

(于都公路分局)

【宜春市新建改建农村公路桥梁130座】 2016年,全市新建改建农村公路桥梁130座,全长5123、47延米,工程投资19059万元,进步之快,质量之优,是历史上农村公路建桥最多的一年,对保障农村交通平安、推动农村经济社会快速发展发挥重要作用。农村公路桥梁多数建于上个世初中期,为支持"三农"增加农民群众收入,促进农村经济发展发挥积极作用。但因投资少,工程定价低,质量差,加之农村交通加快发展,广大村民集资购建更大化货车营运,致使许多桥梁为危桥,中断交通,严重制使农村交通和经济发展。新改建农村公路桥梁成为农村广大群众企盼。为认真贯彻中央号1号文件精神,加快农村经济供给改革。市委、市政府高度重视农村交通发展,新改建农村公路桥梁作为民办实事之一,加强领导、全面规划、精心组织、制定举措,全面部署,在全市范围内起到农村公路建桥高潮,取得扎扎实实效果。①规划实行。在农村公路建桥始终坚持全面规划,分步实施的原则,市县(市区)交通运输部门组织公路技术走乡串村,进行调查,进行评估,广泛遵守干部群众意见的基础上,制定《2016 至 2018 宜春市农村公路桥梁重建计划》报市政府批准实施。②加强领导。市县(市区)政府成立以分管交通领导为组织、交通运输、财政、国土、发改委、公安等部分主要领导为成员农村公路建桥领导小组,采取市领导各县(市区)、县(市区)领导乡(镇)领导包村,村干部包桥的,年终考核交账,对完成任务好给予适当奖励,对没有完成任务的进行问责,一级抓一级,层层抓落实。③多方筹资。实行国家投资一点,地方财政拨一点。乡村筹一点,村民自集一点,动员在外商老板们捐一点等多渠道进行筹资,确保建桥资金需求。④确保质量。农村公路建桥是一件大事,要求工程质量放在第一位,50 万元工程实行招投标和工程监理制,建桥乡村要组织动员老干部、老党员、老先进、老村民代表工程监管小组,进行全程监督。严把工程设计、招投标、施工队员、材料进场、工程验收关,对工程质量实行终身追究制,把工程建设成为广大群众放心、满意工程。

(吴泽水)

【宜春市农村公路危桥重建】 今年全市农村公路危桥重建 5010.55 延米/127 座。实际完成 68 座。市本级财政配套补助 600 万元于 10 月底全部下拨各县市区财政账户。按上级要求,全年的危桥配套按进度到位。

(杨 萍)

【宜春袁州区西村镇大村桥(危桥)重建工程竣工】 该桥位于袁州区西村镇大村自然村,是模山至鄱官山上的一座五类危桥,始建于 1965 年,跨越草河。2015 年 4 月,市局下达初步设计批复,同意在原址拆除重建,并于 2015 年 5 月动工,2016 年 11 月全面竣工。该项目全长 557.804 米,其中大桥长 117 米,引道长 440.804 米,总投资 487.55 万元。桥梁结构:上部结构采用 7×16 米预应力砼先简支后连续空心板,下部结构采用柱式墩,钻孔灌注桩基础;桥台采用桩基接盖梁。桥面宽 8 米:1 米(安全带)+6 米(行车道)+1 米(安全带),设计荷载为公路—Ⅱ级,设计洪水频率:1/100。引道路基宽 7 米,路面宽 6 米,设计时速 20 千米/小时。

(李 庆)

【樟树市东昌高速公路首座特大桥全幅架通】 6 月 20 日,东昌高速公路 C4 标阁山特大桥全幅架通,这也是东昌高速公路首座全幅架通的特大桥。阁山特大桥全长 1058 米,是东昌高速公路项目四座特大桥之一,也是 4 标的重点控制工程。桥址位于樟树市阁山镇,该桥左幅铺装和右幅梁板架设均完成,随即将进入右幅铺装阶段。

(杨 波)

【樟树市 11 座危桥列入改造计划】 9 月,交通运输部下达 2016 年交通运输部路网结构改造工程农村公路建设计划,樟树市中州乡荷陂桥、吴城乡塘下桥、临江镇姜璜中学门口桥、茅家山桥、义城镇罗家桥、黎圩等 6 座危桥列入县乡道危桥改造计划,涉及改造桥梁 118.67 延米,总投资 342 万元。至此,该市 2016 年列入交通运输部危桥改造计划的危桥达 11 座,涉及改造桥梁 284.28 延米,总投资 751 万元。

(温伦平)

【樟树市 5 个危桥改造项目竣工通过验收】 9 月 9 日,樟树市昌傅镇太平桥(长 60 米、宽 8 米)、大桥街道湾里桥(长 25.24 米、宽 6.5 米)、阁山镇芗溪桥(又名关坊桥)(长 25.04 米、宽 6.25 米)、店下镇乌溪桥(长 32.08 米、宽 6.5 米)、店下镇邹家溪桥(长 13.06 米、宽 6.5 米)等 5 个危桥改造项目通过宜春市交通运输局质监部门竣工验收。

(温伦平)

【奉新县赤田大桥修复重建】 在 2016 年 7 月汛期,由于早已特洪水冲击,赤田大桥于桥梁断裂。奉新县交通运输局及有关部门在得到险情后,第一时间里及时采取了交通管制措施,确保了交通安全。为把对沿线群众的生活和出行减少到最小,公路部门也修好一座临时便桥,仅供小客车及摩托车、板车、自行车通行,大货车、大客车需改道绕行。通过努力,已将对群众出行和社会有关方面的影响减少到最低。同时,对社会上有关赤田桥重建给其造成的不便和影响的声音和意见,信访局、赤田镇及沿线村组应耐心地做好对群众说服解释及安抚工作,公路部门也要切实抓好对过往车辆和人员的疏导工作,设置好车辆绕行标志。7 月中旬,该县责成县公路部门根据国家政策规定,依法进行重建,经过几个月紧张的水毁工程抢修,该桥终于在年底建成通车。

(温之泗)

【奉新县加快实施危桥改造助力农村经济社会发展】 根据省政府办公厅赣府厅[2014]58号文,到2020年底要改造完成现有农村公路危桥库中的危桥。该县四类上的农村公路危桥共有50座,因此,危桥改造任务很重,压力很大。通过一年多的努力,先后启动港口桥、石鼻桥、冶城桥、甘上桥、干洲桥改造项目,截至2015年底,港口桥和石鼻桥已竣工通车。冶城大桥位于罗市镇,桥长47米,桥宽9米,路基宽8.5米,路面宽7米。甘上桥位于甘上公路甘坊镇,桥长65米,宽9.5米,正在动工建设。干洲桥位于干洲集镇旁,桥长94.08米,宽12米,也正在进行工程建设。干洲桥已完成主体,甘上桥全部完工,冶城大桥完成下部构造,年内可以完成全部工程施工。2016年10月开始,危桥改造工作明显加快,12月底,完成赤岸镇上庄桥、港南桥下部构造工程,完成赤岸湖里桥、九峰桥,上富东坑上桥、渡家、金港桥、头桥、葛湖桥、古家桥的招投标工作,并动工建设赤岸湖里桥、九峰桥,并完成11座危桥改造项目前期工作,为2017年危桥改造工作储备项目。

(温之泗　魏振宇)

【高安市青桥竣工】 6月10日,青桥竣工。该桥位于高安祥符镇莲花村,桥梁全长27.12米,桥宽6.5米,即0.5米(栏杆)+5.5米(行车道)+0.5米(栏杆);桥梁上部结构采用1跨20米预应力空心板;下部结构桥台采用U型桥台,扩大基础;汽车荷载为公路—Ⅱ级,设计洪水频率1/50。工程为危桥重建项目,总投资66.6545万元。2015年12月10日开工建设。

(郑文斌)

【高安市陈家桥竣工】 10月18日,陈家桥竣工。该桥位于独城镇陈家,桥梁全长20.24米,桥宽7.5米,即0.5米(栏杆)+6.5米(行车道)+0.5米(栏杆);桥梁上部结构采用1跨13米预应力空心板;下部结构桥台采用U型桥台,扩大基础;汽车荷载为公路—Ⅱ级,设计洪水频率1/25。工程为危桥重建项目,总投资50.1571万元。7月27日开工建设。

(郑文斌)

【高安市友谊桥竣工】 10月30日,友谊桥竣工。该桥位于村前镇肖家村,桥梁全长27.06米,桥宽7米,即0.5米(栏杆)+6米(行车道)+0.5米(栏杆);桥梁上部结构采用1跨20米预应力空心板;下部结构桥台采用肋式桥台,扩大基础;汽车荷载为公路—Ⅱ级,设计洪水频率1/50。工程为危桥重建项目,总投资71.8378万元。3月21日开工建设。

(郑文斌)

【上高县桐山桥危桥改造工程竣工】 桐山桥位于上高县新界埠镇,为乡道Y321360923(新界埠－墒上)公路上的一座四类危桥,桥梁中心桩号为K3+729,跨越蒙河。老桥为5×6米石拱桥,桥梁总长约53.5米。在原桥址拆除重建桐山桥,桥梁中心桩号为K3+729,桥梁全长58.06米。桥面宽度为净5.75+0.5(安全带+栏杆)+0.25(栏杆),全宽6.5米。汽车荷载等级为公路—II级,设计洪水频率1/50,不通航。桥梁上部结构采用3孔16米预应力砼空心板,结构简支,桥面连续;下部构造桥墩采用双柱式墩,扩大基础;桥台采用U型桥台,扩大基础。工程总投资105.81万元。2016年8月开工,12月竣工。

(冷光明)

【上高县炭山桥危桥改造工程竣工】 炭山桥位于上高县泗溪镇,为乡道Y316360923(泗溪—良田)公路上的一座四类危桥,桥梁中心桩号为K3+750,跨越檀溪河。老桥为1×15米钢筋混凝土板桥,桥长约31米。在原桥址拆除重建炭山桥,桥梁中心桩号为K3+750,桥梁全长46.06米。桥面宽度为净8+2×0.5(安全带+栏杆),全宽9米。汽车荷载等级为公路—II级,设计洪水频率1/50,不通航。桥梁上部结构采用2孔16米预应力砼空心板,结构简支,桥面连续;下部构造桥墩采用双柱式墩,扩大基础;桥台采用U型桥台,扩大基础。工程总投资115.23万元。2016年3月开工,12月竣工。

(冷光明)

【上高县加快农村公路桥梁建设】 上高县认真贯彻落实全省、全市农村公路桥梁建设项目推进会议精神，加快农村公路、桥梁建设。2016年，完成25户以上自然村项目100个共53.6千米，总投资1251.2万元，完成危桥改造项目7座共127.38延米，总投资672万元，在建危桥7座。全县25户以上自然村水泥公路通畅率达84.82%。

（胡忠明）

【宜丰县8座危桥改造项目竣工】 ①天宝乡横岭村芳源桥危桥改造项目。该桥位于天宝乡横岭村，为村道C055360924（芳溪至横岭）公路K0+100处的一座四类危桥，跨越小河，桥梁全长20.04米，宽5米，上部为2孔6米普通钢筋砼空心板、下部为实体墩、扩大基础、U型桥台，荷载等级为公路—Ⅱ级，设计洪水频率1/50。项目于2016年8月开工建设，2016年11月完工，工程总造价为35.1万元。②澄塘镇秀溪村洋湖桥危桥改造项目。该桥位于澄塘镇秀溪村，为C193360924（秀溪村部至洋湖组）公路K0+800处的一座四类危桥，跨越小河，桥梁全长38.04米，宽6.5米，上部为2孔16米预应力砼空心板、下部为双柱式墩，扩大基础，U型桥台，荷载等级为公路—Ⅱ级，设计洪水频率1/50。项目于2016年10月开工建设，2016年12月完工，工程总造价为67.7045。③花桥乡花桥村树背桥危桥改造项目竣工。该桥位于花桥乡花桥村树背组，为村道C005360924（参谋地至港元）公路K0+200处的一座五类危桥，跨越北港河，桥梁全长25.08米，宽6米，上部为1孔20米预应力砼空心、下部为桩基础连接盖梁，荷载等级为公路—Ⅱ级，设计洪水频率1/50。项目于2015年9月开工建设，2016年1月完工，工程总造价为50.2473万元。④车上林场小水桥危桥改造项目。该桥位于车上林场小水村，为村道C111360924（茶坪至小水）公路K0+020处的一座五类危桥，跨越小洞河，桥梁全长25.08米，宽6米，上部为1孔20米预应力砼空心、下部为肋式桥台，扩大基础，荷载等级为公路—Ⅱ级，设计洪水频率1/50。项目于2015年10月开工建设，2016年2月完工，工程总造价为42.36万元。⑤石市镇潭下村照坑口桥危桥改造项目。该桥位于石市镇潭下村，为村道C234360924（照溪至况家渡）公路K3+500处的一座五类危桥，跨越况家小河，桥梁全长27.08米，宽6.5米，上部为1孔20米预应力砼空心、下部为U型桥台，扩大基础，荷载等级为公路—Ⅱ级，设计洪水频率1/50。项目于2016年9月开工建设，2016年11月完工，工程总造价为44.2566万元。⑥天宝乡山背村聂家桥危桥改造项目。该桥位于天宝乡山背村，为CS24360924（老窑上至山背）公路K0+996处的一座已水毁危桥，跨越聂家河，桥梁全长42.06米，宽5米，上部为2孔16米预应力砼空心板、下部为U型桥台，扩大基础，荷载等级为公路—Ⅱ级，设计洪水频率1/50。项目于2016年9月开工建设，2016年12月完工，工程总造价为53.2015万元。⑦石市镇八大山桥危桥改造项目。该桥位于石市镇楼下村，为县道X561360924（上高至新华）公路K2+200处的一座五类危桥，跨越小河，桥梁全长18.06米，宽7.5米，上部为1孔13米预应力砼空心板、下部为肋式桥台，扩大基础，荷载等级为公路—Ⅱ级，设计洪水频率1/50。项目于2016年9月开工建设，2016年12月完工，工程总造价为54.333万元。⑧新昌镇龙家桥危桥改造项目。该桥位于新昌镇樟陂村，为村道CT60360924（樟陂至港南）公路K0+600处的一座四类危桥，跨越小河，桥梁全长30.08米，宽6米，上部为1孔20米预应力砼空心板、下部为U型桥台，扩大基础，荷载等级为公路—Ⅱ级，设计洪水频率1/50。项目于2016年9月开工建设，2016年12月完工，工程总造价为69.2005万元。

（漆志勇）

【宜丰县两座独立桥建设竣工通车】 ①车上林场洞上村冯家独立桥。该桥位于车上林场洞上村潭前组，为新增路线（车黄线至檀前）公路K0+081处的一座新建中桥，跨越洞向河，桥梁全长31.08米，引道长238.13米，宽6米，上部为1孔20米预应力空心板、下部为扩大基础、U台，荷载等级为公路—Ⅱ级，设计洪水频率1/50。项目于2016年8月开工建设，2016年11月完工，工程总造价为49.7974。②棠浦镇东刘村渡船口独立桥。该桥位于棠浦镇东刘村，为村道CW02360924（东刘公路）公路K0+041处的一座新建中桥，跨越棠胜河，桥梁全长60.08米，宽

6.5 米,上部为 3 孔 16 米后张法预应力砼空心、下部为柱式墩、扩大基础、U 型桥台,荷载等级为公路—Ⅱ级,设计洪水频率 1/50。项目于 2016 年 3 月开工建设,2016 年 11 月完工,工程总造价为 100 万元。

(漆志勇)

【万载县白良良福村钱家桥建成通车】　万载白良良福村钱家桥是村道新屋—钱家上的一座中桥,该桥原长 50 米,宽度约 2.5 米,2009 年全县桥梁评定时评定为五类危桥,并列入全省危桥库。2015 年,根据当地群众强烈要求,万载县交通运输局将该桥向上级部门申报危桥改造项目。该项目于 2015 年由宜春交通规划勘察设计院设计,设计长度 60.08 米,跨径为 3×16 米,宽度 5 米。下部构造为扩大基础,U 型桥台,上部为预应力空心板梁。该桥已于 10 月份正式动工,并于当月办理开工及工程质量监督手续,2016 年 2 月,该桥完成下部构造,8 月,完成上部构造,9 月建成通车。

(辛鹏远)

【万载县三兴花塘村布上桥竣工】　万载县三兴镇花塘村布上桥是南岭下—布上组道上的一座中桥,该桥为一座老桥,原长 45 米,桥面净宽 3.5 米,2009 年全县桥梁评定时评定为五类危桥,并列入全省危桥库。2015 年 5—6 月的雨季,经洪水冲刷,造成 4 号桥墩垮塌,导致交通中断且遗留重大安全隐患,给当地人民的生产、生活带来严重影响,群众反响强烈。根据这一实际情况,万载县交通运输局决定将该桥向上级部门申报危桥改造项目,同时先行进行危桥改造。该项目于 2015 年 7 月由宜春交通规划勘察设计院设计,设计长度 52.08 米,跨径为 2×20 米,桥面全宽 9 米。下部构造为双柱式墩,柱下扩大基础,U 型桥台,上部预应力空心板梁。该桥于 2015 年 12 月份正式动工,至 2016 年 6 月,完成下部构造,11 月完成上部构造,12 月建成通车。

(辛鹏远)

【上饶县樟涧大桥重建完工】　2015 年 6 月 14 日下午 5 点左右,因连日暴雨,饶北河河水大涨,樟涧大桥发生垮塌,未造成人员伤亡。大桥倒塌后,望仙乡村民前往县城,只能通过大桥两侧修建的一条临时便道或绕道邻近的湖村乡出行。

为解决村民出行难问题,及时对大桥进行修复,上饶县交通运输局在积极申报项目、争取农村危桥改造资金的同时,不等不靠、自筹资金启动樟涧大桥重建工程。该桥于 2015 年 9 月 2 日开工,2016 年 4 月 25 日完工(含公路)。重建的樟涧大桥下部构造为明挖扩大基础 U 形台重力式墩,上部构造预制 2×25 米 T 形梁;桥宽 8.5 米,长 70 米,总投资(含 2.5 千米公路)390 万元。

(上饶市交通运输局)

【上饶铅山重修万年桥】　该桥于 2015 年 9 月开工,2016 年 2 月竣工,满足附近三个村的村民安全通行。

万年桥始建于 1950 年,是连接甘溪河两岸老百姓的重要通道。由于年久失修,桥梁多处护栏缺失,桥面破损严重,桥墩也被洪水冲空,存在严重的安全隐患,属省交通部门危桥重建项目。万年桥选择在原址上重新修建,重建后长 88 米,宽 5.5 米,工期 5 个月,总投资 200 多万元。建成后将满足青溪服务中心后田、石溪、孔家等村的村民安全通行需求。

(上饶市交通运输局)

【新井冈山大桥主桥合龙】　1 月 27 日,新井冈山大桥主桥合龙。新井冈山大桥是一座连接吉州区和青原区的城市桥梁,同时也是省道 222 绕城公路桥梁。大桥的建成,对于缓解中心城区交通压力,构建两区的快速运输通道,完善城市路网结构,拓展城市空间以及改善城市面貌、促进吉安市经济发展具有重要意义。

(吉安市交通运输局)

【新井冈山大桥竣工通车】　6 月 30 日上午 8:30,新井冈山大桥举行通车仪式。吉安市政府副市长王大胜代表项目建设指挥部简要介绍了项目建设情况,并就后续的两岸蝶形互通、绿化、亮化、交通工程等工作表态将在年底全面完成。随后参加仪式的市委、市政府主要领导慰问参建单位代表。参加这次通车仪式的人员有市委、市人大、市政府、市政协领导班子成员等共 200 余人。

(吉安市交通运输局)

【吉安林源桥竣工通车】 桥长37.04米,引道长161米,下部结构为柱式墩、轻型台接桩基础,上部结构为2×16米预应力混凝土简支空心板,桥面宽度为净7.5+2×0.5米防撞护栏,设计荷载为公路—Ⅱ级,设计洪水频率1/50。桥梁位于乡道黄山至大粟公路K6+679处小溪上,为2016年农村公路危桥改造民生工程项目,总投资114万元。工程于2016年9月动工,2016年12月竣工通车。

(吉安市交通运输局)

【吉安青原区陂头大桥竣工】 青原区陂头大桥位于青原区文陂镇文陂村,原桥为村民自建的木桥,已被洪水冲毁,2015年列入了危桥改造项目。新建桥梁全长126延米,桥面宽9米[7米(行车道)+2×1米(人行道含护栏)],设计荷载为公路Ⅱ级,项目于2015年5月开工建设,2016年12月底竣工,总投资约989万元。

(吉安市交通运输局)

【吉安社上桥竣工通车】 桥长37.04米,引道长225.57米,下部结构为柱式墩、轻型台接钻孔灌注桩基础,上部结构为2×16米预应力混凝土空心板,桥面宽度为净6.5+2×0.5米防撞护栏,设计荷载为公路—Ⅱ级,设计洪水频率1/50。桥梁位于乡道湖陂至下马田公路桐坪镇社上村KA3+197处小溪上,为2016年农村公路危桥改造民生工程项目,总投资107万元。工程于2016年9月动工,2016年12月竣工通车。

(吉安市交通运输局)

【吉安青树下桥竣工通车】 桥长38.04米,下部结构为柱式墩、轻型台接明挖扩大基础,上部结构为2×16米预应力混凝土空心板,桥面宽度为净6.7+2×0.5米防撞护栏,设计荷载为公路—Ⅱ级,设计洪水频率1/50。桥梁位于乡道北源至里公山北源乡青树下村K4+658处小溪上,为2016年农村公路危桥改造民生工程项目,总投资92万元。工程于2016年9月动工,2016年12月竣工通车。

(吉安市交通运输局)

【吉安皂陂桥竣工通车】 桥长55.04米,下部结构为柱式墩、轻型台接钻孔灌注桩基础,上部结构为3×16米预应力钢筋混凝土简支空心板,桥面宽度为净7+2×0.5米栏杆,设计荷载为公路—Ⅱ级,设计洪水频率1/50。桥梁位于村道油田至七里油田镇皂陂村K0+224处同江溪上,为2016年农村公路危桥改造民生工程项目,总投资143万元。工程于2016年10月动工,2017年2月竣工通车。

(吉安市交通运输局)

【吉安黄陂桥竣工通车】 桥长44米,下部结构为柱式墩、U形台接扩大基础,上部结构为2×16米预应力钢筋混凝土简支空心板,桥面宽度为净7+2×0.5米栏杆,设计荷载为公路—Ⅱ级,设计洪水频率1/50。桥梁位于村道安源水库至黄陂公路登龙乡黄陂村K2+600处小溪上,为2016年农村公路危桥改造民生工程项目,总投资106万元。工程于2015年11月动工,2016年12月竣工通车。

(吉安市交通运输局)

【吉安桥头桥竣工通车】 桥长37.04米,引道长141.8米,下部结构为柱式墩、轻型台接钻孔灌注桩基础,上部结构为2×16米预应力钢筋混凝土简支空心板,桥面宽度为净6.5+2×0.5米防撞护栏,设计荷载为公路—Ⅱ级,设计洪水频率1/50。桥梁位于村道欧家至仓边公路桐坪镇桥头村K1+382处小溪上,为2016年农村公路危桥改造民生工程项目,总投资108万元。工程于2016年9月动工,2016年12月竣工通车。

(吉安市交通运输局)

【吉安张家桥竣工通车】 桥长44.04米,下部结构为柱式墩、U型台接扩大基础,上部结构为2×16米预应力钢筋混凝土简支空心板,桥面宽度为净5+2×0.75米栏杆,设计荷载为公路—Ⅱ级,设计洪水频率1/50。桥梁位于村道庵下至泉溪公路大冲乡张家村K0+301处小溪上,为2015年农村公路危桥改造民生工程项目,总投资138万元。工程于2015年12月动工,2016年8月竣工通车。

(吉安市交通运输局)

【吉安口潭桥竣工通车】 桥长14.3米,下部结构为独立前墙式桥台接明挖基础,上部结构为1

×11 米简支现浇混凝土空心板，桥面宽度为净 5.5+2×0.25 米栏杆，设计荷载为公路—Ⅱ级，设计洪水频率 1/25。桥梁位于村道口潭至木溪澧田镇仙峰村小溪上，为 2016 年农村公路危桥改造民生工程项目，总投资 20 万元。工程于 2015 年 10 月动工，2016 年 3 月竣工通车。

（吉安市交通运输局）

【抚州市孔家桥维修加固工程竣工通车】 1 月 31 日下午，经过三个多月的半幅封闭施工，316 国道孔家桥维修加固工程全面竣工通车。

孔家桥长 266.5 米，宽 18 米，是 316 国道在抚州市重要过境桥，也是抚州市连接东乡、金溪等地的东大门，交通极为繁忙，该桥于 2002 年建成通车。“十二五”以来，由于大型货车越来越多，尤其是一些满载河沙的大货车，重达 100 多吨，远远超过该桥当初设计的承重标准，造成该桥桩基础露筋，桥面铺装大面积破损，给大桥带来不小的安全隐患。

为此，抚州市决定从 2015 年 10 月 10 日起对该桥进行全面维修加固施工。2015 年 12 月 21 日，该桥北半幅完工通行。同日，南半幅开始封闭施工，2016 年 1 月 31 日，工程全部完工。

（陈根玲）

【抚州洋洲立交桥道路改造工程竣工通车】 经过 3 个月的紧张施工，1 月 29 日，抚州市昌抚公路洋洲立交桥道路改造工程全面竣工通车。

洋洲立交桥改造工程全长 1.833 千米，包括洋洲立交桥 A、B、C、D、E、F 匝道（长 1.327 千米）及洋洲立交桥至孔家渡大桥桥头（长 0.1 千米）。作为抚州市连通省会南昌的一条主干道，昌抚公路是江西省公路干线运输网的重要道路之一，也是该市通往南昌市的重要道路。昌抚公路洋洲立交桥于 1997 年建成通车，洋洲立交桥 A、B、C、D、E、F 匝道连通市城区、金溪县及南昌市。1998 年 5 月，经省政府同意转让给香港同吉投资有限公司经营。1999 年，变更为香港同吉所属的江西智通路桥管理公司，收费经营年限为 15 年。经过协商谈判，2012 年 8 月 13 日，抚州市提前撤销运行十多年的洋洲立交桥收费站。

由于“十二五”以来交通量骤增，过往车辆超载的情况较为严重，致使洋洲立交桥路面出现较大程度的断板、碎板和断角，严重影响了行车的舒适性及安全性。加之近两年由于恶劣气候条件的影响造成大量灾毁病害，加剧了路面结构的水毁破坏。

为改善洋洲立交桥通行条件，保障交通安全，该市决定投入 1000 多万元对该桥路面病害进行专项改造。2015 年 10 月底，工程开始动工，施工单位克服了雨水过多、天气寒冷等诸多不利因素，提前于 2016 年 1 月 29 日竣工。

（陈根玲）

【抚州市赣东大道改造工程竣工通车】 经过 3 个多月的紧张施工，1 月 28 日上午，赣东大道改造工程（环城南路至迎宾大道段）全线竣工通车。

抚州市区赣东大道是该市一条南北向城市主干道，贯穿中心城区的人口和商业密集区。原沥青路面年久失修，坑槽、网裂、沉陷等现象严重，赣东大道（环城南路段至迎大道段）改造工程被列入 2015 年市中心城区重点推进民生工程项目之一，路线全长约 3 千米，改造内容为路基、路面、排水、地下管线等工程，改造后的道路等级为城市主干道，设计行车速度为 40 千米/小时，路面结构为沥青砼路面，设计使用年限为 15 年。

为尽可能减少施工对交通和市民出行的影响，赣东大道（环城南路段至迎宾大道段）改造工程分段封闭施工。2015 年 8 月 29 日，赣东大道改造工程（环城南路至临川大道段）开始封闭施工，2015 年 12 月 9 日该段完工通车。2015 年 10 月 17 日，赣东大道改造工程（临川大道至南门路段）开始封路施工，11 月 11 日，赣东大道改造工程（南门路至迎宾大道段）开始封路施工。

施工人员克服赣东大道地下管线极为复杂等不利因素，在确保工程质量的前提下，施工单位加快推进施工进度，提前完成道路施工，使改造路段在春节前完工通车。

（陈根玲）

【抚州市 2016 年落实 171 座危桥重建计划】 2016 年，抚州市申报农村公路危桥重建计划 171 座 6682.43 延米，均通过交通运输部及省交通运输厅审批，获得中央及省补助资金 10342 万元，超“十一五”和“十二五”危桥计划总和的 53%。

（陈根玲）

【南城县盱江大桥新建(暨太平桥重建)工程竣工】 盱江大桥(新桥)位于南城县城区太平桥上游约1.2千米处,是县政府自筹资金新建的第十三座公路大桥。大桥西与城区主干道——富民路对连、东与黎河大道平交,呈东西走向,全长2.5千米,其中桥梁长546米、宽23米,引道1.954千米。采用一级公路(兼顾城市主干路功能)标准建设,设计速度60千米/小时,设计荷载为公路—Ⅰ级兼城市—A级,设计洪水频率为1/100,项目总投资约1.24亿元。全桥共分四联14跨,桥梁上部构造采用预应力变截面连续箱梁+等截面连续箱梁。特别是采用了造型较为美观的V型支撑连续箱梁,且全桥的预应力砼现浇连续箱梁都是在河面铺筑满堂支架建设的,施工难度相当大,尤其是一次性张拉一联200多米的钢绞线技术在国内内河公路桥梁建设史上也比较鲜见;下部结构桥台采用肋板台,桥墩采用薄壁墩,墩台采用桩基础;23米宽的桥面布置形式为12米宽的通车道+2×3.5米宽的非机动车道和+2×2米宽的人行道。

工程于2014年3月开工,经过近3年的紧张施工,于2016年12月底正式建成通车。

(王素红)

【南城县饶家边桥重建工程竣工】 饶家边桥坐落于乡道抚城线至鄱阳公路上,原系座长20米的两跨板式拱桥,是建昌镇饶家边村、万坊镇徐家桥村、西坑村和鄱阳村之间互通往来的控制性工程,始建于20世纪70年代,特别是中间桥墩基础因洪水冲刷已被掏空,存在严重的安全隐患,威胁着群众出行安全。该项目于2016年3月开工建设,2016年9月竣工。

(王素红)

【南城县池门口桥重建工程建成通车】 池门口桥原系座长77米的双曲拱桥,坐落于乡道新丰至池门口公路上,是新丰街镇东部地域东出上唐、天井源乡乃至县城的唯一通道的咽喉控制性工程,始建于1982年。由于受桥型结构整体性能弱以及日益加大车流和荷载的叠加作用,出现安全隐患,威胁着群众的出行安全,重建势在必行。为此,新丰街镇政府决定拆除老桥进行重建,设计荷载汽—Ⅱ级,下部构造为桩基接双柱式桥墩,东岸桥台为肋式桥台,上部构造为4×20米预应力空心板,桥梁长84.4米,宽度为8.5米。该工程于2015年11月开工建设,2016年9月建成通车。

(王素红)

【抚州抚北大桥全线建成通车】 4月12日10时06分,随着震耳欲聋的鞭炮声,一辆辆车辆缓缓驶上抚北大桥右幅,加上2014年已经通车的左幅桥,至此,抚北大桥全线建成通车。

20世纪60年代,向乐铁路建成后,在距西津渡约三千米处设置了抚州北站,抚州人出行和生产物资运输主要通过这条铁路线,它成为当时抚州人的一条“生命线”。为便于人们往来和货物的运输,横跨临水西津渡口的抚北大桥应运而生。抚北大桥老桥于1974年12月28日动工,大桥主体设计为长433米,7墩两台8孔,每孔跨径51米。桥面宽13米,其中车行道10米,为双向两车道,两边人行道各宽1.5米,两端引道长1015米。根据当时的物价水平计算,大桥建设共耗资282.5万元。大桥建设用时三年半,于1978年5月1日竣工通车,这是当时全省第一座钢筋混凝土悬臂墩台箱形吊拱大桥。

30多年过去,抚北镇已成为抚州市一个工业重镇。2013年,抚北工业园已有企业108家,实现主营业务收入178.6亿元。通过抚北大桥的车辆越来越多,尤其是重型车辆的增加,抚北大桥相比其他现代桥梁,已经不堪重负。在社会经济高速发展的今天,重新建设一座现代化的大桥,成为抚州人迫切的需要。

新抚北大桥于2013年1月28日开工建设,2014年6月18日实现左幅桥通车。2014年7月9日,原抚北大桥进行了水上水下爆破拆除,随后在其原址新建抚北大桥右幅桥。新建的抚北大桥全长720米,其中跨河大桥桥长488米,桥头引道长232米,道路和桥梁全宽36米。新大桥采用双桥合一的方案,单桥桥墩11座,每个桥墩柱仅钢筋使用量高达32.389吨,全部为混凝土实心浇注而成。大桥双向六车道,可同时行驶两辆活荷载55吨的单车,车组240吨。桥梁上部采用3联4×40米预应力砼连续箱梁,箱梁截面为单箱三室,斜腹板,下部构造中,两岸桥台采用三肋式桥台配钻孔灌注桩基础,桥墩采用H形双柱式配钻孔灌注桩基础。道路设计等级为城市主干道,设计速度50千米/小时。交通饱和设计年限为20年。路面结构为沥青砼路面,设计使用年限为15年。工程总投资9000多万元。

抚北大桥建成后,大大方便市内与抚北镇特别是抚北火车站的物质运输和人员往来,极大改善省道丰德线的通行能力,缓解主城区至临川区抚北镇及抚北工业园区的交通压力,对推进抚北镇经济发展,实现市城区与抚北工业园区一体化格局,有着十分重要的意义。

(陈根玲)

【抚州南丰大桥建成通车】 南丰大桥位于南丰至建宁公路起点附近,跨越盱江,西连县城内的大桥路,东接县城规划东区的桔都东大道,是南丰县城联络盱江以东多个行政村和入闽通向海峡西岸经济区的主要通道,横跨盱江,东接桔都东大道,西接大桥路,大桥两侧地势平坦。大桥全长307米,桥面宽度32米,总投资3065.2327万元,属于世界银行贷款江西鄱阳湖生态经济区及流域城镇发展示范项目。于2014年9月兴建,工程于2016年底竣工通车。

(王文斌)

港航建设

【概况】 2016年加快推进水运基础设施建设,省发改委、省交通运输厅下达港航部门基本建设项目投资计划86730万元,其中:中央预算内资金12270万元,交通运输部补助8000万元,地方自筹或单位自筹资金66460万元。全年完成投资14.1亿元。南昌龙头岗综合码头一期工程建成并投入试运营,2016年完成投资1.63万元,累计完成投资7.31亿元,占总投资8.28亿元的88.3%,新建4个2000吨级泊位,设计年吞吐量集装箱20万标箱,件杂货180万吨,为新中国成立以来江西省赣江规模最大、靠泊能力最强的现代化综合码头。赣江新干航电枢纽累计完成投资13.26亿元(2016年完成投资9.61亿元),占总投资的34.5%。界牌航电枢纽技术改造工程2016年完成投资2000.3万元,累计完成投资5863万元,占总投资的57.4%。龙头山水电站、新洋丰肥业生产基地码头等7个社会投资项目全年完成投资10.5亿元。

(付　俊　蒋少全)

【新昌电煤码头投产】 1月6日,新昌电煤码头顺利投产。新昌电煤配套码头工程码头建设2个2000吨级兼顾3000吨散货(煤)泊位,采用浮码头结构形式,年设计吞吐量为198万吨。该码头工程结构形式新颖,其中,长1050米管状皮带是全省第一条管状皮带输煤线。据悉,该码头投产可为新昌电厂减少20元/吨运费,如全部投产,可节约4000万元/年费用。

(胡建新)

【杨伟东考察九江港彭泽港区红光作业区综合枢纽项目】 1月8日,九江市委书记杨伟东一行到九江港彭泽港区红光作业区综合枢纽项目考察调研。

杨伟东一行现场查看项目选址地,认真听取项目的情况介绍。他指出:九江港彭泽港区红光作业区综合枢纽具有天然的地理优势和区位优势,建设好、管理好、发展好该项目,对全省水运建设和地方经济发展具有十分重要的作用。他表示:九江市全力支持项目建设,希望省港投公司积极推进项目前期工作,力争早日开工建设。

九江港彭泽港区红光作业区综合枢纽工程业主为省港投公司,规划5个多用途泊位、8个集装箱泊位及配套物流园工程,拟投资53亿元,分三期建设。

(省港投公司)

【九江港瑞昌港区梁公堤作业区新洋丰肥业生产基地码头工程使用港口岸线获批】 2月2日,九江港瑞昌港区梁公堤作业区新洋丰肥业生产基地码头工程使用港口岸线获得交通运输部批复。拟建工程位于长江中游武穴水道右岸，理文公用码头上游约330米，建设1个5000吨级件杂泊位和1个5000吨级散货泊位，设计年通过能力247万吨，泊位长度245米。该码头工程建成后，将发挥水运优势降低物流成本，满足新洋丰企业原材料及产成品运输需要，同时为周边地区其他企业服务。九江港口管理部门将力促该码头工程项目早日建成投产，从而满足企业生产原材料及产品运输的需要，推动九江港稳健发展。

（詹永宁）

【九江港彭泽湾区红光作业区综合枢纽码头一期工程使用岸线通过批准】 2月3日，在九江市召开长江港口岸线管理协调领导小组第22次会议上，各相关职能部门对九江港彭泽港区红光作业区综合枢纽码头一期工程项目建设进行充分研讨，原则同意九江港彭泽港区红光作业区综合枢纽码头一期工程使用长江港口岸线申请。

该项目位于九江港彭泽港区红光作业区集装箱泊位区，一期拟投资10.2亿元，建设4个5000吨级集装箱泊位，年吞吐量为65万标箱，使用长江岸线总长度为572米。该项目是全省重点调度项目，作为水运建设项目列入江西省“十三五”期重点水运发展规划，是2016年全省水运唯一的拟开工项目。该项目建成后，将是九江港的核心港区两翼之一，有利于构建集约高效的现代化集疏运系统，调整优化九江港区发展布局，有利于构建全省对外开放的大格局，促进江湖联运和两港联动，打造长江流域综合物流运输体系重要节点，为省内陆货物提供水公铁水联运中转、仓储服务，成为服务赣、鄂、皖、湘的长江中游综合枢纽港区。

（丰伟鹏）

【南昌龙头岗综合码头前沿岸桥桥架吊装完成】 3月29日，南昌龙头岗综合码头前沿35吨/18米轻型集装箱装卸桥（简称岸桥）桥架经过3个多小时吊装，完成与下端门框安装对接。

该项目采用的前沿集装箱装卸设备岸桥额定起重量35吨，跨距10.5米，外伸距18米，整个桥架重约260吨，整体吊装对装在近31米高的门框结构上，施工采用2台300吨、2台220吨汽车吊作业，另配备1台75吨汽车吊辅助。

（胡友昌）

【九江瑞昌港区华中木业专用码头岸线获交通运输部批复】 6月6日，九江港瑞昌港区华中国际木业有限公司木材专用码头工程使用长江港口岸线获交通运输部批复（交规划函〔2016〕314号）。该项目是“十三五”期间九江港第2个获交通运输部批复的港口岸线项目，专用码头拟建3个5000吨件杂货泊位，设计年通过能力234万吨，使用长江岸线360米，项目获批及建成后将填补九江港没有木材专用码头的空白，也将成为长江中上游唯一的木材专用码头，也为打造华中地区重要的木材贸易和加工基地，重新定位中国木材行业新的格局提供重要的水运通道保障奠定基础。

（吴瑞武）

【九江港彭泽港区红光作业区综合枢纽码头一期工程获准立项】 6月16日，九江港彭泽港区红光作业区综合枢纽码头一期工程获省发改委核准批复。该项目建设规模为5000吨级集装箱码头泊位4个（码头水工结构兼顾10000吨级江海轮靠泊）及相应配套设施，设计通过能力67.8万标箱/年，项目建设用地约34公顷，总投资约11.39亿元。

该项目为内河大型公用码头基础设施项目，与后续规划建设的港区疏港公路、铁路专用线、物流园区、水运口岸等设施一起，将使红光作业区建设成为铁公水多式联运的综合枢纽，全省经济对外开放的水运口岸，江西省“五河一湖”货物通江达海的主要通道和九江港的现代化核心港区。项目的建设有利于全省充分利用黄金水道优势，更加广泛深入地融入长江经济带，进一步促进对外开放；有利于完善区域综合运输体系，降低物流成本，提高运输效率；有利于改善彭泽港区码头设施薄弱的现状，完善九江港的总体布局，促进区域经济的发展。

（万伊琳）

【吉安市首批渡口标准化建设项目通过验收】 6月17日，吉安市新干县县城渡口和青原区七姑岭渡口标准化建设项目首批通过省港航局验收。根据江西省渡口标准化建设要求,吉安市共有10道渡口被省港航局列入渡口标准化建设计划。新干县县城渡口和青原区七姑岭渡口是严格按照《江西省乡镇渡口标准化建设实施意见》“四个一”标准(即一套健全的渡口安全管理制度、一套完备的渡口设施、一艘合格的渡船、一套视频监控设备)建设,共投入建设资金近200万元。

(谭立培)

【江西新立基沥青有限公司石化码头获中华人民共和国港口岸线使用证】 7月12日,九江港城东港区江西新立基沥青有限公司石化码头获港口岸线使用证(交港河岸〔2016〕第4号)。迄今,九江沿江共有7家企业获得交通运输部核发的港口岸线使用证。

江西新立基沥青有限公司码头工程是九江港第一家由原来的临时泊位改建成一个永久性的3000吨级化工泊位,设计年通过能力92万吨,码头采用浮码头结构形式,岸线长度124米,2015年12月15日使用岸线获交通部批复,项目总投资1.9亿元。

(汪兰香)

【李贻煌察看南昌龙头岗综合码头一期工程建设情况】 9月5日,省人民政府副省长李贻煌来到南昌龙头岗综合码头一期工程施工现场察看项目建设情况。

李贻煌一行实地察看码头作业前沿、冷藏箱架、闸口智能监督系统、生产性管理用房以及物流仓库等地,认真听取项目办有关同志关于工程建设情况的汇报。他指出,南昌龙头岗码头区位优势明显,发展潜力巨大,随着一期工程的建成,港口将在培育临港产业,促进南昌临空经济区产业集聚发挥重要作用。他要求,交通港航部门要抓好龙头岗发展定位,立足实际科学分析,发挥优势错位发展;要抓好港口规划工作,根据港口定位科学规划港区发展规模、发展方向;要高度重视安全生产,严格把好安全关,努力实现安全发展、科学发展。

李贻煌强调,当前经济发展下行压力持续加大,要充分发挥交通等重大工程项目对拉动经济发展的重要作用,要抢抓国家依托黄金水道推动长江经济带的发展机遇,充分利用江西水系发达、水运资源丰富等优势,积极推进南昌龙头岗综合码头等水运工程建设。要大力推进公路、铁路、水运交通联网建设,不断发挥赣江黄金水道作用,努力形成集公路、水运、铁路、航空等运输方式于一体的综合交通物流基地,全面提升综合交通运输服务能力。

(黄　金　黄文平　倪　磊)

【南昌龙头岗综合码头一期工程通过交工验收】 9月23日,南昌龙头岗综合码头一期工程举行交工验收会议。项目办主持交工验收会,省发改委、省交通运输厅、省港航管理局、省交通建设工程质量监督管理局、南昌临空经济区管委会、新建区政府、省港航建设投资有限公司、省港航管理局南昌分局、南昌市港航管理处、南昌龙头岗综合码头有限公司、中交第四航务工程勘察设计院有限公司、江西交通工程咨询公司南昌龙头岗综合码头一期工程总监办、各施工单位代表出席会议。

会上,南昌龙头岗综合码头一期工程项目办(以下简称项目办)、设计、监理、施工单位代表分别就工程建设情况汇报。由项目办、省交通建设工程质量监督管理局、省港航建设投资有限公司、中交第四航务工程勘察设计院有限公司、江西交通工程咨询公司南昌龙头岗综合码头一期工程总监办的代表组成的验收委员会在实地验收、审查资料、听取项目办、设计、监理、施工等单位的工作汇报后,会议通过了南昌龙头岗综合码头一期工程交工验收报告,同意交付使用,同时就验收后的一些问题提出相关要求和建议。

南昌龙头岗综合码头一期工程区位条件优越,位于新建区樵舍镇龙头岗,陆路距南昌市区约16千米,毗邻南昌昌北国际机场、南昌保税物流中心。总投资约8.28亿元,占地面积39.4公顷,泊位岸线408米,陆域纵深800余米,新建4个2000吨级泊位,设计年吞吐量集装箱20万标箱,件杂货180万吨,是建国以来江西省内河建设规模最大、靠泊能力最强的现代化综合码头。该项目投入运营后,将提升我省水路运输服务能力,助推临空经济区发展、打造南昌核心增长极,服务赣江新区建设、促进昌九一体化融合,推动全省加快发展升级。

(江西港航信息网)

【南昌龙头岗综合码头一期工程建成试运营】 9月28日，南昌龙头岗综合码头一期工程开港试运营。

该项目是交通运输部和沿江七省二市共同签署的《“十二五”期长江黄金水道建设总体推进方案》和全省“十二五”交通运输发展规划规定实施的港口重点项目。项目总投资约8.28亿元，占地面积39.4公顷，泊位岸线408米，陆域纵深800余米，新建4个2000吨级泊位，设计年吞吐量集装箱20万标箱，件杂货180万吨，属中华人民共和国成立以来全省内河建设规模最大、靠泊能力最强的现代化综合码头。同时，该项目地处赣江新区及南昌临空经济区核心区、赣江二级航道、国道105、京九及昌九铁路、福银高速公路交汇的新建区樵舍镇龙头岗，毗邻南昌昌北国际机场、南昌综合保税区，具有得天独厚的区位条件和发展优势。

该项目投入运营后，将有利于充分发挥赣江黄金水道作用，形成集公路、水运、铁路、航空四种运输方式于一体的综合交通物流基地，切实提升我省水路运输服务能力，助推临空经济区发展、打造南昌核心增长极，服务赣江新区建设、促进昌九一体化融合，推动全省加快发展升级。

（黄文平　张桂钦）

【朱新堂调研新干港河西综合码头工程】 11月23日，吉安市副市长朱新堂到新干港河西综合码头工程现场调研。吉安市政府、市交通运输局、市港航管理处以及新干县政府有关同志陪同调研。

朱新堂在认真听取码头设计泊位吨级、年吞吐量、工程进度、项目完工后的运营规划、存在的困难以及新干县政府对项目支持等有关情况的汇报，充分肯定码头项目工程已取得的成效，他要求项目负责单位要在确保工程质量的前提下，加快推进码头附属工程的施工进度，争取码头早日全面投入运营。他强调，要着眼长江经济带战略机遇，紧跟赣江枢纽梯级开发建设的节奏，加快推动港口建设，夯实水运发展基础，充分发挥水运“运量大、成本低、占地少、投资省、能耗小”的独特优势，努力构建综合交通运输体系。

新干港河西综合码头位于新干县城赣江段左岸，设计靠泊1000吨级船型，年吞吐量110万吨，整个港区占地面积124.6亩。目前，新干港河西综合码头水工建筑、栈桥等主体工程以及堆场垫层工程已完成。吉安市交通运输局从自有资金中安排1000万元建设码头附属工程综合楼、仓库、道路、围墙、绿化等。码头项目得到当地政府的大力支持。新干县政府与新余市政府合力安排资金6.8亿元建设新余市至吉安市新干县货运快速公路39.5千米对接新干港河西综合码头，打通水、陆物流通道，大力促进赣江中部区域经济社会发展。

（郭文政）

【毛伟明察看九江彭泽红光综合枢纽码头建设情况】 11月29日，省委常委、常务副省长毛伟明到九江港区彭泽红光作业区综合枢纽码头项目现场，实地察看项目选址、岸线、水深及陆域腹地等建设规划情况，省发改委、省工信委、省港航局等单位领导陪同。

毛伟明深入该项目港区陆域，实地调研项目陆域的地形、地貌和长江岸线利用范围和效率，仔细察看综合枢纽码头规划设计情况。在简要听取情况汇报后，毛伟明指出，九江彭泽红光码头工程具有独特的区位优势、岸线优势和交通优势，各有关单位要紧紧抓住推进长江经济带建设和长江黄金水道建设的历史机遇，及时完善规划方案，加快推进项目实施，确保项目如期开工建设。要狠抓工程质量，牢固树立安全生产意识，确保项目优质、安全、高效。要优化港区功能配置，加大公用码头，推动港口向集约化、规模化、专业化发展，全面增强港口服务能力与影响力。

红光作业区综合枢纽码头项目是九江市“十三五”规划中沿江开发的重点工程。该项目红光作业区综合枢纽工程包括码头和港口物流园共占地228.87公顷，预计投资约50亿元，其中码头功能区约30亿元，港口物流园约20亿元。码头一期工程建设集装箱泊位4个，占地33.87公顷，估算投资11.89亿元，物流园一期占地43.73公顷，估计投资5.1亿元。

（姚红良　殷　俭）

【九江港彭泽港区红光作业区综合枢纽集装箱码头开工建设】 12月28日，九江港彭泽港区红光作业区综合枢纽码头一期工程项目开工建设，该项目是江西省目前最大的集装箱码头。

九江港彭泽港区红光作业区综合枢纽码头位

于彭泽县定山镇,总投资11.89亿元。占用长江岸线572米,总占地33.89公顷,新建4个5000吨级集装箱泊位,设计靠泊400标箱集装箱船,码头水工结构兼顾靠泊10000吨级江海直达货船,设计货物吞吐能力67.8万标准箱/年。

该港区依托港口、高速、铁路等综合交通优势,充分利用长江和鄱阳湖及江西五大河流航运条件,发挥水水联运、水铁联运、水公联运等多式联运优势,由传统港口业向港口物流方向拓展,不断完善港口产业运输链条,为全省内外贸集装箱、干散货等货物运输提供仓储、中转服务。

该项目的建设有利于本省全面融入国家“一带一路”建设、长江经济带发展、鄱阳湖生态区域发展和推动昌九联动发展战略,有利于整合岸线资源,真正发挥长江黄金水道和赣江运能大、能耗小、成本低的优势,构建铁公水一体化、内畅外联、高效便捷、绿色低碳、互联互通的综合立体交通体系,强化港航对产业发展的带动作用,推动本省经济社会又好又快发展。

此次开工建设项目是九江港彭泽港区红光作业区综合枢纽的码头一期工程。综合枢纽项目总占地面积约233.33公顷,总投资预计约为60亿元。项目规划岸线长1800米,码头拟布置5000吨级泊位13个,分多用途泊位区和集装箱泊位区,拟分三期建设;港口物流园区主要分仓储物流区、综合服务区,拟分两期建设。

(张桂钦)

【江西首例港口岸线使用人变更获得交通运输部批复】 12月21日,交通运输部正式批复龙达(江西)差别化化学纤维有限公司港口岸线使用人变更为赛得利(九江)纤维有限公司。

(刘 望)

【赣江新干航电枢纽工程完成全国首个仿自然鱼道模型试验】 1月29日,赣江新干航电枢纽工程完成全国首个仿自然鱼道模型试验。

2015年8月开工建设的江西赣江新干航电枢纽工程地处赣江中下游,是赣江赣州以下河段6级开发方案的第5级,是一座以航运为主,兼顾发电等综合利用功能的航电枢纽工程。该工程地处的赣江鱼类资源丰富,还有珍稀鱼类(如鲥鱼)等。每年4—7月,是赣江洄游鱼类重新回到赣江中下游的时期。为有效保护鱼类资源,达到生物多样性、生态平衡的要求,真正还鱼儿一条畅通无阻的水道,赣江新干航电枢纽工程项目办聘请南京科学研究院研究更为有效的生态鱼道。

仿自然鱼道是建于闸坝等过鱼障碍物外侧,并尽可能模拟天然河流的一种鱼道布置方式,这种鱼道的长度较长。新干航电枢纽工程仿自然鱼道布置在电站厂房右岸滩地上,鱼道总长度1125米,平均坡度1/150,平均糙率0.073,边坡不陡于1:2,进出口均布置检修闸门,中间设置鱼道观察室,穿土坝位置设置挡洪闸门。该鱼道为旁路水道形式,采用人工堆石将鱼道沿程分隔形成一个个水池以消减鱼道上下游水头差,池间落差6.04厘米,每级池室留有过鱼口,整个鱼道内流态复杂。该鱼道设计建设费用预计达到1400万元。为达到保护和弥补双管齐下的作用,该项目还设计渔业增殖站,通过人工增殖放流达到遏制赣江鱼类资源衰退的目的。

(吕一琦)

【赣江新干航电枢纽工程项目办W2标电站厂房首仓混凝土开仓浇筑】 2月25日晚19时48分,赣江航电枢纽工程W2标电站厂房首仓混凝土开仓浇筑,比节点目标提前一个月实现,厂房混凝土浇筑准备工作全部到位。

根据施工计划,电站厂房工程是W2标项目部2016年重点建设工程,年底需要完成运行层以下即26.5米高程的浇筑目标,共计20.8万立方米,时间紧,任务重。面对如此艰巨的工作任务,W2标项目部精心组织,超前谋划,采取各项有力措施确保年底目标顺利实现。①加强人员管理,合理安排春节期间的驻守人员,紧抓生产不放松,为节后加速生产奠定基础;②实行领导带班制昼夜施工,为保证施工进度和设备的使用率,W2标项目部安排昼夜倒班,日夜施工,抢晴天,战雨天,加快施工进度;③各部门通力配合,各尽其职,做好服务和管理工作;④技术优先,提前谋划,物资保供,设备完好,组织到位,协调一致;⑤要求现场管理人员加强安全、质量管控,实现安全、质量零事故,保证工程进度有序进行。厂房工程首仓混凝土的提前浇筑,为后续的鱼道工程、泄水闸工程和土坝工程的建设赢得宝贵的时间。

(齐州良)

【王前虎察看赣江新干航电枢纽工程】 3月1日,省发改委副主任王前虎一行先后察看新干航电枢纽左岸船闸、泄水闸和右岸电站厂房两个主体工程的施工现场,详细了解工程建设情况。在认真听取项目建设单位的工作情况汇报后,王前虎首先对该项目开工以来,参建各方狠抓质量、进度、安全不放松,招投标、征地拆迁、资金筹措等各项工作有序开展表示肯定,并重点对项目参建者们面对去年罕见冬汛时展现出来的顽强拼搏、团结一致、科学应对以及春节期间坚守工地,加班加点追赶工期的工作态度给予高度评价。王前虎指出:项目参建各方要加强内部管理和外部协调,要合理调度,倒排工期,要不断总结经验教训、不断学习同行的先进理念和技术,多取经,多借鉴,以他人之长补己之短,力争把新干航电枢纽工程建设成"示范工程""样板工程"。

(吕一琦)

【朱希调研赣江航道建设情况】 3月29—31日,省交通运输厅党委书记、厅长朱希乘船从赣州至九江全线调研赣江航道、沿江港口码头和水运工程建设情况,并督查交通重点工程特别是水运工程安全防汛工作。

朱希一行从赣州储潭乘船出发,沿着赣江航道顺江而下,重点察看万安枢纽、井冈山航电枢纽坝址、石虎塘航电枢纽、新干航电枢纽、龙头山枢纽、南昌龙头岗综合码头、九江港区红光码头等工程现场。在万安县窑头镇实地察看井冈山航电枢纽坝址时,听取相关情况汇报。朱希指出:井冈山航电枢纽工程是实现赣江中游河段渠化建设的节点工程,对实现赣江三级航道直通赣州具有重要作用。省港航局、厅有关处室要切实抓紧当前有利条件,加快推进项目前期工作,确保项目顺利开工建设。在石虎塘航电枢纽管理处,仔细了解航电枢纽工程防洪、发电、灌溉等基本情况,要求继续做好各项监管和服务工作,做到精细化管理,不断提高枢纽效益和船闸的通航能力。在新干航电枢纽施工现场,看到W2标右岸电站厂房全年围堰已填筑至设计高程、电站厂房土石方开挖基本完成、底板基础混凝土正在浇筑、塑性混凝土防渗墙启动时,朱希勉励各参建单位要科学安排工期,加快建设进度,继续强化安全教育、质量管控和服务保障工作,努力把项目建成创新、优质、绿色、安全、廉洁的品质工程。针对2016年可能出现的重大汛期,项目办要加强汛情研判,提前优化施工方案,化被动为主动,确保项目施工安全高效有序运转。在南昌—九江段航道,重点察看南昌龙头岗综合码头一期工程、九江港彭泽港区红光作业区综合码头一期工程等项目建设及管理情况。朱希指出:九江港作为全省"北大门"和唯一的一类水运口岸,是承接长江上游和中下游的重要水运中转枢纽港,彭泽港区作为九江港的重要港区,尤其是红光作业区综合码头作为公路、铁路、水路多式联运枢纽港,项目建成将为全省内陆货物提供各种运输方式有效衔接的集散、联运中转、仓储物流等服务,是彭泽港区的重中之重,一定要科学规划、合理使用港口岸线,充分发挥港口岸线资源的综合效益。沿线各相关单位要强化大局意识,协力同心、破解难题,切实解决项目推进过程中遇到的难题,确保项目顺利开工。

朱希强调:省委、省政府高度重视全省水运发展,省领导多次就加快水运发展做出重要指示批示,明确发展方向。我们要以此为动力,抢抓机遇,主动作为,千方百计破解发展难题,想方设法筹措建设资金,全力以赴加快建设步伐,以"两江两港"为核心,"两横一纵"高等级航道建设为重点,到2020年,确保全省高等级航道达到795千米,赣江全线达标,信江基本建成,九江港打造为超亿吨大港,南昌港建设为亿吨大港,为全省参与"一带一路"建设、长江经济带发展战略提供强有力的交通支撑。要紧紧抓住国家正在深入实施"一带一路"、长江经济带和长江中游城市群等重大战略机遇,按照省委、省政府的决策部署,科学规划,统筹推进,加快水运工程项目建设,补齐水运发展"短板",统筹公路、铁路、水路各种运输方式有效衔接,将水运比较优势转化为经济发展胜势,为全省经济社会持续平稳健康发展添动力、增后劲。

(袁细斌 黄 金)

【赣江井冈山航电枢纽工程可行性研究报告获批】 7月11日,省发改委批复赣江井冈山航电枢纽工程可行性研究报告。该项目是以航运为主、兼顾发电等综合利用功能的航电枢纽工程,项目建设规模为电站装机容量133MW(5×26.6MW),通航建筑物规模为1000t级双线单级船闸

(预留一线),为Ⅱ等大(2)型水利枢纽工程,总投资约为42.36亿元。井冈山航电枢纽建成后将大大改善赣江通航条件,促进水资源综合利用,适应赣江水运和腹地经济社会发展需要,进而带动和推进沿江产业合理布局,促进沿江经济发展,促进赣江与长江干线有机衔接。

(江西港航信息网)

【刘奇察看赣江新干航电枢纽工程】 7月11日,省委副书记、代省长刘奇在任职的第一个工作日,来到赣江新干航电枢纽电站厂房与右侧闸坝工程施工现场,察看工程建设情况,并亲切慰问广大建设者,给他们送去防暑降温慰问品。

省交通运输厅党委书记、厅长朱希、吉安市委书记王萍、市长王少玄、副市长王大胜等陪同调研。

在赣江新干航电枢纽电站厂房工程施工现场,刘奇与项目建设者们一一握手,并亲切送上防暑降温慰问品。他嘱咐:当前,正值炎炎夏季,建设者们要充分做好防暑降温和高温季节劳动保护工作,切实预防安全事故和高温中暑等事件的发生,确保一线职工高温天气下的安全和健康,做到工作、防暑“两不误”。

刘奇对工程建设情况给予充分肯定。同时,他指出:随着一系列国家和区域发展战略的深入实施,为江西省“十三五”水运带来难得的发展机遇,希望省港航管理局以此为契机,进一步提升内河水运服务能力和水平,加快高等级航道建设步伐。

(吕一琦)

【界牌航电枢纽技改工程2#机组通过验收】 8月5日,界牌航电枢纽技术改造工程2#水轮发电机组启动验收会议在鹰潭召开。省港航局相关处室、省交通工程质量监督局相关部门负责人、鹰潭供电部门以及各项目参建单位代表共计20余人参加验收会。

会议成立2#机组启动验收委员会,成员由主管单位、质监、项目法人、设计、监理、施工、运行管理、设备制造等单位的代表及特邀专家组成。验收委员会成员查看工程现场,听取工程建设管理、设计、监理、施工、质监等工作报告,查阅验收相关资料,并对建设各方提交的报告进行讨论、审查。经过认真讨论,验收委员会一致认为,界牌技改工程2#机组具备启动验收条件,同意通过机组启动验收。

(董　彤　吴有树　张和忠)

【赣江石虎塘航电枢纽至张家渡河段航道整治工程施工图设计原型观测圆满完成】 10月8日,完成赣江(石虎塘航电枢纽至张家渡)河段航道整治工程施工图设计原型观测任务。

此次观测主要包括河段全流测量、水文测验、悬移质取样、流速流向观测以及对挖槽、护岸和丁坝的大比例尺地形测量。观测成果将用于分析初步设计阶段以来工程河段的演变特点,深化对工程河段河床演变规律的认识,对初步设计方面进一步优化,并为工程结构设计及工程量的计算提供依据。

(常冠宇)

【江西赣江井冈山航电枢纽开工建设】 12月28日,江西赣江井冈山航电枢纽工程项目大坝右岸进场道路破土动工,标志着江西赣江井冈山航电枢纽工程项目开工建设。至此,赣江赣州以下河段6梯级航电枢纽全部开工或已建成。

江西赣江井冈山航电枢纽工程是江西省和交通运输部“十三五”重点建设项目。项目地处赣江中游河段吉安市万安县境内,是一座以航运为主,兼有发电等综合利用效益的大型航电枢纽工程,总投资45.6亿元。该项目建设三级航道,电站总装机容量为133兆瓦,年平均发电量5.077亿度,枢纽工程正常蓄水位为67.5米,库容为2.928亿立方米。

井冈山航电枢纽将是赣江规划梯级中最后一个建成的枢纽。工程建成后,结合上、下游已建枢纽并辅以局部航道整治工程,将彻底解除赣江上下游枢纽间航道不连续的瓶颈制约,实现赣江Ⅲ级航道标准,大大改善赣江通航条件,促进赣江船舶大型化、标准化,有效降低货物运输成本,提高运输效益,进一步发挥赣江水运干支直达、江海联运优势,实现“千年赣鄱黄金水道”全线通航,促进沿江经济发展具有十分重要的意义。

(张桂钦)

【景德镇市标准化码头建设通过验收】 2016年,市投入资金200余万在乐平市、浮梁县、珠山区建设完成农村渡口标准化码头6个，并通过省级验收。该市在之前基础上又筹集资金400余万元以完成昌江区洪家渡口等13个标准化码头。该市农村渡口标准化码头建设是渡运安全的基础，市渡口所还将强化机构建设、制度管理、安全经费和“县、乡、村、船主”四级责任的落实，完善救生、消防等配套设施，努力为我市打造和谐渡运、平安渡运、文明渡运创造条件。此前，该市巩固并保持全市连续27年渡运安全无事故的好成绩。

（徐小明）

【鹰潭市大力实施渡口标准化建设】 鹰潭市交通运输局巩固标准化渡口建设成果，积极组织开展贵溪、余江、龙虎山共计9个渡口标准化建设项目实施工作，完善渡口人员条件、硬件设施和管理软件等，满足群众安全过渡需求。严格落实渡口安全监管职责，做到指导督促率达100%，渡口渡船完善安全应急设施100%，配置消防救生设备100%，渡工安全培训教育率100%。

（鹰潭市交通运输局）

【贵溪市完成5个标准化渡口建设】 5个标准化渡口是：滨江乡的羊角渡渡口，鸿塘镇的横田渡口，白田乡的枫林湾渡口，河潭镇的河潭埠渡口，金屯镇的出山渡口。

（鹰潭市交通运输局）

【余江县改善渡口硬件设施】 余江县交通运输局积极改善渡口硬件设施，完善渡船安全应急设施，加大渡船改造力度，优化渡口环境。5月投资7万元更新了一艘中童镇瑶池渡口渡船（20客位），投资89万元对上渡头、孟津门、黎浦三个渡口码头进行改造，12月底完工。

（鹰潭市交通运输局）

【樟树市水运口岸作业区码头工程使用岸线获交通运输部批复】 9月底，樟树港河东港区樟树市水运口岸作业区码头工程使用岸线获交通运输部批复。该项目系宜春市首个获交通运输部批复的港口岸线项目。樟树市水运口岸作业区拟建设2个1000吨级件杂货泊位，设计年通过能力60万吨，使用岸线210米。依托腹地丰富资源，樟树市水运口岸作业区的建设，将对完善区域内的综合运输体系、发挥综合交通运输优势，助推当地经济发展起到很大作用。

（周亚萍）

【宜春樟树港加快港口建设】 樟树港抓住建设长江黄金水道的发展机遇，依托港口总体规划，以项目建设为支撑，通过招商引资，加快港口建设步伐，对港口功能和资源进行调整整合，不断提升港口的综合能力。①积极推进河东港区水运口岸作业区建设。建设2个1000吨级件杂货泊位，年通过能力60万吨，主体工程大部分完工。②启动五码头改扩建工程建设。拟建设2个1000吨级兼顾2000吨级的散货泊位和2个1000吨级兼顾2000吨级的件杂货泊位，该项目正在申报使用岸线。③启动河西港区规划编制。在《樟树港总体规划》编制基础上，启动河东港区详规编制，描绘港区发展新蓝图。

（周亚萍）

【丰城市同田乡成功签约水上加油项目】 12月5日，丰城市同田乡与江西中油燃港能源科技有限责任公司成功签约3000万元水上加油项目。该水上加油站总投资3000万元，位于同田乡沿江村麦园（赣江）水域。项目建成后，该站柴油载荷能力达1600吨，可日供柴油200余吨，能够满足1000余艘船舶加油需求，年实现税收近3000万元。同时，该水上加油站的建立，更能有效遏制赣江水域无证水上加油行为，消除水上加油安全隐患，极大地提高赣江水域水上加油的安全性，并能彻底解决赣江水域船舶“加油难、油品差”等问题，有效降低船舶的运输成本。

（沈壮华）

【高安市建新货运码头工程通过交工验收】 4月20日，建新货运及海运工作用船停泊码头工程通过交工验收。该码头工程位于汽运城以南，锦河以北上距筠洲大桥约150米，配套工程（陆域）位于港池北侧约60米处。本工程建成1座靠泊码头，共布置2个泊位，包括1个为26.5米的100吨级货运泊位，1个为26.5米的100吨级海事工作船专用泊位。

（鞠丽君）

规划与勘察设计

【《江西省公路水路交通运输“十三五”发展规划》】 江西省交通运输厅编制完成《江西省公路水路交通运输“十三五”发展规划》。该规划是指导江西省公路水路交通运输“十三五”发展的行动指南,是编制和实施全省各级各类公路水路交通运输“十三五”发展专项规划、计划以及制订相关政策的重要依据。规划主要内容如下:

一、基本原则

适度超前,创新发展。统筹兼顾,协调发展。深化改革,转型发展。节能环保,绿色发展。民生为先,共享发展。

二、发展目标

到2020年,基本建成“安全、高效、畅通、绿色”的公路水路交通运输体系,全省公路水路交通基础设施衔接顺畅、运输服务便捷高效、科技信息先进适用、资源环境低碳绿色、安全应急快速高效、行业管理规范有序,贫困地区交通运输发展水平明显提升,适应并适度超前于国民经济和社会发展需求。

1. 公路:全面建成“四纵六横八射十七联”高速公路网,高速公路通车里程突破6000千米,全面打通29个高速省际出口;普通国道二级及以上比例达到95%,省道二级及以上比例力争达到65%;所有乡镇、AAA级旅游景点以三级及以上公路连接,基本实现25户以上自然村通水泥路,实现农村危桥改造数量与新增危桥总量动态平衡,完成乡道及以上行政等级公路隐患治理和安全生命防护工程。

2. 水路:基本建成“两横一纵”内河高等级航道,高等级航道达到795千米,全省高等级航道规划达标率达80%。九江港建成通江达海的重要航运枢纽,南昌港建成亿吨大港,推进其他区域性港口建设,逐步形成布局合理、功能完善的全省港口体系。

3. 运输场站:基本形成“无缝衔接、换乘便捷”的综合运输枢纽体系,新建综合客运枢纽不同运输方式之间换乘时间在15分钟以内,普通客运枢纽和老旧县级客运站的等级结构大幅提升。

4. 运输装备:营运客车中高级客车所占比例达60%以上;船型标准化率达到70%,运输船舶平均载重吨达到1400吨。

5. 客运服务:推进城乡客运一体化建设,大力发展公共交通。具备通客运班车条件的建制村通客车率达100%,农村客运班线公交化服务水平不断提高。

6. 货运物流:道路运输市场结构趋于合理,引导货运企业转型发展,集约化、规模化经营程度明显提升。

7. 科技与人才:推广80余项科技成果,培育行业科技领军人才8—10人,形成3—5个交通运输行业科技创新团队,具有高级职称占专业技术人员比例达到10.8%。

8. 公众服务:高速公路ETC站点覆盖率达到100%,推进城市公共交通“一卡通”跨市域应用,二级及以上客运站联网售票覆盖率达到100%。

9. 安全应急基地:建成7个国省干线省级应急保障基地,建成55个县级综合养护中心。

三、主要任务

(一)构建高品质的基础设施网络

全面推进高速公路网建设。强化普通国省道公路升级改造,大力提升全省普通国省干线公路路网通行能力与服务水平,以升级改造为重点,继续推进路网联通路、瓶颈路段建设,合理推进普通国省道绕城公路的改造,强化相邻县与县中心城区之间的通道联系,加强全省贫困地区普通国省道的升级改造力度。加大广覆盖农村公路建设,实施“提质增效、通达通畅、平安公路”三大工程,稳步推进资源路、旅游路、产业路性质的县道改造建设,进一步落实县级人民政府建管养主体责任,建立以公共财政为主的养护资金保障体系和养护管理长效机制,实现农村公路养护市场化、常态化、标准化,进一步完善指标体系和考核体系,开展农村公路养护"文明示范路"创建活动。加强内河航道与港口建设,加快推动长江江西段6米深水航道建设,提高万吨级船舶通达九江港通航保证率,加快赣江、信江高等级航道建设,推动水上服务区和锚地的建设,建设九江港、南昌港等港口,构建南昌、九江港集疏运系统建设。加强客货运站场建设。推进综合客货运枢纽场站及物流园区的建设,做好普通客运枢纽与综合客运枢纽的衔接,稳步推进县、乡、村客运站"提档升级",不断拓展延伸农村道路运输站点网络,

(二)打造交通运输服务升级版

提升公共客运便捷舒适水平,构建畅通便捷的客运服务体系。促进现代物流集约高效发展,构建集聚高效的货运和现代物流服务体系。推进多式联运加快发展,引导甩挂运输全面发展。建立健全城乡货运及物流配送体系,积极引导提升货运装备水平。

(三)推动智慧绿色平安发展

推进智慧交通发展,构建智能感知监测网络。实现交通运输协调运行。提供交通运输优质服务。提升行业数据应用效能。营造安全可靠集成环境。强化环境保护和节能减排,推进交通节能减排。强化基础设施生态保护和污染综合防治,推广资源集约利用。加强安全应急保障体系建设,强化交通运输安全生产管理。加强交通安全监管体系建设。加强交通运输应急体系建设。

(四)增强现代综合治理能力

深化交通运输改革,促进管理体制机制改革。完善现代市场体系。深化投融资体制改革。推进法治部门建设,加强法规体系建设。提高行政执法能力。提升管理与科技创新能力,优化交通运输方式技术标准体系。加强科技研发和创新。

四、保障措施:

1. 加强规划组织实施。加强规划实施的跟踪和中期绩效评估,及时把握交通运输发展中出现的新情况、新问题,适时调整规划和相关政策,积极开展交通运输专项规划的研究,进一步增强规划的指导性。

2. 加大政策支持。在积极争取国家资金的基础上,推动省级层面出台加快普通公路建设养护、内河水运发展等支持交通运输发展的政策措施。

3. 保障建设用地。争取土地政策倾斜或用地专项指标,保障和落实交通基础设施建设的建设用地。

4. 推进"人才强交"战略。构筑以"高层次创新人才为塔尖、专业技术人才为塔身、技能型实用人才为塔基"的人才结构体系,积极发展高等职业教育,培养交通行业发展需要的专业技术技能人才,为规划顺利实施提供专业人才保障。

(厅规划办)

【《江西省"十三五"交通扶贫规划》】 江西省交通运输厅于2016年3月编制完成《江西省"十三五"交通扶贫规划》。该规划明确"十三五"江西贫困地区交通运输发展目标、主要任务和政策措施,加快推进贫困地区交通运输发展,全面提升交通运输基本公共服务水平,为江西贫困地区与全省同步全面建成小康社会提供强有力的交通运输保障。规划期限为2016—2020年。

一、规划范围

包括罗霄山集中连片特困地区、国家扶贫开发工作重点县(以下简称"国贫县")、赣闽粤中央苏区县,合计57个县。

1. 罗霄山区集中连片特困区(17个县)

赣县、上犹县、安远县、宁都县、于都县、兴国县、会昌县、寻乌县、石城县、瑞金市、南康区、乐安县、莲花县、遂川县、万安县、永新县、井冈山市。

2. 国贫县(21个县)

莲花县、修水县、赣县、上犹县、安远县、宁都县、于都县、兴国县、会昌县、寻乌县、吉安县、遂川县、万安县、永新县、井冈山市、乐安县、广昌县、上饶县、横峰县、余干县、鄱阳县。

3. 赣闽粤中央苏区县(54个县)

本规划范围包括江西省赣州市(18个)、吉安市(13个)、新余市(2个)全境,抚州市黎川县、广昌县、乐安县、宜黄县、崇仁县、南丰县、南城县、资溪县、金溪县,上饶市广丰区、铅山县、上饶县、横峰县、弋阳县,宜春市袁州区、樟树市,萍乡市安源区、莲花县、芦溪县,鹰潭市余江县、贵溪市。

二、规划目标

到2020年,贫困地区全面建成"外通内联、通村畅乡、班车到村、安全便捷"的交通运输网络。形成对外衔接畅通、广泛覆盖乡镇和村庄的干线公路网、农村公路网、客运服务网络。

三、主要任务

1. 国省干线外通内联。有序推进高速公路

建设，实现贫困地区高速公路全面建成；加快低等级普通国省道提级改造，提高干线公路的服务能力和保障水平，实现贫困地区县城通二级及以上公路。

2. 农村公路通村畅乡。按照“保基本、惠民生”要求，大力推进贫困地区农村公路建设，提高农村公路网络化水平解决农村公路“最后一公里”问题。一是加快实施25户以上自然村通水泥路建设，二是有序推进人口较多的撤并建制村通硬化路建设。

3. 农村公路安全能力提升。一是加强县、乡道以及建制村优选通达村道上的生命安全防护工程建设，为建制村通客车提供安全保障。二是因地制宜、分类推进建制村优选通达线路中不能满足安全通客车要求的窄路基路面公路拓宽改造，为建制村安全通客车提供保障。

4. “交通＋特色产业”扶贫。按照“强服务，促发展”的要求，加大支持贫困地区实施一批具有资源路、旅游路、产业路的农村公路建设，加快贫困地区开发式脱贫致富。

5. 公路管养效能提高。加大预防性养护和大中修工程实施力度，大力整治农村公路路域环境，切实做到“有路必养、养必有效”。

6. 运输服务保障提升。提高贫困地区基本客货运输服务的能力和水平，更好地服务贫困地区经济社会发展和人民群众安全便捷出行。

（厅规划办）

【江西武宁至湖北阳新(赣鄂界)高速公路规划】　江西省交通运输厅完成的该路线规划是一条由赣入鄂的出省高速公路，位于江西省武宁县、瑞昌市境内。该路线的规划将形成由武宁县—瑞昌市—湖北省的一个南北联系的高速公路大通道，构建出南昌与武汉之间的快速便捷的联系通道，与区域内京港澳高速公路、湖南长浏高速公路、江西昌铜高速公路一起构建起南昌、武汉、长沙三地之间快速便捷的“三角形”城际交通网络；同时加强了大广、沪渝、福银、杭瑞、永武等高速公路之间的联系和转换。该规划路线可对江西省、湖北省乃至整个长江中游城市群及整个长江经济带发展战略的实施产生积极的推动作用。路线江西境内全长约43.2千米。

（厅规划办）

【江西武宁至湖北通山高速公路江西境内段路线规划】　江西省交通运输厅完成的该路线规划是一条由赣入鄂的出省高速公路，位于江西省武宁县境内。该项目的规划将形成由武宁县庐山西海—湖北省九宫山风景区、通山、武汉市城区的一条东南至西北联系的高速公路大通道，对于改善武宁县和通山县的交通运输条件，加强国道4与国道45高速公路的转换与联系，促进环鄱阳湖城市群、武汉城市圈互连互通，加快沿线地区经济社会的发展具有重要的意义。路线江西境内全长约23.28千米。

（厅规划办）

【萍乡“十三五”公路网规划编制完成】　2015年5月，开始启动该市“十三五”综合交通运输规划、道路运输规划、农村公路网规划，由交通部科学研究院负责编制，于2016年8月5日由市人民政府第76次常务会议审议通过下发。

（萍乡市交通运输局）

【萍乡湘东区着重打造“两个对接”】　①打造对接主城区连接线，在“十三五”期间，拟建设S533流田至桐田公路17.3千米和新湄至萍乡(长兴馆)公路5千米对接萍乡主城区。②打造对接“长株潭”连接线，在“十三五”期间，拟建设三条二级公路(油塘至金鱼石公路、国道320至小洞塘公路、茶红至长塘公路)对接长株潭经济圈。

【芦溪县编制“十三五”综合交通运输规划(2016—2020年)】　芦溪县“十三五”综合交通运输规划(2016—2020年)，阐明公路发展战略目标、明确重点工作任务、制定公共资源配置方案，包括公路建设、养护及运输等领域。该规划是综合交通运输规划在农村公路领域的具体体现，是指导“十三五”时期芦溪地区农村公路发展的纲领性文件，是交通运输部门依法履行政职责的重要依据。进行相关资料补充并完成第四次修改。

（萍乡市交通运输局）

【莲花县项目规划】　为确保公路建设合理布局和有序协调发展，更好地服务全县经济社会发展，县交通运输局科学谋划，按照“把握全局性、提高前瞻性、体现继承性、注重可行性”的原则，加强与上级的衔接沟通，努力争取项目立项建设：①普通国省道国道319绕城公路（安成大道）、省道南岭（垒里冲）至荷塘（山斗岭）公路改建项目；②东家坪至荷花博览园、浯塘至垄山口、谭坊至界化垅、界化垅至火车站等4条县道三级公路改造项目；③25户以上通自然村公路、危桥改造、安保工程、大中修和窄路面拓宽等项目；④向国家农业发展银行申请贷款（PSL）项目总资金3.02亿元。2016积极争取立项建设资金约5亿元（含PSL贷款）。

（萍乡市交通运输局）

【萍乡市编制“十三五”交通运输客货站场建设计划】 2016年6月22日，萍乡市交通运输局整合各县区交通运输局意见，编制萍乡市“十三五”交通运输客货站场建设计划，“十三五”期间萍乡市拟规划建设客货运场站47个，中客运站场34个，货运站场13个，34个客运场站中：综合枢纽站有3个，普通客运站13个（其中城市公交站5个，县乡公交站3个）．农村客运站18个；13个货运站场中：货运枢纽（物流园区）4个，普通货运站（物流园）9个。

（萍乡市交通运输局）

【《鹰潭市“十三五”综合交通运输体系发展规划》获鹰潭市政府批复同意】 《鹰潭市“十三五”综合交通运输发展规划》通过专家组审查和报市政府审批，《鹰潭市“十三五”综合交通运输体系发展规划》已经鹰潭市常务会议通过，下发文件正式批复同意实施。该规划从规划背景、总体思路等8个部分阐述遵循“创新、协调、绿色、开放、共享”的发展理念，围绕鹰潭市委提出的“主攻项目，决战‘三区’，凸现特色，实现跨越”的总要求，着力完善基础设施网络，提升运输服务品质，注重转变交通发展方式，努力推进“综合交通、智慧交通、绿色交通、平安交通”发展，基本建成现代化的综合交通运输体系，为新型城镇化和城乡发展一体化提供有力支撑，为公众出行和货物运输提供更加安全、便捷、经济、高效的服务，为全面建成小康社会提供坚实的交通运输保障。到2020年，鹰潭市对外运输通道能力显著提升，成为沟通海西、珠三角和长三角，连通中西部的重要区域性综合交通枢纽；建成以高等级公路、铁路等为骨架，普通国省干线为基础，信江高等级航道为补充，综合交通枢纽为支撑的现代综合交通体系；形成以常规公交为主体、出租车等多方式协调互补的公共交通运输体系。鹰潭市综合交通运输服务便捷高效、科技信息先进适用、资源环境低碳绿色、安全应急可靠高效、行业治理规范有序，适应国民经济和社会发展的需要。

（鹰潭市交通运输局）

【鹰潭市建立《“十三五”时期农村公路建设项目库》】 较“十二五”时期相比，“十三五”农村公路建设政策有较大变动，根据省交通运输厅的要求，市交通运输局编制《鹰潭市“十三五”期农村公路建设项目库》，全市预计县道升级改造建设里程198.657千米，乡道双车道拓宽改造建设里程699.341千米，建制村优选通达路线窄路面公路拓宽改造建设里程356.407千米。

（鹰潭市交通运输局）

【赣州市编制“十三五”交通基础设施建设规划和年度计划】 赣州市政府出台《赣州市“十三五”交通基础设施建设项目规划》《关于加快推进交通能源基础设施建设的实施意见》，建立“十三五”普通国省道建设市级规划项目库，研究确定2016年度和2017年度计划开工项目，为全市“十三五”及年度公路工作明确发展思路和目标任务，明确公路建设的资金政策和保障措施，给予国道升一级200万/千米、国道升二级100万/千米、省道升一级300万/千米、省道升二级220万/千米的补助政策，市本级统筹解决路面重建（大修）工程配套资金。

（卢旭霞）

【宜春市积极推进旅游公路建设规划】 宜春市积极推进旅游公路建设规划。靖安县骆家坪景区到宝峰旅游公路17.5千米，铜鼓县永丰到浏阳大围山旅游公路19.5千米，奉新县九仙至百丈里程30.8千米，明月山景区温汤至洪江里程21千米，已列入省交通运输厅和省发改委及省旅发委《江西省旅游公路建设规划2015—2020年》之中，其中，铜鼓县永丰到浏阳大围山旅游公路19.5千米，工可和施工图设计已完成，上报省交通运输厅，已批准列入2016年建设计划。做好旅游公路规划,已将靖安县4条107千米和奉新县3条112.7千米及铜鼓县1条8.5千米旅游公路列入该市交通基础建设“十三五”规划和《昌铜高速经济带交通专项子规划2015—2020》中。

(杨　萍)

【樟树市积极对接樟树—靖安高速公路建设项目规划工作】 2016年,樟树至靖安高速公路正式开展工程可行性研究,该项目连接樟树、高安、奉新、靖安四个县市。①相交处设在经楼镇,实现樟树、高安、奉新、靖安之间的快速联通。樟树至靖安高速公路本就是一条省内地方加密高速公路,加密高速公路的主要功能就是加强县(市、区)之间的联系,而樟树市修建的樟树新城区至经楼的双向六车道城市主干道2017年7月可全线贯通,②相交处设在经楼镇里程更短,造价更低,节约土地。樟树至靖安高速公路起点设在樟树市的经楼镇,该路的线型最顺畅,基本为直线,新建高速公路里程最短,用地少,工程造价低。③相交处设在经楼镇,与昌樟高速公路最好衔接,安全又便捷。相交处设在经楼,实现T形交叉,有空间(经楼镇北部比较空阔,便于选线),里程短,又有双向六车道城市主干道直通樟树新城区,车流量大,高速公路收费效益可观。

(温伦平)

【靖安县制订2016年交通运输发展规划】 县政府把交通发展作为经济发展的助力器,认真做好交通规划,研究确定了2016年重点计划。路网升级改造计划投入10.692亿元,农村公路(通自然村公路和危桥改造)计划投入1.5亿元。①跟踪靖安至樟树昌傅加密高速公路、南昌经靖安至修水城际铁路、南昌至靖安轻轨等重大项目。②启动并完成境内3段国道353升级改造工程,新建铁门堑隧道、新建跨罗湾水库大桥。③完成水口乡哲里至骆家坪景区至宝峰镇41.012千米旅游公路项目(包括新建三级公路28.3千米和利用原有农村公路改建三级公路12.7千米)。④改建完成香田红岗(连接昌铜高速靖安连接线)至渔桥(靖安航空护林站机场)二级公路项目3.8千米。⑤新建中源白沙坪至九岭滑雪场三级旅游公路项目7千米。⑥新建靖安宝峰(三爪仑风景区)至武宁扬洲(庐山西海风景区)三级旅游公路项目9千米。⑦2018年底全县所有25户以上自然村通水泥路。力争在2020年底县道三级及三级以上公路标准比例达总里程的50%以上,乡道双车道四级公路标准比例达总里程的20%以上。⑧解决农村公路“重建轻养”问题,切实推进农村公路管养体制改革。将农村公路养护工作经费纳入各级财政,明确管养责任,做到“建养并举”,实现农村公路管理养护的正常化和规范化,保障农村公路完好畅通和正常使用。⑨完善公共交通民生工程。进一步推动城乡公交一体化,优化客运网络,实现城、乡、村无缝对接,重点抓好县城中心旅客站和重点乡镇社会综合服务站建设,让群众出行更加安全、便捷、顺畅,低碳、绿色化,形成良性发展的公共交通服务体系。

(刘　斌)

【奉新县上富至九仙、百丈至带溪公路项目建设规划】 上富至九仙(龙头坳)公路属省道519(原省道223石镇线),是奉新县连接靖安、铜鼓、修水等县的一条重要通道,也是该县发展旅游业(百丈寺至九仙温泉)的一条特色公路,对改善沿线民生,优化投资环境,加快生态小康新奉新建设意义重大。上富至九仙公路全长20.6千米,拟按路基宽10米,路面宽8.5米的二级公路进行改造,百丈山至带溪公路全长25.5千米,拟按路基宽12米,路面宽10.5米进行改造。2016年7月,宜春市政府组织市交通局、市公路局、市发改委和奉新县政府召开协调会,就公路改造省补助,市、县资金配套达成协议。6月29日,省公路局、市公路局领导、专家和该县领导到实地察看项目现场。6月30日,省公路局在宜春召开了项目专家评审会,相关专家以及省、市公路局领导,该县分管交通公路工作的领导和县交通局、上富镇、百丈管委会、澡溪乡领导参加评审会。至12月底,九仙(龙头坳)至上富公路工可报告已获上级批准,外业测量也已完成,正在完成项目初步设计、施工图设计,开展工程项目招投标,放施工红线也已放完,正在进行涉拆房产评估,涉拆杆线实地勘察。2017年初动工建设。

(温之泗　魏振宇)

【高安市境内国道320改线北移规划】 随着社会经济的发展,现有的国道320对城镇化建设的瓶颈日益突出，经高安市人民政府研究，拟对境内国道320绕城改建，项目起于高安市大城镇招山水库北（接国道320南昌境内规划国道320桩号K340+728右侧1600米处），途经白仙岭、仪凤、官庄、赤塘、塔前、建山、莲花、港溪、燕溪、陈罗、万家、洛城、上港、终于国道320杨圩中心小学以西400米处桩号K49+374.515（即国道320桩号K379+442处），路线全长49.374千米，技术指标按照一级公路建设。设计速度为80Km/h，路基宽度为24.5米，中分带加路面23米，路面结构形式为沥青混凝土，桥涵宽度24.3米，荷载等级为公路—Ⅰ级，设计洪水频率为路基、小桥、涵洞1/100、大桥1/100。项目投资估算为20.03亿元，平均每千米造价4057.4万元。工程拟于2017年12月开工，工期30个月，2020年6月建成通车并投入运营。

（周世祥）

【宜丰县完成昌铜高速生态经济带交通专项子规划（2015—2020年）】 4月至6月宜丰县交通运输局系统分析宜丰社会经济及交通运输发展现状，配合完成规划的编制。包括概述、沿线四县发展现状、交通需求分析、交通发展定位与目标、公路网规模研究、交通运输架规划与建议、县乡村公路及旅游公路规划与建议、客货运站场规划、城镇主要道路交通衔接规划、绿色生态交通规划建议以及交通规划综合评价与保障措施11部分组成。此外，规划还以图集的方式对经济带旅游分布，城镇格局路网调整前后路网、远期规划公路网以及“十三五”升级改造国省道、县道、旅游公路建设分布、工业园（物流中心）规划布局、综合交通运输枢纽站规划布局、客货运站场规划、绕城公路规划以及旅游公交线路布局进行描绘。规划将对促进宜丰以及昌铜周边四县加快构建便捷、高效、安全、绿色的综合运输体系，转变交通运输发展方式，初步形成布局合理、结构完善、便捷通畅、绿色安全的现代交通综合网。

（漆志勇）

【国道220绕万载县城路段一级公路建设规划】

项目起点于万载县鹅峰乡昌栗高速连接线终点（国道220—K363+375），途径东田、里泉村、联和村、银田、终于国道320布城村（红太阳幼儿启蒙教育中心，K379+3483），路线全长16.108千米。项目采用一级公路标准，设计时速80千米/小时。全线需建3座大桥，4座中桥，4座小桥和1座立交桥。全线估算需占用土地面积66.1公顷，拆迁房屋63537平方米，估算总造价5.69亿元。项目路线走向是立足于万载县现有城市规划、交通现状，同时充分考虑县域经济发展方向。因此，拟建路线走向经城北、西、南面而过。万载县国省主干线仅有国道320、国道220与省道万上线，且3条主干线均在万载县城相交，随着交通量不断发展，县城交通压力逐年增加，安全隐患及事故也在逐年上升，尤其是在节假日，县城通往主干线的城郊路段是拥堵不堪。拟建路线将万载3条主干线有机地连在一起，可同时分流三条主干线的交通量，大型车辆可通过拟建公路进行分流，无再进入县城，减轻城市交通压力，亦可大大消除交通安全隐患。拟建路线建成后，无论是对城市建设、土地储备，还是企业的落户与发展，都将有了新的拓展空间。

（辛鹏远）

【宜春万载至萍乡上栗一级公路升级改造规划】

万载至上栗一级公路沿线是万载县主要的人口和经济分布区，也是对接湖南省长沙、浏阳等市的重要出省通道。规划拟在原省道万上线二级公路的基础上对其进行升级改造为一级公路，设计时速80千米/小时，路基宽度21.5米，项目起点K0+000位于省道308（万宜路）与国道320交叉处，经迎宾大道、将军西大道出万载县城，下穿铜万高速与昌栗高速公路，沿线经过马步乡、高城镇、双桥镇、潭埠镇、株潭镇，终点K52+266.654位于省道308与袁州区慈化镇交界处，全长52.266千米。需征用土地214.4公顷，估算总金额为13.2亿元。

（辛鹏远）

【万载县株潭至铁山界一级公路升级改造规划】

株潭至铁山界公路线连接株潭、黄茅万载西线生产驰名中外的万载花炮的2个重镇，其经济对万载影响较大，是宜春万载对外的交通门户。规划拟在原省道株铁线二级公路的基础上对其进行改造升级为一级公路，设计时速60千米/小时，路基宽度20米，项目起点K0+000位于省道312

(株潭城西加油站),途经石岭、南岭村、中罗村、梅家、黄茅集镇、永安村、洪炉村,终点 K16 + 853.092 为铁山界(与浏阳交界),全长 16.853 千米。需征用土地 55.5 公顷。估算总造价为 3.39 亿元。

(辛鹏远)

【国道 320 万载路段改线规划】 国道 320 是万载连接省会城市南昌市和宜春市府袁州区的重要通道,规划拟对国道 320 穿越城区段进行改线,移至县城东南侧经过。项目设计时速 80 千米/小时,路基宽度 24.5 米,起点 K0 +000 位于万载县城花炮城(县界附近),途经烟塘、王茅冲、高塘里、严坑村、麻田、石垴、鸡笼山、郑家坪、鹅仔岭、言塘里,终点 K12 +619 止于周家市(国道 320 万载县南端县界上)。需征用土地 60.6 公顷。估算总造价为 4.5 亿元。平均每千米造价 3565 万元。

(辛鹏远)

【万载县三兴至国道 320 公路建设规划更改】 2016 年上半年,拟定新建万载三兴至国道 320 二级公路,该线是连接省道 277 至国道 320 的纽带,是县境内乡镇的快速通道。该项目将万载工业园、健康产业园、三兴有机示范园连在一起,是对国省道路网的完善与补充。已初步拟定路线走向及设计标准,并通过招标,初步完成设计与施工图设计工作。项目主线拟由二级公路标准改为一级公路标准设计,一级公路起点位于万载县三兴镇省道 227,沿线经过万载健康产业园、南田棚、新塘山、大树下、竹山、汪家、棕塘、潭渡、易家车、虎形山、牛路坡、株树山、下新屋、李家、月塘里等村庄,终点与国道 320 相接,长约 9.2 千米,总体呈北南走向。二、三级公路与一级公路相交于 K3 + 900 左右,沿线经过灰山脚下、牛形、坪里、白水塘、香山、汪家、大坪、下屋仔、禾花咀、石蛇等村,终点位于万载县与上高县县界处,全长约 8 千米,其中二级公路长约 5 千米、三级公路长约 3 千米,总体呈西东走向。该项目的二次设计招标于 2017 年 1 月进行。

(辛鹏远)

【万载县西北部山区农村公路修建规划】 万载县西北部山路公路建设明显落后,为改变这一现状,充分开发县域西北部的山区的自然、人力及旅游等资源,达到经济扶贫的目的,近期对西北部农村公路进行规划,提高公路等级,完善公路网络,对接主干公路网,拟定升级改造黄茅至赤兴、潭埠至白水、双桥至仙源、三兴至高村、仙源至茭湖至九龙等 9 条公路。全长 110.435 千米,桥梁 570 延米,需征地 292.13 公顷,估算总造价 34535 万元。黄茅至茵果二级公路项目起点于万载县黄茅镇南岭村,接株铁线,途经源头村、昌集村,终于茵果村,对接潭白线,路线全长 11.757 千米。项目拟采用二级公路标准,设计时速 60 千米/小时,全线需建 11 座桥,总长 222 延米。需征地 23.5 公顷。估算总造价 5283 万元。潭埠至赤兴二级公路工程项目起点于万载县潭埠镇新开村,接万上线,途经茵果村、排江村、新田村、新华村,终于赤兴乡楼山村,对接官双线,路线全长 12.244 千米。项目拟采用二级公路标准,设计时速 60 千米/小时。全线需建 2 座小桥,总长 32 延米。需征地 24.45 公顷。估算总造价 4828 万元。潭埠排江至佰公坳三级公路项目起点于万载县潭埠镇排江村,途经梅新村、文义村、白水村、永新村、大庄村、丰兴村,终于佰公坳,对接浏阳,路线全长 14.276 千米。项目拟采用三级公路标准,设计时速 30 千米/小时,全线需建 2 座桥,总长 48 延米。需征地 28.5 公顷。估算总造价 3675 万元。④双桥至赤兴(官双线)二级公路项目起点于万载县双桥镇双桥养路队,途经龙田村、镜山村、终于赤兴乡楼山村,路线全长 6.459 千米。项目拟采用二级公路标准,设计时速 60 千米/小时,全线需建 1 座桥,总长 36 延米。需征地 12.5 公顷。估算总造价 2195 万元。⑤赤兴至仙源(官双线)三级公路项目起点于万载县赤兴乡楼山村,途经皂下村、浙桥村、潭口电站、青溪村、新市村、胜利林场,终于仙源乡仙源村,路线全长 14.220 千米。项目拟采用三级公路标准,设计时速 30 千米/小时。全线需建 3 座桥,总长 42 延米。需征地 28.4 公顷。估算总造价 3567 万元。⑥新市至界岭三级公路项目起点于万载县仙源乡新市村,途经株木村,终于仙源乡界岭,路线全长 6.785 千米。项目拟采用三级公路标准,设计时速 30 千米/小时,需征地 13.6 公顷。估算总造价 1642 万元。⑦新市至茭湖三级公路项目起点于万载县仙源乡新市村,途山枣村、双溪村、石门电站、槽头村、终于茭湖乡茭湖村,路线全长15千米。项目拟采用三级公路标准,设计时速30千米/小时。全线需建2座桥,总长56延米。需征地30公顷。估算总造价3807万元。⑧三兴至茭湖二级公路项目起点于万载县三兴镇街道,途经漕源村,终于茭湖乡茭湖村,路线全长15.367千米。项目拟采用二级公路标准,设计时速60千米/小时。需征地30.7公顷。估算总造价5495万元。⑨漕源至九龙三级公路项目起点于万载县三兴镇漕源村,途横坑村,终于罗城镇藏溪村,路线全长14.345千米。项目拟采用三级公路标准,设计时速30千米/小时。全线需建2座桥,总长102延米。需征地28.7公顷。估算总造价4043万元

（辛鹏远）

【宜春袁州区三阳至庄溪(含柏木支线)公路建设工程可行性研究报告获批】 5月16日,区发改委下发《关于三阳至庄溪(含柏木支线)公路建设工程可行性研究报告的批复》(袁区发改交通字〔2016〕1号),通过该项目的可研报告。项目处于山区,起点接320国道,经彭坊、酌江水库、百塘村,终于庄溪村南山下小组接县道(马步至槐溪),全长28.483千米。支线公路酌江至柏木,起于酌江水库,经酌江村、严岭、下老木山,终于柏木乡国道320,全长15.2千米。合计总长43.683千米。该项目按三级公路标准设计,荷载等级为公路—Ⅱ级,设计时速30千米/小时,路基宽7.5米,路面宽6.5米,项目建设工期为18个月。该项目总投资17118.9096万元,其中中央投资补助资金8748万元。

（李　庆）

【上高县东风桥至下坑公路工程可行性报告编制完成】 该项目位于上高县南港镇镜内,起于乡道Y342,起点桩号为K0+000,途经东风桥、林家、新屋里、肖家、沈家、花峰、深山里,终于上高县南港镇与新余市人和乡交界处下坑里村,终点桩号为K13+614.118,路线全长13.614千米。该项目拟按三级公路升级改造,路基宽度7.5米,路面宽度6.5米C30水泥砼路面。设计速度30千米/小时,荷载等级公路—Ⅱ级,设计洪水频率1/25,最大纵坡不大于8%,平曲线半径不小于30米。项目估算总投资5785.6404万元。该工程可行性报告于2016年5月编制完成。

（冷光明）

【宜丰县城西主干路工程和南屏路道路工程可行性报告获省发改委批复】 城西主干路起于城南环线K4+000处,自东向西,经太原坑、上屋村、真君殿、与县道570平交后,沿现状县道570(宜石公路)向北延伸,经南山坳,终于加油站附近与S319相交,路线全长4821米。主要技术标准:K0+000—K3+158.49路段采用双向四车道城市主干道标准建设,设计速度为40千米/小时,道路宽度为30.0米,汽车荷载等级城—A级;K3+158.49—K4+821路段为县道改造段,设计速度为40千米/小时,路基宽度10.米,核定工程总概算为11683.50万元。南屏路起于宜丰县南门路、公园路、沿河路等三条道路交叉路口,自北向南,上跨耶溪河,经南屏公园、金穗中学,终点接竹乡大道与城南大道交叉口,道路全长1273米。全线采用双向四车道城市主干道标准建设,设计速度为40千米/小时,道路宽度为26.0米,汽车荷载等级为城-A级;设计洪水频率:大桥为1/100。南屏大桥采用24米+5*22米预应力砼连续小箱梁、柱式墩台、钻孔灌注桩基础的桥型方案。核定工程总概算为6380.83万元。上述两个报告的获批,对宜丰打造精致县城和城南新区建设将起到促进作用。

（漆志勇）

【设计完成上高县锦江镇至人和乡棣村公路项目】 锦江镇至人和乡棣村公路位于上高县锦江镇,该项目老路路线编码为Y013。路线起讫点:本项目路线起点接县道(X556)公路南港镇东风桥,起点桩号为K0+000,终点位于与分宜交界的下坑里,终点桩号为K13+419,途经林家、新屋里、沈家、花峰、深山里、鸭婆坑,全长13.419千米。以三级公路建设标准;设计速度:30千米/小时;路基宽度:7.5米,其横断面布置为:0.5米(土路肩)+2×3.25米(行车道)+0.5米(土路肩)。路面:采用水泥砼路面;设计荷载:公路—Ⅱ级。本项目占地用地23.75公顷,路基土方254087立方米,路基石方193380立方米,防护工程2969立方米,涵洞25道,路面94700平方米,平面交叉3处,均对交叉处进行加铺转角设计,施

工单位应严格按照《公路路基施工技术规范》(JTGF10—2006)、《公路桥涵施工技术规范》(JTG/TF50—2011)等施工技术规范、规程进行施工。工程总造价4628.0193万元。在野外测量调查期间,项目组专门花一天时间就线路走向与地方道路衔接等充分征求了沿线乡政府、村委的意见,在经济合理的情况下,充分考虑了当地人民的要求,结合沿线地形和地质等自然条件、当地旅游的发展,以及其他相关因素综合考虑后形成的路线总体走向。

(黄 慧)

【设计完成宜春袁州区宜安公路至银子岭公路升级改造项目】 宜安公路至银子岭公路升级改造项目路线起点为四一四办公楼旁,起点桩号为K9+000,终点位于宜安公路,终点桩号为K23+500,途经高富村,全长14.5千米。全线按部颁《公路工程技术标准》(JTGB01-2014)三级公路标准设计,设计速度20千米/小时,路基宽度:7.5米,其横断面布置为:0.5米(土路肩)+2×3.25米(行车道)+0.5米(土路肩)。路面:采用水泥砼路面,设计荷载:公路—Ⅱ级。路面结构为:面层为24厘米厚水泥砼;基层为20厘米厚5%水泥稳定碎石;垫层采用20厘米厚碎石;挖除5厘米厚旧沥青混凝土路面6022.5平方米;破碎老路砼面板3912.5平方米,未筛分碎石垫层140070.3平方米;水泥稳定碎石基层119351.8平方米;水泥路面面层111429.6平方米。该项目工程总预算4248.7678万元,施工图设计阶段已尽量考虑了路线平、纵、横的协调组合,力争使平面线形流畅、纵坡均衡、横断面合理,与周围环境和景观相协调,以达到视觉和心理上的舒畅。

(黄 慧)

【设计完成樟树市观上镇下聂村涝溪桥危桥改造项目】 涝溪桥位于县道观上—丽村(X816360982)公路上,跨涝溪河,桥梁中心桩号K1+951.20,桥梁编号(X816L0010360982),原有一座4×6.60米,宽3.5米,全长32.0米的板桥,该桥为漫水桥,新建桥梁全长67.08米。全桥上部结构采用3×20米预应力砼简支空心板,横断面为七片空心板,空心板横断面为2片边板和5片中板,中板顶宽1.04米,底宽1.24米,边板梁顶宽1.870米,底宽为1.24米,梁高为0.95米,桥长67.08米。下部结构#1/、2#桥墩采用桩基柱式墩,0、3#桥台采用桩基接盖梁。计算行车速度:60千米/小时,桥梁宽度:全宽10.0米,桥面宽9.0米,设计荷载:公路—I级,设计洪水频率:1/50,公路等级为二级。总造价为228.4878万元,拟建涝溪桥就是解决观上镇下聂村杨家自然村人民生产、生活的重要桥梁,对完善区域农村公路网络,加快观上镇下聂村的经济发展具有重要的意义。

(黄 慧)

【设计完成宜春袁州区南庙镇南庙村南庙桥改建桥梁施工】 南庙桥位于乡道(Y086360902)中村—绿源公路上,跨南庙河,桥梁中心桩号K6+218,桥梁编号(Y086L0020360902),原有袁州区南庙镇南庙村南庙桥是乡道中村至绿源公路上的一座重要桥梁,通过实地调查,现有老桥长67.0米,宽为4.5米,为5跨石拱桥,因河道淘沙造成桥墩基础"外露",该桥2#桥墩现已被洪水冲垮,给当地人民的生产、生活造成了严重影响。现该桥新建桥长89.08米,桥梁宽度:净7.5米,采用4×20米简支预应力砼空心板,桥面连续,横断面为6块空心板,空心板中板顶宽1.04米,底宽为1.24米,板高为0.95米,空心板边板顶宽1.745米,底宽为1.24米,板高为0.95米,桥长89.08米。本桥上部构造采用20米跨径简支预应力砼空心板,桥面连续。桥梁下部构造采用柱式墩,U型桥台,扩大基础。除上部结构梁板为预制构件外,其余均为现浇钢筋混凝土构件。桥梁荷载等级采用公路—Ⅱ级,计算行车速度:20km/h,设计洪水频率:1/50,公路等级为四级公路。本项目投资213.5604万元。

(黄 慧)

【设计完成樟树市店下镇石陂至官塘三级公路改建工程】 石陂至官塘公路改建工程位于樟树市店下镇,为县道升级改造项目,本设计路线为县道X809(K13+827—K21+527),公路起点为昌店下镇,桩号为K0+000,途经淦上村、周家、官塘,大坪,终点为紫源,桩号为K7+700,路线全长7700米。原公路为水泥混凝体路面,路面宽度为4.5米,现路面类型:沥青砼路面,自然区划Ⅵ4,

江西省交通干部学院

省厅处级干部学习轮训班

市县两级纪委书记培训班

省厅学习宣讲报告会

江西省交通干部学院系江西省交通运输厅直属正处级差额拨款事业单位，成立于1984年5月，原名江西省交通干部学校。2010年12月，更名为江西省交通干部学院，成为全国交通运输行业第一家更名的省级干部学院。与中共江西省交通运输厅委员会党校、江西省交通职工中专、北京交通大学现代远程教育江西交通教学中心、武汉理工大学网络教育南昌学习中心合署办公。

学院内设办公室、党委办公室、监察室、教务处、培训处、后勤处、财务处、工会等8个处室。目前在职干部职工30人，其中高级职称3人，中级职称7人。中共党员23名。

学院新校区位于红谷滩凤凰洲，占地面积50亩，2011年11月全面建成投入使用。建筑总面积为25430平方米，由教学楼、学术交流中心A、B，学员公寓A、B，食堂等六栋单体建筑组成。配有420人会议厅1个，120人会议室1个，100人会议室1个，70人会议室2个，40人会议室2个，会议接待能力800人；168人阶梯教室1个，普通教室10个，图书室1个，40人计算机室2个，室内恒温游泳池1个，室内羽毛球场1个，网球场2个，篮球场1个。配有按四星级标准建设的单人间122个，标间88个，套间12个，可容纳500人就餐食堂1个，接待能力800人。学院设施完善，功能齐全，是一个集教学、培训、会议、住宿、餐饮等功能为一体的现代化干部教育培训基地。

120人会议室

江西省青年干部培训班班羽毛球比赛

学院大门

江西省高速公路投资

省委书记鹿心社察看都九高速鄱阳湖二桥项目建设情况

省委常委、省纪委书记周泽民参加上高管理中心梅棠管理所支部“两学一做”学习教育党日活动

全国知名券商支持江西省高速集团公司债发行启动会在南昌召开

省高速集团举办第三届“映山红杯”收费服务技能暨最美收费窗口展示大赛

江西省高速公路投资集团有限责任公司于2009年11月28日挂牌成立，2010年1月1日正式运作。截至2016年12月31日，全省高速公路通车里程为5908千米，其中集团经营管理49条5112千米，占全省通车里程的87%；集团注册资本95亿，资产总额2650亿元，资产负债1564亿元，资产负债率为59%，净资产1086亿元（2016年年报数据）；旗下直接管理11个全资及控股子公司（其中1个上市公司）、6个直属路段管理中心、11个参股子公司，共有673个所属单位、16800多名员工；经营业务除高速公路投资、建设、经营、管理外，还涉足工程施工、监理咨询、金融投资、路域经济、地产开发等领域。

一、通车里程基本达到6000千米。2016年集团承担了14个高速公路项目共计1047千米，其中年内通车项目10个、709千米，全年完成项目投资308亿元。东乡至昌傅、上饶至万年、修水至平江、铜鼓至万载、船顶隘至广昌、宁定高速等10个通车项目顺利建成，标志着全省高速公路通车里程基本达到6000千米，打通28个出省通道，全面实现“两步并作一步走，6000千米大提速”的目标。

二、融资规模达到591亿元。2016年，集团主动作为、积极争取，获得国开行专项建设基金55.16亿元、财政补助9亿元、车购税16.65亿元，引入昆仑银行、汇丰银行等省外境外资金，全年融资591亿元。其中，筹组广吉、东昌等银团贷款151.5亿元，发行中期票据、定向工具等债券融资236亿元，实现了集团在证监会、发改委和交易商协会三个主管部门债券发行的全覆盖，创造了国内注册最大单笔永续债券、国内地方企业首批注册DFI和公司债发行利率近5年新低等多项记录。

昌樟高速被交通运输部评为“绿色公路”示范项目

集团有限责任公司

全省高速公路通车里程突破 5000 千米

省高速集团举办 2016 年投资者交流会

三、收费总额突破 110 亿元。搭建了由 7 省高速运营单位、60 多个省界收费站组成的跨省绿通查验信息数据共享平台，打击宜春、新余等区域的团伙逃费行为，全年共查处逃费车 10300 辆，追缴通行费 308 万元；开展“沿着江西高速去旅游”活动，征集自驾游线路 80 余条，发布 10 条春节游线路，与 100 多家景区、酒店合作，争取了食宿、门票等优惠；开展收费服务技能暨收费窗口展示、用户满意收费窗口评选活动，做好了 G20 峰会、重大节假日等时期的通行服务保畅。2016 年，在重大节假日小型客车减免 6.88 亿元、上缴财政统筹约 23 亿元的基础上，全年通行费收入达 113 亿元。

省高速集团召开 2016 年工作会议暨二届三次职工代表大会

四、附属产业产值预计达到 41 亿元。集团所属经营性子公司业绩得到提升：开发公司实现营收约 24 亿元；交通咨询公司切实做好宁安、昌宁南昌连接线等代建项目和监理业务，产值达到 1 亿元；畅行公司推进“服务区＋”经营模式，实现营业收入约 1.5 亿元；赣粤工程公司抓好了项目建设及 800 多千米高速养护业务，产值达到 13 亿元；天驰公司引入中交路桥为战略投资者进行股份制改造，做好检测、设计咨询业务，营业收入 4720 万元；物资公司深耕沥青钢材统购及销售业务，产值达到 26.28 亿元；嘉和公司大力开展监理、咨询、桥梁加固施工等业务，实现产值 0.7 亿元。同时，集团积极推进多元产业经营，加快了引央企入赣步伐，与中石化合资组建了高速石化公司；成立了高速电建新能源公司，启动分布式光伏项目一期建设，在集团 84 个所站（养护中心）、48 对服务区全面铺开，并网容量达 12.7 兆瓦，成为国内高速公路首个分布式光伏项目。

沿着江西高速去旅游 2016 踏春自驾线路发布会

五、打造了优美的路域品牌。全年投入养护资金 7.8 亿元，其中日常养护投入 1.9 亿元，大中修养护工程投入 5.9 亿元。加强日常养护管理，编制集团“十三五”养护发展规划，开发应用养护管理平台系统，建立日常巡查车辆和保洁人员监控信息平台，并在赣州、宜春等路段单位试点。抓好路况路貌整治，投入 2.6 亿元对通车年限较长的泰井、鹰瑞等路段进行预防性养护，投入 2800 万元对温沙、景婺黄等 14 条路的桥梁病害进行维修。开展标准化示范路段和标准化示范桥梁建设，在每个路段单位重点打造了 1–2 座示范桥梁，对吉莲、永武等 11 个路段进行了绿化补植。

六、打造了特色的服务区品牌。完成了横市服务区的改造，实施了鄱阳、吉安等 19 对服务区防雷系统、视频监控、发电机组的改造维修，对遂川、新余等服务区污水处理设施进行改造；与省旅发委等合作，依托“江西风景独好”品牌，探索“服务区＋”新型业态，推动江西旅游综合信息、本土特色商品进服务区工作，引进麦当劳、清真拉面等特色品牌，推进了“驿购”便利店、“驿家人”微信商城等经营。全年实现营业收入 3 亿元，利润超 8000 万，南城、泰和东等 7 对服务区被省厅授予五星级服务区。

江　西　省　道　路

王爱和厅长与省运管局、技校班子交流座谈

中共江西省公路运输管理局第二次党员大会召开

2017 年，在省委省政府和省交通运输厅的坚强领导下，在交通运输部的正确指导下，全省道路运输系统广大干部职工以改革发展为己任，开拓创新、攻坚克难，积极践行先行使命，行业转型稳步推进，改革步伐坚实有力，圆满完成了交通运输部、省厅规定的任务，道路运输各项工作取得了新的发展。

过去一年的工作取得了两项重大突破：一是《江西省道路运输条例》（简称条例）修订工作圆满完成，并将正式实施条例。在落实“放管服”改革、激发市场活力、强化安全监管等方面取得了显著的成果；二是机动车驾驶员培训系统与公安机关的考试系统实现了对接，这项工作我省走在全国前列，是首个实现对接的省份。此外，出租汽车行业改革工作成效显著，全省 11 个设区市出租汽车行业改革方案全面落地；九江至昌北机场“定制客运”试点工作初见成效，客流回升明显，企业利润增长较快；我省道路客运转型升级指导意见即将出台；德兴市和贵溪市成功入选交通运输部城乡交通运输一体化建设工程；驾培行业“先培后付”服务模式实现全省驾培机构全覆盖；无车承运人、危货电子运单、国家公交都市、省级公交城市、镇村公交、汽车维修电子健康档案等一批试点工作多点开花；加大简政放权力度，取消了新建综检机构的筹建申报和检测

深入开展 2017 年道路春运“情满旅途”活动

江西道路长途客运实行实名制管理新闻发布会召开

运　　输　　管　　理　　局

江西省道路运输系统二部职工收看中共十九大开幕会直播

江西省 2017 年“公交出行宣传周”活动启动

能力现场专家评审工作，放开了综检机构数量和布局控制；持续强化安全监管，与公安交警、安监等部门联合开展“道路运输平安年”、安全生产大检查、平安交通专项整治、夏季百日安全生产专项行动等各类活动。中共十九大、厦门金砖领导人会晤等重点时段和重大活动期间，全省未发生一起较大以上安全生产事故，道路运输行业安全生产监管和维稳能力得到提升。运管系统和运输行业迈出了主动作为、转型发展的有力步伐。

营运车辆联网联控保障道路运输安全

2017 年江西省“振兴杯”交通运输行业
汽车维修工职业技能竞赛

抓基层 强素质 全省运管所长培训班举办

江西交通

开展“两学一做”学习教育

党员宣誓：践诺于行

帮扶助建社区书屋

昌九高速——江西交通咨询公司监理的江西省第一条高速公路

江西交通咨询公司是江西省历史最悠久，也是规模最大的交通监理企业。2009年底，经省交通运输厅批准，公司更名并划为江西省高速公路投资集团有限责任公司下属的全资子公司。公司从性质单一的监理企业，升级成为工程监理、项目代建，工程咨询、试验检测、交安施工、勘察设计的综合性交通技术服务企业，开启了发展转型的新篇章。

公司具有全民所有制独立法人资格，注册资金1200万元。拥有公路工程、水运工程监理甲级、特殊独立大桥、特殊独立隧道、公路机电监理专项、工程咨询甲级、试验检测乙级、公路工程设计丙级和交通安全设施施工专项等资质，获得了对外经营许可权，是国内资质最全的交通监理企业之一。

成立至今，公司坚持“水陆并进”的策略，累计完成3000余千米高速公路、52座特大桥、22座特长隧道、600余千米航道整治、4处水利枢纽和6个大型码头工程的施工监理，所监理的项目均被评为优良工程；累计完成招标咨询和招标代理业务项目20多个、施工图设计审查项目近30个、可研和项目后评价项目6个、PPP咨询项目1个等；近七年连续代建完成高速公路新建项目10个，总长1049.343千米，概算投资621.95亿元，并承担了“代建＋监理一体化”等多项重要改革试点任务；年内即将开工建设的项目1个，正在开展前期工作的项目2个。

创造了多个“第一”，监理了江西第一条高速公路——昌九高速公路，第一座高速斜拉桥——鄱阳湖大桥，第一座高速公路隧道——雁列山隧道，第一个集装箱码头——南昌港集装箱码头，最长的高架桥——药湖高架桥，代建了江西第一座斜拉桥——南昌新八一大桥，交通运输部“十二五”第一个“科技

景婺黄高速——公司承接的江西省第一个后评价项目

咨 询 公 司

井冈山隧道——江西最长公路隧道

雁列山隧道——公司监理的江西第一条隧道

示范工程”——永修至武宁高速公路，江西最长公路隧道——井冈山隧道，第二长公路隧道——雩山隧道，江西一次性投资最大、施工难度的高速公路项目——南昌至宁都高速公路；完成了江西第一个高速公路后评价项目——景婺黄高速公路项目。

公司坚持“科技兴企”的理念，走“产学研”相结合的道路，不断加大科技投入，加强科技创新能力。2017 年，被评为“国家高新技术企业”。公司承担的项目也荣誉纷呈，监理的九江长江公路大桥荣获“2014—2015 年度中国建设工程鲁班奖”，咨询的景婺黄高速公路项目获得第十一届中国土木工程詹天佑奖，代建的永武高速公路、井睦高速公路项目被评为“国家优质投资项目”，代建的井睦高速公路、昌宁高速公路获得交通运输部、国家安监总局公路水运建设“平安工程”冠名，井睦总监办交通运输部评为“公路水运工程优秀总监办”等。

公司监管一体化工程——井睦高速公路

扬帆正遇东风来。公司未来将以“走出去”为主线，补短板，强根基，深化发展转型；以“精益化”为抓手，细耕作，挖内潜，加快提质增效，为企业永续发展，打造“百年老店”奠定坚实基础。同时，扎实推进企业体制改革，努力打造符合市场规则、国内行业领先、具有国际竞争力、具有较强带动力的“全过程咨询”交通技术服务企业。

南昌国际集装箱码头——公司监理的江西吞吐能力最大的现代化集装箱专用码头

昌宁高速——公司代建的江西高速建设史上一次性投资最大的项目

江西交通咨询中心大楼

鄱阳湖大桥——监理的江西第一座高速斜拉桥

永武高速——公司代建的江西省第一条科技示范路

江 西 赣 粤 高 速 公

中国工程院土木、水利与建筑工程学部院士、中国公路学会常务理事、公路工程教育部重点实验室主任郑健龙就"昌樟改扩建项目新老路基试验段工程研究"课题进行调研

省人大常委会副主任洪礼和在省交通运输厅党委书记、厅长朱希等陪同下，看望慰问服务区工作人员

省高速集团董事长、党委书记王江军来到"两学一做"学习教育基层联系点参加活动

江西赣粤高速公路股份有限公司系江西交通运输骨干企业和省内唯一一家公路类上市公司。公司1998年3月成立，2000年5月在上海证券交易所上市，股票代码"600269"。经过十多年的艰苦奋斗、励精图治、开拓创新、稳健经营，走出了一条具有自身特色的赣粤高速发展之路。公司现经营管理昌九、昌樟、昌泰、九景、温厚、彭湖、昌奉、奉铜等八条高速公路，管养总里程796千米，占江西省现有高速公路通车总里程6000千米的13.27%。旗下有3家路段管理处、8家控股子公司、6家参股公司。截止2016年底，公司总资产320亿元，净资产142亿元，净资产、净资产收益率和每股收益等主要经营指标长期稳居全国同

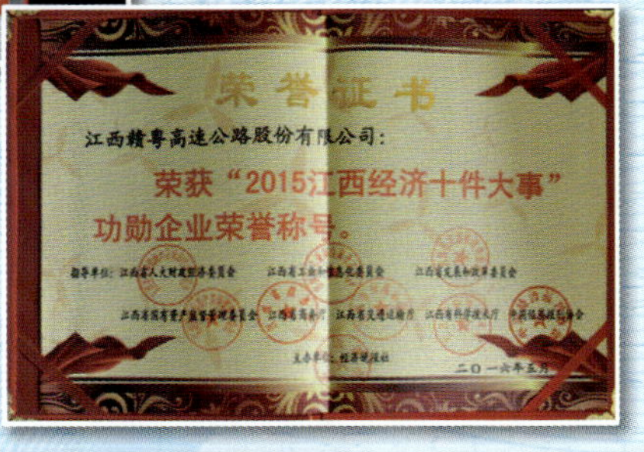

赣粤高速荣获"2015江西经济十件大事"功勋企业荣誉称号

昌樟高速公路改扩建项目顺利通过交通运输部绿色交通示范项目考核验收

路　股　份　有　限　公　司

省交通运输厅党委书记、厅长朱希以普通党员身份参加“两学一做”学习教育党日活动

省交通运输厅党委委员、副厅长王昭春察看昌九高速公路改扩建项目前期工作进展情况

行业上市公司前三甲。公司充分发挥上市公司优势，拓宽融资渠道，开展融资创新，累计筹（融）资超过330亿元，成为江西交通建设重要的投融资平台。公司先后实施昌九高速、昌樟高速药湖大桥和九景高速技术改造，独立投资、自主建设彭湖、昌奉、奉铜高速，实施服务区提升改造工程三年会战，建成峡江、石钟山、庐山等一批精品服务区，为全省高速公路建设、改造和服务区经营管理探索了有益的经验。公司曾荣获第五届全国企业文化奖，连续九年荣获中国上市公司最佳董事会“金圆桌奖”，连续八年入选中国服务业企业500强，连续八年荣获“江西省优秀企业”称号，入选“江西领军企业50强”。

赣粤高速与江西省交通干部学院签订战略合作协议

公司经营范围为：项目融资、建设、管理、经营；公路、桥梁和其他交通基础设施的投资、建设、管理、收费、养护管理以及公路、桥梁和其他交通基础设施的附属设施（汽车维修、加油站、餐饮、广告等）的开发和经营；高等级公路通讯、监控、收费系统及其设备、交通配套设施的生产、加工、销售及施工；交通工程咨询；苗圃和园林绿化；筑路材料加工和经营。

赣粤高速召开2016年工作务虚会，为“十三五”及全年工作布好局

赣粤高速召开2016年工作会议暨三届二次职工代表大会

江 西 交 通 职

建校 60 周年校友合影

省厅领导考察校史馆

纪念活动场景

南大门

2016 年 11 月 19 日，江西交通职业技术学院建校六十周年纪念大会在校召开。时任省交通运输厅党委书记、厅长朱希，原省交通运输厅党组书记、厅长宋军，省政府办公厅副主任熊科平，省交通运输厅党委委员、总工程师胡钊芳，省交通运输厅党委委员、副厅长梁必康、谢德强、王昭春，省交通运输厅副巡视员王圣义、吴铭汉，省商务厅副巡视员裴晓华，省文化厅副巡视员丁跃及其他各级领导、嘉宾到会祝贺。学校离退休干部教师代表、在校师生员工代表，以及从祖国各地专程回到母校的校友参加了庆祝大会。此前，学校策划了一系列庆祝活动，重新编印《江西交通职业技术学院校史（1956—2016）》，新建了校史馆，对学校 60 年的发展历程回顾、展示、总结。

学院创建于 1956 年，前身为交通部南昌公路工程学校，2002 年成为高等职业技术学院，是国家骨干高等职业院校、全国交通高等职业教育示范院校、江西省首批示范性高等职业院校和首批联合培养应用技术型本科人才试点院校，是国家优质高职院校立项建设单位。

学院占地面积 850 亩，建筑面积 37 万平方米，全日制在校生 11000 余人。开设道路桥梁、汽车运用、物流管理、轨道交通等 29 个专业。建有国家级重点专业 6 个、教育部示范专业点 4 个、省级特色专业 6 个、省部级骨干专业 10 个，国家级精品课程和精品资源共享课 4 门、省级精品课程和精品资源共享课 50 门、省级精品在线开放课程 20 门。荣获国家级教学成果奖 2 项、省部级教学成果一等奖 5 项。

学院依托行业成立了政、行、企、校等多方参与的合作发展理事会，与多家知名企业深入开展合作，学生综合素质不断提高，先后获得全

校园俯瞰

业 技 术 学 院

建校 60 周年校园纪念活动

学生活动中心

国职业院校技能大赛“现代物流”和“汽车营销”赛项团体一等奖,人才培养质量得到社会和用人单位的好评,连续被评为“江西省普通高校毕业生就业工作先进单位”。

学院建有具备交通行业甲级设计资质的设计院等产教实体，与省交通运输厅在校内共建省交通运输工程档案馆。参与了多条高速公路和国省道改造的勘察设计、试验检测和咨询监理。是全国优秀公路科普教育基地、国家海事局内河船员培训基地、国家级职业院校骨干教师培训基地。与省内外多所职业院校建立了良好的对口支援与交流关系，与西藏天路股份有限公司等开展合作，为西部培养了一大批交通建设人才。

近年来,学院先后荣获“全国高等职业院校服务贡献 50 强”“高职院校创新创业示范校 50 强”“全国工人先锋号”“全国交通运输系统先进集体”“江西省文明单位”“江西省五一劳动奖状”等荣誉称号。

教学楼

学生食堂

物流实训场地

机电信息楼

教学楼

江西省交通工

庄严宣誓——开展理想信念教育实践活动

党旗插在工地上——把党建工作与工建工作有机融合

江西省交通工程集团公司（以下简称“江西交工”）系江西省唯一公路工程施工总承包特级企业，成立于1997年，2013年完成合并重组，2017年划入江西省高速公路投资集团有限责任公司。公司主要从事公路、桥梁、隧道、市政、水利水电等基础设施勘察设计、施工、养护、招投标咨询代理和项目代建管理，以及交通基础设施投资、园林绿化、软件研发、沥青供应和房地产开发业务等，现有注册资本11.75亿元。

江西交工下设5个全资子公司和5个直属机构，全资子公司分别为：省公路桥梁工程有限公司（前身为江西省公路桥梁工程局）、省公路工程有限责任公司（前身为江西省公路机械工程局）、省交通工程集团投资有限公司、省交通工程集团养护有限公司、恒通检测有限公司；直属机构分别为：省交通建设工程有限公司、省交通工程集团海外有限公司、省交通工程集团经营有限公司、集团公司设计分公司（未正式运作）、三清山环山公路管理处。目前公司职工总数1795人。截至2016年12月31日，总资产达134.29亿元。

桥墩施工

江西交工是省内具有悠久历史的公路建设骨干企业，以商业、施工模式创新，在高速公路标准化建设、安保工程实施、设计施工总承包和投融资等方面，创造了江西交通公路建设史上的多个第一；具有丰富的项目建管经验，先后完成包括全国一次性开工建设里程最长的济广高速鹰瑞段在内的10条高速公路项目的代建，完成1个高速公路设计施工总承包项目，2个高速公路路面施工总承包项目，目前正在进行1个高速公路改扩建施工总承包项目，正参股开发建设新建县长陵新区“新建城”生活配套3000亩土地开发建设项目；具有较强投融资发展实力，先后投资完成4条普通收费公路（大桥）、10多

昌栗高速江头高架桥

程　集　团　公　司

保质量，保安全，保进度。在高速建设一线，参建人员通力配合，打好质量安全这场没有硝烟的战役

鹰瑞高速

项目建设者在桥梁架设现场进行日常巡检

个市政项目、15个地产开发项目，现进行惠州隆生大桥BOT工程等投资项目；具有省内最强公路施工科研技术力量，拥有1个省级企业技术中心、1个研究生联合培养基地、1个公路施工与装备工程技术研究中心，国家级工法3部，发明和实用新型专利技术23项，牵头编撰了国家和省部级行业技术标准3部，各项科技技术指标位居全省前列；具有强烈国际意识和社会责任，曾在80年代出色完成伊拉克、科威特、阿拉伯也门共和国等援外公路建设项目，参与新疆江西二大道、汶川地震灾后重建等援建项目。南昌市新八一大桥、浙江杭千和黄衢南高速、江西景婺黄（常）高速、井睦高速设计施工总承包项目、昌宁、昌栗高速路面总承包项目和丰厚一级公路BT项目，以及高安瑞阳新区安置房建设、“新建中心”城市综合体项目建设等代表的省内外优质项目，受到社会各届高度好评，彰显企业雄厚投资和建设管理实力。

江西交工是全国首批公路建设百家诚信企业、首届江西最具影响力企业，第十一届中国土木工程詹天佑奖主要参建单位，荣获全国公路建设行业最高质量奖、江西省“十五”“十一五”重点工程建设先进施工单位、江西省第十三届文明单位，南昌市第十四届、十五届文明单位、江西省优秀企业等荣誉，2015年获得南昌市扶残、助残先进单位称号。

江西交工正以做大做强做优为目标，坚持以市场为导向，以项目为龙头，以管理为基础，以技术为支撑，以效益为中心，以文化为凝聚，致力于打造跨行业跨领域并集投资、设计、开发、施工、运营于一体的综合建筑区域龙头企业，公司愿与社会各界朋友一起，增进了解，加强合作，实现共同发展。

夜幕降临，高台薄壁墩吊篮施工

面层摊铺

高速公路摊铺

江西省公路工程

和谐工程

路面摊铺

施工技术观摩

入党宣誓

江西省公路工程有限责任公司于2014年正式注册成立（原江西省公路机械工程局成立于1994年），是江西省交通系统首家通过ISO 9002国际质量标准认证（现已升级到ISO 9001:2000版）的国家公路工程施工一级总承包企业，具有市政公用工程施工总承包一级，路基、路面、桥梁、隧道专业承包一级，公路交通工程（公路安全设施）专业承包一级等资质。企业注册资本金为3亿元，现有正式员工381人，各类专业技术人员258人。

公司始终坚持“立足行业、多元发展、超越自我、追求卓越”的宗旨，大力加强企业文化建设，深化机制改革，强化内部管理，紧扣市场脉搏，在开拓创新、和谐创业中不断发展壮大，现已发展成为集公路、桥梁、隧道、交通工程、公路养护、市政建设、水利水电等工程建设及工程勘察设计、设备租赁、招投标咨询代理、园林绿化、软件开发、对外贸易、沥青改性等业务为一体、多元化发展的现代化集团式施工企业。

近年来，公司积极参与省内外重点工程建设，取得令人瞩目的可喜成绩，施工队伍日益壮大、施工能力和施工水平进一步提高，先后参建江西省内外20多条高等级公路的工程建设，足迹遍及全国20多个省市（自治区）。2008年公司代建了迄今为止国内一次性开工建设里程最

生态高速

有 限 责 任 公 司

架梁施工

高速互通

长高速公路建设项目——鹰瑞高速公路；2016年承接的G322宜黄黄陂至乐安鳌溪段新建工程项目是江西省交通系统首个正式开工建设的PPP模式项目，也是该公司在PPP模式业务方向的里程碑项目，对今后开展PPP模式业务、拓宽公路建设市场都具有极其重要的意义。

大路当歌，大气无形，大音希声。江西省公路工程有限责任公司每位员工将以“修筑完美之路，构建和谐企业，优质回馈社会”为使命，励精图治，锐意进取，并愿与社会各界携手奋进，共创美好未来，为交通、公路事业的跨越式发展而不懈奋斗！

瑞金互通

优质工程

高速大桥

高速隧道

高速大桥

江西省交通设计

永武高速公路庐山西海南山一桥

鄱阳湖湖口大桥

江西省交通设计研究院有限责任公司（原名：江西省交通设计院），成立于1975年，隶属于江西省交通运输厅，是全省唯一的拥有公路行业全部甲级资质的综合性设计院。院现有职工460余人，其中国家工程设计大师1人，教授级高工28人，高级工程师185人；拥有中国公路百名优秀工程师、交通运输部科技英才、江西省新世纪百千万人才等优秀人才12人。业务范围涵盖了公路、桥梁、隧道、市政、航道、港口、房建、园林和交通机电等工程项目的可行性研究、勘察设计、工程咨询、工程检测、工程监理、工程施工、工程投资和工程总承包。

建院40年余来，我院始终以交通基础设施建设排头兵、先行者为己任，立足全省、放眼全国、走向世界，工程勘察设计项目遍及全国十余个省区和多个亚非国家，承担了江西省内绝大部分高速公路、特大公路桥梁和特长公路隧道，以及部分港航工程的勘察设计。累计完成省内外高速公路勘察设计里程5000余千米；完成特大桥梁设计数百座，其中的著名大桥有南昌新八一大桥、鄱阳湖湖口大桥、鄱阳湖第二公路大桥、九江长江公路大桥等；完成特长隧道设计20余座。

九江长江公路大桥

德兴东枢纽

研究院有限责任公司

大广高速与昌铜高速枢纽

抚吉高速公路

我院历来十分重视科技进步，在“人才兴院、科技强院”的方针指导下，以创新为动力，不断提高产品的科技含量。是国家高新技术企业、博士后创新实验基地和江西省公路桥梁工程技术研究中心，一批具有自主知识产权的科技成果正积极地转化为生产力。40 余年的风雨历程，不仅锤炼出了一支技术精湛的勘察设计团队，而且创造出了众多品质精良的勘察设计作品。荣获国家科技进步奖、土木工程詹天佑奖，以及国家优质工程、优秀勘察、优秀设计、优秀咨询和优秀软件奖等国家级奖项共计 20 余项；荣获省部级优秀勘察设计和科技进步奖项共计 200 余项。产生了显著的经济效益和社会效益。

近年来，我院以“人本理念、质量至上、追求卓越、报效社会”的企业管理方针为支撑，生产不断发展，实力不断增强，效益不断提高。先后荣获全国工程建设管理先进单位、全国工程勘察先进单位、全国优秀设计院、全国勘察设计行业创新型优秀企业、江西省文明单位等称号。展望未来，全院职工将始终站在新的起点上，与时俱进，奋发有为，为国家的交通运输建设事业再立新功。

设计院大楼

井睦项目厦坪枢纽互通

赣州市交通运输局

腾飞中的赣州航空事业

赣州市章江大道

2016 年，赣州市交通运输局领导班子紧紧围绕市委“六大攻坚战”重大决策部署，解放思想、内外兼修、北上南下，全面加快推进交通基础设施建设，为赣州市打好六大攻坚战，同步实现小康目标提供了坚强的交通运输保障。市局被评为全省交通运输工作先进单位、全市绩效考核先进单位、省级文明单位。

赣州至香港的客运班线

（一）着力推进重大项目建设，扩投资稳增长效应明显。全年交通基础设施建设完成投资 333.7 亿元，位居全省第一，受到省厅嘉奖和市委市政府的高度肯定。其中高速公路建设完成投资 102.8 亿元，建成兴赣、宁安、安定（含定南联络线）3 条高速公路，开工建设广吉高速公路，全市高速公路通车里程达 1441 千米，是全省通车里程最长的设区市；国省道升级改造和大中修完成投资同比增长 161.62%；农村公路建设完成投资同比增长 131.16%。黄金机场改扩建累计完成投资 5.16 亿元，瑞金机场项目前期加快推进。物流项目建设完成投资 62.23 亿元，同比增长 235.49%。

（二）着力推进政策项目落实，北上争资争项成绩显著。交通运输部将赣州市 18 个县（市、区）交通基础设施建设列入《“十三五”交通扶贫规划》，项目和资金规模均位列全省首位。省交通运输厅全年共安排国省道建设补助资金 10.3 亿元，占全省计划总额的 20%；安排农村公路建设补助资金 10.21 亿元，均创历年新高。

（三）着力推进交通民生工程建设，交通扶贫成效突出。农村公路建管养一体化建设成为全省样板，被评为全省“十二五”农村公路养护管理先进，江西新世纪汽运集团有限公司获全国五一劳动奖状。积极探索农村公路养护就业扶贫新模式，挂点帮扶的宁都县小布镇入选全省“十大休闲旅游小镇”。

收费员进行半军事化训练

（四）着力推进行业管理创新，支撑保障能力明显提升。运输保障能力不断增强，道路运输市场更加有序规范，公路治超全面推进、成效明显，高速公路行车环境大为改观。交通依法行政的能力和水平明显提升。全年未发生一起重大安全生产责任事故和群体上访、越级上访事件。

（五）着力推进交通投融资体制改革，交通持续发展能力明显增强。新组建了赣州市交通投资集团，交通建设融资创新迈出坚实步伐。全省第一个落实国省道建设项目贷款；全市农村公路建设申请农发行融资贷款 130 亿元，占全省交通系统申请农发行农村公路建设融资贷款总额的 39.6%。

壮观的赣州大桥

新建成的宁安高速公路

江西省赣南公路勘察设计院

寻全高速公路

赣州至大余高速公路

江西省赣南公路勘察设计院（原赣州公路分局科研设计室）创建于1962年。经过半个多世纪的艰苦创业，现已发展成一家具有国家工程勘察甲级、工程设计甲级、工程咨询甲级、工程招投标代理乙级的勘察设计单位。主行业为公路、市政道路和桥隧的勘察设计与工程咨询。

本院人才济济 技术设备先进，业务水平精良。拥有GPS全球定位仪，全站仪、数字化彩色工程复印机、大型彩色扫描仪、数字化仪等数字化配套设备。还拥有土工材料实验、工程地质钻探、物探等设备，配有公路、桥隧、岩土工程等专业勘察设计CAD软件。

职工拔河比赛

本院注重勘察设计质量，重视科技进步。在2001年就通过了ISO9001:2000国际质量体系认证。业务范围立足江西，并进入广东、福建、湖南、河南、新疆等外省市场，取得了良好的经济效益和社会效益。近几年来，荣获交通运输部勘察设计奖一项、省级优秀勘察设计奖八项、厅（市）级勘察设计奖十多项、科研项目奖十多项。优质高效地完成了赣州至大余高速公路（三益～梅关段）、赣州绕城高速公路、大广高速公路龙南里仁至杨村段（赣粤界）、寻乌至全南高速公路（寻乌至信丰段）、宁都至定南（赣粤界）高速公路定南联络线等一大批重大项目工程的勘察设计。重质量、守信誉的承诺得到了业主的满意，获得了交通系统及地方各界的一致好评。

赣县梅林大桥

展望未来的美好前程，我们将本着“一流的勘察，一流的设计，一流的服务”理念，立足赣州，面向全国，服务于交通建设，努力为国内外交通基础建设作出新的更大的贡献。

绕城高速公路赣州东互通

赣州市西河大桥

赣州绕城高速公路

赣州市章江北大道

赣州市公共交通总公司

江西省“公交城市”创建工作督导会

喜迎十九大、共筑公交梦

礼让斑马线、公交司机勇争先

2017 年，赣州市公共交通总公司在市委、市政府的坚强领导下，在市国资委和相关部门的大力支持和关心下，以十九大精神为鼓舞，紧紧围绕《城市公共交通“十三五”发展纲要》和市委、市政府“打好攻坚战”的决策部署，深入推进“公交城市”创建，全面推动公交优先发展政策措施的快速落地，紧扣年度经营管理目标，求真务实，改作风提效率优服务，主动靠前，积极谋划，企业发展成效显著。

一是基础设施建设步伐加快。公交基础设施项目列入市政府民生实事工程，中心城区公交场站项目三年建设计划和港湾式站台改造有序推进。二是服务管理水平显著提升。改作风提效率优服务不断深入，通过媒体公开 7 项服务承诺，公交服务水平再上新台阶；初步形成了以常规公交为主，大站快线、村镇微公交、定制公交及通勤公交等多种公交服务模式互为补充，相互衔接的城市公交营运格局。全年新增公交线路 6 条，营运线路达 68 条；智能公交全面发展，中心城区所有公交车辆实现视频监控、智能 GPS 调度和应急处置报警管理，卡、码支付乘车互联互通逐步普及，智能电子站牌大力推广，掌上公交 APP、智能化、人性化服务体系更趋完善；公交综合防控体系建设有序推进，设立公交警务室，成立公交巡防大队，初步实施“警企”联防联控机制。

三是企业创新发展取得突破。公司以划转市国资委监管为契机，以夯实公交主业为抓手，着眼市场发展前景，着力推进企业多元化发展。城市公共交通发展成果丰硕，兼营广告发布、公交出租车、公交旅游包车、政府公务用车等业务日趋成熟，出租车公司租赁部成功组建，加油加气站、新能源充电桩、公交场站综合开发、车辆保险和对外维修等业务有序推进，公交事业迎来发展新前景。京九路公交加油站通过挂牌招标确定新合作经营单位。

公交婚车定制，推动移风易俗，倡导婚事新办

突发事件应急演练

四是精神文明建设深入推进。企业精神文明建设与全国文明城市创建工作齐抓并进，公交文明新风尚深入人心。创新开展富有公交特色的“礼让斑马线、公交司机勇争先”和“公交婚车专属定制”等主题活动，深得市民赞赏。2017 年，公司荣获市文明单位和全国公交驾驶员节能技术大赛最佳组织奖，赣州公交志愿服务队获得赣州市“十佳”优秀志愿服务组织，K2 线路荣获“赣州市三八红旗集体”等荣誉称号。

成立公交警务室

公交出行宣传周暨赣州市公交卡码 互联互通上线启动仪式

南 昌 北 管 理 中 心

南昌北管理中心在“两学一做”学习教育中率先推出“党员固定活动日”制度，确定了志愿服务、党员互动、参观走访、结对帮扶、岗位竞赛等12个活动主题，被高速集团评为“最具影响力活动”。在全省“三评一树”活动中，被评为“优秀学习教育创新案例”

中心组织机关党员参观八一起义纪念馆，让党员干部的情感受到冲击、心灵得到净化、思想得到升华

中心组织党员干部赴甘祖昌故里，开展革命传统教育，慰问了全国道德模范龚全珍，为莲花县特殊教育学校智障学生捐赠了一批书籍及绘画工具

南昌北管理中心的（原昌九高速公路管理处）成立于2009年6月，隶属江西赣粤高速公路股份有限公司。负责福银高速昌九段（117.731千米）、枫生线昌九段（1.620千米）、机场高速公路（2.263千米）和西外环（2千米）共123.614千米的运营管理。

内设党委办公室、综合事务部、人力资源部、收费管理部、工程技术部、财务审计部、纪检监察室、安全监督部、工会等9个部门。下辖昌北、机场路、新祺周、艾城、田塘、通远、沙河、邹家河、庐岛9个收费所（含13个收费站）、1个信息中心和1个养护应急管理所，现有职工855名。

南昌北管理中心先后荣获全国五一劳动奖状、全国杰出青年文明号、全国巾帼文明示范岗、全国交通行业十佳文明示范窗口、全国职业道德建设十佳单位、全国模范职工小家、国家级职工书屋、全国“五五”普法先进单位、江西省文明单位等省部级以上荣誉99项。

中心党委发动全体党员手工制作政治生日贺卡，并进行了评比

在春运即将到来之际，昌九改扩建进入攻坚阶段，为落实省委省政府领导的殷殷嘱托，南昌北管理中心以“五个到位”（思想认识到位、设备人员到位、协调合作到位、信息发布到位、应急措施到位）吹响保安全保畅通“集结号”

中心以自编、自导、自演的“快闪”节目等丰富多彩的形式，增强了吸引力，掀起了学习宣传贯彻十九大精神的热潮

中心推出“五个一工作法”（一项制度定规矩、一把尺子论长短、一根标杆作示范、一面镜子找差距、一把钥匙开一把锁），走出了一条具有“昌九特色”的嬗变之路，让文明服务的理念深入人心，让微笑服务成为一种良好的职业习惯

江西远洋

江西国际集装箱码头有限责任公司全力生产增箱量

奋力拼搏保生产

缅怀革命先烈 践行“三严三实”

武汉中远物流

江西远洋运输公司创建于 1982 年，由中国远洋运输（集团）总公司与江西省交通厅合资兴办。一直以来，公司坚持以科学发展观统领全局，围绕“企业效益为中心”这一主题，坚持“航运、港口、物流三大支柱产业整合经营，复合发展”这一可持续发展理念，秉承“情系江远、奉献江远”这一企业文化，不断推进以提高企业执行力为重点的管理创新。

经过三十多年的艰苦创业，江西远洋运输公司逐步从远洋航运转向内河、陆上业务经营，开设了南昌至上海、南昌至南京集装箱支线班轮航线，经营南昌及周边地区至世界各地的集装箱运输业务。 2014 年 12 月 29 日，集装箱运输公司正式获得交通运输部长江航务管理局颁发的“交通运输企业安全生产标准化达标等级二级证书”，为集装箱运输跻身内河航运市场提供了有力的保障。

公司投资控股的南昌港国际集装箱码头已于 2005 年 5 月建成投产，建设有两个 1000 吨级码头泊位，设计年吞吐能力为 5 万标准集装箱。码头港区内建有集码头生产指挥、调度、监控、管理和服务为一体的综合办公楼，海关、出入境检验检疫和海事部门已全面进驻码头，客户可以就地报检和查验。同时，码头建有拆

运　输　公　司

迎新春拓展活动

迎新春健身跑活动

装箱库、危险品仓库、熏蒸场地、灭杀虫药库、机修车间，配备了现代化程度较高的轨道门机、叉车、进口正面吊等，集装箱装卸设施先进、齐全。

另外，公司还独资、合资兴办了房产、期货、船代、货代、商旅等一批产业，在长江航线的上海、九江分别设有办事处；在上海拥有1300平方米的写字楼一层和与之配套的办公用房，内陆产业已成为公司主要支柱产业之一。迄今为止，公司独资、合资兴办的企业主要包括有：江西国际集装箱码头有限责任公司、南昌外轮代理公司、江西远洋集装箱运输有限公司、江西中远海运国际货运有限公司、江西远洋运输公司上海办事处、江西远洋运输公司九江办事处。

职工羽毛球比赛

员工爱心献血活动，为生命加油

江西远洋植树活动

江西赣鄂皖路桥投资有限公司

项目开工动员会

加固改造施工环境协调有序

九江长江大桥公路桥（九江一桥）加固改造项目是经江西、湖北两省发展改革委正式核准并审查通过，是目前国内最大的桥梁类加固改造项目，具有技术难度大、安全风险高、协调任务重等特点。

九江长江大桥公路桥（以下简称“九江一桥”）加固改造工程在江西、湖北两省政府及有关部门的大力支持下，2015 年 6 月 23 日对九江一桥实行交通管制，加固改造涉铁工程正式开工建设。加固改造期内，预留 5 米通道允许行人、非机动车、摩托车、三轮小型货车通行，过江机动车辆分流九江二桥通行，对九江市浔阳区、庐山区、经济开发区、八里湖新区和黄梅县、龙感湖管理区范围内的部分车辆通行九江二桥实行年卡优惠：过江 17 路跨省公交车免费通行，公交票价维持不变；7 座（含）以下小型客车 300 元／年辆；固定班线客车、出租车给予减半优惠。

施工人员、设备进场

交通安全整治

施工期内开展交通安全整治

铁路防护棚架托架安装施工

武警执勤巡查

天窗点施工

设计基准期8年，设计标准轴载：BZZ－100，汽车荷载等级：公路—Ⅱ级；设计洪水频率小桥涵、路基1/25，路面宽度6.5米，路基宽度7.5米，两侧50厘米土路肩。该公路采用三级公路标准，设计速度：30千米/小时，路基宽度7.5米，路面宽度6.5米，全路段共有弯道53个，纵断面设计变坡点54个，路面横坡行车道为2%，路肩为3%。全路段路基挖方为16549立方米，路基填方为21209立方米。借方5168立方米，20厘米级配碎石垫层48010平方米；级配碎石找平垫层34864.2立方米，破碎旧混凝土路面做垫层30780平方米；20厘米厚5.5%水泥稳定碎石路面基层55730平方米；0.6厘米下封层55730平方米；5.5厘米AC－16I型单层沥青混凝土51885平方米。石陂至官塘公路县境内的一条重要县道，根据工可批复及乡镇的意见，结合本公路网中的作用、功能以及沿线经济发展和旅游资源开发的需要，为满足乡镇间日益增长的交通量而改建。项目投资2115.9815万元。

（黄　慧）

【设计完成宜春安塘至后村路面拓宽公路建设项目】 安塘至后村公路位于高安市独城镇，公路起点为安塘，桩号为K1＋600，终点为后村，桩号为K4＋000，路线全长2400米，沿线布置中间控制点。路线编号为Y931360983，属于乡道双车道路面拓宽项目。原老路为3.5米宽的水泥路，路面破损严重（施工时将原砼路面破碎作垫层，加宽部分垫层采用未筛分碎石）。现改造成公路等级：四级；设计车速20千米/小时，路基宽度路基7.0米：0.5米土路肩＋6.0米行车道＋0.5米土路肩，路面采用水泥砼路面，设计年限10年，设计标准轴载BZZ－100KN桥涵设计荷载公路—Ⅱ级，设计洪水频率：小桥涵、路基1/25，地震动峰值加速度：<0.05克，全路段路基挖方为1585立方米，路基填方为1795立方米。破碎旧砼垫层8400平方米；未筛分碎石垫层7975平方米；路面基层15655平方米；水泥路面面层14695平方米。该项目施工图预算工程总投资为215.7518万元。

（黄　慧）

【设计完成奉新县澡下镇澡下二桥工程新建项目】 奉新县澡下镇澡下二桥工程位于奉新县澡下镇，跨龙溪河，在澡下至洞下乡道（编号：Y073360926）约K0＋028桩号处。澡下二桥工程为危桥改造项目，老桥为一四类桥梁，属于新增危桥，编号Y073360926L0010，老桥全长45米，跨径总长32米，单孔跨径16米，2孔，全宽7.5米，桥面净宽6.5米。老桥建于1971年，上部结构为拱桥，下部结构桥台为重力式桥台。新建桥梁上部结构采用2孔20米预应力钢筋混凝土空心板，共一联；下部结构0号、2号桥台采用柱式桥台，基础为桩基础。桥梁两端各设置一道D40型毛勒伸缩缝，加上桥台的长度，新建桥梁全长47.04米，宽7.5米，其布置为0.50米防撞墙＋6.5米行车道＋0.50米防撞墙。桥面设计双向2%的横坡，桥面铺装采用10厘米防水钢筋混凝土。设计荷载采用公路—Ⅱ级，公路等级采用四级公路，设计行车速度20千米/小时，上部结构空心板、铰缝采用C40混凝土，桥面现浇板采用C40混凝土，下部结构支座垫石采用C40混凝土，伸缩缝采用C40混凝土，桥台盖梁、挡块采用C30混凝土，桥台扩大基础采用C25混凝土，其技术标准必须符合交通部部颁标准JTJ041－2000的规定。总造价125.3380万元。

（黄　慧）

【设计完成高安市杨圩镇港口桥危桥重建项目】 港口桥位于县道杨圩—上宅（X317360983）公路上，该河道原有一座2×30.0米，宽8.5米，全长75.0米的石拱桥，该桥桥台基础破损，拱圈出现裂缝，且老桥桥面系破损严重；该桥被有关部门鉴定为四类危桥，而限制车辆通行，给杨圩镇港口村人民的生产、生活带来严重影响。因此，新建该桥势在必行。港口桥位于县道杨圩—上宅公路上，跨辽河，桥梁中心桩号K11＋515.0，桥梁编号（X317360983L0040），新建桥梁全长68.08。计算行车速度：30千米/小时，桥梁宽度：全宽9.0米，桥面宽7.0米，设计荷载：公路—II级，设计洪水频率：1/50。全桥上部结构采用3×20米预应力砼简支空心板，横断面为六片空心板，空心板横断面为2片边板和4片中板，中板顶宽1.04米，底宽1.24米，边板梁顶宽1.995米，底宽为1.24米，梁高为0.95米，桥长68.08米。下部结构1、2#桥墩为扩基柱式墩，0#桥台为扩基U型桥台，3#桥台采用扩基肋式桥台，本项目投资208.9947万元。桥梁工程的质量验收与评定标准须执行《公路工程质量检验评定标准》(JTGF80/1－2012)以及国家批准的有关规定。

(黄　慧)

【宜春袁州区水江镇畔龙至水江集镇县道升级改造工程一阶段施工图设计获批】 5月9日,市交通运输局下发《宜春市交通运输局关于袁州区水江镇畔龙至水江集镇县道升级改造工程一阶段施工图设计的批复》(宜市交路字〔2016〕44号),原则同意施工图设计的路线方案。该线路位于水江镇,路线编号X944360902,起止桩号为K0＋000—K6＋000,起点畔龙村,途径快荣、集福,终于水江集镇,全长6千米,公路等级采用三级公路技术标准,设计时速30千米/小时。路基宽度:K0＋000—K4＋760路段路基宽7.5米,路面宽6.5米;K4＋760—K6＋000集镇路段路基宽10米,路面宽9米。路面结构:K0＋000—K4＋760路段面层为4厘米厚细粒式SBS改性沥青混凝土＋6厘米中粒式沥青混凝土,基础为双基层:16厘米厚水泥稳定碎石＋18厘米厚水泥稳定碎石;K4＋760—K6＋000集镇路段采用罩面处理,面层为4厘米厚细粒式SBS改性沥青混凝土＋6厘米中粒式沥青混凝土。全线新建圆管涵4道,总长32米。项目投资总概算为1136.1174万元,其中建筑安装工程费用961.8452万元。

(李　庆)

【宜春袁州区新坊镇宜安公路至银子岭县道升级改造工程一阶段施工图设计获批】 5月9日,市交通运输局下发《宜春市交通运输局关于袁州区新坊镇宜安公路至银子岭县道升级改造工程一阶段施工图设计的批复》(宜市交路字〔2016〕47号),原则同意施工图设计的路线方案。该线路位于新坊镇,路线编号X012360902,起止桩号为K9＋000—K23＋500,起点四一四矿区办公室,途径高富村,终于宜安公路,全长14.5千米,公路等级采用三级公路技术标准,设计时速30千米/小时。路基宽7.5米,路面宽6.5米,路面结构:面层为24厘米厚C40水泥砼,基层为20厘米厚水泥稳定碎石,垫层为20厘米厚筛分碎石。全线新建圆管涵4道,总长100米;新建箱涵4道,37.5米,接长圆管涵4道,9米。项目投资总概算为2941.6462万元,其中建筑安装工程费用2747.1081万元。

(李　庆)

【宜春袁州区三阳至庄溪(含柏木支线)专项公路设计完成】 该项目位于袁州区三阳镇、洪塘镇与柏木乡境内,起点接国道320(三阳大道),起点桩号K0＋000,终点接县道X543,终点桩号为K28＋483.365,途径要前、东岸、新屋、粉店、彭坊村、庄里村、陈坊村、酌江风景区、柘下、酌江水库、西元、文山背、下长江、老木山、瑶里、瓦子丘、渭水、下安、松竹坪、罗家里、石塘村、葛藤坪村、告场里,终点位于庄溪村南山下小组,全长28.483千米。支线酌江至柏木,项目起点接酌江水库现状道路,终于柏木乡国道320,路线经过区域属于山岭重丘,路线全长14.688千米。按三级公路建设,荷载等级为公路—Ⅱ级,混合交通。路基宽度7.5米,路面宽度6.5米,两侧各培植0.5米土路肩,设计行车速度为30千米/小时,极限最小平曲线半径65米,最大纵坡9%,最小停车视距30米。共有小桥28/3,均为利用,涵洞93道,平面交叉12处。采用水泥混凝土路面,路面结构中垫层采用20厘米厚级配碎石,基层采用20厘米厚水泥稳定碎石,面层采用22厘米厚水泥砼路面,估算投资金额9144.8683万元。

(李　庆)

【樟树市甘竹至中州县道升级改造工程一阶段施工图设计获批】 8月12日,樟树市中州乡甘竹至中州县道升级改造工程一阶段施工图设计获宜春市交通运输局批复。该项目位于樟树市中乡,路线编号为X951360982,起点桩号为K2＋300,终点桩号为K8＋500。路线起于甘竹,途经江平村,终于中州居委,设计里程6.2千米。公路等级采用三级技术标准,设计行车时速30千米/小时。K2＋300—K8＋000段路基宽8.5米,路面宽7米;K8＋000—K8＋500段路基宽12米,路面宽7米。路面结构:K2＋300—K8＋000段面层为23厘米厚C30水泥砼,基层为20厘米厚水泥稳定碎石,垫层为20厘米厚未筛分碎石,K8＋000—K8＋500段面层为4厘米厚细粒式沥青混凝土,6厘米厚中粒式沥青混凝土,上基层为15厘米厚水泥稳定碎石,下基层为15厘米厚水泥稳定碎石,垫层为20厘米厚未筛分碎石。全线新建圆管涵15道,总长191.5米;新建盖板涵4道,总长40.14米。项目预算总金额1563万元,其中建筑安装工程费用1215.2万元。该项目的建设完成,将大大改善中洲乡中北线沿线村庄的出行条件,促进中洲乡经济更好的发展。

(温伦平)

【樟树市涝溪桥危桥改造工程一阶段施工图设计获批】 11月3日,樟树市观上镇涝溪桥危桥改造工程一阶段施工图设计获宜春市交通运输局批复。该项目位于樟树市观上镇,老桥为村道C051360982(观夫线—清夫线)公路上的一座四类危桥(桥梁中心桩号K0+700),经审查施工图设计文件,同意在原桥址拆除重建涝溪桥。桥梁全长70.08米,上部结构3孔20米预应力砼空心板,下部构造桥墩采用双柱式墩、扩大基础,桥台采用U型桥台、扩大基础。桥面宽度为6.5+2×0.5(安全带+栏杆)米,全宽7.5米。汽车荷载等级为公路—Ⅱ级,设计洪水频率1/50,不通航。项目预算总金额145.1万元,其中建筑安装工程费用115.1万元。

(温伦平)

【樟树市罗家桥危桥改造工程一阶段施工图设计变更获批】 10月14日,樟树市义成镇罗家桥危桥改造工程一阶段施工图设计变更获宜春市交通运输局批复。该项目位于樟树市义成镇,老桥为县X602360982(义城—琴山)公路上的一座四类危桥(桥梁中心桩号K5+371),经审查施工图设计文件,同意在原桥址拆除重建罗家桥。桥梁全长17.84米,上部结构1孔10米普通钢筋砼空心板,下部构造桥台采用U型桥台、扩大基础。桥面宽度为6+2×0.25米,全宽6.5米。汽车荷载等级为公路—Ⅱ级,设计洪水频率1/25,不通航。项目预算总金额37.7597万元,其中建筑安装工程费用33.7394万元。

(温伦平)

【昌宁高速公路丰城东互通连接线新建工程可行性研究报告获批】 昌宁高速公路丰城东互通连接线项目可行性研究报告已经获得丰城市发改委批复,该项目符合丰城市总体规划,对丰城县域经济与社会发展具有重要作用。路线起点为国道105与剑桥路交会处,利用商贸物流园已经建成的730米迎宾大道,终点对接昌宁高速公路丰城东互通收费站,实际建设长度4.04千米,路基宽度24.5米。全线按一级公路标准建设,设计速度为80千米/小时;汽车荷载:公路—Ⅰ级;设计洪水频率:桥涵及路基1/100;新建中桥一座60米,涵洞18道,平面交叉6处。路面采用沥青混凝土,设计年限15年,设计标准轴载BZZ-100KN。路面采用三油二基一底层65厘米厚。该项目工程估算总投资为11315.25万元,其中建筑安装工程费用7738.98万元。资金由上级拨款和丰城市政府自筹;拟建项目建设工期初定为18个月;由项目法人按批准的招标方案依法招投标。

(沈壮华)

【靖安县水口哲里至宝峰镇农村公路以及宝峰镇梅家老至骆家坪林区公路(旅游)公路勘察设计落实】 靖安县水口哲里至宝峰镇农村公路以及宝峰镇梅家老至骆家坪林区公路(旅游)公路勘察设计由厦门中平公路勘察设计院有限公司中标负责设计,于6月24日在县政府举行合同签订。线路全长约40千米,按三级公路设计,项目投资约2.2亿元。

(刘斌)

【高安市苏溪桥施工图设计】 苏溪桥位于华林苏溪村,为村道CC57360983(下观至东溪)公路K2+602处的一座新建中桥,跨越苏溪河,桥梁全长39.02米。桥面宽度为净9+2×0.5(栏杆),全宽10米。汽车荷载等级为公路二级,设计洪水频率1/50,不通航。上部结构采用2孔16米预应力砼空心板,结构简支,桥面连续。下部构造桥墩采用柱式墩,钻孔灌注桩基础;桥台采用桩基接盖梁。工程预算111.9355万元。

(周世祥)

【高安市太徽桥施工图设计】 太徽桥位于高安市大城开发区,为新增路线(太徽北路)公路K0+015处的一座新建中桥,跨越锦惠渠,桥梁全长27.04米。桥面宽度为净6+2×0.5(栏杆),全宽7米。汽车荷载等级为公路二级,设计洪水频率1/50,不通航。上部结构采用1孔20米预应力砼空心板,下部构造桥墩采用柱式墩,钻孔灌注桩基础。工程预算60.2589万元。

(周世祥)

【高安市螃蟹桥施工图设计】 螃蟹桥位于高安市筠阳街办杭桥村,为乡道Y942360983(东门至汪家)公路上的一座四类危桥,桥梁中心桩号为K1+428,跨越三港河。老桥为1×6米板桥,桥长约10米。此次为拆除重建,桥梁中心桩号K1+428,桥梁全长20.06米。桥面宽度为净6.5+0.5(安全带+栏杆),全宽7.5米。汽车荷载等级为公路二级,设计洪水频率1/25,不通航。上部结构采用1孔13米预应力砼空心板,下部构造桥台采用桩基接盖梁。工程预算61.8571万元,其中建安费用51.6497万元,工期12个月。

(周世祥)

【国道320至黄家客运网络连通工程施工图设计】 路线位于高安市龙潭镇龙潭村,路线编号为CE90360983,起点桩号为K0+000,终点桩号为K5+456。路线起于国道320,终于黄家,设计里程5.5千米。技术标准:公路等级采用交通运输部颁布的《公路工程技术标准》四级公路技术标准,计算行车速度20千米/小时。桥涵设计荷载:公路二级,小桥涵设计洪水频率1/25。路基6.5米,路面宽度4.5米。路面结构为:面层为20厘米厚C30水泥砼,基层为15厘米厚水泥稳定碎石,垫层为15厘米厚未筛分碎石。桥梁涵洞:新建圆管涵3道,总长21米。施工图预算总金额435.2万元,其中建筑安装工程费用385.3万元。

(周世祥)

【国道320至伍家客运网络连通工程施工图设计】 路线位于高安市龙潭镇龙潭村,路线编号为CE91360983,起点桩号为K0+000,终点桩号为K1+250。路线起于国道320,终于伍家,设计里程1.3千米。技术标准:公路等级采用交通运输部颁布的《公路工程技术标准》四级公路技术标准,计算行车速度20千米/小时。桥涵设计荷载:公路二级,小桥涵设计洪水频率1/25。路基6.5米,路面宽度4.5米。路面结构为:面层为20厘米厚C30水泥砼,基层为15厘米厚水泥稳定碎石,垫层为15厘米厚未筛分碎石。施工图预算总金额114.2万元,其中建筑安装工程费用95.2万元。

(周世祥)

【上高县浒江乙桥危桥改造工程一阶段施工图设计获批】 1月,上高县浒江乙桥危桥改造工程一阶段施工图设计获市交通运输局批复。浒江乙桥位于上高县蒙山镇,为乡道Y337360923(水口圩–青湖)公路上的一座五类危桥,桥梁中心桩号为K3+520,始建于1970年,跨越小河。老桥为1×5米石拱桥,桥长约8米,同意在原桥址拆除重建浒江乙桥,桥梁中心桩号为K3+520,桥梁全长13.04米。桥面宽度为净5.5+2×0.5(安全带+栏杆),全宽6.5米。汽车荷载等级为公路–II级,设计洪水频率1/25,不通航。桥梁上部结构采用1孔6米混凝土空心板;下部构造桥台采用U型桥台,扩大基础。工程预算30.508万元,项目计划总工期为12个月。

(冷光明)

【上高县港西桥危桥改造工程一阶段施工图设计获批】 10月,上高县泗溪镇港西桥危桥改造工程一阶段施工图设计获市交通运输局批复。港西桥位于上高县泗溪镇,为乡道Y306360923(泗溪—小港)公路上的一座四类危桥,桥梁中心桩号为K8+924,路网调整之后所在路线为乡道Y003360923(泗溪—小港),桥梁中心桩号为K8+553。跨越小溪。老桥为1×18米石拱桥,桥长约25米,同意在原桥址拆除重建港西桥,桥梁全长30.06米。桥面宽度为净6.5+2×0.5(安全带+栏杆),全宽7.5米。汽车荷载等级为公路—II级,设计洪水频率1/50,不通航。桥梁上部结构采用1孔20米预应力砼空心板;下部构造桥台采用U型桥台,扩大基础。工程预算76.6751万元,项目计划总工期为12个月。

(冷光明)

【上高县山陂1桥危桥改造工程一阶段施工图设计获批】 9月,上高县山陂1桥危桥改造工程一阶段施工图设计获市交通运输局批复。山陂1桥位于上高县田心镇南江村,为村道C382360923(刘家至山陂)公路上的一座四类危桥,桥梁中心桩号为K0+635,跨越南江河。老桥为1×6米石拱桥,桥长约10米,同意在原桥址拆除重建山陂

1 桥,桥梁全长 17.04 米。桥面宽度为净 5 +2 × 0.25(栏杆),全宽 5.5 米。汽车荷载等级为公路—II 级,设计洪水频率 1/25,不通航。桥梁上部结构采用 1 孔 8 米普通钢筋砼空心板;下部构造桥台采

用 U 型桥台,扩大基础。工程预算 51.8121 万元,项目计划总工期为 12 个月。

(冷光明)

【上高县山陂 2 桥危桥改造工程一阶段施工图设计获批】 9 月,上高县山陂 2 桥危桥改造工程一阶段施工图设计获市交通运输局批复。山陂 2 桥位于上高县田心镇南江村,为村道 C382360923(刘家至山陂)公路上的一座四类危桥,桥梁中心桩号为 K0 +722,跨越山陂小溪。老桥为 1 ×7 米石拱桥,桥长约 9 米,同意在原桥址拆除重建山陂 2 桥,桥梁全长 12.04 米。桥面宽度为净 5 +2 × 0.25(栏杆),全宽 5.5 米。汽车荷载等级为公路 –II 级,设计洪水频率 1/25,不通航。桥梁上部结构采用 1 孔 6 米普通钢筋砼实心板;下部构造桥台采用 U 型桥台,扩大基础。工程预算 38.8622 万元,计划总工期 12 个月。

(冷光明)

【宜丰县八个国有农场公路工程一阶段施工图设计获批】 3 月和 7 月,该县先后有 8 个国有农场公路工程一阶段施工图设计获市交通局批复,分别为:石花尖小源至大源 2.8 千米水泥路、石花尖枫树垴至东槽队 3 千米水泥路、石花尖洪源槽至洞上队 1.3 千米水泥路、石花尖坳背至谢家源 1.33 千米水泥路、宜铜公路至石花尖继红小区 0.4 千米水泥路、石花尖塔下农场至四组场 0.5 千米水泥路、石花尖洪源槽至瓷厂路 0.6 千米水泥路、石花尖马路边至南坑 0.4 千米水泥路。8 个项目合计里程达 28.817 千米,投资预算达 3305.7957 万元。

(漆志勇)

【宜丰县三个危桥改造建设项目工程一阶段施工图设计获批】 6 月和 8 月,该县先后有 3 个危桥改造建设项目一阶段施工图设计获市交通局批复,分别为:潭山镇港背桥危桥改造、石市镇八大山桥危桥改造、双峰林场坪窝里危桥改造。这 3 座桥总长达 84.64 延米,投资预算达 189.773 万元。

(漆志勇)

【万载县完成 570 余千米农村公路和桥梁工程勘察设计】 2016 年,上级下达万载县农村公路计划仅有通自然村公路 102 千米,窄路面拓宽项目 1 个 1.3 千米,根据县委、县政府安排,三兴闹坪有机农业示范园区闹坪—红旗水库,约 4.5 千米,共计 107.8 千米。县局公路所在接到上级农村公路项目计划后,即根据项目计划的分布作出了统筹安排,按计划批次分轻重缓急完成各项目的测量设计工作。上级下达的村道危桥改造 3 座 171.55 延米,县道危桥改造 4 座 204.82 延米改造项目由宜春交通勘察设计院完成设计。2016 年上半年,由于洪水冲刷,造成部分乡镇村组公路桥梁垮塌。应高城镇、株潭镇要求,县公路所对高城村百龄桥、大坪村串山桥、安山、矮陂桥、株潭枣木高桥等 5 座中小桥共计 88.83 延米进行测设。

(辛鹏远)

【国道 220 绕万载城路段一级公路设计完成】 根据万载县委、县政府的统一规划,拟启动万载县国道 220 绕城改线一级公路新建工程。该项目设计于 2016 年 6 月 22 日公开招投标,由宜春公路勘测设计院以 1.495% 的综合投标费率中标。经宜春公路勘测设计院现场踏勘、测设,拟定路线走向与设计标准为:项目起点于万载县鹅峰乡昌栗高速连接线终点(国道 220—K169 +123),途径东田、杉树亭、洼里、里泉村、江口村、高车、联和村、荷花塘、濠湖、碓田、新民村、银田、成塘下、朱家,终于国道 320 右城村(K968 +293),路线全长 16.108 千米。项目拟采用一级公路标准,设计时速 80 千米/小时,设计荷载公路—I 级,路基宽 24.5 米,路基断面形式为 0.75 米(土路肩) +3 米(硬路肩) +2 ×3.75 米(行车道) +2 米(中央分隔带) +2 ×3.75 米(行车道) +3 米(硬路肩) +0.75 米(土路肩)。全线需建丁田、栈下、高车 3 座大桥,总长 621.32 延米,中桥 4 座 295 延米,小桥 4 座 84.91 延米,涵洞 84 道,与万上线相交处需建立交桥一座。设计路面结构层总厚度 78 厘米,由下至上分别为未筛分碎石垫层 20 厘米,水泥稳定下基层 20 厘米,水泥稳定上基层 20 厘米,1 厘米下封层,8 厘米沥青碎石柔性基层,5 厘米中粒式沥青混凝土下面层,4 厘米细粒式改性青混凝土上面层。估算总造

价56940.1万元,平均每千米造价3534.9万元。国道220绕城改线一级公路起点于国道220,在新联与原万上线(K6+452)相交,终点国道320,将万载县的主要干线公路一线相连,可同时分流国道220、万上线、国道320三条主干线的交通量,缓解万载干线及县城交通压力,减少交通安全隐患。该线绕县城而过,可扩大城市建设发展的空间。

(辛鹏远)

【宜春万载三兴至国道320专项公路设计完成】

三兴至国道320是上级部门下达万载专项公路建设项目,原定计划建设里程17.571千米,设计标准为公路二级。该项目设计于2016年6月17日公开招投标,由厦门中平公路勘测设计院有限公司以92.5万元的投标报价中标。经测设,项目主线拟按二级公路设计,设计时速60千米/小时;挂线按三级公路设计,设计时速30千米/小时。主线起点位于万载县三兴镇省道227,于K9+815.4下穿昌栗高速,终点与国道320相接,全长13.17千米(含工业园区已建成的锦江大道),总体呈北南走向。挂线起点接主线于K3+152.406,终点位于万载县与上高县县界处,路线沿乡道Y263布设,全长4.4千米,总体呈西东走向。全线需占用土地51.6公顷,拆迁建筑物825.18平方米。概算总金额11687万元。项目主线拟按一级公路设计,起点位于万载县三兴镇省道227,沿线经过万载健康产业园、南田棚、新塘山、大树下、竹山、汪家、棕塘、潭渡、易家车、虎形山、牛路坡、株树山、下新屋、李家、月塘里等村庄,终点与国道320相接,一级公路长约9.2千米,总体呈北南走向。二、三级公路与一级公路相交于K3+900左右,沿线经过灰山脚下、牛形、坪里、白水塘、香山、汪家、大坪、下屋仔、禾花咀、石蛇等村,终点位于万载县与上高县县界处,全长约8千米,其中二级公路长约5千米、三级公路长约3千米,总体呈西东走向。该项目设计二次招标于2017年初进行。

(辛鹏远)

站场(厂)房屋建设

【2016年道路运输站场建设概况】 2016年度,累计完成投资44081万元,与上年同比减少了42.7%。其中,三级以上客运站场完成投资30415万元(其中综合客运枢纽站完成投资13115万元,地、县级客运站完成投资17300万元),农村候车亭(牌)完成投资666万元,货运枢纽(物流园区)完成投资13000万元,综合客运枢纽站、货运枢纽(物流园区)与上年同期相比分别减少66%、58.7%,地、县级客运站完成投资比上年同期相比翻了4番多。2016年下达计划及完成投资减少主要原因是“十二五”开工建设的综合客运枢纽站、货运枢纽(物流园区)等项目建设陆续完工,新开工项目基本为县级客运站,投资规模较小。

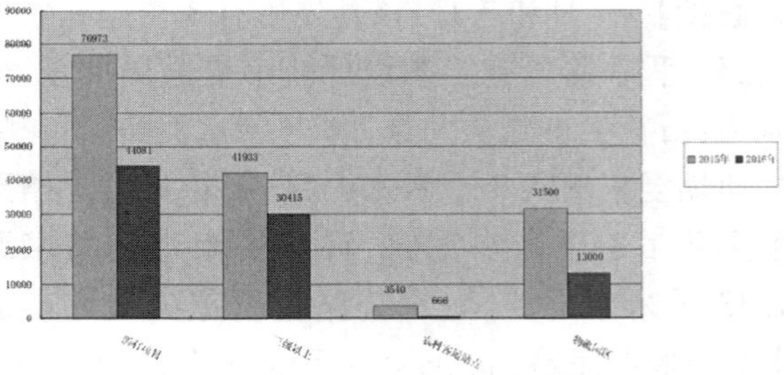

图表1:完成投资与上年同期相比

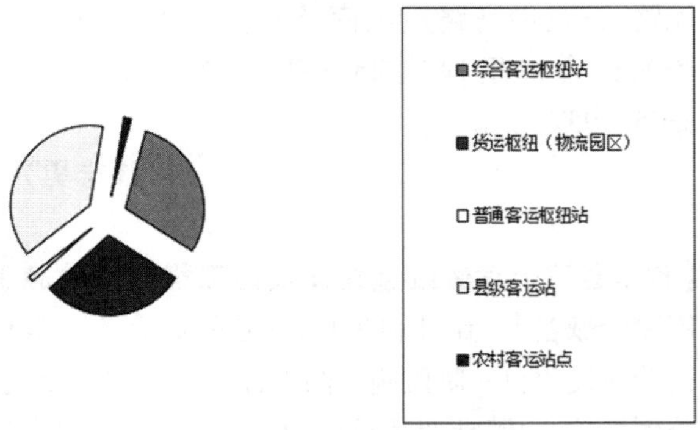

图表2:本年完成投资比例

2016年,全省汽车客货运站场建设累计新增固定资产61981万元,竣工房屋建筑面积133229平方米,其中:南昌、南昌西综合客运枢纽站已完工并投入运营,累计新增固定资产61315万元,新增房屋建筑面积133229平方米。2016年,新开工建设武宁、星子、共青城、余江和寻乌县客运站,累计建成南昌、南昌西综合客运枢纽站和296个罗霄山集中连片地区候车亭(牌)。

(李 杰)

【综合客运枢纽建设】 2016年全省综合客运枢纽站建设完成投资13615万元,与上年同比减少65%。2016年继续推进南昌、南昌西、上饶和抚州等4个综合客运枢纽,指导新余、萍乡、鹰潭综合客运枢纽项目前期工作。其中南昌综合客运枢纽、南昌西综合客运枢纽建设完工并投入运营。上饶综合客运枢纽、抚州综合客运枢纽站主站房装修工程基本完工,井冈山旅游客运站和萍乡综合客运枢纽站主体工程基本完工。同时对列入部"十三五"客运枢纽补助范围的鹰潭、吉安、赣州、九江等综合客运枢纽站进行前期工作技术指导。

(李 杰)

【货运枢纽(物流园区)建设】 2016年全省货运枢纽(物流园区)枢纽建设完成投资13000万元,与上年同比减少58.7%。继续推进货运枢纽建设,督促项目业主单位按照工期加快进行施工,宜春开发区物流中心已完成90%左右工程量;吉安市河西综合物流园区公路货运枢纽一期工程已基本完工,二期在建中;井冈山经开区物流园区公路货运枢纽仓库已基本完成,其他附属设施施工中;萍乡赣湘国际物流港已完成7.8万平方米仓库,并投入使用,二期工程正在积极筹备开工。对列入部"十三五"货运枢纽补助范围的南昌、上饶、抚州、丰城等货运枢纽项目,进行了前期工作技术指导。

(李 杰)

【县级和农村客运站建设】 2016年完成投资16800万元,与去年同比翻了四番。2016年新开工建设星子、共青城、武宁、余江和寻乌等县级客运站。遂川县客运站基本完工,同时加大对金溪、鄱阳、信丰等客运站前期工作指导力度。本年度完成投资666万元,年内建成296个罗霄山集中连片地区农村候车亭(牌)。

(李 杰)

【省运管局进一步规范站场项目管理】 措施:①强化规划引领,统筹行业发展,着力做好相关行业规划编制工作。编制了《江西省道路运输业"十三五"发展规划》,根据省交通运输厅《江西省公路水路交通运输"十三五"发展规划编制工作方案》的部署及相关要求,着力编制好《江西省道路运输十三五发展规划》。和编制单位交通运输部科学研究院紧密合作,完成了江西省道路运输十三五发展规划各阶段有关材料的编写上报工作。经过30多轮的反复修订,规划经局编制领导小组及局党委会通过,上报省厅批准实施。②加强政策对接,加快项目储备,加大项目督导,全面提升站场建设项目一体化服务水平。加强与部、省厅"十三五"政策对接,全面掌握全省站场建设现状及"十三五"发展需求,建立省级项目库,做好道路运输站场的项目储备。随同省厅实地调研南昌、九江、吉安、赣州、宜春、萍乡和新余等地的"十三五"站场规划项目储备情况,并及时跟踪交通运输部、省交通运输厅"十三五"规划项目的最新政策和要求,初步建立了省级站场建设项目库并纳入"十三五"规划,同时按照部、省相关要求,实行项目库滚动管理。③简政放权,规范县级站场项目管理。顺应形势,结合上级简政放权的要求,进一步规范县级站场项目管理。经充分调研,代省交通运输厅草拟《关于进一步规范县级客运站建设管理的通知》,创新原有管理机制,管理权限上进一步简政放权,将县级客运站项目的立项、行业审查管理权限下放到县、市级,并规范管理县级站的前期工作和补助资金计划申请要求,为下步工作的开展强化制度保障。

(李 杰)

【萍乡芦溪县扎实推进站场建设】 芦溪县汽车站占地面积23310平方米,总投资估算为8000万元,计划2017年启动选址等项目前期工作,已办理工程可行性研究报告。南坑客运站占地1900平方米,总投资300万元,计划2017年12月完成,正在办理"三通一平"。

(萍乡市交通运输局)

【鹰潭余江县客运总站完成主体工程建设】 占地面积40亩、总建筑面积14364.35平方米总投资3466万元的余江县客运总站,选择在余江县国道320以南、世纪大道以东投资兴建,为二级客运站。2015年9月30日动工,现已完成主体工程建设,预计在2017年5月全面结束并投入使用,完成总投资2000万元。

(鹰潭市交通运输局)

【宜春市公共自行车正式投入使用】 为倡导广大市民绿色出行、健康出行,宜春公共自行车经过三个月的紧张施工和安装调试,于2016年6月20日正式投入使用。宜春公共自行车是由宜春市政府投资2880余万元的一个公益性项目。该项目建设分两期进行,首期建设市区共投放3000辆公共自行车,安装3600个锁车柱,128个自行车站点。投放的公共自行车外表色彩美观靓丽,免充气轮胎,轮股制动刹车,座子可随时升降,男女老少使用皆宜。出于安全考虑,租用公共自行车有年龄要求,规定16至65周岁男女使用。为防止有人长时间占用公共资源,借车在时间上也有规定,每次借车1小时内免费,1小时之后则每半个小时收取0.5元,不足半小时的按半小时计算;借车3小时之后每小时收取1元,不足1小时的按1小时计算。借用公共自行车可在任何站点取车,任何站点还车。收取租金不累积计时,一次归一次,任何一个站点还车后计时截止。为更好地方便广大市民出游,特意在距城区30千米以外的温汤和明月山旅游景区设置了公共自行车站点及多个锁车柱。宜春公共自行车由江苏常州永安公共自行车股份有限公司经营,宜春市公交总公司代管。该公共自行车租赁系统运用最新的互联网控制技术,采用24小时无人值守,通借通还,由一个监控调度指挥中心发出调度指令,各区域响应指令进行调度运营管理,是目前具有国际先进水平的智能化公共自行车管理系统。

(范飞平)

【宜春袁州区彬江农村公路综合服务站竣工】 该项目位于彬江机电产业基地管委会旁,占地面积9825平方米,其中建筑面积1730平方米,钢构面积3448平方米,总投资740余万元。项目于2015年3月18日开工建设,2016年6月完成附属工程和整修工程。该站集农村公路建、管、养、运等多种功能于一体,辐射管养彬江镇、下浦街道及新坊镇3个乡镇,受益人口5万余人。

(李　庆)

【丰城市荣塘镇投资新建3个公益停车场】 丰城市荣塘镇在集镇投资60余万元新建3个公益停车场,供群众免费停车。11月新建成的3个停车场分别位于镇政府门口万米渠道旁、老公社礼堂、集镇木材交易市场,占地面积分别为1500平方米、1500平方米、2000平方米,总占地面积为5000余平方米,可停放150余部车辆。停车场建成后将极大改善集镇当圩交通拥堵状况,这是新一届政府开展市容环境整治,提升集镇品位,为民办实事解决群众出行难的又一得力举措,得到群众一致称赞。

(沈壮华)

【上高县启动墨山农村公路综合服务站建设】 12月16日,上高县墨山农村公路综合服务站工程预算经县财政审核通过,工程进入招投标程序,墨山农村公路综合服务站建设正式启动。墨山农村公路综合服务站是该县继泗溪、徐家渡农村公路综合服务站后的第三个农村公路综合服务站,位于墨山乡集镇,占地面积6000平方米,计划总投资350万元,其中综合服务楼建筑总面积1120.8平方米。综合服务站辐射管养田心镇、镇渡乡、墨山乡一镇二乡农村公路,公路里程275.049千米,其中县道63.12千米,乡道84.909千米,村道127.02千米。工程计划工期12个月。

(冷光明)

【上高县更新改造26个公交站台】 上高县原有公交站台由于使用年限过久,出现老化、破损等问题,给予乘客候车带来诸多不便。自6月起,上高县对城区和平路、建设路等26个公交站台进行改造,进一步方便市民出行。新候车亭立柱高3米,顶棚宽1.5米,结构主材料为不锈钢拉丝,灯箱双面采用透明钢化玻璃,不但结构牢固,而且易于清理。站台改造共投入资金130万元。

(冷光明)

【吉安城北临时客运站正式营投入运行】 3月12日，吉安城北临时客运站正式营投入运行，市民告别路边候车窘境。同时，规划建设中的城北综合客运枢纽，可以实现客运班车和出租车、公交车、高铁的无缝对接，把所有的线路都串起来，让乘客实现零距离换乘，为百姓提供更多方便。

（吉安市交通运输局）

【吉安县110个农村客运候车亭“靓妆”】 为给农民群众创造一个清洁愉悦的候车环境，吉安县交通运输局结合当前“两学一做”活动，组织全局40名年青党员对辖区内110个农村客运候车亭展开全面清洗活动。

自“十一五”期间全省“村村通”工程实施以来，吉安县建成农村客运候车亭110个，标志着吉安县实现317个行政村农村客运候车亭全覆盖的目标，候车亭的建成为当地群众出行、集中候车、停靠提示、乘凉、避雨等方面提供了便利。由于农村候车亭位于公路两侧，长期受灰尘和恶劣天气自然灾害的影响，加之人为损坏，昔日的候车亭不再亮丽。为此，吉安县交通运输局在对所有农村客运候车亭进行摸底的基础上，组织全局党员进行集中清洗。为长期保持舒适的候车环境，该局把农村候车亭纳入乡镇目标考核，县运管所还与客运经营户达成协议，建立起由经营户定线、定点、定期、定人进行日常维护的长效机制。

（吉安市交通运输局）

【峡江县启动现代物流园区建设】 为加快推动峡江县物流基础设施建设，峡江县委、县政府印发关于《峡江县河西工业园与现代物流园项目建设推进方案》（峡办字【2016】90号），在峡江高速公路互通口连接线以南规划占地面积1500亩的集仓储功能区、加工配送区、商业功能区、综合办公区、基础服务功能区等于一体的现代物流服务基地。

（吉安市交通运输局）

【抚州市长途汽车站公交站台换位】 抚州市区赣东大道长途汽车站公交站台离红绿灯路口仅约50米，经常出现交通拥堵，为此，按照上级要求，从11月4日起，市公交总公司将市区赣东大道长途汽车站公交站台迁至中石化第一加油站公交站台。

（陈根玲）

【抚州市公交枢纽工程开工】 6月20日上午，简短的仪式过后，市公交枢纽工程正式开工。

该工程位于抚州火车站旁，总建筑面积36020平方米，由公交公司总部综合楼和公交总主站楼等建筑组成，建设工期17个月。

市公交枢纽工程规划有综合楼、主站楼、设备检测维修房和配套风雨棚，其中主站楼面积8000平方米，维修车间4000平方米，另外还要建设BRT接客区、落客区。

（陈根玲）

运输生产

道路运输

【概况】 2016 年,运输生产平稳有序。全省完成公路客运量 5.34 亿人次,旅客周转量 282 亿人千米,同比分别下降 0.6%、0.8%;完成公路货运量 12.3 亿吨,货物周转量 3147 亿吨千米,同比分别增长 6.4%、4.1%。呈现出客运小幅下降,货运增幅收窄的局面,与经济发展趋势保持同步。全力保障了国民经济发展和居民生活所需物资的运输,圆满完成了春运、汛期、G20 杭州峰会、全国综治工作会议、国际马拉松大赛等重点时段、重大活动的保障任务。

安全形势稳中向好。随着全省机动车保有量的不断增长和道路路网的拓展延伸,社会交通需求日益旺盛,城乡交通活动与日俱增,人、车、路、环境等影响道路安全的四大因素日趋复杂。但从道路运输行业来看,2016 年全省道路客运安全事故各项指标大幅下降,共发生道路客运安全事故 8 起,其中较大事故 1 起;死亡 11 人(其中旅客死亡 4 人),受伤 20 人。事故起数、死亡人数、受伤人数同比下降了 57.9%、74.2%、63.8%,总体上保持了稳中向好的态势。

新增建制村通客车任务超额完成。2016 年,全省共计新增通客车建制村 152 个,完成交通运输部下达的年度任务数的 300%。再次争取到省级财政 3000 万元的专项奖补资金,选取了高安市、贵溪市、德兴市、峡江县、芦溪县等 5 个市(县)继续开展镇村公交试点。在试点工作的示范带动下,全省各地通过政策措施引导公交企业延伸公交线路,或对农村客运班线进行公交化改造，不断提升农村客运通达水平。全省建制村通客率由2015年的94.8%提升至2016年的96%。

交通一卡通互联互通大力推进。按照交通运输部的统一要求，江西省推选了3个基础条件较好的设区市，作为2016年计划实现交通一卡通互联互通的城市。赣州市、南昌市完成互联互通工作，吉安市完成硬件改造和密钥测试工作。

道路客运联网售票网络稳步拓展。经过两年多的建设，江西省成为全国14个首批建成省域道路客运联网售票系统的省份之一。截至2016年年底，全省共有116个客运站接入江西省道路客运联网售票系统，其中，二级以上客运站已实现全覆盖，而且在逐步向三级及以下客运站延伸拓展。系统自7月份投入试运行以来，全省已有95个客运站通过"赣优行"网站和手机客户端售票共计约8.4万张，联网售票已成为旅客出行购票的重要选择。

重点营运车辆联网联控不断强化。各级运管机构严格执行道路运输车辆联网联控相关规定，建立了定期通报、安全约谈、责任追究等制度，省公路运输局还与省公安交警部门建立了联动机制，对监控中发现的超速行驶和违反凌晨2—5时停车休息制度的客车进行严肃处理，赣州、抚州、九江、新余等地通过采取停办企业业务、停运违规车辆、处罚违规驾驶员，与属地运管机构干部绩效工资挂钩等措施进行责任追究。在严格的监管、严厉的处罚措施下，全省各设区市运管机构政府监管平台月上线率达到95%以上，"两客一危"（长途客运、包车客运、危险品运输）车辆周均上线率达到90%以上，在部联网联控考核通报中，江西省多次进入全国前五名。

机动车驾驶培训服务模式改革全面铺开。截至2016年年底，全省638所驾校中有496所实行了"按学时收费、先培训后付费"服务模式，覆盖率为77.7%，超额完成了交通运输部下达的目标任务。其中，萍乡、新余、瑞金、安福、丰城等5个市（县）已实现全覆盖，宜春、吉安、上饶、抚州、鹰潭等5个设区市的覆盖率超过80%。

道路运政管理信息系统互联互通基本实现。江西省已全部完成交通运输部规定的各项运政系统互联互通接口调试工作任务，实现了运政系统部、省、市、县互联互通，数据报送时间与实际数据产生时间缩短至5分钟以内，基本实现了实时上报。江西省成为2016年全国第一批完成年度目标任务的4个省份之一。

（黄　云）

运输企业

【概况】 2016年，全省有道路运输经营业户140838户，其中道路旅客运输经营业户560户，道路货物运输业户136707户，道路客货运输兼营业户13户。另外，道路运输相关经营业户14454户。道路运输从业人员711983人。具体见下面3个表：

2016年全省道路运输经营业户表

表21

指标名称	代码	合计	企业					个体运输户
			100辆及以上	50－99辆	10－49辆	5－9辆	5辆以下	
一、道路旅客运输经营业户数	01	560	32	67	233	65	66	97
其中:班车客运	02	498	26	53	202	62	58	97
旅游客运	03	62	5	11	30	7	9	0
包车客运	04	21	2	4	8	4	3	0
其中:国际道路旅客运输	05	0	0	0	0	0	0	0
二、道路货物运输业户数	06	136707	538	688	2290	1119	7935	124137
其中:普通货运	07	136260	513	652	2177	1021	7885	124012
货物专用运输	08	238	24	32	22	56	18	86
内:集装箱运输	09	0	0	0	0	0	0	0
大型物件运输	10	105	25	14	13	4	10	39
危险货物运输	11	301	32	32	140	97	0	0
其中:国际道路货物运输	12	0	0	0	0	0	0	0
三、道路客货运输兼营业户数	13	5	1	3	1	0	0	0
其中:国际道路客货运输兼营	14	0	0	0	0	0	0	0
补充资料:道路运输经营许可证在册数		140838						

(陈　刚)

2016年全省道路运输相关业务经营业户表

表22

指标名称	计量单位	代码	数量
道路运输相关业务经营业户数	户	01	14454
其中:站(场)	户	02	1034
内:客运站	户	03	978
货运站(场)	户	04	56
机动车维修	户	05	10655
汽车综合性能检测	户	06	81
机动车驾驶员培训	户	07	630
汽车租赁	户	08	43
其　它	户	09	2151
内:客运代理	户	10	8
物流服务	户	11	650
货运代办	户	12	964
信息配载	户	13	526

补充资料:客运代理点8个。

(陈　刚)

2016 年全省道路运输从业人员表

表 23

指标名称	代码	人数(人)	持证上岗
道路运输从业人员合计	01	711983	618182
一、道路旅客运输经营从业人员	02	58754	47543
其中:客运驾驶员	03	36223	36223
乘务员	04	12665	7740
其中:国际道路旅客运输从业人员	05	0	0
二、道路货物运输经营从业人员	06	532202	499689
其中:道路货物运输驾驶员	07	446840	446840
内:危险货物运输驾驶员	08	22486	22486
危险货物运输押运员	09	13208	13208
危险货物运输装卸管理员	10	3497	3497
其中:国际道路货物运输从业人员	11	0	0
三、站(场)经营从业人员	12	10951	7257
客运站经营从业人员	13	10417	6741
货运站(场)经营从业人员	14	534	516
四、机动车维修经营从业人员	15	65297	38592
其中:技术负责人	16	6604	5748
质量检验员	17	5456	4673
其他维修技术人员	18	43212	25835
五、汽车综合性能检测站从业人员	19	1143	985
六、机动车驾驶员培训从业人员	20	33267	22530
七、汽车租赁从业人员	21	202	136
八、其他相关业务经营从业人员	22	10167	1450

（陈　刚）

【南昌市道路运输】 2016 年全市共完成客运量、客运周转量分别达到 3001 万人次和 302357 万人千米,与上年基本持平,货运量、货运周转量分别达到 11067 万吨和 2422783 万吨千米,分别增长 6.4%、4.1%。全市共有客运企业 44 户(含农村客运企业),20 辆规模以上货运企业 217 户,二级以上等级客运站 7 个(其中一级站 4 个、二级站 3 个),货运站场 15 个。客运车辆 1647 辆(其中新增 181 辆),总客座 55929 个,货运车辆 26913 辆(其中新增 2542 辆),总吨位达到 139464.2 吨。全市共有维修企业 696 户(其中一类 90 户、二类 226 户、三类 380 户),共维修车辆达 291637 辆次,完成产值 14.59 亿元。驾培机构 70 家(其中一类 11 家、二类 45 家、三类 14 家),共有教练车 4311 辆,共培训学员 20 余万人。

【景德镇长运公司召开“长运出行”新闻发布会】 2016 年 4 月 28 日上午,景德镇长运公司“长运出行”新闻发布会在景德镇市交通大楼 11 楼召开,发布会上该公司针对公车改革推出以公务人员为主要对象的系列乘车服务。该公司针对公车改革后公务人员的上班出行推出三种方式的出行服务:

一是为公务人员上下班推出了定制线路,价格也为亲民的 2 元/次,主要线路有三条:1. 恒大名都至市政府(市行政服务中心),工作日上午 8:30 从恒大名都始发至市政府,17:30 从市政府返回恒大名都。途经站点:尚东国际、莱顿风情、春天花园、市六院、西客站、隆基尚城、保险公司、市公安局、昌江区政府、市政府办证大厅。

2. 海慧花园至市委（莲花塘），工作日上午8:30从海慧花园始发至市委，17:35从市委返回海慧花园。途经站点：紫薇花园进口、时代奥园、伴山洋房、市人大、市委。

3. 市政府至市委，工作日每天9:15、10:45、14:00、16:00从市政府出发至市委，10:00、11:30、15:00、17:00从市委返回市政府。

二是推出了景德镇至南昌大巴公务出差人员用车服务。在景德镇城区内（东至陶瓷大学新区、湘湖街；南至吕蒙大桥、高新开发区；西至西山路、紫金路交叉红绿灯路口；西北至石洪大桥、机场；北至浮梁县城、观音阁）至西客站（乘南昌大巴出差）用车服务，每人次6元（含在大巴车票内）。用户可通过长运公司24小时对外服务电话8569000订票预约用车，或登录"长运出行"客户端办理。

三是为在景德镇区域内公务活动人员或团体推出网络约车服务。用户只需登录"长运出行"客户端定制用车等信息，并在网上支付相关费用，长运公司即按用户要求安排车辆供您及时使用，车辆价格大致相当于出租车价格。

该公司表示，以上所有对外业务自2016年5月1日起即可通过"长运出行"客户端登录办理。

（洪耀祖）

【萍乡市公路运输企业】 2016年，萍乡全市共有货运企业239户，其中危货运输企业17户，各型货运车辆10845辆，从业人员数量23595人。全市共有客运企业15户，各类客运车辆930辆。

（萍乡市交通运输局）

【九江公路运输业】 2016年，全市拥有道路客运企业65户，货运企业405户，维修企业972户，驾培企业74户。拥有客车2644辆，货车27120辆，出租车2732辆，公交车982辆。全年完成公路客运量8820万人，旅客周转量466043万人千米，完成货运量10768万吨，货运周转量2360153万吨千米。全市拥有129条公交营运线路，年客运量13461.6万人。

（九江市公路运输管理局）

【鹰潭运输企业改制】 鹰潭市交通运输局有下属企业7户，其中：国有企业3户（市公交公司、市汽运总公司、市港联贸易公司）；集体企业4户（市航运公司、市第一运输公司、市第二运输公司、市物资供应公司）。7户企业改制完成。

（艾年宗）

【鹰潭长运公司夯实基础保安全】 ①加强车站基础设施建设，公司投入大量资金，重新整修了客运站站场，按站场要求进行了封闭管理，人流、车流进行了有效的分离，确保站场作业安全。②坚持"安全第一、预防为主、综合治理"的方针，加强安全基础管理，强化安全管理制度，狠抓"三品检查、车辆例检、GPS监控"的安全措施落实，通过运用建章立制精细化、教育培训精细化、违章治理精细化、监督检查精细化、危险点分析预控精细化的痕迹管理和闭环管理，达到"凡事有人负责、凡事有章可循、凡事有人监督、凡事有据可查"的最佳安全管理状态，形成了一个良好的安全管理机制。2016年度，三项安全指标均低于部颁标准。③大力开展"道路运输平安年"活动，进一步加强公司道路运输安全管理，全面组织实施"平安车辆""平安车站"创建活动，促进交通运输安全生产形势平稳，推进现代化交通运输科学发展，安全发展。

（艾年宗）

【鹰潭长运公司春运安全形势总体平稳】 在鹰潭各级政府和各级行业主管部门以及江西长运股份公司的指导下，公司在春运领导小组带领下，全体员工齐心协力、取得较好成绩。总计运送旅客473.12万人次。春运期间连续多发"雨雪冰冻"等恶劣天气，公司积极部署应急措施，重点排查安全隐患，使得公司安全形势总体平稳，未发生责任事故。

（艾年宗）

【鹰潭长运公司申报并获得7条客运班线】 2016年，该公司向省、市运管部门申报并获得了鹰潭—邵武、万年、桐庐、宁化、金溪，贵溪—南昌，鹰潭—昌北机场等7条客运班线，并开通了贵溪竹博园旅游专线。

（艾年宗）

【鹰潭长运公司提供旅游平台服务旅游散客】 该公司成立了鹰潭至尚国际旅行社、贵溪旅游车队、余江旅游车队及鹰潭旅游散客服务中心，为全国各地从火车站、汽车站、飞机场来鹰潭旅游的散客提供了鹰潭周边旅游的平台；另外于5月份开通了鹰潭市高铁站至资溪“法水温泉、九龙湖、大觉山”各大旅游景点的旅游直通车，得到资溪政府的政策支持。

（艾年宗）

【鹰潭长运公司实现贵溪镇村公交一体化】 该公司成功开通了贵彭、贵塘二线镇村公交，并积极拓展新线路的开通，在贵溪实现了镇村公交一体化，大大方便了当地市民，为市民办了一件实事。

（艾年宗）

【鹰潭长运公司填补余江校车市场空白】 该公司2015年下半年成立了余江县长运校车服务有限公司，2016年度校车公司运营良好各方面都步入正轨，填补余江校车市场的空白，规范校车经营行为，确保了余江县九年义务教育学生的安全，并得到了家长们的好评。

（艾年宗）

【鹰潭长运公司高铁出站口设置客运售票处】 该公司在鹰潭高铁，实施公铁联运，建立了汽车售票窗口；经多次沟通，鹰潭长运与鹰潭火车站合作，在高铁出站口设置了客运售票处。乘客可以直接在高铁站购买汽车票，这种模式在全省还是首例，为乘坐高铁的旅客解决了到家的最后一千米。

（艾年宗）

【鹰潭长运公司开发电商物流】 该公司发挥客运网络优势，开发电商物流，依托公司在贵溪及余江农村客运网络优势，积极与政府及各大农村电商企业进行沟通，为农村电商企业降低了运输成本，提高了运送效率，得到农村市民的欢迎。

（艾年宗）

鹰潭市道路旅客运输企业信息表

表24

序号	企业名称	企业地址	法人代表	联系方式
1	江西鹰潭长运有限公司	鹰潭市龙虎山大道18号	余文勇	0701－6468866
2	鹰潭市交通运输有限责任公司	鹰潭市环城东路120号	王国庆	0701－6260788
3	余江长运有限公司	余江县冠锦城	蔡久兵	
4	贵溪长运有限公司	贵溪市城北客运中心站	桂俊	
5	鹰潭市顺达客运有限公司	鹰潭市胜利西路停车场	王雪荣	13907018501
6	鹰余公共交通客运有限责任公司	鹰潭市南站白露开发住宅区小区	桂有林	13707010391
7	鹰贵客运有限责任公司	鹰潭市军民路2号楼3单元4层西套	饶样庆	13607010168
8	龙虎山道源旅游客运有限公司	龙虎山上清镇交通路122号	汪火根	15170101998
9	余江县锦北客运有限公司	余江县邓埠镇府西巷白塔中路14号	乐树华	13707010579
10	余江县锦华客运有限公司	余江县锦江镇兴安街	陈文曲	13307017388
11	余江县余黄金客运有限公司	余江县汽车站	吴龙贤	13197816363
12	余江县龙岗客运有限公司	余江县邓埠镇三宋村新何林组08号	桂红祥	15907013019
13	贵溪市周坊顺风客运车队	贵溪市城北汽车站	杨任先	13907012208
14	鹰潭市骏达客运有限公司	鹰潭市月湖区育新巷46号	何迪	13907015210
15	江西长运鹰潭公共交通有限公司	鹰潭市龙虎山大道东侧46号路北侧	朱云根	0701－7073167

（艾年宗）

【赣州市道路运输】 2016年,全市完成公路客运量8801万人、客运周转量601699万人千米,同比分别下降0.6%和0.85%;完成公路货运量9302万吨、货运周转量2263230万吨千米,同比分别增长6.45%和4.13%。呈现出客运小幅下降,货运增幅收窄的局面,与经济发展趋势保持同步。是年,全市拥有营运客车2563辆、营运货车20973辆、出租汽车2001辆(其中:中心城区1902辆)、公交汽车1430辆(其中中心城区677辆)。充足的运力保障了国民经济发展、旅客出行和居民生活所需物资的运输,圆满完成了春运、汛期、市"两会"、G20杭州峰会等重点时段、重大活动的运输保障任务。全市道路运输工作连续两年在全省道路运输绩效管理考核中排名第一,市运管局自2012—2016连续五年被评为全省道路运输管理工作先进单位。

(李发淳)

【江西太发实业集团有限公司成立】 6月10日,江西太发实业集团有限公司在泰和县泰发驾校内举行"江西太发实业集团有限公司成立庆典活动"。"江西太发实业集团有限公司"前身系泰和县国有汽运总公司,2003年,公司率先在全县国有企业中进行体制改制。2016年,公司已由改制时单一的公路客运发展成集公路客运、机动车驾驶培训、机动车检测、房地产开发等为一体的综合型企业。

(吉安市交通运输局)

【宜春汽运携手携程送福利】 宜春汽运股份公司不断推陈出新,在传统的车站售票窗口方式之外,先后推出了乡镇售票网点购票、电话订票、邮政等合作网店购票、微信和网站购票等多种购票方式,节约了旅客购票时间,提供了更多的购票选择。为降低旅客出行成本,自2016年4月份开始,宜春汽运股份公司针对互联网购票推出了新的优惠政策,旅客通过携程网购买汽车票,只要车票价格超过10元(含10元),即可享受每张车票减5元的优惠。

(陈维民)

【宜春汽运公司完成第三届国际花炮文化节运输任务】 第二届中国国际烟花爆竹博览会暨中国万载第三届国际花炮文化节于10月21日至23日在万载县隆重举行,该公司凭借长期以来良好的形象和信誉被选为会务用车单位。为确保顺利完成此次会务用车,该公司对参与会议接送的驾驶人员及车辆进行了精挑细选,确保人员、车况最佳状况。活动期间,公司共派出43辆豪华大巴执行与会人员的接送任务,共发班53班次,安全准时运送1800多人次,圆满完成了此次花炮节接送任务。

(陈维民)

【宜春汽运春运平安运送旅客545万人次】 2016年春运,宜春汽运公司共投入车辆1400多辆,共发送17.6万个班次(日平均发班4400班),较去年春运增长6%;运送旅客545万人次,比上年春运略有下降,未发生一起旅客伤亡事故,未发生一起重大服务质量投诉,也无一名旅客滞留。春运期间,宜春汽运公司继续推行提前60天预售票,并给予旅客购票折扣优惠,将实惠真正送给旅客;在乡镇(村)设立134个售票点,推出多种购票途径让旅客选择,车站都在醒目位置设立公示栏,公布当日车辆班次、发车时间及票价等,并增设售票窗口,延长售票时间,开通网站、微信、电话以及合作商户网点订票业务,开展上门售(送)票等活动,将客车发班地点前移到乡镇,开通乡镇晚班车,尽可能为旅客购票乘车提供方便。公司利用GPS加强车辆实时动态监控,准确计算车辆返回时间,合理安排班次时间。加强驾驶员信息互通,尽量绕开堵车路段,实现了广大旅客走得了、走得及时、走得安全、走得满意的目标,优质高效地完成了春节旅客运输任务。

(陈维民)

【宜春公交成立乐途汽车租赁有限公司】 随着宜春市公务用车制度改革进入实施阶段,宜春公交于2016年3月9日注册成立了宜春市乐途汽车租赁有限公司,负责宜春市一般公务用车平台、综合执法用车平台的建设及运营,保障市各单位、部门的公务出行。公司注册资金为100万元,拥有运营车辆142台,其中一般公务用车79台,综合执法用车63台。公司成立以来,一直秉承"亲和,勤勉,诚信,服从"的服务理念,积极营造"享受制度、说到做到、团队合作、服务至上"的企业文化,全年共完成公务出车1603次,获得了各单位、部门的一致好评。

(葛　曦)

【奉新县道路运输效能速度双提升】　通过加大对非营运黑的、三轮车、擅自改装货车和非煤矿石的源头整治及联合治超,强化交通运输行政执法力度,为全县交通运输企业发展创造一个良好的环境,确保了道路运输已步入转型提效健康发展新常态。截至2016年12月底,全县运输系统安全运输旅客339.52万人次;运输货物676.224万吨,同比增长7.8%;新增物流企业14户,各类运输企业共计184户,新增货车上户612辆,计13685吨;全县货车总数达2650辆,计43878吨,淘汰黄标车236辆,计9836吨。货运结构进一步调整优化,运输效能进一步提升。

(刘　强　魏振宇)

【宜春汽运宜丰分公司创出拾遗高铁“盲点”新路子】　2016年,宜春汽运宜丰分公司在政府的支持下,充分发挥道路客运的便捷性和机动性,做好门到门服务,全面实施县域专营、城乡对接,实现城乡客运一体公交化发展,创出了一条拾遗高铁“盲点”的新路子。为满足城乡人民群众出行需求,宜春汽运宜丰分公司开通了两条公交班线,将城区与工业园、城郊连线运营,票价施行城区内上下1元、出城2元。另外针对工业园区人员集散高峰适时加发班次。同时,注意密切城乡联动,衔接城乡发展,在县城内的住宅密集区域、商贸市场、产业园区、学校聚集区、医院等客源密集区域建设适宜的公交班车和农村客运班车停靠站点40个,便于乘客就近上下车。在此基础上,该公司通过以存量改造为主要途径,优化农村客运资源配置模式,形成“一站带多点”的站点布局。实现以公交化模式运行城区和农村客运班线,统一调度管理、统一服务标准,从而有效推进了城乡客运一体化建设。

(陈维民)

【宜丰县道路运输经济平稳增长】　一是运输经济保持平稳。全年实现客运量226万人,客运周转量9280万人千米;货运量884万吨,货运周转量502987万吨千米,分别比上年增长-5%、-1%、0.2%、0.1%。二是货运产业快速发展。截至12月,全县新增货运公司11家,新增营运货车1329辆22880吨,全县营运货车达4967辆92627吨。三是新增40辆纯电动新能源公交车充实客运市场。

(漆志勇)

【万载县道路运输业的稳定发展】　2016年底,万载全县公路通车里程3183.77千米,同比增加了93.83千米。路网密度185.14千米/百平方千米,100%乡(镇)、97%的建制村通客运班车。交通基础设施建设的不断完善,促进了运输业的发展。年末,全县营运客车160辆,5193座位,同比分别增长10.3%和7.5%。有班线62条,其中一类5条,二类4条、三类2条、四类51条,线路里程总长7962千米,年均日发班次156.75次。全年旅客运输量393.1万人次,旅客周转量18949万人千米,同比分别增加0.28%和3.7%。有公交车47辆,出租汽车102辆,与上年持平。年末全县有营运货车13307辆,179642吨位,同比分别减少17.48%和10.5%,居全市各县市之第二位。全年完成货运量4071万吨,货物周转量386745万吨千米,同比分别增加10.9%和23.5%,完成税收7700万元,同比减少40%。机动车维修业户344户。道路运输及相关业务从业人员26976人,同比减少73人。

(王松州)

【抚州市道路运输】　2016年底,该市道路客运经营业户44户,客运车辆1440辆,32686客位,客运线路723条,跨省85条,跨地(市)130条,跨县81条,县内427条。全市客运线路平均日发班次5944班次。拥有等级客运站60个,一级站1个,二级站13个,三级站2个,四级站1个,五级站43个。年完成客运量4351万人,旅客周转量182717万人千米。货运站8个,均为四级站。道路货物运输业户10038户,货运车辆40284辆,434886吨位,年完成货运量14183万吨,货物周转量4368170万吨千米。拥有机动车维修业户472户,汽车综合性能检测站7个,机动车驾驶员培训业户38户,其中一级7户,二级21户,三级10户。拥有农村客运站1182个,151个乡镇、1800个建制村的1717个通班车。年完成农村客运量2236万人,旅客周转量88023万人千米。

(陈根玲)

运输线路

【概况】 2016年全省道路运输客运班线6899条,其中,跨省线路1062条,跨地(市)线路1105条,跨县线路999条,县内线路3733条,客运线路平均日发47396.3班次。具体见下表:

2016年全省道路客运班线表

表25

指标名称	计量单位	代码	合计	<200千米	≥200且<400千米	≥400且<800千米	≥800千米
一、客运线路条数合计	条	01	6899	5572	536	542	249
其中:高速公路客运线路	条	02	704	203	127	203	171
(一)跨省线路	条	03	1062	113	188	512	249
其中:高速公路客运线路	条	04	497	22	80	213	182
(二)跨地(市)线路	条	05	1105	767	308	30	0
(三)跨县线路	条	06	999	959	40	0	0
(四)县内线路	条	07	3733	3733	0	0	0
二、客运线路平均日发班次	班次/日	08	47396.3	45280.5	1263.0	627.0	225.8
其中:高速公路客运线路	班次/日	09	1148.5	529.5	235.0	244.5	139.5
(一)跨省线路	班次/日	10	1394.3	301.5	291.5	575.5	225.8
其中:高速公路客运线路	班次/日	11	571.0	56.0	116.0	244.0	155.0
(二)跨地(市)线路	班次/日	12	3303.5	2481.0	771.0	51.5	0.0
(三)跨县线路	班次/日	13	9015.5	8815.0	200.5	0.0	0.0
(四)县内线路	班次/日	14	33683.0	33683.0	0.0	0.0	0.0

(陈　刚)

【接驳运输工作稳步推进】 2016年,江西省正式开展道路运输长途客运接驳运输联盟化运营试点,省运管局于2016年11月28日正式印发了《江西省道路运输长途客运接驳运输管理办法(试行)》,为进一步做好全省道路运输长途客运接驳运输工作提供了依据与指导,弥补了接驳运输日常管理中因缺乏法律法规而造成的管理“真空”。截至2016年12月31日,全省共有19户客运企业开展了长途客运接驳运输业务,接驳运输线路64条,车辆数量102辆,分别在8个接驳点进行接驳,其中定南老城接驳点及韶关梅岭接驳点为江西省自建接驳点。

(马洁忞)

【乐平汽车站为换乘高铁旅客提供便捷班线】 4月7日,景德镇乐平汽车站开通乐平至南昌高铁站的长途班线。在这之前,乐平汽车站只有开往南昌徐坊客运站的班车,而南昌徐坊客运站距南昌高铁站有20多千米的路程,乐平旅客要去南昌高铁站坐高铁,先到徐坊客运站再转道高铁站很不方便。乐平汽车站坚持社会效益与经济效益二手抓,从一切为旅客着想出发,积极与景德镇长运公司沟通联系，每天安排专职司机和专用小车，把乐平往南昌高铁站的旅客，每天用专车无缝对接地专送到景德镇开往南昌高铁站的快客大巴车上，大大地方便了乐平到南昌换乘高铁的旅客。

乐平汽车站除开往南昌徐坊客运站的多趟客班车外，另有专门开通乐平直达南昌高铁站的三个乘车时间点，发车时间分别为每天的7点45分、14点05分和16点15分。虽然乐平去南昌高铁站坐车的旅客比较少，但乐平汽车站将确保所有来站前往南昌高铁站换乘高铁的旅客随到随走。

（刘巧英）

2016年萍乡市客运班线线路、站点一览表

表26

许可机关	线路名称	班线类型	日发班次	线路里程（千米）	起点	终点	途经点
萍乡市运管处	安源—萍钢	县际	6	18	安源	萍钢	峡石、大城、河洲、湘东
萍乡市运管处	赤山—上栗	县内	4	33	赤山	上栗	韶陂、彭高、沙子陂、杨岐
萍乡市运管处	莲花—萍乡	县际	3	79	莲花	萍乡	南岭、坊楼、罗市、六市、白竺、源并、五陂下、安源
萍乡市运管处	萍乡（安源）北站—赤山	县际	6	15	北站	赤山	三田、彭高、华源、韶陂
萍乡市运管处	萍乡（安源）北站—焦源	县际	2	23	北站	焦源	硖石、福田、长平、南岸、焦源
萍乡市运管处	萍乡（安源）北站—莲花	县际	3	79	北站	莲花	安源、五陂下、源并、白竺、六市、罗市、坊楼、南岭
萍乡市运管处	萍乡（安源）北站—柳源	县际	10	24	北站	柳源	秋收广场、北桥、金山角、硖石桥、山田煤、矿、上柳源、下柳源、大城、青山、水口
萍乡市运管处	萍乡（安源）北站—马岭	县际	6	18	北站	马岭	三田、彭高、洁塘、坛华、袒岭、江岭
萍乡市运管处	萍乡（安源）北站—民主	县际	4	26	北站	民主	峡石、田中、莲陂、福田、边塘、水东坡、清溪、马棚、东源、小枧、
萍乡市运管处	萍乡（安源）北站—泉江	县际	6	18	北站	泉江	金三角、白源、新路口、福田
萍乡市运管处	萍乡（安源）北站—上栗	县际	3	38	西站	青云	硖石、田中、莲陂、福田、长平、流江、庙岭、永红
萍乡市运管处	萍乡（安源）北站—石岭	县际	4	27	北站	石岭	峡石、田中、莲陂、福田、边塘、水东坡、清溪、马棚、东源、小枧、
萍乡市运管处	萍乡（安源）北站—石溪	县际	3	26	北站	石溪	硖石、田中、莲陂、福田、凹口、长平、杉木、淡塘
萍乡市运管处	萍乡（安源）北站—石源	县际	4	26	北站	石源	峡石、田中、莲陂、福田、边塘、水东坡、清溪、马棚、东源、小枧、

续表 26

许可机关	线路名称	班线类型	日发班次	线路里程(千米)	起点	终点	途经点
萍乡市运管处	萍乡(安源)北站—塘上	县际	2	27	北站	塘上	硖石、福田、长平、流江、佛溪
萍乡市运管处	萍乡(安源)北站—天井	县际	4	29	北站	天井	峡石、田中、莲陂、福田、边塘、水东坡、清溪、马棚、东源、小枧、石源
萍乡市运管处	萍乡(安源)北站—田心	县际	4	27	北站	田心	峡石、田中、莲陂、福田、边塘、水东坡、清溪、马棚、东源、小枧
萍乡市运管处	萍乡(安源)北站—小枧	县际	4	24	北站	小枧	峡石、田中、莲陂、福田、边塘、水东坡、清溪、马棚、东源
萍乡市运管处	萍乡(安源)北站—星亮水库	县际	2	24	北站	星亮水库	硖石、福田、长平、狮形村
萍乡市运管处	萍乡(安源)东站—宫江	县际	3	25	东站	宫江	赤山、桥头、沙塘、上埠
萍乡市运管处	萍乡(安源)东站—江北	县际	4	34	东站	江北	赤山、桥头、沙口塘、羊子
萍乡市运管处	萍乡(安源)东站—镜山	县际	4	28	东站	镜山	横板、赤山、耿塘、桥头、逢源、摇拦窝、沙口塘、坛头、镜山
萍乡市运管处	萍乡(安源)东站—楼下	县际	4	24	东站	楼下	赤山、桥头、沙口塘
萍乡市运管处	萍乡(安源)东站—上栗	县际	3	33	东站	上栗	彭高、沽塘、石背台、义龙口、沙子陂、文岐、关下、杨岐、火工桥、斑竹桥
萍乡市运管处	萍乡(安源)公交西站—温盘	县际	7	34	西站	温盘	水口中、青山、大城、柳源、杨梅岭、高枧、温盘、双源、福田、三田、峡石、萍乡北站
萍乡市运管处	萍乡(安源)南站—白竺	县际	3	37	南站	白竺	桐田、三山、源并、壁湖、红星、山口
萍乡市运管处	萍乡(安源)南站—茶园村	县际	2	35	南站	茶园村	高坑、沙湾、阪埠桥、上埠
萍乡市运管处	萍乡(安源)南站—长坑	县际	1	42	南站	长坑	三山、源并、白竺
萍乡市运管处	萍乡(安源)南站—崇源	县际	2	26	南站	崇源	三山、源并
萍乡市运管处	萍乡(安源)南站—东江	县际	2	55	南站	东江	五里牌、十里铺、茶亭里、高坑、路行、新田、沙湾、聂家店、新泉
萍乡市运管处	萍乡(安源)南站—锅底潭	县际	2	41	南站	锅底潭	丹江、五陂下、王坑、沙园、大岭、南坑、
萍乡市运管处	萍乡(安源)南站—河口	县际	5	23	南站	河口	丹江、王坑、大岭
萍乡市运管处	萍乡(安源)南站—横岗	县际	8	16	南站	横岗	井冲、桐田、麻山、景新、株木桥、

续表 26

许可机关	线路名称	班线类型	日发班次	线路里程（千米）	起点	终点	途经点
萍乡市运管处	萍乡（安源）南站—横岭村	县际	2	46	南站	横岭村	高坑、沙湾、珠亭山、宣风、横岭村
萍乡市运管处	萍乡（安源）南站—华云	县际	2	59	南站	华云	五里牌、十里铺、茶亭里、高坑、路行、沙湾、田心阁、江杭、道口、黄洲、万龙山
萍乡市运管处	萍乡（安源）南站—黄堂	县际	6	16	北站	黄堂	井冲、善洲桥、桐田、诗源、上洲、
萍乡市运管处	萍乡（安源）南站—江口	县际	6	16	南站	江口	桐田、麻山、津源
萍乡市运管处	萍乡（安源）南站—腊市	县际	6	19	南站	腊市	井冲、善洲桥、桐田、麻山、庙岭、黄土坳
萍乡市运管处	萍乡（安源）南站—林家坊	县际	5	30	南站	林家坊	五里牌、十里铺、茶亭里、高坑、路行、新田、沙湾、芦溪、快活岭
萍乡市运管处	萍乡（安源）南站—浏市	县际	7	37	南站	浏市	桐田、麻山、浏市、大江边、湘东、青山、公交西站
萍乡市运管处	萍乡（安源）南站—六市	县际	2	46	南站	六市	丹江、五陂下、王坑、沙园、大岭、南坑、28公桩、长丰、磨头
萍乡市运管处	萍乡（安源）南站—龙台	县际	2	31	南站	龙台	井冲、桐田、麻山、船形、塘口
萍乡市运管处	萍乡（安源）南站—芦溪	县际	8	24	南站	芦溪	五里牌、十里铺、茶亭里、高坑、路行、新田、沙湾、田心阁
萍乡市运管处	萍乡（安源）南站—麻山	县际	10	10	南站	麻山	井冲、善洲桥、桐田、
萍乡市运管处	萍乡（安源）南站—马塘村	县际	2	44	南站	马塘村	高坑、沙湾、宣风、盘田村、京口村、里山村
萍乡市运管处	萍乡（安源）南站—茅布岭村	县际	2	35	南站	茅布岭村	高坑、沙湾、上埠、下源村、茅布岭村
萍乡市运管处	萍乡（安源）南站—南坑	县际	6	20	南站	南坑	丹江、五陂下、王坑、沙园、大岭
萍乡市运管处	萍乡（安源）南站—南岭村	县际	赶集班	68	南站	南岭村	高坑、沙湾、宣风、万龙山、长岭村
萍乡市运管处	萍乡（安源）南站—坪村	县际	4	31	南站	坪村	丹江、五陂下、王坑、沙园、大岭村、南坑窑下、株村下
萍乡市运管处	萍乡（安源）南站—桥岭	县际	2	53	南站	桥岭	五里牌、十里铺、茶亭里、高坑、路行、新田、沙湾、聂家店、新泉
萍乡市运管处	萍乡（安源）南站—青龙	县际	2	64	南站	青龙	五里牌、十里铺、茶亭里、高坑、路行、新田、沙湾、聂家店、新泉、华云、黄江

续表 26

许可机关	线路名称	班线类型	日发班次	线路里程(千米)	起点	终点	途经点
萍乡市运管处	萍乡(安源)南站—三星村	县际	7	68	南站	三星村	高坑、沙湾、宣风、万龙山、陇上村
萍乡市运管处	萍乡(安源)南站—上埠	县际	2	32	南站	上埠	高坑、工程学院、焕山、聂家店、上埠
萍乡市运管处	萍乡(安源)南站—石灰岭	县际	2	22	南站	石灰岭	丹江、五陂下、王坑、大岭、南坑
萍乡市运管处	萍乡(安源)南站—水洋	县际	2	31	南站	水洋	井冲、桐国、麻山、船形、塘口
萍乡市运管处	萍乡(安源)南站—桃源	县际	6	17	北站	桃源	井冲、善洲桥、桐田、幸福村、汶泉、斜塘
萍乡市运管处	萍乡(安源)南站—吐下村	县际	2	41	南站	吐下村	高坑、沙湾、田心阁、珠亭山、宣风
萍乡市运管处	萍乡(安源)南站—万龙山	县际	2	51	南站	万龙山	五里牌、十里铺、茶亭里、高坑、路行、沙湾、田心阁、江机、珠亭山、道口、龙洞、青苔、桥头、沂源、黄洲
萍乡市运管处	萍乡(安源)南站—万龙山	县际	2	61	南站	万龙山	五里牌、十里铺、茶亭里、高坑、路行、新田、沙湾、聂家店、新泉、华云
萍乡市运管处	萍乡(安源)南站—乌岗	县际	6	20	北站	乌岗	井冲、桐田、麻山
萍乡市运管处	萍乡(安源)南站—武功山	县际	2	59	南站	武功山	五里牌、十里铺、茶亭里、高坑、路行、新田、沙湾、聂家店、坑口、新泉、麻田、大江边
萍乡市运管处	萍乡(安源)南站—湘东	县际	3	21	南站	湘东	桐田
萍乡市运管处	萍乡(安源)南站—新湄	县际	6	22	南站	新湄	桐田、黄堂
萍乡市运管处	萍乡(安源)南站—新塘	县际	10	12	南站	新塘	桐田、日马
萍乡市运管处	萍乡(安源)南站—新下村	县际	2	33	南站	新下村	高坑、新田、芦溪、石北、南溪
萍乡市运管处	萍乡(安源)南站—宣风	县际	4	36	南站	宣风	五里牌、十里铺、茶亭里、高坑、路行、新田、沙湾、田心阁、江机、珠亭山
萍乡市运管处	萍乡(安源)南站—杨家岭	县际	2	66	南站	杨家岭	五里牌、十里铺、茶亭里、高坑、路行、沙湾、田心阁、江机、道口、黄洲、万龙山、下村、槽下、乌下
萍乡市运管处	萍乡(安源)南站—源南	县际	4	27	南站	源南	五里牌、十里铺、茶亭里、高坑、路行、新田、沙湾、石北
萍乡市运管处	萍乡(安源)南站—源溪村	县际	2	29	南站	源溪村	高坑、新田、芦溪、源南

续表 26

许可机关	线路名称	班线类型	日发班次	线路里程（千米）	起点	终点	途经点
萍乡市运管处	萍乡(安源)南站—张家坊	县际	3	44	南站	张家坊	五里牌、十里铺、茶亭里、高坑、路行、新田、沙湾、聂家店、坑口、三江口
萍乡市运管处	萍乡(安源)南站—柘村	县际	3	44	南站	柘村	桐田、三山、源并、大古坳、红星、白竺
萍乡市运管处	萍乡(安源)南站—中村	县际	3	47	北站	中村	桐田、三山、平台源、源并、壁湖、菜坑、红星、白竺路口、山口、白竺乡政府、黄岗
萍乡市运管处	萍乡(安源)南站—竺园	县际	6	18	南站	竺园	井冲、桐田、麻山、救塘、竺园
萍乡市运管处	萍乡(安源)西站—陂头	县际	4	29	西站	陂头	水口中、青山、大城、湘东、河洲、火烧桥、前进、仁村
萍乡市运管处	萍乡(安源)西站—登官	县际	4	33	西站	登官	水口、青山、大城、沙里塘、河洲、黄花、长春埠、灯芯桥、油塘埠、渡口
萍乡市运管处	萍乡(安源)西站—东桥	县际	3	48	西站	东桥	水口、青山、大城、峡山口、陈家塘、大路里、排上
萍乡市运管处	萍乡(安源)西站—二里	县际	8	32	西站	二里	水口、青山、大城、五里亭、新村、峡山口、陈家塘、下埠、栗塘
萍乡市运管处	萍乡(安源)西站—凫田	县际	2	48	西站	凫田	西站、青山、大城、峡山口、凤凰、大路里、排上、上珠、沸水、
萍乡市运管处	萍乡(安源)西站—官陂	县际	2	56	西站	官陂	西站、青山、峡山口、陈家埠、凤凰、大路里、排上、东桥、官陂
萍乡市运管处	萍乡(安源)西站—官桥	县际	2	45	西站	官桥	西站、青山、泉湖垅、峡山口、陈家塘、虎山、东洲、凤凰、大路里、排上、毛园、官桥
萍乡市运管处	萍乡(安源)西站—官溪	县际	2	56	西站	官溪	西站、青山、大城、峡山口、陈家塘、凤凰、大路里、排上、东桥、官陂、官溪
萍乡市运管处	萍乡(安源)西站—官溪	县际	2	56	西站	官溪	东桥(直达)
萍乡市运管处	萍乡(安源)西站—横溪	县际	8	32	西站	横溪	水口、大城、峡山口、下埠、光华、马已坳、江萍瓷厂、横溪
萍乡市运管处	萍乡(安源)西站—厚田	县际	2	56	西站	厚田	东桥(直达)

续表 26

许可机关	线路名称	班线类型	日发班次	线路里程(千米)	起点	终点	途经点
萍乡市运管处	萍乡(安源)西站—黄土岗	县际	2	59	西站	黄土岗	西站、青山、大城、峡山口、陈家塘、凤凰、大路里、排上、东桥、官陂、黄土岗
萍乡市运管处	萍乡(安源)西站—江边	县际	2	56	西站	江边	西站、青山、大城、峡山口、陈家塘、凤凰、大路里、排上、东桥、沿塘、江边
萍乡市运管处	萍乡(安源)西站—郊溪	县际	2	56	西站	郊溪	西站、青山、峡山口、凤凰、大路里、排上、东桥、塘溪、郊溪
萍乡市运管处	萍乡(安源)西站—界头	县际	2	56	西站	界头	西站、青山、大城、峡山口、凤凰、大路里、排上、东桥、边山、界头
萍乡市运管处	萍乡(安源)西站—金鱼石	县际	4	26	西站	金鱼石	水口、青山、大城、湘东、河州、火烧桥、大义口、金鱼石
萍乡市运管处	萍乡(安源)西站—巨源	县际	4	22	西站	巨源	西环路、水口、青山、大城、五里亭、新村、峡山口、泉塘
萍乡市运管处	萍乡(安源)西站—老关	县际	4	29	西站	老关	水口、青山、大城、沙里塘、河洲、黄花、长春埠、灯芯桥、油塘埠、
萍乡市运管处	萍乡(安源)西站—梅林	县际	2	45	西站	梅林	西站、青山、泉湖垅、峡山口、陈家塘、虎山、凤凰、大路里、排上、毛园、梅林
萍乡市运管处	萍乡(安源)西站—桥头	县际	2	45	西站	桥头	萍乡(安源)西站—(排上)桥头
萍乡市运管处	萍乡(安源)西站—桥头	县际	2	45	西站	桥头	东桥(直达)
萍乡市运管处	萍乡(安源)西站—青云	县际	4	27	西站	青云	水口、青山、大城、湘东、河州、火烧桥、荷尧
萍乡市运管处	萍乡(安源)西站—泉陂	县际	4	33	西站	泉陂	西站、青山、大城、五里亭、湘东、河州、美建、火烧桥、荷尧、青云、泉陂
萍乡市运管处	萍乡(安源)西站—上云	县际	4	25	西站	上云	西站、青山、大城、湘东、裕升、福溪、横江、马冲
萍乡市运管处	萍乡(安源)西站—檀梓	县际	2	25	西站	檀梓	西站、水口、青山、大城、五里亭、湘东、河州、黄花、长春埠、檀梓

续表 26

许可机关	线路名称	班线类型	日发班次	线路里程（千米）	起点	终点	途经点
萍乡市运管处	萍乡（安源）西站—温盘	县际	7	34	西站	温盘	水口、青山、大城、柳源、汤梅岭、高枧、温盘、双源、福田、三田、峡石、萍乡北站
萍乡市运管处	萍乡（安源）西站—五峰	县际	2	56	西站	五峰	西站、青山、大城、峡山口、陈家塘、凤凰、大路里、排上、东桥、鸭路、五峰
萍乡市运管处	萍乡（安源）西站—小坑	县际	2	56	西站	小坑	西站、青山、大城、峡山口、陈家塘、凤凰、大路里、排上、东桥、鸭路、小坑
萍乡市运管处	萍乡（安源）西站—新华	县际	4	31	西站	新华	水口中、青山、大城、沙里塘、河洲、火烧桥、前进、仁村、红星
萍乡市运管处	萍乡（安源）西站—沿塘	县际	2	55	西站	沿塘	萍乡（安源）西站、（排上）沿塘
萍乡市运管处	萍乡（安源）西站—沿塘	县际	2	56	西站	沿塘	东桥（直达）
萍乡市运管处	上栗—湘东	县际	2	43	上栗	湘东	长平、芭蕉塘、福寿、青云、萍洲、荷尧、火烧桥、河洲
萍乡市运管处	峡山口—白源	县际	6	26	峡山口	白源	峡石、大城、河洲、湘东
芦溪运管所	南坑—高田	县内	12	8	南坑	高田	南坑、大岭、新尤、七宝、高田
芦溪运管所	南坑—上埠	县内	7	15	南坑	上埠	南坑、团丰村、团群村、阪田村、妙泉村、山田村、石上村、许家坊村、茶园村、上埠
芦溪运管所	银河—长竹	县内	9	11	银河	长竹	银河、文家、陇田、长布、长柱
芦溪运管所	银河—金鸡岭	县内	11	9	银河	金鸡岭	银河、乌石、思古塘、邓家田、金鸡岭
芦溪运管所	芦溪—乾村	县内	4	28	芦溪	乾村	芦溪、坪里、上埠、河口、阪田、南坑、乾村
芦溪运管所	芦溪—南坑	县内	5	23	芦溪	南坑	芦溪、沙湾、聂家店、上埠、大岭、南坑
上栗运管所	上栗—黄冲	县内	5	9	上栗镇	黄冲	石上、卯田、火石桥
上栗运管所	桐木—湖塘	县内	5	8	桐木镇	湖塘	小埠、丹桂
上栗运管所	桐木—湖塘	县内	6	14	桐木镇	湖塘	桐木、雅溪、城冲、小埠
上栗运管所	赤山—大院	县内	6	4	赤山村	大院村	赤山中学、大院
上栗运管所	桐木—跃进	县内	6	9	桐木镇	跃进村	周田、杨坊

续表 26

许可机关	线路名称	班线类型	日发班次	线路里程(千米)	起点	终点	途经点
上栗运管所	上栗—鸡冠山	县内	5	9	上栗镇	鸡冠山	三境、横下
上栗运管所	湖塘—桐木	县内	4	12	湖塘	桐木	湖塘、楚山、枧冲、桐木
上栗运管所	上栗—东风界	县内	6	8	上栗镇	东风界	金山、简村
上栗运管所	上栗—凤亭	县内	4	25	上栗镇	凤亭村	金山、简村、横水
上栗运管所	上栗县—宫江	县内	2	39	上栗镇	宫江	杨岐、清溪、东源
上栗运管所	上栗县—田心	县内	6	32	上栗镇	田心	杨岐、青溪、东源、小枧
上栗运管所	上栗镇—鸡冠山村	县内	4	16	上栗镇	鸡冠山村	上栗镇、鸡冠山、庙背、鸡冠山村
上栗运管所	上栗镇—鸡冠山乡	县内	6	12	上栗镇	鸡冠山乡	上栗、四海、卯田、火烧桥、黄冲
上栗运管所	上栗镇—砖岭村	县内	4	13.5	上栗镇	砖岭村	鸡冠山公路
上栗运管所	桐木镇—东源村	县内	6	12	桐木镇	东源村	桐木、跃进、东源村
上栗运管所	桐木镇—莲台	县内	6	11	桐木镇	莲台村	万上线
上栗运管所	上栗县—湖塘	县内	4	18	上栗	湖塘	山口、白鹤、龙泉
上栗运管所	上栗县—麻石	县内	5	12	上栗	麻石	金水公路
上栗运管所	上栗县—石溪	县内	4	20	上栗	石溪	四海、万石、妙岭、马良、杉木、明星、淡塘
上栗运管所	上栗镇—枧冲	县内	4	20	上栗	枧冲	上栗、丰龙、南华、楚山、枧冲
上栗运管所	上栗镇—樟坊	县内	2	12.5	上栗	枧冲	上栗、石涧、金山
上栗运管所	上栗县—桐木镇	县内	3	18.5	上栗	桐木	横下、豆田、洪田、雅溪
上栗运管所	桐木镇—湖塘	县内	5	8	桐木镇	湖塘	小埠、丹桂
上栗运管所	桐木镇—莲台	县内	6	11	桐木镇	莲台	万上线
上栗运管所	汽车站—杨岐寺	县内	4	19	上栗镇	杨岐寺	319 国道
湘东运管所	二里—下埠工业园	县内	5/1	13	二里	下埠工业园	潭塘、栗塘、下埠、镇中、光华
湘东运管所	横塘—下埠工业园	县内	5/1	11	横塘	下埠工业园	潘塘、下埠、大陂
湘东运管所	东桥—高仓	县内	2/1	15	东桥	高仓	官陂
莲花运管所	高洲—莲花县	四类	4 次	37	琴亭镇	高洲	罗市、坊楼、南岭、长埠
莲花运管所	湖上—坊楼	四类	4 次	21	湖上	坊楼	闪石、暖水、屋场、洋桥
莲花运管所	莲花—仓下	四类	4 次	46	莲花	仓下	南岭、坊楼、高洲、江畔
莲花运管所	莲花—荷塘	四类	4 次	20	莲花	荷塘	垒里冲、超村、楼下
莲花运管所	莲花—红光	四类	4 次	40	莲花	红光	南岭、坊楼、罗市、红源

续表 26

许可机关	线路名称	班线类型	日发班次	线路里程（千米）	起点	终点	途经点
莲花运管所	莲花—江山	四类	4 次	27	莲花	江山	南岭、坊楼、沿背
莲花运管所	莲花—蕉叶冲	四类	4 次	40	莲花	蕉叶冲	南岭、坊楼、罗市、红源
莲花运管所	莲花—界化垅	四类	4 次	17	莲花	界化垅	升坊、坪里、井头、段家坊
莲花运管所	莲花—桥头	四类	4 次	25	莲花	三板桥	升坊、坪里、珊田、镇背
莲花运管所	莲花—三板桥	四类	4 次	25	莲花	三板桥	升坊、坪里、珊田、清水
莲花运管所	莲花—闪石	四类	4 次	27	琴亭镇	闪石	良坊、湖上
莲花运管所	莲花—神泉	四类	4 次	19	莲花	神泉	升坊、桃岭
莲花运管所	莲花—文塘	四类	4 次	19	莲花	文塘	垒里冲、超村、庙下、上文塘
莲花运管所	莲花县—坊楼	四类	4 次	25	琴亭镇	坊楼	南岭、坊楼
莲花运管所	莲花县—高洲	四类	4 次	37	琴亭镇	高洲	南岭、坊楼、上塘、下湾
莲花运管所	莲花县—六市	四类	4 次	38	琴亭镇	六市	南岭、坊楼、海潭
莲花运管所	莲花县—路口	四类	4 次	25	莲花	路口	下坊、良坊、湖上
莲花运管所	莲花县—千坊	四类	4 次	25	琴亭镇	千坊	南岭、砚溪
莲花运管所	莲花县—闪石	四类	4 次	27	琴亭镇	闪石	良坊、湖上
莲花运管所	莲花—洋桥	四类	4 次	30	莲花	洋桥	长埠、南岭、坊楼
莲花运管所	三板桥—莲花	四类	4 次	25	三板桥	莲花	清水、珊田、坪里、升坊
莲花运管所	升坊—莲花	四类	4 次	17	升坊	莲花	沙屋、升坊、漫坊
莲花运管所	洋桥—莲花县	四类	4 次	25	洋桥	琴亭镇	南岭、坊楼、沿背

【鹰潭市行政村通车率】 2016 年，全市行政村总数为 377 个，未通客车行政村有 30 个（贵溪市 9 个，余江县 13 个，龙虎山景区 8 个），行政村通车率为 92%。未通客车行政村多数地理位置偏远，道路状况不好，客流量少，有的行政村不符合通车条件，无人提出开通班线申请。为进一步提高全市行政村通车率，为群众提供方便快捷出行服务，市运管处整改措施：一是在坚持“原有线路延伸为主，新增农村客运线路为辅”的原则，积极引导现有班线车辆延伸到附近行政村；二是将新增行政村通客车工作纳入 2016 年鹰潭市更贴近民生实事和运输服务信息化工作中，在做好运力与客流量调查的基础上，合理开行运输班线，发挥政策导向作用，做好部分偏远行政村通客车工作。

（艾年宗）

【鹰潭开通至昌北机场直达班线】 10 月 16 日起，经过省市运管部门审批许可和前期准备工作，鹰潭至昌北机场直达班线正式投入运营。该班线采用高档商务车，由鹰潭汽车站始发，直达南昌昌北机场，全程约 180 千米，每日单程 8 班，往返 16 班，单程行车约 2 小时 10 分。该班线的开通是为了满足广大旅客往返机场所需，针对性解决目前两地之间没有直达班车，乘客需多次倒车的这一群众关切的实际民生问题。

（艾年宗）

【江西长运鹰潭公交公司 9 月 1 日试行开通 27 路、28 路公交线路】 为满足新老城区市民的出行需求，提高公交线网覆盖率，江西长运鹰潭公交公司 9 月 1 日试行开通 27 路、28 路公交线路，同时对 25 路、26 路公交线进行合并优化调整。27 路公交线途经四海路、站江路、胜利西路、胜利东路、信江大桥、信江北大道、龙虎山北大道、鹰东大道。沿途停靠：火车站（起始点）—时代广场—中心广场—中医院—东湖路口—184 医院—市一中

(东面)—地税局(信江新区)—市经济大厦(市公安局)—高铁北站—大学城(起始点)—原路返回。该线路试行期间计划投入7辆车营运。首末班时间:夏季6:30、19:00,冬季6:40、18:30。28路公交线途经湖西路、胜利东路、正大南路、环城东路、交通路、四海路、站江路、玉清路、麒麟东大道、滨江东路。沿途停靠:办证中心(起始点)—东湖路口—中医院—正大南路—五小—农商银行—眼镜街(火车站)—时代广场—化工厂宿舍—市民公园——中前门—御龙湾—恒大二期南门—恒大一期南门—供水公司(起始点)—原路返回。该线路试行期间计划投入5辆车营运。首末班时间:夏季6:30、18:30,冬季6:40、17:30;25路、26路合并优化后为26路(党校—经济大厦)公交线,始发站为党校,途经府前路、梅园大道、胜利东路、站江路、玉清路、铜兴路、信江北大道、和平路。25路、26路合并优化后,为方便梅园新区、防腐厂片区在一中就学的学生以及在市经济大厦的工作人员,26路线在上、下课和上班的时间段内仍然有多趟班次承担原25路公交车功能,线路沿途停靠:四小—民盟驾校—东四村—265大队—261大队—市公安局—四中—912大队—市城管局—疾控中心(干休所)—防腐厂一中后门—信江管委会—市经济大厦—原路返回。同时,26路其他班次沿途停靠站点:市委党校—市公安局—四中—912大队—市城管局—疾控中心(干休所)—防腐厂—184医院—东湖路口—中医院—金山弄路口—银座广场(老一中)—化工厂宿舍—市民公园—信江新区管委会——中后门—地税局—市经济大厦东门(起始点)—返回—市经济大厦西门—市经济大厦南门—原路返回。该两条线路合并后计划投入12辆车营运。首末班时间:夏季6:30、22:15(市一中),冬季6:40、22:15(市一中)。25路、26路优化调整后,26路由原来高峰期12分钟一趟缩短为8分钟一趟,平峰期由原来15—20分钟一趟缩短为10—12分钟一趟。

(艾年宗)

【江西长运鹰潭公交公司试开通29路公交新线】 为配合鹰潭市城区道路交通秩序整治活动,进一步提升服务品质,满足新老城区市民的出行需求,提高公交线网覆盖率,鹰潭公交于12月22日试行开通29路公交线路。29路公交线(办证中心至市物流委)途经湖西路、林荫东路、交通北路、胜利东路、正大南路、南站路、平安路、(原路返回)。沿途停靠站点:办证中心、滨江公园、人民公园(一小)、中心广场、正大南路、三角线、干鲜果批发市场、五金批发市场、南站装潢市场、南站二公司、源合余家、胜华建材城、市物流委(括苍小区)、原路返回。该线路试行期间计划投入4台纯电动新能源公交车营运。拟定全程一票制,票价2元,即上车2元/人。同时,6路、15路公交线营运车辆将进行更换,该两条线路拟各投放10辆纯电动新能源公交车,为市民提供更加安全舒适、绿色低碳的出行服务。城市公共交通是公益性民生工程,优先发展城市公交,对引领城市发展,缓解交通拥堵,减少空气污染,方便市民出行,提升城市品位,都将取得积极作用。鹰潭公交将加大车辆更新力度,加快公交基础设施建设,更好的方便市民出行,为鹰潭市打造现代化综合交通、建设文明城市贡献力量。

(彭霞)

【贵溪市公交事业蓬勃发展】 江西长运公司于2014年完成了对贵溪公交公司的收购,投资3000余万元新购置27辆公交车,新增城市公交班线2条,4月份投入6辆纯电动公交车,开通了火车站至鹰潭北站公交线路,扩大了公交覆盖面,增加了公交密度。市建设部门联合市交通运输、公安、交警、规划等部门,对全市所有公交站点进行重新规划,同时全面落实老年人和残疾人等特殊群体免费政策。

(艾年宗)

【赣州至兴国城际快线29日开通】 兴赣(兴国至赣州)高速公路于12月28日通车。随着该高速路的开通,这月29日起,赣州客运站将开通赣州至兴国高速直达城际快线,全程运行时间1小时10分钟,比以前走国道缩短约1小时。赣州至兴国高速直达城际快线开通后,每天早上6时40分至下午6时,约40分钟一班,共计16个班次,票价28元。赣州汽车东站至兴国的普通班线仍然保留运行,其目的是为了方便赣县、兴国境内沿途的旅客乘车,票价25元不变。乘客反映,以前坐赣州至兴国的班车,因国道赣县江口、吉埠两地路面坑坑洼洼，加上往来的大货车多，经常发生堵车，有时要走3个多小时才能到兴国县城，现在高速公路修通了，开通城际班线，坐车回家就方便多了。

（丁应忠）

【泰和县优化公交线路】 3月，泰和县交通运输局会同公交公司及货场周边相关9家企业负责人就工业园区公交线路优化问题多次开会协调，结合现场勘察，形成了一致意见并报县政府同意，已于2016年6月1日起将6路公交线路（新车站至沿溪）调整为每天绕道延伸至火车站货场固定8个班次，且固定发车时间。从目前运行情况看，该路段客源太少，如果将来客源增多会再作进一步的调整。

（吉安市交通运输局）

【宜春汽运开通万载至南江班线】 12月19日，万载县南江班线正式开通。万载县黄茅镇实现村村通水泥路，南江村距黄茅镇11千米，为了方便村民们出行，宜春汽运万载分公司与县交通站分局、安监局多次到南江村实地考察，在确认完全达到安全通车的条件下，决定开通到该村的客运班车。每日7:30、12:30、17:30发班。宜春市汽运股份公司万载分公司先后将班线延伸至黄茅源头、兴源、大土等多个村庄，实现点到点的服务，极大地方便了老百姓的出行。

（吴泽水）

【宜春汽车西站开通西村、彬江公交班线晚班车】 11月16日，为解决市民夜间出行困难问题，进一步满足市民出行乘车需求，宜春汽车西站开通了宜春至西村、彬江两条城市公交班线晚班车。宜春至西村和彬江的晚班车首发时间18:00，具体包括18:30，19:00，19:40，20:20，末班时间为21:00，每天共运行6个班次。宜春至西村的发班地点为朝阳路口阳光家居城旁，宜春至彬江的发班地点为东门宜春市第二医院旁，票价不变。

（吴泽水）

【宜春长途客运试点接驳运输】 2016年3月起，宜春市正式启动长途客运接驳运输工作，12部客运班车将参与其中，针对800千米以上的客运班车实行“停车换人”或“换车换人”的接驳方式。800千米以上的长途班车实施凌晨2时至5时停车休息，但这一方案让不少旅客浪费了旅程时间，因此，实施接驳运输后，将节省下不少的时间。

（徐　炜）

【袁州区新增城乡公交客运班线6条】 自2016年4月启动城乡公交客运一体化项目，该区按照既定规划，制定实施方案，结合地方实际情况，定距画圈，逐步实施，依次推进，截至12月，全区现共有城乡公交客运班线8条，新增班线6条，投入公交车63辆，农村出行条件进一步改善，城乡差距不断缩小，农村老百姓纷纷为政府这项为民、惠民政策竖起大拇指。

（李　庆）

【丰城至南昌西客站（高铁站）西线客运班车正式开通】 丰城至南昌西客站（高铁站）西线客运班车继6月1日正式开通后（原客运班线经105国道至南昌），已于8月13日新增经丰厚一级公路至南昌西客站的班线，极大方便了周边乡镇群众往返南昌。2016年洪州职业学院将继续扩大招生规模，到9月秋季学期开学时，将新增大一新生1000余名，届时在校生将接近3000名。为方便学院师生及河西部分乡镇居民的出行，丰城市汽车客运公司顺势开通了到南昌西客站的西线客运班车（班车从丰城市客运东站出发后上丰厚一级公路），经昌樟高速公路直达位于南昌市红谷滩新区的西客站。洪州职业学院师生及曲江旅客可从设在学院大门口处的站台搭乘西线班车前往南昌，整个旅程随之缩短至60分钟以内，而曲江融入南昌都市生活圈的进程也因此迈出了坚实的一步。

（沈壮华）

【上高县开通3条农村客运班线】 为解决偏远村庄群众出行难的问题，上高县运管部门大力推进农村客运“村村通”工程。2016年，新开通农村客运班线3条，方便沿线7200多人出行。一是利用原有的上高—田心班线车辆延伸至王家，从田心出发，途经店前、新生、新田、王家，再由王家原路返回田心，每日2个班次。二是利用原有的上高—湖镜班线车辆绕进枧头村，途经枧头村，每日

2 个班次。三是开通上高 - 袁埠班线,途经石拱桥、漕港、胡家、曾家 4 个村,每日 4 个班次。此 3 条班线的开通,使全县开通客车行政村达 177 个,行政村通班车率达 94.15% 。

(冷光明)

【宜丰县建成 10 千米彩色自行车绿道】 10 月 7 日,宜丰市民在新建成的彩色自行车绿道上骑行、休闲。该县自行车绿道全长 10.16 千米,起于县城南屏公园,终于光华水库入口。全程依山傍水,沿途风景优美,路在画中,画在景中。车道全程铺设彩色防滑路面,是宜丰第一条全民健身自行车道。工程总投资达 1200 万元,仅 4 个月就建成投入使用,为当地群众提供了理想的户外骑行线路。

(吴泽水)

【宜丰县恢复开通棠浦至上高客班】 江洲沿线有 8 个行政村 1 万余人口,距离棠浦集镇 8 千米,距离上高 21 千米,运输企业因受成本影响暂停了该班线,给群众生产、生活带来了诸多不便。收到群众代表反映后,4 月,县交通运输局责成宜春汽车运输股份有限公司宜丰分公司向总公司报告,总公司立即派专人到上高、宜丰两地进行了调研,并于 5 月恢复开通了上高至棠浦客班,每天 4 个班次。上高发车时间:7:00、14:00。途经江洲时间:7:40、14:40。棠浦发车时间:8:00、15:00。到达江洲时间:8:20、15:20。此举得到沿途群众的好评。

(漆志勇)

【万载县城乡道路一体化迈上新台阶】 2016 年 3 月,万载至黄茅、万载至罗城客运班线经批准正式改为公交化、公司化营运,至此,万载城乡道路一体化发展迈上新的台阶。万载至黄茅和万载至罗城班线贯穿万载西东 7 个经济发展重镇,处在万载传统花炮产业和现代有机农业经济带上,两条班线年客流量 220.25 万人次(其中万载至黄茅 165.68 万人次,万载至罗城 54.57 万人次),约占县内班线客流量近七成,虽有 28 辆客车投入运行,但车况老旧、车辆客位数仍不能满足群众出行需求。2016 年 2 月,万载县交通运输局拟将万载至黄茅和万载至罗城两条客运班线改造成公交班线,并拟定实施方案,上报县政府审批,3 月 7 日,县政府万府字〔2016〕17 号文批复同意上述两条客运班线“改造为公交班线”,票价参照赣交通运输字〔2015〕47 号文件“在原物价局核准价的基础下浮 15% 执行”,“新购置的纯电动公交车给予减免车辆购置税的优化政策”。实施后的万载至黄茅公交班线,增加客位数 807 个,票价比原下浮 15% ,可让旅客年受益约 350 万元。万载至罗城公交班线,增加客位 243 个,票价同样下浮 15% ,可让旅客年受益 60 余万元。两线共计增加客位 1050 个,旅客年受益约 410 万元。所投放的车辆将逐步更换成纯电动公交车,节能减排,绿色营行,车内服务设备逐步配置电子路牌,下车监控器,3D 监控器 GPS 调度,IC 卡等智能服务系统,提供更方便、快捷、安全、绿色优质服务。

(王松州)

【万载至宜春首次开通绿色城际公交】 2016 年 7 月 1 日,万载至宜春首辆绿色公交车在万载城北农贸市场汽车站正式发车,这是万载交通发展又一新成果。2015 年 11 月,宜汽公司万载分公司开通万载至宜春高铁直达班线,日发 24 班次,实现高铁与道路运输客运无逢对接。这次新开通的万载至宜春城际公共交通，秉承绿色理念，注重环境保护，强化安全理念，投放了20辆全新的电动新能源汽车运行，可大量节省燃油，一年可减少二氧化碳排放95吨。万载出发从早上6:15至晚上20:30，万载县城只上不下，每15分钟一班，18点以后30分钟一班，价格为万载至宜春8元。为方便市民，电动公交车在万载城北农贸市场汽车站发车，途经康乐大道、汇丰大酒店、宝塔路、华夏旅行社、阳乐大道、迎宾大道前往宜春高铁站。该线路正经过万载公路分局精心打造的320国道示范路段，路两旁绿树成荫，路面整洁，景观优美，路标、路牌清晰可见，管理有序，是标准一级公路。

（胡爱仙　王松州）

【黎川县开通黎川至南城城际公交】 黎川至南城动车站城际公交采取公司化经营、政府专项补贴的运营管理模式。由抚州长运公司注册成立黎川县长运城际公交公司经营。公交专线设置黎川客运中心、南城动车站和南城汽车站三个站点，车辆双向对开，每日往返20趟次。全程实行一票制，单程每人次15元，刷卡9折。公交专线投放5辆31+1座公交客车。随着向莆铁路的开通，黎川县越来越多的群众选择铁路出行，但由于向莆铁路在黎川县未设站，通过向莆铁路出行需辗转南城和建宁等地换乘，而现有南城和建宁客运班次设置与车辆停靠站点对群众换乘极为不便，群众迫切希望开通黎川至南城动车站城际公交专线，解决铁路交通出行难问题。经过积极筹备，黎川县于2016年12月30日开通黎川至南城城际公交。

（周建国）

【抚州至黎川正式实行公车公营】 2016年1月，抚州至黎川正式实行公车公营，每天4辆38座客车循环运行。

（梅钟林）

【乐安县内开通公交班线】 2016年1月1日，乐安县内公交班线开通，12辆新能源客车投入运行。

（梅钟林）

【广丰至深圳直达往返班线9月1日开通】 为优化广丰区经济发展环境，加快广丰区企业和深圳企业的对接，广丰区交通运输局以服务企业和招商引资为已任，积极谋划广丰—深圳客运班线开通工作，在区委常委谢华杰的亲自调度下，通过广丰区燎源客运公司的密切配合，9月1日起，广丰至深圳的直达往返班线正式开通。

广丰至深圳直达往返班线采取双向对开隔日发班，并将按计划于10月份更换新车。该班线的开通将有效减少广丰至深圳的物流成本，加强两地人员交往。

（周晓辉）

【德兴汽运公司大力做好高铁专线】 德兴汽运公司5月13日上午在德兴汽车站广场进行针对高铁的新专线运行时刻表的宣传活动，向市民发放新专线的运行时刻表和高铁时刻表，针对高铁运行时刻表，德兴公司调整加密高铁专线运行班次，方便市民出行。

（上饶市交通运输局）

【德兴市镇村公交全面开通】 2016年德兴市积极争取到全省的镇村公交试点县后，周密部署、精心谋划，经过紧张的筹建，2016年12月1日，德兴市35条镇村公交线路全面开通，覆盖全市75个行政村，开通率达91.45%。镇村公交的开通极大减轻广大人民群众的出行成本，让更多人民群众共享该市改革发展成果。

德兴市镇村公交线路是在原有客运班线基础上开通，并采购20台新能源汽车，票价在原有客运班车票价基础上下降30%左右，对持有老年证、残疾证和伤残军人证等人群实行免费乘坐。

（上饶市交通运输局）

运输站点

【概况】 2016年,全省有客运站(等级)978个,其中,一级站20个,二级站88个,三级站32个,四级站143个,五级站695个。简易站及招呼站12796个。客运站站务人员8181人。客运站平均日发38287.6班次,日平均旅客发送量708534人。全省有货运站56个,其中,二级站2个,三级站12个,四级站42个。具体见下表:

2016全省道路客货运站表

表27

指标名称	计量单位	代码	数量
甲	乙	丙	1
一、客运站	—	—	—
(一)等级客运站数量合计	个	01	978
其中:配备危险品安全检测仪的客运站	个	02	124
一级站	个	03	20
二级站	个	04	88
其中:配备危险品安全检测仪的二级站	个	05	86
三级站	个	06	32
其中:配备危险品安全检测仪的三级站	个	07	6
四级站	个	08	143
五级站	个	09	695
(二)简易站及招呼站数量合计	个	10	12796
(三)客运站本期完成投资合计	万元	11	10284.00
其中:政府投资	万元	12	3615.30
(四)客运站站务人员合计	人	13	8181
(五)客运站平均日发班次	班次/日	14	38287.6
其中:一级站	班次/日	15	5841.5
二级站	班次/日	16	20264.1
(六)客运站平均日旅客发送量	人次	17	708534
其中:一级站	人次	18	141779
二级站	人次	19	394121
二、货运站	—	—	—
(一)货运站数量合计	个	20	56
一级站	个	21	0
二级站	个	22	2
三级站	个	23	12
四级站	个	24	42
(二)货运站本期完成投资合计	万元	25	0.00
其中:政府投资	万元	26	0.00
(三)货运站平均日换算货物吞吐量	万吨	27	5.44
其中:一级站	万吨	28	0.00

(陈 刚)

【南昌长途汽车站新年元旦开始迎客】 2016新年的第一天，喜讯从南昌长途汽车站传来，该站于当日开始试营业，正式开始迎客。该站与南昌火车站东广场相毗邻，是与铁路、公交、地铁紧密联合构成的地上地下多层的市内综合客运枢纽站，它的开业让旅客的出行换乘无缝衔接将更加便捷。

该站总建筑面积35740平方米，建筑高度是28.2米，共分7层，地下1层，地面6层。其中站房占地面积15000平方米，车站共设售票窗口13个，发车位28个，停车位222个。该站以一级客运站的标准，开启全新智能化管理。站前广场、购票、候车、检票、停车、发车、行包安检托运到达、车辆安全例检、清洗、快修点等功能一并齐全，并配备了微机售票系统设备。车站经营班线81条，其中省级班线40条。主要为广州、深圳、东莞、珠海、郑州、南阳、西安、石狮等；省内班线为景德镇、铜鼓、修水、武宁、丰城、宁都，分宜、靖安、奉新等，当日发送班次可达260次以上，日均发送旅客可达6000多人，春运最高峰每日预计可发送2万多人。

（南昌市交通运输局）

【南昌长途车站推出微信购票】 春运期间，江西省南昌市徐坊客运站、洪城客运站、青山客运站等，除了提供24小时车站购票服务外，还推出了电话订票、微信订票等多种购票方式，旅客只需凭身份证及微信支付凭证即可在车站窗口取票。

2016年春运期间，南昌市长运有限公司（简称南昌长运）预计运送旅客78万人次。为保障运力充足，南昌长运计划投入营运车辆550辆，1.72万个座次，并对参加春运的900名驾驶员进行资质审核。

（南昌市交通运输局）

【南昌长运在地铁口设置便民服务点】 2016年10月31日，南昌长运在瑶湖地铁奥体中心站B出口（省奥体中心西北广场）处，设立了便民服务点，方便瑶湖校区学生及市民就近购票、乘车。

（南昌市交通运输局）

【南昌长运开通校园直通车】 开学季，为方便学生安全、舒适、快捷回到学校，南昌长运公司组织运力开通直达校区的定制客运校园直通车，为高校学子提供站到门的“一站式”温馨服务，得到校方与学子们的赞扬与肯定。

（南昌市交通运输局）

【九江长途汽车站“无票”乘车方便旅客】 2016年，九江长途汽车站结合微信购票业务，推出了无票乘车服务。

旅客只需通过智能手机进入九江长途汽车站微信公众号，在购票界面按操作流程购票成功后，便会收到提示短信，点开短信内的条码链接，就能获得所购车票的条码和编号。乘车时，只要在检票口出示该条码就能轻松乘车。需要纸质车票报销的旅客在购票成功后，手机在收到车票条码短信的同时，还会收到交易订单号，旅客凭订单号及本人手机号码，在发车前到车站的自助取票机取票即可。但需要注意的是，一旦取出纸质车票后，短信提供的乘车条码将无效，必须用纸质车票才能乘车。此外，九江长途汽车站目前仅限于全价票可在网上购买，军残票、儿童票等优惠票还是要到车站窗口购买。

（朱晓明）

【宜春市积极推进综合运输服务一体化发展】 一是创建“六位一体”，积极探索农村公路综合服务站建设。“十二五”以来，建成集农村公路建设、公路养护、管理（运政、路政）、客货运输、应急服务六种功能于一体的农村公路综合服务站25个，在全国交通系统，“六位一体”的综合管理服务功能，为江西首创之举。全省农村公路综合服务站建设现场推进会在宜春召开，宜春经验被省道路运输管理局推荐为全国道路运输工作典型。二是发展“五站一体”，打造宜春新火车站综合交通枢纽。该枢纽是江西省第一家集高铁站、普铁站、长途汽车站、公交车站、出租车站等“五站一体”的大型车站，可实现旅客全室内、零距离换乘车辆。为加强宜春新火车站与中心城区各区域及其他县市的交通联系，开通汽车客运班线46条、班次155班；公交线10条，近100辆公交车运行，基本覆盖市区的主干线，方便了旅客换乘。三是注重发挥区域优势，构筑高效快速的赣西航空经济圈。按照国家民航和省政府要求发挥最大的区域优势的宗旨，专门成立了市促进民航发展办公室和宜春明月航空发展服务有限责任公司,负责开发和培育航班航线。宜春市开通了宜春高铁站至明月山机场公交专线,每天从早到晚7个班次;并在萍乡、新余设立了明月山机场城市候机楼,依托萍乡、新余至宜春客运班线通过定班切位方式免费运送旅客至机场,每天2—3个班次,极大地方便了赣西人民从明月山机场出行。明月山机场在全国支线机场管理经验交流会上作典型经验介绍,并得到省委省政府通报表扬。四是采用城市公交延伸模式,开通宜春至万载城际公交。以满足市民安全、便捷、经济、高效的公交出行需求为目标,采用城市公交延伸模式开通宜春高铁站至万载宝塔站公交线路,实现宜万公交一体化,形成毗邻区域公交换乘和直达公交相结合的公交出行网;待各项条件成熟后,再适时开通万载至上高等县市的公交线路。

(李 明)

运输工具

【新余市纯天然气空调车正式投入运行】 9月5日,新余新亚城乡公交有限公司纯天然气空调车投入运营仪式在渝水区罗坊镇公交车终点站隆重举行,是渝水区群众生活中的一件大事。

新购置的14辆纯天然气空调车正式投入运营,为打造“平安交通、绿色交通、和谐交通”提供了强有力保障,标志着渝水区城乡公交服务又迈上了一个新台阶。

为了解决边缘村组广大群众进城难的问题,新余新亚城乡公共交通有限公司多方筹集资金200多万元,不仅新购买了14辆纯天然气空调车,还新开通了罗坊至松林、罗坊至涟田两条镇村客运线路,罗坊城乡公交、镇村客运实现相互贯通,群众从新余至罗坊任意一个点仅需要2元钱,出行非常便利。

(邓清华)

【新余城区5000辆公共自行车于8月30日正式运营】 8月30日,新余城区5000辆公共自行车正式运营,这是继8月20日投入试运营后全面投入运营。为进一步完善城市公共交通体系,缓解城区交通压力,助力打造“精美特新”生态旅游城市典范,该市引进社会资本参与城市交通基础设施建设,引导市民环保出行、低碳生活。2016年4月份,新余市采用PPP模式建设公共自行车系统,根据规划,该市在主城区范围内布设自行车站点210个,投放公共自行车5000辆,智能锁止器5600套,雨棚30个。其中,城北片区站点95个,城南片区站点79个,高新片区36个。

(邓清华)

2016年全省汽车租赁业户情况表

表28

指标名称	计量单位	代码	数量
一、汽车租赁业户合计	户	01	43
10辆以下	户	02	18
10—49辆	户	03	25
50—100辆	户	04	0
101—300辆	户	05	0
301—999辆	户	06	0
1000辆及以上	户	07	0
二、汽车租赁从业人员合计	人	08	202
三、租赁车辆数量合计	辆	09	484
客车	辆	10	484
5座及以下的客车	辆	11	357
6—9座的客车	辆	12	111
10座及以上的客车	辆	13	16
货车	辆	14	0

(陈 刚)

道路运输车辆、业户及从业人员市场退出情况表

表29

指标名称	计量单位	代码	数量
一、报废车辆合计	辆	01	20863
(一)客运车辆	辆	02	1827
特大型	辆	03	0
大　型	辆	04	269
中　型	辆	05	1173
小　型	辆	06	385
(二)货运车辆	辆	07	19036
大　型	辆	08	8097
中　型	辆	09	3552
小　型	辆	10	7387
二、检验不合格退出车辆合计	辆	11	13158
(一)客运车辆	辆	12	2003
特大型	辆	13	4
大　型	辆	14	24
中　型	辆	15	1758
小　型	辆	16	217
(二)货运车辆	辆	17	11155
大　型	辆	18	4202
中　型	辆	19	1575
小　型	辆	20	5378
三、吊销(注销)经营许可证业户数	户	21	4624
其中:吊销经营许可证业户数	户	22	4599
内:道路旅客运输	户	23	1
道路货物运输	户	24	4096
道路运输相关业务	户	25	533
内:站(场)经营	户	26	1
机动车维修	户	27	532
汽车综合性能检测	户	28	1
机动车驾驶员培训	户	29	0
其他	户	30	0
四、吊销(注销)从业资格证人员数	人	31	473
其中:吊销从业资格证人员数	人	32	473
内:道路旅客运输	人	33	52
道路货物运输	人	34	421
道路运输相关业务	人	35	0
内:站(场)经营	人	36	0
机动车维修	人	37	0
汽车综合性能检测	人	38	0
机动车驾驶员培训	人	39	0
其他	人	40	0

(陈　刚)

【余江县首次投放18辆新能源公交车】 由余江县长运公司投资330万元(不含政府能源补贴)购买的18辆新能源公交车1月26日投入运行,其中,县城区一路公交线路12辆,二路公交线路6辆,这是余江县首次投放新能源公交车运营。新投放的新能源公交车,座位21座,车体相对于普通公交车的长度和宽度都短小些,所购价格却相对于普通公交车的价格翻了一番。公交车系混合动力,采用超级电容+锂电池双源系统供电,可外接充电。车底盘用空气悬挂系统,以空气弹簧替代了传统板弹簧,车辆的缓冲性更好,保证车辆行驶的平衡性,让乘客感到更舒适。且车辆在运行时,具有噪音小、尾气排放量低等优点,更加节能环保。特别是采取无级变速控制,减少了驾驶员在行驶过程中频繁换挡,极大地降低了驾驶员的劳动强度,让驾驶员能将更多精力投入到保证乘客的安全中去。新能源公交车的投入运营,对优化余江县城区公交线网布局,大力倡导节能减排,做到"环保生活、低碳出行",优化生态环境发挥积极作用。

(艾年宗)

【永新县农客批量换装】 为巩固农村客运班线公车公营改造战果,针对大部分车辆状况已变得老旧破损、维修成本高、安全系数差、运输保障能力不足,与人民群众日益增长的运输服务需求不相适应的矛盾,该县交通主管部门和行业管理机构因势利导,力促永新长运交通公司加快车辆更新步伐,投入300余万元先行购买20辆中通牌新客车并在年底前落到实处,此举为缓解2017年春运运力紧张的压力,改善安全行车环境,打造惠农便民优质工程打下坚实基础。

(吉安市交通运输局)

【永新县更新客运车辆】 为了策应城乡公交一体化,向乘客提供更加舒适、便捷、安全的乘车环境。新干县长运公司斥资四百余万元,更新了29辆"豪华"的空调车,更新的车辆于5月底开始正式投入使用。运营中的其他农村客运车辆将根据车辆使用年限逐一更新。

(吉安市交通运输局)

【永新县城市公交车型更新换代迈大步】 春晖城市公交公司顺应城市公交"绿色环保"改革发展趋势,坚持企业自主创新理念,不等不靠,投入400多万元(未含政府财政补贴)首批购入10辆大型新能源公交车。2016年正积极争取政府支持,划拨新能源公交车充电桩等基础设施建设用地。问题一旦解决,该公司车辆更新换代步伐将进一步加快,燃油动力车型彻底退出历史舞台。绿色环保出行将成为该县"十三五"发展规划的一个新的亮点。

(吉安市交通运输局)

【泰和县货运业得到进一步发展】 全年新增货运车辆668辆,达6544个吨位(其中低速货车104辆105吨位),同去年相比分别增长了12%和15%,现全县货运车辆达到4028辆,计28330个吨位。

(吉安市交通运输局)

【宜春市袁州区新增道路货运车辆1411辆】 该区交通运输部门通过简政优化服务,整顿货运市场秩序,积极向上级争取优惠政策,为现代物流企业发展提供更加有利的市场和政策环境。2016年,全区货运产业发展迅速,运输企业品质不断提高,传统货物运输企业逐步向现代物流集团发展。共拥有道路货运企业125户,营运货车5324辆,吨位43409吨,新增营运货车1411辆,16527吨。全年共完成货运量2689万吨,货运周转量148830万吨千米,同比分别增长2.35%和15.89%。

(李　庆)

【宜春—高安开通豪华专线快车】 为方便旅客出行,9月10日起,宜春至高安往返专线高速快车试运行。此线路投放车辆为豪华7座商务车,全程高速运行约90分钟,票价55元,全区全程接送,实行发车前30分钟电话预约。该班线发车时间为宜春至高安从宜春汽车西站发车,时间为7时30分,宜春汽车总站发车时间为8时,途经国光、宜春市人民医院、宜春职业技术学校、张家山路口。高安至宜春从高安城南汽车站发车,时间为14时30分,高安长途汽车站发车时间为15时,途经高安骨伤医院、老博物馆、交警大队、人民银行、建设银行。

(周世祥)

【铜鼓县试行班车小型化】 在传统道路客运经营“定点、定时、定座”的服务模式下，现阶段道路客运已处于供大于求的局面。铜鼓县为加快发展道路客运的转型升级，采取试点客运班车小型化的措施，探索道路客运行业转型发展的方向，先行试行道路客运班车小型化。该县以市场为导向，在原有的客运班线上，配置部分小型化客运班车，选择客运企业，研究建立“互联网＋道路客运”道路运输体系。现阶段主要做法，一是选择试点线路，选择客流相对较旺，旅客出行需求较多的铜鼓至南昌班线；二是选择客运车辆，鼓励客运企业根据市场需求自主选择7座至16座的小型客运车辆从事经营活动。所选车辆的技术性能应符合《道路运输车辆综合性能要求和检查方法》的要求；三是推进平台建设，充分利用互联和平台资源，通过网络、手机APP、在线服务等方式，为社会公众提供道路客运出行方案设计、出行信息查询、预约、票务等运输服务；四是放宽对小型客车定制客运服务站上下客管制，鉴于营运客车小型化后，旅客相对较少，与大客车相比安全风险、社会影响相对减少的实际情况，在保险到位及上下车安全检查职责落实后，允许设置适应旅客需求的上下客点，作为延伸服务予以支持。

（李吉良）

道路运价

【萍乡市2016年客运运价】 县际班线票价计算方式：千米×0.204＋燃油附加费（31千米以下1元，31千米以上1.5元），出租车票价计算方式：起租价6元/2千米，车千米单价为1.60元/千米，单程超过6千米的超出部分按车千米租价加收50%的空驶费；夜间23时至次日凌晨5时加收20%，低速等候费按时速低于12千米/小时每累计5分钟加收1千米租价。

【萍乡市2016年货运运价】 根据对选定主要货物采集样品长达一年的跟踪调查，2016年度，萍乡市主要货种道路货运运价平均水平为，煤炭0.4元/吨千米、成品油0.6元/吨千米、钢铁0.24元/吨千米、水泥0.42元/吨千米、危化品0.6元/吨千米、零担0.5元/吨千米。

【九江市城区出租车起步价上调至7元，千米价2元/千米】 2016年1月22日，九江市政府第36次常务会议研究、讨论并原则通过了《关于调整市城区出租车基本运价的请示》，从1月25日起对市城区出租车运价进行调整，起步价由5元/2千米调整为7元/2千米，千米价由1.5元/千米调整为2元/千米，其他不变。

（九江市交通运输局）

【新余出租车8月1日起步价调整为6元】 8月1日，新余市城区客运出租汽车运价调整。出租汽车起步价由现行每2千米5元调整为6元；车千米价由现行1.6元调整为1.9元，夜间11时至次日凌晨5时，每车千米价加收20%；单程载客行驶超过6千米以外部分（现行8千米）每千米运价加收50%空驶费；应乘客要求候车，每5分钟加收1车千米价，即由现行加收1.60元调整为加收1.90元。

（黄 蓉）

【鹰潭市客运运价新规定】 2016年，鹰潭市客运企业执行运价规定：身高1.2米以下不单独占用座位的儿童免费；身高1.2—1.5米的儿童可购买儿童票；革命伤残军人、因公致残的人民警察乘车凭伤残证件可购买优待票。儿童票和优待票为单程票价的50%计算。

2016 年鹰潭长运汽车站营运线路票价表

表 30

线路	发车时间	路经站点	票价(元)	全程耗时
鹰潭—南昌	7:30、8:50		45	2.5 小时
	10:30、12:00			
	15:00、16:30、18:00			
鹰潭—上饶	6:00、6:40、8:00、8:50	横峰	27	2 小时
	9:40、10:30、11:40、12:45、13:50、15:00、15:10	上饶	37	
	16:00、17:00			
鹰潭—抚州	6:40、7:40、8:40	东乡	24	2.5 小时
	9:40、10:40、11:40	抚州	40	
	12:40、13:40、14:40			
	15:40、16:40			
	18:00			
鹰潭—金溪	流水班	对桥	10	1 小时
		金溪	16	
鹰潭—南城	8:45、11:30、13:30	黄狮	31	2 小时
	16:15	南城	36	
鹰潭—资溪	7:40、12:50	冷水	22	2.5 小时
		饶桥	29	
		资溪	40	
鹰潭—南丰	6:30、13:40	南城	40	2.5 小时
		南丰	53	
鹰潭—广昌	10:50	南城	41	3.5 小时
		南丰	61	
		广昌	78	
鹰潭—宁都	7:30	南城	40	4.5 小时
		南丰	61	
		广昌	78	
		宁都	96	
鹰潭—石城	5:50	广昌	77	5 小时
		石城	95	
鹰潭—瑞金	18:00	南城	41	6 小时
		南丰	60	
		广昌	78	
		宁都	96	
		瑞金	121	
鹰潭—临川	13:30	临川	41	2.5 小时
鹰潭—崇仁	10:30、15:40	石桥	41	3 小时
		崇仁	46	

续表 30

线路	发车时间	路经站点	票价（元）	全程耗时
鹰潭—宜黄		石桥	41	4.5 小时
	13:00	龙溪	51	
	14:45	宜黄	61	
鹰潭—永丰	13:10	崇仁	50	5 小时
		新居	61	
		戴坊	66	
		永丰	91	
鹰潭—乐安	8:45、14:10	崇仁	51	5 小时
		新居	61	
		戴坊	66	
		乐安	71	
鹰潭—婺源	8:30	万村	44	3 小时
	11:50	德兴	51	
		铜矿	56	
		九都	68	
		婺源	75	
鹰潭—万年	9:20、11:50	城关	31	1.5 小时
	14:1016:00	万年	36	
鹰潭—虹桥	10:00	永嘉	138	6.5 小时
		柳市	162	
		乐清	167	
		虹桥	172	
鹰潭—乐平	12:00	城关	31	2 小时
		老人桥	41	
		乐平	49	
鹰潭—景德镇	7:10	城关	36	2.5 小时
	12:40、13:50	老人桥	44	
		乐平	49	
		景德镇	61	
鹰潭—波阳	7:00、11:30	城关	31	2.5 小时
	12:30、17:00	石镇街	46	
		洪门口	51	
		波阳	59	

续表 30

线路	发车时间	路经站点	票价(元)	全程耗时
鹰潭—弋阳	流水班	金山	11	1 小时
		弋阳	21	
鹰潭—铅山	9:20	汪二	25	2 小时
	11:00、14:00	铅山	31	
鹰潭—石塘	12:00	铅山	30	3.5 小时
		永平	35	
		石塘	40	
鹰潭—广丰		洋口	38	2.5 小时
	11:00、13:05	广丰	41	
鹰潭—新安江	8:00	玉山	72	6.5 小时
		常山	80	
		衢州	102	
		新安江	152	
鹰潭—宁波	9:20	诸暨	180	11 小时
		绍兴	162	
		慈溪	162	
		宁波	162	
鹰潭—瑞安	11:00	瑞安	162	8.5 小时
鹰潭—石狮	9:30	泉州	202	14 小时
		石狮	202	
鹰潭—温州	12:20	温州	142	8.5 小时
鹰潭—温岭	9:30	路桥	222	8 小时
		温岭	222	
鹰潭—珠海	9:30(隔日)	赣州	142	15 小时
		广州	242	
		中山	282	
		珠海	302	
鹰潭—厦门	8:30	长汀	202	
		龙岩	222	
		厦门	242	
鹰潭—泰宁	5:50	黎川	70	3.5 小时
		泰宁	100	
鹰潭—赣州	10:50(隔日)	吉安	119	6 小时
		赣州	141	

续表 30

线路	发车时间	路经站点	票价（元）	全程耗时
鹰潭—景德镇（高客）	16:20（隔日）	景德镇	61	2.5 小时
鹰潭—黎川	14:10	南城	41	3.5 小时
	20:10	黎川	61	
鹰潭—铜矿		万村	48	2.5 小时
	11:00	德兴	51	
	15:10	铜矿	56	
鹰潭—宁化	5:55	广昌	78	8 小时
		官桥	92	
		石城	96	
		宁化	106	
鹰潭—永康	11:50	金华	100	6 小时
		永康	115	
鹰潭—桐庐	9:00	建德	380	5.5 小时
鹰潭—邵武	8:00	资溪	126	3 小时
		光泽	180	4 小时
鹰潭—昌北	6:20—18:00（约一个半小时一班）		178	2 小时 10 分

（艾年宗）

【吉安市中心城区调整出租车运价】 自 2016 年 3 月 1 日起，吉安市中心城区出租汽车运价进行调整，起步价由现行的 5 元/2 千米调为 6 元/2 千米，后续价由原来的 1.7 元/千米调为 1.8 元/千米，其他维持不变。

（吉安市交通运输局）

道路旅客运输

2016 年全省农村道路客运表

表 31

指标名称	计量单位	代码	数量
一、客车通达情况	—	—	—
乡镇总数	个	01	1466
其中：通客运车辆的乡镇数	个	02	1466
内：通客运班车的乡镇数	个	03	1434
建制村总数	个	04	17139
其中：通客运车辆的建制村数	个	05	16985
内：通客运班车的建制村数	个	06	16425
二、农村客运站数量	个	07	13666

续表 31

指标名称	计量单位	代码	数量
其中:等级客运站数量	个	08	870
三、农村客运线路	条	09	3594
平均日发班次	班次/日	10	35359.0
四、农村客运车辆合计	辆	11	8487
	客位	12	187337
(一)按等级分	—	—	—
高　级	辆	13	144
	客位	14	5238
中　级	辆	15	2295
	客位	16	52675
普　通	辆	17	6048
	客位	18	129424
(二)按车长分	—	—	—
特大型	辆	19	1
	客位	20	59
大　型	辆	21	1213
	客位	22	37529
中　型	辆	23	4945
	客位	24	108981
小　型	辆	25	2328
	客位	26	40768
五、农村旅客运输量	—	—	—
客运量	万人	27	24597.07
旅客周转量	万人千米	28	811516.38
六、农村客运站本期完成投资	万元	29	2474.00
其中:政府投资	万元	30	2442.00

(陈　刚)

【2016 年江西省道路春运情况】 2016 年道路春运工作按照“安全第一、保障有力、方便快捷、服务至上”的总体要求,全省各级运管机构、城市客运管理机构和道路运输企业牢固树立“以人为本”的服务理念,营造文明、温馨、和谐的出行环境。坚持抓安全、升服务、严监管、保畅通,确保旅客出行安全便捷和重点物资运输畅通高效,圆满完成了春运各项工作任务,连续二年实现了道路运输“平安春运”的目标。全省道路旅客运输量达 4921.36 万人次,与上年春运相比下降 0.73%;全省道路运输日均投入运力 16553 辆,累计加班 9132 班次,累计包车 14100 趟次。

2016 年道路春运旅客出行呈现特点:一是受产业结构调整和区域经济协调发展战略的持续推进,以及高铁快速发展、私家车逐步增长、春节放假期间私家车高速路免通行费的影响,其中长途客运量下降明显。二是强厄尔尼诺现象导致的冰雪、低温、大雾等极端恶劣天气，对旅客出行运行影响较大。三是旅客出行需求平稳。春运前各大院校均已放假，节前学生客流明显减少，节后客流出现务工流、学生流，基本以短途、农村客流为主，中长途客流为辅。

（张文强）

【南昌市2016年道路春运工作】 坚持“安全第一、保障有力、方便快捷、服务至上”的总体要求，科学组织、狠抓落实，保障了道路畅通，全面提升了道路春运服务水平和保障能力。春运期间全市公路运输日均投入运力2280辆，累计发送旅客人数达233.24万人次，同比下降10.3%；出租汽车日均投入运力5452辆，累计发送旅客3458.61万人次，同比增长0.64%；公交汽车日均投入运力2952辆，累计运输乘客6000.1万人次，同比下降0.5%。期间未发生重特大安全生产责任事故、未发生旅客滞留现象、未发生重大服务质量投诉事件。

（南昌市交通运输局）

【景德镇市交通运输局多措并举应对雨雪冰冻天气】 为做好近期冰雪冰冻天气条件下的“平安春运”工作，确保全市交通运输工作安全畅通，1月20日，景德镇市交通运输局召开紧急会议，采取多种措施应对此次强冷空气，着力打造平安“春运”。

会议要求，全市交通运输系统各单位要高度重视，要充分吸取2008年冰雪灾害经验教训，加强组织领导和协调，落实领导责任。要按照应急预案要求进入应急准备状态，做好相关应对和准备工作，并根据天气情况视情启动应急响应，全力做好恶劣天气条件下交通运输保障工作。

会议提出了五项措施积极应对冰雪天气，一是提前准备物资设备，特别是工业盐、草麻袋和铲冰除雪设备，提早进场布控，加大人力物力投入，及时清除冰雪。二是加强对桥梁、隧道、长下坡、陡坡滑坡等的巡查，发现异常情况和隐患问题的要立即设置交通警示标志和安全标志并组织抢修，对重点路线要实行重兵把守，确保随时抢通和安全畅通。三是广泛动员督促运输企业落实对车辆和驾驶人员的安全管理措施，教育驾驶员必须严格按照安全操作规程、安全时速驾驶。对冰冻严重无法保障安全的班线要采取改线、改道、改班甚至停运等措施，严防道路客运安全事故，确保人民群众出行安全。四是加强对重点水域、“四客一危”重点船舶、渡口渡船、港口作业区域等的安全监管，督促县、乡人民政府落实渡运安全监管主体责任，防止事故发生，加强与气象等有关部门的沟通，及时掌握天气信息，预防预警信息，如遇大风和冰雪等恶劣天气，要通知渡口渡船停渡，确保水上交通安全。五是组织力量加强对道路的巡查力度，特别是对危险路段、桥梁、隧道、滑坡等加大巡查密度、扩大巡查范围，要加大事故排障和施救力度，确保道路畅通。同时对在建交通重点工程项目办要督促施工企业进一步落实安全生产主体责任，切实加强在冰雪、寒潮大风等灾害天气影响下的施工现场作业、施工机械管理及工棚等的安全，杜绝各类伤亡事故的发生。

会议强调，要加强应急值守，确保信息畅通。各单位必须严格实行领导带班、24小时值班的应急值班制度，及时报告工作动态和信息，确保政令和信息报送渠道畅通。

（张港沝）

【萍乡市公路运输有条不紊】 2016年，萍乡市公路运输完成客运量6322万人次，旅客周转量110722万人千米。为期40天的2016年春运3月3日落下帷幕。据统计，2016年该市春运期间道路客运共投入客车38430辆次，日均投入运力960.75辆，其中包车763趟次，加班420班次，完成客运量442.2408万人次，未发生旅客滞留及重大安全责任事故，保证了居民生活必需品，重要物资运输。实现了让旅客走得安全、快捷、有序、满意的总体目标。

（萍乡市交通运输局）

【萍乡市2016年春运工作圆满完成】 按照省政府和市政府有关春运工作的统一部署，萍乡市市对春运工作进行了动员和周密安排，各部门、单位高度重视，积极做好了春运各项工作，2016年春运萍乡市市未发生较大等级以上的事故。公路运输投入客车38430辆次，其中包车763趟次，加班420班次，日均投入运力960.75辆，完成客运量4422408人次，与2016年同比下降8%；铁路安全输送旅客213184人次，与2016年同比下降3%，其中高铁204848人次,与2016年同比增长23%。

(萍乡市交通运输局)

【全省首个“定制客运”试点获批】 11月下旬,省运管局下发文件,同意江西九江长途汽车运输集团有限公司开展“定制客运”试点工作,这是江西省道路客运行业借助“互联网+”转型升级,充分发挥道路客运比较优势的破冰之举。

试点将采取灵活高效的经营模式,由江西九江长途汽车运输集团有限公司对该公司原有九江市至昌北机场道路客运班线进行改造的方式进行,在营运车辆符合相关规定的前提下,自行确定停靠站点、日发班次、车型、车辆数及行驶路线,分别上报市级、省级道路运输管理机构备案后执行。车辆使用“九江至昌北机场”定制客运线路牌。运输企业和运管机构要严格落实安全生产主体责任和监管责任。

江西九江长途汽车运输集团有限公司将严格按照其制定的“定制客运”试点工作方案,以移动互联技术为依托,强化线上线下资源整合,通过网络、手机APP等多种方式,为乘客提供出行方案设计、出行信息查询、预约、票务等各类运输信息服务,并建立有效的服务质量监督评价机制。在确保安全稳定、规范有序的前提下,结合群众出行的特征和需求,不断创新运输组织方式,积极探索计程、计时、计程+计时等多种计费模式,努力为乘客提供多样化、多层次的出行服务。

(金紫骏)

【鹰潭市城区所圆满完成春运工作任务】 2016年春运工作在3月3日落下帷幕,鹰潭市城区所狠抓运力组织、安全监管和优质服务,精心组织开展了道路运输春运工作,圆满完成了各项工作任务。春运期间共投入客运运力630余辆(含出租车、城市公交),安全运送旅客120.3万人次。市城区所共出动稽查人员800余人次,稽查车辆200余辆。共检查出租车2000余次,查处不打表计费、拒载、甩客、不按规定携带证件、异地经营违规车辆235辆;扣车56辆。有效遏制了出租车及其他车辆违规经营行为。(刘琨)

【贵溪市公众出行情况】 为完善农村客运网络化体系,构建布局合理、功能齐全、利民便民、畅通有序的农村客运网络化运行机制,贵溪市引进江西长运公司进驻贵溪客运市场,相继建立和完善了城南、城北汽车站客运设施,建设了一批乡镇候车亭,更新更换农村客运汽车19辆,调整并增设农村客运线路5条,农村客运运力得到极大提升,全市194个行政村已有185个行政村通了客运班线,通达率95%;同时,在塘湾、彭湾两镇开展城乡客运一体化工作,并将在此基础上逐步推广。

(艾年宗)

【余江县交通运输局春运期间安全运送旅客83.6万人次】 2016年春运期间,余江县交通运输局坚持按照“安全第一、保障有力、方便快捷、服务至上”的春运总体要求,早动员、早部署、早安排,切实抓紧抓好、抓出成效,扎扎实实做好了春运各项工作。共投入客车66辆、出租车41辆、公交车43辆,安全运送旅客83.6万人次,积极应对了低温雨雪冰冻恶劣天气的影响,积极储备了运力,加强安全检查,积极防范了安全隐患,确保了交通运输畅通、旅客出行安全、外出务工人员流动有序,给群众创造了安全、放心的乘车环境,让群众走得了、走得好,保障了群众回家过年、幸福团聚,圆满顺利安全地完成了春运任务。

(汪有根)

【鹰潭市交通运输局加强国庆期间交通运输保障工作】 在国庆期间,鹰潭市交通运输局以高度的政治责任感、周密的工作部署、扎实的行业管理措施全面加强交通运输保障工作。一是及早部署落实,将上级文件精神传达到公路、水路、道路运输部门和企业,将安全保通保畅和服务保质保量的工作任务及要求落实到公路建管养、水运、客货运、公交、出租等一线单位和人员,做到思想重视、计划周密、准备充分。二是加强道路运输监管力度,合理调配客运班线运力,抓好运输行业特别是危险品运输安全隐患排查整治,严格物流和客货运输环节的物品安检查验,加强对车站路桥等重点部位的安全防控,消除安全隐患,严防安全事故,切实维护公共安全。三是针对景区面临游客高峰,提前安排,加大对景区路段巡检力度,排查山体滑坡、落石等安全隐患,完善警告提示标识,加固道路安全防护设施,对营运车辆、船舶、竹筏进行全面检修,做好交通疏导、秩序维护,确保游客安全。

国庆期间，全市投入营运的客车总共1114辆，市本级677辆，县（市）437辆。其中，公交车284辆（市本级181辆）；出租车450辆（市本级271辆）；班线客车380辆（市本级225辆），其中省际市际班车84辆，旅游客车32辆。国庆节期间，全市运输客流量为84.14万人次（市本级70.38万人次），其中公交44.23万人次（市本级42万人次），出租车19.81万人次（市本级11.38万人次），班线车23.7万人次（市本级17万人次），同比下降6%。

（艾年宗）

【鹰潭市运管处召开全市旅游客运业健康发展座谈会】 为进一步促进全市旅游客运市场有序发展，市运管处联合市旅发委、龙虎山管委会召开了全市旅游客运业健康发展座谈会，各县（市区）交通运输局、旅行社及导游代表近40人参会。座谈会上，与会代表畅所欲言，针砭利弊，既指出了全市旅游客运业的不足与问题，也积极为推进行业的健康发展建言献策。旅行社和导游代表重点提出了两个诉求和一个建议。两个诉求：一是要提高车辆档次，增加车型选择，二是加强公司管理，提升驾驶员素质。一个建议：主要是激发市场活力，更好的发挥市场竞争作用，在用车时有更多的市场选择。行业管理部门代表坚持以问题为导向，不回避矛盾，针对旅游客运业现状与未来发展作了务实的发言。会后，组织参会代表进行了全市旅游客运业健康发展问卷调查。接下来，市运管处将对座谈会意见建议和问卷调查情况进行分析汇总，并将结果向旅游客运企业进行反馈，为全市旅游客运业健康发展提供决策参考。同时，还将联合行业相关职能部门尽快构建起有竞争、可选择、服务优的旅游客运业新格局。

（何　文）

【“十一”黄金周赣州完成道路客运量105.88万人次】 2016年“十一”黄金周期间，赣州市道路旅客发送量105.88万人次（不含公交及出租运量），同比增长3.59%，日均发车2707辆次，其中包车48辆次，加班车210辆次。期间无一重大安全事故和人员伤亡的发生。2016年国庆道路旅客运输以长途客运为主，受综合运输体系发展和城乡客运一体化影响，中短途客流增长也较为明显。从出行时间分布来看，假日“首尾”为乘客出行高峰期，10月7日单日客流达到22.36万人次，与去年同期相比增长8.16%。假日期间，赣州市道路运输管理部门共计安排值班值守329人次，通过调整冷热班线车辆，增加旅游包车运力，加强源头安全管控，实现道路旅客运输的安全、有序、畅通运行。

（朱清源）

【赣州市道路春运落下帷幕客运总量达538万人次】 3月4日，为期40天的2016年春运工作，以安全输送旅客538万人次实绩而落下帷幕。在2016年的春运工作中，运管部门和道路运输企业严格按照了省、市道路春运工作“安全第一、保障有力、方便快捷、服务至上”的总体要求，以“便民利民、平安春运”为主题，精心组织、认真实施，确保了春运各项工作的完成。全市组织了3271辆营运客车参与春运，做到了日均投放车辆2753辆次。包车总数达3723辆次、加班车辆总数达9008辆次。客运流量和流向主要在赣南区域和毗邻的周边省份。春运期间，在雨雪连绵的情况下，公路养护部门保证了公路畅通。汽运企业落实了安全主体责任，做好了防寒、防冻、防火工作，查获了一批旅客携带的危险物品，保证了场站车辆安全。车辆技术状况良好，营运车辆未因车辆技术原因而发生安全事故。道路运输行业广泛开展了“情满旅途”“暖冬行动”“务工人员平安返乡”等活动。涌现了许多为民服务的好人好事。各汽车站通过创新购票方式，为农民工提供了门到门的运输服务。运政管理部门加强了对春运市场的管理，打击了违法经营的车辆。城市客运系统的公交车、出租车有效地配合春运工作的开展，及时分流乘火车、飞机来赣州的旅客。

（淳　朴）

【吉安市圆满完成2016年春运工作】 为期40天的2016年春运工作于3月3日落下了帷幕。吉安市秉承“安全第一、保障有力、方便快捷、服务至上”的原则，对全市春运工作作了周密部署，圆满完成了各项任务，确保了旅客走得了、走得好。

春运期间，全市道路运输日均投放客运班车

1860 辆,日均开行客运班次 3633 次,共组织春运包车 3662 次、加班 2882 次,运送旅客 487.6 万人次,同比下降 0.28%;水路运输投入运力 232 艘次、11881 客位,运送旅客 1.55 万人次,同比增长 8%;吉安火车站每天增加 44 对列车,达到 128 对,运送旅客 69.7 万人次,同比增长 4.1%;井冈山机场共执飞 658 架次,运送旅客 5.65 万人次,同比增长 0.3%。城市客运 1362.5 万人次,同比增长 2%;其中:公交客运 982 万人次,同比增长 2.7%;出租车运量 380.5 万人次,与去年基本持平。

春运开始以来,为提供优质服务、营造便利安全的出行环境,市交通运输局经与各参运单位协商,提出了延长售票时间、多种渠道售票、改善候车环境,提供免费食品药品、加密客运车辆班次、延长公交营运时间、加强车船运行信息宣传等多项春运便民措施;市交通运输局与市公安局、市安监局、市总工会、团市委联合开展"情满旅途"活动,成立了全市春运"情满旅途"活动领导小组和办公室,形成各部门分工负责、协调配合的保障机制;积极开展吉安市青年志愿者服务春运"暖冬行动",吉安火车站、井冈山机场、吉安长运公司等涉运单位联系井冈山大学、团市委、青原区团委招募青年志愿者参与春运志愿服务工作,吉安火车站确定志愿者人员 30 名,井冈山机场开展党员志愿者活动月。全市志愿服务单位 77 个,志愿服务岗位 128 个,上岗志愿者人数近 2000 人,服务时长共计 5658 小时,挂牌服务阵地 12 个;市交通运输服务 24 小时监督电话 12328 春运期间共受理旅客信息咨询 914 件,回复率达 100%;旅客就服务质量等方面的投诉建议 71 件,均及时受理并转给相关部门办理。

(吉安市交通运输局)

【宜春市袁州区春运工作任务圆满完成】 3 月 3 日,为期 40 天的春运工作全面结束。该区交通运输局强化安全目标管理,成立春运工作领导小组,制定袁州区春运工作应急预案,组织执法人员深入运输一线开展执法检查,共出动执法出勤 320 辆,执法人员 1520 人次。同时安排人员 24 小时值班,并公布投诉举报电话,保证春运工作正常运转。做到领导、工作、人员、举措、责任五落实,圆满实现"安全、有序、畅通、优质"的春运工作总目标,无道路交通重大责任事故,无旅客滞留事件。累计共发送车辆 16798 班次,共输送旅客 36.08 万人次,发放省际包车牌 233 张,省内包车牌 379 张,进广包车牌 40 张,进广省际加班牌 18 张,省内临时加班牌 700 张,省际临时加班牌 320 张,春运指南手册 100 份。

(李　庆)

【宜春市袁州区道路客运量稳中增长】 2016 年,全区现有道路客运企业 7 家,客车 313 辆,班线 108 条,完成年客运量 1625.88 万人次,客运周转量 15986.06 万人千米,同比分别增长 1.96% 和 25.7%,全区道路客运实现安全平稳发展。一是做好管理者。通过转变政府职能,提高服务水平,创新管理制度,提升管理手段,抓改革、抓服务、抓管理,全力推进全区道路客运健康发展。二是做好服务者。加大打非治违力度,强化对非法营运的源头整治,着力整顿客运市场秩序,为客运发展提供优质环境。三是做好引导者。积极宣传国家农村客运方面有关优惠政策,引导运输企业向下发展农村客运,开发农村客运市场巨大潜力。全区共有 312 个行政村通班车,初步形成以区为中心,辐射周边中心乡镇的半小时城镇圈;城区周边 20 千米范围内居民出行实现公交化。

(李　庆)

【樟树市圆满完成第 47 届药交会交通运输保障任务】 樟树第 47 届药交会于 10 月 16 日胜利开幕,根据市委、市政府工作部署,为切实做好 700 余名参会嘉宾往返会场和"武林风"大型活动的交通运输保障工作,该局高度重视,周密部署。一是成立了以分管领导为组长,运管所班子成员、客运企业负责人为副组长,运管、企业工作人员为成员的工作组,制订了详细的工作方案,明确了工作职责。二是确保参运客车技术状况良好,强化安全例检及卫生清洗,确保客车干净整洁。三是加强驾驶员安全行车和文明服务教育培训,展示交通文明窗口良好形象。四是抽调的 18 名工作人员充分发挥了党员模范作用,在工作中践行了"两学一做",任劳任怨、连日奋战,圆满地完成了第 47 届药交会运输保障任务,为药交会的顺利召开贡献了自己的一份力量。此次药交会交通运输保障工作共调配客车 27 辆,安全有序运输参会领导和嘉宾2500多人次。

（王志勇　杨　建）

【樟树市四措并举为高考“保驾护航”】 高考期间，樟树市交通运输局“四举措”做好运输保障工作。一是开展安全检查。对营运车辆技术状况逐车进行安全隐患排查，保证车辆技术性能良好、车容整洁，杜绝“带病”车辆参与考生运输。二是做好运力保障。根据考点分布和参考学生人数等情况，组织运力，防止可能发生的突发性运力紧张问题。三是强化现场监管。组织运政执法人员加大对非法营运车辆的监控力度，严厉打击非法营运“黑车”，确保良好的运营和安全秩序。四是提高服务质量。继续组建由15辆出租汽车组成的“爱心助考”车队，高考期间，学生可凭高考准考证在城区内免费乘坐张贴有标识的爱心助考车。

（邓杨飞）

【靖安县运管所“四个提前落实”保障中、高考交通运输】 为切实做好2016年中、高考期间考生的运输保障工作，5月27日，靖安县运管所精心准备，提前做好高考运输保障的各项准备工作，采取多项措施做到“四个提前落实”，确保考生出行安全优质有序。一是提前落实运输保障方案。认真做好高考学生客流量的预测统计，结合客流量制定详细的运输保障预案，明确具体任务，保证高考期间投入充足运力为考生服务；要求全县客运企业积极做好高考期间的运力储备工作，认真制定运输保障工作预案，保证车辆性能好、服务质量优、驾乘人员配备到位、责任制度和应急预案落实到位，确保圆满完成2016年中高考期间各项运输保障任务。二是提前落实安全措施。督促各运输企业树立“安全第一，预防为主”的为民服务理念，认真落实各项安全措施，加强对参运人员的安全教育，严把从业人员资质关，要求承运车辆必须具备合法有效的营运证件，车辆设施齐全，技术状况符合标准，在车辆运营前必须进行全面、严格的安全检查，符合安全要求。严禁超载、超速行驶、酒后驾车、疲劳驾驶。保证行车安全，确保考生乘车安全、有序。三是提前落实运输队伍。所有承运企业必须选派政治素质高、驾驶技术精、安全意识强、服务态度好的驾乘人员和车容车貌好的客运车辆担任运送考生任务，在运输服务过程中要做到车容、车貌清洁卫生，经营行为规范、驾乘人员文明服务，给考生提供安全、舒适、文明的乘车环境。鼓励公交、出租汽车企业在高考期间积极组织爱心送考活动。四是提前落实监管措施。县运管所加大客运市场监管力度，严厉打击非法营运、违规经营行为，对重点县域、主要路段实行全天候的巡查制度，防止社会车辆及不符合安全要求的车辆运送考生，确保高考期间运输市场安全有序。

（刘　斌）

【上高县交通运输局做好九峰禅寺大雄宝殿落成暨佛像开光庆典法会交通运输保障】 9月8日，上高县交通运输局承担九峰禅寺大雄宝殿落成暨佛像开光庆典法会期间交通运输保障。该局采取得力措施，全力投入开光法会期间运输保障工作。一是及时召开道路客运企业负责人会议，传达上级有关精神，统一思想、提高认识；二是建立开光法会期间运输保障组织机构和指挥网络，明确任务、落实责任；三是制订切实可行的工作预案；四是精心挑选驾驶人员和参运车辆；五是加强部门协作，全面掌握运送时间、地点、人数、行车线路，多次实地勘察路况，确保万无一失。共投入大中巴客车93辆，运送嘉宾、四众弟子等2万余人次，圆满完成运输保障任务，并做到零事故、零失误。

（冷光明）

【上高县运管所情系学子备战中高考运输】 为认真做好2016年中高考运输保障和安全工作，为学子提供顺畅、安全、舒适、优质、便捷的运输服务，上高县运管所多措并举，积极部署。一是制定了《2016年度中高考学生应急运输保障预案》，成立了相关工作领导小组，全面负责中高考学子的运输组织工作。二是提前对参加中高考运输的驾驶员进行了一次安全生产专题培训，对参加中高考运输的车辆进行一次全面细致的检查，确保车辆技术状况良好。三是组织运力，调派30辆公交车专门负责考生的运输，同时确定10辆储备运力客车，随时应对运力需求。

（冷光明）

【宜丰县春运及节假日旅客运输工作安全有序】 该县交通部门精心组织、严密部署，严格按照

“科学组织、安全第一、以客为主、优质服务”的原则,以“情满旅途”活动为契机,完善工作方案,实现了春运安全有序、方便快捷、无任何交通事故、无经营行为投诉及无公路“三乱”行为。在为期40天的春运工作中,道路客运共发送班车15833班次,安全运送旅客27.68万人,发放省际包车牌10块,省内加班牌1块,实现了“安全畅通、文明和谐”的目标。在清明节、“五一”“十一”等假日旅客运输中,科学合理调配运力,均未造成节假日期间旅客滞留现象,无一起道路交通安全事故。

(漆志勇)

【万载县安全有序完成60万人次春运任务】 2016年1月24日至3月3日40天为一年一度的春运。万载县党政领导及相关部门十分重视这项关系千家万户的春运工作,相继成立了以县委副书记熊宏伟为组长,政府副县长、公安局长蔡宜萍为常务副组长,相关单位负责人17人为成员组成的万载县春运工作领导小组和县交通运输局、运管所春运工作领导小组等。运管所于1月23日专门制定了《2016年道路春运工作方案》。春运期间采取调查摸底、提前售票、扩展售票方法、延长售票时间、点对点、点带线等便民措施,满足民工回乡复工、民众探亲访友、青年学生出行等不同需求。全县完成客运量60万人次,同比增加8万人次。为民众安全、便利、有序出行和节日生产生活物资流通提供良好的运输保障。

(王松州)

【宜汽万载分公司安全有序完成高中考学生接送任务】 2016年夏,该公司成立了领导小组,并召开专门会议,进行部署,要求全体人员要服从指挥,遵守纪律,周到服务,以饱满的热情圆满完成此次运送任务。在确保客运班线正常运转的前提下,还到其他县(市)调派车况好、安全系数高的车辆,共计126辆。6月7日、6月17日分别到预定好的时间和学校点对点的分批接送到万载一中、二中参加高考、中考,共接送学生5394人,安全、有序圆满完成了万载县2016年高、中考学生接送任务。各学校带队领导对万载分公司在此次运送过程中表现出的高度政治意识、大局意识、责任意识和优质的服务给予了充分的肯定和赞扬。

(丁发扬)

【抚州市春运公路客运发送旅客446万人次】 3月3日,持续40天的2016年春运圆满结束,全市公路客运运送旅客达446.18万人次,比上年同期略增,上涨1.01%。

2016年春运全市公路客运共投入班车1382辆,其中备用运力10辆,旅游客车35辆。加班1512个,包车976个。与以往不同的是,2016年春节黄金周客流高峰不明显,正月初八以后客流才逐渐进入高峰期,元宵节后出行的客源明显大于往年。

为维护春节运输安全,保证客流畅通,全市各车站加派了驻站人员83人,随时为车站发放加班包车牌证,督查安全生产,维护站内及站场周边秩序。春运期间,全市共出动稽查人员5600余人次,出动稽查车1350余车次,检查企业60余家。查处违规出租车400余辆,查处黑车70余辆,违规客车8辆。为方便旅客投诉及咨询,该市还开通了“12328”咨询投诉热线,及时为旅客答疑解忧。春运期间,市运管部门处理完结信访投诉25起,有力地维护了客运市场秩序。全市运输安全生产形势稳定,未发生一起重大安全生产责任事故。

(陈根玲)

【抚州长运公司年完成客运量569.42万人次】 2016年,抚州长运公司拥有车辆429辆、线路207条、班次1998班,客运班线通达粤、琼、闽、浙、鄂、沪、苏、湘七省一市和省内所有地级市,区乡班线已基本覆盖了抚州市所有乡镇。跨省线路59条、跨市区线路95条、县内线路53条、里程总长7.35万千米。

公司现有员工753人,其中,全日制用工508人,非全日制用工69人,派遣制用工176人。

全年完成客运量569.42万人次,比上年减少4.74%;完成客运周转量57868.96万人千米,比上年减少9.71%;实现售票收入16780.04万元,完成预算的88.98%,比上年同期减少2230.1万元,减幅为11.73%。

(梅钟林)

【上饶市道路客运发展势头良好】 截至2016年年底,上饶市拥有班线客运企业8户家、营运客车2557辆、63849座;完成客运量0.81亿人,旅客周转量32.96亿人千米；公交企业13户、营运公交车678辆；出租企业13户，营运出租车1517辆。

（上饶市交通运输局）

【相约G20杭州峰会，上饶汽运严把安全关】 配合G20杭州峰会召开，上饶客运中心站从各方面加强安全管理。一是在管理制度上，根据公安部门关于G20杭州峰会公路交通和道路运输安全保障工作方案要求，特与进站检查员、"三品检查员"、车辆安检员分别签订G20杭州峰会期间运输安全生产责任书，把责任落实到每个部门，每个岗位。

二是从安检上，上饶客运中心站添置安检台、安检单项转动闸门，手持式金属探测器等，进一步增强车站的安全查控的设施设备，确保安全源头关。

三是加强旅客身份信息核对工作，对进入杭州的旅客一律凭旅客本人身份证购票，检票时认真核对身份信息，身份信息不符不能上车，通过广泛宣传教育汽车站各岗位员工从思想上高度重视起来，做好全天候守好时。全时段守好门、检好票增强汽车站源头的安全管理意识，为杭州G20峰会安全顺利召开做出应有的贡献。

（上饶市交通运输局）

道路货物运输

【2016年全省道路货物运输生产情况】 截至2016年底，全省完成货运量12.29亿吨，货运周转量3147.7亿吨千米，与上年同比分别增长4.13%、6.45%。从全省道路货物运输生产情况看，道路货物运输继续保持稳定增长态势。从货运量和货运周转量增长幅度对比看，货运周转量增幅大于货运量增幅，表明重型载货汽车数量发生增长和车辆平均行驶运距变得更长。2016年，在全省载货汽车数量减少15%情况下，货运量和货运周转量仍然增长，表明车辆利用率和运输效率均已提升，全省道路货运行业整体保持良好发展趋势。

（章华平）

【全省正式实行道路普通货运车辆省内异地年审】 为深入推进供给侧结构性改革，切实降低企业成本，优化发展环境，省委、省政府决定2016年在全省开展降低企业成本、优化发展环境专项行动，并要求实施省内普货车辆异地年审，切实降低运输企业经营成本。2016年7月，江西省制定了《江西省营运车辆定期年审工作规范》，进一步明确异地年审工作程序和要求，并对江西运政系统提出了功能需求升级。8月1日，正式下发了《关于实施普货运输车辆省内异地年审制度的通知》，在全省范围内正式实施普货运输车辆省内异地年审制度。异地年审制度的实施，将大大方便江西省道路货运经营者，进一步降低经营成本。

（章华平）

【全省积极探索无车承运物流发展模式】 近年来，移动互联网技术与货运物流行业正在深度融合，货运物流市场涌现出了无车承运人等新的经营模式。为推进货运行业转型升级发展，2016年10月，交通运输部下发了《关于推进改革试点加快无车承运物流创新发展的意见》，要求各地根据实际开展无车承运人试点工作。发展无车承运人模式，是交通运输部推进传统道路货运行业转型发展、促进物流行业降本增效的一个重要抓手，也是道路货运行业拥抱"互联网+"促进自身升级发展的必然结果。为做好此项工作，江西省积极参加了交通运输部组织的无车承运人试点工作培训。11月底，江西省制定了该省无车承运人发展试点工作方案，并组织专家评选择优选择了江西万佶物流有限公司、江西正广通供应链管理有限公司、江西国控吉驰物流科技有限公司、江西三志物流有限公司、江西尧泰供应链管理有限公司等5户企业无车承运人试点企业，通过一年试点时间，积极探索无车承运人发展模式。

（章华平）

【全省3个第二批国家公路甩挂运输试点项目全部通过验收】 2016年3月17日，省厅专家组开展对江西昌荣物流有限公司公路甩挂运输试点项目的验收工作。专家组现场审核认为，江西昌荣物流有限公司公路甩挂运输试点项目完成了《江西昌荣物流有限公司甩挂运输项目试点实施方案》设定的各项指标，提高了运输效率，降低了运输成本,并具有明显的节能减排效果,经专家组一致同意审核验收通过。

据此,江西省第二批3个国家公路甩挂运输试点项目已全部经省厅验收合格。甩挂运输试点项目的建设为带动江西省转变道路运输发展方式、推进行业节能减排和产业升级、提高运输效率、降低物流成本发挥了积极的示范引领作用。

(金紫骏)

2016年全省道路危险货物运输业户情况表

表32

指标名称	计量单位	代码	合计	经营性	非经营性
道路危险货物运输业户数	户	01	304	301	3
其中:1类-运输爆炸品	户	02	97	97	0
2类-运输气体	户	03	110	108	2
3类-运输易燃液体	户	04	170	169	1
4类-运输易燃固体、易于自燃的物质和遇水放出易燃气体的物质	户	05	68	68	0
5类-运输氧化性物质和有机过氧化物	户	06	47	47	0
6类-运输毒性物质和感染性物质	户	07	42	42	0
7类-运输放射性物质	户	08	1	1	0
8类-运输腐蚀性物质	户	09	103	103	0
9类-运输杂类危险物质和物品	户	10	47	47	0
其中:运输剧毒化学品	户	11	1	1	0

(陈　刚)

【萍乡市公路货物运输】 2016年萍乡全市公路运输完成货物量3266万吨;货物周转量552678万吨千米。

(萍乡市交通运输局)

【余江县交通运输局积极服务物流业发展】 随着社会经济的不断发展,城乡交通物流业日益增多,余江县交通运输局在加强行业管理的同时,多措并举积极服务现代物流业的发展,受到物流企业的好评,并收到12面表示谢意的锦旗。全县物流企业发展势头强旺,有物流企业275户、物流车辆6431辆、运力127752吨位,实现货运量38000万吨、货物周转量560000万吨千米,较好地促进县城经济的快速发展。

为使物流业上规模、上水平、发挥作用,更好地服务农村、服务农民、服务于经济发展,余江县交通运输局运管所一方面积极培育物流发展市场,引导扶持具有一定经营基础的运输企业,搞好物流运输培育工作。另一方面主动为物流企业发展服务。引进并建立机动车辆检测站,消除赴市检测的烦恼。对营运车辆的办证、审验、检测手续,纳入县行政服务中心窗口一站式办理,做到阳光运行、主动服务、接受监督。再一方面及时宣传、扎实落实省、市有关做好物流企业国家稳增长促发展的相关措施,对全省统一联网、认可的物流企业(个体运输业户)严格执行普货道路运输车辆省内异地年审政策,取消道路运输从业人员资格证、危险货物运输企业从业人员资格证年审收费项目,免收危货从业人员资格证的办证、换证工本费。

为使物流企业走上规范化、规模化的运营轨道,该局运管所着力做好了协调与服务工作,经常多次深入现场指导,从制度建立、网络设置、形象设计、规划发展、安全管理等方面进行指导。针对存在的问题积极帮助协调解决。2015年审批引进物流企业50户,2016年以来已引进物流企业24户,物流企业的快速发展,形成了物流企业强劲发展的势头,更好地服务和促进了余江眼镜产业、微型元件、雕刻产业、循环基地产业的快速发展,助力县城经济的快速发展。

(艾年宗)

【赣州市物流产业】 2016年,在赣州市委、市政府的坚强领导下,全市物流产业发展迈上新台阶,物流基础设施逐步完善,物流服务经济发展能力进一步提升,物流服务水平显著提高,重大物流项目建设稳步推进,赣州华东国际商贸物流城、赣南脐橙交易中心等22个物流载体项目建设完成投资62.23亿元,同比增长235.49%。综合物流园、冷链物流中心、赣州港物流园和物流公共信息平台等4个中心城区重点物流项目全面启动,建设进展顺利,"龙头昂起"格局初步形成。农村物流站点建设成效显著,县、乡、村三级物流服务站覆盖率达45%。物流主体建设有新进展,全年新增国家标准A级物流企业16户,A级企业新增速度和总数量均居全省首位,赣州市被列为全国首批、全省唯一的现代物流创新发展试点城市。"降成本优环境"专项行动成效明显,交通行业11条政策措施和"一对一"帮扶企业制度全面落实,企业物流成本明显下降。

(物流科)

【赣州市社会物流总量持续增长】 赣州市物流业持续快速发展,物流总量和效益不断提升。2016年全市社会物流总额5503.54亿元,同比增长4.18%;物流业增加值160.49亿元,增长6.82%;社会物流总费用381.15亿元,同比增长4.34%。家具、脐橙、城乡配送等七大物流产业集群逐步形成。

(物流科)

【全力推进四大物流重点项目建设】 按照国家现代物流创新发展试点城市的工作要求和市委市政府的工作部署,2016年底,赣州市启动四大物流重点项目,分别是赣州物流公共信息平台、赣州冷链物流基地、赣州港多式联运示范物流园和赣州综合物流园这四大项目建设。这四个重点项目是根据赣州市的区域定位和功能布局,高起点高标准建设,完全符合赣州市物流业发展的实际需要,以打造全省物流标杆园区为目标,引领物流业做大做强,打造粤苏皖赣四省通衢的区域性物流中心。

(物流科)

【物流节点建设稳步进行】 物流节点布局全面完成,物流园区、县级物流中心等物流项目建设陆续启动。赣州市物流中心、赣州汽车城、赣州粮食城、南康龙岭物流中心、赣州金属物流中心、定南公路口岸作业区、赣州(南康)进境木材口岸作业监管区等16个项目竣工并投入使用,完成投资150多亿元。赣州港多式联运物流中心(南康区物流产业园)、赣州农产品物流中心、赣州华东国际商贸物流城、赣州综合商贸物流园、赣州综合保税区物流园区、中国中部国际商贸物流园等30个项目正稳步推进建设,完成投资30.12亿元,占2016年度计划投资的41.86%。物流规范化建设有了突破性进展,区域性物流中心初具雏形。

(物流科)

【赣州物流企业快速发展】 2016年全市共有物流企业2086户,比去年同期增加263.89%;企业主要分布在南康区、章贡区、开发区、信丰县、赣县、瑞金市、会昌县等人口集聚和产业集聚的区域。物流企业发展比较快的有信丰县和瑞金市,打造国标品牌较好的有开发区、南康区、章贡区和瑞金市。全市共有国家标准A级物流企业46户,同比增长85%,位列全省第一。此外,赣州利友食品有限公司同时成为全国首批星级冷链物流企业,也是江西省第一家三星级冷链物流企业。A级物流企业将进一步促进和引导全市物流业转型升级。

(物流科)

【物流发展方向明确】 2014年,赣州市出台了《赣州市区域性物流中心发展规划(2013—2030年)》和《关于加快建设赣州区域性物流中心的实施方案》,在财政政策、用地政策、融资政策、畅通政策、开放政策等方面提出明确实施措施。2016年,该市陆续编制出台了《南康区家具物流产业集群规划》《赣州市脐橙产业物流集群规划》和《信丰县赣南脐橙物流产业集群核心区规划》等,为赣州市省级重点推进物流示范产业集群提供政策指引和前进方向。建立了全市物流项目库,入库项目107个,总投资843.17亿元。

(物流科)

【物流发展政策持续更新】 2016年,赣州市出台了《关于在工业园区加快建设物流服务中心的实施方案》《关于建设赣州中心城区配送绿色通道的实施方案》《关于推进赣州市农村物流站点建设的实施方案》等系列文件,全面推进该市现代物流产业快速发展。同时,市财政预留专项资金用于鼓励物流业发展,重点支持A级物流企业发展、重大物流项目建设、物流课题研究等。赣州市还出台了《赣州市本级发展专项资金管理暂行办法》,推进物流财政政策的落地实施。

(物流科)

【上饶道路货物运输持续增长】 截至2016年年底,上饶市共拥有营运货车62256辆、424624吨位,其中,危货运输企业33户,营运危货车934辆,完成货运量2.15亿吨,货物周转量290亿吨千米,同比分别增长5.8%、4.3%。

(上饶市道路运输管理局)

城市公共交通

【全省首批"公交城市"试点确定】 为贯彻落实《省人民政府关于城市优先发展公共交通的实施意见》,倡导绿色出行方式,通过城市申报、专家符合性审查等竞争性方式,省交通运输厅正式确定赣州、上饶两市为江西省首批省级"公交城市"试点城市。第一批示范城市建设期限3年,各城市的创建工作任务完成后,经省交通运输厅验收合格后,授予"江西省公交城市"称号。

(黄　云)

【江西省出租汽车改革方案出台】 11月初,《全省深化改革推进出租汽车行业健康发展的实施方案》出台。新方案明确,出租汽车服务主要包括巡游、网络预约等方式。12月后,江西省将促进巡游出租汽车(下称巡游车)转型升级,规范网络预约出租汽车(下称网约车)发展,逐步实现两种业态融合。新增出租车经营权一律实行期限制和无偿使用。

出租汽车客运经营期限为4至8年,同一城市实行同一期限。新增出租汽车经营权一律实行期限制和无偿使用,并不得变更经营主体。既有的出租汽车经营权,在经营期限内,可以依法变更经营主体,但不得炒卖和擅自转让。已实行经营权有偿使用的,各地要迅速摸清底数,在2017年7月1日前制定过渡方案,合理确定经营期限,逐步取消有偿使用费。

巡游车经营者要依法与驾驶员签订劳动合同或经营合同,规范双方的权利和义务等事项。采取承包经营方式的承包人和取得经营权的个体经营者,应取得出租汽车驾驶员从业资格,按规定注册上岗并直接从事运营活动。

各地可根据本地区实际情况,对巡游车实行政府定价或政府指导价,并依法纳入政府定价目录。鼓励巡游车经营者与网约车经营者通过兼并、重组、吸收入股等方式,实行公司化经营,实现新老业态融合发展。鼓励巡游车企业转型提供网约车服务。鼓励巡游车通过电召服务方式提供运营服务,推广使用符合金融标准的非现金支付方式,拓展服务功能,方便公众乘车。鼓励个体经营者实行组织化管理,共同组建具有一定规模的公司。

(黄　云)

【江西省举办"优秀公交线路"评选活动】 "公交优先服务民生",为提升公交服务品质和行业形象,优化公交服务质量,9月19日起,江西省城市公共交通协会联合中国江西网在全省城市公共交通运输企业开展"优秀公交线路"评选活动,活动得到全省市民的热情参与。

优秀公交线路是对公交线路服务品质的综合评价,它的内涵突出地体现为"三个"优秀,即公交站台设施优秀、公交车辆优秀、公交服务优秀,其最终标准是公交乘客能够获得安全、便捷、舒适、经济的乘车体验。

此次活动共有53条公交线路参与评选,均由各个设区市自评自选推荐。活动自9月19日启动以来,得到了全省市民的热情参与,纷纷为自己喜爱的公交投上一票,到22日上午10点整,活动投票页面浏览量已超过39万人次,投票达到25000余人次。

“优秀公交线路”评选活动旨在推进国家“公交都市”和江西省“公交城市”创建工作，是以提升服务品质和行业形象为着眼点，多措并举，优化公交服务质量，提升公共交通的出行优势，使老百姓更愿意、更多选择公交出行，为公交优先战略的实施创造更好的社会环境和舆论环境。

本次微信投票活动将持续到25日23:00，微信投票结束后，省公交协会聘请专家主要根据公众投票结果并采取实地考察的方式最后评选出各设区市各1条全省共11条优秀公交线路，并在中国江西网发布评选结果。

（朱　熹）

【南昌市湾里区公共交通】 南昌市公共交通运输集团五公司，位于风景秀丽的国家级风景名胜区湾里区，主要承担着湾里城区及各乡镇的公共交通运营服务。随着20世纪70年代由八一商场至太平的第一条公交线路的开通运营开始。至2017年1月车队已拥有100多辆高品质空调车，营运线路10余条，线路总长度340千米。日均发放400余班次，年运送乘客约1460万人次，员工人数162的规模。

湾里地处南昌城西北部，北邻永修县，南连新建区，西接安义县，东邻红谷滩新区。距南昌市区10千米，梅岭、昌湾、湾里大道三条公路直通南昌。146路，169路，170路，217路主要承担着沿线居民的出行需要。其中：169路途经湾里大道，经新建区，西湖区，直达南昌火车站。2016年，调整了217路公交线路，对接万达地铁一号线，极大方便了市民出行。146路经昌湾大道，江中药谷，小平小道，以及新建区，西湖区直达老福山。2015年7月开通的170路，由梅岭大道，经朝阳大桥至喜盈门的公交线路，途经多所高校（江西中医大学，江西警察学院，江西师范高等专科学校等），满足了沿线师生的出行需求。2015年新建成的南昌火车西客站的投入使用，新开辟了522路公交车，由湾里交警停车场发车途经梅岭大道，红角洲校区以及华南城直达西客站，让湾里居民出行更加便捷。

（南昌市交通运输局）

【南昌市针对出行需求开通新的公交线路】 南昌公交于2013年购置了15辆新型公交车，开通了510路、522路乡镇公交线路。覆盖了四个镇（招贤镇、梅岭镇、罗亭镇、太平镇）25个乡，占全区乡镇总数的78%，大大地方便了乡镇居民的出行。近年来湾里区加快绿色发展，以及揽山入城战略的深入实施，旅游接待人数突破千万人次。南昌公交在2016年3月12日适时开通了老福山至梅岭狮子峰的旅游定制专线，适应市民出行游玩的需求。随着湾里加快城乡建设的发展，已规划将建设有现代化的湾里公交枢纽站。该项目建成后将是一个集公交停车库、公交枢纽站、公交调度管理、公交综合办公等功能于一体的综合体。将为湾里区的公交线网布局和优化提供坚实的基础，广大市民日常出行将更加便捷。

（南昌市交通运输局）

【景德镇公交公司首获AAA级服务级质量信誉企业】 在2015年度江西省城市公共汽车客运企业质量信誉考核中，景德镇公共交通有限公司喜获AAA级（优秀）服务级质量信誉企业，这是景德镇市公交企业首次获评这一等级。

由省公路运输管理局组织实施的江西省城市公共汽车客运企业质量信誉考核工作始于2012年。从企业管理、安全生产管理、经营行为、服务质量、社会责任和加分项目共6项。考核实行计分制，总分为1000分，分AAA级（优秀）、AA级（合格）、A级（基本合格）和B级（不合格）共4个等级。考核期内未发生一次死亡3人、负同等责任以上交通事故，未发生1起恶性以上服务质量事件，考核总分和加分合计不低于850分的，可评为AAA级。

作为社会公益特性显著的景德镇公共交通有限公司自2014年底组建投入运营以来，切实把满足市民的出行需求放在首位，精心打造“绿色公交”“便捷公交”“舒适公交”“温馨公交”，力求在改善群众生活质量方面发挥应有的作用。2015年，该公司投资5500余万元一次性购置100辆新能源空调公交车，实现空调公交车全线网覆盖，广大市民从此告别乘公交车“冬天冷飕风飕飕（车窗玻璃破损）、夏天臭烘烘（人多拥挤得大汗淋漓）”的“艰苦岁月”，在很大程度上改变公交车老旧破烂的状况，市民出行的舒适度得到提高。

在公交硬件设施得到改善提升的同时，该公司努力提升服务质量，持续深入开展“比安全、比效益、比服务”活动,以培树“党员示范车”、“退伍军人服务岗(公交车)”为抓手,引导全体员工尤其是公交车驾驶员牢固树立服务意识,涌现出一批爱岗敬业、乐于奉献的先进人物,如帮助找回失踪多日女孩的三分公司经理万国华,冒雨排涝的一分公司党支部书记熊洁、安全员甄志刚,送上错车的学龄前儿童回家的33路公交车驾驶员舒敏纯,帮助走失的七旬老太找到家人的五分公司营运管理人员,协助同事勇追交通肇事逃逸者的12路公交车驾驶员王建军,拾到上千现金钱包后归还失主的一分公司驾驶员方慧明,捡到电脑归还失主的三分公司机务员李航等。这些拾金不昧、助人为乐、见义勇为的行为,诠释了公交人“服务人民、奉献社会”的职业情操。

在推进主城区公交全覆盖、远(近)郊公交全通达的同时,该公司推出一系列便民惠民措施,面向全市盲人、聋哑人等重度残疾人办理公交“爱心卡”;面向全市大、中专院校(含职高、技校)学生发售公交C卡(按成人票价7折优惠);继推出高考期间高考考生免费乘坐公交车的“爱心送考”活动之后,再将“爱心送考”活动范围扩大到所属100辆出租汽车;积极开展“公交出行宣传周”“中国城市无车日”活动;结合“创五城”工作,开展公交车(出租车)运营规范专项治理行动,定期清扫擦洗公交候车亭,保持城市“流动风景线”的靓丽。

(涂　强)

【景德镇市1路公交线路获评全省“优秀公交线路”】 11月28日,江西省城市公共交通协会发布2016年度全省“优秀公交线路”评选结果,景德镇市1路公交线路成为全省11条“优秀公交线路”之一。

全省“优秀公交线路”创建活动由江西省城市公共交通协会牵头,组织全省城市公共交通企业参与,旨在反映全省在创建“公交都市”、“公交城市”、推进公交优先、提升公交服务、建设智慧公交、推广新能源公交车、推进城乡公交一体化等方面取得的巨大成效,以创建公交特色品牌服务和公交优秀公交线路体现公交优秀,从而推动公交优先政策的落实。以“优秀公交线路”起到标杆示范作用,最终达到以点带面,做市民满意、政府满意的人民公交,并以优秀公交线路作为全省城市公共交通企业的新标杆。

创建活动自年中启动以来,景德镇公共交通有限公司以1路“公交精品线”为“种子”,在公交运营服务中全面贯彻《江西省“优秀公交线路”评选标准》,从公交线路配置(车辆配置,站台设施,首末站设施,人员要求,车体、车内饰、车厢文化布置)入手,不断完善硬件设施,严格执行车辆车容车貌标准、人员仪容仪表标准,教育引导公交车驾驶员遵守出车前、运行中、终点站、交接班、收车等驾驶员服务操作规范,使“精品线”的服务在全公司起到了标杆示范作用。

1路公交线单向全长30千米,配备10.5米长气电混合新能公交车20辆、驾驶员40名,首班发车时间为5:50、末班发车时间为22:20,线路呈“7”字形由城东到城西穿越主城区及闹市区,是景德镇市开通最早、发班时间最早、收班时间最晚、客流量最多的主干线。2013年7月,公交公司将该公交线路作为“精品公交线”进行打造。这个40人的群体,认真遵守交通法规和公司各项规章制度,保质保量完成或超额完成营运任务;时刻牢记安全第一,从未发生任何责任交通事故;视乘客为亲人,想乘客之所想,急乘客之所急,深受广大乘客的称道,涌现出荣获“全市十大法治人物”称号的见义勇为、助人为乐的赵庆兵,拾金不昧、关爱老人的江文,安全行车、爱车标兵的欧阳涛,多次获得公司及上级授予的“优秀共产党员”“先进生产(工作)者”称号的王多兵等,先进事迹屡见不鲜。

(涂　强)

【景德镇市公交安全运送瓷博会乘客21万人次】 瓷博会期间,景德镇市公共交通共投入公交车218辆次、班次1230趟,开通直达瓷博会现场公交专线6条,运送乘客18.2万人次,实现安全乘车零事故,充分保障了广大群众参与瓷博的需求。

为保证广大群众能安全、愉悦、快捷地乘坐公交车参与瓷博会活动,景德镇市交通运输局精心组织,科学调度。在瓷博会前三天,面对人流、车流剧增形成人、车叠加的高峰,该局紧急启动应急预案,在正常投入36辆公交车的基础上,迅速调度10辆公交车投入运营。通过采取加密班次、缩短发车时间、中途接驳等措施,有效化解了运力紧张的压力,确保了乘客进得去、玩得好、出得来。

在保障公交专线畅通的同时，还在专线各站点安排了两名护站人员，负责引导乘客安全上下车，接受乘客的咨询，严防易燃易爆物品上车。此外，不少公交车司机和出租车司机都及时将车上捡到钱包、手机等贵重物品送还失主，塑造了瓷都交通人的良好形象。

（巢喜生）

【景德镇6条公交专线36台公交车服务瓷博会】 为服务瓷博盛会，为四方宾朋参与瓷博会提供良好的公交出行服务，公交公司在29路公交线路常年直达瓷博会展馆的基础上，另于10月17日至22日开通6条公交专线，投入36台公交车直达瓷博会现场。

第一条线路从人民广场（地王大厦门口）发车，途经珠山路—昌南大道—新平路—迎宾路—主会场展馆区，每隔20分钟发班一趟，在昌南路口交通银行处设立一临时公交站。第2条线路从石岭神火城雕处发车，途经迎宾路—主会场展馆区，每隔15分钟发班一趟。第3条线路从民坊园发车，途经金岭大道—石岭—主会场展馆区，每隔40分钟发班一趟。第4条线路从湖田桥头（印机宿舍）发车，途经陶瓷大学老校区—新厂西路—马鞍山路—珠山路—昌南大道—紫晶路—迎宾路—主会场展馆区，在昌南路口交通银行处设立一临时公交站，每隔20分钟发班一趟。第5条线路从陶瓷大学新校区（28路终点站）发车，途经新厂东路—马鞍山路—珠山路—昌南大道—紫晶路—迎宾路—主会场展馆区，在昌南路口交通银行处设立一临时公交站，每隔20分钟发班一趟。第6条线路从豪德广场发车，途经景德镇学院—瓷都大道—昌南大道—迎宾大道—主会场展馆区，在昌南路口交通银行处设立一临时公交站，每隔15分钟发班一趟。

6条专线统一早晨7点发班，下午5点收班。该公司在沿途重要站点都安排了部门人员护站，为乘客提供服务。

（巢喜生）

【景德镇市公交黄金周期间安全运送乘客百万人次】 “十一”黄金周，景德镇公交有限公司共投放营运车辆近400辆，发放1.87万个班次，完成客流量约100万人次，客运秩序良好，未发生客伤事故，无重大服务投诉和乘客滞站现象，保证广大乘客安全有序、方便快捷的出行。

节日期间，由于梨树园十字路口实行全封闭道路施工，给12条线路的公交车营运带来了较大影响，该公司精心安排运力，及时调整营运线路，将群众出行困难降到最低，领导深入一线靠前指挥，各营运单位将调度室移到现场，根据实际，调度车辆，发放班次。对城区主干线路和通AAAA级以上景区线路进行了加密，增加了加班班次，满足广大乘客对公交的出行需求。充分发挥GPS公交智能调度系统的作用，对重要线路进行全程监控，一旦出现运力脱节或乘客滞站情况，及时投入车辆支援。同时，组织了行管人员驻站服务，加强现场服务管理，严防易燃易爆物品上车。维修作业人员全天候待命，确保车辆安全上线。各线路驾驶员在安全驾驶的同时，注重热情服务、微笑服务，帮助走失的老人和小孩回家，协助乘客捉拿车厢内的“梁上君子”，将车上拾到的现金、银行卡、有价证券、手机等贵重物品，及时归还失主，传递瓷都“正能量”。

（巢喜生）

【景德镇市公交公司推出爱心送考活动】 景德镇市公交公司继2014年首次推出爱心送考活动以来，2016年在企业改制组建景德镇公交有限公司之后，再次助力高考——高考期间300辆公交车和30辆出租车将向所有考生提供免费服务。

高考期间，所有高考考生只要手持准考证，便可任意免费乘坐该公司所有线路公交车和所属的30辆出租车。届时，该公司30辆服务高考的出租车将张贴显著的“公交爱心送考”标识，不分时间和地点，对所有出具准考证的考生提供免费服务。如果发生拒载考生或收费等情况，考生可通过公交为民服务热线“8280111”投诉。考生还可采取事先预约的方式，即与该公司出租车分公司联系，该分公司将根据考生住地情况，就近安排一辆出租车，实行一对一上门接送考生，让考生享受到安全、快捷、方便的服务。

（巢喜生）

【景德镇公交专线清明期间运送乘客1.32万人次】 清明期间，景德镇公交公司科学安排运力，重点对该公司首次开通的前往银坑坞瓷都烈士陵园的临时公交专线进行布控。4 月 2 日至 4 日,专线共出动公交车辆 152 辆次,运送乘客 1.32 万人次,其中,4 日清明节当天就运送乘客 7286 人次,占总人次的 55.1%,未发生安全事故。

为确保公交专线的安全,该公司早计划、早部署,制定了详细的预案,安排了相关人员深入实地勘查,采线布站;抽调人员上线巡查,严防易燃易爆物品上车。针对清明节出行祭祀人员增多,客流量增大的情况,该公司启动了应急预案,及时增派公交车辆,保证广大乘客进得去、出得来。

(巢喜生)

【景德镇市春运期间公交安全运送乘客 723 万人次】 在为期 40 天的春运中,景德镇市城市公交共安全运送乘客 723 万人次,其中春节前后 421 万人次,未发生因"三品"上车引发的安全事故,未发生交通死亡事故。

景德镇公交有限公司按照春运方案,落实责任、落实人员,每天高峰时段组织人员上线督查,严防乘客携带"三品"上车,消除安全隐患。每天对收班的车辆进行检查,确保车况良好,严禁车辆"带病"上路。对春节期间出现的局部路段交通拥堵情况,科学应对,通过卸客转运、增加车辆、加密班次等措施,有效化解了营运压力,保证了广大乘客的正常出行。同时,该公司重点对开往浮梁县和昌江区的 6 条城郊线进行管控,严防超速和疲劳驾驶行为发生。此外,该公司加强了公交为民服务热线的值守,对乘客反映的情况及时处理,做到事事有回音、件件有落实。

(巢喜生)

【景德镇 7 路和 29 路公交 3 月 3 日起线路微调】 3 月 3 日起景德镇市 7 路和 29 路公交线路有微调。7 路公交从九九九厂发车,途经整条朝阳路、珠山中路、珠山西路、瓷都大道后进入高新区,整条线路共设 27 个站点。此次线路调整,只是进入高新区后,在市第五医院与终点站高新区站之间增设"昌河航空设备有限公司站"。首末班时间保持不变,即早晨 6:40 分至下午 5:30 分。

29 路公交从昌江广场发车,贯穿整条朝阳路进入广场北路,至梨树园左拐进入昌江大道至西客站,右拐进入迎宾大道至终点站浮梁县洪源物流园,沿途共设 34 个站点。此次调整,只是将终点站浮梁县物流园站延伸 400 米,增设"昌河汽车二分公司站"。首末班时间保持不变,即早晨 6:30 分至下午 6 时。

(巢喜生)

2016 年萍乡市城市公交企业一览表

表 33

序号	业户名称	车辆数	序号	业户名称	车辆数
1	萍乡市公共交通总公司	310	4	莲花县公共交通汽车运输有限公司	20
2	芦溪县公共交通有限公司	38	合计	4 家	381
3	上栗县城市公共交通有限公司	13	—	—	—

(萍乡市交通运输局)

2016 年萍乡市城市出租企业一览表

表 34

序号	业户名称	车辆数	序号	业户名称	车辆数
1	萍乡市运发汽车出租有限公司	169	5	萍乡市交通出租汽车有限公司	160
2	萍乡市大众出租汽车服务有限公司	100	6	莲花县公共交通汽车运输有限公司	68
3	萍乡市优客出租汽车服务有限责任公司	125	合计	5 家	768
4	萍乡市绿城出租汽车服务有限公司	146	—	—	—

(萍乡市交通运输局)

【萍乡市城市公共交通发展概况】 2016年度公共交通经营收入完成5694.14万元,客运周转量完成6322.60万人次;运营行驶总里程完成2323.91万千米;安全事故间隔里程59.58万千米;百千米事故费用为5.47元;年度职工工资发放总额4422万元,比上年度增长10.2%;缴交职工“五险一金”1221万元。

(萍乡市交通运输局)

【萍乡市公交公司经营管理在调控中增效】 总公司年初制定、出台的企业成本预算管理办法,为落实、推进各项内部管理提供了保证,围绕预算指标,各单位、部门(科室)在管理中学会了算账、在算账中学会了节支。总公司通过每月的经营考核,细化管理内容,优化管理环节,严格管理责任,各生产经营单位,成本意识和效益观念得到增强。成本预算管理带来了明显的经济效应,其中材料管理实现了“两年节支递增”,全年材料成本节支由上年度的371万增加到388万,节支实现二次增长。

(萍乡市交通运输局)

【萍乡市公交总公司线路网络在优化中延伸】 2016年线网优化进程较快,先后完成了4路、7路、快巴2号线的线路优化,对15路B线进行了调整,对9路、16路增开了晚班车。特别是针对城北新区的公交线网进行了重点优化,总公司生产经营部门调整了公交2路线、延伸了37路线、开通了61路线和62路线,从而使市行政中心区域公交基础配套设施得到改善,总公司的线路网络里程在优化中得到扩张、延伸。

(萍乡市交通运输局)

【萍乡市公交总公司生产运能在更新中提高】 2016年,该公司生产运力总计361辆(其中外线车辆110辆),其中新能源及清洁能源运力达到257辆,过去的“黄标车”2016年已经全部下线淘汰。与此同时,外线公司和车队的运力得到同步优化,峡山口、高坑以及25路车队更新购置新能源运力22辆;总公司20辆新能源客车的采购已交付市公共资源交易中心,正在按程序进行公开招标采购。为提高运能,机务、维修部门2016年完成二保1414辆次,车辆运行保障千米同比增加30万千米,达到134万千米;全年完成车辆年检316辆次,内部三检抽查350辆次,二保抽查58辆次。

(萍乡市交通运输局)

【安源区公众出行道路通畅】 安源区隶属萍乡主城区,实际在册公交车辆为593辆,折算标台数为629.6标台。万人公交车保有量12.6标台,达到省厅要求的不低于12标台的标准。全区建制村“村村通”客车已达100%,比例超过省厅要求的93.8%。

(萍乡市交通运输局)

【安源区公交服务优发展】 2016年,安源区交通运输局广泛收集居民意见,积极汇报,多方协调,稳步推动市区周边的公交路线优化工作。61路、25路、10路等公交客运线得到调整和优化,极大解决公众出行难题,取得良好成效。

(萍乡市交通运输局)

【芦溪县交通运输局大力推进县区城乡客运一体化】 为加快该县区城乡客运一体化,2016年3月芦溪县成功获批全省2016年镇村公交发展试点县,全省五个县区获批,是该市唯一入选县区。2016年6月省财政厅、省交通运输厅下拨专项资金600万元,共投入300余万元,新建公交候车亭27座(第一期),设立招呼站牌189个,新建和翻新公路候车亭35座(第一期),并增加了安保设施。该县镇村公交由芦溪公交公司实行公司化经营,车辆按照“五定四统一”要求营运,即定线路、定班次、定时间、定票价、定站点,统一排班、统一调度、统一管理、统一结算,确保运行班次、运行时间和服务质量。全县共有镇村公交车辆42辆,含纯电动公交车13辆(2016年新增9辆),共开通镇村公交线路12条,日均投入运力42辆,运行班次621个,2016年县财政安排城区及镇村公交补贴资金40万元,相关乡镇安排补贴资金16.5万元,确保了镇村公交的安全营运。全县镇村公交开通率55.6%,结合现有的乡镇汽车客运站5个,农村公路综合服务站2个,农村公路候车厅158个,全县行政村通班车率达94.9%,基本形成一个以县城为中心,辐射全县各乡镇、村的公共交通和农村客运网络,力争2018年实现镇村公交全覆盖。

(萍乡市交通运输局)

【九江公交全力服务九江市“新工业十年行动”】 2016年8月10—13日九江市公交集团公司工作人员先后走进九江汽车工业园、城西港区工业园和城东港区工业园,征求公交服务意见和建议,并现场为园区职工和居民办理公交IC卡、提供咨询服务等。这是该公司以党建+“四个公交”建设,全力服务“新工业十年行动”的重要举措之一。近期他们正规划在城东港区和城西港区新开多条公交线路,对汽车工业园、生态工业园的公交线路进行优化和调整,努力为工业园区企业和居民提供贴心的公交出行服务,以实际行动助力新工业。

(陈新华)

【九江市区出租车行业推出2015年度职业道德红黑榜】 随着出租车行业改革的不断深入,九江出租车行业精神文明建设得到有效提升,涌现大量拾金不昧、热心助人、见义勇为的好人好事,彰显了行业正能量。同时,由于客运市场进入门槛低、监督管理机制尚不完善,从业人员的整体素质还不能适应新形势的要求,一些不文明、不规范服务的行业丑陋现象时有发生。为表彰先进、警示行业从业人员,九江市城市客运管理处近日推出市区2015年度社会影响力较大的出租车行业职业道德“红黑榜”,连续四年通报上年度正反面典型事例。通过扬“美”抑“丑”,促进出租车行业的健康发展。

据通报,2015年九江市区出租车行业13起被市民“点赞”的先进事例是:热心救助重伤乘客的孔彪师傅、拾金不昧的好司机胡忠于、助人为乐的热心司机王佐、让科研资料物归原主的老党员吴敬峰、做好事不留名的徐金林、帮小女孩找妈妈的好司机何世亮、第一时间送回乘客重要证件的周安全、爱岗敬业的老党员徐显春、拾钱包及时还的驾驶员查崇德、智救轻生女的好司机李焱余、向劳模看齐的好的哥代中友、面对巨款不心动的驾驶员潘剑和深夜归还手机的朴实的哥罗晓东;同时通报遭市民指名道姓“吐槽”的10起违背职业道德的典型事例。

(九江市城市客运管理处)

【新余公交春节7天运送旅客52万余人次】 春节7天(大年三十至初六),新余公交日均投放210余台公交车运营,发行3221班次,运行1.27万趟次,累计安全运送乘客52万余人次;500余名公交员工坚守岗位,认真落实安全生产责任制,保障市民出行乘车需求。

(朱 容 彭 剑)

【贵溪市被确定为2016年江西省镇村公交发展试点县(市)】 3月18日,省交通运输厅正式批复贵溪市为2016年江西省镇村公交发展试点县(市)。省交通运输厅经过组织专家对全省申报的试点县(市)进行综合评价筛选,根据专家推荐意见,择优选取了贵溪市为2016年全省镇村公交发展试点县(市)之一。鹰潭市交通运输局将按要求加强跟踪指导,督促贵溪市以2015年试点工作为基础,在该市范围内全面推广展开,扎实推进镇村公交发展工作。

(周永同)

【江西长运鹰潭公交公司召开2016年春运工作动员大会】 2016年春运从1月24日开始至3月3日结束,为期40天。为确保鹰潭市内公交春运工作安全、有序、畅通、优质进行,鹰潭公交于1月20日召开2016年春运工作动员大会。作为城市客运企业,春运是公交安全生产管理中的一个重要时段,鹰潭公交2016年春运的工作重点是“以客为本,安全第一”。鹰潭公交已经制定了详细的春运工作方案,严把车辆安全关,杜绝技术状况不符合要求、春运手续不全的车辆参加春运。同时加强对春运从业人员的安全教育和管理,加大对公交驾驶员从业资质进行检查,对不符合从业驾驶条件和要求以及有重大违章违规行为的驾驶员不安排参加春运。并及时了解掌握各条公交线路的客流情况,根据民工流、学生流、探亲流等客流集中的时间和地点,做好高铁北站的客流引导工作。鹰潭公交将通过抓春运安全、优质服务、运力调整和线路管理、车辆技术管理等工作来保障春运的营运安全,牢固树立“辛苦我一人,幸福千万家”的服务思想,在春运期间为乘客提供优质的乘车服务。

(彭 霞)

【江西长运鹰潭公交公司组织经营生产完成营运任务】 该公司以提高“两个效益”为目标,积极组织生产经营和安全服务工作,以制度作保障,开源节流,增收节支,全年完成运营收入2560万元,运营里程816.87万千米,运载人数3260万人次,油料消耗1016.08万元,材料消耗226.23万元,运载人数和运营里程较2015年有所增加,各项生产成本和管理费用有所下降。

（艾年宗）

【鹰潭公交线路进一步优化新能源汽车逐步推广使用】 鹰潭市公路运输管理处督促鹰潭市公交公司进一步对全市公交线路进行优化调整,方便市民乘坐公交车出行。在广泛征求市民意见的基础上,不仅开通了高铁北站至贵溪、余江、龙虎山三地公交,还新开通高铁北站至贵溪直达公交线路,并将原先的K2(鹰潭至龙虎山)、K3(鹰潭至余江)线路分别延伸至高铁北站,实现了高铁站与鹰潭各县市区的无缝对接,同时新增27路、28路公交,加密了信江新区公交线路,方便了市民出行;在引导、推动新能源公交车发展方面,贵溪长运公司率先购入6辆纯电动新能源公交车,投入到贵溪至高铁北站线路运行,成为该市第一条全部由新能源公交车运行线路。鹰潭市公交公司随后也购置40辆新能源公交车,已有30辆投入到市区2、5、18路三条线路运行,另10辆也于2016年年底前投入运营。余江长运公司也购入18辆新能源公交车,将全县3条公交线路全部更换为新能源公交车运行。 （艾年宗）

【江西长运鹰潭公交公司紧抓运营效率完善公交线网布局】 为提高鹰潭公交运营效率以及公交覆盖率和准点率,公司根据《鹰潭城市公共交通发展规划(2011—2020)》,通过实地考察和调研,经征求多方意见,制定出了《公交线路网络优化调整方案》,于4月1日正式实施。调整后的公交线路,在一定程度上避免了绕道运行,有效提升运行效率,在确保市民出行便利的同时,实现了一定幅度的经营效益增长。同时,开通27、28、29路公交线路,方便信江新区、鹰潭师范学院、胜华物流等地区市民的出行。

（艾年宗）

【江西长运鹰潭公交公司完善基础设施建设提高硬件服务水准】 积极推进电子站牌及公交侯车亭基础建设。该公司已完成电子站牌75座安装工作,新建公交候车亭40座。同时,完善了公司修理厂、工业园区、信江新区及鹰北、鹰南公交枢纽站的日常维护工作。4月,该公司引进市内首台全自动洗车机,改变了原来的传统洗车模式,大大提高了洗车效率,在节省时间,节省水资源的同时也保障了车辆的干净整洁。升级更新了所有公交车辆GPS调度系统和电子监控系统,实现了3G实时调度监控。12月在公交修理厂建设5个充电桩,保障了纯电动新能源公交车的正常运行。

（艾年宗）

【江西长运鹰潭公交公司坚持树立品牌理念助推企业文化建设】 鹰潭公交致力于转变原来经营理念,时刻牢记“为人们的出行提供满意温馨的全方位服务”使命,大力弘扬和宣传企业的正能量和积极向上的精神风貌。该公司全年在《鹰潭日报》《赣东都市》《江西公交》《人民公交》等媒体共上稿46余篇,在《江西长运简报》《鹰潭市交通运输信息》等内部刊物上稿55余篇,通过设立光荣榜、企业文化走廊等形式,有效提升了员工和外界对江西长运鹰潭公交企业文化的理解和认识。与此同时,公司积极开展品牌创建和评先评优活动,紧紧围绕“公交优质服务年”和“安全生产月”活动主题,鼓励公司职工积极参与到“工人先锋号”“巾帼标兵岗”等品牌荣誉创建中。该公司获得市“‘五一’劳动奖状”荣誉称号,GPS调度中心荣获“五一巾帼标兵岗”荣誉称号。同时公司积极参与交警、运管、《江南都市报》“优秀驾驶员”评选以及省运管局“优秀公交线路”等评比活动。通过大力开展宣传教育活动,树立榜样、鼓励先进、营造典型,展现了良好的公交形象。为丰富员工的文化生活,4月19日,公司积极参与鹰潭市总工会组织的庆“五一”万人健步走暨第四届职工运动会启动仪式。同时,为提高员工工作热情,激发员工工作积极性,积极开展各类技能比武活动。为树立公司的良好形象,体现企业的精神风貌,公司为全体员工订做了工作服,出台相应的管理办法。

（艾年宗）

【江西长运鹰潭公交公司发展公益事业满足市民出行需求】 为保障市民出行的需求,方便市内残疾人乘车,公司从5月份正式发售爱心卡,已售出约1450张。同时,公司积极做好市民的各种建议和意见的回复,及时对反映的问题进行整改。上半年以来,共受理各种议案、建议投诉共约180件。

(艾年宗)

【江西长运鹰潭公交公司坚持发挥工会职能保障职工合法权益】 1月,该公司工会组织召开了一届二次职工代表大会,听取员工意见建议,切实了解员工所思、所想、所需,从关爱员工角度出发,切实解决员工实际困难。一是春节期间向退休老同志、困难职工开展送温暖活动10人次,送发慰问金4000元;二是积极贯彻落实2012年下发的《员工关怀方案》,给予职工结婚、生子、升学等重大事件进行祝福及慰问计26人次,共送发慰问金8376元;三是做好职工互助保障工作,增强职工抵御风险的能力,2016年度为所有员工购买了职工互助保险14760元;四是为确保每位员工身心健康,公司组织所有在职员工进行身体健康检查共计102422元。

(艾年宗)

【江西长运鹰潭公交公司圆满完成2016年春运任务】 为期40天的2016年春运落幕,鹰潭公交每天投入公交车146辆进行营运,总行驶里程达88万千米,安全输送乘客达290万人次,未发生一起重大责任事故,各项工作取得了较好的成绩。春运前该公司严格按照相关部门要求,及时组织春运驾驶员进行学习培训,学习率达到100%。保证了参加春运驾驶员全部合格。同时,做好车辆春检、例检,对在检查中发现的问题,都及时得到整改并坚持复查制度,杜绝了机械事故发生,保障了行车安全。为了切实做好春运安全工作,该公司制订了各项应急救援预案。与各营运分公司签订了"2016年春运安全生产责任书"。同时,公司加强管理力度,及时维护营运秩序,确保公交车停车、发车有序。为全力保障鹰潭北站高铁乘客的出行,鹰潭公交根据高铁运行时间调整运力,每日增加3台公交、48个班次,进行24小时通宵营运。同时,鹰潭公交还安排专人在公交站台上维持秩序,疏导进出站乘客,做到"客到客走",及时分流滞留人员,确保旅客安全出行、方便出行、温馨出行。

(彭　霞)

【贵溪市镇村公交试点初见成效】 3月18日,省交通运输厅正式批复贵溪市为2016年江西省镇村公交发展试点县(市)。这将为加快贵溪城乡道路客运一体化发展,推进道路客运基本公共服务向农村地区覆盖,努力为农村居民提供安全、便捷、经济、高效的出行服务打下坚实的基础。此次镇村公交试点工作在贵溪市南乡片的贵塘线和贵彭线开始,贵塘线投入12台车辆,日发班次47台次,贵彭线投入16台车辆,日发班次64台次,采取2元、3元、4元低票价、循环发车、无人售票的模式运行,真正地做到了便民、惠民,得到广大城乡居民一致好评。

(彭　霞)

【江西长运鹰潭公交公司荣获"2015年度劳动保障诚信等级AAA级单位"荣誉称号】 2016年,鹰潭公交荣获省人力资源和社会保障厅授予的"2015年度劳动保障诚信等级AAA级单位"荣誉称号。鹰潭公交紧紧围绕"企业发展、员工幸福"的企业文化中心主题,在有效抓好企业安全运行、经营管理、生产发展过程中,高度重视员工的劳动保障工作。严格遵守公司劳动保障等相关要求,在员工招聘、合同签订、薪酬发放、社会保险缴纳、员工离职等各个环节,细化工作流程,规范工作标准,加强和防范用工风险。同时努力完善内部劳动保障规章制度,进一步规范劳动用工管理,切实保障员工的合法权益。

(彭　霞)

【赣州市公共交通总公司2016年企业经营概况】

赣州市公共交通总公司(前身为赣州市公共汽车公司)成立于1957年10月,隶属于赣州市交通运输局,是赣州市中心城区唯一一家公共交通国有企业。

经营范围:主要从事城市公共交通(包含公交车、出租车和旅游包车)运营等业务。

机构设置:公司下设1个子公司、8个分公司、17个部门。公司现有职工1975人(含出租车公司445人,车务中心153人),退休职工224人。

基础设施:中心城区共有9个公交场站(含办公场所),合计占地面积59.6公顷;设有公交候车点998个,其中建成公交候车亭711座。

营运情况:中心城区共开通65条公交线路,营运线路总长度达1868.9千米,线路网长度315.5千米,拥有公交营运车703辆(834.4标台),其中新能源车及清洁能源车341辆,节能环保公交车比例为48.51%,日均营运里程约10万千米,年营运里程约3608.39万千米,日均运输旅客约20万人次。基本形成了分布合理、换乘方便的城市公共交通线网格局。在城市出租客运方面,拥有自主经营产权的出租车300辆,竭诚为广大乘客提供优质服务。所有公交车全部实现了GPS调度、3G监控和IC卡刷卡系统运用,出租车安装了GPS和视频监控,开通了掌上公交和刷手机卡乘车消费业务。2016年3月组建市公务用车服务中心,承担着82个行政单位、18个执法单位和68个公务员管理单位的一般公务用车和综合执法用车。

(赣州市公共交通总公司)

【吉安市青原区镇村公交设施不断优化】 青原区作为全省首批5个镇村公交发展试点县(市、区)之一,在全市率先开通了镇村公交,并投入20辆新能源油电混合动力长轴距公交客车到青原—新圩(701线)、新圩—富田(702线)两条运营主线,大大地改善了沿线群众出行条件。

为使镇村公交更好地服务青东公路沿线群众的出行,半年多来,区交通运输局联合区交警、安监、城建、公路、运管和各有关乡镇等部门单位通过实地勘查、协调处置等方式,结合群众反映的实际情况和合理建议,在严格按照交通运输部《农村道路旅客运输班线通行条件审核规划》前提下,于2016年4月底调整完成了公交站点、招呼牌设置方案,并于7月15日完成了青东公路主线:青原—新圩、新圩—富田,和支线东固—峰岭、值夏—七姑岭、宋溪—井头等5条线路的30个候车亭,128个招呼牌的建设,总计投入建设资金200余万元,进一步优化公交运行停靠站点,得到沿线群众的一致好评。

(吉安市交通运输局)

【吉安市政府副市长王大胜考察中心城区城市公共交通情况】 9月19日,吉安市政府副市长王大胜带领市交通运输局局长谢海泉、市公路局局长宋春生、市交通运输局副局长廖建洲等一行8人,在考察完井冈山大桥改造施工现场后,又带领大家乘坐公交车,面对面与普通群众沟通,了解井冈山大桥禁行后的吉安城市交通状况。同时,要求市交通运输局一定要根据新情况,以民生为本,周密制定吉安城区的公交线路,切实保障市民的正常出行。

(吉安市交通运输局)

【峡江县列入全省第二批镇村公交试点县】 为进一步加快峡江县农村客运基本公共服务向农村地区覆盖,积极推进城乡公交一体化进程。4月16日,省交通运输厅下发文件,将该县列入全省镇村公交发展试点县,并拨付专项资金600万元。

(吉安市交通运输局)

【泰和县加快城区公交发展和推进城乡客运公交一体化改造】 为贯彻落实交通运输部《关于积极推进城乡道路客运一体化发展的意见》、江西省人民政府《关于进一步加快交通运输事业发展的意见》及市政府相关文件精神,泰和县积极加快城区公交发展和推进城乡客运公交一体化改造。一是加强部门联动,综合治理客运市场,为城市公共交通的发展奠定基础。经县政府牵头,联合公安交警、城管、运管等部门,在全县范围内共同打击非法营运等扰乱客运市场经营秩序的行为。二是适应城镇化建设的需要,加快城乡客运公交一体化改造进程。积极在已实施扩权强镇试点的螺溪、沙村、苏溪等乡镇加快城乡客运一体化改造。三是购置新能源公交车,引领低碳、绿色公交优先发展。成立了新能源公共交通有限公司,于11月中旬购置了56辆全电动新能源公交车。四是落实政府购买城市公交服务政策,为城市公共交通服务买单。县政府已将城市公共交通发展资金纳入公共财政体系。五是优先保障了公共交通用地,引进社会资本投入公共服务的充电基础设施、设备建设。

(吉安市交通运输局)

【泰和县大力实施公交优先活动】 2016年,引导公交公司新购置公交车8辆,将旧的公交车进行了淘汰,并根据国家要求开始计划购置新能源车。同时,对全县的公交线路进行了调整,新增了3条线路。特别是盘活了新政府和工业园区,极大地方便了广大市民出行,运营的公交车有39辆,都安装了GPS。

(吉安市交通运输局)

【峡江县全力做好镇村公交试点】 2016年,峡江县成功申报了省级镇村公交发展试点县,按照镇村公交发展试点工作目标和要求,结合峡江县城乡客运一体化发展规划,县政府制定印发《峡江县镇村公交发展试点工作实施方案》(峡府办〔2016〕49号)和《峡江县镇村公交发展试点工作推进实施方案》(峡府办〔2016〕93号)等文件,对试点工作进行部署。成立县镇村公交发展工作领导小组,明确各相关成员单位的工作职责,按照时间节点分阶段和步骤有序推进试点工作的有效实施。一是确定镇村公交改造办法。编制河东、河西和水边至巴邱三条线路改造计划及运行方案,在河西片新购5辆公交车投入镇村公交试运行,新开通试点线路的票价下调比例达到了试点工作考核标准,为群众出行赢得实惠。二是补充建设的候车亭、招呼牌。在原有农村客运站建设基础上,投入资金150余万元,补充建设候车亭18个、公交招呼牌65个。三是推广和使用新能源车辆投入公交化经营。投入资金500余万元,采购12部8米长纯电动公交车在峡水线上运行,并做好了充电站(桩)等配套工程建设。2016年年底试点工作已初步通过省交通运输厅验收。同时,在已开通县城至城南工业园区、县城城北小学公交线路的基础上,加大车辆投放,增加班线运行密度,方便群众出行。

(吉安市交通运输局)

【宜春汽运打造城乡公交车一体化交通新格局】 长期以来,村到村、村到镇的客运是普遍存在的城乡公交“短腿”,特别是一些稍显偏远的地区,群众出行难的问题愈加凸显。宜春市本着“交通先行”的理念,大力推进城乡公共服务均等化,构建城乡衔接、资源共享、方便舒适、安全畅通的城乡公交车一体化交通新格局。近几年,宜春汽运公司在全省率先启动城乡客运公交化改造,积极推进城乡客运一体化、公交化、网络化建设。该公司每年安排专项资金用于农村客运车辆更新。同时,推行月票制、公交卡服务等举措,从根本上改变农村居民“乘车难、出行难”的状况。2016年,全市400余条班线,900余辆班车,通达近1700个建制村,镇村公交通达率达93.8%,惠及近300万人进城与务工。宜春市不断加大投入,优化全市公交线路,打通农民进城与务工的“最后一千米”,实现“出家门、上车门、进城门”的目标。

(陈维民)

【丰城市首批新能源镇村公交车投入运行】 2月23日,丰城市共投入120余万元,率先在上塘镇至城区的线路上试点新能源公交车,首批共有四辆新能源公交车投入运行。这批新能源公交车不仅起步稳,噪音低,乘坐舒适,而且在降低运营成本的同时,实现废气的零排放,对改善空气质量,促进绿色低碳交通建设将有明显的作用。下一步,该市还将引导客运企业加快老旧公交车辆的淘汰速度,提高新能源公交车占比,推动全市客运行业的绿色发展。

(沈壮华)

【丰城市城镇村公交一体化启动仪式举行】 12月6日,丰城市城镇公交一体化启动仪式在该市汽车总站举行,全市的城镇村公交只要1元钱。市委书记胡江萍出席并下达发车令。市长江伟斌、市人大常委会主任邹小平等市领导出席。宜春汽车运输股份有限公司总经理时凡介绍,贯彻落实丰城市构建“平安、便捷、环保、绿色、智能”的交通运输体系和打造丰城市公交都市新形象的战略部署,在联合丰城市政府及行管部门进行反复的摸底、调研、论证后,形成了以“缓解交通拥堵,扩大公交范围,减轻财政压力,加密公交班次,推行绿色公交,实现公交都市”为原则的新的运行法案。根据方案,对原有城乡、中心城区线路资源进行了优化和整合,共规划城镇村公交线路48条,投放运力243辆(其中纯电动车辆188辆,占77%),日发班次2048个,较改造前分别增加2条、14辆、347个班次。此次运力投放更新和新增的车辆全部为纯电动公交车,覆盖了中心城区所有公交线路和部分运距较短的延伸公交线路,开通了4条中心城区晚班公交线路。城镇公交一体化，开通一元公交，标志着该市进入公交发展的新时代。由市财政进行补贴，市民只需花一块钱，就可以乘坐任意一条线路。早早地就赶来现场体验免乘活动的市民一致反映车内环境很整洁，车子运行平稳，坐得很舒服，价格很实惠。

（沈壮华）

【靖安县增开环三爪仑旅游公交循环对开线路】 2016年，县政府科学决策、合理布局，切实抓好民生交通，靖安公交事业得到飞跃发展。一是增加对公交补贴每季度拨款57万元；二是加强管理，每月进行核查。三是对试运行中的问题进行调研，部分路线重新规划调整，8月新增开通环三爪仑旅游公交循环对开路线。至此，境内共有城区线路2条，至香田、高湖、宝峰、仁首、教育园区、工业园区各一条。12月份新购微型清洁能源电动公交车4辆，共有20辆新颖的空调公交车驶在城乡公交路线上。

（刘 斌）

【靖安县自行车绿道成为一条靓丽的风景线】 “绿色交通”是为应对小汽车调整增长和交通拥堵所采取的一项城市战略。靖安市委、县政府决定从2015年起，二年内建设一个完善的公共自行车服务系统，通过推行“低碳环保”的公共自行车交通方式，发挥其作为绿色交通工具的独特优势。2016年5月三条自行车绿道相继建成投入使用。使之成为靖安打造“绿色交通”的组成部分，形成与公交车和出租车相互独立，无缝对接的互通系统，共同构建成“三位一体”（公交车、出租车、自行车）的公共交通模式。近百辆公共自行车如雨后春笋闪亮在大街小巷、乡村。一条靓丽的风景线，展示着靖安向“美丽靖安”迈出新的一步。

（刘 斌）

【奉新县城乡公交覆盖明显加大】 为了让公路网覆盖全县各个村落、让群众出行便捷高效、农村客车能够开得通、留得住、有效益，奉新积极出台农运相关政策，在资金、运营、安全等方面给予有力支持，对农村客运场站设施建设、车辆更新等方面予以补助。现有行政区域内有建制村146个，已全部实现通公路，建制村公路通畅率达100%，公路配套设施方面，建成“村村通客车”候车亭130个、张贴客车告示牌96处。在此基础上，积极稳妥地推进“村村通客车”工程，引导农村客运规范发展，采取“以乡镇为中心、向建制村延伸、辐射”的开通模式。建制村通客车进展顺利。通过鼓励运营组织创新，全行业积极推广片区经营、预约服务等模式，根据农村群众的需求，灵活地开通周末班车、假日班车等；鼓励运输企业新增、改线或延伸现有的客运班线，让班车跑得更远，逐步完善村村通工程。2016年底，全县146个建制村，通客运车辆的建制村数为121个，建制村通客车率达到83%。城乡公交实现初步覆盖。鼓励城市公交向县城周边延伸覆盖、农村客运线路和城市公交线路对接，提高农村客运通达深度、广度和服务质量，提高农村客运通达率。

（江德胜）

【奉新县推进绿色交通建设迈出关键步伐】 在积极推动“绿色交通”建设，支持鼓励运输企业投资购买全电动汽车投入城市公交运营，满足社会绿色平安出行的需要的基础上，2016年奉新县交通部门再接再厉，持续发力，大力推进“绿色交通”、“绿色出行”工作，组织宜春汽运总公司奉新分公司投资1080万元，购进27辆宇通牌E－K6805纯电动汽车，对全县上富以下平原片区农村班线实行公交化改造。加上此前投入的8辆纯电动车，奉新总共有35辆纯电动车投入城乡公交班线运营。通过努力，加大班线密度，扩大班线覆盖面，提高出车效率，方便居民出行，推动绿色交通、绿色出行在奉新落地生根。

（江德胜）

【高安市镇村公交通过省级考核验收】 12月8日，省交通运输厅镇村公交考核验收组前往高安进行考核验收。考核验收组一行先后走访龙潭、石脑等乡镇，核查了镇村公交线路走向、行政村覆盖、班次密度、票价执行，以及城乡班线衔接等情况，并通过乘坐龙潭—高湖、郑家—小王、梅口—新胡、洛城—龙潭4条镇村公交线路班车，对沿线站亭、站牌设施和GPS监控配备等设施进行检查。随后听取了有关镇村公交运营管理工作和发展情况汇报。省厅验收考核组肯定了高安市市委市政府和市交通运输局在城乡客运一体化上所取得的成绩。同时要求按照乡村百姓出行规律及实际需求，不断优化线路和班次，结合实际情况，进一步强化安保设施，提升运营服务质量，为农村群众提供更加安全、便捷、舒适的运行服务。

（徐　炜）

【高安市10个乡镇新开22条镇村公交线路】 该市汽运公司以服务农村，打通农村出行最后一千米为目标，4月起，以延伸、绕行、新增方式，在10个乡镇开通22条镇村公交线路，各线发7至10个班次不等，这些开通镇村公交线路具体包括田南镇1车2线，灰埠镇4车7线，相城镇1车2线，太阳镇1车2线，新街镇1车2线，荷岭镇1车1线，村前镇1车2线，杨圩镇1车2线，祥符镇1车1线，石脑镇1车1线。此次镇村公交新投入13辆车且全部实行1元票价制。

（卢光辉）

【上高县组建锦阳汽车租赁有限公司】 根据上高县公务用车制度改革实施方案，6月，县交通运输局组建锦阳汽车租赁有限公司，承担公车改革后全县行政机关（不含四套班子）公务用车及综合执法用车服务。按照相关政策规定，公司共有车辆47辆，其中公务用车服务中心26辆，综合执法平台用车21车辆。6—12月，公司共受理公务用车及综合执法用车业务871件。

（冷光明）

【抚州市区至抚州东站公交专线运送旅客逾百万】 位于东乡县城的抚州东站是沪昆高铁在抚州市境内设立的唯一一个高铁站点，抚州市城区至抚州东站（东乡）公交班线为市城区架起对接沪昆高铁的桥梁，截至年底，这条备受瞩目的公交班线已发送旅客超过100万人次，极大地方便了广大群众的出行。

2014年12月10日，沪昆高铁南昌至杭州段正式开通运营，抚州东站带领抚州人民跨入高铁新时代。从抚州东站出发，2小时至杭州，3小时至上海成为现实。为更好满足市区和抚州东站人员往返两地的需要，2015年4月18日，该市开通市区至抚州东站公交班线。该公交班线全程实行一票制，票价为10元/人，刷卡8元，线路全程共设置6个站点，分别是起始站市区五皇殿汽车站、贸易广场站、南昌大学抚州医学分院新校区站、东乡县新体育馆站、东乡火车站和抚州东站，全程约70分钟。该公交班线的运行不仅方便了该市广大居民来抚州东站乘车，也加速了市区和东乡的融合，一年来，该班线发送旅客人数直线上升，从刚开通时的每天不到1000人次，增至每天3000多人次，最多的一天发送旅客5500多人次。截至2016年12月，共发送旅客超过100万人次。与此同时，为增加运力，该线公交车辆增加4辆，每天正常运行班次从100个增加到116个。

为方便各县区旅客乘坐这条直通沪昆高铁的公交班线，公交班线在市区起点站五皇殿汽车站提前8分钟发班，在旅客集中的贸易广场站候车8分钟，直到下一辆公交车的到来，这样旅客到贸易广场站随时都能坐上这条通往抚州东站的公交班线。由于大多是要去乘坐火车的乘客，乘客遗失包裹、手机、钱物等也是屡见不鲜，该班线都会及时联系失主，据不完全统计，一年来该班线共归还乘客各种财物100多次，价值5万余元，受到广大乘客的好评。

（陈根玲）

【东乡百辆新能源公交车引领“绿色出行”】 2016年以来，在东乡城区的道路上，绿色、红色的“无声公交车”吸引了不少居民的目光，这些车辆外观靓丽，噪音小，没有尾气排放，十分环保。该县2016年投入3150万元新购置100辆新能源纯电动公交车，大大地方便了群众绿色出行。

作为江西唯一入选国家首批APEC低碳示范城镇的东乡县，随着县域经济社会的快速发展，低碳出行、低碳交通已成为人民群众关注的焦点。2016年1月，东乡县盛星公交公司在城东投资200万元建成一座1000千伏安的充电站投入使用，一次性购买了20辆大型纯电动空调公交车，让全县群众同享低碳生活。

为进一步推广使用电动汽车，该县年初在城南划拨1.33公顷土地，由东乡县盛星公交公司投资1000万元，于10月中旬建成全省最大的大型充电站投入使用。并再次购进50辆纯电动公交车，大大提高了新能源汽车和县城电动汽车充电基础设施使用能力。县长运公司也紧随其后购买了30辆纯电动公交投入使用，燃油车退出县城营运，投入乡镇农运。2016年，该县共有纯电动公交车100辆，分布于全县正在运营的8条公交线路。

该县还在高铁抚州东站、经济开发区等公交首末站及各乡镇场等地建设充电站，使东乡县新能源公交汽车延伸到各乡镇，实现全县主干公路上电动公交全覆盖。

（陈根玲）

【抚州高新区新增一条公交循环线】 为方便高新区内员工上下班及沿线居民出行，从6月1日起，抚州高新区内新增一条公交循环线。

抚州高新区新增公交线路具体走向为：高新区管委会（起点站）至创业嘉园至惠泉啤酒厂，至明恒纺织，至华夏电源，至（左转）高新二路，至（左转）巨晟实业，至永方电源至国穗种业，至（右转）文昌大道，至高新七路（左转），至永通电梯（终点站）。该循环线第一班早上7:00从高新区管委会发车，晚上最后一班18:00从永通电梯返回，间隔为半小时发一班，循环运行，公交总公司将视情况增加车辆并加密班次运行，尽最大能力满足园区内居民出行。

公交循环线开通后，11路公交车延长至迎宾大道东延伸段金桥华府小区，具体线路为：孝桥镇，至赣东大桥，至莱肴故事，至洪客隆，至市新华书店，至曾家园，至市一医院，至长途汽车站，至市电信公司，至体育休闲广场，至临川九小，至市二医院至，市邮政局，至市联通公司，至市二医院（原红十字医院），至交警一大队，至消防支队，至汤显祖纪念馆，至贸易广场，至贸易广场汽车站，至南昌大学医学分院，至抚州职业技术学院，至金安小区，至东临大桥西，至东临大桥东，至金桥华府小区（按原线路返回）。该路公交第一班为早上6:00从市新华书店站台发车，晚上19:00从金桥华府小区返回市区（金安小区最后一班返回时间为晚上21:45分），每隔4至5分钟发一班。

（陈根玲）

【抚州市36路公交3月起延伸至市保育院新园区】 为支持抚州市学前教育事业的发展，方便沿线学龄前儿童就读市保育院新园区，从3月1日起，36路公交车终点站由市第一人民医院新院区延伸至市保育院新园区。

具体走向为赣东大桥至华润万家，至市新华书店，至曾家园，至市一医院，至长途汽车站，至市电信公司，至体育休闲广场，至临川九小，至王安石纪念馆，至市审计局，至市国土资源局，至牛角湾新村，至名仕家园，至伟星小区北门，至伟星小区西门，至市场和质量监督管理局，至市公安局，至市第一医院新院区，至（左拐）迎宾大道，至陆象山大道，至市保育院新园区

回程：市保育院新园区至陆象山大道，至（左拐），钟岭大道，至（左拐）玉茗大道，至（左拐）迎宾大道，至伟星小区西门，至名仕家园，至（按原线路返回至赣东大桥）。

36路公交车将进行环线运行，不设终点站，早上第一班车6点40分从赣东大桥发车，下午6点从市保育院新园区返回市区，每隔10分钟至12分钟发一班，市公交总公司将密切关注该线路客流量的变化，适时做出运力调整，方便沿线市民出行。

（陈根玲）

【抚州市举行新能源公交车交车仪式】 3月25日上午，抚州市公交总公司采购江铃集团新能源公交车交车仪式在市公交公司第三停车场举行，副市长周小平参加交车仪式并致辞。

周小平指出，“十二五”以来，市委、市政府高度重视公交事业发展，深入实施优先发展城市公交战略，不断加大公交车辆更新力度，扩大公交覆盖范围，优化运营线路，加密重点班次，使中心城区公交面貌大为改善。抚州市被列为国家节能与新能源汽车示范推广工作试点城市后，市委、市政府加大了新能源公交车应用和推广力度，进一步调整优化公交车辆结构，推进全市交通运输领域节能减排。市公交系统此次新添20辆插电式混合动力客车，对提升城市品位、改善群众出行条件、提高群众生活质量发挥重要作用。市公交总公司要以此次交车为契机，切实增强责任意识和服务意识，不断优化运营网络布局，为广大群众提供“便利、优质、安全”的运输服务。

（陈根玲）

【黎川县开通黎川至南城城际公交】 黎川至南城动车站城际公交采取公司化经营、政府专项补贴的运营管理模式。由抚州长运公司注册成立黎川县长运城际公交公司经营。公交专线设置黎川客运中心、南城动车站和南城汽车站三个站点，车

辆双向对开,每日往返 20 趟次。全程实行一票制,单程每人次 15 元,刷卡 9 折。公交专线投放 5 辆 31 + 1 座公交客车。随着向莆铁路的开通,黎川县越来越多的群众选择铁路出行,但由于向莆铁路在黎川县未设站,通过向莆铁路出行需辗转南城和建宁等地换乘,而现有南城和建宁客运班次设置与车辆停靠站点对群众换乘极为不便,群众迫切希望开通黎川至南城动车站城际公交专线,解决铁路交通出行难问题。经过积极筹备,黎川县于 2016 年 12 月 30 日开通黎川至南城城际公交。

(周建国)

【东乡 10 辆纯电动公交车免费送考】 为方便广大考生顺利"赶考",6 月 6 日至 8 日三天,东乡长运公交公司派出 10 辆新购的纯电动公交车免费接送考生及其家长。

高考前夕,该公司对新购置的纯电动公交车进行了全面检查,确保车辆状况良好,确保送考安全,并对全体公交车驾驶员进行培训、教育,努力为考生提供优质的出行服务。为应对突发情况,每辆公交车配备了免费瓶装水、晕车药,以应对不时之需。同时,在高考期间,东乡长运公交公司还对县城区公交主干线路加大运力投放力度,缩短发车间隔,尤其是对途经考点的公交线路进行车次加密,在开考前一小时及考试结束前后 30 分钟内,加大发车频率,缩短车辆间隔,保证考生及家长顺利到达或离开考场。

(陈根玲)

【抚州市城区开通 3 条清明祭扫免费公交专线】

为确保公共交通有序,4 月 3 日、4 日两天,抚州市城区开通 3 条清明祭扫免费公交专线,为市民提供接送服务。

从 4 月 3 日起,3 条清明祭扫免费公交专线早上 7 点发车,每半小时一趟,分别从华润万家(赣东大道店)站、新剪子口站、区第一人民医院站始发。其中,华润万家(赣东大道店)站始发的具体线路是:华润万家(赣东大道店)—市新华书店—长途汽车站—体育休闲广场—临川九小—市二医院(原红十字医院)—交警一大队—消防支队—贸易广场—回归园;新剪子口站始发的具体线路是:新剪子口—老剪子口—临川三小—新华书店—长途汽车站—体育休闲广场—临川九小—市二医院(原红十字医院)—交警一大队—消防支队—贸易广场—回归园;区第一人民医院站始发的具体线路是:区第一人民医院—玉茗路口—临川汽车站—区国税局—阳光城—市交警支队—市二医院(原红十字医院)—交警一大队—消防支队—贸易广场—回归园。

此外,为全力应对清明节期间的客流高峰,特别是 4 月 4 日清明节当天,公交车运行根据实际客流情况适时调整班次,方便市民扫墓。

(陈根玲)

【抚州城区至金溪城际公交正式运营】 9 月 18 日,抚州至金溪城际公交将正式开通。全程实行一票制,票价每人 10 元,刷卡八折。

抚州客运总站至金溪汽车站线路运行时间为 6:30—18:30,日发班次 36 个,发车时间间隔 15—20 分钟。途经:赣东大道、青云峰路、金巢大道、抚河大桥、洋州大桥、鹏溪、黄坊古村(灵谷峰、乔治山庄)、丁家桥头、浒湾汽车站(浒湾古镇、书铺街)、早树(梳口古村)、茗溪路口、枫山、金泰和庄、国际大酒店、金都大酒店、金溪汽车站。

抚州火车站至金溪线路运行时间 6:30—19:30,发车时间:11:30、12:40、13:30、16:40、18:30、19:30。途经:王安石大道、玉茗大道、迎宾大道、文昌大道、抚河大桥、洋州大桥、鹏溪、黄坊古村(灵谷峰、乔治山庄)、丁家桥头、浒湾汽车站(浒湾古镇、书铺街)、早树(梳口古村)、茗溪路口、枫山、金泰和庄、国际大酒店、金都大酒店、金溪汽车站。

(陈根玲)

【全省城市公共交通协会二届一次会员大会在抚举行】 12 月 9 日上午,江西省城市公共交通协会第二届第一次会员大会在抚州荣誉国际酒店举行。抚州市委常委、副市长罗国良出席会议并讲话。来自全省各地的公交企业会员代表和厂商单位代表 150 多人参加会议。

罗国良首先代表抚州市委市政府向参加会议的嘉宾和代表表示热烈欢迎。他指出,城市发展,公交先行。优先发展公共交通不仅可以改善城市公共交通条件,方便群众日常出行,还有助于推动城市空间布局优化,拓展城市发展空间,为城市长远发展奠定坚实基础。“十二五”以来，抚州市委市政府高度重视交通规划在城市建设中的引领带动作用，大力推进公共交通优先发展，从政策上、资金上不断加大对公共交通的扶持力度。抚州市首条快速公交(BRT)将于2017年3月开工建设。

罗国良强调，公交企业一定要充分发展城市公交在城市建设中的重要作用，以优质文明的服务、良好的精神面貌为市民出行服务和城市建设添彩，努力把公交建成城市形象的窗口，为经济社会的大发展做出新的贡献。

大会对2015年度全省城市客运企业质量信誉AAA级企业、2016年度江西省优秀公交线路获奖单位进行了表彰。

(陈根玲)

【抚州市开通公交线路23条】 1路:珍展鞋业—未来城(市实验学校)—鸿河山水人家。2路:新剪子口—上顿渡。3路:羊城广场—展坪。6路:香溢花城—临川十中。7路:公交三场—外滩公馆—瀚海龙蟠。9路:莱肴故事—火车站。10路:华润万家—龙湾。11路:孝桥街办—金桥华府。16路:华润万家—流坊。18路:华润万家—黄远山。19路:华润万家—灵谷峰。

20路:华润万家—梅岗。21路:光明眼科医院—崇岗。22路:长岭—区政府。29路:游乐园—拟岘台。31路:鸿河山水人家—未来城(市实验学校)。33路:公交三场—工业园区—中医药高专新校区。行政中心专线:上顿渡—市行政中心(上行)行政中心专线:市行政中心—上顿渡(下行)36路:赣东大桥—市第一医院新区—保育院新区。37路:儒都大酒店—临川气象站。

高铁1路。高铁2路。园区公交。

(陈根玲)

【饶城新增四条公交线路】 为提高公交的覆盖率、准点率、通行率，根据《上饶市中心城市公共交通发展规划(2012—2020)》，结合城市道路实际，增开4条路线，全部使用10.5米气电混合动力的低消耗、低污染和低排放的绿色公交车，分别为:20路公交线，路线停靠站29个，单向循环，线路长度15.9千米，由佳丽副食品城发车，经三清山大道、广信大道，至市行政中心，随后原路线返回佳丽副食品城;23路公交线，路线停靠站25个，循环对开，线路长度14.5千米，由上饶职院发车，途经县法院、武夷山大道、县总工会、湿地公园、县七中，回到上饶职院;25路公交线，路线停靠站38个，单向循环，线路长度15.1千米，由现代城始发，经中山路、滨江西路、广信大道，至市行政中心，之后原路线返回现代城;经二公交线，路线停靠站21个，单向循环线，线路长度11.4千米，由上饶经开区管委会发车，途经凤凰光学、经开区交警大队、北一路口、一纬路、上饶客车厂，回到经开区管委会。其中20路、23路、25路等3条路线首末班时间为:06:40—18:10;经二公交线首末班时间按照企业上下班时间，采用定时、定点、定线的方式运行。饶城新增4条公交线路，于1月23日正式开通。

(上饶市交通运输局)

【40辆新能源客车投入使用】 1月13日，江西博能上饶客车有限公司生产的40辆新能源客车交付市公交公司使用。这40辆客车主要用于新增的公交线路。第153页图为市公交公司有关人员对新车进行验收。

(上饶市交通运输局)

【春运期间上饶中心城区增密公交线路】 为提高春运期间公交运力，方便返乡市民乘车，市公交公司在春运期间针对春运期间新火车站返乡客流增密中心城区公交线路，在15路、19路、22路、109路4条线路上共投放11部新能源公交车。其中15路增加4辆共16辆，109路增加3辆后共9辆，22路增加2辆共16辆，19路增加2辆共10辆。

(上饶市交通运输局)

【上饶市区至朝阳产业园公交线开通】 2月1日上午，中心城区至信州朝阳产业园首条公交线——26路公交线路开通仪式在信州朝阳产业园区举行，这标志着朝阳产业园告别没有公交车的历史。

以往从朝阳产业园到市区，群众一般要乘坐广丰到上饶的农村班线至丰溪大桥，然后转车到市区其他各处，非常不便。26路公交车开通后，可直达市中心广场。该班线每趟行驶里程为16.2千米，行驶时间为40到50分钟。首末班时间为:6:40—18:00，上下班高峰期隔10分钟一趟,非高峰期隔半小时一趟。26 路公交为试运营期。

(上饶市交通运输局)

【高考期间开通爱心高考公交专线】 为确保高考师生按时赴考,高考 6 月 8—9 日期间,上饶公交增开“爱心高考”公交专线免费接送参加高考的师生。考生凭准考证免费乘坐公交车。

“爱心高考”公交专线共抽调 10 辆公交车作为“爱心高考”公交专线专用车。其中,上饶一中、二中分别投放 4 辆,上饶中学 2 辆。为方便高考师生识别乘车,参加接送的 10 辆公交车于车辆前台统一放置“高考爱心专用车”标牌。接送专用车会提前 20 分钟到达学校,被抽调车辆确保技术性能良好,车身内外卫生整洁,确保高考师生及时、安全到达各学校考点。

(上饶市交通运输局)

【弋阳县首批纯电力新能源公交车投入运营】 弋阳县顺通客运有限责任公司为进一步提升公交服务能力,打造绿色低碳公交出行环境,多方筹措资金 400 余万元(不含国家补贴),定购 20 辆纯电力新能源公交车投入运营。20 辆纯电力车长 8.5 米,额定载客人数 72 人,车厢设施先进,服务标识规范齐全,而且空间大、乘坐舒适。与传统的燃油车辆相比,具有无噪声、易操作、运行安全、乘坐舒适等诸多优点,对环境的污染几乎为零。

此次 20 辆纯电力新能源公交车主要用在 1 路和 2 路公交线路延伸至龟峰景区运营。新车的投入使得公交的整体运力提升 20% 左右,发车间隔时间缩短 5—10 分钟。标志着弋阳县城市交通事业又向前迈进一大步,为提升城市形象,改善广大群众出行条件,促进旅游经济发展注入新的活力。

(弋阳交通运输局)

【上饶公交卡实行首次办卡免费】 7 月 15 日,为鼓励广大市民办理公交 IC 卡乘车,推进公交智能化建设步伐,让广大市民享受科技发展成果带来的出行便利,上饶公交自 7 月 15 日起取消公交 IC 卡实名制首次办卡费,同时取消普通卡、市民卡 9 折乘车优惠。

(上饶市交通运输局)

【上饶市首批纯电动公交上线运营】 8 月 26 日,上饶市首批 20 辆纯电动新能源公交车投入饶城 18 路公交线运营。

这批 10.5 米长的纯电动新能源公交车具有零排放、噪音小、成本低、行驶稳定性高、动力良好、持续行驶里程长(达 150 千米)、电池使用寿命长(八年以上)等特点。新公交除车型外观给人耳目一新的感觉,车内座椅、空间布局、扶手等还增加人性化设计,让市民乘坐得更舒适、方便。同时车上还配置多处站台显示设施,即在公交车头、车尾以及车身都会显示起点站名、终点站名与线路号,方便候车乘客观看。此批公交车全部投放至 18 路公交线(佳利商城—公交西站)运营。市公交公司还在城西加气站安装 10 个充电桩,供电动公交车使用。

(上饶市交通运输局)

【上饶新增 28 路公交线方便企业员工上下班】 8 月 26 日上午,随着第一辆公交车驶出上饶城西公交综合服务中心,饶城新增的 28 路公交线正式投入运营。

为服务上饶经开区的发展需要,方便远泉大道、七六西路沿途企业工作人员上下班,填补董团乡无公交车通行的空白,公交公司开通 28 路公交线。28 路公交线为单向循环路线,共投放车辆 8 辆,全长 25 千米,停靠站点 40 个。由位于上饶经开区的公交西站始发,途经光学城、星汉光学、晶科光伏、远泉集团等企业,至董团乡、董团小学等站点,再由远泉大道返回至七六西路,经一舟电子、博能集团、县医院等地,最终返回公交西站。该线路夏季首末班时间为 6:40—18:15,冬季首末班时间为 6:40—17:40。随着 28 路公交的开通,上饶市公交线路增加至 36 条,单向线路总里程增加至 452 千米。

(上饶市交通运输局)

【饶城部分公交站台装天眼】 9 月 12 日,为创建省“公交城市”,提升公交形象,上饶市公交公司自筹资金 10 万余元,在部分重点路段的公交站台安装高清探头,为站台筑起一道安全“防火墙”。

上饶市公交公司此次选择在滨江西路、五三大道、水南街等重点路段乘客较为集中的公交站台,安装 21 个像素为 300 万的高清监控探头。该设备具有车辆目标提取、违法行为自动判定、自动跟踪放大、车牌自动识别等功能，自动追踪违章乱停的社会车辆，监控市民在公交站台的不良行为以及公交车驾驶员的不良驾驶习惯。此批监控设备安装调试合格后，将由上饶市交警支队统一接管，并入监控网。届时所有在公交站台发生的违法变道、停车等行为将无所遁形。监控设备正在安装调试当中。

此举措旨在进一步提高公交公司安全生产管理水平，规范公交站台交通秩序，有效防止和减少事故发生，为广大乘客提供更安全、更优质的乘车环境和服务。

（上饶市交通运输局）

【“公交宣传周”倡导绿色出行】 9 月 19 日至 25 日是全国“公交出行宣传周”。在宣传周活动期间，市公交公司将围绕“优选公交、绿色出行”这一主题，推出多种便民举措，积极宣传公交出行理念、展示城市公交形象，同时增强市民的环保意识、节能意识，营造支持公交、选择公交出行的良好氛围。

市公交公司将通过以延长公交营运时间、增加营运车辆密度、提高公交的便捷度等一系列措施，引导乘客低碳出行。通过开展多样化的城市公共交通宣传活动，大力宣传公交优先发展政策，培育“优选公交、绿色出行”的城市公共交通文化，鼓励人们更多地选择公共汽车、自行车、步行等经济、绿色、安全的出行方式，在全社会营造解公交、关心公交、支持公交、选择公交的良好氛围，倡导市民更多地参与到城市交通治堵和公交都市创建中来。

上饶市公交行业取得长足的发展。2016 年，上饶市共有 35 条公交线路，线路总长 427 千米；共有公交车 314 辆（其中新能源 230 台、柴油车 84 台）。

（上饶市交通运输局）

【上饶市中心城区创建“城市公交”示范项目】 2016 年 3 月，上饶市成功申报江西省第一批“公交城市”示范城市项目。获得专项资金，为新一轮上饶公交的优先发展赢得契机。2016 年以来，中心城区公交线路总数和线路单向总里程数分别由原来的 27 条/335.8 千米增加到 36 条/446.5 千米，万人公共交通车辆保有量 12.3 标台/万人，公共交通站点 500 米覆盖率为 92.4%，公交机动化出行分担率为 45.14%，绿色公共交通车辆比 79.8%，城市公共汽（电）车进场率 100%，新增公交站点 65 个，电子站牌建设 88 个，电子站牌设置比率 20.48%，第一批 20 台纯电动新能源公交车已上线使用。

（上饶市交通运输局）

【德兴开通 35 条镇村公交线路】 12 月 1 日，德兴市 35 条镇村公交线路全面开通，覆盖全市 75 个行政村，开通率达 91.45%。镇村公交的开通极大减轻广大人民群众的出行成本，让更多人民群众共享该市改革发展成果。

德兴是 2016 年全省 5 个镇村公交建设试点县市之一，自筹建工作开展以来，该市始终将此项工作作为一项民生工程来抓落实和推进。根据江西省交通运输厅、江西省财政厅联合印发的《江西省省级镇村公交发展专项资金申报指南》（赣交通运输字〔2015〕47 号）通知规定，镇村公交票价低于原普通农村客运班线的 15%。为促进镇村公交全面可持续发展，让更多百姓共享改革发展的成果，该市决定再下调 15% 左右，使镇村公交车票价低于原农村客运班线的 30% 左右，并对持有老年证、残疾证和伤残军人证等人群实行免费乘坐。

（上饶市交通运输局）

水路运输

【概况】 2016年加快推进水运基础设施建设,提升水运供给能力和服务品质,夯实安全生产基层基础,推进水运事业升级提速,实现“十三五”良好开局。

重点项目稳步推进。2016年,省发改委、省交通运输厅下达港航部门基本建设项目投资计划86730万元,其中:中央预算内资金12270万元,交通运输部补助8000万元,地方自筹或单位自筹资金66460万元。全年完成投资14.1亿元。南昌龙头岗综合码头一期工程建成并投入试运营,2016年完成投资1.63万元,累计完成投资7.31亿元,占总投资8.28亿元的88.3%,新建4个2000吨级泊位,设计年吞吐量集装箱20万标箱,件杂货180万吨,为新中国成立以来江西省赣江规模最大、靠泊能力最强的现代化综合码头。赣江新干航电枢纽累计完成投资13.26亿元(2016年完成投资9.61亿元),占总投资的34.5%。界牌航电枢纽技术改造工程2016年完成投资2000.3万元,累计完成投资5863万元,占总投资的57.4%。龙头山水电站、新洋丰肥业生产基地码头等7个社会投资项目全年完成投资10.5亿元。编制完成信江八字嘴航电枢纽、信江双港航运枢纽工可报告初稿。完成《南昌港、九江港疏港公路规划》编制。启动赣江石虎塘—神岗山三级航道整治等航道项目、九江港彭泽港区红光作业区综合枢纽码头一期工程等港口项目、赣江井冈山航电枢纽工程等枢纽项目建设工作。省港投公司累计争取财政补助资金7亿元。赣江新干航电枢纽工程成功申请7.5亿国家开发银行专项建设基金。省港投公司获银行授信57.5亿元,成功发行江西省第一单水运行业项目债务融资工具——2亿元中期票据,票面利率3.68%,发行利率创下全国同时期同评级同期限市场最低水平,为江西省水运建设进入债务融资市场开好头。赣江石虎塘航电枢纽累计发电收入4.95亿元,用于水运基础设施建设滚动开发。完成《江西省水运工程建设管理办法》(征求意见稿)、《江西省水运工程设计变更管理办法》(征求意见稿)制定工作;起草航道、港口、枢纽等水运工程施工标准招标文件分册,推进水运工程电子化招标系统建设;对2个重点项目、3家设计单位、3家施工单位进行信用评价,进一步完善水运建设市场信用体系。

水运转型步伐加快。船舶继加快推进运输结构调整。完成231艘(20.7万吨)运输船舶生活污水防污染改造,1艘单壳油船改造(488总吨),协调发放到位政府补贴资金685万元。推动传统水上客运向高品质旅游客运转型,柘林湖库区新增标准化节能型游船21艘1764客位。

安全形势持续稳定。推进港口危险化学品码头安全生产监督“四个一”工作:编制完成一张全省危险货物分布图、一本全省危险货物码头安全监管手册、一份全省危险货物码头安全生产监督隐患排查表、一个全省危险货物港口管理各级港口行政管理部门权力责任清单。吸取丰城电厂“11.24”特别重大事故教训,组成7个督查组,开展安全生产隐患专项检查。开展平安船舶、平安港口、平安渡口、平安航道、平安工地建设。加快信息化建设,完成赣江(樟树至湖口)及环鄱阳湖388千米电子航道图,与长江电子航道图实现无缝对接。整合AIS、CCTV、VHF系统,建成水上安全监控系统。九江市港口管理局搭建港区危货码头视频监控系统,实现辖区危货码头危险品作业现场全天候有效监控。杜绝渡运安全和船舶污染、港航重点工程、一次性死亡3人及以上较大事故。

绿色航运加快发展。开展南昌港、九江港靠港船舶使用岸电技术应用、建设现状及规划调研,建成南昌龙头岗综合码头岸电项目,编制《江西省LNG水上加注站布局规划》,推动运输企业LNG船舶试点示范工作。

文明创建取得成绩。紧紧围绕港航中心工作,以理论武装为核心,以“执法为民、服务社会”

为宗旨,紧密结合队伍建设和工作实际,组织和引导广大职工积极投身文明创建活动,实现物质文明和精神文明同步协调发展。2016 年在全省精神文明建设工作表彰大会上港航系统 14 个单位被评为江西省第十四届文明单位。

(付　俊　蒋少全)

水路运输企业

【概况】　全省通过核查的经营户 237 户(其中企业 148 户,个体经营户 54 户,限期整改企业 35 户)、营运船舶 2087 艘、2229022 载重吨、12505 客位,平均载重吨位 1068 吨,船舶继续向大型化、专业化、标准化发展。

加强客船和危险品船运输企业的监管力度,开展全省客船和危险品船运输企业专项检查。共向长航局建议注销两户船舶自有运力不合资质要求的危货企业,引导其兼并重组。对 1 户自有运力不足的企业经法人结构治理、引进新股东、注入新的资金后符合资质要求。对其他存在的安全隐患均下达整改通知书,并要求所在地港航部门跟踪落实。经整治,全省水路危货企业由原来 17 户减至 15 户,经营资质全部符合要求。取消 3 户不合要求的省际客运企业经营资质。对未取得码头经营许可证、安全生产标准化建设未达标、劳动合同不规范、档案管理较混乱,未进行应急演练等客运企业下达限期整改通知书。并要求所在地港航部门跟踪落实。经整治,全省水路客运企业由原来 30 户减至 27 户,经营资质基本符合要求。

开展全省水路诚信企业评价工作。组织专家小组现场对企业进行评估,经评审工作小组认定且向社会公示,共有 6 户企业荣获省级诚信水运企业荣誉称号,其中 4 户 AAA 级,2 户 AA 级。

(吴萃萃　胡丽华)

【港航行业协会组团参保】　10 月 22 日,由省港航运输行业协会牵头组织,9 户油运、危化水运企业,4 户保险公司共同参加的组团参保会议在江西通达航运有限公司会议室召开。会议由省港航协会会长陈文峰主持,夏湖青秘书长针对组团参保有关事项进行说明。按照有分有合、公平公正、自主自愿、诚实守信的办法和原则,4 户保险公司分别就公司简况、险种费率、售后服务等方面进行全面介绍,9 户拟参保水运企业根据自身实际分别与其中 3 户保险公司达成合作意向,并签订投保确认函。

该项工作的开展,不仅有效节约水运企业的营运成本、使手续办理更加方便快捷,而且显著提高企业择优投保的空间、提升抗风险能力。同时保险公司通过争取江西水运业客户,进一步拓宽业务范围、创造更多利润,取得互利双赢。省港航运输行业协会将采取跟踪服务措施,积极保障该项工作顺利进行。

(幸循华　熊　芬　章印根)

【南昌市水路运输】　2016 年南昌市重点加强对龙头岗、姚湾两个核心港区的建设服务,经过各方努力,龙头岗综合码头项目工程已于 9 月 28 日建成完工,正式开港试运行。继续推进樵舍货运码头项目建设,姚湾作业区综合码头项目已取得航道、海事部门的批复,正在申报岸线使用,争取 2017 年开工建设。2016 年南昌市水运企业 26 户,运输船舶 178 艘,33.45 万载重吨,其中集装箱船 32 艘,6.87 万载重吨,3045 标箱;危险品船 16 艘,1.32 万载重吨;客船 3 艘,370 客位。港口企业 40 户,现有码头 42 座、泊位 81 个、机械 89 台。2016 年完成内河水路货运量 1058 万吨,较上年同期上涨 0.76%;完成内河货物周转量 399577 万吨千米,较上年同期上涨 0.78%;南昌港口吞吐量 2727.07 万吨,较上年同期下降 10.72%;集装箱吞吐量完成 114141 标准箱同比上涨 6.22%。

(南昌市交通运输局)

【云海轮船公司更名】　4 月 28 日,经江西九江市港航管理部门许可报备,九江庐山西海风景名胜区的永修县柘林湖云海轮船有限公司正式更名为九江庐山西海云海轮船有限公司。

九江庐山西海云海轮船有限公司是全省最大的一家水路客运企业,旗下现拥有各类营运客船 37 艘、1778 客位,经营范围为柘林湖至武宁县风景区各景点旅客运输,2016 年客运量 25 万人次,客运收入 1500 万元。该公司为策应九江庐山西海风景名胜区创建国家 AAAAA 景区,做大做强庐山西海旅游事业,向行业管理部门申请企业更名称许可报备,此举将有力提升公司竞争实力,带动水路客运行业加快结构化调整步伐。

(黄友坚)

【九江水路运输业】 2016 年,九江市现有水运企业 63 户,基本是股份公司。按经营范围划分:含省际普货运输企业 50 户,省际危货 2 户,沿海普货 3 户,沿海危货 2 户。客运企业 6 户,均为市内旅(游)客运输。按企业规模划分:运力 3000 总吨以下运输企业 39 户,运力在 3000 至 5000 总吨企业 12 户,运力 5000 总吨以上企业 6 户。2016 年,在航运业整体不景气及沿长江普货船舶运力饱和情况下,部分运输企业充分利用国家老旧船舶拆解补贴政策,主动适应运输市场变化,积极推进老旧船舶改造,调整运力结构,发展特色运输及旅游客运,其中瑞昌亚力船务有限公司增加普货船舶 3 艘 12407 载重吨,吉祥通公司增加 18000 载重吨,花源谷公司增加客船 9 艘 804 客位,所有运输企业经营形势趋稳向好。

(九江市港航管理局)

【九江庐山西海客运运力快速增长】 4 月 28 日,九江市港航部门做出批复,同意九江庐山西海云海轮船有限公司购建 40 艘客船(共 3044 客位),该项举措对庐山西海水路客运发展起到积极推进作用。

庐山西海辖区水路客运量每年保持 15% 的增长速度,节假日客运高峰达 1.2 万人次/日。为满足景区发展需要,九江庐山西海云海轮船有限公司拟投资 6000 万元,在湖南、南昌、九江 3 地的大型船厂新建一批生态环保游船艇,更新淘汰庐山西海高排放旅游船艇。此次更新的船型将采用最新式设计,融入西海山水元素,部分船艇具备餐饮、会议、娱乐等功能。整个更新项目完成后,将极大提升庐山西海游客接待能力和水平。

(黄友坚)

【全省最大一批客船建造项目备忘录签署】 5 月 5 日,江西省九江市庐山西海风景名胜区管委会及相关职能部门与湖南双鱼船艇科技有限公司、江西罗伊尔游艇工业有限公司、九江大千游艇制造有限公司签署《庐山西海船艇建造相关事宜备忘录》,就进一步做好庐山西海船艇建造项目达成一致意见。

九江市庐山西海风景名胜区现有营运客船主要集中在九江庐山西海云海轮船有限公司,据 2015 年水运企业年度核查显示,该公司客船数近 80% 为 2000 年至 2002 年建造,投入营运时间已有 15 年,船型老旧单一,属二类老旧河船,客船状况日益不能满足庐山西海风景名胜区创建国家 AAAAA 景区和游客的多样化需求。此次《备忘录》签署,双方约定分三个批次建造新型客船 40 艘(3044 客位)、双体帆船和双体游览船各 2 艘、趸船 1 艘。

(黄友坚)

【赣州市水路运输】 2016 年,全市水运企业 57 户,经营船舶 141 艘。其中沿海油船 1 艘,总吨位 2188 吨,载货吨位 3570 吨。省际运输船舶 32 艘,总吨位 14027 吨,载货吨位 22464。市区内普通货物运输 42 艘,载重吨位 3921 吨。市区内客运船舶 69 艘,2039 个客位。全年水路运输完成货运量 2736.3 万吨,货运周转量 80694 万吨千米;完成客运量 133.6 万人次,客运周转量 1421 万人千米。赣州市港航管理处荣获“全省港航工作目标管理先进单位”“全省港航安全生产工作先进单位”称号。

(赣州市港航处)

【吉安市促进水运诚信建设】 2016 年,吉安市新增 2 户水运诚信企业。即吉水县赣华航运有限责任公司通过 AAA 级诚信水运企业评审,峡江县航运公司通过 AA 级诚信水运企业评审。就此,加上该市原有的 AAA 级诚信企业赣荣航运有限责任公司,全市有 3 户水运诚信企业。

(吉安市交通运输局)

【抚州水路运输业】 抚州市水运企业 22 户,沿海 8 户,内河 14 户,拥有船舶 147 艘,212509 载重吨,57949.25 千瓦,年完成运量 195 万吨,周转量 152800 万吨千米。

(陈根玲)

水路运输线路

【概况】 2016年全省通航里程5560千米(不含长江江西段156千米),其中:Ⅱ级航道175千米,Ⅲ级航道284千米,Ⅳ级航道87千米,Ⅴ级航道159千米,Ⅵ级航道406千米,Ⅶ级航道1160千米,等外级航道3289千米。

以"平安航道"创建为契机,明确航道养护职责,强化日常养护质量,做到勤检查、勤保养,及时调标改槽,对失常、损毁标志及时恢复、补充,确保航标配布合理,标位准确,颜色鲜艳,灯光明亮,确保了赣江、鄱阳湖干线航道等重点水域安全畅通,通航保证率达95%。

针对大型船舶(最大船舶吨位达14000吨、船舶吃水8米)进入赣江南昌,桥梁净空高度不能满足船舶航行要求的情况,为保障桥梁和通航安全,要求各桥梁管理单位在赣江水域上的所有桥梁均须设置桥梁净高水尺警示标志,提示过往船舶注意桥梁实时净空高度安全通行,完成西环线铁路桥、向莆铁路大桥、赣江铁路桥、豫章大桥、昌邑大桥、龙王庙大桥等桥梁净高水尺警示标志设置工作,为桥梁和通航安全提供有力保障。

维护疏浚铁河滩、流水洞滩、联圩弯道,疏浚鄱阳湖龙口等滩群,共疏浚土方28万立方米。成功处置2起堵航事件。

加强安全度汛管理。做好防汛安全隐患排查整改工作,汛前进行一次不留死角、不留盲区的隐患排查治理工作,对检查出来的问题和隐患列出清单及时进行整改,夯实防汛安全基础。

(况志强)

【长江中游城市群水运合作第二次联席会议在赣召开】 12月1日,赣鄂湘三省港航部门、重点港口企业在南昌召开长江中游城市群水运合作第二次联席会议,省交通运输厅党委委员、副厅长梁必康出席会议并讲话,省港航局局长于钦民、党委书记严允等出席。

梁必康指出,合力共建长江黄金水道十年来,长江干支建设取得了瞩目成就,全省水运基础设施总量不断扩大,通航条件、港口设施不断改善,运输总量不断增长,安全发展格局基本形成,水运总体服务能力全面增强。未来五年,江西将全面落实长江经济带综合立体交通走廊建设规划,主攻"两江两港",建设赣江井冈山航电枢纽、新干航电枢纽、龙头山水电枢纽等工程。大力推进"两横一纵""一港双园""多式联运""安全保障""治理体系"等建设,全面完成长江经济带综合立体交通走廊规划建设任务。他希望长江中游三省水运部门紧密合作、抱团发展,在改革创新、发展战略、政策法规、工程建设、投融资创新、统一市场、环境保护等领域加强研究探索,在信息共享、协调配合、互相支持等领域取得新成效。

会上,三省港航部门共同签署水运合作备忘录,围绕加强水运基础设施建设、航道管理、港口经营管理、航运、水上交通安全监管、船舶检验等六个方面合作,充分发挥联席会议作用,共同推进长江中游水运发展。

水运基础设施建设方面,加强水运发展交流、合力畅通长江中游航道、加快跨省航道建设、共同推动长江中游锚地规划建设、加快规划沟通和岸线利用;航道管理方面,加强《航道法》的贯彻实施,通过开展联合调研、举办研讨会等形式,共同推进航道管理和执法的规范化建设;港口经营管理方面,加强港口管理工作交流、畅通江西烟花爆竹出口通道、推进区域间港口集疏运体系建设和多式联运发展,打造"中三角"城市水运物流体系;航运方面,建立省际水路运输企业和营运船舶相关信息通报机制、建立失信企业和船舶相互协查机制,营造良好水路运输环境;水上交通安全监管方面,加强对跨省渡口、渡船的安全监管,建立省际水上应急搜救联动机制,加强"十三五"水上交通安全监管和救助系统建设规划交流,推进内河港口船舶污染物接收处置工作;船舶船检方面,推动船舶审图互认、成立船检等方面的专家委员会、推动部海事局申请内河一类船长实操考试权限下放到省级层面,为广大船员提供便利。

(倪 磊)

【赣江石虎塘航电枢纽管理处渔业增殖站正式开始运营】 2月3日,为保护赣江石虎塘航电枢纽工程水域的水生生态资源及环境,恢复天然渔业资源,满足环保验收要求,赣江石虎塘航电枢纽管理处渔业增殖站正式启动孵化设备进行种鱼的培育和孵化。该处赴新干县大洲鱼种场购买野生亲本种鱼,并与新干县大洲鱼种场签订委托管理协议,为种鱼的培育和孵化提供技术保障。

(薄贵涛)

【丰城市龙头山航电枢纽通航维护现场驻点工作顺利完成】 2月17日,宜春分局丰城市龙头山航电枢纽现场通航小组完成驻点工作,人员、船艇等进驻完毕。

丰城市龙头山航电枢纽建设工期约为3年,自2015年12月动工以来,宜春分局积极配合地方政府为龙头山航电枢纽建设做好各项前期工作。特别是2016年1月签订通航维护协议后,该局组织精干力量组成通航维护小组,抽派各类船艇为枢纽建设保驾护航。截至2月,已抽调海事、航道执法人员12名,海巡艇、道政艇等各类船舶6艘,并在丰城市曲江镇龙头山水域现场驻点,维护现场通航秩序,为枢纽建设贡献力量。

丰城市龙头山航电枢纽是宜春分局赣江辖区首次拦河建筑物的通航维护项目,该项目地处赣江中游,通航压力大、通航环境复杂,为保障赣江航道的畅通、安全、高效、绿色,该局高度重视,周密安排,切实履行工作职责,成立工作机构、制定工作方案、协调各方关系,尽全力保障枢纽建设期间辖区通航形势的持续稳定。

(王　智　喻　龙)

【界牌处新2号水轮发电机组完成72小时试运行】 6月20日,界牌处新2号水轮发电机组完成了72小时试运行,机组运行稳定,性能优良,主机、电气设备及辅助设备等性能及运行参数稳定可靠,主要指标均满足设计要求成功并网发电,标志着该处设备技改2号机组更新改造取得成功。

2号水轮发电机组更新改造是界牌处2016年设备技改工作的重中之重。由于时间紧、任务重,该处严格按照施工计划安排狠抓安装进度,切实抓好厂家供货与施工安装的协调,严格进度、质量、安全、费用等各方面的管控。72小时连续试运行是对新机组的制造、安装与调试进行的全面考核,以确认新机组可以并网安全运行。

(董　彤　张和忠)

【石虎塘航电枢纽月发电量再创新高】 赣江石虎塘航电枢纽7月份单月发电量达6026万千瓦时,单月发电量首次突破6000万千瓦时,再创历史新高。枢纽累计年发电量达3.27亿千瓦时。

(邹旺旺)

港口码头

【概况】 2016年,全省拥有港口59个,港区71个,生产性码头泊位1741个,泊位总长度68616米。非生产用泊位74个,泊位总长3725米。千吨级以上泊位158个,最大靠泊能力5000吨级。港口生产性仓库面积1132376平方米,生产用仓库容积444601立方米、堆场面积1082639平方米。铁路专用线总长7239米,其中装卸线1170米。港口装卸机械2794台(套),其中起重机械1436台(套)、装卸搬运机械708台(套)、输送机械440台(套)、专用作业机械27台(套)、其他装卸机械183台,最大起重能力800吨。

全省港口完成货物吞吐量3.1亿吨,比上年同期下降5.2%;其中出口1.7亿吨,进口1.4亿吨,分别下降13.26%、增长6.8%;旅客吞吐量为323.3万人次,比上年同期下降6.2%,其中出港164.5万人次,进港158.8人次;集装箱吞吐量为38.8万标准箱、567.5万吨,同比分别增长7.2%和增长13.8%。

加快规划编制。完成《江西省内河水运"十三五"发展规划》编制;《九江港总体规划(修订稿)》通过省部联合审查待部批复;《南昌港总体规划》修编评估获交通运输部批复;启动《赣州港总体规划》《丰城港总体规划》编制工作。

推进港口管理。组织港口经营资质核查工作,规范港口经营管理。开展港口危化品安全管理百日专项整治行动,深入排查港口危化品装卸作业隐患,保障港口安全生产形势稳定。组织为期三年的危化品港口作业安全治理专项行动,强化隐患排查整改,构建安全管理长效机制。购买危货港口企业安全隐患排查服务,委托第三方专业安评机构对45户从事危货作业的港口企业和水上加油站开展安全生产隐患排查,形成13个方面417项整改意见,所有整改意见已印发至所在地港口行政管理部门落实。

加强岸线保护。严格规范岸线审批，完成江西晨鸣纸业货运码头工程等项目的岸线审批工作，华中木业有限公司木材专用码头工程等项目1708米深水岸线获交通运输部批复。完成九江港（沿江）可视化港口深水岸线资源普查工作。开展内河重点水域港口码头“未批先建”专项整治活动，对庐山西海司马旅游客运码头等3个未批先建项目进行处罚。

（纪彩云 胡丽华）

【九江港进入长江亿吨大港行列】 2015年九江港完成货物吞吐量10410.78万吨，进入亿吨大港行列，同比增长30%。其中，集装箱完成25.11万标箱，同比增长12%。

九江港是长江5个主枢纽港之一，是全省唯一通江达海的对外开放国家一类水路口岸，是一个水陆联运的国家级主枢纽港和长江中下游重要港口。九江港由瑞昌港区、城西港区、城区港区、湖口港区、彭泽港区“一港五区”组成，5个港区各具特色，功能明确。为此，该市在沿江大力发展建材、钢铁、石油、造纸等产业，吸引上港集团、中石油、香港理文等一批大企业落户沿江，促进沿江码头建设，港口专业化、集约化水平显著提高，港口综合服务能力得到不断拓展与提升。该市2016年就建成码头泊位6个，新增年吞吐能力377.5万吨，完成投资12亿元。在昌九一体化进程中，九江港和南昌港按照“功能互补、错位发展”的思路，抱团发展，开通南昌港至九江港的集装箱支线，加密九江港至上海洋山港集装箱船舶航线后，九江港上接武汉下接洋山，集装箱业务量大幅增长，九江港货物吞吐量大大增加，成为长江经济带区域枢纽港口之一。

作为全省唯一的沿长江港口城市，九江港拥有各类码头泊位282个，3000吨~5000吨级泊位39个、5000吨级及以上泊位41个。随着加快科学规划布局公共港口、长江流域通关一体化，九江港成为“上接武汉、下接洋山、带动全省、服务周边”的区域枢纽港。

（胡丽华 纪彩云）

【九江市鄱阳湖及内河港口企业简况】 2016年，九江市鄱阳湖及内河库区共有港口企业21户（普货企业14户，危货企业7户）。2016年新增企业9户，分别是鄱阳湖蛤蟆石水域赛得利（江西）化纤有限公司普通货物和危险货物装卸驳运仓储经营码头、鄱阳湖都昌水域九江中迪投资有限公司都昌鄱阳湖水上加油站、鄱阳湖湖口水域湖口县交通劳动服务中心旅客服务码头；另6户均为武宁县内河普货装卸及仓储码头。

鄱阳湖及内河库区共有码头36座，110个泊位，占用岸线5485米，最大靠泊能力3000吨。其中生产经营性码头28座（含客运码头6座、57泊位）、102泊位，累计占用岸线5240米，最大靠泊能力3000吨；非生产性码头8座，8个泊位，占用岸线245米。

按码头货种类别划分，主要货种仍为砂石，其次是煤炭和散装水泥，危险货物主要有柴油、液体烧碱和硫酸。

按经营码头规模地理位置划分，大型码头主要集中在鄱阳湖濂溪区水域，湖口、庐山市、都昌及永修等县区水域主要以临时性码头货运为主，柘林湖库区主要以旅游客运码头和利用自然坡岸进行砂石装卸为主。

2016年，九江市鄱阳湖及内河全年港口吞吐量7971万吨，较上年下降28.64%。主要原因是，影响鄱阳湖及内河港口吞吐量主要货种依然是河砂。根据水域生态建设及河湖资源保护的需要，九江市对鄱阳湖砂石资源实施计划调控，减少砂石采运量。

（九江市港航管理局）

【瑞昌港区吞吐量居九江港首位】 瑞昌港区2016年港口货物吞吐量完成4201.9万吨，同比增长37%，连续5年保持30%左右增长。占九江港全年吞吐量10420万吨的40%，位列九江港各港区之首，为九江港实现亿吨大港目标奠定基础，实现“十二五”的完美收官。

“十二五”以来，瑞昌港区紧抓国家建设长江经济带重大机遇，科学规划利用长江岸线资源，大力推进沿江开放开发。尤其近两年来，瑞昌市充分发挥沿江优势，加大招商引资力度，引进新洋丰、理文造纸、吉恩重工、华中木业等多家大型企业落户，加之港区已有的亚东水泥、江联造船等企业，逐步形成具有较强竞争力的水泥建材、船舶制造、环保造纸、新型化工、木材加工、能源材料等临港特色产业基地，壮大港口腹地经济规模和总量，推动港口货物吞吐量的大幅增长。

(吴瑞武　詹永宁)

【新昌电煤码头顺利投产】 1月6日,由中电投江西新昌发电分公司投资新建,江西星海监理咨询所中标的工程监理项目新昌电煤码头顺利投产。

新昌电煤配套码头工程码头建设2个2000吨级兼顾3000吨散货(煤)泊位,采用浮码头结构形式,年设计吞吐量为198万吨。该码头工程结构形式新颖,其中,长1050米管状皮带是全省第一条管状皮带输煤线。该码头投产可为新昌电厂减少20元/吨运费,如全部投产,可节约4000万元/年费用。

(胡建新)

【江西国际集装箱码头有限责任公司举办第二届技能比武竞赛】 1月18日,江西国际集装箱码头有限责任公司举办第二届技能比武竞赛。竞赛围绕码头日常生产作业活动中常用的设备操作,包括门机、叉车、正面吊、堆高机等在内的6个比赛项目。来自码头公司机关和操作一线的40余名岗位技术能手参加竞赛。

(宗　一)

【九江水运口岸物流产业集群入选省级重点推进物流示范产业集群】 3月3日,根据九江市政府统一部署,九江市港口局派员参加由市商管办牵头组成的答辩组参加由省商务厅组织召开的省级重点推进物流示范产业集群专家答辩会。经过对九江水运口岸物流产业集群申报、材料初审、专家答辩等环节,九江水运口岸物流产业集群和高安陶瓷物流产业集群并列第4名,入围省级重点推进物流示范产业集群。2016年3月1日省商务厅已将入围的“省级重点推进物流示范产业集群”名单在省商务厅网站进行公示。

(汪兰香)

【江西新立基沥青有限公司石化码头获国家港口岸线使用证】 7月12日,九江港城东港区江西新立基沥青有限公司石化码头获港口岸线使用证(交港河岸〔2016〕第4号)。这是江西省2016年第一批获得的交通运输部核发的长江港口岸线使用证。迄今,九江沿江共有7家企业获得交通运输部核发的港口岸线使用证。

江西新立基沥青有限公司码头工程是九江港第一家由原来的临时泊位改建成一个永久性的3000吨级化工泊位,设计年通过能力92万吨,码头采用浮码头结构形式,岸线长度124米,2015年12月15日使用岸线获交通部批复,项目总投资1.9亿元。

(汪兰香)

【湖口港区吞吐量再次突破3000万吨】 九江港湖口港区截至9月底,累计完成货物吞吐量3011.6万吨,相比上年提前三个月再次突破3000万吨。进出口总量较上年同期增加531.89万吨,同比增长21.4%。创下历史同期新高。

从进出港各类货物的种类结构来看,矿建材料居首位,完成总量1072万吨,同比增长16.6%,占总吞吐量的35.6%,主要运往安徽、江苏等周边省市。湖口县通过科学规划利用境内24千米的长江岸线资源,港区结构不断优化,港口综合服务能力得以提升,港口经济持续保持平稳增长。

(黄文涛)

【江西煤炭储备码头完成进口煤炭30万吨】 九江城东港区江西煤炭储备中心通用码头自8月份投产以来,完成进口煤炭30万吨。

是年,为推动煤炭储备中心通用码头早日投入运行,九江市港口直属分局各部门一是提早参与对码头从业人员岗前培训,资质管理工作。二是提早收集企业材料及现场核查相关配套设施设备,及时解决企业投入运营前各项手续的报审工作。三是主动对接提供力所能及的帮助和服务。

江西省煤炭储备中心进出口货物量的快速增长,为九江市城东港区经济发展带来强大的后劲。

(胡胜初)

【赣州市港口分布情况】 全市共设有11个港口,即赣州港(包括赣县、南康、于都、信丰港区)、会昌港、兴国港、上犹港、龙南港、石城港、宁都港、瑞金港、寻乌港、崇义港、定南港,港口码头399座,泊位509个,总延长15869米,最大靠泊能力300吨级。

(赣州市港航处)

2016 年赣州港码头泊位实有数量表

表 35

指标		计算单位	合计	国有经济	集体经济	私有经济	股份制经济	外商经济	其他经济
甲		乙	1	2	3	4	5	6	7
生产用码头	座数	座	399	4	1	392	2	0	0
	总延长	米	15869	380	50	15156	283	0	0
	泊位数	个	509	7	1	494	7	0	0
	最大靠泊能力	吨级	1000	300	300	100	300	0	0
按靠泊能力分	100 吨以下	个	426	6	0	419	1	0	0
	100—299 吨	个	75	0	0	75	0	0	0
	300—499 吨	个	8	1	1	0	6	0	0
	500—999 吨	个	0	0	0	0	0	0	0
	1000 吨以上	个	0	0	0	0	0	0	0
按生产用途用	客运码头泊位	个	9	6	0	3	0	0	0
	货运码头泊位	个	500	1	1	491	7	0	0
	#煤炭码头泊位	个	1	0	0	1	0	0	0
	#粮食码头泊位	个	0	0	0	0	0	0	0
	#石油码头泊位	个	0	0	0	0	0	0	0
	#杂货码头泊位	个	7	0	1	2	4	0	0
	#散货码头泊位	个	492	0	0	489	3	0	0
利用自然坡作业的地段长度		米	1870	0	0	1870	0	0	0
非生产用码头	座数	座	2	0	0	0	0	0	2
	总延长	米	150	0	0	0	0	0	150
	泊位数	个	3	0	0	0	0	0	3

（赣州市港航处）

【万年港码头建设工程顺利推进】 万年港综合货运码头建设工程一期工程已完工，港口功能已初步呈现，货物年吞吐量完成达 100 余万吨，实现经济效益、社会效益双丰收。二期工程也已经上饶市发改委立项，计划投资 7600 余万元，正在实施建设中。

（上饶市交通运输局）

水路运输船舶

【概况】 2016 年全省拥有运输船舶 3293 艘、净载重量 2232807 吨位、功率 722631 千瓦，其中海船 40 艘、净载重量 187418 吨位、功率 61224 千瓦。船舶平均载重吨位增至 1068 吨。船舶继续向大型化、专业化、标准化发展。

开展全省客船和危险品船运输企业专项检查，注销自有运力不合资质要求的 2 家船舶危货企业和3家省际客运企业经营资质,对未取得码头经营许可证的客运企业进行督查整改,违法经营行为得到有效整治。

加快推进运输结构调整。完成231艘(20.7万吨)运输船舶生活污水防污染改造,1艘单壳油船改造(488总吨),协调发放到位政府补贴资金685万元。全年全省拥有营运船舶2087艘、223万载重吨,船舶平均载重吨位增至1068吨。

做好全省水路运输企业信用系统和交通运输物流公共信息平台项目建设工作。开展全省水路诚信企业评价工作,全省共有6家企业荣获省级诚信水运企业荣誉称号,提升全省水运企业品牌形象和市场竞争力。

(纪彩云　胡丽华)

【九江市水路运输船舶】 截至2016年底,九江市共有客运船舶96艘,4727客位。共有货运船舶397艘、603033载重吨,较上年增长4.47万载重吨,单船平均1519载重吨,船舶标准化率达85%。其中,省际普货船舶354艘、431428载重吨,沿海油运船舶18艘、122586载重吨,沿海普货船舶8艘、22032载重吨,省际油运船舶17艘、26987载重吨。

(九江市港航管理局)

【鹰潭市开展河道采砂运输船舶集中整治行动】 针对采砂运输船舶违法作业和超载运输现象,鹰潭市交通运输局、市地方海事局组成联合执法组,对非法运砂船舶开展规范运输专项整治行动,进一步加强砂石运输管理。集中整治工作分为动员部署、集中整治、规范提高三个阶段,要求有关部门和人员做到统一思想、提高认识,明确责任,严格规范执法,密切协作配合,突出重点,确保实效。集中整治工作将采取强有力的措施,保持露头就打、违法必究的高压态势,坚持依法行政、严格执法,确保信江采砂运输船舶违法作业和超载运输行为得到有效遏制,确保砂石水上交通运输市场经营规范有序,确保集中整治工作取得实效。

(周永同)

【吉安新增两艘3000吨水泥罐装船】 8月7日,峡江县航运有限公司到吉安市港航处为赣吉安货6266号、6233号两艘散装水泥灌装船办理营运证,标志着该市新增两艘3000吨级散装水泥罐装船。赣吉安货6266号、6233号两船的造价和船型都一样:船舶总长83.6米、船宽14.76米、满载吃水4米、满载排水量4349.8吨,气密性货仓2个,A级、B级航区载重吨分别为3200吨、3457吨,两船总投资1200余万元。近年来,该市港航管理部门认真研究"新常态",沉着应对内河航运市场景气低迷的形势,积极宣传"营改增"和落实船型标准化建设、老旧船舶拆解补偿、减免港口规费等国家促进内河航运发展,补齐交通"短板"的一系列供给侧结构性改革政策。寓管理于服务中,大力支持该公司危中寻机、逆势发展,抓住去过剩产能时期造船成本降低的机会,继续致力发展环保、低碳、清洁的专业船舶。此次两艘船的投入营运,使得该公司总运力达1.6万载重吨,运力增长幅度逾60%。该公司同时具备该市水运行业的两个第一:即有一支全市仅有的专业运输水泥的灌装船船队以及有一艘全市最大(5925载重吨)的内河省际普通货物泊船。

(吉安市交通运输局)

【上饶市水运运力结构不断优化】 截至2016年年底,上饶市共有在册营运船舶190余艘、计17万载重吨,单船平均载重量达870多吨,辖区船舶运力结构进一步向标准化、大型化迈进。全市共有3户景区旅游客运企业,不断拓展新的水路客运市场,积极培育景区旅游客运,促进水路客运转型升级。

(上饶市交通运输局)

水路旅客运输

【概况】 2016年,全省完成水路客运量261.3万人、3410万人千米,比上年同比分别下降4.4%,1.6%。做好春运工作。春运期间全省水路旅客运输共投入各类客船7596艘次、314653客位,累计完成水路旅客运输量187263人次。"十一"黄金周共投入各类客船1785艘次、7806客位,累计完成客运量146800人次。加快旅游客运发展转型。柘林湖库区新增标准化节能型游船21艘1764客位,推动传统水上客运向高品质旅游客运转型。

（纪彩云　胡丽华）

【交通运输部党组成员刘小明检查新余市春运水上交通工作】 1月20日，以交通运输部党组成员、运输服务司司长刘小明为组长的春运工作检查组来到新余市仙女湖区，督查指导新余市春运水上交通安全准备工作。省交通运输厅党委委员、副厅长谢德强，新余市副市长林患，省港航局局长于钦民及相关单位负责人陪同。

检查组一行来到仙女湖景区旅游客运码头，对投入春运运输的客运船舶、码头安全设施等进行检查，并详细询问仙女湖游船公司春运工作开展情况。刘小明对海事部门和当地政府相关部门协调配合、齐抓共管的安全管理模式表示肯定，对仙女湖游船公司管理工作流程清晰、岗位责任落实到位、责任意识强、服务规范表示赞许。他要求：在春运工作中，一是要加强对春运组织工作的引导和安全监督，抓紧、抓细、抓实、抓好春运水上交通工作，确保工作落实到位、到岗；二是要以"情满旅途"活动为载体，努力提高服务水平，让旅客走得好、走得满意；三是要加强应急运输组织保障，确保春运期间可能出现的雨雪、冰冻、雾霾等恶劣天气和旅客滞留等突发情况能够及时处置；四是要建立综合治理的春运安全保障机制，要严把安全关，加强查漏补缺，确保春运水上交通安全有序。

（赵　乾　傅耀能）

【江西水路圆满完成2016年春运任务】 春运伊始，全省港航系统认真贯彻落实省委、省政府、交通运输部及省交通运输厅对春运工作的要求，按照"安全第一、保障有力、方便快捷、服务至上"的总体目标，以"情满旅途""务工人员平安返乡"等活动为载体，精心部署，周密组织，在全省各级港航、海事管理部门的共同努力下，全省水上旅客运输没有发生安全事故，无旅客滞留和旅客投诉的问题，确保广大旅客不仅"走得了"，而且"走得好、走得满意"，圆满完成全省2016年水路春运工作任务。

2016年春运期间全省水路旅客运输共投入各类客船7596艘/次，同比下降16.9%；共投入314653客位，同比增长10.6%；累计完成水路旅客运输量187263人/次，同比下降9.9%。

（熊　芬　倪　磊）

【春运期间仙女湖景区运送旅客18334人次】 春运期间，仙女湖景区客运量形势喜人。景区共投入船舶25艘，客位数1603个，运送旅客18334人次，客运周转量达到366680人千米。由于措施得力，景区水路运输秩序良好，未发生旅客积压、滞留现象和安全责任事故。

（廖　艳）

【赣州市2016年度水路春运拉上帷幕】 2016年3月3日春运结束，赣州辖区春运期间水路安全运输旅客88794人次。

春运期间，赣州港航管理部门高度重视水路春运各项工作，从保运力、除隐患、强应急方面着手，为2016年水路春运安全、有序、便捷运行提供了有力保障。一是科学调研评估，充分保障运力。春运开始前，赣州港航管理部门对赣州市2016年水路春运客流量进行了调查评估，为充分保障春运期间水路客运需求，全市共投入水路客运船舶82艘，2241个客位。二是加强安全检查，消除安全隐患。认真做好节前安全检查和隐患排查治理工作，要求各县级港航管理部门对参加客运的企业和船舶机件完好率情况进行了全面检查，严禁不符合经营资质的企业和安全运行的船舶参加营运。强化春运期间日常安全管理工作，赣州市港航处多次组织人员通过走访、暗访等形式，深入水路客运一线，对水路客运经营企业资质保持、春运旅客运输服务情况等进行全面检查，切实督促其落实安全生产主体责任，确保水路客运安全运行。三是严格落实值班制度，有效应对突发情况。赣州市港航处制定了由处主要领导总负责，分管领导带班，各科室负责人值班的值班值守制度。春运期间，所有值班及应急人员24小时保持通讯畅通，确保一旦出现安全或突发事件能迅速有效进行处置。

（赣州市港航处）

【吉安市水路春运圆满落幕】 截至3月3日，该市投入客运船舶232艘次、11881客位，运送旅客1.5426万人次、同比增长8%，无一安全事故。

（吉安市交通运输局）

水路货物运输

【概况】 全省完成水路货运量1.1亿吨、货物周转量235亿吨千米,分别比上年下降0.92%、增长0.6%。其中:内河货物运量10498.1万吨、货物周转量1839798万吨千米,分别比上年增长(0.94%)、增长0.78%;沿海货物运量390.7万吨、货物周转量512986万吨千米,分别比上年下降18.1%、增长0.58%,水运经济呈现趋稳态势。

(纪彩云 胡丽华)

【2016年九江市水路货物周转量增长比数获全省第一】 2015年九江市港航经济遭受经济增数减缓和长江流域洪涝灾害的不利影响,水路货物周转量增长面临巨大压力。为此,在2016年"十三五"规划目标任务开局之年,九江市港航管理局通过引导水运企业积极拓宽市场和加大招商引资力度等手段寻找水路货物周转量增长点,促进九江港航经济保持稳定速度发展。截至11月底,九江市水路运输货物周转量完成48.73万吨千米,同比上年增长5.08%,增幅比例居全省第一。

(江 敏)

交通附属工业

道路运输附属工业

【概况】 截至2016年底,江西省机动车维修业共有10655户,其中,一类机动车维修395户,二类机动车维修1555户,三类机动车维修7546户,摩托车维修1159户;全省机动车维修从业人员65297人,其中技术负责人6604人,质量检验员5456人;全省完成主要工作量3727872(台次),比上年增长了1.36%,其中,整车维修84188辆次,总成修理258670台次,二级维护1203030辆次,专项修理2140755辆次,维修救援52539辆次。全省机动车综合性能检测机构共有81个,其中南昌市4个,景德镇3个,萍乡市5,九江市13个,新余市2个,鹰潭市3个,赣州市16个,吉安市10个,宜春市7个,抚州市7个,上饶市11个。全省完成检测量合计434560辆次,其中,维修竣工检测166644辆次,等级评定检测219096辆次,维修质量监督检测10457辆次,其他检测18363辆次。这些维修和检测不仅保证了全省机动车正常行驶,而且是道路运输安全的有力保障。江西省顺利完成了2015年度机动车维修质量信誉考核工作,共有91户维修企业被评为"质量信誉AAA级企业"。引导汽车维修连锁企业的规范化和品牌化发展,积极开展《江西省汽车快修业开业条件》地方标准修订工作,形成了《江西省汽车维修企业连锁服务规范》地方标准报送稿,待省厅组织评审。

(蔡宣灿)

【上饶市新能源汽车产业初具规模】 2016年,上饶市新能源汽车产业是该市战略性新兴产业,也是"十三五"期间全力打造的主导产业。上饶市高位推动,扎实推进,新能源汽车产业基础渐趋完善,初步形成"一大一小、一新一特"发展格局。"一大"即博能上饶客车,主要生产大中型客车、校车及专用车,产品涵盖6—12米的普、中、高档次四大系列近30个品种,新能源客车年产能4000辆。已启动投资30亿的新能源客车升级扩产项目建设，预计至2018年可形成2万台新能源客车和专用车产能，项目建成后可实现年主营业务收入100亿元以上；“一小”，即江西汉腾汽车，一期仅用2年时间建成10万平方米的汽车模具冲压、焊装、涂装、总装四大工艺车间，主要工序智能化率达80%。2015年12月，该样车正式下线，已形成年产传统乘用车10万辆、新能源汽车5万辆的生产能力。二期投资100亿元，重点以研发、生产新能源汽车为主，逐步建成年产新能源汽车20万辆的生产能力及配套的研发、电机、电控、电池系统，项目达产达标后，可实现年主营业务收入超300亿元。“一新”，即江西中汽瑞华新能源汽车，于2016年2月引进，总投资31亿元，建成后将年产5000辆新能源客车、1.5万辆新能源特种车，并配套新建电机、电控、电啤、电容、充电桩五大核心零部件制造系统。上海瑞华公司是全球第一家将超级电容应用技术使用在公交客车上的公司，其双电技术在全球都处于领先水平，项目建成后年主营业务收入可实现200亿元；“一特”，即正在对接的由金东威集团和一汽集团联合投资22亿元的新能源特种车项目。

2016年，上饶市依托博能上饶客车、汉腾汽车、中汽瑞华等整车企业发展，推进一大批汽车关键零部件项目落户上饶。全市拥有规模以上汽车零部件企业20家，主要生产汽车轮毂、汽车门窗、汽车轴承、汽车凸轮轴、车窗升降器、数字油量计、汽车制动器、智能传感器、汽车电子产品等产品，为国内主流汽车厂家配套。已有在建的汽车零部件项目23个、待建项目18个，总投资超过300亿元。这些项目主要围绕新能源汽车各种车型的配套，重点配套引进建设一批发动机整机、“三电”系统、检测中心项目，以确保上饶市新能源汽车的“心脏”更加动力强劲、产业链条日益完备、产业竞争力不断提升，核心配套项目集聚，产业集群初具规模，到2020年基本形成千亿产业集群。

（上饶市交通运输局）

【省运管局积极贯彻落实《道路运输车辆技术管理规定》】 一是争取省厅出台江西省贯彻实施《道路车辆技术管理规定》（以下简称规定）的意见，省局进一步从积极推进车辆维护制度改革、严格落实车辆技术等级和检测评定新规定、规范挂车车辆技术管理等方面明确要求。二是通过江西运政网、行政服务大厅、省道协和省维修协会、新闻媒体等多种方式宣传交通运输部1号令的最新精神。三是由省维修行业协会组织举办全省宣贯培训班，确保相关人员熟悉规定的内容和要求。四是选择九江、上饶、萍乡和新余等地市，针对交通运输部1号令出台后管理部门和企业存在的问题和疑惑，进行实地调研，在调研的基础上，出台《江西省公路运输管理局关于规范道路运输车辆技术管理规定贯彻实施工作的通知》（赣运车技字〔2016〕4号），文件主要从严格落实企业主体责任、积极推进车辆维护制度改革、严格落实检测评定新政策、加强运输企业车辆技术管理的监督检查和加大规定的宣传解释工作等五个方面进一步贯彻1号令的实施，解决了车辆维护制度改革后江西省出现的二级维护周期如何确定、运输企业如何自行维护、二级维护企业设备如何升级改造、竣工出厂合格证如何发放等规定不明晰的问题，有效地消除了经营者“取消二级维护”的错误认识，理清了管理部门与经营者之间的车辆技术管理边界，明确企业的主体责任和管理部门的监管职责。

（蔡宣灿）

【省运管局认真做好车辆年审等级评定相关政策的衔接】 一是在2016年车辆年审文件和年审工作规范中，明确要求严把满60个月的客车和危货运输车等级评定周期关；并根据车辆等级评定和年度审验是否同步的情况，对车辆技术等级评定的签注进行了明确要求，并制定了全省统一的“车辆技术等级评定专用章”，有效地规范1号令的落实。二是为了贯彻落实省政府关于异地年审的便民政策，明确道路运输经营者到年审地具有资质的机动车综合性能检测机构进行车辆综合性能检测后，由年审地运管机构根据有关规定进行审验。三是根据年审等级评定和车辆维修检测新政策，积极开展江西省运政系统的调整升级工作，以便更好地配合政策落实。

（蔡宣灿）

【省运管局积极构建汽车维修市场整治良性机制】 省运管局以质量信誉考核为抓手，构建汽车维修市场整治和开业条件新国标达标的联动机制，共查处违法违规企业1141户，其中无证经营499户、超范围经营138户、不符合新国标22户、使用假冒伪劣配件6户、撤销许可476户,全省机动车维修市场秩序明显好转,维修服务质量得到提高。下发了《关于开展运政系统维修企业数据清理工作的通知》,积极做好江西运政系统维修企业数据清理,共清理问题信息3122家,其中无效企业2293户、补录企业676户、更新企业153户。通过清理,进一步完善了全省机动车维修企业信息,使机动车维修企业信息更全面、更准确、更有效。

(蔡宣灿)

【全省汽车维修故障诊断竞赛在南昌举办】 10月12日,江西省"振兴杯"交通运输行业汽车修理工(轿车类)职业技能竞赛决赛在南昌举行,本次竞赛由省交通运输厅主办,省公路运输管理局、江西交通职业技术学院承办,江西省汽车维修行业协会协办。来自全省的22名优秀汽车修理工登台竞技,角逐荣誉。该项竞赛纳入了中国技能大赛暨江西省"振兴杯"职业技能竞赛体系,竞赛前3名选手被授予了"江西省技术能手",这在我省道路运输领域尚属首次,有效地推进汽车维修行业高技能人才队伍建设。竞赛试题均依据国家职业资格二级技师标准命制,理论考试占总成绩30%,技能考核占总成绩70%。理论考试内容包括汽车理论和职业道德两部分。技能考核采用现场操作比赛,内容为汽车综合故障诊断与排除,比赛用车为一汽大众迈腾和上汽通用雪佛兰科鲁兹两种车型。经过三天的激烈角逐,南昌市代表队、赣州市代表队和上饶市代表队分别获得团体一、二、三等奖。江西华宏名众汽车有限公司陈明华、赣州众通汽车服务有限公司许爱峰和上饶市天恒大众汽车有限公司顾极等三位选手分获个人前三名,获得"江西省技术能手"荣誉。

(省运管局:蔡宣灿)

2016年全省机动车维修业及汽车综合性能检测站表

表36

指标名称	计量单位	代码	数量
甲	乙	丙	1
一、机动车维修业	—	—	—
业户合计	户	01	10655
其中:汽车维修	户	02	9496
内:一类汽车维修	户	03	395
内:危险货物运输车辆维修	户	04	57
二类汽车维修	户	05	1555
三类汽车维修	户	06	7546
摩托车维修	户	07	1159
完成主要工作量合计	辆(台)次	08	3739182
其中:整车修理	辆次	09	84188
总成修理	台次	10	258670
二级维护	辆次	11	1203030
专项修理	辆次	12	2140755
维修救援	辆次	13	52539
二、汽车综合性能检测站	—	—	—
检测站合计	个	14	81
完成检测量合计	辆次	15	430561
其中:维修竣工检测	辆次	16	166644
等级评定检测	辆次	17	219096
维修质量监督检测	辆次	18	10457
其他检测	辆次	19	18363
内:排放检测	辆次	20	15377
质量仲裁检测	辆次	21	624

(陈　刚)

【瓷都公交举行汽车修理工技术比武活动】 10月10日上午，景德镇公交有限公司修理分公司工会举办的以“大练兵、大比武、大提高”为主题的公司汽车修理工技术比武活动。

这次活动是按照省公司关于企业文化建设的要求举行的，也是新公司成立以来举行的第一次比武活动，意义重大，目的在于提高公司汽车修理工的岗位技能和业务技能，打造一支技术过硬的员工队伍，在公司上下营造“尊重科学、尊重人才、尊重技能”的良好氛围。

此次比武活动共有16名机修人员参加，同台竞技车辆底盘二级维护作业。通过近三个小时紧张而热烈的比试，最终决出名次，王新华班组获得优胜班组，吴昌才技拔头筹获得第一名，刘良恩、徐林冲分获二、三名，张开斌等3人获得鼓励奖。

（巢喜生）

【2016年交通印刷厂】 江西交通印刷厂是江西省公路运输管理局下属专业生产印刷产品的国有企业。管理严格、技术力量雄厚，设备先进。不仅拥有先进的印前工艺，集设计、制作、出片、激光照排为一体的计算机网络，外加超线防伪设计软件，是江西省较强的防伪系统，还有具备年产千万产值能力的印刷生产线，包括：四条日均百万份的票证生产线，四条具备短平快功能文件资料、零件生产线，两条效率高的书刊杂志、彩色图片生产线，三条集平压、烫金、压痕传统工艺为一体的生产线等，另增添了彩色数码印刷图文系统。在印后工艺方面，该厂具备了传统的精装、线装等装订设备及自动化程度较高的胶订机、过塑包装机、多功能冲印机、装订机及数控机刀等。在产品质量检测方面，企业建有完善的产品质量监督体系（ISO 9001:2008质量管理体系认证）。是南昌市印刷行业的知名企业，全省票据印刷领域享受有信誉的专业企业，是印刷行业连续16年市级文明单位，第一、二、三、四、五期省级政府采购公务印刷定点单位，第一、第三期市级政府采购公务印刷定点单位，南昌市印刷行业社会满意企业，一级纳税信誉单位，省工商行政管理局AAA守合同重信用单位，市商业银行AAA级信用企业等。

该印刷厂现有专（兼）职员工50余人，厂长、副书记、副厂长各一人。工厂占地面积1100多平方米，位于南昌市昌东西路中汇科技园，2006年11月，在省局领导的支持与帮助下，顺利地在省厅院内设立电脑快印部。

2016年，江西交通印刷厂从企业的发展战略角度出发，加大基础工作建设。全年积极为江西省交通运输业做好文印服务，较好完成了江西省交通运输厅及其下属单位的票证、文件、内部学习资料等印刷任务。全年完成业务总量576万元，其中包括票证类业务总量为70万元。零件类业务总量为506万元。

为不断提升企业竞争力，江西交通印刷厂狠抓制度建设，改革领导体制，建立和实行科学规范的企业治理。大力推行内部人事、劳动、分配三项制度改革，极大地调动了广大员工的积极性、主动性和创造性，促进了企业经营机制转变和整体素质提高。同时，转变经营思路，不断拓宽客户渠道。进一步加强以财政票据为主，固定刊物及发展长期稳定的业务客户为重点的基础上狠抓零件业务，并着重在产品的快捷、优质、特色、精细上下功夫。

（省运管局）

水路运输附属工业

【江海船厂建造水泥趸船首次安装使用橡胶护舷】 由鄱阳县江海船舶修造厂（简称江海船厂）中标承建的九江、南昌2艘40米×13米水泥趸船项目于2015年9月中旬开工建造，2016年1月中旬实现三层上层建筑封顶施工，并在2月16日完成橡胶护舷的安装施工。

江海船厂在日常的出厂船舶跟踪服务过程中，水泥趸船使用单位经常反映，原先安装的链条轮胎靠在船舶系泊时因碰撞挤压时，随有缓冲的功能，但因轮胎靠压缩变形大，存在硬碰硬而造成趸船薄壁结构受损的隐患和轮胎靠容易老化、撕裂受损、需要经常更换的问题。在2艘趸船项目开工后，江海船厂在充分调研论证的基础上，综合船舶使用单位、设计部门的意见，对在建的2艘40米水泥趸船首次使用安装D300型橡胶护舷。是全省第1次将橡胶护舷应用于水泥趸船。

橡胶护舷（rubber fender）又称橡胶护木，作为水泥趸船的防护装置，能吸收船舶靠泊、系泊时因碰撞挤压产生的能量,具有很高的吸能和反弹力,同时具备成本低、使用寿命长、安装维护简单等优点,所以安装使用橡胶护舷能保护水泥趸船薄壁结构和靠系泊船舶自身免受碰撞损坏,也给用船单位节省较多维护的成本和使用时带来方便,从而可达到安全、经济的目的。

(付知拾)

【江海船厂两艘40米水泥趸船实现自然起浮下水】 4月27日,鄱阳县江海船舶修造厂(简称江海船厂)中标承建的江西海事系统两艘40米水泥趸船实现自然起浮下水。两艘40米水泥趸船(船长40米、型宽13米、自重700吨趸船)于上年9月份开工。

3月,该厂对水泥趸船船台四周的施工残留物、垃圾进行全面清理转运。在此次气象部门发布强降雨预警后,立即组织人员对两艘水泥趸船利用岸边地牛、钢丝绳进行临时系固,指派专人密切观测内河水位,全体干部职工24小时集中待命,联系鄱阳湖搜救分中心大功率起锚艇做好援助作业的准备工作,协调鄱阳航道处、海事处对相关动力船舶进行适航状态检测、故障排除、拖带设备检查,于4月21日实现安全自然起浮。在鄱阳湖搜救分中心大功率起锚艇和鄱阳航道处、鄱阳海事处派出动力船舶、海巡指挥艇、经验丰富人员的共同协助努力下,两艘自重近700吨的40米水泥趸船从昌江江畔的施工船台顺利下水,并拖带至方案设定水域进行安全抛锚系泊。

(付知拾)

节能环保

道路运输节能减排

【全省新能源公交车推广应用工作落到实处】 为进一步加快新能源汽车推广应用,促进公交行业节能减排和结构调整,实现公交行业健康、稳定发展,江西省通过"驱动、促动、推动、带动"将新能源公交车推广应用工作落到实处。一是政策驱动。省财政厅、省工业和信息化委员会、省交通运输厅联合出台《江西省完善城市公交车成品油价格补助政策加快新能源汽车推广应用实施细则》,并且省运管局配合省交通运输厅起草了《江西省新能源公交车推广应用考核实施细则》,即将出台。二是目标促动。为完成中央下达中部省份的任务,江西省明确了各设区市、省直管试点县(市)2015—2019年新增及更换的公交车中新能源公交车比重应分别达到25%、35%、45%、55%和65%的任务目标,否则将扣减一部分补贴资金。三是考核推动。两年一度的七厅委联合组织的落实优先发展城市公共交通情况的考核,以及省交通运输厅、省运管局的年度目标考核中,都将新能源公交车推广应用作为重要考核内容。四是示范带动。发挥南昌市国家"公交都市"示范城市的以点带面作用,在全省范围内选择赣州、上饶两市启动"公交城市"试点建设,重点围绕提升装备水平、提高服务质量及配套政策保障措施等方面提高城市公共交通的发展水平。省财政每年设立2000万元专项资金用于支持"公交城市"创建工作,每批试点城市创建周期为3年。

2016年,江西省新增新能源公交车871辆,其中纯电动公交车207辆,插电式混合动力公交车664辆,新增新能源公交车占全省新增公交车总数的比例为65%,超比例完成中央下达江西省的推广任务。

(黄　云)

【省运管局积极推动营运黄标车淘汰工作】 为确保完成黄标车及老旧机动车淘汰任务,省运管局认真落实省领导的有关指示要求，结合实际用实功、出实招，加快推进全省营运黄标车和老旧车辆淘汰工作见实效。一是高位推动，明确职责。各级运管机构主要领导亲自调度，明确牵头部门和配合部门，将责任落实到具体人员，并积极配合有关部门，专题研究部署，制定各个辖区的工作方案。二是把好关口，严防死守。严把车辆准入和年审关，凡未取得环保检验合格标志的车辆，一律不得参加机动车综合性能检测。对未取得绿色环保检验合格标志和安全技术检验合格标志的，各级运管机构不予办理道路运输证申领和年度审验手续。三是摸清底细，凝聚合力。深入运输企业开展排查，建立健全在用营运黄标车辆明细台账，摸清营运黄标车辆底数。综合运用道路运输班线资质审批及复核、道路运输证年度审验、道路运输车辆技术等级评定及复核等手段，督促经营业户按规定及时报废、更新车辆；各级运管机构及时与公安交警部门做好信息共享，建立两部门营运黄标车和老旧车辆注销的相互抄送制度。四是认真统计，及时上报。省运管局将该项工作纳入年度目标考核内容，要求各级运管机构明确专人负责相关信息的统计工作并定时上报。2016 年，全省共淘汰 2.85 万辆营运黄标车和老旧车辆。

（蔡宣灿）

【省运管局积极推动道路运输行业节能减排】 省运管局牵头制定了《2016 年全省道路运输行业节能减排工作要点》，明确了工作重点，并将推广应用新能源和清洁能源作为重点工作进行推进。同时，制定了《2016 年度江西省道路运输行业节能减排统计表（半年报/年报）》，把节能减排目标和任务逐级分解，强化节能减排工作的执行力，并将此项工作纳入 2016 年度省运管局对设区市运管部门的目标考核内容。

（蔡宣灿）

【萍乡市交通运输局加强环境保护增加绿色新能源车】 为推进公交车和出租车使用节能与新能源车辆的比重，淘汰污染严重超标的公交车和出租车工作取得一定成效。城市公交车现有天然气 100 辆，气电混合动力 32 辆，油电混合动力 50 辆，纯电动 60 辆，投放到 19 条线路上，占城市公交车总数的 70.97%。出租车有 568 辆为原装“油气混合”清洁能源车辆，另外油改气有 95 辆，双燃料车占总的出租车 88.4%。淘汰高能耗、污染重的老旧车辆，鼓励提前报废，督促运输企业对能效、排放等综合性能差的车辆进行更新，加快高油耗客、货车退出道路运输市场进度。2016 年淘汰老旧车辆 1232 辆客货运车辆，其中黄标车 870 辆。

（萍乡市交通运输局）

【萍乡运管机构全面落实节能减排工作】 各级运管机构高度重视道路运输车辆燃料消耗量核查工作，继续严格按照省、市政府和交通运输部门要求，全面实施营运车辆燃料消耗量准入制度，切实推进了行业节能减排工作，禁止高耗能客、货车辆进入道路运输市场。2016 年共核查了 1092 辆运输车辆，其中 59 辆客车和 1033 辆货车。

（萍乡市交通运输局）

【莲花县交通运输局大力发展绿色交通运输】 2016 年，该局认真贯彻落实《国务院批转节能减排统计监测及考核实施方案和办法的通知》（国发〔2016〕36 号）、《江西省人民政府办公厅关于印发江西省 2015 年节能减排低碳发展行动工作方案的通知》（赣府厅〔2015〕7 号）的规定，坚持“创新、协调、绿色、开放、共享”的发展理念，加快推进综合交通运输体系建设，大力发展绿色交通运输，强化高效环保、环境友好的交通运输技术推广，加大新能源汽车推广应用力度，并取得了较好成效。一是进一步严格执行营运车辆燃料消耗量限值标准，完善营运车辆准入、退出机制；二是督促企业积极淘汰老旧且油耗高的运输车辆，引导经营者选用节能型车辆，鼓励运输企业使用柴油汽车及重型车、专用车和厢式车，逐步提高其在运营车辆中的比重；三是强化车辆技术管理工作，认真执行车辆二级维护制度，保证车辆具备良好状况，减少车辆能源消耗；四是认真推广节能新产品。大力推进在公交、客运等运用纯电动汽车、油电混合汽车。同时在出租车方面使用油气混合汽车；五是认真抓好节能驾驶培训和普及工作。通过以上举措共计综合节能效益近 0.4249 万吨标准煤。

（萍乡市交通运输局）

【安福县积极推进节能技术标准客车】 2016 年，安福县汽运总公司按照上级要求积极推行新能源、新技术标准客运车辆,所有174客车均达到国家要求的节能技术标准,其中中高级客车为85辆,占客车总数的48.8%。县公共汽车有限责任公司新增8台新能源纯电动公交车,每台价格达46万元,总投资368万元。

(吉安市交通运输局)

【泰和县开通新能源客运车辆】 12月初,10辆新能源公交车正式投入运营,穿行在泰和县城中心街区主干道,为这个城市又增加了一道亮丽的风景线。

自国家出台新能源政策以来,泰和县客运企业和城市公交企业积极响应,在2016年下半年向政府提交了有关开通新能源车的报告,并筹备新能源车购置资金1200多万元,在11月购置了64辆新能源汽车,用于县城周边乡镇的农村客运班线车辆调整和中心城区公交线路运力补充。同时投资400多万元在县汽车站停车场建设新能源车充电桩20个,可一次性给40辆车进行充电使用。

该县城区公交线路10辆新能源公交车已正式开通,其他班线车辆也正在申办相关经营手续,这批新能源车的投入使用将极大地改善该县客运出行环境,有效减缓春运客运压力。

(吉安市交通运输局)

【南城县城市公交车开启“零排放”新纪元】 2016年11月18日,随着新购置的70辆新能源纯电动公交车一次性投入使用,加上7月12日首批购进的20辆新能源纯电动公交车,使该县运营的新能纯电动公交车达到90辆,原有的32辆柴油动力公交车全部淘汰,标志着该县在优先发展公共交通、推动绿色环保低碳出行上又迈出了坚实的一步。该县已开通了8条城市公交线路、投入运营的公交车达128辆,县城的“二河三岸”、三大工业园区、所有学校和城市主干道、汽(火)车站等实现了全覆盖,市民乘坐公交出行更加便捷。

(王素红)

【玉山首批纯电动公交车投入使用】 国庆期间,玉山首批纯电动公交车正式投入使用。此次投入使用的电动公交车共10辆,每部车仅需充电50分钟左右,便可持续行驶120多千米。

(上饶市交通运输局)

水路运输节能减排

【吉安市推动港口节能减排】 该市针对港口砂石装卸多采用的固定吊机有抓斗自重载荷及抓斗卸载后吊臂回摆放空的缺陷,与带式输送机装卸相比,能耗大、效率低。而带式输送机与固定吊机相比能耗减少超1/3,装卸效率提高大约四倍的情况,深入砂场码头宣传节能减排环保政策,组织砂石码头经营业户去参观学习先进装卸机械、技术,并动员引进采用。淘汰老旧固定吊机18台,新增带式输送机16套。

(吉安市交通运输局)

【吉安市港航管理处落实推出治污新举措】 一方面,落实治污措施。吉安市港航处按照吉安市交通运输局部署,根据省、市“河长制”工作相关要求,推出港口防污染防治结合工作措施。严把港口经营资质准入关,明确新建码头要把码头配套垃圾污水处理及转运装置作为经营许可前置条件。同时,督促没有配套垃圾污水处理或转运装置的老港口码头限期整改,按照《船舶与港口污染防治专项行动实施方案》要求整改到位,未能完成的码头取消其港口经营行政许可资格,确保港口码头不出现污染问题。另一方面,装备治污设备。10月,牵头组织市内13户水运企业负责人与江西省港航运输行业协会代表,召开商讨推进船舶生活污水处理器安装事宜洽谈会。与会13户水运企业一致签字委托省港航运输行业协会全权代理船舶生活污水处理器安装竞价采购相关事宜,并推举2户水运企业的负责人作为吉安水运企业的代表参与省港航运输协会的招投标过程。确定对93艘船舶安装船舶生活污水处理系统。

(吉安市交通运输局)

科技　教育　卫生

科　技

【概述】 2016年,江西交通运输科技工作围绕推进“四个交通”(综合交通、智慧交通、绿色交通、平安交通)发展,完善科技工作管理,强化创新能力建设,以科技项目为抓手,加强行业技术攻关和成果转化应用,推进标准化和信息化建设,强化信息安全监管,提升节能减排水平,为交通运输行业发展升级提供有力支撑。

1. 加强科技管理,推进创新能力建设。做好科技管理顶层设计。编制完成《江西省公路水路交通运输“十三五’科技发展规划》,明确全省交通运输科技工作发展思路、主要任务和重大举措。全年确定交通运输科技项目计划57项,确定一般性科技计划项目44个,厅科技计划补助经费427万元。

加强科技基础条件建设。继续推进公路长大桥梁建设技术及装备全国交通运输行业研发中心建设;依托江西公路开发总公司组建公路桥梁智能养护工程技术研究中心,成为该厅第9个行业科技平台。

强化创新能力建设,开展管理创新工作。设立企业科技专项计划,抓好创新管理工作,加大对交通运输企业的经费投入,健全以企业为主体的科技创新体系,全年共安排企业研发专项6项,行业院校教改专项7项。

强化省科技计划项目组织申报工作,加强重点工程科技技术攻关。按照“随时申报、随时受理、及时立项评审”要求,支撑交通重点工程建设,安排科技计划项目13个,其中,3个通过科技项目招投标工作确定承担单位和合作单位。省部级科技计划项目申报工作进一步得到加强,完成组织申报省部级科技项目16个,并依托宁定高速公路成功申报交通运输部智慧运营与服务提升信息化科技示范工程,获得部补助经费48万元。与省高速公路投资集团公司联合申报的科技项目“装配式桥涵工业化建造关键技术研究与应用”已通过省级“5511”重大工程专项的网评、会评和现场考察。

2. 做好科技成果鉴定和新技术推广应用。全年安排厅一般科技项目计划共44项,通过鉴定验收并登记的各类科技成果42项,其中,“公路路基路面健康检测与评价技术研究”“大跨度斜拉桥施工及成桥阶段减振抑振综合技术研究”等5项科研成果达到国际先进水平。发布新技术推广应用目录1期6项新技术。

3. 加大标准化建设力度,提升行业技术水平。省公路管理局起草的《江西省沥青路面水泥就地冷再生施工技术规范》《江西省沥青里面泡沫沥青冷再生施工技术规范》和省交通设计院起草的《雨夜道路交通反光表现质量要求和检测方法》成功列入2016年度省地方标准编制计划;开展推荐性地方标准集中复审工作。废止1项地方标准,修订1项地方标准。开展《公路隧道LED照明设计规范》《公路隧道LED照明灯技术条件》《公路隧道LED照明施工验收规范》《高速公路施工质量控制要点规程》4个地方标准的宣贯工作,积极配合交通运输部2016年交通运输产品质量行业监督抽查,先后对南昌南外环高速桥梁支座、资溪、铜万、东昌3个工程项目的波形护栏板、立柱、标线涂料、硅芯管进行抽检,标准化建设进一步加大,行业技术水平大幅提升。

4. 狠抓节能减排,优化产业结构,促进行业绿色发展。以全国节能宣传周为契机,围绕“节能领跑,绿色发展”,深入开展以“绿色发展,低碳出行”为主题的宣传活动。继续开展“车、船、路、港”低碳交通运输专项行动,加快运营车辆结构调整,加大淘汰高耗能汽车力度。大力推广节能驾驶,以新能源和清洁燃料车辆为主,严格市场车辆准入,禁止高耗能车船进入运输市场。截至9月底,全省共淘汰16865辆营运黄标车和老旧车辆。继续深入贯彻落实交通运输部《关于加快推进新能源汽车在交通运输行业推广应用的实施意见》,推广应用新能源和清洁能源汽车在城市公共交通中的应用,截至6月底,全省共有3139辆新能源和清洁能源汽车,其中,1874辆为新能源公交车。继续做好船舶生活污水改造补贴资金统计核报工作。对全省217艘符合条件的船舶相关材料进行逐一审核。对长江水系内河单壳化学品船、600载重吨以上单壳油船进行初步摸底,全省有污水改造船1079艘,单壳化学品和单壳油船12艘,已完成生活污水防污染改造420艘,单壳化学品和油船拆解8艘。已完成“十二五”期间节能减排项目验收工作。南昌市建设绿色低碳交通城市区域性项目、江西昌樟高速公路改扩建工程绿色公路主题性项目顺利通过交通运输部组验收,其中,昌樟高速公路改扩建工程绿色公路主题性项目被交通运输部授予“优秀绿色公司”称号。同时,圆满完成“江西省公路水路交通运输节能环保‘十三五’规划(送审稿)”的编制工作。

5. 推进信息化建设,做好信息资源共享工作。加强信息化建设总体部署,开展全省交通运输行业重要信息资源共享和整合应用需求调研,发布《江西省交通运输厅2016年信息化工作要点》,制定《江西省交通运输行业“互联网+”专项行动计划》。举办一期网络与信息安全培训班和二期网站在线访谈节目。全面部署行业网络与信息业务系统安全自检自查,下发省公路管理局业务管理系统信息漏洞整改等督办函3份。严把信息化工程建设验收关,提高网站运行质量。组织开展“路政专网网络平台”和“路政综合管理系统二期”等信息化项目的竣工验收。推进软件正版化工作,成立厅软件正版化工作领导小组,全年共安排经费10万元用于推进机关软件正版化进程,进一步提高了网络与信息安全防范能力,确保3年内机关软件正版化率达到100%。

6. 强化科技合作与交流,拓展科技交流空间。协助华东交大与交通干部学院双方做好人员交流、科研共享等项工作。组织开展各类技术交流活动,参加交通运输部科技大讲堂4期,举办厅科技大讲堂1期。省公路学会立足行业发展需求,举办江西公路沥青混凝土路面施工及养护技术学术交流活动,并举办“十三五”中国交通运输发展思路和重点学术报告会,围绕“十三五”交通运输发展的基本思路及目标、任务,更好地推动交通运输实现高质量、高效率、公平、可持续的发展等问题进行解读。

7. 科技创新登上新台阶，成果丰硕。2016年，省交通运输厅取得科技成果42项，其中，5项研究成果达到国际先进水平，7个科研项目获得省部级以上奖励；参与和完成的科技项目“滨海地区粉细砂路基修筑与长期性能保障技术”科技成果获国家科技进步奖二等奖；“大跨度斜拉桥施工及成桥阶段减振抑振综合技术研究”“桥隧地质建模系统的应用”等3个科技项目科技成果获省科学技术进步奖；“普通干线路网运行监测与应急处置平台应用关键技术研究”科技项目成果获中国公路学会科技进步奖二等奖；“桩身自反力平衡荷载测试系统研究开发与利用”和“基于振动压实条件的路面基层材料关键技术研究与应用”2个科技项目成果获中国公路学会科技进步奖三等奖。

（潘　婧）

【江西3项科技成果目获2016年度中国公路学会科技进步奖】 2016年，由省公路学会推荐的全省交通运输系统3个项目获中国公路学会科技进步奖，分别是：

二等奖（1项）科技项目名称：“普通干线路网运行监测与应急处置平台应用关键技术研究”。主要完成单位：省公路管理局与局信息数据中心、交通运输部规划研究院、江西路通科技有限公司、中科软科技股份有限公司、北京恒达时讯科技股份有限公司。主要完成人：冯义卿、杨建国、龙华春、胡强、傅瑾、阮琦、林茂森、赖作财、章稷修、廖宁华

三等奖（2项），科技项目是：①基于振动压实条件的路面基层材料关键技术研究与应用。主要完成单位：省高速公路投资集团有限责任公司、江西交通咨询公司、抚吉高速公路项目办、省交通科研院、长安大学。主要完成人：樊文胜、舒小清、徐建平、朱耀庭、赵华；②桩身自反力平衡荷载测试系统研究开发与利用。主要完成单位：省交通科研院、南昌永棋科技发展有限公司、省高速公路投资集团、江西交通咨询公司。主要完成人：荣耀、万凌志、易教良、胡玉婷、李嫡燕。

（省公路学会）

【省交通设计研究院有限责任公司驱动科技创新结硕果】 2016年，省交通设计研究院有限责任公司驱动科技创新工作，共组织公路、桥梁、隧道等新技术交流和培训22次，参加人员390人次。科技奖项喜获丰收，其中：九江长江公路大桥项目获中国土木工程协会全国土木工程最高奖——詹天佑奖，成为该院第2个詹天佑奖；抚州至吉安高速公路地质勘察项目获中国勘察设计协会优秀工程勘察设计二等奖；桥隧地质三维成图系统获中国勘察设计协会优秀计算机软件二等奖；“桥隧地质建模系统的应用”科技成果已通过江西省科技进步二等奖初评；全年共有4个课题成功申报并列入2016年度省交通科技计划；全年新取得发明专利2项，实用新型专利3项。

（省交通设计研究院有限责任公司）

【九江长江公路大桥同时获“鲁班奖”和“詹天佑奖”】 九江长江公路大桥，又称九江长江公路二桥，是江西、湖北两省共同投资建设的一座跨长江公路桥梁。该桥起于江西九江七里湖南，止于湖北小池北，由南岸引道工程、跨江大桥工程和北岸引道工程三部分组成，全长25.43千米，其中：跨江大桥（含主桥、副孔及引桥）总长5.58千米，主桥长1405米；南岸接线长11.549千米；北岸接线长8.301千米。跨江大桥及南岸接线由江西省投资建设，北岸接线由湖北省投资建设。该桥主桥桥面宽38.9米，副孔、引桥桥面宽33.5米，主通航孔通航净宽不小于600米，净高不小于24米，项目按汽车公路一级标准双向六车道高速公路标准建设，设计行车速度100千米/小时，设计洪水频率为300年一遇，大、中、小桥及路基设计洪水频率为100年一遇，跨江部分桥体为双塔混合梁斜拉桥，主跨818米，居世界已建和在建同类桥梁第六位。工程于2009年10月15日开工建设，2013年10月28日建成通车，2017年3月18日竣工验收，工程总投资44.78亿元，其中江西建设投资37.6亿元。

该项目技术含量极高，具有临堤大型基础施工、深水基础施工、高塔施工、主梁架设控制难度大、超宽砼箱梁施工、钢桥面铺设等六大困难。工程建设者们依靠科技创新，攻克江西建桥史上前所未有的一系列困难和关键性技术难题。例如1761吨双壁整体式钢吊箱设计和施工关键技术，成功解决了在地质、水文、航道极其复杂条件下超重吊箱下水、长距离运输与吊装下沉等关键技术，

节约了成本、缩短了施工工期,以科技创新为抓手,实现国内最大规模的超大整体钢吊箱工厂化制作、气囊法整体下水,长距离浮运及高精度安装的施工工艺,并首次在国内特大型桥梁承台钢吊箱施工中采用三船抬吊同步吊装施工工艺。采用公路长大桥梁结构安全网络监控系统进行桥梁监测系统实施和监控平台建设为桥梁建设和管理提供技术保障和支持等一系列科技创新技术,最终把该桥建成为一座具有世界领先水平的跨长江高速公路大桥和江西省交通建设的标志性工程,成为全省交通运输事业建设的质量标杆。

2013 年,该项目获交通运输部公路水运建设“平安工程奖”,2014 年获江西省科技进步奖,并获 2014—2015 年度中国建设工程“鲁班奖”。2017 年 4 月,获中国土木工程“詹天佑奖”,是江西交通建设工程唯一一项同时获得“鲁班奖”和“詹天佑奖”两项国家优质工程奖的建设工程。

(厅史志办)

【全国乳化沥青学术交流会在南昌召开】 12 月 9—11 日,2016 年全国乳化沥青学术交流会在南昌举行。全国 23 个省市包括交通主管部门、大专院校、科研院所、企业等近 300 名代表参加会议。

会上,由 21 位专家学者进行专题演讲,内容涵盖乳化剂开发、乳化沥青试验、乳化沥青生产及应用等多方面,尤其是 SBS 改性乳化沥青、乳化沥青冷再生设计方法及在重载高速上的应用、厂拌热再生乳化沥青的应用特点、海绵城市———台湾案例研究等具有前沿性的技术演讲,为全国乳化沥青技术以及养护技术的发展起着重要的推动和促进作用。

大会选举产生中国乳化沥青协会第一届理事单位。中国乳化沥青协会发起企业已有 110 家,本届大会选举产生的中国乳化沥青协会第一届理事单位共 33 家,省高速集团物资公司下属百顺公司为全省唯一入选单位。

(省高速集团)

【“桩身自反力平衡荷载测试系统开发与应用”科技项目通过鉴定】 3 月 15 日,省交通运输厅组织有关专家对省交通科研院、南昌永祺科技展有限公司共同完成的“桩身自反力平衡荷载测试系统开发与应用”科技项目进行鉴定。中科院院士、同济大学教授孙钧,省交通设计院教授级高工魏建华等与会专家听取了项目组的工作报告和技术汇报,审阅相关资料,经过质询和讨论,认为该项目已达到国内同类技术领先水平,一致同意通过鉴定。

2016 年,该项科技成果获得国家知识产权局发明专利授权 6 项。

(省交通科研院)

【省交通科研院被认定为省级技术转移示范机构】 2016 年,省交通科研院由省科技厅认定为本年度省级技术转移示范机构。这是该院确定以市场化、专业化、集成化为发展方向,倡导科技研发与成果转化并重,不断创新技术转移模式与特色,大力促进科技成果转移转化所取得的新进展、新成效。

一直以来,该院紧紧围绕交通运输行业“建、管、养”领域的共性与特性问题展开技术攻关。自 2009 年起,专注特大型桥梁健康监测预警系统研发出成套科技成果,及时转移转化,成为国内最早实现远程监测大桥运营的支撑单位之一,经济社会效益显著。近年来,该院积极贯彻落实国家鼓励科技人员创新创业相关政策,出台《关于引进高端人才及支持员工成才的若干规定》,引进、培养中青年科技创新领军人才,以引领行业发展前沿为目标选树优势科技创新团队,在绿色公路养护、智能交通运营、设施安全管控等方面取得优异成果并使之产业化,为江西交通运输跨越发展提供有力的科技支撑。

(省交通科研院)

【省交通科研院一项科技合作成果通过鉴定】 2016 年,省交通运输厅组织有关专家对省交通科研院、省公路桥梁工程局与重庆交通大学共同完成的“混凝土下作应力与声波测试技术研究及应用”科技项目进行技术鉴定。与会专家听取研究单位的工作报告和技术汇报,审阅有关资料,经过质询和讨论后认为该项科技成果整体达到国际先进水平,一致同意通过鉴定。

(省交通科研院)

【银河大桥结构健康监测项目通过验收】 12 月 8 日,由省交通科研院智能交通与信息化中心负责的银河大桥结构健康监测项目通过验收。

银河大桥结构健康监测项目是一个复杂的系统工程。作为一座公路跨高铁路线立交桥，银河大桥全天承受列车穿行带来的强烈振动。省交通科研院对桥梁进行全方位、高精度和多物理量的实时监测，确保桥梁结构状态的实时监控和预警。在该项目自方案设计开始近一年时间，项目实施的规范性及系统的实用性都得到业主的认可和好评，并获得省交通运输厅验收和通过。

（省交通科研院）

【新干航电枢纽项目研究大纲通过评审】 12月22日，省交通科研院与新干航电枢纽项目办、中水珠江勘测设计研究院、河海大学联合承担的“江西赣江新干航电枢纽工程库区浸没评价与控制关键技术研究”科技项目研究工作大纲评审会召开。

会议邀请中国工程院院士郑颖人、广西大学教授梅国雄、广东省水利水电科学研究院教授级高工吴国荣、深圳市水务规划设计院教授级高工杨世平等6位专家与会。专家组认真听取新干航电枢纽研究技术路线、拟解决关键问题、主要创新点等主要内容。郑颖人指出：在库区浸没治理方面要预先进行方案构思，带着问题寻找解决问题的方法，建议提高工程勘测与浸没预测的精度，选取具备代表性意义的断面进行深入探讨。

专家组认为该研究大纲结构清晰、内容翔实、方法路线可行，具备开展项目研究的能力与条件，一致同意江西赣江新干航电枢纽科技项目研究工作大纲通过评审。

（省交通科研院）

【科研项目“基于振动压实的路面基层材料强度理论及设计方法研究与工程示范”获奖】 2016年，省交通科研院完成的科技项目“基于振动压实的路面基层材料强度理论及设计方法研究与工程示范”主要研究：①振动压实机理分析。以振动压实机理分析为基础，建立振动压实数学模型，研究表面振动仪动态响应，为合理选择表面振动仪的工作参数提供依据。②振动压实标准和成型方法研究。通过工作参数对压实效果的影响分析，优化振动工作参数，确定振动压实标准及试验方法。③振动压实集料级配研究。以级配设计理论和方法为基础，采用试验研究和理论计算相结合的方法，研究基于振动压实的多级嵌挤骨架密实级配。④水泥稳定碎石路用性能研究。以室内试验为手段，通过与静力成型法、规范级配对比分析，系统研究振动成型的多级嵌挤骨架密实级配水泥稳定碎石的无侧限抗压强度、劈裂强度、回弹模量、稳定性（水稳定性和冻稳定性）、冲刷性等路用性能，重点研究收缩性能（干燥收缩和温度收缩）和疲劳性能。⑤水泥稳定碎石强度控制标准研究。以水泥稳定碎石抗拉强度结构系数为基础，通过力学强度指标分析和水泥稳定碎石基层层底拉应力水平分析，研究水泥稳定碎石强度控制指标和标准。⑥级配碎石力学特性研究。通过室内试验，系统研究级配碎石的CBR值、无侧限抗压强度、回弹模量和变形特性等，进而研究级配碎石的静态模量和动态模量以及两者的关系，推荐设计模量值。⑦级配碎石颗粒流模拟试验研究。借助先进的现代分析测试手段，开展级配碎石力学特性的颗粒流模拟试验方法的研究，揭示室内试验所无法观测到的材料内部物质的细观力学机制和非线性的力学性状，进而对级配优化结果进行验证。⑧级配碎石材料强度标准与设计方法研究。以循环荷载作用下的级配碎石永久变形试验为基础，研究级配碎石永久变形累积破坏方程，进而研究级配碎石抗剪强度结构系数，由此建立级配碎石材料强度标准。同时以前文研究成果为基础，研究级配碎石材料设计方法。⑨施工技术研究及试验工程应用效果分析。以抚吉高速公路为工程依托，结合试验工程分别研究水泥稳定碎石和级配碎石施工技术，并通过试验工程检验应用效果。

2016年，该项科技成果通过省交通运输厅技术鉴定。同年获省科技进步奖三等奖。

（省交通科研院）

【科研项目“基于车—路耦合的沥青路面力学性能研究”通过鉴定】 2016年，省交通科研院完成的科技项目“基于车—路耦合的沥青路面力学性能研究”，采用理论研究与数值模拟相结合的方法，对车—路系统相互作用下沥青路面受到的动荷载及沥青路面动力响应进行系统研究，主要是：

1. 基于车辆动力学理论，建立包含非线性库仑阻尼力的1/4车辆动力学模型及半车模型,在“随机路面”及“波形路面”激励下,通过时域内数值积分方法,得到非线性系统中路面动荷载数值解,并应用非线性振动理论,得到非线性1/4车辆振动系统动力响应一次近似解析解,并用来验证路面动荷载数值解的正确性。

2. 以“货车非线性悬架参数、货车载重量、波形路面频率、波形路面不平度幅值、随机路面平整度水平及货车运行速度”作为车—路系统参数,研究这些参数对路面动荷载系数DLC、动荷载概率分布、动荷载系数DLC频率响应特性、路面动荷载PSD峰值、路面动荷载幅值的影响。

3. 以有限元软件ABAQUS为基本工具,建立“动态性”和“移动性”荷载下路基路面三维有艰元模型,试算确定模型最优几何尺寸及边界条件,将单轴波形动载、双轴波形动载、单轴随机动载及双轴随机动载与车辆静荷载进行叠加后的动荷载作为路面结构的激励,合理选取路面结构动力响应评价指标,研究车—路系统参数对路面结构动力响应的影响,深入系统地掌握半刚性基层沥青路面的动力响应规律。

2016年,该项科研成果通过省交通运输厅技术鉴定。

(省交通科研院)

【科研项目“干法改性沥青在江西抚吉高速公路路面的应用研究与示范”通过鉴定】 2016年,省交通科研院完成的科技项目“干法改性沥青在江西抚吉高速公路路面的应用研究与示范”内容是基于优良的改性沥青产品要求改性剂以细小的颗粒、稳定、均匀地分散在基质沥青体系当中,体系不发生凝聚分层或者离析的现象,针对传统改性沥青材料存在与沥青配伍性、易老化性、存储稳定性差、二次加热、价格高等问题,采用沥青改性新方法——干法改性工艺,将共聚物加入到沥青中,以显著改善沥青路面路用性能,提高沥青路面耐久性。同时,利用共聚物对沥青混合料进行改性,在提高沥青混合料性能的同时,充分回收利用废弃资源,减少环境污染和能源消耗。

该课题在借鉴以往改性沥青路面路用性能经验的基础上,系统研究共聚物干法改性沥青混合料路用性能,提出适合提高江西高速公路沥青路面路用性能的共聚物干法改性沥青混合料施工技术和方法。采取理论分析、试验结果对比以及试验路应用相结合的方式,研究基于共聚物干法改性沥青路面的应用和工程示范,并以沥青混合料的高温稳定性、水稳定性、疲劳性能和低温抗裂性为主要研究对象,利用室内平行试验对共聚物在不同掺量下路用性能进行对比,分析不同条件下共聚物改性沥青混合料的物理力学性质,研究在共聚物干法改性条件下沥青路面路用性能的改善效果。通过共聚物干法改性沥青路面应用方法研究,确定适合江西高速公路共聚物干法改性沥青路面的材料配合比组成和物理力学性能。已通过在抚吉高速公路路面铺筑共聚物干法改性沥青混合料试验路段路面的应用研究与示范,总结共聚物干法改性沥青混合料(AC－20和SMA－13)施工工艺,并整理得出共聚物干法改性沥青施工技术规范。

2016年,该项科技成果通过省交通运输厅技术鉴定。

(省交通科研院)

【省交通科研院有限公司通过ISO9001质量管理体系认证】 2016年,北京东方纵横认证中心有限公司审核组对省交通科研院有限公司ISO9001质量管理体系进行论证。审核组依据《GB/T190012008质量管理体系要求》到江西省交通科研院进行现场评审。审核组经过实地考察和综合分析后认为,江西省交通科研院有限公司质量管理体系符合GB/T19001—2008标准和相关认证要求,运行正常有效,没有出现不合格现象,审核组一致通过认证。

(省交通科研院)

【科研项目“预制T型梁桥结构损伤识别方法研究”通过鉴定】 2016年,省交通科研院承担和完成的科技项目“预制T型梁桥结构损伤识别方法研究”是基于全国对中小型混凝土梁桥状态或结构损伤的检测与评定主要采用静力试验等传统手段,而动力检测、诊断等新方法尚处于起步阶段之实况,以公路混凝土30mT型简支梁桥为对象,系统分析跨中不同程度损伤对桥梁结构车载动力性能的影响机理和规律。

该院根据运营期桥梁结构监测响应数据的非平稳特性,采用时域识别方法进行结构模态参数的识别和统计分析，得到可靠的结构特征参数，验证振动信号消噪技术。基于 HHT 及小波变换的模态参数识别方法和程度的正确性和可靠性，采用数值模拟对频率、曲率模态等多类结构模态参数的损伤识别方法进行分析，但考虑到实测数据噪声等方面的影响其识别效果有限，对桥梁单处小损伤识别采用频率进行总体控制；考虑桥面不平整度、车桥耦合振动以及单车和车队作用下的结构数值模拟，对梁跨中单元损伤状态进行动力响应计算和分析，分析 D0（完好）、D1（20%）、D2（50%）及 D3（90%）四种不同损伤等级对 T 梁各关键截面的动力响应，结果表明：不管是在单车还是车队条件下，随着损伤程度加大，跨中截面挠度、内力及应用也随之增大，总体结果表现不是太显著，但车队作用条件下比单车作用条件下的结果表现明显。

2016 年，该项科研成果通过省交通运输厅技术鉴定。

（省交通科研院）

【“省交通运输环境监测信息平台环境监控云平台 V1.0”获著作权登记证书】　2016 年，省交通环境监控云平台——环境监控云平台 V1.0，是国家交通运输环境监测网络信息管理的重要组成部分和基础环节。该平台根据部级统计制定的标准规范进行建设，建立健全交通运输环境统计监测报送管理技术体系；配合交通运输部搭建部省两级联动环境数据中心框架体系；建成交通运输环境数据统计分析系统；建立交通运输环境数据交换、共享与服务体系。该平台由交通运输环境监测数据中心管理系统、交通运输环境监测数据应用系统、数据发布系统、地理信息系统、数据管理子系统 5 个模块组成。通过网上填报和数据交换方式可将省级监测数据和交环表数据统计上报到部级数据中心。

2016 年，省交通运输环境监测信息平台环境监控云平台 V1.0 获国家版权局计算机软件著作权登记证书。

（省交通科研院）

【省交通科研院“第三方检测实验室管理系统 V1.0”获著作权登记证书】　2016 年，省交通科研院建成以实验室为核心、符合国际规范的交通环境实验室信息管理系统，把现代管理思想与网络技术、数据存储技术、快速数据处理技术、自动化仪器分析技术有机结合起来，建立以实验室为中心的分布式管理体系，实现从样品采集、结果录入、多级审核、报告生成的全流程管理。同时与省交通运输环境监测平台互通互联，提供数据支撑，实现人员、设备、样品、质量、通讯的全面信息化管理。

第三方检测实验室管理系统 V1.0 主要由项目管理、样品管理、监测报告管理、仪器设备管理、仪器设备报表、物品管理、物品报表、危废品管理、质量管理及系统管理等模块组成。

2016 年，该项科研成果获得国家版权局计算机软件著作权登记证书。

（省交通科研院）

【省地下工程探（检）测技术设备工程研究中心获批组建】　2016 年，省交通科研院科技项目“江西省地下工程探（检）测技术设备工程研究中心”通过审批。

该中心以省交通运输科学研究院有限公司为依托，围绕提高交通运输行业地下工程探测、检测设备精度等事项，针对城市地下空间发展、地下工程结构安全迫切需求，开展高精度传感设备、高精度探测及综合探测设备、地下结构加固修复设备选型优化集成研究，促进地下工程探测、检测、监测等工程技术及装备水平提高，推动地下空间开发与利用技术进步及产业升级，以现有科技平台及成果为基础，打造全省一流水平的地下工程研究中心，为全省地下工程建设提供强有力的技术支撑。

（省交通科研院）

【省交通科研院院士工作站揭牌】　11 月 9 日，省交通科研院院士工作站揭牌。该站是院士站建设单位与院士之间长期合作交流的平台和载体，坚持“需求为基础，项目为核心，科研院为主体，实效为根本”的建设理念，重点发挥院士专家团队优势作用，帮助科研院解决项目疑难杂症，开展技术攻关。同时，通过专题讲座，促进互动交流，共同开发新产品及技术新规程，指导利用大型先进的仪器设备，有针对地开展课题研究，培养高水平的研发人员。

（省交通科研院）

【省交通运输科学研究有限公司工程咨询甲级资质通过审批】 9月,省交通运输科学研究有限公司2011年获得的工程咨询乙级资质,资质证书于2016年8月有效期满。按照国家发改委《工程咨询单位资格认定办法》(国家发改委第29号令)的要求,须按规定重新申请审批相应资格。省交通运输科学研究有限公司按照文件精神,高度重视,精心部署,相关人员严格按照申报要求,整理完善申报材料,全力组织开展资质的升级申报工作。9月20日,历经初审后,经国家发改委终审,通过资质升级,取得国家发改委颁发的工程咨询甲级资质证书。

(省交通科研院)

【省公路科研院应用新技术加固旧桥梁】 12月,省公路科研院对建于1969年的上饶市广丰区慈骑线(X676)五都大桥加固工程采用一种新的加固技术,即用复合结构加固圬工拱桥的关键技术成果运用实体桥梁加固,取得显著成效。

该项新技术是省公路科研院联合重庆交通大学共同承担的省交通运输厅"用复合结构加固圬工拱桥的关键技术"科研课题,采用在圬工拱圈两侧设置L(槽)形钢筋混凝土拱肋,与原圬工砌体形成复合拱圈共同受力的加固技术。新技术方式较常规加固方式更为优越,可尽量减少对原结构的损伤及原结构内力状态的技术。加固措施便于实施,可保证施工质量,造价低、工期短,经济效益好,可广泛应用江西旧危桥改造。五都大桥用复合结构加固圬工拱桥的关键技术加固后,解决了该桥主拱圈砌缝砂浆大面积脱落、严重影响到结构安全的难题,取得显著的社会效益和经济效益。

(何凌坚 黄 菲)

【科研项目"基于光纤光栅传感器的沥青路面检测技术"通过鉴定】 2016年,省交通科研院承担和完成的科技项目"基于光纤光栅传感器的沥青路面检测技术",是在分析光纤光栅传感器测量机理和相对于其他测量技术优缺点的基础,选择合适的光纤光栅传感器进行室内试验模拟,确定光纤光栅传感器用于沥青路面检测的可行性;在工程现场铺设光纤光栅传感器,总结出有效的铺设方法,解决光纤光栅存活率低的难题;通过现场埋设光纤光栅传感器监测施工过程压实、完工后不同轴载和车速作用下沥青路面结构内部力学指标的变化规律;最后总结建立道路监测系统的总体架构,为道路施工、运营和养护决策等提供技术支持。

2016年,该项科研成果通过省交通运输厅技术鉴定。

(省交通科研院)

【省公路机电工程技术研究中心仪器实验室投入使用】 8月,以江西方兴科技有限公司为依托单位的江西省公路机电工程技术研究中心仪器实验室正式投入使用。

2014年12月,该实验室由省科学技术厅批准组建,建成后主要用于高速公路机电系统领域智能交通技术研究、交通信息化技术研究、交通安全与应急处置技术研究。已参与完成交通机电系统工程省(部)级科研项目1个、省厅科研项目5个,并研发出多项具有自主知识产权的新产品,一些科研项目还填补了江西乃至全国高速公路机电行业的空白。同时,相关科研产品正逐步进行成果产业转化并成功运用于江西、安徽、四川、湖南、浙江、山东等省高速公路,获得市场的广泛认可和好评。

(省高速集团)

【昌樟高速改扩建工程被交通运输部列为"绿色公路"示范项目】 6月,昌樟高速公路改扩建工程被交通运输部评定为优等工程,列为"绿色公路"示范项目。

昌樟高速公路经过改造扩容升级,主线由双向4车道拓展为双向8车道,药湖特大桥由双向4车道拓展为双向10车道,交通服务通行等级位居全省首位。2014年5月,昌樟高速改扩建项目成功获得交通运输部绿色循环低碳公路主题性示范项目,成为江西省第一条"绿色循环低碳主题性示范公路"。

(省高速集团)

【"高速公路运行管理与应急处置关键技术研究及应用"通过交通运输部验收】 6月,江西赣粤高速公路股份有限公司、交通运输部规划研究院和江西方兴科技公司等单位共同完成的交通运输部信息化技术研究项目“高速公路运行管理与应急处置关键技术研究及应用”。通过交通运输部组织的专家委员会验收，专家委员会认为，该项研究成果达到国际先进水平。

（省高速集团）

【高安市交通运输局开展科普宣传周活动】 9月21日，高安市交通运输局在文化广场积极参与“创新放飞梦想科技引领未来”为主题的全市科普宣传活动。该局通过展板展示，发放科普资料、交通法律法规等宣传材料及现场解说等多种形式，向群众宣传交通科普知识，展示交通运输部门依靠科技进步，在交通重点工程建设中大力推广应用新技术新材料、新工艺，以及交通运输行业在道路、水路运输、交通工程建设等方面坚持以人为本，着力倡导低碳环保出行、积极实施工程建设环境治理，加快综合交通、绿色交通、智慧交通、平安交通建设所取得的新成就，并利用活动平台，大力倡导创新创业，普及宣传发展理念，倡导科学生活方式，并从交通运输与百姓生活密切相关的热点问题入手，普及交通科技知识，受到人民群众赞许。

（周世祥）

【袁州区交通运输局利用新科技发展绿色交通】 2016年，袁州区交通运输局充分利用新科技，发展绿色节能环保新交通。一是不断更新办公设施，配齐电脑等现代办公设备，组织干部职工学习掌握基本电脑知识，逐步推进无纸化办公，提高办公效率。二是在公路项目建设中，严格交通公路工程技术标准，采用现代工程车、压路机、混凝土搅拌机等工程机械设备，提高交通工程质量水平，降低工程损耗。三是加快车辆换代升级。2016年新增CNG/LNG新能源车辆43辆，淘汰老旧黄标车19辆；四是推动“油改气”工程，加强车辆维修保养，进一步降低能源消耗。

（李　庆）

【省港航管理局多个科技项目通过立项与评审】 2016年，省港航管理局多个科技项目通过立项与评审。2月，该局向省交通运输厅申报的3个科技项目有2个通过专家立项审批与研究工作大纲的评审，其中，“赣江新干航电枢纽工程”科技项目是省重点工程项目，另1个科技项目是“江西省航电枢纽库区浸没评价与控制关键技术的研究”。6月28日，该局科技项目《江西省旅游排筏检验技术规范研究》工作大纲通过专家评审。

（吴少华）

【宜春市科协交通运输老年科协分会竭尽全力作奉献】 2016年，该分会会员“退休不退志，离岗不退休”，利用自己的一技之长，为交通建设和交通运输事业发展继续发力，为推进“四个”交通（综合交通、智慧交通、绿色交通、平安交通）建设发挥积极作用。

一是为交通重点工程建设服务。4名公路桥梁高级工程师会员被建设、施工单位邀请重点工程项目建设总工程师、技术顾问和总监理师等。他们不辱使命，冒严寒、战酷暑，发扬“5＋2”、白加黑精神，长年天天泡在工地上，几个月都顾不上休息一次，与筑路工人同吃、同住、同劳动、同商量，严查工程进度、工程质量、工程管理、工程程序、施工材料，施工安全。与大家一道先后建成城市一级公路8条，28.83千米，完成工程投资7.04亿元；建城市公路大桥2座，全长972延米，工程投资12268万元；建成农村一二级公路1条，全长74.1千米，工程投资13亿元。全部工程做进度快，质量优，受到建设单位和广大群众好评。

二是为交通文化建设服务。该分会的2名会员、经济师被宜春市交通运输局聘请为交通运输志鉴编辑，先后主笔编纂、付梓和出版《宜春市交通运输志（1991—2007）》《宜春市志交通运输志》和《交通运输年鉴》等12部，1000余册，达1600余万字，并创造“五到位二纳人”（领导到位、队伍到位、资金到位、工作落实到位、措施到位。志鉴工作纳入年度工作计划，经费纳入单位年度预算）等先进经验，由省交通运输厅在全省组织推广，成为全省标杆和宜春模式。该局志鉴工作对推动宜春市交通运输发展和交通文化建设发挥积极作用，连年受到省交通运输厅史志办表扬，已多次受到表彰，其中，一人多次被省厅评为全省交通运输系统史鉴工作先进个人，并获中国年鉴工作委员会颁发的国家明鉴春秋纪念章。

三是为广大群众健康服务。该分会的1名会员、编辑利用退休时间，于2016年编修《养生宝鉴》,出版发行1000余册,既有国内养生知识,又有国外养生知识,内容丰富,文字简练,具有指导性,实用性,深受广大读者欢迎,为广大群众健康养生做出新奉献。

(吴泽水)

【上饶新能源客车获国家发改委立项建设】 1月,上饶新能源客车获国家发改委正式立项建设,批准项目总投资10亿元,国家发改委已下达上饶客车新能源客车项目生产研发资金1.46亿元,用于建设用地13.33公顷、总建筑面积10万平方米的新能源客车研发中心及附属配套设施建设,项目建成后,将形成年产6000辆新能源客车及10000套整车控制系统的生产能力。

上饶客车厂掌握纯电动、混合动力、增程式等多种新能源技术,已在全国客车行业第一批次取得新能源客车整车生产资质,并在新能源客车三大核心技术体系及制动系统、转向系统、电池安全防护、电池快换技术等方面取得31项发明专利和12项实用新型专利。已有25款新能源客车产品列入《节能与新能源汽车示范推广应用推荐车型目录》,拥有覆盖纯电驱动、并联式混合动力、串联式混合动力到混联式混合动力等新能源客车主流技术。

(上饶市交通运输局)

【全国公路科普教育基地揭牌仪式在江西交通职业技术学举行】 5月26日,全国公路科普教育基地揭牌仪式在江西交通职业技术学院举行。中国公路学会、江西省交通运输厅、江西省公路学会、江西交通职业技术学院领导出席仪式,江西交通职业技术学院路桥工程系100余名师生参加仪式。

江西交通职业技术学院是全国高职院校公路科普教育基地,也是江西唯一的一个全国公路科普教育基地。多年来该院始终坚持"立足交通,面向社会,服务江西",紧贴交通运输行业需求,深化产教融合、校企合作,彰显风格鲜明的交通高职教育办学特色。该院以科普、开展技术讲座等方式,使师生员工和社会公众在浓郁的交通行业文化氛围中,通过亲身体验,了解公路建设知识、感受公路行业发展,促进公路科普教育发展和公众科学素质的提高,成为全国高职院校公路科普教育基地,这是该院多年努力的结果。

(李文华)

【樟树公路分局采用新工艺对105国道进行"微表处"】 7月28日,樟树公路分局工程施工队在105国道1816—1820+500处施工,对全长4.5千米沥青路面进行微表处,采用"稀浆封层"的方法进行施工。"稀浆封层"原理是将乳化沥青、符合级配的骨料、水、填料及添加剂按一定的设计配比搅拌成稀浆混合料,均匀地摊铺在待处理的路面上,经裹覆、破乳、析水、蒸发和固化等过程与原路面牢固地结合在一起,形成密实、坚固、耐磨和道路表面封层。该方法具有防水、耐磨、提高路面防滑性能和平整度、防止路面老化等优势,能大幅提高路面使用性能,延长路面使用寿命。

(徐汉文　彭冬林　吕　苗)

信息化建设

【概况】 2016年,省高速公路联网管理中心和省交通运输厅应急指挥中心(信息中心)深化改革,实现两个单位合署办公,形成一个集高速联网、应急指挥、路网监测、电子政务和公众出行服务为一体的交通信息化综合体系。全省交通运输系统围绕交通运输行业转型升级发展需求,推进信息技术与行业管理、服务深度融合。以政府履职要求与服务百姓出行需要为工作出发点和着力点,以服务百姓、促进和谐为工作理念,科学推动全省交通运输信息化建设。构建信息资源整合与共享机制,搭建和运营信息化成果与服务群众的新桥梁,为加快推进江西综合交通、智慧交通、绿色交通、平安交通的发展做出了积极贡献。

1.超额完成通行费征收任务。全省高速公路累计收费162.47亿元,日均收费4439万元,较2015年增加15.14亿,增长10.3%,

2.赣通卡用户呈爆发式增长。全年赣通卡用户突破152万户,新增54.3万户,较2015年增长50%以上;全省累计充值57.32亿元,非现金通行费占总通行费的比例达37.76%。

3.堵漏征收成效显著。通过省交通运输厅与省公安厅联合开展专项治理活动,全年共查处逃费车辆12136辆，追缴通行费1062.06万元。通行费收入较2015年同比和环比分别增长2.3亿和1.45亿，增长率为18.2%和10.82%；追缴通行费同比和环比分别增长148.8%和56.5%，查处一批违法车辆，涉案金额近300万元。

4.信息接报及发布及时高效。全年共接报路况信息7620多条，通过江西交通微博发布信息近2万条，通过公众出行网发布信息近8000条；通过短信平台发送信息3500余条、近10万人次；通过交通运输部路况信息管理系统上报信息3100余条；编写《安全应急情况专报》30多期、《江西交通应急信息》80多期。

5.政务信息公开扎实有力。配合省交通运输厅发布信息6300多条，制作专题专栏数量8个，制作视频25个，开展在线访谈3期，报送全国交通信息联播内容1200多条；向省政府信息公开平台报送信息500多条；更新交通运输部江西子站工作动态栏目内容信息950多条、交通新闻栏目内容690多条、图片报道栏目内容510多条，子站其他类栏目内容130多条；建成省交通运输厅厅直属单位子站8个。全面优化整改江西公众出行服务网，持续保障网站信息安全和内容报送质量提升。

6."智慧交通"建设初见成效。初步完成外场监控资源管理子系统、交通运行监测与动态分析子系统、路网运行预测预警子系统、交通诱导与信息发布管理子系统、路网运行综合分析子系统和对部数据报送子系统在内的六大子系统路网监控总平台建设任务。

7.《全省交通运输信息化"十三五"发展规划》通过专家评审。

8.开创性地做好30项工作，成果丰硕：

(1)主动作为，强化服务。省高速公路联网管理中心和厅应急指挥中心(以下简称中心)建设和管理工作扎实有效。2016年，中心将重拳打击偷逃通行费作为重点工作，深化数据分析效果，加大专项治理力度，有效掌控一批典型案例，逃费举报成效初显。积极协助赣州市公安部门查处一起涉案逃费本金达110万元的团伙窝案，刑拘3人，查扣157型大货车3辆。

(2)持续提升收费站通行能力。中心作为主要合作省份，参与交通运输部路网中心牵头开展的《ETC标准化车道研究》科研课题，为进一步规范ETC车道建设提供技术指导，完成二代相控阵天线和前置车道布局软件升级及相关测试工作，推进新建路段二代相控阵技术ETC车道的普及工作。

(3)拓展优化系统功能，提升软件能力与质量。中心完善赣通卡服务手段，建成赣通卡空中充值、小额支付系统，拓展赣通卡第三方支付功能，已在康大路大余服务区开展赣通卡小额支付试点工作。完成省级密钥管理系统、整合卡签一次发行系统、5.8G路径识别系统升级及维护，收费站MPLSVPN备份链路网络、新老机房网络改造，第三期ETC自助服务终端建设以及新开通路段入网及已开通路段例行检测工作。编制和下发《江西省高速公路电子不停车收费(ETC)系统管理办法(试行)》。

(4)收费结算、卡票管理等工作高效有序。中心做好全国ETC联网数据交互、核对及确认清分工作，及时处理异常交易流水，保证全国ETC联网数据的准确清分。全年共处理全国ETC联网争议流水79716条，金额2468万元。全省高速公路客车ETC交易率为28.49%，非现金支付率为27.75%。

(5)赣通卡服务工作持续得到强化。中心规范合作银行赣通卡业务管理，加大赣通卡宣传及推广力度，做好分中心规范化建设及赣通卡用户咨询、投诉服务工作。

(6)运行监测和应急值守工作运转正常。中心应急总值班室成功处置"赣州一采砂船碰撞赣县义源大桥""赣定高速东坑隧道口发生山体滑坡"等应急事件；完成杭州G20峰会有关跨区域路网运行服务保障的多项任务，建立交通各部门协同保障运行机制，强化重大社会活动、重大突发事件响应期间的值班值守工作。

(7)信息接报和发布工作及时高效。中心全年共接报路况信息7620多条，其中，应急事件信息61起，交通事故1981起，均得到有效处置。通过江西交通微博发布信息近2万条、公众出行网发布信息近8000条；通过短信平台发送信息3500多条、近10万人次；通过部路况信息管理系统上报信息3100多条；编写《安全应急情况专报》30多期、《江西交通应急信息》80多期。接转省、厅领导批示近20条；中心全年共指导纠正收费业务830多次；解答收费疑难问题610多次；全省发放预编码卡2200多次;手工注销黑名单810多辆,在非节假日免费期间,因车流量大等特殊原因,小车免费放行11次,共计26100多辆,通行费合计307.6万元,因设备故障等原因货车按车型收费共计4400多辆,车型收费金额32.4万元。

(8)扎实推进行业信息化顶层设计。2016年底中心编制完成的《江西省交通运输信息化“十三五”发展规划》是具有全局性和纲领性的能衔接交通运输部、省委省政府信息化发展的整体规划,成为符合江西交通行业自身发展需要的行业信息化顶层设计。《规划》围绕“营造安全可靠集成环境、构建智能感知监测网络、提升行业数据应用效能、实现行业管理在线协同、推进综合交通协调运行、提供综合优质信息服务”6条主线提出20项工程建设任务。

(9)交通运输电子政务行业系统持续优化。中心完善交通运输厅网站群平台系统功能,完成主要厅直单位子站建设;开展江西交通综合服务系统(二期)建设前期准备工作和省交通运输厅电子政务内网前期建设准备工作;完成交通运输厅机关移动OA建设与安全体系改造,丰富和优化省交通运输厅办公自动化与移动办公系统的功能与安全架构。

(10)全面开展信息安全管理、体系研究和培训工作。一是全面协助与指导交通运输厅机关及其直属单位开展信息安全自查与检查工作,针对重要信息系统和政府网站开展了定期安全通报与反馈跟踪。组织开展省厅信息安全操作实践技能、攻防演练与安全知识教育培训工作;二是不断优化改造基础网络链路畅通与安全,推进省交通运输厅正版化与保密自查工作稳步前进。完成各上级主管单位对省厅的网络安全、正版软件、保密检查的各项迎检与自查工作,并针对问题与不足积极协调相关单位合力解决。

(11)中心进一步做好省交通运输厅基础设施与信息化系统日常管理与运行维护工作,形成“保障有力,迅速响应,快速处理”的综合服务能力。保障基础设施稳定运行与办公设备的维护工作和省厅门户网站群、办公OA系统、电子邮件系统等相关电子政务系统的正常稳定运行。

(12)新技术课题研究及其应用取得突破性进展。一是完成“基于车牌识别和(DSRC)技术的高速公路路径识别系统研究”科技项目,并通过省交通运输厅验收;二是完成“高速公路绿色通道车辆综合检测和稽查系统研究”科技项目,已通过省交通运输厅验收。已在梨温路梨园站搭建了可以使用的试验车道绿通检查系统,试验期间假冒绿通车辆明显减少,提高了绿通车辆查验效率,取得较好的经济和社会效益;三是基本完成“基于互联网OBU的移动综合应用系统研究”科研项目。联合合作银行共发行近万个互联网OBU,通过“赣通宝”APP充值额度单月最高接近300万元,全年每月都在快速增长。

(13)皮卡车使用ETC通行项目快速推进。中心发行一部分皮卡车在无计重设备的客车ETC专用车道按计重收费模式,完成车道系统和客服系统改造并上线运行,并由合作银行进行了大量地皮卡车资料搜集及OBU和赣通卡的发行工作。

(14)货车ETC系统研究取得重大进展。圆满完成货车ETC经过前期调研、技术方案论证、实验场地建设、称重子系统测试、天线子系统测试及软件编制、测试等项工作,在昌樟高速昌西南、昌金高速新余站建成了1入2出,共3个货车ETC车道进行实际环境测试工作。

(15)赣通卡、运政卡两卡合一建设工作有序进行。完成赣通运政卡发行等相关系统开发和联调工作,并在九江运管网点进行生产环境全流程模拟测试,成功完成测试卡片发行任务。

(16)智慧高速系统研究进展顺利。开展人车路协同的智慧高速系统研究,基本完成可行性方案研究。12月,中心召集有关专家和项目合作单位进行研讨,对子项目进行分工,近期可各子项目完成相关申报材料的编写工作和高速公路收费违规操作监督平台的课题立项工作。

(17)计重收费“动改静”工作持续推进。中心完成赣定路、赣康路34套、九瑞路2套和南昌西外环路10套整车式称重系统“动改静”改造工作的指导与协调工作。

(18)绿通车辆管理平台试点工作进展顺利。中心应用“互联网+高速公路联网管理”理念和科技手段,首次借助数据分析平台,对绿通车辆从入口申报、现场查验、事后稽核、数据分析、假绿通处理、绿通车诚信档案等多个方面进行管理,通过30个收费站的试点应用,该系统均运行正常。

(19)信用体系建设工作稳步迈进。中心开展江西公路水路建设与运输市场信用信息服务系统工程建设与实施工作。该工程作为部重点工程,是推进省交通运输厅信息体系建设工作的基础工程。已完成主要软硬件系统的开发、部署和人员培训与试点运行工作。

(20)公路水路网运行监测和管理水平进一步提升。中心开展道路通行能力与服务设施水平评价的研究工作,搜集并研究公路、水路运行监测的各项指标,逐步建立行监测指标体系和服务水平评价体系。完善省厅层面涵盖公路水路智能交通监控总平台的"智能交通管理与路网监控系统",落实并汇接厅直各有关单位的视频、数据,扩充路网监控系统的中心数据库。

(22)路网运行监测与通信监控业务技术挖掘工作推陈出新。中心深度挖掘各类专题数据库数据资源,通过系统与网络平台实现省交通运输厅与省政府网络平台互联互通和资源共享,并与南昌市市区天网监控视频资源共享,与省政府实现了全省路网监测视频图像共享;应急指挥大厅内各项监控系统及通过系统进行的指挥调度行为在省政府应急指挥大厅同步显示等,与省政府应急办共同开展"江西省突发道路交通事故应急处置联合作面演练",取得了良好的效果。

(23)公众出行服务能力和水平不断提高。中心开展公众出行服务系统基础数据采集与升级改造工作,加强行业内的数据共享与交换,丰富公众出行网站交通出行基础数据与电子地图功能。

(24)"12328"电话服务中心工作业绩斐然。省级"12328"电话运营质量稳中向好。10月被交通运输部评为全国"12328"电话十佳服务中心;全省包括省级、九江、吉安、上饶市共有4名话务员被部评选为"12328"电话百佳话务员。"12328"全年受理话务总量32.65万件,其中,投诉举报、信息咨询、意见建议三类业务分别为6500多件、31.53万件和3250件;系统10秒内接通率平均为90.8%,即时答复率95.4%,办结率98.7%(投诉举报类办结率为98.9%),处理满意率85%。

(25)"基于多平台联动的路网货车行驶轨迹监测"课题研究科技项目,已完成2015年货车绕行历史数据分析、建模工作,进入软件开发及路段测试。《基于多网融合的江西省高速公路联网监控系统研究》《江西省高速公路联网信息安全体系的关键技术应月研究》2个科技课题正处于应用试点阶段,课题相关工作稳步推进。

(26)优化机构设置,完善职能配置,全面深化改革等项工作落到实处。5月,进一步挖掘、盘活和用好现有人力资源,优化配置现有机构职能。5月,联网中心和厅应急指挥中心(信息中心)开始合署办公,合署后的新中心充分发挥强大的技术、人才优势,利用互联网、大数据的相关应月,形成一个集交通信息化、应急指挥、高速联网与路网服务等为一体的综合大中心体系,为打造成为国内领先、行业一流的信息化技术团队奠定了良好的基础,为进一步以信息化、智能化推动江西"四个交通"发展提供了坚实的技术保障。

(27)全力以赴确保在建高速公路入网收费。12月,东乡至昌傅、上饶至万年等12个项目820千米高速公路建成通车。通车前,省交通运输厅下发文件要求中心前往各新开通路段核实收费里程,加强技术支持与帮助。中心紧急部署,派出多个工作组加班加点工作,确保骨干通信网建设、联网收费、监控软件安装调试、卡票发放等工作全部到位,适时入网收费。

(28)做好"三大系统"等各大系统的日常运行维护工作。中心日常运维工作任务繁重,主要包括全省高速公路收费、通信、监控、客服、路径识别、防病毒、办公自动化、门户网站和应急指挥大厅各系统等日常运行与维护工作。为保障各大系统的稳定运行,中心严格执行日常维护和应急保障24小时双值班制,维护电话24小时在线接听,处理厅机关信息化设备、邮件系统、网站服务器、办公自动化(OA)、各路段分中心、收费站、联网分中心、自助服务区、合作银行客服网点的技术维护工作。据统计,年均处理各类维护达10000余次,有效保障了各大系统的稳定运行。

(29)做好日常结算、跨省收费业务、卡票管理、监控运行安全、出行信息服务、节假日保畅和小型客车免费通行等工作。重新签订全省高速公路现金通行费结算协议和划账协议;理顺上门收款工作,由原来的统一上门收款改为"各联网单位自行确定银行进行现金通行费上门收款",结算周期改为每半个月一次;结合实际修订《江西省高速公路联网收费结算划转管理办法》。全年全省累计划转通行费162.47亿元,采购赣通卡43.4万张,采购通行卡60万张,各合作银行采购电子标签46.06万张,向省地税、省财政申请机打票据和充值票据1.3亿张,联网管理定额票40.5万张。

(30)协助省交通运输厅扎实推进信息公开工作。全年发布信息6300多条,制作专题专栏数量8个;制作视频25个,开展在线访谈3期,报送全国交通信息联播内容达1200多条;向省政府信息公开平台报送信息500多条;更新交通运输部江西子站工作动态栏目内容信息950多条、交通新闻栏目内容690多条、图片报道栏目内容510多条,子站其他类栏目内容130多条;新建省交通运输厅直属单位子站8个,全面优化整改江西公众出行服务网,持续保障网站信息安全和内容报送质量,出色完成年度各项工作任务,被省交通运输厅评为全省交通运输工作先进单位。

(徐 钊)

【省交通运输厅开展首期网络与信息安全专题技术培训】 8月4—5日,省交通运输厅在南昌开展首期网络与信息安全专题技术培训。该厅直属各单位网络与信息安全分管领导及专职安全员50余人参加培训。

培训主要内容有:网络与信息安全日常防护、网络安全保障服务体系、web渗透技术、政务云安全及软件开发存在的安全漏洞分析等。

此次培训邀请省公安厅、省工信委、省信息中心及信息安全评测中心专家授课。他们讲解内容针对性强,重点突出,既适应当前网络安全专业技术人员需求,又进一步提升专业技术人员防范技术水平。对学员今后采取入侵检验、网络隔离、信息加密、访问控制措施,强化网络各个环节,特别是互联网接入防范策略,提升防范意识和安全管理水平,做好江西交通信息网日常运行维护管理,加强交通系统网站建设,进一步提高网络与信息安全防范能力,确保网络安全规范运行及处理各类信息安全隐患具有很好的帮助和指导作用。

(潘 婧)

【省运管局推进道路客运联网售票系统建设与应用】 2016年,省运管局和省内客运企业本着"政府搭台、企业唱戏"的原则,共同完成全省道路客运联网售票系统建设,系统整合利用省内各客运公司线下票务资源,依托"江西省道路客运信息服务网"(即"赣优行")门户网站和手机客户端,为出行旅客提供更优质的互联网购票系统,并于7月1日正式投入试运行。全年全省共有116家客运站接入该系统,实现二级以上客运站全覆盖。同时,不断向三级以下客运站延伸拓展,试运行期间半年累计售票10万余张。江西已成为全国14个首批建成省域道路客运联网售票系统的省份之一,不仅为旅客选择公路客运出行方式提供了更加方便、快捷的购票渠道,同时也为全省道路客运企业提质增效、转型升级带来新的发展机遇。该系统在全省的推广应用开启了江西道路客运的公众"指尖出行",标志着全省道路客运正式迈入"互联网+"时代。

(朱梓平)

【省公路局信息数据中心举办路网数据管理平台系列培训】 5月30日,省公路局信息数据中心举办首期公路路网数据管理平台系列培训。培训期间,培训教师对大家提出的疑问进行解答,使受培人员进一步掌握路网数据管理平台使用技巧与数据分析方法,为方便业务处室技术人员熟悉公路路网数据管理平台的应用和提高公路电子地图的使用,授课老师详细讲解软件需要完善的细节问题,对做好公路数据统计分析等项工作具有一定的推动和促进作用。

(汤俊钦)

【江西道路运政管理信息系统实现四级互联互通】 2016年,省运管局共完成24项定时接口数据指标上报、6项实时接口数据指标传输、跨省数据互联互查以和从业人员数据的跨省备案、转籍等相关工作,基本实现部、省、市、县(区)四级互联互通,较好地完成交通运输部关于启动全国道路运政管理信息系统互联互通工作任务,实现与兄弟省市的跨区域、跨部门数据共享与业务协同。全省道路运输行业的服务、监管和决策水平大幅提升。

(朱梓平)

【省、市、县三级运管机构计时培训系统监管平台实现联网对接】 2016年,省运管局与省级计时培训系统监管平台开发单位共同研究,制定省、市、县三级计时培训系统监管平台联网对接方案,对全省运营机构平台联网对接工作进行统一部署。7 月，经过各级运管机构的共同努力，省、市、县三级计时培训系统监管平台全面完成联网对接，实现计时培训信息的传输、存储、监管一体化，推进了驾培管理信息化建设，提升各级运管机构对驾驶员培训过程的动态监管能力，为省级计时培训系统监管平台与全国驾驶培训数据交换与服务平台联网对接奠定了良好基础。

（张　玮）

【安福县交通运输局健全和完善信息平台】 2016 年，安福县交通运输局建立完善交通行政审批许可、长途运输客车 GPS 监控、行政事务办公 OA 系统、运输管理局域网、货运物流信息服务等信息平台，实现交通运输、公路建设、农村公路及桥梁规划、图纸设计审批、施工许可网上服务，提升了交通运输行政服务能力和水平。

（吉安市交通运输）

【省运管局强化信息化保障和维护管理】 2016 年，省运管局为确保全省道路运输信息系统的稳定运行，保障局机关和全省各级运管机构办公自动化和信息化应用需要，大力开展信息化保障和维护工作。一是开展包括机房、硬件设备、信息系统、办公设备网络在内的相关信息化维护工作，对局中心机机房、信息系统和局机关办公网络进行全面而科学的维护。二是开展现有信息系统日常技术维护，包括运政信息系统、0A 办公系统、联网售票系统、网站群、客运站视频监控系统、楼层广播系统等维护工作。三是开展办公室设备配件采购、保管、发放管理，确保日常办公需要。四是做好局机关视频会议系统和一般性会议的技术保障工作。五是开展信息系统的安全等保评测工作，确保信息系统和网络的安全可靠。

（朱梓平）

【上饶市公路局信息化建设引领行业发展】 2016 年，上饶市公路局以信息化引领公路事业现代化，打造智慧公路，完成普通干线路网运行监测平台与应急处置平台建设，建成 19 个外场固定监测点，14 个移动监测点，1 个超限预检点、1 个市级路网管理中心和 5 个县级路网管理分中心。结合“畅安舒美”省级示范路创建工作，在 S201 大二线婺源路段倾力打造智慧公路，加设大坂、江湾道班、汪口观景台、黄源大桥、鹤溪停车区、国道服务区、梅林等地外场视频监控 7 个，信息发布设施 1 块，完成江湾班路网监测中心建设，实现全线路全覆盖。同时，充分利用各类信息化设备，全面、及时掌握动态数据，进行养护、路政、服务等各项日常工作智能管理，已把 S201 大二线婺源路段建成上饶公路首条智能管理示范路。

（韩红芳）

【驾培市场供求信息定期公示制度在全省建立】 2016 年，省运管局下发《关于切实做好驾驶培训市场供求信息定期发布工作的通知》，督促、指导各设区市、县运管机构建立驾培市场供求信息定期公示制度。通过发挥驾培市场供求信息对驾培市场的导向作用，有序引导社会资金理性进入驾培市场，避免盲目投资带来的社会资源浪费和市场恶性竞争。12 月下旬，全省 11 个设区市运管处（局）在路运政网站上公布各设区市驾培市场供求信息，取得在确保放开全省驾培市场的同时，维护驾培市场秩序的稳定，杜绝驾校间恶性竞争，此举得到全省驾校和社会各界的好评和肯定。

（张　玙）

【省运管局做好卫星定位系统企业监控平台运营商备案管理工作】 2016 年，省运管局为保障全省道路运输卫星定位政府监管平台的安全稳定运行及联网联控工作的项利顺利开展，进一步强化运营商备案及考核管理工作：一是按照《江西省道路运输车辆卫星定位系统企业监控平台运营商备案办法》全年审核通过 5 家运营商备案，并报送交通运输部信息中心；二是依据《江西省道路运输车辆卫星定位系统运营商平台运行情况通报制度》对运营商平台上线率、数据错误率和链路断线率 3 个主要技术指标进行月度通报，对排名后两位的运营商进行约谈 12 次、72 家次。全年通过安全约谈、发出 12 期定期通报等措施，使 3 个主要技术指标整体水平大幅提升，上线率比 2015 年提高 1.57%、断线率降低 0.49%、数据不合格率降低 1.03%。

（朱梓平）

【省运管局大力推进信息化建设】 2016 年，省运管局开展政务信息、行业监管和公众信息服务系统建设。一是在2015年开展全省道路客运联网售票系统(二期)项目基础上,继续推进全省道路客运联网售票系统(二期)项目建设,全力推进全省二级以上(包括部分三级站)客运站票务系统接入省级联网售票系统建设,成功实现全省116家客运站的数据对接。二是积极做好全省交通运输公共物流信息平台建设前期工作。通过调研,进一步明确物流平台的建设目标,平台定位、建设模式和维护机制,落实140万元的交通运输物流公共信息平台规划建设资金,已完成物流平台项目建设方案等项工作。三是开展全省道路运政管理信息系统互联互通数据交换。制定道路运政管理信息系统互联互通工作方案,开展相关系统平台的建设工程和接口开发,按照交通运输部的相关要求完成互联互通,上传相关数据,成效显著。

(朱梓平)

【奉新县提高运输车辆GPS卫星定位装置上线率】 2016年,奉新县交通运输管理部门进一步规范联网联控各级系统平台、车载终端的运行管理和安装使用:一是加强领导。成立由副局长兼运管所长赵建中任组长的局实现GPS卫星定位装置工作领导小组,统一思想,推动此项工作扎实开展。二是科学调整系统平台监控参数设置。督促客运企业对特大雨雪雾等恶劣天气车辆行驶速度、夜间行驶速度及连续驾驶时间等调整。三是提高车辆在线率。督促客运企业加强对车载终端的维护,保持终端设备良好状况,接入全国重点营运车辆联网联控系统,以实现有效监控。四是落实企业监控主体责任。会同公安部门、安全监管部门加强对客运企业卫星定位装置安装使用和系统平台运用情况督查,督促客运企业加强对违法违章车辆的处罚力度,有效杜绝超速驾驶、疲劳驾驶等违法行为,以促进货运业健康发展。2016年奉新所有新上户610余辆货运车辆均安装了GPS卫星定位装置,已安装GPS卫星定位装置的车辆达97%。

(帅继富)

【景德镇市交通运输局学习贯彻中共中央网络安全和信息化工作座谈会精神】 4月以来,景德镇市交通运输局通过多种方式学习贯彻中共中央网络安全和信息化工作座谈会精神:一是组织机关党员干部开展集中学习。该局在积极开展机关党员干部网络自学的同时,4月25日集中组织学习中共中央总书记习近平4月19日在网络安全和信息化工作座谈会上的讲话,进一步领会其精神实质。二是通过微博、微信、新闻媒体与网站、简报进行全方位宣传,营造良好地学习宣传氛围。三是自觉践行中共中央总书记习近平重要讲话精神。该局职工把深入学习宣传贯彻中共中央总书记习近平重要讲话精神视为网信工作的首要任务,切实加强网信服务水平,扎实为民办实事,以务实的工作落实中央网信工会议精神,各项工作取得明显成效。

(洪耀祖)

【省市县运管机构计时培训系统监管平台实现联网对接】 2016年,省运管局与省级计时培训系统监管平台开发单位共同研究、确定省、市、县三级计时培训系统监管平台联网对接方案,对平台联网对接工作进行统一部署。7月底,省、市、县三级计时培训系统监管平台全面完成联网对接,实现培训信息传输、存储、监管一体化,加速推进驾培管理信息化建设,提升各级运管对驾驶员培训过程的动态监管能力,为下一步省级计时培训系统监管平台与全国驾驶培训数据交换与服务平台联网对接奠定了坚实基础。

(张　玮)

【省运管局开展道路运政信息系统驾培管理数据清理】 6月,省运管局针对江西道路运政信息系统部分驾培业户驾培管理数据缺失、重复及信息不完整问题,组织各设区市、县(区)运管机构按照真实有效、数据统一和谁许可谁清理的原则,对运政信息系统中所有驾培管理数据进行全面清理,截至9月底全面完成。通过数据清理,进一步提升了数据质量,为下一步开展运政和计时培训系统联网对接创造了良好条件。

(张　玮)

【省公路局举办全省"12328"热线电话话务人员培训班】 11月15—21日,全省"12328"话务人员培训班在南昌举办。省公路局和11个设区市"12328"热线电话的120名话务人员参加培训。

培训内容主要是软件知识和服务规范。培训

老师以全省“12328”热线电话接听系统为载体，围绕“12328”系统载件设置、通信控件、统一工单流转、App的界面及操作等方面授课。同时，通过话务员现场听录音，组织讨论分析，并结合服务规范进行业务指导，帮助全省“12328”话务人员掌握业务软件知识，解决实际工作中一些疑难问题，提高业务技能。

（刘　娜　曹　欢）

【宜丰县交通运输局促进交通与互联网深度融合】　2016年，宜丰县交通运输局认真贯彻落实省、市人民政府《关于加快推进“互联网+”行动的实施细则》。该局以旅客便捷出行、货物高效运输为导向，全面推进交通与互联网更加广泛、更深层次的融合推动交通智能化发展。一是积极配合相关部门、企业做好以互联网+为支撑的公共物流信息平台建设。二是加强GPS记录仪使用管理，做好12吨以上的营运货车GPS记录仪监控安装工作。强化营运车辆二级维护管理，应用视频系统监控车辆维修质量，并规定凡未安装监控系统的不得从事二级维护作业。加强驾培管理，督促驾校做好1C计时卡的使用、审核工作。实行网上电子盖章审批机动车驾驶员培训，做好“按时收费，先培训后付费”服务模式推行工作。三是强化信息技术在分析调度、出行以及票务等方面的应用，普及信息服务知识，并建成互联互通、资源共享、高效安全的交通运输智能服务体系。

（漆志勇）

【南城县交通运输局正式上线OA系统】　5月2日，南城县交通运输局为PC版和移动版OA系统正式上线投入使用。该系统涵盖公文处理、电子印章、信息发布、公告通知、考勤、个人办公、文件柜等多种功能，无论何时何地，都可通过PC或移动终端访问应用系统处理公文，由此结束“领导出差文件排队等签”的历史，大幅提高公文处理速度，强化行政执行力，实现文件流转无纸化，节约了办公费用，打造了一个规范、有序、高效、低碳的办公环境。

（王素红）

【省高速集团举办智慧高速技术专题讲座】　11月3日，省高速集团采用视频会议形式开展智慧高速技术专题讲座。邀请中国交通通信信息中心导航中心主任沈兵、交通运输部规划研究院信息所所长杨建国、贵州高速黔通智联科技产业发展有限公司总经理刘轶3位专家现场授课。3位专家分别以“创新融合互联构建智慧高速”“智慧高速的初探畅想”和“基于互联网加高速公路大数据应用的探析”为题，围绕智慧交通大数据应用、智慧交通发展现状、及其应用、“互联网+与大数据”等前沿技术进行讲解，并与学员进行交流互动，对江西“智慧高速”的建设和行业发展提出建议和意见。

该集团领导在主会场聆听讲座，集团各部门，赣粤公司、畅行公司、方兴公司、锦路公司、省交通设计院，集团直属各单位、各重点工程项目办的领导和技术人员和部分收费所的600余人分别在81个分会场参加讲座。

（省高速集团）

【新余市公路局以“互联网+”方式推动公路创新发展】　2016年，新余市公路管理局牢固树立“互联网+”方式，整合现有资源，加大智能化信息化平台开发应用。筹资500多万元建成普通干线路网运行监测与应急处置平台，建成1个市级路网中心和1个县级分中心与9个道路视频监测点和2个养护应急管理中心监测点、16个桥梁视频监测点和设有7辆移动监测车和配有无人机巡查。在养护中心安装监控摄像头，接入路网监测平台，进行适时监控。可通过电脑软件和手机AFP可直接查询重点路段路况等。与此同时，对公路施工及养护过程的施工机械、清洁车辆、养护人员、工程设施进行全过程进行适时监管，对货运车辆实行不停车超载检测。该局还通过平台实现对施工过程质量预控，提升养护清洁作业质量，快速处理突发路政事故，有效监管公路设施，及时发布路况、施工、阻断等出行信息，实现人、车、数据的同步呈现，推动全市公路事业创新发展。

（简水珍）

【省公路局完成全省农村公路新路网电子地图更新】　1月，省公路局信息中心制定并下发全省农村公路新路网电子地图更新、审核方案，并到各设区市交通局为一线更新人员提供软件培训、技术指导。3月29—31日，进行电子地图集中汇审后,完成全省农村公路新路网电子地图更新,基本形成全省农村公路路网"一张图",为全省"十三五"期间做好各项农村公路工作创造条件、奠定基础。

(省公路局)

【袁州区交通运输局开展干部网络培训】 2016年,袁州区交通运输局组织全局全体干部职工共191人,利用业余时间,登入江西干部网络学院,参加继续学习和培训。学习和培训的主要课程分为必修课和选修课两类课程。必修课主要内容有基本理论,包括党的路线、方针、政策和政治、经济、法律等干部应知应会知识及新时期党的中心工作等内容;选修课主要内容是各类专业性课程与干部素养等。每位学员根据岗位需求和个人需求自主选择学习内容。

(李 庆)

【新余市交通运输局加强公共信息平台建设】 2016年,新余市交通运输局进一步加强公共信息平台建设。物流公共信息平台是该市物流领域重点建设项目,按照"政府引导、企业唱戏、市场运作、自我管理、自我发展"模式及"边建设、边运用、边完善"的建设思路,自2013年开始建设以来,已完成建设投资100余万元。信息平台www.xy56.net.cn于2014年8月正式上线,平台各模块功能得到完善,已开通新闻政策资讯、物流服务、物流智库、物流信息、教育培训等板块,发展企业会员239户、个人会员1.58万人,月均信息交易量达2000余条。2016年该局进一步加大信息平台建设,加大平台建设宣传推广力度,加强与国内相关平台的有效对接,进一步推动全局智能交通建设。

(郭 辉)

【南昌市公路局以"互联网+公路"方式服务公众出行】 2016年,南昌市公路局以"互联网+公路"信息服务方式,进一步增强公路网络整体服务水平和安全保障水平,提高公路通行保障能力与应急处置能力,公众出行更便捷。

该局依托建成的市级公路路网应急监测平台,实现对公路路网运行状态的动态监测,既提升了监控管理过程效率,又对一些问题与隐患做到及时发现,打造更加安全、舒适的出行条件,提升路网运行监测能力,实现对桥梁、交通量构成复杂路段、交叉路口等路网重要节点和路网运行状况的实时动态监控,可随时掌握公路各路段运转状态,及时发现公路路况问题,排除安全隐患,加强公路科学管护。与此同时,充分利用数字化信息系统及"天网"工程、微信群等科技手段,大力推广应用冷补料施工技术、橡胶沥青同步碎石封层技术、泡沫沥青厂拌冷再生工艺等新技术、新方法,优化公路养护管理流程,提高养护管理效率,提升公路养护管理质量。依托"互联网+公路",提高路网调度指挥能力。利用公路路网应急监测平台、无线对讲通信系统等,实时查看路况信息,判渐交通运输状况,并对路网调度指挥进行辅助决策,及时有效处理影响公路交通的相关事件,尤其是以"十三五"规划新增路网监测点为重点,对各点位位置(桩号)、路面宽度、取电方式、车道数等进行考察,保障路网平稳运行,增强为公众出行服务能力。通过公路微博、网站、"12328"交通运输服务监督电话等载体,向社会各界及时提供路网出行信息,使公众出行更便捷。

(杨 健)

【外省公路部门到江西考察"12328"电话建设和使用情况】 1月,省交通运输厅开通"12328"交通运输服务监督电话,在全国第一个实现部、省、市三级电话联网。湖北、江苏、云南等多个外省公路部门派出考察组分别到江西考察调研"12328"电话建设、运行和推进工作经验。省交通运输厅运输处和江西"12328"监督电话的负责人和相关工作人员向考察组详细介绍江西"12328"建设、运营管理情况和推进工作经验,带领考察组参观省、市级"12328"平台。介绍先开通、后建设、再提升和运营管理工作经验及编写并下发《"12328"交通运输服务监督电话系统建设指南》和《"12328"交通运输服务监督电话运营管理指南》,加强对各设区市"12328"电话系统指导与规范运作情况。外省考察组对江西建设和运营工作给予高度评价。

(高 纯 曹 欢)

【景德镇市交通运输局多措并举宣贯中共中央网络安全和信息化工作座谈会精神】 4月,景德镇市交通运输局多措并举宣贯中央网络安全和信息化工作座谈会精神，尤其是认真学习贯彻中共中央总书记习近平在中央网络安全和信息化工作座谈会上的重要讲话精神：一是组织机关党员干部开展集中学习。4月25日，该局在开展机关党员干部网络自学的同时，集中组织学习中共中央总书记习近平4月19日在网络安全和信息化工作座谈会上的讲话全文，进一步领会讲话精神实质。二是通过微博、微信等新闻媒体与网站、简报相结合的方式进行全方位宣传。全市交通运输系统党员干部在积极学习基础上，通过微博、微信等新媒体主动转发总书记习近平在网信工作座谈会上的重要讲话精神和相关文章，营造良好的学习宣传氛围。三是在工作中自觉践行总书记习近平在中央网信工作座谈会上的重要讲话精神，提升网信服务水平，树立求真务实工作作风，扎实为民办实事。

（洪耀祖）

【省交通运输厅举办网络安全技术及信息安全培训】 8月4—5日，省交通运输厅在南昌举办网络安全技术及信息安全培训班。培训班以讲座、研讨、交流相结合的方式进行。

培训班邀请公安厅、省工信委、省信息中心等单位有关方面专家及主流科技公司网络安全方面的专业技术人员授课。

培训主要内容为：软件开发存在的主要安全漏洞分析，web渗透技术，大数据时代安全防护，政务云安全，对抗模式下的信息安全思考，网络安全攻击与防护，网络安全保障服务体系在全生命周期的应用与新形势下的网络安全和对策等。

受培人员系统学习了新的信息管理知识与网络安全技术，提高了网络安全意识，为确保网络信息安全，落实防范措施奠定了坚实基础。

全省各设区市交通运输有关部门派员参加培训。

（宜春　敖炼）

【景德镇公交公司调整和增设公交IC卡充值点】 2016年，景德镇市公交公司对全市公交IC卡充值点由原来的5个充值点增加到9个，做到城区东西南北中均有充值点：即东有黄泥头公交调度站充值点，西有鹏程宾馆公交有限公司充值点，西北面有中国陶瓷城公交调度站充值点，东南面有里村公交旅行社充值点和朝阳路公交公司充值点。同时，开通江西银行昌江广场支行充值点、江西银行豪德广场支行充值点、江西银行珠山中路支行充值点和九九九厂公交调度站充值点。较好地解决了该市以往充值点不仅少，而且设置区域不够合理现象，方便了广大市民朋友公交IC卡就地充值问题。

（巢喜生）

【大余公路分局开设短信服务平台】 2016年，大余公路分局与中国联通大余分公司合作开设短信服务平台，确保工作信息传递及时、工作效率提升。

该局借助短信服务平台，采用多维手段，一改以往工作信息由上至下、一级传达一级的低效传递方式，实现工作信息传达畅通无阻。通过由电脑终端统一发布工作信息至每位干部职工的移动终端，消除工作信息传递过程中的遗漏与滞后现象，实现全局上下信息传达同步、及时，使全局干部职工在第一时间就能了解工作动态、掌握工作动向，减少工作实施的间隔时间，进一步降低时间成本，工作效率明显提升。

（刘　琼）

【江西长运鹰潭公交公司应用智能电子站牌成效好】 2016年，江西长运鹰潭公交公司大力实施"智慧公交"建设，在完成手机支付、车载移动媒体、智能调度中心、自动报站、车辆GPS超速报警动态监管等智能公交建设的基础上，又在全市主城区沿线公交站台应用智能电子站牌。4月11日，经过精心组装、测试、调整，正式投入使用38座。该电子站牌与智能调度中心联网运行，可动态预告、显示沿线各路公交车路线、到站时间、距离，不仅方便过往乘客，还与交警、城管等部门联网，共同监控周边交通场所状况，大幅提升公交智能化管理水平。

（彭　霞）

【安福县交通运输局建立完善信息平台】 2016年，安福县交通运输局建立完善交通行政审批许可、长途运输客车GPS监控、行政事务办公OA系统、运输管理局域网与货运物流信息服务等信息平台,实现交通运输、公路建设、农村公路及桥梁计划、图纸设计审批、施工许可网上服务,提升交通运输行政服务。

(吉安市交通运输局)

【宜丰县交通运输局做好干部网络培训工作】 2016年,宜丰县交通运输局认真做好干部网络培训工作。该局将完成网络培训学分情况纳入领导班子、干部个人年度考核,作为评先评优的重要依据,全局共有34名干部参加学习培训。参训干部围绕组织需求、岗位需求和个人需求,选择必修课和选修课两类课程学习。必修课主要是基本理论,包括党的路线、方针、政策和政治、经济、法律等干部应知应会知识及新时期党的中心工作等内容;选修课主要为各类专业性课程以及拓宽干部视野、提高干部素养等内容。截至12月20日,该局参训干部学习时间均超过80学时,平均学习达88.5学时,最高的达135学时。

(漆志勇)

【萍乡市运管处建立道路运输指挥中心】 2016年,该处在全省运管系统中率先建立一流的现代化道路运输指挥中心,其建筑面积达700平方米,总投资逾300万元。

全市道路运输车辆动态监控、站场(含高铁站)、驾校、修理厂、全处办公区域(含问讯室)和视频监控均纳入指挥中心管理范围,实现道路运输全行业统一调度指挥、受理道路运输和举报投诉、视频动态监管三大功能:一是在班线客运和旅游客运车辆及危险货物运输车辆(共1268辆)上全部安装应用卫星定位系统,半挂牵引车和重型载货汽车也有2143辆安装了卫星定位系统装置,对汽车行驶里程和速度进行监控,实现对车辆的合理调度,提高车辆实载率。二是引导驾培机构使用模拟驾驶器教学,组织召开现场观摩会进行交流,进一步改善教学条件,提高培训质量。全市安装使用模拟驾驶器共117台,其中,主动式49台,被动式68台。三是推进二级以上客运站联网售票服务,萍乡市1家一级客运站、1家二级客运站和1家三级客运站均接入江西省道路客运联网售票系统,可以在全省联网售票。江西运政管理信息系统在该市得到全面应用,辖区内运政系统数据完整率达到99%以上,无效数据率小于1%。

(萍乡市运管处)

【省港航局召开OA系统应用研讨会】 8月18日,省港航局召开OA系统应用研讨会。局机关各处室、省水上搜救中心各处室、局后勤中心OA系统收文员参加会议。

研讨会特邀广联达公司工程师莅临指导。会上,各处室OA系统收文员就使用OA系统过程中遇到的疑点、难点问题与应邀工程师进行沟通,特邀工程师针对学员提出的问题进行现场答疑。同时,他针对OA系统实际操作中存在细节设计不完善,公文流转步骤不合理等问题,进行现场优化设计。学员们一致反映受益匪浅。

(邱志勇　邹　斌)

【新余市交通运输局开展政务服务网应用培训】 1月12日,新余市交通运输局为进一步转变职能、提高效能、改善服务,邀请电子信息专家,对23名从事交通政务服务的干部职工进行政务服务应用培训。通过培训,学员们充分认识了新余政务服务网的重要意义,深化了对政务服务网工作业务的理解,初步掌握了网上审批系统在线办理审批业务的操作方法,为实现网上审批全程跟踪,进而使权力更好地在阳光下运行,奠定了坚实的基础。

(廖继伟)

教　　育

【概况】 2016年,江西交通教育工作按照全省交通运输会议部署,结合行业特点和"四个交通"建设需要,在强化干部职工思想政治教育的同时,狠抓继续教育、学历教育和职业培训,全面提高行业整体素质。圆满完成编制《江西公路水路交通运输"十三五"教育与培训发展规划》,继续支持江西交通职业技术学院、省交通干部学院发展壮大。进一步推进中等职业教育资源整合工作,提高厅属中职学校办学能力和服务水平。及时下发2016年度厅办干部培训班计划表,着力抓好厅办干部培训工作,月好2016年培训专项经费。大力开展行业专业技术人员的继续教育和行业技能劳动者的职业培训。分类别、分层次举办各类培训班50期,有2800余人次参加培训。组织收听收看部科技大讲堂2次,140余人次参加讲座。落实部调训计划和西培办教培计划。组织20名交通运输局长、4名公路局长、6名港航管理局长、5名道路运输管理局长分别参加2016年全国交通运输局长、公路局长、港航管理局长、道路运输管理局长培训班;组织60余名专业技术人员参加西培办相关专题培训;组织270名地方交通行业领导干部参加交通运输运输部7月在赣州上犹县举办的《江西地方交通行业领导干部培训班》接受培训。继续抓好与华东交大的对接工作,继续协助做好双方人员交流、科研成果共享等工作,推进华东交大与江西交通干部学院联合培养在职工程研究生30人。进一步推进华东交大与江西交通职业技术学院联合培养应用技术型本科人才100人,联合培养在职工研究生30人。通过一年来全省交通运输行业各单位各部门强有力的培训教育,培养和造就出一支高素质的干部职工队伍,大幅提升了行业整体素质水平,为江西交通运输行业发展升级提供有力的人才和智力支撑。

（潘　婷）

【江西交通职业技术学院快速发展成果丰硕】 2016年,江西交通职业技术学院在校学生10452人,其中,招收三年制大专生3365人,五年一贯制学生251人,职教本科学生95人。大专毕业生2310人,初次就业率87.4%。该院46人次职称获得晋升,新增4名高职教授、18名高职副教授。

该院各项事业快速发展,9—10月,学校西大门、北区广场景观园、运动场塑胶跑道、15#学生宿舍竣工投入使用,新增校舍建筑面积9108平方米。各项工作成果丰硕:1月,该院被国家机关事务管理局、国家发展改革委、财政部评为节约型公共机构示范单位。并被省交通运输厅评为2015年度交通运输工作先进单位。该院党委办公室、办公室均被评为2015年度全省交通运输系统办公室工作先进单位。2月,该院国家示范性高等职业院校建设计划骨干高职院校建设项目以良好等级通过教育部、财政部验收。3月,根据教育部要求,完成新专业目录转换和备案。4月,该院获江西省五一劳动奖状,被省政府授予"江西省第十四届文明单位"称号。同时获2014—2015年度交通运输部支持六盘山片区交通职业院校师资互派交流项目计划"教育帮扶贡献奖"。5月,校企合作项目获"中国T—TEP优秀学校奖"。6月,被评为2013—2015年全省普通高校毕业生就业工作评估优秀等级学校和先进单位。并被省交通运输厅评为全省交通运输系统2015年度社会治安综合治理目标管理先进单位。该院工会女教职工委员会被评为江西省教育系统先进女教职工组织。7月,该院被省交通运输厅评为2015年度公共机构节能工作先进单位,位居第二名。10月,被中国高等职业教育主管部门授予"2015年高等职业院校服务贡献50强"称号,并被评为《中国交通报》2016年通联发行及宣传工作先进单位。11月,被确定为国家优质专科高等职业院校立项建设单位,申报教育部《高等职业教育创新发展行动计划(2015—2018年)》的11类项目、15类任务获批立项建设,其项目有汽车运用与维修专业、物流管理专业、汽车制造与装配技术专业、智能交通技术运用专业、建筑工程技术专业等6个专业列为骨干建设专业;交通装备设计与制造虚拟仿真实训中心等2个实训中心列为重点建设实训中心;汽车运用与维修技术等2个专业列为现代学徒制试点项目;汽车电器系统维修、路基工程施工、Creo三维建模与装配、城市轨道交通票务管理等20门课程立项为精品在线开发课程。该院科研项目"招生危机背景下高职院校办学定位与专业设置研究"获2015年度全国交通教育科学优秀成果一等奖,"产业结构调整背景下高职院校专业设置与课程建设研究"获2013—2015年全国高等职业教育研究优秀成果二等奖。12月,该院被中国青年报社、国际创新创业博览会组委会授予"高职院校创新创业示范校50强"称号。同时,被有关部门授予"2016年度优秀全国公路科普教育基地"和"2016年度江西省高校信息化工作先进单位"称号。

(熊慧芹)

【省交通干部学院干部培训工作再上新台阶】 2016年,省交通干部学院承办干部培训139期次,培训17959人次,培训总数比2015年增长25.7%。其中,组织、承办全省交通运输系统干部培训60期,培训7605人,培训人数比2015年增长17.6%;承办系统外培训79期次,培训10354人次,培训人数比2015年增长32.4%。与此同时,集中力量,重点做好市县两级纪委书记培训班、国家安监总局工贸行业安全监管专题培训班、全国军转中心系统业务培训班、全省巡察干部培训班、全省乡镇长培训班等系统外培训班的服务保障工作;组织实施省交通运输厅处级干部专题轮训班、江西地方交通行业领导干部培训班、全省交通行政执法人员培训、全省公路专业二级注册建造师继续教育培训班及省交通运输厅下达的干部培训任务。

1.全力实施厅机关年度培训计划。与省交通运输厅有关处室密切沟通,认真安排培训日程,精心选配培训师资,不断改进和完善培训教学计划。实施两期全厅处级干部学习中共中央总书记习近平系列重要讲话精神轮训班,进一步加强地方交通运输局长、组织人事干部、财务审计干部、交通战备干部、综治干部、办公室行政人员、交通质监人员、安全应急人员、信息化管理人员等各类专业管理干部培训。培训紧密贴近江西交通发展实际、结合岗位工作需要,提高培训针对性,提升专业管理干部综合素质和业务技能。

2.大力拓展从业资格教育培训。继续实施全省交通行政执法人员培训。有计划组织调训,合理设置培训课程,精心组织培训教学,严格实施班务管理,认真做好考试考评工作,积极开展培训后评估工作,全年举办执法人员培训班3期,培训746人。加强与有关单位和行业协会沟通联系,积极争取从业资格培训机构资质,开展公路水路工程安全生产三类人员培训等职业资格培训,全年举办培训班2期,培训446人。实施全省公路工程专业二级注册建造师继续教育必修课培训。认真组织现场报到,精心设计培训课程,用心聘请授课教师,严格执行培训纪律,严肃培训考风考纪,做好学员意见反馈、合格证书发放等培训后续工作。全年举办9期培训班,2113名二级注册建造师接受继续教育培训。

3.着力开展培训工作发展研究。承办全国交通干校转型发展座谈会,与兄弟单位一道就交通运输行业干部培训机构如何实现创新发展、转型发展积极开展交流研讨、凝聚共识、共谋发展。组织人员赴广东省公路局培训中心学习交流,学习借鉴兄弟省份行业培训机构先进管理经验。组织召开培训工作座谈会,组织学习班主任工作规程、会场工作规程,仔细查摆分析培训工作中存在的不足和差距,确立做好年度培训工作的新要求、新目标。抽调精干力量,组织开展省交通运输厅一般科技项目"江西省交通干部教育培训创新发展研究"课题研究,探索创新开展干部教育培训工作新路子和提升干部贫育培训质量和水平的新方法。积极参与《江西省公路水路交通运输"十三五"教育与培训发展规划》编制工作,谋划"十三五"干部教育培训工作发展升级新举措。

4.进一步优化培训组织保障工作。推行培训工作征求学员意见举措,及时反馈并整改有关意见和建议。培训活动实施前,与委托方充分沟通,征询委托方对教学、会场、餐饮、住宿等综合保障服务要求,了解保障服务需求,明确保障服务内容,制定科学合理的保障服务方案。培训活动实施中,分工协作,做好全程保障服务协调工作。重点做好手册编印、报到、会场布置、课堂教学、考核

考务、意见反馈、证书发放等环节工作。培训活动结束后，加强沟通协调，及时完成有关总结和结算　　（钟恢万）

【江西交通职业技术学院被授予“全省高校平安校园示范校”称号】　2016年，江西交通职业技术学院被省教育厅评为2016年安全稳定工作先进单位和授予“全省高校平安校园示范校”称号，这是该学院连续四年荣获“全省高校平安校园示范校”称号。该院历来高度重视安全稳定工作，将创建和谐平安校园纳入总体规划和重要议事日程，坚持“安全第一、预防为主、综合治理”方针，组织、动员并紧紧依靠广大师生员工，建立健全安全稳定工作体系，营造安全、稳定、和谐、有序的育人环境，为学院的改革发展奠定了良好的基础。　　（秦　昊）

【江西交通职业技术学院获全国交通行指委教育帮扶贡献奖】　2016年，在全国交通行指委承办的2014—2015年度交通运输部支持六盘山片区交通职业院校师资互派交流项目中，江西交通职业技术学院选派教师胡文英前往六盘山片区交通职业院校参加师资交流，此举优化了六盘山片区交通职业院校师资力量的配置，提高了援助院校的教育教学质量和教学水平。全国交通行指委为该院颁发了教育帮扶贡献奖；教师胡文英获得教育帮扶突出贡献奖。

（熊慧芹）

【江西交通职业技术学院国家骨干高职院校建设项目通过教育部、财政部验收】　2016年，教育部、财政部公布“国家示范性高等职业院校建设计划”国家骨干高职院校建设项目2015年验收结果，江西交通职业技术学院国家骨干高职院校建设项目通过验收。

江西交通职业技术学院在国家骨干高职院校建设中，积极创新办学体制机制，充分利用行业办学优势，牵头组建江西交通职业技术学院合作发展理事会，形成合作办学体制，建立校企合作运行机制，实现校企合作“五化”提升。汽车运用技术、道路桥梁工程技术、物流管理等重点建设专业学科依据行业特点，形成“岗位需求引导、行业标准跟进、三方考核评价”等各具特色的人才培养模式；校企共建专业核心课程、共同开发专业教学资源、共同改革课程体系；人才培养质量和毕业生就业率逐年明显提高，受到用人单位的广泛好评。

（熊慧芹）

【江西交通职业技术学院举行全国公路科普教育基地揭牌仪式】　5月26日，江西交通职业技术学院举行全国公路科普教育基地揭牌仪式。中国公路学会副秘书长乔云，省公路学会理事长孙茂刚，省交通运输厅总工程师胡钊芳出席仪式并讲话。2016年，科普教育基地先后接待了参加2016年全国高职高专校长联席会的300多名嘉宾以及全国100多所高职院校的考察、参加全国路桥类专业指导委员会年会的50多名嘉宾、10余家省内公路企业岗前培训的职工、多所省内中小学组织的夏令营，公路科普效应辐射到全国范围，实现了公路科普大众化，江西交通职业技术学院被中国公路学会授予“2016年度优秀全国公路科普教育基地”称号。

（熊慧芹）

【江西交通职业技术学院入选全国高等职业院校服务贡献50强】　2016年，教育部《2016中国高等职业教育质量年度报告》首次面向社会公布“2015年高等职业院校服务贡献50强”榜单。江西交通职业技术学院榜上有名。该院一直以来扎根红土地，情系交通人，以交通规划勘察设计院、公路工程试验检测中心、驾驶培训学校的产教实体为平台，面向社会广泛开展技术服务、科技研发、社会培训等工作，创造良好的经济和社会效益，大幅提升办学水平和社会服务能力成功入选2015年高等职业院校服务贡献50强。

（熊慧芹）

【省交通运输厅举办“怎样讲好海昏侯故事”文化讲座】　6月17日，省交通运输厅邀请省委宣传部副部长黎隆武做客江西交通文化讲堂，为厅机关、省高速公路联网管理中心（厅信息中心）、厅规划办干部职工做“怎样讲好海昏侯故事”专题讲座。厅领导王爱和、陈兵、梁必康、王昭春、王圣义、吴铭汉出席讲座。

黎隆武从“讲什么”和“怎么讲”两方面与大家分享自己对讲好海昏侯故事的心得。他旁征博引,讲述海昏侯的传奇人生,揭开千古悲催帝王侯刘贺的神秘面纱。他还从历史经验教训中受到启发,总结出“六个不可任”,即“有权不可任性、年轻不可任性、有颜值不可任性、有功劳不可任性、有靠山不可任性、有冤屈不可任性”的“六个不可任性”。

(练崇田　周绍芹　付云霞)

【省交通运输厅举办道德讲堂活动】 11月8日,省交通运输厅为进一步加强党员干部思想道德教育,扎实推进社会主义核心价值体系建设,举办道德讲堂活动。厅机关、省高速公路联网管理中心(厅应急指挥中心)干部职工参加活动。

此次道德讲堂分唱歌曲、学模范、诵经典、送吉祥等方面进行。道德讲堂用“接地气”的道德事迹宣讲,使干部职工得到启迪,受到教育,提升道德境界,扎实推进行业精神文明创建工作。

(练崇田　周绍芹　付云霞)

【全省港航安全管理培训班在南昌举办】 7月14—15日,省港航局在南昌举办全省港航安全管理培训班。局属各单位、各设区市和省直管试点县(市)港航管理部门分管安全生产工作的领导及安全管理部门负责人、局机关各业务处室从事安全管理工作岗位的人员共72人参加培训。

培训内容是:一是请厅安监处副处长谈勇系统宣讲新《中华人民共和国安全生产法》知识;二是请局法规处刘宝生系统讲解港口、水路运输、海事、船舶检验、航道航电枢纽等港航系统各部门的安全生产权力清单与责任清单相关知识:三是邀请交通运输部航运安全管理专家、长江航务管理局安全处处长博士徐开金讲授“东方之星”号客轮翻沉事件的警示、天津港“8·12”特别重大火灾爆炸事故调查报告解读、水上安全监管责任风险防控的思考等安全管理知识,以增强港航安全监管人员履职能力,促进全省港航安全管理更加规范化、制度化。

(刘木根)

【全省公路交通情况调查统计管理及报送系统软件培训会召开】 9月9日,全省公路交通情况调查统计管理及报送系统软件培训会在南昌召开。省公路管理局养护处、信息数据中心及各设区市公路养护科负责人和相关工作人员参加培训。培训会上,按照交通运输部《关于召开全国公路交通情况调查统计管理及报送系统软件例行培训会的通知》的要求,信息数据中心对参会人员详细讲解了软件的使用操作,进行了现场答疑,针对地市提出的问题及经常出现的问题一一做了解答。随着新版本公路交通情况调查统计管理及报送系统软件安装调试部署到位,培训会就按照全省公路“十三五”发展思路,做好交通运输统计工作,创新拓宽数据采集方式,推进多源数据融合研究成果转化应用,做好技术保障相关工作,确保数据质量可控、原因可查、责任可追。

(廖宁华)

【全省海事系统开展水上交通知识进校园活动】 3月28日,系第21个“全国中小学生安全教育日”。全省各级地方海事部门联合教育部门连续第四年走进中小学校园,开展水上交通安全知识进校园活动。

南昌海事部门联合南昌大学附属小学红谷滩分校在多媒体教室为300余名学生举办水上交通安全知识讲座。通过现场讲解、互动提问、赠送教材和多媒体演示相结合的方式,为学生们介绍了水上交通安全知识,以及发生水上交通险情应该采取的自救措施,使学生们对水上交通安全知识有了基本认识。

九江市地方海事局以“水上平安交通,安全伴我成长”为主题,通过面对面授课、现场摆放安全展板、发放宣传材料等方式,深入永修柘林镇学校,向学生们详细地讲解水上出行的注意事项、遇险的急救措施,并现场演示救生衣的穿和灭火器的使用方法。

抚州市地方海事局组织海事执法人员携带相关宣传资料到临川区孝桥镇龙湾村小学,为全校140余名师生发放200余份不同内容的水上出行安全宣传手册和几十件安全救生设备。

景德镇乐平市地方海事处到乐港钔魁堡小学开展宣传教育活动。此外,该处还与市教体局和中小学建立长效联系机制,共同建立了水上交通安全QQ群。今后乐平市涉及中小学生的水上交通安全宣传知识相关内容、水上交通安全即时信息等都可以通过该QQ群进行发布。

宜春市地方海事局分为4组,分别走进丰城

拖船小学、樟树第八小学、袁州区宜阳学校、高安石脑中心小学开展水上交通安全宣传活动，传播安全知识。

（录自《江西交通》）

【省公路路政管理总队新进人员岗前培训结业】 3月20日，省公路路政总队新进人员岗前培训会操演练和结业式在省交通干部学院举行。

结业仪式上，80余名路政新进人员身着迷彩服，依次进行分列式、队列操、交通指挥手势操等表演。演练中，队员们严格按照口令一丝不苟地展现训练成果，手势、姿态、表情、动作、礼仪的表达准确无误，分解动作步步到位，连贯动作一气呵成，充分展示学员们朝气蓬勃、奋发向上的精神风貌。

此次岗前培训组织安排周密细致，培训内容丰富实用，学员学习认真刻苦，作风纪律严明规范。在结业式上表彰了曾令煌等8名优秀学员，3名优秀学员代表作了发言。学员们一致表示，在今后的工作中要做务实干事的践行者，善于学习的践行者和遵章守纪的践行者，为交通运输事业发展做出积极奉献。

（洪土斌　涂　琳）

【省交通审计学会举办财务审计高级研讨培训班】 11月25日，省交通审计学会在南昌举办一期针对事业单位负责人的财务审计高级研讨培训班。参加此次培训的人员有省港航管理局各分局、省公路路政管理总队各支队主要财务分管领导和财务负责人等共110人。

培训班邀请行业内专家授课。老师们对新预算法等进行了系统讲解，并根据审计法规、领导干部职责、预算管理、预算法的要求，结合交通系统财务管理现状，分别对新常态下交通运输审计发展趋势、部门预算及预算管理、领导干部经济责任审计等内容进行授课讲解。

（付　琴）

【省交通工会举办全省交通基层工会干部培训班】 10月17—20日，全省交通基层工会干部培训班在中国劳动关系学院举办。

培训班专门邀请中国劳动关系工会学院等单位的5位专家学者授课。授课老师结合工会工作理论与实际，分别就中共中央总书记习近平关于工人阶级和工会工作的重要论述、中央党的群团工作会议精神与工会工作基础理论及工会组织自身建设、企业民主管理、当前中国劳动关系的现状和发展趋势等内容进行培训。培训课程与时俱进、内容新颖、贴近实际，提升了学员的理论与实际工作水平。

（张旭芬）

【省运管局认真贯彻落实机动车驾驶培训新教学大纲】 8月，省运管局为抓好交通运输部与公安部联合印发的新版《机动车驾驶培训教学与考试大纲》（以下简称大纲）的贯彻落实，对驾驶员培训的内容、学时和形式进行调整，对驾校培训工作提出新要求。一方面联合省驾培协会举办新大纲的宣贯培训班，邀请全国知名驾培专家对新大纲进行解读，帮助全省各级运管机构和各驾培机构尽快了解和掌握大纲的新内容和新要求。另一方面，要求各设区市运管机构加大监管力度，督促辖区内驾校依据新《大纲》要求，及时调整教学计划和培训学时，按纲施教。同时，规范驾驶员培训结业考核工作，通过强化对驾校结业考核工作的监督管理，促使驾校把好培训"出口关"，进一步提升驾驶员培训质量和效果。

（张　玮）

【宜春市交通运输局贯彻落实国家《干部教育培训工作条例》】 2016年，宜春市交通运输局认真贯彻落实国家《干部教育培训工作条例》：一是制定教育培训计划，对干部培训任务、目标、内容等做出相应规定，对各类干部的教育培训提出不同的要求。二是制定每周集中学习制度，组织干部认真学习邓小平理论和三个代表"重要思想和中共十八大与中共中央总书记习近平的重要讲话精神及各种业务知识。三是建立健全干部的教育培训管理机制，完善干部教育培训管理机构，开展网络培训工作。局领导不定期地进行检查、指导，实行一级抓一级，层层抓落实的举措。四是把干部培训工作纳入部门年度工作目标责任制的组成部分，作为干部年终考核内容与提拔使用依据之一，促进干部教育和培训工作不断向纵深发展。一年来，全局干部职工学习热情高涨，积极参加8月10日宜春市交通运输局组织开展消防知识讲座和公文写作、信息写作与报送、公文处理、信访回复、业务学习与培训,干部教育培训工作进一步落到实处,大幅提高了干部综合素质,促进了交通运输事业的又好又快发展。

(晏小宜 高 强 柳承启)

【省港航局举办赣江(樟树—湖口)安全监管系统培训】 8月25日—9月2日,省港航局在南昌举办赣江(樟树—湖口)安全监管系统培训。南昌、九江、上饶、宜春、新余等设市区港航分局安全监管人员参加培训。

培训内容是由安全监管系统开发的工程师详细讲解安全监管系统客户端各相关功能及其应用,结合VHF、MIS子系统在现场一对一地进行指导实际操练,以此强化参训学员对该系统的功能了解,提高实际操作能力,并通过学员与老师现场交流互动、模拟相关安全监管事件、核心功能考核等方式,使参训学员深入了解该系统接入和整合的海事监管动静态数据资源、CCTV数据、AIS数据和船舶基础数据等知识及在船舶管理、水域监控、VHF通讯等方面的功能和作用,掌握该系统的使用方法和操作技巧,进一步规范赣江(樟树—湖口)安全监管系统的使用,提高工作效率。

(罗云海)

【省港航局举办《船舶检验管理规定》及《内河小型船舶检验技术规则》培训班】 4月21—23日,省港航局在南昌举办《船舶检验管理规定》及《内河小型船舶检验技术规则》(以下简称规则)宣贯培训班。全省各港航分局分管船舶检验的副局长、船检科长以及船检业务骨干共计120余人参加培训。

培训班专门邀请国家海事局副局长、全国知名船检专家李青平和国家海事局船舶检验处副处长邓少彪、《内河小型船舶检验技术规则》编制人程远忠授课。培训老师详尽讲解编制规定、规则的过程,颁布规定、规则的目的、意义,就规定、规则的应用与学员进行交流互动。经过培训,为全省船舶检验人员做好船舶检验管理和内河小型船舶检验工作创造了条件、奠定了坚实基础。

(吴少华)

【峡江县交通运输局开展消防安全培训】 8月19日,峡江县交通运输局邀请市防火宣传中心联合举办消防安全知识培训班。全县客运企业、全局干部职工共50余人参加培训。培训的主要内容有:法律法规、防火意识、消防安全知识、消防技能、防器材结构与使用方法等。通过培训,参培人员进一步增强了法制观念,提高了防火意识,掌握了消防安全知识与技能,熟悉使用各种消防器材方法,增强了做好消防安全工作的责任感和主观能动性。

(吉安市交通运输)

【省港航局集运公司开展防污染培训及船舶溢油应急实操演练】 2016年,省港航局集运公司在贯彻落实《关于船舶与港口污染防治专项行动实施方案》中,以"永泰集8号"和"赣远32号"停靠南昌集装箱码头为契机,组织船员开展防污染培训及船舶溢油应急处置实操演练。

培训内容是由公司海务主管和机务主管分别详细宣贯防污染方面的法律法规,讲解防污染知识与设备操作及管理技能,并进行船舶溢油应急处置实操演练。参加演练的船员行动迅速、配合默契,在较短时间内完成演练方案规定达标的全部内容。演练结束后,海务、机务两位主管领导分别对演练工作进行分析总结,提出完善措施。

(张珍元 张明煊)

【景德镇市交通运输局举办安全生产和应急管理培训班】 8月30日,景德镇市交通运输局举办安全生产和应急管理培训班。

培训内容主要是:学习与贯彻落实中共中央关于安全生产工作的系列指示精神;学习应急救援知识;开展各项培训演练及修订完善应急体系和确保安全生产态势平稳发展的有关知识。

全市交通运输系统各单位安全管理人员40余人参加安全管理和应急培训。

(熊怡霖)

【吉安市机动车驾驶证自学直考试点工作落到实处】 4月1日,吉安市机动车驾驶证自学直考试点工作正式启动。该市是江西机动车驾驶证自学直考试点工作的试点城市之一,交警、运管部门提前对接,联合制定下发试点工作协作机制:一是自学直考试点信息共享机制，二是建立联合查处机制，依法打击“黑驾校、黑报名点”利用自学直考从事非法经营活动的；三是建立自学直考例会机制；四是向社会公开，接受社会监督机制。保障自学直考试点工作公平、公正开展，扎实有序地推进此项工作向纵深发展，确保全市驾驶证自学直考试点工作落到实处。

（吉安市交通运输局）

【渝水区交通运输局举办消防安全知识讲座】 11月27日，新余市渝水区交通运输局邀请市公安局消防支队教官为全局干部职工举办一场消防安全知识讲座。讲座采取观看图片和现场灭火演示等形式进行。教官现场详细讲解发生火灾的起因，列举日常生活中的火灾隐患，讲授各类灭火器材的性能与使用方法及火灾现场自救逃生技能和扑救初期火灾的时机和方式方法，使大家对火灾形成原因、预防措施、自救等防火知识有了进一步了解，增强了广大干部职工的消防安全意识，为进一步提升该局消防安全工作水平奠定了一定基础。

（喻水区交通运输局）

【省运管局推进大客车驾驶员和机动车驾驶培训教练员职业教育试点】 4月，省运管局全面贯彻落实国务院关于推进驾驶员培训考试制度改革工作精神，推进全省大客车驾驶人和机动车驾驶培训教练员职业教育试点工作。主动协调省交通运输厅、省公安厅、省教育厅和省人社厅组成联合调研组，到云南省考察大客车驾驶人职业教育试点工作情况。根据调研成果，结合江西实际起草《江西省开展大客车驾驶员和机动车驾驶培训教练员职业教育试点工作的实施意见》，由上述4厅联合印发全省。9月，江西科技学院作为全省首个试点院校，首批招收试点学员210名，标志着全省大客车驾驶人和机动车驾驶培训教练员职业教育试点工作正式启动，成为全国为数不多已开展大客车驾驶员和教练员职业教育试点的省份之一。

（张　玮）

【吉安市质监站举办交通工程质量监督业务培训班】 8月23日，吉安市质监站举办2016年度吉安市交通工程质量监督业务培训班。市交通运输局总工程师和各县（市、区）交通运输局分管领导、质监工作负责人及技术员共40余人参加培训。

培训班邀请省交通建设工程质量监督管理局两位专家授课。讲授的主要内容是桥梁监督要点、工程建设安全监管、路基路面监督要点等相关内容。此次培训，强化了全市交通建设工程质量安全的监督管理意识，提高了全市受培人员的工程质量及安全监督管理水平。

（吉安市交通运输）

【鹰潭市公交公司举办新能源车规范操作培训班】 2016年，鹰潭市公交公司举办新能源车规范操作专题培训班，全市新能源车驾驶员分当天和夜晚2期接受培训。培训班邀请郑州宇通客车有限公司专家讲解新能源车结构、驾驶规范，操作要领等相关知识，并针对驾驶员在行车过程中遇到和提出的各种问题进行解答，具有很强的针对性和实用性，对参训的新能源车驾驶员规范操作好新能源车辆具有很好的指导和帮助作用。

（鹰潭市公交公司）

【九江市运管局举办2016行政执法业务知识讲座】 5月23日，九江市运管局在市运管处举办2016行政执法业务知识专题讲座。

此次讲座邀请市政府法制办主任周文利、九江市支点律师事务所律师张毅重点讲解如何应对行政复议；行政执法工作中应注意的事项；如何规范使用新版运政执法法律文书等内容；并就稽查工作及执法案卷互评进行经验交流互动。

全市交通运输行政执法人员共计50余人参加讲座。

（九江市运管局）

【高安市举办农村公路质量监督业务培训】 4月18日，高安市交通运输局举办全市农村公路质量监督业务培训会，该市23个乡镇分管质监工作的领导等共30人参加培训会。

培训会邀请市公路所、交通工程质量监督站负责人分别就农村公路建设管理、质量监督进行授课，并组织受培人员学习《江西省农村公路工程质量监督工作标准化指南》，授课老师还对农村公路质量监督手续办理、中间过程质量监督、交工质量检测、竣工质量鉴定、质量事故处理等作了细致讲解，还对《公路工程质量安全监督申请书》

填报、农村公路工程质量监督标准化业务和加强新建工程报建管理,完善前期项目质监手续建立健全社会监督机制,调查处理质量问题进行宣讲。

(周世祥)

【省交通科研院举办学术讲座】 2016年,省交通科学研究院在南昌举办学术讲座,省交通运输厅总工程师胡钊芳和江西省公路学会有关专家及全院干部职工参加讲座。

此次讲座邀请中科院院士、同济大学教授孙钧作题为“近年来我国若干重大跨江越海公路隧道工程的技术关键问题”的学术报告。报告针对近年来水下隧道面临的技术焦点与难点问题,结合其丰富的工程建设经验与专业知识,阐述目前隧道技术前沿知识及如何处理“建桥梁还是修隧道”的方案选优矛盾。他说:“我们是搞岩土的,一辈子与工程打交道。但是我们的思想不能被专业局限,我们的视野应该站得高一点,放得宽一点,关心其他领域正在发生的革命,才能出更多的成果”。聆听讲座,开阔了大家的视野,。

(省交通科研院)

【省交通科研院勘察设计中心实地开展GPS测量培训】 3月25日,省交通科学研究院勘察设计中心组织员工进行新一代RTK-GPS现场测量培训。

此次培训采取理论与工程实地测量相结合的方式进行。邀请南方测绘仪器有限公司仪器测量测绘方面的专家,从GPS系统认知、GPS测量原理及使用方法、实地测量操作、测量数据的处理等4个方面进行培训。并由员工对GPS的地形测量作业和测量放样进行实地操作。勘察设计中心员工通过理论学习与实践操作,熟练掌握了新一代RTK-GPS外业数据采集和内业数据处理、仪器与PC机联网操作、数据录、与成图制作等技能。

(省交通科研院)

【樟树市运管所举办道路运输行业应急救护安全培训】 12月16日,樟树市运管所与市应急办、市红十字会、市道路运输协会联合举办樟树市道路运输行业应急救护安全培训班。全市客运、货运、驾培、汽修、公交、出租车企业的379名从业人员参加培训。

培训班邀请中国红十会救护培训导师、国家二级心理咨询师晏树龙授课。

培训主要内容有:现场急救原则、救护新概念、突发应急救护中的心肺复苏和创伤救护技术、AED(自动体外除颤器)使用、紧急避险和防灾常识、交通事故、中毒、溺水等常见灾害事故和突发事件的应对措施与处理、救护包扎方式方法以及心理咨询等,授课教师还现场带领学员用教学模具进行摸拟演练,这对遇到突发事件“挽救生命、减轻伤残”,预防重大事故,提高避险逃生、保护生命、保障安全、开展自救互救有很大帮助。

(王志勇)

【省运管局开展驾驶员“按学时收费、先培训后付费”培训】 “按学时收费,先培训后付费”服务模式是2016年初交通运输部确定的13件更贴近民生实事之一,也是全国驾驶员培训制度改革的一项重点任务。5月23日,省运管局为大幅提升全省驾驶员培训和服务质量和学员满意度,制定并印发《江西省驾培行业推行“按学时收费、先培训后付费”服务模式实施方案》。6月30日,省运管局在南昌召开全省驾培行业推行“按学时收费、先培训后付费”服务模式培训现场会,专题动员部署此项工作。全省各级运管机构的驾培工作分管领导和科室负责人100多人与100余家驾培机构的负责人参加培训会议。会议由实行该服务模式的省内外驾培机构和南昌市运管处作典型发言和经验介绍,并组织与会人员到江西蓝天驾校现场观摩。通过会议进一步推进“按学时收费,先培训后付费”服务模式进程。截至2016年底,全省有496所驾校实行了“按学时收费,先培训后付费”服务模式,占全省驾校总数的77.7%,超额完成了交通运输部下达的覆盖率超50%的年度工作目标任务。

(张　玮)

【萍乡市运管处强化驾驶员教育培训和从业资格考试】 2016年,萍乡市运管处组织3065名道路运输从业人员参加从业资格培训,其中组织全市驾校(共计18家)培训14256人,培训合格结业10447人;安排3336名道路客货运输驾驶员和出租汽车驾驶员参加教育培训和从业资格考试,其中，道路客货运输驾驶员2941人，出租汽车驾驶员为395人，经考试合格人数为1966人，合格率66%。通过教育培训和考试，调动了全市道路运输从业不断加强技能学习、提升服务水平的积极性和主动性。

（萍乡市运管处）

【省交通工会举办困难职工档案管理培训班】 10月14日，省交通工会为贯彻落实省总工会关于困难职工精准帮扶的会议精神，切实做好交通基层单位困难职工的精准建档和精准帮扶工作，在南昌举办困难职工帮扶工作会暨困难职工档案管理培训班，省交通运输厅厅直各单位有关部门负责人及工会干部参加培训。

培训班邀请省总工会保障部郑姣进行现场授课。郑姣首先组织学习了省总工会关于困难职工档案管理暂行办法和开展困难职工精准建档立卡工作方案，并从精准帮扶的建档对象、建档条件、建档程序和困难职工申报表等方面进行了详细讲解，回答了准建档的具体工作步骤和组织有关人员调查摸底，按时完成全面精准建档立卡和困难职工帮扶任务的方法、措施，为做好厅直各单位困难职工帮扶工作暨困难职工档案管理工作奠定了一定的基础。

（张雅琪）

【省交通工会举办2016年财务（经审）工作会议暨财务培训班】 10月27日，省交通工会在吉安举办2016年财务（经审）工作会议暨财务工作培训班。

培训班组织学习省总工会有关会议精神，通报省交通工会财务工作和审计工作情况。省高速集团工会、宜春公路局工会、九江汽运集团工会进行经验交流发言。

省交通工会采取以会代培的方式，对与会人员进行对工会财务会计工作规范化和财务软件使用。以及加大经费收缴力度，完成全年经费上解任务和依法依规加强工会经费收、管、用，进行授课和培训。

各基层工会分管财务工作的领导及财务人员等共40余人参加培训。

（胡　莎）

【鹰潭市城区交管所开展国家宪法日系列宣传活动】 12月4日，鹰潭市城区交通管理所认真组织筹划、积极组织开展“12·4”国家宪法日暨全国法制宣传日系列宣传活动。活动中城区交通管理所组织全体干部职工重点学习《宪法》《江西省道路运输条例》等法律法规，确定活动主题、活动时间、宣传重点、主要形式与工作要求，对活动应作工作和实施办法与落实措施进行具体部署。与此同时，在滨江公园等地设立宣传点，组织执法人员走上街头，重点宣传交通运输法律法规知识，散发《中华人民共和国宪法》《江西省道路运输条例》《交通运输安全生产知识》和《道路运输从业指南》等宣传读本，并现场解答广大人民群众所关心的热点、难点问题，有针对性地宣传交通运输法律法规，营造全社会学法、知法、懂法、遵法、守法，依法办事的良好氛围，不仅增强了执法人员和公众的法律意识，而且提高了执法人员依法决策、依法行政能力，为全面推进全市交通运输法治建设奠定了一定的基础。

（江曼婷）

【省交通工会举办全省交通基层工会干部培训班】 10月17—20日，2016年江西省交通基层工会干部培训班在北京中国劳动关系学院举办。

培训班专门邀请中国劳动关系工会学院副院长、教授刘元文，教授、哈佛大学访问学者乔东，法学学院院长、教授姜颖，劳动关系系主任、副教授乔健，讲师刘东升为学员授课。五位专家学者分别就中共中央总书记习近平关于工人阶级和工会工作的重要论述、中央党的群团工作会议精神与工会工作基础理论及工会自身建设、企业民主管理等进行授课。课程与时俱进、内容新颖，理论具有广度与深度，实务贴近实际与需求，达到了开拓思路、更新观念、提升能力的预期目标。

全省交通基层工会主席、副主席、工会干部，共68人参加培训。（张旭芬）

【新余市运管处开展客运企业安全管理规范教育培训】 1月21日，新余市道路运输管理处为提高客运企业的交通安全意识，确保春运期间道路交通安全与畅通，对新余市新北汽运集团有限公司开展安全管理规范教育培训。培训期间，处领导对《道路旅客运输企业安全管理规范》进行宣讲,同时要求客运企业进一步建立健全安全管理制度,并就2016年春运期间道路运输安全明确了具体要求,为春运期间该市旅客运输消除安全生产隐患,确保春运工作平稳有序进行奠定了一定的基础。

(曾国陵)

【九江市港航局举办公文与新闻写作培训】 9月1日,九江市港航局在局机关会议室举办公文与新闻写作培训。局辖单位和局机关科室分管办公室领导、办公室主任和宣传员共计40余人参加培训。

培训班邀请九江市巍然数码俱乐部教师毛浩对数码相机的应用、摄影技巧和照片后期制作等进行讲解,还结合2016年以来市港航局各单位报送的新闻照片逐一进行点评,指出存在问题和后期制作改进意见。局办公室主任王大慰结合自己多年的工作经验和切身感悟,深入浅出、结合实例分别对新闻和公文写作进行授课,并指出了港航新闻和公文写作存在问题和改进方法,传授了写作技巧。

(余昭林)

【鹰潭市积极开展“公交出行宣传周”活动】 9月19日,鹰潭市交通运输局和鹰潭市公交公司联合开展“公交出行宣传周”活动。

此次活动以“优选公交、绿色出行”为主题,在火车站公交停靠点设现场咨询宣传点、随车发放宣传材料,向广大市民宣传该市公交飞速发展与取得的巨大进步,广泛征求广大人民群众对公交出行的意见和建议,解答市民咨询的热点难点问题。发出绿色出行倡议书2000余份。营造全民关心、支持、参与“优选公交、绿色出行”氛围。

(彭　霞)

【芦溪县交通运输局干部教育工作常抓不懈】 2016年,该局进一步抓好干部的教育培训工作,制定具体的教育培训计划,强化思想政治教育与廉洁文化教育,结合“两学一做”学习教育活动“集中整治和查处基层侵害群众利益不正之风和腐败问题”,开展专项治理“红包”等专题活动。严格落实中央“八项规定”,进一步加强机关作风建设,杜绝纪律松懈、作风涣散、不负责任的现象。切实加强行业文明和文化建设教育。坚持理论联系实际,学以致用,措施有力,工作到位。建立健全信访服务等规章制度,强化机关管理,全局干部职工牢固树立服务意识、责任意识和廉洁意识,工作效能和服务水平大幅提升。

(芦溪县交通运输局)

【上栗县交通运输局全面加强干部职工培训】 2016年,上栗县交通运输局全面加强干部职工培训。常态化地加强政治理论学习,制定专门的学习计划,明确学习内容,整理下发专题学习资料,组织全体机关干部进行集中学习。先后开展“坚定执着树理想、实事求是创新路、艰苦奋斗攻难关、依靠群众夺胜利”4个专题大讨论。4月20日,请县纪委黄副书记作题为“做廉洁自律表率,当人民满意公仆”专题培训;5月18日,请法院法官进行“预防职务犯罪”知识讲座;11月13—16日,派员参加全国治超执法培训;10月1—31日,派员参加萍乡市交通运输局参加为期1个月的质监培训。与此同时,该局通过“走出去,请进来”的方式,全面加强全局干部职工的业务培训。全年共抽调4人参加省交通建设理论培训,组织4人参加市里行政执法和公路建设业务培训。局机关自行组织交通业务培训7次。安排6人参加县财政局组织的财务知识学习,3人参加全县组织的信访综治培训。并采取集中授课、观看先进典型影像视频、参观教育基地与读书看报等方式加强理论学习教育,特别是加强党的十八大和中共中央总书记习近平系列重要讲话精神学习,进行专门的学习成效测试,推进学习教育和培训工作不断向纵深发展,为全县交通运输事业又好又快发展创造了条件、奠定了基础。

(上栗县交通运输局)

【抚州市公路局举办消防安全知识培训班】 4月19日,抚州市公路局在局会议室举办消防安全知识培训班。该局全体机关人员参加培训。此次培训邀请南昌赣安消防公益培训中七、教员万耀南讲授火灾的起因、发生火灾怎么办、怎么灭火、电气火灾的特征、生活火灾的预防等知识,解读火灾案例,并在现场演示灭火器等灭火器械的使用方法和步骤。此次培训,使大家进一步增强了消防安全意识,提高了主动预防、积极做好消防安全工作的积极性和操作技能与水平。

（刘文华）

【省公路局举办“法治公路建设”法律知识讲座】 7月6日，省公路局举办“法治公路建设”法律知识讲座，省公路局各处室人员参加讲座。

此次讲座邀请省交通运输厅政策法规处负责人宣解《中华人民共和国行政诉讼法》和《江西省公路条例》。授课老师紧扣主题，联系实际，深入浅出，旁征博引，融学术性、实用性、指导性于一体地详细讲解上述2个文件，并提出贯彻落实文件精神的有关要求，并就熟练掌握公路法律知识，学会用法律保护自己，大力宣传法律知识，广泛普及公路管理法律法规，增强社会公众爱路护桥、强化治超的意识，提升公路路政管理工作在社会上的认知度和影响力，为全省公路事业又好又快发展营造了良好的社会氛围和舆论环境等进行详尽讲解。对深入推进全省普通公路法治建设具有一定的推动和促进作用。

（甘海花　邵新羚）

【全省公路养护科学决策系统培训会召开】 11月18日，全省公路养护科学决策系统培训会在南昌召开。培训会上，省公路局信息数据中心、检测中心负责人分别对公路科学养护决策系统的使用及操作进行详细讲解，并为参会人员现场安装VPN，解答该系统在使用过程中遇到的具体问题。局养护处负责人对做好全年路网调整后路况评定、审核步骤等工作进行培训。

省公路局综规处、养护处、县乡处、信息数据中心、检测中心和省高速集团、各设区市公路局、交通局负责路况评定工作的分管导和具体工作人员参加培训会。

（甘梁刚　程国海　张　磊）

【省运管局把好结业考核关，着力推动驾考改革】 2016年，省运管局为进一步做好机动车驾驶培训考试改革工作，提升培训质量，进一步规范驾驶员培训结业考核工作。一是严格按《大纲》施教，按阶段组织考核。驾培机构严格按照《大纲》规定的培训内容与学时开展培训，如实填写《驾驶培训教学日志》。在每个教学阶段结束后，驾培机构及时对学员本阶段的学习进行考核，并由考核员在《教学日志》上签署考核意见。阶段考核合格，方可进入下一阶段学习；阶段考核不合格的，由考核员确定应当增加复训的内容和学时。二是严格结业证书发放，证明材料及时归档。驾培机构在学员完成各阶段培训并考核合格后，及时向学员颁发《结业证书》，并将《结业证书》的复印件和《教学日志》《培训记录》等相关证明材料一并存入学员档案备查。三是加强日常监管，严格责任追究。各设区市、县级运管机构负责对辖区内驾培机构的教学培训行为和结业考核工作监督和管理，不定期开展检查，并对检查中发现的违规行为进行处罚，着力做好驾培考试改革工作，取得了明显成效。

（张　玮）

【泰和县交通运输局举办交通运输行政执法培训】 11月20—21日，泰和县交通运输行局举办2016年交通运输行政执法业务培训班，全县交通运输执法人员共60余人参加培训。

培训班邀请行业专家和学院教授授课。培训内容包括行政执法文书制作、案例分析、法律法规、执法人员对突发事件的处置能力和应急处理、交通运输行政执法风纪与职业道德等。培训班还聘请武警教官对学员进行队列训练。培训内容丰富、针对性强。培训结束时对参训人员进行了业务知识考核，学员均取得良好成绩。

（吉安市交通运输）

【万安县交通运输局多措并举宣贯《江西省公路条例》】 2016年，万安县交通运输局多措并举起学习、宣传、贯彻《江西省公路条例》（以下简称条例）：一是把条例印发给每个干部职工，组织全体干部职工采取自学、集中学习等形式学习，以全面领会和掌握条例的精神实质和丰富内涵。二是根据公路建设、路政执法、养护管理、资金管理等不同岗位的特点有针对性组织干部职工精读细学，做到熟练掌握和运用条例，以提高业务能力和管理水平。三是组织人员到公路沿线及人口集中地悬挂横幅标语及发放条例宣传单，让社会公众全面了解条例及有关公路法律、法规知识，提高社会公众爱路、护路意识。全年发放宣传资料500余份，悬挂横幅标遠10余条，营造了良好的宣传氛围。四是以实际行动落实贯彻实施条例，坚持边宣传、边落实,加大路政综合执法整治力度,对车辆超限超载运输、公路沿线内违法搭建、违法堆放、违法占道经营等违法行为进行集中治理以扎实有效的行动进一步巩固提升良好的公路路域环境,已拆除非公路标志、标语6处,清除公路两侧堆积物120余立方米,查处超限超载车辆140台,卸货150余吨,责令拆解擅自改装车辆35台,纠正违法违规的行为130余起,批评教育70余人次,进一步促进了公路建设和交通运输事业又好又快发展。

(吉安市交通运输)

【吉安县交通运输局深入开展"安全生产月"宣传活动】 2016年6月,是全国第十五个"安全生产月"。6月16日,吉安县通运输局在县城开展"安全生产月"宣传咨询日活动。通过采取悬挂横幅、展板、发放资料和现场解答咨询问题等方式,及时向过往群众宣传新《中华人民共和国安全生产法》等交通运输安全法规知识和安全乘车常识。此次活动共制作宣传横幅1条,宣传展板4个,发放各类宣传资料500余份,接待群众咨询100余人次,解答各类咨询80余条,进一步提高了人民群众的交通安全意识。

(吉安市交通运输)

【省高速集团举办高速公路机电维护管理研讨会】 7月15日,省高速集团在庐山西海服务区举办"2016年江西高速公路机电维护管理研讨会。省高速集团、江西赣粤高速公路公司、江西公路开发公司、江西赣粤股份公司、省高速集团直属各管理中心与各路段单位和江苏沪苏浙高速公司等单位专家、技术管理人员共100多人参加培训。

培训会上,江苏沪苏浙高速公司研究员杨祥妹介绍沪苏浙高速公路维护管理体制和标准化建设有关情况。省高速集团赣州管理中心、抚州中心、昌樟管理处、方兴公司、锦路公司分别作经验交流。会议期间,与会人员观看了北京中瑞方兴科技新产品功能展示和方兴公司近年来研发的高速公路机电系统产品新成果。会议研讨和探索新形势下高速公路机电维护管理的新模式及优化机电维护管理模式与服务措施。

(交通集团)

【江西地方交通行业领导干部培训班开班】 6月28日至7月2日,江西地方交通行业领导干部培训班在赣州市上犹县举办。

培训班特别邀请清华大学、交通运输部综合规划司、财政部研究院、交通运输部科研院、交通运输部公路科研院、交通运输部水运科研院、交通运输部管理干部学院专家学者授课。交通运输部综合规划司原司长孙国庆作题为《交通发展战略》主题报告。专家学者授课课程涵盖交通发展战略、综合交通运输系统与城市和谐及可持续发展、综合交通运输体系构建、山区公路养护管理的新技术新理念、财税体制改革与PPP模式、PPP模式在交通领域的推广及应用、市县交通局职责解读等内容。

全省各设区市交通运输局及所属县(市、区)交通运输局近130名领导干部参加此次培训。

(钟恢万)

【高安市交通运输局举办消防安全知识培训班】 4月28日,高安市交通运输局举办消防安全知识培训班。全县交通运输系统有关部门和有关单位派员接受培训。

培训班邀请市消防大队教官授课。授课教官从日常消防安全知识到火场逃生以及灭火器的正确使用方法等逐一进行宣讲。同时就如何做好火灾隐患的预防及灭火器材的识别、保管、使用进行详细讲解。现场演示如何正确佩戴防火面罩,并让参训人员上台给大家做示范。培训班还播放消防安全宣传片,组织观看全国重大火灾事故典型案例。

(周世祥)

【袁州区交通运输局举办消防安全知识讲座】 8月19日,袁州区交通运输局举办消防安全知识讲座。邀请区消防大队副队长为全局机关干部职工宣讲消防安全知识和灭火器具构成及使用方法与逃生技能和本领。授课教官借助幻灯片和视频,生动形象地向大家展现了几起特大火灾事故,深入剖析火灾发生的原因,并结合自己多年的工作体会,指出有的单位和个人存在侥幸心理、麻痹大意、不懂如何使用灭火器等突出问题及其危害。就火灾隐患的具体处理方法作了详细讲解,当场演示灭火器和消防面具的使用方法。

(袁州区交通运输局)

【南昌市公路局举办履行主体责任和“一岗双责”专题培训班】 2016年，南昌市公路局举办全市公路系统履行主体责任专题培训班，局领导班子及局属各单位领导班子成员，共计70余人参加培训。

培训班先后邀请市委党校、江西财经大学、市纪委等专家学者作《党风廉政建设课程》《推进依法行政、建设法治国家》《财经法规讲座》《职务犯罪与预防》专题讲座。讲座就党风廉政建设与反腐倡廉工作新思路、新思想、新举措、新任务、新要求的新形势下，什么是主体责任，党政主要领导如何履行主体责任，落实主体责任与“一岗双责”的必要性等进行旁边征博、深入浅出地系统讲解，提出要扭转“重业务，轻党务”现象，积极消化吸收培训内容，学以致用，以学促行，共同把南昌市公路系统党风廉政建设工作推向一个新高度。培训期间还就落实主本责任组织参训人员座谈交流。

（杨　健）

【樟树市公交公司举办新能源电动汽车知识培训】 4月26日，樟树城乡公交公司为使刚上线的28辆新能源公交车更好地进行运营，举办新能源电动汽车知识专题培训班。培训班邀请宇通客车股份公司工程师就新能源汽车相关知识专题授课。主要内容有新能源纯电动公交车的结构原理、使用与维修等方面知识。同时还进行了车辆驾驶操作、机械检查、故障预报等方面的操作演示。授课教师还就新能源纯电动汽车的总体结构、机械性能、操作注意事项和故障检查排除方法及驾驶技能等与学员进行交流互动。

全市营运生产一线的公交驾驶员共40余人参加培训。

（曾凡荣）

【南昌市港航管理处开展《国防交通法》宣贯活动】 2016年，南昌市港航管理处按照全面系统、客观实在、精准有效的宣贯思路进行做好《中华人民共和国国防交通法》宣贯工作。成立了以处长为组长、各分管领导为副组长的宣贯工作小组，下设办公室，强化宣贯工作的领导。同时将《中华人民共和国国防交通法》相关内容纳入各科室学习的计划，对《中华人民共和国国防交通法》进行详细解读，在机关大门和相关科每显著位置、一线站点的趸船上都悬挂宣贯横幅标语，形成浓厚的宣贯氛围。发放《中华人民共和国国防交通法》文本，利用微信、发送手机短信等多种形式，深入广泛宣传相关知识，使《中华人民共和国国防交通法》进一步深入人心，推进该法在全市港航系统落实到位。

（熊晓燕）

【鹰潭市公交公司开展消防演习活动】 9月27日，鹰潭市公交公司组织公司全体员工进行消防演习。此次演习特邀请鹰潭市月湖区消防中队干警指导和传授消防知识和技能。消防干警讲解灭火器的使用方法，并现场演示遇到火情应如何应对和处置方法与措施。组织全体员工结合实战演习、模拟突发火情后疏散、灭火等应对处置操作技能，为做好消防和安全工作奠定了一定的基础。

（彭　霞）

【省公路局交通通信总站举办节能减排培训班】 3月4日，省公路局交通通信总站举办以“携手节能减排，悠享生活空间”为主题的节能减排培训。该站全体干部职工参加培训。培训内容结合公共机构用能特点和该站节能规范相关规定，宣贯公共机构节能减排的意义，传授节能减排基础知识、途径和方法、应用技术等。通过培训，进一步增强了全站体干部职工节能减排意识，全站干部职工从日常生活中的随手关灯，及时关闭电脑、节约办公用电、控制空调温度、加强用水设备日常维护等细微之处做起，进一步将节能减排职责细化并落实到各部门、各单位。

（交通通信总站）

【省公路局召开《公路工程建设项目招标管理办法》宣贯会】 5月24日，全省《公路工程建设项目招标投标管理办法》宣贯会在南昌召开。省公路局、省公路学会、各设区市公路局和省公路局直属各单位负责人与有关人员共100余人参加会议。

宣贯会全面解读交通运输部发布的《公路工程建设项目招标投标管理办法》，结合江西公路工程建设项目招标投标过程遇到的实际问题和法律、实践、事例作了详细的讲解，提出了《办法》落到实处的方法和途径，以及维护公开、公平、公正的公路建设市场竞争秩序、确保《办法》执行的有效性、及时性和准确性的办法和措施。

(陈 翔)

【省交通运输厅举办行政事业单位财务人员培训班】 3月23日,省交通运输厅行政事业单位财务培训班在省交通干部学院开班。培训班旨在学习贯彻行政事业单位预算绩效管理与绩效评价、预算管理、会计准则、政府采购、行政事业单位内部控制等财务规章制凌、政策法规。邀请高校专家授课,培训采用教学与研讨相结合的方式进行。省交通运输厅直属事业单位近100名财务人员参加培训。

(钟恢万)

【景德镇市长运公司举行站务员技能竞赛】 11月23—24日,景德镇市长运公司工会和乐平公司、弘鑫公司、汽车总站联合在该市汽车北站举办汽车客运站员操作技能竞赛。乐平公司、弘鑫公司和汽车总站10个队的30名选手参加竞赛。

此次汽车客运站务员技能竞赛内容包括仪容、仪表、仪态、语言规范、准备工作、售票操作、应急处理、检票、发车规范、检票服务、检票速度等,分站务知识竞赛和岗位服务实操2个阶段进行,而现场操作竞赛则按照“售检票一体化”的形式进行。

各代表队通过风采展示、问答抢答和服务技能实操等三方面的激烈比拼,最后,汽车总站1队、汽车总站4队、汽车总站2队分别荣获团体一、二、三名;汽车总站4队刘敏荣获第一名,汽车总站2队黄卉、1队汪蓓荣获第二名;汽车总站1队李欣、张文映、3队郝华荣荣获第三名;汽车总站2队辛文、3队高星星、4队秦文静、7队杨敏荣获第四名。

(张顺发)

【第26期全省交通行政执法人员培训班在省交通干部学院举行】 11月8—11日,第26期全省交通行政执法人员培训班在省交通干部学院举行。

培训班紧密结合江西交通行政执法工作实际,坚持问题导向,邀请省政府法制办业务领导、省内高校法律专家、交通系统执法骨干,围绕依法治国与依法行政、培养法治思维、交通运输行政执法证据收集与运用、执法程序、文书制作、案例讲解、行政处罚、行政许可等内容开展全面、细致、深入的专题教学。

全省各级交通运输部门和执法单位近240名执法人员参加培训。

(钟恢万)

【省交通运输厅举办2016年度综治干部培训班】 11月4日至6日,省交通运输厅2016年度综治干部培训班在省交通干部学院举行。

培训班邀请省公安厅、国安厅、扫黄打非办、维稳办等单位领导授课,课程内容涵盖反恐怖主义、平安公路、平安车站及平安港口建设、公路安全联防工作、综治信息化建设、综治工作创新方向、隐蔽战线形势教育和国家安全工作、扫黄打非等。

各设区市、县(市、区)交通运输局综治分管领导或综治办主任,厅属各综治责任单位综治分管领导或综治办主任近200人参加培训。

(钟恢万)

【省高速集团举办智慧高速技术专题讲座】 11月3日,省高速集团举办为期一天的智慧高速技术专题讲座。

讲座邀请中国交通通信信息中心导航中心主任沈兵、交通运输部规划研究院信息所所长杨建国、贵州高速黔通智联科技产业发展有限公司总经理刘轶等专家进行现场授课。3位专家分别以《创新融合互联构建智慧高速》《智慧高速的初探畅想》和《基于互联网加高速公路大数据应用的探析》为题,围绕智慧交通中的大数据应用、智慧交通发展现状、智慧高速及其应用“互联网+与大数据”等前沿技术进行讲解。“智慧高速”的建设和行业发展提出建议。

讲座采用视频会议形式,设立了包括部分收费所在内的81个分会场,近600余人参加了本次讲座。集团领导在主会场聆听讲座,集团总部各部门各单位,赣粤公司、畅行公司、方兴公司、锦路公司、省交通设计院、各重点工程项目办的领导和技术人员在各分会场参加讲座。

(省高速集团)

【鹰潭市开展“信用鹰潭交通宣传月”活动】 2016年,鹰潭市交通运输局城区管理所加强鹰潭市交通运输企业安全生产诚信体系建设，推进信用体系建设，举办为期一个月的信用鹰潭交通宣传月活动。此次活动围绕“唱响信用交通，唱响交通发展”为主题，成立信用体系建设领导小组，制定活动方案，确保信用交通宣传月活动扎实开展；加强宣传，在重点道路运输企业悬挂宣传横幅、张贴宣传画，宣传信用交通方针政策、法律法规，营造“诚信交通，人人有责”舆论氛围；开展排查，治理隐患。对辖区内客运站场、客运、公交出租、驾培、维修等企业进行诚信运营大检查，确保全市道路运输生产安全、平稳、有序，活动取得实实在在的效果。

（江曼婷）

【省交通运输厅召开贯彻落实《江西交通运输行业宣传工作管理办法》座谈会】 12月15日，省交通运输厅召开贯彻落实《江西交通运输行业宣传工作管理办法（试行）》座谈会。厅直各单位宣传部门负责人和宣传工作人员参加会议。

会上，学习《江西交通运输行业宣传工作管理办法（试行）》，通报2016年厅属各单位宣传工作情况及近期宣传工作重点，讲解新闻发布、突发事件应急宣传、行业重要新闻信息报送、舆情应对与处置等相关宣传工作制度。与会人员结合本单位宣传工作实际进行交流讨论。厅宣传处负责人要求各单位要提高认识，充分发挥宣传工作在提升单位形象、促进行业发展中的重要作用，敢于担当，落实好意识形态工作责任制和宣传工作各项制度要求，善于作为，促进全省交通运输行业宣传工作再上新台阶。

（喻　晨）

【江西省第三届机动车驾驶培训教练员规范化教学职业技能竞赛举行】 11月10—11日，江西省第三届机动车驾驶培训教练员规范化教学职业技能竞赛在南昌举行，来自各设区市、省直管县的14支队伍67名优秀教练员同台竞技。

此次竞赛是贯彻落实交通运输部等五部委印发的《道路运输从业人员素质提升工程工作方案》要求的重要举措，旨在发挥职业技能竞赛在驾培行业技能人才培养、选拔和激励方面的促进作用，进一步提高全省驾培行业教练员职业技能和从业水平。竞赛为容紧扣国家新颁布实施的《机动车驾驶培训教学与考试大纲》，围绕教练员职责、道路交通安全法律法规、教学方法及规范化教学、教学手段及教案编写方法、车辆结构与安全性能等知识展开，侧重表现教练员安全文明驾驶意识和规范化教学水平。经过无纸化理论知识竞赛、安全文明驾驶示范讲解竞赛、实际操作技能竞赛和教学项目授课讲解等项目的激烈角逐，南昌代表队、新余代表队和鹰潭代表队分列团体前三名。对竞赛获奖教练员及其所在驾校将在2016年度质量信誉考核中予以加分，成绩优异的选手还将被推荐参加全国教练员职业技能竞赛总决赛。

（朱　熹）

【省运管局开展2015年度全省驾培机构质量信誉考核】 2—7月，省运管局为提升驾校诚信办学意识，切实提高驾校培训和服务水平，组织开展2015年度全省驾培机构质量信誉考核工作，全省共有525所驾培机构参加考核。

经过驾培机构自评、县级运管机构初评、市级运管机构复评、省运管局抽查复核以及考核结果网上公示等5个阶段，共评定AAA级驾校68所，占参评驾校总数的13%；AA级驾校307所，占参评驾校总数的58.5%；A级驾校149所，占参评驾校总数的28.4%；B级驾校1所，占参评驾校总数的0.001%。

（张　玮）

【安源区交通运输局加强法制教育常态化】 2016年，安源区交通运输局将法制教育作为突出的重点工作来抓，使之常态化：一方面，结合“十三五”交通行业任务，抓好干部职工政治理论和文化知识的学习提高，鼓励大家通过自考、函授等方式参加全国高等学历教育。另一方面，强化交通法律法规的学习教育。各部门、各科室周五必须集中学习外，同时规定每个干部职工每周学法（自学）不得少于1个小时。学习内容包括《中华人民共和国公路法》《中华人民共和国道路运输管理条例》《中华人民共和国行政处罚法》《新公路货运车辆超限超载认定标准》等有关知识。该局常态化的法治教育使干部职工的整体素质和依法行政水平全面提升，为全面推进依法治交工作奠定了坚实基础。

（安源区交通运输局）

【泰和管理中心莲花管理所深入开展交通安全宣传活动】 2016年,省高速集团泰和管理中心莲花管理所围绕社会协同治理安全文明出行主题,采取多种形式,利用多种渠道,深入开展以“红色、粉色、绿色”为活动内容的交通安全宣传活动。

“红色”,即在收费广场悬挂2016全国交通安全日主题宣传标语,营造全国交通安全日活动浓厚的氛围;“粉色”,为该所联合交警、路政在收费广场莲花县长途汽车站设立了交通安全咨询台,向过往的车辆的驾驶员及乘客发放《春运交通安全提示》《致动车驾驶员朋友的一封信》等交通安全粉色宣传单,并现场讲解普及交通安全风险防范知识,提升广大出行者的文明交通意识,呼吁广大司乘自觉抵制交通不文明行为;“绿色”,该所充分利用广播微博微信等网络平台及时发布“2016全国交通安全日”主题活动消息,不间断的宣传超员超速、酒驾、违规运载危险品等交通违法行为的危害,进一步防范和消除安全隐患。莲花管理所还开展形式多样的以冬季交通安全主题宣传活动,深受该所员工和社会的赞许。

(谢梅丽)

卫 生

【省交通医院扎实推进人民群众满意医院工程建设】 2016年,省交通医院积极深化医药体制改革,围绕建设好“人民群众满意的医院”、做好公共卫生工作,特别是各类传染病的预防宣传工作。聘请疾控系统专家为江西交通职业技术学院新入学新生进行艾滋病预防宣传教育。继续积极开展“医院质量管理年”活动,树“以病人为中心”的服务理念,提高该院医疗服务质量。着力加强全院职工服务意识和品牌意识,通过“四个努力”建设好“人民群众满意医院”。

1. 努力提高医疗质量,使患者得到更好的服务。建立健全“层次分明、职责清晰、功能到位”的必备医疗质量管理体系,完善各项医疗制度,强化督查奖惩制和问责制,实施一系列保证医疗质量的措施和方法,使医疗质量明显提高,业务总量明显增加,年门诊人次比上年增长10%,医疗收入进一步增长。

2. 努力改进服务态度。该院急病人所急,帮患者所需,提倡医患人员零距离接触,推出各种便民利民措施,将人性化服务贯穿于医疗服务全过程。在临床护理工作中贯穿“以病人为中心”的服务理念,为患者提供康复和健康指导,促进患者心理和身体康复。每季度进行一次服务质量调查、广泛了解病友及家属的要求和意见,自觉接受社会监督,各项举措获得上级及患者的赞许。

3. 努力控制医疗费用。为使患者以最低的费用享受到最优质的服务,该院规范药械的进货渠道,降低药品价格,让利于患者。各科室严格执行《处方管理办法》和《抗菌药物临床应用指导原则》,进行临床医务人员相关知识的培训。在诊疗活动中遵循“合理检查、合理用药、合理治疗”原则;在用药结构方面提倡成本低、效果好的“朴素治疗”,纠正滥开检查、开大处方的行为。对处方进行监督检查,对乱开不合理处方、大处方的医生进行批评教育,屡教不改者进行经济处罚。建立临床用药分级管理制度,加强处方规范化管理,做到合理使用抗菌药物,有效控制药品费用的不合理增长。

4. 把医德医风建设作为立院之本。完善医德医风考评制度。考评结果与医务人员的工资、职称晋升和评先评优挂钩,加大对违规违纪行为查处力度。对患者反映医德医风不好的实行“一次投诉待岗”制度。

5. 以继续建好“平安卫生院”为抓手,教育职工确保安全生产,提高医疗质量和技术水平,强化医院内部的防火、防盗工作,建立医疗纠纷预警机制,把医疗纠纷消灭在萌芽中,全年无一例患者投诉。

6. 做好交通系统干部职工的健康卫士。医院全年在医务人员不足的情况下,承担交通运输厅、交通职业技术学院上万名师生和省公路局大院的职工及家属的医疗保健服务工作。同时,还承担着交通运输厅、江西交通职业技术学院及其下属单位各种会务保健、离退休领导干部的疗养保健、船员体检、学生体检、新入职员工体检等工作。每年为新生体检及船员体检4000余人次,承担各种会务保健100余人次。在创造良好的社会效益的同时,也给医院带来了相应的经济效益,受到各级、各部门领导的好评。

(李延诚)

【宜丰县建成首条智慧型绿色自行车健身道】 3月,宜丰县首条智慧型绿色自行车健身道开工建设,10月建成投入使用。该道起于南屏公园桥南端,终点于光华水车,全长10.64千米,路面宽4米,总投资1302万元。修建时融入了最新海绵城市的建设理念,全程采用绿色环保彩色透水材料铺设,同时建成配套的滨江公园、文化长廊、免费Wi－Fi接入、二维码扫描等附属设施,成为集市民观光、休闲、健身、娱乐为一体、独具特色的生态健身道。

(漆志勇)

【省公路科研设计院志愿者开展急救知识宣传服务活动】 4月6日，省公路科研设计院青年志愿者到南昌市老福山广场，开展“急救我先行，急救为人人”的志愿者宣传服务活动。活动围绕因各种突发性意外伤害事故、及时急救、降低死亡风险等内容，向社会公众宣传实用简便的急救知识，现场发放急救知识宣传单，讲解急救知识，怎样拨打急救电话、如何进行伤口包扎、心肺复苏等急救常识，提高人民群众自我保护意识和掌握一般急救操技能，受到社区居民和广大群众的赞许和好评。

(丁光阳)

【省港投公司开展无偿献血活动】 3月15日,省港投公司开展“无偿献血、奉献爱心”职工无偿献血活动。公司机关及其所属单位共29人参加献血,献血总量达8799毫升。

此次无偿献血活动是省港投公司学雷锋志愿服务月系列活动之一,已连续举办4年。当天在医务人员引导下,大家积极配合,自觉遵守献血秩序,认真完成填表、体检、验血、抽血等程序。献血室里面暖意融融,气氛轻松欢畅,喜笑颜开。他们当中既有第一次献血的新员工,也有连续数次献血的老职工,虽然他们的年龄、工作经历各有不同,但在献血的话题上却都滔滔不绝,从他们身上折射出相同的责任意识与奉献精神,充分体现了港投人弘扬真善美,崇尚良好社会风尚和无私奉献的高尚品质。

(张桂钦　李清宇)

【宜春市综合交通枢纽营运管理公司除“四害”常态化】 6月13日,宜春市综合交通枢纽营运管理公司制定和全面启动“除四害”(老鼠、蟑螂、苍蝇、蚊子)相关规定和措施。将除“四害”作为一项常态化工作来抓。根据枢纽占地面积广、入驻单位多、旅客流量大的实况,采取统一组织、统一时间、统一投药的方式,通宵作业,喷洒药水、投放药物,确保枢纽所有建筑物内区域除“四害”无死角;针对酒店、商铺、食堂、厕所、地下停车场、排水沟等蚊蝇鼠蟑最易滋生和生存地带,加大投药力度,从源头上彻底清除四害滋生环境。同时建立除“四害”工作台账,定期对各入驻单位和公共区域除“四害”效果进行检查和回访,保障除“四害”工作扎实有效地进行,打造了一个舒适、整洁、健康、和谐的综合交通枢纽营运环境。

(刘　婷)

【景德镇市公交公司开展“服务一线,关爱员工健康”送清凉活动】 7月25日,景德镇市公交有限责任公司开展以“服务一线,关爱员工健康”为主题的防暑降温、为一线送清凉活动。建立由公司领导、各营运单位主要领导为责任人的防暑降温工作制度;确保所购买的绿豆、白糖、十滴水、清凉油等防暑降温物品和药品发到每名员工手中。每天安排人员熬煮绿豆汤,送到各个公交调度室,让跑班的员工解渴降温;根据人流数量状况,适时调整公交班次,让驾驶员和售票员尽可能多休息;为修理车间和公交场站配齐风扇、空调等降温设备等举措,切实将防暑降温工作落到实处,改善员工工作条件,保障职工身体健康,促进了安全生产向纵深发展。

(巢喜生)

【宜春市交通运输局推进国家卫生城市复审迎检工作】 2016年,宜春市交通运输局积极推进该市国家卫生城市复审迎检工作:一是突出抓好公共交通场所迎检宣传工作。要求中心城区4个汽车站、宜春新火车站、明月山机场在候客室醒目位置悬挂或在电子屏幕上滚动播放创建国家卫生城市的宣传标语,在公交站台广告栏、电子站牌、公交车内、出租车上显示屏滚动播放国家卫生城市的宣传标语。投资24万元在中心城区20个站台制作了迎检宣传栏,投资38万余元用于公交车尾灯LED、出租车LED、公交车载电视滚动播出宣传标语。二是突出抓好公共交通场所卫生保洁措施落实。中心城区4个汽车客运站、宜春新火车站、明月山机场候车室内做到禁烟标识明显,劝阻吸烟人员。卫生设施完善,有固定的卫生保洁队伍,营业期间坚持不间断进行卫生保洁,服务区域内无烟草广告及其标志,内设商店证照齐全,香烟柜台有警示标志;设有健康教育宣传栏,定期更换内容;采取有力措施开展除"四害"工作。三是突出抓好公共运输工具卫生保洁措施落实。市运管局通过与中心城区4个出租车公司签订责任状,给每位出租车车主、司机群发创卫宣传短信3~5次;印发《致全体出租车驾驶员的一封信》等措施,组织人员不定期开展检查,抓好504辆出租车的卫生保洁工作,树立宜春出租车行业良好形象,受到各级组织和人民群众的赞许。

(晏小宜)

【鹰潭市公交公司多措并举深入开展爱国卫生运动】 2016年,江西长运鹰潭公交公司深入开展爱国卫生活动。在公司系统内部消灭卫生死角,车容车貌洁净如洗,为市民提供一个干净整洁、舒适快捷的出行环境。3月24日,该公司积极配合鹰潭市打造全省城乡最干净城市活动,组织全体干部清扫火车站站垃圾,集中力量解决环卫工作中的难点、重点问题。开展"公交优质服务年"活动,进一步强化环卫与服务管理。4月19日,鹰潭公交公司自筹30余万元购置全自动公交车洗车机并于投入使用。使用全自动洗车机改变传统清洗模式,配套使用水循环系统,打造干净明亮公交车,节省了大量水资源,不仅确保了清洗质量,而且减少了环境污染。并采取多项其他举措,助力市政府打造全省最干净城市目标早日实现,受到员工和社会的好评。

(彭　霞)

【省运管局组织开展无偿献血活动】 3月9日,省运管局组织机关及下属单位职工积极开展无偿献血活动,用实际行动弘扬雷锋精神。17名验血合格者纷纷卷起袖衣依次献血,少数人员克服畏惧心理,积极加入献血队伍,当天共献血5400毫升。

(运　宣)

【昌樟管理处梅林收费所举办心理健康知识讲座】 7月1日,省高速集团昌樟管理处梅林收费所为普及员工心理健康知识,提升员工心理素质,举办主题为"正念释压、笑颜如花"的专题心理健康知识讲座。

此次讲座邀请到国家二级心理咨询师、南昌大学专职心理咨询老师授课。课堂上老师通过旁征博引和生动的语言,富有哲理的故事、鲜活生动事例,从工作有责、教子有方、夫妻有道三个方面为大家诠释了如何诠解心理压力,塑造阳光心态的方式方法,其精彩的讲解不时博得阵阵掌声。

该所结合员工情绪信息采集分析结果,类似此类讲座还将不定期举行,并在载体上不断拓展创新,进一步将人性化、情结化管理工作做细做实。

(万里荣　郭　菲)

【景德镇市交通运输局开展文明卫生城市创建活动】 12月16日,景德镇市交通运输局先后到西客站、汽车东站、新枫园公交调度站、通达出租汽车公司等各交通运输窗口单位突击检查,实地查看和抽查沿线公交车、出租汽车与公交候车亭文明城市迎检工作。通过前期各项创建工作的积极推动和大力投入,全市交通运输窗口单位整体面貌明显提升,各单位在迎检的关键时期,进一步巩固现有成绩,加大路面巡查力度,及时查缺补漏,建立健全交通运输窗口单位文明卫生长效管理机制,车容车貌、站容站貌、文明礼仪等各项工作完全达到了创建文明卫生城市要求,受到司乘人员和人民群众的好评。

(赵梦林)

【奉新县交通运输局多措并举，扎实开展爱国卫生运动】　4—12月，奉新县交通运输局以“爱国卫生人人有责、健康生活人人分享”为主题，广泛发动、深入宣传、扎实开展以一次义务劳动、一次咨询、一次秋季灭鼠、一次检查、一次测验、一次评比为主要内容的“六个一”活动。开展一系列环境卫生大整治活动和健康教育活动，挤出有限资金搞好宣传、绿化、购置环卫设备；投入资金1.1万余元用于印发“创生态文明县”宣传单1200份，制作宣传标语23条和购买树苗草皮等搞好门前庭院绿化。组织全局干部职工参加全县责任路段环境卫生集中整治行动，共出动118人次参与环卫清扫活动。搞好责任路段管理工作，派出干部坚持轮流值班执勤；与责任路段的店主及户主签订“门前五包”责任状68份，与此同时，开展机关环卫大扫除，落实环卫清洁、保洁责任和检查制度，彻底解决乱停乱放等脏、乱、差的问题。全县交通运输系统文明创建与爱国卫生运动进一步深入开展，职工文明意识、卫生意识大幅提升。

（刘茂盛）

【樟树市交通运输系统助力创建省级卫生城】　2016年，樟树市交通运输局助力创建省级卫生城。一是营造创卫氛围。在车站进出口、售票厅、候车室（亭）、单位办公楼等固定场所张贴创卫标语，利用公交车、出租车等活动载体开展流动性宣传。二是落实创卫责任。与汽车站、火车站等窗口单位衔接，加强对公交车、出租车营运行为和车容、车貌的整治，对公交站台等公共交通设施进行更新和维护。通过协调，11月16日开始每天增开5趟从火车站至盐矿的城区夜间公交，与列车到站时间全面对接，极大地方便了市民夜间出行。三是集中卫生整治。11月20—24日，该局全体干部职工分别到樟树汽车总站、中山公园社区、杏佛路铁路道口等处开展卫生清理整治工作，打扫卫生、清除牛皮癣广告、拆除破旧广告、摆正非机动车辆，出动165人次清理垃圾15车，摆正车辆25辆次。四是开展分班巡守创卫。从11月22日起，每天安排3人责任区桥头—新华书店—尚客优酒店路段进行创卫巡守，向沿街商铺宣传创卫，劝导、制止影响创卫的行为，制止不卫生行为20次，受到各级组织和人民群众的赞扬。

（杨　波）

【月亮湖服务区危急之时救孕妇】　1月2日16时，景鹰高速服务区管理中心主任江康根在月亮湖服务区例行巡查时，突闻从女卫生间传来一名女人痛苦的呻吟声。他立即赶往现场，发现一名孕妇躺倒在卫生间的地板上，其丈夫紧张地说：“救命啊，我老婆要生了，羊水都破了”。江康根得知孕妇和她丈夫在南昌市务工，家住景德镇浮梁县，孕妇的预产期是2016年元月14日，原准备元旦假期回家待产，没想到孩子提前出生，这时胎儿已露出半个头……危难之际见真情，她立即启动服务区突发事件应急预案，一边向景德镇市120求助，一边安排疏导员、保洁员现场施救。江康根和5位同事在女卫生间将宣传牌靠近墙角围成一间临时产房，并从超市、餐厅借来几台取暖器、垫子和棉被。保洁员徐桂莲以前在老家从事过接生工作10多年，经验丰富。在她指挥下，大家分工协作，迅速拿来毛巾、纸巾、剪刀、酒精等用品，帮助孕妇生产。17时30分许，经过接生、处理，孕妇产下小宝宝，母子均平安。孕妇和她丈夫热泪盈眶，紧紧握着江康根的手致谢：“感激服务区的救命之恩。”17时50分，120急救车赶到月亮湖服务区把孕妇一家人送往浮梁县妇幼保健医院作后续处理。孕妇的丈夫发来致谢电说，他的妻子和孩子经医院检查状况良好，再次衷心感谢月亮湖服务区员工的救命之恩。

（余　斌　何　菲）

【江西长运鹰潭市公交公司领导为一线驾驶员送清凉】　7月27日，鹰潭市公交公司领导班子成员前往市区多个一线公交枢纽站，为驾驶员送去防暑降温饮品、药品和用品，慰问一线员工。入夏以来，鹰潭公交公司把做好防暑降温工作列入议事日程，作为一项重要工作来抓，制订防暑降温方案与应急预案，要求相关职能部门和有关人员做好后勤保障工作，提高服务水平，让各位驾驶员在行车时保持良好的精神状态，确保公交运营安全，受到驾驶员朋友的一致赞许。

（彭　霞）

【省公路科研设计院开展关爱生命急救知识培训】　3月25日，省公路科研设计院邀请省红十字会救护培训中心讲师在该院开展以“关爱生命保护健康”为主题的初级救护员培训。

培训活动分现场授课和现场演练两部分内容。培训老师对突发状况下拨打120的注意事项、应急处置流程、心肺复苏、现场包扎操作要点等内容进行了详细讲解并现场演示及辅导。参训人员还相互配合开展现场模拟演练，培训结束后为受培人员颁发了相关证书。

学会　协会

【省公路学会围绕中心、服务大局，各项工作成果丰硕】 2016年，省公路学会围绕中心，服务大局，做好学术交流、科学普及与科技咨询服务、科技奖励举荐、科技培训、学会信息化建设、学会期刊和学会自身建设等各项工作，取得显著成效，成为全省6个“省级示范学会”之一，并被省科协推荐参选“全国科协系统先进集体”。

一、学术交流取得新成效。①省公路学会自主举办全省性学术交流活动8次，督促指导专业工作委员会举办学术交流活动10次。邀请孙钧、郑健龙、蒋树屏、石良清等11名院士专家到赣演讲，听取演讲人数逾1200人次，其中，2月邀请中国工程院院士孙钧到赣作题为“近年来我国若干重大跨江越海公路隧道工程的技术关键问题”学术讲座；11月，邀请中国工程院院士、中国公路学会副理事长、中国公路学会第五届专家委员会主任委员、教授郑健龙出席省科协2016年学术年会并作专题学术演讲。② 3次圆满完成协办全国性高端学术交流活动任务，其中，4月协助中国公路学会在南昌举办2016年全国公路建设管理新标准规范技术研讨会的各项任务。③重点组织全省交通科技人员参加全国性的学术交流活动15次，举荐学术论文56篇在高层次学术活动中交流，组织700余名交通科技人员先后分别参与上述4项科技活动。

二、科学普及取得新突破。4月，省公路学会组织科普专家参加首届全国公路科普工作会议，经省公路学会向中国公路学会推荐的4名科普专家被该会聘任为科学传播专家。5月，开展3期“平安出行、幸福人生”科普知识宣传活动，并与江西交通职业技术学院联合举办“全国公路科普教育基地”揭牌仪式和科普宣传活动。9月，全国科普日期间，精心组织开展科普讲座进校园活动。该会的科普工作先后2次分别被中国公路学会评为2016年全国公路学会系统科普工作先进单位。

三、科技咨询服务等项工作取得新进展。2016年，省公路学会（以下简称学会）主动承担省科协“省级科技工作者状况调查站点工作”；组织省交通运输系统有关专家到抚州地区开展科技服务下基层活动和到广吉高速公路等项目建设工程开展2次技术咨询活动；并组织专家团赴抚州开展省科协科普直通车——专家下基层服务；学会自身科研成果“江西省公路学会建设与服务支持系统”已通过省交通运输厅评审、验收；进一步完善学会专家库建设。5月，开展省交通科技专家入库申报，600余名具有高级技术职称科技人员完成专业和学科细化分组分类申报工作。

四、科技奖励举荐、科技培训工作取得新成果。2016年，省公路学会成功推荐中国科协九大代表1名，全国公路优秀科技工作者2名，中国公路“最美路姐”入围奖个人和团队各1个，3个推荐项目获中国公路学会科学技术奖。完成中国公路青年科技奖等有关科技奖励的申报工作。同时，以“学会搭台、专家唱戏、科技人员受益”方式，举办3期基层科技人员技术培训，500余名基层科技人员参加培训。3月在南昌举办“江西公路科技工作专题培训班”，6月举办全省普通公路桥梁、涵洞、边坡养护与管理培训班，11月举办“PPP政策解读及操作实务”培训班。通过培训，公路交通主管部门和行业基层技术人员素质与技能明显提升。

五、学会期刊、信息与宣传工作进展良好。全年编纂、出版、发行学会期刊《江西公路科技》4期。成功创建学会微信公众号，关注的科技人员超过1500人。重点加强学会组织与学会宣传平台建设，对学会优秀会员和行业优秀科技工作者的宣传力度得到进一步加强。

六、学会自身建设成效好。2016年，省公路学会把加强党支部建设和员工队伍建设作为一项大事来抓，扎实开展"两学一做"学习实践活动，坚持每月不少于一次政治理论学习。在第54个学雷锋活动月中，组织开展"学习雷锋，关爱自然"志愿服务活动。强化学会制度建设，建立健全和制定学会文明建设奖励办法、科技工作者调查站点管理办法和加强学会实体管理机制及对科力公司监督管理等项制度。加强会费收取和对各级学会工作督促和协调。成功举办第六届会员日活动。召开学会九届四次理事会和部分设区市公路学会及专业工作委员会秘书长工作座谈会，定期召开学会理事长办公会和秘书处会议，有力推进了学会年度各项工作高效高质完成。进一步密切与常务理事单位的联系和主动走访汇报，听取学会各常务理事单位对学会工作的意见和建议，不断提升学会的服务能力和水平。学会各项工作受到各会员单位和各级组织的充分肯定，被江西省科协授予"2016年省级示范学会"称号，同时被省科协推荐为"全国科协系统先进集体"参选单位。

（省公路学会）

【江西交通会计学会各项工作创佳绩】 2016年，江西交通会计学会围绕全省交通运输发展需求和交通运输财务中心工作，强化学会组织建设、管理，开展和做好业务培训和交流工作经验等项工作，竭力为会员单位和交通系统财务人员服务，各项工作迈入快速发展轨道，登上新台阶。

一、加强学会组织建设、强化学会管理工作

1. 做好变更学会领导和理事工作。按照学会章程有关会长和秘书长最高任职年龄的有关规定，刘长根辞去会长职务后，经学会第五届领导班子研究一致推举、并通过第五届五次学会理事会议代表选举，由陈玉书担任学会新会长，同时变更增补余晓歌等19名理事。

2. 成功召开江西交通会计学会第五届五次理事会。6月2日，江西交通会计学会第五届五次理事会议在南昌召开。省交通运输厅厅辖各企事业单位、各设区市交通运输部门财务负责人及业务骨干代表共130人参加会议。原会长刘长根作2015年学会工作总结和2016年工作要点及任期4年的财务收支情况报告。新会长陈玉书作就职发言。会议部署2016年江西交通会计学会目标任务，即深化交通运输系统财务工作改革、做好交通投融资工作、搞好固定资产管理，进一步加强学会自身能力建设和调研工作；抓好学会平台建设和学会日常工作，办好研讨会、培训班、开好年会。会议特邀交通运输部科学研究院所长徐丽作题为"关于公路行业投融资政策创新"的专题讲座。会议将收到的14篇论文编印成册，供代表学习交流。

3. 圆满完成学会搬迁任务。学会根据原办公场所租赁合同到期、出租人不再续租之实况，迁移到办公新址——南昌市红谷滩新区红谷中大道1358号10楼1012室。8月15日，圆满完成学会搬迁任务。

二、办好《江西交通财会》会刊，做好编纂发行工作

《江西交通财会》会刊是全省交通财会人员理论研究和工作经验交流平台。学会秘书处努力提高会刊质量，做好《江西交通财会》改版和编辑出版工作，并对杂志外形纸质进调整，全部采用彩色铜版纸。全年共刊登论文22篇，共计7.3万字，其中，财务管理6篇，内部控制2篇，营改增5篇，投融资2篇，学会文稿7篇，共发行1200册，对宣传国家财经政策法规、传播财会专业知识、交流传授工作经验和开展理论研究起到很大的推动和促进作用。

三、做好中国交通会计学会会刊《交通财会》的组织征订工作。10月17日，该学会及时印发"关于转发做好2017年《交通财会》杂志征订工作的通知"。通过发文和电话催办订阅，保证征订工作落到实处，订阅数高达92份，超额完成中国交通会计学会下达的征订任务。

四、开展财务培训，造就一支高素质的交通财会队伍

2016年，该学会及时转发"中国交通会计学会"有关培训的通知，积极组织江西交通系统财会人员赴外省参加不同类型的学习培训，培训人数达81人次。同时，紧密结合江西交通实际，举办2期行政事业单位财会人员培训班，培训财会人员共185人。2期培训均特邀华东交通大学学报主编韩士专和江西财经大学副教授陈青授课，分别为学员讲解预算绩效管理和内部控制业务知

识,对造就了一支高素质的江西交通财会队伍发挥了重要作用。

五、积极做好行政主管部门的委办工作

11月7日至12月14日,该学会代表财务处对投资总额为816亿的13个在建项目的建设管理机构进行财务管理检查,具体项目有江西赣江新干航电枢纽工程(投资38.45亿元)和铜鼓至万载高速公路(投资87.01亿元)建设项目;资溪花山界(赣闽界)至里木高速公路(投资27.01亿元)建设项目;船顶隘(赣闽界)至广昌高速公路(投资21.90亿元)和修水至平江(赣闽界)高速公路(投资51.25亿元)建设项目;都昌至九江高速公路都昌至星子段(投资42.8亿元)和南昌至九江高速公路改扩建工程(投资65.24亿元)建设项目;南昌至宁都高速公路南昌连接线(投资14.41亿元);东乡至昌傅高速公路建设项目(投资99.73亿元);广昌至吉安公路项目(投资126.24亿元)和兴国(宁都)至赣县建设项目(投资60.75亿元);宁都至定南(赣粤界)高速公路宁都至安远段(投资109.77亿元);定南联络线(投资26.19亿元)和安远至定南段(投资40.3亿元)和上饶至万年高速公路(投资46.88亿元)建设项目进行财务管理检查。检查的主要内容是项目建设期间财务制度和资金管理情况,针对检查中存在的问题提出合理化建议9条,并形成完整的《检查报告》报省交通运输厅。

12月19日至12月26日,根据省委、省政府办公厅《关于开展对"降成本优环境"专项行动进行督查的通知》要求,该学会代表省交通运输厅参加督查活动,对2市(南昌市、九江市)、4县(进贤县、南昌县、德安县、永修县)、7家省直有关部门或单位(省人社厅、省国资委、省商务厅、省国税局、省工商局、省政府法制办、省人防办)和6个开发区(小蓝开发区、进贤开发区、南昌开发区、永修开发区、德安开发区、九江开发区)的"降成本优环境"专项行动开展情况进行督查。通过听取汇报、查阅资料等方式,对上述单位贯彻落实省政府降低企业成本有关组织保障情况、政策支持情况、动员宣传情况、联企服务情况、解决问题情况、问效问责情况等六个方面情况进行督查。并完成对省工商局、省政府法制办、省人防办"降成本优环境"专项行动情况报告3篇,以及对6个园区的测评表格进行统计汇总工作。其他各项工作也圆满完成年度目标任务。

(江西交通会计学会)

【省道协打造协会新亮点　开创行业工作新局面】 2016年,省道协围绕办会宗旨,适应行业发展新需求,创新工作机制,注重双向服务,不断提升服务能力,为政府部门和会员单位办实事、做好事。牢固树立AAAAA社会组织的形象,增强凝聚力,扩大社会与行业影响力,各项工作跃上新台阶,为促进道路运输行业的健康稳定发展做出了积极贡献。

一、加强自身建设,完善组织结构,夯实协会基础。5月,省道协组织召开第七届会员代考大会暨第一次理事会,总结六届理事会工作,选举产生新一届协会领导和理事会成员,部署七届理事会工作目标任务,进一步夯实协会构建政府、协会、企业共治的社会治理工作格局和基础。

二、实现管理规范化,机构专业化。省道协建立健全和完善协会管理规章制度和员工岗位职责及薪酬制度、财务及固定资产管理制工作机制体制,充分调动和发挥员工的工作积极性与主动性,增强组织自律性,确保资金安全,并先后2次配合审计署和上级审计部门圆满完成财务审计工作。

三、搭建省内道路运输行业协会沟通平台。省道协先后2次召开各设区市道路运输协会会长、秘书长联席会议,明确业务合作内容,畅通信息渠道,整合协会资源,建立合作机制,提升服务能力,取得明显效果。

四、加强宣传引导,传播正能量。省道协以"一刊一网一通讯"及"公众号"微信为载体,为会员单位对外宣传、交流合作、获取政策法规提供信息平台,传播正能量,为企业做强做大提供经验借鉴,获得了会员单位和企业的一致好评。

五、积极为政府与企业架设沟通桥梁。1月和10月,省道协先后2次召开企业经理座谈会与行业企业家座谈会,针对行业形势变化实况,请与会者摆问题、谈思路、找方法,集思广益、交流经验、转变观念、明确方向,鼓足信心。会后,形成《关于重点客运企业经理座谈会若干意见的报告》,呈报省运管局,及时反映行业发展中存在的问题和会员企业的呼声、需求,得到政府部门的重视和会员单位的充分肯定。

六、调整服务机制,做好承责险工作。省道协为适应保险业行业管理新变化，成功组织保险经纪选聘招标工作；积极推动协会建立保险经纪人机制，与中国德圣保险公司合作，成立江西分公司；内部机构人员转换到位，并且在新公司新目标新任务中调整扩大承担危货保险范围，实现了承运人责任险管理运转机制的成功转换，为承运人责任险的进一步稳定发展打下良好基础。

七、主动作为，完成全省联网售票的启动、试运行工作。省道协配合省运管局联网售票第二期建设项目，制定工作规范；注册“赣优行”商标，申请国际、国内域名，完善网上支付渠道，并与全省大多数二级以上车站签署代售协议。对二级以上车站员工组织操作培训，并进行一次大规模的实际体验式测试，发现的问题及时反馈给省运管局和承建商。对联网售票的组织架构和经营模式进行了积极探索，向省运管局提出推进全省联网售票下一步稳定发展的多项建议，经与江西长运协商、经省运管局批准，顺利完成全省联网售票系列工作移交。

八、搭建长途运输接驳平台，为客运提质升级服务。省道协受省运管局委托，为全省长途客运接驳运输联盟搭建平台。该会以企业运作为平台、以资源共享为纽带，组建全省性的长途客运接驳联盟，开通接驳线路 64 条，备案接驳车辆 102 辆，设立接驳点 8 个。通过实施全省长途客运统一接驳运输，使全省长途客运的运输效率和质量得到进一步提升。

九、塑造行业典型，精心组织创优活动。该协会精心组织创优活动，积极推进品牌建设，持续开展江西省道路运输“十佳诚信客运企业”“十佳诚信货运企业”创建活动。成功举办“全省首届客运站务员技能大赛”，受到全省道路运输行业的广泛关注，已经连续 3 年开展全省推优活动，通过引导企业“做强”“诚信”“创新”活动，塑造行业典型，充分发挥内树标杆、外树形象引领作用，得到行业和社会的普遍认可和高度关注。

十、谋求行业发展，加快转型升级进程。省道协邀请交通运输部公路学院公路交通发展中心主任虞明远为各会员单位做当前行业转型和政策解读的主题报告，为全省道路运输企业深化改革，转型升级打开思路。积极推动道路运输企业转型升级和发展，当客运行业面临困难时主动作为，为企业出谋划策，当好行业主管部门的参谋。先后就道路运输供给侧改革，促进道路运输行业转型发展提供《推行道路客运“公交化”改造》《创新驱动，景德镇长运公司“三举措”谋发展》《“镇村公交”让老区村民出行 + 再难——江西省镇村公交发展试点工作便民惠民》三篇调研文章，呈送上报有关部门，引起有关领导重视，《以创新驱动促进班线公交化发展》的论文，在中国道路运输协会年会上作了重点发言，受到各界好评。

十一、深入调查研究，推进货运企业转型发展。2016 年省道协为进一步推动全省货运物流企业的整合和集约化发展，加强对货运企业的调研，多次深入货运物流单位了解和掌握行业动态，并就营改增后物流企业的变化情况，营运车承运人模式发展愿景，传统货运物流企业如何把握互联网时代机遇以及企业需要那些政策支持等方面进行深入调研。在行业、企业之间建立联系、沟通信息、反馈问题、解决难点渠道，并通过“互联网 + 高效物流”，使相互之间形成新型竞合关系，此举提高了全省物流资源利用率，降低了物流交易成本，促进了行业发展。

（邱金女）

【省汽车维修行业协会各项工作成效显著】 2016 年，省汽车维修行业协会围绕服务行业发展大局，加强协会自身建设，充分发挥协会在行业组织、协调、引导、服务作用，广泛开展诚信品牌创建活动，构建行业诚信体系，促进市场公平竞争，提升行业技能水平，服务企业需求，促进行业发展，为推动全省汽车维修行业转型升级做出积极贡献。

一、深入开展行业调查，努力反映企业诉求。该会选择江西绿地名凯汽车销售服务有限公司、南昌万宝行汽车销售服务有限公司、南昌富源丰田汽车销售服务有限公司、江西东维汽车销售服务有限公司、江西和平汽车销售服务有限公司、南昌市昌九汽车修理有限公司 6 家省内荣获“2013—2014 年度全国汽车维修诚信企业”荣誉称号的汽车维修企业进行调研。收集整理这些企业在转型发展、提升服务质量中所反映的问题和建议，为协会针对性地做好 2016 年工作起到重要作用。同时，协会继续组织全省 10 家企业参加中国汽车维修行业协会组织的全国 16 家省、市汽车维修行业协会协会开展的《关于开展全面推开营业税改增值税后汽车维修企业情况调查》活动,收集、跟踪、汇总上报这些维修企业营业税改增值税后税负变化情况以及对维修企业税费改革的意见和建议,向行业管理部门提出供行业管理部门参考的建议和意见。并再次向国家有关部门全面反映汽车维修行业税负的真实情况,提出合理性改革建议,呼吁国家有关部门对汽车维修行业的增值税税率以及抵扣项目等进行相应调整,降低汽车维修企业的税收负担,充分发挥了协会联系政府与企业间的桥梁纽带作用。

二、加强诚信品牌建设,开展行业自律和公益营运活动。省汽车维修行业协会积极组织汽车维修企业开展服务质量诚信建设活动,加强行业自律规范和诚信品牌建设。该会以消费者权益保护日、节能宣传周和质量月为契机,组织开展形式多样的公益服务活动,大力宣传和普及汽车维修常识、安全行车知识、消费者维权知识,广泛开展汽车故障义诊、咨询等公益服务活动。2 月 18 日,该协会向全省各设区市汽车维修行业协会与会员单位印发"关于开展 2016 年汽车维修质量服务月"活动通知和全省开展此项活动方案,深入广泛地动员全省广大汽车维修企业和会员单位通过各种优质便民服务,营造安全、诚信、健康、和谐的消费环境。各地维修行业协会及其会员单位积极响应、广泛参与,相继开展汽车维修技术、安全行车知识、消费者维权知识、汽车故障义诊讲座、用车咨询、免费检测等一系列形式多样的"汽车维修质量服务月"活动,使各种优质便民服务措施落地生根。营造"诚信修车、放心消费"的汽车维修市场环境,提升全省广大汽车维修企业服务社会、服务车主的能力和水平,树立汽车维修行业良好形象,受到省运管局和中国汽车维修行业协会的赞许与新闻媒体的关注。

三、开展创建《2015 年度江西省汽车维修行业诚信企业》活动。省汽车维修行业协会以国务院社会信用体系建设规划纲要(2014—2020 年)》和《交通运输部关于加强交通运输行业信用体系建设的若干意见》为指针,重新编制《江西省汽车维修检测行业诚信企业评估指标》,扎实开展创建《2015 年度江西省汽车维修行业诚信企业》活动。夯实信用体系建设基础,营造全行业诚实守信的良好环境,推动交通运输信用体系建设,培育了一批有实力、讲质量、守诚信的区域知名汽车维修检测品牌企业。8 月,省协会开展 2015 年度江西省汽车维修行业诚信企业评选活动。经过各地汽车维修企业申请、各地协会推荐、审核、公示,全省 36 家一、二类汽车维修企业和 3 家机动车综合性能检测企业被评选为 2015 年度江西汽车维修诚信企业。通过全省汽车维修行业诚信企业创建和表彰活动,促进诚信评比与企业品牌建设的有机结合,培育出一批省内有实力、讲质量、守诚信的全省性和区域性的知名汽车维修品牌企业。

四、开展行业技能竞赛和职业培训。10 月 12—14 日,2016 年江西省"振兴杯"交通运输行业汽车修理工(轿车类)职业技能竞赛决赛在南昌举行。省汽车维修行业协会承担并完成为大赛制定竞赛方案与竞技办法及决赛期间全部具体工作任务。全年举办 5 期《道路运输车辆技术管理规定》(以下简称规定)培训班和多期全省综合性能检测员培训班与客运站安全例检人员培训班。培训班聘请长期从事车辆技术管理专家对新的《道路运输车辆技术管理规定》进行宣传贯彻和解读,并对新规定的具体实施要求与运输企业车辆技术管理进行指导。通过一系列培训,进一步提升了全省汽车综合性能检测和汽车维修人员的综合素质,确保了《道路运输车辆技术管理规定》在全省的精准实施,造就了一支高素质的职工队伍。

五、加强信息交流沟通,促进行业进步。采取请进来,走出去的方式,加强与中国汽车维修行业协会和各省市汽车维修协会、及其他行业协会和一些重点企业的沟通联系,共谋发展大计。4 月,协会领导参加中国汽车维修行业协会换届大会,省协会成为新的中维协理事单位。9 月和 11 月,省协会分别参加中维协举办的"汽车维修技术信息公开座谈会"和四届二次理事会,加强该协会与中维协和各省协会的联络沟通,开阔视野、了解行业发展新态势。8 月,该协会领导参加由省运管局组织的赴广东考察学习活动,与兄弟省市行业协会就汽车维修行业转型升级、提高服务质量进行交流讨论。协会还积极组织会员单位参加全省道路运输系统基层通联队伍的建设活动。邀请有关专家对《江西省公共交通安全隐患排查分级指南》《江西省公路运输安全管理人员培训考核办法(征求意见稿)》提出修改意见。这对推动全省汽车维修行业转型升级、提升服务质量、做好"双向"服务工作,促进行业进步均有较大的推动和促进作用。

六、参与省地方标准《汽车维修连锁经营规范》制定工作，提升连锁经营水平。省汽车维修行业协会受省公路运输管理局委托，组织起草、审核和完成江西省地方标准《汽车维修连锁经营规范》（DB36/T540—2016）修订起草工作，为推动全省汽车维修业健康、规范、有序发展和提升连锁经营水平做出积极贡献。

七、完成脱钩试点工作，依法规范自主办会。2016年，省汽车维修行业协会被列入省行业协会商会与行政机关脱钩第一批试点单位。该会从职能分离、规范政府与协会之间的职责分工关系、资产财务分离和规范和明细财产关系、人员管理分离，规范用人关系以及办公场所和党组织建设5个方面制定《江西省汽车维修行业协会脱钩方案》，经报请上级主管部门批准实施，完成协会与行政机关脱钩任务，解决了历来存在的政会不分、管办一体、治理结构不健全、监督管理不到位、创新发展不足、作用发挥不够等问题，使该会真正成为依法设立、自主办会、服务为本、治理规范、行为自律的社会组织。

八、成功召开省汽车维修行业协会年会暨二届理事会四次会议。12月9日，在南昌召开省汽车维修协会2016年年会暨二届理事会四次会议。总结2016年度协会工作，部署2017年协会工作目标任务。全省协会理事、会员单位代表和邀请的领导、嘉宾共90余人参加会议。会议对2015年度江西省汽车维修行业诚信企业进行表彰。会上，江西翔笛汽车服务有限公司、九江恒明汽车贸易有限公司、萍乡经济开发区蓝盾汽车修理厂、南昌东之星汽车维修服务有限公司4家企业作经验交流。会议表决通过协会2016年工作报告、财务报告和增补退出理事单位的决定，并对汽车维修行业信息化建设做了专题报告。相关的省内公司就探讨“互联网+汽车后服务”发展机遇，服务发展方向及传统汽车维修产业树立互联网思维、线上线下结合的方式进行探讨。

这次会议对全省汽车维修行业广泛开展行业各项活动，做好相关工作，完善依法自治，提升服务能力，加快诚信体系建设与转型升级步伐均有较大地推动和促进作用。

（省汽车维修协会）

【省公路学会被省科协授予“省级示范学会”称号】 2016年，省科协根据2015年全省学会能力建设考核、考评结果，授予省公路学会“省级示范学会”称号。

一直以来，省公路学会不断推进学会深化改革和发展，强化管理，主动融入创新驱动发展战略和创新型江西公路建设之中，扎扎实实为基层一线公路科技人员服务，强化专业培训等项工作，提升服务江西科技、经济和社会发展能力与水平，各项工作取得长足进步和丰硕成果，成为江西省示范学会。

（李文华）

【省公路学会4名会员成为中国公路学会首批科学传播专家】 2016年，经省公路学会推荐，省交通职业技术学院徐昭、陈晓明，省交通设计研究院有限责任公司陈国，省交通设计研究院有限责任公司许洪亮被中国公路学会聘任为首批科学传播专家。此次被聘任的科学传播专家，是中国公路学会首批聘任的科学传播专家，共有64名专家被聘任，其中，江西上述4人榜上有名。

（刘玉玥）

【江西省公路学会被民政部评为“全国先进社会组织”】 1月，省公路学会被民政部评为全国先进社会组织。在全国公路学会系统中只有中国公路学会和江西省公路学会获此殊荣。

全国先进社会组织是民政部门部专门授予全国范围社会组织的最高奖项。多年来，省公路学会认真履行“三服务一加强”职能，坚持“服务立会、活动兴会、实力强会”的办会方针，广泛开展学术交流、科普宣传、科技咨询、科技培训、组织建设活动。该学会开展的“首届江西公路优秀工程师”“首届江西公路科技进步奖”“首届江西公路优秀学术论文奖”三项奖励评选活动在广大公路科技工作者中产生积极影响，取得明显的社会成效。学会坚持深化改革，积极探索适应交通运输行业需要、符合公路科学技术和科技社团发展的运行机制和活动方式，逐步走上“工作自创、人员自聘、经费自筹”的轨道，形成了“自主活动、自我约束”的发展模式，成果丰硕。

（省公路学会）

【省公路学会邀请国内知名隧道专家蒋树屏到赣讲学】 2月19日,由江西省公路学会和江西省交通设计研究院有限责任公司共同举办的隧道建设与营运关键技术讲座在南昌举办。

此次讲座主要内容有山岭公路隧道开挖方法、公路隧道灾害形态与技术对策、隧道灾害突发事件应急救援经验、隧道围岩变形现场监控量测与反分析、公路隧道施工质量管理等。国内知名隧道专家、研究员、教授蒋树屏到赣作题为“公路隧道建设与运营关键技术”专题演讲。并就提高江西公路隧道建设施工技术水平,推动隧道灾害防治技术发展、提高全省公路隧道建、管、养水平和与会人员进行交流互动。

省公路学会、省交通设计研究院有限责任公司领导、全省各在建高速公路项目办、各设区市公路局、公路学会会员单位的技术人员等共160余人参加讲座。

(丁　静)

【省公路学会召开公路沥青混凝土路面施工及养护技术研讨会】 1月21—22日,由省公路学会与省公路管理局共同举办的“江西公路沥青混凝土路面施工及养护技术研讨会”在景德镇市召开。景德镇市政府、市公路管理局、省公路学会有关负责人出席会议,江西公路养护、施工、设计单位的代表共100余人参加会议。

研讨会邀请国内知名道路专家、东南大学教授倪富健,苏交科集团股份有限公司高级工程师张可强,江苏新越沥青有限公司董事长、高级工程师吴水辉,江西公路科研设计院副院长、高级工程师虞峥4位专家,分别就路面养护新技术、沥青(基层+面层)配合比设计与施工质量控制、沥青路面施工质量控制要点、江西省国省干线公路沥青混凝土路面设计等作专题讲座。

通过研讨会,公路系统科技工作者增进了对公路路面施工、养护新技的了解,对今后的沥青混凝土路面施工及养护具有很好的借鉴和指导意义,进一步提升了全省公路建、管、养水平。

(刘玉明)

【省公路学会举办全省公路科技工作专题培训班】 3月31日,省公路学会在南昌举办全省公路科技工作专题培训班。

培训班邀请江西中煤建设集团有限公司副总经理兼总工程师、教授级高工谌润水授课。培训内容涉及公路科技科研课题选题、立题,科技论文写作实用方法等。谌润水还对职称申报中科技人员关心关注的细节问题进行详细解读,并与学员们热情互动交流。

全省11个设区市和各会员单位的公路交通建设、施工、管理专业技术人员等共100余人参加培训。

(丁　静)

【省公路学会多次举办科普知识宣传活动】 5月14—21日,省公路学会组织开展1期主题为“创新引领共享发展——公路知识普及宣传活动”和3期主题为“平安出行、幸福人生”的科普知识宣传活动。此次科普宣传活动主要在车流量较大的南昌东收费站、昌西南收费站及南昌北收费站分3期举办,活动主题为“平安出行、幸福人生”。与此同时,还开展“创新引领共享发展——公路知识普及宣传活动”。活动期间悬挂大量安全出行宣传标语,并向过往车辆驾驶人员免费赠送学会编印出版的道路交通安全知识《安全驾车行》丛书1000余册。

9月17—23日,省公路学会在中国公路学会开展的“创新放飞梦想,科技引领未来”的公路科普宣传活动中,该会和各分会广泛参与,联合行动,取得了广泛普及科学知识、大力弘扬科学精神、提高全民科学素养的良好效果。

省公路学会通过科普宣传活动,深入广泛地向社会公众宣传普及了公路科普知识,引导了社会公众自觉遵守公路法律和法规,增强安全出行意识,成效显著。被中国公路学会评为2016年科技活动周公路知识普及及宣传活动先进单位,学会秘书长吴伟明被评为先进个人。

(刘玉明　李文华)

【《江西省公路学会建设与服务支持系统》科技项目通过验收】 7月27日,省交通运输厅在南昌组织召开《江西省公路学会建设与服务支持系统》科技项目成果验收会。验收组5位专家通过听取项目组的汇报,观看系统演示,审阅相关文件,质询讨论后,一致认为该课题项目紧密结合省公路学会工作实际,运用“互联网+学会建设”思维开展学会建设与支持系统的研发，构建了一套有利于“会员沟通、资讯共享”的信息化管理系统，具有较好的实用性、可操作性，项目研究思路清晰、方法得当、重点突出，经费支出合理，一致同意通过验收。

省公路学会建设与服务支持系统的成功研发，有助于学会综合服务能力和管理水平的进一步提升，同时为江西交通运输事业科技成果交流、资源共享搭建了一个良好的综合信息服务平台。

（李文华）

【江西赣路工程检测有限公司揭牌】 8月3日上午，省公路学会赣路工程检测有限公司成立暨揭牌仪式在南昌小蓝经济开发区创业园举行。省公路学会理事长孙茂刚、秘书长吴伟明及学会全体员工参加揭牌仪式。

江西赣路工程检测有限公司的成立，有利于进一步加强与上级检验机构的技术合作与交流，有利于增强江西科力咨询监理有限公司的工程质量检测能力，提升科力咨询监理公司的市场竞争力。这既是省公路学会发展史上的一件大事，也是学会改革发展中的一大亮点，体现省公路学会经营学会的新理念。

【省公路学会举办“十三五”全国交通运输发展思路和重点学术报告会】 7月22日，省公路学会在南昌举办“十三五”全国交通运输发展思路和重点学术报告会。省交通运输厅和省公路学会领导及省交通运输厅机关处室领导、各地市公路主管部门领导、学会副理事长、理事、会员单位分管领导等共120余人出席报告会。报告会邀交通运输部规划研究院副总工程师教授石良清到赣讲学。报告会围绕“十三五”全国交通运输发展基本思路及目标、仨务及推动全国交通运输实现高质量、高效率、公平、可持续发展等问题进行解读。报告内容丰富翔实、条理清晰、信息量大，对全省交通发展方向和规划设计有重要的指导意义。参会人员纷纷表示受益匪浅。

（潘　婧）

【省公路学会举办普通公路桥梁、涵洞、边坡养护与管理培训班】 6月23—24日，省公路学会在南昌举办全省普通公路桥梁、涵洞、边坡养护与管理培训班。

培训内容主要是普通公路桥梁、涵洞病害与公路边坡地质灾害防治等内容。培训班邀请享受国务院特殊津贴专家、研究员谌润水和国家注册土木（岩土）工程师、教授黄俊授课。授课教师同时与学员进行施工技术互动交流，并共同观摩南昌G316梁家渡大桥改扩建工程施工现场。共商进一步提高了普通公路桥梁、涵洞病害与公路边坡地质灾害防治技能普通公路桥梁、涵洞、边坡养护管理技术水平的方法、措施。
各设区市交通运输局、公路管理局和相关会员单位公路养护管理的专业技术人员等共200余人参加培训。

（丁　静）

【省公路学会开展公路科普进校园活动】 9月22日，省公路学会第一期科普知识讲座及宣传活动在江西交通职业技术学院举办。江西交通职业技术学院、省公路学会领导及路桥专业的教师和学生共300多人参讲座。

此次活动特邀江西省交通运输厅规划办主任刘维文作“江西公路水运交通‘十二五’成就及‘十三五’规划”科普讲座。他结合长期工作在江西交通运输发展规划领域一线，先后主持及承担江西省“十五”“十一五”“十二五”“十三五”公路水路交通发展规划及各类重大交通运输规划项目的编制、起草及组织工作实际，以宏观与微观相结合的讲授形式，宣传公路科普知识。

（丁　静）

【省公路学会宣贯新版《公路工程施工监理规范》】 11月5日，省公路学会交通工程监理专业委员会在省交通干部学院举办2016版《公路工程施工监理规范》宣贯会。省交通质监局、省高速集团和全省各监理企业有关人员代表及省交通职业技术学院教师代表等共150余人参加会议。

宣贯会邀请规范主编单位——北京市道路工程质监站主任李达授课。他详细介绍新监理规范的修订基本思路、原则、背景与必要性、编制依据、修订要点，并就新旧版本分章分条进行了逐一对比，逐一讲解，并和专家进行了互动交流，使大家更加全面地了解和掌握新规范的内容及贯彻落实方法措施。为进一步应用新的规范指导现场监理工作,全面提高监理工作水平奠定了坚实基础。

(李文华　习明星)

【省公路学会2016年学术年会召开】 11月5日,省公路学会2016年学术年会在南昌召开。中国工程院院士、中国公路学会副理事长、中国公路学会第五届专家委员会主任委员郑健龙出席会议并作主旨演讲。省交通运输厅总工程师胡钊芳,省公路学会理事长孙茂刚,长沙理工大学教授张军辉及全省公路交通系统有关单位的领导出席会议,交通运输行业科技人员代表240余人参加会议。会上,郑健龙作题为“关于沥青路面设计理论与方法的商榷”主旨演讲。他对沥青路面设计方法及设计关键问题作了深入浅出、通俗易懂的精辟阐述。

(李文华)

【省公路学会召开理事长工作扩大会议】 11月12日,省公路学会召开理事长工作扩大会议,学会九届理事会正副理事长、正副秘书长等13人出席会议。

会议听取了秘书处“关于学会九届三次理事会以来工作情况的汇报”,审议通过九届理事会组成人员调整提议,讨论研究了召开九届四次理事会有关事项。

省交通运输厅总工程师、省公路学会副理事长胡钊芳在讲话中,对学会九届三次理事会以来的工作给予肯定,并对做好学会提出了具体意见和要求。

会上,学会理事长孙茂刚做工作总结,部署新的工作目标任务。

(李文华)

【省公路学会举办“PPP政策解读及操作实务”培训班】 11月22日,省公路学会与省公路工程公司联合在南昌主办“PPP政策解读及操作实务”培训班。全省交通运输系统有关工程建设单位的项目经营、管理、财务、计划人员共120余人参加培训。培训班特邀北京中建政研“PPP”专家委员会特聘专家、国际融资规划师林正刚授课。对“PPP”进行全方位深入剖析,详尽讲解了提高“PPP”实际操作水平的方法与措施。通过培训,进一步提高了与会者和会员单位对“PPP”项目作为一种新型的项目融资模式,要推广好、运用好这种模式重要意义的认识和实际操作水平。

(李文华)

【省公路学会在抚州举办专家下基层服务活动】 12月1日,公路学会组织江西公路交通领域知名专家到抚州市开展专家下基层服务活动。

当天上午,学会专家服务团一行10人,深入抚州G236肖家中桥及S208东临大桥现场,实地查看2座大桥存在的安全隐患。下午,专家服务团与抚州市公路管理局、抚州市赣东勘察设计院等单位领导及相关技术负责人召开专家咨询座谈会。专家们认真听取了设计单位就G236肖家桥及东临大桥维修加固设计专题方案汇报,经过充分讨论、研究和论证后,对2座桥梁的维修加固提出了融桥梁维修加固安全性、经济性和可操作性为一体,实用、中肯、合理、周到的咨询建议和意见。与会人员表示,专家们的咨询意见和建议有效解决当前两座桥梁存在的病害问题,又考虑了长远运输发展需求,得到与会人员支持和认同。

省公路学会开展专家下基层服务活动是省科协科普直通车系列活动内容之一。2016年被列为江西省省级学会公益活动项目政府购买服务项目,先后到赣州、上饶、抚州三地开展服务活动,已连续举办3年。

(李文华)

【省公路学会召开九届四次理事会】 12月15日,省公路学会在南昌召开九届四次理事会,省交通运输厅总工程师胡钊芳、省民政厅民间组织管理局局长刘石呈出席会议并讲话,100余名学会理事会理事参加会议。

会上,省公路学会理事长孙茂刚作题为“夯实基础、扎实工作、不辱使命,不断推动学会事业迈上新台阶”的工作报告。总结2016年的工作,部署2017年工作目标任务。会议审议通过“关于理事、常务理事、副理事长调整事项的提议”,并传达了2016全国公路学会秘书长工作会议精神。

本次会议对学会继续围绕中心、服务大局,落实“四个服务,服务创新驱动行业发展,实现学会事业创新发展具有的推动和促进作用。

(李文华)

交通管理

行政管理

政务管理

【概况】 2016年,厅办公室紧紧围绕交通运输中心工作,切实履行职能,优化服务措施,狠抓督查落实,各项工作取得新进展。

参谋助手作用有效发挥。制定《厅机关调查研究制度》,确定厅机关重点调研课题15个,组织相关部门开展有针对性的调研活动,为厅党委决策提供有价值的参考。聚焦交通运输发展的重点、难点、焦点问题,收集一些动态性、潜在性的信息,为领导提供有效的信息服务。全年编发专报18期,省领导做出批示3次;向省委、省政府和交通运输部办公厅报送信息300余条,采用100余条,其中江西省交通运输厅出台八条具体措施降低企业成本经省政府办公厅上报国务院办公厅后,被国办专报采用。突出抓好文稿起草工作,撰写交通运输工作报告等重要文稿70余篇。

政务运行效能大幅提升。大力推进OA网上办公,设置网上红黄绿灯,通过下发督办通知单、定期通报红灯记录等方式加快公文运转 OA亮红灯率较上年下降21%。充分利用公文传输网和短信平台,加快会议通知进程,提高办会效率,优质高效地做好以省政府名义召开的全省高速公路通车里程突破5000千米新闻发布会、五大交通重点工程建设推进动员会、全省治超工作会的组织、协调和有关材料工作。

督查督办工作不断强化。对省委省政府、交通运输部及全省交通运输工作会议重大决策部署,建立了工作落实台账,及时掌握进展动态,及时向厅领导班子反馈,有效地推动各项决策部署的落实。对省委省政府、交通运输部领导以及厅领导重要批示、交办事项列入必督项目,做到反应迅速、协调有力、落实到位、反馈及时。对厅承办的人大代表建议、政协提案,实行专人督办,2016年厅办结省人大代表建议98件,省政协提案25件,满意率和基本满意率达100%,省交通运输厅荣获江西省十二届人大五次会议代表建议办理工作先进单位(2015—2016年)称号。

服务保障能力不断提高。制定《全面推进政务公开工作的实施意见》,进一步加大政府信息公开力度,全年厅机关共公开政务信息1305条。组建厅行政服务窗口进驻省政务服务中心,实行"一站受理、内部流转、限时办结、统一送达"审批服务模式。认真抓好保密专项检查和保密自查,加强保密宣传教育,提高机关工作人员保密意识和技能。加快档案数字化进程,厅机关档案室全面完成数字化录入,厅交通工程档案馆建成江西省档案工作规范化管理省二级馆。认真做好来信来访办理工作,2016年初信初访办结率100%,停访息诉率达95%以上。

(崔建林)

【国家人社部副部长邱小平到铜万项目督查民工工资管理】 10月20日,以国家人社部副部长邱小平为组长的国家部际联席会议督导组一行到铜万项目就民工工资管理进行实地督查,省人社厅副厅长王书红,省交通运输厅副厅长王爱和、省高速集团党委书记、董事长王江军、省交通运输厅综治办主任糜向荣,以及铜万项目办班子成员、项目经理、民工代表陪同考察座谈。

在铜万高速P2标路面摊铺现场,邱小平仔细询问项目建设过程中遇到的困难和问题,详细了解项目进度管理、质量控制、安全生产及民工工资管理的相关情况,并与一线施工人员亲切交谈,深入了解他们的生产、生活情况。当看到工人手机里的每月工资到账短信时,他表示很欣慰,高度肯定铜万项目办在民工工资管理上取得的成绩,切实保障了民工的合法权益。

座谈会上,邱小平对省交通运输厅的民工工资管理工作给予充分肯定,他指出,一是对江西交通事业的发展表示敬意,江西在基础建设方面快速推进,高速公路通车里程不断刷新;二是对于交通建设领域出现的民工工资管理乱象,省综治办和省交通运输厅积极寻求破解之策,创新民工工资管理,取得良好社会效益,要进一步推广总结。对于今后的民工工资管理,邱小平提出了四点意见:一是要对保障民工工资支付工作认识到位,有责任担当,实现多赢的良好局势;二是要建立一套完善的规章制度,加强日常综合管理;三是要体现层层责任落实,做好问责、追责;四是要充分运用信息化,使监管工作更便利、更高效,同时研究不同行业的特殊性质,进一步推而广之。

王爱和表示,面对欠薪、讨薪、上访、封门堵路等顽疾,省交通运输厅创新民工工资管理机制,从源头上治理、依法治理、系统治理、综合治理,取得"多赢"的效果。

会上,省交通运输厅综治办主任糜向荣汇报了民工工资管理工作的经验,铜万项目办负责人汇报了铜万项目民工工资管理工作落实情况。会议还现场演示了实名制监管信息系统。

(省高速集团)

【江西深化公路管养体制改革】 全省各地推进普通国省干线公路管理体制改革,积极探索融资新模式,推进管养市场化,理顺公路管养体系,不断推动公路养护管理提质增效。赣州市出台《关于加快推进交通能源基础设施建设的实施意见》,对一些项目出台系列优惠政策和奖励措施;上饶市组建市本级交通建设融资平台,通过政府购买、特许经营等方式破解资金筹措难题;九江市德安县对公路日常养护实行公开竞标。

多渠道完善资金筹措机制。全省各地积极整合交通资源,盘活存量资产,出台补贴政策,多渠道完善公路养护管理资金筹措机制。赣州市3月底出台了《关于加快推进交通能源基础设施建设的实施意见》,提出对交通能源基础设施建设实行属地化管理,并明确了部分项目可以享受的优惠政策。被列入交通运输部省项目库和《赣州市"十三五"交通基础设施建设项目规划》的项目,除上级补助外,市本级同样提供补助。上饶市委、市政府组建的上饶市交通投资股份有限公司于5月底正式挂牌运行。该公司已与中国农业发展银行、中国光大银行、广发证券等多家金融机构签订合作协议，协议金额达到36亿元，并筹备高速公路、国省干线公路、高速公路服务区等一批重大投资项目，有效解决了普通公路建设养护资金难题。省交通运输厅着手搭建省级企业筹融资平台，落实省级资金筹措及出资责任，逐步探索建立稳定的公路管养经费保障机制，满足全省普通公路建设养护省级补助资金需求。

多形式推进养护市场化。江西各地积极探索引入市场机制，建立政府与市场合理分工的养护生产模式，逐步将公路养护领域适合的事项从“直接提供”转变为“购买服务”，不断激发市场活力，提高公路养护质量和资金使用效率。“以安福县公路分局枧头养路队为例，推行市场化承包后，全年节约成本约11万元。”2012年开始，吉安市公路局先后在安福、井冈山、吉安、永丰、新干等地开展试点，市场化养护实行公开竞标，择优确定中标人，实行承办责任制，由承包人自行聘请养护人员，公路管理养护服务保障能力进一步增强。5月中旬，萍乡市莲花县对罗市道班管养的26条公路推行公路养护市场化，采取“五定八保”的竞标方式，即定里程、定人员、定经费、定机械、定任务，保完成任务、保养护质量、保经济效益、保公路设施完好、保安全文明生产、保应急到位、保道班内部管理规范化、保道班内部和谐稳定，不断调动一线职工积极性，提升公路养护工作水平。九江市德安县，4月底，对辖区10千米公路日常养护进行市场化公开招标，实现公路养护的市场化、公司化管理运作。

多角度理顺公路管养体系。“十三五”期间，省交通运输厅将建立干线公路养护规范化管理评价指标体系，实行监督考核结果与项目库管理专项计划资金挂钩的奖惩机制。为扎实推进公路事权和支出责任改革。江西将逐步理顺普通公路管养事权。建立事权和支出责任相适应的管养体系。在管理体制上，一方面强化省级层面的监管力度，基本实现普通国省道管养职责划归各设区市公路局，农村公路管养职责划归当地人民政府，普通公路穿越城区的路段划归当地人民政府市政（城建）部门，高速公路连接线按主要功能分别纳入普通公路与城市道路体系；另一方面，扎实推进地方公路管理体制改革，整合归并公路管理机构，减少管理层次和机构设置，提高管理效率和资金使用效益，基本建立“事权清晰、精简高效、权责一致、运转协调”的普通国省干线公路养护管理体制。

省交通运输部门争取省政府出台《关于加强“十三五”期间普通公路建设与养护管理的意见》，争取省级层面更多政策及资金等支持。同时，制定《江西省公路养护管理办法》《江西省养护施工企业信用评价实施细则》等一系列符合省情的养护管理制度，促进管养市场健康发展。

（李　明）

【宜春市交通运输局深入开展“放管服”改革】 根据市政府在政府网站公开的《宜春市人民政府关于印发2016年推进简政放权放管结合优化服务改革工作方案的通知》（宜府字〔2016〕64号）和宜春市政府推进职能转变协调小组办公室《关于迅速做好2016年度“放管服”改革进展情况报送工作的通知》精神，该局2016年度“放管服”工作认真开展：①根据宜府字〔2016〕64号文件要求，市局取消1项职业资格许可和认定事项，该项目名称为机动车维修技术人员从业资格考试发证。②为营造公平竞争环境，激发创新创造活力，大力支持新经济快速成长，确保审慎有效监管，防范可能引发的风险，在积极探索和创新适合新技术、新产业、新业态、新模式发展特点的监管方式上，制定了《宜春市交通运输局行政审批事项事中事后监管办法》，该办法明确市局承担行政管理职责的科室负责行政审批事项事中事后监管工作、行政审批业务事中事后监管范围、行政审批业务事中事后监管规范、行政审批业务事中事后监管协作规范、执法科室业务协作规范以及档案管理规范等内容。该局把这项改革工作放在突出位置，由主要领导亲自过问，分管领导具体抓，工作组勇于担当，不等不靠，将工作任务进行分解到位、落实到人，积极推进简政放权、放管结合、优化服务改革工作落地生效，确保改革工作质量和进度要求。

（游雅琴）

【袁州区交通运输局加强农村公路建设管理】 该区交通运输局切实加强农村公路建设管理，全力推进工程建设。一是完善项目协调机制。加强领导，采取自下而上的监督，对项目承载体进行考核评价，加强项目动态监管，定期项目现场检查，召开现场办公会，及时解决项目建设存在的问题困难，保障项目顺利实施。二是完善项目资金管理制度。加强项目建设资金管理，设置单独资金账户，及财会账户，严格专款专户专用，杜绝挪用建设资金现象。三是完善项目建设监管机制。一方面加强质量管理，严格按照施工图纸和技术标准对农村公路质量进行检查验收，不达标的坚决不予验收，并要求补救，严重的要求重修。另一方面抢抓工程进度。按照施工组织设计和总进度计划，每月调度一次工程进展，督促施工单位完成工程进度，对施工过程中存在施工进度滞后、违反施工合同、存在工程质量问题等情况的施工单位进行警告。

【宜春市2171名农村交通安全协管员上岗】 至11月16日止，全市已建乡镇交管站85个，聘请乡镇交通安全员273名；建成农村劝导站701个，新聘农村交通安全协管员2171名，工资补贴由市县两级财政拨款解决。各地针对农村特点，着重培训乡镇交通安全员和农村交通安全协管员的交通法规宣传教育技能。2171名农村交通安全协管员上岗后，解决了农村地区交通安全管理最后“一千米”的问题，已在交通安全劝导、教育领域发挥了重要作用，仅秋收期间，全市共劝导各类超员2150起、违法载人载货1350起、其他违法行为2037起。对维护农村交通秩序，保交通平安发挥积极作用。

（吴泽水）

【吉安市交通运输局加强对省交通运输厅“挂牌督办”公路建设项目督查】 为进一步推进省交通运输厅“挂牌督办”公路项目建设监督管理，结合2016年度农村公路建设第二次督查，9月22日至25日，吉安市交通运输局对罗霄山区集中连片特困地区2016年省厅“挂牌督办”项目的建设程序、质量、安全、进度和资金进行了全面督查。此次督查改变以往方式，采取分组直接先到项目施工现场检查财务账簿后，立即进行督查情况汇总，再组织各地政府分管领导、县（市、区）交通运输局局长、分管局长等相关人员，将督查中发现存在的问题及下一步工作重点、要求进行现场反馈。督查组现场查看了2016年省厅“挂牌督办”公路建设项目共9个169.4千米，永新县、遂川县、万安县、井冈山市分别汇报了各项目施工进展情况。

罗霄山集中连片县道升级改造是该市继红色旅游公路之后建设里程最长、投资最大的公路建设项目，是推动罗霄山片区区域发展与扶贫攻坚的重大机遇，也是吉安加快推进扶贫事业的重要契机。该局要求，一要加大对公路建设的力度。各地政府要引起高度重视，加快施工组织，协调发改、国土、林业等相关部门，确保年底完成工程建设。对不能在年底前完工的请以县（市）政府名义向省交通运输厅报告，说明原因并确定开工、完工时间，请求支持。二要履约做好各项目的基本建设程序规范，及时更新农村公路综合管理系统数据。三要加快消化“十二五”期间存量资金。在年底前未消化完的，按照省交通运输厅相关原则调整，并要求市公路处加强检查监督理。

（吉安市交通运输局）

【广昌深化交通改革助推行业发展】 为理顺交通运输管理体制，助推交通运输事业健康快速发展，广昌县交通运输局着力在以下几个方面进行深化改革。一是完善农村公路养管办法。在2015年出台《广昌县农村公路（县道）养护管理办法（试行）》的基础上，该局起草制订《广昌县乡、村道公路养护管理办法（试行）》，并以县政府办名义印发执行，从而使该县县、乡、村三级农村公路的养护管理有规可依，有章可循，形成一条完整的制度链。二是规范农村客运班线管理。出台农村客运班线通行条件审核细则，为保障农村客运安全提供了支撑。三是打造交通投资服务平台。组建了广昌县交通投资有限责任公司。该公司的组建，为该县今后重大交通基础设施项目建设的投融资、开发、建设、管理建立一个规范的服务平台。四是组建工程质量监管机构。2016年9月，县编委办正式行文批复该局设立交通工程质量监督站，为该县交通工程质量的监管提供组织保障。五是强化领导挂点负责机制。重点推出了农村公路建设班子成员挂点制，每个班子成员挂点负责跟进1—2重点项目工程，挂点督导1个乡镇的农村公路建管养运，彻底改变过去那种非分管领导可以袖手旁观的现象，做到个个肩上有担子，人人身上有责任，形成了班子成员同舟共济的工作合力。多项改革措施的落实，为该县交通运输事业的规范健康发展提供坚强保障。

（胡 刚）

【婺源县畅通交通发展“大动脉”】 在婺源县各大景区景点，随处可以看到来自浙江、上海、湖北等地大大小小的车辆。近年来，该县已形成“通县公路高等级化、通乡公路硬化、通村公路畅通化、内外连接网络化”的城乡一体化交通格局，畅通车流、物流和人流。

“十二五”期间，该县完成省道大二线县城段、国道济宁线G237县城段、段莘至浙源、清华至沱川、瑶里至灵岩洞、自行车道等近300千米旅游环线公路重点项目。全县18个乡（镇、街道、园区）和197个建制村通畅率达100%，通水泥路自然村1296个，通畅率92.9%。

婺源县溪、河、水库密布，七大河流总长约500千米，民间渡口56处，通过修桥铺路，尤其是“十一五”期间改渡建桥和“十二五”期间的独立大中桥项目建设，特别是近两年加快危桥改造项目，全县新建虹冲、金村等大中桥梁46座，彻底告别舟楫摆渡的历史。

该县每年投资近200万元创建文明路示范路里程100千米以上，县道文明路里程达96%。公路沿线种植桂花、红豆杉、红叶石楠、杜英等观赏价值高的树种，农村公路平均绿化率86.6%，防护设施、标示标牌等同步跟上。如今，婺源农村公路面貌焕然一新，为游客提供一个“车在路上行、人在画中游”的舒适体验。

（单长华）

组织与人事

【概况】 2016年，围绕2016年全省交通运输工作要点及全厅组织人事工作目标任务，圆满完成年初制定的各项工作目标。

1. 2016年全厅共提拔任用处级干部12名，轮岗交流处级干部6名。加大优秀年轻干部培养性交流，下派厅机关1名年轻处级干部到企业挂职，从厅机关选拔1名年轻干部到厅直属单位任行政负责人，从厅属事业单位选调2名优秀中青年处级干部到厅机关处室任职，异地交流1名党委书记任行政主官。制定出台《厅管党政领导班子后备干部工作实施细则》，采用民主推荐和个别谈话推荐形式，并经厅党委会讨论研究，确定正处级后备干部人选34名，副处级后备干部人选102名。

2. 抓好干部思想教育，开展全厅处级干部学习习近平总书记系列重要讲话精神、五大发展理念集中轮训工作，全厅387名处级干部全覆盖，组织干部网络学习培训，并将全厅科级以上干部纳入学习范围，累计共2645名干部完成了培训。二是强化干部考核管理。对全厅52个副处级以上单位的领导班子和领导干部年度考核，确定优秀领导班子12个，良好40个；确定优秀领导干部42名，良好202名，基本称职1名。三是对2名处级干部给予免职组织处理；对在2015年度考核中被评为“基本称职”的1名，责成主管单位主要领导对其进行诫勉谈话，限期整改，并免去其所任职务。四是开展选人用人检查。对厅属13个单位进行选人用人工作专项检查，并对“违反干部任用标准和程序”等专项整治情况进行跟踪。五是研究起草并印发《省交通运输厅关于领导干部近亲属和身边工作人员提拔任用事项报告审核暂行规定》。组织全厅387名处级干部完成个人有关事项报告。随机抽查核实处级干部39人，对存在漏报的3人进行批评教育，1人实行诫勉谈话。

3. 坚持党管人才原则，拓展视野发现培养人才。一是组织开展对厅直属各单位人才情况调研工作，鼓励厅属单位通过公务员遴选、省直事业单位招考、深入高校招聘等方式引进人才。2016年，厅直属单位共遴选公务员28名，事业单位公开招录人才170名。组织专家对交通运输工程系列高中级资格条件修订，开展交通运输系列职称评审，共有185人被评为副高级职称、173人被评为工程师职称。举办“振兴杯”交通运输行业汽车修理工（轿车类）职业技能竞赛，其中3名优秀选手被授予“江西省技术能手”及“江西省青年岗位能手”称号。二是加大院士专家工作站建设力度，2016年，省交通科学研究院省级院士工作站获批并揭牌。做好人才推荐工作，其中1人入选省百千万人才工程，2人入选国家特殊津贴，1人当选世界道路协会技术委员。同时，还组织2名百千万人选赴外地集中学习，选派14名优秀副高以上专业技术及高级管理人员参加人社部组织的高级研修班项目。

4. 积极稳妥推进机构改革。一是优化厅属单位管理结构。完成省公路管理局等4家单位机构调整工作，推动省高速公路联网管理中心和厅应急指挥中心副处以上领导干部交叉任职。二是做好厅属事业单位机构编制改革。确定单位公益属性，其中划为公益一类单位222家，公益二类22家，生产经营类7家。三是开展省直事业单位管理岗位职员制改革试点。按照省人社厅部署，在省港航管理局宜春分局开展职员制试点工作。

5. 合力构建和谐劳动关系。一是启动首批省直机关事业单位养老保险经办工作。2016年，全厅共有包括厅机关在内的13家单位通过省社保中心审核，并已参加省直机关事业单位基本养老保险。二是深化企业薪酬制度改革。印发了深化厅属企业负责人薪酬制度改革意见，并完成对省高速集团及省交通设计院2015年度厅属企业绩效考核，要求厅属企业按照厅改革意见兑现企业负责人薪酬。三是认真履行劳动工资管理职责，做好厅直事业单位年度各类人员的正常调资、增资审批、工资调标及2016年事业单位绩效工资总量调整工作。并按照省人社厅、财政厅关于调整退休人员基本养老金要求，完成首次机关事业单位退休人员与企业退休人员同时增加退休金。

6. 全力服务全厅工作大局。一是扎实推进厅机关扶贫工作，2016年，厅机关继续选派2批“连心”小分队前往上饶县湖村乡西龙岗村扶贫，村域的村容村貌明显改观，交通运输状况和群众出行条件明显改善。二是扎实完成军转干部及退伍士兵安置工作。按照省有关工作要求，按时完成1名正团职、2名营及营以下军队转业干部的安置任务，接收并安置退伍士兵9名。三是做好省直机关绩效管理。在充分征求厅领导及厅机关各处室意见的基础上，制定了全厅2016年度绩效管理工作方案，并督促各处室保质按照要求完成工作任务。2015年绩效管理工作中，省交通运输厅被评为良好等次。

（赵　晖）

财务管理

【概况】　2016年，财务部门围绕交通建设中心工作，创新筹资机制，规范资产管理，推进财务工作信息化建设，全面履行工作职能。

1. 积极参与全省降低企业成本优化发展环境专项行动。4月25日，省委、省政府印发了《关于降低企业成本、优化发展环境的若干意见》，开展“降成本、优环境”专项行动。按照省委、省政府统一部署，采取一系列措施。一是根据企业反映的当前发展面临的突出问题，结合该厅职能及政策法规规定，出台8条具体政策措施，其中牵头出台措施3项，配合出台措施5项，据测算每年将为企业减负超过20亿元。二是积极配合做好省领导挂点联系企业活动联络工作，该厅负责联系乌寻工业园和小蓝工业园，制定了联企工作方案，选派了20名干部作为省领导联系企业的联络员，配合省领导深入联系园区，入企宣讲政策、推进重大项目建设、协调解决重大问题。三是积极配合做好省领导挂点联系企业活动，收集挂点联系企业反馈的困难和问题46条，已梳理汇总企业反馈的困难和问题，建立问题台账。此外，收到省降成本优环境专项办前八批交办问题26项，按照“先沟通、后办理”的原则，厅组织联络员通过电话方式与各企业联系人沟通联系，能够立即解决的，按时予以解决；暂时解决不了的，提出今后逐步解决的措施和时限；确因客观原因难以解决的，主动向企业解释说明情况，企业满意率100%。

2. 完成2015年部门决算草案集中审核工作。作为2015年部门预算重点审查单位，省人大财政经济委员会对该厅部门决算进行了重点审查，并对厅决算情况和预算管理工作表示肯定。以重点审查为契机，切实将财务管理作为中心工作来抓，层层压实责任，逐级传导压力，形成了齐抓共管的良好局面。各预算管理单位严格遵守《中华人民共和国预算法》，遵循先有预算、后有支出的原则，按照批复的预算项目、科目和金额执行支出预算；严格控制经费支出，基本做到了不发生无预算项目的支出，不超预算范围、预算标准支出。

3. 提高资金安排科学性。一是定期分析和报告项目资金结转情况。定期按年度、资金来源统计项目资金结余结转金额，分类分项提出处理意见和建议，提交相关项目管理部门和单位，推动项目实施，加快预算执行。二是严格按照预算法规定编制部门三年滚动预算，健全项目库建设，优化项目立项和审批程序，提高各专项资金年初预算落实到具体项目和单位的比例。三是加大管理和养护的资金投入，持续开展超限超载专项整治工作，充分发挥各类交通基础设施的使用效益。

4. 提高财政资金使用绩效。一是加快项目支出预算执行。围绕加快项目推进工作，明确时间节点任务，对未开工的项目要求抓紧开工，开工的抓紧进度，完成的抓紧时间办理竣工验收；调动一切可以调动的积极因素，全力以赴做好项目建设资金保障；积极协调解决项目推进中的问题和困难，确保项目按期完工。二是加快预算执行同时，切实减少和消化存量资金。对年度结余结转资金进行跟踪分析，通过多种形式、多个级次的项目调度会、现场会推进项目建设，采取有力措施减少和消化结余结转资金。三是积极盘活存量资金。对确实不具备实施条件，或实施后效果不明显的项目，及时按照程序，提出调整申请，将有限的资金安排用于当前必须实施的项目，避免资金长期沉淀。

5. 全面推行高速公路计重收费使用静态衡器。

根据《江西省交通运输厅关于实行高速公路整车式称重系统计重优惠标准的通知》，自2016年6月1日启用整车式称重系统，对通行江西省高速公路的使用整车式称重系统计重的合法装载货运车辆，实行按称重重量的95%计重的优惠政策，超限装载货运车辆按称重重量的99%计重收费。此外，按照交通运输部有关计重收费的指导意见，计重收费的基本费率计收吨位为20吨，本省仍以10吨为计重收费的基本费率计收吨位，以上政策预计年减轻企业负担20亿元。

6. 开展绩效评价工作。开展2017年省级预算绩效目标申报工作，按财政厅要求组织厅属各单位填写《部门整体支出绩效目标申报表》《项目支出绩效目标申报表（一级项目）》《项目支出绩效目标申报表（二级项目）》，汇总整理后上报，并于11月份参与2017年预算绩效目标评审会，参评项目159个，其中项目总额在200万以上的33个，评审通过率达98%。按照《江西省财政厅关于开展2015年度省级部门预算项目支出绩效评价工作的通知》（赣财办〔2016〕27号）要求，在全厅开展2015年度部门预算项目支出绩效评价工作。评价对象为2015年度部门预算项目支出，开展绩效评价项目资金总量占2015年度单位预算项目支出的比例达60%以上，通过开展项目绩效评价反映资金的使用绩效及绩效目标的实现程度，强化项目预算管理，提高资金使用效率。按照省财政厅《关于开展2015年度省直部门整体支出绩效评价工作的通知》（赣财办〔2016〕39号）要求，选取了两家单位开展2015年度部门整体支出绩效评价工作，进一步提高部门整体依法履职效益，促进部门资源合理配置。积极开展2016年省级预算支出项目绩效运行监控工作，选取了两家单位的重点项目进行绩效运行监控，加强对项目实施过程中绩效目标实现情况的监督和控制，及时掌握项目绩效目标的完成情况、项目实施进程和资金支出进度。

7. 为公路水路筹融资平台服务。根据高速公路建设提速要求，积极为厅属省高速集团公司充分发挥投融资平台作用和企业优势创造条件。一是加快通行费拨付进度，保障省高速集团有均衡的现金流，发挥存量资金的最大使用效益；二是全力配合省高速集团融资平台需要，为充分发挥投融资平台作用创造条件。并配合省高速集团融资需要，走访了省内有关金融、金融监管机构，希望得到多方支持和帮助。

（管婧湉）

【宜春市交通运输局开展全市农村公路资金审计】 3月14日至4月21日，市交通运输局副局长带领农村公路建设资金专项审计组，根据上级的项目计划和下达的文件，对各县（市、区）交通运输局进行为期一个半月的专项审计。主要审计范围是2014年6月至2015年底通过市交通运输局下拨的上级和市财政补助资金，涉及9县3区的资金4.9亿元，审计内容有2015年度整改情况、资金管理使用结余情况、当地配套资金到位情况、支付手续和相关财务制度。通过查阅凭证、账本、合同、台账，实地查看施工现场、问询项目的建设单位设计施工监理等单位，形成审计报告，对审计发现的问题提出整改建议。

（张小平）

【宜春市交通运输局做好国有资产清查工作】 8月,市交通运输局资产清查人员顺利完成国有资产清查工作。一是把握基本原则。按照“统一政策、统一方法、统一步骤、统一要求、分级实施”的原则,开展行政事业单位国有资产清查工作。二是把握清查基准日和清查范围。资产清查的基准日统一确定为2015年12月31日;资产清查的范围为2015年12月31日以前。三是把握清查内容。主要包括单位基本情况清理、账务清理、财产清查、资产核实和完善制度。基本情况清理和账务清理是基础,财产清查和资产核实是重点,完善制度是保障。四是把握工作方法。建立健全账卡管理,并按照《财政部行政事业单位国有资产管理信息系统管理规程》,完善基础数据库,实现资产动态管理。五是把握时间节点。从3月1日开始,9月底前结束。

（张小平）

交通内部审计

【概况】 2016年的交通运输审计工作围绕厅重大决策部署,突出重点,关注重点资金、重大项目,加大审计力度,形成审计监督全覆盖。

1.全面加强对厅直属单位的预算执行和财务收支审计。按照审计监督全覆盖的理念,对厅直属15家单位的预算执行情况进行全面审计,通过审计发现厅直属预算单位在预算编制、“三公”经费反映、收支管理、津补贴发放、合同管理、政府采购等方面的问题,有针对性地提出改进意见建议,各被审计单位针对审计结果研究提出整改措施。对各单位整改结果和整改效果,专门组织人员对审计整改进行检查。通过审计整改检查发现大部分单位高度重视审计整改工作,通过建章立制、调整账目、规范管理等措施落实审计意见,大部分问题已经整改到位,部分属于历史遗留、体制机制上的问题,也研究提出了整改措施。

2.加强经济责任审计。按干部管理权限,坚持谁管谁负责的原则,有效推进领导干部经济责任审计。根据组织人事处的委托,完成对省交通工程集团刘仁达、省公路工程公司张诚同志、赣粤高速公路工程公司吴革森和省路政总队黄国标的离任经济责任审计。

3.加大对重点项目的跟踪审计和非公路建设项目审计监督。高速公路建设项目投资金额大、社会关注度高、涉及单位多,项目管理难度大,加大对高速公路建设项目的跟踪审计是全年审计工作的重点,截至10月底共完成萍洪、万宜、九绕(都九)、昌九、金抚、昌樟改扩建6个高速公路重点建设项目的阶段性跟踪审计,正在开展对宁安、安定及定南联络线、东昌、船广4个高速公路重点建设项目跟踪审计,开展对公路局科技大楼、运管局训练基地、九江水上应急中心3个房建项目跟踪审计。近期初步完成昌宁、上万、修平、铜万、新干航电、龙头港重点建设项目的跟踪审计。

4.加快推进交通建设项目竣工决算审计。由于全省交通建设投资大、项目多,多年来重建轻管,部分房建项目报建程序不全,项目收尾工作不力,工程结算和财务决算严重滞后,从2015年开始,对历史遗留未办理竣工决算审计的项目进行清查,并加大督办力度,完成了赣江东河航道整治项目和武吉扫尾工程,省交通科研院实验检测基地项目的竣工决算审计,正在有序开展对赣江石虎塘航电枢纽项目、省交通职业技术学院新校区建设项目、省港航管理局水上搜救中心项目、公路开发公司科研测试基地项目及南昌至湖口航道整治工程项目的竣工决算审计。

高速公路建设作为省重点工程项目,多年来竣工决算工作一直是省审计厅主导,2014年底省审计厅提出不再全部承担这项工作,针对新情况,省厅制定了《江西省高速公路建设项目竣工决算审计管理暂行办》(赣交审计字〔2015〕19号),根据暂行办法,省厅授权省高速集团组织高速公路项目的竣工决算审计,已经完成了隘瑞高速、九江长江公路大桥、九江二桥西互通项目的竣工决算审计,瑞寻高速公路竣工决算形成审计报告初稿,德昌、彭湖高速公路竣工决算正在征求施工单位意见。

5.加大对高速公路项目资金专项审计和高速公路项目房建专项审计。为全面落实省委巡视组的意见。2016年有重点的对高速公路项目资金管理使用情况和部分项目进行专项审计。全年安排项目建设资金管理使用专项审计12个，已经全部完成；完成5个高速公路房建项目审计。

6. 带动行业开展审计工作。为进一步提高审计人员的业务水平、强化行业引领，在总结年度审计培训的基础上，2016年有针对性地开展重点建设项目审计、“营改增”对行业影响、直属单位领导干部（港航分局、路政支队、联网分中心）财务审计业务等审计培训，有效提升了审计人员业务水平。同时通过年度审计工作要点等方式压实审计监督责任，对设区市公路交通部门对专项资金管理责任，厅直属单位对所属单位的审计监督责任予以明确，通过审计任务的形式，带动行业全面开展审计工作。其中省公路局、省港航局基本按照年初的审计工作要点完成年度审计工作任务。

7. 引入社会审计力量。在提出修改《江西省交通运输行业内部审计实施办法》，并于6月颁发《江西省交通运输内部审计实施办法》，进一步明确审计监督实施“统一领导、分级管理、事权匹配、各负其责”的审计监督全覆盖原则。为引入社会审计力量，为交通运输行业审计服务，通过公开招标方式确定省厅的审计中介机构库，并印发《江西省交通运输厅审计中介结构库管理暂行办法》，从资质条件、业务委托、使用管理、考核付费等方面规范对审计中介机构的管理。

（沈国华）

法治建设

【概况】 2016年，厅法规工作在推进行业立法与制度建设、依法规范行政行为、推进行政审批改革、全面实行政务公开、加强执法监督等方面，做了大量工作，取得显著成效。

1. 促进行业立法与制度建设。围绕公路建设管理、道路运输管理、交通建设工程质量安全监督管理等重点工作，加强重点立法工作，制定《江西省交通运输厅2015—2020年立法规划》。继2015年《江西省公路条例》颁布实施后，2016年将《江西省交通建设工程质量安全监督管理条例》作为立法重点工作，经广泛征求意见、采纳吸收各方意见建议，并多次反复修改，已通过了省政府审查，现报省人大一审，2017年3月将颁布实施。2006年启动了《江西省道路运输条例》修订和《江西省航道管理条例》立法调研工作。对现行规范性文件进行全面清理，对不符合交通运输行业发展要求和管理需求、不适应交通运输科学发展需要、与上位法相抵触或不协调的规范性文件和规则，及时修改或者废止，并向社会公布清理情况。在2015年全面梳理208个规范性文件的基础上，2016年又对工程项目有关的规范性文件进行认真梳理、审查，对11件符合法律、法规、规章、国家政策规定的文件予以保留，对9件部分内容与上位文件规定不一致的文件予以修改，对14件已超过有效期的文件予以废止；对9件已超过有效期，但符合法律、法规、规章、国家政策规定，认为需要继续有效的文件予以重新公布。加强交通运输法治制度建设。2016年，依据法治政府建设实施纲要，先后起草出台《推进法治交通建设的实施意见》《2016年全省交通运输法制工作要点》和《进一步加强法制机构能力建设的意见》等重要文件；按照省政府法制办《关于做好规范行政处罚裁量权有关工作的通知》要求，积极修订出台《江西省交通运输行政处罚自由裁量权执行标准》。

2. 完善审批制度。2016年，调整审批中介服务事项6项（其中保留2项、调整3项、取消1项），取消其他行政权力1项；要求厅机关相关处室和厅直属有关单位对《江西省交通运输省本级权力清单》进行梳理，取消了船舶港务费征收、道路运输从业资格证工本费征收等事项，并将一级道路客运站站级核定权进行下放。5月，根据《关于开展国务院和省政府取消下放行政审批事项落实情况专项督导工作的通知》要求，在整个交通运输系统内开展了国务院和省政府取消下放审批事项落实情况专项督导工作。提高审批效率。成立省交通运输厅政务服务办公室，组建行政服务窗口进驻省政务服务中心，实行“一站受理、内部流转、限时办结、统一送达”的审批服务模式；通过“江西政务服务网”“江西交通信息网”“江西公众出行服务网”，将权力清单、责任清单向全社会公开。结合工作实际，绘制各项权力运行流程图，在网站图文并茂地展现，为公众提供方便。对自行规定设置、没有法律法规依据的申报要求，一律予以取消；认真开展“放管服”工作，制定了《关于进一步推进简政放权放管结合优化服务改革工作实施方案》,采取明察与暗访相结合方式,加强"放管服"落实情况的督导。加强事中事后监管,提升防范法律风险的意识和能力。将涉及交通运输发展规划、重点工程建设、交通运输立法、重大执法决策以及社会涉及面广、与群众利益密切相关的重要事项列入重大行政决策范围,重大行政决策必须经过决策拟定、专家论证、风险评估、合法性审查、集体讨论决定的程序。严格执行《江西省交通运输厅规范性文件制定程序规定》,规范性文件在提交会议讨论决定前,由厅政策法规处进行合法性审查,未经合法性审查或者经审查不合法的,不得提交会议讨论。

3. 加大法制培训力度。组织开展执法人员轮训工作,邀请省政府法制办领导、省内高校法律专家、交通系统执法骨干,开展全面、细致、深入的专题教学,全面提升全省交通运输行政执法的社会形象和公信力。自 2014 年 4 月启动轮训工作以来,已经举办行政执法人员培训班共 26 期,培训行政执法人员 4973 人。其中,2016 年已举办 3 期,培训了 747 人。加大普法宣传。制定落实"谁执法谁普法"责任制考核评价工作任务分工方案和 2016 年普法工作计划,实现"七五"普法良好开局;同时,积极开展行业法宣传教育活动,通过不同途径和形式积极开展面向社会的法治宣传教育,把法治宣传教育融入管理和为民服务的全过程。同时,在全省范围内组织开展为期一个月的"爱护桥梁、强化治超"为主题的路政宣传月活动。

4. 在 2015 年安排 13 家基层执法单位作为全省交通运输系统"三基三化"建设试点的基础上,2016 年全面推进全省交通运输基层执法站所"三基三化"建设工作。进一步推进和落实执法责任。在全省交通运输系统范围内,分五个检查组,采取听汇报、开座谈会、查阅台账资料、案卷评查及现场检查执法等方式,组织开展为期 2 个月的行政执法评议考核自查和督查工作,有效推动了全省交通运输行政执法工作。强化执法监督。实行明察与暗访相结合、常规与专项相结合、定期与随机相结合的方式开展执法监督。重点推广随机抽查检查对象、随机选派检查人员的抽查机制。印发江西省交通运输厅行政检查"双随机一公开"工作实施方案,制定随机抽查事项清单、行政检查随机抽查工作细则、执法检查人员名录库和检查对象名录库,为随机监督检查工作打下良好基础。

5. 依法做好行政应诉工作。厅法规处会同业务处、法律顾问和其他相关单位,对每个诉讼案件进行全面分析研判,把握案件的焦点、重要证据。在全面分析案情和掌握相关法律法规的基础上,综合权衡法规的适用,提出依法、有理、有据的抗辩申请;积极听取人民法院的意见和建议,及时与人民法院沟通,增进理解、寻求支持;同时自觉履行人民法院的生效裁判,及时反馈人民法院发出的司法建议。2016 年有行政案件 1 件、民事案件 1 件,仲裁案件 1 件、协助执行案件 3 件。行政案件和民事案件做出一审裁定,省交通运输厅胜诉。依法做好行政调解。及时下发行政调解工作联席会议制度和关于推进行政调解工作的实施意见,成立行政调解工作领导小组,设置行政调解室,配备专职调解人员。积极采取明法讲理、教育劝解、耐心疏导的方式,帮助各方当事人在求大同存小异的基础上互谅互让,达成共识,实现案结事了。已妥善处理 1 起行政调解案件、6 件信访案件、4 起群众投诉案件。依法开展行政复议。针对重大疑难的行政复议案件,推行公开审理模式,严格执行举证、质证、认证、合议等制度,增强行政复议的透明度,保障复议裁决的公平公正,同时达到"复议一案,教育一片"的效果。坚持个案监督与面上指导相结合,及时制作行政复议意见书或建议书,对于具有示范效应的典型复议案例和在具体行政行为中反复出现的明显漏洞和共性问题,在撤销或变更具体行政行为做好个案监督的同时,指明被申请人违法行政之所在,阐明撤销的理由和法律依据,提出纠正的具体方式和措施。围绕行政复议裁决结果是否公正、是否执行、是否息诉等情况进行回访,凸显行政复议调解化解积怨、化解矛盾的作用。

(章春华)

【省交通运输厅推进 10 项改革】 2016 年,省交通运输厅突出问题导向,科学谋划,精准发力,加快推进 10 项改革。一是加快推进公路建设管理体制改革试点。二是加快推进法治政府部门建设。加强顶层设计和整体谋划。制定《江西省交通运输厅推进法治交通建设的实施意见(2016—2020 年)》和 2016 年全省交通运输法制工作要点。建立健全综合交通运输法律法规体系,加快

《江西省交通建设工程质量安全监督管理条例》立法进程,已报省人大一审启动《江西省道路运输条例》修订工作,启动《江西省航道管理条例》立法调研,并争取立项。修订出台《江西省交通运输行政处罚自由裁量权执行标准》。民工工资管理取得重大突破,实现全系统在建项目民工工资"零拖欠、零上访、零投诉"。三是加快推进深化行政审批制度改革。对原有审批事项进行了全面清理和整合。规范中介服务事项6项,取消其他行政权力1项。以省运管局行政服务窗口为主体,重新组建厅行政服务窗口进驻省政务服务中心,在全国率先开通"12328"公众出行服务热线。四是加快推进供给侧调结构改革。出台《江西省"十三五"公路、水路交通运输发展规划》《江西省"十三五"普通国省道公路建设与养护实施意见》《江西省人民政府关于融入长江经济带全面提升水运能力和水平的若干意见》。五是加快推进综合交通运输服务体系建设。继续选择5个地区(贵溪市、德兴市、高安市、峡江县、芦溪县)开展试点工作。新增通客车建制村68个,建制村通班车率已达95.2%。全省实行新模式的驾培机构数量已达到199所,占全省驾培机构总数的31.6%。六是加快推进交通投融资体制改革。完成组建省级普通国省道投融资平台,采用政府购买服务方式解决江西省"十三五"省级补助资金缺口。起草省级普通国省道投融资方案,拟以省公路管理局下属企业江西省公路投资有限公司为全省普通国省道投融资的运作主体。支持和鼓励省高速公路投资集团、省港航建设投资有限公司依靠自身融资优势,继续坚持直接融资、跨省融资等多渠道融资方式,不断拓宽融资渠道。七是加快推进信用体系建设。抓好守信激励和失信惩戒机制建设。公路水路建设市场信用评价工作已经覆盖公路施工、设计和水运施工、水运检测等8个类别的从业单位,以及公路监理、公路检测、水运监理、水运检测工程师等4个类别的从业人员。八是加快推进厅属单位管理体制改革。做好事业单位分类改革。经省编办批复同意,厅机关后勤服务中心等222个事业单位划为公益一类,江西交通职业技术学院等21个事业单位划为公益二类,省公路桥梁工程监理咨询中心等7个事业单位划为生产经营类。对省联网中心、厅应急指挥中心和省公路局通信总站部分职能进行整合。完成省高速集团财务公司、合资成品油公司的组建。九是加快推进公路管养体制改革。制定《江西省普通公路管养事权理顺工作实施方案》。强化公路养护工程施工资质管理。出台《江西省"十三五"公路养护管理发展纲要》。十是加快推进高速公路清障施救管理体制改革。按照国家发改委、交通运输部《关于规范高速公路车辆救援服务收费有关问题的通知》要求,将清障施救工作由省公路路政总队整体移交高速公路运营管理单位,总体由省高速公路集团负责全省高速公路清障施救管理工作。

(章春华)

【省交通运输厅加强行业信用体系建设】 2016年,省交通运输厅把加强行业信用体系建设作为服务经济社会发展、建设人民满意交通的重要途径,在工程建设、运输服务等领域积极探索、先行先试,取得一定的成效,在全省信用体系建设考核中,省交通运输厅被评为第3名。

1. 注重顶层设计,初步建立较为完善的交通运输信用管理制度和信息化系统。一是制定20多部信用管理制度,将信用信息工作纳入到日常工作和重点领域。二是不断完善交通运输企业和从业人员信用评价标准体系,确保信用评定依据客观、科学。三是认真开展企业信用培育、实地认证及规范改进作业,确保信用认定的质量和效果。四是加强信用信息收集和日常监控,动态调整企业信用等级,确保信用评价结果公平、公正,全面、准确、客观、公正地反映企业诚信状况。

2. 建立诚信奖惩机制,营造诚信经营环境。一是在政府采购、招投标管理、投资补助等环节对诚信企业给予重点支持和优先安排。对诚信考核良好的企业和从业人员,在扩大经营范围和经营规模审批、客运线路招投标以及评比表彰等方面优先考虑,在站场建设投资补助、技改资金补助等国家和地方政府优惠政策上给予重点倾斜。二是对失信企业和从业人员,加强监管和制约,严格实施惩处措施。违法的要追究法律责任,对于存在严重诚信经营问题的企业,按照法律法规限制其业务发展,使失信企业和从业人员一处失信,处处受制。

3. 落实责任,形成强大的合力。一是落实企业主体责任。企业主要负责人是企业诚信建设第一责任人,从业人员是诚信建设直接责任人。二是充分发挥社会监督和各类社团组织的参与作用。通过聘请社会监督员、新闻舆论监督、公布举报投诉电话等方法,建立畅通的社会监督网络。建立和完善诚信自律的制度规范和行规行约,组织会员签订诚信自律公约,强化会员守信意识,对会员的失信行为进行评议和失信惩戒。

4.加大宣传,培育交通行业诚信文化。一是按照“聚焦主题、集中报道、持续深入、形式多样”的原则,围绕“唱响信用交通,唱亮信用交通”这一主题,并结合“信用江西交通”网站的开通,组织开展为期一个月的“信用交通宣传月”活动。二是在国家部委工作简报、报纸、网站等媒体对江西省交通运输信用体系建设报道16篇,其中中国交通简报13篇、中国交通报2篇、江西日报1篇。2016年10月25日《中国交通报》专题报道江西省交通运输厅厅长朱希访谈:江西交通加快推进五大建设,完善信用体系。三是大力加强诚信文化建设,推进诚信文化进机关、进企业、进工地、进站场。广泛开展行业信用体系建设宣传交流活动,推广先进工作经验,树立行业诚信典范,营造诚信为荣、失信可耻的良好氛围。

(章春华)

【景德镇市交通运输局整治基层执法和窗口单位作风建设】 12月16日,景德镇市交通运输局基层执法和窗口单位作风建设专项整治工作在全市交通运输系统全面展开,教育引导广大党员干部尤其是基层执法和窗口单位的党员干部尽职尽责抓好工作,确保专项整治活动有影响、出实效。一是逐级召开基层执法和窗口单位作风建设专项整治工作动员会,传达学习全市基层执法和窗口单位作风建设专项整治工作动员部署会议精神,做到层层压实责任,确保专项整治落到实处。二是坚持“开整改”,及时制定全市交通系统基层执法和窗口单位作风建设专项整治活动实施方案,同时向社会公开举报投诉电话邮箱,确保群众意见进得来、听得到。三是以专项整治活动为契机,组织基层执法和窗口单位工作人员集中学习,推动作风建设持续转变,党员干部纪律意识不断增强,为民服务能力不断提高,使优良的作风成为党员干部的自觉习惯。

(洪耀祖)

交通战备

【概况】 2016年,全省交通战备系统结合新一轮国防和军队建设改革,深化军民融合,突出保障能力建设,交通战备各项工作进展顺利。

1.扎实推进国防交通基础设施建设。江西省交通战备办公室(以下简称交战办)会同省发改委、省交通运输厅,对景德镇、萍乡等7个设区市的公路项目进行督查。6月20日,会同省公路局前往抚州市乐安县,现场督导公路建设,通过与驻地部队和相关部门多次沟通,协调将该公路建设列入江西国省道升级改造计划(三级改二级),并争取建设资金。

2.继续加强军事斗争交通动员准备。根据国家交战办和原南京军区交战办要求,对2015年11月份上报的《江西省“十三五”国防公路水路战备建设规划》进一步修改完善。争取国家下达江西省新建国防公路项目。按照省发改委《关于请报送“十三五”时期军民融合重大工程重大项目重大政策重大举措的通知》(赣发改电〔2016〕64号),并根据驻赣部队实际需求,汇总形成《“十三五”时期军民融合重大工程重大项目情况表》并报省发改委。根据年度工作安排,组织各设区市交战办,或专题或结合业务培训,进行全省国防交通数据采集更新工作。在2015年数据统计的基础上,统计更新组织机构、交通专业保障队伍、国防交通物资储备仓库、重点目标、交通设施等基础数据并现场录入,确保国防交通基础数据的真实性、准确性和及时性。

3.突出抓好交通保障能力建设。按照国家交战办、原南京军区交战办相关要求,进一步推进交通战备训练基地建设。先后4次组织相关专业人员到江西省交通技工学校一部项目建设现场进行指导。该项目基本完工:训练大楼和战备器材储备仓库主体框架封顶,正在进行内部装修和训练设备安装调试;集结点验场和公路线路抢修、隧道抢险救援、钢桥隧道训练、模拟高速公路集散训练、急转弯山区道路训练等模拟训练场工程都已进入收尾阶段。按原南京军区交战办相关通知要求,于3月份通过甄别,将待报废物资进行统计,共上报待报废桁架、横梁,为做好战备仓库的扩容增量工作做好了充分准备。1月和10月,分别在萍乡市、南昌市组织两期全省国防交通战备数据采集更新业务培训班,共培训学员90余人次;4月在南昌举办1期全省交通战备工作业务培训班,设置国防公路建设、高速公路建设贯彻国防要求、部队行动交通管制、国防交通理论研究等6个课程,共60余人参加培训,有效提高参训人员的思想觉悟和业务素质。

4.全力完成部队重大行动交通保障任务。7至8月,九江等地区出现洪灾险情,解放军某部队分批次入赣支援抗灾。江西省交战办启动了公路交通保障应急预案,通过周密计划、严密组织,全力以赴完成抗洪部队的进撤交通保障任务,并做到全程无障碍无事故。此次抗洪共计为部队保障7211人、722台(件)车辆装备,累计保障里程3947千米;全省交战系统累计投入人员1127人次、车辆377台次,投入援助资金20余万元。其中婺源服务区,在7月8日的保障服务中,一次性就为部队提供盒饭4000余份、西瓜9000余斤、方便面2400余份、矿泉水160余箱;有的服务区还备齐防暑药品、临时打出欢迎抗洪官兵的标语等。

5.有效落实交通战备正规化信息化建设。按照省级交通战备应急指挥中心管线、设备改迁计划,2016年又做了进一步的协调和准备,先后将应急指挥中心的视频系统、"红网"系统、军网系统和军线电话安装到位。至5月中旬,省级交通战备应急指挥中心搬迁任务全部完成,确保了指挥中心工作由老到新办公大楼的顺利过渡与无缝衔接。继参加"江西省国防动员委员会""江西省交通建设贯彻国防要求联席会议"等四个相关工作机构组织之后,又参加了"江西省军民融合发展联席会议"组织,增强了与相关社会组织机构的衔接,并通过参会、献计献策、具体事务协商等,进一步完善和强化了全省交通战备系统的工作。

6.认真组织交通战备法规及理论学习研究。积极参与《中华人民共和国国防交通法(草案)》修改工作。5月份,省人大法工委在省交通运输厅开展《中华人民共和国国防交通法(草案)》征求修改意见座谈会,交战办协助厅法规处组织座谈会,并提出了5条修改建议,此后交战办又随省人大法工委到宜春市进行相应调研活动。9月份《中华人民共和国国防交通法》颁布,立即向全省交战系统印发《〈中华人民共和国国防交通法〉宣贯工作方案》(赣交战办字〔2016〕14号),转发相关宣传素材;在厅一楼大厅电子屏显示相关信息,在厅门户网站政策法规栏全文登录《中华人民共和国国防交通法》。全省交战系统广泛宣传《中华人民共和国国防交通法》,11个设区市交战办制定宣贯方案和措施。其中赣州市在《赣南日报》、赣州国防教育网等15家媒体进行了报道,其港航处组织专题学习会,在大型船体上打出宣传标语;九江市在道路侧、停车场和公交车、出租车上以横幅、电子屏滚播方式进行宣传。

(饶品涵)

【赣州市完成国防交通理论研究课题任务】 2016年,赣州市交通战备办公室完成国防交通理论研究课题任务,丰富国防交通战备工作实践成果。《国防交通》杂志上发表3篇论文。在南京战区《东南国防交通》杂志发表了4篇论文。2016年度,赣州市交通战备办公室被南京战区国防交通协会评为国防交通理论研究宣传报道工作先进单位,李发淳再次被南京战区评为国防交通理论研究宣传报道先进个人。

(赣州市交通运输局)

【万载县交通战备专业保障队伍参加实兵实装演练】 5月下旬,万载县交通战备办根据上级关于年度民兵整组集中点验的通知精神,组织道路交通保障分队参加万载现地展开的实兵实装演练。这次演练预设解放军某部一梯队实施机动时,途经万载一地原地休息,奉命做好综合保障准备。演练设置油料补给、车辆维修、医疗救护、饮食保障、安全警戒5个保障组。县交通战备办担负车辆维修任务,从所属专业保障队伍中精选20人组成车辆准修组,出动2台车共22人。车辆维修组成员对部队2台车辆就电路、油路、底盘等进行检修,对轮船进行更换。由于专业保障队伍平时训练有素,运作敏捷,技术娴熟,仅半小时左右就完成任务。经省军区检验给予好评。

(汪军明)

社会综合治理

【概况】 2016年,交通运输厅认真贯彻落实综治工作有关政策、文件和会议精神,坚持“安全第一、预防为主、综合治理”的综治工作方针,坚持“交通运输工作开展到哪里,综治维稳工作就落实到哪里”的工作方式,按照综治工作规程做好规定动作,根据行业实际做好自选动作,抓好机制创新破解突出问题。

1. 从源头预防和减少矛盾纠纷。重视运用法治思维引领综治工作、化解矛盾纠纷。一年来,全厅各单位普遍建立法律顾问制度,落实法律顾问参与重大决策、重大行政行为与重要规范性文件的法律审查。全厅共举办执法人员培训班7期,培训人数1002人次,规范执法行为,防止执法不当引发事端。根据综治工作要求,全省交通系统强化专业性、行业性调解组织建设,妥善化解行业矛盾。近年来,省厅相继制定行政调解联席会议制度,建立健全调解组织,组建调解队伍,设置调解工作场所,保障调解经费。厅直各基层行政单位普遍建立行政调解工作制度,为各种行政纠纷提供良好的解决渠道,全厅调解工作体系更加清晰。结合“两学一做”学习教育活动,通过中心组学习、宣传栏展示、培训班等多种形式,开展全方位、多层次的法治宣传教育活动,增强广大干部职工法治观念,努力营造遇到事情找法、决策办事依法、解决问题用法、化解矛盾靠法的良好法治氛围。在综治活动宣传月中,各有关部门通过报纸、电视、网络等新闻媒体和发放宣传材料、张贴宣传画和标语、现场咨询、组织宣讲、知识竞赛等形式广泛宣传。

2. 坚持机制创新。扎实推进民工工资管理创新工作。认真总结民工工资管理创新试点工作经验,做好在建高速公路项目与各设区市养护管理工程创新民工工资管理的推广应用。截至2016年8月,全省重点交通在建20多个项目,共录入民工信息83465份,发放民工工资26亿多元,基本实现了民工工资“零拖欠”、民工“零投诉”“零上访”。当前,交通系统创新民工工资管理工作已在南昌铁路局所辖铁路建设领域全面推广,同交通部门正配合省人社部门在萍乡市安源区、吉安市泰和县以及赣州市全南县试点,将以县市区为单元,以更高的层面、更大的力度,向全省各行各业全面推广。10月,江西交通系统创新民工工资管理经验在全国综治工作会上重点展示,在CCTV新闻联播“法治中国行”栏目播出。创新稳定风险评估机制。2016年,参考九江一桥社会稳定风险评估经验,对全厅在建重点项目进行了重大事项社会稳定风险评估,从源头上消除各种涉稳隐患,为项目顺利开工建设提供良好的建设环境。

2016年,联合公路水路安全联防成员单位,在全省全面推开“平安公路”“平安车站”“平安航道”“平安港口”四个平安创建工作,共同推进公路水路安全联防工作。全省各级交通运输主管部门,联合公安交警、安监、质检、工商等部门,加大对非法营运和各种违法违章行为的打击力度。在全省范围内开展长途客运车辆调查摸底工作,严格落实凌晨2—5时停车休息制度,加强长途客运班线管理与农村客运安全管理,有效预防重大运输安全事故。海事部门和航道管理部门会同省公安厅、水利厅、农业厅、商务厅等有关部门,在地方党委政府共同努力下,采取有力措施,对非法采砂、三无船舶、超载运输等予以严厉打击,规范转驳与运输行为,有效提升航道平安创建工作,保障航道的安全畅通,全省未发生重大水上安全事故。2016年,在省护路护线专项组的支持协调下,全厅共化解处理16起跨地跨行业的矛盾纠纷。

3. 夯实综治工作基层基础。3月份,中共中央办公厅、国务院办公厅出台了《健全落实社会治安综合治理领导责任制规定》,进一步强化党政领导班子、领导干部“维护一方稳定、确保一方平安”责任。全厅各单位、各部门按照“两学一做”要求,把群众意愿作为开展综治工作的“第一信号”,把为民服务作为落实综治责任的“首要职责”,把群众评价作为检验综治成效的“最高标准”,切实“看好自己的门,管好自己的人,办好自己的事”,进一步夯实综治基层基础。制定重点地区排查实施方案。隐患排查工作实施规范化常态化管理,特别是在春运、“两会”和G20杭州峰会、中央十八届六中全会以及其他重要节假日期间。进一步强化矛盾纠纷排查力度,对可能出现的因征地拆迁、职工薪酬改革、单位改制、转岗分流安置等问题逐一分析研究，提出化解和整治措施，全年共排查各类安全、治安、矛盾隐患2594余起，已全部得到整治或有效处理，重点化解因出租车罢运和高速公路非法广告牌清理引发的矛盾纠纷，确保系统内部的稳定。为适应反恐怖工作需要，交通运输部结合交通运输行业实际，发布《交通运输行业反恐怖防范基本要求》，规定公路水路交通运输行业反恐怖防范目标分类管理、反恐怖防范工作等级管理以及反恐怖应急管理的基本要求。全厅各级综治部门把反恐怖防范工作作为重点，印发学习资料，邀请省反恐办专家授课。相关单位提高服务区安全防范等级，加强对公路水运基础设施、道路运输、水路运输、城市客运和港口营运行业的反恐怖防范，强化对客运站、公交车、桥梁隧道、交通在建工地、高速公路服务区加油站等人员密集场所、重点基础设施的安全防范措施的落实，有效防止安全事故和极端事件的发生。根据单位内部治安防范工作要求，加强重大政治活动和重大节假日期间的安全防控工作，重点强化车站、码头、高速公路基层所站和厅属单位安全联防，严密防范危险品进站上车，加强办公机构、集中居住场所安全保卫，各类车站、港口、码头、服务区治安秩序明显好转。邀请"四个平安"建设专家对口授课，提高全省交通运输行业基层综治干部安全意识和防护技能。在处理安全隐患问题上，省厅积极与省综治办、省公安厅治安总队等相关部门协调，妥善处置多起在服务区违规烤卖羊肉串重大安全隐患问题。结合当地实际，集中在道路运输（物流、仓储）、水路运输、高速公路服务区零售超市、交通系统网站、收费站口等重点部位，认真落实"固边""净网""清源"等专项行动。公路管理部门加强与公安、文化等部门的联勤联动，把好公路运输关口；港航管理部门加强水运市场的监管，把好水运运输关口；公路运输管理部门加强货运源头和邮政快递业务的监管力度，把好源头和运输环节关；高速公路运营管理部门重点加强服务区报摊点治理，邀请当地文化执法机构定期或不定期派执法人员对服务区的文化出版物进行监督、指导；交通职业技术学院开展形式多样的活动，加强"扫黄打非"工作宣传。通过多方努力，有效打击和防范非法出版物以及涉黄文化产品通过交通运输行业流通和扩展。根据省综治委的统一部署，交通运输厅对口帮扶萍乡市安源区平安创建工作。厅综治办先后五次赴安源区与相关部门进行联系对接，商议开展具体对口帮扶。省公路局、省运管局、省港航局、省高速集团、省路政总队等单位积极对接，分别从公路养护、航道维护、公路运输、水路运输以及工程建设领域等方面入手，实施对口平安创建帮扶，做了大量富有成效的工作。

（胡晋谊）

【奉新县交通运输局着力解决拖欠农民工工资问题】 随着奉新县交通事业的快速发展，在交通基础建设中，存在一些拖欠工程款和农民工工资问题。据统计，应付未付的各类工程款3703.13万元，涉及农民工306人。对此，该局高度重视，努力解决好农民工工资问题。一方面向县政府申请，另一方面积极争取上级交通部门的工程项目资金。认真摸清在所欠的工程款中，做好施工企业主和农民工两个层面的工作。对所欠工程款，承诺一定会按合同要求，认真履行支付义务，同时做到在支付工程款时，优先支付农民工工资，只有在确保先付农民工工资的前提下，才能全面履行支付工程款的义务。凡有农民工上访到交通运输局，该局都认真接待，同时将施工企业主或承包人叫来交通运输局，当面了解情况，化解矛盾，要求施工企业主或承包人当农民工的面承诺，切实做到在交通运输局支付的工程款中，优先解决农民工工资并坚持承诺兑现。该局也积极争取上级交通部门的项目资金，并将争取到的项目资金及时下拨。

（魏振宇）

【袁州区交通运输局信访维稳工作实现3个100%】 2016年共接待来访人次48起，上级交办8件，区信访转办16件。区交通运输局认真做好信访维稳工作，营造安定和谐的交通运输发展环境。一是加强组织领导，落实责任。成立由主要领导为组长的信访领导小组，与局属各单位签订信访工作责任状，落实信访工作责任，明确信访专职人员。二是健全信访管理制度。加强对信访工作的监督，建立信访工作考核制，坚持主要领导亲自阅批来信和党政领导信访接待日制度。三是抓好信访人员培训。积极组织信访人员参加信访专员培训班，提高信访工作质量。通过全局干部、职工一年的努力,实现信访工作登记录入率100%、及时受理率100%、按期办结率100%、信访积案化解率90%,无进京赴省上访,无到市越级上访、无来区非正常集体上访。

(李　庆)

公路交通管理

治理车辆超限超载

【概况】 2016年,全省各地、各有关部门通力协作、密切配合,认真贯彻落实国家五部门和省政府治超工作要求,采取一系列有效措施,强力推进治超工作,取得了明显成效。

1. 落实地方政府治超的主体责任,实现治超工作由“行业行为”到“政府责任”的提升。2016年2月1日全省治超电视电话会议后,特别是国家五部门召开治超工作电视电话会议,启动新一轮全国治超工作之后,全省上下立即行动,统一思想,转变观念,把落实地方政府治超工作的主体责任作为首要任务来抓紧抓好,基本形成了省、市、县三级政府主导的治超工作格局,治超工作迅速打开了局面。一是省级层面明确工作目标,搞好顶层设计和监督、指导。省长刘奇高度重视治超工作,多次在重要会议上提出要强化治超工作,并明确提出加快治超立法工作的要求。省委常委、赣州市委书记李炳军做出批示,要求下大力气治理车辆超限超载问题,切实加强公路维护与管理,让老百姓出行更便捷安全。李贻煌副省长主持召开全省货运车辆超限超载治超工作电视电话会议并作重要讲话。

省政府办公厅印发《全省深入开展货运车辆超限超载治理工作方案》,明确了工作重点、工作要求、职责分工、工作措施、工作安排,提出了将全省治超站点路段车辆超限超载率控制在1%以内的具体目标,制定了以属地管理为主,实行“全省统一领导、地方政府负责、部门指导协调、各方联合行动”的工作机制和督查考核机制。省政府相关职能部门高度重视治超工作,成立了厅际治超工作联席会,多次召开会议传达贯彻落实国家五部门治超工作电视电话会议精神,具体部署治超工作。同时,调整充实交通运输厅治超办,强化治超工作的日常管理和监督指导。二是市级层面落实主体责任,搞好工作布局和考核、追责。全省各地按照治超属地管理为主的原则,积极落实主体责任。通过召开政府常务会、市长办公会、治超工作动员会等形式,研究部署,迅速行动,并将治超工作纳入政府绩效考核。抚州市政府把深入持久开展治超工作作为建设生态文明城市的具体行动和政府取信于民的重要体现,市委常委会召开两次会议研究治超工作,市政府常务会也多次研究治超工作。市委书记肖毅、市长张鸿星多次对治超做指示,并深入治超站考察指导,发出治超工作不获全胜、决不收兵的号令。南昌市政府把治超工作纳入全市“美丽南昌·幸福家园”三年集中整治行动中,坚持强力抓治超,制定了打好攻坚战、持久战的战略。萍乡市、新余市等地把治超与城市环境保护相结合,开展治理超限超载抛洒扬尘专项行动,取得了显著的效果。三是县(区)落实具体责任,抓好组织实施和管控。各地通过加强领导、强化监督、夯实责任,把治超工作要求全面落实到各县(区)政府。各县(区)按照市政府统一部署,成立治超领导机构,建立有关制度,规划好站点布局,组织开展路面执法,积极开展源头治理,把治超各项工作职责落到实处。

2. 落实部门具体责任,实现治超执法由“单兵作战”向“联合作战”的转变。一是建立多部门协作的联动机制。全省各地组建由公安、交警、路政、运管等部门组成的联合执法队伍,进驻各治超站点,明确各自职责,各部门既分工又合作。自开展集中治超以来,公安交警部门已投入常驻警力360名,出动警力49665人次。二是实行“四个一律”的严管举措。路面管控是治理超限超载的主战场、主阵地。江西坚持“治乱象、用重典,出重拳、严打击”的原则,提出以“四个一律”为主要内容的严管重罚举措。其中,“四个一律”是由德兴市在治超中总结出来经验,他把路政、运政、交警和公安部门的职责概括成一句话,朗朗上口,简单好记,即:超限车辆一律卸货、非法改装车辆一律恢复原状、超载驾驶员一律扣分罚款、扰乱秩序一律依法处理。三是开展跨区域治超的联合行动。一方面开展省内跨市联合治超行动。南昌、宜春两市携手在105国道上开展行动,有力地打击高安市数百辆违法车辆集体逃避处罚的行为;新余、吉安、萍乡等市联合对跨区域运输砂石的超限超载车辆进行整治,取得较好的效果。另一方面开展省际联合治超工作。分别和湖南、湖北、安徽签订合作协议,建立定期沟通机制、联合协作机制、信息共享机制。12月九江市与岳阳市、咸宁市联合签署《岳阳、九江、咸宁省际交界区域联动治超协议》。萍乡、上饶等市治超站分别和浙江、湖南等相邻省市开展联合行动,有力地打击省际违法超限超载运输行为。

3.落实货运企业安全生产主体责任,实现管控手段由路面执法向源头监管的延伸。以路面执法数据为线索,追溯违法超限超载的车源、货源企业,由地方政府督促货运企业落实安全生产主体责任,依法依规合理装载。一是管住货源单位,对违法超限超载的企业处罚到位。县区、乡镇政府及交通运管部门依照法定职责核查和确定辖区内重点监管货源单位,采取安装摄像头、称重磅、巡查、驻点等方式加强对货源车辆装车、过磅、出场等进行动态监测。全省有1110家企业纳入政府重点监管范围。瑞昌市建立矿企车辆治超履约保证金制度,实行财政专户管理,视企业车辆超限超载的情况,给予扣保证金、停产整顿等处罚。同时,企业自筹资金400余万元,建立货物运输源头的电子称重系统和监控抓拍卡口,市政府投资660余万元建立7个平台,对矿产品运输实行24小时智能监控,有效防止车辆超限超载出场。二是管住货运车辆,对非法改拼装车辆恢复到位。公安交警和交通部门依法查处非法改装、拼装车辆,严格规范货运车辆装载和运输行为。交警部门严格货车检验工作,对擅自改变车辆外廓尺寸、加高栏板、加厚钢板、加轴以及擅自改变载重质量等重要技术参数的非法改装车辆一律不签注年检章。全省已切割栏板恢复改装车辆达14593辆。三是管住驾驶人员,对违法驾驶员处理到位。首先是对违法驾驶员计分到位。交警部门处理案件6199件,对司机驾驶证记分26610分。对于记12分的违法驾驶员一律把驾照降格处理,一律不准从事货物运输工作。其次是对闯关抗法的驾驶员从严处罚。公安部门依法行政拘留强行冲卡、暴力抗法等驾驶员达26人,形成高压震慑态势。

4.建立治超责任追究制度,逐步实现治超理念由“要我治超”向“我要治超”的升华。江西省治超工作方案明确提出,各地要把治超工作纳入各级政府年度工作目标考核,对治超工作组织实施不到位、考核不达标的市县,按照“谁管辖、谁负责,谁主管、谁负责,谁许可、谁负责”的原则进行责任划分和倒查追究。一是加大社会监督的力度。江西省设立了专门的全省货运车辆超限超载投诉举报电话,接受司机咨询,对工作人员执法不严、执法不公、徇私枉法和执法犯法等情况进行监督,对接到的投诉举报情况,及时督导相关单位进行调查、整改,并向举报人反馈处理情况。二是加大明察暗访的力度。各级治超办加强对治超工作的督查,增强了基层工作人员的工作自觉性和主动性。一年来,省交通运输厅治超办深入各地明察暗访50多次,各地治超办对各辖区督查暗访479次。省交通运输厅治超办每月对各地治超开展情况和明察暗访情况进行通报。三是强化考核与问责的力度。首先是开展超限超载率检测工作。省厅治超办与第三方机构合作,分别于5月和11月开展两次治超站点超限超载率检测工作。其次是强化考核结果的运用,奖优罚劣。省厅治超办根据年终考核情况和平时明察暗访情况,对各地治超工作进行评分,评分结果作为省政府考核各市、县政府年度工作的一项重要内容。抚州市把1000万元专项奖励资金发给治超成绩优秀的县(市、区),兑现奖惩,极大激发各地治超的积极性。同时,启动处罚和追责机制。2016年,省交通运输厅对因超限超载泛滥、源头管理失控、治超不力的万年县和丰城市进行通报批评,并按省政府方案的要求,暂停两地交通项目计划资金和项目申报审批,真正触到地方政府的痛点,有效地促进治超落后地区工作的开展。

6. 逐步推进治超基础设施和信息化建设,努力实现治超管理由“人海战术”向“科技治超”的飞跃。一是完善硬件设施,巩固治超阵地。开展集中治超后,江西省在原有31个治超站的基础上,新设114个治超点。全省根据公路路网建设和交通流量变化情况,制定了普通国省干线公路治超站点建设和移动执法车配备的方案,对现有治超站点进行升级改造,强化治超站信息化建设。省政府按每个新增站350万,原有治超站升级改造100万,每辆移动治超检测车50万进行补助。二是探索科技治超,创新治超方式。在学习借鉴浙江、安徽和重庆科技治超工作经验的基础上,在上饶德兴市、万年县和宜春高安市启动了不停车检测系统建设的试点工作,并与宜春公安交管部门共同探讨超限超载非现场取证和处罚的方式,三是开展治超立法,建立长效机制。在刘奇省长的亲自关心下,《江西省治理货运车辆超限超载管理办法》立法调研工作已经顺利启动。全省各地也在一手抓超限超载治理一手抓长效机制建设。

通过近一年的集中整治,全省治超工作取得了显著成绩。一是执法力度进一步加大。自2月1日启动全省集中治超工作以来,共查处超限超载货运车辆7.59万辆,公路部门监督卸载货物195.85万吨,交警部门处理案件6199件,对司机驾驶证记分26610分,对闯站冲卡车辆封锁其年检信息66起,运管部门恢复改装车辆14598辆,确定货源重点监管单位1110家,高速公路全面禁止“双排车”的通行,有效地遏制违法超限超载运输行为。三是超限超载率明显下降。两次第三方检测调查结果表明,全省治超站点超限超载率从治理前的29.7%下降到6.78%,恶意超限超载现象得到有效的遏制。三是公路设施得到有效保护。全省普通国省干线公路路况有明显改善,公路基础设施完好率与治理前相比明显提高,公路通行环境也得到极大改善。四是交通安全形势明显好转。车辆超限超载引发的交通事故大幅度降低,受到公路沿线百姓的称赞,出行更安全。五是物资运输市场保持稳定。六是治理超限超载的理念已经深入人心。

(刘方栋)

【全省查处超限超载货车5.7万辆】 2月份以来,全省各地重拳治超。截至9月30日,全肖共检测货车105万辆,查处超限超载货车5.7万辆,卸载货物154万吨,交警处理案件1516起,对超载司机驾驶证记分5723分,恢复非法改装车辆5899辆.确定货源重点监管单位225家,有效遏制违法超限超载运输的势头,全省基本形成省、市、县三级政府主导治超工作格局。2月份,省政府就治超工作召开会议,拉开全省新一轮集中冶超序幕。2月份以来,各地、各有关部门在省政府的统一领导下,按照治超工作属地管理原则,把责任主体由原来的省、市两级,落实到县(区),进一步建立健全议事协调机制,将治超工作作为政府重点工作,纳入政府绩效考核范畴,基本形成省、市、县三级政府主导的治超工作格局。其中,抚州、萍乡等地由市长担任治超领导小组组长,并多次到治超一线督查和指导工作。德兴、瑞昌等地建立治超工作“一把手”负责制,治超工作开始从“部门行为”上升为“政府行为”,由“单独作战”转变为“联合作战”,形成政府有效协调、部门责任明确、各方通力协作的联合治超工作机制。治超以来,各治超成员单位主动作为、密切配合,交通公路部门积极发挥牵头和路面执法主力军作用,公安交警进驻治超站开展联合执法,运政、水利等部门加强源头管控,工商、质监部门重点整治非法改拼装窝点,通过一系列“组合拳”,开创治超新局面。

超限货车司机被吊销营运证。南昌公路路政与公安交警、交通运管已经建立路面联合执法机制,以固定治超站为依托,强化流动治超,设立了9个流动治超点,逢车必检,超限必卸,保持路面执法高压态势。仅10月9日晚上,南昌县治超工作人员就查处了32辆超限超载车辆。自9月1日全市路面治超联合执法开展以来,截止10月9日,南昌市公安交管部门处理违法超载运输案件216起,对违法驾驶员驾驶证记分903分。2016年以来,南昌公安部门依法行政拘留8名强行冲卡逃避检查的货车司机,南昌交通运管部门开出了全省第一张因违法超限运输而吊销营运证车辆的罚单。德兴市由市长挂帅,副市长兼公安局长总负责,公安局交警大队长任总指挥,组织交警大队、公路路政、交通运管等部门会同城管、特警联动进行全方位治超,取得了良好效果。吉安市把全市划分为“十二个战区”开展治超联合执法，坚持卸载不到位不放行、处罚不到位不放行、切割不到位不放行，治超执法力度空前有力。

加强源头管控降低超限超载。瑞昌市矿产资源丰富，自卸货车超载的问题一直是困扰在当地运管部门心头的一件大事。许多驾驶员长期以来都与运管执法人员“捉迷藏”“打游击”。同时，自卸货车超载对水泥公路破坏性极大，交通肇事频发，安全隐患大。上半年，瑞昌市基本遏制运输车辆的超限超载现象，全市3000余辆营运自卸货车的车厢栏板，严格执行国家标准，全部恢复出厂核定高度。瑞昌市在重点货源企业建立治超履约保证金制度，建立电子称重系统和监控抓拍卡口，对货源车辆装车、过磅、出场等进行动态监测，严把源头装载关，超限载率已控制在0.76%，提前实现1%以下的治超目标。全省其他设区市在治超工作中，也特别注重源头管控。其中，新余市严格管控辖区重点企业，在新余市委、市政府的推动下，辖区新钢公司、海螺水泥厂等企业大力支持治超工作，海螺水泥厂通过每吨水泥补贴运输业户10元的方法，要求司机不超载运输。

勇于创新科技治超试点。随着全省经济不断发展，货车保有量和公路运输需求量不断攀升，而受经济结构与利益驱动双重影响，违法超限运输行为屡禁不绝。同时，传统的固定治超站执法手段也面临着拖延抗法、避站绕行和聚众冲岗挑战。为此，宜春、德兴等地都在启动科技治超工作，尝试走出一条治超新路——非现场执法。宜春市公路管理局在高安市筠阳建设公路超限超载非现场执法系统试点工程，利用信息网络技术实现在线即时监督监测和24小时全天候监管。非现场执法模式开启后，公路治超就能像电子警察一样，通过非现场执法系统对涉嫌违法超限超载车辆的车牌、车型、载重等数据进行精确记录，随后路政、交警、运政三家网络联合据此处理违法超限超载运输案件。在启动科技治超工作中，宜春市公路管理局主动对接交警部门，配合宜春市公安局交警支队以高速不停车检测违法越载运输自动取证系统项目为特色亮点，参展全国公安系统交通执法科技展览。德兴市开展治超不停车检测与现场执法试点工作。德兴市公路超限超载非现场执法系统试点工程设置在省道S307德三线上。这条路是通往鄱阳的一条主干线，大货车来往频繁，装了这个系统后，治超工作上新台阶。

建立督查制度营造治超氛围。各地政府组织对各县区的治超工作进行了督查。其中，抚州市、县（区）纪委监察局联合政府督查室等有关部门采取定期和不定期、明查和暗访相结合的方式，对治超工作中出现的不作为、乱作为等行为进行重点查处，抚州临川区纪委对4名治超不力的公安、交警工作人员进行通报，责成主管部门对责任人进行纪律约谈，写出深刻检讨。省交通运输厅治超办建立了周报制度。为加强治超工作沟通和交流，更好地促进工作进度，及时发现和总结问题，各地建立周报制度，安排专人负责统计各设区市每周上报的各类数据，及时掌握各地治超工作开展情况。各地明显加强对治超工作的宣传。其中，省交通运输厅治超办建立的“江西治超”微信公众号受到广大司乘人员的密切关注，仅《南昌治超行动全面打响》这篇报道，点击率高达6万余次，转发1.3万余次。

（李　明）

【南昌市推进货运车辆超限超载治理】 为切实做好非法货运车辆超限超载治理工作，南昌市进一步充实联合执法力量，加大治超工作经费投入，依法严肃处理扰乱治超执法秩序的违法行为，形成高压震慑。一是积极作为，严格执法。强化货运源头管理和车辆生产和改装源头监管，确定全市重点货运源头管理单位名单；同时，提升执法技能，塑造作风过硬、纪律严明治超执法队伍；二是强化督导，实施问责。该市明确市县两级加强对执法的监督检查，严格执行工作纪律，严格实行责任追究，维护治超工作的严肃性和纪律性；三是广泛宣传，营造氛围。该市充分利用媒体网络资源，重点做好治超新政策新规定、治超工作中正反典型的宣传，使超限超载运输的危害众所周知，治超措施深入人心。自9月1日南昌市正式启动路面治超联合执法行动以来，国省道及主要经济干线超限超载运输现象得到了一定遏制，货运市场运输价格呈现出持续上涨态势，不少运输业户已开始自行切割非法加装板栏、恢复车厢原状以免超限受罚，运价已开始出现合理回升。据统计，进贤县、南昌县、安义县和新建区治超联合执法队，在市政府批准的流动治超检测站（点），累计出动执法人员2793人（次）、依法检测货运车辆10565

辆,查处超限超载货运车辆440辆,其中,交管部门处罚车辆271辆;运管部门查处非法改装车辆94辆,切割非法改装车辆55辆:路政部门卸载(转运)车辆308辆,卸载货物6727.94吨;公安部门依法行政拘留强行冲卡逃避检查货运司机9人。

(李　明)

【萍乡市运管处开展超限超载治理】 2016年道路运输执法行动中共出动执法人员3000余人次,执法车辆500余辆次,查处无证经营、擅自改装、无从业资格证、逾期维护检测等各类违章共计734起。特别是在2016年全市治理超载集中执法和道路运输扬尘撒落集中整治行动中,该处与交警支队、公路局、城管执法局联合执法,控制源头和路面治理双管齐下,其中扬尘撒落集中整治设5个固定整治检查点和2个巡查队,全市各治超站点加上各集中整治点,共查处超限超载车辆4981辆,卸货22.38万余吨,强制割除“马槽车”2048辆,自行恢复4000余辆,交警对违规驾驶员记分321分,查处道路运输违法工作取得一定成效,使该市整个运输市场环境更加规范。

(萍乡市交通运输局)

【上栗县交通运输局推进治超治限工作】 根据省、市统一部署,该局牵头组建县治超站和治超队伍,明确目标任务、工作职责。在萍栗公路养护处设治超站,万上线桐木养护道班、319国道上栗运管所、319国道原彭高收费处,福东线设立四个治超点,依托一站四点开展治超,实现24小时全覆盖。全年共印发宣传单15000份,出动联合执法人员13000余人次,通过“找车队、控源头、查路面”的办法对94家重点源头企业进行巡查400余次、检测车辆4520辆,查处超限超载车辆844辆,对1155辆货运车辆“割马槽”,卸货2345吨,扣108分,超限超载现象得到有效遏制。

(萍乡市交通运输局)

【莲花县交通运输局超限超载治理效果良好】 该局与公路、交警等部门通力协作,货运车辆超限超载检测点标准化建设基本完成,“马槽车”专项整治行动、货运车辆超限超载和抛洒漏污染集中整治专项行动有条不紊进行,治超工作取得良好效果。共出动治超人员5400余人次,出动执法车辆720车次,检查检测车辆18000余辆,查处非法改装和超限超载车辆518辆,卸载货物2598余吨,割除“马槽车”212辆,其中强制割除32辆,自行割除180余辆,并于12月13日圆满完成全省普通公路货运车辆超限超载率第三方调查工作。

(萍乡市交通运输局)

【新余市治超工作取得阶段性成效】 2016年初,按照全省深入开展货运车辆超限超载治理工作电视电话会议精神,新余市公路、交通、交警、城管多部门联合执法,抓住全省统一行动的契机,治超工作取得了阶段性成效。

新余市山塘下、下村治超站路段经全省第三方检测,车辆超限超载率控制在7.94%,低于全省超限超载率平均水平22.06%,取得全省最好成绩。出勤执法人员共1.6万余次,出动执法车辆0.4万余次,共检测车辆10万余辆次,查处违法车辆0.68万余辆,卸载超限货物8.8万余吨,中型以上货车非法改装恢复率达80%左右,恢复原状的非法改装车辆0.15万余辆,确定为重点监管单位22家。吊销货运车辆营运证1本,阻碍检测通道货运司机驾驶证记分12分。全市主干线省道公路货运车辆超限超载明显减少,货运车辆恶意超限超载势头得到有效遏制。

(李小勇　曹　猛)

【余江县治理货运车辆超限超载见成效】 3月,余江县交通运输局牵头组织在全县范围内开展集中治理货运车辆超限超载行动,综合运用法律、行政、经济等手段和各种科技措施,重点实施路面治超,严格监管货源单位和涉车企业,规范执法行为,加强执法监督,严格依法行政。共检查车辆1142辆次,查处违章车辆347辆,其中超限车辆246辆,改型车辆49辆,无道路运输证和无从业资格证的营运车辆52辆,行政处罚38万余元。

(汪有根)

【余江县开展改装重型厢式挂车超载运输专项整治】 1月初以来,余江县对改装重型厢式挂车超载运输行为集中开展专项整治行动。行动由公安、交通等部门县体实施,以320国道、206国道为重点,共同对非法改装重型厢式挂车超载现象引起的交通安全违法行为进行区域性的专项整治行动。实行流动巡逻与固定执勤、区域联动与部门联动相结合方式，加大路面管控力度，努力形成区域工作合力。以夜间为重点时段，设置临时执勤点，实行24小时执勤。对货车特别是重型厢式挂车进行逐车检查登记，并采取“三个一律”措施，即对发现存在严重超载的车辆，要依托车辆超载检查站，一律依法处理；对未悬挂机动车号牌、使用伪造变造机动车行驶证、有拼装嫌疑等违法行为的车辆，加强与车管所之间的配合查验，一律依法予以查扣处理；对存在非法改装的车辆，一律责令恢复原状。

（汪有根）

【鹰潭市城区所开展道路货物运输车辆源头治理】 首先会同有关部门对辖区内的货运场站、货物集散地等货运源头单位进行排查梳理，研究确定重点监管单位，对经政府公布的重点货运源头单位，采取巡查等方式实施监管。督促货运源头单位落实治超主体责任，按治超有关要求建立工作机制，禁止非法超限超载车辆出站、出场。再是严把货运车辆市场准入关，对不符合规定的车辆，报市运管处停止办理道路运输手续。积极开展打击非法改装车辆的专项整治行动，对机动车维修经营者擅自改装车辆、货运经营者擅自改装或使用擅自改装车辆从事货运经营活动的，要依法依规从重处罚，切实规范道路运输市场秩序。对一年内累计违法超限运输三次的货运车辆，报市运管处吊销其道路运输证；对一年内违法超限运输超过三次的货运车辆驾驶人，责令其停止从事营业性运输。

（刘　琨）

【宜春健全固定治超检测网络】 2月14日，宜春市公路管理局提出2016年路政管理工作的新思路和重要事项安排，并以此为切入点全面展开各项保畅通工作。宜春将新增公路执法人员200余人。宜春市公路管理局规范基层站所人员配备标准，解决近年来日益发达的公路网络与现有执法力量不相匹配的问题。同时，该局将逐步完善全市的治超网络，在现有6个治超站的基础上，拟再建4个治超站，形成固定检测网络；对车流量较大且未设治超站的路段实行流动稽查。根据《江西省公路条例》的规定，选择条件达标的卸载场，安装静态称重检测设备，对避站绕行和短途驳载等违法超限超载车辆进行流动检测。全年该市预计安装不停车检测系统20套，通过科技手段加大对未设治超站路段的监控。

（熊　霞）

【萍乡市公路局公路法规宣传全覆盖为集中治超造势】 萍乡市公路管理局积极部署、认真贯彻落实省、市集中治理公路超限超载工作会议精神，全局上下开展多种形式的公路法规宣传动员活动，为集中整治工作营造浓厚舆论氛围。该局制定下发了《关于开展货运车辆超限超载治理工作宣传活动的通知》。从1月22日开始，在全局范围内全面开展以《中华人民共和国公路法》《公路安全保护条例》《江西省公路条例》为重点的宣传活动。活动中，该局在省、市、县际边界路口、龙门架、公路文化墙、隧道口设立大型警示牌、制作永久性宣传牌、张贴大型标语、悬挂大型横幅，要求每2千米范围内有宣传内容；充好利用《萍乡日报》、大江网、政府信息网等媒体和萍乡公路信息网、公路电子情报板等载体，大造声势；同时，该局统一组织局属五个分局及治超站组织宣传车辆，在国省普通干线重点路段、重点企业等重点区域开展路面流动宣传，做到宣传全覆盖。该局下属湘东治超站还分批邀请萍乡市部分货运企业代表、车主及司机朋友，召开防范与治理超限超载座谈会。通过讲法规、看案例、互交流，使与会车主、司机及企业代表深刻认识超限超载危害性，并积极配合支持好市委、市政府的治超工作决定，主动抵制非法超限超载运输行为。

（李均学）

【安福开展联合治违行为】 3月1日起，安福公路分局联合宜春、吉安、新余三地由公路路政、公安、交警、运管等多部门联合对辖区范围内运输河沙等未按规范装载的车辆开展集中专项整治工作。专项行动以国省干线为主，在S224线高丘治超站等关键节点公路进行重点布控，统筹安排执法区间和执法时段，对违法超限运输车辆进行全天候不间断查处，着力形成区域联管联治的高压治超态势，有效防范和坚决遏制重特大公路安全事故，维护公路安全与畅通。此次联合治违行动，得到公安部门的大力配合,执法人员将风纪严明,举止文明,坚持处罚与教育、检查与宣传相结合,向社会群众展示公路部门彻底打击公路违法运输的决心。

(肖祖伟)

【瑞昌市成立公路治超指挥中心】 瑞昌市人民政府于3月22日,组织成立瑞昌市公路治超指挥中心,并在瑞昌公路分局召开成立大会。公路治超指挥中心下设1个视频监控中心和3个路面执法小组,办公地点设在瑞昌公路分局。指挥长由公路分局局长担任,副指挥长由交管大队教导员、公路分局分管副局长担任。每个执法小组配备执法人员10人(含小组长),执法人员由公路、交管和运管抽调人员组成,负责路面治超的查处工作。视频监控中心由公路分局负责对治超监控平台的全天候监管,发现情况及时通知执法人员迅速出动并开展执法行动。

(丁达峰)

【赣州市治超工作取得实效】 赣州市政府印发《全市深入开展货运车辆超限超载治理工作方案》,召开了全市动员大会,明确地方政府治超工作主体责任,建立联合治超工作机制,形成治超工作合力。在地方政府和各级公路管理部门的共同努力下,全市共查处超限超载车辆8191辆,卸载货物23066吨,记分1654分,恢复改装车辆288辆,公路通行效率明显提高。加快推进各县(市区)治超站点的选址建设工作,第一批新设站点和各地治超站点的选址已报送。推进县(市、区)在年底前完成移动检测车的采购工作。

(赖裕辉)

【抚州市领导督查路面治超联合执法行动】 从8月15日零时起,全市统一启动路面治超联合执法行动。为充分掌握路面治超形势,督促执法工作有序开展,抚州市委常委、副市长罗国良,副市长、市公安局局长吴建春当天带队深入各县(区)路面治超执法现场进行督查。

根据任务部署,督查工作覆盖了全市11个县(区)重点治超路段,包括东临公路抚州至东乡、206国道广昌至鹰潭、316国道金溪至南昌、丰德线南城至丰城等超限超载尤为严重的路段。在治超点督查期间,督查组指出,路面执法压力大,任务繁重,程序复杂,要有打恶战、打持久战的思想准备。只有重拳出击,实行24小时不间断监控、全天候执法,建立执法长效机制,才能最终实现各县(区)治超点路段车辆超限超载率控制在1%以内的目标。

督查组要求,加强对货源单位及车辆源头的监管,督促砂石料场、货运企业落实主体责任,限制超限超载车辆、不符合国家标准和非法改装的车辆上路。在执法行动中,全体执法人员要严格遵循公平、公正、公开的原则,坚持依法依规履行职责,不能讲究个人关系情面选择性执法,给超限超载司机车主以强烈震慑,确保执法行动取得实效。

(陈根玲)

【抚州市强力治超】 9月,崇仁、乐安等二类县区陆续启动车辆超限超载联合整治行动;9月底,南城、广昌、金溪等县先后开展流动治超;10月11日至12日,抚州市治超办领导与3个明察暗访组同时交叉深入各县区督查治超工作。抚州市全面启动货运车辆超限超载集中治理工作开展以来,全市治超工作始终保持高压态势,持续升温,取得了明显成效。截至12月底,全市检测车辆253301辆、查处4435辆、卸载货物15621吨、处罚329.3万元、462辆车记分2684、恢复车辆改装164辆。

领导高位推动,让治超信心坚定。抚州市委、市政府领导对治超工作高度重视,多次深入各县区治超一线进行调研督查。市政府主要领导高度肯定了前期全市治超取得的成绩,同时要求,全市治超工作要保持高压态势,紧抓不放,要抓紧研究治超工作长效机制,积极探索和应用非现场执法新模式,巩固和扩大治超成果。

站点日益完善,让治超覆盖更广。该市全面开展集中治超后,各县区按照市委、市政府的统一安排和部署,一类县区先行开展联合执法行动,二类县区逐步加快治超站点的规范化场站建设和后勤保障。对所有治越站点进行升级改造,临时站点统一配置移动治超检测车,全市增扩6个临时站点、3个流动稽查队,各县区全面启动治超,逐步形成治超全覆盖。

货运源头监管,让治超没有盲区。该市治超工作以属地管理为主,明确各地、各部门对本管辖区域具体责任，在重点运输通道、重点监管的货源单位设置车辆超限超载动态监测系统，形成“源头管、路面查、追踪罚的全程治超格局和常态化治超机制，增强了源头治超的成效，南城、南丰、金溪、东乡先后关停管辖区域砂石场进行整治，临川区在辖区各砂场出入口砌筑了水泥柱墩，实行限载措施，并强制关闭不规范配载的砂场。

明察暗访督查，让治超纪律严明。该市对治超工作进行责任划分和倒查追究，实行市、县(区)两级纪检参与的全方位督查考核机制。自开展集中治超工作以来，有2个县区履职不到位被督查通报批评、4名执法人员因脱岗受纪律约谈及问责，严明了治超工作的纪律。

（陈根玲）

道路运输管理

【概况】 2016年省运管局抓好重点工作，一是筑牢行业安全基础。完善挂牌督办、事故约谈和责任追究机制，继续推进重点营运车辆联网联控，开展各类专项整治活动，推动安全工作落实。二是筑牢行业法治基础。完善行业治理法律法规和规章制度，落实抽查工作机制，制定抽查事项清单，完善抽查对象和执法检查人员名录库。三是推进城乡客运一体化发展。加快枢纽站场项目建设，推动城市客运、镇村公交发展，完成农村客运通达任务。四是推进传统货运业转型发展。继续推动货运枢纽建设和甩挂运输发展，推广依托互联网平台的货运“无车承运人”发展模式。五是推进维修行业绿色发展。引导维修企业连锁化、品牌化、规范化发展，推广绿色汽修理念，继续推进全省营运黄标车淘汰工作，完善信息报送和定期考核机制。六是推进驾培行业创新发展。启动全省机动车驾驶培训制度改革工作，推广“计时收费、先学后付”培训模式。七是抓好深化改革攻坚工程。加大简政放权力度，深化出租汽车行业改革，健全完善并着力推行应用网上审批和网上办事系统。八是抓好队伍素质提升工程。开展从业人员素质提升工程，试点推行教练员职业化教育；开展业务知识、理论知识讲座培训活动，加强运管干部队伍建设。九是抓好科技信息支撑工程。实施“互联网+道路运输”行动计划，进一步完善现有信息系统功能。十是抓好党风廉政和行业文明创建工程。严格贯彻“一准则一条例”，落实党风廉政建设“两个责任”，修订完善行政问责制度。

（黄　云）

【省运管局完成交通运输部2016年更贴近民生实事任务】 该局一是新增建制村通客车方面。截至10月，全省共新增建制村通班车89个，完成任务的178%，年底达到200%。全省建制村通客车率也由2015年12月的94.8%提升至2016年10月的95.3%。二是交通一卡通互联互通方面。按照交通运输部的统一要求，省运管局推荐了南昌市、赣州市、吉安市3个基础条件较好的设区市，作为2016年计划实现交通一卡通互联互通城市。三是道路客运联网售票方面。省运管局于2012年启动实施了全省道路客运联网售票系统建设工程，经过4年两期建设，已经成为全国14个首批建成省域道路客运联网售票系统的省份之一。共有116个客运站(含20个一级站、84个二级站、7个三级站、5个未定级站)接入江西省道路客运联网售票系统，二级以上客运站已实现全覆盖，而且在逐步向三级及以下车站延伸拓展。截至2016年11月底，全省已有93个客运站通过“赣优行”网站和手机客户端共计销售车票67130张。四是重点营运车辆联网联控方面。2016年前11个月，全省各设区市运管机构政府监管平台月均上线率达到95%以上，两类(三类以上班线、省际旅游包车)客车周均上线率全部达到95%以上，危货运输车辆周均上线率全部达到90%以上，在部多次通报中，江西省两客一危车辆月均上线率都进入全国前五名。五是机动车驾培机构培训服务模式改革方面。截至11月底，全省共有驾校634所，其中已实行“按学时收费、先培训后付费”服务模式的驾校数量为457所，覆盖率为72%，年底达到80%，超额完成交通运输部下达的目标任务。六是道路运政管理信息系统互联互通方面。全省2016年7月份已全部完成交通运输部规定的各项运政系统互联互通接口调试工作任务，成为2016年全国第一批完成年度目标任务的4个省份之一。

（黄　云）

【全省运管系统打响防汛保卫战】 全省防汛Ⅱ级应急响应启动后,全省运管系统严阵以待、主动靠前,打响防汛保卫战。一是应急组织领导到位。根据省委、省政府和省厅的有关部署,全省运管系统深刻认识“打赢今年的防汛抗灾战役,关系到人民群众生命财产安全,关系到全省经济社会发展大局”的重大意义,强化责任落实,制定应急方案,健全应急组织机构,准备应急车辆,建立应急队伍,加强应急值守等措施,全面部署好防汛工作。二是应急保障力量到位。各级运管机构从骨干道路客货、维修企业调度1200余辆应急保障车辆,全力保障应急防汛运力。组织相关运输企业提前对应急车辆技术状况进行检查、维修,确保车辆技术状况完好,确保相关设施设备完备,并认真落实好人员编组、联络方式,制定应急措施和调度指挥预案。三是督查联动机制到位。各级运管机构督促辖区内运输企业认真开展安全生产隐患排查,加大整改力度,加强车辆动态监控工作,保障防汛期间道路运输安全。同时,主动加强与公路、气象、公安等部门的工作沟通联系,及时掌握天气、道路等情况,及时发布客运班车变化信息。四是应急值守落实到位。认真落实防汛24小时值班制度和领导带班制度。

(黄　云)

【省运管局部署重大调研活动】 省运管局把调查研究工作作为局领导班子成员日常工作的重要内容,紧紧围绕中心工作,制定了全年9项重大调研活动安排,由省局领导分别带队,设区市、省管县运管机构和省局机关处室参加,就当前行业的热点、难点问题到外省及省内开展调查研究。调研的内容主要涉及公交一卡通互联互通、出租汽车行业改革、安全监管职责落实、道路客运管理改革、道路运输信息化建设、教练员职业资格认定、大客车驾驶职业教育、汽车维修品牌连锁经营等。通过调研学习借鉴省外兄弟单位好的经验和做法,及时掌握、了解道路运输行业发展出现的新情况、新问题,并分别形成专题调研报告,为行业发展提供指导。

(黄　云)

【省运管局网上办理系统试运用】 省运管局行政服务中心业务网上办理系统于5月3日试运用。该系统按照“所有对外办理的业务一律由中心统一受理、所有中心受理的业务一律通过网上办理、所有未经中心受理而办理业务的处室一律视为违规”的“三个一律”的要求,采用无纸化审批的方式,实现省运管局内部业务办理的网络化、信息化和协同化,变“群众奔波”为“信息跑腿”,变“部门之间分开办”为“部门协同一次办”。同时实现了对行政审批行为的实时监控和留痕管理,打造了行政审批的管理闭环。

(黄　云)

【省运管局开展《江西省道路运输条例》实施情况调研活动】 《江西省道路运输条例》自2011年1月1日颁布施行。为了解《江西省道路运输条例》的贯彻执行情况和具体实施效果,省运管局组成调研组赴南昌、吉安等地开展专题调研。调研组认真听取了各地运管部门及道路客货运、维修、驾培、公交、出租、汽车租赁等企业代表的意见和建议,并就《江西省道路运输条例》执行过程中的突出问题进行了深入的探讨和交流。

此次专项调研活动自2015年10月开始,分为收集意见和实地调研两个阶段。第一阶段主要是围绕调研内容,广泛收集道路运输企业、从业人员以及社会各界的意见,第二阶段则采取实地调研的形式,组织局机关相关处室人员深入基层调研。省运管局将认真梳理、归纳调研工作中搜集的意见和建议,为下一步《江西省道路运输条例》修订工作做好准备。

(黄　云)

【全省启动运政执法监督检查活动】 省运管局决定自6月20日至7月20日开展为期一个月的执法监督检查活动。此次检查内容为2015年7月至2016年6月各级运管机构执法工作情况,主要包括执法活动开展情况,执法风纪情况,执法作风情况,执法培训、学习开展情况,执法案件办理情况,执法文书制作、案卷管理情况,简政放权实施情况等七个方面。通过各设区市、省直管县运管机构自查,省局督导组抽查,进一步深入了解各级运管机构履行执法责任情况,纠正执法活动中存在的突出问题,并将检查结果与执法机构的目标考核、评先评优等挂钩,进一步强化执法监督检查结果的运用。

(黄　云)

【省运管局废止和宣布失效一批规范性文件】 按照《江西省行政机关规范性文件制定程序规定》及省政府法制办、省交通运输厅有关要求，省运管局正在实施的规范性文件进行了全面清理。清理结果经2016年11月7日局务会审议通过，决定对与现行法律法规不一致、不适应形势发展需要及适用期已过的12件规范性文件予以废止、宣布失效并对外公布。

（黄　云）

【省运管局再取消下放一批审批事项】 根据省政府、省交通运输厅的要求，对照道路运输法规规章等有关规定，对本级行政权力进行了清理，修订行政权力实施依据，取消了"机动车驾驶培训教练员从业资格认定""机动车维修技术人员从业资格证件颁发""道路运输经理人资格认定"等审批事项以及营运车辆二级维护备案，对挂车不实施综合性能检测，将"一级客运站核定"权限下放至设区市级运管机构，省内普货车辆实行异地年审。

（黄　云）

【全省启动春运期间打击非法营运专项整治行动】 春运期间，省运管局在全省范围内集中开展打击非法营运专项整治行动。整治活动自2016年1月24日开始，至3月3日结束。此次行动将采取驻点稽查与巡逻稽查、联合稽查与交叉稽查、明察与暗访相结合等方式开展，以公路路口以及机场、汽车站、火车站、大中专院校、医院、商品集贸市场、旅游风景区、高速公路服务区等旅客集散地为主要整治区域，重点打击"黑车"等严重扰乱客运市场的非法经营行为。

此次行动要求各地运管机构严格依法执法，执法人员实施检查时须按规定统一着装，持证上岗，依据《江西省道路运输行政处罚自由裁量权执行标准》对违法经营行为进行查处。并积极与公安、安监、公路路政等相关部门加强执法协作，建立异地执法联动机制，为江西省道路春运工作的顺利进行提供执法保障。

（黄　云）

【全省首个"定制客运"试点获批】 11月下旬，省运管局下发文件，同意江西九江长途汽车运输集团有限公司开展"定制客运"试点工作，这是全省道路客运行业借助"互联网＋"转型升级，充分发挥道路客运比较优势的破冰之举。

试点将采取灵活高效的经营模式，由江西九江长途汽车运输集团有限公司对该公司原有九江市至昌北机场道路客运班线进行改造的方式进行，在营运车辆符合相关规定的前提下，自行确定停靠站点、日发班次、车型、车辆数及行驶路线，分别上报市级、省级道路运输管理机构备案后执行。车辆使用"九江至昌北机场"定制客运线路牌。运输企业和运管机构要严格落实安全生产主体责任和监管责任。

江西九江长途汽车运输集团有限公司将严格按照其制定的"定制客运"试点工作方案，以移动互联技术为依托，强化线上线下资源整合，通过网络、手机APP等多种方式，为乘客提供出行方案设计、出行信息查询、预约、票务等各类运输信息服务，并建立有效的服务质量监督评价机制。在确保安全稳定、规范有序的前提下，结合群众出行的特征和需求，不断创新运输组织方式，积极探索计程、计时、计程＋计时等多种计费模式，努力为乘客提供多样化、多层次的出行服务。

（金紫骏）

【2016年全省包车客运专项整治结束】 全省从5月至9月开展了为期5个月的包车客运专项整治。整治期间通过全省包车客运企业的自查，市县两级运管机构的检查验收，省运管局组织的指导督查，已按《江西省公路运输管理局关于印发〈2016年全省包车客运专项整治工作方案〉的通知》要求完成了专项整治工作。通过专项整治进一步夯实包车客运安全基础，维护包车客运市场经营秩序，促进包车客运市场健康有序发展，专项整治工作达到预期的效果。

全省参加专项整治的企业（含分公司）132家，其中：合格118家，不合格14家。对验收不合格的企业，运管机构督促其限期整改。

（周秋华）

【省运管局推动大客车驾驶人和机动车驾驶培训教练员职业教育试点】 为贯彻落实国务院关于推进驾驶员培训考试制度改革工作的要求，积极推动全省大客车驾驶人和机动车驾驶培训教练员职业教育试点工作顺利开展,省运管局主动协调省交通运输厅、省公安厅、省教育厅和省人社厅等四个部门组成联合调研组,起草了《江西省开展大客车驾驶人和机动车驾驶培训教练员职业教育试点工作的实施意见》(以下简称意见),该意见于6月由四厅正式印发。9月,江西科技学院作为全省首个试点院校,首批招收试点学员210名,标着江西省大客车驾驶人和机动车驾驶培训教练员职业教育试点工作在全省正式启动,江西省也成为全国为数不多已开展大客车驾驶员和教练职业教育试点的省份之一。

(张 玮)

【全省建立驾培市场供求信息定期公示制度】 2016年,省运管局根据国办发〔2015〕88号文件的要求,下发了《关于切实做好驾驶培训市场供求信息定期发布工作的通知》,督促和指导设区市、县级运管机构建立驾培市场供求信息定期公示制度。旨在通过发挥驾培市场供求信息对驾培市场的导向作用,有序引导社会资金理性进入驾培市场,避免盲目投资带来的社会资源浪费和市场恶性竞争。12月下旬,全省11个设区市运管处(局)均按照省局相关通知要求,在市级道路运政网站上公布全市驾培市场供求信息。

(张 玮)

【省运管局部署开展货运源头治超】 省运管局组织相关人员赴湖南省进行调研,制定了《江西省道路货物运输车辆源头治理超限超载工作方案》,在江西道路输网站设置货运源头治超专栏,加强治超宣传,截至年底,全省共处罚擅自改装车辆的违法行为达3170起,按照《公路安全保护条例》规定处理了3起吊销道路运输证案件。开展车辆运输车治理工作,组织承办全省车辆运输车治理工作会议,严格落实"单排车"过渡运行政策,做好在用不合规车的申报工作,全省150多家货运企业共计申报6593辆,审核通过780辆,通过率为72.5%。

(黄 云)

【省运管局稳步推进接驳运输】 2016年,江西正式开展道路运输长途客运接驳运输工作联盟化运营运点工作,省运管局于2016年11月28日印发《江西省道路运输长途客运接驳运输管理办法(试行)》,为进一步做好全省道路运输长途客运接驳运输工作提供了依据与指导,弥补了接驳运输日常管理因缺乏法律法规而造成的管理"真空"。

截至12月31日,全省共有19家客运企业进行了长途客运接驳运输,接驳运输线路64条,车辆数量102辆,分别在8个接驳点进行接驳,其中定南老城接驳点及韶关梅岭接驳点为江西自建接驳点。

(马洁忞)

【江西实行道路普通货运车辆省内异地年审】 省委、省政府决定2016年在全省开展降低企业成本、优化发展环境专项行动,并要求实施省内普货车辆异地年审,切实降低运输企业经营成本。7月,江西省制定了《江西省营运车辆定期年审工作规范》,进一步明确异地年审工作程序和要求,并对江西运政系统提出功能需求升级。8月1日,正式下发《关于实施普货运输车辆省内异地年审制度的通知》,在全省范围内正式实施普货运输车辆省内异地年审制度。异地年审制度的实施,将极大方便全省道路货运经营者,进一步降低经营成本。

(章华平)

【江西积极探索无车承运物流发展模式】 近年来,移动互联网技术与货运物流行业正在深度融合,货运物流市场涌现出了无车承运人等新的经营模式。为推进货运行业转型升级发展,2016年10月,交通运输部下发了《关于推进改革试点加快无车承运物流创新发展的意见》,要求各地根据实际开展无车承运人试点工作。为做好此项工作,江西省积极参加了交通运输部组织的无车承运人试点工作培训。11月底,江西省制定了无车承运人发展试点工作方案,并组织专家评选择优选择了江西万佶物流有限公司、江西正广通供应链管理有限公司、江西国控吉驰物流科技有限公司、江西三志物流有限公司、江西尧泰供应链管理有限公司等5个企业无车承运人试点企业。

(章华平)

【省运管局主动开展城市物流配送管理】 城市配送是保障和改善民生的重要领域，是城市经济社会正常运行的基础支撑。近年来，随着全省经济社会的快速发展和城镇化进程的不断加快，城市配送在满足城市居民生产生活需求、维护城市功能正常运转、促进服务业发展等方面发挥重要作用。但是，城市配送车辆“进城难、停靠难、装卸难”等现象依然突出，城市配送管理工作机制不健全、车辆装备标准化程度不高、配送服务不规范、车辆通行管控措施不适应等问题还未得到有效解决，影响了城市配送效率，增加了物流成本，城市交通拥堵进一步加剧。为贯彻落实《交通运输部公安部商务部关于加强城市配送运输与车辆通行管理工作的通知》（交运发〔2014〕35 号）文件要求，推进江西城市配送运输快速发展，为解决物流“最后一千米”难题，降低城市物流配送成本，江西省交通运输管理部门通过多次与省公安厅、省商务厅沟通协调，联合出台《关于加强城市配送运输与车辆通行管理工作的通知》，这将对江西省城市配送行业发展产生积极影响并切实提升城市配送管理水平。

（章华平）

【省运管局试点开展道路危险货物运输电子运单制度】 江西省组织部分地市运管机构召开了道路危险货物运输电子运单管理制度试点工作座谈会，邀请交通运输部公路科学研究院交通物流工程研究中心主任工程师吴金中作专题讲解。2016 年 6 月，江西省制定并下发了江西省道路危险货物运输电子运单制度试点工作方案，选择在南昌、宜春、上饶、萍乡四地市开展危险货物道路运输电子运单管理制度试点工作。为推进试点工作的顺利进行，9 月省运管局组织试点地运管机构工作人员和试点企业负责人进行电子运单信息软件操作培训，并为试点企业安装危险货物道路运输电子运单管理信息系统。目前，试点企业正按照试点工作方案要求开展试点工作。

（章华平）

【江西 3 个第二批国家公路甩挂运输试点项目全部通过验收】 3 月 17 日，省交通运输厅专家组开展对江西昌荣物流有限公司公路甩挂运输试点项目的验收工作。专家组现场审核认为，江西昌荣物流有限公司公路甩挂运输试点项目完成了《江西昌荣物流有限公司甩挂运输项目试点实施方案》设定的各项指标，提高了运输效率，降低了运输成本，并具有明显的节能减排效果，经专家组一致同意审核验收通过。

据此，全省第二批 3 个国家公路甩挂运输试点项目已全部经省交通运输厅验收合格。甩挂运输试点项目的建设为带动江西省转变道路运输发展方式、推进行业节能减排和产业升级、提高运输效率、降低物流成本发挥积极的示范引领作用。

（金紫骏）

【全省驾培行业召开服务模式现场会】 6 月 30 日，全省驾培行业推行“按学时收费、先培训后付费”服务模式现场会在南昌召开，来自全省各级运管机构的驾培工作分管领导和科室负责人 100 多人参加了会议。省驾培协会还邀请了全省 100 余家驾培机构的负责人列席了会议。会议邀请已实行该服务模式的省内外驾培机构和南昌市运管处作典型发言和经验介绍，并组织与会人员到江西蓝天驾校现场观摩。

会议要求，大力推行“按学时收费，先培训后付费”服务模式，已经被交通运输部列为 2015 年交通运输行业贴近民生的 13 件实事之一，全省各级运管机构要统一思想，充分认识推进驾驶员培训制度改革工作的重要性和紧迫性，把推行新模式作为一项重要政治任务，精心组织，科学谋划。

（张　玮）

【省、市、县三级运管机构实现计时培训系统监管平台联网对接】 2016 年初，省运管局与省级计时培训系统监管平台开发单位共同研究、确定了省、市、县三级计时培训系统监管平台联网对接方案并在全省驾培管理工作会议上对平台联网对接工作进行统一部署。经过各级运管机构的共同努力，在省内各计时培训系统平台运营商的支持配合下，省、市、县三级计时培训系统监管平台在 7 月底全面完成联网对接工作，实现计时培训信息的传输、存储、监管一体化，同时也为下一步省级计时培训系统监管平台与全国驾驶培训数据交换与服务平台联网对接奠定良好基础。

（张　玮）

【省运管局组织开展2015年度全省驾培机构质量信誉考核】 2016年2月—7月,省运管局组织开展2015年度全省驾培机构质量信誉考核工作,全省共525所驾培机构参加考核。经过驾培机构自评、县级运管机构被评、市级运管机构复评、省运管局抽查复核以及考核结果网上公示等五个阶段,共评定AAA级驾校68所,占参评驾校总数的13%;AA级驾校307所,占参评驾校总数的58.5%;A级驾校149所,占参评驾校总数的28.4%;B级驾校1所,占参评驾校总数的0.001%。

(张 玮)

【省运管局组织开展道路运政信息系统驾培管理数据清理】 6月,省运管局组织各设区市、县级运管机构按照真实有效、数据统一和谁许可谁清理的原则,对运政信息系统中的所有驾培管理数据进行一次全面清理。此项工作在9月底全面完成。通过数据清理,进一步提升数据质量,为下一步开展运政和计时培训系统联网对接创造有利条件。

(张 玮)

【省运管局落实新教学大纲】 8月,交通运输部与公安部联合印发了新版《机动车驾驶培训教学与考试大纲》(以下简称大纲),对驾驶员培训的内容、学时和形式进行了调整,对驾校培训工作提出了新要求。为抓好新大纲的贯彻落实,省运管局一方面联合省驾培协会举办新大纲的宣贯培训班,邀请全国知名驾培专家对新大纲进行解读,帮助全省各级运管机构和各驾培机构尽快了解和掌握大纲的新内容和新要求。另一方面,省运管局要求各地市运管机构加大监管力度,督促辖区内驾校依据新大纲的要求,及时调整教学计划和培训学时,按纲施教。

(张 玮)

【萍乡市交通运输局规范道路运输从业驾培管理】 该局一是建立道路运输从业资格管理中心,并于5月份进行搬迁,2016年有1758人次报考道路危险品运输从业资格考试,合格923人次,合格率为53%。1—11月共安排3336名道路客货运输驾驶员和出租汽车驾驶员参加从业资格考试(其中:道路客货运输驾驶员2941人,出租汽车驾驶员为395人),合格人数为1966人,合格率为66%。二是于10月底完成了道路客货运输驾驶员虚拟考场软件安装,并于11月对客货运驾驶员进行虚拟科目考试。1—11月3065名道路运输从业人员参加从业资格培训学习,8157名道路客货运输驾驶员参加继续教育培训学习。

(萍乡市交通运输局)

【萍乡市交通运输局积极推进出租车行业改革】 该局落实萍乡市发改委《关于调整萍乡市中心城区出租车运价的通知》精神,组织实施出租车统一调校计价器,自1月1日严格执行新的运价标准;完成公交企业和出租车企业质量信誉考核工作。公交公司初评为AAA级,4家出租车公司为AA级;认真组织做好新的《车辆技术管理规定》的宣贯落实工作。对全市城市客运企业的道路运输车辆技术档案进行检查,并督促各城市客运企业严格按《道路运输车辆技术管理规定》的要求,自行制定好车辆技术管理制度、车辆维护周期,落实车辆技术管理人员责任;推进城市客运市场诚信体系建设。启动出租车驾驶员换发从业资格证工作,完善出租车驾驶员从业资格注册,进一步完善黑名单制度。2016年底有超过1000名出租汽车驾驶员取得了出租汽车从业资格证;一年来共检查出租车1500多辆次,查处出租车违法经营行为330多例。查处非法经营“黑车”57辆次;全年受理出租车服务投诉706起,在调查核实中,有责投诉454起。调查处理市级转办信访件16起,处理官方微博投诉3起。全面为乘客找回遗失物品277起,为乘客挽回经济损失将近34万余元。根据国务院办公厅《关于深化改革推进出租汽车行业健康发展的指导意见》(国办发〔2016〕58号)精神,萍乡市交诵运输局组织起草《萍乡市深化改革推进出租汽车行业健康发展的实施意见(征求意见稿)》《萍乡市巡游出租汽车经营服务管理实施细则(征求意见稿)》《萍乡市网络预约出租汽车经营服务管理实施细则(征求意见稿)》和《萍多市私人小客车合乘规定(征求意见稿)》4个文件,并向社会征求意见。

(萍乡市交通运输局)

【新余市开展打击非法运营车辆专项整治】 从2月24日开始,新余市运管处与城管、交警等部门联合开展为期1个月的打击非法运营车辆专项整治活动。此次活动重点打击在高铁北站、汽车站、火车站、商品集贸市场、旅游景点和城乡接合部等地区从事非法运营车辆及扰乱市场经营秩序的违法行为。坚决查处和打击有组织的“黑车”营运团伙，严厉打击非法运营的组织者和牵头者，依法打击欺行霸市、扰乱市场经营秩序的团伙，依法取缔非法调度配客的中介机构。

（曹　猛）

【新余市运管处部署2016年道路运输平安年活动】 5月27日，新余市道路运输管理处召开全市道路运输管理人员及旅客运输企业、危货运输企业等负责人会议，全面部署2016年“道路运输平安年”“平安交通”“安全生产月”活动。为切实保障“道路运输平安年”等活动有效开展，会议宣贯了2016年新余市“道路运输平安年”活动方案、2016年“平安交通”建设活动、2016年安全生产月活动安排，在全行业扎实开展“道路运输平安年”“平安交通”“安全生产月”等创建活动，强化道路运输行业安全生产的监督检查和隐患排查治理，推进全市道路运输行业安全管理水平稳定有序发展。

（钟雪晴）

【新余市推进黄标车及老旧机动车淘汰工作】 新余市运管处严格按照2016年黄标车淘汰工作总体要求和部署，积极谋划，多措并举，积极推进全市营运黄标车淘汰工作，截至8月上旬淘汰营运黄标车1000余台。一是高度重视，统一思想，制定了《新余市2016年黄标车及老旧机动车淘汰工作实施方案》，成立了“黄标车”淘汰领导小组，由主要领导任组长，各相关单位通力合作，全力以赴，各项工作开展有条不紊，稳步推进黄标车淘汰工作；二是采取多种形式，加大宣传力度，实现车主告知，发现问题及时解决，维护社会稳定；三是对未取环检、安检合格标志的车辆一律不得参加综检，不予办理营运证申领及年度审验；四是建立健全营运车辆明细台账，摸清黄标车淘汰车辆底数，督促企业及时淘汰营运黄标车，对已年审的黄标车，书面告知企业及车主主动办理注销手续，对无法通知到位的，通过媒体和网络予以公告；五是加强与交警部门联系，做好信息共享，建立两部门营运黄标车及老旧车辆注销的相互抄送制度，争取做到不错删，不漏删；采取多种形式，加大宣传力度，实现车主告知，发现问题及时解决，维护社会稳定；六是要建立每月报表制度，并加强对工作人员的业务培训。

（张　芳）

【新余市1至8月份交通运输增势平稳】 1至8月份，新余市拥有营运客车306辆，客位9075座，完成旅客运输量877万人次、旅客周转量47612万人千米，与上年基本持平；全市拥有营运货车36451辆，运力457303吨，完成货物运输量10213万吨、货物周转量2385567万吨千米，较上年同期增长6%和3.7%。1至8月份，全市拥有客船63艘，客位2485座，完成旅客运输量27.7万人次、旅客周转量554万人千米，同比分别增长4.13%和4.13%；全市拥有货运船9艘，净载重量12170吨，完成货物运输量23.7万吨、货物周转量28505万吨千米，同比分别增长2.59%、2.56%。

（邓清华）

【新余市运管处开展2016年重点营运车辆数据清理】 为加强新余市重点营运车辆的管理，新余市道路运输管理处结合年审工作开展道路运政信息系统重点营运车辆数据清理，筛查出超过13个月未年审的危货车辆数据共37条，其中校正有效数据7条，其他无效数据公示后全部清理，极大地提高了江西省道路运政信息系统的数据质量，确保系统“两客一危”车辆相关数据的准确性、完整性和客观性。

（龚文娟）

【新余市交通运输局确保“麻博会”运力保障】 第三届中国（江西）国际麻纺博览会在新余市仙女湖举办，按照市政府统一部署和“麻博会”组委会的要求，为落实好“麻博会”期间公共交通运输保障工作，保证群众平安、有序、绿色出行，新余市交通运输局以确保交通运输安全顺畅为重点，制定了“麻博会”用车接送方案，在会议期间共筹备55辆接送专用客车、12辆公交车，开通了市区到“麻博会”会场2条免费公交线路，同时加强会场中心、驻地酒店及火车站、客运站等重点区域运力调配保障，保证了各宾馆团队、客商用车需求。

此外,该局在提供运力保障的同时也确保了调配车辆的技术状况良好,车容车貌卫生整洁,舒适安全。强化司乘人员培训,做到安全驾驶、文明服务、规范运营,最大限度地为市民和与会人员提供安全、舒适、及时的乘车环境。

(刘　亮)

【鹰潭市交通运输局注重交通运输环保工作】 鹰潭市交通运输局在不断推进交通运输各项建设的同时,牢固树立五大发展理念,根据市政府环保工作要求,强化"绿色环保靠大家"大局意识,实行行业管理和环境保护两手抓,在发展的同时采取有力措施加强环境生态保护。加强公路建设工程环境保护。交通基础设施建设历来重视生态、环境保护,节约、集约用地,项目前期论证、可研分析中都要做环境影响评估。该市实施的大型桥梁、二级以上公路在编制工程可行性研究报告时,同时编制环境影响评估,以政策引导交通建设,以措施强化环保工作。加强道路运输行业环境治理。一是严格执行黄标车退出市场规定,从上年开始开展营运黄标车退出市场工作,不再向营运黄标车换发道路运输证,上年淘汰黄标车 1103 辆,从源头上遏制了黄标车的继续运行;二是及时更新老旧运输车辆,该市公交公司和长运公司等客运企业积极筹措资金,按时更新老旧车辆,并加强新能源车辆投入,共购置新车 108 辆,其中新能源车 58 辆;三是加强站场及车辆环保治理,市公交公司、市长途汽车站做到站场专人管理卫生,及时清理垃圾。

(占丽芳)

【鹰潭市举办首届"文明驾校""金牌教练员"评选活动】 8 月 25 日,由鹰潭市公路运输管理处、鹰潭市公安局交警支队、江南都市报鹰潭新闻联合举办的鹰潭首届"文明驾驶人""文明驾校""金牌驾练员"大型公益评选活动正式启动。此次评选活动已从全市 900 多名教练员中筛选出了 48 名从事教练工作 2 年以上、近 3 年内无安全行车事故及教学事故、具有良好的职业道德、诚实守信的优秀教练员。在经过理论考试、实操讲解比赛后,位列前 20 名的教练员将结合学员投票最终评选出 10 名"金牌教练员"。同时,活动还将从全市 20 所驾校中评选出 6 所严格按照交通运输部要求规范经营且培训出的学员 3 年内交通违法事故发生率低、从未出现过投诉教练员索拿卡要等违规行为的"文明驾校"。

(程　静)

【鹰潭市开展打击"黑车"专项整治行动】 根据市政府统一部署,鹰潭市公安、交通、城管三个部门从 1 月 13 日起至 4 月 12 日,在全市范围内开展为期 3 个月集中联合打击"黑车"非法营运专项整治行动。按照职责和分配任务,交通部门调派出 4 个稽查队、3 台执法车积极开展整治行动。此次整治范围主要针对二轮、三轮、四轮电瓶车和摩托车非法营运违反禁行以及社会车辆非法营运进行整治。针对非法营运载人电动车的运行特点,交通稽查队伍与公安交警、城管等部门在重点路段和客源集散地,采取不定时、拉网式巡查,对初次经营的非法营运载人电动车进行宣传劝阻,对屡查屡犯的载人电动车,一律查扣。整治行动共计出动执法人员 200 余人次,执法车辆 30 余台次,查扣非法营运电动车 30 余台,劝阻、警告 20 余台。

(刘　琨)

【鹰潭市交通运输局联合开展辖区内校车运行路线审验】 8 月 4 日至 10 日,鹰潭市交通运输局联合教育、公安等部门,对月湖区、高新区 18 家幼儿园的校车运行线路、停靠站点进行了现场勘查。参加联合勘查的工作人员在幼儿园跟车老师及校车司机的带领下,对各自所属的幼儿园校车所途经线路,学生上下车停靠站点逐一进行登记复核。在审验时对多条存在隐患的线路提出整改要求,待运行线路、停靠站点符合相关规定要求后给予办理审验手续,确保 2016 年幼儿园秋季开学后校车运行的安全和有序。

(杨小平　祝见闻)

【鹰潭市交通运输局及时处置火车站滞留旅客】 7 月份以来,南方地区普降大雨,京九、京广等铁路线路区段出现不同程度水害,导致铁路临时中断,鹰潭站 34 趟经停列车停运。4 日下午 4 点左右,上海至贵阳火车停运鹰潭火车站,滞留 900 余名旅客,急需调配运力,疏散滞留旅客。市城区交管所第一时间启动突发事件应急预案,并向市局、市处领导进行了汇报,召集辖区客运企业组织运力,调配多辆车况良好的豪华大巴赶到鹰潭火车站接驳滞留旅客。组织人员赶赴现场进行指挥,合理组织,精心安排。为确保发往贵阳大巴行车安全,要求客运企业必须24小时对车辆运行实施GPS监控;严禁发班车辆在凌晨2点至5点之间运行;选调优秀驾驶员,每车配齐2名。直至22时30分,共计组织运送滞留旅客300余人,无一名旅客滞留,受到旅客们一致称赞。

(刘 琨)

【贵溪市运管所集中整治客运市场】 3月份,贵溪市运管所结合实际对周边客运市场进行了集中整治。一是组织稽查人员召开了两次行风建设专题会议,并就客运市场整治进行了讨论。二是深入到周边客运集散地,对非法营运的微型面包车、出租车进行摸底调查、照相,掌握整治第一手资料。三是坚持文明执法、规范执法,严格依法律程序办事。整治中,对非法营运事实清楚、证据确凿的营运车辆依法进行了暂扣。集中整治开展一周多,查扣微型面包车4辆,并对1辆已超报废年限,仍参与营运的微型面包车进行强制报废,及时消除了道路安全隐患。

(戴丽萍 何 伟)

【贵溪市运管所推进营运黄标车淘汰工作】 贵溪市运管所落实专人负责,加班加点,扎实推进营运黄标车淘汰工作。一是全面摸清底数。按照省、市政府关于黄标车治理工作要求,主动与环保、公安、财政部门沟通协调,研究营运黄标车淘汰工作有关政策、标准、程序和措施,经过与道路运输运政网信息比对,最终确定2016年年底前注册登记营运黄标车需淘汰数量。二是强化工作责任。先后多次组织召开该市营运黄标车淘汰工作推进会,进一步宣传引导、明确任务、规范程序,确保责任到人到位。三是加强督导督查。将营运黄标车淘汰工作当作一项刚性目标任务,建立了横向联合、上下协调、逐级负责、信息共享等机制,确保营运黄标车淘汰工作深入推进。该市共淘汰营运黄标车139部,淘汰率达100%。

(董 颖 戴丽萍)

【安福县交通运输局强化道路运输行业监管】 该局加强车辆年度审验,全年完成货车审验1100辆,占货运车辆总数的41.9%;完成客运班车审验174辆,占客运车辆总数的100%;审验公交车55辆,占公交车总数的100%;审验出租车29辆,占出租车总数的44.6%。加强了运输质量信誉考核,考核货运企业14家,客运企业4家,车站1家,危货企业1家,一、二类维修企业5家,三类维修企业118家,占年度计划的100%。加强了运输行政许可审批工作。全年审批更新客车3辆、新增客车4辆、增加运力123座;审批城区公交线2条,审批新能源纯电动公交车8辆;审批货运企业11家;审批驾校2所;审批维修企业14家(其中一类企业2家,三类企业12家)。

(安福县交通运输局)

【安福县推进节能技术标准客车】 2016年,安福县汽运总公司按照上级要求积极推行新能源、新技术标准客运车辆,174辆客车均达到国家要求的节能技术标准,其中高级客车85辆,占客车总数的48.8%。县公共汽车有限责任公司新增8辆新能源纯电动公交车,每辆价格达46万元,总投资368万元。

(安福县交通运输局)

【宜春市交通运输局开展客运“首班督查行动”】 2016年年底,宜春市交通运输局为认真抓好客运源头管理,组织开展清晨突击检查行动——首班行动,副局长亲自带队,抽调局机关相关科室及市运管局人员,清晨6:30对中心城区4个车站进行了交通安全突击检查,检查重点主要有:车辆例检、发班程序、安全带系戴、驾驶员相关证件及站场秩序等,通过“首班行动”突击检查,发现一些存在的问题,并及时向宜春汽运股份公司主要领导进行反馈,有针对性地督促进行整改。

(高 强)

【宜春市联合开展危货运输企业主体责任落实述职活动】 9月8日,宜春市交通运输局联合区局在袁州区交通运输局会议室,召开袁州区“危货运输企业落实主体责任述职会”,袁州区所辖的15家危货运输企业负责人、市区两级交通运输局和运管部门分管领导及安全科(股)长等参加了会议。会议由区交通运输局分管领导主持,5家危货运输企业负责人进行企业安全工作述职,市交通运输局分管领导进行分析和点评;会议通报企业安全管理中存在的主要问题,并部署下一阶段的主要安全工作和措施。开展危货运输企业主体责任落实述职活动是一次有益的尝试和探索,有助于督促企业落实安全主体责任,有针对性地分析和解决企业安全管理中存在的问题,相互交流经验和做法。

(高 强)

【宜春市开展道路运输综合整治活动】 2016年市运管局道路稽查支队,围绕市委市政府《建设美丽幸福宜春,决战全面小康》为目标,树立发展道路运输业为第一要务理念,制定方案,集中人员、集中领导、集中时间,开展宜春城区综合整治,打击非法营运车辆专项活动,取得较好效果。1—11月,稽查支队出动执法车辆1520余辆次,执法人员7550余人次,排查各类车辆14000余辆次。查处各类违法违规车辆1120余辆,其中非法营运车辆552辆(包括非法营运面的323辆,非法载客摩的21辆,非法载客电动三轮车128辆,滴滴打车80辆),出租车违法违规19辆,危险品运输违规车辆46辆,违法违规大客车54辆,其他各类违规车辆449辆。

(唐 羽)

【宜春市交通运输局做好交通运输保障】 9月7日至14日,市交通运输局主要承担第十届月亮文化节期间交通车辆运输保障工作任务。市交通运输局领导高度重视,加强协调沟通,加强调度指挥,圆满地完成了交通运输保障任务。在运输保障任务期间,对保障月亮文化节各项活动的用车,细致研究分配的车型和人数,做到合理用车,并就交通运输保障的一系列工作进行周密部署。专门门成立月亮文化节交通运输保障小组,设立了车辆调度室,明确专人负责车辆调度,对所有车辆的车容车况进行摸底,确保车辆的安全行驶。

根据组委会的安排和部署,市交通运输局共调用大中巴车辆4辆,完成接送任务1000余人次,公交车辆28辆,完成接送任务400余人次,节日期间运输近5000余人次,较好地完成月亮文化节暨经贸活动周的交通运输保障任务,并实现零投诉、零事故。

(郑 健)

【宜春市交通运输局做好2016年国际研讨会筹备工作】 10月17日至22日,市交通运输局主要承担2016年新能源汽车技术国际研讨会筹备工作会期间交通车辆运输保障工作任务。宜春市交通运输局专门召开筹备工作交通保障动员会议,传达组委会有关会议精神,强调新能源汽车技术国际研讨会筹备工作的重要意义,并就交通运输保障工作进行周密部署。专门成立交通运输保障小组,设立车辆调度室,确定调用车辆储备数量和类型。坚持安全理念,保障安全不懈怠。根据组委会的安排和部署,市交通运输局共调用大中巴车辆1辆,完成接送任务400余人次,小车20辆,完成接送任务300余人次。

(郑 健)

【高安市交通运输局开展成品油非法运输车辆整治活动】 该市交通运输局一是强化源头监管。运管所加大成品油道路运输市场安全监管,督促成品油道路运输企业严格落实安全生产主体责任。二是加大路面执法力度。整合执法力量,实行交通综合执法,加大执法频次,依法对证照不全及技术不达标车辆、不具备相关资格人员从事成品油运输、擅自改装已取得道路运输证的车辆以及运管所移交不具备成品油运输企业资质擅自从事成品油运输等各类违法违规行为的查处,形成强大震慑力。三是强化舆论宣传。通过张贴宣传标语、出动宣传车、发放宣传单等多种形式,全方位、多角度、多渠道地开展宣传活动,营造良好的成品油市场经营秩序舆论环境。活动开展以来,共悬挂宣传条幅12条,出动宣传车20台次,切实加强加油站经营者和消费者的法律意识,正面宣传和教育引导经营者守法经营和消费者理性消费。

(周世祥)

【樟树市开展道路危货运输突发事故应急演练】 4月15日上午10时,樟树市运管所在鑫顺物流有限公司组织开展液罐车黄磷泄漏燃烧应急处置演练活动。整个泄漏事故处理过程包括险情报警、临时处置、警戒隔离、控险疏散、伤员转移、检测救援、应急排险、善后恢复、总结评估,整个应急演练过程沉着、有序、规范,反应快、处置得当,全演练过程不到半小时,圆满完成应急演练任务,樟树市6家道路危货运输企业负责人、驾驶员、押运员共40余人到场观摩学习。

（王志勇）

【樟树市开展旅游客车安全隐患大排查】 7月中旬，宜汽樟树一公司开展了一次为期3天的旅游客车专项隐患排查工作。此次检查以旅游客运车辆的灭火器、发动机灭火弹、安全带、安全锤、车辆电源总闸、车辆漏电漏油为重点，按照“全覆盖、零容忍、重实效”的总要求，采取现场检查、专业检查、综合检查等多种方式；安全责任制、全员“一岗双责”制落实情况；安全生产规章制度建立落实情况；事故查处、问责情况，事故教训吸取情况等方面开展全面检查，检查活动切实做到检查不留死角、整改不留后患、全程不走过场、制度健全到位。此次专项检查活动共发现隐患8处，对检查出来的问题指定专人负责整改到位，坚决把安全隐患消除在萌芽状态。

（曹凡荣）

【樟树市进一步强化“两客一危”车辆管理】 为进一步贯彻落实交通运输部《道路运输车辆技术管理规定》（交通运输部令〔2016〕1号）的要求，确保“两客一危”车辆技术状况良好和运输安全。樟树市进一步强化“两客一危”车辆管理，加强了客车、危货运输车辆的综合性能检验周期和频次。客车、危货运输车自首次经国家机动车辆注册登记主管部门登记注册不满60个月的，每12个月进行1次检测和评定，超过60个月的每6个月进行1次检测和评定。

（曾凡荣）

【赣州市道路运政执法车辆统一安装移动稽查终端设备】 4月19—21日，为提高全市道路运政执法工作的科技化水平，赣州市道路运输管理局积极配合省交通运输厅推进“江西省公路水路建设与运输市场信用服务系统”工程建设，统一组织全市道路运输管理机构对所属运政执法车辆安装移动稽查终端设备。此次安装的移动稽查终端包括笔记本电脑、3G上网模块、无线路由器，打印机等先进的信息化设备，执法车辆完成改装后可实现车辆查验、立案、文书制作等执法工作的“无缝衔接”。此次对15辆运政执法车辆进行了改装，大大提高全市道路运政执法工作效率，缓解运政稽查工作中存在的执法难、取证难等难题。

（廖　飞　朱清源）

【赣州市开展道路运输交叉执法大检查】 赣州市道路运输管理局从各县（市、区）运管所、直属管理所、城客处抽调近百名运政执法人员分成5个检查组，在全市开展道路运政执法交叉大检查。这次检查从6月开始至10月结束。执法人员携带执法检查设备分赴中心城区、大余、宁都、寻乌、定南5个片区的18个县（市、区），对客货运输、驾驶员培训、机动车维修、城市客运市场的生产经营和文明服务情况进行运政执法检查。对违反《中华人民共和国道路运输条例》的企业、人员、车辆和人民群众反映突出的问题予以调查、取证、查处。各检查组在交叉执法检查期间，将主动与当地政府汇报。并积极与公安、安监、公路路政等相关部门沟通协作，建立公共信息互通和长效执法联动机制，以提升交叉执法检查工作效率。

（淳　朴）

【赣州市专项整治客运和出租车行业“以罚代管”问题】 7月29日，赣州市召开客运和出租车行业以罚代管侵害群众利益问题专项整治工作会议，决定从7月29日开始，用一年左右时间对全市道路运输系统在客运和出租车行业存在的以罚代管侵害群众利益的问题进行全面整治。此次专项整治的重点为全市道路运输系统在客运和出租车行业行政执法过程中存在的“只处罚、不教育”和“处罚金额就高不就低”问题，以及执法人员存在的“轻管理、重处罚”和自由裁量权过大的突出问题。全面推行“以培训教育为主、行政处罚为辅”的管理模式，综合采取客运和出租车企业质量信誉考核、驾驶员诚信考核和出租车单车考核、客货运输驾驶员“黑名单”管理制度等措施，加大违规驾驶员培训教育、违规车辆停业整顿等培训教育力度，行政处罚采取“首违不罚、就低不就高”的原则，全面建立客运和出租车行业监管科学化、制度化长效机制。

（朱清源　淳　朴）

【赣州市运管局督查包车客运安全】 8月7日至16日，赣州市运管局派出三个督查组对全市包车客运安全生产工作进行“拉网式”督查。此次督查旨在吸取湖南宜凤高速“6·26”特大交通事故的教训,进一步加强包车客运安全监管和落实企业安全生产主体责任,保障杭州G20峰会期间道路运输安全畅通。此次督查按照“全覆盖、严执法、重实效”要求,对各县(区)运管机构和已取得许可的包车客运企业进行专项督查。督查内容主要包括五个方面:一是各县(区)运管机构包车客运安全生产专项整治工作和G20杭州峰会道路运输安保工作开展情况;二是包车客运企业经营范围、安全生产管理制度、安全生产专项资金提取与使用等企业管理情况;三是车辆技术等级、车辆类型、车辆卫星定位装置、承运人保险投保、安全锤与消防器材配备等车辆管理情况;四是驾驶员年龄、驾驶员档案、驾驶员继续教育等驾驶员管理情况;五是包车牌发放、劝导旅客系安全带、隐患整改和安全例检等经营情况。

(朱清源)

【赣州市在全省汽车修理工职业技能竞赛中获佳绩】 10月13—14日,2016年江西省振兴杯交通运输行业汽车修理工职业技能竞赛在南昌市举行。经过两天的激烈角逐,赣州市道路运输系统代表队获团体第二名。赣州众通汽车服务有限公司许爱峰、赣州金涛汽车销售服务有限公司谢成伟两名选手分别获汽车修理工(轿车类)技能比赛第二名、第十名。此次由江西省交通运输厅组织的竞赛活动,以振兴赣鄱为主题,展示汽车修理工匠精神,着眼促进汽车维修行业技能人才培养,进一步加强全省汽车维修行业人才队伍建设。来自全省11个设区市的22名选手,在这次竞赛活动中各显神通。许爱峰、谢成伟作为赣州市选手,以优秀的理论技能素质参赛,为赣州市道路运输系统和选手所在企业争得荣誉。

(淳　朴)

【赣州市改革机动车驾驶培训服务模式】 2016年全市122所驾校有80所实行“按学时收费、先培训后付费”服务模式,覆盖率为65.57%。同时,在“互联网+”的大形势下,该市积极引导驾培机构采用“互联网+驾驶员培训”的新服务模式,现已有“嘟嘟学车”“超学车”等互联网学车平台,且中心城区90%的驾培机构已推行“互联网+”的服务模式。驾培服务“线上平台+线下实体”的模式,为驾考学员搭建了自主学车、自主预约、自主选择、自主缴费的便捷自主服务平台,实现了传统经营模式的转型升级。

(赣州市运管局)

【赣州市创新道运行业管理方式】 赣州市道路运输管理局积极响应“互联网+”行动计划,充分发挥科技力量在行业管理中的支撑保障作用,创新政府管理与市场监管的模式,通过移动平台将行业管理部门、企业、从业人员和旅客等道路运输行业的相关方有效地连接起来,创新建成“赣州市道路运输智能服务平台”,开发运政通、运企通、从业通3个手机应用软件和1个微信公众平台,拉开“互联网+道路运输”模式改革发展的序幕,基本实现“政务协作智能化、安全监管电子化”的目标。

(赣州市运管局)

【赣州市运管局召开“智能服务平台”推广使用现场会】 12月17日,赣州市运管局召开“赣州市道路运输智能服务平台”推广使用现场会会。现场会上,市运管局车辆技术管理科科长分析当前运管机构安全监管、客运企业经营、客货运企业安全生产管理等方面的现状、存在的问题以及“平台”试点使用工作情况。随后,赣县运管所、大余县运管所、赣南鸿达运输有限公司、于都方通汽运有限公司等在试点推广期间应用较为积极的单位介绍了“运政通APP”“运企通APP”使用经验和使用以来取得的一些成效。经验交流环节后,会议就下一阶段如何做好手机APP安装、企业平台注册、安全检查模块使用、车辆及人员信息录入等工作做出了部署。市运管局副局长指出,加快推进“平台”推广应用是提升全市道路运输行业管理服务智能化水平的重要举措,是推进行业治理体系和治理能力现代化的有力抓手,也是实现行业转型升级和行业供给侧结构性改革的必然要求,各运管机构要高度重视,积极落实下一阶段工作部署,确保年底实现软件安装使用率、安全检查记录上传率、车辆及人员信息录入率等指标达到100%。

(朱清源)

【上犹县开展“珍爱生命,拒乘非法营运车辆”大型签名活动】 4月11日上午,上犹县运管所联合县文明办、教育局、交管大队等单位，在上犹二中、二小开展了中小学生拒乘三轮(四轮)电动车、面包车等非法营运车辆大型签名活动。近年来，虽经运管部门大力整治，但三轮(四轮)、面包车、小轿车等非法营运行为仍然存在，甚至有些还专门用于接送中小学生，给学生出行带来严重的安全隐患。为了提高中小学生的交通安全意识，增强在校学生的自我防范意识，县文明办宣读了“珍爱生命、拒乘非法营运车辆”倡议书，县运管所向同学们解释“什么是非法营运车辆”以及“乘坐非法营运车辆的危害”，此次参加签名活动的同学约8000人，签名结束后，上犹县运管所还组织学生参观“非法营运危害图片展”，参加二小六年级的“珍爱生命、拒乘黑车”主题班会，签名活动取得预期效果。

(黄　建)

【抚州市开展道路运输市场整治】 2016年，抚州继续加大打非治违、城市客运市场监督检查力度，落实客货运输驾驶员“黑名单”制度。仅市本级出动1030车次，出动3960人次，共检查车辆1003台次，教育驾驶员123名，立行立改275辆，查处非法经营车辆142起，异地经营出租车18起，不按计价器显示收费和无故拒载等一般违法行为出租车156起，将3人列入客货运输驾驶员“黑名单”，吊销了其从业资格证，三年内不得重新申请道路运输从业资格证。城区道路运输市场序大为好转，受到市民一致好评。

(陈根玲)

【抚州市邮政业总收入达4.98亿元】 2016年，抚州市邮政企业和规模以上快递服务企业业务收入(不包括邮政储蓄银行直接营业收入)4.89亿元，比上年同期增长28.04%；业务总量累计完成5.87亿元，比上年同期增长37.65%。全市快递服务企业业务量累计完成1531.26万件，同比增长52.06%；业务收入累计完成1.62亿元，同比增长49.43%。

(陈春华)

【抚州市出台出租车驾驶员“黑名单”制度】 根据《江西省道路运输条例》，2016年5月11日，抚州市出台《抚州市出租汽车驾驶员“黑名单”制度(试行)》(以下简称制度)。

该制度适用于抚州市出租汽车客运企业和取得出租汽车从业资格证，且在岗从事出租汽车客运的驾驶员。违反该制度有关规定，将列入“黑名单”并进行公布、凡被公布的客运驾驶员，其所在的出租汽车企业应对其调离客运驾驶工作岗位或解聘。黑名单公布的停岗期分为3天、7天、15天、1个月和6个月共五类。凡列入“黑名单”两次的驾驶员，吊销其从业资格证；凡吊销从业资格证的驾驶员，3年内不得在城区从事出租车客运经营服务。

(陈根玲)

【抚州市开展客运车辆专项整治行动】 为深刻汲取宜凤高速“6·26”事故教训，进一步加强全市道路交通安全管理工作，7月2日，抚州市积极开展客运车辆专项整治行动，加大隐患排查力度，有效预防和减少安全事故，确保人民群众生命财产安全。

积极组织开展“查四违”(即查处客运车辆违反夜间停运规定、违反接驳运输规定、严重交通违法，违反动态监管制度的行为)、“打四非”(即：打击非法改装危化品运输车的行为，打击危化品生产、销售企业为不具备许可证的车辆非法灌装危化品的行为，打击不具备运输许可的车辆非法运输危化品的行为，打击不具备从业资格的人员非法驾驶、押运危化品运输车辆的行为)专项行动，并组织相关责任部门开展校车安全大检查。

把牢“三道”关口，开展安全大管控。把牢出站和上路关、动态监控关、路面检查关等重要关口，加强对客运、危险品运输企业、站场的安全检查，严格督促落实出车前的安全例检、登记检查和安全提醒制度，加大对超员、超速、超载和疲劳驾驶等严重违法行为的打击力度。

抓好“三个”行动，开展安全大整治。积极组织开展“清零、降速、警钟”等专项行动，针对一批违法行为次数多、事故发生频率高的驾驶人，进行一次拉网排查梳理，分析确定应当列入重点监管的对象，并明确责任单位和责任人，逐一落实见面、教育管理措施。充分利用车载GPS设备，严查超速违法行为，严防疲劳驾驶。

围绕“三个”主题，开展安全大教育。紧紧围绕讲道路礼仪树新风、文明交通服务、重点企业和重点驾驶人等主题,对各类车辆驾驶人开展宣教活动。通过LED广告屏等媒介滚动播放交通安全法规常识,设置一批宣传栏,张贴一批宣传画,发放一批宣传材料,营造浓厚的交通安全社会氛围。

(陈根玲)

【抚州率先实行驾培行业新服务模式】 从8月23日起,全市38家驾培学校在全省率先推行"按学时收费、先培训后收费"服务模式,覆盖率达100%,比全省规定的实行时间提前2年多。

传统驾培模式都是驾培机构一次性收取学员培训费,带来服务较差,教学质量不高的弊端。为提升驾培水平和服务质量,满足学员自主选择权和个性化、差异化培训需求,推动驾培行业转型升级,江西省出台了《江西省驾培行业推行"按学时收费、先培训后收费"服务模式实施方案》,规定到2016年底实行这种新服务模式的驾培机构覆盖率达50%,2017年达80%,2018年年底实现100%覆盖。抚州市有38家驾培学校,每年培训学员12万人,为更好服务驾驶学员,全市所有驾培机构实行这项新服务模式。

按学时收费指驾培机构根据教学大纲规定的培训内容和学时,以学时为单元组织教学和测算培训价格,学员按照合同约定的收费标准,向驾培机构支付相应的培训费用。先培训后收费指学员在每一次培训结束后,按照合同约定的收费标准,向驾培机构支付此次培训的费用。同时,该服务模式充分保障学员自主选择权,即学员可自主选择教练员,自主预约培训时间,自主选择缴费方式。驾培机构不仅要提供现金、银行卡、网上支付等多种支付方式,还要安装使用符合交通运输部要求的"先培训后收费"功能的计时培训系统,并根据需求合理配置用于新服务模式的教学车辆。

2016年全市38所驾校,1793辆教练车,2092名教练员,全年培训人员12万名,其中35所驾校实行"按学时收费、先培训后付费"服务功能新模式,覆盖率90%以上。

(陈根玲)

【上饶市完成驾培机构质量信誉考核】 2016年4月11日起,该市运管局邀请市驾协一道对全市64所驾培机构逐户进行2015年度质量信誉考核。经考核被评为AAA的驾培机构7家;评为AA的驾培机构38家;评为A的驾培机构19家。

(官兴炜)

【上饶市淘汰老旧黄标车】 截至2016年8月底,上饶市共淘汰黄标车及老旧车8605辆,完成率为100.06%,提前4个月完成全年度目标任务。2016年,上饶市淘汰黄标车及老旧车8600辆。接到任务后,交通部门与公安、环保、财政、商务部门联合发布《关于2016年淘汰黄标车和老旧机动车的通告》,通过网络、微信平台以及各类新闻媒体广泛宣传引导。环保部门严格机动车排气污染检测机构监督管理,严把机动车转入关、机动车排气污染检测关和环保检验合格标志核发关。市公安局交警支队通过将黄标车及老旧机动车按属地原则层层分解到各县(市、区)公安交警大队,明确责任人和时间节点,并及时向社会发布淘汰车辆名录,对名录内的车辆一律不予安全技术检验和核发机动车安全检验合格标志。市运管部门加强营运车辆年审环保把关,黄标车及老旧机动车一律不予核发《道路运输经营许可证》和办理道路运输证年度审验手续。市财政、商务部门做好大型营运黄标车及老旧机动车淘汰补贴工作。

(方子健)

【上饶运管局举办政府监管平台应用培训班】 3月22日上午,上饶运管局在三楼会议室举办道路运输车辆卫星定位系统政府监管平台应用培训班。市运管局主要业务科室、12个县(市、区)运管所分管平台监控的股室负责人和监控员参加此次培训。

市运管局特邀请北京北大千方科技有限公司工程师韩雅丽为大家授课,韩雅丽工程师通过对江西省道路运输车辆卫星定位系统政府监管平台各功能点的系统讲解,以及对各监控员日常工作问题的现场答疑,切实地解决运管所政府监管平台管理人员在日常工作中碰到的问题,极大地提高各运管所政府监管平台管理人员的业务水平,加强行业管理部门动态监管的责任意识。

(周　琼)

城市客运管理

【全省落实新能源公交车推广应用】 全省通过“驱动、促动、推动、带动”将新能源公交车推广应用工作落到实处。一是政策驱动。省财政厅、省工业和信息化委员会、省交通运输厅联合出台《江西省完善城市公交车成品油价格补助政策加快新能源汽车推广应用实施细则》，省运管局配合省交通运输厅起草《江西省新能源公交车推广应用考核实施细则》。二是目标促动。为完成中央下达中部省份的任务，江西明确各设区市、省直管试点县(市)2015—2019 年新增及更换的公交车中新能源公交车比重应分别达到 25%、35%、45%、55%和 65%的任务目标，否则将扣减一部分补贴资金。三是考核推动。两年一度的七厅委联合组织的落实优先发展城市公共交通情况的考核，以及省交通运输厅、省运管局的年度目标考核中，都将新能源公交车推广应用作为重要考核内容。四是示范带动。充分发挥南昌市国家“公交都市”示范城市的以点带面作用，在全省范围内选择赣州、上饶两市启动“公交城市”试点建设，重点围绕提升装备水平、提高服务质量及配套政策保障措施等方面提高城市公共交通的发展水平。省财政每年设立 2000 万元专项资金用于支持“公交城市”创建工作，每批试点城市创建周期为 3 年。

2015 年，全省新增新能源公交车 871 辆，其中纯电动公交车 207 辆，插电式混合动力公交车 664 辆，新增新能源公交车占全省新增公交车总数的比例为 65%，超比例完成中央下达江西省的推广任力。

（黄　云）

【省运管局深入开展镇村公交试点】 在 2015 年试点成功的基础上，2016 年省运管局继续组织开展镇村公交试点工作，经过专家组对各镇村公交申报试点县(市、区)的综合评价筛选，择优选取全省 2016 年度镇村公交发展试点的 5 个县(市)(贵溪市、德兴市、高安市、峡江县、芦溪县)。经过一年的试点建设期，省交通运输厅联合省财政厅对各试点县市进行了验收，其中贵溪市、德兴市、高安市、峡江县 4 个县(市)的基本实现预期目标并验收合格，芦溪县未通过验收。

（金紫骏）

【全省完成城市公交满意度调查】 根据江西省人民政府办公厅《关于转发省交通运输厅等七部门江西省优先发展城市公共交通考核办法的通知》要求，从 2012 年开始，每逢双数年，省优先发展城市公共交通工作七厅委联席会议成员单位对各设区市政府落实优先发展城市公共交通工作进行考核。2016 年是考核年份，省运管局委托江西省城市公共交通协会作为第三方独立机构开展城市公交满意度调查工作，历时 2 个多月现已全面完成，为七厅委考核工作提供了科学依据。通过现场随机问卷、拦截式、上门式等多种方式对全省 22968 位乘客随机调查，经测算，2015 年全省各设区市公交满意度综合得分为 76.55 分，其中抚州市得分最高，为 82.53 分。

（黄　云）

【国家四部委检查组到江西省检查城市轨道交通安全】 8 月 30—31 日，由交通运输部公安局副局长田卫军带队，交通运输部、公安部、住房城乡建设部、国家安全监管总局工作人员及轨道交通行业专家组成的第六检查组一行 5 人，对江西省南昌市轨道交通安全生产及运营情况进行督导检查。

检查组一行先后听取南昌市交通运输局、市地铁公安分局、市轨道交通集团安全生产工作汇报，查验相关文件资料，现场查看南昌地铁控制中心、1 号线地铁大厦站、秋水广场站、八一广场站等重点场站，对南昌轨道交通规划建设、消防设施设备、企业安全主体责任落实、应急救援和演练等方面的薄弱环节、潜在隐患逐一进行排查，并与地铁司机、值班站长、调度员、检修员等一线人员进行交流。检查组对南昌市轨道交通建设、运营、管理等方面的工作给予充分肯定。检查组指出，南昌市轨道交通建设领导重视、发展迅速。过硬的队伍素质，标准化、精细化、信息化的管理为运营安全提供有力保障。对如何进一步加强轨道交通运营安全管理工作，检查组还提出具体指导性的建议。对检查组提出的意见建议,省市相关部门表示,将深入研究、改进、落实,确保南昌市轨道交通营运安全。

南昌轨道交通行业将围绕“以人为本、人便于行”的发展要求,进一步完善轨道线网布局、强化基础设施维护管理、落实企业安全生产主体责任、深化安全隐患排查处置工作、加强治安管理、提升从业人员素质,推动城市轨道交通做优做强。

(黄　云)

【省运管局召开全省深化出租汽车行业改革推进会】 为贯彻落实交通运输部第二调研组于10月13日在武汉市召开的座谈会精神,10月18日,根据省交通运输厅的要求,省运管局在南昌市召开全省深化出租汽车行业改革工作推进会,专门听取各设区市和省直管县出租汽车行业改革工作进展情况汇报,对全省出租汽车行业改革的下一阶段工作提出明确的要求。

(黄　云)

【江西各地推进出租汽车行业改革】 自全省出租汽车行业改革实施意见出台后,全省各级运管部门紧锣密鼓地抓好改革政策落地工作,因地制宜研究制定本地的改革实施细则,截至11月25日,8个设区市的改革文件上报至当地市政府,其中南昌市于11月23日发布了《南昌市关于深化改革推进出租汽车行业健康发展的实施意见》《南昌市网络预约出租汽车经营服务管理实施细则》和《南昌市关于规范私人小客车合乘出行的实施意见》三个征求意见稿,上饶市于9月份出台中心城区巡游车改革方案并实施。

(黄　云)

【南昌市稳步推进出租车行业改革】 国务院出台出租车改革文件后,该市立即启动相关工作,分步骤开展全市深化出租汽车行业改革文件的起草工作。多次召开相关部门、专家、企业、驾驶员四个层面的会议。经过反复讨论并征集意见,同时,借鉴其他省会城市的意见,提出全市出租车改革三个文件的征求意见稿,并经市政府常务会审议通过,对外公开征求意见。通过为期15天的征集意见,共收集到建议意见3357条,其中提出具体修改意见和建议2931条,对收集的意见进行梳理分析,并积极做好政策风险评估和送审稿的修订工作。

(南昌市交通运输局)

【景德镇擦亮城市名片】 10月以来,景德镇市交通运输局多部门联动开展“擦亮城市名片、靓化流动风景”专项行动,同时景德镇市城市客运管理办公室在出租汽车行业组织中开展“迎接瓷博会”优质服务竞赛活动,着力提升全市出租汽车形象。

为迎接即将到来的瓷博盛会,让四方宾朋感受瓷都文化,该局以提升出租汽车服务质量、美化出租汽车车容车貌、安全文明行车为抓手,多措并举擦亮城市名片。该局严厉打击非法营运,组织精干力量查处非法营运,9月26日查处2辆“瓷都手驾”非法营运车辆,确保出租汽车行业稳定有序发展;强化出租汽车管理,开通“12328”全天候24小时投诉电话,同时成立出租汽车流动执法队,做到哪里有投诉哪里就有执法,以严管重罚督促出租汽车服务提升;积极开展行业教育,由出租汽车公司组织出租汽车驾驶员开展定期培训,培养他们的主人翁意识和职业荣誉感,把每一辆出租汽车都打造成为“内舒外美、温馨便捷”的城市名片。

(洪耀祖)

【省政府考核组考核景德镇市优先发展城市公共交通工作】 5月23日至24日,以省公安厅副厅长王跃辉为组长的省政府考核组一行6人,在景德镇市考核优先发展城市公共交通工作。市该政府副市长、公安局局长何军威等陪同考核。景德镇市优先发展城市公共交通领导小组成员单位负责人参加考核汇报会。

该市现有营运公交车辆376辆(其中空调车270辆),营运线路40条,公交线路总长度1218千米,2015年公交营运总里程1552万千米,客运量5568万人(次);所有线路上的公交车均是使用年限内的空调公交车,且2/3以上是使用时间不足3年的新车,公交车辆老旧破烂的状况得到明显改善,公交出行舒适度得到较大提高。在2015年江西省各设区市中心城区公交服务质量满意度调查得分排名中,景德镇市由位2014年的末位前移至第6位。

考核汇报会上，何军威汇报景德镇市自2014年以来推动城市公交优先发展中所做的工作和取得的成效。

王跃辉对景德镇市优先发展城市公共交通的成效给予充分肯定，认为公交基础设施变化较大，公交服务水平实现较大提升，尤其是集公交指挥调度、交警巡逻执勤、出租汽车停泊、城市管理监督等四项功能于一体的公交调度站建设成为发展的亮点，体现了各级党委、政府对优先发展城市公共交通工作的重视。

在景德镇期间，王跃辉等省政府考核组成员先后实地察看了中国陶瓷城、新枫园、恒大名都3座公交综合调度站，豪德贸易广场智能公交候车亭，新风路、曙光路沿线港湾式公交停靠站，里村公交停车场等公交基础设施，与公交公司干部职工座谈讨论，还以乘客身份乘坐11路公交车，检查公交车辆运行及驾驶员服务情况。

（涂　强）

【景德镇公共交通公司开展“告别陋习树形象”专项整治活动】 8月26日，景德镇公共交通有限公司启动为期4个月的“告别陋习树形象”专项整治活动，旨在有效整治公交车营运中驾驶员接打电话、抽烟、与他人闲聊、着装不规范等陋习，以及公交车不按规定进（出）站台、车厢卫生不整洁、班次运行准点率不高等服务不规范现象，进一步完善服务体系，规范服务行为，让“人人遵章、个个守纪”成为每个员工的自觉行动，创建一批优良乘车环境、优良乘车秩序、优质车厢服务的公交线路（班组）和文明优质服务标兵，塑造瓷都公交新形象，为出席“瓷博会”的中外来宾提供优质公交服务，为景市创建“国家五城”增彩添色。

为确保此次专项整治活动取得明显效果、公交服务水平明显提高、社会对公交服务的满意度明显提升，该公司把专项整治活动与创建优秀公交线路、培树服务品牌、开展职工培训等紧密结合起来。创建优秀公交线路，就是切实把车辆设备、车容车貌、运营服务、运营安全作为创建的主要内容，把硬件建设与软件建设结合起来，逐车逐线抓好规范整治，力争打造具有示范性的公交服务品牌线路，使专项整治活动落到实处，引领公交事业发展；培树服务品牌，就是进一步从着装、语言、业务、技能、车容、车貌等多方面细化服务标准，推行服务规范化、特色化、人性化、标准化，树立服务品牌，大张旗鼓地开展树典型、树劳模、树标兵活动。

为丰富专项整治活动载体，该公司以创建市级文明窗口和省级文明示范线路为目标，围绕“互帮互学、比学赶超”为内容开展“八比八看”竞赛。

（涂　强）

【鹰潭市城区交管所加强高铁北站出租车管理】 鹰潭市高铁北站营运以来，鹰潭市运管处多次接到来自高铁北站的旅客投诉，投诉多以拒载、拼客、不打表乱收费为主，驾驶员挑肥拣瘦、拒近带远，客观上形成了“打车难”。针对上述情况鹰潭市城区交运管所向高铁北站派驻了执法人员，专门负责出租车的管理，加强运营秩序的监管力度，有效遏制上述违规违章行为，出租车运营秩序明显好转。一是加强场地管理。设置了“S”形待客区停车场，一头进，一头出，流水发车，避免驾驶员的无序竞争行为。二是实施视频监控。在待客区设置枪机探头对上客车辆实施固定监拍，场地则设置球形探头长距离动态监拍，形成对待客区的全天候监控，对违规驾驶员起到极大的心理威慑。三是设置待客区、下客区和投诉提示牌。四是加强现场管理和投诉处理。执法人员每天不定时对待客区进行巡查监管，发现问题及时纠正，对投诉及时处理。

（刘　琨）

【九江公交获省安全生产标准化二级达标企业】 11月8日，九江市公交集团公司通过了江西省安全标准化达标考评组的综合考核，荣获省安全生产标准化二级达标企业。

（九江市公交集团公司）

【九江公交16路被评为2016江西省“优秀公交线路”】 12月9日，九江公交16路被评为2016年全省“优秀公交线路”。

（九江市公交集团公司）

【九江公交配合公车改革调整延伸多条公交线路】 3月起，为配合公车改革和市民服务中心搬迁，九江公交新增线路1条（公交55路线），调整和延伸公交线路12条，具体包括公交30路、105

路、6 路、16 路、35 路、19 路、2 路、7 路、36 路、21 路、23 路、55 路、53 路。

（九江市公交集团公司）

【九江市公交集团公司“公交出行”APP（手机版）正式上线运行】 该款服务于市民的公交查询APP，其将智能手机用户、公交车、移动互联网理念紧密融合于一体。市民们就可以随时随地定位搜索附近的公交站点，查看公交到站情况，查询所关注的公交车辆实时位置信息、预计到达指定车站的时间，还可以设置公交到站提醒。具备 4 大功能特色：①定制线路：定制您的专属路线，方便快捷更简单。②到站提醒：闹铃响起再淡定出门。③实时公交：随时随地查看公交车辆信息，掌握车辆实时动态。④换乘查询：白/夜班车换乘查询，换乘界面直接查看公交实时信息。

（九江市公交集团公司）

【九江市网约车管理办法出台】 该市《网络预约出租汽车经营服务管理暂行办法》出台。从 11 月 1 日起，网约车将驶入合法化轨道。九江市区网约车平台主要有滴滴、优步等，接单运营的车辆达到 2000 多辆，网约车管理办法充分考虑市场需求，赋予网约车行业合法的身份地位，营造更加公平的法制化竞争环境，对于促进出租车与网约车的融合发展具有重要意义，但私家车要转化为“网约车”，需要经过申请、审核等必要程序，并取得《网络预约出租汽车运输证》才能转化为合规经营车辆。

按照相关规定，驾驶员必须无交通肇事犯罪、危险驾驶犯罪记录，无吸毒记录，无饮酒后驾驶记录，最近连续 3 个记分周期内没有记满 12 分记录，无暴力犯罪记录等，取得《网络预约出租汽车驾驶员证》才可与网约车平台签订多种形式的劳动合同或者协议。

（九江市城市客运管理处）

【九江市公交集团公司着力提升公交服务】 市公交集团公司坚持以百姓满意为服务的标准，注重听民声、知民情、解民忧，自 5 月份以来对多条公交线路延长营运时间、加密公交班次，受到沿线市民的好评。

通过公交服务热线、来信来访、网络、媒体、效能监督员及人大代表建议和政协委员提案等渠道，全方位倾听和收集社会各界对公交的服务意见，并进行汇总和梳理，了解群众的出行需求，有针对性地制定措施，不断完善公交服务。

针对乘客关注的热点，在充分调研论证的基础上，改进线路服务，最大限度满足市民出行需求。从 5 月 1 日开始，第 3 营运公司取消 16 路车班内加气，每日增加营运趟次 7 至 8 趟，提高了运营效率。自 5 月 10 日起，第 5 营运公司将 18 路晚班收班时间延长 2 小时至 22 点，班次间隔由 22 分钟缩短至 15 分钟；将 53 路车由原来的 2 辆车增加到 4 辆车，每日增加 8 趟次。第四营运公司将从 6 月 1 日开始，将 102 路动力由 10 台车增加到 11 台，加密高峰时段的班次。

从 1 月份起，集团公司每月举办 1 期驾驶员职业道德教育和职业技能培训；信息稽查中心稽查组，每天通过查看公交智能调度实时监控、调检车载监控录像、上线路现场稽查等方式切实加大稽查覆盖面，加密稽查频次，对公交服务陋习和交通违法行为进行重点整治。据统计，2016 年与上年同期相比，公交服务投诉起数和服务违规起数分别下降了 12% 和 11%。

（任芳棋　万慧贤）

【九江市开展全市运政执法行政处罚案卷大检查】 9 月，九江市运管局组织开展全市运政执法行政处罚案卷大检查，市运管局从稽查支队和星子分局各抽调一名工作人员成立检查组，于 9 月 19 日至 27 日在全市对 16 个运管分局（所、支队、城客处）进行了道路运输行政执法案卷检查，使运政执法人员的执法水平进一步提高。

（朱　团）

【九江长途汽车站“无票”乘车方便旅客】 旅客只需通过智能手机进入九江长途汽车站微信公众号，在购票界面按操作流程购票成功后，便会收到提示短信，点开短信内的条码链接，就能获得所购车票的条码和编号。乘车时，只要在检票口出示该条码就能轻松乘车，再也不用到售票窗口忍受排队之苦。

需要纸质车票报销的旅客怎么办呢？购票成功后，手机在收到车票条码短信的同时，还会收到交易订单号，旅客凭订单号及本人手机号码，在发车前到车站的自助取票机取票即可。但需要注意的是,一旦取出纸质车票后,短信提供的乘车条码将无效,必须用纸质车票才能乘车。此外,九江长途汽车站仅限于全价票可在网上购买,军残票、儿童票等优惠票还是要到车站窗口购买的。

(朱晓明)

【新余市交通运输综合行政执法支队整治高铁火车站出租车营运秩序】 5月中旬以来,新余市交通运输综合行政执法支队采取多项措施,严厉治理出租汽车不排队、拒载、议价、拼客、不打表计程等违规经营行为。为此,该支队一是派驻执法人员长期值守,每天从上午8时到晚上22:30时驻守岗位,强化日常监管,加大对违规出租车辆查处力度;二是加强出租车营运秩序的整治,对出租汽车驾驶员拒载、拼客、不使用计价器或者议价收费等违规经营行为,一律严管重罚;三是呼吁广大市民对出租车进行监督,如遇到出租车拒载、议价、拼客、不打表计程等违规经营行为,可拨打市交通运输服务监督热线"12328"进行投诉。通过近20天的整治,共查处违规经营行为32起,促进了高铁火车站出租车运营市场规范有序。

(廖兵俊)

【新余市交通运输综合行政执法支队开展出租车整治行动】 自6月27日开始,新余市交通运输综合行政执法支队在新余高铁北站开展了为期一周的出租车专项治理工作,对出租车的车容、车貌、车内卫生及出租车驾驶员的文明、守信经营等方面开展重点治理。整治第一天,共发出整治通知书16份,对广大出租车驾驶员进行宣传和教育,为该市暑运工作奠定良好的基础。

(钟 磊)

【新余市开展出租车公交车专项整治活动】 7月12日,新余市交通运输局、市文明办联合开展出租车、公交车专项整治活动。该活动主要是对出租车不打表、不出具票据、乱加塞;车容车貌差;不系安全带、随意停车上下客;开车接打电话、说脏话等进行整治。到火车站、汽车站等车流量大的地方随机检查,发现尽管大部分出租车驾驶员行车过程中比较规范,但仍有不少出租车驾驶员存在不按规定线路行驶、随意停靠、随意上下客、行车中接打手机等违规行为。公交车也存在占道行驶、驾驶人员态度不好和不文明等问题。

"一定要文明用语,不能抽烟,不能闯红灯,不能加塞车。"专项整治小组工作人员对存在问题的司机进行严格教育。接下来,将以强化宣传教育、源头管理、现场稽查、处罚手段、行业监管为内容,落实长效机制,全力维护全市出租车、公交车运输市场秩序,提升全市文明形象。

(邓清华)

【新余市开展对高铁北站暑期出租车营运秩序专项整治行动】 开学前夕,新余市交通运输综合行政执法支队在新余北站开展为期一周的出租车营运秩序专项整治行动,对出租车各项安全标准、车容车貌及服务态度进行专项检查。该支队执法人员克服暑期高温,24小时全天候轮班坚守在执法一线,通过路上巡查、定点检查、不定时抽查和有诉必查等方式,加大对出租车运营秩序专项检查力度。通过一周的整治,共查处违规经营12起,发出整改通知书21份,责令出租司机退还违规收取乘客车费150余元。

(周春根 周滨瀚)

【新余市公交公司开通麻纺博览会公交专线】 为满足广大市民前往中国(江西)麻纺博览会现场参观游览,10月28至30日,新余公交免费开通2条城区至麻纺博览会(抱石创意园)公交专线车,投放12台新能源公交车辆。每条专线车起点站首班发车时间7:30,终点站末班发车时间17:00,发车间隔时间30分钟,班次趟次根据客流量增减调整。

(邓清华)

【新余市完成出租车年审】 9月份新余市交通运输窗口组织开展市属出租车集体审验工作。通过对出租车车容外观、车辆制动、灯光、侧滑等检测数据,车辆平时保养记录、车辆GPS运行情况及车辆保险等逐项审核,市属共531辆出租车除1辆因交通事故等原因未能按时年审外,其他全部符合年审要求,审验合格率100%,年审工作顺利完成,保障了市民的出行安全要求。

(廖继伟 章伟鑫)

【赣州市出租汽车行业改革平稳】 赣州市道路运输管理局紧锣密鼓地抓好改革政策落地工作,因地制宜、因城施策,积极研究制定全市的改革实施意见、网约车管理实施细则和私人小客车合乘出行管理规定。同时,大力规范整治全市出租汽车行业运营收费,适时调整出租车运价,切实做好维护出租汽车行业稳定工作,确保全市出租汽车行业改革平稳有序地推进。

(赣州市运管局)

【赣州市提升城市公共交通服务能力】 该市大力实施公交优先发展战略,积极开展"公交城市"创建工作,中心城区新增公交线路12条、优化线路10条、加密线路15条,全市新增及更新公交车173台,其中新能源公交车88辆,新能源车新增及更新比重达51%。城市公交配套设施逐渐完善,建成6个公交场站和60座公交候车亭。该市作为省运管局向交通运输部推选的三个城市之一,城市"一卡通"获得与交通运输部全国交通"一卡通"互联互通商用密码,具备与其他交通运输部密钥使用城市互联互通的基础,赣州中心城区公交的互联互通技术已对接安装到位即将投入使用,部分县市的公交车也已安装了车载刷卡设备。赣州市连续三度荣获全省优先发展城市公共交通考核第二名,成功列为江西省"公交城市"创建试点城市。

(赣州市运管局)

【宜春公交开展"安全乘车,快乐同行"志愿者活动】 市公交总公司于9月21日至23日组织开展"安全乘车,快乐同行"志愿者活动。9月21日上午9点,公交安全宣讲员来到宜春二小,赠送"遵守交通秩序,文明安全乘车"宣传海报,给全校学生上了一堂生动的公交安全课,受到老师、学生和家长的热烈欢迎。课堂上,安全宣讲员向小学生们详细讲解候车、乘车、下车的安全常识。活动结束后,安全宣讲员们赶往五小、四中校门前的白鸽楼站点,与市公交总公司的其余6名志愿者一起现场维护车辆进站、候车和上车秩序,指挥学生们排队有序上车。志愿者们虽然满头大汗,却一直在耐心提醒大家,时刻注意安全。

(葛　曦)

【宜春市运管局开展出租车专项整治活动】 该局稽查支队于4月开展出租车长效专项整治行动,整治出租车各种违章经营行为。①严厉打击出租汽车不按计价器收费,服务态度不佳,语言不文明等行为;②严厉打击出租汽车异地营运、固定线路拼客经营等违法违章行为;③审查出租汽车驾驶员从业资格,清理无从业资格人员;④整治车容车貌,规范服务行为。在整治行动中,支队采取灵活多变的稽查方式,对每个出租车司机派发《致出租车司机的一封信》,对政策法规进行宣贯,对事情性质要害进行讲解,对出租车进行地毯式的排查,绝不放过一辆违章车辆,一旦发现违章行为,一律依据条例从重处罚,对于多次违章车辆,组织2—7天的学习。整治初期,支队共出动执法人力360余人次,累计检查车辆1000余辆次,发现违章车辆26辆次,参加学习的驾驶员13余人。通过开展出租汽车违法违章经营的专项整治工作,有效遏制出租汽车违法违章行为。

(唐　羽)

【宜春市公交实行车长责任制】 宜春市公交公司从2015年5月起在所有公交车和出租车上陆续实行车长责任制,截止2016年末,累计为380辆公交车、100辆出租车安装了车长牌,取得了较好效果,得到市民的广泛好评。一是增强驾驶员责任感,提升服务质量。未实行车长责任制以前,大家干好干坏一个样,经常出现推诿扯皮现象,实行车长责任制后,身为车长的驾驶员会自觉加强车况的维护保养.爱护环境卫生,规范文明用语,提升车厢整体服务质量。二是减少车辆停班误班,降低投诉率。据统计,自实行车长责任制以来,停班误班减少近一半,出行方便、服务质量提高,市民满意度自然提高,投诉率稳步下降。三是方便市民监督,提高窗口形象。所有车辆统一在指定位置安装车长牌,公布服务热线号码与监督电话号码,接受广大市民监督,相关工作人员接到咨询、投诉电话做到3个工作日内处理回复完毕,做到当天处理完毕。

(晏慧锋)

【宜春市交通运输局推进出租汽车行业改革】 一是加强领导,建立机制。督促市运管局于8月15日召开全市出租汽车行业深化改革发展相关文件宣贯培训会,成立深化出租汽车行业改革工作领导小组,建立联合工作机制,综合协调、统筹推进全市深化出租汽车行业改革工作。二是强化培训,吃透精神。通过召开全市交通运输系统深化改革宣贯培训会,多次派人参加省深化行业改革专题培训等形式,认真领会上级有关政策的精神实质,培养政策"明白人"。并邀请有关专家对宜春市的文件起草工作进行指导。在省厅的指导下,准确把握改革的时间节点和方向。三是摸底调查,出台传统出租车改革方案。通过对宜春中心城区现有四家出租汽车公司的调查摸底,针对经营权已到期的3家公司404辆车辆改革事宜,多次召集出租车公司相关人员座谈,对全市中心城区出租汽车行业基本数据全面进行梳理,为改革各项政策的起草奠定坚实基础。四是广泛座谈,共同研判。多次组织出租汽车改革编写小组成员开会研究出租车改革两个文件精神内容,同时邀请网约平台公司、出租汽车驾驶员代表参加座谈会,对全市出租汽车行业改革态势进行科学研判;并先后3次组织相关人员进行会审和修改完善。10月20日,在市道路运输管理局召开赣西片区宜春、萍乡、新余三家运管座谈会,就宜春中心城区《网络预约车经营服务管理实施细则》《私人小客车合乘管理规定》两个征求意见稿修订进行了集中审议,并就网络预约车新政策的一些硬性标准和条件基本上达成一致意见;两个征求意见稿已报市政府审议。

（李　明）

【宜春市中心城区加强出租汽车客运信访隐患排查】 2016年,除100多名网约车司机到信访局上访咨询地方出台网约车政策有关事宜之外,宜春市中心城区交通运输行业信访隐患情况主要集中在出租汽车客运方面。市中心城区出租车司机先后5次到市信访局上访,并欲赴南昌群访,最少人数15人,最多达70余人,车辆从3辆到60多辆不等。出租车司机上访的主要诉求是:中心城区电动三(四)轮车为主的非法营运愈演愈烈,严重侵害出租车的合法权益,直接影响出租车司机的经济收入。强烈要求政府从源头开始加强管理,工商部门对违法违规销售电动三(四)轮车的销售商要进行查处;公安交警部门要严禁无牌无证非法改装车辆上路行驶;交通运管部门要对非法营运车辆依法进行打击;城管部门要对乱停乱放的行为加大管理力度。为确保社会和谐稳定,维护市场秩序,市交通运输局结合实际工作,起草了整治方案报市政府。并在"打非治违"工作取得积极成效,查处非法营运面包车243辆、非法载客电动二(四)轮车257辆、摩托车211辆。但受执法职能的限制等因素影响,光靠一个单位很难从根本上解决问题。鉴于上述实际情况,参与上访的出租车司机强烈要求公安交警、城管认真履责,同时还要求工商、民政、残联等部门领导也要参加接访,给他们一个答复和综合执法的具体期限。每次上访的出租车司机都说,如果政府在近期还不拿出果断措施,不彻底解决电动三四轮车非法营运的问题,他们随时会到省政府上访。11月13日下午,通过各种渠道得知,不少出租汽车司机想利用省党代会召开期间到省政府进行上访的信息后,市政府领导高度重视,当日下午至晚上12点,层层召开相关紧急工作会议,全面部署维稳工作,特别是对平时比较活跃的5个出租汽车司机采取"一对一"的方式面对面会谈,并上门动员家属和亲人反复帮助做工作。14日早上7:00,市交通运输局对去南昌的各道口进行蹲点把守,劝阻。上午9:00,张家良副市长组织交通(运管)、交警、城管、工商等相关部门一起接访中心城区共计50多名出租汽车司机。通过接访,事态已暂时平息。

（李　明）

【上饶市交通运输局召开出租车改革座谈会】 1月5日下午,上饶市交通运输局召集市出租车行业协会理事、出租车车主、驾驶员,召开推动上饶市出租车行业改革征求意见座谈会,以面对面的沟通方式,听取并搜集参会人员对出租车改革方向的意见和看法,为出租车改革下步工作决策提供依据。市交通运输局吴步高局长、市运管局祝红星局长、市城客处相关人员、市交通运输局法律顾问、市出租车行业协会部分理事、出租车车主、驾驶员共20余人参加座谈。

会议重点围绕8家现有出租车管理公司与出租车主、驾驶员的债权债务清理、和顺公司经营管理模式探讨、现有511辆出租车提前接管、双考核措施推进等内容展开座谈,深入分析出租车行业发展前景和面临的复杂情况,进一步明确上饶市中心城区出租车行业改革的思路和重点举措。

(韩晓艺)

【上饶市实行“一对一”联络制度】 随着上饶市深化出租车整治行动纵深推进,3月26日,市交通运输局在全力保持稽查执法高压态势的同时实行“一对一”联络制度,由客管处47名工作人员采取“一对一”的方式,与出租车驾驶员保持密切联系,进行深入沟通,促使出租车驾驶员转变观念,提高认识,增强守法依规经营意识,切实提升服务品质。

根据“一对一”联络制度要求,客管处工作人员每人负责对接10台以上出租车,20名以上驾驶员,每周通话一次,每月随访一次,做到“人人有责、无缝对接”。联系内容包括宣传政策法规、规范从业行为、督促违规整改、了解经营状况、协调解决生产生活困难、检查车内外卫生、登记并反馈驾驶员反映的其他情况以及派发《致出租车司机朋友的一封信》,并要求出租车驾驶员签订一份向社会公开的服务承诺书,自觉规范自身言行。通过这种“一对一”的联系方式,客管处人员在与出租车驾驶员加强工作联系的同时,切实摸排情况,解决驾驶员实际困难,增进彼此感情,促进帮扶工作。此外,客管处还购买1100个印有“争做文明使者”温馨提示的水杯,印制《致出租车驾驶员的一封信》1100份,发放给每名出租车驾驶员。

(韩晓艺)

【上饶市中心城区暗查违规出租车】 3月29日召开中心城区深化出租车整治动员大会后,市交通运输局稽查执法人员走上街头,从信州区、广丰区、上饶县各抽调运政人员5人组成5个暗访小组,对中心城区出租车服务质量进行暗访。暗访人员穿便装,作为普通乘客在中心城区人流较集中的主要街道、火车站、汽车站、酒店、行政机关等地段随意乘坐出租车,对所乘坐出租车的车容车貌,出租车驾驶员的服务态度,拒载、绕道、违规拼客、不打表、甩客、不按计价器收费等行为进行监督。

3月30日至31日,5个暗访小组共乘坐出租车83辆次。通过暗访发现,经过前阶段整治,出租车运营秩序已有好转,但车容车貌及卫生状况普遍较差,拒载、拼客等行为仍然存在。暗访发现有39辆出租车存在违规现象。

(何　婷)

【上饶市推广驾考新模式】 上饶市按照省运管局制定的《江西省驾增行业推行“按学时收费、先培训后付费”服务模式实施方案》(以下简称方案),逐步推广按学时收费、先培训后付费的驾考新模式。

上饶市总共有76所驾校,其中一级驾校7家,二级驾校23家。按照方案规定,到2016年底,全省推行“按学时收费、先培训后付费”服务模式的驾培机构覆盖率将达到50%,上饶市2016年9月底前实现该服务模式100%全覆盖。

上饶市研发与该模式配套的预约培训收费系统,并开展演示活动。

(官兴炜)

路政管理

【概况】 2016年,省路政总队围绕“保护路产、维护路权、保障高速公路安全畅通”中心工作,大力开展路域环境整治、清障施救监管、超限超载治理工作,完成各项目标任务。

1.提升依法行政能力。召开了路政执法工作专题会议,分别从责任担当、严明纪律、规范程序、证据采集、监督检查等方面提出具体工作要求。制定《套印执法文书使用管理办法》,按照下管一级、分级负责原则,加强对执法文书的领用、回收和稽核。各支队、大队、治超站根据省交通运输厅自由裁量权要求严格实施行政处罚,坚持依法依规文明执法,全年未出现路政违规执法和公路“三乱”(乱设卡、乱收费、乱罚款)现象,较好地行使路政管理权和行政执法权。路产路权维护有力。一是路产案件赔偿到位,全年共发生路产案件5414起,赔偿率达98.51%。二是违法涉路设施整治完成既定目标。有效遏制各类侵害高速公路路产路权违法行为,基本完成20%的整治任务。三是行政许可不断规范。全年共完成行政许可284件,其中超限运输许可172件,占用利用公路用地许可112件。高标准落实省政府、省厅“整治违法广告、管好合法广告”的工作要求,通过高位推动、群策群力，高质高效地完成高速公路沿线广告整治任务。拆除违法广告牌2655块，基本完成拆除任务。对予以保留的191块合法广告牌，已全部整修到位。改变高速公路沿线广告簇拥林立、杂乱无序、破旧不堪的乱象，改观了高速公路行车环境。根据交通运输部《超限运输车辆行驶公路管理规定》要求，严格执行公路货运车辆超限超载新的认定标准，保持治超高压态势。认真落实交通运输部等五部委治超精神，加强对高速公路入口的检测管理，有效遏制违法超限超载车辆由赣浙省界进入江西省高速公路。落实高速路政与高速交警治超联合执法机制。办理不可解体外廓尺寸超限运输审批167台，处罚持假证车辆2台。梨园治超站全年共查处超限超载车辆2547辆，卸载货物吨位9531.6吨。

2.护路保畅成效明显。一是建立安全生产标准化管理措施。组织编发《高速公路路政管理安全生产与应急工作实用手册》。二是施行源头预防全覆盖督查制度。制定《江西省公路路政管理总队安全生产检查督查制度》，全年共开展了6次全方位安全生产督查工作，保障了各重要时段、关键节点的综治安全稳定。三是开展应急处置规范化实战演练。召开了全省高速公路交通事故救援典型案例剖析会。承办省交通运输厅2016年江西高速公路危化品运输交通事故应急施救处置演练。严格清障施救监管。一是严格执行三级收费审核制度，按照分级负责、逐级审核要求，共对18起清障费用超过3万元的收费行为进行审核把关，未出现有效投诉。二是全面开展履约检查工作，对全省高速清障施救承揽合同、履约保证金、人员设备等情况进行梳理统计，对不合格企业提出限时整改要求。三是协助配合省厅启动清障施救管理体制改革。

坚持路面巡查。一是开展路面巡查工作，全年路面巡查里程共计约679万千米。二是路阻信息报送整体推进。制定高速公路路阻信息报送制度，规范报送程序，实施每周通报制。在交通部路况信息系统中报送信息438条，省厅应急中心审核后发布287条。三是重点保畅圆满完成。全年共完成部队行动交通保障任务5次，协助保证G20杭州峰会、第四届世界绿色发展投资贸易博览会的安全畅通，获得全省“2016年度部队行动交通保障工作先进单位”称号。

3.稳固事业发展根基。2016年，21个大队通过达标验收。公开招录78名全日制大学生。推进新余一大队、赣州二大队、吉安三大队业务用房建设。落实新建高速公路路政用房的规划及施工现场监管，新开通高速公路项目办建成并交付路政大队用房8处，规划路政用房2处。编制近3年全省92处路政用房维修计划。

（吴敏杰）

【江西公路系统做好抗冰冻保畅通工作】 1月21日上午，九江路政大队执法人员顶着严寒、冒着风雪加强路面巡查，尽职尽责，对沿线重点路段加强安全管理和巡查力度，巡查到大机线0千米路段，发现该路段正在道路施工，弯道下坡，存在一定的安全隐患，立即设置安全墩，反光警示标牌，杜绝安全隐患，并协同养护公司铲除黄老门大桥路面积雪，防止积雪增厚、结冰影响交通行车安全。1月21日，景德镇市公路局领导分片包线指挥抗灾保畅工作，科学调度人员、机械、物资，调集160吨工业盐和11000条麻布应对冰雪天气，第一时间赶赴现场进行除雪保畅。数百名公路养护人员冒着严寒开展融雪除冰作业，对重点路段、桥梁、急弯、陡坡等进行铺防滑料、撒盐、清扫积雪、铲除冰块，护送过往车辆安全通行。1月21日晚，南昌市突降大雪，湾里公路分局管养线路大部分路面积雪结冰，严重影响道路交通行车安全。面对紧急情况，该局立即启动应急预案，调动突击小分队、应急车辆、储备物资对结冰路段进行铺草垫撒盐融冰处理，同时，积极与当地政府及湾里区交警大队协调，并在各条公路设立醒目温馨提示标志牌，使过往车辆得到安全提示。该分局突击小分队与当地政府各部门共计400余人冒着严寒，配合铲雪车、装载机不停地铲雪、铺草垫撒盐融雪，保障路面畅通。清理省店线将近7千米路面积雪，湾里区至梅岭省店线无道路中断情况。21日深夜。受冷空气影响，鹅毛大雪如期而来，武宁公路分局全体干部职工早已严阵以待，分成8个作业组由重点区域重点路段开始，从内向外打开作业面，全局120余名干部职工夹风带雪战斗在各条公路沿线。该分局辖区内所管养的240.911千米干线公路全面畅通，重点区域如陡坡、弯道、桥梁路面积雪全部清除完毕，并且安全标志牌、温馨提示牌摆放到位。22日凌晨7点，靖安公路分局及时启动应急抢险预案,4名领导干部分别带领全分局110多名干部职工按预先规划的线路奔赴各自岗位分兵把守,展开抗冰抢险保畅通工作;在危险路段设置安全警示牌,摆放安全帽,在急弯陡坡路段撒布防滑盐、防滑料等,对重点桥梁及时除雪铲冰,确保道路畅通。该分局已分别投入抢险机械车辆26台、布撒工业盐9吨、用去麻袋300条、摆放安全帽300余只,设置安全警示牌105块。保障全县170千米干线公路安全畅通。1月23—25日,井冈山道路结冰严重,井冈山公路分局及时启动《道路交通安全恶劣天气应急处置预案》,分局组织局机关工作人员、养路队职工和民工队伍300余人组成的冰雪清障队伍,顶着寒风,踏着冰雪,来到龙大线茨坪经黄洋界至茅坪路段铲冰除雪,并在路面洒工业盐,经过3天连续作战,确保该路段安全畅通。

(路　宣)

【南康公路分局发布《划定公路建筑控制区范围通告》】 为加强公路建设和管理,保障公路完好、安全和畅通,南康公路分局根据《中华人民共和国公路法》《公路安全保护条例》《江西省公路条例》和《江西省公路路政管理条例》等有关法律法规规定,以赣州市南康区人民政府的名义发布了《关于划定公路建筑控制区范围的通告》(以下简称通告)。该通告依法详细划定新建村镇、开发区、学校和货物集散地、大型商业网点、农贸市场等公共场所与公路建筑控制区边界外缘的距离标准,以及在公路建筑控制区内除公路防护、养护的需要外,禁止在公路建筑控制区范围内修建建筑物和地面构筑物,任何单位和个人不得在公路建设用地和建筑控制区范围内抢建、抢种,否则依法予以处理。该通告的发布,通过对沿线各个乡镇进行宣传,人民群众对公路法律法规有了更深一步的了解,并极大地减少公路控制区内违法搭建的行为,维护路产路权,确保公路的安全畅通及良好的路容路貌。

(胡志旭)

【新余市交通运输局开展市辖高速公路沿线广告整治】 在全市高速公路沿线及城区户外广告专项清理整治行动之际,8月23日,新余市交通运输局主要领导带领交通、高速路政相关领导对全市高速公路沿线广告整治情况进行督查,督查组一行沿着沪昆高速、赣粤高速、大广高速进行巡查,每到一处督导组都详细了解工作进展情况,同时对下一阶段工作进行部署,强调要确保按时间节点全力做好高速公路沿线广告设施清理整治工作,打造“畅、洁、安、美”通行环境。经初步调查摸底,该市辖区内高速公路沿线共有广告设施245块,产权属高速传媒公司经营管理单位45块,属高速交警91块,其他产权主体109块。截至8月23日已拆除各类广告设施19处,9月20日前全部完成拆除工作。

(周春根　廖兵俊)

【余江县交通运输局开展公路路面专项整治】 该局积极组织开展《中华人民共和国公路法》《公路安全保护条例》的宣传活动,加强对公路严重污染,占用公路路面的专项整治。开展治理货运车辆超限超载专项行动,自3月下旬开展治超治限行动以来,共检查车辆1346辆,查处违章车辆369辆,其中超限车辆264辆、改型车辆50辆、无道路运输证和从业资格证的营运车辆55辆,行政处罚45万元。

(余江县交通运输局)

【贵溪市开展治超联合执法及农村公路路政巡查执法】 从9月23日开始,由局路政执法大队联合交警、运管等部门对国省干线公路及通行城区主干公路的超限车辆上路执法检查,通过流动及固定点检查,共检测车辆460余台,查处50余台,出动执法人员100余次,切割非法改装车辆3辆,卸货300余吨,处罚近20万元,有力地打击超限超载的运输行为。按照省交通运输厅要求,流口治超站建设正按计划在组织实施,贵溪市政府已同意规划1公顷地用于治超站的建设,相关执法车辆正进行挂网招标工作。贵溪养护中心路政执法队伍对市养农村公路的货车及路产路权的检查没有放松,已罚没近9万元。发放公路宣传单200余份,并于年底之前开展几次针对农村公路上的超限运输、环境污染等公路的专项检查,对各类在公路两侧违法搭建,肆意超高超长运输导致公路两侧交通附属设施毁坏的违法行为进行巡查,加大打击力度。

(贵溪市交通运输局)

【安福县交通运输局维护路产路权】 该县开展超限运输和占道违章专项整治活动，制定了专项整治方案，出动宣传车20次，发放路政执法宣传单400余份，接受现场咨询40余人次。全年查处违章建筑600余平方米，清理路障40余起，整治水沟350余米，清理路面堆积物20余处，查处违章车辆600余辆，组织力量对高速公路连接线、安永线、安福至泰山等沿线影响交通安全的广告牌进行全面拆除，共拆除广告牌500余块。

（安福县交通运输局）

【上栗县交通运输局加强路政管理】 切实做好县辖区范围内500多千米农村公路的日常巡查工作，共上路巡查1200余人次，发现和处理各种违法涉路事件21起，切实维护该县公路路产路权。在“路政宣传月”以及“法制宣传日”等活动中，出动宣传车12台次，发放宣传单500余份，在主要路段悬挂宣传标语42幅，大力宣传公路法律法规、超限超载运输治理、公路行政许可服务和公路两侧违章建筑治理等政策。开展4次路政执法专项检查行动，加大对影响公路安全畅通违法行为的整治力度。

（萍乡市交通运输局）

【抚州市拆除高速公路沿线违法广告设施】 2016年，抚州市委、市政府把广告设施整治工作列入重要议事日程，成立专项整治领导小组，积极调度，周密部署。同时，明确各县（区）政府履行专项清理整治工作的主体责任，下达目标任务，组建专业队伍，完善应急预案，加快整治进度。对到期不能完成整治任务的县（区）主要领导和分管领导责令作深刻检查。广告专项清理整治工作还充分发挥当地政府和基层组织的作用，做好法规宣传、思想引导和解释沟通工作，争取社会各界和广告业主的理解和支持，确保不发生一起安全事故和信访事件。至9月，全市共拆除高速公路沿线（可视范围内）违法广告设施245块，占清理整治工作计划数的100.8%。

（陈根玲）

安全与应急管理

【概况】 全省交通运输系统广大干部职工牢固树立安全发展理念，强化红线意识和底线思维，坚持安全第一，以“平安交通”建设为主线，以防范遏制重特大事故为重点，狠抓责任落实、制度落地，深化督查检查、专项整治，注重安全教育，加强应急管理，着力提升本质安全水平，实现了“十三五”全省交通运输安全生产工作的良好开局。全省交通运输行业领域未发生重特大生产安全事故，较大事故和一般事故也得到有效防控。重点时段安全生产形势基本稳定，总体呈现“一个未发生、一降一平稳”态势：在建交通重点工程未发生生产安全亡人事故。在建交通重点工程生产安全事故死亡人数连续5年控制在5人以内。道路客运安全生产事故指标全面下降。发生道路客运事故8起，死亡11人，受伤20人。与2015年同期相比，事故起数、死亡人数、受伤人数分别下降57.89%、74.17%和63.83%。其中发生较大事故1起，与2015年同比下降66.67%。道路客运事故死亡人数连续5年控制在50人以内。水上交通安全形势持续平稳。共发生水上交通事故3起、死亡3人，水上交通事故死亡人数连续6年控制在5人以内。

1. 坚持居安思危，保持高压态势传导安全生产工作压力。认真汲取2015年“6·1”东方之星号客轮翻沉事件、天津港“8·12”瑞海公司危险品仓库特别重大火灾爆炸事故、2016年江西丰城发电厂“11·24”冷却塔施工平台坍塌特别重大事故、事件的教训，通过“四个抓手”，以高压态势层层传导安全生产工作压力，抓紧抓实安全生产工作。一是常念安全生产这本经。狠抓“党政同责、一岗双责”和落实企业安全生产主体责任这个重点，逢会必讲、逢文必念。各单位一把手切实履行法定安全生产职责,指导协调行业领域安全生产工作的开展;班子成员对分管范围内的安全生产工作切实履行领导责任。层层压紧责任,层层传导压力,有效推动了安全生产责任落实。同时,通过引导企业加强对"安全生产事故隐患实施指南"的运用,初步形成企业安全隐患和问题自查、自报、自改的管理模式,进一步强化了企业安全生产主体责任落实。

2. 春运、全国"两会"、节假日、汛期、G20杭州峰会、全国综治工作南昌会议、十八届六中全会等重点时段,省厅抽调精干力量,先后组成17个由厅领导带队,有关单位、部门专家参加的督察组,对全省交通运输各行业领域安全生产工作开展督促督察。汛期,厅主要领导、分管领导还多次带队对新干航电枢纽等地防汛工作进行明察暗访,并邀请省防汛抗旱总指挥部有关专家对抚河特大桥、干港特大桥等交通在建特大桥梁涉汛度汛工作进行督查指导,保障安全度汛措施到位。每一次的督导督察后,都对督察情况进行了通报,并对整改情况进行持续跟踪。2016年,仅省级交通运输管理部门组成督察组就有近百个,对全省交通运输安全生产工作形成了高压严管态势。

3. 打好日常监管持久战。全省各级交通运输管理部门上下联动,突出重点领域、重点环节、重点部位和顽疾杂症,先后开展了全省交通运输安全生产检查督查、安全生产检查"回头看"、安全生产大排查集中行动。据不完全统计,仅江西丰城发电厂事故发生后1个月内,运管部门就督查检查企业1119家,排查安全隐患517个;港航部门检查企业、设施、场所496处(家),排查安全隐患620个;公路部门排查出各类隐患501个;省交通质监局由局领导带队的3个督查组,对所有在建重点公路水运工程项目进行全面督查,下发抽查意见通知书16份;省高速集团9位党委委员分别带队的督察组深入基层督导检查。省厅也派出了4个督察组对各行业贯彻落实大检查工作的开展情况进行了明查暗访。对排查出的安全隐患,各地各部门分门别类、区别对待,能立即整改的及时整改予以消除;对一时难以整改到位的,按照"措施、资金、责任、时限和预案"五到位要求,制定了整改方案,积极跟踪督促整改。

4. 频出整治行动组合拳。2016年以来,水上交通领域先后开展了港口危化品安全管理百日专项整治、全省铁路桥梁桥区水域通航安全专项整治、三类重点船舶专项整治、鄱阳湖区联勤巡逻执法等行动,打击治理各类违法违规行为3712起。道路运输领域先后开展了客运和危险品运输车辆GPS上线率专项整治、包车客运安全专项整治、超速行驶行为联合整治等行动,打击治理各类违法违规行为13479起,将195名客货运输营运驾驶员列入"黑名单",淘汰2.85万辆营运黄标车和老旧车辆。公路水运工程领域开展了落实施工方案专项行动,加强了高速公路通车前交叉施工交通安全管控,强化了房建工程支架脚手架使用管理。高速路政部门巡查里程共计612万千米,发现治理隐患700余处。此外,对赣州、吉安2个设区市国省道公路工程建设质量安全开展联合督查。与有关部门联合开展公路治超,共查处超限超载货运车辆6.6万辆,卸载货物164万吨。

5. 编制印发《江西省交通运输安全应急"十三五"发展规划》。制定了《江西省交通运输防范遏制重特大事故工作方案》,对防范遏制重特大事故工作提出了明确的工作目标和重点工作要求。在2015年工作基础上,2016年完成了《江西省交通运输港口经营企业生产安全事故隐患排查分级实施指南》等7个分级实施指南的初稿编制。先后印发《加强交通运输突发事件信息报送》《强化值班》《加强事故信息报送统计》三个通知,完善落实值班和信息报告制度。2016年省厅共接报应急事件信息61起,得到有效处置。厅安委办共下发31份督办函,对日常监管和安全隐患整改工作跟踪督办。配合省安监局约谈了江西长运股份有限公司主要领导和班子成员。《江西省交通建设工程质量安全监督管理条例》已通过省人大一审,进入省人大二审准备阶段。

6. 稳步推进"平安交通"建设。先后印发《"平安交通"建设行动方案》、建设工作计划、"9+1"平安交通专项行动方案。开展创建"平安船舶"、"平安车站"专项活动。进一步完善"平安工地"考核评价标准,昌宁、昌樟、昌栗、萍洪4个项目"平安工程"冠名申请已通过交通运输部初步评审。全省交通运输企业实现标准化一级达标有15家,二级达标有117家,三级达标有1018家。

7. 加快提升基础设施安全保障。完成普通国省干线危桥改造63座,安全生命防护工程801千米。完成农村公路危桥改造632座,安保工程

1751千米。建成集“养护、应急、服务”三位一体的50个普通干线综合养护中心。基本完成渡口标准化建设任务，建设标准化渡口共计112道。秦井、秦赣视频监控达到平均6千米一个的建设要求。此外，全省危险品港口分布图基本绘制完成；道路运输企业成立了长途客运接驳联盟，开通接驳运输长途客运线路58条，备案接驳车辆为96辆。

8. 广泛开展“安全生产月”宣传活动。2016年省交通运输厅被省安委会评为全省安全生产月活动先进单位。强化安全技能教育。厅本级组织全省交通运输安全应急管理人员培训两期，计200多人次。编印《交通运输安全生产法规文件选编》《江西省交通运输应急管理手册》供各级交通运输管理部门司志参考借鉴。交通质监部门完善公路水运工程一线作业人员岗前安全培训视频教材和试题库，加强对工程企业安管人员的培训考核。全省各级交通运输部门也结合各单位实际组织形式多样的培训班，培训人员数万人次。11月30日省厅组织高速路政在都九高速华林枢纽举办了高速公路危化品运输车辆交通事故处置演练。各级交通运输部门也开展客运车辆火灾时疏散旅客、消防处置工作和液罐车危险化学品泄漏燃烧等应急演练。通过实操提高基层队伍的实战能力。

9. 年初省厅及时启动抗冰雪Ⅲ应急响应，各级交通运输部门全力以赴抗冰除雪，保障全省交通运输平稳有序。入汛以后，立足于防大汛、抗大灾，早准备、早部署、早落实，切实做到各项防汛措施落实到位。保障防汛抗洪部队入赣及返营快速免费通行总里程3800余千米。

（刘　晔）

【省交通运输厅迅速部署加强丰城电厂事故后安全生产】　江西丰城电厂事故发生以后，省交通运输厅认真贯彻落实习近平总书记、李克强总理等中央领导重要指示批示以及省委、省政府主要领导批示精神，深刻汲取事故教训，迅速部署加强近期交通运输安全生产工作。一是迅速转发相关文件，提出工作要求。将上级部门的决策部署及领导的批示指示精神迅速传达到交通运输系统各单位、各部门。并且结合交通运输系统实际，立即启动安全生产大检查。结合正在开展的安全生产检查“回头看”活动，按照“全覆盖、零容忍、严执法、重实效”的总要求，开展隐患大排查大整治。二是召开安全生产会议。于11月29日召开安全生产会议，集中传达学习中央领导及省委省政府主要负责人的批示及讲话精神，并对加强全省交通运输安全生产工作进行再部署、再强调。

（明长春）

【省交通运输厅做好1号台风“尼伯特”防抗工作】　2016年第1号台风“尼伯特”于7月9日早晨到上午在福建晋江到连江一带沿海登陆，并将对赣中、赣北等地区带来明显风雨影响。

省交通运输厅认真贯彻落实交通运输部和省政府防汛抗台视频会议精神，扎实做好台风“尼伯特”防抗工作。一是加强鄱阳湖、赣江下游等高水位重点区域运输船舶、渡口渡船、重点船舶的巡查，全面落实防汛抗台措施。二是加强对公路、桥梁及防护设施巡查。组织养护人员对防台防汛隐患和薄弱环节进行一次全面检查，特别是加大对低洼路段、临水临崖、高边坡路段、公路桥梁和隧道等的安全巡查。对易发生水毁事故的路段、重要桥梁、危险桥涵等重要部位实行24小时监控，监测水情、险情，制定抢通、抢修方案或切实可行的绕行方案，并提前部署应急力量和物资。三是加强对公路水路在建工程和养护工程项目的巡查。台风波及地区的工程项目暂时停止施工，排查整治水毁隐患，做好防台准备，重点是对易受山洪、泥石流、山体滑坡侵袭的工地宿营点进行搬迁、调整至安全位置，确保人员安全。四是加强对道路客运运营安全检查。受台风影响严重无法保障安全的班线，该停班的一律停运，严防道路客运安全事故，确保人民群众出行安全。五是强化应急值班值守，台风入赣期间，实行24小时值班制度，应急队伍24小时待命。

（明长春）

【全省交通运输系统全面开展安全生产大检查】　为贯彻落实全国、全省安全生产电视电话会议精神，切实做好近期特别是G20杭州峰会、中秋、国庆、十八届六中全会等重要时段的安全生产工作，8月30日至10月底，全省交通运输系统全面开展安全生产大检查。

大检查分三个阶段进行，第一阶段是企业全面自查。由企业对自身的安全生产状况进行全面检查,查找存在的问题和隐患,并及时进行整改。第二阶段是行业专项检查。由各行业管理部门牵头,对道路运输、水路运输、在建交通重点工程、运营公路等重点行业领域开展专项检查,督促企业落实安全生产主体责任。第三阶段是省厅督促检查。9月中旬和十八届六中全会期间,省厅将分两次组织由厅领导带队、厅有关处室和厅直有关单位参加的督查组,赴全省各地、各行业进行督促检查,督促企业主体责任和管理部门监管责任的落实。

(明长春)

【全省交通运输系统扎实做好冬季安全应急工作】 全省交通运输系统各单位、各部门按照省厅部署,扎实做好2016年冬季交通运输安全应急工作。一是加强组织领导。充分认识冬季安全应急工作的重要性和紧迫性,坚决克服麻痹思想和侥幸心理,以高度负责的政治态度、以严和实的工作作风,切实加强组织领导。二是加强研判预警。加强与有关部门的沟通联系,加强形势研判,合理利用微博、微信等新媒体、自媒体提前发布预警信息。三是狠抓工作落实。公路部门重点落实防范雨雪冰冻天气的防范措施,确保畅通;港航部门加强"五区一线"重点水域和三类重点船舶安全监管,保障水上交通安全;运管部门督促企业落实各项安全生产管理制度;交通质监部门督促在建公路水运工程建设单位落实好防火防中毒防触电等各项措施,并切实加强项目通车前的交通安全管控。四是加强督导检查。组织开展安全生产检查"回头看",进一步加大安全隐患的排查治理力度。五是加强值班值守。严格落实岗位责任制和节日期间领导带班、关键岗位24小时值班制度,确保高效处置各类突发事件。全省交通运输冬季安全生产工作总体平稳。

(明长春)

【省交通运输厅组织开展安全生产检查"回头看"活动】 在全省交通运输安全生产检查督查基础上,省交通运输厅部署开展安全生产检查"回头看"。"回头看"通过企业自查、监管部门重点复查、省厅抽查等方式,分监管层面和企业层面两个层面,有重点、有针对性地检查各行业领域安全生产检查督查,特别是检查督查过程中发现的重大隐患和突出问题的整改、防范遏制重特大安全生产事故的制度措施以及岁末年初安全生产工作措施等方面的工作落实情况。通过"回头看",督促全省各级交通运输部门,全面落实党中央、国务院、省委、省政府和交通运输部关于好安全生产工作的决策部署,坚决防范和遏制重特大事故发生,全力以赴做好岁末年初的安全生产工作。

(明长春)

【省交通运输厅开展全省铁路桥梁桥区水域通航安全专项整治行动】 针对江西省发生多起船舶碰撞铁路桥梁事故的现状,2016年,省交通运输厅联合省安全生产监督管理局、南昌铁路局印发了《全省铁路桥梁桥区水域通航安全专项整治行动实施方案》,联合开展全省铁路桥梁桥区水域通航安全专项行动。

专项整治行动从2016年8月25日开始,至2016年11月25日结束,为期三个月。专项整治行动将重点打击船舶超过铁路桥梁净空高度、未按照通航孔航行等违法行为和在铁路桥梁水域停泊、作业等违章行为,同时大力整治铁路桥区水域通航标志隐患。

专项整治行动有力保障本省铁路桥梁桥区水域通航安全,维护了桥区水域通航秩序。

(明长春)

【厅领导带队督查节前交通运输安全生产情况】 按照《江西省交通运输厅关于开展全省交通运输安全生产督查的通知》安排,2016年国庆节前,厅领导分组带队对全省交通运输系统节前安全生产进行了督查,努力为广大人民群众节日出行营造安全、便捷的出行环境。

厅党委委员、总工程师带队督查高速公路安全工作落实情况;厅党委委员、副厅长梁必康带队督查水路客运、港口码头和渡口渡船安全工作落实情况;省运管局党委书记易宗发受厅党委委员、副厅长谢德强委托,带队督查道路运输、城市客运安全工作落实情况;副巡视员吴铭汉带队督查在建交通重点工程建设项目安全工作落实情况。

各督查组深入基层、深入一线、深入企业明查暗访,既肯定成绩,又指出不足,促进被督察地区和单位的安全生产工作。

(明长春)

【全省道路客运安全状况较好】 2016年底，全省营运客车共发生道路客运事故8起，其中一般事故7起，较大事故1起（宁都顺达汽车运输有限公司的6.12事故），共计死亡11人，受伤20人，与2015年同期相比，事故起数减少11起，下降57.89%；死亡人数减少29人，下降74.2%；受伤人数减少30人，下降63.8%。

（万绍强）

【全省完善道路运输安全监管制度】 省运管局制定并出台《江西省公路运输管理局安全生产委员会工作规则》，联合省公安厅交通管理局制定并出台《关于建立部门联动协作工作机制的通知》，省运管局据此将省级动态监管平台梳理出存在严重超速行驶违法行为的10辆次车辆抄告至省公安交管局，由交管部门依法进行处理，一定程度上遏制客运车辆超速运行行为，全省车辆动态监管工作成效明显。

（万绍强）

【省运管局加强车辆动态监管工作】 2016年车辆动态监管工作与往年相比，一是全省11个设区市政府监管平台月上线率全部达到95%以上，客车和危险品运输车辆的周均上线率全部达到90%以上。二是"车辆超速报警次数"大幅度降低。客运车辆超速报警月累计次数列全省第一位的，由往年底的447次，下降到49次，下降了89%；危货车辆超速报警月累计次数列全省第一位的，由往年底的667次，下降到111次，下降83.4%。

（万绍强）

【省运管局开展道路运输生产安全隐患排查分级实施指南编制工作】 根据《江西省交通运输厅关于推进交通运输生产安全隐患排查实施指南编制工作的通知》的要求和省交通运输厅安全生产工作部署，省运管局组织部分运管机构、企业、协会骨干人员进行编制，继《江西省道路货物运输生产安全事故隐患排查分级实施指南（试行）》和《江西省道路旅客运输生产安全事故隐患排查分级实施指南（试行）》出台后，机动车维修、机动车驾驶员培训、城市客运（公交和出租）等相关行业安全事故隐患排查分级实施指南也已完成。该系列安全隐患排查分级实施指南的完成，将进一步规范全省道路运输行业安全隐患排查治理工作，为进一步遏制重特大事故发生打下制度基础。

（万绍强）

【省运管局加强道路运输安全督查】 省运管局按照年度安全督查计划，采取不发通知、不打招呼、不听汇报、不陪同接待，直奔基层、直插现场的"四不两直"安全检查方式，深入各地运管机构进行督查，深入车站和企业一线进行安全检查，对检查中发现的问题及时下达整改通知书，督促其整改落实到位。据统计，在春运、"五一"、中秋、国庆节假日期间，省运管局组成40个督查工作组，检查各类企业217家次，共排查、通报安全隐患109个，已全部整改到位。

（万绍强）

【省运管局联合开展安全约谈】 省运管局坚持每月联合约谈考核排名落后的卫星定位系统平台运营商，全年共同约谈运营商96家次，全省联网联控考核成绩在全国前列。同时配合省安委会对江西长运股份有限公司主要领导和班子成员进行安全约谈，针对江西长运股份有限公司对其所控股的下属公司运输安全生产主体责任落实不到位的问题，提出了严格的要求。省运管局、省安监局、省交管局在督导"道路运输平安年"活动开展情况的同时，联合约谈了井冈山长途客运公司、井冈山外事旅游车队法人和井冈山市行业主管部门，针对该公司客运车辆存在严重超速运行违法行为，提出具体的监管要求和措施。

（万绍强）

【全省道路运输系统做好2016年应急工作】 一是针对春运前夕全省大部分地区雨雪冰冻天气，各级运管机构超前部署安排，强化监督指导，坚持值班值守，收集上报信息。运输企业准备充足运力，科学调度车辆，妥善应急处置，及时调整班次。全省因天气原因停运班线1165条，停驶车辆2884辆次，准备应急运力数474辆。没有发生旅客在汽车客运站滞留事件。二是做好雨季汛期的运输安全和应急工作。各地进一步加强组织领导，落实防汛抗洪责任制，经受住了14号"莫兰蒂"、17号"鲇鱼"和22号"海马"等多次强台风考验。赣州市、九江市和萍乡市2016年共计紧急疏散因洪灾、铁路停运等原因造成旅客滞留3000余人次。在6月20日鄱阳县滨田河溃口险情发生后,鄱阳县运管所紧急调度350余辆各型应急车辆参加决堤封堵,徐国新等5人被鄱阳县委、县政府评为“2016年抗洪抢险工作先进个人”。

(万绍强)

【省运管局梳理全省应急保障运力】 为扎实做好全省道路运输应急处突工作,强化应急处突能力保障能力。省运管局印发《江西省公路运输管理局关于做好2016年防汛和应急工作的通知》,结合防汛工作,对全省道路运输应急运力储备进行了全面调查摸底工作,全省应急运力1185辆,其中客车567辆,货车618辆。全省各地结合实际进行相关工作的应急处置演练。其中,九江市运管局协助市政府应急办,会同有关部门联合进行火灾、事故和液体危险品泄漏等突发事件的应急处置实操演练;南昌市运管局、赣州市运管局、安福县运管所等运管机构根据工作计划安排进行因突发事件的应急演练工作。同时结合安全生产月,抚州市交通局、市运管处、交警一大队、抚州长运公司联合举行交通事故应急救援演练。赣州新世纪高客分公司组织进行应急消防安全演练。

(万绍强)

【省运管局开展全省春运道路运输安全大督查】 省运管局在春运期间共组织3次督查检查活动,采取领导带队、分片包干现场督导和明察暗访的督查方式,深入全省各级运管机构、道路运输企业和车站、车队、监控平台等春运一线,宣传春运工作政策、检查春运工作准备、提出春运工作要求和督查春运安全生产,并重点对城市客运、客运企业、客运车站、危货运输四个方面开展安全生产督查。第一轮现场检查活动于1月25日结束。

(万绍强)

【南昌市开展客运车辆安全资质隐患大排查】 南昌市运管处开展2016年春运参运客运车辆安全资质隐患大排查工作。此次排查重点在四个方面进行,一是车辆承运人责任险的排查,重点排查车辆承运人责任险的投保情况;二是车辆动态监控设备的排查,重点排查车辆GPS是否完好,是否能正常使用;三是驾驶员资质的排查,重点排查驾驶员的从业资质是否符合相关要求,驾驶员的驾驶证是否在该周期内记满12分、是否在该周期内发生负同等以上责任事故;四是车辆年检及二级维护的排查,重点排查车辆的技术性能是否符合相关要求。此次排查主要通过企业自查和行业核查相结合的方式进行,对于上述四项排查的问题车辆和驾驶员一律禁止其参加春运。

(南昌市运管处)

【南昌市举办教练员规范化教学技能竞赛暨江西省教练员教学技能选拔赛】 10月27日,2016年南昌市教练员规范化教学技能竞赛暨江西省教练员教学技术选拔赛在南昌隆重举行,此次竞赛由南昌市公路运输管理处主办,南昌市驾培协会承办、江西蓝天驾校协办。全市有8个县区代表队的48名参赛选手参加竞赛。

此次竞赛分实操教练员、理论教练员两组进行。实操教练员竞赛包括理论知识考试、实操教学安全文明驾驶示范讲解、实际操作技能三项内容。理论教练员竞赛包括理论知识考试、理论教学项目授课两项内容。

经过一天的角逐,来自蓝天昌东驾校的张德麒以99.25分的总成绩获得实操教练员竞赛一等奖;来自江科驾校的吕丹、朱俊获得实操教练员竞赛二等奖;来自蓝天昌北驾校的袁勇俊、蓝天昌东驾校的欧阳军、白云昌西驾校的华厦获得实操教练员竞赛三等奖。来自蓝天昌东驾校的徐卓云以98.25的总成绩获得理论教练员竞赛一等奖;来自江科驾校的吴隽获得理论教练员竞赛二等奖;来自蓝天昌北驾校的邹利利获得理论教练员竞赛三等奖。此外,组委会还评出个人优胜奖10名。

(南昌市交通运输局)

【南昌开展全市包车客运专项整治】 5月13日上午,南昌市公路运输管理处组织召开了2016年全市包车客运专项整治工作部署会议。会议传达省运管局关于印发《2016年全市包车客运专项整治工作方案》的通知精神。并结合工作实际,有针对性地对此次专项整治的工作目标、整治范围、工作机构、整治内容、工作步骤、工作要求等重要环节进行了详细的解读。最后邓平省副处长对此次专项整治工作提出三点要求;一是各县区运管所和各企业要严格按照省局和市处的文件要求予以落实、注重实效。二是企业在进行自查阶段时，要认真把关，实事求是地反映企业现状，不能回避问题。三是各企业要做好宣传发动工作，要将活动要求传达到每个从业人员同时及时报送数据和相关材料。

（南昌市运管处）

【南昌运管部门整治西客站】 南昌西客站是展示该市形象的一个重要窗口，是客流、物流、信息流的集散地。为认真落实省、市领导关于加强对西客站周边环境整治，确保10月份全国综治会等6项全国性重要会议在南昌市顺利召开的批示要求，南昌市运管处周密组织、全力以赴，与相关部门密切协作，奋战30天，与客管处一道共出动执法人员近600人次，开展大小整治行动50余次，协助公安机关已查处拉客“黄牛”12人，拘留3人（均交由公安部门处理），查处涉嫌非法营运车辆67辆。

（南昌市运管处）

【景德镇市交通运输局开展安全隐患大排查专项行动】 为实现景德镇市党代会、国庆期间道路运输零事故的目标，确保旅客和货运安全。景德镇市交通运输局全局动员、多措并举开展安全隐患大排查专项行动。先后出动300余人次，检查场站40余个，发现安全隐患8处，已全部整改到位。

为使此次专项行动达到预期目标，该局一是及时将文件精神传达至各县（市、区）运管所和全市运输企业，要求各单位时刻绷紧安全生产这根弦，迅速按照专项行动要求开展安全隐患排查整治，认真全面落实车辆动态监管职责，积极做好各项安全重点工作。二是积极组织开展安全督查活动，成立督查组到公交公司、景德镇长运、出租车公司、江南旅游汽车服务有限公司等企业进行安全检查，对检查过程中发现的部分车辆安全锤配备不全、灭火器失效未更换、“安全带一生命带”标志尚未粘贴等问题，督促各运输企业立即自行整改，把安全隐患消灭在萌芽状态。三是召开安全检查分析会，要求各单位从自身查起，加强企业主体安全责任，逐车逐线对“两客”营运车辆全面排查；加强驾驶员安全教育，预防驾驶员疲劳驾驶；加强对运输车辆动态监控、重点监控长运班车和省际旅游包车以及公交车、出租车；加强运输信息管理系统使用的管理，严禁非法经营，切实提高应急处置能力。

（洪耀祖）

【景德镇市联动强化道路运输安全执法】 9月，景德镇市运管处会同高速路政、高速交警等执法部门在赣皖桃墅收费站，对过境“两客一危”运输车辆开展执法检查。按照省交通运输厅切实保障“G20杭州峰会”路网运行服务安全统一部署，该处多措并举，一是加大宣传，提升驾驶员安全意识；二是强化过境长途班车和旅游包车检查，禁止途中上下旅客、站外装卸行包等违规行为；三是加强营运客车车上卫星定位装置配备和乘客系安全带以及车上灭火器、安全锤配置；四是重点检查旅游包车有效省际包车牌和包车合同等运行安全情况；五是检查危货运输车辆托运单和驾驶员、押运员从业资格有效证件的配备情况，从严查处违规操作。

（洪耀祖）

【景德镇市严格落实G20杭州峰会道路运输安保】 为落实省运管局G20杭州峰会道路运输安保工作会议精神，8月4日上午，景德镇市交通运输局组织相关科室和客运站相关负责人员对全市客运安全工作进行检查。

针对检查中发现的包裹托运安全检查器械配备不齐、高客客运现场服务办公室人员离岗、个别乡镇班线营运班车车况较差等问题，予以详细记录，并立即要求客运站整改落实。同时要求他们落实好进出站的规定，重视高温天气驾驶安全问题，认真做好客运站日常工作，提高员工积极性，确保旅客安全出行、满意出行。要求落实好杭州方向包车牌的发放工作，督促客运站做好实名登记和包裹安检等安保工作，确保道路运输安全。

（赵一峰）

【景德镇市开展联动上路执法】 2月16日上午，景德镇市运管处、市交警支队和市城客处开展春运联动执法。执法人员查获一辆从景德镇西客站开往鄱阳方向的超载客车，这辆核载29人的客车超载了9人，执法人员当即将多余的乘客劝离客车,并当场对司机进行处罚。在该市火车站的通站路执法过程中,执法人员对不打表议价的赣HX0139出租汽车驾驶员开出处罚单据,并进行扣车处理。

(黄定海)

【景德镇市第三届机动车驾驶培训教练员技能竞赛结束】 10月27日,由景德镇市公路运输管理处主办,乐平、浮梁、昌江公路运输管理所承办的"景德镇市第三届机动车驾驶培训教练员规范化教学技能竞赛"开幕式在浮梁县众安机动车驾驶员培训有限公司举行。全市9所驾校共26名选手参加此次竞赛。

此次机动车驾驶培训教练员竞赛是检阅教学水平、交流教学技能、展现行业风采的一次重要活动,对调动广大教练员钻研教学技能、创新教学形式的积极性和主动性,形成"勤奋好学、爱岗敬业、文明服务、规范教学"的良好风气,以及提高教练员队伍的整体素质和提高驾驶员培训质量都将起到积极的推动作用。

经过激烈角逐,按照总成绩评出结果,教练员吴敏翔夺得实操竞赛第一名,教练员程雨夺得理论竞赛第一名,此次竞赛共7名教练员获奖,并颁发荣誉证书和相应的物质奖励。他们将作为优秀选手参加11月份全省第三届机动车驾驶培训教练员规范化教学技能竞赛。

(俞　绘)

【鹰潭市交通运输局开展道路客运行业应急演练】 7月28日下午4点30分,市交通运输局联合安监、旅游、交警、消防等部门在市长途汽车站开展了"应急疏散演练,确保司乘人员平安"活动。事前进行周密部署,确定演练实施计划程序,制定详细实施应急演练方案。要求所有参演人员严格遵守演练纪律,熟悉疏散线路,在演练中做到有条不紊,确保演练安全有序地进行。此次演练通过模拟事故起火、应急逃生、消防救援等应急处置,增强司乘人员防灾避险的快速应变能力和自救能力。

(占丽芳)

【新余市联合开展2016年校车安全督查】 6月2日新余市教育局、交通运输局、交警大队联合开展2016年校车安全专项督查,全力排查校车安全隐患。督查组重点检查校车运行路线、定点停靠、驾驶员驾驶资质、校车标牌、年检、校车维护管理和校车安全管理台账等。

督察组对渝水区、开发区部分乡镇学校的校车安全工作进行全面检查,并就校车接送学生情况进行实地检查。在渝水区罗坊镇中心幼儿园,督查组听取了渝水区辖区内幼儿园就校车安全管理实施运行状态实时监控的管理模式的情况汇报,并给予充分肯定,建议在实时监控过程中,对发现车辆超载、超速等违章行为要及时报告车属单位及行业主管部门,及时纠正违章。在开发区红苹果幼儿园,督查组详细查看每辆校车的车况、消防设施和驾驶员证件及校车安全管理台账等情况,叮嘱校车驾驶员严格按规定路线行驶,注意安全,不得超载,坚决杜绝安全事故的发生。

(周小玲)

【新余市道路运输管理处召开违规企业安全生产约谈会】 6月27日,新余市道路运输管理处召开安全生产约谈会,对2016年度存在重大安全生产隐患的1家道路旅客运输企业、1家危货运输企业法人代表进行约谈。

会上,新余市道路运输管理处安委会通报2家企业2016年上半年以来在上级部门安全生产大检查及安全督查中存在的重大安全生产隐患基本情况。要求企业进一步落实主体责任,积极开展安全生产自查及隐患整改,并就企业强化安全监管、强化从业人员安全教育培训提出整改要求。同时,要求企业在以后的工作中强化车辆动态监控力度,履行车辆动态监控主体责任,减少道路运输车辆安全事故现象,维护全市危运市场安全有序。被约谈2家企业法人代表作表态发言。

会议要求,被约谈2家企业要强化安全生产责任意识、危机意识,牢记安全第一,责任重于泰山,尽职尽责,落实安全生产监管职责,扎实推进隐患整改。

(周小玲)

【新余市道路运输管理处组织观摩水上交通遇险应急演练】 6月21日,新余市道路运输管理处结合2016年"安全生产月"活动,组织新余市"两客一危"道路运输企业负责人观摩新余市仙女湖区管委会、市交通运输局等主办的2016年新余市水上交通遇险应急救援演练。

演习开始，总指挥宣布《新余市2016年水上交通遇险应急救援演练》启动，各部门按《演练方案》要求积极响应。其中，两艘游船迅速到达模拟事故地点，并报告两艘游船发生碰撞，发生5名旅客落水的紧急情况。水上应急救援组接到报警后，立即组织人员锁定事故水域监控视频并报告值班室，由值班室命令码头现场监管人员迅速集结，在5分钟内赶到出事地点进行救援。同时，两艘相撞游船也积极开展了自救，安全员迅速扔下救生衣、救生圈等救生器材，指导旅客自救。在海事、交通、气象、消防等部门工作人员的全力配合下，落水的旅客被迅速安全救上快艇，由医护组及时进行急救措施，并迅速送回码头，交由120救护车到医院作进一步救治。整个演习紧张有序，演习结束，总指挥对此次演习进行了讲评。

（邓清华）

【抚州市开展交通事故应急救援演练】 6月21日，抚州市公安交警、交通运管等部门，以及抚州长运公司联合举行交通事故应急救援演练，力争实现降低交通事故发生率和事故发生有保障的目标。

此次交通事故应急救援演练在市区梦湖路段进行，模拟由于路情复杂，小型面包车与营运客运车辆发生意外碰撞，造成车辆严重受损，小型面包车起火，需进行紧急救援的场景。演练设置指挥协调组、演练实施组、事故调查及旅客分流组、事故救援组等。随着总指挥一声令下，演练开始，各组人员迅速投入救援工作，经过扑灭火灾、疏散旅客、现场拍照取证、受损车辆拖离现场等步骤，道路恢复通畅，演练宣告成功结束。

（陈根玲）

【赣县开展道路客运安全生产事故应急演练】 8月8日，赣县运管所组织一次全县道路运输企业应急演练培训活动。此次活动重点围绕安全避险、火灾防范、应急逃生等内容，特邀请县消防大队胡参谋等有关人员在运管所会议室通过投影仪进行授课，并在县汽车站进行现场指导消防演练等方式，向全县道路运输企业普及应急安全知识。

（赣县运管所）

【赣州市对5个运输企业下达安全隐患整改通知书】 10月8日，赣州市道路运输管理局直属管理所对5个道路运输企业下达安全隐患责令整改通知书。该所严格按照上级道路运输主管部门关于认真做好国庆期间道路运输安全管理工作的要求，从9月19日开始对辖区内所有的道路运输进行全面安全隐患排查。经实地查核，江西中油洁能物流有限公司等5个危货、客运企业存在安全隐患。为此，该所按照《江西省道路运输安全生产隐患排查治理制度》的规定，及时对这些道路运输企业下达安全隐患责令整改通知书。

（淳　朴）

【赣县公路分局强化道路隐患排查】 为了全面落实安全生产各项工作责任，深刻吸取丰城电厂事故教训，赣县公路分局对分局管辖范围内的国省道桥梁、涵洞、路面隐患进行了一次全面摸底排查。经排查发现，部分路段路面损坏大、坑槽多、护栏遭破坏，有些路段路基存在塌方，也有路边排水沟渠堵塞。该分局立即组织整改，现场消除一般安全隐患。对排查发现的重大隐患，设立危险警示标牌，及时向市局反映汇报，争取支持，尽快解决。并落实具体整改时限、措施、责任、预案，列入台账管理。排查共发现36起道路安全隐患，现场消除34起，12起隐患已全部掌握，并向市局报告予以妥善解决。

（赣县公路分局）

【赣州市公路管理局提高公路安全保障能力】 该局完成“十三五”养护机构规划，优化调整全市养护道班和养护中心设置，规划养护中心20个（含新增12个），道班110个（含新增18个）。“十三五”规划公路服务设施67个，其中40个公路驿站，27个服务区。启动了寻乌上坪养护中心、安远三百山养护中心和南康养护中心的前期建设工作。进一步完善路网检测体系，建成瑞金路网分中心并投入使用，新增23个交通量调查自动采集点，有效提升普通国省道干线公路重要路段路网运行监测覆盖率。建立周、月、季、年路网运行监测报告制度。通过可变情报板及时发布各类交通路况信息和天气预警信息，为群众提供便捷的出行服务。路网中心与市应急办互通互联成功对接，实现资源共享。加强低温恶劣天气和强降雨季节期间受灾公路的应急抢通工作,已投入抢修资金近3680万元,清理土石方53万余立方米,修补路面150万平方米,清理排水系统400千米在最短时间内恢复通行。特别是在3月G323江口六十里店和S219牛耳岽路段地质灾害发生后,赣州市公路系统快速反应,与相关部门联动协调,及时有效地完成灾情处置任务。

(杨心球)

【宜春市整治交通安全秩序效果明显】 该市采取政府组织,交通部门组织,联合组织等多种形式,在全市范围内多次开展交通安全秩序整治,取得较好效果。全年道路客运未发生一起重大安全责任事故,农村渡运、水路运输和交通重点工程建设,实现了零事故,道路运输一般事故大幅度下降。一是成立整治领导小组。制定整治实施方案,做到统一领导,统一部署,统一组织,统一时间,统一验收。二是广泛宣传。利用会议、宣传车、广播电视,张贴标语等舆论工具,大力宣传整治重大意义、整治内容、整治范围、整治时间和整治要求。三是举办培训班。全年先后举办整治培训班87期,参加学习人员达11409人次,请有关专家交通法规授课,并结合案例进行,通过学习进一步提高法规和安全意识。四是进行集中整治。全年共组织交通执法人员73615人次,以县(市、区)为单位,由领导带队,分若干小组,进企业、到港站、上路走船进行检查,共检查车辆37457辆次,营运船舶412艘,取缔非法营运车辆7250辆、营运船舶11艘,查处违章车辆4361辆,营运船舶143艘,排除安全隐患2029起,下发整治通知书30462份。

(吴泽水)

【宜春市交通运输局落实责任治隐患】 11月25日至12月7日,宜春市交通运输局由领导班子成员带队、抽调相关业务骨干参加的5个督查组,对全市的交通运输安全生产情况进行了全领域、全方位、全覆盖的安全大督查。局主要领导亲自带队、深入一线、细致排查。11月28日主持召开了“全市交通运输安全大检查情况反馈会”,各检查组所有成员及相关科室负责人、宜春汽运、市公交总公司及枢纽运营公司的主要领导及分管领导等参加了反馈会,会上由5个检查组针对排查出的66个安全隐患作详细汇报,落实了责任单位和责任人、督办单位和督办人、整改时限、整改措施方案。要求用铁的手腕抓整改,能立即改的立即整改、不能立即整改的按规定时限整改,该停业的要停业整顿,以问题为导向,引入退出机制强化安全管理。

(高　强)

水路交通管理

【概况】 2016年,全省共发生3起一般及以上水上交通事故,死亡3人,沉船2艘,直接经济损失约121万元,水上交通事故四项指数稳中下降,死亡(失踪)人数连续8年控制在个位数,连续6年控制在5人之内。港口作业发生一起死亡1人安全生产事故。

强化重要节假日、“两会”、汛期等重点时段重点水域的现场巡查,加大对“三类重点船舶”现场检查和监管力度。全年共派出40个明查暗访督查组进行港航系统安全生产工作督察暗访,查找安全隐患并督促整改落实。开展全省内河水上安全生产大排查行动,检查运输企业、码头496户(座)、渡口400余道,排查整改各类安全隐患620个。建成标准化渡口112道,发放补助资金1999.5万元。组织水上交通安全知识进校园活动,发放宣传手册和《小学生水上交通安全教育读本》3000余份、救生衣600余件,开展学生水上救生应急演练等活动,着力提升学生水上安全意识,丰城市拖船埠小学被选为水上交通安全知识教育示范学校,鄱阳县团林乡康家小学被选为“开展小学生走出课堂,走进社会现场”水上安全教育社会实践活动示范点。

组织配员专项检查行动,实施行政处罚165起,督促1000余人参加船员培训考试。深入开展全省桥区水域通航安全整治,合理、高效配置桥涵标和桥区水域通航标志,重点打击桥区水域违法采砂、停靠行为。加强船舶、港口污染控制,制定并实施《江西省内河水域船舶污染事故应急预案》,配合相关部门做好老旧船舶强制报废工作,推动港口企业加快建设生活污水和垃圾等污染物的接收设施,加强船舶和港口防污染监管。

做好全国综治工作会议期间水上交通安全稳定工作，在鄱阳湖瓢山、星子、鞋山水域设置检查站，进行出江（长江）入赣船舶安全检查，共登船检查船舶1300余艘次，确保南昌全国综治工作会议期间水上交通安全形势稳定。做好G20杭州峰会入浙船舶专项安全监管工作，开展163家省际航运公司12艘入浙船舶24次专项安全检查，发现并整改缺陷134个，确保峰会期间入浙船舶符合安全条件。护航南昌舰“回家”，九江、南昌海事部门进行辖区重点水域通航维护和管制，安排海巡艇进行全面护航，航道工程局组织航道紧急疏浚，完成护航任务。服务重大项目安全维护，南昌、吉安、宜春等分局确保红谷隧道工程、新干航电枢纽、丰城龙头山航电枢纽等项目施工和通航安全。

建成九江市水上应急指挥中心，优化水上搜救机构布局。完成《水上应急管理文件汇编》初稿。险情上报与查询分析系统实现试运行。加强应急处置工作，全年共接收突发事件报告25起、编报值班信息35期，发布预警信息13200条，协调鄱阳湖分中心派出搜救力量6次。加强搜救队伍建设，开展搜救人员培训工作，组织专业和社会救助队伍搜救联训，开展2016新余市仙女湖景区水上突发事件应急演练，提升处置水上突发事件应急反应和救援能力。

规范船舶检验工作。修订完善船检质量体系文件，推进法定检验质量管理体系建设。完成从“江西省船舶检验质量管理信息系统VIMS5.03”到船舶检验发证管理系统全国通用集中版的切换，做好数据库迁移和升级工作。成功承办2016年全国水网地区船检联席集中办公会。调整吨位丈量统一管理模式，实现软件升级。认真开展船舶图纸审查工作，审批各类船舶图纸42套，完成检验船舶4746艘次、261万总吨。

做好2015年考规及其实施办法等有关法规的宣贯工作，完成新船员管理系统上线运行和船员信息采集工作。组织开展全省海事基础工作交叉检查，规范海事基础工作。选派30名基层海事执法人员参加部海事局组织的一般执法人员培训班，提高海事执法人员适岗适任能力。组织1400余人参加船员基本安全培训考试。

组织港口经营资质核查工作，规范港口经营管理。开展港口危化品安全管理百日专项整治行动，深入排查港口危化品装卸作业隐患，保障港口安全生产形势稳定。组织为期三年的危化品港口作业安全治理专项行动，强化隐患排查整改，构建安全管理长效机制。购买危货港口企业安全隐患排查服务，委托第三方专业安评机构开展45家从事危货作业的港口企业和水上加油站安全生产隐患排查，形成13个方面417项整改意见印发至所在地港口行政管理部门落实。

确保标位正确、标志完好，满足船舶安全航行的需要。加强枯水期对铁河滩等浅滩的维护疏浚，共疏浚土方28万立方，赣江、鄱阳湖区主航道通航保证率达95%以上。针对汛期大型船舶（最大船舶吨位达14000吨、船舶吃水8米）进入赣江，桥梁净空高度不能满足船舶航行要求的情况，在赣江中下游水域所有桥梁均设置桥梁净高水尺警示标志，提示过往船舶注意安全。建立发布全省重要桥梁（重点是铁路桥梁）通航技术尺度档案。全年共审批涉航项目24件，审查11座大桥桥涵标设计，完成15座桥涵标专项验收。

（邱志勇　蒋少全）

【交通运输部党组成员刘小明检查新余市春运水上交通】 1月20日，以交通运输部党组成员、运输服务司司长刘小明为组长的春运工作检查组来到新余市仙女湖区，督查指导新余市春运水上交通安全准备工作。省交通运输厅党委委员、副厅长谢德强，新余市副市长林愚，省港航局局长于钦民及相关单位负责同志陪同。

检查组一行来到仙女湖景区旅游客运码头，对投入春运运输的客运船舶、码头安全设施等进行检查，并详细询问仙女湖游船公司春运工作开展情况。在详细了解春运水上交通准备工作情况后，刘小明对海事部门和当地政府相关部门协调配合、齐抓共管的安全管理模式表示肯定，对仙女湖游船公司管理工作流程清晰、岗位责任落实到位、责任意识强、服务规范表示赞许。他同时指出：在春运工作中，一是要加强对春运组织工作的引导和安全监督，抓紧、抓细、抓实、抓好春运水上交通工作，确保工作落实到位、到岗；二是要以“情满旅途”活动为载体，努力提高服务水平，让旅客走得好、走得满意；三是要加强应急运输组织保障，确保春运期间可能出现的雨雪、冰冻、雾霾等恶劣天气和旅客滞留等突发情况能够及时处置;四是要建立综合治理的春运安全保障机制,要严把安全关,加强查漏补缺,确保春运水上交通安全有序。

(赵 乾 傅耀能)

【梁必康副厅长督查湖口国庆水上客运安全】 9月27日,省交通运输厅副厅长梁必康一行来到湖口石钟山旅游码头,督查国庆期间水上客运安全保障工作。

梁必康对石钟山旅游客运码头基础设施、旅游客渡船、安全管理制度及安全监管单位节前检查等情况进行了现场察看,在听取了海事部门水上交通安全监管情况汇报和水上旅游企业安全生产准备情况汇报后,对湖口辖区国庆期间安全准备工作给予充分肯定。他强调国庆节即将来临,各项安全工作都要抓牢抓实,要一如既往,不要放松工作,要进一步落实安全责任,提高水上安全隐患意识,坚决杜绝群死群伤责任事故,确保人民群众生命财产安全,确保国庆期间游客水上旅游安全。

(陈影彬 张 洪)

【于钦民到九江市水上应急指挥中心调研指导】 8月9日,省港航管理局局长于钦民一行来到九江市水上应急指挥中心,现场查看该中心建设情况。

于钦民逐层查看楼层配布及内部装修情况,就完善布局、绿化、装修等提出具体指导性意见。于钦民指出,九江市水上应急指挥中心建成是江西港航系统的一件大事,更是九江地方海事事业发展一个里程碑式的见证,当前整体搬驻在即,九江分局一定要科学合理、安全有序、紧锣密鼓地做好搬驻前的各项准备工程,确保该中心行政服务、中心业务、应急指挥的功能得到更充分地发挥。同时,希望九江分局能以此为契机,展现新气象,按照省局党委行政的总体部署,科学谋划、真抓实干、敢为人先,推进九江分局各项工作再上新台阶。

(王小东)

【江西省第一艘多功能海巡艇投入使用】 7月26日,由湖南益阳中海船厂承建的江西省第一艘多功能海巡艇出厂,并装备到吉水县地方海事处投入使用。

该船为钢铝结构,长32米,宽6.5米,吃水1.2米,时速25千米,是一艘集海事巡航、搜救,航道设标、维护于一体的新型海事艇。该船的投入使用将进一步提升辖区水上安全监管水平和应急反应能力,为辖区水上交通安全的持续稳定提供有力支撑。

(郭开乐)

【抚州市地方海事局整治醉仙湖水上交通安全隐患】 抚州市地方海事局认真落实省港航管理局领导的督办指示精神,联合南城、黎川两县当地政府和公安、交通等部门重拳出击,对醉仙湖非法载客行为进行了严厉打击。湖内非法载客船舶数量和载客频次明显减少,水上交通安全隐患得到有效治理。

醉仙湖水上旅游景区由福建客商于2008年开发建设,并初具规模,许多游客慕名而来。但由于投资进度慢及水面养殖网箱碍航等诸多原因,景区一直未正式营业,一些核心景区处无管理状态,给当地村民非法载客可乘之机。尽管抚州海事部门多次给予打击,但效果一直不明显。

为根本扭转湖区水上交通安全形势,抚州海事部门督促当地政府牵头,组织召开非法载客专项治理工作紧急调度会,研究部署打击治理工作方案,并在日峰镇连源村召开取缔非法载客现场大会。同时,抚州海事部门积极做好水上交通安全等有关法律法规的宣传解释工作,引导村民走上正轨经营之路。拆除3艘非法载客船舶的动力装置,暂扣9艘非法载客船舶,非法载客船主与当地政府签订《禁止非法载客保证书》,从源头上有效打击非法载客行为。

(黄造昌 王维成)

【江西海事部门加强杭州G20峰会期间入浙船舶源头管控】 为保障杭州G20峰会期间水上交通安全,按照交通运输部海事局统一部署,江西地方海事全面启动对入浙船舶实施专项安全检查和入浙签证。此次专项安全检查从2016年8月1日起至2016年9月10日结束,入浙签证从2016年7月15日起至2016年9月10日结束。期间全省海事部门对辖区入浙船舶实施专项检查和出港签证,九江市海事部门对出江船舶开展现场专项安全核查，检查项目主要涉及AIS、VHF、船名标志及船容船貌、动力及操舵设备、船上人员、载运危险货物及防污染等方面。对专项检查发现的具有安全隐患的船舶均需在开航前纠正并向海事部门申请复核，通过后方可开航，坚决杜绝未经专项安检、未办理船舶签证的船舶从江西辖区驶往、途经浙江省水域。

（李　卿　邱志勇）

【赣海巡626艇列编服役】 7月28日，经过三天的水上航行，赣海巡626艇从常州出发抵达鄱阳湖鞋山水域，正式交付九江市地方海事局直属执法监察大队使用，列入该局执法编制序列。

该船舶由常州交运集团有限公司常州船厂承建，自2015年9月开工至今，历时11个月建造完成，经常州船舶检验部门检验合格，依法取得了船舶检验证书等相关船舶证书。该船舶总长35.6米，宽5.4米，吃水1.15米，上层建筑一层半，主机功率1000马力；航速可达30千米/小时，配备了AIS、GPS、VHF、测深仪等现代化助航设备；安装了全省港航系统第一套船载昼夜光电取证追踪系统，该系统具有红外热成像功能，可360度监视周边水域。

该船舶投入使用后，将更好承担辖区的巡航检查、安全监管、行政执法、应急搜救、船舶防污染等任务，进一步提升水上交通安全监管和应急救助反应能力。

（翁烈胜）

【刘贤明到抚州市督办水上交通安全隐患】 7月12日，省局党委委员、调研员刘贤明专程到抚州市督办醉仙湖景区水上交通安全隐患，约谈南城县、黎川县分管安全副县长，强调要采取强有力措施，严厉打击景区渔船、农用船非法载客行为，及时消除景区水上交通安全隐患。

刘贤明首先来到南城海事处，详细了解醉仙湖景区渔船、农用船非法载客情况以及打击治理工作开展情况，对该处能主动出击，及时排查隐患，并跟踪督办给予充分的肯定。

在与南城县分管安全副县长约谈时，他指出，水上交通安全无小事，醉仙湖景区水深、面宽，水情复杂，渔船非法载客现象屡禁不止，若不严厉打击，极易发生群死群伤事故。

刘贤明一行约谈黎川县分管安全副县长。刘贤明指出，黎川县从事非法载客的船舶数量较多、吨位较大，存在重大的水上交通安全隐患，若不立即有效打击治理，极易形成连锁反应，给今后专项治理带来更大的压力。

刘贤明要求各级政府和有关部门，要按照属地管理原则，认真吸取广元“6·4”翻船事故教训，切实履行乡镇船舶安全管理职责，加强源头管理，严厉打击非法载客行为，切实保障水上出行群众生命财产安全。

（王维威）

【赣江新干航电工程引进气象科技服务】 7月5日，赣江新干航电工程项目办与当地气象管理部门达成协议，由新干气象部门定向对新干航电工程提供气象科技服务。该服务内容针对航电枢纽工程施工特点，除了提供本地常规气象信息预报以外，增加了赣江中上游中长期、突发性以及灾害性等情况下的气象信息预报，进一步提高了赣江新干航电枢纽工程工程施工应对恶劣天气的能力。

（程　强）

【鹰潭港航分局成功处置一起重大安全隐患】 5月上旬，信江流域连降大到暴雨，水位迅速上涨，部分地区已超警戒水位。5月10日上午8时，鹰潭港航分局接到鹰潭余信贵大桥施工单位的求援电话，称该建设单位仍有4台起重作业浮箱停靠在工作桥孔中，由于水位上涨快，水中漂浮物较多，再不及时移出，将对工作桥及施工未完的桥墩产生较大影响。接到求援后，该局高度重视，迅速成立救援小组乘赣道政802船赶赴现场进行救援。中午12点10分，在经过近3个小时的奋力施救后，4台起重作业浮箱被成功移出工作桥孔，并停靠在安全地带，及时消除安全隐患，受到鹰潭市余信贵大桥项目办及施工单位的好评。

（朱马昌）

【省航道工程局开展应急救援技能培训及应急救援演练活动】 4月26日，省航道工程局组织开展急救技能培训及应急救援演练活动。当日上午，该局邀请南昌急救中心老师对干部职工进行急救技能培训。授课老师分别就急救基础知识、心肺复苏技术及触电、溺水等常见急救的处置方法进行讲解和示范。为让职工更直观地了解心肺复苏的过程和步骤,通过人体模型进行模拟操作和示范。在授课老师的指导和现场演练下,受训职工较好地掌握心肺复苏急救技能。下午15时,触电事故应急救援演练在该局机修所精工车间正式开始,从发现人员触电、切断电源、逐级上报、采取急救措施、拨打急救电话直至医护人员到达现场,整个演练过程紧张有序,有条不紊。

(涂小英 万宝莲)

【九江港口局直属分局开展港口危化品安全管理百日专项整治】 4月14日,九江市港口局直属分局在辖区内开展港口危化品安全管理百日专项整治工作。该局依照相关法律、法规重点检查安全管理制度和各项原始记录,检查重要生产设备、装置和作业流程,检查应急预案制定及演练情况,从企业安全管理、生产设备和现场作业安全条件等方面开展现场检查。针对检查过程中发生的安全隐患和存在的问题,督促制定详细的整改计划,认真进行整改落实,消除安全隐患,确保辖区港口安全生产形势稳定。

(刘 佩)

【新干航电枢纽电站厂房及右侧闸坝工程项目部举行防汛应急演练】 3月27日,W2标项目部开展防汛应急演练,业主、监理、设计相关单位对此次演练进行观摩和指导。

电站厂房围堰设计为10年一遇挡水标准,设计通过流量为17800立方米每秒,若坝址流量超过设计标准,围堰的结构安全和基坑内人员、设备的安全势必受到威胁。根据防汛应急预案,当上游峡江电站的泄洪流量达到15100立方米每秒时,项目办应立即通知W2标项目部启动防汛应急预案III级应急响应。本次应急演练,W2标项目部做了充分准备。整个现场应急演练的过程是:接项目部紧急启动防洪应急预案指令后,现场各施工队迅速有序组织人员和设备撤离至安全位置,并对基坑内不能撤离的设备采取就地加固措施。同时,W2标项目部应急指挥中心迅速组织青年突击队采取垒沙袋的方式对围堰进行加高加固处理,物资保障组、后勤保障组等各小组协同作战,整个演练过程持续约30分钟。

(吕一琦 柴荭新)

【集运公司开展防污染培训及船舶溢油应急实操演练】 为贯彻落实省港航局《关于船舶与港口污染防治专项行动实施方案》的通知要求,集运公司利用“永泰集8号”和“赣远32号”停靠南昌集装箱码头时机,组织船员开展了防污染培训及船舶溢油应急处置实操演练。

培训当中,公司海务主管和机务主管分别详细讲解了防污染方面的法律法规,对防污染设备的操作及管理技能进行了培训,并进行了船舶溢油应急处置实操演练,参加演练的船员行动迅速、配合默契,在较短时间内就顺利完成演练方案的全部内容。演练结束后,海务、机务2位主管分别对演练工作进行了分析总结,提出完善措施。此次培训和演练,检验了公司船舶溢油应急预案的可操作性和切实可行的指导作用,提升船员防污染应急反应能力,采取措施全面提高公司员工特别是船员应对紧急情况的实战技能和应急协调,对该公司进一步夯实稳固的安全基础起到积极有力的推动作用。

(张珍元 张明煊)

【江西海事等部门联合构建和谐湖区】 3月22日上午,江西省地方海事局联合省公安厅水上警察总队、省渔政局、省水政监察总队在鄱阳县组织开展航道法宣传、法律知识进校园、巡航宣讲及座谈会,宣传《中华人民共和国航道法》《中华人民共和国内河水上交通安全管理条例》,严禁非法捕捞水产品等违法堑为,共同维护水上交通安全秩序和治安环境。

(官绍坤 吴俊)

【鄱阳湖搜救分中心全力参与“9·11”泰和废弃大桥坍塌事故搜救打捞】 9月11日,泰和县319国道泰和赣江公路大桥老桥在施工作业时发生坍塌,有施工车辆和人员被掩埋落入水中,其中3名人员失联。鄱阳湖搜救分中心临危受命,第一时间召集搜救人员组成搜救小组,于中午13时20分集结完毕,携带搜救装备赶赴事故地域。下午5点许,搜救小组到达事故现场,在现场指挥中心统一调度下,迅速开始进行水下搜救作业。从11日下午至13日下午,搜救小组与当地武警、消防、公路、海事、蓝天救援队、曙光救援队、公安及沿江乡镇的干部群众等展开联合搜救,潜水员着重对现场12个可疑点进行水下搜寻探摸。经过连续奋战40多个小时,由消防官兵分别在泰和县澄江镇东门村附近、沿溪草坪村渡口附近找到2具失联人员遗体,搜救小组按现场指挥部要求暂时撤离事故现场返回南昌基地待命。

9月22日,分中心再次接到上级指令,按照现场指挥部要求协助现场施工机械,对泰和坍塌桥梁坠落河道的梁板进行打捞作业。接到命令后,分中心迅速派出4名潜水员携带设备,于当日13时到达现场。9月23日,经过2天的紧张作业,潜水员对水下梁板进行穿缆固定,协助施工机械将落水桥板打捞上岸,圆满完成此次搜救打捞任务。

(胡 博)

【全省最大的水路客运企业更名】 4月,经九江市港航管理部门许可报备,庐山西海风景名胜区的永修县柘林湖云海轮船有限公司正式更名为九江庐山西海云海轮船有限公司。九江庐山西海云海轮船有限公司是全省最大的一家水路客运企业,旗下现拥有各类营运客船37艘、1778客位,经营范围为柘林湖至武宁县风景区各景点旅客运输,2015年客运量25万人次,客运收入1500万元。该公司为策应九江市庐山西海风景名胜区创建国家AAAAA景区,做大做强庐山西海旅游事业,向行业管理部门申请企业变更名称许可报备,此举将有力提升公司竞争实力,带动水路客运行业加快结构化调整。

(黄友坚)

【庐山西海7艘新型客船投入营运】 9月,庐山西海一批新型旅游客船投入营运,这是九江庐山西海云海轮船有限公司为提升旅游和客运竞争力的又一重要举措,将逐步缓解庐山西海水上旅游客运运力紧张的局面,提升该景区服务品质。此批投入营运的新型客船共有7艘,结构式采用纵横混合骨架式,船体材料为纤维增强塑料,增设上层观光甲板,每艘客船总长24.50米,型宽5.6米,型深2.0米,主机功率2×103千瓦,69总吨,核定乘客定额98人,经营范围为庐山西海风景区各景点。客舱内装饰豪华大方,新添电子显示屏、空调、防滑地毯等服务设施,充分体现舒适、快捷、安全的客运理念。

(黄友坚)

【南昌水路交通综合检查站成功施救遇险船舶】

4月8日下午,南昌水路交通综合检查站执法人员外出稽查返回至赣江郭家水域时,发现一艘交通船随着水流漂荡,正值汛期,这是非常危险的,于是执法人员将运政艇开足马力火速上前查看,得知该交通船因故障无法航行,船员焦急万分,情况十分危急。此时天色已晚,又是汛期,如不及时施救拖离,极易发生船毁人亡事故,为了防止事故发生,执法人员果断决定把遇险船员救上运政艇,并把有故障的交通船挂在运政艇船尾,拖离遇险现场,并成功地将遇险交通船送靠了该交通船的停靠主船,避免一起重大船舶安全事故的发生。

(南昌市港航管理处)

【仙女湖景区"十一"期间水路客运安全有序】

"十一"期间,仙女湖景区水路客运安全有序。仙女湖景区共投入船舶63艘,客位数2471个,运送旅客3.312万人次,同比减少12.4%;客运周转量66.24万人千米,同比减少12.4%。"十一"期间,仙女湖景区水路运输秩序良好,未发生旅客积压、滞留现象和安全责任事故。

(廖 艳)

【新余市港航处开展中秋国庆节前水上运输安全大检查】 9月13日,新余市港航处对辖区渡口码头进行了节前安全生产督查。检查组重点对水上运输企业安全生产制度落实情况,码头安全通道、消防救生设施、应急管理等方面进行隐患排查。要求各相关部门密切注意节日期间台风天气影响,不适航天气一定要停航停运,切实加强隐患排查整改,将安全生产制度落到实处,确保节日期间水上安全生产平稳有序。

(刘 蕾)

【宜春市做好节前水路运输安全隐患大排查】

宜春市港航部门深入樟树、南昌、丰城等地,对辖区内港口企业及水路运输企业开展检查,对检查中发现的安全台账不全等问题要求企业立即整改,对港口企业违规建设设施的行为,要求其制定整改方案,限时拆除。检查中强调企业安全生产负责人要切实强化安全生产主体责任,抓好安全生产教育,紧绷安全生产这根弦。

(周亚萍)

交通基本建设管理

【概况】 2016年,在建设任务更重、监管要求更严、非常态性工作急剧增多的工作局面下,基建管理部门团结拼搏,主动作为,较好地完成年初提出的各项目标任务。

1.全力保障重点项目建设。续建项目进入冲刺阶段,安定、铜万等12个高速公路项目路面施工基本完成,年底前可全面建成通车,确保实现基本建成6000千米的重大目标;新开工项目落地实施,昌九改扩建项目已实现全面开工,广吉项目已完成招标工作并启动设施建设,抚州东外环项目已开展部分先期工程招标,铜万宜丰联络线项目前期工作基本完成;水运项目加快推进,南昌龙头岗综合码头一期工程开港试运营,新干航电枢纽电站主体、库区防护等全面施工,井冈山航电枢纽初步设计已完成审查,红光码头一期工程初步设计已完成审批,目前该两个项目PPP实施方案省发改委和省财政厅正在审议,项目部分施工招标也已启动,年底将实现开工建设任务。一是强化总体调度。上下半年两次组织召开全省交通重点项目推进会,厅主要领导亲自出席,高位推动重点项目建设工作。通过分析进展和问题,强调建设目标,明确工作重点,表扬先进,鞭策后进,促进了项目自觉看齐,有力推动了全省项目均衡实施。二是以考核促进管理。牵头完成2015年度高速公路项目办考评工作,采取量化打分的方式对全省各高速公路项目办的项目管理成效进行评比,并根据考核结果落实了奖惩措施。三是以培训提升业务。2次组织全省在建重点工程项目办集中开展业务培训,通过现场观摩、专家授课、考试等培训方式,提高项目办主要管理人员的专业素养,强化领导班子的质量、安全和廉政意识。组织317名省综合评标专家库的专家开展了交通工程专业知识培训,在考核合格的基础上完成入库工作。四是以督查严明规矩。先后在全省高速公路建设领域组织开展了“违插”专项治理、高速公路附属工程“违插”再治理、公路建设市场秩序专项整治第二轮行动、设计变更专项督查、保证金清理专项督查等专项工作,深入项目实地掌握法规制度的执行情况,认真查找存在的问题,在点名通报、限期整改的基础上严肃追究问题责任,推动各项监管制度落地生根。五是以施工标准化带动管理现代化。继续深入推进公路建设项目施工标准化,严格督促各项目按照全省统一的标准文件和技术规范落实标准化管理和平安工地建设,同时积极开展水运工程施工标准化示范创建活动,选取新干航电枢纽工程作为示范创建项目,并承担全国航电枢纽施工工艺标准化文件的起草任务。六是强化试运营项目监管。加强与环保、水利主管部门的沟通联系,理顺环保变更机制,协调解决抚吉赣江特大桥等环保验收难点问题。建立试运营项目月度报表制度,着手开展2016年度试运营项目办考核评价工作,积极推动省高速集团等项目法人加大对试运营项目的支持和管理力度。已完成2个项目竣工验收(永武、上武),2个项目具备竣工验收条件(九江二桥、隘瑞),除审计外7个项目基本具备竣工验收条件(瑞寻、彭湖、德昌、祁浮、昌奉、奉铜、石虎塘)。

2.强化市场监管力度。一是加快建立完善市场诚信体系。水运施工、水运设计两类从业单位首次纳入信用评价体系,被评价从业企业跃升至543家,同时启动了江西省交通建设市场信用信息管理系统的优化升级工作,将此前分散的12个评价类别纳入统一平台管理,为信用信息的归整应用提供基础支撑。二是深入开展全省公路建设市场秩序整治专项行动,第一轮整治中累计查处涉嫌串标、转包、违规分包的企业116家,对涉事从业单位分别予以了信用降级、取消评为AA级的资格、信用扣分、限期整改、行政约谈、罚款等处罚,其中14家企业累计罚款307万元,13家企业被处以信用降级,29家企业被取消评为AA级的资格,在保障项目平稳进行的基础上形成有效震慑,二季度启动第二轮整治,并结合巡视反馈情况将整治重点转入高速公路附属工程。推行扁平化监管,对存在突出问题的市场主体采取省厅直接约谈的方式予以劝诫教育,上半年累计约谈7家从业单位的法定代表人,推动具体问题的解决,同时营造出浓厚的行业监管氛围。

3. 完善行业监管制度。一是坚持问题导向。根据省委巡视组反馈意见和各类专项督查检查中发现的问题,制定出台《江西省交通运输厅交通重点项目货物采购管理办法》《江西省交通运输厅交通重点项目服务采购管理办法》《江西省交通运输厅非交道工程建设项目管理办法》等,进一步扫除以往存在的制度监管盲区。二是补齐制度短板。随着全省水运工程建设在"十三五"期间迎来黄金期,为加快补齐水运监管短板,先后制定了《厅属重点水运工程项目建设管理机构考核评价办法(试行)》《江西省水运工程建设管理办法》《江西省水运工程设计变更管理办法》等3项制度。三是修订《江西省公路施工企业信用评价实施细则》(以下简称细则)。该细则立足市场现状,规范施工分包行为。

4. 创新建设监管机制。一是继续推进电子化招投标工作。房建工程、机电工程施工电子招标正式投入使用,组织对电子招标标准文件和技术规范进行了修订完善,完成《江西省公路工程电子招标标准施工招标文件》(房建工程分册、机电工程分册)《江西省公路工程项目(机电工程)技术规范》起草工作,启动水运工程电子招标系统建设。二是继续推进公路建设管理体制改革试点工作。统筹协调、高位推进改革试点工作,组建厅建管体制改革试点联络小组,各试点项目办制定改革试点实施办法和管理手册;"机电工程设计+施工+维护总承包"和"房建工程设计+监理一体化"两类改革完成招标工作;创办了《建设管理改革》内刊,目前共出版5期发行1000多份;积极宣传交流,年初至今兄弟省份交通厅前来交流了解江西省试点经验二十余次。三是努力打造绿色公路建设典范。落实省委、省政府生态立省、绿色发展战略,大力推进绿色公路建设。已通昌樟高速公路改扩建项目建设运营全过程贯彻全寿命周期节能减排策略,创新性集成应用了28项绿色循环低碳技术,被交通运输部评为绿色交通示范项目。组织编制《江西省绿色公路建设工作实施方案》,并选取广吉项目开展绿色公路建设试点,该项目已被交通运输部确定为全国绿色公路典型示范项目。四是稳步推进公路钢结构桥梁建设。制订推进公路钢结构桥梁建设实施方案,明确到2020年全省使用钢结构桥梁的比例超过10%(现约为0.3%)的总体目标,从高速公路研究应用入手再向国省道全面推广的推进思路。五是积极探索创新项目投融资模式。选取井冈山航电枢纽、红光码头一期工程作为江西省重大公共服务设施和环境治理建设项目,采用PPP模式建设该项目。这是江西省首次尝试与社会资本方合作建设水运项目,目前该两项目PPP实施方案已报予省政府审议,两个项目将于2016年底动工。

5. 紧抓行业廉洁建设。一是积极落实整改落实省委巡视组反馈意见。针对省委巡视组关于工程建设领域监管不严的问题,采取强有力的措施推动整改落实,有针对性地出台了9项制度完善规章制度体系,并进一步加大围标串标、转包、违规分包问题的查处力度,深入开展全省公路建设市场秩序专项整治行动,加强附属工程、设计变更管理。二是深入开展全厅"违插"专项治理,牵头组织落实省"违插"治理活动的各项安排部署:累计排查项目265个,排查采购2095宗。累计发现问题204个,完成整改186个,处置问题线索18起,11名责任人员受到党纪或行政处理,排查总数、问题发现率在省直单位中位居前列,活动取得预期成效。三是制定了《江西省交通运输厅关于在交通建设领域开展行贿档案查询的实施意见》,在上级部门要求的基础上增加了非罪行贿行为档案查询,细化了查询方式和处置标准,把行贿档案查询和廉洁准入作为促进建设市场监管、减少腐败风险的重要措施。制定《关于进一步规范厅属施工企业经营管理的若干规定》,首次将厅属施工企业对外合作、分包、采购纳入监管范围,强化下属单位廉政风险防控的制度保障。

(陈雪玲)

【全省交通基础设施建设成果丰硕】 2016年全年交通基础设施建设完成投资612亿元,其中高速公路建设完成投资367亿元,普通国省道建设完成投资142亿元,重点水运建设完成投资约20亿元,农村公路完成投资88亿元。省质监局直接监督项目就有高速公路项目15个(共1130千米),水运重点项目有7个,独立大桥、高速公路增设互通和服务区工程有5个。

面对繁重的监督任务,全省交通质监机构以打造“品质工程”和建设“平安工地”为载体,全面推进质量安全施工标准化,切实强化监理、检测市场管理,扎实推进履职能力建设。从日常督查情况和交工质量检测结果看,高速公路工程质量明显提高,桥梁、路面工程质量通病治理取得明显成效,路面原材料抽检合格率达到98%以上;九江二桥项目继2015年获得“中国建设工程鲁班奖”后,2016年又通过了“中国土木工程詹天佑奖”评审,分别代表国内工程建设质量和技术创新最高水平;普通国省干线公路和农村公路项目质量水平也有较大提升。全省在建交通重点工程未发生人员死亡安全生产事故,安全生产形势持续稳定。昌宁、昌樟、昌栗3个交通运输部“平安工地”示范创建项目由交通运输部和国家安全监管总局联合审定冠名为“2015年度平安工程”(全国仅有38个公路项目通过评审)。市、县交通质监站标准化建设稳步推进,市、县站履职能力明显增强。

(胡金明)

【省交通质监局加强建设工程项目监督力度】 ①“照单履职”能力进一步加强。首次制定“直接监督项目督查计划”和“普通国省道干线公路督查计划”,明确监督标准、监督方式、督查频率。根据项目进展和督查计划,“监督组+专家”督查、跟踪督查、远程视频督查、清单督查、备案督查等多种督查方式,切实加强日常质量安全监督工作。全年开展全省考核评比3次,专项督查60余次,巡视检查80余次,印发督查通报20余份,现场签发抽查意见通知书500余份;对吉安、赣州2个设区市进行了普通国省干线公路质量安全综合督查;对全省监理企业、试验检测机构进行了1次专项检查。②技术手段得以进一步有效运用。一是进一步加强质量抽检工作。省局对所有在建重点项目进行了原材料质量监督抽检,涉及集料、水泥、钢筋、钢绞线、锚具、夹片、沥青及沥青混合料8类,抽检总计1244组(批次);抽取18片裸梁进行静载试验,抽取22座桥梁进行全桥荷载试验。根据抽检情况责成项目办针对存在的问题,举一反三,全面排查,坚决清退不合格原材料和半成品,并强化后续管理,切实加强质量源头控制。二是“质量安全监督管理系统”得到进一步推广运用。省局进一步完善“交通工程质量安全管理系统”功能,强化质量安全精准管控的能力;启用质监综合办公系统,提高工作效率。各市站选择基础较好的项目,推广应用“远程视频监控”子系统,并初步运用系统开展相关监督数据的传输工作,进一步推跔监督工作的信息化和智能化。③抓质量安全问题整改紧盯不放。实行“建设单位向质监机构当面逐条报告整改情况”的工作机制,在抓业主管理责任落实和问题整改上狠下功夫,每次督查发现的质量安全问题整改情况,都要求项目办领导当面进行逐条汇报,有效遏制“以文字代整改”的现象。同时辅之以跟踪复查,每次督查都以检查上次督查发现的问题的整改情况为重点,对未整改或整改不到位以及“屡禁不止”“屡改屡犯”的,从严从重处罚,有效促进质量安全问题的整改。2016年,全省交通质监机构坚持原则,顶住压力,在严把质量安全关上取得新进展。省局全年下发停工令12份,向企业法人单位发送履约情况告知函12份,责令质量不合格的约1千米水稳基层、约1.5千米沥青砼路面、约3.5千米路堑边沟进行返工处理,责令不合格的约长5千米的隔离栅半成品和0.6万立方米路面集料清退出场。④追责问责进一步严格。省局每次督查都及时厘清质量安全问题的责任,及时通报和处罚,全年对在建重点公路水运工程项目中质量安全行为不规范的126家施工企业(154个施工标段)、16家监理企业(25个监理标段)、36家母体机构设立的工地试验室(46个工地试验室)和58名监理人员、24名试验检测人员予以信用评价扣分处理,并每半年在省厅和省局网站进行公开曝光;同时责成项目法人单位省高速集团依据省局督查发现的突出问题,对照有关制度对项目办领导及项目管理人员予以约谈、扣罚绩效等处罚。代厅拟文通报赣州、吉安市普通国省干线公路建设存在的问题(其中,对吉安市的通报抄送了市政府),并对督查发现的质量安全行为不规范的7家建设单位、20家施工单位、7家监理单位和6个工地试验室提出处罚意见和建议。通过加大对违规行为处罚力度,增加违规成本,从业单位及人员质量安全责任得到进一步落实,质量安全行为得到进一步规范。⑤交竣工质量检测工作更加规范。2016年底,东昌、铜万等12个高速公路项目(共820千米)同时建成通车,省局调配全局力量,并抽调上饶、南昌、宜春、赣州站共10余名业务骨干,自10月中旬开始,“5+2”“白加黑”,连续奋战了2个多月,高效准确廉洁地完成12个高速公路项目的交工质量检测任务,为全省高速公路基本建成6000千米提供质监保障。同时,全年还完成吉莲等5个项目的竣工验收质量复测工作。⑥项目管理体制改革试点工作取得阶段性成果。积极配合省厅在宁安、上万等4个高速项目开展“代建+监理一体化”“改进传统监理”“自管”等5种建设管理模式改革试点工作,牵头组织试点项目工程用表修订研讨和审批,针对性地加强对试点项目的指导,促进项目参建各方职责更清晰、机构更精简,有效强化建设单位专业化管理能力建设。

(胡金明)

【省交通质监局着力提升施工质量安全标准化水平】 ①围绕打造“品质工程”,切实加强监督服务。一是帮助建设单位提升建设理念,打牢思想基础。2016年3月,配合省厅在安定项目召开“全省交通重点工程项目推进会”,认真总结经验,分析存在的问题,对下步加强项目管理进行全面部署,同时积极配合各项目办开展质量安全管理人员培训,督促引导项目确立更高的建设目标和要求,为加强项目管理、打造“品质工程”打下坚实基础。二是推广“四新”技术。积极引导和推动从业单位应用性能可靠、先进适用的新技术、新工艺、新设备和新材料,淘汰影响工程质量安全的落后设备和工艺,有效控制技术性和系统性风险。2016年组织现场观摩会3次,先后推广安定项目安全防护,宁安项目桥梁上部构造施工安全防护和路面工程施工安全管理,铜万、修平项目路面无污染施工等好经验好做法,进一步提升各项目施工标准化水平。三是推进质量安全通病治理。根据日常督查发现的苗头性问题,强化事前服务,多次召集专家研讨,制定“桥梁上部构造缺陷处治”“路堑边沟”“交安设施”“伸缩缝”“交通安全管控”要点等10多个方面的质量安全控制要点并及时组织宣贯培训,督促提醒各项目抓好事前预防。会同项目法人单位引进国内先进检测技术,对在建项目改性沥青改性剂掺量强制进行现场快速检测,有效保障改性沥青路面质量。同时,继续推进“钢筋保护层质量通病治理”“路基填筑质量通病治理”和“落实施工方案专项行动”等专项活动,各项目质量通病治理能力和质量安全管理水平总体上得到巩固提高。四是加强质量安全技术标准和规范的研编。《江西省高速公路质量控制规程(DB36/T901—2016)》已由省质量技术监督局作为地方性标准发布。召集省公路局和市站专家共同编制《江西省普通国省干线公路建设标准化管理指南》,即将印发实施。依托新干航电枢纽项目起草编制全国《航电枢纽工程标准化指南》(施工工艺篇),已取得初步成果,为水运项目质量安全通病规范治理提供强有力的支撑,该项目施工标准化示范创建工作正在有序推进。②围绕推进“平安工地”建设,提升施工安全标准化水平。一是加强安全宣传教育。安排监督人员到项目进行安全监督交底、安全管理知识培训。成功组织2次施工企业安全生产管理人员网络集中考核,800余人参加考试。督促各项目各标段安排专人,负责使用《江西省交通建设一线作业人员岗前安全培训教材(光盘)》进工棚开展岗前培训,切实加强一线作业人员岗前安全培训。在宁安项目组织召开2016年“安全生产月”主题宣讲活动暨现场观摩交流会,交流安全生产管理好经验好做法,并对下步项目安全管理做出具体部署,增强参建人员的安全生产意识和业务水平。二是督促各项目切实落实安全防护“首件安全防护设施示范制”和“先验收后开工制”。三是配合省厅对全省在建重点公路水运工程项目进行“平安工地”考核评价。四是深入开展“落实施工方案专项行动”“安全生产大排查集中整治”,深化安全隐患排查治理。召开专题会议布置桥梁高空作业临边防护、通车高速公路交通管制及安全维护工作,围绕防汛、防雷、防台风、防地质灾害先后组织安全专项督查10余次,紧盯东昌等项目度汛安全隐患整改情况,实行隐患清单管理,严格落实登记销号制度,保障特殊气候条件和敏感时段的安全生产形势平稳。

(胡金明)

【南昌市交通质监站加强国省道质量安全监督】

2016年是“十三五”的开局年,全省交通基础建设工作重心由高速公路转向普通国省干线公路建设。市质监站及时调整工作重心,创新工作模式,加强国省道的质量安全监督工作。2016 年对南昌市境内的昌九大道、105 国道新祺周至新港、G320 国道昌进公路(南昌县境内)、梁家渡大桥、G320 国道昌进公路(进贤县境内)、G320 国道进贤绕城段等重大重点工程进行质量监督,在监督过程中市质监站克服工期紧、任务重等困难,简化工作流程,加大检查频率和抽检力度,圆满地完成质量监督的工作任务,为全市国省干线公路建设质量安全守好最后一道防线。

(南昌市交通工程质量监督站)

【梁家渡大桥新建部分通车试运行】 梁家渡大桥位于320 国道 K764 +619. 5 处,跨越抚河,桥梁全长 766. 88 米。2016 年南昌市公路管理局对梁家渡大桥进行改扩建,在老桥左侧新建半幅桥梁,老桥在维修加固后作为右半幅继续利用。新建半幅桥梁于2015 年12 月开工建设,2016 年10 月基本建成。南昌市交通工程质量监督站对该项目进行竣工质量鉴定。

2016 年 11 月 10—11 日市质监站对该桥进行交工验收质量检测。根据《公路工程竣交工验收办法实施细则》对大桥进行了工程实体检测、外观检查和内业资料审查。现场检测了桥梁部分构件的尺寸、桥面横坡、桥面平整度、伸缩缝与桥面高差、钢筋保护层厚度、构造物混凝土强度等指标,并对桥梁整体外观进行检查;对砼抗压强度报告、桩基检测、桥梁荷载试验等报告及隐蔽工程的施工检查记录等资料进行审查。

经过交工检测,梁家渡大桥改扩建工程新建段主要抽检质量指标满足设计及规范要求,质量保证资料基本齐全,满足交工验收条件,正式进入试运营阶段。梁家渡大桥是 G320 国道和 G316 国道(南昌市境内)除城区道路外的最大桥梁,也是连接南昌县和进贤县的主要交通枢纽,该桥新建部分的顺利通车试运行,标志着国省道升级改造关键的节点完成,对南昌市及交通和经济发展起到重要的推动作用。

(南昌市交通质监站)

【南昌市交通质监站推动普通国省道标准化建设】 2016 年市质监站按省厅、省局有关施工标准化要求,完成全省施工标准化指南(桥梁篇)初稿的编制工作;同时结合南昌市在建项目实际,选择具备条件的 2 个项目进行质量安全管理平台建设;推动南昌市 320 国道梁家渡大桥的施工标准化,该项目被江西省公路协会作为示范项目向全省推广,市站也组织在建项目建设及施工、监理单位和县区质监人员进行观摩学习。

4 月 12—13 日,南昌市交通工程质量监督站组织专业技术人员参加省交通建设工程质量监督局组织的江西省普通国省道标准化指南(初稿)讨论改稿会议。此次会议是省交通质监局就江西省普通国省道标准化指南的编撰召开的第二次会议。会议就江西省普通国省道标准化指南(初稿)组织了南昌、九江、上饶、景德镇、萍乡质监站(局)的负责人和业务骨干集中两天时间,逐条审阅后,并要求会后继续按各自任务分工对指南进行修改完善。

7 月 13 日上午,市质监站组织参加全市质量监督业务培训班学员及全市在建交通工程项目从业单位负责人及技术负责人对 G320 梁家渡大桥改建工程就施工标准化进行现场观摩。全市各县区交通运输局、质监机构及在建工程项目单位共计 100 余人参加现场观摩。市交通运输局总工程师张伟、安监处有关人员参加了观摩活动。南昌市公路局对此次观摩活动高度重视,并给予了积极支持和配合,市公路局局长万文浩、总工程师王照辉全程陪同。观摩活动中,G320 梁家渡大桥改扩建工程技术负责人向观摩人员详细介绍了项目建设管理、安全管理和施工标准化情况。现场人员对项目工地大临设施建设、工地试验室、砼集中拌和站、钢筋加工场、预制梁场及现场施工安全等标准化建设管理进行观摩学习,对钢便桥的搭建、预应力箱梁智能张拉、智能压浆、箱梁全自动喷淋养生系统以及现场质量安全远程视频监控系统表现出极大的学习热情。

(南昌市交通质监站)

【新余市交通工程质量检测中心做好林区公路交工检测工作】 12 月 16 日,新余市交通工程质量监督站委托新余市交通工程质量检测中心对新余市林区公路交工检测工作全面完成。该中心在 2016 年度共完成 38 个项目的交工检测,总里程 48 千米。中心专业技术人员依据《公路路基路面现场测试规程》(JTGE60—2008)《回弹法检测混凝土抗压强度技术规程》(JGJ/T23—2011)《公路工程质量检验评定标准》(JTGF80/1—2004)《公路工程竣(交)工验收办法与实施细则》对各个项目进行检测并得出质量检测结果。林区公路的建设,主要为了满足沿线农民的生产需求,方便农、林产品的外运,促进当地经济建设的发展。

(孙海文)

【鹰潭市交通质监站开展施工企业信用评价】 根据省交通厅下发的《江西省交通运输厅关于开展2015年度公路施工企业信用评价工作的通知》及省质监局下发的《江西省交通工程质量监督管理局关于2015年度公路水运工程试验检测信用评价工作有关事项的通知》要求,该市交通工程质量监督站完成信用评价工作,符合规定条件的项目参评率达100%,对辖区内公路建设工程项目的施工单位、监理机构、试验检测中心信用评价工作进行信用自评和网上录入工作,掌握了施工企业、试验检测中心、监理机构及施工、监理、检测人员的工作动态,建立跟踪管理档案,确保了信用评价结果真实体现施工现场情况,并将相关资料报备省质监局。

(艾年宗)

【鹰潭市交通运输局强化交通运输工程质量监管】 鹰潭市交通运输局加大工程质量监督执法力度,强化招投标监管,规范工程建设程序,确保全市交通运输建设工程质量安全。一是推进市县标准化建设工作。积极开展市级站标准化建设,目前已完成机构性质、内部机构、办公条件、管理制度等七项省厅规定条件。下发《鹰潭市县级交通质量监督机构标准化建设活动方案》,进一步启动县级站标准化建设。二是严格工程建设程序。要求建设单位必须办理质量监督手续,并提供施工图纸、合同文件、从业单位及其人员资质等资料,掌握工程概况,施工、监理等机构框架,对照招标文件以及合同书文件进行审核;对每次检查都实事求是,认真出具质量监督抽查意见书,对工程情况提出整改意见。认真阅读施工图纸以及施工组织设计,以及监理规划大纲或监理实施细则,下达《工程质量监督通知书》,到施工现场进行技术交底。对施工单位编制的施工资料以及监理、建设单位的监理资料,实行工程资料审查制,规范工程资料归档,力求资料规范、完整。三是加大建设工程监督检查力度。重点加强国省干线公路项目质量监督。要求各国省干线公路项目业主按照质量监督有关规定,及时进行质量监督申请工作。四是开展施工企业信用评价。对辖区内公路建设工程项目的施工单位、监理机构、试验检测中心信用评价工作进行信用自评和网上录入工作,完成信用评价工作,符合规定条件的项目参评率达100%。

(徐志强)

【萍乡市交通运输局对全市农村公路建、管、养工作进行督查】 为切实加强农村公路建设、养护、管理工作,确保"三年大变样"和2016年农村公路建设、管理、养护各项任务目标圆满完成,10月21至26日,萍乡市交通运输局组织督导组对各县(区)交通运输局的农村公路建设、管理、养护相关工作进行专项督查。此次督查工作采取听取报告、查阅资料和实地查看等方式进行。重点对各县(区)农村公路"十二五""十三五""三年大变样"建设情况,包括县(乡)道升级改造工程、建制村优选通达路线窄路面拓宽改造工程、客运网络连通工程、新建独立桥工程;养护工作包括农村公路文明示范路创建情况,农村公路路网工程(安防、危桥改造工程)实施情况等;管理工作情况,主要对萍乡市交通运输局下发的意见是否根据各县(区)实际情况出台实施细则、"PSL"项目工作开展情况等。

(萍乡市交通运输局)

【萍乡市交通质监站落实监管责任】 一是加强宣传教育,筑牢思想防线。组织全市质监队伍、从业单位安全生产政策法规业务知识培训和部署开展2016年"安全生产月"活动。增强参建人员的安全生产意识和业务水平。二是强力推进"平安工地"建设。督促各项目按照《江西省公路水运工程"平安工地"考核评价工作实施细则》对全市3个重点项目相关从业单位扎实开展评价工作。三是积极推进安全专项工作,截至目前共对14个项目存在的18个问题进行了追踪整改,确保了"百日行动"取得实效。通过采取以上措施,虽然全市交通工程质量监管体系已经基本完善,项目建设监督程序基本规范,各从业单位履约情况较2015年有所好转,各项目质量通病治理成效和施工质量和安全管理水平得到巩固和提高,存在问题的整改落实方面工作效果明显;但仍然存在项目管理不够规范、监督人员力量薄弱、从业单位诚信缺失和质量安全通病较多等问题。

(萍乡市交通运输局)

【安源区交通运输局做好质监站标准化建设】 该局全面启动交通建设工程质量监督站标准化建设各项工作,成立标准化建设领导小组,指导质监站标准化建设的实施与开展。对照省交通质监站标准化建设方案要求,该局认真核对质监站工作职责、人员编制、内部机构,采取增加调配人员,培训整合专业技术人员,以达到标准化要求。首先,质监站配齐在岗监测实验人员5人,其中正、副站长各一名,工程师1名,监督员4名;其次,投资20万元购置试验检测设备,设立试验室为该站开展试验检测提供数据支持;再次,增加配置一辆执法执勤工作用车,为执法实验检测提供保障;最后,配备档案柜,完善了档案管理,确保交通工程质量监督实现长效化、规范化。2016年,质监站完成通25户以上自然村公路项目330千米,县道升级改造3条计22.9千米、客运网络连通工程及乡道改造项目16条计53.7千米、国道2条(G319、G320)计25.4千米的质量监查任务,基本实现了对现有公路网进行升级改造,提高公路网的等级结构。

(萍乡市交通运输局)

【莲花县交通建设管理成效明显】 该局用足用活用好国家加快交通建设的扶持政策,在“政府主导,部门协作,乡村联动,群众参与,齐抓共建”的良好氛围下,充分发挥主管部门的组织协调作用,用好国家的补助资金,引导社会各方的积极性,上下合力,稳步推进全县的交通基础设施建设。2016年,该局推动国省道、县乡公路、城镇化道路和各类桥梁、站场建设项目20多个,完成投资近亿元。为确保工程质量,该局严格执行工程建设“六项制度”(项目法人制、招投标制、工程监理制、合同管理制、安全管理制、廉洁管理制),严格按施工程序操作,加强工程质量监管,落实责任,每个项目工程都明确责任领导、技术负责人、业务责任人,进行分工协作,合力解决困难和问题,积极推进项目实施。同时,该局继续实行以奖代补的办法,实施农村水泥路建设,坚持“四个优先”的原则,调动了村组织和受益群众的积极性,采取“政府补一点、集体出一点、个人集一点、社会捐一点”的筹资方式深入推进“村组通”工程,大力推进乡村水泥路建设,完成农村客运网络化连通工程30千米,完成通自然村水泥路160余千米,实现了乡乡通油(水泥)路,100%的行政村通水泥(沥青)路、25户以上自然村通水泥路基本完成,推进该县农村交通向纵深发展。

(萍乡市交通运输局)

【上饶市交通质监局完成改建工程交工检测】 4月8日,上饶市交通工程质量监督局对省道S307延伸线鄱阳县城至莲湖段改建工程项目进行交工检测。

该次检测分成4个小组,严格执行相关工程项目交工验收实施细则和质量评定规范标准。检测人员深入全线各施工标段,通过详细察看外观、钻芯取样和调阅试验检测数据、察看内业资料、现场提问等形式,对项目建设涉及的桥梁、路基及路面、涵洞通道边沟、附属标志标线、护栏等分项工程的技术质量指标、物理指标和工程施工内业资料签认、整理、归档等各个方面进行检查。

该项目为省道S307的延伸线,起于鄱阳镇北关村,终点位于莲湖大桥桥头,里程长14.177千米,项目总投资约为6516.6885万元。

(李斌　陈锦平)

【宜春市交通质监站做好质量考核评定】 2016年,该站坚持以质量安全为核心,以加快农村公路建设和管养体制改革为主线,积极推行农村公路养护市场化,着力构建农村公路建设管理长效机制。首先狠抓质监队伍建设,主要领导亲自抓,多方面协调,使市质监站成功增编,满足市站标准化建设要求,并通过省厅验收考核。二是强化事中事后管理,不放松质量监督,监督覆盖面达100%。三是针对农村公路建设市场事中事后管理薄弱的现象,从基建程序、施工过程中的质量控制、资料的收集及事后的整理都做出详细的规定,使全市交通工程建设项目的质量有进一步的保障。四是认真制定权责清单,切实抓好施工企业信用评价工作,第一时间按质量完成。

(张　虹)

【宜春市交通质监站把控工程质量评定检测】 该站在工程质量竣(交)工情况评定进行前充分做好准备工作,评定中坚持标准,认真对工程质量进行检验检测,不合格的项目不允许交付使用。全年对已经完工的1100千米农村公路、98千米地方重点公路、18座桥梁工程、28千米农村公路安保工程项目进行了交工质量检测评定工作。

(张　虹)

【宜春市交通质监站加大从业单位信用评价体系管理力度】 受市交通运输局委托,该站积极进行交通建设诚信体系管理工作。按照充分体现"褒奖诚信,惩戒失信"的政策导向,对存在不良信用信息的从业单位和人员,加大监管力度。①试验检测机构信用管理。进行全市交通工程试验检测专项治理活动,共清退无交通运输部门资质的检测机构1家,净化全市交通工程试验检测市场。②施工企业信用管理。对符合评价要求的施工单位其从业行为进行考核评价,建立信用档案。③监理单位信用管理。经常性的对监理单位的质量安全监理职责履行情况进行抽检,对3家质量控制程序执行不到位的监理单位和6名不称职的监理人员进行清退。

(张　虹)

【宜春市交通质监站开展公路工程检测机构比对试验】 为验证试验检测机构的能力,进一步提升公路工程试验检测机构技术能力和管理水平,按照省交通运输厅的相关要求,该站组织在宜春市辖区范围内的交通工程检测机构开展检测比对试验。比对试验的原材料为普通硅酸盐水泥,各检测机构自行到省交通运输厅指定单位领取,试验内容包括比表面积、凝结时间、胶砂强度3个参数,试验结果报省交通工程质监局进行比对。该站按照省厅要求,精心部署,对检测机构比对试验的现场派出技术人员进行全过程鉴证并录制影像资料,有效保证了比对试验的真实性、严肃性,圆满完成了比对试验工作。

(张　虹)

高速公路管理

【概况】 2016年,省高速集团全体员工和衷共济、攻坚克难,圆满完成各项目标任务,实现了"十三五"良好开局。集团资产规模达2633亿元,增长11%,净资产1089亿元,增长17%;管辖里程由4404千米增加到5114千米,增长16%;全年实现营收161亿元、利润18亿元,其中通行费收入达113亿元,增长9%,附属产业产值达48亿元;完成项目投资308亿元,融资规模超过590亿元。高速公路建设累计拉动社会总产值约920亿元,直接创造税收约40亿元,提供就业岗位约55万人次,使用省产钢材、水泥分别约54万吨、470万吨,为推动全省经济社会发展、服务百姓出行发挥了重要的支撑保障作用。

1. 全省高速公路基本建成6000千米。2016年集团承担了14个高速公路项目,总投资745亿元,总里程1047千米,其中10个项目同期开工、同批建成,项目数量、投资规模和通车里程在江西高速公路建设史上前所未有。顺利建成东乡至昌傅、上饶至万年、修水至平江、铜鼓至万载、船顶隘至广昌、宁定高速宁都至安远段、安远至定南段、定南联络线、都九高速都昌至星子段(不含鄱阳湖二桥)、昌宁高速南昌连接线等10个项目710千米,打通28个出省通道,全省高速公路通车里程达5908千米,基本形成"四纵六横八射十七联"高速公路网。

修订设计变更管理办法,加强对项目造价及变更管理审查,核减3.62亿元。实行集中统一招标,完成78个项目、213个合同段、总价155亿元的招标任务,中标价低于上限控制价8亿元,未发生一起有效投诉,实现房建、机电等5大施工内容电子化招标的全覆盖,被交通运输部列为全国公路建设市场电子招投标试点省份。创新项目施工工艺,昌九高速改扩建项目推进桥涵工业化建造,打造20公顷的大型预制场,实现梁板、小型构件等集中生产;东昌项目赣江特大桥主跨采用180米悬浇预应力砼连续钢构,创目前同类桥梁单跨长度的“江西第一”;铜万、宁安等项目首次采用桥梁防撞墙复合钢模及整体拆装技术,安定项目在省内首次引入暗边沟施工滑模等工艺。九江长江公路大桥荣获土木工程领域最高奖项詹天佑奖,昌樟高速改扩建项目被交通运输部评为绿色公路示范项目。

2. 在宁安、上万等4个项目开展“代建+监理一体化”、改进传统监理等5种建管模式改革试点工作。

养护管理国检排名全国第六、融资规模达到590亿元、收费总额超过110亿元。2016年6月,交通运输部公布“十二五”全国干线公路养护管理检查结果,江西高速公路取得了全国第六的好成绩。2016年,集团主动作为、积极争取,获得国开行专项建设基金55.16亿元、财政补助9亿元、车购税16.65亿元,继续创新融资工具,拓展融资渠道,引入昆仑银行、汇丰银行等省外境外资金,全年融资591亿元。其中,筹组广吉、东昌等银团贷款151.5亿元,发行中期票据、定向工具等债券融资236亿元,实现了集团在证监会、发改委和交易商协会三个主管部门债券发行的全覆盖,创造了国内注册最大单笔永续债券、国内地方企业首批注册DFI和公司债发行利率近5年新低等多项纪录。

在重大节假日小型客车减免6.88亿元、上缴财政统筹约23亿元的基础上,全年通行费收入达113亿元。抓好了堵漏增收,搭建了由7省高速运营单位、60多个省界收费站组成的跨省绿通查验信息数据共享平台,推广梨温公司首创的绿通车验货信息代码识别技术,对疑似假绿通车进行分类标记,建立了逃费车灰名单数据库,发挥收费稽查队伍作用,打击宜春、新余等区域的团伙逃费行为,实现精准打逃,全年共查处逃费车10300辆,追缴通行费608万元。抓好了营销创收,开展“沿着江西高速去旅游”活动,征集自驾游线路80余条,发布10条春节游线路,与100多家景区、酒店合作,争取食宿、门票等优惠。

3. 加强内部管理,通过财务结算中心归集15家成员单位141个银行账户资金;出台全面预算管理制度,实现了资金预算的全流程信息化。抓好了内部审计工作,完善内审部门组织架构,制定了内部审计、领导人员经济责任审计等制度,对33位离任领导人员经济责任、5家所属单位财务收支情况、37个建设项目决算实施了审计,核减投资1.38亿元,对项目办、所属单位发放薪酬补贴等进行专项审计。抓好了人力资源管理,在上高中心试行工资总额包干并取得成功经验,对收费路段、子公司和项目办进行分类考核,科学量化指标,拉开分值级差;核定全部经营性子公司的机构编制,规范路段信息分中心机构设置,深入推进大所制改革,对所站机构进行调整合并、核定编制。

与中石化合资组建了高速石化公司,建成22座服务区电动汽车快充站,资产公司成立高速电建新能源公司,在84个所站(养护中心)、48对服务区启动分布式光伏项目一期建设,并网容量达12.7兆瓦,成为国内首个在高速公路全面铺开的分布式光伏项目;赣粤公司投资入股恒邦保险,并列第一大股东。

完善子公司经营业绩考核办法,各子公司经营业绩稳步提升。其中开发公司积极推进项目建设,抓好收费主业,实现营收约25.7亿元;赣粤公超额完成年度经营目标;交通咨询公司抓好宁安等代建项目,承接工锰咨询、交安施工及高速改扩建监理等业务,实现营收1亿元:畅行公司加强服务区经营管理,实现营收1.5亿元。

开展“春运”安全综治、重点项目安全生产等8次专项检查,发现安全隐患440处,整治到位389处。吸取江西丰城发电厂事故教训,全面开展建设运营领域安全隐患排查。开展“平安高速”建设,对部分路段的视频监控、养护巡查监控设备等进行了完善。在“两会”等重点时段,落实安全生产零报告制,取消车流高峰时段的养护大中修施工,稳固了安全局面。及时启动防汛应急响应工作机制,全年共投入人工12000余人次、工业盐916吨、机械设备1246台班,有效应对各种恶劣天气,成功打赢“6·19”九景高速K436路段抗洪抢险保通战役,高效处置温沙高速金牛峰大桥锥坡滑坡和石吉高速K451路基沉陷水毁灾情,保障道路安全畅通。

(陈　菁)

【交通运输部安全运行检查组到泰井高速开展隧道安全专项检查】 12月20日，由交通运输部公路局副局长王太带领的安全运行检查组来到泰井高速公路就隧道安全开展专项检查，省交通运输厅副厅长王昭春、省高速集团总经理任东红以及泰和中心主要党政主要负责人陪同。

检查组一行对管理中心隧道各项安全设施完好、安全隐患排查治理工作扎实和隧道养护管理机制落实到位表示了充分肯定。王太强调，管养部门要加强隧道安全检查，确保各类安全设施在紧急情况时能有效运行，保障隧道通行安全；各级交通运输部门要深入贯彻落实习近平总书记、李克强总理关于安全生产的重要指示、批示，切实有效开展安全检查，落实安全生产责任，坚持安全管理常抓不懈，牢固树立“本质安全”理念和“隐患就是事故”的风险意识。

（省高速集团）

【刘昌林副省长率省高速集团一行洽谈肯尼亚公路项目】 9月28日，江西省人民政府副省长刘昌林率队与肯尼亚基础设施建设部在内罗毕举行会谈，双方就肯尼亚相关公路升级改造项目深入交换意见。

刘昌林在会谈中表示，此次率领江西省“走出去”战略考察团出访，旨在推介江西企业参与“一带一路”相关项目开发，助推沿线国家的基础设施建设。他着重介绍了近年来江西交通建设的突出成效，重点推介江西省高速集团作为交通基础设施建设运营单位的优势，希望未来能与肯方进行深化合作、共同发展。任东红在发言中介绍了集团概况和特点，一是项目建设实力强，近年来建设2000多千米高速公路，多个项目荣获国家级奖项；二是投资融资能力强，具有AAA信用评级优势；三是收费公路运营管理强，在五年一次的全国干线公路养护管理大检查中，连续两次获得全国第6的好成绩。

此次会谈促进双方的交流，为省高速集团实施“走出去”战略、进入富尼亚公路建设市场打下基础。

（省高速集团）

【江西交通考察团拜会坦桑尼亚公路管理局】 9月27日，省政府副秘书长涂琼理、省高速集团党委书记、董事长王江军率江西交通考察团一行6人拜会坦桑尼亚公路管理局。

坦桑尼亚公路管理局首席规划师Bencolias-Tinkaligaile，携规划、合同采购、项目管理、养护管理等部门负责人参加会谈。坦方对江西交通考察团的到来表示热烈欢迎，简要介绍了该国道路基本情况、公路管理局的职能和管理模式，详细介绍了即将开始建设达累斯萨拉姆至查林泽公路项目，项目全长约140千米，热烈欢迎江西方投资建设。

涂琼理、王江军代表江西方对坦桑尼亚良好的经济发展势头和优异约生态环境给予赞赏，并介绍了江西交通和江西高速集团的基本情况，希望凭借中坦两国良好的关系，发挥自身所长参与坦国交通投资建设，双方一致同意积极推动双方合作，互惠互利，拓展合作领域，提升合作层次，力争双方合作交流迈上新台阶。

考察团一行还考察了南非豪登省发展署、赞比亚发展署和江西中煤赞比亚分公司、江西国际赞比亚办事处等。

（省高速集团）

【“高速公路运行管理与应急处置关键技术研究及应用”项目认定为科技成果】 6月，从交通运输部科技司获悉，由赣粤股份公司、交通运输部规划研究院、方兴公司等多家单位承担的交通运输部信息化技术研究项目“高速公路运行管理与应急处置关键技术研究及应用”被交通运输部确认为科学技术成果。

“高速公路运行管理与应急处置关键技术研究及应用”项目历时近两年时间完成，于2015年12月通过交通运输部组织的专家委员会验收，2016年5月颁发“科学成果证书”，研究成果经鉴定达到国际先进水平。

（省高速集团）

【昌樟高速改扩建工程被评为“绿色公路”示范项目】 6月，交通运输部公布了“十二五”绿色交通省（城市、公路、港口）等示范项目考核验收结果，昌樟高速公路改扩建工程验收结果评定为优秀等级，列为“绿色公路”示范项目。

昌樟高速公路经过改造扩容升级，主线由双向4车道拓展为双向8车道，药湖特大桥由双向4车道拓展为双向10车道，交通服务通行等级位居全省首位。2014 年 5 月,昌樟高速改扩建项目成功获得交通运输部绿色循环低碳公路主题性示范项目,成为江西省第一条“绿色循环低碳主题性示范公路”。

(省高速集团)

【公路开发公司与中航国际签订战略合作协议】 3 月 28 日,公路开发公司与中国航空技术国际控股有限公司在南昌举行战略合作签约仪式,签订《战略合作协议》。通过合作,双方形成强强联合战略合作关系,将在核心资源上优势互补,实现资源合理配置,互利双赢。通过合作,有助于公路开发公司更加稳妥地介入房地产开发领域,形成以高速路网投资建设带动土地资源开发、土地资源开发促进房地产开发的产业链条化、主业拓宽辐射发展的新的经营增长模式。

中国航空技术国际控股有限公司为世界 500 强企业,涉足国际航空、贸易与大宗商品、资源开发、电子高科技、地产与酒店、零售与高端消费六大业务板块。目前在江西的产业有格兰云天、九方购物广场及天虹购物广场、中航建筑江西分公司等。

(省高速集团)

【赣粤公司连续 10 年获江西省优秀企业称号】 3 月 29 日,江西省企业联合会、江西省企业家协会 2015 年年会暨表彰大会在南昌召开。会上,赣粤高速股份公司再次获评江西省优秀企业。这也是该公司连续 10 年获江西省优秀企业称号。该公司总经理谭生光当选江西省优秀企业家。

“十二五”期间,赣粤高速累计实现营业收入 211.54 亿元,较“十一五”增加 65.21 亿元,同比增长 44.57%,累计实现净利润 41.34 亿元,年均净利润为 8.27 亿元。2011—2014 年累计为股东分红 10.18 亿元。

(省高速集团)

【省高速集团获“2015 江西经济十件大事”功勋企业荣誉称号】 5 月 27 日,“2015 江西经济十件大事”评选结果发布,省高速集团及其子公司公路开发公司、赣粤公司获“2015 江西经济十件大事”功勋企业荣誉称号。

(省高速集团)

【省高速集团获江西省“十二五”安全生产工作先进单位称号】 5 月,在省政府召开的全省安全生产工作会上,江西省高速集团被授予江西省“十二五”安全生产工作先进单位称号,受到省政府表彰。

(省高速集团)

【赣粤公司获 9 项管理创新成果奖】 3 月,赣粤公司管理创新喜报频传,获得国家级企业管理现代化创新成果 1 项、省(部)级企业管理现代化创新成果 8 项。

赣粤公司推荐的《高速公路服务区“驿家人”服务品牌的构建与运作》荣获第二十二届全国企业管理现代化创新成果二等奖、第十七届江西省企业管理现代化创新成果一等奖和 2015 年交通企业管理现代化创新成果。昌九管理处推荐的《以提升高速公路收费工作为目标的系统管理员委派管理》和方兴公司推荐的《竞争性国有企业和谐劳动关系构建与优化》等 3 项创新成果获得第十七届江西省企业管理现代化创新成果一等奖,昌泰公司推荐的《高速公路大修工程就地疏导交通组织管理》获第十七届江西省企业管理现代化创新成果三等奖。昌泰公司、服务区管理中心等单位推荐的 4 项创新成果获 2015 年交通企业管理现代化创新成果,昌泰公司被评为首批全国交通运输企业管理现代化创新成果示范单位。

(省高速集团)

【赣粤高速连续 12 年跻身中国服务业 500 强】 8 月 27 日,在湖南省长沙市召开的 2016 中国 500 强企业高峰论坛上,中国企业联合会和中国企业家协会联合发布了 2016 中国企业 500 强和服务业企业 500 强等榜单。江西共有 5 家企业入选服务业企业 500 强,赣粤高速跻身 377 位,较上年前进 43 位,连续 12 年入选。

2015 年,世界经济形势复杂多变,中国经济结构调整步伐加快,赣粤高速迎难而上、积极作为,高速公路主营业务收入稳中有升,子公司营业收入占比首次超过 50%,以“四增一降”(总资产、净资产、营业收入、子公司收入增长和可控成本费用下降)的良好经营绩效,实现“十二五”的完美收官。

(省高速集团)

【毛伟明常务副省长对集团融资工作给予肯定和鼓励】 9月26日，省委常委、常务副省长毛伟明对江西交通运输信息专报刊登的《省高速集团成功发行私募公司债30亿元》做出批示，对省高速集团融资工作给予了充分肯定和鼓励。

毛伟明在批示中指出，多渠道筹措资金，打破瓶颈制约对交通基础设施建设来讲至关重要，省高速集团创新融资方法，降低财务成本，实现新的突破，值得肯定。

省高速集团作为江西省最早尝试债券融资的企业，创造了国内首批发行短期融资券、发行国内最低利率债券、首家发行地方企业超短期融资券等多项全国第一的纪录。目前，集团发行各类债券85支，占全省企业债券发行总量的30%以上。

（省高速集团）

【全国知名券商支持江西省高速集团公司债发行启动会在南昌召开】 3月2日，全国知名券商支持江西省高速集团公司债发行启动会在省高速集团一楼会议室召开。省高速集团党委书记、董事长王江军出席会议并致辞，省交通运输厅、省金融办、省证监局、南昌市金融办等相关单位部门有关领导出席会议。

启动会上，在江西省南昌市赣江公证处的全程监督下，此次省高速集团公司债申报环节的牵头主承销商确定为华融证券。根据发行计划，公司债全套申报材料将于3月13日提交上交所审核，力争3月31日完成封卷工作。

此次省高速集团发行的100亿元公司债在江西以及全国公路行业创下了历史新高。

（省高速集团）

【省高速集团发行全国首单统一注册项下超短期融资券】 3月9日，江西高速集团在国家开发银行的支持下，在DFI统一注册机制下实现了集团10亿元超短期融资券国内首发，期限180天，发行利率2.55%，为同期市场最低，将可节约利息40%以上。这是高速集团成为全国DFI统一注册首批试点企业以来发行的首单超短期融资券。

全国DFI统一注册首批试点企业共七家，江西高速集团是唯一的地方企业。成为全国DFI统一注册首批试点企业后，可以充分享受发行融资债券和票据的便利性与灵活性，可以根据市场变化灵活发行不同债券、票据，有效降低企业融资成本。

（省高速集团）

【中国农业银行行长赵欢到江西开展融资洽谈】 10月9日，中国农业银行行长赵欢、中国农业银行江西省分行行长温学宇、副行长胡继华等来到省交通运输厅进行融资洽谈。厅党委书记、厅长朱希，副厅长王爱和，省高速集团总经理任东红、省交通运输厅财务处处长陈玉书、集团总会计师阙泳等参加座谈。

朱希对中国农业银行长期以来对江西交通运输建设给予的大力支持表示感谢，恳请农行一如既往地关心、支持江西交通运输的发展，继续在政策、资金上给予更大支持，继续在信贷规模、资金价格上给予更大倾斜，共创金企双赢的良好局面，共享合作发展的成果。

任东红恳请中国农业银行能继续关心江西高速公路建设，在信贷审批、授信规模、债券投资等方面扩大支持力度，在金融创新方面给予集团更多合作机会，为高速公路企业可持续发展提供政策引导和资金支持。

赵欢表示将进一步发挥金融机构的支撑服务作用，深化金融合作，充分利用债券投资，产业基金、“一带一路”、扶贫贷款等政策大力支持江西交通运输建设。

（省高速集团）

【中国银行江西省分行到集团开展合作洽谈】 11月24日上午，中国银行江西省分行党委书记、行长张东向一行到省高速集团就融资合作开展调研洽谈。集团党委书记、董事长王江军出席洽谈会，董事会办公室、内控审计部及财务管理部相关负责同志参加会议。

王江军从融资、建设、管理、经营四个方面对江西高速的总体运营情况进行了简要介绍，并表达对融资项目、“走出去”战略、财务公司运营、人才培养等方面的合作意愿。张东向表示将继续发挥中国银行的金融服务优势，与江西省高速集团实现资源整合，提升整体配套服务。

会上，双方就国家未来金融货币政策进行了研讨，并对现有合作情况及未来合作方向展开了深入交流。双方一致认为在基础信贷服务的基础上,应进一步加强集团"走出去"战略的金融综合服务等对公业务及易汇通等个人业务的深度合作。

(省高速集团)

【省高速集团举办2016年投资者交流会】 9月13日,省高速集团在北京举办2016年投资者交流会,省交通运输厅副厅长王爱和出席会议,省高速集团党委书记、董事长王江军在会上致辞,华融证券副总经理万春兰致辞。建设银行、中信建投、工商银行等国内主要资管投资者,工银瑞信、华夏基金、易方达基金等知名基金投资者,人寿资产、泰康资管等重要保险机构投资者,大公国际、联合资信和中诚信等国内三大评级机构的相关人员共计100余人参加了会议。

王江军在致辞中简要介绍了集团的基本情况。他说,江西高速集团作为省内总资产规模最大的企业,营业收入保持持续稳定增长,连续七年被权威评级机构评为主体信用AAA等级,是一个值得信赖的企业,热忱欢迎广大投资者投资江西高速集团,江西高速集团将和广大投资者一道,以真诚的信任和良好的合作,共创美好未来。

会上,投资者就江西省高速公路规划和政府支持、集团财务状况、收费业务等方面积极提问,集团相关负责同志对投资者的提问进行了翔实回答。对于投资者关心的国内外汇率、利率、价格波动背景下中国经济走向和国内基础设施未来发展趋势,华融证券首席经济学家伍戈结合高速公路行业情况,做了题为《经济弱企稳找寻新动能》的现场演讲,加深了投资者对江西高速的理解。

这是集团首次面向交易所市场投资者开展交流活动。通过积极的互动,促进了交易所市场投资者对江西高速的认可,为集团未来融资奠定更坚实的基础。

(省高速集团)

【江西省高速集团公司债利率创近五年新低】 9月26日,江西省高速集团在上海证券交易所成功发行私募公司债30亿元,期限3+3共计6年,票面利率3.45%,发行利率创同期限非金融企业私募债近五年新低。此次发行实现了集团在证监会、发改委、交易商协会三个监管部门债券发行的全覆盖。

此次省高速集团公司债发行主要有六大亮点:一是获批规模100亿元,首次发行30亿元,创全省及全国高速公路行业之最;二是审批时间短,从提交所有申报材料到接到封卷仅用9个自然日完成;三是创新承销商公正遴选机制,公开向全部符合条件的38家证券公司发出邀请,采取"自愿报名"和"抽签"的形式并在公证处的监督下确定牵头主承销商;四是创新发行期限结构,首次采用3+3的期限结构,即共计6年(错开还债高峰期),在第三年末给予发行人上调票面利率选择权及投资者回售选择权;五是创新发行方式,采用20+10亿元的超额配售条款,即在基础发行规模20亿元的基础上,根据网下申购情况,赋予不超过10亿元的超额配售选择权;六是创新承销方式,在13家承销商的支持下引入竞争性销售方式,推动市场化利率形成。

(省高速集团)

【赣粤工程公司成功增资至10亿元】 经过十余年的发展,赣粤工程公司已成长为一家资质类别齐全、公路建养为主的现代化施工企业,参与省内外众多重点工程项目建设,在省内公路行业享有较高声誉。11月9日,该公司变更法人代表人,完成了工商变更(备案)登记相关手续,注册资本由原3亿元变更为10亿元人民币,经营范围增加了"检验、检测"。此次成功增资将使该公司顺利运过独立承担PPP项目的门槛,为将来转型发展奠定扎实的基础。

(省高速集团)

【省高速集团与国家开发银行签署"十三五"综合金融合作协议】 5月13日,国家开发银行江西省分行、省政府金融办联合举办了"开发性金融支持江西'十三五'发展综合金融服务研讨会暨'百家银行送千企'国开行专场对接活动",省政府副省长刘昌林、国开行副行长丁向群出席会议并致辞,国开行江西省分行行长吴守华、省高速集团总经理任东红应邀出席会议并参加签约仪式。

根据协议内容,国开行江西省分行将凭借其专业优势、体制优势和业绩优势,积极提供投、贷、债、租、证等相关支持,全方位解决集团资金需求,并在资源配置、贷款额度、期限、利率等方面给予倾斜。

截至2016年5月，国开行已累计为全省27个高速公路项目提供融资支持，涉及建设里程3637千米。2015年，国家开发银行与省高速集团合作完成了DFI项下国内首单债券发行。双方一致表示，将以此次合作协议为契机，继续加强高速公路项目建设方面的合作，并持续扩大业务合作范围。

（省高速集团）

【赣州市主动做好全市高速公路路网建设】 赣州市高管处积极开展各条高速公路网规划工作。在线路走向和互通设置等重大问题上，根据全市经济社会发展需要和沿线县市政府意见，提出相关意见、建议，并通过各种方式，提请省直有关部门加快项目审批进度。积极协调将大广高速公路南康至龙南段新修复线、兴赣高速公路北延、信丰至南雄高速公路、寻乌南桥至广东龙川和寻全西延、济广高速与厦蓉高速会昌连接线等6条高速纳入省"十三五"规划，并加强与国家、省有关部门的对接，进一步完善全市高速公路网布局，改善赣南苏区对外交通条件。积极协助开展省、市属高速的公路前期工作。为确保项目顺利推进，积极开展大广高速公路南康至龙南段新修复线、兴赣高速公路北延等4条高速公路的前期工作。

（赣州市高速公路管理处）

【上武高速公路收费工作发展势头良好】 截至2016年12月18日共收取通行费6331万元，同比（3118万元）增长103%；实得3053万元，同比（2021万元）增长51.1%，日均8.7万元；入口车流量为796606辆，出口车流量为756677辆，日均车流量4413辆，同比（1345378辆）增长15.5%，假绿通106辆，冲岗车13辆；共发生交通事故50起，无人员伤亡。

（上饶至武夷山高速公路管理处）

水路运输管理

【概况】 2016年，全省港航系统紧抓长江黄金水道和长江经济带建设等战略机遇，加快推进水运基础设施建设，提升水运供给能力和服务品质，夯实安全生产基层基础，全力推进水运事业升级提速，圆满完成各项目标任务。

1. 水运基础设施建设快速推进。按照省委省政府建设通江达海水路交通大通道，振兴"千年赣鄱黄金水道"的部署，大力实施"十三五"水运规划，2016年完成总投资14.1亿元，全省水运基础设施建设加快提速。

《江西省内河水运"十三五"发展规划》完成编制，待《江西省综合交通运输体系发展规划》发布后报厅批复。《九江港总体规划》（修订稿）通过省部联合审查待部批复；《南昌港总体规划》修编评估获交通运输部批复；启动了《赣州港总体规划》《丰城港总体规划》编制工作。按照《江西省内河水运"十三五"发展规划》的发展思路和发展目标，加快实施有关项目，启动了赣江石虎塘—神岗山三级航道整治等航道项目、九江港彭泽港区红光作业区综合枢纽码头一期工程等港口项目、赣江井冈山航电枢纽工程等枢纽项目建设工作。

省港投公司累计争取财政补助资金7亿元，赣江新干航电枢纽工程申请到7.5亿国家开发银行专项建设基金，赣江井冈山航电枢纽工程已向国家开发银行申请10亿元专项建设资金待批。省港投公司获银行授信130亿元，成功发行全省第一单水运行业项目债务融资工具——2亿元中期票据，票面利率3.68%，发行利率创下了全国同时期同评级同期限的市场最低水平。赣江石虎塘航电枢纽累计发电收入4.95亿元，用于水运基础设施建设的滚动开发。

南昌龙头岗综合码头一期工程建成并投入试运营，总投资8.28亿元，新建4个2000吨级泊位，设计年吞吐量集装箱 20 万标箱，件杂货 180 万吨，是中华人民共和国以来江西省内河规模最大、靠泊能力最强的现代化综合码头。赣江新干航电枢纽工程累计完成投资 13.26 亿元（2016 年完成投资 9.61 亿元），占总投资的 34.5%。赣江井冈山航电枢纽、红光作业区综合枢纽码头一期工程 PPP 项目初步设计获批，正在进行社会资本方招标工作。开工建设赣江石虎塘—神岗山三级航道整治工程。编制完成信江八字嘴航电枢纽、信江双港航运枢纽工可报告初稿。《南昌港、九江港疏港公路规划》完成编制，已纳入交通运输部专项公路补助范围。龙头山水电站、新洋丰肥业生产基地码头等 7 个社会投资项目全年完成投资 10.5 亿元。

2. 水上交通安全形势持续稳定。2016 年，全省共发生 3 起一般及以上水上交通事故，死亡 3 人，沉船 2 艘，直接经济损失约 121 万元，水上交通事故四项指数稳中下降，全省水上交通安全形势持续稳定。强化了重要节假日、“两会”、汛期等重点时段对重点水域的现场巡查，加大对“三类重点船舶”现场检查和监管力度。全年共派出 40 余个明察暗访督查组对港航系统安全生产工作进行督查暗访，查找安全隐患并督促整改落实。开展全省内河水上安全生产大排查行动，检查运输企业、码头 496 家（座）、渡口 400 余道，排查整改各类安全隐患 620 个。建成标准化渡口 112 道，发放补助资金 1999.5 万元。组织水上交通安全知识进校园活动。

实施行政处罚 165 起，督促 1000 余人参加船员培训考试。深入开展全省桥区水域通航安全整治，合理、高效配置桥涵标和桥区水域通航标志，重点打击桥区水域违法采砂、停靠行为。加强船舶、港口污染控制，制定并实施《江西省内河水域船舶污染事故应急预案》，配合相关部门做好老旧船舶强制报废工作，推动港口企业加快建设生活污水和垃圾等污染物的接收设施，加强船舶和港口防污染监管。

做好全国综治工作会议期间水上交通安全稳定工作，在鄱阳湖瓢山、星子、鞋山水域设置检查站，对出赣入江（长江）及进入南昌市核心区域的船舶进行全面安全检查，共登船检查船舶 1300 余艘次，确保南昌全国综治工作会议期间水上交通安全形势稳定。做好 G20 杭州峰会入浙船舶专项安全监管工作，对全省 163 家省际航运公司 12 艘入浙船舶开展了 24 次专项安全检查，发现并整改缺陷 134 个，确保峰会期间入浙船舶符合安全条件。全力护航南昌舰“回家”，10 月 7 日至 10 日，负责南昌舰“回家”—江西水域的护航任务，九江、南昌海事部门对辖区重点水域进行通航维护和管制，安排海巡艇进行全面护航，航道工程局组织航道紧急疏浚，顺利完成护航任务。服务重大项目安全维护，南昌、吉安、宜春等分局确保红谷隧道工程、新干航电枢纽、丰城龙头山航电枢纽等项目施工和通航安全。

建成九江市水上应急指挥中心，优化全省水上搜救机构布局。完成了《水上应急管理文件汇编》初稿。险情上报与查询分析系统实现试运行。加强应急处置工作，全年共接收突发事件报告 25 起、编报值班信息 35 期，协调鄱阳湖分中心派出搜救力量 6 次。加强搜救队伍建设，开展搜救人员培训工作，组织专业和社会救助队伍搜救联训，开展 2016 新余市仙女湖景区水上突发事件应急演练等，进一步提升本省处置水上突发事件应急反应和救援能力。深化内河船员改革，做好考规及其实施办法等有关法规规章的宣贯工作，完成新船员管理系统上线运行和船员信息采集工作。组织开展全省海事基础工作交叉检查，进一步规范海事基础工作。

3. 水运升级步伐明显加快。2016 年全省完成水路货运量 1.1 亿吨、货物周转量 235 亿吨千米、港口吞吐量 3.1 亿吨、集装箱吞吐量 38.8 万标箱，同比分别增长 15.8%、13.4%、-4.9% 和 7.2%，水运经济呈现趋稳态势。认真做好“春运”“两会”“清明”“五一”全省水上旅客及重要物资安全运输保障工作。重点做好“春运”客运工作，“春运”期间全省水路旅客运输共投入各类客船 7596 艘次，同比下降 16.9%；投入 314653 客位，同比增长 10.6%。开展全省客船和危险品船运输企业专项检查，注销自有运力不合资质要求的 2 家船舶危货企业和 3 家省际客运企业经营资质，对未取得码头经营许可证的客运企业进行督查整改，违法经营行为得到有效整治。开展全省水路运输企业年度核查工作，全省共计 148 户水路运输企业和 54 户个体经营户通过经营资质核查。加快推进运输结构调整。完成 231 艘（20.7 万吨）运输船舶生活污水防污染改造，1 艘单壳油船改造（488 总吨），协调发放到位政府补贴资金685万元。全年全省拥有营运船舶2087艘、223万载重吨，船舶平均载重吨位增至1068吨，船舶向大型化、专业化、标准化发展。加快旅游客运发展转型。柘林湖库区新增标准化节能型游船21艘1764客位，推动传统水上客运向高品质旅游客运转型。严格规范岸线审批，完成江西晨鸣纸业货运码头工程等项目的岸线审批工作，华中木业有限公司木材专用码头工程等项目1708米深水岸线获交通运输部批复。完成九江港（沿江）可视化港口深水岸线资源普查工作。开展内河重点水域港口码头“未批先建”专项整治活动，对庐山西海司马旅游客运码头等3个未批先建项目进行处罚。

（蒋少全）

【交通运输部到九江调研江西长江流域船舶与港口污染防治】 8月15—17日，交通运输部长航局黄克艰副巡视员带领部规划司、水运局、规划院、水科院等单位一行10人到九江，就江西省长江流域船舶与港口污染防治工作推进情况进行调研。

调研组实地查看九江浔阳水上服务公司企业对垃圾回收、污染物处理的情况，并查阅相关材料，与企业负责人进行咨询和交流。随后，登船检查一条航行中的货船，实地查看船舶机舱油污水、生活垃圾、生活污水处理现状，并向船长详细询问了船舶污染防治工作情况及存在的问题和困难。九江市港口局协助省港航局组织召开座谈会，参加会议的有调研组成员、省港航局、九江市港口局、九江市工信、城建、市政、航运企业、港口企业、造船厂、污染物接受单位等代表20余人，与会各单位结合各自的工作实际，从内河船舶使用符合标准普通柴油的落实情况，船舶污染物接受运转处置情况，清洁能源等效替代情况，港口、船舶污染物排放监测工作开展情况以及防治船舶污染应急计划情况等方面进行了交流和座谈。

（黄　雄）

【交通运输部法制司司长梁晓安到上犹调研】 4月29日，交通运输部法制司司长梁晓安在省交通运输厅副厅长谢德强及赣州市县相关领导的陪同下，前往上犹县地方海事处调研法制建设工作情况。

在上犹县地方海事处，梁晓安详细了解该处执法工作开展情况以及站所标准化建设情况，听取有关执法工作汇报，了解基层站所在执法中面对的矛盾和问题，并提出相关建议。就基层海事工作，梁晓安要求：一是要紧抓辖区重点，高度重视安全管理工作，确保安全。二是要将简单的业务做精细，做出自身品牌特色。三是要重视青年工作，发挥青年生力军作用。四是要争取在执法队伍职业化等方面取得新突破，打造一支运作协调高效、执法行为规范、执法保障有力的执法队伍，不断提升水上交通执法水平。

（龙富民）

【九江市委副书记、市长林彬杨深入鄱阳湖调研采砂管理】 1月21日，九江市委副书记、市长林彬杨在副市长赵伟、市政府秘书长王丰鹏的陪同下，深入鄱阳湖调研采砂统一管理工作。

林彬杨一行乘坐赣海巡0066艇来到鄱阳湖采区现场监管指挥所平台，详细了解采砂管理工作情况，亲切看望和慰问坚守在一线的采砂管理工作人员。在都昌1号采区，林彬杨登上正在施工作业的九江采1568采砂船，了解采砂船生产作业情况，叮嘱船主要做好安全生产和环保工作。在赣海巡0066艇会议室，林彬杨认真听取鄱阳湖采砂统一管理工作汇报，九江市地方海事局负责同志就辖区水上交通安全监管工作做专题汇报。林彬杨对鄱阳湖采砂统一管理工作给予充分肯定，他强调：做好采砂统一管理工作，要不断创新工作机制，坚持部门联动合作机制，增强执法力度，保护好鄱阳湖“一湖清水”，确保采砂作业生产安全及通航安全。

（潘劲松　杨鲁明）

【浙江省副省长孙景淼调研江西省水运发展情况】 3月8—10日，浙江省政府副省长孙景淼、浙江省政府副秘书长谢济建、浙江省交通运输厅厅长郭剑彪、浙江省港航局长胡旭铭等一行9人到江西考察调研水运发展情况。省政府副省长李贻煌、省政府副秘书长张小平，省交通运输厅党委书记、厅长朱希，副厅长梁必康、王昭春，省港航局局长于钦民等出席座谈会或陪同调研。

座谈会上，孙景淼简要介绍浙江省社会经济、交通及水运建设发展情况。他指出：近年来，浙江省高位推动水运建设发展，把港口和水运发展作为对接国家“一带一路”倡议支点,舞动长江经济带的“龙眼”,以体制创新激发港口活力,着力推动沿海和内河港口协同发展,港口吞吐量、集装箱箱量等多项水运指标走在国内乃至世界前列,有力地支撑浙江经济社会发展。他希望双方进一步推进政府、社会资本合作,加强产业协作和项目对接,强化在港口开发、经营管理及铁水联运等方面合作,实现共同发展。李贻煌简要介绍江西省经济社会发展、交通及水运建设等情况。期间,孙景淼一行先后到九江瑞昌产业园城西集装箱、江西新洋丰生产调度应急救援指挥中心、上港集团九江港外贸码头及江西交通监控指挥中心等地进行实地考察。

(邱志勇 付 勇)

【福建省地方海事局到江西调研海事“三化”建设】 3月21—25日,福建省地方海事局党委书记林月恩一行7人到江西调研海事“三化”建设情况。省港航局党委书记严允,党委委员、调研员刘水生陪同调研。调研组一行先后赴兴国、井冈山等地实地考察调研基层海事“三化”建设情况,并与各基层海事部门进行座谈。座谈会上,严允就江西水运概况、“十二五”水运发展情况、海事“三化”建设等作介绍,重点介绍全省海事正规化、现代化、党建、精神文明和廉政文化等建设情况。调研组一行就如何加快推进基层海事“三化”建设与各基层海事部门进行深入交流。

期间,调研组一行还深入石虎塘航电枢纽、新干航电枢纽考察全省水运建设情况。

(邱志勇)

【江西省内河船舶船员适任考试首次使用驾驶模拟器】 1月18—22日,九江市地方海事局举办组织的2016年第一期内河船舶船员适任考试,来自全省各县区105名船员参加培训考试,首次使用驾驶模拟器代替实船进行训练和考试。

随着内河航运市场多元化的发展和政府职能的转变,过去利用实船进行实际操作考试受到各方面条件的限制,而船舶模拟器代替实船进行实操考试优势明显。一是能够随意选择船型、船舶吨位,改变过去考试受租赁船舶船型、吨位影响的缺陷。二是能够模拟各种不同的通航环境、天气状况、紧急局面和故障设置,考试采用模块设计,可以在有限时间内全面考察考生运用专业知识和技能处理各种紧迫局面的综合能力。三是安全有保障,船员在模拟器内可以大胆自由操作,规避安全风险。四是成本更低廉,改变过去每期船员培训考试需要租赁实操用船,成本高的难题。

(陈雪峰)

【南昌市开展“清河行动”】 根据《江西省交通运输厅2016年“清河行动”专项整治行动方案》要求,南昌市港航管理处于10月开始了对辖区内船舶港口码头水污染专项整治行动。为全面推进南昌市一江两岸城市风光带建设,使南昌港两岸更整洁靓丽,市政府决定对南昌部分港区停泊的废旧船舶开展一次集中整治行动。该处代市综管办草拟了“集中整治南昌部分港区停泊废旧船舶工作方案”及“南昌市赣江七桥之内港区违规停泊废旧船舶的通告”,派出人员利用周末假日时间会同南昌地方海事局开展了港区停泊废旧船舶摸底排查工作。按照“赣江南昌城区河段废旧船舶清理整治工作会议”的有关要求,在市综管办统一指挥下,由该处密切配合,组织了相关部门及属地政府执法人员对南昌港区七桥之内的废旧船舶进行了全面整治。期间共出动交通执法艇20艘次;执法人员100余人;发放宣传单100余份;并通过登船宣讲政府政策、法律、法规。共劝离机动船舶10艘,趸船5艘;强制拆除赣江秋水广场水域的水上漂浮物2座,由地方政府组织实施切割废旧船舶28艘。

(南昌市港航管理处)

【南昌市开展饮用水源区码头污染源综合整治】

根据南昌市政府印发的《南昌市赣江城区饮用水源地环境综合整治实施方案》和市交通运输局《加强码头和造船厂污染源综合整治实施方案》的要求,南昌市港航管理处从8月份开始至年底开展对赣江南昌段饮用水源保护区内污染源码头、造船厂码头的监管和综合整治。

该处将督促饮用水源二级保护区相关码头和造船厂码头建设环卫设施和废水收集处理设备,不得将生产生活垃圾、废水等污染物排入赣江,确保监管区码头污染源得到彻底清除,不出现水源污染问题,并与市环保局、市地方海事局、市采砂办、相关地方政府等综合整治领导小组各成员单位加强沟通协作,开展突击检查,综合执法,加强港区巡查,对发现的问题及时提出整改意见,限期整改,对整改不到位的移交市环保局依法处理。

（南昌市港航管理处）

【南昌港整治非法占用港口岸线取得成效】 为贯彻落实南昌市政府办公厅印发的《关于加强赣江两岸岸线管理有关工作协调会议纪要的通知》,南昌市港航管理处会同有关县区政府相关部门,迅速制定工作计划,开展对非法占用南昌港港口岸线行为整治工作,经过多方共同努力整治工作取得显著成效,关闭了10家非法占用港口岸线建设经营的码头,清理出港口岸线1288米。3月该处会同南昌、新建和东湖区政府相关部门及有关乡政府,对南昌港非法占用港口岸线情况进行调查,弄清了全市赣江两岸非法占用港口岸线行为的分布情况和非法占用港口岸线经营业户的数量。5月至7月间南昌市交通运输局以南昌市推进南昌港总体规划实施领导小组的名义分别向有关县区印发了《关于征求加强岸线管理意见的通知》和《关于对非法占用港口岸线行为进行整治的通知》,该局主动与有关县区部门对接,共同研究解决之策,督导参与整治方案的制定,形成了属地管理、行业协调、相关部门参与的行动格局,统一组织联合执法队伍,依法依规开展对非法占用港口岸线行为的整治工作。在有关县区政府的重视及相关部门的大力协助下,经过多月的艰难工作,整治行动已取得显著成效,南昌县关闭非法占用港口岸线建设经营的码头9个,清理出岸线1008米,新建县已关闭非法占用港口岸线建设经营的码头1个,清理出岸线280米,后续将巩固整治成果,建立港口岸线使用监管长效机制。

（南昌市港航管理处）

【南昌市港航管理处运政艇护航“南昌舰”顺利抵达南昌港】 10月8日,南昌市港航管理处接到上级部门要求为北海舰队某驱逐舰支队退役的“南昌舰”安全驶入南昌港的护航任务,该处领导高度重视,当日派遣执法艇“港政一号”前往鄱阳湖褚溪河口迎接“南昌舰”。在运政艇“港政一号”和海事船艇的护送下,“南昌舰”安全抵达南昌港凤凰洲市民公园水域。

“南昌舰”于9月8日,驶离大连旅顺港,踏上了长达30余天的“回家路”。该舰在海上航行约900千米,内河航行990千米,终于进入江西水域。由于正值枯水期,鄱阳湖和赣江南昌段航道水位过低,为了保证“南昌舰”进入南昌港的航行安全,南昌市港航管理处工作人员与南昌海事、南昌旅游部门工作人员一道,及时、合理调配水上应急资源,有效解决了航道堵塞问题。最终,南昌舰于10月10日中午,顺利到达南昌港凤凰洲市民公园内的水域,南昌市港航管理处圆满完成“南昌舰”回家的护航任务。

（南昌市港航管理处）

【南昌对部分港区内停泊的废旧船舶进行清查】 10月14日南昌市港航管理处联合南昌地方海事局,对南昌港东兴至豫章大桥范围内长期停泊的废旧船舶进行清查统计。

此次清查行动对南昌县、东湖区、西湖区、红角洲管理处、红谷滩新区、经济开发区、九龙湖区七个港区范围内,长期停靠在自然岸坡上的报废船舶(僵尸船)、长年停靠的破旧船及影响景观带的老旧船舶进行拍照清理统计。共清查出港区岸边停泊的报废船舶43艘,长年停泊的破旧船13艘,停泊影响景观带的老旧船20艘,共计76艘。此次的清查行动将为南昌市政府主导的对南昌港部分港区停泊的废旧船舶迁移拆解行动奠定基础,逐步迁移出南昌港部分港区长期无序停靠的废旧船舶,到指定港区停泊。

（南昌市港航管理处）

【鹰潭市交通运输局开展“河长制”有关工作】 根据市“河长制”办公室印发的《2016年“河长制”工作要点》要求,市港航处高度重视,认真履行职责分工,深入开展“河长制”有关工作,具体包括河道采砂运输船舶集中整治行动、港口危化品安全管理专项整治行动、港口船舶污染防治专项行动等专项行动。按要求上报数据、材料,认真开展工作。组织开展河湖生态环境保护宣传教育活动。深化行业管理,加强执法监督检查,推动各项整治活动深入进行。

（鹰潭市港航管理处）

【赣州市抓好水路运政、港政管理】 赣州市港航处做好水路运输及港口经营年度核查工作。①经营业户数:水路运输业户57户。其中省际普通货物运输31户,沿海危险货物运输和省际普通货物运输企业1户,市区内普通货物运输业户19户;市区内客运企业6户。②营运船舶数:营运船舶141艘。其中沿海船1艘,总吨2188吨,载货吨3570吨;省际运输船舶32艘,总吨14027吨,载货吨22464;市区内普通货物运输39艘,载重吨位7216吨;市区内客运船舶69艘,2039个客位。赣州市水路运输市场基本稳定,全年货运量206.705万吨,货物周转量40824万吨千米;客运量95.57万人,客运周转量1080.7万人千米。③分布在全市15个县(市、区)的港口经营企业,均为港口砂石装卸经营业户。该处抓好水路运政、港政管理。一是进一步强化经营资质管理。针对客运企业没有取得安全生产标准化建设等级证明的,市港航管理部门采取系列措施,促成上犹县陡水湖旅游客运有限公司等几家客运企业按规定完成企业安全生产标准化建设并取得等级证明,对未能取得等级证明的客运企业,下发整改通知,要求在规定的时间内完成安全生产标准化建设。二是切实做好水路货物运输船舶生活污水防污染改造工作。2016年,全市完成生活污水防污染改造船舶9艘。

(赣州市港航管理处)

【赣州市加快推进港航基础设施建设】 赣州市港航管理处加快推进《赣州港总体规划》编制工作,完成了《赣州港总体规划》编制服务政府采购,完成《赣州港总体规划》(征求意见稿)的编制工作。积极配合做好中心城区旅游发展规划,初步设计规划"赣贡印象客家游"和"章江都市夜游"两条客运旅游航线,打造新的水运事业发展增长点。积极协调推进赣州港综合货运码头选址规划调整,初步确定新的地址,为下一步项目建设奠定基础。

(赣州市港航管理处)

【赣州市多措并举推进赣江河湖保护】 赣州市港航管理处根据自身职责,进一步强化港口经营和船舶运输管理,推进赣江河湖保护工作。一是加大宣传教育。出动宣传人员20多趟(次),通过发放宣传单、上门宣讲等形式,切实提高经营业户的污染防治意识和水平。二是严把市场准入。严格按照行业安全和防污染管理的有关规定,对申请进入营运市场的船舶适航条件和防污论证进行认真审核,从源头抓好水路营运市场船舶防污染工作。三是推进转型升级。向船主广泛宣传、解释船舶报废拆解和污水改造政策,联合海事、船检部门合力推进船型标准化建设,累计完成生活污水改造船舶23艘,已申请并核准的船舶全部完成改造拆解,完成率100%,有效改善水上运输污染状况。四是强化专项整治。开展"船舶港口污染防治专项整治动",建立联合执法机制,加大对港口经营企业和运输船舶的执法监督力度,做到每月一巡查、每季一督促,建立和完善污染治理专项台账,强化整改监督,保持对港口经营和水上运输污染防治的高压态势。共检查港站码头300多座(次)、水路运输船舶400余艘(次)。

(赣州市港航管理处)

【吉安市港航管理处编制"十三五"规划】 该市为顺应航道升级、船舶转型、社会发展新要求,依据《吉安港总体规划》,将吉安港"十三五"港口建设规划并纳入吉安市"十三五"综合交通规划运输。确定"十三五"期间建设货运码头8座、泊位40个、货物通过能力达1945万吨、20万TEU;旅游客运码头7座、泊位12个、年旅客通过能力达60万人次,12个客运泊位。项目估算资金11.3亿元。

(吉安市交捅运输局)

【黎川县开展玉湖水域非法船舶载客专项治理】

随着黎川县玉湖景区建设的发展,玉湖景区旅游资源逐步得到开发,但由此滋生部分村民或渔船无证照、无资质非法载客旅游的乱象,给人民群众的生命财产带来极大的安全隐患。对此,黎川县交通运输局高度重视玉湖水域非法载客船舶问题,积极开展专项整治。一是开展无证照船舶调查摸底,查清船主。采取逐一上门上户调查、排查的办法,查清核实玉湖水域共有"三无"船舶9艘,船主均为日峰镇玉湖张家村村民。二是加大宣传力度,营造高压打压态势。主动上户宣传、张贴告示、刷写宣传标语、树立警示牌等方式加大宣传力度。7月19日,在玉湖张家村召开了坚决取缔机帆船非法载客现场会,省、市海事部门到会指导。三是开展联合执法,坚决取缔非法营运船舶。

组织日峰镇、县安监、交通、农业等部门联合执法，对9条玉湖非法载客机帆船采取铁链锁住办法，严禁其非法运营。省、市海事部门高度重视和大力支持，多次到黎川县督促指导，协助开展治理工作。通过一段时期的治理，玉湖水域非法船舶载客现象得到有效遏制。

（周建围）

【宜春市水运专项整治见成效】 2016年，宜春市港航管理处组织多项水运专项整治活动。一是内河船舶非法从事海上运输专项整治活动；二是开展港口危化品安全管理百日专项整治行动；三是开展危险化学品安全专项整治工作；四是开展船舶与港口污染防治专项整治工作；五是2016年“清河行动”专项整治行动。通过这些专项整治活动，取得了一定的成绩。第一，以把非法经营行为记入企业诚信档案为契机，进一步促进企业诚信经营，合法经营，规范经营行为。第二，督促企业依法落实安全生产主体责任，有效排查治理危险品储存、作业、运输等环节的事故隐患，及时整改存在的问题和薄弱环节，消除港口作业及运输安全生产隐患。第三，全面落实港口码头污染监管责任，完善港口码头污染监管手段，建立了船舶油污水、船舶垃圾回收接收机制，提高港口经营企业环境保护意识，提高环境污染突发事件应急处置能力。

（周青兰）

【宜春市开展水上客运突击检查】 8月16日，宜春市交通运输局主要领导带领分管港航处的领导及港航管理处相关人员一行4人采取不打招呼的方式，明察暗访，对宜春两家水上客运企业安全生产工作开展突击检查。带队领导冒着高温，在景区客运码头及各上下客站点进行安全检查，详细查看了客运船舶的消防设施设备、营运证件、码头的消防设施设备及救生设施配备等情况，询问高温期间游客中心是否为游客配备了防暑药品，同时查看相关安全台账。局领导对宜春水上客运安全工作给予了肯定，并对客运企业提出要求：一要继续做好企业职工的安全教育工作；二要坚持把隐患排查放在每日的工作任务中；三要进一步做好特殊时段的安保工作；四要美化水上旅游客运环境。最后要求两级港航管理部门切实做好安全监管工作，确保一方水上客运平安。

（周亚萍）

【宜丰县交通运输局积极配合“河长制”工作】 该局一是在县“总河长”“副总河长”的直接指挥调度下，积极配合环保、水务等部门建立河库保护管理联合执法机制，开展河湖保护管理综合执法，按照“集中办公、统一管理、协调执法”模式统筹涉及河库保护管理行政职能。二是配合县“河长制”办公室建立县级“河长制”即时通讯平台，将日常巡查、举报投诉、问题督办、情况通报、责任落实、问题办理等纳入信息化、一体化管理。三是配合水务等部门开展了侵占河库水域及岸线专项整治和非法采砂专项整治。

（漆志勇）

【高安市开展“清河”行动】 高安市坚持建设与管理并重，大力开展开展“清河”行动，筑牢水生态安全屏障。①推进“河长制”工作，实现河长治河常态化。为进一步加强锦江干流及主要支流流经区域的水质环境保护，全面推行河湖管护模式，建立以市长为总河长的市、乡、村三级“河长”责任体系，各乡镇按照属地管理原则对辖区每条河流，每个河段的责任具体到村到组到人，横向到边，纵向到底的管护网络，形成分段监控、分段管理、分段考核、分段问责的管理机制，公布涉水违法行为监督、举报电话，实现河长制工作常态化。②推进河库污染治理，实现一河清水长流。从2016年7月15日起至2017年12月31日止，对全市范围内所有河道进行全面禁止采砂，该市政府还为此专门下发关于全市辖区内河道禁止采砂的通告，严格执行入河排污口的监督检查。

（胡觉明）

船舶检验

【概况】 2016年，各级船检部门规范船舶检验工作。修订完善江西省船检质量体系文件，推进法定检验质量管理体系建设。完成从“江西省船舶检验质量管理信息系统 VIMS5.03”到船舶检验发证管理系统全国通用集中版的切换，做好了数据库迁移和升级工作。成功承办2016年全国水网地区船检联席集中办公会。调整吨位丈量统一管理模式，实现软件升级。认真开展船舶图纸审查工作，审批各类船舶图纸42套，完成检验船舶4746艘次261万总吨。

（蒋少全）

【宜春市船舶检验局创新船检机制】 10月12日，宜春市船舶检验局2名执法人员从宜春奔赴江苏张家港水域，现场为赣宏顺化18船舶开展营运检验，上驾驶台，下机舱底，从船体轮机到消防、救生设施逐一严格进行检验。

按照船检规定，各省籍船舶必须由各省船检机构检验。针对宜春市范围内6家化工航运企业共85艘化工船舶常年在江苏、上海等地营运现状，宜春船检部门创新检验机制，大力推行跨省异地检验办法，服务企业、船舶运输。

宜春船检推行跨省异地检验后，把执法监管转为主动服务，以执法检验辛苦换取企业满意度，只要船主通过电话、传真预约申请，执法人员将按照约定的时间赶赴到船舶停港水域上船检验，船舶不必再像以往那样每年一次回港申请检验，为船主减少来回奔波劳顿之苦，得到船主的赞赏。2016年，该局为企业跨省营运检验船舶60艘次，为企业节省营运成本近100万元。

（彭小华）

【2016年全国水网地区船检联席集中办公在江西省举办】 10月13日至14日，2016年全国水网地区船检联席集中办公在九江市举办。全国16个省（直辖市、自治区）省级船检机构分管领导、船检部门负责人共三十余人参加集中办公。长江海事局副局长桓兆平、江西省船舶检验局局长于钦民出席会议并讲话，会议由江西省船舶检验局党委委员、调研员刘贤明同志主持。

会上，于钦民详细介绍江西省船舶检验管理机构设置，水运发展情况和“十三五”发展规划和重点工作。各参会代表分别介绍了本省船舶检验工作情况，并对一些共性问题进行讨论。

此次集中办公，主要是交流各单位船检工作情况和《船检管理规定》执行情况，探讨整合地方船检技术能力资源，推进地方船检技术交流，共同研究如内河小型旅游船等内河小型船舶的新船型、新技术方面的检验标准等。此次集中办公，不仅增进各省船检单位之间的沟通与交流，更重要的是互相学习各省船检工作好的做法和先进的管理经验，取长补短，为更好地开展下一阶段船检工作打下良好的基础。

（白鑫文　倪　磊）

【交通运输部到江西调研指导旅游小型客船检验工作】 5月10日，交通运输部巡视员李清平及部海事局船舶检验处副处长邓少彪到上饶港航分局调研指导旅游小型客船、排筏检验工作。省局党委委员、调研员刘贤明陪同。

李清平一行在上饶辖区登上实船仔细勘验，调研现有木质旅游客船的检验工作，并对相关检验工作进行技术指导。李清平要求省港航管理局结合实际，组织有关人员到相关木质载客船生产厂家进行调研，研究制定《江西省内河木质旅游载客船检验及安全管理办法》（评审稿）并报部海事局。届时，部海事局将指派专家前来指导并参加技术评审。

（周玉苗）

港口管理

【概况】 2016年，全省各级港口管理部门扎实推进港口管理。组织港口经营资质核查工作，规范港口经营管理。开展港口危化品安全管理百日专项整治行动，深入排查港口危化品装卸作业隐患，保障港口安全生产形势稳定。组织为期三年的危化品港口作业安全治理专项行动，强化隐患排查整改，构建安全管理长效机制。购买危货港口企业安全隐患排查服务，委托第三方专业安评机构对全省45家从事危货作业的港口企业和水上加油站开展安全生产隐患排查，形成13个方面417项整改意见，所有整改意见已印发至所在地港口行政管理部门落实。加强岸线保护，严格规范岸线审批，完成江西晨鸣纸业货运码头工程等项目的岸线审批工作，华中木业有限公司木材专用码头工程等项目1708米深水岸线获交通运输部批复。完成九江港（沿江）可视化港口深水岸线资源普查工作。开展内河重点水域港口码头“未批先建”专项整治活动，对庐山西海司马旅游客运码头等3个未批先建项目进行处罚。

【九江副市长彭敏带队前往环境保护部对接《九江港总体规划（修订）》环评事宜】 12月13日，九江副市长彭敏率市港口局、市环保局、瑞昌市政府、濂溪区政府、永修县政府、市港航管理局有关同志，前往环境保护部对接《九江港总体规划（修订）》环评事宜。

彭敏代表九江市政府就《九江港总体规划（修订）》环评事项向环境保护部汇报。彭敏表示，在修复长江生态、共抓大保护的主基调下，九江沿江发展一直遵行“在保护中促进开发，在开发中落实保护”的原则。九江港是江西省重要的水陆联运枢纽，是长江经济带建设的重要港埠，对实现江西省的中部崛起战略起着至关重要的作用，在共抓大保护的前提下，请环保部多多支持九江沿江开发和港口建设的发展。

环境保护部相关领导对九江市在环境保护方面所做的工作给予肯定，表示将一如既往支持九江的发展，希望九江走生态优先、绿色发展之路，为造福子孙后代留下一江清水。会后要求各单位积极对接做细，尽快完善《九江港总体规划（修订）》环评资料报环保部审查。

（丰伟鹏）

【全省组织港口危险化学品装卸管理人员从业资格考核】 12月24日至25日，全省首次组织港口危险化学品装卸管理人员从业资格考核，省交通运输厅副厅长梁必康、省港航局副局长徐良等亲临现场进行指导。

此次考核采用交通运输部统一的考务信息系统和考核题库，有关数据与全国数据库联网，考生凭本人身份证入场、考核全程录像，确保考核的公平、公正。全省共有149名危险货物港口企业从业人员参加，其中35人通过考核，通过率达23.5%。

（张掌华　邹娟兰）

【赣江樟树至湖口安全监管系统主体工程竣工验收会在南昌召开】 12月15日，省港航局组织专家对“赣江樟树至湖口安全监管系统主体工程”进行竣工验收。省水上搜救中心专职副主任钟建衡主持会议，省局各相关处室、相关分局，设计、承建、监理等单位代表参加验收会。

与会专家及相关部门代表听取项目建设、设计、承建、监理等单位的工作报告和使用单位意见，审阅项目文档资料，经质询与讨论，与会专家一致同意该项目通过竣工验收。

赣江樟树至湖口安全监管系统是在赣江（樟树—湖口）段及鄱阳湖水域电子地图的基础上，结合现有监管系统，在江西重点水域建设VHF安全通信系统，接入和整合海事动静态数据资源。该项目的竣工，标志着全省高等级航道和重点水域水上交通安全监管和应急救援体系的整体架构初步建成，将极大地丰富全省水上安全监管手段，增强安全监管救助能力，助力全省港航事业更好更快地发展。

（省水上搜救中心）

【鹰潭市开展港口危化品安全管理专项整治行动】 自3月31日至6月25日在鹰潭全市开展港口危化品安全管理专项整治行动，深入开展港口危险化学品安全专项整治。整治行动依据《中华人民共和国港口法》《中华人民共和国安全生产法》《中华人民共和国危险化学品安全管理条例》《中华人民共和国港口危险货物安全管理规定》以及《江西省港口管理办法》等法律法规规定，以检查安全管理制度和各项原始记录，检查重要生产设备、装置和作业流程，检查应急预案制定及演练情况为主要内容，从企业安全管理、生产设备装置和现场作业安全条件等多方面开展现场检查。通过在开展港口危化品安全管理专项整治行动，进一步落实企业安全生产主体责任，推动企业开展隐患排查治理，分析、查找深层次的安全隐患和问题，及时整改存在的问题和薄弱环节，促进港口企业提升安全管理能力。

（周永同）

【吉安市港航管理处开展全市港口岸线专项整治】 为规范港口岸线使用申请审批程序，查处违法使用港口岸线行为，增强港口执法人员的责任意识和港口岸线使用者的依法使用意识，提高港口岸线资源集约化利用和港区规范化建设水平，市港航处从6月20日至9月30日开展为期三个月的专项整治行动。

全市中心城区、万安县、泰和县、吉安县、吉水县、峡江县、新干县港区七个港区共有在册港口企业72家。专项整治行动对未经许可使用港口岸线并建设码头等设施及未经许可从事港口经营的企业和个人进行查处,对4家港口企业依法取消港口经营许可。对巡查发现的港区污染源,依照《中华人民共和国港口法》及时查处或按照执法权限及时移送水利、环保等部门处理。

(吉安市港航管理处)

【吉安市港航管理处推进码头项目建设】 吉州区石溪头货运码头项目施工全部完成后转入工程竣工验收阶段。吉安市交通运输局计划安排700万元,投入新干港河西综合码头附属工程项目建设,完成附属工程的仓库和综合楼项目部分。该码头项目撬动了余新公路建成通车,该公路起于新余高新区水西镇,终至新干县河西码头大堤,投资6.8亿、全长38.42千米的余新快速公路在2016年11月3日通车,标志着新干河西货运码头将成为赣江中游区域物流中心。

(吉安市港航管理处)

【宜春市港口码头污染防治专项行动见实效】 2016年,宜春市港航管理处积极开展港口码头污染防治专项行动,取得明显成效。一是严厉打击非法偷装卸危险品违法行为。该市在普通港口开展持续打击非法偷装偷卸危险化学品的违法行为。先后开展"港口危化品安全管理百日专项整治行动""平安港口"创建活动,联合海事部门开展了"平安船舶"专项行动,深入打击非法偷装偷卸危险化学品违法行为。各港航所(处)定期不定期在港区内开展执法行动。在持续高压态势下,未发现一起非法偷装偷卸危险品违法行为。二是加快码头船舶污染物接受设施建设。下发了《关于做好水污染防治工作有关事项的通知》和《关于开展港口船舶污染物接受处置有关工作的通知》,印发《港口码头污染防治专项行动实施方案(2015-2020)》。在此基础上,各港航所(处)根据自身实际分别制定港口码头污染防治方案,健全日常检查和监督管理机制,每月开展一次检查。在规划编制上,严格按照法律法规,为水污染防治留足空间,大力发展绿色航运。编制了水运专项规划,现有的码头建设项目严格按照港口规划和工程可行性研究报告进行。同时,通过整合现有码头资源,加快水污染治理基础设施建设。樟树港四、五、六码头正在升级改造,相关规划已编制完成,预留污水处理设备、生活垃圾处理设备的空间,污水、生活垃圾处理设备与码头建设同步进行,已通过水利、环保等部门的评估。三是推进船舶生活污水防污染设备改造。400总吨以上运输船舶生活全部要求加装污水防污染改装置,将对水污染的程度降至最低。

(周亚萍)

【樟树港航巡01号执法艇试航成功】 6月16日,樟港航巡01号执法艇在三码头顺利下水,并在赣江樟树段试航成功,顺利通过验收。该艇于1月开工建设,整体耗资45万元,艇长13.8米、宽3米、最大配员15人、最大输出功率185千瓦。樟港航巡01号执法艇的服役,对进一步充实港航执法基础,维护港航安全具有重大意义。

(杜　甫　周亚萍)

渡运管理

【余江县交通运输局重视渡口安全】 余江县交通运输局十分重视渡口安全工作。春运和汛期期间局领导亲自带队深入到各渡口检查安全,并安排人员到重点渡口督查安全管理。桥渡所所辖上渡头浮桥是重点,该桥是连通潢溪和锦江的咽喉要道,过往人员较多,桥渡所安排人员全天候值班,确保过往群众的生命财产安全,同时博得了当地群众的一致赞许。3月份开展一季度渡口安全大检查,检查中县政府和各有渡口乡(镇)与村委会、渡工签订了责任状,5月份在主汛期来临之际,开展二季度渡口安全检查,检查中落实有关乡(镇)做好汛期渡口封渡工作,6月份结合安全生产月,桥渡所利用有线电视、标语、发传单等多种形式大力宣传渡口安全法规,将安全法律法规发到渡工和群众手中,进一步加强渡工的安全意识,1—12月份,下发有关渡口安全管理文件共15次。深入到各渡口进行不定期培训考核工作。渡管员下渡口检查累计600多人次,由于周密的工作安排以及经常地检查、监督管理,确保辖区内渡运安全。

（余江县交通运输局）

【丰城交通运输局关心学生渡安全】 该局全年2次组织水上安全知识进校园活动，每次活动在各重点县市学校同时开展，并在丰城市拖船中心小学创建宜春市首家少年海事示范学校，为学生和老师送去安全乘船知识，通过多年的工作累积，已经形成水上交通安全知识进校园的常态化制度。重点在丰城拖船学生渡口，坚持保持现场监管模式，在学生开学、周末放假等学生乘船集中时段，执法人员守候在渡口边实行"旁站式"监管和服务，保障学生渡运安全。

（彭小华）

【新干县城渡口标准化建设做到位】 由省港航局核拨中央车购税渡口改造项目资金，加上地方政府资金，共投入资金近200万元建设"四个一"的标准化渡口，即一套完整的制度、一个标准化渡口设施（含风雨亭）、一艘合格的渡船、一套视频监控设备。6月通过省港航局验收合格。该渡口是公益性义渡，渡口、渡船的维护，渡工人员的开支等资金由地方财政负担，不向过渡行人收一分钱。该渡口一艘渡船日均需摆渡40至50单航次，日均摆渡800至1000人，节假日等高峰期还需两艘渡船对开。该渡口已30多年未出过重大安全事故。新干县县城渡口标准化建设工作落实得好，渡口干净、漂亮、安全，而且是全省第一道验收合格的标准化渡口，是全省渡口标准化建设工作的一个成功范例。

（罗淑青）

【吉安市首批渡口标准化建设项目通过省港航局验收】 吉安市新干县县城渡口和青原区七姑岭渡口标准化建设项目完成，是首批顺利通过江西省港航局验收的渡口。

根据江西省渡口标准化建设要求，全市共有10道渡口被省港航局列入渡口标准化建设计划。新干县县城渡口和青原区七姑岭渡口是严格按照《江西省乡镇渡口标准化建设实施意见》"四个一"标准建设，即：一套健全的渡口安全管理制度、一套完备的渡口设施、一艘合格的渡船、一套视频监控设备，共投入建设资金近200万元。

两道标准化渡口的投入使用，将有效解决当地群众生产生活出行难和学生上学等渡运不安全问题，得到当地村民的一致好评，并为吉安市今后渡口标准化建设提供了样板。

（吉安市交通运输局）

党群工作

党建工作

【概况】 2016年,省交通运输厅贯彻中央、省委关于基层党建工作部署要求,落实全面从严治党责任,按照"围绕中心抓党建、抓好党建促发展"的总体思路,开拓创新、积极作为,为全省交通运输提质提速发展提供坚强的政治保障。

1. 强化教育引导,切实加强党的思想建设。一是抓好党委中心组学习。制定年度党委中心组理论学习计划,编印学习材料,组织党委中心组学习12次。二是抓好重要会议精神的传达贯彻。举办全厅学习贯彻中共十八届六中全会和省第十四次党代会精神专题宣讲报告会,在家厅领导、副巡视员,厅机关各处室、后勤服务中心副处以上干部,厅直属各单位在南昌副处以上干部共270余人参加会议。三是扎实推进"两学一做"学习教育。自4月29日"两学一做"(学党章党规、学系列讲话,做合格党员)学习教育全面启动以来,举办全省交通运输系统先进模范事迹视频报告会,8月底,在昌九高速公路改扩建项目构件制造中心召开"两学一做"学习教育工作现场推进会。截至12月底,厅所属500多个党组织召开党员大会集中学习1843次,党小组学习1701次,讲党课1383次,建立党员微信学习群463个,形成了一级抓一级、层层抓落实的"深学实做"生动局面。四是加大党员培训力度。2016年,为全厅党员干部购置8种书籍,组织辅导讲座、报告会10余次,参加学习1600余人次;组织处级干部参加省直机关处级干部专题轮训班22人次;发展党员240人,组织党员发展对象培训240人次;组织党支部书记培训1200人次;完成省直机关工委党校调学任务16人次。

2. 夯实党建基础,切实加强党的组织建设。一是全面推行"党建+"工作。研究确定四项工作目标,即党建+交通依法行政、党建+交通人才队伍建设、党建+交通职工思想政治建设、党建+交通厅机关作风建设。二是深入开展双联活动。开展"连心"活动,选派第一书记、驻村工作队进驻上饶县湖村乡西龙岗村,筹措资金400余万元帮扶西龙岗村加强基础设施建设,推进降成本、优环境行动,制定出台8项具体措施,2016年可为企业减负约19亿元。三是全面推进党支部规范化建设。下发《关于印发〈全面深化基层党支部规范化建设的工作方案〉的通知》和《关于统计党组织、党员基本情况的通知》等文件，对全省交通运输系统党组织党员情况进行了摸底工作。四是扎实开展基层党组织按期换届选举工作。7月19日，厅直机关党委召开了中共江西省交通运输厅直属机关第二次代表大会，选举产生中共江西省交通运输厅第二届直属机关委员会和第二届直属机关纪律检查委员会。五是深入开展软弱涣散基层党组织整顿工作。全厅整顿软弱涣散基层党组织13个。六是认真开展党费专项检查。2008年至2016年上半年，全厅各级党组织共上缴党费995.421052万元，按比例足额上缴省直工委党费597.252631万元。

3. 服务中心工作，切实开展主题实践活动。

一是积极开展中国共产党成立95周年系列活动。在全厅举行庆祝中国共产党成立95周年群众性合唱比赛，参加省直机关工委举办的“跨越时空的井冈山精神”庆祝中国共产党成立95周年歌咏比赛，并在组唱类别获得第三名的好成绩。参加省直机关“强身健体·展示风采”登山比赛，并获优秀组织奖。二是积极开展“党员树旗帜、支部筑堡垒、机关强服务、省直做表率”主题活动。积极开展“三评一树”工作，省交通运输厅共报送创新案例20个，微型党课8个，千字文122篇，党员先锋示范岗28个。三是组织开展革命传统教育。组织广大党员赴“八一”起义纪念馆、小平小道等红色教育基地接受现场教育。组织厅直各级党组织党员干部观看纪念中国工农红军长征胜利80周年主题展览。组织厅直党员干部们开展春节回乡调研，在省直工委组织的春节回乡调研报告评选中，省交通运输厅共推荐20篇调研报告，其中，获得一等奖2篇、优秀奖1篇，厅直属机关党委被评为优秀组织奖。四是大力开展学雷锋志愿活动。自3月1日起，组织厅直各单位开展了为期一个月的学雷锋志愿活动。6月1日，省交通运输厅直机关团委、驻村工作队在西龙岗村小学联合开展“大手牵小手、圆梦微心愿”活动。“七一”期间，共有830余名党员参与志愿活动，共服务群众2100人左右，办实事总数达15件。

（黄　戌　纪　敏）

【省公路局党委中心组学习贯彻习近平总书记“七一”重要讲话精神】 7月18日，省公路局党委中心组召开专题学习会，学习贯彻习近平总书记《在庆祝中国共产党成立95周年大会上的讲话》。局党委书记谢元银主持会议并讲话，局领导、机关各处室负责人参加。谢元银要求，一是要针对基层党员和职工群众的思想实际，结合公路行业点多面广的特点，开展行之有效的学习活动。局直属各单位领导班子和领导干部要率先垂范，做到学以致用、用有所成。二是要发挥好宣传部门和媒体阵地的作用，深入宣传学习总书记“七一”讲话的重大意义和主要精神，宣传讲话提出的重大理论观点、重大创新思想和重大战略部署。三是要及时总结和宣传学习贯彻讲话精神的好做法、好经验，要把理论与实际结合起来，坚持用讲话精神作为指导各单位各部门中心工作的强大思想武器，不断提高发现问题、分析问题、解决问题的能力。

（路　宣）

【省公路局召开“两学一做”学习交流会】 10月9日，省公路局机关党总支召开“两学一做”学习交流会，交流会以习近平总书记的讲话透露出机关工作10条“铁规”为主题，会议由省公路局调研员、办公室主任王林水主持。座谈会上，每位党员围绕绝对忠诚，品行之首；身在兵位，胸为帅谋；服务为本，优质高效；严谨细致，精益求精；雷厉风行，马上就办；眼观六路，耳听八方；心无旁骛，任劳任怨；铭记五不，修炼品行；矢志奋斗，甘愿奉献；廉洁自律，严以修身十条“铁规”，结合各自工作实际，畅所欲言，谈工作思路和想法，谈体会认识，谈经验和教训，营造团结、紧张、严肃、活泼的良好氛围。此次座谈交流会将务实和务虚紧密结合，有助于认清工作形势、把握趋势，少走弯路，提高效率，增强工作的主动性和针对性。参加人员表示将以机关工作10条“铁规”为指导，继续深入学习党章党规和习近平总书记系列重要讲话精神，着眼工作实际，把学习成果转化为推动工作的动力和实践，为江西公路科学发展做出新的更大贡献。

（毛　涛）

【省港航局举办学习贯彻准则、条例专题讲座】 3月7日，省港航局邀请省委党校副教授、北京师范大学博士黄德锋就学习贯彻准则、条例作专题辅导讲座。在家的局领导,局属南昌地区各单位领导班子成员,省水上搜救中心、局机关各处室、局后勤服务中心全体党员、干部140余人聆听讲座。

黄德锋在讲座中详细介绍《中国共产党廉洁自律准则》和《中国共产党纪律处分条例》重新修订的背景、过程纪实、主要内容及其亮点,通过典型案例生动解读准则、条例的新条款,并就如何学习贯彻准则、条例提出针对性的建议和举措。讲座深入浅出、通俗易懂、精彩生动,使人受益匪浅。

(江西港航信息网)

【省港航局开展"两学一做"学习教育暨基层作风纪律教育】 5月6日,省港航局在昌召开"两学一做"学习教育暨基层作风纪律教育整顿动员部署会,学习贯彻习总书记关于"两学一做"学习教育重要指示和中央、省委、厅党委关于开展"两学一做"学习教育工作的部署要求,对全局"两学一做"学习教育和作风纪律教育整顿工作进行动员部署,进一步加强党员队伍的思想政治和作风纪律建设。有关局领导出席会议。会议以视频会议形式召开,主会场设在局机关26楼会议室,全省11个地市设分会场。局机关、省水上搜救中心、局后勤服务中心全体党员,局属南昌地区各单位领导班子成员在主会场参加会议,局属各单位机关全体党员以及所属各基层单位党政主要负责人在分会场参加会议。

(航 宣)

【省港投公司举办"两学一做"微党课比赛】 9月30日,省港投公司举办"两学一做"微党课比赛。经过激烈紧张角逐,省港投公司机关党支部李雯获得一等奖,国际集装箱码头公司党支部刘彩云、交远物流党支部李清获得二等奖,国际集装箱码头公司党支部聂加庚、石虎塘管理处党支部兰瑞群、远洋公司机关党支部熊涛获得三等奖。比赛中,参赛党员围绕"学党章党规、学系列讲话、做合格党员"这一主题,用流畅的语言、配以精美的PPT课件,采取小角度切入,多角度实例论证,以小见大,见微知著,讲述身边人、身边事进行授课,予人以教育和启迪,进一步彰显公司"两学一做"学习教育的成果,丰富公司"两学一做"学习教育的载体和举措。

微型党课是顺应新时代而产生的一种党课创新形式,是用"小事例讲大道理"的生动实践,是创新党员教育的一个新载体,它引导广大党员由"要我学"转变为"我要学",由"我听讲"转变为"听我讲",是提升党员主体地位、发挥党员主体作用的生动实践。这次"微党课"大赛,各参赛党员通过用身边事教育身边人,用工作实际来阐述党的理论,对广大党员都是一次精神的洗礼和灵魂的升华。

(省港航局)

【省运管局抓好"两学一做"强化思想引领】 2016年,省运管局本着高起点开局、高标准开展、高质量推进的原则,扎实抓好"两学一做"学习教育。高起点开局,省厅4月29日召开动员会后,局党委立即行动起来,制定"两学一做"实施方案和学习教育安排表,5月初就召开了全局"两学一做"学习教育动员部署会,正式启动全局"两学一做"学习教育。随后,局属各支部都分别组织召开了动员会议,并结合各自实际进一步细化制定了本支部的学习计划。高标准开展,局领导带头落实"三会一课"制度,每位局领导根据各自分管部门(单位)确定一个基层党支部作为学习教育联系点,通过讲专题党课、以普通党员身份参加学习讨论等形式,督促指导各联系点严格开展每一专题学习,并帮助联系点查摆问题、落实整改。高质量推进,扎实开展各项特色活动,围绕庆祝中国共产党成立95周年,组织党员干部赴井冈山开展"弘扬井冈精神传承红色基因"主题党日活动,重温革命历史,坚定理想信念;组织党员干部参观"不忘初心继续前进——江西省纪念中国工农红军长征胜利80周年主题展";组织干部职工参观省禁毒教育基地,接受禁毒警示教育;举办全省道路运输系统处级干部培训,专题学习中共十八届六中全会精神,打牢争做合格党员的思想基础。

(朱 熹)

【全省运管处级干部集中学习贯彻中共十八届六中全会精神】 11月19日,省运管局在江西交通技校举办全省道路运输系统处级干部培训,专题学习传达贯彻中共十八届六中全会精神。省运管局党委班子和机关处级干部、11个设区市运管机构党政负责人齐聚一堂,共同学习交流。

培训邀请省委党校教授潘泽林作题为《奋力推进全面从严治党新征程》的专题辅导，系统讲解十八届六中全会的三个重大贡献、三大主要成果和贯彻落实的三方面要求，为参训学员更好地深入理解、掌握和贯彻全会精神奠定扎实基础。

（朱　熹）

【省运管局夯实党建基础】 2016年，省运管局按照全面从严治党要求，结合"两学一做"学习教育，抓严"五项工作"，不断推进党的建设科学化、制度化、规范化。一是认真开展党组织关系集中排查工作。对局属1个党总支和10个党支部组织关系进行集中排查，对223名党员进行摸底调查，未发现与党组织失去联系的党员和"口袋"党员。二是认真开展党费收缴专项检查工作。三是认真开展基层党组织按期换届工作。四是认真开展整顿软弱涣散基层党组织工作。突出问题导向，着力在创新载体、强化功能、增强实效上下功夫，使基层党组织战斗力进一步增强。五是深入推进"连心、强基、模范"三大工程。结合"机关党员进基层、志愿服务作表率"主题党日活动，组织各基层支部采取现场办公、进站台文明劝导、进企业宣讲政策、进社区义务劳动等方式，开展志愿服务9次、帮助群众实现微心愿28个。特别是，2016年"六一"前夕，筹集资金在该局扶贫点——崇义县上堡乡竹溪村成立了"爱心书屋"，受到当地群众的普遍好评。

（朱　熹）

【省高速集团党委领导班子召开"三严三实"专题民主生活会】 1月5日，省高速集团党委领导班子召开"三严三实"（既严以修身、严以用权、严以律己，又谋事要实、创业要实、做人要实）专题民主生活会。会议认真学习中央政治局专题民主生活会和省委常委班子专题民主生活会精神，通报集团领导班子2014年度民主生活会征求意见建议的整改落实情况，通报了"三严三实"专题民主生活会会前征求意见建议情况，并研究初步整改措施。

会上，集团党委班子围绕主题，对班子在思想教育、干事创业等方面存在的不严不实问题，在遵守党的政治纪律、政治规矩和组织纪律，落实党风廉政建设责任制，以及涉及职工群众切身利益等方面存在的主要问题进行全面深入的查摆，并从理想信念、党性修养、权力观地位观利益观和道德品行等方面深入剖析原因、努力查找根源，有针对性地提出了四个方面的整改措施：一是切实加强思想政治建设，带头遵守党的纪律规矩。二是切实加强履职能力建设，全力推动集团改革发展。三是切实加强反腐倡廉建设，认真推进"两个责任"落实。四是切实加强领导作风建设，深入践行党的群众路线。

（省高速集团）

【省高速集团召开党建工作专题调研座谈会】 2月26日，省高速集团召开国有企业党建工作专题调研座谈会。集团领导，集团总部有关部门负责人，集团直属各单位和路段管理单位党委（支部）书记、纪委书记及相关部门人员共计80余人参加会议。座谈会上，各单位围绕党建工作基本情况，畅谈党建工作的新发展新变化新成效，分享了党建工作的好做法好经验，分析了党建工作中存在的问题和不足，提出加强党建工作的意见和建议。

会议围绕省委组织部布置的"如何完善国有企业党建工作领导体制和运行机制，落实国有企业党建工作主体责任"等10个调研重点确定10个报告起草小组，要求各小组集中时间和精力，紧密结合单位实际，加强调查研究，结合集团特点，综合分析调研情况，认真撰写调研报告，拿出有见地、有价值的意见建议，确保高质量完成此次党建调研任务。

（省高速集团）

【江西交通职业技术学院传达学习全国高校思想政治工作会议精神】 12月27日，学院党委中心组召开会议，认真学习贯彻全国高校思想政治工作会议精神。学院有关领导参加会议。会上，党委书记吴克绍组织全体中心组成员重点学习全国高校思想政治工作会议精神，传达全省高校党委书记学习研讨会精神，并对习近平总书记在全国高校思想政治工作会议上的讲话精神作了解读。会议对深入学习宣传贯彻全国高校思想政治工作会议精神提出几点要求：吴克绍强调，全院要扎实做好会议精神传达学习；要深入推进会议精神阐释和理论宣传；要着力用会议精神武装思想政治工作队伍；要积极营造浓厚学习贯彻舆论氛围；要系统总结学院思想政治工作所取得的成绩和经验。全院上下要统一思想、提高认识,进步加强党的领导,提高思想政治工作水平,把党建和思想政治工作优势转化为学院发展优势。

(冀星辰)

【厅规划办组织参观陈云纪念馆】 2016年,厅规划办党支部组织全体在职党员参观江联爱国主义教育基地(陈云纪念馆)、陈云旧居。江联爱国主义教育基地曾经是中国共产党、中华人民共和国主要领导人、中国社会主义经济建设的开创者、奠基者之一的陈云在1969年10月至1972年4月被下放到江西"蹲点"的地方。纪念馆内陈列的图片和物品,生动展示陈云为中国革命、建设、改革做出的历史功绩,也让党员直观而真切地感受到陈云优良朴素的作风。

(厅规划办)

【省交通工会召开"两学一做"学习教育动员部署会】 5月13日上午,省交通工会召开"两学一做"(学党章党规、学系列讲话,做合格党员)学习教育动员部署会,省交通工会负责人及全体党员干部参加了会议。

会上,李坪传达了习近平总书记关于"两学一做"学习教育重要指示精神和强卫书记、朱希书记分别在全省、全厅"两学一做"学习教育动员部署会议上的讲话精神,刘盖群宣读了《江西省交通工会党支部关于开展"两学一做"学习教育实施方案》并作动员讲话。

刘盖群在动员讲话中强调,一是要充分认识开展"两学一做"学习教育的重要意义,坚决克服"老生常谈"和"与己无关"的思想,积极投身于"两学一做"学习教育。二是要积极参加集中学习,不得迟到早退,办公室负责做好人员的签到工作。三是要在坚持集体学习基础上,充分利用课余时间,扎实开展个人自学。四是要开动脑筋学、带着问题学,边学边思考。五是要贯彻整风精神,边学、边查、边整、边改,确保"两学一做"学习教育取得实效。

(张雅琪)

【省交通干部学院召开第二次党员大会】 6月27日,省交通干部学院召开第二次党员大会选举产生新一届党委委员、纪委委员。省交通运输厅党委委员、副厅长、厅直属机关党委书记王爱和出席并讲话。王爱和对新一届党委委员、纪委委员提出四点希望:一是加强理论武装,努力推动思想建党取得新成效。二是坚持围绕中心,全力推动学院各项工作呈现新发展。三是注重理念创新,大力推动党的建设实现新提升。四是强化监督执纪,着力推动党风廉政建设得到新加强。

(钟恢万)

【省交通干部学院学习贯彻中共十八届六中全会精神】 11月8日,省交通干部学院召开中心组理论学习扩大会,学习贯彻中共十八届六中全会精神。会议要求全院党员干部要将思想和行动统一到六中全会精神上来,统一到省厅的决策部署上来,要在思想上、行动上以身作则,以上率下,坚定理想信念,践行群众路线,遵循党规党纪,全力推进学院学风建设、作风建设和品牌建设,推动学院各项工作顺利圆满完成。

(钟恢万)

【江苏省交通运输厅领导干部学习会暨基层党支部书记培训班在省交通干部学院举行】 12月15日,江苏省交通运输厅领导干部学习会暨基层党支部书记培训班在省交通干部学院举行。

此次培训班开展课堂教学、现场教学等多种形式,课堂教学部分在江苏省举行。省交通干部学院受委托,组织开展现场教学,邀请中共江西省委党校党史党建教研部教师,在小平小道、邓小平旧居开展题为"改革开放思想的摇篮"现场教学。同时组织赴八一起义纪念馆,开展题为"人民军队的摇篮"现场教学。通过开展此次现场教学,让江苏交通运输系统广大党员领导干部实地感受英雄城红色革命教育,接受思想洗礼,进一步坚定理想信念。江苏省交通运输厅机关党支部书记,直属单位负责人员,基层党支部书记及党务工作者60余人参加培训。

(钟恢万)

【南昌市公路局举办领导干部学习贯彻党中共十八届五中全会精神培训班】 3月25日,南昌市公路管理局举办全系统党员干部学习贯彻中共十八届五中全会精神培训班。该局在家的领导班子成员、局属单位党政主要负责人、局机关工作人员

江西公路开发总公司

江西公路开发总公司“两优一先”表彰暨“两学一做”学习教育交流会：重温入党誓词

省“十佳服务区”－三清山服务区

江西公路开发总公司是一家具有独立法人资格的国有交通综合性企业，注册资本17.75亿元，总资产约450亿元。公司成立于1993年，成立之初名称为“江西高等级路桥开发公司”，1994年更名为“江西公路开发总公司”，2010年1月1日成建制划入江西省高速公路投资集团有限责任公司。公司机关内设综合行政部、党委办公室、财务管理部、工程养护部等14个职能部门，下辖南昌东管理中心、上饶管理中心、都九管理处3个路段管理单位，恒辉物业公司、恒泰路桥公司、锦路科技公司、恒锦地产公司4个经营性子公司，信息中心1个分支机构，共有员工2400余人。

公司的主要经营范围是：高速公路投资、建设、经营管理、养护及收费服务；高速公路附属设施的开发利用、公路工程施工、沥青改性；地产开发、物业管理；服务区、加油站、广告媒体经营等。公司由南昌东管理中心、上饶管理中心、都九管理处3个路段管理单位管养着梨温、景鹰、德昌、祁浮、九绕、都九、上万、东昌、昌宁南昌连接线9条共1020千米高速公路，共辖17个管理所、54个收费站、15对服务区、2个养护所、13个养护站。

江西公路开发总公司员工文明服务

公司先后获得“全国交通行业文明单位”、“中国服务业企业500强”、“全国交通企业100强”、“江西省优秀企业”等多项国家和省部级荣誉。下属单位涌现出“中国骄傲”人物熊文清、中国文明网“见义勇为”好人龚胜、“全省十佳服务明星”熊艳等先进个人以及鹰潭西女子收费站巾帼示范岗、进贤收费站党员示范岗、熊文清班组、赣皖收费站螺丝钉班组等全国文明单位和先进集体。

江西公路开发总公司大楼

江西公路开发总公司将坚持创新驱动发展理念，以企业经济效益为中心，以高速公路建管养收主业为依托，以资本运营为纽带，以多元化产业发展为方向，以科学管理为手段，坚持制度创新、思路创新、管理创新、科技创新，逐步将公路开发总公司由目前的单一产业型企业发展为多元化经营、核心竞争力强、综合实力雄厚、可持续发展的大型综合性企业。

鹰潭西女子收费站

德昌高速军山湖互通

赣浙界梨园收费站－赣、浙省界口

昌九高速公路

昌九改扩建项目办

昌九改扩建项目中墩施工

昌九改扩建项目夜间施工大干

昌九改扩建项目金带河大桥

昌九改扩建项目构件制造中

南昌至九江高速公路是国家高速公路网福银线在江西境内的一段，也是江西省“四纵六横八射”高速公路主骨架网中的第一射。它连接江西省会城市南昌市和长江沿岸重要城市九江市，也是江西省连接周边省份、加强对外联系的主通道，在国家和江西省高速公路网中具有重要地位。

此次改扩建路线全长87.819千米，由双向4车道扩建为双向8车道，采取“两侧及单侧整体加宽为主＋局部分离”的方式进行整体改扩建，批复概算65.24亿元。

项目特点：项目呈现“两高”“三难”的特点。“两高”是社会关注度高和建设起点高。社会关注高：昌九高速公路是江西第一路，也是江西省出省通道扩容升级的首批重点项目，还是实现“昌九一体化”的重要组成部分，所以受到社会各界的高度关注。建设起点高：项目立足五大发展理念，提出打造“精品工程”建设目标。同时实行全线构件集中预制，探索工业化建设道路，志在引领江西省高速公路建设新模式。

“三难”是征迁协调难、交通组织难和拼接技术难。征迁协调难：昌九项目地处昌九工业走廊，穿过四个区（县），100多家工业园区，征地拆迁难度大。交通组织难：昌九高速公路为江西南北大动脉，交通量大，且进出口分布密集，周边路网复杂，实现全程“保四通行”交通组织难度大。拼接技术难：相比新建工程，改扩建在设计、施工等方面都提出了全新的要求，对拼接技术要求更高。

项目管理特色：

1. 以装配化施工为引领，探索公路工业化建造模式。项目以

昌九改扩建项目博阳河大桥

改 扩 建 工 程

昌九改扩建项目施工大干现场

昌九改扩建项目箱梁吊运

构件制造中心为的切入点，提出“中心＋集约型管理、互联网＋工业化建造、资源＋社会效益与经济效益双赢”的三大创新模式，努力探索公路工业化建设道路，开创了江西省高速公路建设管理新模式，在品质工程建设上取得了初步成果，吸引全国及省内交通同行来项目现场观摩交流 30 余次，并被交通部作为全国 10 个打造品质工程的典范之一，在《中国交通报》进行了深入宣传。

昌九改扩建项目标准化场站建设

2. 主体土建工程采用改进后的施工总承包模式。为提升项目建设质量水平、统筹施工期交通组织、落实工业化建造理念、合理降低项目建设与养护成本、创新项目管理模式，昌九高速改扩建项目主体土建工程采用改进后的施工总承包模式，即“施工总承包（2 年缺陷期 +3 年免费保修期）”。

3. 探索高速公路改扩建项目交通组织标准化。针对项目建设，江西省委省政府要求保持 4 车道正常通行，整个改扩建期间共有 5 种交通组织形式，12 次大的交通转换，特别是昌九项目现有 52 座桥梁，需要拆除重建。这些因素给昌九项目交通组织带来了严峻考验。在没有地方标准和行业标准的情况下，昌九项目办结合自身特点，对昌九项目交通组织标准化进行了有益探索，初步形成了昌九项目交通组织标准化模块化实施方案。

昌九高速改扩建期间交通繁忙

交通组织标准化

项目改扩建保持四车道通行服务水平

箱涵吊装试验

抚州东外环

王昭春副厅长视察抚州东外环项目

省高速集团董事长王江军视察抚州东外环项目

抚州东外环高速公路位于抚州市境内，路线起于抚州市临川区太阳镇上涌村附近，与东昌高速公路相接，终于嵩湖乡杨家村附近，与金抚高速公路顺接，项目途经抚州市临川区的太阳镇、七里岗乡、湖南乡、嵩湖乡，高新区的钟岭街办，金溪县的浒湾镇。路线全长22.623千米，另建连接线4.736千米，概算总额为20.12亿元。

一、主要技术标准

1. 全线主线采用双向四车道的高速公路标准，设计速度为100千米/小时；

2. 路基宽度为26米，沥青混凝土路面；

3. 桥涵设计车辆荷载为公路—I级，设计洪水频率特大桥为1/300，其它桥涵和路基均为1/100；

4. 连接线采用一级公路标准，设计速度为80千米/小时，路基宽24.5米。

二、工程建设规模

全线设互通立交4处，匝道收费站2处，管理所2处、服务区1处；连接线（一级公路）1条。路线共设特大桥1417米/1座，大桥963米/3座，中桥474米/7座，分离立交1559米/16座，圆管涵65道，盖板涵55道，通道暗桥71道，箱涵1道；路基挖方211万方，填方536万方。

抚州市委副书记、市长张鸿星考察抚州东外环项目

三、项目难点及特点

1. 本项目地形、地质环境复杂，地下水、地表水丰富，地形起伏较大，风景优美、生态环境脆弱，穿越了临川区级的一个规划景点灵谷峰，路线线位、路基高程及自然景观、地质与环境的综合考虑尤为重要。

2. 本项目工程艰巨、造价较高、特别是涵洞、通道密集，存在排水、通行填土高度的较大冲突；既不能片面压减土石方而造成排水及与交叉通行的困难，又不能一味采用高填架桥代路。减少对环境破坏的同时，应合理控制造价。

3. 本项目位于抚州市郊，沿线村庄较多，人口众多，耕地

全线清表贯通

高　速　公　路

省高速集团任东红调研抚州东外环项目

抚州市市委书记肖毅视察抚州东外环项目

较少，土地资源十分宝贵，应合理选择路线线位，尽量少占耕地，尽量少拆迁房屋，减少项目建设对沿线居民生活的影响。

4. 本项目路基土石方填土较大，而沿线人口密集，可供选择利用的取土较少且距离较远，故取土场的选择至关重要，且应做好取土后的环境保护。

5. 本项目与沿线的交叉管线较多，有高压电线、天燃气管道、石油管道、军用（国防）光缆等，其交叉处理较为困难；设置互通较多，有 4 座互通立交，其中 2 座枢纽互通。

6. 沿线所经城镇较多，包括太阳镇、七里岗乡、湖南乡、浒湾镇、嵩湖乡等，建设方案需充分考虑相关城镇规划及产业布局的因素；

7. 本项目施工重点、难点是王安石特大桥钢管混凝土系杆拱桥及主线钢混叠合梁技术方案、施工工艺、梁拱安装、质量安全管理、重大危险源控制。

第一根桩基开钻施工

四、项目当前完成情况

截至到 12 月 28 日，主要工程进展如下：

1. 路基工程：全线清表工作完成 97.9%；路基土石方填筑完成 163 万立方米，约占 31.5%；挖方完成 115 万立方米，约占 53.8%；

2. 涵洞（通道）工程：涵洞（通道）共 192 道，圆管涵基础浇筑完成 45 道，占总量的 64 %，管节安装完成 35 道，占总量的 45.1%；盖板涵、箱涵、通道完成基础浇筑 69 道，占总量的 52.4%，墙身完成 43 道，占总量的 34.3%，盖板浇筑完成 17 道，占总量的 15.2%。

拌合站建设

3. 桥梁工程：桥梁桩基共 911 根，完成 489 根，约占 54.6%；系梁承台共 291 个，完成 33 个，约占 11.6%；墩台身 615 根，完成 73 个，约占 12.2%；路面底基层备料 27413 方，占底基层备料总量的 18.6%。王安石特大桥、抚河大桥钢便桥完成搭设，为桥梁施工打下了坚实基础。

圆管涵施工

品质工程：表转化路基施工

赣州高速公路

公司党委开展“十九大精神进基层”宣讲活动

公司党委举办学习贯彻十九大精神培训班

公司结对帮扶干部为脱贫户颁发脱贫证书

赣州高速公路有限责任公司成立于2001年4月6日，是赣州市委、市政府批准成立、由市国资委监管的国有控股公司。公司注册资本金11亿元，总资产251亿元，现有员工1600多人，是江西省内三大高速公路建设投融资平台之一，也是赣州唯一的高速公路建设投融资平台，为赣州交通基础设施建设发挥了重要作用。

公司全资、控股及参股高速公路通车里程560千米，运营管理大广高速南康至龙南段、大广高速龙南里仁至杨村段、龙河高速龙南至定南联络线、赣州绕城高速、寻全高速、兴赣高速。

当前，公司紧抓苏区振兴发展和国企改革历史机遇，坚持五大发展理念，按照市委“解放思想、内外兼修、北上南下，打好六大攻坚战”的战略

大广高速龙杨段

有 限 责 任 公 司

公司举办“文明风采 百姓舞台”黄金广场文艺汇演

公司党员干部重走长征路

部署和公司“坚持发展壮大主业、实施多元化经营、优化资产财务结构、强化资本运作”的发展思路，抓项目、强品牌、保费收、促拓展，力争通过5年的努力，将公司打造成为资产超500亿元的主业突出、产业多元、赢利能力强、可持续发展的现代化企业。

公司团委开展“朗读者”青年朗读活动

公司深入打造“橙乡”服务品牌，树立文明窗口新形象

公司志愿者积极投身文明城市创建活动

2017年1月4日兴赣高速正式通车，标志着兴国至赣州彻底结束无直达高速公路的历史

安　远　至　定　南

交通运输部副部长戴东昌深入安定高速公路调研

交通运输部驻厅纪检组组长陈兵到安定项目调研

安远至定南高速公路及定南联络线是江西省“四纵六横八射线”公路网主骨架的“第四射”南昌至定南高速公路的南段，是江西省地方加密高速公路，项目总长90.17千米，投资总额66.5亿元，分两个项目投融资建设。其中安远至定南段路线起于安远城北工业园东侧，与南昌至安远段（南昌至定南高速公路北段）终点相接，经安远、定南两县，终于鹅公镇江西与广东两省交界处，与正在建设的紫金高速相接；定南联络线起于定南县鹅公镇宁都至定南（赣粤界）高速公路K200附近，经定南县鹅公镇、天九镇、历市镇，终于老城镇与大广高速龙河联络线相接。

该项目于2015年2月15日正式开工建设，于2017年1月4日建成通车，是江西省高速公路通车里程达到6000千米的省属重点项目。该项目的建成，新增了南昌入粤出海的快速通道，对于完善江西高速公路路网，提升区域交通运输效率，促进赣南苏区经济振兴具有十分重要的意义。

为了提升安远至定南及定南联络线高速公路的公众出行服务水平，2016年年初，该项目在全国率先启动了智慧高速公路建设项目，并于同年底被交通运输部确定为智慧运营与服务提升交通科技示范工程。2017年7月，该项目智慧高速公路建设项目圆满完成，全线实现了Wi-Fi全覆盖，通过优化公众出行服务、提升运营管理手段、构建应急指挥平台，建成了一条安全、快捷、智慧的高速公路，为全国智慧高速建设的做出了积极的探索。

鹅公互通

高　速　公　路

省交通运输厅副厅长王昭春察看安定项目建设情况

全省交通重点工程工作会参会人员到安定项目观摩

通车当天安远三百山收费站

安定高速气象检测器

九龙隧道入口

2017 年 1 月 4 日安定高速通车，
定南东收费站车辆有序通过

车速运行风险动态检测及反馈系统

宁都至安远

宁安高速公路建成通车

高速与高铁“和谐相处”

房建工程屹然挺立

沥青ATP试验段施工一丝不苟

宁都至安远高速公路是江西省“四纵、六横、八射”公路网主骨架中重要的南北向高速公路之一。路线起于泉南高速宁都南互通处，接南昌至宁都高速公路终点，途经赣州市宁都县、于都县和安远县的17个乡镇72个行政村，终于寻全高速公路安远服务区处枢纽互通，接宁都至定南（赣粤界）高速公路安远至定南段。路线全长163.87千米，桥隧比约15.5%，全线共设7个互通、3个枢纽互通和2个服务区，投资概算109.7745亿元。该项目于2015年2月正式开工建设，于2017年1月4日建成通车。

项目全线采用双向四车道高速公路标准建设，路基宽24.5米，设计行车速度每小时80千米。全线主要工程量为：路基土石方4114.5万方，涵洞通道34183米/696座；桥梁24150米/122座（特大桥1013米/1座，大桥17165米/64座，中小桥5972米/57座），桩基3809根，梁板6345片；隧道4789.5米/2座。

宁都至安远高速公路项目的实施连通了江西境内的三条东西向高速公路（泉南高速、厦蓉高速和

风姿绰约的长岭大桥与当地环境和谐融为一体

高　速　公　路

彩虹在丛林中穿行

红花绿树与宁安高速相得益彰

寻全高速），路网和通道功能十分明显。对于完善区域路网结构、改善区域交通条件，促进沿线经济社会发展，带动赣南原中央苏区振兴等方面具有重要意义。

项目的实施将有助于沿线区域资源优势转化为经济优势，推动沿线经济升级转型和产业结构优化，将成为沿线地区大力发展城镇化建设的“助推剂”和“孵化器”。

项目的建设将与南昌至宁都高速公路连成一体，有利于将南昌英雄城、赣南革命老区、原中央苏区，连成一条“革命老区红色旅游线”。有利于形成自然景观、人文景观、客家文化和革命老区为一体的奇特的旅游胜地。

隧道施工双门禁系统隔离无关人员随意进出

平整美观的上边坡护面墙

晓龙山隧道在阳光下熠熠生辉

建成通车的宁安高速风姿

东　乡　至　昌　傅

省委书记鹿心社察看东昌高速公路项目建设情况

省委副书记、省长刘奇察看东昌项目建设情况

东昌高速是江西省高速公路网“四纵六横八射”规划中的其中一横。项目路线大致呈东西走向，途经抚州市临川区、东乡县、宜春市丰城市、樟树市、吉安市新干县等3个设区市5个县区市26个乡镇2个垦殖场。路线起点位于东乡县境内的沪昆高速公路东乡互通以西约1.6千米处，途中依次与福银、昌宁等高速公路相交，并与沪昆高铁、向莆、京九、丰洛煤运专线、沪昆（浙赣）及昌吉赣（规划）等铁路交叉，终于沪昆高速与樟吉高速公路交汇处的樟树枢纽互通。全线共设东乡西、抚州东、抚州北（罗湖）、杜市、桥东、丽村、樟树东、新干北、昌傅等9处互通收费站和东乡、抚州北、丰城南、樟树等4处枢纽互通。路线全长约152.13千米，投资总额约99.7亿元。

大干六十天动员会现场

拌合站

东昌高速公路项目具有“一大两高一重”的特点。“一大”：协调难度大。项目位于江西省农业经济较为发达的区域，居住人口密集，既有水利、电力、通讯及交通等基础设施密布，全线9处穿越铁路，5处跨越国（省）道，设有4处枢纽互通，且在樟树市、新干县境内涉及1处军用地和多处军用光缆占用、改移事宜。在项目建设过程中，拆迁任务繁重，协调工作难度极大。“两高”：一是技术要求高。项目沿线有红砂岩、膨胀土、溶岩、采空区等地质复杂地带，跨越延河、南辽河、云山河、干港河、抚河、秀水河、赣江、袁河等多处河流，特别是跨越赣江的特大桥，主跨采用180米悬浇预应力砼连续钢构，是目前同类桥梁单跨长度的“江西第一”，工程建设具有较高的技术挑战性。二是环保要求高。项目8次跨越较大的河流，占用农田6100余亩，借土填方1260万立方米，涉水工程作业和土方挖运施工过程中，从方案论证到具体施作，都要高度关注、最大限度降低项目建设对当地水土和生

分离式路基

高 速 公 路

省交通运输厅厅长朱希视察东昌高速公路项目

樟树东收费站

态环境的影响。"一重"：安全责任重。在枢纽互通跨线桥、跨铁路桥、国省道分离立交桥以及跨通航河流大桥的建设过程中，既有交通安全保畅的压力，又要保证工程施工安全，安全生产责任重。

东昌高速公路项目连接沪昆线、福银线、昌宁线、樟吉线等多条高速公路及320、316、238（南昌至惠来纵向线）、533（樟树至分宜联络线）、105等多条国省道，同时还便捷串联起东乡、抚州、丰城、樟树、新干等城市，路网和通道功能十分明显；未来将成为江西省连接周边省份、加强对外联系的高效公路。同时，该项目的建设既是服务国家战略和区域战略发展的需要，又是改善沿线地区东西交通运输状况，促进区域社会经济发展、提高城镇化水平的需要，也是开发沿线旅游资源，推动旅游事业发展的需要。

东昌高速公路自2015年1月开工，于2017年1月建成通车。项目土建工程施工总计划工期24个月，缺陷责任期24个月，保修期60个月。在建设过程中，创新提出人文指路、科技引路、品质筑路、清廉正路、和谐兴路．安全发展、生态发展、低碳发展等"五路三发展"管理理念，制订"质效至优、安廉至善、生态至美"建设总目标，推广延伸"首件工程示范制"，相继开展了"大干九十天，抢抓构造物""开展百日会战　夺取阶段目标""决战六十天，誓夺总目标"等劳动竞赛专项活动，并通过开展各项专项整治活动，组织召开技术交底会、正反现场观摩会等，落实施工标准化、精细化、程序化管理要求，安全、质量与进度同向而行，确保了工程品质的综合提升。

丰城南枢纽

东乡西互通

樟树东互通

樟树枢纽

阁山特大桥

南 昌 南 管

江西省高速公路生态绿化提升工程推进会在南昌南管理中心召开

绿化提升现场观摩

驱车行驶在昌铜高速公路上，沿途山峦叠嶂苍翠连绵，清清溪水潺潺流淌，仿若一幅诗意画卷，令人流连忘返。这是昌铜高速生态环境的真实写照，是南昌南管理中心在绿色发展之路上扎实有效工作、敢抓敢管担当、踏实辛劳付出的成果。

铜鼓温泉隧道

车在景中行，人在画中游

坚持绿色管养，凸显绿化大格局

近年来，该中心认真落实省政府关于打造“昌铜生态经济带”的部署，按照建设“四个交通”总体要求，秉持“生态环保、精雕细琢”的理念，严把动态设计、施工质量、管理养护“三个关口”，迈出了建设绿色生态文明高速的坚实步伐。他们巧妙利用得天独厚的绿色资源优势，遵循“尊重自然、顺应自然、融入自然、自然而然”的绿化设计理念”，应用梯田式生物净化池和“融景”设计手法，把公路建设与环境保护、特色营造有机融合，形成了路景一体。同时，在绿化管养上凸显“特色”，逐渐采用绿篱修剪机等机械设备替代人工进行绿化修剪，确保种一片，养一片，活一片，绿一片，使苗木成活率达到90%，绿化效果明显提升。通过点、线、面有机结合，乔、灌、草巧妙搭配，绿化景观融入地方人文特色，营造了“处处是景、步步为画”的景观效果，如安义互通景观绿化以“冰川遗迹”为主题，在上边坡加入大叶金鸡菊和野花，营造了山花烂漫的情怀，成为了高速公路上的一道独特的“古韵风景线”。近三年又以南昌至奉新段为标准化精品路段，定期修枝，根据季节进行特色补栽，保持层次突出、季相丰富、色彩多样的效果，重点落实“打造两侧边坡、两侧绿化、中分带等五个面，修整护栏四条线和中分带、碎落台三条线等七条线”，形成了“有路皆绿、有土皆绿、

绿色昌铜，诗意画卷

理　中　心

精心养护

辛勤浇灌

有坡皆绿”的大绿化格局，辐射带动了全线绿化工程品质的提升。

发挥资源优势，推广“高速＋生态旅游”

“路在林中展，溪在路边流，车在景中行，人在画中游。”在绿色发展之路上，南昌南管理中心还积极推广“高速＋生态旅游”营销，加强与昌铜沿线旅游部门的合作，利用公众微信平台，策划了“沿着昌铜高速去旅游之春季踏青·夏季避暑·秋季赏花·冬季泡泉”等旅游推广活动，实现了收费额年均增长幅度达44%，带动了铜鼓温泉项目开发、奉新百丈寺“百丈人家”旅游地产开发、休闲农庄等生态农家乐项目的落地。沿线生态旅游经济提升最明显的靖安县，更是从2014年接待游客334万人次递增到2016年的600万人次，旅游综合收入从22亿元跃升至40亿元，成为了昌铜生态经济升温的一个“缩影”，昌铜沿线生态旅游发展和高速运营实现增收双赢。

绿色生态路

着眼“江西样板”，打造昌铜百里画廊

“绿色”是发展之根，“生态”是发展之魂。5月19日，省高速集团在中心召开了高速公路生态绿化提升工程推进会，现场观摩了“昌铜高速百里画廊”阶段性成效。为持续打好“绿色生态牌”，南昌南管理中心将迈出更加坚实有力的步伐，按照省政府构建“一廊、两线、多点”昌铜高速生态经济带的要求，以“黄土不裸露、灌木不断带、乔木不断线”为改造提升目标，重点实施“南昌西大门”和铜鼓省界、主线上跨桥和桥梁中分带、隧道出入口和隧道间超宽中分带、挖方碎落台和填方边坡、互通和服务区等“五项提升工程”，全力推动全路段绿化工程提档升级，打造一条四季景色如画的“百里画廊”，彰显昌铜高速生态魅力。

穿越绿水青山

日出东方

兴国至赣县

省委书记鹿心社视察兴赣高速项目

江口隧道左线顺利贯通

特大桥架梁施工

第一段级配碎石底基层摊铺施工

兴国至赣县高速公路是泉南高速江西石吉段与厦蓉高速江西瑞赣段的纵向联络线，项目起点北接泉南高速石吉段兴国境内的兴国互通以枢纽互通形式相接，项目终点南接赣州绕城高速相交于厦蓉高速瑞赣段赣县境内的赣县东枢纽互通。项目途经兴国县鼎龙乡、长冈乡、江背镇、埠头乡、社富乡、杰村乡、龙口镇，赣县三溪乡、南塘镇、吉埠镇、江口镇、茅店镇共2个县12个乡（镇），路线全长约71.995千米，其中兴国县境内35.899千米、赣县境内36.096千米，采用双向四车道高速公路标准设计，设计速度120千米/小时，路基宽度28米。项目概算总投资约60.75亿元。全线共设置互通立交6处（其中枢纽互通2处），沿线设施12处（互通匝道收费站4处、管理所4处、服务区2处、管理中心1处、养护中心1处）。

兴赣高速建设项目受沿线复杂地形地质影响，高差较大，水系众多，外加上施工条件差、协调难度大，高填深挖路基多，土石方工程量巨大且清一色为红砂岩；路线交叉作业多，一跨国道、一跨激江，三跨平江，两跨京九铁路，两跨待建的昌吉赣客专，施工组织及交通维护难度较大。

2012年6月28日，国务院正式出台《国务院关于支持赣南等原中央苏区振兴发展的若干意见》（简称若干意见），标志着支持赣南等原中央苏区振兴发展，已上升为国家重大战略，这是中央关心革命老区、着眼全面建设小康社会全局采取的一

高　速　公　路

预制梁自动喷淋养生

兴赣高速公路鸟瞰

项重大战略举措，是加快江西省科学发展、绿色崛起的重大历史机遇。加快赣南等原中央苏区振兴发展，是牢记党的光辉历史、增进苏区人民福祉的迫切要求；是加快苏区脱贫致富、与全国同步进入全面小康的迫切要求；是打造全省发展战略支点、建设富裕和谐秀美江西的迫切要求。若干意见中明确提出了加强公路建设，支持大庆—广州高速公路赣州繁忙路段实施扩容改造工程，规划建设兴国—赣县等高速公路的想法，进一步加强赣南原中央苏区的交通基础设施建设。

兴赣高速公路项目的建设有利于将赣南革命老区、原中央苏区，连成一条“革命老区红色旅游线”。项目的建设，对加快江西省旅游事业发展、充分开发利用自然资源，促进地区旅游经济的发展，缓解江西省南北向通道的交通压力及完善江西高速公路网的建设均具有十分重要的意义。

江口铁路跨线桥施工

红砂岩强夯规范化施工

兴赣高速

南昌至宁都

省交通运输厅党委书记、厅长朱希察看昌宁项目建设

交通运输部对昌宁项目进行质量安全综合督查

双溪岭隧道二衬施工

南昌至宁都（冈上至宁都段）高速公路（以下简称昌宁项目）是规划建设的“南昌—宁都—兴国—韶关”国家高速公路网的一部分，是江西省“四纵六横八射线”高速公路网主骨架的重要路段。路线起点位于南昌市南昌县冈上镇，途经宜春市丰城市、抚州市乐安县、吉安市永丰县、赣州市宁都县等5个市、5个县（市）26个乡镇，终点位于宁都县赖村镇，与泉南高速公路石吉段相接。项目建成后，将南北贯穿江西中心地带，连通江西境内的三条东西向高速公路（沪昆线、抚吉线和泉南线），路网和通道功能十分明显。

项目全线纵贯江西南北，地质情况复杂，分别经过平原水网密集区、微丘区、山岭重丘区，地形落差达到千米级。地质情况复杂，特别是永丰、宁都境内，工程总目标控制难度非常大。

路面摊铺

安全检查

孟堂蔡大桥单幅贯通

高速公路

隧道施工应急救援演练

交通运输部专家对昌宁项目隧道进行检查

全线共有2座特大桥（清丰山河特大桥、龙坊高架桥）、2座钢构桥（龙坊高架桥、神龙高架四桥）和3座特长隧道（石马隧道、双溪岭隧道、雩山隧道）、5座长隧道，其中永丰和宁都境内有特长隧道群、桥隧相连群，是昌宁项目控制性工程中的控制性工程。

昌宁项目地处江西中部腹地，属江西的“中部地区”，沿线地区社会、经济发展水平差异极大（南昌县和丰城市为全国经济百强县，乐安县、宁都县为国家贫困县）。该项目的建设能够很好地协调国家战略和区域战略发展布局，完成江西省委省政府“龙头昂起、两翼齐飞、苏区振兴、绿色崛起”发展战略布局，促进江西省经济社会发展和国土均衡开发。昌宁高速公路项目全长248.601千米，概算总投资173.9亿元，开工时间为2013年11月，通车时间为2015年12月，建设工期26个月。项目建设成后，将成为江西省连接周边省份、加强对外联系高效公路，在江西及国家公路网中具有十分重要的地位和作用。

梁板架设

龙坊高架桥夜间施工

薄壁高墩施工

南　昌　至　上　栗

昌栗项目领导班子

项目办开展领导干部插手干预工程专项治理动员部署

沥青面层碾压

混凝土路面硬化

南昌至上栗高速公路东接南昌西外环高速、西连萍洪高速与湖南浏阳对接，是赣西地区第三条高速大通道，项目途经南昌市、宜春市和萍乡市共3个地级市8个县（市、区），路线全长223.09千米，投资估算约为114.2亿元。该项目是完善江西省高速公路路网，实现2015年全省高速公路通车里程突破5000千米宏伟目标的项目之一，对打造南昌核心增长极、增强南昌辐射功能、提升高安、上高、万载、上栗等赣西地区县域经济发展，促进沿线旅游资源开发具有重要意义。

在江西省交通运输厅、省高速集团的关心和支持下，昌栗高速公路项目办统筹规划，精心组织，科学安排，项目管理始终贯穿“一套制度、两个平台、三个转型、四个标准、五个严格、六个抓手”的建设要求及工作思路，强化质量为重，立足标准建设，健全制度体系，全面保证昌栗项目管理科学有序。

一套制度“统全局”。即“一纲五册”纲领性制度：项目管理大纲，安全管理手册、质量管理手册、文明施工管理手册、廉政工作手册、内部综合管理手册，作为项目管理的纲领性文件，明确各方权责，确保各项工作在标准化的制度框架下进行。

沥青上面层摊铺

高速公路

上高西收费站

特大桥施工

两个平台"提效率"。即江西昌栗高速公路网和昌栗OA系统，为项目搭建了一个综合信息管理平台，实现了工程建设动态、十二公开、信息实时发布、公文流转、工程计量和支付等网上管理，大大缩短了人工处理的时间，提高了效率。

三个转型"谋建设"。即突破固有思维，逐步建设创新型项目办；实现自我超越，努力营造学习型项目办；转变思想作风，坚持做好服务型项目办。

四个标准"树形象"。即在管理标准化上力求做好四项工作：大临设施标准化、小型构件集中预制、现场观摩会和新科技新工艺的运用，努力实现"标准成为习惯、习惯符合标准、结果达到标准"的目标。

五个严格"保质量"。即严格合同履约，强化队伍管理；严格材料准入，强化源头控制；严格首件示范，强化标准工法；严格施工工艺，强化质量标准；严格试验检测，强化过程监控。

六个抓手"定乾坤"。即以信息化为抓手，首创"明"的新型招标模式；以竞争谈判为抓手，跨越"难"迁改的藩篱；以安全生产为抓手，实现"零"事故的目标；以变更管理为抓手，夯实"理"的建设理念；以民工工资管理为抓手，确保"稳"的建设环境；以廉政建设为抓手，筑牢"廉"字思想防线。

夜以继日忙施工

水稳下基层碾压

标准化梁场建设

孟堂蔡大桥单幅贯通

服务区房建工程

昌樟高速改扩建

南昌至樟树高速公路是国家高速公路网中的上海至昆明国家高速公路的有机组成部分，是江西省连接周边省份、加强对外联系，对接长珠闽、融入全球化的跨省高速公路运输大通道的咽喉要道，在全国路网中具有显要的地位。

随着地区经济的快速发展，昌樟高速公路交通量逐年增长，为了提高昌樟高速公路服务水平，进一步适应和促进社会经济发展，迫切需要对其进行改扩建。

昌樟高速公路改扩建项目起于南昌市新建县生米镇附近的昌西南枢纽互通南端，与南昌西环线高速相接，南下经生米、厚田，设 9.1 千米药湖特大桥，跨越锦江及流湖、药湖低洼涝区，继续南下经丰城，在梅林及胡家坊两次上跨丰城支线铁路，采用桥梁跨越肖江后，经经楼、临江，终于樟树市昌傅镇樟树枢纽互通赣州端，与樟吉高速公路相接，路线全长 86.545 千米，双向 8 车道，药湖特大桥双向 10 车道，设计时速 120 千米／小时，批复概算约 61.53 亿元。

南昌至樟树高速公路改扩建工程主线采取“两侧整体拼接为主＋局部分离”的方式进行整体扩建，即药湖特大桥段和肖江大桥路段采用局部分离新建（药湖特大桥段路基宽 16.75 米，肖江大桥段路基宽 20.75 米），其余扩建路段为 8 车道整体式路基宽度 42 米。跨越的主要河流锦江、肖江河；交叉的主要公路及铁路：S321、S228、丰城支线铁路；主要控制点：起点昌西南枢纽、厚田、药湖、梅林、胡家坊和终点樟树枢纽。

2015 年 11 月 6 日，在“边施工、边通车”的情况下，江西第一条全线“4 改 8”高速公路改扩建项目——昌樟高速公路改扩建工程建成通车。

交通运输部绿色公路考核验收会

交通运输部副部长冯正霖调研项目建设

项目建设办公室

昌樟高速厚田互通

昌樟改扩建新貌

俯瞰昌樟高速八车道

鸟瞰药湖特大桥

昼夜施工

路面摊铺

旧沥青路面冷再生

交通维护精细化

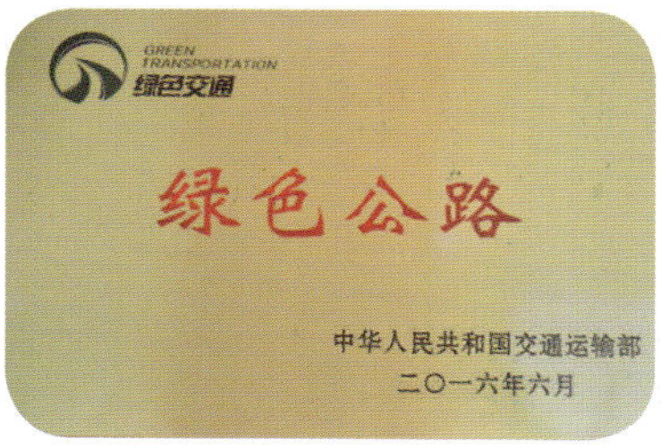

昌樟改扩建荣获全国“绿色公路”称号

铜 鼓 至 万 载

彭家高架桥

铜万高速公路

铜万高速穿过青山绿水

东边岸特大桥

铜万高速公路北连南昌至铜鼓高速公路、中连南昌至上栗高速公路、南连南昌至萍乡高速公路（上海至昆明国家高速公路一段），并通过铜鼓至万载高速公路宜丰联络线与大庆至广州国家高速公路相连，是江西省地方加密高速公路。路线起于江西省宜春市铜鼓县三都镇，终于万载县西北侧南昌至上栗高速公路与宜春至万载高速公路相交的枢纽互通处，途经宜春市宜丰县，路线全长68.797千米，于2015年1月1日开工建设，2016年12月底建成通车。

铜万项目是《江西省高速公路网规划（2013—2030年）》中17条联络线之一，其路网功能明显，可增强江西西北部各横线之间的相互联系和应急保障能力，分担沪昆国家高速公路和杭长国家高速公路共线段持续增长的交通压力。铜万项目的建设是完善江西省西北部高速公路网联通能力和相互保障的需要，也是促进江西省十二五经济与社会发展的重要措施。

铜万项目建成后成为宜春市与万载县、宜丰县、铜鼓县之间的快速通道，加快该区域与宜春市和省会及周边城市群的联系，也有利于其接受周边产业集群的辐射和带动、加快融入步伐。

铜万高速公路

高 速 公 路

万载枢纽

铜万高速公路鸟瞰

打造精品、追求卓越，永无止境。铜万高速建设者们要建的不仅是一项普普通通、实实在在的工程，而更是具有建设艺术、较高品质的示范之作。桥梁防撞墙混凝土外观质量难以控制，尤其以气泡多、线条不顺最难解决，铜万项目采用了桥梁防撞墙复合钢模板及整体拆装台车，一次性可完成10米护栏的整体拆装，大幅度加快了拆装进度，模板安装接缝减少。为克服传统铺装工艺平整度和表面收缩缝等质量通病，铜万项目全线均采用三辊轴整体式振动整平梁和座架式抚光机。减少混凝土表面的收缩裂缝，节约了人工，降低了工人劳动强度，大幅提高施工效率。在路面施工过程中，铜万项目坚持运用新设备、新技术达到大型化、专业化、个性化、人性化的要求，着力提升路面防污染施工能力，为省内新型路面安全文明施工领域开拓了新的发展空间。

铜万项目还打造了边坡修整及客土干喷、路堑边沟、互通区微地形整理、桥台锥坡等14个亮点工程。

特大桥施工

东岸隧道施工

路基土方施工

焊接施工

资 溪 花 山 界 至

资溪隧道建成

资溪收费站

亭子下 1 号大桥首片箱梁架设

路基三线法施工

资溪花山界（赣闽界）至里木高速公路（简称“资溪高速”）是江西省高速公路网中的一条地方加密高速，位于江西省抚州市资溪县境内，起于资溪县鹤城镇花山界与福建省光泽县古城镇铁关村交界处，接福建省在建邵武至光泽高速公路，途经鹤城镇、高阜林场、高阜镇、嵩市镇、高田乡，终于高田乡翁源村，与济广高速公路相接。

路线全长 38.578 千米，项目总投资 27.01 亿元。全线按双向四车道高速公路标准建设，设计速度 80 千米／小时，主线路基宽 24.5 米，采用沥青混凝土结构路面，路基设计洪水频率 1/100，沿线设置安全、监控、通讯、收费、供电照明及服务等附属设施。全线路基土石方 1224 万立方米，涵洞 103 道 /6262.82 米，沥青砼路面 84.8 万平方米，大、中桥 13 座，隧道 5 座 /3843 米（双洞），互通立交 3 处，分离立交 2 处。

资溪高速项目系由江西投资集团资溪高速公路投资开发有限公司（简称项目公司）投资建设，项目公司经江西省人民政府批准，于 2010 年注册成立的有限责任公司（国有控股），注册资本为 5 亿元，其中江西省投资集团公司控

泸溪河大桥建成

里 木 高 速 公 路

泸溪河大桥下部结构全部完成

赣闽省界主线收费站建成

股子公司——江西省江投路桥投资有限公司（简称江投路桥）持有 60% 的股份，资溪县投资发展有限责任公司持有 40% 的股份。

资溪高速项目与金溪至抚州、抚州至吉安两条地方加密高速公路共同组成江西省 S46 高速交通干线，贯穿江西中部东西向直通海峡西岸经济区，连接了江西境内的济广、福银、大广“三纵”国家高速公路，把福建邵光高速、济广高速、抚吉高速有机地连成一个整体，开辟出江西与海西经济区一条快速通道，对于促进沿线经济发展及产业结构调整、自然资源开发、特色产业升级具有重大意义。

贺源大桥墩柱施工

甘家源隧道安全警示牌

岭头上大桥矩形墩施工

拌和站

资溪互通

修 水 至 平 江

省发改委副主任、省重点办主任王前虎视察修平项目

省交通运输厅厅长朱希视察修平项目

修水至平江（赣湘界）高速公路（以下简称为修平高速）位于九江市修水县境内，东接G45大广高速武宁至吉安段，西与湖南省规划的龙门（湘赣界）至平江（伍市）高速公路对接，是一条新增的省际运输通道；在大路网中的整体走向是由浙江省—安徽省—江西省—湖南省的一个横向联系的高速公路大通道。

就地理特征而言，修平高速公路位于修水县境内，地形总体上呈东、西两头低，中间高的特点，由三都内陆断陷盆地过渡到剥蚀低丘高岗，最终再过渡到渣津—龙门内陆断陷盆地地貌。依据路线走廊带内地形、地貌特征，路线走廊主要有四种地貌单元：冲洪积河谷地貌单元，砂页岩类风化、剥蚀低丘高岗地貌单元，红层碎屑岩类剥蚀高岗地貌单元，石灰岩区溶蚀、剥蚀盆地地貌单元等。

省交通运输厅吴铭汉副巡视员调研修平项目

本项目路线起于修水县庙岭乡堋塘附近，起点桩号K0+000，接武吉高速（G45桩号K2624+069.4），利用修水北互通位置设修水枢纽，向西于汪家坳跨G220，在杭口镇南面中高墩村设修水西互通接G353。后沿G353及S510向西，经黄杨坪村在界上村西侧跨S510后，向西南方向于西尹村石下西侧省界接湖南省规划的龙门（湘赣界）至平江（伍市）高速公路。项目全线共设置修水枢纽互通、修水西互通、渣津互通和大桥互通4处互通立交，

航拍图

高 速 公 路

省交通运输厅纪检组组长陈兵深入修平项目调研，督查惩治“微腐败”工作落实情况

省交通运输厅副厅长王昭春莅临修平项目进行考察

主线收费站1处，服务区1处。结合路段特点及工程规模，项目共分两个总监办、10个路基施工合同段、2个路面施工合同段。路线全长约79.6千米，投资总额50.81亿元。

修平高速公路建设，对完善全省高速公路网、提升路网运行效率，适应区域交通量和通道交通量迅速增长具有重要意义；对加强鄱阳湖生态经济区与长株潭城市群联系、促进沿线综合资源开发、加快城市化、工业化进程具有重要意义；对圆满完成2016年全省高速公路通车里程突破6000千米具有重要意义。

路床弯沉检测

锚杆框格梁施工

沥青路面摊铺火热施工

左幅全部完成的张窝大桥

架梁作业

混凝土浇筑振捣

上饶至万年

省发改委副主任、省重点办主任王前虎，省交通厅副厅长王昭春考察上万项目

省交通运输厅副巡视员吴铭汉莅临上万高速检查指导

贵溪三县岭隧道

三县岭1号隧道

上饶至万年高速公路是江西省高速公路“四纵六横八射”公路网主骨架中的一段，属江西省地方加密高速公路，是连接上饶市区到万年县及环鄱阳湖经济圈的快速通道，项目建设对完善区域路网布局，提升路网服务水平具有十分重大的作用。项目南起沪昆高速公路，途径上饶市弋阳县、横峰县、万年县、鹰潭市贵溪市等2个设区市4个县（市）区12个乡镇，北接德昌高速公路，路线全长76.057千米，投资概算46.88亿元。

上万高速公路工程特点：

1. 项目造价低、土建标段大。项目概算投资46.88亿元，平均每千米造价约6165万元，共6个路基标，2个路面标，同比类似项目，造价最低，标段最大。

2. 构造物多，协调难度大。全线5处与铁路交叉、3处跨越军用光缆、多处跨地方道路，施工方案、交通安全维护方案需报铁路、军队、公路主管部门审核，各项报批手续繁杂，协调难度较大。地方环境复杂，征迁困难大，项目需永久征地7125亩，途经4个县（市）的12个乡镇，拆迁各类建筑物约35050平方米，拆迁电力、电讯线路43247米，征迁任务重，路地关系复杂。

3. 地质复杂，施工技术难度大。全线有隧道4座共长9337米（单洞），隧道地质情况复杂，断层破碎带、软弱地带较多，裂隙水较丰富，质量安全管控难；路基土石方高液限土多，红砂岩路段多，爆破受民房干扰多，机械开挖进度慢费用高，填筑质量控制难。

梅峄高架桥

高　速　公　路

省高速集团董事长、党委书记王江军莅临上万项高速检查指导

建成通车的上万高速公路

4. 项目管理刨新改革，管理难度大。上万项目按交通部要求实施传统监理模式改革，监理管控经验不足；全线6个路基单位，多个标段项目经理被替换，多个标段项目经理为首任项目经理现场管理经验不足，且遭遇连续罕见多雨天气，时间紧任务重，施工管理难上加难。

上万高速自2014年12月底开工建设，2016年底建成通车，工程建设期24个月。为加快工程进度上万项目办适时制定并启动了“决战60天，开创新局面”“大干70天，献礼五一节”“大干30天，彻底扭转落后局面”，如期进入三阶段开展“围绕一个总目标，打好两场攻坚战，做好三个统筹推进活动”，上万高速实现主体工程基本完成。

沥青路面摊铺施工中

上边坡防护

带绿施工

防撞护栏施工

韩美岭赣　铁路跨线桥

昌 西 南 连

施工生产调度会

祥云大道路基交验

九龙大道

2011 年 10 月江西省级行政中心搬迁至红角洲九龙湖新区的规划得到了国务院的批准，与之配套的基础建设开始启动。根据上级部署，江西省交通运输厅为了更好地支持南昌市新区的发展建设，由省高速集团投资 11.17 亿元建设了昌西南连接线项目。南西南连接线项目承接红角洲片区、九龙湖新区、西客站的集散交通和出城大交通，又名九龙大道，未来将是赣江西岸、九龙湖片区至整个南昌市区内最主要的一条南北向干道之一。

根据江西省政府办公厅（2012）5 号文件要求，昌西南连接线项目主体工程由江西省交通运输厅负责筹措资金和组织实施，项目的征地拆迁工作和主体工程以外的绿化工程、亮化工程、美化工程、市政配套工程（含强弱电下地）由南昌市红谷滩管委会负责投资和实施。昌西南连接线项目于 2012 年 8 月获江西省发展和改革委员会、南昌市发展和改革委员会批准立项并于 2012 年 10 月 21 日正式开工建设，至 2015 年 6 月 30 日，昌西南连接线项目施工任务全面完成。

昌西南连接线项目位于南昌市红角洲九龙湖新区，路线始于省级行政中心市民广场，与既有的广场南路（桩号 K1+153 处）T 型对接，向南依次与祥云大道、海宝大街、西站大街、龙兴大街等既有道路相交，

九龙湖大桥钢筋加工棚

接 线 项 目

过街通道标准化观摩推进会

路基压实度检测

途中下穿向莆、沪昆铁路，跨九龙湖湖区，并预留互通接口与规划的九龙湖北大道、生米大道相交，终于南路朱村西环铁路以北，路线全长 9.8 千米。全线设置中桥 2 座、大桥 1 座。昌西南连接线路基设计宽度 96 米（其中主车道宽 47.5 米），采用一级公路兼城市主干道路建设标准，车行道为沥青混凝土路面，人行道为花岗岩路面。项目批准土建工程建安概算为 9.78 亿元。

宝葫芦黑白站

沥青混凝土路面碾压

九龙湖大桥拱圈砼垫层施工

九龙湖大桥外装修施工中

船顶隘（赣闽界）

省交通运输厅党委书记、厅长朱希在船广项目办调研指导工作

省发改委副主任、省重点办主任王前虎、省交通动输厅副厅长王昭春察看船广高速隧道施工

广昌枢纽互通

赣闽界广昌东收费站

船顶隘（赣闽界）至广昌高速公路是沈阳至海口国家高速公路联络线—莆田至炎陵高速公路（G1517）江西境内的一段。路线起于赣闽界船顶隘，东与福建省泰宁至建宁高速公路终点相连，西与广昌至吉安高速相交接，路线全长21.6公里，投资概算21.89亿元，全线位于广昌县境内。船广高速公路项目于2014年9月26日开工建设，2016年12月底竣工通车。

船广高速公路按双向四车道标准设计，设计速度为80KM/h：整体式路基宽度为24.5米，分离式路基宽度为12.25米；路面采用沥青砼路面，设计年限15年，设计标准轴载BZZ—100KN；汽车荷载为公路—Ⅰ级；设计洪水频率为特大桥1/300，其余桥涵及路基1/100；桥梁采用分离式断面，桥梁全断面（含涵洞）与路基同宽；隧道净宽10.25米（单洞），隧道建筑限界净高≥5.0米。其它技术指标按《公路工程技术标准》（JTGB01—2003）执行；互通式立交连接线采用二级公路标准。

全线路基土石方513.94万立方米，沥青砼路面55.74万平方米；桥梁14座（含分离式立交），总长4632.4米，其中特大桥1座、大桥7座、互通匝道桥3座、中桥3座；隧道4座，总长4417米，其中长隧道1座、中隧道2座、短隧道1座；盖板涵52道、圆管涵21道，通道42道；互通立交2处（含

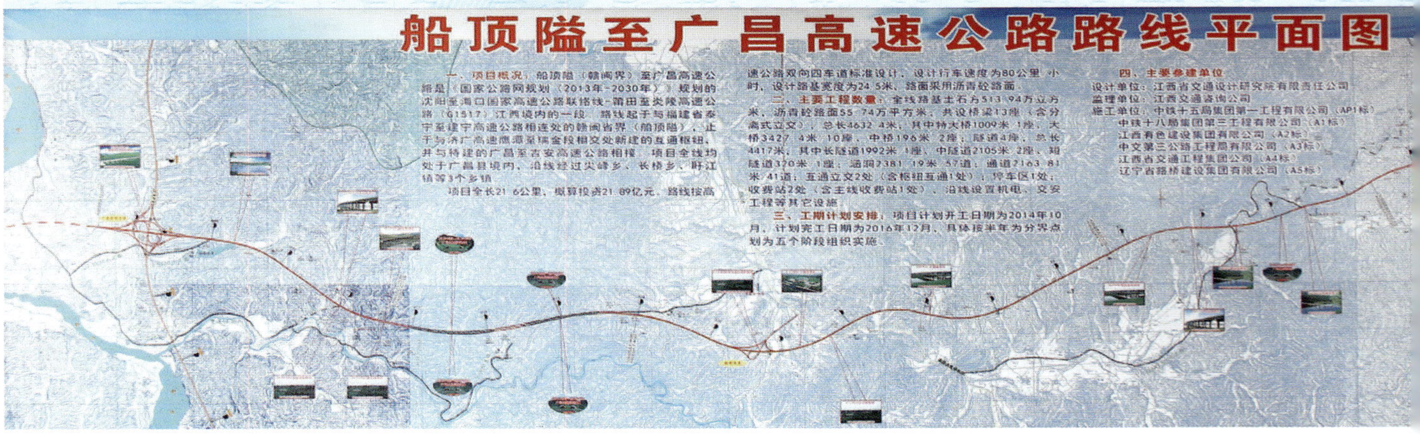

至广昌高速公路

省交通动输厅副厅长梁必康察看船广项目建设情况

饶家段特大桥

枢纽互通 1 处）；收费站 2 处，沿线设置机电、交安工程等其它设施。

船广高速公路的特点：单位造价高，平均每公里造价高达 1.013 亿元，是目前省内单公里造价最高的高速公路项目；桥隧占比大，桥梁高度高，桥隧结构物占比达 41.9%，高度大于 20 米的桥墩（柱）80 余个，最大桥高达 60 米；地质条件差，全线隧道Ⅳ级围岩 3290 米，Ⅴ级围岩 2162 米，Ⅳ、Ⅴ级围岩占比达 62.6%。

船广高速公路的建成，又增加了一条江西至福建的出省通道，对完善赣闽两省高速公路网，改善区域交通通行条件，加强赣东地区与海西经济区的联系，促进区域经济发展起到积极作用。

隧道内景

特大桥架梁施工

船顶隘隧道

构件加工

构件加工

广 昌 至 吉 安

省委常委、常务副省长毛伟明听取有关广吉项目介绍

省交通运输厅党委书记、厅长王爱和多次察看广吉项目

省高速集团党委书记、董事长王江军调研广吉项目

省高速集团总经理任东红调研广吉项目

广昌至吉安高速公路是《国家公路网规划（2013 年 –2030 年）》中沈海高速公路第七条联络线即福建莆田至湖南炎陵（G1517）的一段，也是《江西省高速公路网规划（2013 年 –2030 年）》中“四纵、六横、八射、十七联络线”第三横的一段，建设里程为 189.276km，由广吉主线和吉安支线组成。

主线始于广昌南枢纽，与船顶隘（赣闽界）至广昌高速公路对接，途经抚州市广昌县，赣州市宁都县，吉安市永丰县、吉水县、青原区、泰和县，终于泰和北枢纽，与泉州至南宁高速公路的石城至吉安段对接，长 156.085km；支线始于吉水枢纽，与抚州至吉安高速公路对接，途经吉安市吉水县、青原区，终于广吉主线青原枢纽，长 33.191km。

广吉高速按全封闭、全立交、双向四车道高速公路标准建设，其中主线青原枢纽以西，设计速度为 100km/h，路基宽 26m；青原枢纽以东和支线，设计速度为 80km/h，路基宽 24.5m。全线设 4 个枢纽互通、11 处服务互通、3 个服务区及黄陂停车区，设管理分中心 1 处、收费站 11 处、养护工区 1 处。

广吉高速是加强福建、江西、湖南三省经济往来的运输大通道，是落实国家支持原中央苏区振兴发展政策的交通保障。建设广吉高速，对完善国家和江西高速公路网、满足沿线城镇高速交通需求、促进中部地区崛起协调发展战略、带动和提升周边地区及中部地区经济发展水平具有重要意义。

2016 年 5 月，广吉高速被交通运输部列为第一批绿色公路建

泰和北赣江特大桥钢便桥

高速公路

省发改委党组成员、副主任王前虎察看广吉项目

省交通运输厅党组成员、副厅长王昭春多次察看广吉项目

设典型示范工程项目。项目办以此为定位，按照交通运输部和省交通运输厅要求，把广吉高速建成“全国高速公路建设的示范路、品质工程建设的示范路、绿色公路建设的示范路”。

在设计阶段，项目办将近70km路面采用橡胶粉复合改性沥青、约53km路面建成双幅排水路面、宁都北枢纽主线跨线桥和匝道桥选用钢混叠合梁桥、吉安市境内部分桥台采用泡沫混凝土填筑、应用海绵城市理念重点打造泰和北中心服务区和吉安东管理所及将军山管理分中心，都纳入主体工程招标，为绿色公路建设提供了技术支撑。

实体施工中，项目办不走寻常路，坚持微创新，如利用驻地监控大厅建立了广吉项目信息化管理监测系统；用电用地采用“永临结合”，加上优化设计方案，减少永久性用地1600余亩；征地拆迁、工程设计应用无人机航测技术；大临设施实行标准化建设，小构预制基本实现场站布局集约化、规模化，生产方式工厂化、模具化，管理手段信息化、智能化；8项科研课题全部开展应用研究；运用“微创新”100余次，48项成果特别突出；桥梁桩基Ⅰ类桩占93%以上，没有1根Ⅲ类桩，应用“清水砼”工艺，墩柱、梁板等砼外观明显提升；边坡绿化、防护排水工程与路基同时交验。广吉项目绿色公路建设取得明显成效。

开工至今，广吉项目进展顺利，质量安全总体可控，从未发生一起重大责任事故。

交通运输部公路科研院院长张劲泉在广吉项目调研

省高速集团纪委书记吴连平在广吉项目调研

广吉项目移植本土铁芒萁绿化边坡

广吉项目安全教育体验馆

广吉项目标准化预制梁场

南昌龙头岗综合

省委书记鹿心社视察码头建设项目

省港航局局长于钦民调研项目

第一次履约检查

廉政教育

急救培训

南昌龙头岗综合码头一期工程是交通运输部和沿江七省二市共同签署的《“十二五”期长江黄金水道建设总体推进方案》和全省“十二五”交通运输发展规划规定实施的港口重点项目。

该项目区位条件优越，地处赣江新区及南昌临空经济区核心区、赣江二级航道、105国道、京九及昌九铁路、福银高速公路交汇的新建区樵舍镇龙头岗，陆路距南昌市区约16千米，毗邻南昌昌北国际机场、南昌保税物流中心，具有得天独厚的区位条件和发展优势。是建国以来江西省内河建设规模最大、靠泊能力最强的现代化综合码头。

该项目建成后，有利于充分发挥赣江黄金水道作用，形成集公路、水运、铁路、航空四种运输方式于一体的综合交通物流基地，提升江西水路运输服务能力，助推临空经济区发展、打造南昌核心增长极，服务赣江新区建设，促进昌九一体化融合，推动全省加快发展升级。

该项目占地面积约591亩，泊位岸线408米，陆域纵深800余米，新建4个2000吨级泊位，设计年吞吐量集装箱20万标箱，件杂货180万吨。本项目批准概算总投资82782.59万元，建设总工期36个月。

为了顺利实施南昌龙头岗综合码头一期工程，江西省港航管理局成立了江西省港航管理局南昌龙头岗综合码头一期工程

设备安装

码头一期工程

省重点办领导调研项目

项目办中心组学习

项目建设管理办公室（以下简称“项目办”）全面负责项目的建设管理工作。工程上级主管部门为江西省港航管理局，质量监督机构为江西省交通建设工程质量监督管理局。

为了作好工程变更管理工作，本工程开工前，项目办制定了《工程变更管理办法》，并严格按照管理办法的规定处理工程变更。

自开工建设以来，项目办建立健全了“政府监督、法人负责、社会监理、企业自检”四级质量保障体系，并在工程建设中落到实处。一是严格控制过程，严把执行开工审批关、中间检验关和中间交工验收关；二是对于技术要求高、危险性大、施工技术复杂的隐蔽工程和重要部位，进行专题技术方案报批，必要时进行专题技术研讨。对隐蔽工程、重要部位、关键工序监理旁站，及时发现、纠正、处理工程施工中的各种问题。把好事前指导关、工序工艺关、过程控制关、试验检测关、事后检查关、质量检评关。

工程认真贯彻落实“安全第一、预防为主、综合治理”的安全生产方针，以开展“平安工地”创建为抓手，强化风险源管理，将安全生产责任落到实处，确保了项目建设安全，实现了安全生产无伤亡事故的目标。已完工程经施工单位自评和监理单位复评全部合格，并通过了省交通建设工程质量监督管理局和委托的质量检测单位的质量检验。

门座起重机设备进入现场

候工楼封顶

码头前沿岸桥桥架吊装完成

码头前沿水工建筑第一根桩基浇筑完成

江西畅行高速公路服务区开发经营有限公司

研学中国签约仪式

开展物业岗位技能大比武

开展服务区主任竞聘

江西畅行高速公路服务区开发经营有限公司是经江西省交通运输厅批准，由江西省高速公路投资集团有限责任公司出资组建的法人独资有限责任公司。公司自成立以来，围绕“把服务区打造成高速集团收入的重要增长极”这个战略目标，不断整合资源、创新机制，不断探索多元化发展路径，推行“服务区＋”新发展模式，推动了公司经济效益的“五连增”、服务形象的大提升、管理水平的大跨越，实现了服务区产业的进一步做大做强做优，走出了一条独具一格、快速发展的转型升级之路。

形象大提升。在2017年全国高速公路服务区服务质量等级评定中，畅行公司2对服务区上榜全国百佳示范服务区，9对服务区上榜全国优秀服务区，公司所辖58对服务区全部被评为达标以上。自2012年始，畅行公司积极参与到全省百姓满意服务区、全国高速公路服务区服务质量等级评定活动中去，以创评活动为契机，致力于提升服务区综合服务水平。在连续四届的百姓满意服务区评选活动中，畅行公司先后共有53对/次服务区获评“百姓满意服务区”称号，畅行所辖服务区已经成为展示江西形象的重要窗口和靓丽名片。

产业大发展。自成立以来，公司管辖的服务区从14对增加到58对，公司自营便利店从9对18家增加到27对53家，公司引进的知名品牌数从5家增加到17家……公司发展平台不断壮大：改变了以往单一的公开招商模式，增加了商务谈判、邀请招商形式，致力于打造商业综合体服务区，不断丰富服务区经营业态；打造汽车维修旗舰店，推动服务升级。公司产业链条不断延伸：按照“服务区＋旅游”思路，打造全省首个中小学生研学基地，在庐山西海、婺源服务区建设全省首批自驾车旅居车营地；按照“服务区＋体育”思路，积极打造雷公坳服务区体育产业园；按照“服务区＋文化”思路，紧扣中国陶瓷文化主题，打造景德镇中国瓷文化服务区；按照“服务区＋互联网”思路，在全国首先推广建设智慧服务区，打造O2O电子商务平台。

引入西餐知名品牌德克士

畅行志愿服务队

庐山西海服务区

管理大跨越。公司自成立以来，严格按照市场化运作标准，以现代化管理企业为目标，不断完善内部管理机制，创新管理模式，推动实现了公司管理上的大跨越，公司连续两届荣获“全国高速公路优秀服务区管理公司”称号。公司形成了“公司本部—中心服务区—服务区”的三级管理模式，打通了公司信息传达、政令传导、信心传输的渠道；形成了“能者上、平者让、庸者下”的用人导向，打通了员工的晋升渠道；形成了以经营指标为核心的考核体系，引入智能考评，建立了“干多干少不一样、干好干坏不一样、贡献大小不一样”的现代化企业激励约束机制。

计100余人参加培训。会议要求,全系统干部职工要把学习贯彻习总书记重要讲话精神内化于心并转化为广大职工的共识共为,要把“五大新发展理念”(创新、协调、绿色、开放、共享发展理念)落实到助推南昌公路发展的具体实践中去,要以强有力措施为南昌公路新发展提供坚强保障,不断强化公路发展活力。要积极争取政策支持、降低改革成本,继续深化公路建设资金筹融资、养护市场化、事业单位分类、行政审批制度、行业资产运营改革。加快推进在建和新建工程项目、养护中心、治超站、道班等公路基础设施建设。以打造“畅安舒美”示范路为抓手,全面增强公路科学养护能力。进一步规范管理,强化依法治路,大力开展治超工作。为南昌市实现“抢占制高点、聚焦增长极、提舞首位度、共筑四强梦”的总体目标提供坚实的公路服务支撑。

(毛　涛)

【景德镇市交通运输局务实推进“两学一做”】 6月,景德镇市交通运输局在“两学一做”学习教育中,深入学习贯彻习近平总书记关于“两学一做”学习教育重要指示精神、全国“两学一做”学习教育工作座谈会精神和省、市“两学一做”学习教育动员部署会精神,本着“学要深、做要真”的原则,采取“真学、真改、真抓”的方式,力促“想做、争做、常做”,让系统党员干部“思想定格、能量满格、身份合格”。

“两学一做”基础在学,关键在做。该市交通运输局坚持把思想党建植根基层,以问题为导向,把“做”融入日常工作。针对市民关心的出租汽车乱象问题,市交通运输局认真对照问题清单,创新工作方法,组建以党员干部为主力的第一批出租汽车稽查巡逻队在街面上流动执法,针对出租汽车违规行为进行现场查处。同时,市交通运输局还将陆续推出以各个出租车公司党员为主体的流动稽查巡逻车,出租汽车公司干部和稽查队员一同上路执法,市民遇到出租车违规问题都可以直接向稽查巡逻车投诉并直接查处,充分发挥党员先锋模范作用,切实提升市民出行满意度。

(洪耀祖)

【景德镇市交通运输局认真学习中共十八届六中全精神】 10月28日,景德镇市交通运输局迅速组织党员干部对中共十八届六中全会公报进行学习讨论,党员干部分别就全会提出的全面从严治党、领导核心、党内政治生活、党内监督、纪律严明、党内民主等十二个关键词进行讨论。党员干部表示,公报思想深刻、内涵丰富、意义深远,表明了以习近平同志为核心的党中央坚定不移推进全面从严治党的决心,承载着干部群众对全面从严治党的热切期盼。

景德镇市交通运输局还将学习讨论迅速延伸到各基层党支部,要求全系统党员干部深入学习贯彻中共十八届六中全会精神,牢固树立政治意识、大局意识、核心意识、看齐意识,坚定不移推进全面从严治党,加强党的建设,坚持思想建党和制度治党紧密结合,集中整饬党风,严厉惩治腐败,净化党内政治生态,为开创交通运输新局面提供坚强保证。

(洪耀祖)

【景德镇市交通运输局学习贯彻省第十四次党代会精神】 11月21日,景德镇市交通运输局召开扩大会议,学习传达和贯彻落实省第十四次党代会精神,全市交通运输系统迅速掀起学习热潮。会议要求,全系统要把学习贯彻此次党代会精神作为首要政治任务,准确把握会议精神,切实将其全面贯彻落实到交通运输发展工作中。一是坚持发展为先,完善创新机制,研究规划适应我市的交通发展战略,大力推进绿色交通、智慧交通发展,为我市经济发展奠定坚实交通基础。二是坚持民生为先,进一步提升公共交通和出租出行的便捷度和舒适度,切实解决群众需求,及时回应百姓期盼。三是坚持实干为先,加快旅游公路建设,用好旅游区域化集群效应,加速推进与周边旅游景区的交通对接项目,建好“城市门”,切实增强人民群众的获得感、幸福感。

(洪耀祖)

【萍乡市交通运输局举办“两学一做”、廉政党课】 6月24日下行,该局举办“两学一做”、廉政党课。局机关全体党员和在职公务员有关单位党组织负责人员,共计90余人参加了当天的学习。曾念辉上了一堂主题为《学习用好党内法规,争当守纪律讲规矩的表率》的廉政党课。在谈到结合实际贯彻落实准则、条例问题时,曾念辉强调:一是各级党委要将贯彻执行准则、条例作为当前和今后一个时期的重要政治任务来抓，二是各级纪委要把贯彻执行好三部法规作为深化“三转”、强化监督执纪问责的重要遵循，坚定不移推进全面从严治党，三是党员领导干部要模范执行法规，带头维护纪律的严肃性和权威性，把法规真正刻印在心上。

(徐勇新)

【萍乡市交通运输局积极处理长运改制遗留问题】 市长运总公司和市运总公司改制后，遗留了大量的问题，经过近10年的不断处理，已经越来越少，但困难却越来越大。2016年中最棘手的就是长运小区的建设，其中的关键又是问题户头的认定。通过跑协调，做思想工作，做说服解释，顶着拆迁户的多种压力，经过艰难的工作，8月底基本完成长运小区主体和附属工程的建设，10月底完成长运小区的户头认定和拆迁遗留问题处理，11月18号分房摇号顺利进行，极大多数职工表示满意，截至2016年底绝大多数职工领到钥匙，分房工作基本完成。

(徐勇新)

【芦溪县交通运输局多措并举加强党组织建设】 2016年，该县交通运输局紧紧围绕县委党建工作总体要求，全面贯彻中共十八大、十八届四中、五中、六中全会和习近平总书记系列重要讲话精神，始终坚持以服务中心，建设队伍为核心任务，深入开展“学党章党规、学系列讲话、做合格党员”学习教育活动，该局党支部已制定工作方案2个，组织专题学习会4次，开展干部培训2次，讲授廉政课2堂，开展知识测试4次，并通过观看专题警示教育片、抄党章、写心得体会、开辟学习专栏等方式使党员干部进一步提高思想认识，立足岗位，争做交通发展排头兵。

(徐勇新)

【九江市公交集团公司考评支部党建工作】 3月24日下午，受市公交集团公司党委委托，公司党委副书记、纪委书记董乐平主持召开党建工作考评会，对所属各党支部2015年度党建目标管理工作进行综合考核。

考评会在认真听取各党支部2015年度党建工作情况汇报后，进行党建工作资料的交叉检查和现场评分。从考评结果看，各党支部都能按照目标管理工作要求认真抓好基层党建工作，较好地发挥党支部战斗堡垒作用和共产党员的先锋模范作用。会上，董乐平对各党支部的2015年度党建工作给予肯定，同时也指出存在的问题和不足，并就如何切实开展好2016年的党建工作提出明确要求。

(万慧贤)

【新余市交通运输局组织全体党员观看换届选举警示教育片】 6月17日，新余市交通运输局组织全体党员干部收看《镜鉴——衡阳、南充违反换届纪律案件警示录》教育片，该片通过案例释纪说法，提醒和告诫广大党员干部任何时候都不能丧失理想信念、党性立场和原则，党纪国法不容挑战，政治底线不容触碰。

(周春根)

【新余市交通运输局庆祝中国共产党成立95周年】 7月1日上午，新余市交通运输局党委隆重举行纪念建党95周年暨“七一”表彰大会。大会在雄壮的《国际歌》声中拉开帷幕。大会对局机关党支部等3个先进基层党组织、17名优秀共产党员、4名优秀党务工作者进行表彰。

会议指出，面对全市上下凝思聚力打赢“翻身仗”的总体要求，交通运输部门的改革发展任务非常重，全局各级党组织要始终坚持全面从严治党，深入推进“两学一做”学习教育，引导全局各级基层党组织和广大党员创先争优、走在前列，为推动该市经济社会发展做出更大贡献。会议强调，要夯实基础，发挥基层党组织的战斗堡垒作用，立足新的实践，把握时代特点，大力加强党的思想建设、作风建设和组织建设，实现基层党建工作的观念创新、机制创新和方法创新；要立足本职，充分发挥广大党员的骨干作用，要时刻牢记党的宗旨，多做暖人心、得人心、稳人心的工作，多想为民之策，多出利民之招，多办利民之事。

(周春根)

【新余市交通运输局学习习近平总书记重要讲话】 7月15日，新余市交通运输局组织全体干部职工学习《习近平总书记庆祝中国共产党成立

95周年大会上的讲话》，进一步增强了干部职工的政治意识、大局意识、核心意识、看齐意识；坚定了中国特色社会主义道路自信、理论自信、制度自信、文化自信；增强了立足经济发展新常态，当好经济发展先行官的信心和动力，为新余市打赢翻身仗，提前奔小康提供畅通高效，便捷、安全的交通的运输保障。

（邓清华）

【鹰潭市交通运输局学习贯彻中共十八届六中全会精神】 11月18日，鹰潭市交通运输局召开党委中心组扩大学习会议，专题学习中共十八届六中全会精神。会议围绕习近平总书记在中共十八届六中全会上的重要讲话，围绕全会通过的《关于新形势下党内政治生活的若干准则》《中国共产党党内监督条例》，从全会的重大意义、加强和规范党内政治生活、全面落实党内监督责任、突出抓好领导干部特别是高级干部等方面，对全会精神进行了宣讲、解读。会议中，齐群策强调，要牢固树立"四个意识"，更加紧密地团结在以习近平同志为核心的党中央周围。

（鲁 楠）

【鹰潭市港航处以"两学一做"指导和促进实际工作】 2016年，市港航处党支部组织全体党员认真学习领会习总书记系列讲话和党纪党规，以开展"两学一做"为契机，将活动主动融入和促进实际工作。汛期以来，有市民拨打"12345"热线咨询浮桥何时重新恢复通行。为尽快重新架设组装浮桥，恢复通行，满足广大市民休闲散步和交通往来需要，市港航处一是密切注意天气和汛情信息，加强与市防汛办的协调沟通，明确架桥复通时间。二是组织人员认真仔细检修浮船、桥板、浮筒、锚缆，整理调整工作船只、设备、工具，购买所需配件和材料，做好架桥准备。三是成立以共产党员为首的突击队，7月18日清晨即开始架桥行动，经解缆、拖运、固定、连接、锚固等作业，工作人员起早摸黑甘冒酷暑，顺利完成架桥任务。

（鲁 楠）

【鹰潭市交通运输局召开"两学一做"学习教育调度会】 11月23日，鹰潭市交通运输局召开"两学一做"学习教育调度会，副局长占志平出席会议并作重要讲话，局属各级党组织主要负责人参加会议。会上听取各级党组织开展学习教育工作情况汇报，并对学习贯彻中共十八届六中全会和省、市党代会精神的安排部署和组织落实情况进行督导，"两学一做"学习教育进展情况。会议要求，各级党组织要继续贯彻落实中共十八届六中全会精神，深入推进"两学一做"学习教育，强化督导检查。

（鲁 楠）

【赣州交通运输局召开"两学一做"学习教育调度会】 8月25日，市交通运输局党委召开"两学一做"学习教育调度会。局属各党组织负责人参加会议。局党委书记苏传辉指出，从总体情况看，全局直属各党组织在"两学一做"学习教育工作中思想认识到位、规定动作做得到位、面上问题初步整改到位。同时，也存在三个不足，一是学习深度、广度、精度不够。二是部分行业特色亮点不够。三是查摆问题、整改问题有待深化。

（局文明办）

【赣州市交通运输局召开学习贯彻省第十四次党代会精神动员部署会】 11月22日，赣州市交通运输局召开学习贯彻省第十四次党代会精神动员部署会，会议学习传达省委书记鹿心社代表中共江西省第十三届委员会所做的题为《深入贯彻新发展理念大力弘扬井冈山精神为决胜全面小康建设富裕美丽幸福江西而奋斗》的工作报告。局党委书记、局长朱洪波主持会议并讲话，局领导、系统副县级以上干部及局属各单位、局机关科级干部共120人参加会议。会议指出，一是要深化思想认识，深刻领会省党代会精神，迅速掀起学习贯彻热潮。二是要抓好学习传达，切实把思想行动统一到省党代会精神上来。三是要聚焦目标任务，努力完成好省党代会明确的交通建设任务。四是要全面从严治党，着力建设风清气正的政治生态。

（局党政办）

【赣州市交通运输局召开"六大攻坚战"党员标兵创评活动调度会】 11月30日上午，市交通运输局召开全市交通运输系统"六大攻坚战"党员标兵创评活动调度会。局有关领导，各县市区交通运输局、公路分局党组织主要负责人、党员代表,局属单位、机关科室和赣州高速公路有限责任公司、江西新世纪汽运公司分管党建工作领导和党员代表计100余人参加会议。会上,市公路管理局、赣州高速公司领导汇报活动推进情况,上犹县交通局刘福海、于都县交通局丁石荣和兴国公路分局刘芝明等六个先进党员代表就如何做好"五带头"作典型经验发言。局长朱洪波就如何深入推进全市交通运输系统常员标兵创评工作做重要讲话。

(局党政办)

【赣州市交通运输局直属机关党委召开换届选举党员代表大会】 4月15日上午,赣州市交通运输局直属机关党委召开党员代表大会,选举产生新一届中共赣州市交通运输局直属机关委员会委员以及机关纪委委员,圆满完成了各项议程。

(钟念希)

【吉安市交通运输局隆重纪念中国共产党成立95周年】 吉安市交通运输局于6月27—29日组织党员干部、优秀党员赴井冈山开展为期两天半的"两学一做"学习教育"传承红色基因,弘扬井冈山精神"主题系列实践教育活动,掀起隆重纪念建党95周年,积极投身"两学一做"学习教育的高潮。

(刘 晖)

【吉安市交通运输局组织开展学习"一准则、一条例"专题党课】 1月25日,吉安市交通运输局举办学习贯彻《中国共产党廉洁自律准则》和《中国共产党纪律处分条例》专题党课。党委书记胡红英亲自授课,全局副科级以上干部及局机关全体党员干部100余人参加会议。

胡红英既精辟论述了准则、条例的出台背景、重要意义和精神实质,又全面阐释了准则、条例的主要内容、深刻内涵和鲜明特征,还对《中国共产党纪律处分条例》中的部分条款进行了简要解读。胡红英的党课既有理论要义,又有案例解读,非常具体,通俗易懂。参加党课学习的党员干部听得认真,学得仔细。胡红英要求,各组织党组织书记要强化责任担当,全面履行从严治党的主体责任,把落实两项法规紧紧抓在手上,担当组织领导之责、学习教育之责、明规挺纪之责、以上率下之责,做自觉践行者、有力维护者,真正把从严治党责任当作政治责任承担好、落实好。

(刘 晖)

【吉安市交通运输局深入开展党员组织关系集中排查工作】 2016年,该局采取扎实积极有效的措施,认真开展党员组织关系排查工作。一是指定专人负责,一明确排查工作的具体内容、方法措施、时间进度和责任主体,确保"金覆盖"、"零遗漏"。二是遵循实事求是、严谨细致的原则,全面梳理党员在册情况,按照统一格式,逐人填写《党员基本情况登记表》,并完善党员名册信息。三是坚持做到边排查、边规范,对排查工作中遇到的问题上报请示,及时更新党员信息管理台账,理顺党员组织隶属关系。

该局已基本完成全部党员的排查工作,党员信息库正在逐步更新完善。下一步,将以此次排查工作为契机,进一步加强党员管理,及时掌握党员动态,从严落实党员管理制度,规范党员组织关系,从源头上治理党员组织关系"空挂""失联"等现象,解决"口袋党员""隐身党员"等问题,确保每一名党员都纳入党组织的有效管理之中。

(刘 晖)

【宜春市交通运输局开展党建工作】 2016年,该局带头落实基层党建工作责任制,切实履行好基层党建"第一责任人"职责。一是扎实组织开展"两学一做"学习教育,先后8次邀请省、市专家学者、局领导为广大党员上专题党课。二是第一时间为广大党员发放学习笔记本、教材、辅导书籍、教学光盘等学习用品;督促各支部建成了功能比较齐全、规范的党员活动室。三是组织全体党员赴万载、韶山等革命传统教育基地接受教育,组织参加法律、作风建设20条、德廉知识等网上答题活动。四是召开党员大会,通报表彰一批先进党组织2个、优秀共产党员17名、优秀党务工作者4名。共发放党徽143枚,做到发放全覆盖,教育引导党员在任何岗位、任何地方、任何时候、任何情况下都铭记党员身份,履行党员义务,做出党员表率。

(晏小宜)

【宜春市交通运输局组织开展党员教育活动】 2016年，该局机关党委把党风廉政建设和反腐倡廉教育作为党员思想作风教育的重要内容之一。在“两学一做”学习教育等主题活动中，结合“讲纪律、守底线、知敬畏”主题警示教育和“红包”整治等活动。深入开展“一准则”“两条例”的学习活动，采取支部集中组织学习、讨论、个人自学等方式，组织“一把手”上廉政党课2次，支部书记上党课9次。并观看廉政微电影《生日》《反腐警示录（上、下）》《永远在路上》等廉政教育片。分三批组织全体党员参观宜春市反腐倡廉警示教育馆，接受廉政教育。充分利用支部会议、科室例会等形式开展党风廉政教育。进一步增强党员干部做好工作的责任感，形成良好的工作环境和工作作风。

（晏小宜）

【宜春市交通运输局夯实基层党组织基础】 2016年，宜春市交通运输局夯实基层党组织基础。一是及时换届，加强支部班子建设。鉴于各支部班子届满和领导干部调整情况，该局注重把政治素质好、组织能力强、群众威信高，具有敬业、奉献和创新精神的党员干部，选进支部领导班子，机关党委及时指导各支部的班子换届选举和补选，特别是综合交通枢纽公司人员变动后，第一时间完成补选工作，为党建工作的顺利开展打下坚实基础。二是建立健全党建工作制度。机关党组织制定“三会一课”制度、民主评议党员制度、组织发展工作制度等，并多次进行修改完善。为保证党建工作有计划、有步骤地开展。三是召开专题民主生活会和组织生活会。机关党委指导各党支部对照加强党性修养，树立和弘扬优良作风的基本要求，召开专题民主生活会和组织生活会，深入查找存在的问题，开展批评与自我批评。四是按照中央统一部署开展党费收缴工作专项检查，较好地完成了补交党费工作。五是2016年新成立枢纽支部，实现基层党组织全覆盖；发展党员4名，现有入党积极分子4名，申请入党人员9名。

（晏小宜）

【抚州市交通运输局党群工作概况】 2016年，抚州市交通运输局坚持发挥党的坚强核心领导作用，始终“把纪律挺在前面”，认真抓好党风廉政建设，积极开展“两学一做”教育，局领导带头落实“两个责任”，班子成员自觉践行中央八项规定。全系统以扎实推进重点工程建设项目巡查、领导干部违规插手工程项目专项治理为抓手，领导班子建设得到全面加强，党建和反腐败工作卓有成效。通过加强社会主义核心价值观教育，凝心聚力，开拓前进，不断提升全行业精神文明建设水平，广大干部职工干事创业的精气神全面提振，涌现出一批大先进单位和优秀职工。市交通运输局被省政府评为十四届省级文明单位，被省交通运输厅评为“全省交通运输工作先进单位”，黎川县交通运输局、崇仁县交通运输局、广昌县交通运输局、江西抚州长运有限公司南丰汽车站、江西抚州长运有限公司崇仁分公司被抚州市委、市政府评为市级文明单位，抚州长运袁献成、刘巧兴在首届全国道路运输安全行车百万千米驾驶员劳动竞赛中获全国优秀驾驶员称号，“爱心助考”和“文明交通行”志愿服务活动蔚然成风，成为交通运输部门的文明品牌。

（陈根玲）

【抚州市交通运输局开展系列活动纪念中国共产党成立95周年】 7月1日起，抚州市交通运输局结合“两学一做”学习教育，精心组织开展系列活动，进一步提升交通运输系统党员干部的先进性和纯洁性。

6月29日下午，该局党委召开建党95周年“七一”表彰大会暨“两学一做”“坚定执着追理想”专题学习研讨会。会上表彰了2015—2016年度先进基层党组织、优秀共产党员和优秀党务工作者，通报了《关于集中整治和查处基层侵害群众利益不正之风和腐败问题的实施方案》。局长丁国华以《维护党的纪律，保持党性纯洁》为主题，给全体与会人员上了一场翔实生动的专题党课。随后，集体参观“永远跟党走——红色记忆收藏展”。

7月15—16日，组织局机关党员干部到瑞金、古田等红色教育基地参加学习，接受革命传统教育，不忘初收，坚定理想信念。

（陈根玲）

【上饶市交通运输局举行庆祝中国共产党成立95周年活动】 6月30日上午，上饶市交通运输局举行庆祝建党95周年暨“两学一做”演讲比赛及“七一”表彰大会。在“两学一做”演讲比赛中,15名来自机关及局属各单位支部的参赛选手紧紧围绕“学党章党规、学系列讲话、做合格共产党员”主题,结合自身工作实际,用富有感染力的表达、鲜活真实的事例和充满激情的语言从不同角度诠释对“两学一做”的深刻理解,抒发对本职工作的无限热爱,表达立足本职、恪尽职守、创先争优的决心,彰显上饶市交通运输局党员干部积极进取、奋发向上的良好精神风貌。经过激烈角逐,局机关何婷获一等奖,运管局周琼、上武高速周琪获二等奖,客管处李志标、局机关李铮文、上武高速程礼达获三等奖,李智勇等9名选手获优胜奖。会议为优秀共产党员代表、优秀共产党务工作者、先进基层党组织负责人、演讲比赛获奖者颁发奖牌、证书。

(上饶市交通运输局)

【上饶市交通运输局机关党支部召开换届选举大会】 11月17日下午,市交通运输局机关党支部召开支部换届选举大会,局有关领导等机关支部党员22人参加会议,大会首先传达学习江西省十四次党代会会议精神,随后,召开支部换届选举大会。

会上,机关党支部书记方扬代表支部委员会作支部工作报告,对上一届支部工作进行全面总结,指出工作中存在的不足,提出今后努力的方向。会议采用举手表决的方式通过局机关党支部换届选举《选举办法(草案)》和监票人、计票人名单。经差额选举、等额选举、无记名投票,选举毛少伟、匡慧、陆海峰、何婷、李铮文5位人员为局机关党支部新一届支部委员,毛少伟为支部书记、匡慧为支部副书记,毛少伟代表新一届支部委员作表态发言。

(毛少伟)

纪检监察工作

【概况】 2016年,中共江西省纪委驻省交通运输厅纪律检查组(以下简称驻厅纪检组)认真贯彻落实上级关于党风廉政建设和反腐败工作的决策部署,坚持把纪律挺在前面,严格落实“两个责任”,聚焦中心任务,强化监督执纪问责,将党风廉政建设和反腐败工作不断向前推进。

1. 注重同向发力,全面落实从严治党政治责任。

一是督促落实主体责任。积极参加厅党委会12次,向厅党委传达中央纪委和省纪委关于党风廉政建设和反腐败斗争的部署要求15次,向厅党委主要领导汇报工作9次,和其他班子成员进行沟通9次,及时交流发现的问题3个。根据省纪委的部署要求,督促厅党委制定了《中共江西省交通运输厅委员会关于落实把纪律挺在前面要求的实施办法》《中共江西省交通运输厅委员会巡察工作办法(试行)》及《中共江西省交通运输厅委员会党风廉政建设“两个责任”约谈制度》等制度,着力营造省交通运输厅风清气正的政治生态。二是开展落实“两个责任”调研。为督促“两个责任”的落实,深入16家厅直属单位进行了为期一个月的专题调研,与班子成员、纪检监察干部进行座谈交流;制定了《中共江西省纪委驻省交通运输厅纪检组2016年党风廉政建设“两个责任”约谈方案》,2016年共约谈厅领导班子成员、厅直属单位党政、纪委负责人34人次,其中厅级6人次,县处级28人次。三是督促巡视发现问题整改。坚持立行立改、标本兼治、统筹推进的原则,狠抓整改落实。协助厅党委制定了《省委第二巡视组反馈意见整改工作方案》,将反馈意见细化为4个方面、16个问题,51项整改任务,明确任务分工、进度安排和责任单位,并按照巡视工作要求和党务公开原则,于7月11日在江西交通信息网对整改情况进行了公开通报。驻厅纪检组对省委第二巡视组转来的41封信访件逐件提出处理意见。

2. 注重履行职责,全面落实监督执纪工作要求。2016年,驻厅纪检组把“聚焦中心任务”放在首位,紧紧围绕监督执纪“四种形态”开展工作。第一种形态方面,采取批评教育、谈话函询等方式59人次,占比78.67%;第二种形态方面,与人事部门诫勉1人次,组织处理4人次,党纪轻处分5人次,占比13.33%;第三种形态方面,党纪重处分5人次,重大职务调整1人次,占比8%。一是从严执纪。真正把纪律立起来、严起来,保持惩治腐败的高压态势,与厅属单位党政负责人谈话78人次,其中厅级16人次,县处级55人次,乡科级

7 人次;开展任前廉政谈话 70 人次。加大纪律审查工作力度,共处置问题线索 46 件,立案 7 件,初核 40 件,谈话函询 6 件,了结 40 件。二是强化监督。以明察暗访、专项检查等方式,强化对权力运行情况的监督,"治病于初起",全年共开展明察暗访 181 次,督促厅党委出台《中共江西省交通运输厅委员会关于集中整治和查处基层侵害群众利益不正之风和腐败问题的实施方案》。

11 月,驻厅纪检组对厅直属单位直接联系服务群众的基层执法、监管、窗口服务单位开展"集中整治"、"红包"治理的督查,并将于近期对存在突出问题的单位和个人予以通报,严格追究责任。三是健全制度。结合工作实际,持续深化"三转",探索创新工作理念、工作思路、工作方式,提高履职尽责能力。2016 年以来,驻厅纪检组工作人员共列席厅直属单位党委会 6 次,提出意见建议 8 条,让大家习惯于在监督下行使权力、在监督下开展工作。

3. 注重强化素质,努力发挥提升能力保障作用。

一是积极组织学习培训。围绕上级要求,积极开展"两学一做"学习教育,研究制定了体现纪检监察工作特色和要求的支部"两学一做"学习教育总体安排;利用组务会和周例会,集中学习讨论习近平总书记"七一"重要讲话、王岐山的署名文章。7 月份,组织开展全厅纪检监察干部培训,共计 58 人参加,并邀请省纪委人员进行授课,有效提高了纪检监察干部的业务能力。同时,为了进一步熟悉驻厅单位的业务工作,提高监督的有效性,邀请厅机关各处室负责人员向驻厅纪检组介绍有关业务知识。二是选调人员上挂锻炼。派出 1 名人员上挂省纪委组织部,参与换届纪律监督工作;从厅下属单位选派 4 名参与省纪委案件查办工作,从厅下属单位选调了 2 名人员上挂驻厅纪检组锻炼。三是积极开展课题研究。全年分别向交通监察分会、省监察学会报送调研课题研究 12 篇,为形成有效监督提供理论支撑和智力支持,提高了执纪监督的精准度。

(李青峰)

【纪检监察工作存在不足方面】 2016 年,厅纪检监察工作中存在的不足方面,一是职责定位仍有惯性。纪检监察工作"协助"变成了"包办",部分纪检干部还在分管其他业务工作,这种惯性情况仍或多或少存在。二是主动发现问题能力仍有欠缺。有的还习惯于等群众举报或上级转办,使"抓早"的效果打了折扣;有的对于违反纪律和规矩的小问题,不查不纠或网开一面,使"抓小"流于形式。三是执纪审查仍有短板。还存在执纪审查失之于宽、失之于软的情况,用谈话函询、批评教育、诫勉谈话简单代替纪律审查,无法形成有效的震慑性等等。以上这些不足都要引起高度重视,需要正视存在的困难和不足,认真加以研究解决。

(李青峰)

【省公路局对局属单位领导班子逐一开展节前约谈提醒】 2016 年,省公路局纪委书记范年福深入局属各单位,走访约谈各单位领导班子成员,开展节前约谈提醒。范年福要求,一要自觉严格遵守中央八项规定精神。春节期间领导干部要带头严格遵守廉洁自律各项规定,要管好自己的嘴,管好自己的腿,管好自己的手,做到不该吃的不吃,不该去的地方不去,不该拿的东西不拿,不该送的东西不送,不越"红线"、坚守"底线",时刻保持清醒的头脑。二要履行好主体责任。各单位党委班子的主要领导和成员都要履行好党风廉政建设的主体责任,不仅保证自身廉洁自律,还要履行教育提醒监督的责任,要管好自己,抓好班子,带好队伍。三要加强对准则和条例的学习。要学纪知纪守纪,领导干部要带头学深悟透,带动身边的党员干部学习好、贯彻好、执行好准则和条例,真正做到内化于心,外化于行。

(罗　涛)

【省公路局召开纪检监察工作半年工作会议】 8 月 31 日,省公路局召开全局纪检监察工作半年工作会,局纪委书记范年福出席会议并讲话,局属各单位纪委书记、分管纪检监察工作领导、专职纪检员和监察室主任共计 20 余人参加会议。范年福简单回顾了 2016 年上半年该局纪检监察工作,重点指出工作中存在的不足,并对下半年工作做出部署。一是要坚持同向发力,贯彻落实好上级纪委的决策部署。二是要强化责任追究,督促落实主体责任。三是要增强责任担当,把握运用好"四种形态"第一种:党内关系要正常化,批评和自我批评要经常开展,让咬耳扯袖、红脸出汗成为常态。第二种:党纪轻处分和组织处理要成为大多数。第三种:对严重违纪的重处分、做出重大职务调整应当是少数。第四种:严重违纪涉嫌违法立案审查的只能是极少数。四是要加强监督检查,推进专项治理工作。五是要提升能力素质,加强队伍建设。范年福强调,各单位要严格对照党规党纪要求和中央"八项规定"精神,全面查摆"四风"问题,做到严格要求,严格管理,令行禁止。纪检监察干部要勇于担当,善于担当,既要对面临的困难保持清醒认识,又要对肩负的职责要有清醒认识,防止出现畏难情绪。要深入学习领会问责条例,履行好监督责任。会议还传达中纪委、省纪委的重要文件精神,要求各单位严格贯彻落实上级要求。会上,省交通工程集团公司、省公路工程监理公司纪检监察部门就下半年纪检监察工作情况做了汇报。

(廖爱瑞)

【省交通工程集团公司开展昌九改扩建项目专项巡查】 省交通工程集团公司对所属昌九改扩建项目进行专项巡查。巡查中,检查组采取听汇报、查阅档案资料和走访座谈等形式,对昌九改扩建项目进行实地检查。此次专项巡查,旨在加强对集团所属交通重点工程建设项目的廉政监管,推动集团工程管理、财务管理、薪酬管理等制度在项目管理中的贯彻落实,进一步推进领导干部违规插手干预工程项目问题专项治理工作,确保中央八项规定精神在重点工程项目建设中落到实处,防止"四风"问题反弹,着力解决工程建设领域存在的突出问题,确保工程优质、干部职工优秀的"双优"管理目标实现。集团公司将通过深入"两学一做"学习教育,把党风廉政建设和反腐败工作贯穿到项目规范化管理的全过程,持续、不定期组织开展明察暗访和专项巡查,督促严格执行"三重一大"集体决策制度,营造风清气正的良好风气。

(毛　涛)

【省港航局明察暗访促廉洁】 2月17日,为防止"四风"问题在重要时间节点反弹,省港航局纪委要求所属各单位、各部门进一步强化主体责任,紧盯节日期间可能出现的"风险点",加大检查督查力度,切实加强对党员干部执行作风建设纪律规定情况的日常监管。元旦、春节前,省港航局机关及所属单位共抽调140人/次,成立32个监督检查组,开展明察暗访60次,重点对双节期间干部职工违规收受礼金、违规公款吃喝、公款旅游、公车私用、公款购买赠送年货礼节等问题进行监督。通过明察暗访,促进干部职工在节日期间严格执行廉政纪律的自觉性。

(余　淼)

【驻厅纪检组组长陈兵到省港航管理局调研】 4月19日,省交通运输厅党委委员、驻厅纪检组组长陈兵一行3人到省港航局调研,与省港航局领导进行座谈。在家的局领导和局机关有关处室负责人参加座谈。座谈会上,局党委书记严允汇报省局落实党风廉政建设党委主体责任的情况,局纪委书记李建华汇报落实党风廉政建设纪委监督责任的情况。陈兵对省港航局落实党风廉政建设"两个责任"工作中取得的成效给予充分肯定。陈兵强调:省港航局要进一步深化"两个责任"的落实,要从严要求自我,要创新工作方法,要抓好队伍建设。并对座谈中提出的意见和建议进行解释和说明。

(沈纪青　倪　磊)

【省港航局强化正风肃纪严防"四风"反弹】 2016年,省港航局深入贯彻落实《关于重申严禁党员干部出入私人会所、违规接受吃请纪律的通知》和《关于陈阳霞、程子亮等人员在私人会所组织和接受吃请问题的通报》精神,该局结合基层作风纪律教育整顿活动,通过各级党委中心组学习、支部党员学习和专题会议等多种形式,做到全局党员全覆盖。在此基础上,省局党委还要求全系统各级党组织组织每位党员干部结合"两学一做"个人问题清单,对照检查,查找问题,自觉接受群众监督。省局纪检监察部门将加大明察暗访力度,严肃查处党员干部出入私人会所、违规接受吃请等项违纪行为,正风肃纪,严防"四风"问题反弹。同时结合"红包治理""集中整治"等专项活动,运用好监督执纪"四种形态",加大对全系统党员干部的日常教育管理和监督,切实把纪律挺在前面,以推动全局干部作风持续好转。

(黄造昌)

【省港航局开展基层处所作风纪律教育整顿活动】 6月1日，江西省港航管理局结合“两学一做”有关精神和要求，在局属11个分局开展为期1个月的基层处所作风纪律教育整顿活动，重点整顿基层执法人员“吃、拿、卡、要”、推诿扯皮、故意刁难、不作为、乱作为、慢作为等侵害群众利益、破坏干群关系、损害单位形象的行为，动真碰硬，直面问题，正风肃纪，推进全面从严治党向基层延伸，打通监督执纪“最后一千米”。

活动对照整顿重点和群众反映强烈的突出问题，通过召开班子会、职工大会、部门会议等形式，对基层班子、班子成员、执法人员和相关工作人员（含聘用）三类分别进行问题查摆，查摆内容达37项，做到参加对象一个不漏，学习内容一项不少，同时制定无记名自查互查表，组织干部职工进行自查、互查，开展批评和自我批评，深入查找自身存在的问题，撰写对照检查材料，剖析问题根源，提出整改措施，切实抓好整改落实，并适时开展回头看。

为实现作风教育整顿长效化，着力把握制度建设工作重点，从建立、健全、配套、落实各项制度上下功夫。一方面清理现有制度，对现有制度进行一次全面梳理，针对存在的问题，深入调研，建立健全长效制度，形成更具操作性、实效性的规章制度。另一方面建立基层干部职工廉洁自律档案，推进基层廉政建设工作常态化和长效化。

（龚　平）

【省港航局对局属基层单位开展明察暗访】 6月21—30日，省港航局纪委监察室对部分基层单位进行明察暗访，重点是向服务对象了解基层工作人员行政执法情况，是否存在脸难看、事难办、不给好处不办事、给了好处乱办事或收受“红包”等现象。这次明察暗访专门成立明察暗访组，历时一周，采取登船走访、单独谈话等方式，先后到丰城、余干、万年、鄱阳等地，调查走访船舶23艘，与48名船员进行谈话。从明察暗访情况来看，船员普遍反映从2016年3月份以后，水上行政执法服务态度和工作作风明显改观，没有遇到故意刁难、索拿卡要的情况，没有收受“红包”行为，航行很顺畅。

（江西港航信息网）

【省运管局开展集体廉政谈话】 8月25日，省运管纪委召集局直属各单位党总支（支部）、局有关处室负责人分别进行年中廉政谈话。约谈过程中，每一名约谈对象都就“两个责任”的落实情况、作风建设工作情况、权力运行监督情况、“红包”问题和“集中整治”活动开展情况等做详细的汇报。约谈要求，各单位、处室负责人一是要高度重视党风廉政建设工作，增强主体责任意识，履行好“一岗双责”职责，真正做到守土有责、守土负责、守土尽责。二是要紧绷作风建设这根弦，带好头、做好表率，树立政治、大局、核心看齐意识；要时时不忘初心，筑牢廉政建设这道墙，处理好廉政工作和业务工作的关系。三是要认清当前形势，管住手、管住嘴、管住腿、管住心，从日常工作、学习、生活入手，抓细抓小、防微杜渐。

（陈　坚）

【省高速集团召开落实“两个责任”专题研讨会】 7月22日，省高速集团召开落实“两个责任”专题研讨会。省纪委第六纪检监察室主任陶亮、驻省交通运输厅纪检组副组长李旷到会指导。集团党委书记、董事长王江军主持会议并讲话，集团总经理任东红，在家的集团党委成员，集团直属各单位、各路段管理单位、各项目办党委书记（党支部书记）和纪委书记（纪检员）共计50余人参加会议。会上，部分与会人员围绕“两个责任”落实情况、对落实“两个责任”的认识体会和思路举措等主题先后进行交流发言。

（省高速集团）

【厅规划办组织观看教育影片《自我救赎》】 9月9日，厅规划办组织全体党员观看警示教育片《自我救赎》。通过观看影片，党员深受教育，纷纷表示要加强党性修养，不断增强自我约束力，坚持做到自重、自省、自警、自律，努力做好本职工作，树立良好社会形象。

（厅规划办）

【省交通干部学院召开“三严三实”专题民主生活会】 1月15日，省交通干部学院召开“三严三实”专题民主生活会，省交通运输厅党委委员、总工程师胡钊芳到会指导。会议认真学习习近平总书记在中央政治局第二十六次集体学习时的重要讲话精神、省委十三届十二次全会精神和《关于加强和改进新形势下党校工作的意见》,为开展批评和自我批评奠定思想基础。会议通报2014年民主生活会征求意见建议整改落实情况,通报2015年民主生活会征求意见建议情况及整改措施。

(钟恢万)

【省交通干部学院将普通职工纳入述职述廉对象】 3月4日,省交通干部学院召开述职述廉大会,部分中层干部、普通职工首次同台述职述廉,接受全院民主测评。

参加述职述廉的干部职工从德、能、勤、绩、廉等方面,向全院汇报2015年工作情况,接受全院对其的民主测评。通过开展公开述职述廉,锻炼了干部职工队伍,推进了该院民主建设,既为干部职工提供了一个展示自我、学习交流的平台,又为干部职工做好"十三五"规划开局之年各项工作增加了压力,增添了马力。

此次公开述职述廉是省交通干部学院创新开展年度考核工作的一种探索。主要采取提交个人述职述廉报告、部门评议推荐优秀、公开述职述廉、民主测评、党委集体研究等方式确定职工考核等次,评选出年度优秀人员。将普通职工纳入公开述职述廉对象在该院尚属首次。

(钟恢万)

【萍乡市纪委派驻市公路管理局纪检组工作启动】 9月20日下午,萍乡市公路局召开市纪委派驻市公路管理局见面座谈会。座谈会的召开标志着市纪委派驻机构全覆盖工作的全面启动。会上,萍乡市局作表态性发言,表示全面拥护市纪委派驻机构全覆盖改革。并就抓好全系统的党风廉政建设对干部职工提出了"四个自觉""三个加强"的要求,即一是要自觉深入学习党纪条规;二是要自觉践行党纪条规;三是要自觉接受方方面面的监督;四是要自觉履行规定的职责。为进一步实现全系统平安平稳的发展目标,务必做到"三个加强",即:一是加强全局的党风廉政建设工作,拟召开专题会议对加强纪检监察工作进行研究和部署。二是加强督促检查,强化明察暗访力度做好防范工作。三是加强考核问效力度,将党风廉政建设的考核情况与年终奖惩、评先等挂钩。

(金魁新)

【萍乡市交通运输局召开廉政警示教育大会】 1月15日,萍乡市交通运输局召开廉政警示教育大会,为节日纠风发信号、打招呼、提要求。会议传达学习有关通报、通知精神和主要内容,通报违反中央"八项规定"精神、领导干部违规插手干预工程项目及落实党风廉政建设主体责任不力等方面共43起案例。组织与会人员集中观看视频《正风肃纪在江西》,开展对《中国共产党廉洁自律准则》和《中国共产党纪律处分条例》学习情况的抽样调查。局副科以上领导干部、机关在编在岗人员及局属单位部分党员干部共80余人参加会议。

(徐勇新)

【萍乡市公路部门深入开展领导干部"违规插手干预工程"专项治理"回头看"活动】 2016年,萍乡市公路局利用近一个月的时间对前期自查、核查和抽查等阶段的工作进行了一次"回头看"活动,活动中切实做到了"四个到位"。一是领导重视到位。该局召开专题会议研究制定全系统领导干部"违规插手干预工程"专项治理"回头看"活动方案,要求各责任主体单位在短期内将精神传达落实到位。二是责任分工到位。明确责任分工,确定牵头科室抓总,协作科室密切配合,主要领导亲自研究部署,分管领导具体督办。三是重新梳理排查到位。各单位对照工作方案全面客观进行梳理排查,每一个环节都有责任人签字负责,切实做到有档备查。四是整改落实到位。结合工程执法监察中查摆到的30余个问题,并对照省发改部门督查通报的精神,要求各基层单位(工程建设的主体单位)针对发现的问题举一反三,不断完善制度和操作流程,确保工程建设优质、干部优秀。

(金魁新)

【萍乡市交通设计院严格执行预算管理强化支出监督】 2016年,依据市交通设计院财务工作目标要求,健立建全院财务管理制度,制定《院内部财经管理规定》,提高资金运用效益,强化财经动态监管,确保资金使用安全,严格履行财务报销审核制度,积极执行全面预算管理工作,认真做好每月资金预算工作和财务分析工作,保持"三公"经费负增长,全年未发生一起违反财经纪律的行为。

【鹰潭市交通运输局召开集中整治和查处基层侵害群众利益不正之风和腐败问题专题动员部署会】 6月24日，鹰潭市交通运输局召开集中整治和查处基层侵害群众利益不正之风和腐败问题专题动员部署会。局全体班子成员、机关和基层负责人共30余人参加了会议，会议由局长齐群策主持。会上纪检书记邱雪成学习传达中共鹰潭市委办公室鹰潭市人民政府办公室印发《关于集中整治和查处基层侵害群众利益不正之风和腐败问题的实施方案》的通知（鹰办字〔2016〕32号）和全省“集中整治”电视电话会议精神，并对开展好专项治理工作进行全面部署，提出三点要求：一是认清形势，提高认识。二是周密部署，全面推进。三是强化措施，加强督查。

（沈祥钰）

【余江县交通运输局扎实开展党风廉政建设社会评价工作】 10月9日，余江县交通运输局召开全局干部职工会议，部署开展2016年下半年的党风廉政建设社会评价工作。为了扎实开展这项工作，该局成立了领导小组，制定了实施方案，悬挂反腐倡廉宣传横幅，张贴标语，组织观看反腐倡廉警示教育片，党政主要领导讲一堂廉政教育课，营造浓厚氛围。采取走访“两代表”（党代表、人大代表）“一委员”（政协委员）”和县直单位，面向社会征询意见而纳谏，以及实行单位“一把手”找班子成员谈心，分管领导找干部职工谈心，并且做到每个班子成员对干部职工定人员包干负责谈心，倾听意见，改进工作的办法，确保每一名干部职工带动影响整个家庭的“两级谈心、两项确保”活动，确保党风廉政建设社会评价工作扎实有效开展，确保党风廉政建设工作与交通运输工作两不误，且相互促进。

（汪有根）

【赣州市交通运输局召开江胜英案警示教育大会】 6月28日，该市交通运输局召开了全系统江胜英案警示教育大会，会议由局长朱洪波主持，局在家领导、局机关、局属单位副科级以上干部，市公路局机关全体干部职工（含借用人员），各公路分局、治超站副科级以上干部（含享受待遇人员），创新、龙퐁、华晨公司中层以上干部计300余人参加会议。局调研员宋冬如通报江胜英受贿、私设“小金库”、滥发津补贴等违纪违法问题，对于江胜英的违纪违法行为，局党委书记苏传辉作警示教育重要讲话。一是深化思想认识，坚持把纪律和规矩挺在前面。全市交通运输系统各级党员领导做到心中有戒。不越规矩、不破底线、不踩红线。二是认真吸取教训，对照共性问题狠抓整改。全市交通系统的党员干部，滥发津补贴专项治理。三是落实监管制度，强化监督执纪问责。

（驻市交通运输局监察室）

【吉安市交通运输局抓好集中整治和查处基层侵害群众利益不正之风和腐败问题】 2016年，吉安市交通运输局严格按照市政府办公室《关于集中整治和查处基层侵害群众利益不正之风和腐败问题的实施方案》的要求，切实抓好第一阶段集中整治和查处基层侵害群众利益不正之风和腐败问题工作。一是制定印发实施方案。二是会议传达动员部署。三是加强学习教育引导。四是公布举报方式，搭建监督平台。

（刘　晖）

【吉安市交通运输局开展节前、节后上班纪律督查工作】 2016年，吉安市交通运输局纪委在春节期间和春节后，抽调相关科室人员组成督查组，采取不打招呼、随机抽取、实地检查的方式，对局属各单位、局机关节前公车使用情况和节后工作人员在岗情况、工作状态和内部考勤等方面情况进行了专项督查，有效防止节前和节后“懒散病”的滋生。

从督查的情况来看，春节前，各单位都认真遵守中央“八项规定”精神，能够严格执行公车管理制度，按要求将公车定点停放，未发现公车私用现象；春节后，大部分单位干部职工严格按照规定的时间到岗上班，工作状态良好，特别是港航处节后第一天立即严明工作纪律，强化内部管理，开展节后“收心安心”教育，确保干部职工迅速从节日的氛围中走出，积极投入到年初各项工作之中。总体来说，局机关、局属各单位能够严格执行中央八项规定精神，采取一些措施，工作纪律和工作作风有较大转变。同时，在检查过程中也发现，个别干部职工没有严格遵守好请销假制度，人员去向不明确。

（刘　晖）

【宜春市交通运输局开展集中整治和查处基层侵害群众利益不正之风和腐败问题】　2016年,该局开展集中整治和查处基层侵害群众利益不正之风和腐败问题。一是落实领导责任,提高思想认识。结合全市交通运输部门工作实际,制定了《宜春市交通运输局关于开展集中整治和查处行政执法不公侵害群众利益专项治理的工作方案》,并召开会议进行了布置。二是强化监督检查,推进工作落实。结合全市交通运输部门的实际,市局在2016年11月初组织督查小组前往各县(市、区)交通运输局进行一次检查,通过开座谈会、查阅相关资料、实地检查、询问有关群众等方式方法查找问题并做好记录和材料收集工作。再次强调集中整治和查处基层侵害群众利益不正之风和腐败问题的重要性和必要性,要求各县(市、区)交通运输局要从严格执法、执法公正、规范执法、廉洁执法、文明执法、执法监督等六个方面进行自查自纠,推动集中整治和查处基层侵害群众利益不正之风和腐败问题落在实处,取得成效。三是结合"两学一做"抓落实。各单位党委(组)非常重视,认真履行主体责任,制定活动方案,进行工作布置。并及时公布了投诉电话、地址和网址,畅通投诉举报渠道。对查摆出问题进行梳理,制定了整改措施。通过对市纪委、市信访局转办"关于侵害群众利益不正之风和腐败的问题"投诉件8件,调查核实进行相应处理,维护了群众的利益。

(柳承启)

【南城拥抱"互联网+"拧紧作风纪律发条】　2016年,南城县交通运输局主动作为,搭乘"互联网+"平台,念好作风纪律"紧箍咒",吹响作风纪律建设"集结号",大力营造风清气正的交通政治生态环境。一是开通新浪微博、交通运输局公众号等公众平台,及时动态发布上级有关作风建设、廉政建设和反腐败工作方面的精神,使作风建设、廉政建设和反腐败工作融入日常工作、制度建设中。二是组建南城县交通运输局微信群,定期编辑、发布以习总书记系列讲话和《章程》《中国共产党廉洁自律准则》《中国共产党纪律处分条例》为主要内容的微党课,让广大干部职工从中认识到要把纪律挺在前面的重大意义。三是添加投影仪等设备,利用星期五集中学习日观看《廉政警示录》等党风廉政方面的党员电教片,发挥警示、震慑和教育作用,让广大干部职工牢记慎独二字,踏踏实实干事,干干净净做人。四是2016年正式上线PC版和移动版0A系统,提高行政效能,营造一个规范、有序、高效、低碳的服务环境,降低行政成本、优化服务环境口五是配备指纹打卡系统,规范考勤,完善制度。全局干部职工实行上下班打卡制度,严格请销假制度,用制度规范广大干部职工的作风和行为。六是倡导全局干职工添加关注"共产党员""廉洁江西""抚州清风苑""抚州微先锋""南城发布"等订阅号内容,通过互联网平台学习,树立正确的世界观、人生观、权力观和事业观,增强广大干部职工党性修养、提高为民服务的宗旨意识,始终保持良好的工作作风。

(王素红)

精神文明

【概况】　2016年,省交通运输厅党委对文明单位创建工作高度重视,把文明创建纳入交通运输改革发展总体规划和考核评价体系,加强文明单位创建工作的组织领导,建立健全党委统一领导、党政齐抓共管、精神文明建设部门组织协调、有关部门分工负责、员工积极参与的精神文明建设工作机制。落实创建工作人员与经费,建立健全创建责任制,保证创建文明单位工作的顺利开展。制定精神文明创建年度工作计划,做到创建工作与交通运输中心工作同部署、同落实、同考核。建立健全考核、奖惩机制,形成一整套考核制度。省交通运输厅被评为江西省第十四届文明单位,全省交通系统受表彰单位约占全省总数(1600个)的10%。

1. 文化品牌特色鲜明。深入持久地组织开展文明单位、文明样板路、文明示范窗口、高速公路文明畅通通道、青年文明号和巾帼建功文明岗等文明创建活动,在机关广泛开展"文明处室"的创建活动,在车、船、港、站、路和交通执法部门6大"窗口",开展形象工程建设。连续多年与省文明办联合开展高速公路"百姓满意服务区"品牌创建活动。精心培育打造了一批内涵丰富、特点突出、体系完备、质量过硬的交通运输文化品牌,涌现出梨温高速鹰西女子收费站、泰井高速井冈山“映山红”收费班组、樟吉高速“金庐陵”等特色服务品牌。

2. 文体活动丰富多彩。针对交通系统点多、线长、面广，一线职工工作地点往往远离家庭和城镇，生活单调枯燥的特点，推动引导各基层单位根据所处地域人文环境，广泛组织开展群众喜闻乐见的文体活动，逐渐形成各具特色的交通基层所站子文化；江西交通职工摄影、美术、书法比赛等活动已成长效机制，在全省形成独具特色的品牌，涌现出一批在省内外颇具影响的职工摄影家、书画家；定期举办全省交通运输系统全民健身运动会、“交通杯”职工篮球赛、羽毛球赛等体育活动，达到强身健体、愉悦身心的目的。

3. 热心公益弘扬美德。广泛开展多种形式的学雷锋志愿服务活动，推动学雷锋实践活动常态化。大力开展“讲文明树新风”公益广告刊播宣传，配合省文明办出台《江西省〈公益广告促进和管理暂行办法〉实施细则》，营造文明和谐的浓厚氛围。进一步加强文明旅游工作，积极引导和规范旅客文明出行，使交通运输成为群众出行的文明载体。认真抓好“文明生态村”帮建相结合，以乡村净化、美化、亮化和提升农村管理水平为工作重点，打造文明生态与经济发展相统一、人与自然和谐相处的文明生态示范村。

（聂玉洁）

【深入学习贯彻习近平总书记系列重要讲话精神】 2016 年省交通运输厅坚持把学习宣传贯彻习近平总书记系列重要讲话精神，特别是对全省工作提出的新的希望和“三个着力、四个坚持”，着力推动老区加快发展，着力推动生态环境保护，着力推动作风建设。坚持用新理念引领新发展，坚持做好农业农村表民工作，坚持把共享理念落到实处，坚持弘扬井冈山精神。紧密结合开展“两学一做”学习教育，配合有关部门，引导广大党员干部全面系统学习讲话精神，深入领会讲话的丰富内涵和核心意义。广泛开展学习宣传贯彻中共十八届六中全会和省第十四次党代会精神，积极报道全厅干部职工对会议的热烈反响，反映各单位贯彻会议精神的实际行动，在全省交通运输系统营造起浓厚的学习氛围。

（聂玉洁）

【深入推进“模范”工程】 2016 年省交通运输厅坚持团结鼓励，正面宣传为主，着重挖掘敖志凡爱岗敬业无私奉献典型，获第四届全国道德模范提名奖和第三届“江西省道德模范”、全国“‘五一’劳动奖章”等荣誉称号。召开全省交通运输系统先进模范事迹报告会，敖志凡等 8 名来自基层的交通先进模范讲述自己平凡工作中的点滴，展示了交通职工“服务人民、奉献社会”的良好形象。通过现场聆听以及视频方式收听收看，全省交通运输系统干部职工受到一次精神上的洗礼。同时，积极参与道德模范、“最美人物”“身边好人”等，推荐评选和学习宣传活动，涌现了婺源好教练游樟焰见义勇为不留名等一批好人好事。

（聂玉洁）

【省运管局文明创建结硕果】 2016 年省运管局加强精神文明建设，秉承“内抓管理、外树形象”的理念，在集中精力抓好全省道路运输行业健康稳定发展的同时，该局注重创建氛围营造，注重运管文化建设，注重队伍素质教育，形成“文明促和谐、创建促发展”的良好局面。全年系统有 28 个单位和个人获得省部级以上荣誉称号。江西新世纪汽运集团有限公司获评全国“五一”劳动奖状，南昌公交四分公司 25 线路获评全国工人先锋号，吉水县道路运输管理所、南昌公交五公司 228、229 路分别获评全国交通运输行业文明单位、文明示范窗口等。省运管局获评全国交通运输系统“六五”普法先进集体、“江西省第十四届文明单位”“省直机关第十二届文明单位”，局行政服务中心被评为省直青年文明号。

（朱　熹）

【省高速集团 4 个集体荣获全国公路交通系统“模范班组”称号】 1 月，中国海员建设工会对全国公路交通系统“模范班组”进行通报表彰，梨温公司玉山管理处、昌泰公司峡江收费所、赣州管理中心瑞金省界管理所，景德镇管理中心江湾女子礼仪收费班等 4 个集体被授予全国公路交通系统“模范班组”称号。

（省高速集团）

【省高速集团一批集体和个人受交通运输部表彰】 10 月，从交通运输部下发《交通运输部关于表彰2014—2015年度全国交通运输行业精神文明建设先进集体、个人的决定》,省高速集团一批集体和个人获得表彰。其中,上高管理中心被交通运输部授予2014—2015年度"全国交通运输行业文明单位"称号;景德镇管理中心江湾收费站被交通运输部授予2014—2015年度"全国交通运输行业文明示范窗口"称号;省高速集团团委书记巫过房被交通运输部授予2014—2015年度"全国交通运输行业精神文明建设先进工作者"称号;抚州管理中心南昌东管理所收费员李媛媛被交通运输部授予2014—2015年度"全国交通运输行业文明职工标兵"称号。

(省高速集团)

【省高速集团被授予"江西省服务业龙头企业"称号】 2月,江西省服务业发展领导小组下发文件,决定授予全省51家企业为江西省服务业龙头企业,其中省高速集团、公路开发公司、赣粤公司榜上有名。此次评选旨在推进全省服务业加速发展,培育和扶持一批服务业发展平台和载体,发挥典型示范引领作用,推动服务业集约化、品牌化发展。该活动由江西省服务业发展领导小组发起,评选结果经报省政府审批同意。

(省高速集团)

【全省高速公路服务区文明服务创建工作会议召开】 4月12日,省交通运输厅召开全省高速公路服务区文明服务创建工作会议,总结2015年度全省高速公路服务区文明服务创建工作,部署2016年文明服务创建工作。省交通运输厅党委书记、厅长朱希出席会议并讲话。朱希强调,必须不断提升服务区经营管理水平,深化文明服务创建工作,推动高速公路服务区提速提质发展。一是深化星级服务区创建,把窗口形象展示得更好。二是深化服务区品牌建设,把品牌形象做得更强。三是深化安全管理体系建设,把安全保障抓得更实。四是深化"服务区+"建设,把发展后劲蓄得更足。会议评出一批星级高速公路服务区,其中集团范围内共有7对五星级、21对四星级服务区。

(省高速集团)

【"龚全珍班组"获"2015年感动交通年度人物"】 4月28日,交通运输部召开"2015年感动交通年度人物"视频报告会,交通运输部部长杨传堂出席会议并讲话,交通运输部副部长何建中主持会议并宣布"感动交通特别致敬人物""2015年感动交通十大年度人物""2015年感动交通年度人物"名单。省高速集团泰和管理中心莲花管理所"龚全珍班组"获"2015年感动交通年度人物"。

(省高速集团)

【省高速集团30个单位获评江西省第十四届文明单位】 4月28日,全省精神文明建设工作表彰大会在南昌召开,畅行公司代表文明单位作交流发言。省委、省政府下发《关于表彰江西省第五届文明城市、文明村镇和第十四届文明单位的通报》文件,省高速集团共有30个单位被评为江西省第十四届文明单位。分别是省高速集团、梨温公司、梨温公司赣浙收费处、梨温公司玉山管理处、梨温公司上饶管理处、梨温公司鹰潭管理处、梨温公司东乡管理处、景鹰公司、景鹰公司鄱阳管理处、景鹰公司浮梁管理处、景鹰公司桥隧管理处、赣粤公司、昌泰公司、赣粤高速九景信息中心、赣粤高速泉港收费所、抚州管理中心、抚州管理中心南昌东管理所、抚州管理中心临川管理所、宜春管理中心、泰和管理中心、景德镇管理中心、景德镇管理中心景德镇管理所、景德镇管理中心婺源管理所、上高管理中心、上高管理中心梅棠管理所、畅行公司、畅行公司宜春中心服务区、畅行公司庐山中心婺源服务区、畅行公司宁都东服务区、赣粤工程公司。

(省高速集团)

【江西公路新一轮"百姓满意服务区"创评活动启动】 7月8日,江西公路"百姓满意服务区"创评活动——"驿路相伴、恒辉随行"在德昌高速公路军山海服务区启动,省交通运输厅厅长王爱和出席并讲话,交通运输部公路局、中国公路学会相关负责人员到会指导,集团负责人员出席。王爱和指出,"百姓满意服务区"创建评选活动是一项社会活动,不仅需要服务区的工作者规范管理、倾心服务,也需要社会各界、过往司人员的广泛参与和大力支持。就抓好新一轮江西公路"百姓满意服务区"创评工作,王爱和要求一是要坚持服务大众;二是要坚持创新载体;三是要坚持群众参与,全力打造环境整洁、服务规范、安全有序、生态环保的现代化服务区。

（省高速集团）

【“第三届最美中国路姐”表彰活动在南昌举行】 11月9—10日，由中国公路学会组织的第三届“最美中国路姐”表彰活动暨“第四届全国高速公路服务品牌年会”在南昌举行，来自全国高速公路运营管理系统的服务品牌负责人、文明创建活动负责人、受表彰的第三届“最美中国路姐”获奖个人和获奖团队代表以及全国高速公路管理部门分管新闻宣传工作负责人、各通联站站长和成员360余人参加会议。

省高速集团梨温公司鹰潭西收费站站长冯艳和宜春管理中心上栗管理所监控员尹西云获得“最美中国路姐”称号，泰和管理中心井冈山“映山红”收费站和昌樟管理处“红豆杉”班组获得“最美中国路姐团队”称号，抚州管理中心南昌东管理所收费员傅一然、省公路路政管理总队九江支队八大队内勤中队长邹金香获得“最美中国路姐”入围奖，畅行公司庐山西海服务区获得“最美中国路姐团队”入围奖，省公路学会和省高速集团荣获第三届“最美中国路姐”优秀组织奖。省高速集团被评为《中国高速公路》杂志2016年度优秀通联站，省高速集团党办吴建华被评为《中国高速公路》杂志2016年度优秀通联站长，赣粤高速党群部王卫娥、昌樟管理处李欣、昌泰公司胡昶华被《中国高速公路》杂志评为2016年度优秀通讯员。

（省高速集团）

【厅规划办组织参观中国工农红军长征胜利80周年主题展览】 10月21日，厅规划办党支部组织部分在职党员干部赴江西革命烈士纪念馆参观以“不忘初心，继续前行”为主题的中国工农红军长征胜利80周年主题展览。

（厅规划办）

【省交通干部学院连续三届获评“江西省文明单位”称号】 4月28日，省委省政府在南昌召开全省精神文明建设工作表彰大会，会议表彰江西省第十四届文明单位。省交通干部学院继获江西省第十二届、十三届文明单位称号后，喜获江西省第十四届文明单位，连续三届获此荣誉。

（钟恢万）

【萍乡市交通运输局全力以赴打好创建迎检攻坚战】 2016年，萍乡市交通运输局在11月10日召开了创建全国文明城市迎检测评工作部署会，下发《萍乡萍乡市交通运输局2016年创建全国文明城市行动方案》，明确工作职责，针对公交车、出租车和站场等创建迎检重点部位，组织由分管领导为组长的创建工作督查组，对各方面的创建工作开展情况进行系统地督导检查，对督导检查中发现的问题下发发整改督办单，责令责任单位在规定的时间内整改完，对整改不力的单位负责人由市纪委驻局纪检组组织约谈，确保创建工作无死角，全覆盖。同时，认真梳理市创建办下发的督办单，对提出的问题按照责任划分，以局创建办的名义下发创建督办单，要求责任单位按照市创建办的要求认真整改，并及时将整改落实情况报送至市创建办。

（徐勇新）

【德安公路分局为职工子女“熊猫血”患者发起爱心捐助活动】 2015年4月，德安公路分局职工钱小将的儿子钱伟豪因高烧到医院看病，诊断为严重贫血。后经多次抽血化验检查，最终诊断为肾衰竭5期（即尿毒症），肌肝达到1700。在治疗、化验、检查中，小伟豪又被发现双股骨骺陈旧性滑脱，右侧股骨骺完全滑脱在全国是首例，十分罕见。后又发现是O型Rh阴性血型（即熊猫血型），现仍在北京治疗。经大半年多次辗转到县、市、省及北京各大医院检查、确诊、透析、手术，花费40余万元。后续费用至少在200万元以上。病魔无情，人间有爱。德安公路分局工会组织爱心捐助活动，共筹集爱心捐助计6000余元，该分局职工们曾多次自发地进行捐助，借助网络平台“轻松筹”为小伟豪捐助，并通过微信朋友圈广为转发，筹集爱心款8万多元。另外，还有很多好心人持续不断地、默默无闻地帮助小伟豪。

（余国保）

【九江市港航局城郊分局参观雷锋主题馆 学习雷锋奉献精神】 3月3日，九江市港航局城郊分局一行到位于匡庐小学内的九江雷锋主题馆参观，组织党员干部学习雷锋精神。

九江雷锋主题馆由上海雷锋纪念馆王树源及九江退休干部沈家保发起，并与庐山区匡庐小学以及九江“雷锋迷”叶江南等携手共建。馆名由雷锋生前连长虞仁昌亲笔题词。主题馆占地面积虽然只有100平方米,但主题馆藏品丰富,包括雷锋最喜爱的书、1963年全国首次学雷锋宣传资料、雷锋日记、雷锋铜像等共计3000多件,其中有一份1963年3月5日的《人民日报》,其头版刊载有毛泽东题写的“向雷锋同志学习”,全国开展学雷锋活动便是从此时开始的。主题馆以展示雷锋生前事迹和殷实的文史资料为主,同时展出全国道德模范新时期学雷锋标兵郭明义,江西省全国诚信道德模范德兴陈美丽,上海爱心妈妈陈慧娟等先进事迹。

（蔡端阳）

【新余市交通运输局积极组织义务植树活动】 2月16日,新余市交通运输局积极响应市委、市政府号召,组织全局90余名干部职工在高新区阳光大道东端开展义务植树活动。植树现场,局领导率先垂范,充分发挥不怕脏、不怕累的精神,与广大干部职工团结奋战,纷纷拿起铁锹,挖坑、填土、扶苗、培土,一派热火朝天的植树场景。不一会的工夫,一棵棵新苗,迎风舒展,散发着泥土的气息。

（邓清华）

【新余市交通运输局开展党员文明承诺践诺活动】 3月26日,新余市交通运输局开展党员文明承诺践诺活动,要求全体党员重点在社会公德、职业道德、家庭美德、个人品德4个方面进行承诺,填写《党员文明承诺书》,并在党员大会上宣读。从自己做起,从现在做起,公开亮诺,扎实践诺,从细节开始做起。

党员承诺主要内容包括一是提高工作效率,树立当日事当日毕,有事立即办、马上办的工作态度,坚决克服等、靠、懒、散和办事拖沓等不良习惯。二是强化服务意识,努力做到办文零差错、办会零失误、办事零缺陷。三是遵守工作纪律,严格做到按时到岗到位,不迟到早退,不脱岗串岗。四是从我做起,争做文明行为的宣传者、实践者和监督者。自觉做到爱护市容,维护城市卫生,不乱扔乱倒,不随地吐痰,不乱停乱放。五是维护公共秩序,推动文明城市建设。坚决摒弃闯红灯、乱抢道、乱停乱放、乱穿道路等不文明行为,形成文明礼让的社会秩序和井然有序的交通秩序,创造安全、文明、畅通的交通环境。

（邓清华）

【新余市交通运输局参加“祭奠先烈英魂、传承红色基因”清明祭扫活动】 4月1日,新余市交通运输局一行13人,参加新余市文明办在仰天岗烈士纪念碑广场清明祭扫活动。市直机关、驻市部队官兵、中小学生、大中专学生以及志愿者共1000余人参加祭扫活动。整个活动由志愿者代表引领。向革命先烈肃立,奏唱《中华人民共和国国歌》。向革命先烈敬献花篮。向革命先烈集体默哀,小学生集体诵读《在烈士墓前》等内容。

（章国民）

【朱洪波慰问出租车劳模司机李琪洪】 2月2日,赣州市交通运输局局长朱洪波在局有关人员的陪同下,走访慰问奔波在春运一线的市金玮亿出租车公司劳模司机李琪洪。李琪洪是赣州市爱岗敬业型的最美交通人,李琪洪用自己朴实无华的职业行为,在平凡的出租车岗位上践行了新时代为人民服务的雷锋精神,赢得社会各界、地方乃至中央新闻媒体的赞扬。2016年,李琪洪被评为赣州市劳动模范。

（李发淳）

【吉安市交通运输局扎实做好创全国文明城市工作】 2016年,吉安市创建全国文明城市工作开展以来,吉安市交通运输局立说立行,多措并举,扎实做好创城工作。

制定详细的创城工作实施方案,明确责任,定人、定岗、定任务,形成一级抓一级、层层抓落实的工作格局。中心城区215座站台发布创城公益广告880平方米,80座电子站牌全天候滚动播放,中心城区160辆公交车、393辆出租车车尾LED全天候显示屏滚动播放,并在325辆公交车内张贴社会主义核心价值观及创城标语。同时,对公交线路实施运力调整、班次加密、走向延伸安排。该局还出动稽查执勤人员120余人次,检查纠正营运违章车辆40辆次,查处出租车异地经营24辆次,非法营运车辆10辆,营造良好的运输环境。

为确保创城工作有人抓,有人管,事事能落实,市局实行分管领导分片挂点日常督查、主要领导不定期现场抽查制,对发现问题及时调度协调解决。创城成效与单位绩效评估、干部职工个人年终考核相结合,奖优罚劣、赏罚分明。

(刘　晖)

【吉安市港航管理处精神文明建设喜结硕果】 2016年,吉安市港航管理处以社会主义核心价值观主题教育实践活动为载体,不断创新工作思路和工作方法,出实招、干实事,精神文明建设工作喜结硕果,连续7次获得市级文明单位称号,获得全省交通运输系统文明示范窗口表彰。

该处一是通过开设"道德讲堂",充分发挥文化引领和典型示范作用,在干群中全面形成"爱岗敬业明礼诚信"良好氛围。二是加强领导志愿者服务队伍,组织开展学雷锋志愿服务工作,固化义务献血服务项目、做好与贫困村挂点帮扶工作。三是按照《交通运输部办公厅关于印发2016年交通运输行业信用体系建设重点工作方案的通知》要求,加大行业信用建设工作力度,在水运企业中积极开展诚信企业评选等一系列创建活动。

(刘　晖)

【宜春公交2路线获全省文明示范窗口荣誉称号】 2015年12月21日,公交2路线被省交通运输厅评为全省交通运输行业文明示范窗口。该路线作为中心城区最主要的公交线路,22辆车、37名驾驶员一直以"真诚待乘客,满意载车厢"为服务理念,用真诚和微笑迎送八方宾客。2路公交线虽然乘客流量大、停靠站点多,但37名驾驶员严格遵守行车规章制度,在准点率、满意率的考核上对其他公交线路起到示范带头作用,提高中心城区公交的整体形象和服务质量。值得一提的是,2路公交线驾驶员拾金不昧、乐于助人等好人好事层出不穷,2015年拾到文件夹、钱包、公文包等5件重要物品归还了乘客,2位乘客来电表示感谢。尤其是4月5日中午,驾驶员刘峰在区行政中心绿灯处发现一辆黑色普桑轿车着火,主动下车帮忙灭火,体现了新一代驾驶员服务社会、服务市民的职业素养和优秀风貌。

(葛　曦)

【宜春市交通运输局机关党委召开"七一"表彰大会】 6月28日,市局在中国共产党成立95周年之际隆重召开党员大会,通报表彰一批先进党组织(2个)、优秀共产党员(17名)、优秀党务工作者(4名)。会议号召,全局各党支部和广大党员要以榜样为引领,围绕"十三五"全市交通运输发展的总体目标,贯彻落实五大发展理念,加快建设"安全、高效、畅通、绿色"交通运输体系,为全市交通运输事业再立新功。

(柳承启)

【"委屈奖"让抚州市公交司机不再委屈】 抚州市公交总公司从2016年1月起面向400多名公交司机设置"委屈奖",每月颁发一次,一方面是鼓励驾驶员按照规章制度行驶,另一方面是奖励那些面对无理取闹,打不还手、骂不还口的司机。1月份已有不少司机获得了"委屈奖"奖励。

公交公司作为服务行业,司机挨乘客骂、被误会,甚至被打事件时有发生。堵车、变道、刮擦,这些都成了公交司机屡被打骂的原因,往往是乘客闹事之后,扬长而去,留下公交司机满腹委屈。为了不影响其他乘客的行车安全,"即使公交司机挨骂、被误会,公司也要求驾驶员要'打不还手骂不还口',避免激化矛盾"。为此,该市公交总公司从2016年起设立"委屈奖"鼓励公交司机按照规章制度行驶,专心开车,提升服务质量。"委屈奖"由市公交总公司在每位公交司机行车途中进行实时监控,并考核有无乘客投诉,只有符合条件的司机才能获得"委屈奖"。

(陈根玲)

【抚州市区高考期间开通"爱心送考"公交】 2016年,抚州市公交总公司从2013年起连续第4年推出"爱心送考"免费搭乘公交车活动,6月7—8日,考生持准考证可免费乘坐市公交总公司所属线路所有公交车。

为方便考生,市公交总公司制定了一系列措施,增加途经高考考点线路运力,重点加密上午7—9点,下午1点30分至3点等时段公交车车次,缩短车辆间隔时间,按时将考生送达考场。考生前往考场途中,遇迟到等特殊情况,该公司根据考生实际情况,在确保安全的前提下,提供就近下车服务。

此外,高考期间公交车驾驶员严格遵守相关规定,特别是在考点周围禁鸣喇叭。坚持中速行驶,逢站必停,遇有特殊情况,首先保证考生转乘其他车辆。同时,该公司对所有营运车辆进行检测维修,加强车辆巡查,拾到准考证等与考生有关的证件物品,及时与考生或考点取得联系。

(陈根玲)

【上饶市交通运输局获“江西省第十四届文明单位”称号】 2016年,省委、省政府下发关于表彰江西省第五届文明城市、文明村镇和第十四届文明单位的通报,上饶市交通运输局榜上有名,获“江西省第十四届文明单位”称号,标志着市交通运输局文明创建工作取得历史性的突破。上饶市交通运输局始终高度重视精神文明创建工作,认真学习贯彻习近平总书记系列重要讲话精神,突出培育和践行社会主义核心价值观的要求,强化思想道德内涵,树立“人便于行、货畅其流、服务群众、奉献社会”行业核心价值观,倡导“爱岗敬业、诚实守信、服务群众、奉献社会”的职业道德,文明创建工作取得显著成效。

(何　婷)

【上饶运管局行政服务大厅获荣誉】 3月11日,2015年全市行政服务中心工作总结会在市行政服务中心召开。会上通报2015年度全市行政服务中心工作情况和下步工作安排,并对2015年度窗口工作先进集体和先进个人进行表彰,运管局窗口列入表彰单位之一,获得“优质服务窗口”荣誉称号,同时,该窗口工作人员林剑和夏皋剑分别被评为“服务明星”“先进个人”。

运管局窗口始终遵循“便民、高效、廉洁、规范”的服务宗旨,秉承“把方便让给群众,把困难留给自己”的服务理念,不断提升服务质量,规范审批行为,优化办事程序,努力打造服务型窗口。该窗口连续多年被上饶市人民政府行政服务中心管委会评为“优质服务窗口”,连续两届江西省交通运输厅“全省文明示范窗口”,期间,先后获得上饶市委、市政府表彰的“全市创先争优群众满意窗口”“十佳服务窗口”、上饶市直属机关工委“十佳文明服务窗口”。

(余娅萍)

【上饶市交通运输局获全省“‘十二五’公路养护管理工作先进单位”荣誉】 7月28日召开的全省公路养护管理工作会上传来喜讯,上饶市交通运输局被评为全省“十二五”公路养护管理先进单位第一名。上饶市交通运输局方扬、陈永红等14人被评为全省“十二五”公路养护管理先进个人。

“十二五”以来,在市委、市政府正确领导和省交通运输厅关心支持下,上饶市交通运输局大力推动农村公路“建管养运”齐头并进,农村公路管养工作成效明显,路网密度日臻完善,通达通畅水平显著提高,路容路貌全面改观,路况质量快速提升。全市约1.7万千米农村公路基本实现“有路必养、有路必管”,农村公路建设取得显著成效。

(上饶市交通运输局)

工会工作

【概况】 2016年,省交通各级工会以落实中央、省委、省厅党的群团工作会议精神为动力,各项工作有序开展、稳步推进。

1.坚持服务交通建设大局,深化建功立业活动。以“践行新理念、建功‘十三五’”为主题,广泛开展劳动竞赛活动。开展春运“情满旅途”活动,“交通基础设施建设重点工程劳动竞赛活动,“安康杯”竞赛活动;开展创新劳动竞赛调研。切实加强劳模管理。推荐评选各类先进,1个单位获全国“五一”劳动奖状,1个单位获全国工人先锋号,2人获江西省“五一”劳动奖章,4个集体获江西省工人先锋号;宣传劳模精神,举办先进模范事迹报告会,编撰劳模风采录;关心关爱劳模,组织劳模、先进工作者疗休养,开展全国、省级劳模困难情况调查摸底工作,为困难劳模申请困难劳模补助。深入实施职工素质工程。围绕“大众创业、万众创新”,以打造劳模创新工作室为切入点,广泛开展“五小”活动,落实职工素质建设工程五年规划,积极组织职工培训。

2.坚持服务基层、服务职工,增强工会组织凝聚力。开展困难职工帮扶工作,继续开展元旦春节“冬送温暖”“夏送清凉”“秋送助学”等工会帮扶品牌活动;更新完善困难职工档案,召开困难职工帮扶工作会,切实做好交通基层单位困难职工的精准建档和精准帮扶工作;修订《江西省交通工会困难职工档案管理办法》，为困难职工提供多样化、全方位、精准帮扶服务。开展服务职工工作，召开互助保障工作会，与2015年相比，各级工会扩大参保覆盖面，增加险种，参保赔付率达54%，比去年同期增长22%；开展青年职工交友联谊工作，连续6年举办"爱在交通情结高速"大龄青年交友联谊会。开展职工文体活动，以庆祝中国共产党成立95周年为主题，举办羽毛球、大合唱、书画摄影等各类比赛，并选派优秀选手和作品参加省级、全国比赛。

3. 坚持维权维稳，努力构建和谐劳动关系。深化厂务公开民主管理工作，围绕"公开解难题、民主促发展"主题，召开厂务公开民主管理创新工作座谈会，迎接第九次全省企事业民主管理工作调研检查。

4. 坚持以开展"两学一做"为龙头，进一步加强自身建设。各级工会在各级党委的领导下，开展"两学一做"学习教育，持之以恒落实中央八项规定，着力克服工作中存在的问题，有力地推动交通工会的作风建设。围绕建设"四型"工会，不断夯实基层工会基础，贯彻落实《江西省总工会关于大力推进工会工作法治化建设的实施意见》，进一步推动工会法治化建设；加大对基层工会经审工作力度，进一步规范工会财务工作。加强工会女职工组织建设，基层工会女职工组织组建率达100%。扎实开展女职工提素建功活动，推荐评选了一批全国和省级"五一"巾帼标兵。

（高　梅）

【江西省交通运输系统举行先进模范事迹报告】 4月29日，江西省交通运输厅在省交通干部学院举行全省交通运输系统先进模范事迹报告会。在家的厅领导出席了会议，省总工会副主席吴海平到会指导，会议由副厅长王爱和主持。

会上，8名先进模范用真挚的情感和质朴的语言作了生动精彩的报告，从完成急难险重任务、岗位奉献、学习成才、科技攻关、服务群众等方面汇报了各自的工作和体会，展示了新时期劳模的动人风采，引起广大与会者的强烈反响。

厅党委书记、厅长朱希在讲话中指出，敖志凡、吴雄生、王斌、熊武勇、李红、高红艳、宋金博、叶祖庆等8人作的先进模范事迹报告，感人肺腑、催人奋进，交通运输职工要以先进为榜样，立足各自岗位履职尽责，用实际行动展示党员的先锋形象。

此次会议主会场设在南昌，厅机关、厅直属南昌地区副处以上干部，厅直二级单位宣传、工会部门负责人，部分党员代表共300余人参加；在11个设区市均设立了分会场，各地市交通运输局、公路局、港航分局、高速路政支队、汽运公司、省高速集团路段管理单位主要领导、分管领导和党办、组织人事、宣传、工会部门负责人在分会场参加会议。

（孙　明）

【全省交通职工羽毛球比赛闭幕】 5月30日—6月1日，省交通工会在吉安举办了为期3天的2016年全省交通职工羽毛球比赛，来自全省29个交通基层单位、共计190余名运动员参加比赛。省交通运输厅党委委员、副厅长王爱和，吉安市副市长王大胜出席闭幕式并为获奖代表队颁奖，省交通运输厅党委委员、总工程师胡钊芳参加比赛并出席闭幕式。

此次比赛共设有团体赛、领导干部组、男子单打甲组、男子单打乙组、女子一单打甲组和女子单打乙组6个项目。经过3天紧张激烈的比赛，角逐出团体赛前八名和其他组别的前三名，同时分别评选出体育道德风尚奖和优秀组织奖。

（高　梅）

【省交通运输厅庆祝中国共产党成立95周年群众性合唱比赛圆满落幕】 6月6日下午，省交通运输厅庆祝中国共产党成立95周年群众性合唱比赛在南昌隆重举行，厅直属单位600余人欢聚一堂，以优美的旋律和动听的歌声歌颂党，抒发广大交通干部职工热爱党、热爱祖国、热爱人民的情怀。省交通运输厅党委书记、厅长朱希，厅党委委员、副厅长王爱和，省公路管理局党委书记谢元银，省公路运输管理局党委书记易宗发等领导现场观看比赛，并为获奖单位颁奖。

经过激烈角逐，1个单位获一等奖、2个单位获二等奖，3个单位获三等奖，4个单位获优秀奖。此次合唱比赛作为省交通运输厅庆祝中国共产党成立95周年的重要活动之一，也是开展"两学一做"的重要载体，旨在弘扬"跨越时空的井冈山精神"，唱响共产党好、社会主义好、伟大祖国好的主旋律，交通运输厅领导高度重视，各参赛单位精心组织，广大干部职工团结协作，最终取得圆满成功！

（张旭芬）

【省交通代表队参加江西省第五届全民健身运动会暨全省职工羽毛球比赛】 9月22日，江西省第五届全民健身运动会暨全省职工羽毛球比赛在南昌市工人文化宫圆满结束。省交通工会组织省交通代表队参赛，并取得产业组团体第三名、女双第二名、混双第三名的成绩。

此次羽毛球比赛由省总工会主办，省职工文体协会、南昌市总工会承办，来自全省的46支代表队参加比赛。比赛设混合团体赛和单项赛两个项目，其中单项赛包括男子单打、女子单打、男子双打、女子双打和男女混双。经过为期3天的激烈比赛，省交通代表队获得混合团体赛产业组第三名，获得女双第二名，混双第三名。省交通工会获优秀组织奖。

（张旭芬）

【省交通代表队获得江西省第三届职工网球大赛冠军】 11月20—23日，江西省第三届职工网球比赛在南昌举行，省高速集团代表队荣获总决赛冠军和省直行业组亚军，省港航管理局代表队荣获总决赛第五名和省直行业组季军。

此次比赛由江西省总工会和华东交通大学主办，江西省职工网球协会、江西省职工文体协会和华东交通大学体育学院承办。来自区市（县）代表队、各产业工会代表队、省直各厅局代表队的22支代表队、245名选手参加比赛。省交通工会选派省高速集团代表队和省港航管理局代表队代表省交通参赛。比赛过程中，省高速集团工会、省港航局工会精心组织，全体队员齐心协力，奋勇拼搏，力压群雄，最终取得优异成绩，充分展示了江西交通职工的良好风采和精神面貌。

（马　黎）

【省交通运输系统3个集体、1名个人受“五一”劳动奖表彰】 4月27日，江西庆祝“五一”国际劳动节暨全省“五一”劳动奖表彰大会在南昌召开。大会对4个全国“五一”劳动奖状获得单位、21个全国工人先锋号获得单位、47个江西省“五一”劳动奖状获得单位、94个省工人先锋号获得单位、21名全国“五一”劳动奖章获得者、121名江西省“五一”劳动奖章获得者进行了表彰。全省交通运输系统3个单位（集体）、1名个人获此誉。

（孙　明）

【江西省交通工会组织一线劳模赴黄山疗休养】

9月8—13日，江西省交通工会组织部分劳模赴黄山工人疗养院进行疗休养活动，来自全省交通基层单位的17位市厅级以上劳模、先进工作者参加活动。省交通工会负责人出席劳模座谈会并讲话。

休养期间，交通工会组织劳模参观黄山的主要景点，召开劳模座谈会。在座谈会上，劳模畅所欲言，交流工作经验、传播先进思想，同时提出许多宝贵意见和建议。

省交通工会采取一系列积极有效的措施，关心关爱劳模，每年组织开展的劳模疗休养活动，已成为关心关爱劳模的重要形成和服务劳模的品牌工作。组织劳模疗休养，不仅体现了厅党委、交通工会对劳模的重视和关爱，同时也在全省交通运输系统营造尊重劳模、关爱劳模、学习劳模、争当劳模的良好氛围。

（孙　明）

【省港航局在全省交通职工羽毛球比赛中获佳绩】 5月29日—6月1日，全省交通职工羽毛球比赛在吉安举行，共26支代表队近200名运动员参加比赛。经过3天的激烈角逐，省港航局代表队荣获优秀组织奖，彭韬、赵建歧与搭档分别荣获领导干部双打第2名、第3名，赖见扬、万磊分获男子甲组单打第5名、第6名，陈晓君荣获女子甲组单打第8名。

（江西港航信息网）

【港航职工参加全省庆祝中国共产党成立95周年大型群众歌咏比赛】 6月21日，省港航局鹰潭分局派出1名职工与省交通运输厅其他下属单位的7名青年干部职工组队，代表省厅参加以“跨越时空的井冈山精神”为主题的江西省庆祝中国共产党成立95周年大型群众歌咏比赛。比赛中，合唱队演唱《中国，我为你歌唱》，在慷慨激昂的歌声里，充分表达合唱队对祖国的深深依恋和赞美，对祖国明天的美好祝愿与憧憬。合唱队用歌声唱响歌颂中国共产党、歌颂祖国、歌颂伟大时代的主旋律，诠释对中国共产党、对祖国无限热爱的深厚感情，赛出斗志、气势和风格，展现港航人的良好风貌。

（童斯达）

【全省港航系统职工游泳比赛在抚州举行】 7月8日，全省港航系统职工游泳比赛在抚州举行。来自全省港航系统14个代表队的50余名运动员参加此次比赛。省局党委书记严允、党委委员、调研员刘水生专程到场观摩比赛，并为获奖选手颁奖。

这次比赛既是港航局丰富职工文体生活的一项重要举措，也是港航局作为水上执法单位对职工岗位技能的一次大比武。比赛根据报名选手年龄划分为甲乙两组进行。比赛中，运动员们奋勇争先，勇于拼搏，赛出了水平，赛出了风格，通过比赛，交流了感情，增进了友谊。最后，省港投公司顾初阳、宜春分局王奕晗、抚州分局张文超分获甲组前三名，省港投公司王斌、吉安分局郭开安、鹰潭分局张享茂分获乙组前三名。

（倪　磊）

【省运管局召开工会工作会议】 2016年3月17日，省运管局召开工会工作会议，传达学习省通工会二届十九次委员（扩大）会议精神，研究部署2016年局工会工作基本思路，并对工会组织结构进行调整，明确工作职责。

会上，党委书记易宗发就工会工作的发展方向及工会干部应具备的素质提出要求，工会组织作为党的群众组织，要积极拓宽工作思路，履行好“四种职能”，发挥好“四个作用”。会议要求，2016年局工会要继续坚持在局党委的领导下，做好以下三点工作：一是找准切入点。充分发挥工会的桥梁作用，在服务大局、服务党建方面多做贡献。二是创新载体。组织开展形式多样的活动，把有益活动与积极工作相挂钩，树立健康向上的行业形象。三是进一步完善工会制度。加强工会建设，设立工会小组，发挥工会小组作用。

（朱　熹）

【省高速集团召开2016年工作会议暨二届三次职工代表大会】 2月3日上午，省高速集团召开2016年工作会议暨二届三次职工代表大会，同时套开党风廉政建设工作会议和安全生产工作会议。省交通运输厅党委书记、厅长朱希出席会议并讲话，副厅长王昭春出席会议，为集团2015年度先送集体、劳动模范代表颁奖。

会议采取视频会议的形式召开，集团班子成员，集团2015年度先送集体、劳动模范以及部分职三代表，集团直属各单位、各路段管理单位、各项目办的党政主要负责人员以及负责纪检、安全和工会工作的人员在集团主会场参加会议，集团直属各单位、各路段管理单位、各项目办的其他班子成员、机关中层干部、下属基层单位党政主要负责人员和职工代表，在各单位设立的29个分会场参加会议。

（省高速集团）

【第六届“爱在交通情结高速”大龄青年交友联谊会在庐山西海服务区举行】 7月7—8日，由省交通工会、省高速集团工会主办，赣粤高速工会承办的第六届“爱在交通情结高速”大龄青年交友联谊会在庐山西海服务区举行。省交通工会负责人出席并致辞，省高速集团负责人出席。来自全省交通运输系统及江西银行等单位的170多名单身男女青年参加联谊会。此次联谊会为期两天，主办方不仅安排了室内互动活动，还有户外体验。活动中，青年们本着“沟通、交流、牵手、友谊”的精神，主动沟通，把握机遇，联络感情，增进友谊，充分展示个人才艺和魅力，既有倾情奉献的情歌，也有激情满怀的对唱，更有互动性和娱乐性极强的游戏，现场欢歌笑语、其乐融融，将在场的单身男女员工的热情一次次推向高潮。从该届活动来看，预计会取得良好的效果。

（省高速集团）

【厅规划办组织干部职工参观省禁毒教育基地】 11月14日，厅规划办组织干部职工参观江西省禁毒教育基地。在工作人员的讲解下，干部职工对毒品的种类、鉴别方式及危害有了一定的了解，并通过体验脸部变化演示系统，目睹吸毒者由健康到病态的变化过程，进一步认识干部职工毒品对个人、对家庭、对社会的危害性。通过此次参观，干部职工纷纷表示要时刻保持警惕，坚决远离毒品、珍爱生命。

【省交通工会召开2016年厂务公开民主管理创新工作座谈会】 4月26日上午,省交通工会在南昌召开2016年厂务公开民主管理创新工作座谈会。全省交通层工会相关人员计40余人参加会议。

会议学习厂务公开民主管理工作有关文件,7个单位作大会交流发言,与会人员就《省交通工会关于做好“互联网+厂务公开民主管理”工作的意见(讨论稿)》进行了讨论。

(张雅琪)

【省交通工会召开2016年度厅直单位职工互助保障工作会议】 9月29日,2016年度省交通运输厅直属单位职工互助保障工作会议暨职工互助保障业务培训会在鹰潭召开,厅直属单位工会相关人员计30人参加会议。

会议通报2015—2016年度厅直属单位互助保障任务完成情况,下达2016—2017年度职工互保任务,举办了职工互助保障业务知识讲座。

2015—2016年度厅直单位职工参保人数共计24021人次,比去年同期增加3718人次;投保金额778465元,比去年同期增加100755元。赔付55人次,赔付金额423894.55元,赔付率54%,比去年同期增长22%。

(孙 明)

【省交通工会举办困难职工帮扶工作会暨困难职工档案管理培训班】 10月14日上午,省交通工会在南昌举办困难职工帮扶工作会暨困难职工档案管理培训班,省交通工会主席刘盖群出席会议并讲话,副主席李坪主持会议并传达省总会议精神。各基层单位计60人参加培训。

此次培训邀请省总工会保障部领导进行现场授课,对困难职工档案管理暂行办法和开展困难职工精准建档立卡等工作进行详细讲解,重点强调2016年困难职工建档和档案管理与往年的区别变化以及困难职工精准建档的具体工作步骤,并且回答与会人员的提问。

(张雅琪)

【省交通干部学院获省交通运输厅合唱比赛一等奖】 6月6日,省交通运输厅庆祝中国共产党成立95周年群众性合唱比赛在南昌举行。省交通干部学院合唱代表队以优异成绩在10个参赛队伍中脱颖而出,排名第一,荣获一等奖。比赛中,该院参赛队员以豪迈的气势,唱响《把一切献给党》,唱响永远跟党走的坚定信念;以婉转悦耳的歌声演绎《好一个杜鹃花》,表达积极向上的精神风貌,两首曲目的演唱,受到在场领导、专家评委和全体观众的一致好评,最终以9.84分的好成绩名列第一名,获一等奖。

(钟恢万)

【省交通干部学院代表省厅参加省直机关庆祝中国共产党成立95周年群众歌咏比赛荣获三等奖】 6月13—15日,省直机关组织的“跨越时空的井冈山精神”庆祝中国共产党成立95周年群众歌咏比赛在南昌举行。省交通干部学院组队代表省交通运输厅参加合唱类节目比赛,名列第八,获三等奖。参赛队员以豪迈的气势、饱满的热情,唱响《把一切献给党》,唱出江西交通人永远跟党走的坚定理想信念,展示江西交通人开拓进取、意气风发的精神面貌。

(钟恢万)

【省交通干部学院举办第二届职工趣味运动会】 1月6日,省交通干部学院第二届职工趣味运动会拉开序幕。此次运动会项目设个人赛和团体赛,个人赛分男子、女子投篮、心心相印等项目,团体赛设送鸡毛信、拾贝两个项目,每个项目分别取一、二、三等奖若干名。赛场上,气氛活跃、欢声笑语、趣味十足。既有紧张激烈的角逐,又有轻松愉快的竞技。虽值寒冬,寒气袭人,运动员们却精神抖擞,情绪高昂,运动员们放松身心,放飞心情,尽量地炫耀自己的技能,尽情地展示自己的精彩,既愉悦身心,又赛出友谊,更展现了全院教职员工积极进取、团结协作的良好精神面貌。

(钟恢万)

【省交通科研院获“江西省劳模创新工作室”】 2016年,省总工会命名省交通科研院“江祥林创新工作室”为“江西省劳模创新工作室”。

“江祥林创新工作室”由全国交通运输系统“劳动模范”、江西省“五一”劳动奖章获得者江祥林研究员命名,成立于2008年,现有博士3人、硕士5人、高级工程师6人、工程师2人。该工作室主要从事桥梁监测与加固技术研究，先后承担6个江西省科技支撑项目、2个交通运输部科技项目及10多个省交通重点科技攻关项目研究工作，多项成果被鉴定为达到国际先进水平。该工作室获得国家专利授权20多项，国家科技进步奖1项、省（部）级科技进步二等奖8项，发表高水平学术论文30多篇，出版学术专著3部。

（李　娅）

【萍乡市公路设计院刘峰群荣获省总工会“五一巾帼标兵”荣誉称号】 2016年，从江西省总工会传来好消息，萍乡市公路勘察设计院刘峰群获“江西省五一巾帼标兵”称号。刘峰群于2000年7月毕业于中国地质大学（武汉）勘察技术与基础工程专业。2008年考录到萍乡市公路勘察设计院工作，院领导安排刘峰群到试验检测岗位。由于专业不对口，刘峰群自学试验检测知识，通过刘峰群的努力学习，不断摸索，专业水平、工作能力和服务质量都很快都得到了提高，并积累丰富的试验检测经验。2012年参加全局技能大比武获得试验检测一等奖，连续多年获得设计院“先进个人”和市公路局“先进个人”称号，这次是刘峰群继2015年获得“省交通工会五一巾帼标兵”后的又一荣誉。

（雷　蓉）

【芦溪县交通运输局增强工会凝聚力】 2016年，芦溪县交通运输局强壮工会职能。一是积极为干部职工办好事办实事，增强工会凝聚力。二是积极开展法制宣传教育，进一步增强青少年法制观念，组织开展学法守法活动。三是征订《老友》、《康乐寿》等杂志丰富老干部生活，积极开展送温暖活动，帮困解忧，开展老干部走访慰问、困难职工慰问等。四是积极组织干部职工开展爱心捐赠活动。

（徐勇新）

【新余市总工会对交通行业劳模进行春节慰问】 1月22日，新余市总工会对市交通行业的6名省、市劳模进行春节慰问，并向2名省劳模每人发放慰问金1000元；4名市劳模每人发放慰问金600元，将中国共产党和政府及工会组织的关怀送到每个劳模手中，让广大劳模过一个温暖祥和的春节。

（胡晓文）

【鹰潭市交通运输局积极参与鹰潭市庆“五一”万人健步走活动】 4月19日上午，鹰潭市总工会开展“践行新理念、建功十三五”全市万人健步走活动。市交通运输局积极组织干部职工参加此项活动。活动当天，鹰潭市交通运输局干部职工始终保持高昂的情绪、积极向上的精神，迈着整齐的步伐从市民广场出发，沿着滨江中路、和平路，到达终点市经济大厦南门广场，完成全程4.5千米的健步走。

（吴　玮）

【赣州市公路管理局直属分局圆满完成工会换届选举工作】 12月13日上午，赣州市公路管理局直属分局召开工会会员代表大会。大会圆满完成新一届工会委员会的换届选举，产生新一届工会委员会委员。该局50名会员代表参会。

大会作了上一届工会工作报告，审议通过《赣州市公路管理局直属分局工会换届选举办法》和工会委员会委员候选人名单、大会总监票人、监票人、计票人名单。大会以无记名投票方式，差额选举产生新一届工会委员会委员7名。

（谢　莉）

【吉安市公路局举办庆“三八”广场健身舞比赛】 3月9日上午，吉安市公路局举办庆“三八”广场健身舞比赛，为广大妇女搭建平台，充分展现新时代女性健康快乐、朝气蓬勃、奋发向上的精神面貌。来自全市公路系统的19支代表队220余名演员以健身操、广场舞、民族舞等形式进行精彩角逐，动感的节奏、优美的舞姿、绚丽的服装、整齐的动作，展现了女性健康向上、青春美丽的飒爽英姿。精彩的表演赢得现场观众的阵阵喝彩。扬运动之美，展巾帼风采，各参赛队在比赛中团结协作、奋力拼搏，享受健康，享受快乐，为“三八”妇女节营造了浓郁的节目氛围。

（甘逸群）

共青团工作

【概况】 2016年,省交通运输厅直属机关各级团组织紧紧围绕全省交通运输中心工作,积极动员和组织团员青年投身交通运输事业改革发展。

强化思想政治引领。广泛开展中国特色社会主义理论体系、社会主义核心价值观宣传教育活动,教育引导厅直机关团员青年坚定不移听党的话、跟党走。结合中国共产党成立95周年、“五四”青年节等节日,开展形式多样的主题团日、读书交流、青春建功等活动,引导青年树立正确的世界观、人生观、价值观,进一步明确努力方向。

带领青年勇建新功。紧紧围绕交通重点工程建设、急难险重任务、攻关6000千米高速公路等工作,通过组织开展各种形式的劳动竞赛、组建青年突击队等方式,引导青年团员在交通重点工程建设和“急、难、险、重”的任务中充分发挥突击队和生力军作用。把创建青年文明号作为围绕中心、服务大局的有效载体,结合交通运输行业特点,深入开展创建活动。2016年,全厅16个集体成功创建2014—2015年度省直青年文明号,25个集体成功创建2014—2015年度省级青年文明号。积极组织开展各类志愿服务活动,引导团员青年奉献社会、服务群众,结合定点帮扶贫困村,开展“大手牵小手、圆梦微心愿”活动。

服务青年成长需求。持续开展“我身边的好青年”展示活动,全面展示交通运输团员青年的青春风采。大力做好推优入共产党工作,使“推优”工作成为共产党组织发展青年共产党员的主要渠道。推行团委书记与团支部书记、团支部委员与团员青年谈心制度,及时疏导解决思想问题。举办篮球联赛、青年联谊、主题晚会等富有时代气息、符合青年需求的文体活动,满足青年的精神文化需求。

不断强化自身建设。继续推动厅直单位成立青工委或青工办,不断完善“团组织+青工委(青工办或青工处)”的新型机关团青工作体系。召开厅直机关团委第六届代表大会,选举产生新一届团委委员。通过走出去,请进来等方式,加强团干部教育培训,有效提高团干部的综合素质。

(崔建林)

【共青团江西省交通运输厅直属机关第六次代表大会召开】 5月27日,共青团江西省交通运输厅直属机关第六次代表大会在省交通干部学院召开。省交通运输厅党委委员、副厅长王爱和出席会议并讲话。

会上,王爱和充分肯定厅直第五次团代会以来共青团工作取得的成绩,希望全厅广大团员要胸怀理想,勤奋学习,锤炼品德,勇于担当,努力创造出经得起检验的实绩;希望全厅团组织要引领青年,服务青年,凝聚青年,以改革创新精神谋划和推进团的各项工作;希望全厅团的工作要服务大局,打造品牌,提升水平,为推动全省交通运输提质提速发展、当好经济社会发展先行官贡献力量。

大会审议并通过《省交通运输厅直属机关第五届团委工作报告》《关于团费收缴管理和使用情况报告》,选举产生了新一届团委委员。

厅机关有关处室负责人出席会议。来自厅直各级团组织的100名代表参加会议。

(崔建林)

【16个集体获省直青年文明号称号】 9月21日,省直机关团工委、省直机关青工办下发《关于命名2014—2015年度省直青年文明号的决定》,省交通运输厅厅所属的江西“12328”交通运输服务监督电话服务中心、省公路运输管理局行政服务中心、省高速集团泰和管理中心莲花管理所“龚全珍”班组等16个集体获2014—2015年度省直青年文明号荣誉称号。

(崔建林)

【25个集体获省级青年文明号称号】 12月16日,江西省创建青年文明号活动组委会下发《关于命名2014—2015年度省级青年文明号的决定》,省公路局信息数据中心、省港航设计院、省高速集团赣州管理中心崇义省界管理所、吉安客运中心站映山红服务班组等25个集体荣获2014—2015年度省级青年文明号荣誉称号。

(崔建林)

【首届“江西交工杯”厅直属单位(南昌地区)青年男子篮球联赛落幕】 12月18日,首届“江西交工杯”厅直属单位(南昌地区)青年男子篮球联赛冠亚军决赛开赛。此次决赛由省交通工程集团公司对阵交通咨询公司,双方犀利的突破、精彩的上篮、扣人心弦的比分,一次又一次把比赛气氛推向高潮,赛场内喝彩声、加油声连续不断。经过一个半小时的激烈争夺,交通咨询公司代表队后来居上,以89:80的比分逆转击败省交通工程集团公司代表队,获冠军。

此次厅直属单位(南昌地区)青年男子篮球联赛由江西省交通工会、厅直机关团委主办,省交通工程集团公司协办,共有11支队伍报名参赛,经过33场比赛角逐,最终交通咨询公司、省交通工程集团公司、江西公路开发总公司篮球队分获冠、亚、季军,厅机关、省运管局等队分获公平竞赛奖和道德风尚奖。

(崔建林)

【公路志愿者服务队捐赠衣物文具送温暖】 6月7日上午,局工会组织江西省公路管理局学雷锋志愿服务队的志愿者们齐心协力,将300多件捐赠的衣物,搬到了洪抚社区。这些衣物将被统一送到福利院和救助站有需要的人手中。

5月初，江西省公路管理局学雷锋志愿服务队发起募捐活动，活动一启动，志愿者们纷纷响应，将清洗折叠好的衣物、文具用品，有序的放入捐赠室。在活动现场，志愿者们表示，“这次捐赠虽微不足道，但是志愿者们要传递的是一种爱心，这些衣物能够在这个寒冷的冬天让贫困人群感受到身心的温暖。志愿者们更希望能够影响更多的人尽一份心献一份力，也希望今后能够组织更多类似这样的募捐活动，帮助那些困难的人群。”

(罗建华)

【省港航局团委开展学雷锋志愿服务活动】 3月30日,省港航局团委一行7人来到鄱阳县侯家岗乡永丰村扶贫点开展学雷锋志愿服务活动。

在永丰小学,志愿者给小朋友们分发水上交通安全常识小册子,利用课间的时间讲解一堂生动的水上安全常识课,并与同学们进行互动,给小朋友们带去日常体育用品,希望小朋友们锻炼出更强健的体魄,将来为国家和社会发展做出积极贡献。

此次志愿服务活动让小朋友们既享受快乐,又学到知识。同时,小朋友们回馈给志愿者们的是无价的快乐和幸福。

(邹娟兰　胡瑶瑶)

【省运管局志愿者深入汽车站服务春运】 2月2日,在南昌洪城客运站,身披“省运管局志愿服务队”字样绶带、头戴小红帽的志愿者们热情为旅客服务。

当天正是南方小年,站内大厅人潮涌动,来往旅客络绎不绝。省运管局志愿者在客运站相关人员的带领下,立即投入到志愿服务活动中去。志愿者有的为有需要的旅客送上热开水,有的耐心提醒帮助将行包过安检,有的引导旅客到指定区域候车,有的帮助老幼病残孕旅客拎提行李,还有的协助车站维护售票窗口秩序。在春运这个特殊时期,省运管局志愿者们用爱心和行动,为旅客的回家路上带来方便。

(运　宣)

【省高速集团举办“不忘初心　继续前进”主题原创诗文朗诵大赛】 9月29日,省高速集团团委、青工办举办“不忘初心　继续前进”主题原创诗文朗诵大赛,深入学习贯彻习近平总书记系列讲话精神,宣传展示“两学一做”学习教育和江西高速发展成就。集团董事长、党委书记王江军等领导观看比赛并为获奖单位颁奖,来自集团所属各单位的10支代表队参加比赛。比赛中,各代表队通过多人、舞台、配乐配景等多种形式进行朗诵,并融入舞蹈、情景对话等元素,极具艺术表现力和感染力。经过激烈角逐,畅行公司的《江西高速礼赞》获一等奖,抚州管理中心、赣粤公司获二等奖,宜春管理中心、泰和管理中心、赣州管理中心分获三等奖。

(巫过房)

【省交通干部学院院长李国峰被评为省优秀青联委员】 省交通干部学院院长、省青联常委、副秘书长、工交商贸界别秘书长李国峰被江西省青年联合会授予2015年度“优秀青联委员”荣誉称号。李国峰担任省青联职务以来,积极履职,主动作为,围绕省青联中心工作,组织界别委员开展形式多样的各类活动,有效增进委员间的交流,增强界别青联委员的凝聚力和向心力,为省青联工作做出积极贡献。

（钟恢万）

【省交通设计研究院有限责任公司开展学雷锋关爱活动】 3月24日，院团委组织青年志愿者来到志愿服务帮扶点——南昌县幽兰镇田坪小学，开展关爱留守儿童献爱心活动。为全校140余名学生带去价值2000余元的图书和体育用品，并资助两名品学兼优的特困留守儿童。志愿者们深入学生中与学生们互动，关心孩子们的学习和生适情况，给学生们讲述雷锋的故事，激励不断学习“雷锋精神”，并鼓励培养刻苦学习、积极进取的“向上”和与人为善、无私奉献的“向善”精神，以优异的成绩、高尚的品德回报社会。

（彭　博）

【新余市交通运输局“新余有爱”学雷锋志愿服务月拉开序幕】 3月2日，新余市交通运输局积极参加由市委宣传部、市委组织部、市文明办、市总工会、团市委、市教育局在抱石公园广场联合举行的2016年“新余有爱”学雷锋志愿服务月暨“志愿服务进社区、进农村、进机关、进企业、进学校、进景区”集中活动。

该局参加的活动主要是宣传交通运输法律法规方面知识，为过往群众进行公路法、水运法、道路运输管理条例等知识的宣传。2016年该局开展“呵护生命·交通协管行动”“携手共扶·温馨客运行动”“爱心养护·畅通公路行动”“绿色行驶·安全航运行动”“微笑服务·秩序高铁行动”。

（邓清华）

【宜春市公路局团委组织未婚青年积极参与“情月相印·爱满宜春”大型相亲交友联谊会】 9月9—11日，宜春市公路管理局团委组织直属分局、明月山分局和各直属单位共20余名青年在袁山公园参与由团市委举办的2016宜春·明月山第十届月亮文化旅游节“情月相印·爱满宜春”大型相亲交友联谊会活动，并鼓励未婚青年展示真诚乐观、开朗热情、积极向上的精神风貌。随着公路事业发展的不断壮大，一大批优秀青年送入公路系统工作，但由于工作环境等多种因素限制，青年的社交圈较为狭窄，交友、婚恋等问题逐渐成为单位最为关心的实际问题。宜春市公路局团委切实发挥“贴心人”的桥梁纽带作用，组织未婚青年积极参与此次相亲交友联谊活动，广大的宜春公路青年搭建一个不同以往的交友平台。

（李　晶　况　荣）

【奉新县交通运输局把团组织建设成为青年人的精神之家】 2016年，奉新交通运输局团支部在“五一”、“五四”青年节和国庆节组织青年职工举行登山、徒步、郊游、踏青等室外活动活动，得到广大青年职工的积极响应。在活动中，青年干部职工充分体现团结奋进、友爱互助、积极向上的精神风貌和集体主义精神，在路上欢歌笑语、亲切交谈。充分享受郊游、徒步、登山、踏青的过程和乐趣。特别是登山还可以体会登上海拔1000多米主峰的愉快感，领略一览众山小的意境和美景。

（周振江）

老龄工作

【概况】 2016年，厅离退休干部管理处在厅党委的正确领导下，坚持引导离退休干部为交通运输发展增添正能量的价值取向，加强思想政治引领，努力为老干部办好事做实事，较好的完成一年的各项工作任务，确保老干部队伍的和谐稳定。

（王丽琴）

【省交通运输厅离退休干部】 2016年，全厅共有离退休干部1945人，其中离休干部45人，退休干部1900人。厅机关离退休人员91人，其中离休干部5人。

【省交通运输厅走访慰问老干部、困难老党员】 2016年，省交通运输厅副厅长谢德强、副巡视员夏太胜分别率领有关部门负责人，深入离退休老干部和困难老党员家中开展春节走访慰问活动。每到一位离休干部家中，厅领导都和老人们促膝交谈，拉家常、问身体、忆往昔、听建议，送上慰问金，以及良好的祝福和亲切的问候，让老人们切切实实感受到厅党委的关怀和温暖。同时，特别叮嘱老人们要多注意身体，保持良好的心态，发挥余热，一如既往的支持全省交通运输工作。

真诚的慰问，关切的笑脸，温暖的祝福，让离退休老干部、老党员们十分感动。老人们对厅党委的关心和照顾表示感谢，盛赞全省交通运输工作所取得的显著成就，并表示，将继续发挥党员的模范作用，尽己所能，建言献策，用实际行动为全省交通运输事业发展和稳定增添正能量。

（王丽琴）

【省交通运输厅召开老干部形势报告会】 8月12日，省交通运输厅党委书记、厅长朱希，副厅长谢德强看望休假疗养的老干部，并召开老干部形势报告会。

朱希向各位老领导、老干部对交通运输发展给予的关心、支持和指导表示衷心的感谢，真诚希望各位老领导对交通运输发展给予一如既往的关心、支持，并介绍2015年和“十二五”全省交通运输发展取得的进展、2016年全省交通运输重点工作安排、“十三五”全省公路水路交通发展规划情况。

朱希说，省厅历来重视老干部工作，严格按照上级有关政策，结合厅里的自身能力，认真落实好离退休干部政治待遇、生活待遇，丰富离退休干部精神文化生活。今后将继续尽心尽力做好老干部工作。一是要把老干部政策落实好。落实好老干部的政治、生活待遇等政策。二是要把老干部生活照顾好。着力提升老干部服务水平，积极开展适合老干部特点的团体活动，尽可能地满足老干部日益增长的精神文化需求。对有特殊困难的老人们，要积极想办法帮助解决。总之，就是要让老人们老有所为、老有所乐，安度晚年。

（王丽琴）

【老人们开展丰富多彩的活动】 春节前和重阳节前，省交通运输厅组织机关老人们开展飞镖和摸乒乓球比赛活动；3月14日开始每季度组织一次南昌地区厅直单位的老年门球赛；3月25日组织机关全体老人们到进贤县“西湖李家”参观考察了新农村建设，感受农村的发展变化；5月11日和10月25日举办南昌地区厅直单位老人们的钓鱼比赛活动；8月5—15日组织机关老人们在革命圣地井冈山举行学习教育、健康休养双结合活动。期间开展六项学习教育活动：一是召开老干部形势报告会，厅党委书记、厅长朱希向老人们报告了“十二五”期间的主要工作以及“十三五”规划情况。二是离退休党支部召开支委会专题学习省委老干局关于深入开展为党的事业增添正能量活动的有关文件，并研究部署“二学一做”学习教育活动下一步的重点。三是组织支委委员、部分老党员参观井冈山革命博物馆，重温党的光荣而又艰难的革命历史。四是组织召开党员大会，学习传达省委老干局关于深入开展为党的事业增添正能量活动文件精神，并进行再动员，号召全体老党员在正能量活动中发挥先锋模范作用。五是组织全体老党员集体重温入党誓词，强化党员意识。六是组织老干部参观考察高速公路樟树服务区建设、管理情况，亲身感受交通发展新变化。11月19日组织退休的厅级干部和在交通学院工作过的老人们参加江西交通职业技术学院建校六十周年纪念活动；2016年11月28日组织厅级老干部参观考察星子县和都昌—九江在建高速公路；2016年12月9日组织厅机关老干部参观九龙湖新区建设以及交通应急指挥中心。通过这些活动极大地丰富了老干部的晚年生活，也让老人们及时了解交通运输的发展变化，充分展示了全省交通系统老人们的精神风貌。

（王丽琴）

【王丽琴获全国先进老干部工作者称号】 2016年12月，中共中央组织部、国家人社部授予王丽琴全国先进老干部工作者称号。

（何　赣）

【省公路局走访慰问交通工程公司困难退休老干部】 1月28日上行，省公路局局长曾晓文带着党委和干部职工的深切问候和祝福，来到交通工程公司生活困难的退休干部家中进行走访慰问，并送上慰问金。在走访中，曾晓文与退休干部进行亲切的交谈，详细询问退休干部和家人的身体状况和生活情况，并鼓励退休干部继续保持乐观积极向上的心态。

（徐　辉）

【省运管局做好离退休干部队伍维稳工作】 2016年，是省运管局老干部队伍历史上最为动荡的一年，交通大院拆迁，政府赔偿不能预期，搬迁住房无着落,公租房难以参加房改,加之国际马拉松比赛在洪城举行等,导致离退休人员思想焦虑,情绪波动,动荡不安,深刻影响着老干部队伍的和谐稳定。为此,该局先后于2016年10月25日和11月19日召开离退休人员会议,传达省厅指示精神,宣传相关政策,要求离退休人员响应政府号召,正确对待拆迁,理性表达诉求,做到不上访、不上街、不在活动室集会商讨抵制拆迁的事项、不张贴反对拆迁的图片和标语口号。由于思想重视、认识到位、工作及时,一是在国际马拉松比赛期间没有发现省运管局老干部上街游行的情况,保障了国际赛事的顺利进行,展示了南昌市民的良好形象。二是在拆迁期间,没有出现省运管局老人们非法聚会和到南昌市委、市政府及省委、省政府上访事件,维护了安定团结的政治局面,体现出省运管局离退休职工的大局观念和中心意识。

(孙邦忠)

【江西交通职业技术学院领导看望老党员赵文兴】 7月1日,受省交通运输厅直属机关党委和学院党委的委托,学院副院长、工会主席江志强,工会副主席张和平看望学院老党员赵文兴。赵老2010年97岁,1942年10月入党,参加过抗日战争,谈起当年入党的情景还饱含激情,赵文兴对省交通运输厅和学院领导的关心表示感谢。江志强及在场所有人共同祝愿赵老健康长寿!

(张和平)

【景德镇市交通运输局积极开展离退休党员活动】 12月28日上午,景德镇市交通运输局离退休党支部每月一次的党员干部交流活动如期在老干部活动室举行,该局领导参加活动。并强调,老干部工作的主题其实就是两个字——"服务",只有在"服务"这两个字上下足了功夫,才能将老干部工作做得更好。

(陈志华)

【九江"党员示范车"接送社区老党员观赏浔城新貌】 10月9日,九江市出租车行业流动党支部组织"党员示范车"接送社区老党员观赏浔城新貌大型公益活动,受到社区党支部和老党员的一致好评。

这次公益活动的主题是"浔城风光欢乐行、共建共享重阳情",以全国重要的传统节日——重阳节为契机,结合城市公共交通行业深入开展的践行社会主义核心价值观活动,以"党员示范车"进社区,送温暖的实际行动,让社区老龄党员深切感受党组织和社会各界浓厚的关爱之情,同时,通过观赏城市风光,让社区老党员亲眼看见九江市改革开放的巨大成果、切实增强九江籍党员的自豪感和荣誉感,使老党员积极为家乡建设出谋划策、主动为社区党建工作尽心尽力,从而把"夕阳红"自觉融入九江"新工业十年行动",在"推进T型崛起、打造山水名城、率先全面小康、建设五大九江"中做出新贡献。

此次公益活动共组织40辆"党员示范车",接送50名社区老党员,并有10余名志愿者参加随行保障服务,九江城客处党支部和甘棠街道办岳师门社区党支部均全力配合。浔城观光游途径开发区、八里湖、市艺术中心、博物馆、城市展馆、体育馆、云景湾等地,可尽情观赏九江美景,使老党员们在重阳佳节心情更加愉悦。

(九江市城市客运管理处)

【星子公路分局开展离退休职工重阳节活动】 10月9日,星子公路分局工会组织开展离退休职工"看公路发展变化"为主题的庆祝活动,52名离退休职工欢集一堂,乘坐中巴车游览该局管养的环山公路、105国道及蓼温公路,观看星子公路的发展与变迁。在游览中,老职工对公路发展变化感到无比喜悦和感慨。在新改造的蓼花道班,公路平整坚实,宽阔美观。老职工兴致勃勃地参观道班的内外建设,对道班的建设给予高度评价。该分局领导与离退休职工合影留念,并感谢离退休职工为公路事业做出重要贡献,希望老职工继续关注、支持分局工作,多提宝贵意见和建议。

(欧阳星)

【鹰潭市交通运输局开展志愿服务活动】 9月9日,鹰潭市城区交通运输管理所党支部组织全体党员到鹰潭市社会福利院开展志愿服务活动,分别帮助老人们量血压、剪头发、修指甲,组织智障儿童做手工游戏,打扫院区卫生,将"两学一做"学习教育落实到实际行动上。推着残疾老人散步,嘘寒问暖、促膝谈心,并详细询问老人们的身体状况、生活情况,志愿者以甜美的微笑、温馨的话语和热情的服务，积极开展各种形式多样的送服务、送温暖活动，积极营造良好氛围。

（江曼婷）

【宜春市交通运输局为离退休干部办8件实事】 该局现有离退休干部33人，局党政领导高度重视老干部工作，做到工作有位子，活动有安排.领导有分管、服务有分管，经费有保障。一是12月25—28日，组织局里33名离退休干部到市人民医院进行体检，每人体检检查费1000元，做到有病治病，没病防病，确保老人们身体健康。二是10月6—7日，在宜丰县举办全市交通运输部门老年门球赛。通过比赛，为老友提供见面平台，畅谈友谊，增强体质、提高球艺。三是为离退干部每人订了《老友》《康乐寿》等杂志。为老人们学习党的方针、国家时事和健康知识提供材料。四是每月28日，组织离退干部到局活动中开展文体活动比赛一次。五是由离退休干部党支部成员会同局人秘科管理老干部人员一道到医院探望慰问患病住院老人们，每人慰问金200元。六是每月28日，局里组织离退休干部到局活动中心交流理论学习，主要学习习近平总书记一系重要讲话精神，中国共产党的方针政策和上级重要文件，做到学习有安排、有签到、有记录、有日记，全年撰写学习体会达60篇。七是举办老年门球邀请，全年先后请市人大、政协、市教育局、市电信、移动和袁州区交通运输局等单位参加门球赛。八是及时为离退休人员发精神文明奖。

（吴泽水）

【宜春市交通运输部门第十九届老年门球赛在宜丰县举行】 11月7—8日，由宜春市交通运输局主办，宜丰县交通运输局承办的全市交通运输部门第十九属老年门球赛在宜丰县体育馆举行。市局机关、靖安、高安、上高、宜丰、万载县（市）等6支代表队参赛，参加比赛运动员、教练员、裁判员达70多人。经过两天激烈比赛，万载县、宜丰县和上高县交通运输局代表队获优胜奖，市局、靖安、高安县（市）交通运输局代表队获优秀奖。参赛老年朋友一致反映，通过比赛收获颇丰。一是增进了友谊。二是提高了门球水平。三是增强体质。

（吴泽水）

【靖安县交通运输局退休人员退休费实行社会化发放】 2016年，靖安县交通运输局退休人员实行社会化发放退休费。为确保按时保质保量完成任务，该局一是加强领导，成立由局长任组长的领导小组，指挥高度，宣传政策。二是抽调精干力量，抽调办公室、财务等股室的人员组成。三是全面整理退休人员档案，核实年龄、参加工作时间、退休时间、每次增加退休费、生活补贴。四是建好各类表格按干部管理权限分别报组织部、人事局复核；五是张榜公示一星期，核实无误后报社保局审批。时间从7月起至8月底，历时二个月完成任务。9月，该局的退休费实行社会化发放到位。

（刘　斌）

【上饶市交通运输局开展重阳节“关爱离退休老干部、职工”活动】 10月10日，上饶市交通运输局组织机关退休老干部、职工赴市经济技术开发区参观学习，局有关领导，市经济技术开发区建设交通局局长等一起陪同。退休老干部、职工先后参观晶科能源、光学基地、汉腾汽车、彩诚集团等著名企业。通过参观学习，老人们深切感受到经开区的飞速发展，也对上饶决胜全面小康、打造大美上饶更加充满信心。

（张小建）

扶贫救灾工作

【概况】 2016年，省交通运输厅扶贫工作队进驻上饶县湖村乡西龙岗村开展驻村扶贫工作。驻村工作队总结经验，开拓思路，切实在精准扶贫、精准脱贫上努力下功夫，扶贫攻坚工作扎实稳步推进。

1. 领导高度重视，提供坚强保障。厅党委高度重视精准扶贫工作，原厅党委书记、厅长朱希半年内2次亲临西龙岗村检查调研扶贫攻坚开展情况，胡钊芳、陈兵、梁必康、王昭春4位厅领导先后6次到西龙岗村实地检查指导扶贫攻坚工作。胡钊芳总工程师做为第三批驻村工作队的带队厅领导，经常过问扶贫工作进展情况，帮助协调解决扶贫项目的资金缺口问题，并亲自指导基础设施建设实施的各个环节，为驻村工作队开展工作提供了坚强保障。

2. 入户了解民情,确保精准施策。工作队入驻以来,坚持至少每月20天吃住在村,经常进行入户走访调查,填写"两证一册"等贫困户信息,建立贫困户动态台账。2016年,全村建档立卡贫困户341人/106户,其中五保户12人/10户,低保户172人/48户,一般贫困户169/48户。

通过走访调查,全面深入掌握贫困户家庭、收入等基本情况,分析致贫原因,了解发展需求,找准脱贫路子,为下一步分类施策、精准脱贫打下基础。通过与贫困户交心谈心,引导贫困户转变发展观念。同时,工作队也转变思路,变帮钱、帮物为帮找致富思路、帮对接惠民政策、帮培训就业技能,增强扶贫对象"自我造血"功能,拓宽扶贫对象增收渠道。在充分利用扶贫政策的基础上,以实实在在的工作成效推动精准扶贫工作有序开展。

3. 争取多方支持,实施基础建设。一是道路工程。原计划分3年完成的2.1千米通村道路和4.3千米村内道路等26个道路硬化项目提前至2016年10月全面完成。二是房建工程。便民服务中心集党员活动室、村卫生所、电商服务站为一体,建筑面积360平方米,投资50余万元,主体工程已完工。经驻村工作队多方协调,争取规划外资金和健身器材,周边配套建设约300平方米的村民休闲广场,将与村综合便民服务中心一并投入使用。并对杨湾便民服务中心和村部围墙建设分别给予4.9万元和2万元经费补助。三是饮水工程。村高位饮水安全工程惠及下苏、李家、邓家、潼山、杨湾、金湾等8个自然村组,可解决2050人的安全饮水问题。工程2016年10月正式开工,已于2017年1月13日正式通水。四是水毁治理。针对村内因山体滑坡造成的多处道路塌方及李家教学点旁的山体滑坡等隐患,争取上饶市公路局支持,派专业技术人员实地勘察,现场沟通治理方案。并争取到省扶贫移民办和上饶县交通运输局共16万元资金支持,进行护坡治理,工程正在实施。五是安保工程。由于特殊地理环境,村内道路有大量弯急、陡坡、滑坡等危险路段,前期道路建设以路面硬化为主,安全防护配套设施滞后。争取安保工程资金69万余元,修建波形护栏等防护设施解决村内道路安全隐患。已完成招投标工作,即将开工建设。六是新农村建设。争取县农工办26万元专项资金,用于邓家自然村新农村建设,主要实施村庄道路硬化、环境整治、美化亮化等项目。

4. 推进产业扶贫,创新发展模式。发展产业是帮助贫困户增收脱贫的长久之计,驻村工作立足当地资源优势,通过"合作社+贫困户"的模式扶持种植养殖大户带领贫困户共同致富,让贫困户逐步形成脱贫产业。同时积极探索产业扶贫新项目,拓宽产业扶贫新空间,多方联动帮助贫困群众协调解决致富产业发展中的现实问题。一是积极推进、确保落地产业实现收益。及时跟进前期实施的油茶种植、生猪和黄牛养殖项目,帮助对接相关部门,争取产业补助资金。二是拓宽视野、摸索产业扶贫新项目。积极探索光伏发电、劳务输出、茶叶种植、电商服务等产业扶贫项目。三是找准抓手、选好致富带头人。推进精准扶贫,选好致富带头人是关键。为切实推选出一批有头脑、有能力的产业扶贫带头人,对村内种植和养殖大户进行宣传,鼓励以合作社+贫困户的模式带动贫困户共同致富。

(肖慧莎)

【扶贫工作强化党建文化,狠抓思想转变】 2016年,省交通运输厅定点包扶上饶县湖村乡西龙岗村,驻村工作队把加强班子作为精准扶贫的根本。一是加强组织建设,夯实扶贫基础。从软件和硬件两方面入手,通过第一书记结合工作讲党课、召开党员代表大会宣贯扶贫政策、建立健全支部规章制度、投入资金改造村部环境等方式,真正把基层党组织建设成为带领群众脱贫致富的坚强战斗堡垒。村"两委"干部全体在岗,工作日值班制度有效落实,村"两委"会议走上正轨,经常召开"碰头会"进行议事决策。二是实施文化帮扶,带动观念转变。驻村工作队把扶贫和扶智相结合,既注重拔经济上的"穷根",也注重拔思想上的"劣根"。为加强农村精神文明建设,丰富农民群众生活,举办第二届农民趣味运动会,近200名农民运动员参加比赛。通过在教师节期间看望慰问西龙岗小学教师;在中秋节期间召开全村党员干部中秋慰问座谈会;对村部宣传栏和村内标语进行不定期的更新;向杨湾便民服务中心阅览室捐赠图书等方式,用文化的力量转变农民的思想观念,激活自身谋求发展的内在动力。三是开展走访慰问，宣传惠民政策。四是做好对外宣传，树立良好形象。

（肖慧莎）

【省公路局局长曾晓文深入基层调研精准扶贫】 10月14日，省公路局局长曾晓文一行深入安福县连村，对扶贫工程项目进展情况进行调研，安福县副县长王斌平、吉安市公路局相关领导参与调研。2016年下半年，正是扶贫工作进入了啃硬骨头、攻坚拔寨的扶贫攻坚阶段。针对扶贫点地理位置偏远、自然条件差、区域发展条件差、公共服务落后、贫蚕程度深、脱贫难度大等特点，省公路管理局扶贫工作组按照中央提出的实施精准扶贫、精准脱贫的要求，深入特困群众家中，了解基本情况和存在的困难，并向地方政府及村民征求扶贫意见。调研过程中，省公路管理局扶贫工作组表示，将有针对性的解决困难群众反映和面临的困难，通过共同努力，力争特困群众早日脱贫致富，走上小康之路。

（肖祖伟）

【年终慰问送温暖　精准扶贫暖人心】 1月26日，省港航局局长于钦民和局有关人员一行在省局驻村工作队、上饶分局和侯家岗乡有关领导的陪同下，深入到鄱阳县“精准扶贫村”侯家岗乡永丰村开展春节前走访慰问活动，给帮扶对象、困难村民带去一份关心和问候。

于钦民对永丰村的实际情况进行调研，实地察看永丰村灌溉水渠和村公路的损坏情况。随后，于钦民一行在村委会和当地村干部、驻村工作队进行座谈。认真了解永丰村的致困原因、近几年的发展规划和驻村工作队精准扶贫的工作情况。于钦民表示：省港航局一定会尽力协调各相关部门为村里的发展多争取资金、项目和政策，局领导和驻村干部也会争取想办法帮助村里尽早脱贫致富。

（王　莹）

【王爱和副厅长走访慰问远洋公司困难职工】 2月2日，省交通运输厅副厅长王爱和率队走访慰问远洋公司困难职工文伟明，为文伟明送去节日的关怀与问候。省港航局有关人员陪同。

王爱和详细询问文伟明的家庭生活、健康状况等情况，并鼓励文伟明要树立信心，克服困难，积极面对生活。同时，王爱和还嘱托远洋公司领导要多关心帮助困难职工，让一困难职工切实感受到党和政府的关怀与社会大家庭的温暖。

（王丽丽）

【省运管局扎实开展精准扶贫工作】 2016年，省运管局通过采取有效帮扶措施，一心为民办好事、做实事，取得明显成效。一是抓建设强基础。向省交通运输厅争取扶贫点农村公路建设资金450万元，将6.813千米通村组公路和6.751千米产业发展道路纳入省交通项目数据库，并完成2条通村组公路建设。帮助协调旅游循环公路资金1000万元，引进民俗示范点改造资金200万元。二是抓实事惠民生。先后投入帮扶资金40余万元，帮助加强村级阵地建设。三是抓产业促脱贫。帮助组建竹溪水稻种植合作社，发展金银花种植基地和6户农家乐，鼓励40余户贫困户发展传统养殖、养蜂产业和毛竹林低改，为农户争取农林水畜牧等补贴资金10万余元，带动贫困户增收脱贫。通过一系列帮扶举措，建档立卡贫困户2015年脱贫7户24人，甄别删减2户9人；2016年脱贫9户29人，2017年计划预脱贫15户43人；2018年计划预脱贫13户40人，帮扶村实现脱贫“摘帽”。

（艾才昌）

【景德镇市运管处“两学一做”见行动结对帮扶暖人心】 11月4日上午，景德镇市运管处党支部组织在职党员到帮扶的共建结对村——浮梁县洪源镇李家村委会范家墩村开展“两学一做”党日活动，送上了垃圾桶10个，处领导、党员与村干部、村民悉心交谈，详细了解村民现状、生产生活情况和主要致贫原因，认真聆听村民自身发展意愿和需要解决的问题，落实个性化、精准化扶贫，让范家墩村民切实感受到党组织的关怀和温暖，用实际行动践行“两学一做”教育。

（刘巧英）

【莲花县交通运输局大力推进精准扶贫工作】 2016年，莲花县交通运输局制定《莲花县2016年交通扶贫工程脱贫攻坚实施方案》，明确工作任务并积极组织实施：一是确保全县61个贫困朽

25户以上通自然村水泥路达100%，2016年退出的重点村入户水泥路达85%以上。二是对损毁严重的进村公路安排好大中修项目。三是督促工业园区直通班线按时到站，做好园区内的公交接送平台建设，方便农民工入园就业，为全县整体脱贫致富、全面建成小康社会提供强有力的交通运输保障。2016年，全县完成25户以上通自然村水泥路160千米、入户路14.2千米、危桥改造9座、客运网络连通工程30.9千米，（其中："5+2"重点贫困村25户以上通自然村水泥路建设里程13.5千米、入户路14.2千米，通达率分别为100%和96.8%，危桥改造2座，客运网络连通工程2千米。），总投资9491万元，补助建设资金2710万元。

（徐勇新）

【九江市交通运输局多举措应对汛情】 6月下旬以来，九江市连降大到暴雨，持续强降水造成九江地区的江、河、湖超警戒水位，市交通运输局积极开展多项举措应对汛情。

一是强化组织领导。7月5日，全局召开防汛紧急会议，局机关党员干部和下属单位负责人参加会议。会上向全局党员干部传达市委市政府有关防汛的通知精神，成立以江彪局长为组长的防汛领导小组，启动应急预案，迅速排出应急值班表，安排人员上堤值守。7月7日，应市防汛指挥部的最新要求，该局又重新调整应急值班表，组织好三只应急小分队40余人，随时准备上堤抢险。

二是强化应急值守。局领导应以身作则，按防汛指挥部相关要求，严格执行汛期带班值守制度，带领值班人员做好巡堤查险工作。认真做好值班记录、巡查台账，严格信息报送，实行零报告制度，做到有事即时报、无事报平安。

三是强化运输保障。督促局属相关单位和运输企业落实安全防范措施，安排防汛队伍和物资，对重要桥梁、危险路段、客运线路等重点部位和薄弱环节开展排查，同时准备应急运输客车时刻待命，随时准备转移受灾群众。

（彭　一）

【新余市交通运输局扎实开展精准扶贫工作】 分宜县洞村乡程家坊村是"十三期"省级贫困村，新余市交通运输局是程家坊村的结对帮扶单位之一。2016年，为全市17个贫困村争取农村公路建设里程23.9千米，危桥改造2座，补助资金469.5万元。其中为程家坊村争取公路建设项目3个，争取项目补助资金159.3万元，分别是客运网络建设项目1条乡道维修铜锣坑至洞村（途经涂塘边村小组至小吉、石牛滩村小组公路）4.4千米，补助资金132万元；通自然村水泥路建设项目4条1.1千米，补助资金14.3万元；危桥改造项目1座，补助资金13万元。

该局在为贫困村争取建设项目的同时，计划筹措10万元给程家坊村委用于帮扶资金。根据市里统一安排，该局每位局领导带1名科级干部分别对13户贫困户进行帮扶，并认真填写贫困户有帮扶卡、帮扶台账。6月8日，该局组织帮扶干部集体走访慰问各自结对帮扶贫困户，了解贫困户生产生活情况，并对每户贫困户给予300元慰问金，下半年该局将以同样的方式进行走访，让贫困户感受到结对帮扶干部的温暖，贫困村尽早脱贫致富。

（何勤学）

【新余市交通运输局连心小分队深入帮扶点开展春节送温暖活动】 1月30日，新余市交通运输局连心小分队深入操场乡石塘村帮扶点，开展春节送温暖活动。连心小分队深入15户结对帮扶的贫困群众家中，以拉家常的方式，详细了解帮扶对象的生产生活、经济收入和生活困难情况，鼓励他们克服困难、战胜困难。并为每户贫困群众送上500元的慰问金。让贫困群众过上一个欢乐祥和的新春佳节。

（张　华）

【新余市交通运输局积极开展新一轮定点扶贫工作】 3月17日，新余市交通运输局局长带领局帮扶工作小组成员一行4人，来到新一轮帮扶对象分宜县洞村乡程家坊村进行走访调研。帮扶小组首先认真听取程家坊村委的情况介绍和存在的困难问题，紧接着还实地查看村容村貌，并结合部门职能对村委需维修改造的道路和存在安全隐患的危桥进行现场勘察调研，最后，帮扶组对程家坊村村委如何加强基础设施建设，改进生产生活条件，大力发展产业经济，提高村组和农民收入，脱贫致富进行详细的梳理。通过此次实地调研，为该局科学制订程家坊村脱贫帮扶工作年度计划和二年规划掌握了第一手资料。

（何勤学）

【新余市交通运输局积极为帮扶企业排忧解难】 4月8日，新余市交通运输局精准帮扶联系企业工作领导小组针对全市34家精准帮扶物流企业集中反映的检车难、货运发票开票难等突出问题，主动上门与有关部门面对面进行协调沟通，想方设法帮助企业解决实际困难和问题，市公安交警支队根据企业长期在外营运车辆年检不便问题，研究一系列便企检车措施，减轻企业负担，降低企业物流成本；对货运发票难开的问题，市国税部门也作相应的解释说明。

（郭　辉）

【新余市交通运输局扎实做好文明生态村帮建工作】 该局扎实推进农村精神文明和生态文明建设工作，按照“一年打基础，两年有突破，三年大变样”的总要求，8月5日，新余市交通运输局帮建小组深入文明生态帮建村——渝水区姚圩镇新宋村调研，并结合该村实际制定出新余市交通运输局文明生态村帮建工作实施方案，重点抓好制定建设规划、基础设施建设、公共文化设施建设、生态经济建设和精神文明建设等方面，力争通过3年的努力，使该村生活环境优美，生态环境良好，基础设施改善，文化活动丰富，村民文明素质和村庄文明程度提升。

（邓清华）

【鹰潭市交通运输局帮扶新农村建设及精准扶贫】 2016年，鹰潭市交通运输局新农村建设挂点帮扶贵溪市志光镇湖石村下杨，该局多次深入挂点村，对该村新农村建设工作进行指导，并组织与镇村干部座谈交流，对于新农村建设遇到的困难，共同谋划，不断拓宽新农村建设工作思路，加大帮扶力度，多为群众办好事、办实事。一是成立精准扶贫领导小组，制定方案，层层落实，确定定点帮扶单位、帮扶联系人，多次深入调研。二是多次组织召开动员大会，组织学习有关文件精神，广泛征求意见，确定工作重点。三是深入联系民户，对局帮扶的罗河镇陈家村10户贫困户“一户一策”，具体落实帮扶措施，提供资金帮助，解决实际困难。

（艾年宗）

【戴东昌在赣州调研交通扶贫工作】 5月10—12日，交通运输部党组成员、副部长戴东昌率队到赣州，考察调研罗霄山片区和对口支援县交通扶贫工作。戴东昌强调，要深入贯彻党中央、国务院战略决策，全力打好交通扶贫脱贫攻坚战；要紧紧围绕促投资、促消费、稳增长的重大部署，扎实推进交通基础设施建设，确保完成全年各项任务，为“十三五”发展开好局、起好步，充分发挥交通运输对经济社会发展的战略支撑作用。

（赣州市交通运输局）

【赣州市交通运输局加快推进农村物流建设】 2016年4月，市物流发展协调领导小组出台了《关于推进农村物流站点建设实施方案》（赣市物流字[2016]8号），进一步明确农村物流发展措施和举措，全市累计建成农村物流站点1900个、乡镇物流服务中心150个，特别是安远县、定南县实现乡镇物流站点全覆盖，瑞金、兴国的村级物流站点建设覆盖率达60%以上。积极推进农村电商、快递物流快速融合发展，邮政建成“村邮乐购农村e邮”电商服务站点2114个，覆盖省“十三五”规划扶持贫困村共460个，赣州市广大贫困地区实现人畅其行、货畅其流，为农民脱贫致富创造良好条件。

（李发淳）

【赣州市交通运输局加快推进交通就业扶贫】 2016年，该局在宁都县文布扶贫工作中创新交通扶贫方式，围绕交通行业特点，积极探索农村公路养护就业扶贫新模式，推进政府购买公益性岗位就业扶贫方式，开发了一批农村公路养护等公益性岗位，用于扶持贫困人口就业。2016年，全市共聘用2445名贫困群众从事农村公路养护工作，赣州市探索出一条交通扶贫新路子。

（赣州市交通运输局）

【吉安市交通运输局深入扶贫点面对面开展扶贫工作】 10月17日，吉安市交通运输局党委书记、局长谢海泉带领在家的班子成员深入定点扶贫点遂川县新江乡横石村开展精准扶贫调研工作。谢海泉一行首先走访结对扶贫对象,每个班子成员都到自己的结对困难户家中详细了解贫困原因,以及上半年制定的扶贫措施的落实情况,同时带去油和米等生活用品给贫困户,谢海泉还给每个帮扶对象送去慰问金。随后,又和乡、村两级班子一起座谈,共商脱贫办法。谢海泉要求两级班子一定要用好用足各项扶贫政策,认真落实好年初制定的各项扶贫项目,扎实开展工作,确保取得新成效。同时表示,市局一定会倾力、倾策帮助该村尽早实现脱贫工作目标。遂川县委书记张智萍和县交通局负责人员陪同。

(刘　晖)

【峡江县交通运输局立足行业优势解决贫困村群众出行"最后一千米"】 2016年峡江县交通运输局将贫困村道路建设作为精准扶贫的重要抓手,摸清贫困村公路建设需求,切实建设好贫困村出行"最后一千米"。一是加大贫困村通村公路项目争取力度。在年初制定上报项目计划时,优先安排贫困村通村公路建设项目,2016年共安排贫困村项目9个9.3千米,争取补助资金74.4万元。二是提高贫困村通村公路补助标准。在省交通运输厅8万元/千米补助标准上,县委、县政府对贫困村扶持配套资金2万元/千米,用于支持贫困村通村公路建设。三是预拨贫困村通村公路启动资金。针对贫困村村级经济薄弱的问题,该局预拨部分启动资金支持建设,使村民尽早走上"致富路"。

(刘　晖)

【宜春市交通运输局做好挂点帮扶和谐小康家园示范村建设】 2016年,宜春市交通运输局紧紧围绕社会主义新农村建设的目标任务,紧扣和谐秀美乡村建设"五美四和谐"总体要求,并以"两学一做"活动为契机全力推进帮扶工作。局主要领导及工作组长先后深入万载县康乐镇十字布村开展工作,市局为十字布村巢家自然村完成新农村点的改造和建设;硬化通组公路3.8千米,补助资金65.3万元,改善农民群众出行条件;着力改变农村地区"脏乱差"现象,补助2万元,帮助实行乡村生活垃圾每日收集,并进行无害化处理。为帮助文化和健身项目建设,补助资金3万元,于10月底建成了一个文化活动室和一个村民休闲场所。帮扶工作取得明显成效,受到干部群众的欢迎和好评。

(晏小宜)

【宜春市交通运输局"第一书记"驻基层连心惠民促党建】 2016年,根据宜春市组织部《关于做好新一轮市直单位第一书记到村(社区)任职工作的通知》要求,市交通运输局选派3名年轻干部到袁州区柏木乡石井村和万载罗城乡黎明村担任第一书记。成立"连心"小分队,由局主要领导任组长。一批群众期盼多年的通路、通水、通车问题,以及村民服务中心和体育文化设施等难题得到有效解决,其中一名人员被市委组织部评为"优秀第一书记"。

(彭　羽)

【上饶市交通运输局精准扶贫工作肯定】 2016年,上饶市交通运输局坚持按照"扶持对象精准、项目安排精准、资金使用精准、措施到户精准、因村派人精准、脱贫成效精准"的6个精准原则抓扶贫工作,以改善贫困农民生产生活环境为目标,打好政策组合拳,确保各项政策红利真正落实到扶贫对象身上。通过努力,上饶市交通运输局扶贫点余干县黄金埠镇塘背村精准扶贫工作得到国务院扶贫检查组、省委精准扶贫巡视组肯定。

(何　婷　朱仁建)

【交通部门快速投入鄱阳县抗洪抢险行动】 6月20日19时20分,因连日强降雨,上饶市鄱阳县古县渡镇向阳圩堤身出现一处宽度约100米的溃口,影响堤内人口5600余人、耕地面积733.3公顷,其中3200余人连夜紧急转移。按照省委省政府的统一部署和要求,21日凌晨,省交通运输厅总工程师胡钊芳、上饶市交通运输局负责人、上饶市农村公路管理处处长及公路部门有关负责人星夜赶往鄱阳县参与现场救援工作。

灾情出现后,省、市、县各级交通运输部门有关人员深入受灾现场迅速开展道路抢通工作。鄱阳县交通运输局迅速启动应急预案实施抢险,调集机械、物资、人力奔赴受灾现场,路政、养护部门实行全天候巡查,水毁易发路段和重点路段安排专人值守,对公路路肩、边坡出现的小型水毁,随时组织养路工进行修复,防止水毁扩大,先解决路面排水问题，并对路基、路面进行修复。

（张新冬）

文史工作

【《江西交通年鉴(2016)》审稿会召开】 11月9日，省交通运输厅在南昌召开《江西交通年鉴(2016)》审稿会，省交通运输厅办公室副主任曾敏在会上做工作报告。省地方志办公室游桃琴在会上做了发言，省交通运输厅编史办副主任邓振胜作《关于年鉴编撰的若干问题》讲话。各设区市交通运输局分管志鉴工作领导或主撰人员，厅直属各单位史志办主任或主撰人员，机关各处室主撰人员及厅史志办主撰人员共60余人参加会议。

会议主要任务，一是学习习近平总书记有关史志、年鉴工作的指示，开阔眼界，拓展视野，明确指导思想，树立科学思维方法，为编纂精史良鉴取得更好的成绩而集思广益。二是认真审阅《江西交通年鉴(2016)》送审稿，核对数据和条目，对内容修饰纠错，语言文字及标点认真核实。在内容上注意增删条目，净化文字内容。三是总结2016年史志年鉴工作的成绩和经验，部署下一年度史志年鉴、《中国高速公路建设实录·江西分册》的编辑工作。《江西交通年鉴(2016)》经过这次审稿会的修整、审读、完善成为见证历史，以史鉴今；服务当代，启迪后人，使其成为江西交通运输事业发展权威性的工具书。

（何战鏖）

【交通通信总站开展专题征文比赛】 2016年，交通通信总站开展为期近一个月的纪检专题征文比赛。此次比赛面向总站全体党员开展，鼓励非党员职工积极参加。征文时间为7月25日至8月15日，要求围绕“当前推动全面从严治党面临的主要问题和困难，今后本单位党组织如何进一步履行全面从严治党主体责任”这一课题，立足当前形势和自身实际，突出实践性、理论性、应用性，有针对性和可操作性，为解决各单位在党风廉政建设领域存在的突出问题提供理论支撑和智力支持。到截稿时间为止，总站收集到职工征文16篇，经领导班子共同评审，于9月2日评选出一、二、三等奖各一名。

（欧棠艳）

【省运管局开展“书香进社区”活动】 3月17日，省运管局向进贤仓社区发出了多读书读好书，努力构建书香社区、知识社区的倡议，并由副局长肖伦发带队来到社区，送上捐赠的2015年度“大众喜爱的50种图书”，让群众在家门口就能读到新书、好书。此举受到了进贤仓社区居民的好评。

（朱　熹）

【省高速集团举办企业文化故事讲述大赛】 5月6日，省高速集团团委、青工办在南昌举办企业文化故事讲述大赛，19名参赛选手结合集团企业文化理念纷纷讲述发生在身边的感人故事，表现方式丰富多彩、风格各异，或抑扬顿挫，或娓娓道来，或声情并茂，赢得在场观众的阵阵掌声。专家评审团根据故事内容、语言表达、精神面貌和整体效果等方面进行评分，最终抚州管理中心李虹瑶摘得桂冠，赣州管理中心刘艺、宜春管理中心吴黄羚获得二等奖，赣粤高速文苑、钱琳、抚州管理中心江黎丽获得三等奖。

（巫过房）

【省交通干部学院组织观看纪念红军长征胜利80周年主题展览】 10月12日，省交通干部学院组织全院干部职工赴江西革命烈士纪念堂，观看“江西省纪念中国工农红军长征胜利80周年”主题展览。观看中，干部职工追寻着革命先辈勇往直前的历史足迹，一边认真听取一段段红军长征事迹的介绍，一边凝视着一幅幅珍贵图片，认真地了解红军战胜艰难困苦、取得辉煌卓越胜利的光辉历程和英雄壮举。观看结束后，学院干部职工表示，要铭记长征精神，把满腔爱国爱党热情转化为工作的强大动力，在新的征程上，不忘初心、继续前进，攻坚克难，为推动交通运输系统干部教育培训事业发展升级再立新功。

（钟恢万）

【省交通干部学院组织参观南昌汉代海昏侯国出土成果展】 11月1日，省交通干部学院组织全体教职员工赴省博物馆参观“惊世大发现——南昌汉代海昏侯国出土成果展”,领略南昌深厚的历史文化底蕴。此次参观时间虽然较短,但收获甚大,丰富教职员工的历史文化知识,享受了一场精美璀璨历史文物的视觉盛宴,增强党员干部对中华民族优秀文化的认同感、自豪感和传承的使命感、责任感。

(钟恢万)

【新余市交通运输局组织全体党员干部参观廉政书画展览】 10月13日,新余市交通运输局组织全体党员干部参观市文化中心美术馆举办的廉政书画展览。此次书画展共展出书画作品60余幅,参展作品种类丰富,内容广泛,有党规党章,廉政名言警句,有习近平总书记重要讲话摘选,有书画名家的墨迹丹青栩栩如生,有基层党员干部职工作品寓意深刻。展览以书法绘画作为载体,用传统形式挖掘廉政文化,积极推进“教育树廉、载体倡廉、文艺促廉”三项工程,不断强化文化对党风廉政建设的促进作用,努力形成廉荣贪耻的良好风尚。

(温静雯)

【赣州市交通运输局开展“两学一做”学习教育主题书法比赛】 7月1日,赣州市交通运输局机关党委在东阳山大院内六楼大会议室组织局属各党组织党员开展“两学一做”学习教育主题书法比赛,全系统共60余名书法爱好者参加此次活动,为党的生日献礼。此次手抄党章书法比赛在庄严神圣的国歌中拉开序幕。比赛分为硬笔组和软笔组,以抄写《中国共产党入党誓词》和《中国共产党章程》为参赛内容。在整个参赛活动中,参赛选手各显身手、挥洒自如,将爱党的心和情怀融入于笔端。手抄党章是形式,入心入脑是要求,悟其内涵是目的。在抄写入党誓言和党章的过程中,逐字逐句的写下来,不仅让党员重温党的历史,也加强了党员的党性修养,写一次、学一次,体会和感悟胜过阅读数次。赛后,很多对书法感兴趣的党员不肯离场,聚集在一起欣赏作品。

(钟念希)

【铜鼓县交通运输局举办演讲比赛】 6月18日,铜鼓县交通运输局举办“守纪律、讲规矩、树廉风”主题演讲比赛,来自局机关、运管所及运输企业的9名选手参加角逐。选手们或结合自己的工作生活畅淡清廉的幸福,或引用清正廉洁的典故说明清廉的重要,在全交通运输系统营造“以廉为贵、以廉为荣、以廉为宝、清廉致远”的氛围。

(黄祖芳)

市、县交通运输

南昌市

2016年，南昌市交通运输局突出抓好重点项目、行业管理、行业改革等重点工作，低碳试点全面完成。

该局争取市公交集团、瑶北互通工程等11个试点项目，总投资6.6亿元。争取省级通村公路建设计划302.4千米，完成危桥改造17座，省级建设补助近3000万元，省、市养护资金1114万元。

全市完成公路客运量3001万人次，客运周转量302357万人千米，与上年基本持平；完成货运量11067万吨，货运周转量2422783万吨千米，分别增长6.4%、4.1%。全年完成水路货运量1058万吨，同比增长0.76%，完成水路货物周转量399577万吨千米，同比增长0.78%；南昌港口吞吐量2727.1万吨，同比下降10.72%；其中集装箱吞吐量完成114141标准箱，同比增长6.22%。

全面建成客运联网售票系统，班线客运服务品质得到提升。全市建制村通客车率97.4%，农村客运网络化基本形成。全市淘汰营运黄标车6873辆。

开展交通整治 ①开展码头污染源综合整治，对4家执法码头和江西造船厂营运码头进行摸底排查和现场整治。②开展“清河行动”专项整治，对全市37家港口企业码头、趸船进行排查，检查船舶50余艘，水路巡航1600余千米。③开展停泊废旧船舶整治，劝离船舶15艘，组织地方政府实施切割28艘。打非工作形成合力。开展19次行动，市本级出动执法力量2560余人次，查处非法营运车辆605辆，县区属地执法查处435

辆。源头治超工作投入巡查力量1200余人次,查处非法拼装、改装车辆987台,切割非法改装车辆261台。对总投资31.3亿元的26个交通工程项目进行质量监督。现场质量、安全监督检查77次,质量抽检64808点,出具执法文书70份,交工检测21个,竣工质量鉴定复检项目33个。全年查处出租车违章1838辆次,其中出租汽车1495辆次,非法营运316辆次,异地出租汽车27辆次,全年罚款总金额295.6万元。提出该市出租车改革3个文件的征求意见稿,收集到建议意见3357条,其中提出具体修改意见和建议2931条。全年全系统派出3600余人次到全市交通运输企业、交通在建工程、农村渡口、危桥进行安全督导,检查企业2200多家(次),发现各类隐患16处,现有15处整改到位。在全市范围开展以“两客一危”和农村渡口、危桥为重点的隐患大排查、大整治活动,派出人员260余人次,督查企业150多家(次),发现隐患4处,全部整改到位。

(南昌市交通运输局)

南昌县

2016年,南昌县交通运输局以重大重点项目建设为抓手,扎实推进基础设施建设和行业管理,抢抓机遇,攻坚克难,努力开创交通运输工作新局面。

重大项目建设　①协助推进南外环公路建设。南外环公路于2014年3月开工建设,完成全部征迁工作。②昌宁高速南昌连接线工作。南昌至宁都高速公路南昌连接线(二期)12.23千米,于2015年元月开工,基本完成征迁任务。③沿江快速路工程。征地总面积约92.2公顷,征收89.2公顷,完成96.7%。房屋征收总面积31.59万平方米,已征收30.34万平方米,完成96.1%。④轨道交通3号线南昌县段工程。南昌市轨道交通3号线南昌县范围内涉及6个车站和1个车辆段,应征收20.24公顷,已征收0.83公顷,应征收房屋4.9万平方米,已征收1.5万平方米,项目正按计划有序推进。

乡镇公路维修改造工程　①推进12个共90.5千米,总投资13313万元的乡镇主干公路维修改造工程,完工7个,进场施工的2个,完成施工图设计审查的1个,暂缓推进的1个(黄马—岭前维修改造工程因昌吉赣铁路施工借道,暂缓推进)。②农村公路危桥改造。全县105座危桥改造项目,完工81座,在建11座,完成招投标6座,正在进行招投标1座,正在进行施工图设计审查3座,完成施工图设计3座。③通自然村公路建设。完成通自然村公路133.5千米,市、完成验收工作,即将拨付省级补助资金。

公路运输　全县拥有道路运输经营业户及相关经营业户1662户,其中货运企业224户,货运个体经营业户1332家,维修93家、驾培13家;新增道路经营业户42家,客、货运车辆6920辆,其中客运车辆712辆;货运车辆5832辆,35304.31吨位;全县道路运输从业人员6980人,全县公交线路91条,日运行车辆712辆,日发班次2827班,日均运送旅客约32万人次。客运量27607万人次,客运周转量800547万人千米;货运量3182万吨,货运周转量1241245万吨千米。

交通专项整治　依照相关法规暂扣、查处违规货运车辆24起(治超16辆、非法成品油罐车8辆),最大限度地消除货运市场的各种不利因素。

优化调整公交线路　开通公交线路3条,优化4条。配合BRT公交快线建设,做好站台位置落实、渣土外运、绿化迁移永久站点地等事宜的协调处理工作,BRT站台建设进入收尾阶段。

昌南客运站整改　昌南客运站投入资金6万余元,清理绿化带5000余平方米、粉刷过道墙壁近600平方米、粉刷走廊立柱90根、修建无障碍通道2个、改建无障碍厕位2个。

水路运输　县港航管理所开展水运市场专项治理。配合上级港航、海事部门开展专项整治3次,散发安全宣传传单1000余张,查处并纠正港口作业安全生产隐患280起,下发整改通知书25份,责令停业整改企业9家,查处违规船舶70艘,严厉查处无证、无牌、无缴费凭证的运输船舶。

开展码头整治。联合执法队每天进行1~2次水上巡查、2次以上堤岸巡查,对巡查过程中发现的问题进行现场处置:①驱赶在非法码头上卸货的运输船200余艘次。②重点查看断路断电情况,对恢复的路面再次挖断5余次。③阻止非法码头基础设施建设,杜绝新增非法码头设施。

(南昌县交通运输局)

新建区

2016年，新建区完成公路基础设施建设投资4352万元。其中农村公路建设投资216万元，危桥改造4050万元，农村公路养护86万元。港口货物吞吐量486万吨，货物周转量145800万吨千米，砂石出港量210万吨。

新增全国道路货运车辆监控平台560台，年度审核车辆2451辆。全区有2530辆大型车辆、牵引车辆纳入货运车辆监控平台，全区规模性货运公司49家，达到50辆货车以上规模公司14家，个体业户2736户，货运车辆总数3156辆，完成货运车辆年审2209台。新增货运经营许可67件，全年货物量1416万吨，同比减少5%，货运周转量311520万吨千米，同比减少38%。

农村公路建管养 完成农村公路建设项目10个，建设里程8千米，完成建设投资216万元。投资农村公路养护资金86万元，对南矶至黄湖闸段公路破损路面进行修复、昌丰线3处挡土墙进行维修、金桥加油站至铁河段日常养护。

开展公路安全巡查，建立安全生产工作台账。巡查32次，发现安全隐患400余处，现场排除300余处。

危桥改造 完工桥梁27座，完成建设投资4050万元。

行政审批 受理并批准项目开工许可15个。其中淦丁线、象山至河林等公路建设项目5个，金桥、石岗等5个乡镇的危桥改造项目10个。办理道路货运经营许可67件，专项维修经营许可1件，农村城市公共汽车线路权许可4件。

成立农村公路综合服务站 新建区农村公路综合服务站正式挂牌成立，是集农村公路建、管、养、运为一体的管理机构。该站总投资1058.46万元，通过政府采购，配置洒水车等工程设备。

成立交通工程质量监督站 成立新建区交通工程质量监督站，负责全区新建和改建公路、水运等交通建设工程项目及附属工程的质量监督、安全监督和参与、交工、竣工验收及辖区内交通建设行业从业单位和从业人员的信用评价管理工作。

强化工程质量监督 办理项目质量监督申请的项目有28个，下达质量监督抽查通知书30份，停工通知书1份，已交工验收检测合格工程21个（其中公路8条，桥梁13座），通村农村公路验收总里程48千米。

春运 春运期间，执法大队共出动执法人员900余人次，查处无证从事旅客运输车辆68辆，教育百姓安全出行1500余人次。40天的春运未发生旅客严重滞留现象和重大以上的旅客运输安全事故，未发生旅客投诉。

客运市场管理 新增上户车辆近842台，办理货运经营许可67家、维修企业审批1家，道路运输证审验合格率98%。对全区客、货运输企业进行质量信誉考核，考核率、合格率100%，对全区1500余名货运从业资格证持有者进行诚信考核。

全年客运量58.6万人次，客运周转量703.2万人千米；货运量1416万吨，货运周转量311520万吨千米。

农村客运班线改造 全区农村客运班线公交化改造基本完成，对长埈至梦山农村客运班线进行收购。

成立交通综合执法大队 成立新建区交通综合执法大队，打造一支政治坚定、业务精通、作风优良的高素质执法队伍。

开展执法整治工作 查处各类违规、违法车辆623辆，分别是非法客运车辆206辆、非法货运车辆100辆、非法改装车辆车辆19辆、异地经营12辆、驾校教练车2辆、站外揽客4辆、工程车4辆。治超站查处非改装车辆276辆。教育轻微违规行为30余辆，有效地维护全区客、货运输市场秩序。

验收标准化渡口码头 由省、市交通运输部门对新建区恒湖综合垦殖场钱家标准化渡口码头、新建区南矶山钓鱼台标准化渡口码头验收，完善“一条船、一个风雨亭、一个码头和一套监控设备”。

渡口渡运安全检查 全区有渡口9个，渡船10艘。对所有渡口、渡船开展安全大检查，对检查中发现的安全隐患要求及时整改，对有重大隐患的渡口渡船必须立即采取停渡措施，确保安全。

（新建区交通运输局）

进贤县

2016 年，进贤县交通运输局紧扣“建、管、养、运”四项基本职能，紧推交通基础设施建设配套改善，紧抓交通行业监管提档升级，勇于担当，改革创新，真抓实干，较好地完成全年目标任务。

交通基础设施建设 1. G320 绕城一级公路改线工程。项目全长 20.6 千米，预计投资 7.36 亿元。张公福乐溪至中山大道 11.26 千米全面竣工通车，进贤大桥至高岭 9.41 千米完成路基土方工程并完成部分垫层，其中进贤大桥主体完成，累计完成工程总量 87%。

2. 昌进一级公路扩建工程。项目全长 11.3 千米。预计投资 2.23 亿元。10 月完成并全线通车。

3. S212 三阳集至长山晏改建工程全长约 43.5 千米，完成工程可行性研究报告。

4. 农村公路建设和养护。完成农村公路建设 49.6 千米、危桥改造 3 座 207 延米和省市县级 563 万元养护项目、修复路面 4 万余平方米，张公镇至文港镇 9.6 千米县道安保工程启动建设；完成 2015 年度农村公路建设验收 138 千米。

5. 公交站台建设。完成滨湖新城增建 84 座标准公交站台立项和设计等前期工作。

交通运输行业监管 1. 县城公交体制改革。10 月，引进市公交集团公司经营县城公交，全面实现私营向公营顺利转换。结合改制淘汰破旧公交车 73 辆，县城新公交运力达 82 辆经营 9 条线路，实现公交客运高铁站、火车站、汽车站、园区、主城区等无缝对接。

2. 货运车辆治超。安排运管、路政 5 个中队全年在县域巡逻和驻点稽查，依法查处货车 758 辆次。9 月 1 日开始，在全县范围内开展集中治超行动。查处非法改装车 84 辆，其中 40 辆实行现场切割处理。累计查处非法货运车 842 辆次，县域货运市场环境更加有序、道路安全形势持续好转。

3. 非法营运整治。严厉打击火车站、高铁站等重点区域轿车、面包车非法营运行为。印制发放宣传单 6000 份，同时利用县电视台和政府网平台进行宣传，昼夜不定时实施现场稽查，查处非法营运轿车、面包车 34 辆，全部采取严厉的经济处罚措施，每辆违法车辆均处 1 万元以上罚款，有效遏止火车站、高铁站非法营运乱象。

全年客运量 508 万人次，客运周转量 11498 万人千米；货运量 99 万吨，货运周转量 21658 万吨千米。

4. 查扣“五车”。查扣销毁违法“五车”（电瓶车、残疾人代步专用车、摩托车、电瓶自行车、人力三轮车）391 辆，警告教育 800 余辆次。

落实全县 12 吨以上注册备案货车 37 辆，245 辆农村班线车卫星定位设备安装完成 100%，实现客货运输电子平台动态监管。

确保公路运输安全无重大伤亡事故，水路运输安全事故为零的目标。

（进贤县交通运输局）

安义县

2016 年，安义县交通运输局围绕年初确定的目标任务，坚持“稳中求进、深化改革，务实创新，加快发展”原则，着力推进交通运输各项事业的全面发展。

完成客运量 491 万人次，客运周转量 50593 万人千米；货运量 430 万吨，货运周转量 42766 万吨千米。

全县公路总里程 1245.51 千米，其中高速公路 23.23 千米，一级公路 21.7 千米，二级公路 92.79 千米，国道 23.79 千米，省道 15.55 千米，县道 16.04 千米，乡道 206.03 千米，村道 846.38 千米，达到每百平方千米有水泥路 180.7 千米，每万人有水泥路 42.99 千米，基本实现安义至南昌通一级公路（高速公路），县城至乡镇通二级公路，乡镇至行政村、自然村通四级以上公路目标，全县 100% 行政村和 98% 以上自然村通水泥路，公路网布局基本完善。有大桥 8 座、中桥 13 座、小桥 107 座，与公路网布局基本配套，切实保障群众安全出行。道路运输较为方便，有道路客运班线 53 条，其中省际班线 4 条，客车 8 台；市际班线 4 条，客车 12 台；县际班线 5 条，客车 12 台；县内班线 40 条，客车 52 台。有南昌公交线路 6 条，其中安义至南昌线路 3 条,分别是安义——南昌 136 路公交车 30 辆,安义——南昌西客站 5 号线公交巴士 6 辆,136 快线 8 辆;县城 528、529、530 三条线计公交车 12 辆。同时县城出租车 80 辆,货车 390 辆,客运座位共计 2931 座,道路客运从业人员 481 人,县城公交枢纽站 1 个、客运站 2 个,乡镇客运站 6 个,农村公路综合服务站 1 个,农村客运候车厅 124 个,较好地满足群众的安全便捷出行。

重点工程建设 1. 全面竣工安义客运站。县客运站,占地 2 公顷,由社会资本投资建设经营,总建筑面积 34000 多平方米,投资约 6000 万元。

2. 对接西外环高速西移工程达成共识。鉴于西外环高速西移工程路线规划全长 83 千米,而该县境内多达 38 千米,实现该县境内规划 5 个互通立交、1 个枢纽和 1 个服务区。

3. 实施龙安大道连接线工程。黄洲至石鼻高速连接线,全长 4. 9 千米,总投资约 1000 万元。

4. 古村大道建设项目开始启动。推进石鼻镇建设全省百强中心镇、全市试点特色小镇和石鼻都市现代农业示范园,计划投资 1. 26 亿元,全长 4. 22 千米的公路、547 米的古村大桥和涵洞及交叉工程等。

5. 农村公路建设全面推进。争取到农村公路建设项目计划里程 26. 8 千米,投资规模 938 万元,分解到所在乡镇(场)和村委会,按四级公路标准新建,正在加快实施,完成路基工程建设 20. 2 千米,路面硬化建设 20. 2 千米,投资规模 707 万元。

6. 潦河大桥拓宽工程建设。为更好地对接龙安大道,对潦河大桥进行加幅拓宽,全长 636 米,其中潦河大桥长 346 米,总投资 3005 万元,主体工程全面完工并通车,

7. 戴坊大桥加幅拓宽工程建设。在建成的戴坊大桥上、下游分别增加一幅宽 10. 2 米的新桥,与原桥拼接成为一个整体,总投资 3800 万元。

8. 启动农村危桥改造项目 6 个。危桥改造项目 6 个,合计长 308 米。

9. 潦河浮桥—滨河景观工程建设。落实浮桥采购,待两岸码头、台阶等附属设施建设到位后,成为"一河两岸"一道靓丽的风景线。

(安义县交通运输局)

南昌经济技术开发区

2016 年,南昌经济技术开发区列入市级农村公路连接计划的公路 11 条,共计 10. 5 千米,计划投资 315 万元,争取省市补助资金 115. 5 万元。

全区农村公路投入养护资金 216. 23 万元,其中市级养护资金 81 万元,区级养护资金 54 万元,村级自筹养护资金 81. 23 万元,对全区 15 条农村公路进行大中修。

该区货运车辆总数 832 辆,货运车辆总吨位数 6464. 37 吨。从业上岗人员 928 位,运输企业总数 51 户。办理各类证件 210 余件。道路运输业呈蓬勃发展态势。

继续开展非法营运的整治行动。检查车辆 230 余次,查获"黑车"非法营运 50 余起,处理"黑车"30 多辆,上缴财政罚没款 20 万余元。

9 月,全市开展货运车辆超限超载运输治理工作,散发各类宣传材料 5000 份,同时确定 18 户货运源头重点企业,并签订责任状。累计上路执法 230 人次,检查车辆 340 台次,查处超限超载车辆 26 台次,卸载车辆 50 辆,卸载总重量 400 吨。上缴罚没款 3 万元。

(南昌经济技术开发区交通办公室)

湾里区

公路建设 2016 年,湾里区投入资金 595 万元,实施农村公路建设和其他交通基础设施维护:其中完成通自然村水泥路建设项目 20 个,投资 364 万元,建设里程 11. 2 千米;省、市级养护中修工程 7 个,投资 216 万元,区级养护小修投资 15 万元。该区所有通行政村道路水泥路通达率 100%,自然村道路水泥路通达率 90%,农村公路管养率 100%,公路完好率 95%。

县、乡公路进行养护中修工程区交通主管部门筹措资金 220 万余元,其中省级养护工程投资 68. 9 万元,市级养护工程投资 151. 1 万元。争取省、市农村公路养护工程资金 166. 05 万元。对太

珂公路、罗梅公路、乔东公路及西昌至花脑公路实施养护中修工程,养护里程2.6千米。

乡、村公路水毁修复工程 投资130万元实施农村公路安全保障工程。①投资38万元实施梅岭镇团结村、立新村公路水毁修复工程。②投资22万元实施罗亭镇上坂村、名山村、罗亭村公路水毁修复工程。③投资46万元实施洗药湖管理处马口村、南岭村、牛岭村公路水毁修复工程。④投资24万元实施太平镇水毁滑坡公路维修工程。

公路客货运输量 客运量43.5万人次,客运周转量671万人千米,同比分别下降0.23%、0.15%;货运车辆860辆,货运吨位数9814吨,同比分别下降46%、19.15%。货运量256万吨,货运周转量26776万吨千米,同比分别下降11.42%、14.26%。

(湾里区城乡规划建设局)

南昌高新技术产业开发区

南昌高新技术产业开发区交通管理办公室(以下简称高新区交通办)为副科级建制全额拨款事业单位,2005年1月由南昌县成建制划入高新区管辖,2006年1月正式挂牌。高新区交通办与南昌高新技术开发区公路运输管理所(以下简称高新区运管所)和南昌高新技术产业开发区公路管理站(以下简称高新区公路站)为三块牌子一套人马合署办公。

高新区交通办主要对口南昌市交通运输局、南昌市公路运输管理处和南昌市农村公路管理所等上级单位,主要职能是负责全区农村公路建设、管理养护、行政审批、路政执法和行政处罚;道路运输行业、行政审批、运政执法和行政处罚;参与实施国家、省、市在本区的交通重点工程建设及组织协调工作。

全区在册公路273.97千米,其中:县道30.67千米,乡道40.30千米,村道200千米。实际硬化道路220千米;实现乡镇通达率100%,行政村通达率100%,自然村通达率90%以上。

全区有道路运输企业(30)户其中:驾培企业7户,维修企业6户,货运企业17户。全区有货运车辆343辆,总吨位2045吨,有教练车786辆,培训学员2万余人。

(南昌高新技术产业开发区交通办)

景德镇市

2016年,景德镇市交通运输局围绕推进“四个交通”(综合交通、智慧交通、绿色交通、平安交通)建设,提升综合交通服务品质,完善综合交通基础设施网络,适应发展新常态。全市交通运输工作稳中有进,实现交通运输“十三五”工作的良好开局。

交通建设迈上新台阶 县(市、区)申报农村公路抵押贷款25.02亿元,争取农发行抵押补充贷款资金9.02亿元,盘活沉淀资金4028万元。国道206(大连路段)改线工程主体完工,完成投资1.15亿元,G206大田至罗源段公路改造工程完成项目投资9000万元,众篁线完成投资1.3亿元;总投资1.07亿元的青塘至蛟潭公路项目和总造价2.32亿、1.87亿的景东收费站延伸项目、三龙至湘湖公路项目(新平至王港段)陆续开工建设。S306公路改建工程、青塘至西溪公路等工程前期施工全面铺开,浯溪口库周公路项目有序推进,峙滩昌江大桥、庄湾马墩口大桥建成通车。

“城市门”建设有序推进:“西大门”配套工程罗家滩风雨亭及水碓项目全面完工。“北大门”景北高速收费站改造工程主体全面完工。“南大门”景南收费站主体工程即将完成。“东大门”景东收费站前期可研等各项工程进展顺利,正在着手招投标等前期工作。完善该市景鹰、九景、九景枢纽往南昌、鹰潭方向标志。乐平市红色旅游公路界文线建设项目进入收尾。

民生保障取得新改善 市公交有限公司、长运公司利用网络平台先后开通掌上微公交、长运订票APP和长运自助取票服务。调整公交线路21条，开通龙井路、景东大道东方向公交班线，新设高新区公交枢纽站。新增投放运营新能源空调公交车100台，累计新能源空调公交车达270台，占整个公交车辆的70%以上，新能源空调车运行在全市主城区线路上。全市公交IC卡充值点由原来的5个增至9个；推进60座公交候车亭改建工作，完成改建51座；将老年优惠卡的年龄从70岁扩至65岁，惠及全市6.7万名老年人。4月，开通扫墓公交专线，出动车辆152班次，运送乘客1.32万人次；6月，开通高考专题公交车免费接送考生；11月，开通景德镇直达婺源高铁站的10元客运班线，每天对开22个班次，实现千年瓷都与中国最美乡村的无缝对接。

改革改制实现新跨越 推进出租汽车行业改革。将全市9家出租汽车企业整合为3家，采取市场化运作方法，更新老旧出租汽车595辆，并为每一台出租汽车都安装GPS实时监控系统。同时，聚焦管理方式的改革，投入使用视频营运指挥中心和“12323”服务中心，对全市公交车、出租汽车实行实时动态监督，24小时无间断受理咨询、建议、投诉，查处违规经营出租车444辆（次），受理办结投诉建议585件。

路网改造取得新突破 乐平市交通运输局全年争取PSL农村公路专项建设贷款资金6亿元。

县（市、区）先后筹集资金4851万元，对20座农村公路危桥进行新建改建计1159延米，新建2个县道升级改造项目计9.5千米，完成县道路面改造工程2个计9.2千米、完成通乡油路新增项目5个共计19.92千米、客运网络化连通工程项目3个计8.38千米，施工乡道升级改造项目1个2.2千米，完成10个危桥改造项目计161延米。对39条120.86千米（其中县道8条43.44千米、乡道28条74.93千米、村道3条2.49千米）进行大中修规划。

行业监管取得新成效 全市“两客一危”（指从事旅游的包车、三类以上班线客车和运输危险化学品、烟花爆竹、民用爆炸物品的道路专用车辆）车辆周均上线路率95%以上，对重点企业、重点区域开展重点检查、重点整治。对危险化学品运输、“三无”（无船名船号、无船舶证书、无船籍）船舶进行联合整治，累计检查企业12家，抽查渡口51个，下发整改指令书6份，查出隐患16项。尤其是江西丰城发电厂事故发生后，该局专门组织安全检查“回头看”，督促企业100%整改。

全年道路运输完成客运量1803万人次，旅客周转量100577万人千米；货运量3146万吨，货物周转量1177840万吨千米。未发生因“三品”上车引发的安全事故和交通运输死亡事故，渡运实现连续28年无安全事故。特别是沉着应对20年一遇的“6·19”洪灾，未发生一起人员伤亡事故。

（洪耀祖）

乐平市

2016年，乐平市交通运输局以服务民生为己任，狠抓交通重点工程建设，稳步推进农村公路建设，强化行业管理，着力提升交通服务质量，努力为该市经济社会发展提供有力的交通服务保障。

1.推进交通重点工程建设。①国道206（大连路段）改线工程。完成总工程量80%，完成投资1.15亿元。②G206乐平市大田至罗源段公路改造工程。完成总工程量70%，完成投资9000万元。③S306公路改建工程。完成工程招投标，正在进行征地拆迁工作。

2.推进在建工程建设。①重点抓续建礼众、众篁、洺湾、官洪等公路建设。其中众篁线完成98%，洺湾线、礼众线、官洪线主体工程完成，正在办理交验手续，完成投资1.3亿元。②抓红色旅游公路界文线建设项目，完成该项目92%。③着力抓镇杨、鸣观新建项目建设。镇杨线完成土石方6.5万立方米，圆管涵54米，盖板涵28.6米。鸣观线土石方完成总量70%，垫层完成总量35%，桥梁完成总量50%，管涵完成总量15%。④对老旧渡船进行维修，对尚镰嘴、前港、杨家3艘渡船进行换底维修，提高渡运安全率。

3.加强公路养护。①组织实施危桥、险段的改造及水毁汛息上报工作。②组织资金110余万元，对涺徐线、国道206至中设国联公路、礼林至桥矿公路、新秧公路、景鹰连接线等破损路面塌方进行修复及维修。③完成吴乐秧挂线、梅枧线、金山园区公路等路面维修及修补工程,投入资金90万元。④抓好梅枧线庄泉桥、桃礼线续湖桥危桥重建工作,该2座桥完成图纸批复等前期工作,将进入招投标程序。⑤对众篁线、官湾线、景鹰连接线等设置限高龙门架及警示牌及钟大线袁家畈小桥护栏修复工作,花费资金14万元。⑥对高速公路违规搭建广告牌进行拆除,花费资金3万元。⑦投入资金350万元,完成部分官湾线、塔科线、礼众线等安全防护设施工程。⑧完成2017年省公路养护补贴资金申报,可争取资金约400万元。

4. 提升交通服务社会能力。①如期对市属5家客运、16家货运、5家危货运输企业和42家机动车维修企业、3家驾校、5家客运站进行年度信誉考核。②全年总运送旅客768万人次,同比下降15%的客运量。完成货物运输量729万吨。③水运市场,有增有减。港航管理完成规费征收25.8万元,完成货运量39.78万吨,运输周转量13448万吨千米。运输船舶年度审验27艘,审验率100%。新增航运企业一家,景德镇翔达船务有限公司于2016年4月成立,载重运力共计27487吨,比上年船舶载重运力减少555吨。④查处非法营运车辆13起、违规乱收费出租车9台次。完成对全市公交和出租车汽车客运企业2015年度的质量信誉和诚信考核工作。⑤组织开展道路运输安全生产及隐患大排查32次,日常督查80余次,检查客货运车辆1297台次,查处违章行为80余起,下发整改通知书20份,督促隐患整改20起。⑥该局与市公路分局联合执法,开展治超治限专项整治工作,发放整治告知书600份,重点对涌山地区及景鹰挂线等公路进行巡查,处理超限超载等违章行为200余起。对高速公路违规搭建广告牌进行拆除,花费资金3万元。

汽车运输公司,完成货物运量为6.48万吨,货运周转量为3900万吨千米;客运量135万人次,客运周转量8653万人千米。采取GPS定位,对运行车辆进行24小时不间断监控,利用短信平台经常性的进行温馨提示。为期40天的道路春运工作,获得第19个春运安全平安年的成绩。

(盛建国)

浮梁县

2016年,浮梁县交通运输局贯彻落实“打造生态样板,建设旅游胜地,作美山水城市,把浮梁建成对话世界的后花园”,围绕全域化旅游交通建设,主攻交通重点工程建设,加大农村公路养护工作力度,规范运输行业管理,交通运输各项工作全面推进。

重点工程项目 1. 青塘至西溪公路青塘至蛟潭段项目。该项目全长34.73千米,工程总投资10667.6万元,采用二、三级公路等级分段建设。具体为青塘至新平大桥路段10.31千米和福港大桥至蛟潭段8.17千米利用老路按三级公路标准进行路面改造;新平大桥至福港大桥段15.68千米由三级提升至二级公路标准新建。12月全面开工建设。

2. 三龙至湘湖公路(新平至王港段)工程。该项目路线全长5.78千米,项目全线总造价18793.48万元,其中建安费14085.15万元。12月全面开工建设。

3. 景德镇市东收费站及连接线工程。该项目主线全长4.80千米,项目初步设计总造价23242.97万元,其中建安费17087.70万元。12月全面开工建设。

4. 浯溪口库周公路项目。①木匠坳至塘里公路,全长2.27千米,四级公路标准,概算总投资883.8万元,其中建安费615万元,正在进行招投标工作。②峙滩新集镇至仓源公路,全长1.91千米,四级公路标准,概算总投资549万元,其中建安费362.8万元,正在进行招投标工作。③隐山至月山公路,全长0.97千米,四级公路标准,概算总投资292.5万元,其中建安费165.8万元,正在进行招投标工作。④红旗大桥项目,145米,大桥及引道为四级标准,概算总投资798万元,其中建安费619万元,正在进行招投标工作。⑤龙陂大桥项目。145米,概算总投资663.2万元,其中建安费519.7万元,完成招投标工作,施工队伍已进场建设。

5. 青塘至西溪公路西湖至西溪段项目。该项目全长10.3千米,三级公路建设标准,预算总投资 3449.92 万元,其中工程建安费预为 2329.64 万元。完成路基、涵管排水和 50% 垫层工程及 2 座桥梁建设。

6. 东流至朱溪公路项目。该项目全长 12.9 千米,估算总投资 4058.85 万元,优化项目建设方案,项目总投资减至 2135 万元。完成路基、涵洞工程和 2 千米垫层铺设。

7. 勒功至沧溪公路项目。勒功至沧溪公路为勒功至诰峰公路二期工程,全长 4.7 千米,三级公路标准,建安费 1100 万元,完成路基及桥梁、涵管建设。

8. 危桥改造重建项目。①庄湾马墩口大桥,全长 105 米,总投资 438 万元,其中建安费 356 万元,全面建成通车。②庄湾渡桥,全长 105 米,总投资 332 万元,其中建安费 305 万元,完成桥梁主体工程建设。

9. 鹅湖大桥灾后重建项目。该桥因“6 · 19”洪灾倒塌,在原桥址进行桥梁重建,全长 105 米,总投资 498.89 万元,12 月开工建设。

农村公路建设与管养 全年向国家申报 PSL 农村公路专项建设贷款 3.02 亿元;同时完成申报通自然村农村公路 29 条 26 千米、建制村优先通达项目 2 个 3.16 千米、危桥重建计划 15 座 738 延米;并向省公路局申报 2016 年养护工程项目计划 39 条 120.6 千米。巡查公路 16000 千米,制止违章立杆 21 起、违章建设 58 起,清除公路堆积物 103 处。

道路运输行业管理 全年完成客运量 338.6 万人次,客运周转量 9245.17 万人千米;货运量 3.83 亿吨千米,货运周转量 260.45 亿吨千米。完成机动车驾驶员教学培训 8325 人,完成 3 家客运企业、22 家货运企业质量信誉考核及汽车维修、驾驶员培训企业诚信考核,新增货运企业 3 家。

全县渡口连续 28 年安全无事故。完成兴田传芳里标准化渡运码头建设;组织开展渡运安全检查 28 次,排查隐患并整改到位 11 起,对樟树坑、峙滩、营里、镇埠、胜湖 5 条渡船进行强制维修;开展安全教育培训班 2 期,培训新渡工 2 名。

防洪抢险救灾工作 “6 · 19”特大洪灾造成鹅湖、南泊、良溪等桥梁倒塌,道路冲毁中断。该局立即组织 13 支施工队伍进场,投入挖掘机、铲车等设备对全县重点路段进行日夜抢通,确保道路通行;开工建设鹅湖钢便桥,并于 7 月 20 日建成通车;同时实施瑶里长明、桥溪虎形、三大公路等水毁抢修工程。

(郑卫华)

昌江区

2016 年,昌江区继续紧抓农村公路建设机遇,加快农村公路改造和建设步伐;加强公路运输管理;加大渡口安全监督力度。农村公路建设、渡口安全和运输管理等各项工作进展有序。

农村公路建设 ①申报徐坊村至徐坊新村、丁家州至余家、红砖厂至罗家山等 13 条建制村拓宽公路,总里程 13.2 千米。②实施 2 个区重点工程:鱼山—金桥、仓下—科山公路升级改造,总里程 11.2 千米,项目总投资 2580 万元。其中金桥至鱼山县道升级改造项目完成路基施工。③调查发现此次新增危桥 193 延米/11 座,对所有新增五类危桥认定工作,并上报至省厅录入危桥项目库。④对 2015 年通自然村水泥路公路项目 13 个,总里程 9.4 千米进行质量检测和竣工验收工作。

水上交通安全 6 月,该局投入资金 3 万元,对全区 6 条渡船进行换底、焊护栏、油漆维修。对每个渡工补助渡运燃油费近 2 万元。

完成 2016 年春运工作。春运车辆运用 GPS 监控系统进行适时监控,保证春运安全顺利。

督促 2 家区内驾校实现两评国标达标。营运车辆年检年审工作于 6 月铺开,全区客车年检年审率 100%,货运车辆超 95% 目标。

全年无安全生产责任事故。

(洪　涛)

萍乡市

2016年,萍乡市交通运输局围绕“进一步解放思想,大干实干快干,年年有变化,三年大变样,五年新跨越”总体要求,全市交通运输事业实现新发展。

交通规划编制和项目资金争取 ①争取到农村公路补充抵押贷款(PSL)项目资金22.16亿元,争取到交通运输部和省交通运输厅项目补助资金1.13亿元,共计23.29亿元。②交通规划编制。萍乡市“十三五”综合交通规划于2015年8月经市政府常务会审议通过并下发。中长期综合交通规划(2016—2030)完成初稿,正在与《萍乡城市总体规划》及“多规合一”等上位规划做进一步的对接,待征求意见和论证后,出正式规划本。

交通项目建设 ①渝长厦铁路长赣段项目:按照市委、市政府提出的“全力争取渝长厦铁路长赣段项目经过萍乡并设站”的工作要求,该项目纳入国家中长期和“十三五”铁路网发展规划,以及《江西省铁路建设实施方案(2016—2020年)》,省政府明确2019年开工建设项目。②高速公路:省交通运输厅明确由省高速公路投资集团作为项目建设主体,该市负责征地拆迁事宜,待市政府与省高速投资集团沟通协商一致后,再签订项目合作建设协议书。③站场:公交水口西站完成立项、规划选址和土地平整工作,正在进行围墙工程施工,待中环西路竣工后立即开工建设。玉湖东路公交充电站场完成选址。高铁公交停车站在市公交公司与开发区汇翔公司签订长期租赁合同的前提下,已整合使用。④机场:芦溪和莲花两个通用机场进入“十三五”全省22个基地通用机场建设规划。⑤公路:完成设计、审批以及施工招标等前期工作,并制定下发征地拆迁方案。通用机场和杨宣公路两个项目由市政府分别调整归市发改委和市公路局负责。⑥公路:完成县乡道升级改造项目53.7千米、客运网络连通工程项目131.3千米、通自然村公路306.3千米、危桥重建26座、安全生命防护工程104.4千米。

其他项目建设 319国道案山关隧道维修改造工程全部完成。杨岐山至关下旅游公路完成施工图设计、批复等前期工作。张佳坊至高洲旅游公路完成项目用地预审批复、环评等工作,并召开专家评审会。莲花中心客运汽车于上年10月正式开工建设。赣湘国际物流港二期、江西波波物流园、八达物流、芦溪鑫联物流园、安源江西天来物流园建设有序推进。

民生交通 ①推动城市公交优先发展政策落实。调整公交2路线,开通公交61路线和62路线,优化公交4路线和7路线,并在多条线路公交车上设立“哺乳专座”。民营公交线路更新22台新能源公交车,年前投入使用,20台8米微型新能源纯电动公交车正在招标。新建电子站牌20余块,市行政中心区域公交基础配套设施更加完善。协调港湾式的公交站台改造和公交专用道建设,建成港湾式公交站台11个。②推进交通运输部为民办实事工程。大力推进城乡客运一体化建设,全市符合农村道路旅客运输班线通行条件的640个行政村均开通客运班线,开通率97.5%。全市“两客一危”车辆和总质量12吨以上货车和半挂牵引车等重点营运车辆全部实行联网联控。全市两家二级以上客运站完成接入联网售票平台改造,即将实现全国联网售票。机动车驾培机构培训服务实现一平台注册,双模式运行,培训服务更加便利。③简政放权。扎实开展便民服务工作,对所有行政审批事项进行再梳理,审批流程再优化。完成行政审批事项梳理18项(25个小项),优化公共服务梳理20项,并将所有行政审批事项全部进入市公共政务服务中心,做到“一站式”服务。

行业管理 客货运输市场管理更加规范。加强质量信誉考核,重新对全市17户危货运输企业、152户普通货物运输企业信誉等级进行评定。截至年底,全市查处超限超载车辆7011辆,卸货25.71万余吨,强制割除“马槽车”2319辆,自行恢复4500余辆，交警对违规驾驶员处罚记分590分，累计罚款229.8万余元。扬尘集中整治创造萍乡治超以来短时间内的历史最高“战绩”，经过44天的联合路面整治，查处违法违规车辆3010辆，累计卸货3301吨，割除栏板、马槽货车161辆，交警累计记分处理479分，罚款51.4万余元。通过集中整治，全市治超率控制在5%以下，车载货物超高堆载、城市道路污染情况得到较大改善。

安全监管和质量监督 对35处临崖、临水、临壁路段和26座危桥进行整治。安全监管处罚企业20家次，督促企业落实安全生产主体责任处罚责任人员14人，查处无证经营车辆212辆次。

质量安全监督 对三级及三级以上在建公路工程项目质量监督全覆盖。监督检查全市三级及以上公路里程565.69千米、桥梁1712.74延米。下发质监文书120份，发现质量问题及隐患400余处。依托信用评价手段，下重手、出重拳对违规施工和监理企业追责问责。对质量安全行为不规范的4家施工企业、4家监理企业和5名监理人员予以信用评价扣分处理。21个项目要求返工，约谈3个施工单位和1个监理单位法人，形成强大威慑，有效规范从业行为。

（萍乡市交通运输局）

安源区

2016年，安源区交通运输局围绕2016年度各项目标任务，推进交通工程建设，努力开创交通运输工作的新局面。

项目建设 县道升级改造计划任务8.2千米，实际完成8.2千米；乡道升级改造计划1.5千米，实际完成1.5千米；客运网络连通工程计划27.6千米，实际完成27.6千米；25户以上自然村通水泥路建设计划32千米全部完成。积极进行项目申报。该局申报第二批和第三批农发行农村公路建设PSL贷款项目总计28个，申请农发行贷款约9亿元，其中萍乡市中环路工程项目12.08千米申请到农发行贷款。

全区公路总里程745千米，建制村通达率100%，路网密度376.39千米/百平方千米。国省道达二级公路标准，全部乡镇通一、二级公路。形成纵横交错、层次分明、功能完备、安全舒适，基本能适应社会和国民经济发展需要的公路交通网络。

（安源区交通运输局）

湘东区

2016年，湘东区交通运输局攻坚克难搞建设，创新机制强管理，服务全局保畅通，全区经济社会快速发展。

重点项目 投资1.18亿元的S232陈家塘至东桥桥头段公路改造工程和投资3600万元的S308东桥至界头公路改建工程交工验收，投资7600万元的G60沪昆挂线改建工程全线贯通。投资3.6亿元的S533流田至善洲公路改建工程、昌盛大道稳步推进。配合陶瓷工业园管委会做好工业南大道升级改造和栗油公路升级改造项目建设。农村公路里程快速增长。完成农村公路建设里程230千米，完成桥梁建设7座，总投资9547万元。县道升级改造项目。目标值共计31.8千米，其中：登官至下埠公路9.1千米，正在进行路基铺设，大江边—大坪公路2千米全部完工，磨头至塘溪公路20.1千米完成17千米，剩余3.1千米完成路基工程，姚家洲至桐田公路7.4千米全部完成路基拓宽。客运网络化连通工程。目标值计29.1千米，分别是：村部至老虎山公路1.3千米，小桥至仙峰公路8.6千米，泉塘至灯芯桥公路2.1千米，长坑至桔子湾公路4千米，新禾塘至黄土坳公路1.2千米，花塘至大陂公路4千米，青山下至中村公路6.5千米，和平至村部公路2.4千米，其中花塘至大陂公路4千米全部完工，其他项目正在施工。

养护工作 投入资金380万元进行大中修、路面改造、水毁塌方、危桥加固、安保工程等养护项目，创建文明样板公路3条。抓好路政与治超两个难点工作，投资近50万元完善执法服装及设备。切实加强路产路权管理，湘东区公路管理覆盖率和巡查率达95%以上。

依法取缔荷尧镇高速挂线小汽车驳载点等3处违法站点，对319国道货运车辆超载率进行测算，完成对全区94户个体、22家公司的415辆注册货车的摸底工作。处罚超限超载车辆277辆,卸载及自行转运货物2900余吨,强制切割非法改装、拼装马槽车辆95辆,自行切割马槽或更换车型车辆170余辆,治超成果初显。

(湘东区交通运输局)

芦溪县

2016年,芦溪县交通运输局围绕打造实力、创新、美丽、幸福、清正芦溪,实现"年年有变化、三年大变样、五年新跨越"的战略部署,策应武功山大开发,构建方便、快捷、惠民的交通路网,促进全县经济和社会各项事业快速发展。

科学规划建设,构建"两环两横四纵"交通路网,建成以县城外环线、旅游大环线为"两环",以沪昆高速、320国道芦溪段为"两横",以南坑—长丰,张佳坊—玉皇山,芦溪—新泉,排楼—万龙山为"四纵"的公路主干网,打通断头路,贯通大循环,实现交通建设大发展。该局向上争取项目,省厅下达农村公路项目计划10个,里程69.4千米,其中:县道升级改造项目2个12.7千米,县道大中修项目1个9.5千米,窄路面拓宽改造项目6个5.2千米,通自然村公路42千米。通过PSL项目申请农村公路项目贷款3.06亿元。当年交通口6500万元争资任务,争取到省、市补助资金6880万元。

(芦溪县交通运输局)

上栗县

2016年,上栗县交通运输局大干实干快干,较好地完成各项工作任务。

无缝对接国家、省、市"十三五"交通规划,进一步凸显该县省际交通枢纽的优势。在已有沪昆高铁、沪昆高速、昌栗高速、高速彭高出口、福田出口、上栗出口、上栗东出口(金山出口)、桐木出口的基础上,又争取渝长厦铁路,长沙至南昌城际铁路的规划经过该县,争取S224(桐木—湖塘)省级通道提升改造等,打造港口经济圈创造大交通的骨架。突出"年年有变化、三年大变样、五年新跨越"交通项目的定位。县绕城公路一期、二期、县北工业大道、桐木连接线、福田连接线、通城大道、X151(158)吴楚北大道等18个交通重点项目相继启动,让上栗跨越式变样。如绕城公路一期可拓展城区面积7平方千米;县北工业大道将带动县北30多平方千米的开发;通城大道将鸡冠山乡政府到县政府的距离由7.5千米缩短至3.5千米;X151(158)串联杨岐、东源、赤山彻底改变该3个乡镇交通滞后状况,进一步与市区快速对接。城市公共交通发展规划初步拟定。为彻底改变该县公交的落后面貌,制定《上栗县城市公共交通发展规划》(2017—2025)。计划投资2.2亿,其中申请中国清洁能源发展基金0.68亿元。到2016年底,全县公路总里程1554.71千米。其中:高速公路70.02千米,国道36.17千米,省道121.68千米,县道212.68千米,乡道417.02千米,村道689.99千米。

(上栗县交通运输局)

莲花县

2016年,莲花县交通运输局以"建好、管好、护好、运营好"农村公路为目标,加快农村公路发展,逐步消除制约农村发展的交通瓶颈,打造人民安居乐业的"莲花福地"、国内知名的四季花海旅游目的地提供坚强有力的交通运输保障。

国省道改造建设 ①坊楼(罗市)至蕉叶冲二级公路改造建设主体工程完工。②完成G319国道莲花县升坊至垒里冲绕城段路面改造工程、路坊公路、上六线建设。③南岭(垒里冲)至荷塘(山斗岭)二级公路升级改造工程设计、环评等前期工作完成,实施方案审定,项目建设征地拆迁工作全面启动,招投标工作有序进行。

县道升级改造建设 ①良坊至田东公路、吉莲公路延伸线琴亭至潞江段(外资路)、罗市至界化垅公路檀树下至谭坊段、六市经高洲至罗市公路4条县道改造建设全面完成。②东家坪至荷花博览园、罗市至界化垅公路谭坊至界化垅段、浯塘至垄山口、界化垅至火车站和湖上至闪石公路5条县道建设有序推进。③张佳坊至高洲旅游公路和南岭至下坊县道升级改造项目完成工可设计、评审等前期工作，正在申报建设计划。

乡村公路建设 客运网络化连通工程及村窄路面公路拓宽改造项目建设进展有序。完成良坊至白沙等工程建设，里程30余千米；全县61个贫困村、2016年拟退出的重点村组以及拟将打造成为全国红色教育基地的沿背村，全县完成建设160千米，25户以上自然村通水泥路达100%，实现“村村通”又率先实现“组组通”，推进该县农村交通向纵深发展。

（莲花县交通运输局）

九江市

2016年，九江市交通运输局围绕“新工业十年行动”中心工作，全面推进交通基础设施建设和交通运输发展，较好地完成各项目标任务。

交通固定资产投资 完成交通固定资产建设及部省计划项目投资8亿元，圆满完成全年目标任务。其中：完成县乡道公路投资2.1亿元，完成自然村公路投资5亿元，其他项目投资9000万余元。

交通基础设施建设 ①农村公路建设。新改建农村公路1295.9千米、改造危桥66座。②协调对接重点工程项目。昌九高速“四改八”改扩建项目全线开工建设，完成总投资20.17亿元；都九高速都昌至星子段项目全面完成（除鄱阳湖二桥外），并具备通车条件（鄱阳湖二桥全面完成主桥索塔、梁板安装，完成钢梁阶段及桥面板安装）；修水县至平江高速公路项目完成，总投资56.25亿元；城区高速公路收费站“拆四建二”建设方案确定。③开展高速公路沿线广告设施清理整治工作，完成509块高速公路沿线广告牌的清理整治任务，其中撤除违法广告牌376块。④抓好场站建设。武宁新汽车站、星子旅游客运枢纽站和共青城市公交客运综合枢纽站正式开工建设；运业公司天然气加气站和都昌新汽车站的规划建设正在有序推进；公交场站建设。更新改造公交候车亭96座。⑤质监工作全覆盖。交通重点工程交通项目、国省干线公路、农村公路、农林场公路和水运工程项目质监率100%。监督公路项目28个268.61千米、桥梁项目72座3765延米、水运工程项目1个。

交通运输运力保障 全市营业性货运车辆完成货运量10768万吨，同比增长6.43%，货物周转量2360153万吨千米，同比增长4.13%。该市申报引进和更新沿海油船1.14万载重吨，新增旅游客船21艘1700多客位。船舶运力结构进一步调整优化。完成水路货运量1129.5万吨，货运周转量531936万吨千米，同比增长6.28%；全年完成公路客运量8820万人，水路客运量43.9万人，与上年持平。

交通运输安全监管 查处违章行为4300余起，整改安全隐患600余起。

接待来访群众30余批次，调处矛盾纠纷10余起、化解重复访案件2起，处理各类信访件41件，回复民生通道诉求23件；“12328”电话服务系统受理服务咨询、建议投诉10751件次。完成56件市人大、政协“两会”的建议提案办理工作。

全市查处各类违法违规车辆6285辆，检查船舶2.1万艘次。

服务新工业 定制开通城西港区海天设备公司、金鹭公司、海扬公司、城东港区中铁九桥公司4家企业的公交专线；调整和延伸5条园区公交线路；降低出口加工区902线路公交票价，票价从5元降到3元（企业员工刷卡2元）。为帮扶企业降低成本约1600万元。

服务经济发展 完成招商引资项目3个，实际完成净投资1.6亿元。同时，长运集团公司实现营运收入4.3亿元，上缴税收3054.4万元，占年计划109.4%；公交集团公司实现营业收入7088.48万元，上缴税收854.95万元。市港航局完成规费征收8100万元。

永修县投资130万余元支持农村公路日常养护工作;瑞昌市作为省治超治限工作试点单位,在全省率先实现国标;濂溪区打造农村公路文明样板路;德安县政府全额投资新建800余处农村公路会车道;都昌县乡道、村道养护率100%;九江县全面启动农村公路管养工作;庐山市、彭泽县等地成功纳入国家主要港口疏港公路建设计划;九江县、瑞昌市、武宁县、永修县、德安县、共青城市6县(市)率先在全市建立全额拨款的县级交通工程质量监督站。

(九江市交通运输局)

修水县

2016年,修水县改造农村公路2033.4千米,其中完成25户以上库内自然村公路1798.9千米,占25户以上自然村公路项目库100%,完成县道升级项目42.6千米,完成客运网络公路161千米,完成建制村拓宽30.9千米。完成新建独立桥项目15座计800延米,完成危桥改造项目36座1295.6延米,完成安保里程75千米。

组级公路及贫困村公路建设情况。截至2016年底,该县25户以上自然村公路全面修建完成,库外修建里程800千米。全县贫困村121个,其中2016年脱贫30个,该县在30个脱贫村中投入资金1800万元。

全县农村公路电子图中桥梁计647座22073.65延米,其中县道上的桥梁129座、乡道上的桥梁216座,村道上的桥梁297座,其他公路上的桥梁5座。纳入农村公路危桥改造规划项目库(2014—2020年)的桥梁计103座3726.22延米。完成危桥改造前期工作61座。历年下达该县危桥改造计划除征村桥在建外,其他项目全面完工。

全县客运班线129条,其中跨省线路28条,跨地市线路11条,跨县线路7条,县内线路83条。县城有公交车72台,公交线路10条,公交站台130个,城区公交覆盖率95%。全县有出租车公司2家,出租车220台,全部实行公车公营。有1个一级客运站和12个四级客运站,全县行政村通车率92.35%。

全年水上交通安全无事故。

重点项目建设 1. 黄田里双井旅游公路路线全长2.02千米,按三级公路技术标准改造,工程总造价970.99万元,计划工期6个月。

2. 大桥至全丰公路升级改造工程路线全长38.38千米,按二级公路和三级公路两个标准建设,投资估算5.52亿元。

3. 婺桃线二级公路改造项目全长37.42千米,总投资2.42亿元,正在工程扫尾工作。

4. 良山线改造工程全长29千米,按二级公路标准改造,挂网招标。

物流 县政府专门安排资金100万元用于工业园区陶瓷企业,助推企业发展。

园区新增德邦物流、日日大物流、南湘物流等物流企业,园区有各类物流企业25家。

公路建设 1. 农村客运网络化建设连通工程。全年完成客运网络公路,四级公路4条计17.4千米,项目于2016年4月开工,同年12月竣工。总投资1448万元,省级资金522万元,自筹资金926万元。

2. 通自然村公路建设。实施完成农村公路建设项目584.2千米,解决857个自然村通公路。至2016年底,全县农村公路总里程4446.7千米。总投资14605万元,计划资金5842万元,自筹资金8763万元。

3. 乡道升级公路建设。乡道升级改造项目渡口—和尚庄四级公路2.2千米,2016年8月开工,同年12月竣工。项目总投资132万元,计划资金44万元,自筹88万元。

危桥改造项目 危桥改造项目4个126.5延米,总投资421万元,计划资金197万元,县乡自筹224万元。

道路运输 全县客运车辆396辆,9255个座位,客运量694万人次,客运周转量61350万人千米;货运车辆3192辆,22275个吨位,货运量640万吨,货运周转量71787万吨千米。全县客运班线129条,其中跨省线路28条,跨地市线路11条,跨县线路7条,县内线路83条。公交线路10条,公交车72台,出租车公司2家,有出租车220台。有1个一级客运站和12个四级客运站,全县行政村通车率92.35%。

汽车修理、驾培、检测 全县有修理厂74家,其中一类一家,二类20家。年维修量19890辆次。一类驾驶员培训学校1所,二类驾驶员培训学校3所,三类驾驶员培训学校2所,教练车295台;修水只有一家检测站——修水县顺安机动车辆检测有限公司,年检测量8400辆次。

渡口 渡口标准化建设。杭口镇锅洲渡口和新湾乡南茶渡口标准化建设项目于10月竣工,锅洲渡口建设项目总投资30.9万元(省交通运输厅投资12万元,乡镇配套18.9万元),南茶渡口建设项目总投资29.9万元(省交通运输厅投资12万元,乡镇配套17.9万元)。

2016年,该县渡运安全无事故。

三座浮桥移交县城乡建设局管理 该县交通运输局于2016年12月31日将县城旌阳山、挂榜山和刘家埠3座浮桥移交县城乡建设局管理。

港航 修河天街旅游客运码头筹建。修河天街旅游客运码头坐落县城秀水大道体育馆西侧,码头占用岸线200米。码头岸线使用申报资料上报省港航管理局,进入审批阶段。

强化港区内砂石经营市场监管。河道采砂停止征收货港费,全县45家河道采砂经营户全部纳入港航规范化管理范畴。

(修水县交通运输局)

武宁县

2016年,武宁县交通运输局围绕中心任务和重点工作,以抢抓机遇、赶超发展、科学布局的工作精神全力发挥项目建设、道路养护、路政执法、公共交通等职能,交通运输事业发展呈现出良好态势。

公路建设 建制村路面拓宽改造工程。下庄至田庄公路、洞口至合源公路两项目全长分别是0.7千米和2.2千米,按四级公路标准建设,工程均于2016年9月开工,当年12月竣工通车,分别完成总投资20万元、114万元。

通自然村公路建设。完成通自然村公路建设项目92个92.3千米,按四级公路标准建设,总投资2447.48万元,投资方式为车购税。

桥梁建设 完成独立中桥项目9个,总投资1157.80万元,投资方式为车购税。

完成危桥改造项目9个,总投资895.2万元,投资方式为车购税。

新区客运站建设 新区客运站建设项目总占地面积5.33公顷,总建筑面积约为22000平方米,总投资1.3亿元,按一级客运、公交枢纽站设计。该项目2016年元月正式开工建设。

公路养护 养护里程。至2016年底,全县农村公路总里程2196.85千米,其中县道16条264.95千米、乡道47条596.28千米、村道1335.62千米。

公路绿化、水毁防治 公路绿化。县道公路绿化率70%左右,全年编列县道绿化经费15.56万元,用于公路绿树维护和补栽树苗。

水毁防治。受汛期集中强降雨影响,7月底,全县农村公路中断6处13条,冲毁路面14.6千米、桥梁21座、涵洞35道、挡墙护坡125处,坍塌方129处27396立方米,造成直接经济损失约3700万元。截至2016年12月,除各乡镇自筹资金外,争取县财政投入1300万元用于水毁修复工程。

路政执法。全年参加联合治超行动26次,出动执法人员430人次,处置涉超涉改装车辆81辆次,行政处罚12.9万元,未发生一起暴力抗法事件。农村公路限宽限高设置,控制超过高于3.2米的重型车辆。

道路运输 公路运输。该县道路运输有班线客运、出租车、公交车、旅游车4种客运和货物运输等方式运作,有长短途客运公司1个,城市出租车公司2个,城市公交车公司1个,旅游公司1个,农村公路综合服务站1个,农村客运站4个,候车亭98个,货运企业35家。现有客运线路100条,客车128辆,公交车32辆,出租车130辆,旅游客车22辆,货运车辆1866辆。全年客运量137万人次,客运周转量16173万人千米;货运量819万吨,货运周转量140459万吨千米。

水路运输。该县水路运输有旅客运输、旅游运输、货物运输,全县有各类客运(旅游)船舶42艘,客位1628座。货运船舶43艘,总载重吨位41136吨,客运量8.8万人,客运周转量191.89万人千米;货运量156万吨,货运周转量2106万吨千米。港口沙石出口量102.99万吨。

汽车维修 全县有机动车维修业户263户,其中汽车维修业户有211户(一类2户,二类型

10户,三类199户)。摩托车维修业户有52户。

船舶修造 现有2户有造船资质的企业,2016年新建钢质自卸船6艘,实载吨位400吨/艘,动力300千瓦/艘;新建钢质挖沙船3艘,动力300千瓦/艘。

(武宁县交通运输局)

瑞昌市

2016年,瑞昌市交通运输局完成年度目标。

公路建设 1.国省干线公路升级改造工程。该市国省干线公路升级改造主要是立肇线二级公路改造二期工程(洪下段),全长10.20千米。洪下段总投资7476万元,其中市政府出资1349万元,九江市本级投资6127万元,该工程建成通车。

2.通自然村公路建设。25户以上通自然村公路建设项目41个35千米,总投资700万元,投资方式为上级补助和地方配套,该工程全部建成通车。

农村公路危桥改造工程 农村公路危桥改造工程拆除重建危桥17座503.47延米,投资1360万元,投资方式为上级补助和地方配套,该工程全部交工通车。

公路养护 该市农村公路养护总里程为2078千米,其中县道215千米、乡道515千米、村道1348千米。聘用60名公路养护人员,养护率100%。

道路运输 该市有客运班线77条,其中跨省5条、高速10条、市县级11条、县内班线51条。客运车辆223辆,客运量811万人次,客运周转量32440万人千米,农村班线客运价0.20元/千米;货运车辆2399辆,货运量785万吨,货运周转量51025万吨千米。

水路运输 该市现有10家水路运输企业,船舶40艘,60060总吨,水路运输服务企业3户,货运量2270544吨、其中矿建材料1417176吨、水泥853368吨,货物周转量499225120吨千米、其中矿建材料299535072吨千米、水泥199690048吨千米。

(瑞昌市交通运输局)

都昌县

公路建设 2016年,都昌县新建都九高速公路、新杭公路、鄱阳湖二桥、石牛岭隧道以及通自然村公路401项,投资总额52.57亿元。

水陆运输 道路运输完成客运量249万人次,客运周转量17225.2万千米;完成货运量201.8万吨,货运周转量19171万吨千米;水路运输完成货运量25.06万吨,货运周转量5664万吨千米。

船舶修造 全年新造船舶6艘,修理船舶8艘。

厂场建设 2016年度启动新建城东车站建设前期工作,该站总投资1.2亿元,占地面积6.67公顷。

公路养护 承担2222.5千米养护任务,全年完成县乡道大中修83.75千米,培护路肩24.6万平方米,疏通边沟73.8千米,行道树修剪2.5万棵,维修破损混凝土路面4600平方米,创建乡村文明示范路72千米,投入养护资金800万元。

汽车修理和汽车检测 全县有汽车维修54户(一类1户、二类16户、三类37户)。有综合汽车检测站1个,检测车辆9934辆(客运车380辆、货运车171辆、出租车88辆、教练车143辆、社会车辆9152辆)。

(都昌县交通运输局)

湖口县

公路建设 2016年,湖口县交通运输局圆满完成总投资6102万元,实施项目5个,新建改造道路总里程70千米(连通工程45千米),其中建成56千米,在建14千米。完成城山至舜德、周郭至董埂、董埂至江桥及凰村至张青的县、乡道升级改造任务。完成150千米的县、乡道安保工程。县、乡道改造质量合格率100%,村组道路质量合格率100%。

危桥改造 该局先后改造完成总投资267万

余元的均桥天穗桥、张青宗史桥，付垅塘畈桥，流泗寺前桥4座危桥。

车站建设 启动公交首末站的建设工程，该工程总投资约289万余元，占地面积4300平方米。

公路养护 该县农村公路1110千米，其中县道87千米，乡道273千米，村道750千米。聘请县道养护工人24人，各乡镇合计聘请养护工人170余人，乡道养护覆盖率100%，村道实际养护里程645千米，村道养护覆盖率86%。全年用于日常养护资金200万余元。杂草的清除及路面的维护工作918千米。投资16万余元对全县水毁严重地段进行修复，处理危险路段28处。

道路运输 全县农客班线10条，公交车52辆，出租车108辆，客运量331.32万人次，货运量526.48万吨。

水路运输 该县水运企业5户，临时港口码头5家，客运线路是湖口至鞋山旅游客运，客运量约73078人次，货运量约177811吨。

（湖口县交通运输局）

彭泽县

公路建设 建制村路面公路拓宽改造。2016年，建设项目2个，里程计2.6千米。总投资230万元。该项目于9月开工建设，同年10月完工。

通自然村公路 按四级公路标准建设项目87个，里程55千米，总投资1259.6万元，投资方式为上级补助和地方自筹。

危桥改造 危桥改造项目9个，228.23延米。

公路养护 养护里程。该县农村公路通车里程为1630.38千米，其中县道209.00千米，乡道546.00千米，村道875.00千米，专道0.38千米。全县有县道养护队4个，专业从事县道养护人员44人，乡村公路养护人数328人。

日常养护。养护补助标准分别是：县道2000元/千米·年，全年投入养护经费168万元。

里程维修。全年公路维修养护资金150万元，完成27条396千米县、乡公路养护任务，挖补坑槽15000平方米，小修6千米，中修8千米，安装减速带300米。

公路绿化、公路水毁防治 公路绿化。投入资金120万元，绿化农村公路县道25千米。

公路水毁防治。全县农村公路共发生公路交通受损339处，道路冲毁140余千米，农村公路桥梁冲毁28座，直接经济损失8083万元。该局在第一时间组织人员进行道路抢修并逐个乡镇进行核灾，及时将水毁重建项目报上级交通主管部门申请项目和资金，确保农村公路安全畅通。

道路运输 该县现有客货运公司5个，公交出租车公司1个，农村客运站11个，候车亭36个，现有客车45辆，客运线12条，公交车辆55辆，出租车62辆，货运企业33户，货运车辆5364辆，全年客运量130万人次，货运量1086万吨。

水路运输 全年新增船舶运力9872吨，水路运输总运力规模59703吨，水路旅客运输8.3万人次，客运周转量132万人千米；水路货运量560万吨，货运周转量450万吨千米，港口砂石出口量350万吨。

汽车维修 有机动车维修业户29户（二类8户、三类21户），均做到亮证经营，合法经营。

（彭泽县交通运输局）

永修县

公路建设 2016年，永修县国道316老城至艾城段按该县要求进行调整。该项目全长9.3千米，总造价1.3亿元。

争取农村公路建设100千米计划，实际完成公路建设106千米。

桥梁建设 国道316永修大桥完成施工图设计。解决现有桥梁拥堵问题，将原定12米宽桥梁，调整为28米宽桥梁，造价由3000万元，提至近9000万元。

将22座危桥原定5年改造计划，调整为3年，率先解决危桥库中的危桥改造任务，早日造福群众。该县安排九合大桥、云山老屋桥、三溪桥河桥、梅棠和平晏桥、梅棠江垅桥、滩溪下湾桥、恒丰杨柳津桥及马口青石港桥，总投资1960万元。云山老屋桥、梅棠和平晏桥完成，其余桥梁均在建。

12月30日，修河新大桥建设工程完成竣工验收，正式投入运行，该桥长811米，工程总造1.60亿元。

车站、码头、厂站建设 渡口、码头建设。黎下渡口于5月底建成，并通过上级主管部门的验收。

通过申报筹建规划及筹措资金，马口农村综合服务站于2013年12月初正式动工，该项目总投资近500万元，占地面积1.07公顷，总建筑面积1660平方米，其中综合楼建筑面积1183平方米，2016年4月全部完工。

公路养护 农村公路养护大中修申报项目26个，资金316万元，项目资金到位。

县财政安排130万余元支持开展农村公路日常养护工作，全县2000多千米农村公路均落实具体养护承包责任人。

道路运输 载客汽车155辆，3229客位；载货汽车1292辆，6075吨位。客运量282.9万人次；货运量162.3万吨。公路客运线路为40条。

水路运输 该县水路运输中无客运量和周转量，货运量为366.58万吨。

（永修县交通运输局）

德安县

2016年，德安县启动3条4.8千米，建制村优选通达路线窄路面公路拓宽改造工程项目，89个通自然村公路项目50千米，完成2座新建桥梁建设任务，涉及全县13个乡镇。

公路建设 启动3条建制村公路拓宽改造工程项目。①石桥至河东村项目全长2.1千米，投资185万元，其中车购税项目补助资金16.8万元；②戴家垄至黄家山项目全长0.7千米，投资45万元，其中车购税项目补助资金5.6万元；③云中亭至袁家岭项目全长2千米，投资121万元，其中车购税项目补助资金16万元。该3条路于5月开工，同年11月底完工。改造后路面宽度由原来的3.5米拓宽至5米。

完成89个项目50千米自然村公路改造。涉及全县13个乡镇，总投资1200万元，其中上级部门项目补助资金400万元，该项目的完成，89个自然村由原来的砂石路面改变成水泥路面，自然村通畅率提高到92%。

桥梁建设 该县新建桥梁2座。启动下程坊桥和熊家咀桥2座新建桥梁的建设工程，总投资185万元，工程于2015年11月动工，2016年11月全部竣工，投资方式为上级补助和自筹资金。

公路养护投入98万元，对全县11个乡镇通乡主干道79.9千米农村公路进行养护。建设800个农村公路会车道。投资731万元分两批建设1700个农村公路会车道，2016年底，第二批800个乡村公路会车道全面建成。会车点实地设置均按每个会车点梯形建设，对路面已经硬化且宽度小于4.5米的公路每千米设置3～4个会车道。

（德安县交通运输局）

庐山市

2016年，庐山市交通运输局以“大美庐山，同步小康”为奋斗目标，围绕“十三五”交通运输发展总体思路，抓好交通基础设施建设、行业管理，安全生产监管等工作，实现年初各项目标任务。

公路建设 全市公路通车里程920.60千米，其中高速30.40千米，国道68.59千米、省道12.87千米、县道92.59千米、乡道160.15千米、村道556千米，公路密度每百平方千米102.97千米，行政村通水泥路硬化率100%。全年完成交通基础设施建设，总投资1294万元，其中：通组公路25千米，投资650万元；危桥2座，投资644万元。服务协调高速工程项目：都九二期路基路面工程完工，正处于附属工程扫尾阶段；昌九发展大道于7月正式竣工通车。

危桥改造 交通运输局对全县各乡镇开展危桥隐患排查，检查公路危桥13座。完成2座危桥改造任务，投入资金644万元，其中：沙湖山危桥改造，投资567万元，温泉镇杨家坂危桥改造，投资77万元。

养护建设 截至2016年底，投入养护资金15万元，对五太公路抢修加固，对急弯、陡坡安装凸透镜。

行业监管 交通运输市场得到有效整治。全年清理非法悬挂物86条，清除摊点10余处，出动机械车辆5台次,清除障碍物870平方米,查处超限超载车辆56辆;渡口渡船运输安全平稳。全年渡运安全"零"事故。全年上渡上船120多天,累计检查240人次,纠正和查处违章2起,确保该市唯一通航渡口土牛咀的安全畅通;公共交通运输服务进一步得到调整和优化。公交线路11条,班线客车142辆,客运经营业户5家,客运周转量210万人次。

公路桥梁建设 投入资金1294万元。通组公路建设完成25千米,投入建设资金650万元,满足58个自然村人口的出行需要;危桥改造2座,其中:沙湖山危桥改造,投入资金567万元,杨家危桥改造,投资77万元。

危桥重建 沙湖山桥2015年3月开工建设,投入资金567万元。截至2016年10月主体工程完工;杨家桥于10月开始施工建设,总投资77万元。

公路养护 全年投入公路养护资金15万元。

水毁塌方工程修复 7月2日至4日,该市境内遭遇3天强暴雨,造成道路路基损毁1025立方米,水泥路面损坏2360平方米、边坡塌方15处1676平方米。灾情发生后及时开展抗灾抢险工作,对蓼大线塌方修建水泥混凝土挡土墙80米,投入5万元;对五太公路、钱蚌公路、观口至桃花源公路塌方进行清理,投入资金5万元,确保道路安全畅通。

安保工程 五太公路急弯、陡坡处安装26块凸透镜,投入资金5万元。

渡口管理 年底,全市仅存渡口1个,苏家垱土牛咀到沙湖山对洲的渡口,由于庐山设市暂由庐山市交通运输局渡口管理站管理。该渡口属季节性河汊型渡口,有钢制船一艘,核定载客50人。

渡口安全监管 7月,渡口管理站安检发现苏家垱土牛咀渡船年久失修存在安全隐患,该站责令其立即停航并要求报批修复,并对该渡船投入修复资金1.30万元,该渡船于同年8月恢复通航,从而有效遏制事故的发生。

神灵湖渡改桥安全检测 神灵湖大桥始建于2009年,2016年12月12日,庐山市交通运输局牵头组织具有桥梁检测资质的技术队伍对该市目前最大一座"渡改桥"项目——神灵湖大桥进行检测。检测结果符合安全通行指标。

成立庐山市 2016年5月30日,省委常委、省委秘书长朱虹宣布,庐山市正式挂牌成立。庐山市设市,是根据国务院批复,江西省撤销星子县,设立县级庐山市。庐山市由省直辖,九江市代管。庐山市的成立,预示着千百年来"一山多治"的局面宣告结束。

庐山市交通运输局挂牌 11月9日,庐山市交通运输局正式挂牌成立。

公路桥梁渡口移交 按照庐山设市,撤销星子县,成立庐山市的行政区域的调整,原星子县苏家垱乡、泽泉乡行政区域划转共青城市管辖;原庐山区由于更名为濂溪区所辖的公路桥梁划归庐山市管辖。12月30日,在九江市交通运输局会议室进行交接手续。参加此次交接的相关市、区单位有九江市交通运输局,庐山市交通运输局、共青城市交通运输局、九江市濂溪区交通运输局。分管公路的领导及相关业务人员进行认真核对无误产生移交。首先由移交单位庐山市交通运输局与承接单位共青城市交通运输局,对原星子县苏家垱乡、泽泉乡,两乡公路总里程178.23千米和苏家垱土牛咀渡口移交纳入共青城市管辖;其次,由移交单位九江市濂溪区交通运输局与庐山市交通运输局,对原九江市庐山区交通运输局辖的海会镇海会社区、庐星社区、长岭村、光明村、五洲村、彭山村、海会林场的农村公路及桥梁,总里程46.73千米及7座桥梁移交纳入庐山市管辖。原庐山风景名胜区管理局管养的农村公路中冠以濂溪区行政代码(360402)的路桥编码转换为庐山市行政代码的路桥编码。

(庐山市交通运输局)

九江县

公路建设 2016年,九江县公路建设总里程66.6千米,总投资2101.3万元,其中中央投资570.8万元,地方投资1530.5万元。

县道改造工程 范镇至赤湖公路,全长2.6千米,按三级公路标准设计,总投资650万元(省级补助资金104万元,地方自筹546万元),项目于当年完工。

客运网络化连通工程村公路至宋家墩,全长0.7千米,按四级公路标准设计,总投资28万元

(省级补助资金14万元,地方自筹14万元),项目于当年完工。

建制村优先通达项目 沙黄路至杨家,全长1.4千米,按四级公路标准设计,总投资99万元(省级补助资金11.2万元,地方自筹87.8万元),项目于当年完工。

通自然村水泥路项目完成工程项目89个56.6千米,按四级公路标准建设,总投资1423.3万元(省级补助资金452.8万元,地方自筹970.5万元)。

地方重点工程项目 马回岭岭南大道新建工程项目全长2.2千米,按三级公路标准建设,总投资1100万元,工程于12月建成通车,质量检测合格。

桥梁建设 熊家湾大桥开工建设。该桥于5月开工建设,大桥全长146.16米,总投资652.65万元,其中中央补助103.33万元,地方配套549.32万元。

岷山一桥危桥改建工程开工建设。岷山一桥于7月开工建设,桥梁全长38米,总投资107.84万元,上级补助资金53.2万元,地方自筹54.64万元。

渡口建设 1月,该县交通运输局对江洲渡口候船室进行达标建设,建筑面积480平方米,总投资39万元,其中省级补助资金20万元,地方自筹19万元,工程于当年2月通过竣工验收,质量合格。

公路养护 全年养护公路里程1083.45千米,其中县道184.21千米,乡道206.24千米,村道693千米。养护投入资金360万元,修复水毁路段10处,投入资金50万元。

(九江县交通运输局)

濂溪区

2016年,濂溪区交通运输局围绕"加快城乡一体,建设经济强区"的战略部署,全面完成年度交通运输工作任务。

公路建设 完成通25户以上自然村四级公路建设项目25个共9.2千米,总投资301.06万元,投资方式为上级补助和地方自筹。

危桥改造 完成散户埂桥等危桥改造项目2个,总投资58万元。

站场码头建设 庐山区姑塘农村公路综合服务站,规划用地面积0.62公顷。该项目主体封顶,内外装修完工,正在进行附属设施建设。

公路养护 该区下拨养护资金162.2万元,其中日常养护资金56.99万元,养护工程资金105.21万元,实施项目49个。

公路、水路突发事件处理 开展安全生产检查督查23次,安全生产形势明显好转。

道路运输 该区道路旅客运输有旅游客运、公交车两种客运方式运作,有旅游客运公司1个,公交公司1个,农村客运站0个,候车亭39个。有客车73辆,有公交车73辆,货运企业132家,货运车辆4392辆,年客运量434万人次,年货运量1359万吨。

水路运输 全区水路运输新增船舶运力1080吨,全区水路运输总运力19688吨;水路货运量19亿吨,货运周转量3788万吨千米,港口砂石出口量6042280万吨。

汽车维修 全区有维修业户128户(一类12户、二类67户、三类49户)。取缔12户机动车美容店,其余均做到亮证经营、合法经营。

(濂溪区交通运输局)

共青城市

2016年,共青城市交通运输局以"建设大交通,促进大发展,实现大跨越"为主题,围绕"四横五纵"大交通建设目标,抢抓发展机遇,提升发展水平,各项工作呈现长足发展的良好势头。

公路建设 G532国道联络线(星子至共青段)道路全长4.31千米。按一级公路标准建设,总投资18446万元,项目于2015年9月完成招投标并通过施工许可。

昌九高速公路改扩建工程:共青境内总里程13千米,总投资约10亿元。

益民路建设项目。杨琪线江益敬老院至江益镇县道升级改造,全长1.6千米,按一级公路标准建设,正在进行招投标工作。

南湖部分路段进行改造。完成鄱阳湖大道等

7 条公路路基填方 538 万立方米,计 32 千米,总投资 8.5 亿元。

厂场建设 共青城客运中心项目建设,于 2015 年 10 月破土动工,整个项目占地 2.47 公顷,总建筑面积 6286.46 平方米,客运中心主体大楼主体建设及外墙装饰完工,投资 1000 万余元。

公路管理养护 争取市财政配套 238 万元。该局投入资金约 280 万元,对石山至金丝港、前山至八里铺公路等进行维修养护,养护里程约 73.6 千米。

公路绿化、水毁防治 该市向上级部门争取水毁资金 20 万余元,公路绿化 10 千米;对金湖圩提,苏家垱,泽泉乡水毁防治投入资金 50 万元;辖区内无重大事故发生。

道路运输 该市客车 36 辆、公交车 23 辆、出租车 62 辆、小货车 295 辆、大货车 470 辆、摩托车 2.33 万辆。客运量:公路 1447 万人次、铁路 697848 人次;货运量:公路 25473.6 万吨、铁路 22031 吨、水运 202 万吨。客运 7 条班线、公交 7 个站点。

水路运输 该市境内有两个货运码头,金湖码头和共青码头。通航河道博阳河为 VI-(3)级航道,总长 22 千米,最大通航能力为 1000 吨级船舶(以 16 米高程水位计),货运量 150 万吨,货运周转量 6.8 万吨千米。

汽车修理、检测 该市有修理厂 17 家,其中二类修理厂 3 家、三类修理厂 14 家;驾校 2 个;检测站 1 个。

(共青城市交通运输局)

新余市

2016 年,新余市交通运输局坚持"发展至上、富民为先",树立"五大"(创新、协调、绿色、开放、共享)发展理念,加快推进"四个交通"建设,全面提升交通运输服务品质,圆满完成各项目标任务。

交通基础设施建设 国省道一级公路绕城改建项目前期工作稳步推进。该项目由 G533 樟分线、S312 黎欧线、S221 港东线三条国省道升级改造而成,项目总里程为 56.65 千米,按照一级公路双向四车道标准建设,估算投入资金约 38.3 亿元。项目工可基本编制完成。

欧东公路改建工程基本完成。该项目于 2015 年开工建设,项目总投资 17914 万元。分宜县完成投资 3285 万元,渝水区完成投资 12000 万元,仙女湖区完成投资 2628 万元。

农村公路建设全面完成。该市建设通自然村公路 100 千米、县道升级改造项目 16.5 千米、建制村优选通达路线窄路面公路拓宽改造项目 6.7 千米、安全生命防护工程项目 61.3 千米、危桥改造项目 24 座 809.84 延米,争取到上级补助资金 5076.1 万元。同时市本级安排通自然村水泥路建设项目 70.4 千米,市里投资 915.2 万元。

公共自行车系统全面建成 该市采用 PPP 模式,按照约每 300~500 米 1 个站点的原则设置公共自行车服务站点,在主城区范围内布设自行车站点 210 个,投放公共自行车 5000 辆,智能锁止器 5600 套,雨棚 30 个,其中城北片区站点 95 个,城南片区站点 79 个,高新片区 36 个,项目总投资 4288 万元。

现代物流业发展 做好规上企业入库和物流企业申 A 工作。确定中新物流、江西新博等 9 家物流企业为重点发展培育的本地龙头物流企业、规上企业入库申报目标和申 A 企业对象。新余中新物流有限公司与江西新博物流有限公司被中国物流与采购联合会认定为 AAAA 级物流企业。江西新博物流股份有限公司、新余市隆鑫汽车运输有限公司等 5 家企业成功提交并通过规上企业入库申报。推进智慧物流信息平台建设,网站新闻资讯、物流枢纽、物流服务、物流智库等系统模块进行改进完善,平台发展企业会员 239 家,个人会员 1.58 万名,月信息交易量 2000 余条。

交通运输保障能力 该市道路旅客周转量66929万人千米,客运量1247万人次,较上年同期减少0.8%和0.4%;完成公路运输货运量16608万吨,货运周转量3865697万吨千米,较上年同期增长6.4%和4.1%。完成春运、"十一黄金周"、G20杭州峰会、2016中国(江西)国际麻纺博览和新余仙女湖国际马拉松赛运力保障任务。

水路运输累计完成客运量39.5万人次,旅客周转量791万人千米,同比增长1.8%和1.9%;货运量38万吨,货物周转量45785万吨千米,同比增长0.35%和0.78%。

绿色便民交通建设 更新纯电动公交车20辆,主城区新能源和清洁能源公交车达160辆,占比70%;建成公交智能电子站牌80座;优化公交线路12条。抓好出租车更新工作,截至2016年底,该市有新能源出租车404辆,占城区出租汽车总量的76%。大力推行"按学时收费,先培训后付费"服务模式,2016年底实现"按学时收费、先培训后付费"服务模式覆盖率达100%。

智慧交通建设 "12328"交通运输服务监督电话系统受理业务2475件,其中:直接回复办结信息咨询类1600件、投诉举报类829件、意见建议类37件、其他事项9件,回复率100%。新余北站周边安装7个高清网络摄像头,实时监控客运车辆运营秩序。

法治建设 加强法律法规的培训,采取自训、送训的方式培训各类人员150余人次。

交通行业改革创新 推进出租汽车行业改革。根据国务院办公厅《深化改革推进出租汽车行业健康发展的指导意见》和交通运输部等七部委《网络预约出租汽车经营服务管理暂行办法》及国家、省有关法律、行政法规和相关规范性文件精神,结合新余实际,起草《新余市出租汽车行业改革工作实施方案》和《新余市网络预约出租汽车经营服务管理暂行实施细则》《新余市私人小客车合乘服务暂行实施细则》。

交通运输行政审批制度改革。截至2016年底,该部门行政权责清单事项计295项。按事项类别划分:行政许可13项、行政处罚171项、行政强制9项、行政征收5项、行政确认4项和其他行政权力93项。行政权责事项办理总量45件。网上审批系统办理2299件,网上审批系统办理率100%。

交通运输行业管理 开展道路运输市场整治。包车客运专项整治期间审查包车客运企业5家,包车营运车辆136辆,包车客运驾驶员184人。

开展水路运输市场整治。排查隐患40余起,查处10余起违章行为,促进水上运输的安全健康发展。

开展出租车公交车专项整治。8月初开展整治、查处违规经营12起,发出整改通知书21份。

开展交通工程质量安全专项整治。整治期间,发现各类安全隐患9项,下发整改通知书1份,全部整改到位。

交通安全形势稳定 实现水上交通安全责任事故死亡人数和交通建设工程施工责任事故死亡人数为零的目标,其中水上安全生产连续30年责任事故死亡人数为零。

(张有红　邓清华)

分宜县

2016年,分宜县交通运输局推进交通基础设施建设,抓重点项目建设,加大农村公路养护工作力度,规范运输行业管理,提升交通工作的服务质量和水平。

交通基础设施建设 交通重点工程建设。省道S222绕县城项目,该项目全长11.5千米,估算投资额5亿元,按PPP模式实施,年前开工建设。省道S222杨桥集镇绕城公路新建工程项目,全长3.8千米,规划公路等级为一级,预计投资0.95亿元,年底前开工建设。县道新祉至大岗山公路改造项目,该项目改造里程为9.6千米,施工图预算4800万元,年底开工建设。观分线银山凹—湖泽段路面维修项目,该项目从银山凹—湖泽,全长5.0千米,投资700万元,全部完工。袁河大桥引道工程,该项目全长400米,计划投资400万元,2016年底全面完工。

农村公路建设 完成通25户以上自然村水泥路20千米计划建设任务;报送2016年度农村公路建设的项目计划,总投资:①县道升级改造项目3个14.4千米,主要有新年线新祉至大岗山段9.8千米,湖大线汉堂至大台段2.4千米,石皇线南山至七里山段2.2千米，并进入实施阶段。②分宜至沔村乡道拓宽改造项目1个2.3千米，项目进入实施阶段。③通行政村通达路线窄路拓宽项目2个5.1千米；完成危桥改造5座329延米，总投资843万元。

交通运输生产 全县有道路货运企业89家，营运性货运车辆5749辆，33521吨，同比分别增长3.47%和5.23%。

交通运输行业监管 ①圆满完成春运任务。全县投入运营车辆304辆，完成客运量40.4万人次，完成客运周转量2258万人千米。未发生旅客滞留现象，确保春运各项工作圆满完成。②规范质量监督行为，提高质量工作绩效。农村公路建设项目100%的监督覆盖，重点项目集中力量实施重点监控、全程参与所有招投标项目。③加大运输市场整治力度，规范经营行为。开展“打击黑车”“超限超载”等专项行动，出动执法人员600人次，检查客货运车辆6600余台，暂扣各类证件100余份，查处违法违规客货运车辆143辆。

交通运输安全 加强交通运输行业的安全监管和隐患排查工作。有效防范安全事故的发生，特别是水上交通安全，实现连续30年无安全事故发生。

（分宜县交通运输局）

渝水区

2016年，渝水区交通事业围绕提前全面建成小康社会的奋斗目标，推进交通基础设施建设，强化道路运输行业管理，加强水上渡运和道路运输安全监管，各项工作进展顺利。

交通基础设施建设 欧东公路主体工程完工。全线完成建设总投资约1.3亿元。完成项目总投资约2830万元。自然村通水泥路项目88.2千米，县道升级改造项目2.1千米，完成路基工程，危桥改造10座，299延米。争取上级补助资金1930.6万元。

道路运输发展 全年新增货运企业25家，新增货运车辆2185辆，新增运力吨位21663吨，全区货运企业168户，货运车辆总数12182辆，总吨位131326吨，客运公司3家，城乡公交公司3家，客运车队1个，客运车辆150辆，班线40条，日发班次456班，乡镇客运站9个，客运招呼站187个，一类维修企业5户，二类维修企业21户，三类维修企业74户，汽车驾驶培训学校3家。完成客运量885.35万人次，客运周转量19845.41万人千米；完成货运量1987.02万吨，货运周转量61173.76万吨千米。

安全生产全年下发各类整改通知书、告知单25份，检查车辆4700余辆次，查处并纠正违章经营行为370辆次，全年未发生一起交通安全责任事故，水上交通连续30年实现安全渡运。

（渝水区交通运输局）

高新区

2016年，高新区交通运输局抢抓发展机遇，增强发展动力，提升发展水平，各项工作有长足发展，交通事业呈现出又好又快和谐发展的良好势头。

交通运输基础设施 全区累计完成交通基础设施建设投资1304.5万元。完成2016年农村公路通自然村建设项目14个14.3千米，争取上级项目资金185.9万元；完成危桥改造3座92.5延米，争取上级项目资金164.25万元；完成省级农村公路养护工程大中修资金105万元；完成农村公路生命防护工程建设项目33.5千米，争取上级项目资金236万元；完成窄路面拓宽项目1.62千米，争取上级项目资金21.1万元，

公路养护管理 全年县、乡、村道公路管养率100%，投入养护资金80万余元，好路率达68%以上；投入资金124万余元完成全区3.18千米的危险路段处治工程。

道路运输生产 完成区内企业（客运企业1户、货运企业27户、维修企业40户）质量信誉考核，考核率100%；年审客、货运车辆进行道路运输证，货运车辆1686辆，完成1674辆车审验，年审率99.3%，清理老旧车、黄标车212辆；注销2年以上未年审车辆162辆，核查燃油消耗车辆1590辆。对运输企业进行检查135户次。组织相关人员参加培训65人次。确保无安全责任事故的发生。

（高新区交通运输局）

2900 万余元。争取观界线道路升级改造项目,获得上级资金 1440 万元。

交通运输业 全区有货运企业 114 户,同比增长 7.5%,有货运车辆 15210 辆,总吨位数 249570 吨。全区有客运企业 1 户,监管客运企业 4 户,客运运营车辆 38 辆,有城乡客运线路 2 条,农村客运线路 6 条。全区有二类以上维修企业 18 户,其中 2 类维修企业 17 户,1 类维修企业 1 户,二级客运站 1 个。

执法监督 加强联合执法力度,查处道路违法行为 58 起,水上违法行为 7 起。排查整治各种安全隐患 12 处,取得较好的成效。

(仙女湖区交通运输局)

仙女湖区

2016 年,仙女湖区打造“精美特新”仙女湖城乡面貌,转变交通发展方式,服务经济社会发展,真抓实干,积极稳妥地推进交通运输工作。

交通基础设施建设 该区争取上级资金 500 万元,完成农村公路 20 千米,危桥改造 2 座,安防工程 27.8 千米;通过农发行 PSL 方式落实农村公路建设资金 5000 万元;争取仙女湖高速公路出口改扩建项目列入 2016 年实施计划,获得上级资金

鹰潭市

2016 年,鹰潭市交通运输局聚力攻坚克难、积极主动作为,全力加快交通运输升级提速步伐,较好地完成各项工作目标。

基础设施建设 全年累计完成农村公路 335 千米,新建和改造桥梁 18 座,完成投资 4.6 亿元,新增通水泥路自然村 276 个,全市通水泥路自然村达 2836 个,占自然村总数比例提高至 96%。4 个客运站场项目进展顺利,鹰北公路客运枢纽站具备临时候车、发车功能,鹰北公交枢纽站满足高铁旅客运输与道路旅客运输无缝接驳。鹰西短途客运站完成初步设计;鹰南公交枢纽站完成约 80% 的场地平整工作,完成枢纽站设计方案。旅游综合码头建设公开招商选择开发商投资建设,完成并验收贵溪市 4 个渡口标准化建设项目,在建 8 个渡口标准化建设项目,重新进行鹰潭港建设规划编制及鹰潭港建设规划环境评估工作。

行业服务管理 推进城市公交优先发展,开通高铁北站至贵溪、余江、龙虎山公交专线,实现高铁站与鹰潭各县(市、区)的无缝对接。同时完善优化城区公交线路,相继投入 78 台混合动力或纯电动新能源公交车上线运行,建成并投入使用 75 座电子站牌、40 座公交候车亭,建设 5 个新能源公交车充电桩。贵溪市镇村公交发展试点县(市)顺利通过省厅考核验收并取得全省第二名的成绩。加大运输市场整治力度,查处违法经营“黑车”106 辆,查处出租车各类违规 269 台次,开展联合治超工作,出动执法人员 1400 余人次,检查源头重点运输企业和维修企业 600 余次,检查源头出站车辆 960 余辆,查处非法改装车辆 83 辆。推进交通质监机构标准化建设工作,市交通质监站标准化建设顺利通过省厅考核验收。

交通行业 全年办理行政许可事项 19 项、物流企业新办道路运输经营许可证 147 本、年审车辆 6399 辆,个体新办运输证 825 本、年审 972 辆。为改进提升驾驶员培训服务质量,倡导全市驾校逐步推行“按学时收费,先培训后付费”的驾驶员培训服务新模式,在 17 所驾校试点开展,为市民提供多层次、多样化的培训服务模式。

开展安全生产隐患大排查,交通运输安全形势总体平稳。

(艾年宗)

贵溪市

2016 年,贵溪市交通运输局围绕市委、市政府确立的目标任务,积极谋划,认真履职,扎实工作,较好地完成各项工作任务。

交通基础设施建设 完成白鹤湖大道主线公路(志光至塔桥段)全长约 12 千米一级公路改造工程,项目总投资 3.5 亿元。320 国道拓宽贵溪工业园区至童家镇全长 2.79 千米一级公路改造工程,投资约 2680 万元,10 月底项目全面竣工并通车。贵塘公路约 24.98 千米改建工程,项目总投资 3.1 亿元,完成总工程量约 60%。贵溪至泗塘县道升三级公路改造全长 19.6 千米,路基基本完成,正在进行路面水稳层摊铺。贵溪至资溪高速公路新建工程,全长 79.02 千米,估算总投资约 57.4 亿元,完成工可报告初稿,正在编制环评、稳评等专题报告。完成天禄至塘湾、雷溪至罗河、港黄至白鹤湖、桃源至港黄、长塘至经开区等 5 条道路的可研报告并经过专家评审。完成 25 户以上通自然村公路改造项目 76 条,共计 91.4 千米。完成 5 个标准化渡口建设(滨江乡的羊角渡渡口,鸿塘镇的横田渡口,白田乡的枫林湾渡口,河潭镇的河潭埠渡口,金屯镇的出山渡口)。

公路运输 全市有农村班线客车 92 辆,公交线路 8 条,公交车 58 辆,出租车 138 辆;普货企业 101 户,车辆 3482 辆/39571 吨位;危货企业 5 户。完成 2016 年春节、端午、国庆等节假日旅客运输和货物运输工作,完成公路旅客运输量 801 万人次,客运周转量 12487 万人千米;公路货运量 980 万吨,货运周转量 178785 万吨千米。开展全市交通秩序集中整治活动,对班线车超员超载、不按规定线路行驶,出租车欺客甩客、不打计价器乱收费以及社会车辆非法运营等行为进行专项整治。交通部门办理运政审批 56 项,依法开展公路运输路检路查车辆 600 余辆次,依法查处非法经营及违规经营车辆 100 余辆次,运政案件立案 16 起,办结 16 起,查处率和办结率均达 100%,未出现隐瞒执法和过错案件。城乡公交一体化贵溪至塘湾、贵溪至彭湾路线试运行良好。实施全市 138 辆出租车更新换型。

行业保持安全稳定 全市道路运输市场和交通建设领域继续保持安全平稳的发展势头,未发生重大班线客运和公路施工安全责任事故。实现连续 53 年水上交通安全无事故。

农村公路管养 全年出动执法人员 300 余人次,检查车辆 420 部,查处超载车辆 80 部,卸载货物 320 余吨,切割超限车辆 5 部。

(贵溪市交通运输局)

余江县

2016 年以,余江县交通运输局围绕年度工作目标,着力推进交通项目建设,提升服务水平,强化交通安全运输监管,圆满完成各项目标任务。

重点项目建设 国道 320 余江段 2.2 千米公路拓宽改造建设项目 2 月动工,11 月底全面竣工,累计完成投资 3500 万元。国道 206 改线,预计投资 10.2 亿元。余信贵大道建设项目签订施工设计合同,完成路线图的选定改址,于 6 月移交至县城投公司施工建设。

公路桥梁建设 农村公路建设。争取省厅通农村自然村公路建设项目 90 千米,项目资金 408 万元,完成项目建设任务 90 千米,完成投资 2690 万元。争取县道大司线 16.5 千米和枫树岗到中童 1 千米共 17.5 千米的县道升级改造项目资金 2800 万元,项目改造工程进入招投标程序。争取到自然村村内道路改造项目补助资金 700 万元,争取农村公路贷款 7.13 亿元。站场桥梁建设。争取到省厅 15 座危桥改造工程 337 延米。完成总投资 5100 万元;该县二级客运站建设完成主体工程建设,完成总投资 2000 万元。

管养并重 加强日常养护,加强公路巡查,及时抢修水毁路面和桥梁。全年全县一类公路养护好路率 67.2%,公路绿化成活率 73.6%。完成整修路肩边坡 6700 立方米,涵洞改造 16 道,疏通涵洞 91 道,完成水毁涵洞 5 道 51 延米,清除水毁坍方 6600 立方米,修复挡土墙 98 平方米,维修平交路口 8 处,修补农村公路路面坑槽 1230 平方米。完成严毕线严家至张公桥段路面大中修 3210 平方米。完成张公桥伸缩缝置换。及时清除公路障碍物,累计清扫路面 22 万千米,清理水沟 21 千米,清除路障、淤泥、边坡高草等310处1240立方米。3月,开展治超治限行动,检查车辆1346辆,查处违章车辆369辆,其中超限车辆264辆、改型车辆50辆、无道路运输证和从业资格证的营运车辆55辆,行政处罚45万元。道路安全形势进一步好转。

交通运输市场 开展道路运输市场秩序整治工作,全年出动运管执法人员75人次,开展集中整治行动5起,查处其他各类违法违规行为54余起。加强驾培行业的安全监管。现有4所驾校(其中当年新引进一所一类驾校瑶池驾校)定期和不定期的安全检查,确保驾培行业安全运营无事故。

水上安全 开展"安全生产月"活动和安全生产大检查,张贴标语和悬挂横幅61条,发放宣传资料500余份,开展渡口检查600多人次。加大渡船改造力度,5月,耗资7万元更新一艘中童镇瑶池渡口渡船(20客位)。11月,对15艘浮桥桥船和1艘顶推工作船及桥栏杆桥面板进行维修保养,保障渡口浮桥的安全畅通。投资89万元对上渡头、孟津门、黎浦3个渡口码头进行改造。鹰潭港余江综合货运码头工程建设完成工程建设选址,10月完成可行性报告。

防汛 该局组成3个小分队有50人的民兵抢险突击队。储备用于防汛的载货汽车15辆(75吨位),运输船只20艘(200吨)的车船运力。加强乡村公路汛期巡查,保障汛期农村公路安全通行。至5月12日处置路面积水、行道树断折阻路险情20多处。

物流业发展 全县物流企业发展势头强旺,有物流企业275家、物流车辆6431辆、运力127752吨位,实现货运量3.8亿吨,货物周转量56亿吨千米,较好地促进县城经济的快速发展。全年引进物流企业24户。

车辆数、线路:公交车25辆415座(其中新能源公交18辆)、班线24条。出租车41辆205座。客运班车84辆1562座;货车8360辆(其中农用车:237辆)。

物流企业291户,车辆8444辆

通车里程:县道10条共计127.46千米;乡道84条计414.8千米;村道680条计683.29千米。

渡口:7个;汽车站:15个;浮桥:2座。

运量:客运量96万人次,客运周转量1021万人千米;货运量86532万吨,货物周转量1335270万吨千米。

(余江县交通运输局)

龙虎山风景名胜区

2016年,景区交通运输局按照"规划统领、项目带动、改革突破、跨越发展"总体工作要求,锐意进取,开拓创新,较好地完成各项工作,有力推动景区交通事业的发展。

重点项目建设 1.天师府大道新建工程(二期)全长2.17千米,总投资2041万元,项目于2015年7月动工建设,是年1月完工并交工验收。

2.上清古镇广场至上清大桥段沥青路面工程,项目投资约47万元,全长481米,项目于3月开工,4月竣工。

3.国道206仙人城至龙虎山镇段太阳能亮化工程,全长4.7千米,使用9双(单)臂太阳能路灯,总投资约260万,2015年10月开工建设,是年4月完工并交付使用。

4.圣井山公路路肩加宽硬化工程,路长2.5公路,总投资约80万,2015年10月开工,是年3月底竣工交付使用。

5.秀美乡村建设舒家道路拓宽,工程于10月竣工。舒家乡村旅游点—停车场硬化项目,项目于12月底竣工。两个项目总投资约90万。

6.钱家桥建设工程项目于2015年12月底正式开工,是年6月竣工通车。

7.天禄至洪五湖新建工程项目东接龙虎山南大道,往西延伸至龙虎山镇塘桥村,线路总长2889.57米,属一级城市道路,于12月竣工通车。

8.上清林场段铁路通道连接线新建工程项目,全长0.47千米,下穿铁路的通道单独设计,涵洞施工于10月完成,路面于12月竣工通车。

9.龙虎山至界牌塘县道升级改造项目,全长1.48千米。工程于11月完成工程招标。

运输、安全 全年办理道路运输证2000余个,极大方便物流企业,为景区招商引资提供良好环境。全年景区交通实现安全无事故。

2016年,景区有客车10辆,农用车12辆,货车1860辆。龙虎山景区公路里程210千米，其中地方养护210千米。

（龙虎山景名胜区交通局）

赣州市

赣州市交通运输局贯彻落实“六大攻坚战”（主攻工业、精准扶贫、新型城镇化、现代农业、现代服务业、基础设施建设）决策部署，加快推进交通基础设施建设攻坚战，圆满完成各项目标任务。

高速公路建设与管理 2016年，高速公路有5个建设项目。年底建成通车高速公路为2条（宁定高速及定南联络线，兴赣高速）、互通连接线1条（南康南互通连接线），通车里程为325千米；当年开工项目1个（广吉高速公路）；续建项目1个（信丰北互通连接线）。全市高速公路通车总里程1441千米，全年累计完成投资102.8亿元。

国省道建设与管理 实施国省道升级改造项目42个，完成投资约62.1亿元，同比增长236.7%，完工里程107千米。实施养护大中修和路面改造工程107千米，投资1.66亿元。完成危桥改造12座，实施安保工程60千米，灾害防治24千米。市管养路线优良路率81%，国省道优良路率83%。

农村公路建设与管理 完成农村公路建设里程7044千米，完成危桥改造120座，错车道3.9万个，完成投资63.05亿元，同比增长131.16%，其中完成25户以上人口自然村水泥路建设6034千米，完成生命安全防护工程151.4千米，完成投资47.85亿元。全市农村公路累计总里程26456.12千米。

公路运输管理与生产 全市拥有营运客车2563辆、营运货车20973辆、出租汽车2001辆、公交汽车1430辆。全市完成公路客运量8801万人次，客运周转量601699万人千米，同比分别下降0.6%和0.85%；公路货运量9302万吨，货运周转量2263230万吨千米，同比分别增长6.45%和4.13%。

水路运输管理与生产 全市水运企业57户，经营船舶141艘。其中沿海油船1艘，总吨位2188吨，载货吨位3570吨；省际运输船舶32艘，总吨位14027吨，载货吨位22464；市区内普通货物运输船42艘，载重吨位3921吨；市区内客运船舶69艘，2039个客位。全年水路运输完成货运量2736.3万吨，货运周转量80694万吨千米；完成客运量133.6万人次，客运周转量1421万人千米。

物流产业 重大物流项目建设稳步推进。赣州华东国际商贸物流城、赣南脐橙交易中心等22个物流载体项目建设完成投资62.23亿元，同比增长235.49%。综合物流园、冷链物流中心、赣州港物流园和物流公共信息平台4个中心城区重点物流项目全面启动，建设进展顺利。农村物流站点建设成效显著，县、乡、村三级物流服务站覆盖率45%。物流主体建设有新进展，全年新增国家标准A级物流企业16户，该市被列为全国首批、全省唯一的现代物流创新发展试点城市。

民航 2016年，赣州机场旅客吞吐量突破百万人次，成为省内首家百万级支线机场。机场全年完成旅客吞吐量108.32万人次，起降架次9654架次，货邮吞吐量7306.38吨。持续安全运行23年。

（李发淳）

章贡区

2016年，章贡区交通运输局围绕赣南苏区振兴发展，抓好农村公路建设管理养护、道路运输行业管理、物流业建设等各项工作，取得一定成绩。

基础设施建设　全区基础设施攻坚战起点高、规模大,为全区交通基础设施建设历史之最。计划在沙河镇、沙石镇、水西镇改建13条农村公路,按照三级公路、四级公路的标准进行改造,总里程约72千米,总投资3.29亿元。11月,完成沙河镇华林至罗坑农村攻坚路的升级改造建设,为中国山地自行车赛(赣州·章贡站)如期举办提供交通基础设施保障。其余12条攻坚路全线开工,进展顺利。

公路维护　全区农村公路硬化、拓宽完成6.7千米,占年计划的134%;安排专项养护维修资金200万元用于农村公路维护;拆除高速公路、国道、省道沿线非法广告牌23块。

运输行业　行政审批全年收件近6000件,办结率100%。

物流建设　①赣州市农产品批发市场。该项目占地面积11.13公顷,全面完成征地拆迁工作任务,土地平整及现场地勘施工完成工程量80%,建成之后将成为集农产品批发贸易中心。②赣州华东国际贸易物流城。该项目总投资20亿元,投资113000万元,总建筑面积60万平方米,在建总面积33.94万平方米。全区新增市级规模物流企业4户,从事物流经营者218户、个体运输经营户近6000户,物流运输车辆近7000辆,吨位32390吨。物流运输企业上缴税金1000万余元,为章贡区经济发展注入新活力。

(章贡区交通运输局)

赣　县

2016年,赣县交通运输局围绕年初目标任务,以“六大攻坚战”为抓手,全面抓好各项工作的贯彻落实。

公路建设　该县公路通车总里程1900千米。普通国省道。该区国省道升级改造续建项目为S219赣县梅街至荷树坳段公路改建工程15千米,总投资17692万元,该项目2016年初通过农发行贷款解决地方配套资金,开工建设并完成投资3000万元。

县道升级改造。该县县道升级改造续建项目韩坊至信丰、岐岭至阳埠、沙地至攸镇、大田至三江公路4个项目34.88千米基本完工;田村至白鹭和大湖江至江口公路2个项目43.5千米在建;当年下达车购税补助建设计划(县道升级改造)3个29.5千米,分别为五云至夏浒14.7千米,大田至长洛11.9千米,古景坝至罗芬桥2.9千米。其中五云至夏浒公路开工建设,其他2个项目正在进行招投标等前期工作。

通自然村公路。该县自然村(25户以上)通水泥路项目省厅安排建设计划627个642.8千米,总投资19284万元,完成627个计642.8千米。通自然村公路配套资金省、市分别补助10万元/千米和2万元/千米,区财政按13万元/千米的标准补助,安排新增债券资金8055.3万元。

新建独立桥梁　2016年续建的新建独立桥梁项目6座,其中石圳高桥、文芬桥、丰竹桥及葛埠坳桥4座桥开工建设,其余正在进行招投标等前期工作。

民生工程PPP项目梅储路扩建工程、洋塘大道、汶潭大道及汶潭大桥4个项目完成工可编制及批复工作,其中梅储路扩建工程开工建设,洋塘大道完成初步设计,汶潭大道完成施工图设计编制及图审工作。

城镇化交通建设项目　1.义源区城市路网完善工程。杏林大道路基工程完成99%,涵洞工程完成100%;赣长连接线路基工程完成95%,涵洞工程完成100%。两标段完成投资8431万元。

2.县城义源段防洪堤工程。该项目是省五河治理项目,开工建设。

3.梅储路拓宽改造。基本完成路基清表工作,正在进行桥涵工程和路基工程。

4.县公交枢纽中心。完成水电安装,申请的1300万元省老区民生工程专项补助资金到县财政,设计单位完成效果图重新设计和概算编制,送县政府审定。

5.赣州梅林汽车客运站。完成规划选址、建设用地批复,完成项目规划设计,正在协调土地出让有关工作。

其他民生工程　1.危桥改造项目。洋坪桥完工。河西口桥和长洛圩镇桥完成图纸设计。

2.农村公路安保设施项目。长洛至梅林公路和大埠三江至王母渡公路的安保工程完工,大田至大埠三江公路安保工程年底完工。全县县、乡道、重要村道及学校路口都设置标识标牌、减速带或转角镜等。

3. 农村客运和城市公交发展。农村客运，全县新增客车 3 辆，更新客车 14 辆，新建新式候车亭 16 个，新设候车牌 16 个，全县通车的行政村达 94.6%。城市公交，该县在 101、129、139、127 及环城公交线上更新 7 台大容量空调车，全县有公交车 52 辆，线路运营连通赣州，基本覆盖县城、茅店、储潭等规划区。新增驾校 1 家，新增维修企业 3 户。

交通业务 该县拥有营运客车 180 辆、货车 1194 辆、公交车 48 辆。客运量 652 万人次，客运周转量 35294 万人千米；货运量 530 万吨，货运周转量 170080 万人千米。

圆满完成 2016 年春运工作。确保全年无安全生产事故。抓好物流产业发展。培育国家 AA 级物流企业 2 家，县级规模物流企业 2 户，新增物流企业 2 户，全年累计新增货运车辆 189 辆，新增吨位 3498 吨。赣州海铁物流中心项目于 4 月开工，完成投资 700 万元。

（赣县交通运输局）

上犹县

2016 年，上犹县交通运输局围绕“同城发展、绿色赶超”主战略，全力完善和提升交通基础设施建设，保持交通运输行业持续、稳定、健康发展。

交通基础设施建设 该县境内规划建设通车总里程 2173.15 千米，按行政等级分，国道 76.25 千米，省道 133 千米，县道 249.62 千米，乡道 206.86 千米，专用公路 45.46 千米，村道（含通组路）1461.96 千米；按技术等级分，一级公路 13.15 千米，二级公路 27.97 千米，三级公路 153.2 千米，四级公路 934.33 千米，等外公路 1044.5 千米；按路面类型分，有铺装路面 1157.63 千米，简易铺装路面 157.84 千米，未铺装路面 857.68 千米。

2016 年，全县农村公路建设投资规模为 19300 万元，国省道建设投资规模为 62706 万元。

①省道 S548 线李田坑至陡水段公路改建工程，里程 11.54 千米，总投资 19807 万元，完成投资 14679 万元。②赣崇高速上犹西互通连接线收费站至南塘段改建工程，按一级公路标准建设，里程 1.56 千米，总投资 2467 万元，完成投资 2000 万元。③高桥至崇义龙勾公路（上犹段）改建工程，按三级公路标准建设，里程 5.13 千米，总投资 3707 万元，完成投资 1840 万元。④G220 东深线遂川草林至上犹双溪段公路（赣州段）新建工程，按二级公路标准建设，里程 17.65 千米，总投资 4.04 亿元，完成投资 1.50 亿元。⑤松木坑至杨梅公路改建工程，按三级公路标准建设，里程 15.33 千米，总投资 4817 万元，完成投资 2000 万元。⑥龙口至蓝田公路改建工程，按三级公路标准建设，里程 6.6 千米，总投资 2731 万元，完成投资 1300 万元。⑦蓝田至社溪公路改建工程，按三级公路标准建设，里程 7.5 千米，总投资 2411 万元，完成投资 1000 万元。⑧黄沙坑至五指峰旅游公路，按三级公路标准建设，里程 10.0 千米，总投资 1200 万元，完成投资 270 万元。⑨南湖大桥建设项目，全长约 232 米，桥梁宽 23.5 米，总投资 9410 万元，完成两阶段施工图设计及报批工作。

农村公路养护和路政管理 农村公路雨季防汛抢险工作，清理水毁塌方 20000 立方米，修复挡土墙 1300 立方米，修复破损路面 3000 平方米，工程造价 100 万元。

农村公路路政管理。上路巡查 148 人次，巡查里程约 6000 千米，清除路障 20 多次，制止纠正各类路政违章 8 件。

运输行业 全县有营运货车 342 辆，营运客车 107 辆（其中：班车 52 辆、公交车 41 辆、出租车 14 辆），有客运企业 7 户（含公交、出租），客运线路 31 条（其中省际 17 条，县际 4 条，县内 10 条），全县乡（镇）通班车率 100%，行政村通班车 97.44%。完成客运量 198.28 万人次，旅客周转量 24965.8 万人千米；货运量 221.92 万吨，货物周转量 28682.9 万吨千米。辖区内有机动车维修企业 184 户（其中二类维修企业 7 户，三类维修企 177 户）；货运企业（物流公司）4 户；汽车租赁企业 1 户（租赁汽车 10 辆）；驾驶员培训学校 4 家（二类）；客运站场 3 家（其中：二级 1 家，三级 2 家）；汽车综合性能检测站 1 家。实现连续 46 年安全无事故的目标。

坚持打击非法营运。全年出动宣传车 180 车次，发放宣传单 6000 余份，检查客货运车辆 650 辆，查处非法营运车辆 25 辆。

物流运输建设 加大物流项目的招商引资工作,引进一批物流企业,恒利、通力等8家具有一定规模的物流企业落户上犹县,全年新增三福、凯通2家物流企业,县通力物流有限公司荣膺中国物流与采购业联合会全国第二十二批“AAA”级物流企业。

全县8家规模以上物流企业总运力达317辆3295.87吨位,货运运力同比增长23.57%。全县物流业实现产值约2.5亿元。

(上犹县交通运输局)

崇义县

2016年,崇义县公路网总里程为2141.84千米,其中高速公路1条50.84千米,国道2条135千米,省道2条72千米,县道15条320千米,乡道17条197千米,村组公路1367千米。全县有公路客运班线39条,其中长途班线4条、中长途班线2条。1家城市公交公司,拥有11台公交车;农村客运班线33条。班线客运车辆68台,行政村通客车率90%;有1家出租车公司,20台运营。符合航运条件的陡水湖崇义库区有水口、七星望月、鹿湾、过埠4个简易码头(鹿湾码头建成浮筒简易码头),投入运营的船10艘。

交通项目建设 1. 国道G220金坑分水坳—县城西门段。全长30.85千米,按二级公路标准设计建设。2016年上半年启动项目前期工作。

2. 省道S548树木园至过埠段。全长27.1千米,按二级公路标准设计建设。采取PPP模式建设,正在实施工程招标。

3. 县道过埠至上堡公路。全长30.7千米,按三级公路设计建设。5月开工,完成投资约1300万元。

4. 上犹莲塘至茶滩公路。全长11.3千米,按三级公路设计建设。6月进场施工,完成投资约600万元。

5. 龙勾至上犹高桥公路。全长3.69千米,按三级公路设计建设。3月开工建设,主体工程基本完工。

6. 过埠大桥项目。项目全长109.5米,完成大桥主体工程量约30%。

农村公路建设 ①完成2016年通组公路建设项目82千米。②投资180万余元完成县城至龙勾公路扬眉、龙勾段3千米路面修复。③投资333万元,完成过埠镇白袍岭至洪水坑客运网络公路修复工程。④启动实施麟潭至高沙等部分县乡公路及村道扩宽项目建设。

陆路水路客货运管理与生产 ①打击非法营运。出动执法人员314人次,查处非法客运车辆5辆,无证无照、超限超载车辆15辆;走访调查全县137家从事机动车维修业户,对16家尚未办理证照的业户下发整改通知限期整改;对3家驾驶员培训学校进行安全专项检查。②做好窗口服务工作。依法办理行政许可业务,全年办理道路运输经营许可证151本、道路运输证125本,办理营运车辆年审401台次。

客货运量 客运量65.7万人次,客运周转量39420万人千米;有货车644辆,货运量286万吨,货运周转量30672万吨千米。

公路治超。3月,正式启动公路治超工作,出动执法人员2781人次,设立治超点26处,检测车辆1677辆,恢复非法装车辆144辆,卸载货物513吨,记分84分。

(崇义县交通运输局)

南康区

2016年,南康区交通运输局紧扣“123”重点任务,主动适应新常态、积极把握新要求,统筹推进各项工作,全区交通振兴发展取得阶段性新成果。

项目建设 1. 国省道建设。2016年国省道项目5个,其中续建项目1个,为SL33大广高速南康互通连接线;新开工项目4个,分别为①G357南康至唐江段公路改建工程。②大广高速南康南互通连接线SL33(第二期)工程。③赣州绕城高速南康东互通连接线工程。④S226南康十八塘至唐江公路改建工程。SL33大广高速南康互通连接线完工,大广高速南康南互通连接线SL33(第二期)工程、S226南康十八塘至唐江公路改建工程开工建设,其余2个项目正在进行征地拆迁工作,累计完成投资6.84亿元,完成年计划投资的113.7%。绕城高速公路南康东互通连接线升级改造工程项目和G357机场快速干道的项目正在进行前置性批复、工可、勘察、设计等项目前期工作。

2.县道升级改造。续建项目2014年县道升级改造项目唐江至连城公路8.7千米基本完工，完成投资9405万元；2015年县道升级改造项目3个。2016年启动新建县道升级改造项目4个，其中：横市镇下造—凤岗（沙芫—夹口段）5.7千米和龙回镇浮石—窖下（窖下—上坳段）7.1千米改造工程正在进行路基施工；龙回镇浮石—三益（三益—石滩段）4.8千米和朱坊乡罗边—莲花（罗边—朱坊段）8.8千米改造工程正在进行征地拆迁和施工招标，共完成投资4890万元。

3.乡道拓宽改造。续建项目2014年陈坑—龙回公路1.1千米改造项目以及2015年坪市乡下洞—石磨公路1.6千米改造项目、坪市乡假坌—大坪西坌公路2千米改造项目完工，完成投资1061万元。2016年启动实施9条乡道拓宽改造项目，其中东山街道老安孜—丘塘头公路1.8千米、镜坝镇连城—学堂下公路2.6千米、龙华乡赣丰线—黄塘公路2.6千米、双江—上寮公路1.2千米、龙回镇龙回—龙东公路5.5千米5个项目正在进行路基路面施工，累计完成投资2929万元；唐江镇上坑—古屋公路4.2千米、新建—高坝上公路3.1千米、赣丰线—油树村公路6.2千米等3个项目完成招投标工作；赣丰线—大坑公路12.6千米项目正在组织招投标工作。

4.农村公路建设。完成2015年度130.2千米通组水泥路项目验收工作。争取到通自然村公路建设计划303.1千米，全部完成，完成投资9430万元，实现100%库内25户以上自然村通公路。2016年启动实施4个村道拓宽改造项目，分别为龙岭镇樟桥—新屋3.2千米、樟桥—汪背3千米、樟桥—下棚3.5千米和赣南大道—村头3.4千米，12月底全面完工，完成投资1794万元。

5.危桥改造项目。续建项目完成2014至2015年度危桥改造计划项目6个，分别为十八塘乡合江桥、镜坝镇田尾桥、横市镇大元桥和排石下桥、蓉江街办下稍江桥、横市镇三眼桥，完成投资1316万元。2016年度危桥改造计划项目5个，其中大坪乡名帮桥基本完工；龙华乡罗边大桥完成50%的桩基础和60%梁的浇筑；龙华乡牛石大桥、麻双乡鹅坊桥和横市镇联合桥正在进行桩基础施工，完成投资2022万元。完成赤土畲族乡坝孜桥和月形桥2座新桥建设，完成投资508万元。

6.公交总站项目。区公交总站12月开工建设。项目占地面积3.22公顷，总建筑面积35574.01平方米。

交通行业管理 1.客货运输。全年改造更新客车13辆。全区有客运经营企业9户，拥有营运客车113辆，开通客运班线61条（其中省际14条、市际1条、县际4条、县内42条）。全年完成客运量513万人次，旅客周转量34963万人千米；全区货运物流经营业户809户，其中物流企业223户，拥有营运货车812辆，全年完成货运量266万吨，完成货物周转量68925万吨千米。全区有驾校12所，培训学员14500余人。

2.公交出租车。区公交公司投放50辆大型空调公交车，实现全区公交车空调全覆盖。9条公交线路延伸和优化调整，加密各线路的公交车运行密度，公交车运行全面覆盖南水、东山及蓉江等城区。全区办理老人免费乘车证23800人，全年办理4000多本，换证近4000多本。区越秀汽车出租车有限公司投入134辆出租车在城区内运营。

3.行政审批。通过清理保留行政审批项目有20项。全年办理行政许可事项850项，办结率100%。

4.运输市场。查处非法营运“黑车”32辆，“黑教练车”8辆，规范出租车违章行为20次，无证危险货物运输车6辆。

5.安全生产。开展大型现场咨询活动2次，发放安全宣传单2000余份。开展全区交通行业安全隐患大排查，查出各企业、车站、桥梁公路等安全隐患60余起，重大安全隐患2起，查处交通运输企业违规行为8起，对相关企业责任人及个人给予相应处罚。全年全区未发生重特大道路客运安全事故，全区运输安全形势整体平稳。

6.公路养护管理。全年争取到市、区农村公路养护资金近350万元。投入80万余元完善农村公路和桥梁养护责任公示牌，投入72万元选取5条县道、4条乡道和17条村道计158.1千米农村公路创建文明样板路。实现县乡道平均好路率88.95%。争取到公路维修资金800万余元，争取到省级养护资金499万元用于县乡公路的大中修,安排维修项目4个,修复损坏公路15.73千米。争取到错车道建设资金1700万元,拟建错车道3269处,完成2135处。

7. 物流产业。全区登记在册的物流企业近451户,有一般纳税人物流企业20户,其中国家AAA级的物流企业有5户,国家AA级物流企业3户,江西省著名商标物流企业1户。全年物流企业纳税7000万元。运营线路1000多条,开通南康至成都、海口南专线。依托互联网+物联网,建立南康综合物流信息平台,即中国中部物流信息网,逐步向第四方物流迈进,为南康区整体产业的转型升级与持续健康发展提供良好的枢纽服务。

8. 治超工作。开展超限超载路面检查,检查车辆800多辆,处理超限超载车辆75多辆。

(南康区交通运输局)

大余县

2016年,大余县交通运输局树立"发展为先、生态为重、创新为魂、民生为本"的发展理念,围绕加快发展、转型发展、跨越发展这条主线,突出项目建设、改革创新两大抓手,各项工作顺利推进。

交通基础设施建设 1. 国、省道项目建设。G323大余黄龙至五里山一级公路分段实施完成11.6千米,剩余约3.29千米正在建设中。

2. 桥梁建设。①新建新城镇塘背上大桥。②池江镇古下桥拆除重建工程。完成招投标工作。③惜母桥拆除重建工程。基本完工。④梅关大桥拆除重建工程。正在建设中。

3. 县道升级改造工程建设。①大余县葛坳至浮江公路烂泥迳至浮江路段。基本完成路基工程。②大余县池江至大兰公路改建工程。正在建设。③大合口至左拔段公路改建工程。于12月启动征地拆迁和样板路建设。④大江至漂塘段公路改建工程。于12月启动征地拆迁和样板路建设。⑤大余县葛坳至浮江公路葛坳至烂泥迳路段。完成施工图设计及批复。⑥吉村至内良天华山公路建设。于12月启动征地拆迁和样板路建设工作。⑦小水口至高坪公路建设。于12月启动征地拆迁和样板路建设。

4. 农村公路桥梁及公路水毁建设。①专用公路升级大余至西华山公路。12月开工建设。②乡道双车道拓宽改造。县城—黄坑3.1千米完工,剩余6.95千米正在建设。邀里—二塘、县城—惜母正在建设、红石桥—佑源正在建设、新城—上栅正在建设、均完成施工图设计和审批。③村道窄路面拓宽改造。鲤鱼坪—元龙、社官桥—九龙、新安—梅山已完工;九牛塘—李洞、长江—板棚、漂塘矿部—石门口水库尾正在建设。④"6·16""8·27"水灾毁损道路桥梁重建。整合交通有关资金近1000万元,维修17座桥梁和近40多处水毁路段。

交通运输安全生产监管 春运期间,安全运送旅客11.61人次,客运周转量2089.62万人千米,总班次3784班。实现春运安全零事故,圆满完成2016年春运各项工作任务。

全县拥有营运货车672辆,吨位2271吨;物流运输服务业20户。一类维修企业1户,二类维修企业10户,三类维修企业58户,汽车综合性能检测站1家。机动车驾驶员培训学校6家:其中二级1家,三级5家,全县有教练车140辆,教练员152名,年培训能力16320人次,全年培训学员5470人次。客车新增(更新)6辆。普通货运车辆新增64辆,转出8辆。全年客运量230万人次,客运周转量13953万人千米;货运量162万吨,货运周转量36368万吨千米。全年查扣客运黑车6辆,查处无证经营和非法改装货车62辆。发放安全宣传资料600余份。2016年全行业未发生一起安全责任事故。

(大余县交通运输局)

信丰县

2016年,信丰县交通运输局围绕"六大攻坚战"决策部署,大力推进"决战三年,畅通信丰"工作,全县交通运输事业呈现良好发展势头。

全县通车公路总里程:县道315千米、乡道331千米、村道1499千米。

全县有客车208辆,货车3009辆,可承运整车、零担货物至全国各地。全年完成客运量666

万人次，客运周转量42533万人千米；货运量1366万吨，货运周转量133969万吨千米；京九铁路贯穿县境约70千米，客运站日接发旅客列车19列，货运站日吞吐量1000多吨。

交通基础设施建设 高速公路项目建设。实施大广高速信丰北互通工程。完成投资6000万元，占年度投资计划的100%。

国省道建设 ①国道G105信丰县绕城改建工程。项目于11月正式动工建设，累计完成投资3.42亿元。②G105信丰县石井至西牛段公路改建工程。累计完成项目投资1.60亿元。③S317信丰坪石至安西公路改建工程。该工程累计完成投资9000万元，占年度投资计划的113%。

农村公路建设 ①县道升级改造项目。县道西牛—正平（西牛—白兰段）开工；崇仙—小江公路开工；完成安西—虎山、小河—龙洲（铁石口—柳塘、小河—铁石口）、大田—茶亭下公路的施工图设计。②乡道双车道拓宽改造项目。谷山—焦坑项目于6月开工，完成投资约2300万元；天一宫—宝钢新利稀土改造项目开工；李庄圩—界址项目完成施工图设计。③通自然村公路项目。25户以上自然村通水泥路建设项目计划590个393.4千米，完成393.4千米，完成投资1.57亿元；完成2016年成品油价格和税费改革转移支付资金通自然村公路建设项目24.2千米，完成投资968万元。④农村公路危桥改造项目。2015年下达的15座危桥全面完工；上级还未下达计划的安西崇墩桥完工、铁石口高桥煤矿桥、龙洲桥开工，长278米的铁石口大桥正在做招投标工作，庄高桥正在准备招投标，寺古湾桥正在施工图设计。

交通站场建设 县汽车总站暨公交总站建设项目主体工程开工，土地平整累计完成总工程量的100%，累计完成投资3500万元。

城市道路建设 城东大道项目累计完成投资2752万元，占年度投资计划的102%。

农村公路养护管理 全县县道315千米、乡道331千米、村道1499千米。投入资金417万元对隘高—古城等7条公路的破损路面进行维修重建；农村公路安保设施全年投入资金454万元。

道路运输安全专项整治 开展“黑驾校”专项整治。全县206辆挂靠在信丰县驾校的车辆全部归位到总校练车教学。

招商引资和争资争项工作 该局招商引资项目信丰文峰电子科技有限公司10月正式投产；谷茂饲料厂正在建设。全年争取上级资金21259.2万元，占年度任务的177%。

安全生产开展安全隐患排查整治工作。排查治理各类安全隐患509项，隐患整改率100%。开展安全生产宣传教育和培训。悬挂安全生产横幅26条，发放宣传材料3000余份，接受群众咨询500余人次，派出宣传车48辆次，组织安全教育培训1612人。对县道实地勘查，排查整治安全隐患17处，确保交通工程建设安全平稳。

（信丰县交通运输局）

龙南县

交通基础设施建设 1.完善运输网络。①三南公路和利公司至105国道段（新圳小区外部连接线）改建工程开工建设。②G535龙南汶龙至渡江段（原三南公路龙南段）公路改建。完成项目批复的前置性批件。③新杨大桥和廉政大桥建设。新杨大桥完成桥梁下部结构。廉政大桥项目竣工通车。④县道升级、乡村道扩宽改造。完成程龙至安基山公路、大稳至定老城公路、黄竹迳至新圩公路3个计31.4千米施工图设计，项目总投资1.88亿元，其中大稳至定南老城公路开工建设。完成五星至黄坑、龙小线至象塘桥头、井岗至红扬、象塘桥至窑头、八一九至杨梅、东坑至巷口等6个乡道升级改造项目施工图设计批复工作，计19.5千米进行扩宽改造，项目总投资2890万元。⑤通组公路建设。全面完成通自然村公路114千米建设改造，完成投资约3420万元。

2.农村公路养护。全县列养公路661.1千米，其中县道146千米，乡道141.8千米，村道373.3千米。

3.农村公路安全保通工作。完成夹杨公路、桃晒公路、程青公路、龙关公路等县道水毁路面修复工程，总投资约424.5万元。

道路运输 全县有营运客车81辆，客运班线县内19条，省际13条，县际6条。公交车18辆，出租车65辆。营运货车1164辆。4所驾校，年培训能力约9000人。机动车维修企业106户，其中一类维修企业1户，二类维修企业7户。

查处非法营运的面包车23部、电瓶三轮车8部、无证经营货车45部、改装货车14部、非法危运车辆2部、违规出租车2部。查处治超案件25起。有货运企业41户;汽车维修企业二类以上8户;汽车租赁企业1户。

做好客运、货运、危险货物运输从业人员从业资格的年审工作,全年审验4800多人。

完成客运量283万人次,同比增长9.6%,客运周转量18780万人千米,同比增长17%;货运量473万吨,同比增长10.25%,货运周转量117859万吨千米,同比增长24.5%。

现代物流建设 全县物流企业44家。龙南保税物流中心项目列入省、市物流发展项目库,完成征地10.73公顷和项目可行性研究报告编制。

安全生产 4月,开展2016年综治平安建设宣传活动,现场发放宣传资料200多份,现场提供咨询23人次。确保水上交通安全。

争资争项及招商引资 超额完成争资争项工作。全年争取到位交通项目资金等共计14795.46万元,占县下达6000万元任务数的246.59%。

招商引资引进新能源科技有限公司,总投资1.5亿元,主营范围为生物质成型燃料生产和热能运营服务等。

(龙南县交通运输局)

全南县

2016年,全南县交通运输工作围绕年初确定的目标任务,加快交通基础设施建设,强化交通运输管理,保持交通运输事业持续、平稳快速发展。

公路建设 年度实际完成投资1.27亿元。县绕城一级公路工程。该工程于2014年9月开工,建安费计划投资1.5亿元,累计完成建安费投资1.47亿元,其中2016年完成建安费投资5900万元。

县道樟排线社迳生坑至老屋下10千米升级改造工程。该项目于3月开工,完成建安费投资800万余元,完成计划50%。

农村公路建管养。年度完成投资6000万元,完成通村组公路硬化117.3千米,实施错车道建设项目1304个,完成危桥改造7座,实施全县792.91千米农村公路的日常养护。

南迳镇环城东路工程。该项目于11月完成招投标,年底施工单位进场。

交通运政管理 全县拥有客车70辆,全年客运量220万人次,客运周转量13297万人千米;全县拥有货车712辆,全年货运量210万吨,货运周转量49859万吨千米。

做强做大该县物流运输企业。万通物流有限公司获得国家"AAA物流企业"荣誉称号,此项荣誉填补该县A级物流企业零的空白。

城市客运。原开通10辆城市公交车,新增10辆城市公交车投入运营和开通工业园区5路、6路公交线路,极大地方便城市居民和工业园员工的出行。

行政执法工作。检查车辆128辆次,教育警告车辆业主76辆次,查扣非法营运车辆6辆,处罚金额4.3万元;治超检查检测车辆305辆,查处超限超载车辆24辆,卸货151吨,处罚驾驶员扣分141分,恢复改装车辆12辆,处罚金额3.7万元。

培育和巩固4家驾校达到国家标准的三类驾校资质;培育发展8家符合国家标准的二类汽车维修企业和100多户三类维修企业。

(全南县交通运输局)

定南县

2016年,定南县交通运输局按照工作目标,突出重点、强化措施、狠抓落实,各项工作扎实有序,公路建设与运输成效显著。

公路建设 交通基础设施建设攻坚战国省道、农村公路计划完成投资5.38亿元,截至10月实际完成投资5.22亿元。

国省道攻坚战。普通国省道新建项目2个,建设里程19.5千米,累计完成投资4.41亿元,完成投资106%,分别是①G238定南天九至历市一级公路改建工程全长9.7千米,总投资2.28亿元,累计完成投资2.25亿元。②G535定南历市至汶龙一级公路改建工程拟建规模为10.8千米,总投资25211万元,累计完成投资2.16亿元。

高速公路建设。①安定高速公路完成投资20亿元,累计投资45亿元,占总投资100%。②定南东互通连接线工程路线全长3.82千米,按一级公路标准建设,项目总投资1.5亿元。2016年底全面完工。

农村公路建设。农村公路建设项目8个,建设里程计195.56千米,完成投资1.04亿元,完成投资87%。

公交建设 公交新场站选址于广州大道南,政府划拨用地2.33公顷,公交场站建设工程拟建筑面积3407.96平方米,项目总投资约2000万元。

道路运输 春运40天,全县运输旅客24.3万人次,完成客运周转量2187万人千米,车站日均发车175班次。未发生一起交通安全事故。全县有长途客车和县内客车83辆3294客位,出租车50辆,城市公交车20辆1040客位,客运量239.5万人次,旅客周转量17500万人千米,同比增长2.8%;全县有货运车辆1060辆3157吨位,货运量394万吨,货物周转量36000万吨千米,同比增长4.2%。

运政执法 查办违章案件39宗,其中擅自改装车辆20宗,无上岗证7宗、出租车不打表2宗、非法营运10宗,共计罚款104600元,教育司乘人员60余人。

全年驾驶员培训学校报名培训1340人次,其中考试通过630人次。

(定南县交通运输局)

安远县

2016年,安远县交通运输局以“决战脱贫攻坚,决胜全面小康”和“构建大交通”战略为主线,突出争资争项、项目建设两大重点,推进交通的跨越式发展。

全县续建和新开工交通项目总计619.6千米,在建桥梁3座,总投资8.8亿元,除上级补助资金3.1亿元,地方配套5.7亿元。其中:国道改建7.6千米、省道改造21.9千米、县道改造72.9千米、乡村公路升级改造144.4千米、通自然村道路硬化372.8千米,建设规模及总投资均比上年增长4倍以上。截至年底,累计完成交通项目投资4.5亿元,同比增长143%。

全年争取上级补助资金18130.9万元。其中国省道改造4104万元;县道升级改造2200万元;交通部对口支援切块扶持资金6000万元;建制村优选通达路线窄路面公路拓宽改造140.4万元;危桥改造补助资金462万元;通自然村道路硬化3728万元;错车道建设1196.5万元;农村公路安全生命防护工程300万元。

交通运输部对口支援切块扶持资金6000万元,并继续按照西部政策对安远县重点倾斜支持;省交通运输厅、省公路局支持通自然村水泥路372.8千米,资金3728万元;错车道建设451.67千米,资金1196.5万元。

公路运输 有营运客车70辆,开行客运班线42条。客运量298万人次,客运周转量29185万人千米;有货运车辆397辆1688吨位,货运量312万吨,货运周转量31020万吨千米。

运政执法 查处330余辆违规违章营运车辆,净化道路旅客运输市场。

春运 春运40天,全县投入营运客车数3149辆次,运送旅客79030人次,客运量同比减少33.39%,未发生客运伤亡事故。

车辆维修 现有二类维修企业4户,三类维修企业52户。

驾校管理 有安远驾校等5所驾校(均为三类驾校)。

公路治超 全年检测车辆468辆,查处车辆28辆,计分109分。

全县有出租车公司1家,投入使用出租车32辆;公交公司1家,投入使用公交车24辆,开通运行公交线路5条,镇村公交线路1条。规划建设53个标准的公交车站台和45个出租车专用停车位,城市公交车临时停靠点33个。

公路建设 1. 国道改造。G358安远县虎岗至和务段公路改建工程,8月开工建设,完成投资约8600万元。

2. 省道改造。S223塘村至龙布段路面大修工程,1月完成全部主体工程,完成投资3200万元;S223三排至黎洞一级公路,12月交工验收,完成投资1265万元。

3. 县道改造。①X230天心至岽坑公路改建工程12千米,完成投资约2100万元。②X229铁丰至上濂公路改建工程7.3千米,施工合同价2463448元,本年度完成投资约700万元。③X223双坑至鹤子公路改建工程10.3千米,施工合同价32591176元,12月开工建设,完成投资约1600万元。④高云山地质灾害整治工程,施工合同价5458829元,于9月开工建设,完成投资约320万元。⑤寻乌至安远公路安全生命防护工程,施工合同价1158654元,于11月开工建设,完成波形护栏安装约4500米,完成投资约68万元。

4. 通25户及以上自然村水泥路建设。2016年有372.8千米建设计划,总投资10704万元,累计完成343千米,累计完成总投资约10290万元。

5. 全县70个贫困村及5个秀美乡村建设点进村主干道路面大中修工程144.4千米,项目总投资9200万元。项目于9月启动建设,累计完成约98千米。

6. 危桥改造。全年危桥改造项目7座,累计完成投资1680万元。

公路建设和养护 县财政对全县农村公路投入养护资金366.42万元,同比增长30%。

交通工程质量监督 6月28日,成立安远县交通工程质量监督站,属股级事业单位。主要负责辖区内四级以下农村公路新、改建及养护大中修工程、独立小桥工程及市质监站要求监督(或联合监督)的其他公路工程项目。

农村公路养护 按照每5千米安排1名精准扶贫户到农村公路养护岗位上,全年落实220名扶贫户从事公路养护工作。

创建牛犬山至龙布、长沙至心怀、龙布至天心3条县养精品路,共计64.3千米,全县各乡镇各创建两条样板路,共38条175千米。

增加养护投入。县财政投入养护资金281万元。全年县、乡公路养护支出366.42万元,其中用于公路日常养护155万元;用于水毁公路抢险、道路维修166万元;桥梁修护31.2万元;用于公路绿化14.22万元。县道年平均好路率91.04%,乡道年平均好路率76.56%。

农村公路绿化。补种绿化路树总投资14.22万元。

(安远县交通运输局)

寻乌县

2016年,寻乌县交通运输局围绕以交通基础设施攻坚为主攻目标,交通基础设施项目建设、农村公路建设、运输行业管理,均取得明显成效。

交通重点项目建设 全年由县交通运输局承担建设的重点工程主要有8个,分别为寻乌南桥—广东龙川高速公路建设项目、寻乌—安远(甲子乌至县界段)县道公路升级改造工程、晨光至主人路面改造工程、吉潭—项山县道升级改造工程、河角—留车县道升级改造工程、吾良畲(丹溪)—大田(龙廷)县道升级改造项目、新汽车站和物流园区建设项目。

农村公路建管养 做好通组公路建设项目的申报和实施。当年计划完成通自然村(通组公路)水泥路150千米,改造危桥3座。向上申报项目230千米,争取通自然村水泥路项目213千米,危桥改造项目3个。

全县完成通组公路183千米,正在建设通组公路30千米。

农村公路养护管理 争取上级养护补助资金323.5万元,农村公路好路率72%,同比增长6%。

保障农村公路安全与畅通。3月20日至3月31日,连降大暴雨,全县农村公路发生水毁路段136处,塌方计16000立方米。其中3条县道受损情况尤为严重,多次出现短时中断交通的情况,该局及时对公路进行抢修,有效保障农村公路安全和畅通。

全县公路通车总里程2481千米。

交通运输 全县拥有营运汽车261辆。其中:客车70辆;货车150辆;公交车21辆;出租车20辆。全年完成客运量240万人次,周转量14864万人千米;货运量343万吨,周转量59338万吨千米。

春运 春运期间,全县投入客运车辆4293辆次,安全运输旅客15.2万人次,未发生旅客滞留的情况。

规范运输秩序 组织开展执法专项行动6次,查处违法违章运输车辆19辆,保障道路运输健康有序和规范发展。

鼓励物流企业升级发展 该县发展大中型物流企业12户,其中市级规模以上物流企业5户(分别为江西杨氏南北鲜果有限公司、寻乌县圣维实业有限公司、寻乌县源兴果业有限公司、江西东江物流有限公司和寻乌县洪源达果业有限公司)。

争取农村公路建设项目向上申报项目13个,落实项目7个,争取到位项目资金2415万元。

存在的问题 征地拆迁不能及时到位制约着重点工程建设的开展,影响施工进度。

地方配套资金到位难。主要是农村公路建设方面,上级下达的项目补助资金少,需地方配套大部分的资金,由于配套资金到位难,影响项目的实施。如建设路面宽3.5米的村组公路,需建设资金30万元/千米,上级补助12万元/千米,县级补助3万元/千米,还有缺口资金15万元需乡、村自筹解决。

该局干部职工年龄老化,急需引进年轻干部。全局干部职工55人,平均年龄47.6岁。工程技术人员不够用,急需引进年轻的技术人员和干部。

(寻乌县交通运输局)

于都县

2016年,于都县交通运输局及“六大攻坚战”等任务目标要求,扎实推进交通重点项目和农村公路建设,规范运输行业管理,各项工作均取得一定成效。

该县公路通车总里程为2800千米,有客车429辆,公交车48辆,出租车50辆,农村班线客运车辆147辆,货运车辆1403辆。全县客运量943万人次,客运周转量11658万人千米;货运量887万吨,货运周转量53867万吨千米。

重点工程建设 国道323绕城改线工程通车;于都大道改建工程通车;汽车客运南站项目主站房完成桩基础58根,综合楼完成地下室开挖。

农村公路建设 1.续建“十二五”县道升级公路建设计划5个共72.6千米。

2.新建县道升级改造项目。争取2016年县道升级改造计划29.9千米,再加上上级未安排计划的长潭至花桥公路车溪至段屋路段5.9千米,共35.5千米完成工程招标,正在加快征地搬迁工作。

3.乡村道窄路拓宽改造项目。完成4条乡村道窄路面拓宽改造项目施工图设计。

4.危桥改造项目。完工8座桥,在建3座危桥。

5.25户以上自然村公路项目。争取25户以上自然村通水泥路计划846.7千米,完成水泥路面482千米。

6.农村公路建管养护。投入农村公路日常养护350万余元。县政府批复2016年农村公路文明样板路计划,投入1533万元创建28条共138.9千米。争取上级乡村道错车道和安保工程资金2774万元,完成乡村道错车道1000余处。

运输行业 圆满完成春运任务。调集481辆客车参加春运,其中正常运力290辆,机动运力45辆,外调运力146辆。

农村客运公交化试点取得初步成效。自6月1日起,对县城至银坑、县城至车溪等班线进行公交化改造试点,通过加密班次(调整为15分钟一班),降低票价(县城至银坑降至8元、县城至仙下降至6元、县城至车溪降至8元),并适时增开镇村公交,加开圩日班等。

公司办理9000余张公交IC卡,每日有8000~10000人选乘公交出行。

安全生产开展安全检查16次,出动检查150余人次,下发整改通知18份,排除安全隐患63项次。全年安全生产工作得到上级的肯定。

(于都县交通运输局)

兴国县

2016年,兴国县交通运输事业取得优异成绩。交通项目建设规模之大、推进力度之强、项目进展之快,前所未有。

交通基础设施建设 国道:①兴赣高速竣工通车,北延项目前期工作基本完成,兴国融入赣州都市区步伐不断加快。②昌赣客专项目顺利推进,外接出省通道的兴国至泉州铁路项目开局良好。③国道G356湄西线兴国至蕉溪段、蕉溪至均村段2个项目前期工作全面完成。④G238兴国隆下至崇贤段公路改造路基完工。⑤G319兴国至高兴、G238兴国至江口等项目完成规划立项。

省道县道 ①省道S449黄樟线兴国杉村至古龙岗公路改建工程完成施工图设计及前期准备工作。②S219兴国蕉坑至莲塘公路改建工程完成工可设计。③S449兴国隘上至杉村公路改建工程完成工可设计。④县道高兴至茶园公路、城岗至鼎龙公路、雄岗至南坑公路进展顺利。⑤枫林至含田公路项目完成招标。⑥杰村至社富公路完成设计。⑦凤凰大桥项目正在设计。⑧公交首末站及充电站、综合物流园项目完成选址并实施三通一平,汽车总站项目施工图设计。

打通村民出行“最后一公里”,全面完成1017.9千米25户以上自然村通水泥路硬化任务。完成31座农村公路危桥改造,完成投资2738万元。

完成G238兴国至龙口段、G238高兴至三角段、G319县城至兴国西出口段、G356均村至五里隘段等国道,以及S219兴国蕉坑至莲塘段、S449兴国隘上至杉村段、S452兴国船溪至鹅公塘段公路改建工程的工可报告编制。

公路养护 对G319线64.12千米、G238石镇线兴国至龙口19.70千米进行路肩边沟整治。修复廖溪桥、龙口桥、小获桥损坏的栏杆和太平桥的锥坡,修复和安装安全防护钢护栏5569米。确保G238石镇线贺堂公路安全通行。清除上三线、G319线、G238石镇线等路段塌方24150立方米。

维修水毁公路。投入资金163万元,修复水毁路面57735平方米/11.63千米。修复水毁涵洞14道/45米。新建水毁挡土墙350立方米/6处。清理水毁塌方5350立方米/37处。维修加固桥梁417米/4座。

抗冰抢险保畅通。投入资金30万余元,调用铲车5台次、货车6辆,投入人力500人次,河沙300余方,铺洒工业盐25吨,先后2次消除西北部4条公路的路面冰雪,保障公路畅通。

文明样板路创建。确定县、乡(镇)、村养公路样板路创建里程分别不少于42千米、68千米、153千米。

道路运输 新增农村客运班线1条,更新农村客运班车21辆。全年完成客运量562万人次,客运周转量37594万人千米,同比增长1.8%、1.3%;新增货运业户13户,新增营运货车32辆325吨。全年完成货运量463万吨,货运周转量47465万吨千米,同比增长1.5%、1.0%。新建二类驾校1所。全年全县驾校培训合格驾驶员11200余名。全县有二级客运站场1座、三级客运站场7座、综合服务农站2座,五级客运站2个,农村客运候车亭254个,公交站台77座、临时停靠点220个。新增三类维修企业3户;全县有报备机动车维修业户130户,其中二类机动车维修业户8户、三类机动车维修业户112户,有二级汽车综合性能检测站1个。新增纯电动新能源公交车10辆。延续60辆出租车经营权,已更新30辆,另30辆购置新车正在办理营运手续。营运车辆年审率100%。对全县客运企业、货运企业、5所驾校和81家二类、三类维修企业的2015年质量信誉考核。

道路运输行业安全监管。排查问题36项,整改24项。诚信考核道路运输从业人员1277人次,继续教育培训驾驶员897人次;查处非法从事道路旅客运输营运车辆54辆次,查处非法从事驾驶员培训经营案8起,查处客货车违规经营行为13车次。

交通行政执法 全年查处非法从事道路旅客运输营运车辆54辆次,查处非法从事驾驶员培训经营案8起,查处客货车违规经营行为13车次。罚没45.6万元。

路政执法。查处污染公路和损坏路产案件29起,路政案件查处率98%,结案率100%。查处涉路违法案件176起,危害公路桥梁安全的抽砂场4处。拆除非公路标志牌25块。路政审批6件,代收公路路产损失补偿款3.35万元。

安全生产 全年排查问题36项,整改24项。安全例检客车50313台次,排除故障210台次,查堵烟花56支、鞭炮93500响、油漆7.4升、氯氢丙20瓶。对渡口拉网式检查8次、日常例检18次,与海事部门联检8次,纠正违章渡运行为6起。全县14艘渡船配齐救生和消防设备,添置救生圈14个,救生衣20件,更换灭火器6具。对14艘渡船进行一次安全检测,对检测不合格的2艘渡船下达停航通知书。清理路障124处,清查占用公路、公路用地面积1590平方米,查处危害公路桥梁安全抽砂场4处。设置各种警示标志牌32块、减速带72米/16处、震荡线300平方米/12处、安全警示桩160余根。

（兴国县交通运输局）

瑞金市

2016年，瑞金市交通运输局围绕“六大攻坚”工作部署，全力推进交通畅通工程，努力构建大交通格局，圆满完成年度目标任务。

农村公路建设 谢拨公路、瑞下公路、宾黄公路3条47.4千米县道升级改造和25户以上自然村767.8千米通水泥路建设。

罗霄山片区县道升级改造建设项目3个计47.4千米，合同总造价7644万元，完成投资6115万元，占工程总造价80%。

全市农村公路总里程1504.55千米，其中县道14条总长283.14千米，乡道50条总长416.98千米，村道804.43千米，全市17个乡镇、223个行政村全部通水泥路。

道路运输 1月，投入24辆新能源公交车。努力构建大交通格局。4月，市政府与江西长运股份有限公司签订《瑞金市大交通项目招商引资合同》，江西长运股份有限公司和瑞金市城市发展投资集团有限公司及自然人刘瑞华、钟林生三方共同设立新公司，由新公司注入资金建设大交通项目。

该市有客车总量221辆，有客运企业4户，客运班线67条；出租汽车企业1户，公交企业1家，有出租车89辆、公交车61辆。有汽车客运站5个，其中二级站1个、四级车站4个；有货车总量1512辆，有货运企业60户。有汽车维修企业132户，其中一类汽车维修企业2户，二类维修企业21户，三类维修企业109户，摩托车维修企业10户；拥有汽车综合性能检测站1户；拥有驾驶员培训学校7户，其中：一级驾校1户，二级驾校4户，三级驾校2户。全年完成公路客运量557万人次，客运周转量33440万人千米；完成公路货运量970万吨，货运周转量107097万吨千米。

物流产业发展 全年社会物流总额200亿元，物流业增加值15亿元。社会物流需求呈现增长态势。启动商贸物流园项目建设。商贸物流园位于城区东南部，规划用地面积41.13公顷，一期开发22.8公顷于10月公开挂牌出让，竞拍价3亿余元，项目规划设计集商品交易市场、物流仓储、物流信息交易平台、电子商务、商贸物流综合体及相关配套功能为一体，总投资估算为20亿元，一期总投资9.3亿元。项目完成2100平方米办公大楼工程建设。

（瑞金市交通运输局）

会昌县

交通基础设施 2016年，会昌县公路通车总里程达到3395千米（含通自然村公路）。其中国道220千米（含厦蓉高速公路会昌段27千米，济广高速公路会昌段57千米，206国道62千米，323国道22千米，357国道52千米）；省道99千米（S217黄会线45千米，S325金分线54千米）；县道259千米，乡道391千米，专用公路20千米，村道789千米，通自然村公路1617千米，路网密度达到63千米/百平方千米

公路运输管理与生产 全县营运汽车拥有量864辆，其中营运货车678辆；全县有客运企业11户，客运站8个，营运客车186辆（其中班车114辆，出租车30辆、公交车42辆）。县内有客运线路班线64条，其中，跨省线路17条，跨地（市）线路1条，跨县线路13条，县内线路28条，公交线路5条，客运线路平均日发班次360班次/日；全县各乡镇共有客运站点8个。全县有汽车维修企业81户，其中一、二类维修企业7户；物流运输服务企业20户，其中会昌县锦程物流有限公司被中国物流与采购联合会评为AA级物流企业；机动车驾驶员培训学校5家。新能源纯电动公交车42辆，其中县城线路电动公交车22辆，县城—乡镇线路电动公交车20辆，47个公交站台。

2016年春运期间，全县日均投入客运车辆110辆，安全输送旅客206990人次，比上年春运增加客运量7%。全年全县公路客运量419万人次，增长1.6%，旅客周转量26842万人千米，同比增长1.7%，全县乡（镇）通班车率100%；全县公路货运量497万吨，增长1.7%，货运周转量

51554 万吨千米,增长 2.1%。

交通运输安全 查纠超速等违章客车 100 多辆次。全年排查安全隐患 47 处,下发整改通知书 36 份,全部整改到位。全年未发生交通运输安全生产责任事故。

(会昌县交通运输局)

石城县

2016 年,石城县公路总里程 1478.73 千米,其中高速公路 26.53 千米,国道 80.57 千米,省道 0 千米,县道 304.98 千米,乡道 289.45 千米,村道 777.20 千米。按技术等级划分,高速公路 26.53 千米,一级公路 2.97 千米,二级公路 66.09 千米,三级公路 58.05 千米,四级公路 898.52 千米,等外公路 426.57 千米;按路面类型分,有铺装路面〔水泥(油)路面〕1033.25 千米,简易铺装路面 4.99 千米,未铺装路面 440.49 千米。境内公路密度为百平方千米 93.41 千米。全县有公路桥梁 333 座计 14809.3 延米,其中大桥 34 座计 7323.76 延米;中桥 91 座计 4372.54 延米;小桥 208 座计 3113 延米。全县有危桥 56 座,约 2703.2 延米。实现 100% 乡(镇)、村通水泥(油)路。

全县有客运车辆 148 辆,其中班线客车 91 辆,公共交通汽车 17 辆,客运出租车 40 辆,全县输送旅客 242 万人次,客运周转量为 17551 万人千米;全县有货运车辆 317 辆计 832 吨,完成货运量 191 万吨,货运周转量为 32050 万吨千米。

基础设施攻坚项目 1. 全县农村公路项目总投资 2.8 亿元,完成投资 95%。其中县道升级改造项目东坑至桐江公路全面完工,秋溪至桥头公路竣工在即,八卦脑—田埠、木兰至兴隆公路快速推进。

2. 乡道双车道拓宽改造项目店下—濯龙、桐江—南木桥、珠坑—石阶脑、庄田背—遥岭、小松—丹溪公路全面完工。

3. 村道窄路面拓宽改造项目鳅鱼湖岗—瑶坪、马鞍山—阳谷、桐树坑—庐天桥、大坪头—新坊、横烟路—坑尾、王沙陂—祠江公路竣工通车。

4. 通自然村公路建设任务全面完成,改造桃溪桥、黄竹桥等 12 座危桥。

新型城镇化攻坚项目 重点项目睦富大桥竣工通车。城北滨江公园道路工程完成路基 90%,涵洞工程完成 80%,景观工程土方工程累计完成 65%,地形整理工程累计完成 15%,驳岸混凝土完成 50%。东环路完成施工图设计和红线内电线杆迁移工作。西城客运站开展置换洽谈工作。

现代服务业攻坚项目 物流中心完成投资 1.2 亿元。九寨至包子山公路“白改黑”工程全面完工。

农村公路建设 ①完成县道升级项目屏山—大由公路施工图设计和 8 座危桥的前期勘察设计工作。年内争取上级各项资金 10518.34 万元。②县道升级改造项目东坑至桐江公路全面完工,秋溪至桥头公路竣工在即,八卦脑至田埠、木兰至兴隆公路快速推进。③完成乡、村道路拓宽改造项目 12.3 千米,建成通自然村公路 220 千米。新建桥梁 4 座。④危桥改造完工 11 座。

农村公路养护 投入资金 600 万余元,完成岩岭至河龙公路等养护工程项目建设。投资 130 万余元,完成高田至木兰公路生命防护工程。集中整治大由至罗田等 4 条县道,高标准打造 120 千米精品路和 240 千米样板路。

运输行业管理 春运期间安全运送旅客 113044 人次,未发生一起客运安全事故。新增货运企业 2 户,新增货运车辆 30 辆 156 吨。新增二类维修企业 1 户。投入 30 万余元翻新全县 91 个候车亭。实现全年交通运输行业平安零事故目标。

服务中心工作 ①精准扶贫。开通珠坑乡坳背村、高田礼地村班线,贫困村 100% 通客运班线;通 25 户以上自然村公路 46.3 千米全面竣工,贫困村 25 户以上自然村 100% 通水泥路。扶持实施河斜村合江—树林坝公路拓宽等 16 个交通工程项目,新建下伊村上棚水渠等 8 个农田水利设施项目。②旅游强县。栗山下—通天寨南门、九寨—包子山公路“白改黑”工程如期完工,秋溪—桥头旅游公路竣工在即,高田—八卦脑旅游快速推进。通往通天寨、九寨温泉景区公交车有序运行。③联合治超。累计检测车辆 4677 辆,查处超限超载车辆 672 台次,卸载 13853 吨,扣分 214 分,处罚金额 59300 元,拆除加高车辆栏板 78 辆。辖区内严重违法超限超载行为得到有效遏制。④招商安商。引进投资5000万元的赣州新旭晖鞋业发展有限公司。

（石城县交通运输局）

宁都县

主干公路现状 2016年，宁都县公路通车总里程2832.11千米，其中高速公路147.51千米；国道3条205.06千米，省道6条（含泉南高速连接线）213.82千米，县道17条428.21千米，乡道79条779.69千米，专用公路5.33千米，村道1052.49千米。县内2条省道提升为国道，一条乡道提升为省道，其中原S208省道提升为国道G236（芜湖至汕尾），原S323提升为国道G356（福建莆田湄洲至西昌），该县有3条国道，国道总里程205.08千米。县道X429黄陂至蔡江、乡道竹笮至田头至长胜至固村高速公路出口、乡道赖村至丁陂至瑞金升格为省道。全县24个乡镇299个行政村通水泥公路，通畅率100%；全县所有渡口均实施渡改桥，撤销所有乡村渡口，通自然村水泥公路实施完成1578千米。

交通基础设施建设 1.国省道建设项目。国道G236洛口至隘上段、省道S222东韶至洛口段和省道S319黄陂至大沽段等3条国省道公路改建工程项目建设，共77.3千米，总投资4.45亿元；启动省道S448固村至长胜段，15.3千米，总投资1.9亿元。该项目是全市首个采取“代建+监理”一体化模式进行代建实施的项目。

2.农村公路建设项目。县道改造：X425大塘迳至宁都段6.9千米完成路基土石方工程，进行混凝土面层施工，年底竣工通车；X431源头至刘家坊公路改建工程路线全长28.3千米，其中，陂下至刘家坊段10.4千米完工；源头至陂下段17.9千米，年底竣工通车。

3.25户以上自然村公路升级改造。下达25户以上人口自然村通水泥路项目计划为509个自然村567.9千米，总投资9000万元。

4.危桥改造及新建独立大中桥项目。东门大桥：大桥全长269米，总投资1903.47万元。桥梁下部结构完成。东江大桥：东江大桥全长217米，总投资1263万元，完成公开招投标。上南大桥、东车大桥、新屋大桥、谢坊大桥和石上大桥：上南大桥总投资236.96万元，完工；东车大桥总投资1605.61万元、新屋大桥总投资916.57万元、谢坊大桥总投资894.10万元年底前竣工通车；石上大桥总投资1012.38万元，年底完成工程总量的80%。

城市重点项目 ①公交停车场：项目位于梅江镇新庄村，项目总用地面积45550.45平方米（约4.55公顷），总建筑面积18815.2平方米，停车场铺装13007.58平方米，停车数量509辆，项目总投资3000万元。②县城一级客运站。确定选址在文安路西延和外环路相接处。

农村公路养护全年投入养护资金597.17万元，养护全县2365.11千米农村公路。其中公路日常养护资金248万元、拨付水毁补助资金116万元，应急抢修县道、乡道、村道资金150.17万元，抢修保通资金83万元。对2015年“5·19”特大洪灾和当年持续强降雨期间损毁的农村公路、桥梁进行及时修复，组织干部群众520人次，紧急调动挖掘机127台、铲车270台、大型自卸汽车30辆昼夜抢修，力保公路安全畅通。

道路运输行业 全县营运货车有1270辆，4049吨，营运客车248辆，7028座，公交车70辆，出租汽车70辆，客运班线142条，其中跨省班线35条，跨市班线9条，跨县班线6条，县内线路92条，机动车维修企业57户，其中二类维修企业6户，驾驶员培训学校9家，其中二类驾校1家，客运站4家。完成客运量667万人次，客运周转量45826万人千米；货运量232万吨，货运周转量58194万吨千米，同比有所上涨。查扣非法营运车辆45辆，县车站封闭管理基本到位，客运市场秩序明显好转。民生工程建设加快推进，截至10月，全县完成127座农村客运候车亭的建设工作；公交停车场开工建设，正在进行主体工程建设；规划建设的长胜、湛田、固厚、固村4座乡镇客运站的土地指标下达，行政村通班车率94%。

安全生产 全年抽调宣传人员90人次，悬挂安全宣传标语50条，印制各类安全宣传资料1000份，接待咨询群众300多人，交通运输行业安全态势好转。

（宁都县交通运输局）

吉安市

2016年,吉安市交通运输局树立五大发展理念,适应新常态,坚持稳中求进工作总基调,较好的完成全年的目标任务。

交通重点工程建设 全市交通基础设施建设累计完成投资21.86亿元。

1.新井冈山大桥竣工通车。年内完成投资2.4亿元,累计完成投资10亿元。

2.境内高速公路建设。该市在建高速公路项目2个,其中续建1个、新开工1个。续建东乡至昌傅高速公路,开工建设广昌至吉安高速公路(含吉安绕城高速公路)。

3.公路运输枢纽项目建设。吉安市公路客货运枢纽在建项目3个,即井冈山经开区物流园、吉安河西物流园、井冈山旅游客运站,争取交通运输部下达固定资产投资车购税补助资金9000万元。

农村公路建设 1.打通贫困地区交通基础设施"最后一公里"。完成罗霄山集中连片特困地区县道升级改造建设21.7千米,全市25户以上自然村通水泥路建设2642个2127.2千米,除安福、峡江县外,其余县年内全部实现25户以上自然村通水泥路建设目标。全市行政村通班车率96%。

2.抓好农村公路建设。全年完成县道升级改造项目80.34千米,乡道升级改造项目100.2千米,新建独立桥梁改造项目8座,危桥改造项目137座,建制村窄路面拓宽项目11.4千米。

公共交通 1.全市客货运输业保持平稳。全年完成货运量10309万吨,货运周转量4059987万吨千米,同比增长6.5%和4.1%;完成客运量4744万人,客运周转量322770万人千米,同比减少0.5%和0.85%;全市物流创税12亿元。

2.城市公交建设。中心城区新增、调整公交线路3条,新增公交运力20余辆,投资近1500万元。城北临时车站搬迁启用工作按照市政府工作要求顺利完成。

3.城乡客运一体化。青原区镇村公交改造工作完成,购买20辆新能源公交车投入镇村公交运营,开通2条城乡公交线路;峡江县成功列入全省第二批镇村公交试点县,改造农村客运线路3条,投放公交车34辆。中心城区开通19个重点镇的公交线。加快双休日城郊旅游公交开通步伐,已申报开通5条中心城区周边旅游景点观光公交专线。开通园区"微公交"。青原区、井开区工业园正式开通,与园区外干线公交实现对接。

4.交通运输发展。协调推进重点物流园区建设,吉安市河西综合物流园、安福县商贸物流园和万安西港物流园主体工程完工,遂川市石物流园项目主体工程开工建设,峡江现代物流中心正在进行土地平整工作。万信物流公司已与泰和物流园重组成立万信(泰和)现代物流园,投入营运,并与峡江县昌荣物流公司开展合作。物流信息公共平台线上整合机动运力26万辆,拥有41万注册用户,日订单处理量超过1.2万单,日成交货运量36万吨,网站日均点击量超过50万,全年通过该平台成交的物流运输费用达51.68亿元。

绿色智慧交通建设 交通环境明显改善。完成全市高速公路及连接线、105国道沿线广告设施专项清理整治工作。全市清理整治公路沿线广告设施1014块,拆除959块。

智慧交通建设稳步推进。启动吉安市智慧交通建设项目,项目可行性研究报告已通过审批,项目初步设计方案完成。公交总站于2016年初正式投入使用,并建立公交智能调度监控大厅。启动中心城区主要路段公交电子站牌建设工作,安装完成80座。加强公众信息服务,联合移动公司开发"掌上公交"手机APP,通过手机可查询车辆实时信息。

新增新能源公交车128辆。同时,淘汰砂场吊机18台,更新高效、节能、安全的传输装卸机械12套。

法治交通平安交通建设 举办7期交通运输行政执法培训班,全市各级交通运输部门共474

名行政执法人员参加，不断提高交通行政执法人员水平。

安全生产标准化达标企业有254家。交通运输安全事故各项指标逐年下降，未发生交通安全责任事故。

（吉安市交通运输局）

吉州区

2016年，吉州区交通运输局紧扣年初确定的工作目标任务，勇于担当，攻坚克难，各项工作任务取得较好成绩。

重点项目建设 吉安都市田园休闲观光区建设。投资约90万元的游客中心装修工程完工；投资约280万元的生态停车场工程完工。

省道S442金滩至敦厚公路（吉州段）“三改二”（将三级公路改造成为二级公路）改造工程项目，长约35千米。正在进行一阶段设计。

省道S222棋坪至河东公路中心城区改道工程。6月30日，新井冈山大桥建成通车。一期工程完工。二期工程项目全长5.30千米，启动征地拆迁和办理工程施工招标工作。

蒙华铁路煤运通道（吉州段）建设项目。长5.65千米。完成征地16.83公顷，工程项目建设进展顺利。

交通基础设施建设 农村公路建设项目。全区2013—2015年县道升级公路全部完成，2014年客运网络拓宽项目完工。2015年客运网络拓宽项目4条，曲濑至湖丘、魏家洲至长乐、瓦埠至周坑公路完工。桥头至东水公路，长10千米，年底开工。

农村公路桥梁建设项目。2015年危桥项目4座，下湾桥全面完工，庵漓桥、磨湾桥、刁塘桥年底完工。2016年吉州区危桥改造计划项目10座，其中9座桥全面完工，竹泉桥完成施工图设计，正准备招投标。

农村公路养护 “四好农村路”（建好、管好、护好、运营好）创建。确定总里程不低于10千米的养护示范路并拍摄视频资料，同时完成路肩除草、里程碑修复等工作。

日常养护管理。财政预算并拨付200万元用于农村公路维修工程。

园区建设及物流发展 吉安市河西综合物流园区公路货运枢纽工程一期（华通）投资2.6亿元，完成4.8万平方米仓储和2.08万平方米零担区建设，并交付使用。二期（鑫昌）投资1.2亿元，完成1.8万平方米仓储主体工程建设，建筑面积6.3万平方米配送、甩挂等工程正在进行地基建设。

全区物流企业一般纳税人16家，1—11月完成物流税收1812万元。

依法行政 超限超载治理。截至11月，累计上路执法3852人次，出动执法车辆17845台次，检查货车5434辆，查处超限超载车辆406辆次，卸载货物总重量3351.72吨，罚款86.71万元，强制切割非法加高墙板1副，全区超限超载率较整治前大幅下降。全年安全生产平稳无事故。

高速公路沿线广告设施专项清理整治。拆除高速公路及连接线沿线立柱式广告103块。

客货运输 客运量511万人次，客运周转量32863万人千米；货运量800万吨，货运周转量314990万吨千米。

（吉州区交通运输局）

青原区

2016年，青原区交通运输局围绕结构性改革，加快完善青原交通综合基础设施网络建设，提升交通运输服务品质，为全面实现小康目标奠定坚实的交通运输服务保障。

重点项目 ①广昌至吉安高速公路青原段征地拆迁。完成征地263.84公顷，占总任务数的100%；累计签订房屋拆迁协议38户，8467.84平方米，占总数的64%，拆除30户，面积6613.8平方米；累计完成迁坟协议1912穴，占总数的68%。②新井冈山大桥平安路、江晖路项目：合计总投资约1800万。项目于2014年12月开工，2016年7月完成油面。

农村公路建管养 项目建设管理储备。①推动计划内新改建农村公路（桥梁）项目。完成新改建农村公路项目6个计16.5千米，正在施工和招投标项目14个。计划新改建桥梁6座445.2

延米,其中丹村二桥全面完工,陂头大桥年底全面完工;其余4座桥梁正紧张施工。②加快安保工程和大中修项目实施进度。文永线和东固至南龙公路需处治安全隐患里程8.4千米,12个大中修项目计17.7千米,均处施工阶段。

农村公路路政管理。①开展现场咨询活动3次,发放超限运输宣传单5000余份,受理咨询300余人次。②拆除违章建筑133平方米,查处超限运输车辆60余辆,批评教育驾驶员120多人次,卸载货物254吨,清理公路两侧堆积物1279立方米,拆除非公路标志牌48块,发放违章通知书7份,整治马路市场30次,开展联合执法,对130余辆违章车辆进行处理。

农村公路养护。落实县道5000元/千米、乡道1600元/千米、村道600元/千米的日常养护奖补资金。②完成大、中修工程。投入278.6万元重点加强对古富公路、陂万公路和天浒线等多条重要县、乡道的维修养护,维修路面17.74千米,清理线路塌方40余处,清理路肩、排水沟、割草等90千米,维修挡土墙60千米。

安全生产　出动检查组31个,人员266人次,对全区170余处县、乡、村道,渡口、渡船和在建交通工程进行30余次安全生产检查,排查出隐患71处,现场整改54处,限期整改17处;清理水毁塌方1000余方,清理路肩4200平方米;路面清扫2500千米,修复坑槽沉陷多500余平方米;全区农村公路和水上安全生产无责任事故。

物流业　截至10月底,全区实现物流税收3291万元,其中青原区交通运输局帮扶的7户物流企业完成物流税收任务250万元。招大引强。单独引进吉安市青原区万吉物流有限公司和吉安永浩物流有限公司,合计投资规模1.02亿元;引进投资规模达2亿元的吉安玛雅物流有限公司,落户青原区新工业园依玛实业内。

镇村公交设施　4月底,调整完成公交站点、招呼牌设置方案,并于7月完成青东公路主线:青原—新圩、新圩—富田和支线、东固—峰岭、值夏—七姑岭、宋溪—井头等5条线路的30个候车亭,128个招呼牌的建设,总计投入建设资金200万余元,进一步优化公交运行停靠站点。

超限超载运输治理　截至6月底,悬挂横幅15条、固定宣传标语8副、永久性标语10条、电子显示屏130次,发放宣传资料10000余份,张贴公告200余处;检查车辆23862辆,处罚车辆692辆,卸载货物4839.15吨,罚款金额213.5万元,治理效果明显。

客货运输　客运量456万人次,客运周转量29268万人千米;货运量718万吨,货运周转量282982万吨千米。

(青原区交通运输局)

井冈山市

2016年,井冈山市交通运输局抓项目,保畅通,优服务,强安全,重落实,交通各项工作扎实推进。

交通基础设施建设　1.完成全市35个贫困村通自然村及组内道路建设,投资2000万元。

2.县道升级改造建设项目。井冈山市县道升级改造项目建设5个,建设里程70.8千米。

3.乡道升级改造项目。该市的乡道升级改造项目8个,计50.87千米,总投资6972.7万元。

4.客运网络化连通工程。客运网络连通工程项目2个,建设里程18.64千米,其中桥上经南边至茅坪公路项目全长8.9千米,总投资1000余万元,桥上至南边段完成路基工程,其余路段正在进行施工图设计。古城经坳里至东上公路工程总长9.74千米投资870万余元,年底竣工通车。

5.建制村路面公路拓宽改造项目。上级下达8个项目建设里程20.65千米,预算2574万元,均完成施工图设计正做招投标准备工作。

6.危桥改造项目。该市危桥改造工程项目7个,完成招标工作。

7.新建独立桥梁工程建设项目。该市有7座新建独立桥梁建设任务,5座桥完工正组织交竣工验收;2座桥年底竣工通车。

其他交通基础设施建设　①井冈山客运站项目:主站房、附属用房、塔楼全面竣工,累计完成投资约4200万元。②江南立交项目:江南立交新建工程项目中标价2175.5万余元,年底竣工通车。③黄坳客运站项目:主楼全面完工至年底交付使用。

道路运输　2016年春运期间,投入客车267辆10365座,发送6999车次,完成客运量23.45

万人次，同比增长9%；公交车发送212车次，完成客运1.9848万人次；出租车发送1068车次，完成客运量6.53万人次；未发生亡人事故。全年客运量191万人次，客运周转量30400万人千米；货运量60万吨，货运周转量23847万吨千米。

安全生产 ①隐患治理涉及全市22个乡（镇、场）22条公路，里程120.84千米，总投入30万余元。②做好雨雪冰冻天气应急物资储备及重要路段除冰保畅通工作。储备工业盐（融雪剂）160吨，麻袋6600条，购置雨雪冰冻天气警示牌4块，安全锥筒450个。③及时抢修县道塌方43839立方米/59处，县道路基坍塌7处计2072.2立方米，保障公路畅通。④对乡道以上公路上的四、五类危险桥梁设置限载标志和警示标志6座/22块。

道路运输安全生产态势平稳。开展安全检查24次，下发整改通知书26份，整改率100%，举办安全生产培训班6次，培训驾驶员近900人，企业员工达200人，召开安全会议7次消除安全隐患。

（井冈山交通运输局）

吉安县

2016年，吉安县交通运输局以实施交通运输重点建设项目为抓手，优化交通运输发展环境，稳步推进农村公路、桥梁建设，危桥改造工程，加快物流业发展，强化行业监管，交通运输事业得到新发展。

农村公路建设 所有25户以上未通水泥路自然村公路建设项目均开工，开工率100%；完成项目134个75.8千米，完成项目率93.7%；完成投资2300万元，年底将全部完成143个项目。

完成县道升级改造项目固江大桥公路0.9千米、行政村进村公路建设项目21.7千米前期工作及计划上报工作。

完成县乡道规划调整电子图更新工作，省公路局通过该县县乡道规划调整方案，调整后该县县道12条209.68千米，乡道65条566.87千米。

危桥改造、安保工程 争取危桥改造项目计划274.5延米/8座，计划投资732.0万元，完成总投资的80%，年底全面完工。全年安保计划26.2千米，计划投资350万元，年底完工。

交通重点工程 投资1.35亿元的凤凰至高塘城乡一体化建设示范工程于6月底实现全线顺利通车；凤凰大道西延工程完成初步设计。

农村公路养护 投入资金77.70万余元，完善示范路损毁路面修复、路面标线以及各类标识标牌安装。

全年总投资477万元对县道4条、乡道4条、村道1条计34.8千米进行大、中修；其中大修工程6千米，中修工程28.8千米，年底工程竣工验收。

对“5·19”“7·18”暴雨水毁公路、桥梁投入200万资金进行抢修，完成20千米的水毁进村路修复，清理公路坍塌土石方6450立方米，修复公路桥梁22座共230米，修复挡土墙1925立方米，全力保障灾区人民群众的出行安全。

运输市场监管 圆满完成2016年春运工作。春运期间，全县道路运输投放客车100辆2208座，投放出租车50辆，完成客运量47.42万人次，全县未发生一起道路交通责任事故，实现“平安春运”的工作目标。全年客运量248万人次，客运周转量15898万人千米；货运量731万吨，货运周转量287771万吨千米。

发展物流服务业、道路运输业。全年全县物流业纳税1.6亿元，同比增长20.08%；全县拥有客运企业3家，客车99辆2189座，农村客运班线41条，通行政村293个，通车率95.4%；货运公司（含物流公司）221家（其中危货运输企业5家），拥有货运车2621辆21520吨（危货车409辆4200吨）；全县有5家驾校；二类以上汽修企业24家，三类汽修企业（个体户）300多家。

加大运政、路政、港航执法力度。3月，抽调6人参加县治超联合行动，保障各业户的合法利益，打击违法违规行为。全年上路巡查近700人次，清除路障近100处，查处违法违规车辆近300起，处罚金额40万余元。

（吉安县交通运输局）

吉水县

2016年,吉水县交通运输局坚持把交通项目建设作为支撑点,把交通运输产业发展作为重点,把民生项目作为亮点,积极谋划,狠抓落实,较好地完成年度各项工作目标和任务。

交通工程 ①樟吉高速连接线改建工程。征地32.53公顷,拆迁房屋131.58平方米。②广吉高速、吉安环城公路建设工程。房屋征收完成2151.7平方米。③铁路建设工程。昌吉赣客专、蒙华煤运通道征地280公顷、拆迁房屋5.4万平方米,全面完成任务。铁路工程建设进度分别达到55%、50%;高铁吉水西站站房建筑方案确定,区域规划完成,待批复之后进行设计招标。

交通设施建设。双村高家边至水田富口公路升级改造工程。1标段已完成水稳层,2标段开工建设;义富大桥完成桥面铺装,年底通车;县道邱陂桥建设项目完成桩基工程,准备实施上部结构。

全力维护县里和当地群众的合法利益。在铁路工作建设中,协调解决160余起矛盾纠纷、水系、路系等问题,向昌九城际铁路公司争取连接线改造资金487万元,正在向蒙华铁路项目部争取改造资金400万元。

农村公路建设和养护吉水县通自然村(25户以上)公路181千米,完工115.8千米,在建40.3千米;向上争取扶贫资金388万元,安排实施9个乡镇18个贫困村通村公路20条,共15.5千米;危桥改造完成8座121.35延米,在建3座,投入改造资金270万元;投入养护资金400万余元,将全县农村1694千米公路养护全覆盖。

货运物流产业新增货运物流企业5家,货运车辆7410辆/69698吨位,货运量1960万吨,同比增长14.96%,货运周转量70.8亿吨千米,同比增长3.15%,实现地方税收7700万元;客运量409万人次,同比增长19.59%,客运周转量2.36亿人千米,同比增长5.32%。2项数据全市列在前三位。

客运网络 新增3条公交线路和优化1条公交线路,城区公交全面覆盖县城中心区、城南片区、城北片区、金滩新区、燕坊景区、工业园区和西坑高铁新区。在105国道和金樟大道两条公交线路上对接吉安市公交线路,实现县区公交与市区公交的零距离换乘,形成城区“3环+3线”的公交格局。

营运客车 131辆,客运班线67条,全县乡镇通客车率100%,行政村通客车率95.58%。出租车公司2家,出租车总量为30辆。

新增维修企业 7户,达127户,其中一类维修企业2户,二类维修企业13户,三类维修企业112户。危险货物运输企业2户。机动车驾驶员培训学校5家。

行业安全监管 注重教育培训。全年举办8期道路运输从业人员培训班,参训人员1000余人次。尤其在春运、“两会”、国庆等节假日期间,注重安全管理,确保平稳有序。春运期间,全县日投放运力122辆3050座,出行2.23万车次,加班41车次,安全运送旅客47.8万人次,同期比减少17.5%;公交车日投放运力30辆900座,安全运送旅客28.17万人次,同比增长5.9%;出租车日投放运力60辆180座,安全运送旅客5.06万人次,同比增长5.7%。全年客运量348万人次,客运周转量22325万人千米;货运量1816万吨,货运周转量715026万吨千米。

出动执法人员 5000余人次,执法车辆2500余台次,查扣非法营运车辆213辆,其他违章车辆85起。加强GPS动态监管。下发违章抄告单7份,组织违规(章)驾驶员培训学习6次。取缔黑驾培场地1个,查扣车辆1辆。拆除公路违章建筑3处,清除违章堆积物225处,清理非公路标志23块,移除占道摊点18个。开展重点宣传整治行动2次,散发宣传单2000余份,悬挂条幅15条。

(吉水县交通运输局)

峡江县

2016年度,峡江县交通运输事业各项工作开展顺利,有力促进县域经济发展。

基础设施建设 1.重点工程项目建设。樟吉高速峡江互通连接线改建项目全线竣工通车,开展交工验收;启动油陂庙至仁和“四改三”项目;

完成对县境内巴邱、漳口、仁和三座客运渡口标准化改建,改善人民群众水运出行安全;正式启动巴邱至仁和界埠“三改二”、105 国道至上盖“四改三”、现代农业示范园道路京九涵洞扩建等项目的前期工作。

2. 25 户以上通自然村公路建设项目。全年完成 25 户以上自然村通水泥路建设 100 千米。

3. 危桥改造项目。完成对仁和象口桥、湖头桥、马埠夏塘桥、砚溪樟溪上桥、金江婺山桥、新溪一、二桥等 7 座农村危桥改建项目。

货运物流业 全县新购货车 1336 辆 24970 吨,货车总量达 8768 辆 122371 吨;全县货运船舶总数达 87 艘 12.1 万吨。新增货运物流企业 23 家,货运物流企业总数达 202 户,其中一般纳税人企业总数达 159 户,货运物流从业人员达 1.8 万余人。实现货运税收 1.57 亿元。

物流基地建设 在峡江高速公路互通口连接线以南规划占地面积 100 公顷的集仓储功能区、加工配送区、商业功能区、综合办公区、基础服务功能区等于一体的现代物流服务基地。同时,为有效缓解现代物流园建设资金难题,推动现代物流园建设步伐,该县成立峡江县物流发展开发投资有限公司,与县农发行签订 2 亿元的融资贷款协议,向中国农发行重点建设基金申报国家专项建设基金 2600 万元,获批到账,用于峡江县现代物流园一期基础项目建设。

客货运输 客运量 155 万人次,客运周转量 9972 万人千米;货运量 2546 万吨,货运周转量 1002462 万吨千米。

行业管理 投入资金 150 万余元,补充建设候车亭 18 个;公交招呼牌 65 个。

推广和使用新能源车辆投入公交化经营。投入资金 500 万余元,采购 12 部 8 米长纯电动公交车在峡水线上运行,并做好充电站(桩)等配套工程建设。试点工作初步通过省厅验收。

农村公路管养。投入县道养护资金 66.6 万元,养护里程 84.3 千米,并将 50% 县道养护推向市场。实现县养公路好路率达 88% 以上,乡村公路达 85% 以上总体目标。争取农村公路养护大中修资金 224.5 万元,地方配套 268.42 万元,安排维修里程 126.92 千米,全部实施完工。

安全生产形势稳定。通过排查,发现安全隐患 24 处,现场整改到位 22 处,确保安全生产零事故。全年未发生一起安全生产事故。

(峡江县交通运输局)

新干县

2016 年,新干县交通运输局围绕年初下达的各项工作任务,扎实推进交通运输建设、管理、服务各项工作,取得较好成效。完成交通运输基础设施投资 12 亿元;向上争资 7615 万元;建设农村公路 211 千米,完成 12 座危桥改造年度建设任务;航电枢纽工程有序推进,东乡至昌傅高速主线全面竣工。

交通建设 1. 交通重点项目。航电枢纽工程左右两侧闸坝、电站厂房与船闸以及库区防护工程四个标段全面开工建设,累计完成投资 6.6 亿余元。东乡至昌傅高速公路赣江特大桥梁、主线全面竣工,于 2016 年 12 月 18 日顺利通车,新干北互通连接线道路硬化完工,收费棚正在紧张建设中,累计完成投资 12 亿元。

2. 村公路建设。航新—峡江木下公路完成建设,城上—七琴、大洋洲—甘泉公路改造项目前期工作全面完成,即将开工。全年建设通自然村水泥路 211 千米,解决 133 个自然村群众出行难问题,实现全县 25 户以上自然村全面通水泥路的规划目标。

3. 危桥改造。完成 12 座农村公路危桥改造项目的年度建设任务。

县中心工作 汽车物流稳步发展。新增物流企业 19 户,新增车辆 778 辆,新增吨位 13597 吨,同比分别增长 114%,完成物流税收 7180 万元。

招商引资。全年引进产业外项目 1 个,引进物流企业 4 家,完成固定资产投资 1332 万元、完成内资 3100 万元。

客货运输 客运量 261 万人次,客运周转量 16762 万人千米;货运量 1034 万吨,货运周转量 407041 万吨千米。

行业管理 在神桥线等地安装安全警示标志标牌 26 块、安全警示桩 11 根、加装栏杆 130 米,设立危桥限载标志牌 4 块,增设涵管 3 处,安装减速带 29 条,设置七琴至燥石公路错车道 20 处。雨季及时抢修上寨、燥石、黎山和县道上 78 处水毁路段。全年印发各类宣传单2000余份,办理各类涉路案件11起、查处损毁公路路产路权行为3起,确保全县农村公路安全通畅。

道路运输市场监管有力。开展打击"黑车"等非法营运的联合执法行动,查处黑车20余辆。做好质量信誉考核工作。全县2所驾校、20家普货、3家危货企业、4家维修企业、2家出租车公司、1家公共汽车有限公司均被评为AA企业;新干长运有限公司被省运管局被评为AAA企业。规范驾培市场管理,成立专项整治小组,严厉打击县内的"黑驾校""黑报名点",查处驾校各类违法违规行为7起,责令神政桥、桃溪乡的2个黑驾校点自行退出驾培市场。

安全生产形势持续稳定。全年组织检查80余次,排查治理安全隐患70余个,确保交通运输行业全年安全生产无事故。

(新干县交通运输局)

永丰县

2016年,永丰县交通运输局扎实推进交通运输基础设施建设,不断加大农村公路建设和养护工作力度,规范运输行业管理,切实提升交通运输工作的服务质量和水平,各项工作取得明显成效。

项目建设 重点工程建设。1.绕城公路项目。绕城公路(G322、S219县城段)全长15.6千米,一级公路改造项目。工程建设扎实推进。

2.永丰汽车产业城工程。共计15栋房,3栋为商住,12栋为商业用房,总建筑面积62933平方米,工程造价约8000万元。至年底专业市场10栋房全部完工,市场服务用房3栋正在施工基础工程。

3.广吉高速及连接线项目。广吉高速是过境该县的第三条高速公路,在永丰境内全县长约34千米,投资约30亿元,需征地230公顷。

4.贯岭大道项目。贯岭大道1.8千米完成设计、放线,正在征地和落实拆迁户安置地。

县乡公路建设。①石马至中村县道升级改造项目22.3千米,完成路基22.3千米。②君田至上固县道升级改造项目22.5千米,完成路基6000米,其余16.5千米正在施工路基工程。③工业园至营前4.9千米县道大中修项目年底完工。④君埠至八石丘公路2千米全面完工。君埠大坳上至龙冈客运网络化连通工程改造项目9.6千米,完成路基9.6千米。⑤乡道升级项目洋坳至贯前6千米完成水稳层,正在施工面层,都溪坳至岭南6.2千米全面完成。

通自然村公路和桥梁建设。2016年计划建设通自然村公路229.9千米,年底全县100%的25户以上自然村通水泥路。枧头大桥、杜溪大桥全面竣工。古陂桥正在吊装梁片,完成工程量60%,客田桥下部构造完成20%,梅田桥正在吊装梁片,完成工程量80%,乡茶中桥正在施工基础工程;危桥改造22座,完成12座。

公路管养 县道实行专业队伍养护和家庭承揽养护相结合的模式,其中专业养护队伍2个,承揽养护家庭24户,共计养护县道373.1千米。

大中修工程。2016年省厅下达农村公路大中修指标446万元,县财政补助100万元,完成县道路面维修3.99千米,乡道路面维修2.4千米,新建路面300米,新建挡土墙4800立方米。

加强安保工程建设。继续对上固至长告、沙溪至其坑、石马至上溪、梅仔坪至红岭等公路实行生命防护工程建设,安装防护栏8000米、提示警示牌40套、铸钢减速带80米、路面标线3100米,总投资300万余元。

客货运输 客运量511万人次,客运周转量32820万人千米;货运量590万吨,货运周转量232383万吨千米。

安全生产 保证节假日、高考、中考期间道路的安全畅通。

(永丰县交通运输局)

泰和县

2016年,泰和县交通运输局围绕2016年年初确定的目标任务,紧抓交通基础设施建设和行业管理,为该县发展升级、小康提速、绿色崛起的宏伟目标奠定坚实的交通运输服务保障基础。

完成主要工作目标 交通重点工程建设。1.昌吉赣客专在泰和境内32.4千米,投资概算38.71亿元。完成征地和房屋拆迁。

2. 广吉高速泰和境内约16.95千米,该工程7月启动征地拆迁和放线工作,11月初施工队进场。

3. 泰和大道南延工程后期340米,施工单位于7月进场,

4. 解放路东延工程全长约310米,于7月正式实施。沿溪货运码头完成前期工作,正在同有关方面洽谈建设模式。南方物流园正在加快征地拆迁,争取早日开工。县城客运总站建设已重新选址进行规划,并成立总指挥部启动征地拆迁。

交通民生工程建设 农村交通基础设施建设稳步推进。25户以上通自然村项目422个276千米,完成项目379个,计182.6千米,12月底前全部完成。建制村拓宽改造建设项目1.9千米,完成招投标工作,准备开工建设。续建完成2015年度沙村至浪川公路安保工程27.2千米、乐群至冠朝公路安保工程14.49千米、万合至石山安保工程25.1千米。续建完成2015年度红色旅游公路项目105国道至马家洲景区公路。续建2015年度乡道升级项目,其中完工麻洲至假湖公路(长5千米)和渡口至南坑公路(长5.7千米),在建项目为佰佐至洞口水库公路(长5千米)和古坪至江背公路(长4.9千米)。

2016年市下达县农村公路危桥改造建设项目7座,计232.736延米,完成小龙镇的禾塘桥42.04延米、朝岭背桥24.68延米、灌溪镇的村前桥9.8延米、水槎乡的乐群二桥14.06延米,灌溪镇的坎下桥46.08延米下部构造,桥头镇的水北桥58.04延米正在进行下部构造,螺溪镇的三派桥38.04延米正在准备招投标工作。续建完成县2015年下达的危桥重建改造项目16个。

安排专项资金,加强农村公路养护和安保工程改造修复,投资116.3万元,确保全县农村公路的安全畅通。

提升交通运输保障能力 全县行政村通班车率96%,实现农村客运班线与城区公交线路零距离衔接。

新增3条线路,特别是盘活新政府和工业园区。引导公交公司新购置8辆公交车,淘汰旧公交车,购置新能源车,运营公交车有39辆,全部安装GPS。

加大"黑车"专项整治力度,截至10月底,运政稽查查处非法经营行为100多起,全年出动执法人员50多人次,对各乡镇"黑教练场所"进行整治。

全县新增货运车辆668辆,达6544个吨位,同比分别增长12%和15%,全县货运车辆4028辆28330吨位。客运量427万人次,客运周转量27438万人千米;货运量765万吨,货运周转量301112万吨千米。

(泰和县交通运输局)

遂川县

2016年,遂川县交通运输局以"发展大交通,构建大路网"为方向,加快推进交通基础设施建设,强化行业监管,解放思想,抢抓机遇,攻坚克难,开拓创新,较好地完成全年各项目标任务,有力地促进全县经济和社会发展。

交通项目建设 交通重点项目建设。完成大广高速公路遂川连接线"二改一"扫尾及部分产权调度房工程;建成遂兴大桥、汽车客运站;开工建设久营公路大汾至滁洲段"四改三"工程;完成于云线公路建设前期各项工作。25户以上通自然村公路建设任务509千米,完工410千米;完成通行政村公路拓宽项目11.6千米和客运网络化连通工程56.5千米的建设任务;续建独立桥梁3座205延米;危桥改造项目5座,211.04延米,完工三溪桥、新泽桥2座,共70.08延米。

交通行业管理 1. 运输管理。查纠处理各类非法运输"黑车"239辆次。开展县城三轮"拐的"整治工作。元月将395辆"拐的"全部更新到位。

2. 公路管养。建成5个农村公路综合服务站,按片区划分管理,有效促进农村公路建、管、运等各项工作。养护示范路为县城至盆珠公路(县道)6千米、新江至石下(乡道)7.5千米、于新线至法庭(村道)1千米,投入资金约63.5万元,完善百米桩112个、千米桩13.5个、标线547平方米、桥梁公示牌7块、警示牌18块、防护墩安全柱520米等相关设施。印制2000余份条例发放每个乡镇分管领导和村干部手中,全年整治违反公路条例案件38起。及时修复水毁公路,确保公路安全畅通。

3. 物流产业。全年完成物流税费约8000万元。全县物流运力达1.81万吨。加大物流招商引资力度。指导乡镇引进外资近2亿元,新增注册4家物流企业(佳鑫运输公司、城邦物流公司、鼎尚物流公司、聚达物流公司),全县拥有44家物流企业(其中一般纳税人16家,小规模纳税人28家),货运车辆4600余辆。实现零担物流营业收入8000万元。

客货运输 客运量448万人次,客运周转量28774万人千米;货运量421万吨,货运周转量165725万吨千米。

(遂川县交通运输局)

万安县

2016年,万安县交通运输局主动适应经济发展新常态,围绕"抓项目、强管理、优服务、保稳定、促发展"的工作思路。精心谋划,奋力拼搏,为完成全年工作目标奠定坚实的基础。

交通重点工程建设 1. 万安赣江大桥拓宽改造工程。该项目路线全长1.38千米,其中赣江大桥705.7米,工程于2014年12月开始施工,完成全部桥梁下部构造施工,完成工程投资约6780万元。

2. S225坎夏线万安至夏造段公路改建工程。该项目路线全长45.6千米,工程于2014年12月开工,完成工程投资约19250万元。

3. 万安至武术三级公路改建工程。该项目路线全长44.1千米,完成工程总投资约8700万元。

4. 窑头至富坑口三级公路改建工程。该项目路线全长16.8千米,约完成投资2555万元。

农村公路、危桥改造项目 危桥共11座,年底完工。通自然村水泥路建设项目。项目计411千米/391条,12月全面完工。建制村公路路面改造项目。沙坪至里加公路9.3千米,正在进行招投标前期工作。该县农村公路候车亭(牌)项目。共12个,完成建设和验收工作。农村公路养护大中修工程项目。计11个,即县道1条7千米,乡道3条30.5千米,村道7条24.8千米,现开工项目1个(上造至竹林公路),完工项目2个(水口阁至粮站公路、八一八至沔坑公路),其余8个项目正在进行招投标工作。

道路运输行业管理 驾培市场管理。全县从业人员诚信考核1至10月普货考核669人,旅客考核320人,从业人员继续教育1571人。对各驾校日常工作的监管,完成各驾校日常的学员培训记录和学时的审核,1至10月各驾校培训人数万盛驾校2068人,安泰驾校830人,展鹏驾校983人,万佳驾校100人,永顺驾校230人。超限超载治理。该县治超办查处超限超载车辆124起,卸货1509吨,查处改装并拆除栏板车辆31辆,查处不规范装载28起,教育驾驶员95人。

交通安全生产 组织检查组135个,参加检查人员601人次,受检单位267个,发现隐患165处,现场整改44处,限期整改121处,11个道路运输企业发现整改安全隐患45处,现场整改12起,并向存在安全隐患的企业下发整改通知书33份,排查出的隐患全部整改到位。

客货运输 客运量273万人次,客运周转量17532万人千米;货运量150万吨,货运周转量59137万吨千米。

(万安县交通运输局)

安福县

2016年,安福县交通运输局突出抓好交通基础建设,道路客运、物流产业、交通行业管理、安全生产等,各项工作取得显著成效。

交通基础设施建设 重点工程项目建设。安下—文家为省438新建(二改一)工程:全长10.63千米,预计总投资1.78亿元;瓜畲—严田公路"二改一"工程:全长41.3千米,总投资10.74亿元,10月,完成现场勘察初步选线和土地调规工作。

农村公路设施建设。实施25户以上自然村通水泥路项目50千米,建设总投资400万元,实际完成建设里程50千米。

农村公路危桥改造。危桥改造拆除重建项目17座668.25延米,建设总投资2707万元,完成4座179.77延米,完成建设投资750万元,在建1座(新屋桥)123.12延米;其余12座362.36延米完成项目招投标,小桥项目开工。

运输经营管理 全县有客运输企业4家,二级客运站1家,20辆车以上物流公司14家,危险品运输企业1家。拥有营运车2922辆,同比减少21.6%。其中客车174辆4355座(中高级客车85辆,占客车总数的48.8%),客运班线95条,其中省际班线8条,市际班线7条,县际班线10条,县境内班线70条,全县行政村通班车率94.1%;公交车55辆1797座,公交线路16条;出租车65辆325座;货车2628辆17062吨(其中农用车1059辆953吨)。年完成道路客运量496万人次,客运周转量31825万人千米;货运量340万吨;货运周转量134253万吨千米。

物流产业 新增物流企业4家,全县有物流企业35家(年内新增物流企业3家)其中一般纳税人22家;全县物流企业运力达17062吨,年内新增1886吨。完成物流产业税收3500万元。

农村公路管养 全县农村公路养护总里程2096.79千米。投入45万元,购置割草机150台。全年投入日常养护资金300万余元;修复水毁路段100余处,投入抢修资金30万余元。

农村公路养护工程建设。完成公路养护工程建设投资21万元。完成县道竹洋公路苗木移栽工程、竹洋公路洲湖中学路段维修工程、柘田水库、北山水库安全防护栏安装工程,完成投资70万元。

行业管理 强化道路运输行业监管。①车辆年度审验。由于安福县综合性能监测站尚未建成,年审率较往年有所下降。完成1100辆货车、174辆客车、55辆公交车、29辆出租车年度审验工作,年审率分别为42%、100%、100%、44.6%。②运输质量信誉考核。考核货运企业14家;客运输企业4家;客运站1家;危货企业1家;考核一、二类维修企业5家;考核三类维修企业118家。③运输行政许可审批工作。全年审批更新客车8辆、新增客车4辆、增加运力123座;开通城区环城公交15路、16路,投放新能源纯电动公交车8辆;新增货运企业11家;审批许可驾校2所;审批新增维修企业14家,其中一类企业2家,三类企业12家。④数据清理工作。全年清理淘汰老旧、黄标营运货车93辆、班车3辆。总质量12吨以上的半挂牵引车以及重型载货汽车551辆,督促安装卫星定位系统车辆417辆。

路政执法,维护路产路权。开展超限运输和占道违章的专项整治活动,出动宣传车20次,发放路政执法宣传单400余份,接受现场咨询40余人次。全年查处违章建筑600余平方米,清理路障40余起,整治水沟350余米,清理路面堆积物20余处,查处违章车辆600余辆,拆除高速公路沿线广告牌500余块,维护路产路权。

安全监管 发放宣传材料1500余份,接受群众咨询150余人次;组织企业负责人、管理人员、驾驶员120多人次参加学习教育。全年排查交通运输企业120家次和公路及公路施工现场26处;排查增设更换农村公路各类标志160余块,修复歪斜标志60余块,公路巡查16000余千米,清理水毁塌方5000余方,清理路肩8000平方米,修复坑槽沉陷2400余平方米;整改安全隐患80处;进行企业安全隐患整改约谈7次;开展危货运输企业隐患排查4次,并督促整改到位。

(安福县交通运输局)

永新县

2016年,永新县交通运输局以全县重点交通项目建设为中心,通过紧抓行业稳定,围绕行业安全生产、运输市场管理、农村公路建设、养护体制改革积极开展工作。

农村公路建设 县道升级项目。丰陂至里田公路18.8千米,一期6.6千米混凝土路面建成通车,二期12.2千米完成垫层通车;虹桥至杨桥公路(东兴桥至象形段)9.1千米完成垫层通车;芦溪至古竹段2千米,正在路基土石方施工。江口至白沙23.8千米、石桥至日光7.3千米两条公路目前正在路基土方、桥涵及附属工程施工。

客运网络连通工程项目。高市至芳塘2千米完工,垅中至碧波崖6千米完成垫层通车,查步至下雨15.2千米完成垫层约13千米。

新建独立中桥。新建独立中桥岸上桥63延米、捣石桥56延米12月底完工,白堡桥195延米完成上部构造,大垅桥37延米建设完成。

安保工程。虹桥至杨桥20.5千米、江畔至枫渡14千米安保工程建设完成。

危桥改造项目。秋溪三桥32延米改造完成。

通自然公路建设计划247.2千米,全面建设完成。

道路运输 圆满完成2016年春运任务。春运期间全县投入客车158辆,发送旅客班次10743个,运送旅客31.07万人次,实现平安春运的预期目标。

道路运输市场整治。查处“黑车”30余辆,有效地维护道路运输市场秩序。

农村公路管养 县公路所对管养权限内的214.90千米农村公路及时完成路肩培土、坑槽填补、边沟清理等日常性养护,汛期组织人员清除公路塌方8000余方,修复路面1.2千米,路基320多米,疏通水沟5000多米。针对管养道路标志牌缺失情况,安装标志标牌40套,减速带100米。制止在公路上晒枳壳晒粮200余处,清理堆积物30余处,清除非公路标牌10多块。全县干线公路平均好路率90%,农村公路平均好路率80%。

客货运输 客运量419万人次,客运周转量26893万人千米;货运量338万吨,货运周转量133258万吨千米。

(永新县交通运输局)

宜春市

2016年,宜春市交通运输局全面超额完成各项工作任务,为全市经济社会好又快大发展发挥先行官作用。

交通工程建设 铜万、东昌高速公路宜春段,经过2年的奋战,于12月全面建成通车。丰城市新汽车客运总站建成,投入运营。昌赣高速铁路丰城、樟树段,蒙华铁路铜鼓、宜丰、上高段,赣江樟树四特(赣江第二特大桥)特大公路大桥,樟树港水运口岸作业区,丰城龙头山水电站枢纽,高安港货运码头、宜慈公路等交通重点工程建设建成或正在紧张施工,有序推进。宜春明月山机场的扩建,靖(安)至昌(傅)高速公路建设等工程前期工作正在进行。至此全市高速公路通车里程达780.63千米,基本形成“三纵三横”(三纵:武吉高速、昌宁高速、宜春至铜鼓高速。三横:沪昆高速、昌铜高速、南昌至万载至上栗高速)高速公路路网。

农村公路基础设施 全市完成县道升级工程改造工程项目5个,里程40.7千米,工程投资9407万元。建制村优选通达路线窄路面公路拓宽改造项目1个,里程1.3千米,工程投资52万元。农村公路安保工程8个,里程54千米,工程投资501万元。25户以上自然村通水泥公路1200千米,工程投资13397.5万元。改建农村公路危桥128座,全长5040.59延米,工程投资18731万元,完成农村公路县、乡、村道改造14个,里程96千米。

交通运输持续发展 全市客车通省际班线641条,市级班线121条,县级班线363条,拥有客车1402辆,座位47224个。全年完成客运量4163万人次,旅客周转量265680万人千米。丰城、樟树、高安三市实行城乡公交一体化。袁州区、靖安等县部分乡镇也实现城乡公交一体化。全市道路货运企业8263家,拥有营运货车54881辆,吨位616003吨,全年完成货运量18764吨,货物周转量552192万吨千米。公交车441辆,出租车1630辆,同比增加40辆,三类以上机动车维修企业896家,同比增加354家,汽车驾校88所,同比增加2所。营运船舶997船,吨位694299吨,全年水路完成货运量2474.3万吨,货物周转量335913万吨千米,港口货物吞吐量1453万吨。

安全形势持续稳定 宜春中心城区出动执法人员7550人次,出动执法车辆1520辆次,查处各类车辆1000多辆,其中“滴滴”打车80辆,非法营运面包车182辆、非法载客电动三(四)轮车128辆、摩托车21辆,违法违规大客54辆、违法违规出租车40辆、违法违规运输危险品车辆46辆,其他各类违规车辆449辆。在宜春市启动的中心城区整治无牌无证无照经营、乱停乱放、违法违规载客经营车辆集中行动中,收购三(四)轮车934辆。市运管局针对三类以上班线客运车辆、旅游客运车辆、危货车辆，将其 GPS 与“江西省道路运输车辆卫星定位系统政府监管平台”连接，接入率 100%，客运车辆周上线率 97%，危险货物运输车辆周上线率 95%，市县两级运管部门政府监管平台日上线率 98%，一级客运站视频监控联网系统应用正常。推进运政信息化监管。全年窗口受理行政审批、行政许可和服务项目 37695 件(其中承诺件 18634 件)，办结率 100%，提供延时服务、预约服务、上门服务 64 余次。全市安全形势持续稳定，实现道路客运无重大责任事故，水运、农村渡运和交通重点工程建设零事故的目标。

(吴泽水　陈维民)

袁州区

2016 年，袁州区交通运输工作抓改革，抓管理，抓服务，凝心聚力，奋发有为，全面完成各项工作任务，交通运输稳中向好，有力推进全区经济社会又好又快发展。

交通基础设施建设　宜春明月山机场改扩建工程项目建设顺利。昌栗高速袁州段完工建成通车，形成纵横高速公路交通网络。国道 320 绕宜春中心城区改建工程于 9 月顺利完工，国道 220 天井至下浦(宜春城区)段改建工程启动，届时将连接宜新公路，接通环城南路，形成完整环城交通格局。宜春至慈化至文家市公路为省、市、区重点调度项目，连接宜春市与湖南文家市，全长 74.1 千米，工程总投资 13 亿元，全线建成通车。宜新公路下浦至彬江段，全长 11.15 千米，工程投资 43215 万元，全线路面工程完工通车。袁州区飞剑潭至小洞公路改建工程全长 29.89 千米，总投资 6195.56 万元，于 5 月开工，建设顺利。袁州区三阳至庄溪(含柏木支线)专项公路全长约 43.17 千米，总投资 9300 万元，于 7 月全线开工建设，年底完成路基工程 80%。

民生工程建设　2016 年，新开通城乡公交线路 6 条，公交车 63 辆，城区周边 20 千米范围内居民出行实现公交化。农村公路养护工程全面启动。农村路网畅通能力大幅提升。新改建农村水泥公路 393 条、里程 408.5 千米，工程投资 16462 万元，其中：新增通水泥公路 25 户以上自然村 389 个，里程 374 千米，工程投资 8605 万元；县道改造升级项目 4 条、全长 34.5 千米，工程投资 7857 万元。改造农村公路危桥 45 座，全长 1689 延米，工程投资 5429 万元，进一步改善公路交通条件。

交通运输业　全区拥有客运企业 7 家，班线 108 条；营运客车 313 辆，新增 45 辆，座位 12520 个。全年完成道路客运量 1625.88 万人次，客运周转量 15986.06 万人千米，同比分别增长 1.96% 和 25.7%；道路货运企业 136 家，营运货车 4984 辆，吨位 37189 吨。新增营运货车 1411 辆，16527 吨。全年完成货运量 2689 万吨，货运周转量 148830 万吨千米，同比分别增长 2.35% 和 15.89%。新增 CNG/LNG 新能源车辆 43 辆，淘汰老旧黄标车 19 辆。三类以上汽车维修企业 152 家，同比减少 3 家，汽车驾校 23 家，同比增长 3 所，拥有教练员 771 人，教练车 1008 辆，全年培训学员超过 2.5 万人次。

交通安全　全区全年举办安全管理人员“两客一危”、维修企业、驾校从业人员安全负责人等各类培训班 5 期，培训 1300 余人。每月对普货运输驾驶员进行安全教育培训，参加人数 2000 多人。开展交通安全秩序整治活动 10 次，参加整治人员 192 人次，召开整治会议 15 次。印发文件 15 份，广播 15 次，张贴标语 180 条，办宣传栏 12 期，发放宣传单 4500 余份。查出非法载客艇 5 艘，消除农村渡运安全隐患 6 起。排查各类车辆 2658 辆，处罚查处出租车违章 6 起、非法营运车辆 209 辆、不按核定站点停靠的班车 36 辆。查处非法改装车辆 105 辆、危货车辆 18 辆、教练车 18 辆、“滴滴”网约车 4 辆。排除各种隐患 120 多次，排查公路安全隐患 615 处。开展超载超限整治，查处非法超限超载运输车辆 600 余辆，卸载货物 1.2 万余吨。强制切割非法改装车辆 167 辆。全区全年实现道路客运无重大事故，货运一般事故大幅度下降，农村渡运、水路运输、交通工程建设施工零事故。

(李　庆)

樟树市

2016 年,樟树市交通运输局围绕“决战‘十三五’、率先奔小康、建设美丽幸福新樟树”的战略部署,主动有为,迎难而上,突出重点项目建设,优化环境改善服务,规范各项管理措施,全市交通运输事业健康有序推进。

交通重点工程建设 东昌高速公路征地拆迁工作完成,征用土地 173.33 公顷,东昌高速公路于 2017 年 1 月 4 日竣工通车。上阳旅游公路 2016 年底全部完工。韶塘村至樟店公路 4.00 千米,11 月开始施工,总投资 619 万元,争取专项补助资金 280 万元。樟树赣江药都(赣江二桥)特大公路桥、樟树港码头改建正在有序推进。

民生工程建设 辖区内所有 22 条农村客运班线全部改造为镇村公交,全市实行无论远近上车 1 元,实现城乡道路客运基本公共服务均等化。完成农村公路通村组公路 33.9 千米,总投资 1053 万元,争取省级补助资金 544.54 万元,惠及 66 个自然村 3361 户 13667 人。危桥改造 11 座,全长 284.28 延米。

交通运输业 长途客运班线 13 条,客车 52 辆,座位 1281 个。城乡客运班线 22 条,镇村公交客车 92 辆,机动车 6 辆,座位 2292 个。全年客运量 903 万人次,旅客周转量 40635 万人千米;全市普通货物运输企业 62 家,车辆 2460 辆,总吨位 25308.66 吨。新增营运货车 570 辆,吨位 6985.5 吨。全年完成货运量 1886 万吨,货运周转量 726110 万吨千米。公交车 61 辆(其中双层 65 座观光巴士 2 辆),出租车 196 辆,全市一类汽车维修企业 4 户,二类汽车维修企业 13 户,三类汽车维修业户 97 户,汽车驾校 9 所,全年培训学员 10616 人。

交通安全 全年先后举办渡工、驾校教练员、道路客运、危货运输从业人员等各类交通安全培训 10 余期,参加学习人员 1500 人次。开展交通安全生产大检查 10 次,参加整治人员 300 人次,召开整治会议 15 余次,全年检查运输企业 126 户次,发现安全隐患 52 起,整改 52 起。印发安全相关文件 18 个,悬挂各类安全宣传横幅 32 条,发放交通安全宣传资料 1000 余份,办宣传栏 4 期,消除农村渡运安全隐患 2 起。检查营运车辆 588 辆次,查处违规客、货车 371 辆,查处轿车、面包车“黑车”27 辆,查处违规经营出租车 44 辆,查处手续不齐全危货运输车辆 8 辆,有力地维护客运市场稳定有序。认真开展维修市场整治活动,查处无证经营 5 家,协调维修配件质量纠纷 2 次。通过整治交通运输安全生产秩序大为好转,全市全年实现道路客运无重大事故,货运一般事故大幅度下降,农村渡运、水路运输、交通工程建设施工零事故。

(杨 波)

丰城市

2016 年,丰城市交通运输局认真落实“担当领头羊、领先中西部、百强再进位”的发展目标,立足该市交通运输实际,抢抓机遇,攻坚破难,全面完成交通运输各项任务,交通运输持续稳定发展。

交通基础设施建设 沪昆铁路改线规划工作启动运作,昌吉赣高铁站建设前期征地拆迁工作和龙头山水电站枢纽坝顶桥工程稳步推进中,昌樟高速“四改八”(四车道改造成八车道)、昌宁高速、东昌高速全线通车。物华路下穿沪昆铁路立交桥工程贯通。推进水铁联运项目和同田西河综合货运码头建设,加快龙津洲新区和高铁新城区域内路网建设和对接南昌九龙湖片区连接道路工程;实施城乡公交一体化,推动国家“公交都市”建设,启用新能源公交车并启动新老城区公共自行车服务系统建设。农村公路建设项目 98 个,其中:危桥改造项目 3 个/116.92 米;新建桥梁项目 6 个/233 米;县道升级改造项目 2 个/10.6 千米;县道路面改造项目 1 个/9.2 千米;乡道升级改造项目 2 个/15.8 千米;客运网络化连通工程新建公路项目 5 个/11.4 千米;通自然村公路项目 79 个/50.7 千米。全年农村公路建设总投资 9015.7 万元。新老城区新建候车亭、公交站台 18 个,工程投资 70 万余元。

交通运输产业发展 拥有营运客车 83 辆,客运班线 31 条,城市公交线路 10 条,城乡公交线路

38 条，全年完成道路客运量 2167.5 万人次。全市货运企业 187 家，新增货运企业 21 家；营运货车 4936 辆，吨位 60151 吨，全年道路运输货运量 3966.2 万吨，货物周转量 824118 万吨千米。公交车新增 184 辆达 239 辆，出租车新增 10 辆达 260 辆；汽车维修企业 443 户，汽车驾校新增 1 所达 15 所。营运船舶 367 艘，吨位 516066 吨，全年水运货运量 1024 吨，货物周转量 2.10 亿吨千米。

电子商务产业发展 该市拥有 3 个电子商务平台，农村淘宝首批确定的站点 15 个，1000 多家电商个体户和私营企业，全年电子商务交易总额 45 亿元，同比增长 180%。着力完善农村电商体系，全市有农家店 783 家，实现乡村和较大行政村的网点基本全覆盖，信息化水平和商品配送率不断提高，同时建有 37 个乡镇商贸中心，农村商品市场体系不断完善。

全年全市实现道路客运无重大责任事故，水路运输、农村渡运和交通重点工程建设零事故。

（沈壮华）

靖安县

2016 年，靖安县交通运输工作围绕重大决策部署，全体干职认真抓好“两个责任”（主体责任，监督责任）落实，突出工作重点，抢抓机遇，踏实工作，全县交通运输事业有新发展。

交通设施建设 全面完成环城北路道路建设。完成绿化、道路标识牌建设，历时 3 年，至此全面完成任务。全市首条最长自行车专用道——环城北路自行车专用道工程 5 月交工验收投入使用。国道 G353 升级改造进入征地阶段。环城南路至山口 21.76 千米二级升一级、山口至罗湾乌石墩 12.73 千米、靖安大桥至仁首桥头段长 4.8 千米二级升一级，三个重大项目完成工可研究，进入征地、拆迁阶段。AAAAA 景区旅游公路建设有序推进。农村公路建设全年投入资金 1800 万余元，完成 44.4 千米通自然村水泥路建设项目和 9 座危桥改造任务。落实下拨公路养护县本级补贴 138 万元至各乡镇。

运输事业 8 月，开通环三爪仑旅游线路循环对开公交，投入微型清洁能源电动公交车 4 辆用于城区运行。有城乡公交线路 8 条，公交车辆 24 辆。11 个乡镇有 9 个乡镇开通城乡公交。全年新增营运普通货车 159 辆（含挂车），新增危货车辆 128 辆，全县营运普通货车达 1121 辆（含挂车），危货车辆达 414 辆。全县有货运企业 73 户，危货运输企业 6 户，各类汽车维修企业 33 户。其中新增货运企业 8 户，新增三类汽车维修企业 1 户，汽车租赁企业 1 户。全年完成客运量 65.3 万人次，客运周转量 7123.5 万人千米，同比增长 0.2% 和 0.9%；完成货运量 276 万吨，货运周转量 52167.7 万吨千米。同比增长 5.5% 和 7.9%。机动车驾驶员培训学校 3 家，有教练车 68 辆，教练员 8 名，年招收学员 7268 人。学员培训合格率 85% 以上。国家燃油补贴惠民政策得到落实，2016 年省财政厅下拨农村客运燃油补贴 44.83 万元，出租汽车 56.12 万元，城市公交 36.86 万元，计 137.81 万元。

安全平安 对 6 家危货运输企业和县汽车站、公路施工现场的巡回检查，全年组织安全隐患排查 28 次，排查安全隐患 6 项，下达整改通知书 5 份，均整改合格。特别是江西丰城电厂事故发生后，连续组织 4 次安全排查。运输企业和公路建设、渡口均实现零事故目标。

（刘 斌）

奉新县

2016 年，奉新县交通运输工作围绕县重大决策部署，认真贯彻稳增长、促改革、调结构、惠民生工作主线，凝心聚力，奋发有为，全面完成各项工作任务，推动交通运输事业发展稳中向好，助力全县经济和社会各项事业又好又快发展。

交通基础设施建设 九百公路二期工程建设全面启动，工程全长 14.6 千米，工程总造价 4000 万余元。全年新修农村通组水泥路 66.8 千米，新增通水泥路自然村 84 个。危桥改造完成赤岸上庄桥等 9 座桥的招投标工作，动工改建 2 座桥。

绿色交通建设 支持运输企业投资 1440 万元，购置 35 辆宇通全电动汽车，自 6 月起投入城市公交运营。未通水泥路的 25 户以上自然村由 725 个下降至 274 个。客运网络水泥路 8 条，长

12.6千米,工程投资603万元;林区公路5条,长4.5千米,工程投资225万元;垦区公路3条,长3.7千米,工程投资144万元。

交通运输业发展 全县拥有客车81辆,座位2274个。全年客运量339.52万人次,旅客周转量13953.27万人千米;道路货运企业184户,营运货车2650辆,吨位43878吨。新增营运货车612辆,吨位13685吨。全年完成货运量676.22万吨,货运周转量183231.65万吨千米,同比分别增长8%和8.5%。出租车40辆。汽车维修企业128户,增加12户。汽车驾校8所,全年培训学员5200余人。

法治建设 全县全年举办交通运输行业从业人员学习新《中华人民共和国安全生产法》培训班14期,参加学习人员2640人。开展交通安全秩序整治活动5次,参加整治人员118人次,检查客车217辆,纠正违章51起,检查出租车91辆,取缔非法载客摩托车106辆,拐的78辆,电动车12辆,纠正客车违章216起,检查货运车517辆,取缔非法运输车33辆,纠正违章车辆304起,查处交通工程建设施工违章2起。全县全年实现道路客运无重大事故,货运一般事故大幅度下降,农村渡运、水路运输、交通工程建设施工零事故。

(魏振宇)

高安市

2016年,高安市交通工作围绕"唱响高安品牌,建设品牌高安"的要求,落实交通运输各项工作,全面提升交通运输服务保障能力,较好地实现"十三五"良好开局。

重点工程建设 国道320改线北移工程路线全长49.37千米,投资20.03亿元;投入资金18.34万元,对高安大桥进行小修,筠洲大桥维修启动,瑞州大桥拓建改造前期工作完成;昌栗高速高安出口连接线、东环路、南环路建设交工验收完毕;昌栗高速公路建设及昌樟高速改扩建后续工程基本完工;森泽大道路基工程基本完成。

民生工程建设 作为全省第二批镇村公交试点县市,投入23辆镇村公交专用车辆,21个乡镇、288个行政村开通211个班次,镇村公交覆盖率95.72%。全年完成投资5527.72万元,实现通公路自然村324个222.3千米,改建桥梁7座198.52延米,安保工程完成项目4个,5个贫困村42个村小组未硬化进村道路的工程项目全面启动;公路养护资金投入329.46万元,养护里程2940千米。农村公路建设融资平台快速搭建。成立高安市农村公路项目建设投资有限公司,有效缓解全市农村公路建设资金压力。交通工程质监站标准化建设工作完成,获得省市验收组的高度评价。

汽运物流发展 全市拥有货运公司1144家,其中新增535家,AAAA物流企业15家,新增2家。拥有营运货车30630辆,总吨位41.1万吨,新增11392辆、吨位16.3万吨,上缴税收4.7亿元,同比持平。占地333.33公顷的中汽高安森泽汽车商贸物流城产业园开工建设。

交通运输服务保障 全市有营运客车264辆,核定座位7566座;出租车180辆;公交公司2家,在运营公交车45辆,开通公交线路7条;二类以上机动车维修企业86家,驾驶员培训机构16家。全年完成公路货运量11654.75万吨,公路货运周转量1663815.22万吨千米,同比分别增长6%、5.9%;完成公路客运量654万人次,公路客运周转量30785万人千米,同比分别减少7.0%、7.1%。

交通安全 全年查处非法营运、非法改装运输车辆、超限超载运输等违法违章经营行为1382车次,处罚金额600万余元,没有发生行政复议案件和行政诉讼案件。水上实现连续30个渡运安全年,道路运输、施工现场未发生责任事故,系统和谐稳定无非法上访、群访事件发生。

(周世祥)

上高县

2016年,上高县交通运输工作围绕加快完善综合交通基础设施网络,夯实交通发展基础,着力提升交通运输服务品质,为建设"实力上高、生态上高、民生上高、活力上高",为实现"提前翻番、同步小康、争先进位"目标提供坚强交通运输保障。

交通重点工程建设 3项重点工程石镇线城区段改造(石湖大桥)工程、上高东连接线A(上高北外环东段)建设工程、黄抗线专项公路工程全部竣工通车。建设总里程35.14千米,建设总投资3.74亿元。

农村公路桥梁建设 完成自然村公路项目100个计53.6千米,总投资1251.2万元,全县25户以上自然村水泥公路通畅率84.82%;完成危桥改造项目13座,改建危桥4座,2座进入招投标程序。

农村公路养护 全县农村公路日常养护里程1378.9千米。争取省农村公路大中修养护资金361万元,县财政农村公路日常养护资金投入175.5万元,乡财政配套81.2万元。全县农村公路好路率62%。

道路运输 新增营运货运车辆1383辆15370.45吨位,客车56辆(其中新能源公交车40辆),其他机动车567辆593.2吨位。全县营运车拥有量为:货车3688辆,其他机动车1240辆,客车287辆,公交车92辆,出租车141辆。查处客运车辆违规37辆,货运车辆违规231辆,非法营运二轮摩的128辆、三轮摩托75辆,查处无证运输甲醇车辆5辆,非法流动加油车6辆。道路运输市场秩序进一步规范。启动田心农村公路综合服务站。全年新增货运企业56户,客运企业1户,三级驾驶员培训学校2所。全县有货运(物流)企业267户,客运企业5户,维修企业105户(一类维修企业2户,二类维修企业7户,三类维修企业96户),机动车驾驶员培训学校9所。

交通安全 开展安全生产大排查,对15处安全隐患下发整改通知书,14处整改到位,1处上报上级主管部门进行协调整改中。全年实现水上渡运安全无事故,道路客运企业无死亡、无安全责任事故,公路施工无安全事故。

(冷光明)

宜丰县

2016年,宜丰县交通运输工作以建设“大美生态、科技文明”新宜丰为总目标,锐意进取、攻坚克难,圆满完成年度各项工作任务,实现宜丰交通运输快速发展、科学发展、安全发展、协调发展。

区位交通 做好铜鼓至万载高速公路建设协调服务。做好铜鼓至万载高速公路宜丰联络线(黄岗至天宝)征地拆迁等前期工作以及开工协调,争取该联络线在双峰林场设立互通。完成行政中心至邓家垅(宜芳公路)、邓家垅至石市(老宜石公路)、花桥至天宝(花下线)、黄岗至车上(修万线)公路70千米公路路面改造。完成武吉高速公路连接线拓宽改造、收费棚改扩建、沿山大道(宜芳线补充工程)提升工程、渊明北大道提升工程、工信大道、工樟大道、连心路摊铺沥青工程、南屏公园桥摊铺沥青工程。

民生交通 全年完成56.9千米农村自然村(25户以上)公路建设。完成新庄至泗溪3.4千米县乡道升级改造。危桥改造项目9座273.58延米,总投资约588万元。完成8座。完成独立桥建设1座(车上冯家桥)。县、乡、村道养护里程1374.14千米,养护资金157.2万元。完成芳溪至打石塘12.2千米农村公路生命防护工程项目建设。完成奉带线、潭找线、官山旅游公路(西河)、牌楼至西刘公路、澄清线等50余千米水毁公路修复,投入资金200万元。

运输保障 全年实现客运量226万人次,客运周转量9280万人千米;货运量884万吨,货运周转量502987万吨千米。全县新增货运公司11家,新增营运货车1329辆22880吨,全县营运货车4967辆92627吨。新增40辆纯电动新能源公交车充实客运市场。

(漆志勇)

铜鼓县

2016年,铜鼓县交通运输局围绕县中心工作,以重点工程为抓手,求真务实,真抓实干,全面完成各项交通运输任务。

交通基础设施建设 推进铜万高速公路项目建设协调。该工程于2016年12月竣工通车。在建工程城西桥至迎宾大道续建工程,全长0.9千米、新公墓山公路项目全长3千米、城南西路至蒙华铁路铜鼓站公路桥梁工程,全长4千米。

交通运输 全县有50个货运中心,同比增加

2家；有货车2429辆，同比增加85辆，总吨位21832吨，同比增长3%；全年完成道路货运量1206万吨，货物同转量22453万吨千米，同比分别增长5.8%和9.3%。全县机动车维修企业88家，同比增加2家。全县有客运车42辆，座位数1660，全年客运量325.2万人次，客运周转量2.6亿人千米，同比分别增加2%和9.4%；全县有城乡公交车41辆、出租车39辆。新开通村班线1班，行政村通客车比例达到96%。全年更新客车3辆，新增客车1辆，新增客船1艘，新增船位60座。全年水路客运量13.20万人次，同比增长10%。

交通运输安全生产持续稳定。加强重大节假日和重点时段安全监控，实现29年水上交通运输安全零事故。

（黄祖芳）

万载县

2016年，万载县交通运输局狠抓“四好农村公路”建设，不断完善公路网络，提升运输服务质量，发挥基础性先导性服务性作用。

基础设施建设 万宜高速连接线项目完成道路绿化、亮化。昌栗高速于1月13日正式通车。铜万高速公路建设竣工，三兴和罗城连接与主线同步通车。县、乡道升级计划项目3个计12千米。其中县道竹渡至杨塘坳8.3千米，乡道枫树下至烧田2.5千米、官元山至高岭1.2千米，均完工，完成投资823.3万元。农村客运网络公路项目2个计7.1千米，均完工，投资213万元。农村25户以上通自然村公路项目完成191.4千米，投资5000万元。新建独立大桥项目3个，万兴大桥完工，投资120万元。在建南车布桥、石桥总投资110万元。危桥改造项目8个，完工钱家桥、两河山桥和布上桥，完成投资476万元。其他在建项目5个，总投资约622万元。农村公路管理养护确定里程1405.7千米，实行全覆盖。投入养护经费50万余元用于塌方清理、石砌工程及路面维修等项目。为迎接百合文化节，潭白公路投入安保资金40万余元。其他中、小修项目投入30万余元。万载物流中心旁新建全县最大货运停车场，投资78万元，正式投入使用。

道路运输 全县拥有载客汽车160辆、5193客位，同比增加10.3%和7.5%。拥有公交汽车47辆，出租车102辆，均与上年持平。全年完成客运量393.1万人次，旅客周转量18949.4万人千米，同比分别增0.28%和3.7%。万载至宜春首次开通绿色城际公交，双向运行电动公交车22辆。全县新增货运公司35家，新增营运车辆2120辆、30460吨位。货运企业总计436家，拥有大小货车13307辆、179642吨位，完成货运量4071万吨，货物周转量386745万吨千米，同比分别增加10.9%、23.5%。全年完成税收7700万元，同比减少40%。全县一类维修企业3户，二类12户，三类51户，机动车维修业户344户。全县有驾校11所，进一步规范管理。

组织安全检查26次，对安全隐患全部进行整改。查处非法营运车辆260多辆。连续数年未出现重大交通安全生产责任事故。

（胡爱仙）

抚州市

2016年，抚州市交通运输部门围绕“高位谋势，精准发力，敢于担当，跨越发展”的主题，圆满完成年初制定的各项任务，被江西省交通运输厅评为“全省交通运输工作先进单位”。

交通基础设施建设 高速公路建设。①南昌至宁都高速公路（乐安段）建成通车。②船顶隘（赣闽界）至广昌高速公路、东乡至昌傅高速公路（抚州段）、资溪花山界（赣闽界）至里木高速公路建设工程竣工。③广昌至吉安高速项目完成征地拆迁工作,实现省政府要求年内开工目标。④东外环高速(金抚高速与东昌高速连接线)项目正在进行征地拆迁工作,抚州东互通连接线延伸段跨抚河王安石特大桥钢便桥动工新建。全年建成高速公路123千米,开工建设47千米,总里程达762千米。

农村公路建养管　全市农村公路完成总投资额7.3亿元,建设里程1200余千米,其中25户以上自然村水泥路建设完成1159.4千米。完成危桥改造及在建79座3884.17延米。全市农村公路总里程12261千米。行政村通达率100%,25户自然村通达率65%,行政村通班车率95.3%。建设完成6个综合服务站、4个县城中心汽车站和9个农村客运站,公路服务水平明显提高。积极申报PSL项目,2016年年底通过交通运输部和国家农发行审核两批PSL项目,获得项目贷款资金31.93亿元。获得农村公路危桥重建计划171座6682.43延米,获得中央及省补助资金10342万元。完成梦湖至浒湾古镇水上旅游线路建设工程可行性研究报告,并上报市发改委待审批立项。完成疏口村至灵谷峰景区道路工程可行性研究报告批复。

绿色出行　采取PPP模式,建立市中心城区公共自行车系统。该系统建设分三期完成,第一期建设规模150个站点,3000辆自行车,3300个锁止器,并配套相应的硬件等基础设施,建设成本888万元,8年期限内的运营成本总计约1900万元。第一期建设PPP项目通过竞争性磋商确定社会资金方,中标价2788万元,该项目于7月15日开工建设,9月22日完成一期建设并运营。采取多种措施加大新能源和清洁能源车辆推广力度,全市淘汰营运黄标车和老旧车2281辆,新增新能源公交车294辆,占全年新增公交车总数的94%,运输装备更加低碳、清洁。

"公交优先"。开通抚州至金溪城际公交。抚州市城区再购置新能源公交车20辆,开通37路公交线路,城区公交线路达23条,全年运营里程3300千米,运送6300万人次。

交通运输　全市有营运客车1440辆,道路客运班线723条,完成客运量4351万人次,同比下降0.62%,完成旅客周转量182717万人千米,同比下降0.85%;有营运货车40284辆,434886吨位,完成货运量14183万吨,同比增长6.4%,完成货物周转量4368170万吨千米,同比增长4.1%。有农村客车803辆,座位数15116个,151个乡镇全部通班车,1800个建制村有1717个通班车。有14个二级以上客运站接入联网售票系统并实现联网,旅客可通过"赣优行"网站和手机客户端进行购票。

全市水运企业22户,通过核查企业9户(其中:沿海企业3户,内河企业6户),限期整改11户(其中:沿海企业9户,内河企业2户)。核查船舶数126艘,177152载重吨,46098千瓦,核查率99%。年完成运量170.79万吨,周转量151486万吨千米。

全市交通运输安全生产保持平稳,特别是渡口运输连续32年安全无事故。

道路运输市场长效开展整治。加强打非治违、城市客运市场监督检查,落实客货运输驾驶员"黑名单"制度。仅市本级出动1030车次,出动3960人次,检查车辆1003台次,教育驾驶员123名,立行立改275辆,查处非法经营车辆142起,异地经营出租车18起,不按计价器显示收费和无故拒载等一般违法行为的出租车156起,将3人列入客货运输驾驶员"黑名单",吊销其从业资格证,3年内不得重新申请道路运输从业资格证。

做好汤显祖逝世400周年纪念活动安保工作。对市城区3家主要客运企业和2个汽车客运站,进行车辆调度和安全生产督查,调动各类客车283辆,运送人员2.36万人次。

(陈根玲)

临川区

2016年,临川区交通运输局围绕年初确定的目标任务,按照"幸福大临川"发展战略,全面推进交通基础设施建设和交通运输发展,较好地完成各项工作目标任务。

重点工程　①东昌高速公路建设工程12月18日建成通车。②协助乡镇完成东外环高速建设工程征地186.67公顷、拆迁1.9万平方米。③温泉大道新建主体工程(除向莆铁路引道段1.1千米外)、温泉大道下穿向莆铁路框架桥工程于

12月底完工,路面标志标线及路灯等附属工程施工有序进行。

农村公路建设 ①完成通自然村公路100.6千米,投资金额3018万元;②完成农村客运网络公路30千米,投资金额2700万元;③完成温泉港石桥、荣山新村桥等2座危桥改建计90延米,投资金额270万元;完成9座危桥改造的前期设计和勘探工作,对其余20座危桥改造进行设计和勘探工作;完成农村公路维修路基抢修任务21处,使用资金160万元。全区管养农村公路里程1116千米,其中县道258千米13条,乡村道831千米95条。

依法行政 圆满完成2016年春运任务。春运期间做到"三无"(即无事故、无旅客伤亡、无机车故障)。全区参加春运的客车487辆,9770座,完成客运量295.66万人次,同比增长1%,无重大交通安全事故。

道路运输 9月,开展"五车"及车辆乱停乱放整治,查扣乱停乱放车辆384辆,清理"僵尸车"26辆,违章贴单200余份。全年出动执法人员300余人次,执法车辆100多辆次,打击非法营运工作取得一定成效。公路客运站10个,其中一级站1个,二级站2个,三级站2个,四级站5个;驾培学校10家;客车396辆10789座,货车4825辆36453吨,客货运输从业人员7400余人。

全年完成客运量882万人次,客运周转量75317万人千米,分别比上年增长1.1%、2%;完成货运量551万吨,货运周转量56565万吨千米,同比分别增长1.5%、2%。

全区交通运输安全形势总体平稳,水运、渡口、道路运输和工程施工连续多年未发生安全生产事故。

(临川区交通运输局)

崇仁县

2016年,崇仁县交通运输局贯彻"创新、协调、绿色、开放、共享"的理念,推进交通基础设施建设,规范行业管理,较好地完成各项主要工作任务。

交通基础设施建设 永胜大桥南端至抚八线道路改造工程全长约2.13千米,完成招投标前期工作。青年路、育才路改造工程全长777.53米,至年底建成通车。

农村公路建设有新推进。全县农村公路建设通自然村(25户以上)公路硬化项目85个69千米,全面完成。

实施县道升级改造项目2个,即袁家山—洛市(崇丰公路)和红桥—里坊、里程25.7千米。同时,实施建制村优先通达窄路拓宽改造项目2个,即抚八线—邹庙线和七里亭—侯坊、里程4.2千米工程建设全面完工。实施危桥改造项目11个、桥长计579.56延米,完成5个,其余6个项目正在稳步建设中。

农村公路养护 全县1222.38千米的县乡村道列入管养并签订养护责任合同。指导、开展县道190.04千米、乡道404.68千米的路域环境整治和路肩养护及开沟排水工作,同时座陂至赵家11.82千米和崇三线10.58千米2条公路列入路域环境整治示范路建设并全面完成整治工作。抓好农村公路生命安保工程建设,完成里程1.4千米,安装防护柱700根。实施独立桥新建计划项目4个、桥长计258.6延米,完成工程总量70%。

交通行业管理 道路运输车辆有新发展。全县拥有货运企业42户、营运车辆1348辆,其中普货营运企业39户、车辆1286辆、吨位16944.35吨,危货企业3户、车辆62辆、吨位938.1吨;2016年新增营运普货33辆、451.26吨,新增营运危货1辆。有营运客车234辆、座位3265个,其中:班线客车92辆,包括大型客车19辆,中型客车73辆;出租车63辆;公交车79辆,包括新能源公交车46辆、燃油公交车33辆。道路客运、出租车辆相对2015年持平,新增新能源公交车46辆。全年完成客运量126万人次,客运周转量2464万人千米;完成货运量162吨,货运周转量31266万吨千米。

公众出行 全县有客运班线共46条,营运客车92辆(其中省际班线6条,投入客车12辆;市际班线4条,投入车辆10辆;县际班线5条,投入客车17辆;县境内班线31条,投入客车53辆);全县公交营运线路8条,拥有公交车79辆,城区公交服务覆盖率100%;农村客运班线公交化营运改造获得突破,县城至马鞍汤溪的农村客运班线,投入新能源公交车6辆营运;全县乡镇通班车率 100%,行政村通班车率保持 94%。

重点节假日旅客运输平稳安全。春运期间全县投入客车 99 辆,开行班次 6850 班,累计发送旅客 4.3 万人次,同比下降 11.48%。未发生旅客滞留现象。

运输行业。全县培训驾驶员 12843 名,通过人数 12586 名,通过率 98%。

强化行业企业质量信誉考核。引导和促进道路运输企业依法经营、诚实守信、公平竞争、优质服务。参与 2016 年度质量信誉考核企业 74 户,其中评为 AAA 级企业 2 户,评为 AA 级企业 71 户,评为 A 级企业 1 户,AA 级以上企业占比 98.6%。参与考核企业比上年增 5 户,AA 级以上企业同比增 0.1%。

规范运输业发展。全县有普货物流企业 42 户(含危货),比上年增 2 户,实际新增注册 3 户。

超限超载治理取得成效。出动执法人员 1380 人次,检测车辆 1184 台,查处车辆 51 辆,卸载吨位 46.1 吨,恢复改装车辆 1 辆,处罚金额 43300 元。

安全生产 制作宣传展板 3 块,接受群众现场咨询 300 余人次,散发宣传单位 2000 余份。

隐患排查整治。出动安全检查、排查和督查人员 23 批次、113 人次;深入 44 家客货(危货)运输企业和 15 个乡镇 11 个公路建设工程现场进行检查、排查和督查,约谈存在隐患企业 3 家,查出安全隐患 45 个,下发整改通知书 45 份,整改隐患 45 个,整改率 100%,其中:一般隐患 43 个、较大隐患 2 个。查处“黑的”19 辆,查处出租车、拐的、摩的等违规行为 40 余起。

(崇仁县交通运输局)

宜黄县

2016 年,宜黄县交通运输局围绕“以发展升级为主题,大力打造三大战役升级版,全力实施四大战略,努力谱写建设美丽幸福新宜黄的新篇章”的总体要求,大力推动交通项目建设,较好地完成各项工作任务。

交通基础设施建设 ①完成二都镇白楼村白楼大桥初步设计、评审及立项、监督招标。②西外环线延伸段评审及立项、施工图图审。③曹山寺景区公路建设施工单位招标。④百花洲大桥方案设计及交通道路规划。⑤世纪大道南延伸段工程建设及验收。⑥国道 G322 宜黄黄陂至乐安鳌溪段(宜黄境内)新建工程的合同签订。⑦六里铺大桥、水北大桥、狮子湾的检测、维修方案及预算。⑧修通 25 户以上自然村水泥路 106 条,计 177.4 千米。⑨危桥改造计划 14 座,完成 4 座,在建 1 座,其余 9 座完成设计、招投标。⑩县道山前—三都 6.1 千米升级改造工程动工兴建,项目总投资 1545 万元,累计完成投资 260 万元。

农村公路管养 投资 330 万元管养农村公路。砍伐草木丛 460 千米,清理排水沟 88 千米。清理县乡道塌方 12600 立方米,修复路面 16 处/5600 平方米,建水毁挡土墙 18 处 3860 立方米。安全整治 8 处,安装减速带 230 米,广角镜 8 块,警示牌 86 块。全县农村公路建设投资 2 亿多元,实现全县、乡、村通水泥路的目标,农村公路总里程达 1208 千米。

交通运输发展 全年新增 9 户三类维修企业,并对 5 户二类维修企业,65 户三类维修企业进行诚信考核。对全县 720 名驾驶员的从业资格证进行诚信考核,根据上级安排,换发 197 份新版从业资格证,组织 50 名驾驶员到驾校进行再教育学习。

全县拥有客运企业 6 户,客车 138 辆,客运线路 53 条,平均日发班车 238 班次,年客运量 162 万人次,客运周转量 5606 万人千米。开通农村客运线路 49 条,营运客车 60 辆,日发班次 138 车次,乡镇通客车率 100%,138 个行政村有 120 个行政村通班车。全县有货物运输企业 73 户,各类货物运输车辆 1250 辆,其中货车 832 辆、5069 吨位;农用车 418 辆、469 吨位,年完成货运量 126 万吨,货运周转量 77566 万吨千米。城市公交进一步发展,全县公交车辆 21 辆,392 座位,公交线路 4 条,里程由原来的 45 千米延伸至 85.5 千米,年客运量 20 万人次。拥有出租汽车 50 辆,其中 11 辆进行更新。全县有维修厂 43 家,维修车辆 4500 车次,检测车辆 1110 车次。

交通行业管理 重视雨季汛期和节假日渡口运输安全检查监督,渡口有专人 24 小时坚守值班。推进渡口标准化建设,加快渡船更新步伐,全县仅有的 3 个渡口标准化建设顺利完成。实现

30 年渡运安全无事故。

对有县道的乡镇,要求每 3 千米常年固定一名民工养护,做到经常检查路况,进行公路日常养护,全县县道安排固定民工 40 人。县公路站技术人员全年一线服务时间达 200 天。全年投入资金 120 万余元,对县道公路进行养护管理。

(宜黄县交通运输局)

乐安县

2016 年,乐安县交通运输局按照年初确定的目标任务,全力推进交通运输工作,较好地完成各项目标任务。

交通基础设施建设 昌宁高速公路后续协调服务。南昌至宁都高速公路全长 235 千米,于 2016 年元月建成通车。

县道升级改造和红色旅游公路项目。流坑至枫树下、银口至参陂、乐安至南村、乐安金竹至永丰南坑公路(徐庄至吓通段)4 个县道升级改造项目及万崇至湖坪红色旅游公路建设项目建设里程 51.3 千米,总投资约 1 亿元。截至 12 月底,银口至湖坪、乐安至南村公路全面建成通车;流坑至枫树下公路水南至枫树下段基本完工;乐安金竹至永丰南坑公路(徐庄至吓通段)编制完成工可报告;万崇至湖坪红色旅游公路万崇段完工,湖坪段完成工程量的 60%。

重点工程项目 ①昌宁高速公路乐安北互通连接线公路全长 5.12 千米,投资 5100 万元,年底全面建成通车。②厚发工业园区南北主干道改建工程完工通车。③国道 G238 马蹄潭大桥至县城段公路升级改造工程长 16.4 千米,投资 4.44 亿元,截至年底,桥梁全部完成,隧道主体完成,全线路基完成,路面主体工程 12 月底建成通车,该公路与昌宁高速乐安北互通连接线对接后,构建一条该县与省会南昌联系的快速通道。④国道 G322 宜黄黄陂至乐安鳌溪段新建工程建设项目(乐安谷岗至鳌溪段)全长 27.04 千米,按二级公路标准建设,总投资 5.15 亿元。⑤省道 S312 戴坊至新干潭丘公路升级改造。戴坊至新干公路是抚州公路网规划中的骨架公路,路线全长 10.12 千米。该项目建设公路等级二级,投资总估算 5402 万元,于 11 月开工建设。

25 户以上通自然村公路建设。该县 25 户以上通自然村公路任务 105.4 千米全面完成。年度危桥改造计划 20 座,年底完成 8 座,占计划的 40%。2016 年,安排 100 万余元用于维护县乡道的正常运行。组织 80 多人对 4 条山区道路 112 千米进行清障工作。开工重建危桥 8 座,并对 84 座危桥设置安全警示标志和提醒标志,实施安全保护工程 30 余千米。

道路运输行业 全年出动执法人员 200 余人次,检查各类运输车辆 100 多辆次,查处非法经营车辆 19 辆,违法驾驶员培训点 1 处,纠正各类违章 137 起。

驾驶员从业资格诚信考核。对全县 2200 余个驾驶员的从业资格进行诚信考核,合格率 99%。

客货运输。对 122 辆连续 2 年没有参加营运证年度审验的货车,注销其营运证,并按要求对 12 吨以上的货车安装卫星定位装置。2016 年春运该县投入客车 122 辆,加班 800 趟次,完成客运量 13.1 万人次,未发生一例旅客滞留现象,未发生任何安全责任事故。全县客车 122 辆,完成客运量 162 万人次,客运周转量 16030 万人千米;拥有货车 756,完成货运量 126 万吨,货运周转量 20700 万吨千米。全年未发生一起安全责任事故。

(乐安县交通运输局)

南城县

2016 年,南城县交通运输局牢固树立新发展理念,抓住交通基础设施发展、服务水平提高和转型发展黄金期,主动作为,攻坚克难,狠抓落实,圆满完成各项目标任务。

农村公路建设 改造农村公路 85.3 千米,重建危桥 21 座,新建公路安保工程 35.5 千米。

运输生产 全县拥有跨省(市)县际班线 15 条,客车 47 辆;农村班车 107 辆,行政村通班车率 96%;出租车 100 辆;开通城市公交线路 9 条拥有公交车 140 辆、其中:纯电动能源车 90 辆,城市公交车保有量达 8.7 标台/万人。全年新增货运汽车1114辆，运力17837吨位，货车保有量5890辆，总运力87107吨位，物流企业238户、从业人员2万余人。客货运输衔接渐趋“无缝化”，县综合客运枢纽中心、长珠闽现代物流中心等站场枢纽建设前期工作有序展开。年完成客运量431万人次，客运周转量18139万人千米；完成货运量3023万吨，货运周转量931294万吨千米。

安全监管 加固农村公路“安全带”，新建挡土墙500立方米，修复病害水泥路面2200平方米、砂石路2千米、涵洞23道，维修桥梁2座，投入资金200万余元。全年培训司乘人员600余人次，散发宣传资料2300余份，悬挂横幅标语32幅；3家驾培学校在机构质量信誉考核中被评为AA级，“两客一危”车辆GPS接入率100%，周在线率90%以上，运管机构日上线率100%，道路运输企业信誉质量考核率100%，全年未发生一起责任事故。

（南城县交通运输局）

南丰县

2016年，南丰县交通运输局坚持以“执政为民，以人为本，严格执法，热情服务，发展经济，保障安全”为宗旨，以开展创业服务年活动为契机，各项工作均取得较好成绩。

交通基础设施建设 推进公路、桥梁、渡口建设。新建环城北路、环城北路顶管工程、观必上旅游公路亮化、南丰大桥、黄井大道扩建工程、南建大桥扩建工程等重点建设项目。修建农村公路251.4千米，全县行政村实现通水泥路。改造完成乡镇危桥28座，对渡口进行标准化建设。境内国道118.49千米、省道48.70千米、县道218.80千米、乡道278.84千米，农村公路579.05千米，专用道路4.11千米，县境内水泥路达818.54千米，沥青、混凝土公路41.48千米。济广高速、国道206线穿境而过，形成高速铁路和高速公路、国省干线公路、农村公路三个等级层次配套、网络衔接较为顺畅的公路网络。

交通运输 客运服务质量提高，投诉率同比下降40%。全年处罚未按时参加审验和二级维护的货运车辆500余辆次，同比减少300辆次。全县拥有客运企业4家，县城内客运站2个、乡镇客运站6个，其中太和客运站为综合服务站，候车停80个。有客运车辆195辆，其中南丰长运公司29辆，永安客运公司65辆，吉通出租车公司61辆，城市公共交通总公司40辆。跨省班线6条、9辆，跨区班线2条、7辆，跨县班线5条、19辆，县内班线24条、62辆。全年完成客运量320.96万人次（不含公交车400万人次），完成客运周转量17820、9万千米，与2015年相比分别减少2%、6%；全县物流企业54户，拥有货运车辆2619辆，35000余吨，年完成货运量612万吨，货运周转量156374万吨千米。

交通安全 该局全年派出检查人员450余人次，检查企业138次，排查出安全隐患22处，督促企业在规定期限内整改到位。取缔非法渡口渡船，渡运安全实现连续55年无事故。

（南丰县交通运输局）

广昌县

2016年，广昌县交通运输局围绕建设“美丽莲乡·幸福广昌”，按照“安全、高效、畅通、绿色”四个交通运输体系建设要求，大力推进重点项目建设，圆满完成年度各项工作任务。

交通设施建设 重点工程项目。①投资21.9亿元的船广高速公路建成通车。②广吉高速公路正式动工，辖内24.47千米建设工程全面施工作业。③投资1300万元的雁塔大桥新建工程竣工投入使用。④投资3074万元的半岛大桥新建工程，主塔下塔身全部完成，实现投资约1100万元。⑤投资2600万元的甘竹大桥重建工程完成主体工程。⑥投资1100万元的河东景观坝步行桥全面完工，交付使用。⑦投资1.11亿元的G528龙广线中坊桥至何家井公路升级改造工程完成中坊桥加宽、2千米雨污水管网铺设及2千米路基石方工程。

农村公路建设 ①县道升级改造杨坊至塘坊项目塘坊境内完成14.5千米路基工程，赤水境内完成路基改造，铺设水稳层及面层。高洲至重田项目完成千善段2.9千米路面硬化。清潭至杨溪项目完成1千米路面硬化。高洲至千善和塘坊至桐江项目完成勘察设计。②客运网络化工程甘竹图石至盱江项目甘竹境内8.2千米完成勘察设计。水南至张杨项目完成项目招投标。完成通自然村水泥路320条,计212千米。完成2座独立桥梁建设,危桥改造计划28座全面开工,完成25座,其余3座正在实施。

争取农村公路养护资金436万元,其中县级财政农村公路日常养护经费160万余元,省补养护工程资金276万元。投入安保防护工程资金102万元,在国省道平交口、县道平交口设置标志牌532块,铸钢减速带1977米,广角镜4块。投入水毁公路修复工程资金404.65万元,累计修复挡土墙、涵洞、水毁路面、护岸等106处,清除塌方7800余立方。

交通行业管理 对120户道路运输业户和3110辆普货依法进行年度审验,审验率分别达98%和97%,危货、客车、出租车、公交车审验率均达100%。加大春运工作的调度管理,春运期间未发生一起安全生产责任事故。依法开展货运车辆超限超载治理工作。检查超限超载车辆120635辆,处罚1206辆,切割恢复原状53辆,处罚金额796500元。检查企业260余次,发出整改通知书160余份,安全约谈企业4户,下达行政处罚通知书34份,查处道路运输行业重点领域一般违章经营行为28起,查处"黑车"9辆。对10个贫困村新增客运站点班线进行调整,并增设错车道,增建候车亭,实现8个未通客运班车的贫困村通车。截至2016年底,全县新增货车274辆,同比下降34%,总计3847吨。全县有道路运输业户550户,其中货物运输业户492户,旅客运输业户5户,运输服务业户14户,汽车维修业户39户。全县有营运车辆2617辆,其中客车95辆,出租车30辆,城市公交车19辆,普货运输车辆2473辆,计33111吨,道路危险货物运输车辆100辆,计1021吨。全年完成客运量333万人次,旅客周转量14075万人千米,同比分别下降22%和62%;完成货运量340万吨,货运周转量43485万吨千米,同比分别下降27%和54%;货运车辆减少420辆,同比下降9.5%,淘汰注销老旧车辆和黄标车2414辆。

(广昌县交通运输局)

黎川县

2016年,黎川县交通运输局围绕构建综合交通、智慧交通、绿色交通、平安交通"四个交通"目标,突出农村公路建设、道路运输发展、交通运输安全三项重点工作,抢抓机遇,加快发展,交通运输事业全面推进。

交通基础设施建设 农村公路建设按计划完施。完成130千米25户以上自然村通水泥路建设。实施客运网络化项目2个,建设里程6.7千米。建成安保工程2个,建设里程25千米。开工危桥改造8座,计272延米。启动县城至熊村17.8千米、县城至中田13.4千米县道升级改造项目建设31.2千米,至12月底完成工可、勘测设计、计划立项等前期工作。

抓好农村公路养护管理。全面落实县道142.99千米、乡道313.92千米、村道357.93千米的公路养护任务。

道路运输 全县公路营运车辆达2596辆,其中客运车辆73辆,货运车辆2434辆,出租车45辆、公交车44辆。车辆结构进一步优化,中、高档客车占客运运力总量的41.7%。农村公路通班车率提高,客运班线通达14个乡镇场,拥有班线50条,行政村通班车率98%。全年完成公路货运量559万吨,货运周转量186460万吨千米;公路旅客发送量210万人次,旅客周转量16769万人千米。全县继续保持交通基础设施建设和交通运输安全"零事故"。

(黎川县交通运输局)

资溪县

2016年,资溪县交通运输局加快推进重点工程项目建设,积极完成各项交通建设目标任务,为实现"生态立县,旅游强县、绿色发展"战略,打造秀美、和谐、智慧、幸福的"绿色资溪"做出应有贡献。

交通基础设施建设 抓好重点项目。资光高速公路（资溪至光泽）资溪境内38.8千米顺利竣工，完成投资总额27.01亿元。省道蛟洵线22千米二级路改造工程，总投资2.5亿元。贵溪至资溪高速公路全程79.02千米，资溪境内约24千米，总投资57.4亿元，该县投资约17.44亿元。G316国道改造项目资溪县境内全长约40千米，总投资约5.4亿元，隧道工程开工建设，其他工程有序推进。总投资1000万元，占地面积20公顷，站房建筑面积4800平方米的资溪新汽车站建设项目有序进行，该站按二级站的标准建设。

农村公路建设 ①完成2016年通自然村农村公路续建13千米／14个项目，实现14个自然村公路硬化。②完成2016年危桥项目581.18延米/13座施工图设计及项目申报，其中103.1延米/4座完工。③完成2017年危桥项目570延米/9座施工图设计。④县道升级改造项目金欧线全长16.3千米，路基基本完成，铺设路面11千米。⑤昌初线全长17千米，完成13千米。⑥马林至山岭段4千米正在施工中，完成13千米。⑦争取农村公路（桥梁）项目资金1287万元。其中，农村公路桥梁养护工程158万元、农村公路危桥改造工程227.72米/3座273万元、公路路网结构（危桥改造项目）改造工程51.06米/2座87万元、公路路网结构（安保工程项目）改造工程95万元、农村公路危桥改造工程326.08米/8座570万元、自然村通水泥路建设工程13千米/14条104万元。

县财政安排农村公路养护资金69.25万元用于县、乡、村级公路养护。全年投入资金216万元对31千米农村公路进行养护工程施工。投入资金200万余元对危桥路段进行整治，整治隐患路段81处，保障公路安全畅通。

交通运输生产 全县客运企业4户，客车96辆，客运站点6个，开通客运班线28条，年完成客运量95.57万人次，客运周转量4329.32万人千米；货运企业40家，货车1011辆，年完成货运量180.9万吨，货运周转量19356.3万吨千米；出租汽车32辆，完成客运量40.47万人次。汽车维修企业9户。

（资溪县交通运输局）

金溪县

2016年，金溪县交通运输工作保持稳定发展态势。

农村公路建设 该局加强乡道、危桥改造和自然村水泥路硬化建设建设力度，落实建设项目补助资金1369万元。完成25户以上自然村水泥路的改造任务为26千米，乡道升级改造顺利推进；修复损毁桥梁和路面16处；动工改造危桥7座，陆坊乡连下桥顺利开工，石门乡游坊渡桥、桥背桥、浒湾山下、疏山桥已招标，其他2座桥已走程序挂网，项目在稳步推进中。

交通运输安全整治扎实有效 全县在治超治限工作上前后投入超过500万元，新建陆坊固定治超检查站。对一年内超限3次以上的车辆和驾驶人员，列入黑名单予以曝光，并撤销其道路运输营运证；对违法次数较多的企业和运输公司追究相关责任。从8月15日开展货运车辆超载超限集中整治行动至12月底，出动路面执法人员4072人次、内勤上班人员990人次、检测车辆179753部、查处超限超载车辆391辆、有187辆车被扣分、扣分总计1158分、处罚金额567920元、卸货5464.68吨，恢复车辆原貌53辆，确保全县公路安全畅通。至2016年底，全县拥有营运货车3086辆，客车101辆，出租车50辆，渡船3艘。年完成客运量730万人次，旅客周转量29600万人千米；货运量776万吨，货物周转量266408万吨千米。交通运输保持平稳，未发生任何安全事故。

（金溪县交通运输局）

东乡县

2016年，东乡县交通运输局围绕“品质新东乡”建设目标，创新思路，真抓实干，交通运输各项工作出现喜人变化。

交通基础设施 省重点工程东昌（东乡至昌傅）高速公路年底竣工。

农村公路建设。全年县道升级改造总投资2896万元(其中上级补助1448万元,县财政补助1448万元),完成县道升级改造:丰山至西江4.82千米,黎圩至甘坑9千米,横山水库至岭上5千米,岭上至愉怡交叉口2.6千米,杨桥至枫树疗2.9千米,徐坊至马圩8.3千米,危桥36座,通自然村公路41.4千米,解决佛岭国际公园坟山迁移问题,翻车岭至桃花岭9.4千米,横山水库至横山桥除险加固1.8千米,并完成县道升级改造、安保工程设计,占圩至栎坪9.3千米,马圩至罗湖11.6千米,坎头铺至西江13.6千米。

全县农村公路管养总里程1601千米,其中县道168.69千米,乡道232.50千米,村道670.28千米。

治理超限超载 全县全年出动治超执法人员6100余人次,检查涉嫌超限超载车辆6760辆次,查扣涉嫌超限超载车辆3368辆,其中切割超限246辆,切割下来的车辆废料达410吨;卸载各类超载货物12000多立方米共计15000余吨,其中砂6210立方米,石碴3780立方米,煤炭、石粉630立方米,瓷土525立方米,水泥575吨;查处案件1200余件,罚款235万元,扣分2390分;依法严厉查处6起恶意闯卡、暴力抗法案件,刑事拘留4人,治安拘留5人;货运车辆超限超载率由治超前的30%以上,下降到1.8%;交通事故明显下降,重大交通事故同比下降23%。

道路运输 拥有大中型客车123辆,2311座,客运班线36条,营运里程达4000千米,出租车122辆,公交车143辆,全年道路运输累计完成客运量268万人次,客运周转量5360万人千米;货运企业106户,货运车辆6636辆,吨位76860吨,完成货运量1980万吨,货运周转量39亿吨千米。

(东乡县交通运输局)

上饶市

基础设施建设 上饶市完成交通固定资产投资33.23亿元,同比增长11%。重点项目建成通车。上饶至万年高速公路建成通车,该市境内高速公路里程达684千米;上丰公路和新320国道城区段建成通车,进一步完善该市交通枢纽网络。

农村公路建设以25户以上自然村通水泥路建设为重点,扎实推进农村交通项目建设,投资8.24亿元,完成各类农村公路建设1800千米,新改建桥梁45座,惠及全市1800多个25户以上自然村40多万人口。

出租汽车经营管理 加大稽查与惩处力度,派出多个稽查执法小组,并组成多个暗访组,不间断开展巡查、抽查、暗访,查处违规经营车辆750辆次。

出租汽车行业改革 依法依规实施新一轮出租汽车个体经营行政许可,自2016年10月1日起,收回中心城区所有出租汽车有偿使用经营权,不再实行经营权有偿使用。依托“一套终端、五个中心、十个系统”,全面建成行业领先水平的出租汽车服务管理系统,具备出租服务质量监控与运营管理的基本功能。

运输保障能力 道路客、货运输结构继续优化。全市有班线客运企业83户、营运客车2557辆、63849座;公交企业13户、营运公交车678辆;出租企业13户、营运出租汽车1517辆;有营运货车62256辆、424624吨位。城乡公交一体化成效显著。全市农村客运班线全部实现公司化经营,乡镇、建制村通客车比例分别达100%和97.8%,城乡客运班线1182条。中心城区成功申报江西省第一批“公交城市”示范城市项目,争取公交项目补助资金2000万元,开展创建国家“公交都市”工作。新增审批市中心城区公交线路9条,公交线路总数和线路单向总里程数分别由原来的27条/335.8千米增加到36条/446.5千米,新增公交车52辆,新增公交站点69个,电子站牌建设86个。大力发展镇村公交,指导德兴市成功申报省级“镇村公交”发展试点项目，争取补助资金600万元。规范驾培市场经营和服务行为，推行“按学时收费、先培训后付费”服务模式，严厉打击非法挂靠点和“黑驾校”。

加强水路运输管理。全市船舶运力为15万余载重吨，单船平均载重量达800多吨。完成港口货物吞吐量1800万吨，同比增长6.5%。

扎实推进“四好农村路”创建。完成农村公路“文明示范路”创建300千米。

加强交通工程质量监督管理。监督检查上万高速弋阳、横峰、万年连接线和国、省道改建等重点项目约361千米，大中桥桥梁34座6000延米，市养大中修项目12个约130千米，各类农村公路1227千米。建立通报、约谈机制。下达质量安全督查通报32份，督查施工企业25户，对9户施工企业进行年度信用评价工作。

加强上武高速公路收费运营管理。全年收取实得通行费3171万元，同比增长43.3%。认真执行鲜活农产品运输“绿色通道”和重大节假日小型客车免费通行政策，全年减免通行费664万元。

先后组织4次安全生产综合督查、1次渡运安全管理专项督查，1次县（市、区）交叉综合检查。完成16个乡镇渡口标准化建设项目并通过省港航局验收。全市交通运输安全生产总体保持持续稳定的态势。

交通运输行业节能减排，淘汰运营黄标车3000余台，新增新能源汽车191台，改装船舶生活污水处置55艘，争取补助资金165万元。

（上饶市交通运输局）

信州区

交通重点项目 ①信州区上广快速通道项目。项目全长17.17千米，其中信州区段12.87千米，工程总投资7.2亿元。征拆工作全部完成。②新320国道南移项目。320国道上饶城区段改建项目自2014年4月15日启动征拆工作以来，全面完成。③天佑大道二期项目。（庆丰路—吴楚大道）总长5666.58米，征拆工作于8月全部完成，全线交付施工。④320国道升级改造项目。该项目涉及信州区20.4千米，此次实施17.7千米，分两段实施。第二段线路里程16.5千米，完成征地拆迁。⑤赣东北汽车园项目。工程建设方面，2016年主要以1—4号楼的综合验收、5—14号楼的工程建设、7—14号楼的配套工程和验收办理为主。

交通物流财税稳步增长 1—11月，全区物流产业税收累计完成2.85亿元，与去年同期2.68亿元相比增长6.34%，前11个月纳税额超百万的物流企业达87家，纳税过500万的企业10户；累计新注册物流企业26户。

道路运输 该局实现连续11年道路春运安全零事故，道路稽查执法管理加强，查处违规违章车辆1600余辆。

农村公路建设 主要有县道升级1个2.2千米，客运网络2个11千米，危桥重建2座，新建独立桥梁1座。县道升级项目朝阳镇进入招投标阶段，客运网络项目在建1个，危桥重建完成1座（沙溪镇宋宅村），新建独立桥梁完成下部

加快贫困村自然村（25户以上）通水泥路项目建设。3个省定贫困村、4个市定贫困村涉及项目38个18.6千米，完成16个9.5千米。

（信州区交通运输局）

上饶县

重点工程建设 2016年，上饶县交通运输局重点工程建设。①旭日—五府山高铁站公路32.17千米，工程预计造价8.5亿元（含旭日大桥），完成项目工程可行性研究报告，并列入交通部农村路网（PSL）6.8亿贷款项目库。②省道S203灵山—上饶公路二级公路石人至清水段17.28千米，隧道980米，工程造价3.7亿元，其中建安费3亿元，完成项目立项、设计等前期准备工作，拟采用PPP模式实施。③320国道南移项目11千米完成征地拆迁工作。④老320国道升级改造项目6.15千米，完成征地和地表物拆迁和地下电缆线改迁工作。⑤吉阳湖旅游二级公路一期3千米建设，完成项目立项，正在工程招投标。⑥姜湖公路黎家滩至茗洋水库5.8千米升级改造工程，正在施工建设。

农村公路建设和管理养护 农村公路建设。①投入2500万元改造县道升级工程8.8千米。②投入1157万元改造危桥项目7个326延米,樟涧大桥完工,其余6座正施工建设。③投入1.2亿元,重点抓好2016年脱贫的43个贫困村和入户道路建设。

农村公路养护。投入300万元实施河北—下会坑18.9千米,新黄公路3.7千米,里大10.5千米,姜湖16千米,计49.1千米生命安全防护工程建设,重点推进姜湖公路清水常阜至左溪6千米农村公路建设示范工程项目,抓好缪源—丁宅文明示范路3.3千米建设和里大公路17.5千米四好农村公路建设。

物流经济 2016年,因国家营改增税率和邻县、区奖励政策调整的影响完成税收8287.90万元。

行业管理 道路运输行业发展持续稳定。全县完成公路客运量473万人次,旅客周转量19511万人;货运量3813万吨,货物周转量427057万吨。出动执法检查256次,检查源头企业18户,下发文件12份,简报12份,处罚违规源头企业3户。全县交通安全生产稳定,水上交通安全29年零事故。

(上饶县交通运输局)

广丰区

重点工程建设 2016年,广丰区交通重点工程项目和基础设施建设。①上广快速通道项目。项目总投资约8亿元(其中广丰段约1亿元,信州区段约7亿元)。广丰段4.5千米,于2015年底建成通车。信州区段长12.7千米,12月全面建成通车。②大石—湖里旅游公路项目。全长7.2千米,项目总投资约1.1亿元,12月全面建成通车。③城南公交枢纽站项目。主体工程封顶。④G353宁德至福贡(广丰区大石—五都段)公路拓宽改造项目。启动征地拆迁工作。⑤芦林大桥拓宽改造暨加固提载工程。组织专业检测单位对芦林大桥安全性进行检测,综合评定为4类。组织专业测量单位进行红线放样,图纸会审。⑥路网改造项目。完成危桥改建项目12座,安防工程16千米;九仙湖码头立项成功;2个农村综合服务站项目主体工程完工。

道路运输管理 圆满完成2016年春运。投入营运客车451辆,完成客运量1264320人次,同比下降1.5%,保持该区连续12年无道路旅客运输安全责任事故和死亡人数为零的纪录。

全年新增运输车辆86台、289吨,新增维修业户17户,新增物流业23户。1—3月客运、货运二级维护检测共计1680次,审验营运车辆《道路运输证》2000余件,打击非法营运案宗198例。加大货物车辆整治力度。全年查处普通货车运输烟花45起,全部责令卸货,现场监督将其烟花全部转运到符合资质的危险货物运输车辆上运输。

向广大货车司机朋友发放关于《要求运输沙石、建筑垃圾、煤炭等货车加盖篷布的通告》400余份,与道路运输企业及业户签订《道路货物运输安全生产承诺书》400余份。检查货运车辆600余台次,走访沙石场、货物集散地、矿区60余处,对86台脱落扬撒车辆进行行政处罚,城乡道路的清洁和安全情况得到有效改善。

打击非法营运车辆。出动执法人员1500余人次,查处各类违章476件,其中查扣非法营运车辆198台、其他违章车辆305台。

协同校车整治,方便师生出行。发放宣传资料2000余份。

农村公路建设和养护管理。该局上报县道升级改造、危桥改造等30254万元的项目投资计划,申请贷款21500万元;上报2016年度和2017年度农村公路路网结构改造工程——危桥改造建设计划11个,下达计划7座,争取上级补助资金495万元;2016年下达路网结构改造工程——安保工程项目1个,争取部补助资金139万元;上报2017年公路路网结构改造工程——安保工程项目16个,计划使用部补助金额645万元。上报2016年度县道升级改造建设计划2个计5.7千米,下达计划1个,争取上级补助资金208万元;上级交通部门下达该区通自然村公路建设计划55千米,争取到上级补助资金440万元。

安全生产 对全区所有危货运输企业经营条件和392名从事危货运输的驾驶员、押运员、装卸管理人员的从业资格证件真伪情况进行排查,检查危货车辆270余车次,查处普通货车运输烟花45起。

全年先后组织4次安全生产综合督查，3次安全专项督查。召开安全例会和安全工作会议6余次，组织安全培训4次，悬挂横幅标语120幅，张贴小标语600余幅，散发宣传资料4000余份，举办宣传板报（专栏）12余期，播放安全教育警示片20余场次，通过GPS、CDMA监控平台发送安全提示信息10000余条。组织开展交通运输安全生产大检查6次，日常督查150余次，客货车辆3000台次，查处各类违章476件，其中查扣非法营运车辆198台、其他违章车辆305台，整改隐患10起，清排路障20处，查处违章建筑案件3起；完成公路波形防护栏设置16千米。

行政执法管理 全年办理交通执法案宗210件，查处纠正交通运输违法行为560人次，实施交通行政处罚310万元。

（广丰区交通运输局）

玉山县

重点工程建设 ①玉山县G320沪瑞线玉山岩瑞至文成段公路改建工程。2016年初开始全面启动G320沪瑞线玉山岩瑞至文成段公路改建工程的前期工作，完成项目招商（标）。②怀玉乡玉峰村精准扶贫项目建设工程。新屋至蟠龙岗公路新建工程。全长2.24千米，施工队伍进场。③金沙东路项目建设工程。该项目全长4.11千米，工程总投资1.08亿元，工程前期工作正在进行。

农村公路建设 ①完成建设计划批复县道升级31.2千米；乡道双车道拓宽项目47.5千米；建制村优选通达路线窄路面拓宽改造项目9.1千米；危桥改造项目5座150延米；通自然村公路项目约196千米，项目总投资约2.65亿元。②建设中桥、桥溪中桥、上坂头中桥全部完工。③完成玉山县扇山棚至上陶新建公路的施工图设计及批复和征地拆迁红线放样，完成代理招标，等待林业部门公益林审核批复后进入施工招标。④完成全县农村公路危桥排查工作，拟申报危桥入库23座。⑤完成2015年通自然村公路项目的验收工作。

道路运输管理 圆满完成春运工作。运输旅客176.82万人次，其中：班线、包车客运车辆输运旅客41.45万人次，公交车输运旅客31.60万人次，出租车输运旅客104.07万人次，未发生一起旅客滞留事件。

实施道路运输市场监管。查处各类违规车辆415辆次，其中：未经许可擅自从事道路旅客运输经营的19辆、无道路运输证的3辆、出租车不打表计程的17辆、不按规定检测车辆的40辆、擅自改装货车336辆。

支持企业做大做强。全县新增客运车辆3辆，更新17辆。更新公交车10辆；货运运力稳中有升，新增普货企业26家，新增货运车辆349辆，新增吨位1878吨，新增教练车1辆，更新11辆。新增维修企业12户。

组织营运车辆审验，成立客运、货运2个年审组，主动延伸服务对企业车辆提供上门审验。审验农村客运班车125辆，公交车43辆，出租车150辆，货运车辆1045辆。

做好公交客运站运营工作，该项目于7月通过竣工验收，9月投入运营。

首条新能源纯电动公交线路（6路：玉山汽车站—玉山高铁南站）于10月正式开通运行，投放10辆宇通牌纯电动公交车，5分钟发一班车。

（玉山县交通运输局）

铅山县

农村公路建设 ①铅山县自然村（25户以上）通水泥路建设项目，通自然村有96个，建设里程60千米，总投资1760.74万元，完成80%。②港东至上港公路改建工程，总投资1455.17万元，全部完成路面工程。③彭车线（彭村至沙畈段）改建工程，总投资1075.9万元，路面工程全部完成。④陈老线横山至伦潭公路路面建设工程，总投资384.53万元，路面工程全部完成。⑤铅山县篁碧乡水口庙至项杆岭三级公路新建工程，全长1.4千米，总投资约859万元，完成招标工作，进入施工阶段。⑥经开区至鹅湖公路外鸳塘至鹅湖段三级公路改造工程，路线长4.6千米，总投资约922万元，完成招标工作，进入施工阶段。⑦牛桥到庙湾（牛桥至后畈段）公路升级改造项目，全长2千米，总投资约300万元，于10月开工建设。⑧八英线鲍家墩至英将段三级公路升级改造工程,长20.01千米,总投资约3907万元,完成招标工作,进入施工阶段。⑨铺紫线铺前至紫溪段三级路面改造工程,长8.2千米,总投资约853万元,完成招标工作,进入施工阶段。⑩稼轩乡岩前村至松岭头公路全长4.5千米,总投资380万元,全部完成。

公路水毁维修 完成陈老线、天柱山和篁碧段水毁维修工程路线15千米,混凝土挡墙2600立方米,总投资100万余元。

危桥改造 中洲桥、万年桥、港背大桥建成通车。陈坊乡荆福桥正在桥面铺装;稼轩乡康家垅桥、武夷山里江东桥、洋西桥、新滩乡杨林洲小桥、后板小桥正在施工。

旅游公路建设 ①石塘至柏畈红色旅游公路。总投资3300万元,全长4.8千米,路面工程全部完工。②车盘至北武夷风景区旅游公路。总投资1800万元,全长10.2千米,其中三级公路7.2千米,四级公路3千米,项目工程形象进度完成约50%。

交通重点工程项目建设 河口至永平快速通道公路工程项目为双向四车道一级公路,全长8.4千米,总投资29303万元。项目于10月开工建设。

公路养护 全年农村公路养护率100%,养护里程966.67千米,清理水沟500余,清除杂草1400千米,培育路肩200余,确保农村公路的常态化养护。

农村公路水毁抢修 全年清理塌方10000余立方,疏通水沟、桥涵100余处。

完善农村公路安全生命防护工程 全年投资50万余元完成港上线安全生命防护工程6千米;投资80万余元完成新滩新西线、后杨线生命防护工程7千米。

道路运输管理 加快新型物流产业发展。华林物流产业园初具规模,建成仓储面积1800平方米,入园的电子商务配送企业及其他企业共16户,形成汽车销售、汽车维修、服务代理一条龙服务。全年新增货运企业30余户,168辆,2076吨。

完成1180余台客货运车辆的等级评定检测,新增三类维修业户5户。

安全生产 全年召开安全例会和安全工作会议10余次,组织水、陆交通安全培训6次,悬挂横幅标语9幅,接受群众咨询30人次,散发宣传资料300余份,播放安全教育警示片10余场次。

春运期间,投放客车128辆,完成旅客运输39.3万人次,客运量比上年下降4.5%,其中加班571辆,包车76辆。春运期间,辖区内未发生一起重大责任事故。加大道路运输市场的监管力度。全年开展执法行动100余次,出动执法人员400余人次,检查客货运车辆600余辆,查处"黑车""黑的"150辆、客车25辆、危险品15辆、其他违章200余辆,上网案件共431件,处理各类案件328件,其中行政强制类案件113件,普通案件215件,查扣车辆113台次,有效地制止道路运输安全生产隐患的发生。抓好渡口的日常监管与浮桥安全管理。全年例行检查船舶50艘次,发出停航整改通知书9份,同时,投入4000余元,购买一批救生及消防设施,确保渡船渡运安全。

(铅山县交通运输局)

横峰县

跑项争资 横峰县争取各类交通建设资金3843万元,其中通自然村公路593万元,上万高速连接线2200万元,县乡道升级改造700万元,公路养护和危桥改造350万元。配合县城投公司争取320国道绕城升级改造农发行贷款4亿元。争取农村公路PSL项目贷款4.1亿元。

重点项目 ①做好上万高速公路服务工作。②世行贷款城铺大道扎实推进。兴安西大道、规划四路、创业大道工程抢抓进度。③世行贷款姚港公路建设,浇筑水泥路5千米。

服务民生 农村公路基础设施建设。完成通自然村公路59.6千米,完成危桥改造18座230延米,全县县道三级及以上公路占县道总里程的53.46%;乡道四级以上公路占乡道总里程的94.49%;在全市率先完成25户以上自然村通水泥路,自然村100%村村通水泥路。实施一批解民忧,利民生的公路桥梁,如新建葛源黄溪公路、铺矿公路、赭亭山公路、姚家乡公路、港边乡公路,以及利用33天时间建成环鄱阳湖国际自行车赛的"皇后赛道"。

公路养护 投资435万余元对县道坑清线、山葛线、乡道葛新公路进行路面维修。汛期完成路面大中修3.3千米，挡墙重建2000余立方，清理塌方14000余方，修复路面3800平方米，危险路段新砌浆砌挡土墙620米，保障公路畅通安全。

文明交通创建 全县抽调公交车、出租车、教练车110辆爱心助考车，高考期间免费接送考生1231人次。

全县治超活动，检测车辆537辆，查处违章车辆81辆，切割违章车辆拦板19辆，违章车辆卸货2431.29吨位。

（横峰县交通运输局）

弋阳县

农村公路建养 弋阳县实施县道升级改造项目上刘线西童至朱坑4.2千米，总投资约814.4万元。②花毛线陈塘至毛墟段11.1千米，总投资约1900万元。

县25户以上自然村公路建设2016年计划50千米，总投资1500万元，全部完工。

危桥改造项目9座169.2延米，总投资481万元。完工验收3座，6座在建。

实施农村公路养护工程小店至康家桥1.1千米，项目投资260万元，项目进入路面水稳基层；烈直线路面维修800米，项目投资45万元，项目完工。

开展前期工作的项目 206省道升级改造正在编制工可；县道升级改造项目花毛线（花亭路口至陈塘）10.8千米完成设计、姚漆线（姚畈至里松源）5.2千米、上刘县（西港桥至张家）9.7千米、樟五线13千米、双流线（叠山至港口）19.5千米、上刘线（上童至西童小学）5千米完成设计；乡道拓宽改建柴武线4.2千米完成施工项目设计，小丘线6.8千米、毛杨线5千米、冯莲线3千米正在进行；危桥改造15座，12座完成施工项目设计，3座正在进行。

重点项目建设 ①启动市重点工程320国道拓宽改建工程建设项目（朱坑至圭峰流口段），全长32.02千米，总投资7.5亿元。12月进行勘察设计招标。②实施县重点工程上万高速弋阳连接线项目，全长1.69千米，工程总投资5277.75万元，路基工程基本完工。③实施县重点工程现代农业产业示范园入口公路300米工程，实施路面水稳基层。

渡口、码头标准化建设 陈家渡口、续建工程罗家渡口、胡家渡口、杭溪渡口标准化建设全部竣工，11月通过省级主管部门验收。

公路运输管理 全县有客运企业10户，其中班线经营8家，公交和出租经营各1家，货运企业19户，全县客、货营运车保有量3451辆，其中营运货车3132辆、新增648辆；营运客车319辆；新增道路运输经营性客、货车辆668辆，报废注销转出车辆1800余辆。物流运输服务企业13户，危险品企业1户，驾驶员培训学校3家；全年完成客运量472万人次，同比增长1.07%，完成旅客周转量19069万人，同比增长1.03%；完成货运量1368万吨，完成货物周转量181489万吨。

通过电视、微信、网站等媒体进行广泛宣传，发放《通告》《致公交、出租车驾驶员的公开信》《致全体出租车乘客的一封信》20000余份。

联合整治行动出动执法人员500余人次，查处违法违规营运行为300余起，查获各类违法违规车辆98辆。

更新100辆出租车税控计价器，上线20辆纯电力新能源公交车，公交整体运力将提升20%左右。

启动弋阳县客运枢纽站建设前期调研、初步拟定选址。

治理超载超限。检测车辆2935台次，检测超载超限车辆346辆，处罚806400元，卸货4850吨，切割非法改装车辆5辆。

交通安全生产。全年未发生安全责任事故。

（弋阳县交通运输局）

余干县

基础设施建设 2016年，余干县全年完成交通固定资产投资1.15亿元。建成总长7.04千米的李家渡至管枥公路、16.34千米的濠源至九龙公路以及12.3千米的社庚至邓墩公路；新建25户以上贫困村通村公路110.3千米；投资592万元对九龙雷家桥、社庚刘家桥、石口湖滨桥等8座危桥进行重建改造。

总投资6000万元的康山旅游公路、总投资5000万元的康瑞公路、总投资5000万元的杨埠至柴店公路均开工建设;总投资3000万元的昌岭(昌万公路至万亩花海)公路正在施工,12月竣工通车。

总投资7000万元的乌泥至龙潜山庄公路现处于设计阶段;县重点工程总投资5.23亿元的省道S208谢岗线余干鹭鸶港至进贤段进行初步设计。

行业管理同步规范　全年完成公路客运量996万人次,同比增长6.29%;完成公路货运周转量194170万吨千米,同比增长18.4%;完成水路货物吞吐量800万吨,规费收入300万元。

水上交通、道路运输均无重大安全事故。

改善基础设施。对河源至大都2.58千米,木西至翅口1.72千米,翅口至港下386米,余朱公路至沙子埂700米,4条路计5.39千米进行规划设计。其中,余朱公路至沙子埂公路于11月开工建设。

(余干县交通运输局)

万年县

交通重大基础设施建设　2016年,万年县完成交通固定资产投资7.99亿元,其中重点项目完成投资7.84亿元,农村公路完成投资4055万元。①万年港码头一期工程基本完工并投入运营,全年进出港吞吐量为92万吨,总收入约513万元;②全长28.4千米、总投资18亿元的上万高速万年段12月正式通车。③全长5.5千米、总投资7000万余元的上万高速万年连接线与上万高速同步通车。④全长4.6千米、总投资2800万元的镇珰线(珠田—陈营段)二级公路改造项目于年底通车。⑤全长100千米,总投资2700万元的农村公路新建项目完成里程100千米,完成投资2700万元。⑥全长25.8千米、总投资1160万元的齐埠—苏桥路面改造项目完成投资680万元,路面完成15千米。⑦全长16千米,总投资720万元的黄桐线路面改造工程完成投资675万元,路面完成15千米。

交通运输　①全县拥有各类客运车辆262辆,其中高级客车42辆、出租车40辆、公交车28辆,中低档客车152辆。取缔黄包车1200辆,扣押铁皮车60辆。春运期间,全县投入客运车辆216辆,其中外调运力26辆,总计发车13686班次,其中加班172班次,发送旅客45.3万人次,同比减少4%。春运40天,检查客运车辆190余辆,查处违规车辆12辆。②全县有货运物流企业53户,货运车辆268辆。完成货运量622万吨,同比增长3.3%,完成货物周转量980035万吨千米,同比增长3.5%。③全县有水运企业3户,各类运输船舶84艘,其中危货运输船舶4艘,货物运输能力达2.4万吨。完成水路货运量142.64万吨,货运周转量7215.4万吨千米,同比分别增长0.78%、0.85%,收入97万元。

交通行业管理　①上路稽查1900人次,检查车辆4100辆,查获违章720余次,缴纳罚没款83.3万元。②组织检查企业71户,查处违法违章行为68起,排查整改隐患36项;开展水上安全检查24次,检查企业6户,运输船舶135艘,确保水上运输安全。③内河与港口管理不断强化。赵家、毛家两渡口实现标准化建设,李家和上、下孙渡口按标准化建设要求进行整改,确保渡口渡运安全,维护良好的水上航行秩序。

(万年县交通运输局)

德兴市

农村公路建设　2016年,德兴市上级安排计划55千米,各乡(镇)实施自然村公路38余千米,实现投资1140万余元。抓好农村公路畅通工程。计划建设15个公路项目、12个危桥改造项目,各乡(镇)开展路基拓宽、招投标等前期工作都基本完成,有3个项目开工建设。

重点公路建设　①继续抓好德上高速至合福高铁德兴站新建公路建设。该项目为续建项目,路线全长5.69千米,按照二级公路标准进行建设,项目预算总投资12744.78万元(施工合同价8269.12万元),该工程于4月竣工通车。②祝梧公路建设。该项目为续建工程,路线全长15.53千米,总投资4800万元,按三级公路标准改造,工程主体竣工。③三清快道建设一期工程(昄大至龙头山公路项目）建设。该项目为新建项目，全长23.76千米，按照二级公路标准建设，投资1.9亿元。④新岗山火车站配套公路项目建设。该公路全长5.97千米，预计总投资8301.91万元（其中建安费6060万元），完成路基40%和大桥的桩基5根。⑤新东线提升改造沿边房屋穿衣戴帽项目。该项目为新东线马道山段路面改造及德昌高速德兴南出口至花桥高速出口新东线段的亮化、绿化工程，预计投资2000万元。马道山段路基完成60%，亮化工程已确定设计单位，绿化工程正在开展招投标。⑥南外环A标段的建设。该工程全长485米，按二级公路标准建设，投资500万元，完成建设。⑦高速公路广告拆除项目。拆除广告牌20块，投入拆除资金12.8万元；德兴南高速出口改造提升项目协调工作。批复同意该市改造方案。⑧三清快道二期的前期工作。该公路的工程可行性研究报告完成并经上级批复，施工图设计工作基本完成，正在办理各专项批复。

危桥改造。箬坑中桥、蔡家二中桥争取到建设计划，蔡家二中桥开始建设，完成桥梁下部基础，箬坑中桥完成招投标；鄢村中桥竣工通车；新屋中桥正在实施。

农村公路管养。完成余家墩至胡家、界首至新建、浮溪口至昭林、豪岭关至南首大中修工程，并开展文明路创建工作，完成投资296余万元。

道路运输　完成客运量332万人次，客运周转量29930万人千米；货运量281万吨，货运周转量29230万吨千米（11月底数据）。全市未发生交通、劳动、消防等上报事故，实现“平安交通”的总目标。

治超和整治“黑车”，抓好车辆超载、违法改装等行为的专项整治，超载车辆进行卸货处理，违法改装的进行切割处理。处罚车辆280余台次。处罚非法运输车辆5台。

公交车运营管理。公交总站建设，该项目总占地面积22973平方米，总建筑面积5367.82平方米，投资约1500万元，主体基础完成，主体建筑正施工。争取到全省镇点公交试点县（全省5个），经过紧张的筹建，12月，德兴市35条镇村公交线路全面开通，覆盖全市75个行政村，开通率91.45%。

（德兴市交通运输局）

婺源县

公路建设管理　农村公路建设。2016年，婺源争取县项目资金3791.14万元，PSL项目上级补助3.92亿元。全年完成通自然村公路路面硬化105千米，通建制村公路拓宽改造62.3千米，安保工程处治隐患里程50.7千米；太白临河大桥竣工通车，新建独立中桥10座。22.9千米的港口至璜茅公路由乡、村道提升为县道，抢抓进度完成港口至上溪和秋口至王村16.8千米示范路改造提升工程。

重点项目建设　该县城外环线项目26.68千米，总投资7.19亿元，完成投资48179万元。①S201大二线沥青面层完成8.01千米，汽配城连接线1.8千米沥青路面竣工。②十里铺至清华路口连接线水稳基层完成。③G237济宁线县城段沥青路面竣工通车。④G351台小线沥青面层完成，福洋大桥、戴家大桥竣工。

公路质量监督与养护管理　6月以来，由于长时间的连续暴雨，引发洪水、塌方、山体滑坡等地质灾害，其中沱川、大鄣山等地受灾严重，直接经济损失1.82亿元。灾情发生后，及时下拨水毁资金近100万元，县财政对受损严重的22条公路安排水毁修复资金1400万元，修复工程正紧张实施。

强化路域环境整治。全年累计投入资金607.35万元，完善店埠至太白、车田至鄣山顶、岭脚至东头、中云至太白等公路防护栏36051米，增设警示标志223块，减速带7825.24平方米，标线9743.9平方米，减速带120米，广角镜69块。

破解交通拥堵难题，县投资2000万余元新建江湾梨园、篁岭、溪头岭背溪、秋口月亮湾等停车场7个，拓宽改造江中线、港口街道、港口至溪头收费站、鹤溪至李坑等连接热门景区的公路7条，构建区域交通小循环，舒缓旅游旺季交通压力。

公路运输　出动执法车辆190多台次，执法人员400余人次，查扣无证营运车辆55台。开展货运车辆非法超限超载专项治理工作。查处超限超载车辆561辆，恢复改装车辆488辆，道路安全形势得到持续好转。淘汰2005年前注册的营运黄标车辆总计228辆。

该县当年未发生行业安全生产事故。

(婺源县交通运输局)

鄱阳县

农村公路建设 2016年,该县完成县道升级改造29.6千米、自然村公路硬化1000千米。其中县道升级改造:大塘下—郭璞峰2.2千米、福山—经公桥12.9千米、杨国威—南峰3.0千米、古县渡—白鹿埠(汪家至工业园段)11.4千米项目建设完成;完成谢家滩港西桥、金盘岭洪家嘴桥、三潼五桥、雷家桥4个危桥改造项目。完成通自然村公路建设982千米。2016年省厅下达该县农村公路生命安全防护工程35.7千米和县、乡、村道大修工程68.1千米均正在施工中。凰岗大桥于11月30日开标。

物流产业发展 2016年,全县完成物流税收7000万余元,在物流产业办办理扶持资金奖返3500万余元。全县有19个乡镇实现物流企业税收收入;在该县登记注册的物流企业共86户,其中航运企业4户;认定为一般纳税人的企业36户,小规模纳税人的企业50户。

公路养护管理 县财政将县级日常养护补助资金450万元列入财政预算并足额及时到位,确保全县农村公路建有所养。全年完成公路养护管理投资约850万余元。

公路运输管理 全年出动稽查人员2000余人次,查扣有非法营运嫌疑的车辆98辆,对证据确凿的47辆非法营运的"黑车"从重处罚,使城区道路运输市场秩序得到明显好转。春运及重要节假日期间未发生一起重特大安全事故和旅客滞留事件,截至11月底,完成道路客运量1393万人次,客运周转量56528万人千米;货运量891万吨,货运周转量118878万吨千米。

(鄱阳县交通运输局)

交通统计资料

全省交通主要统计指标

表37

指标名称	计算单位	2016年	2015年	2016年为2015年%或增减
一、公路、水路与国民经济的关系				
1. 生产总值与公路、水路货运量				
生产总值(按当年价格计算)	亿元	18364	16724	109.81
全社会公路货运量	万吨	122872	115436	106.44
全社会水路货运量	万吨	10889	10894	99.95
每万元国内生产总值的全社会公路货运量	吨	6.69	6.90	96.94
每万元国内生产总值的全社会水路货运量	吨	0.09	0.09	93.91
2. 全省人口与公路、水路客运量				
全省人口数	万人	4592	4566	100.57
全社会公路客运量	万人	53366	53687	99.40
全社会水路客运量	万人	261	273	95.60
全省平均每人乘汽车数	次	11.62	11.76	98.84
全省平均每人乘轮船输	次	0.00	0.01	96.18
二、全省公路里程	千米	161909	156625	103.37

续表 37

指标名称	计算单位	2016 年	2015 年	2016 年为 2015 年 % 或增减
1. 按技术等级分				
(1)等级公路	千米	134026	129948	103.14
高速公路	千米	5894	5058	116.53
一级公路	千米	2618	1952	134.12
二级公路	千米	10643	10148	104.88
三级公路	千米	12723	11586	109.81
四级公路	千米	102147	101204	100.93
(2)等外公路	千米	27883	26676	104.52
等级公路占总里程比重	%	82.78	82.97	99.77
#二级以上公路	%	11.83	10.9	108.53
等外公路占总里程比重	%	17.22	17.03	101.12
2. 按路面类型分				
有铺装路面里程	千米	124027	119007	104.22
#沥青混凝土	千米	16033	13485	118.90
#水泥混凝土	千米	107994	105522	102.34
简易铺装路面里程	千米	3534	4407	80.19
未铺装路面里程	千米	34347	33211	103.42
铺装路面里程(含简易)占总里程比重	%	78.79	78.80	99.99
3. 按行政等级分				
国道公路	千米	11817	6461	182.90
#国家高速公路	千米	4143	3353	123.56
省道公路	千米	12615	9687	130.23
县道公路	千米	21728	20606	105.45
乡道公路	千米	41851	29481	141.96
专用公路	千米	567	704	80.54
村道公路	千米	73321	89686	81.75
4、公路养护里程	千米	—	151271	0.00
5、公路可绿化里程	千米	—	152343	0.00
#公路绿化里程	千米	—	90022	0.00
三、全省公路桥梁、隧道				
1. 全省公路桥梁总计	座	27605	26794	0.00
	延米	1587566	1434656	0.00
#特大桥	座	—	61	0.00
	延米	—	109862	0.00

续表 37

指标名称	计算单位	2016 年	2015 年	2016 年为 2015 年 %或增减
#大桥	座	—	2928	0.00
	延米	—	702307	0.00
2. 全省隧道	处	287	261	0.00
	米	280579	252541	0.00
四、公路密度及通达情况				
公路密度　以国土面积算	千米/百平方千米	—	93.84	0.00
以人口数量算	千米/万人	—	34.48	0.00
全省通公路的乡镇比重	%	100	100	—
全省通公路的行政村比重	%	100	100	—
五、全省内河航道通航里程	千米	5716	5716	100.00
1. 等级航道	千米	2427	2427	100.00
一级航道	千米	156	156	100.00
二级航道	千米	175	175	100.00
三级航道	千米	284	284	100.00
四级航道	千米	87	87	100.00
五级航道	千米	167	167	100.00
六级航道	千米	399	399	100.00
七级航道	千米	1160	1160	100.00
2. 等外航道	千米	3289	3289	100.00
等级航道所占比重	%	42.46	42.46	100.00
六、港口				
港口个数	个	59	59	100.00
港区个数	个	73	73	100.00
泊位个数	个	1815	1839	98.69
其中:千吨级泊位个数	个			
码头长度	米	72341	73527	98.39
七、汽车站场				
1. 汽车客运站	个	13774	13458	102.35
#等级站	个	978	978	100.00
2. 道路客运班线	条	6899	6890	100.13
乡镇客班车通达率	%	100	97.59	102.47
建制村客班车通达率	%	95.8	94.8	101.05
3. 汽车货运站	个	56	56	100.00
八、民用汽车拥有量	辆			

续表 37

指标名称	计算单位	2016 年	2015 年	2016 年为 2015 年 %或增减
#载客汽车	辆	—	—	—
载货汽车	辆	—	—	—
九、营业性运输汽车拥有量	辆			
#载客汽车	辆	16078	16760	95.93
	客位	460346	466502	98.68
货运汽车	辆	346240	408565	84.75
	吨位	3241980	3363542	96.39
十、民用运输船舶拥有量				
艘数	艘	3293	3468	94.95
净载重量	吨位	2232807	2192210	101.85
载客量	客位	12276	10697	114.76
标准箱位	TEU	3127	2545	122.87
功率	千瓦	722631	660308	109.44
1. 机动船				
艘数	艘	3293	3459	95.20
净载重量	吨位	2232807	2186669	102.11
载客量	客位	9208	10697	86.08
标准箱位	TEU	3127	2545	122.87
功率	千瓦	722631	660308	109.44
#拖船功率	千瓦	764	764	100.00
2. 驳船				
艘数	艘	9	9	100.00
净载重量	吨位	5541	5541	100.00
标准箱位	TEU	—	—	—
十一、运输量				
1. 全社会货运量	万吨	—	130279	0.00
(1)铁路	万吨	—	3942.7	0.00
(2)公路	万吨	—	115436	0.00
(3)水路	万吨	10888.8	10894	99.95
(4)民航	万吨	—	6.3	0.00
公路运输在各种运输方式中所占比重	%	—	88.61	0.00
水路运输在各种运输方式中所占比重	%	—	8.36	0.00

说明:国内生产总值增长速度按可比价格计算

全省公路旅客营业性运输工具拥有量

表 38

地区	载客汽车合计		其中:卧铺车		按经营范围分														按燃料类型分	
					小计		1.班车客运客车						2.旅游客车		3.包车客车		4.其他客车		汽油车	柴油车
							大型		中型		小型									
	车辆	客位	辆	客位	辆	客位	辆	客位	辆	客位	辆	客位	(辆)	(客位)	(辆)	(客位)	(辆)	(客位)	辆	辆
全省合计	16078	460346	163	6665	13486	361869	3983	163740	8899	190745	604	7384	2324	92196	140	5586	128	695	188	15805
南昌市	1610	54790	21	811	884	24337	307	12776	531	11191	46	370	726	30453	0	0	0	0	56	1554
景德镇市	473	14828	0	0	371	10845	117	5445	249	5345	5	55	102	3983	0	0	0	0	3	466
萍乡市	930	23140	5	215	813	19323	146	5889	635	13135	32	299	17	859	74	2828	26	130	44	882
九江市	2644	67775	39	1586	2011	47305	399	15122	1357	29181	255	3002	602	20265	0	0	31	205	0	2644
新余市	313	9833	1	39	235	6763	74	3273	148	3295	13	195	46	1908	32	1162	0	0	0	293
鹰潭市	440	10823	5	233	397	9392	68	2591	325	6751	4	50	43	1431	0	0	0	0	14	426
赣州市	2563	80638	13	546	2390	73222	1060	45880	1258	26478	72	864	144	5954	29	1462	0	0	0	2563
吉安市	1731	54526	16	692	1383	39535	460	19597	886	19397	37	541	346	14914	2	77	0	0	0	1728
宜春市	1402	47224	36	1459	1329	43910	793	29601	486	13608	50	701	73	3314	0	0	0	0	0	1348
抚州市	1440	32686	26	1045	1360	30971	194	7894	1091	21972	75	1105	39	1509	0	0	41	206	41	1399
上饶市	2532	64083	1	39	2313	56266	365	15672	1933	40392	15	202	186	7606	3	57	30	154	30	2502

全省内河航道通航里程

表 39

	计算单位	全省合计	南昌市	景德镇市	九江市	鹰潭市	赣州市	宜春市	上饶市	吉安市	抚州市	新余市	萍乡市
一、内河航道里程总计	千米	5716	770.3	212.9	966.8	139.6	790.3	520.2	811.4	795.2	545	119	33
1、等级航道合计	千米	2427.1	580.6	76	556.6	63.6	326.4	106.5	286.3	382.8	36	—	—
一级	千米	156	—	—	156	—	—	—	—	—	—	—	—
二级	千米	175	85.5	—	89.5	—	—	—	—	—	—	—	—
三级	千米	283.5	—	—	—	33.4	21.5	62.8	—	230.5	—	—	—
四级	千米	87	56	—	—	—	—	—	31	—	—	—	—
五级	千米	166.7	—	38	—	—	—	19.1	51	58.6	—	—	—
六级	千米	399.1	47.5	8	146.1	—	36	—	93.8	67.7	—	—	—
七级	千米	1159.8	391.6	30	165	30.2	268.9	24.6	110.5	103	36	—	—
2、等外航道合计	千米	3288.9	189.7	136.9	410.2	76	463.9	413.7	525.1	412.4	509	119	33
二、船闸	座	17	2	2		1	2	2	3	2	3	—	—
三、升船机	座	2	—	—	1	—	1	—	—	—	—	—	—
四、碍航闸坝	座	62	—	—	6	3	4	13	11	7	7	4	7

说明:一级航道156千米为长江干流江西段省界航道

全省公路货物营运车辆拥有量

表40

地区	货运车辆总计		一、营运载货汽车		其中:					二、其他载货机动车		三、轮胎式拖拉机	
					汽油车	柴油车	牵引车	挂车					
	(辆)	(吨位)	(辆)	(吨位)	(辆)	(辆)	(辆)	(辆)	(吨位)	(辆)	(吨位)	(辆)	(吨位)
全省合计	346260	3241980	313224	3199111	855	205517	45658	61133	1742160	32856	42732	180	137
南昌市	30248	198082	30133	197963	0	27347	1902	884	26939	115	119	0	0
景德镇市	10151	77415	10151	77415	383	5927	2239	1602	39684	0	0	0	0
萍乡市	10845	88723	9589	87470	433	6234	1020	1902	59048	1256	1253	0	0
九江市	27120	206546	25788	204976	0	21356	2048	2384	72369	1332	1570	0	0
新余市	32618	431626	30539	429820	0	17041	3441	9996	293575	2079	1806	0	0
鹰潭市	26279	367030	25403	366153	39	11778	3992	9594	281684	876	877	0	0
赣州市	20973	98138	17977	95239	0	15489	1261	1227	36077	2996	2899	0	0
吉安市	40955	350889	31544	341774	0	19441	5722	6381	201452	9411	9115	0	0
宜春市	57059	628162	54881	616003	0	27445	14432	13004	317127	2178	12159	0	0
抚州市	40284	434886	37094	431233	0	23110	6314	7670	233668	3010	3516	180	137
上饶市	49728	360483	40125	351065	0	30349	3287	6489	180537	9603	9418	0	0

全省水路运输工具拥有量

表41

指标	轮驳船总计					一、机动船				
	艘数(艘)	净载重量(吨位)	载客量(客位)	集装箱位(TEU)	功率(千瓦)	艘数(艘)	净载重量(吨位)	载客量(客位)	集装箱位(TEU)	功率(千瓦)
全省总计	3293	2232807	12430	3127	722631	3284	2227266	12430	3127	722631
南昌市	184	344353	583	3031	92659	182	343453	583	3031	92659
景德镇市	46	26705	—	0.0	9658	46	26705	0	0	9658
萍乡市	—	—	—	—	—	—	—	—	—	—
九江市	508	528759	5791	0	205535	501	524118	5791	0	205535
新余市	71	9800	2485	0.0	6774	71	9800	2485	0	6774
鹰潭市	201	7608	0.0	0.0	3607	201	7608	0	0	3607
赣州市	389	53232	2267	0.0	22625	389	53232	2267	0	22625
吉安市	455	251998	428	0.0	81428	455	251998	428	0	81428
宜春市	977	694299	154	96	204400	977	694299	154	96	204400
抚州市	127	142334	—	0.0	47052	127	142334	0	0	47052
上饶市	335	173719	722	0	48893	335	173719	722	0	48893

续表 41

指标	1. 客轮			2. 货轮							
								集装箱船			
	艘数（艘）	载客量（客位）	功率（千瓦）	艘数（艘）	净载重量（吨位）	集装箱位（TEU）	功率（千瓦）	艘数（艘）	净载重量（吨位）	集装箱位（TEU）	功率（千瓦）
全省总计	311	12430	23805	2971	2227266	3127	698062	1	1691	94	660
南昌市	5	583	2271	176	343453	3031	90212	1	1691	94	660
景德镇市	—	—	—	46	26705		9658	—	—	—	—
九江市	107	5791	11440	393	524118	—	193507	—	—	—	—
新余市	63	2485	4259	8	9800	—	2515	—	—	—	—
鹰潭市	—	—	—	201	7608	—	3607	—	—	—	—
赣州市	79	2267	1826	310	53232	—	20799	—	—	—	—
吉安市	14	428	1672	441	251998	—	79756	—	—	—	—
宜春市	13	154	765	964	694299	96	203635	—	—	—	—
抚州市	—	—	—	127	142334	—	47052	—	—	—	—
上饶市	30	722	1572	305	173719	—	47321	—	—	—	—

指标	2. 货船			3. 拖船		二、驳船						
	#油船					合计			油驳		货驳	
	艘数（艘）	净载重量（吨位）	功率（千瓦）	艘数（艘）	功率（千瓦）	艘数（艘）	净载重量（吨位）	集装箱位（TEU）	艘数（艘）	净载重量（吨位）	艘数（艘）	净载重量（吨位）
全省总计	62	208305	77135	2	764	9	5541	0	3	1341	6	4200
南昌市	—	—	—	1	176	2	900	—	2	900	—	—
景德镇市	—	—	—	—	—	0	0	—	—	—	—	—
九江市	34	148966	57831	1	588	7	4641	—	1	441	6	4200
新余市	—	—	—	—	—	0	0	—	—	—	—	—
鹰潭市	—	—	—	—	—	0	0	—	—	—	—	—
赣州市	1	3570	1500	—	—	0	0	—	—	—	—	—
吉安市	—	—	—	—	—	0	0	—	—	—	—	—
宜春市	—	—	—	—	—	0	0	—	—	—	—	—
抚州市	27	55769	17804	—	—	0	0	—	—	—	—	—
上饶市	—	—	—	—	—	0	0	—	—	—	—	—

全省沿海运输工具拥有量

表42

指　　标	一、机　动　船					1. 客　　轮		
	艘　数（艘）	净载重量（吨位）	载客量（客位）	集装箱位（TEU）	功率（千瓦）	艘　数（艘）	载客量（客位）	功率（千瓦）
全省总计	40	187418	0	0	61224	—	—	—
南昌市	—	—	—	—	—	—	—	—
景德镇市	—	—	—	—	—	—	—	—
萍乡市	—	—	—	—	—	—	—	—
九江市	26	144306	—	—	43022	—	—	—
新余市	0	0	—	—	0	—	—	—
鹰潭市	0	0	—	—	0	—	—	—
赣州市	1	3570	—	—	1500	—	—	—
吉安市	6	28924	—	—	8961	—	—	—
宜春市	0	0	—	—	0	—	—	—
抚州市	7	10618	—	—	7741	—	—	—
上饶市	—	—	—	—	—	—	—	—

指　标	2. 货　　轮							3. 拖　船		二、驳　船		
					#油　　船					合计		
	艘数（艘）	净载重量（吨位）	集装箱位（TEU）	功率（千瓦）	艘数（艘）	净载重量（吨位）	功率（千瓦）	艘数（艘）	功率（千瓦）	艘数（艘）	净载重量（吨位）	集装箱位（TEU）
全省总计	40	187418	0	61224	20	127006	39050	—	—	—	—	—
南昌市	—	—	—	—	—	—	—	—	—	—	—	—
景德镇市	—	—	—	—	—	—	—	—	—	—	—	—
萍乡市	—	—	—	—	—	—	—	—	—	—	—	—
九江市	26	144306	—	43022	18	122443	36446	—	—	—	—	—
新余市	0	0	—	0	—	—	—	—	—	—	—	—
鹰潭市	0	0	—	0	—	—	—	—	—	—	—	—
赣州市	1	3570	—	1500	1	3570	1500	—	—	—	—	—
吉安市	6	28924		8961	—	—	—	—	—	—	—	—
宜春市	0	0	—	0	—	—	—	—	—	—	—	—
抚州市	7	10618	—	7741	1	993	1104	—	—	—	—	—
上饶市	—	—	—	—	—	—	—	—	—	—	—	

全省公路旅客货物运输量

表 43

单位名称	旅客运输量		货物运输量	
	客运量(万人)	旅客周转量(万人千米)	货运量(万吨)	货物周转量(万吨千米)
全省合计	53366	2823357	122872	31474967
南昌市	3001	302357	11067	2422783
景德镇市	1803	100577	3146	1177840
萍乡市	6322	110722	3266	552678
九江市	8820	466043	10768	2360153
新余市	1247	66929	16608	3865697
鹰潭市	1957	73766	3793	1986719
赣州市	8801	601699	9302	2263230
吉安市	4744	322770	10309	4059987
宜春市	4163	265680	18764	5521792
抚州市	4351	182717	14183	4368170
上饶市	8157	330097	21666	2895918

全省水路货物运输量

表 44

地区	全省合计		内河运输量		沿海运输量		远洋运输量	
	运量(万吨)	周转量(万吨千米)	运量(万吨)	周转量(万吨千米)	运量(万吨)	周转量(万吨千米)	运量(万吨)	周转量(万吨千米)
合计	10888.8	2352784	10498.1	1839798	390.7	512986	—	—
南昌市	1058.0	399577	1058.0	399577	—	—	—	—
景德镇市	181.4	32653	181.4	32653	—	—	—	—
萍乡市	0.0	0	—	—	—	—	—	—
九江市	1129.4	531936	892.0	222126	237.4	309810	—	—
新余市	38.0	45785	38.0	45785	—	—	—	—
鹰潭市	242.8	1941	242.8	1941	—	—	—	—
赣州市	2736.3	80694	2728.9	68217	7.4	12477	—	—
吉安市	1970.8	560969	1887.7	428529	83.1	132440	—	—
宜春市	2493.6	338529	2493.6	338529	—	—	—	—
抚州市	224.1	173390	161.3	115131	62.8	58259	—	—
上饶市	814.4	187310	814.4	187310	—	—	—	—

全省水路旅客运输量

表45

地区	客运量(万人)			旅客运输量(万人千米)		
	合计	机动船	驳船	合计	机动船	驳船
全省合计	261.3	261.3	—	3410	3410	—
南昌市	—	—	—	—	—	—
景德镇市	—	—	—	—	—	—
九江市	43.9	43.9	—	583	583	—
新余市	39.5	39.5	—	791	791	—
鹰潭市	0.0	—	—	0	—	—
赣州市	133.6	133.6	—	1421	1421	—
吉安市	10.1	10.1	—	377	377	—
宜春市	6.2	6.2	—	54.0	54.0	—
抚州市	—	—	—	—	—	—
上饶市	28.0	28.0		184	184	—

全省港口码头泊位拥有量

表46

地区	生产用码头泊位					非生产用码头泊位	
				公用码头			
	码头长度(米)	泊位个数(个)	万吨级	码头长度(米)	泊位个数(个)	码头长度(米)	泊位个数(个)
合计	68616	1741	0	57361	1606	3725	74
按水系分:							
1.长江干流	16286	161	—	8900	86	2025	28
2.长江支流	52330	1580	—	48461	1520	1700	46
按地市分:							
南昌市	7080	113	—	4942	72	740	19
景德镇市	1520	47	—	1520	47	100	6
萍乡市	—	—	—	—	—	—	—
九江市	18745	203	—	10413	116	2212	31
新余市	755	24	—	755	24	—	—
鹰潭市	1739	81	—	1739	81	85	3
赣州市	15469	501	—	15166	494	150	3
吉安市	2845	107	—	2521	101	—	—
宜春市	6995	284	—	7497	303	200	5
抚州市	2293	92	—	2293	92	—	—
上饶市	11175	289	—	10515	276	238	7

全省港口吞吐量(按港口分)

表 47

港　口	货物吞吐量				集装箱吞吐量			旅客吞吐量		利用自然岸坡完成船舶货物装卸量(吨)
	合计(万吨)	其中:外贸	#出港	外贸	箱数 箱数(万 TEU)	重量(万吨)	货重	合计(万人)	出港	
全省总计	31075.1	447.3	16534.2	268.0	38.8	567.5	489.9	323.3	164.5	396.3
1、长江干流小计	11328.0	281.7	6673.9	162.2	27.4	386.9	332.0	24.3	11.4	0.0
九江港	11328.0	281.7	6673.9	162.2	27.4	386.9	332.0	24.3	11.4	0.0
其中:瑞昌港区	4539.6	—	3606.9		2.8	35.0	29.3	24.3	11.4	—
城西港区	407.5	—	360.3	—	—	—	—	—	—	—
城区港区	565.9	—	171.6	—	—	—	—	—	—	—
湖口港区	4128.7	—	1872.2	—	—	—	—	—	—	—
彭泽港区	441.0	—	392.0	—	—	—	—	—	—	—
上港集团	1245.3	281.7	270.9	162.2	24.6	351.9	302.7	—	—	—
2、长江支流小计	19747.1	165.6	9860.3	105.8	11.4	180.6	157.9	299.0	153.1	396.3
九江市	7970.5	0.0	7810.6	0.0	0.0	0.0	0.0	45.3	22.6	12.7
都昌港	1345.5	0.0	1320.5	0.0	0.0	0.0	0.0	0.0	0.0	0.0
星子港	365.0	0.0	364.5	0.0	0.0	0.0	0.0	0.0	0.0	0.0
庐山区港	764.9	0.0	631.1	0.0	0.0	0.0	0.0	0.0	0.0	0.0
湖口港	441.6	0.0	441.0	0.0	0.0	0.0	0.0	16.2	8.1	0.0
修水港	0.0	0.0	0.0	0.0	0.0	0.0	0.0	0.1	—	0.0
武宁港	115.3	0.0	115.3	0.0	0.0	0.0	0.0	8.9	4.4	12.7
永修港	4938.2	0.0	4938.2	0.0	0.0	0.0	0.0	20.1	10.1	0.0
赣州市	2862.2	0.0	13.1	0.0	0.0	0.0	0.0	133.6	66.8	0.0
赣州港	607.7	0.0	13.1	0.0	0.0	0.0	0.0	17.7	8.8	0.0
崇义港	70.8	0.0	0.0	0.0	0.0	0.0	0.0	11.9	6.0	0.0
上犹港	74.0	0.0	0.0	0.0	0.0	0.0	0.0	49.6	24.8	0.0
寻乌港	72.0	0.0	0.0	0.0	0.0	0.0	0.0	0.0	0.0	0.0
龙南港	95.0	0.0	0.0	0.0	0.0	0.0	0.0	0.0	0.0	0.0
信丰港	201.4	0.0	0.0	0.0	0.0	0.0	0.0	0.0	0.0	0.0
南康港	276.5	0.0	0.0	0.0	0.0	0.0	0.0	0.0	0.0	0.0
石城港	288.0	0.0	0.0	0.0	0.0	0.0	0.0	0.0	0.0	0.0
瑞金港	98.6	0.0	0.0	0.0	0.0	0.0	0.0	0.0	0.0	0.0
会昌港	108.4	0.0	0.0	0.0	0.0	0.0	0.0	—	—	0.0
宁都港	282.5	0.0	0.0	0.0	0.0	0.0	0.0	0.0	0.0	0.0

续表 47

港口	货物吞吐量				集装箱吞吐量			旅客吞吐量		利用自然岸坡完成船舶货物装卸量(吨)
	合计(万吨)	其中:外贸	#出港	外贸	箱数 箱数(万TEU)	重量(万吨)	货重	合计(万人)	出港	
于都港	283.5	0.0	0.0	0.0	0.0	0.0	0.0	0.0	0.0	0.0
兴国港	84.8	0.0	0.0	0.0	0.0	0.0	0.0	0.0	0.0	0.0
赣县港	319.0	0.0	0.0	0.0	0.0	0.0	0.0	54.4	27.2	0.0
吉安市	1690.0	0.0	0.0	0.0	0.0	0.0	0.0	13.0	11.0	0.0
万安港	164.0	0.0	0.0	0.0	0.0	0.0	0.0	8.0	6.0	0.0
泰和港	200.0	0.0	0.0	0.0	0.0	0.0	0.0	0.0	0.0	0.0
吉安港	285.0	0.0	0.0	0.0	0.0	0.0	0.0	3.0	3.0	0.0
吉水港	271.0	0.0	0.0	0.0	0.0	0.0	0.0	2.0	2.0	0.0
峡江港	235.0	0.0	0.0	0.0	0.0	0.0	0.0	0.0	0.0	0.0
新干港	180.0	0.0	0.0	0.0	0.0	0.0	0.0	0.0	0.0	0.0
吉安县港	235.0	0.0	0.0	0.0	0.0	0.0	0.0	0.0	0.0	0.0
永丰港	120.0	0.0	0.0	0.0	0.0	0.0	0.0	0.0	0.0	0.0
宜春市	1452.9	0.0	655.6	0.0	0.0	0.0	0.0	0.0	0.0	0.0
樟树港	115.3	0.0	5.3	0.0	0.0	0.0	0.0	0.0	0.0	0.0
丰城港	1171.3	0.0	650.3	0.0	0.0	0.0	0.0	0.0	0.0	0.0
高安港	81.2	0.0	0.0	0.0	0.0	0.0	0.0	0.0	0.0	0.0
上高港	30.9	0.0	0.0	0.0	0.0	0.0	0.0	0.0	0.0	0.0
袁州港	6.0	0.0	0.0	0.0	0.0	0.0	0.0	0.0	0.0	0.0
万载港	24.2	0.0	0.0	0.0	0.0	0.0	0.0	0.0	0.0	0.0
奉新港	24.0	0.0	0.0	0.0	0.0	0.0	0.0	0.0	0.0	0.0
新余市	80.6	0.0	0.0	0.0	0.0	0.0	0.0	79.1	39.5	0.0
新余港	63.1	0.0	0.0	0.0	0.0	0.0	0.0	79.1	39.5	0.0
分宜港	17.5	0.0	0.0	0.0	0.0	0.0	0.0	0.0	0.0	0.0
抚州市	657.0	0.0	0.0	0.0	0.0	0.0	0.0	0.0	0.0	0.0
临川港	414.0	0.0	0.0	0.0	0.0	0.0	0.0	0.0	0.0	0.0
南城港	138.0	0.0	0.0	0.0	0.0	0.0	0.0	0.0	0.0	0.0
金溪港	105.0	0.0	0.0	0.0	0.0	0.0	0.0	0.0	0.0	0.0
南昌市	2764.1	165.6	161.6	105.8	11.4	180.6	157.9	0.0	0.0	159.0
南昌县港	0.0	0.0	0.0	0.0	0.0	0.0	0.0	0.0	0.0	30.0
南昌港	2727.1	165.6	161.6	105.8	11.4	180.6	157.9	0.0	0.0	0.0
进贤县港	37.0	0.0	0.0	0.0	0.0	0.0	0.0	0.0	0.0	129.0
上饶市	1850.9	0.0	1176.5	0.0	0.0	0.0	0.0	28.0	13.2	224.6

续表 47

港　口	货物吞吐量				集装箱吞吐量			旅客吞吐量		利用自然岸坡完成船舶货物装卸量(吨)
	合计(万吨)	其中:外贸	#出港	外贸	箱数 箱数(万TEU)	重量(万吨)	货重	合计(万人)	出港	
玉山港	16.1	0.0	0.0	0.0	0.0	0.0	0.0	4.9	2.0	3.7
上饶县港	1.7	0.0	0.0	0.0	0.0	0.0	0.0	0.0	0.0	8.0
铅山港	44.6	0.0	0.0	0.0	0.0	0.0	0.0	0.0	0.0	18.4
横峰港	4.1	0.0	0.0	0.0	0.0	0.0	0.0	0.0	0.0	1.2
弋阳港	78.3	0.0	0.0	0.0	0.0	0.0	0.0	10.0	5.0	32.6
余干港	1027.3	0.0	837.2	0.0	0.0	0.0	0.0	0.0	0.0	57.6
万年港	186.2	0.0	19.0	0.0	0.0	0.0	0.0	0.0	0.0	21.3
鄱阳港	492.6	0.0	320.3	0.0	0.0	0.0	0.0	13.1	6.2	81.8
鹰潭市	348.0	0.0	0.0	0.0	0.0	0.0	0.0	—	—	0.0
鹰潭港	348.0	0.0	0.0	0.0	0.0	0.0	0.0	—	—	0.0
景德镇市	70.9	0.0	42.9	0.0	0.0	0.0	0.0	0.0	0.0	0.0
景德镇港	23.6	0.0	0.0	0.0	0.0	0.0	0.0	0.0	0.0	0.0
乐平港	47.3	0.0	42.9	0.0	0.0	0.0	0.0	0.0	0.0	0.0

全省道路客运线路班次情况

表 48

单位名称	道路客运线路班次合计		高速公路客运线路		跨省线路		跨地(市)线路		跨县线路		县内线路	
	条	平均日发班次	条	平均日发班次	条	平均日发班次	条	平均日发班次	条	平均日发班次	条	平均日发班次
全省合计	6899	47396	704	1149	1062	1394	1105	3304	999	9016	3733	33683
南昌市	416	2137	23	130	96	79	178	369	36	652	106	1038
景德镇市	245	1950	11	59	60	101	87	183	14	70	84	1596
萍乡市	237	5039	32	38	44	73	27	41	103	2885	63	2040
九江市	774	6489	220	382	106	145	153	289	109	918	406	5137
新余市	187	795	16	26	13	25	63	185	5	18	106	567
鹰潭市	246	2428	15	20	17	13	65	74	57	1024	107	1318
赣州市	1250	6364	163	237	300	462	47	136	233	1073	670	4693
吉安市	1101	4327	57	71	102	109	85	230	146	612	768	3376
宜春市	614	4099	53	41	73	72	102	455	76	404	363	3168
抚州市	723	5944	73	96	85	114	130	780	81	667	427	4383
上饶市	1106	7825	41	50	166	203	168	563	139	693	633	6367

全省客运班车通达情况

表49

单位名称	客运站站务人员合计	客运站平均日发班次	一级站	二级站	客运站平均日旅客发送量	一级站	二级站	乡镇总数	通客车	建制村总数	通客车
	(人)	(班次)	(班次)	(班次)	(人次)	(班次)	(班次)	(个)	(个)	(个)	(个)
全省合计	8181	38288	5842	20264	708534	141779	394121	1466	1466	17139	16425
南昌市	675	1584	961	623	16928	11780	5148	71	71	956	932
景德镇市	632	1447	490	0	42251	42251	0	44	44	505	474
萍乡市	332	4860	251	157	95043	10140	5013	49	49	625	611
九江市	1068	5753	1538	1921	67237	22150	15246	181	181	1898	1807
新余市	268	1894	120	1673	20822	1132	17720	36	36	401	385
鹰潭市	73	227	118	0	17137	2810	0	33	33	332	318
赣州市	1296	6302	335	4227	124706	11000	113706	283	283	3386	3210
吉安市	731	4106	145	3038	73702	1200	66685	219	219	2561	2451
宜春市	1135	4406	1186	3220	99878	22058	77820	184	184	2296	2189
抚州市	626	3788	432	2426	73278	11230	41462	162	162	1800	1715
上饶市	1345	3921	266	2979	77552	6028	51321	204	204	2379	2333

全省道路运输经营业户数情况

表50

单位名称	道路运输经营许可证在册数	道路旅客运输经营业户数	班车客运	旅客客运	包车客运
	张	户	户	户	户
全省合计	140838	560	498	62	21
南昌市	11850	42	29	13	0
景德镇市	4708	11	8	3	0
萍乡市	5244	30	29	2	3
九江市	9819	80	73	13	0
新余市	9530	25	22	1	2
鹰潭市	5082	16	16	1	4
赣州市	24573	113	98	15	3
吉安市	24700	80	74	3	4
宜春市	8265	13	10	1	2
抚州市	10082	44	43	1	1
上饶市	26985	106	96	9	2

续表 50

单位名称	道路货物运输经营业户数统计						道路客货运输兼营业户数
		普通货运	货物专用运输		大型物件运输	危险货物运输	
				集装箱运输			
全省合计	136707	136260	238	0	105	301	5
南昌市	10206	10146	28	0	12	22	0
景德镇市	4697	4685	0	0	0	12	0
萍乡市	4635	4632	0	0	0	18	0
九江市	8616	8598	0	0	0	31	0
新余市	9505	9505	0	0	0	19	1
鹰潭市	5066	5066	0	0	0	13	0
赣州市	24458	24437	2	0	0	25	2
吉安市	24375	24216	137	0	72	27	1
宜春市	8252	8131	45	0	11	65	0
抚州市	10038	10006	19	0	0	36	1
上饶市	26859	26838	7	0	10	33	0

全省道路运输相关业务经营业户数情况

表 51

单位名称	道路运输相关业务经营业户												
		站场			机动车维修	汽车综合性能检测	机动车驾驶员培训	汽车租赁	其它				
			客运站	货运站（场）						客运代理	物流服务	货运代办	信息配载
全省合计	14454	1034	978	56	10655	81	630	43	2151	8	650	964	526
南昌市	1601	61	61	0	700	4	71	0	883	5	16	621	241
景德镇市	359	16	16	0	329	3	9	4	0	0	0	0	0
萍乡市	579	57	57	0	449	5	18	1	49	0	14	17	33
九江市	1263	135	135	0	972	13	74	5	64	0	64	0	0
新余市	342	25	25	0	298	2	17	0	0	0	0	0	0
鹰潭市	173	43	43	0	123	3	21	3	0	0	0	0	0
赣州市	3185	175	141	34	2611	16	129	14	240	2	238	0	0
吉安市	2306	158	155	3	1856	10	71	1	210	1	118	19	72
宜春市	2145	160	149	11	1510	7	102	0	366	0	45	167	136
抚州市	688	68	60	8	472	7	38	4	99	0	23	42	34
上饶市	1813	136	136	0	1335	11	80	11	240	0	132	98	10

全省道路客运站情况

表 52

单位名称	客运站数量合计	配备危险品安全检测仪	一级站	二级站	配备危险品安全检测仪	三级站	配备危险品安全检测仪	四级站	五级站	简易站及招呼站
全省合计	978	124	20	88	86	32	6	143	695	12796
南昌市	61	5	4	2	1	0	0	5	50	971
景德镇市	16	3	2	—	—	2	1	—	12	360
萍乡市	57	2	1	1	1	5	—	7	43	616
九江市	135	14	4	8	8	7	2	19	97	1170
新余市	25	4	1	3	3	0	0	3	18	421
鹰潭市	43	3	1	—	—	2	2	—	40	480
赣州市	141	23	1	20	20	1	1	—	119	2098
吉安市	155	17	1	17	16	4	0	28	105	1526
宜春市	149	16	2	13	13	—	—	19	115	2175
抚州市	60	24	1	13	13	2	0	1	43	1138
上饶市	136	13	2	11	11	9	0	61	53	1841

全省城市(县城)公共汽电车情况

表 53

地区名称	运营业数(辆)							标准运营车数(标台)	运营线路条数(条)	运营线路总长度(千米)	客运量(万人次)	运营里程(万千米)	从业人员数(人)
	合计	汽油车	柴油车	天然气车	双燃料车	纯电动车	混合动力车						
全省合计	10792	17	6869	1553	82	1289	982	11927.6	1253	22511.7	128618.9	74831.8	20228
南昌市	3505	0	2535	512	0	143	315	4153.2	266	4861.8	43010.0	31857.9	6347
景德镇市	398	0	250	78	0	0	70	432.5	57	1080.6	7811.2	3465.4	958
萍乡市	381	0	104	100	0	95	82	409.8	55	687.8	6481.4	2245.1	1241
九江市	982	0	738	102	0	46	96	1069	129	1951.3	13461.6	6111.8	2287
新余市	531	0	229	220	0	26	56	597.6	83	1310.0	5600.5	3113.4	1030
鹰潭市	289	0	235	0	0	24	30	319	29	376.9	3580.9	1815.4	566
赣州市	1336	17	874	150	0	135	160	1444.8	192	3856.0	11894.6	7266.3	2524
吉安市	839	0	631	0	80	128	0	836.6	144	2678.8	7385.4	5002.4	1077
宜春市	884	0	455	94	0	282	53	953.3	108	2592.0	8075.3	4685.8	1533
抚州市	898	0	411	47	0	320	120	916.9	90	1808.5	10352.6	4841.5	1482
上饶市	749	0	407	250	2	90	0	794.9	100	1308.0	10965.4	4426.8	1183

全省城市(县城)出租汽车情况

表54

地区名称	运营车数（辆）	安装卫生定位车载终端的运营车辆数	客运量（万人次）	运营里程（万千米）	载客里程（万千米）	从业人员数（人）
全省合计	17900	16425	61975.6	201815.2	129030.6	35434
南昌市	5647	5647	20224.9	75978.8	46758.7	12352
景德镇市	872	872	3191.3	8774.9	4386.6	2031
萍乡市	768	768	4194.5	9984.5	5196.5	1588
九江市	2732	2428	9821.3	26896.2	19179.2	5847
新余市	636	636	3126.9	8685.5	6651.3	1312
鹰潭市	450	450	1620.4	4236.6	2877.1	755
赣州市	1756	1756	5546.0	15184.0	9265.9	3360
吉安市	984	834	2616.4	9369.1	5762.4	1538
宜春市	1557	1053	4047.4	15283.1	11144.4	2476
抚州市	1021	504	3685.5	11727.2	8043.8	1503
上饶市	1477	1477	3901.0	15695.3	9764.7	2672

人物 先进集体

人物简介

吕 青 女,中共党员,现任南昌市公共交通运输集团有限责任公司一公司三车队副队长。她在公交工作18年来,担任过售票员、电车驾驶员等职,在一线工作中,一贯兢兢业业,踏踏实实的努力工作,受到领导,同事和乘客的一致好评,先后获得“南昌市女职工巾帼建功立业标兵”“南昌市五一巾帼标兵”“南昌市十大服务明星”“南昌市五一劳动奖章”“南昌市五四青年奖章”“江西省十佳巾帼建功标兵”等光荣称号。2017年4月28日被全国妇联授予“全国巾帼建功标兵”称号。

爱心相伴,真情永随。公交车是一个城市的窗口,它反映着城市文明、社会新貌,作为一名公交驾驶员,在工作中如何处理各种服务纠纷,是每一个公交人所掌握的基本技能,只有这样,才能为乘客提供更好的服务,充分体现乘客至上、服务为本的宗旨。她坚持每班一小扫,每天一大扫,为乘客提供舒适整洁的乘车环境;她坚持以笑脸相迎,与乘客拉近距离,让乘客在乘坐公交车时有在家的温馨。她始终将乘客的利益置于首位,工作中所受到的委屈从来不轻易流露。严寒酷暑,起早摸黑,从不迟到早退,有个头痛脑热也都坚持在自己的岗位上。有一次,她感冒发烧几天,喉咙嘶哑,说话都没有什么力气,乘客问路时,她只能用手势表示。一位老太太在火车站拖着一个行李箱问询去民德路线路时，可能因为年岁大，眼神不好，对吕青的手势表达很是不懂，误以为驾驶员故意不告诉她，在站台上大发脾气。吕青站起来走到车门边，努力张开嘴巴，以极度嘶哑的声音告诉老人家可以乘坐，并对给老人带来的不愉快表示歉意。老人在吕青的帮助下上车后，激动而又不好意思地对她说："真是不好意思，不知道你喉咙有病，我年纪大了，眼神又不好，以为你是敷衍我老人家呢。"吕青忙摇手示意没关系。从那以后，吕青更注重细节，尽自己所能的让乘客满意。她在车上准备了呕吐袋，看到车上乘客稍有晕车现象就会主动问询是否需要帮助；看到小孩在车厢内嬉戏打闹，会主动用言语提醒家长或是小孩注意安全；在行车中，不时提醒乘客注意自己的随身物品。正因为她的细心服务，受到线路乘客的表扬和赞誉。

团结集体，关爱公益。作为一名青年文明号号车长，她时刻不忘团结自己的集体成员。在同事有病痛和困难时，总是第一个挺身上前，为他们捐款、顶班，解决他们的后顾之忧。空闲之余，她经常带领大家深入社区看望孤老、打扫社区楼道、清洁社区健身器材；还经常在节假日到各主要公交站点免费发放公交宣传手册、维持站台秩序，让南昌市民对公交驾驶员有更全面的认识。2013年，她所在班组被评为南昌市"青年文明号"，她更珍惜这来之不易的荣誉，为减轻大家的工作压力，她经常组织班组成员进行拓展、爬山等室外活动，在休闲娱乐的同时尽可能地以轻松的方式进行些安全操作、规范服务等方面的教育，交流彼此在驾驶中遇到的情况和处理方法，增进同事友谊，打造团结互助、和谐相处的团队精神，更好地为乘客提供"安全、准点、舒适、快捷"的乘车服务，塑造"平安公交、时尚公交、文明公交、温馨公交"服务品牌。

工作严谨，科学管理。现在作为一名车队管理人员，她谨记自己的工作职责，不论是冰雨雪天气还是节假日，她始终坚守在工作岗位。把车队当作个人的事业，努力苦心经营。工作中以身作则、严于律己、率先垂范，努力塑造管理者的人格魅力，为日常严格管理铺平道路、夯实根基。她十分注重发挥管理人员的潜移默化影响，努力营造良好的车队工作环境。她经常跟车队驾驶员交流，时刻关注关心驾驶员的思想动态，因为她觉得车队的各项管理工作最关键的就是"人"的因素。为此她经常利用下班时间和车队其他管理人员去职工家里进行家访，为驾驶员解决一些力所能及的事情，解除他们的后顾之忧，让他们更好的投入自身工作。

吕青是一名普通的公交员工，她的事迹也并非惊天动地，但平凡孕育高尚，细小昭示博大，她把对公交事业的一片赤诚融于她的行动，在平凡的工作岗位上做出了不凡的成绩，在人生历程中抒写着新一代公交人的风采！

（黄　云）

黄水清　男，1980年2月出生，2003年6月参加工作，现任省高速集团赣州管理中心赣州北管理所赣县东站收费班长。黄水清14年如一日，坚持快捷、微笑、礼仪、便民四大金牌服务。勤于思考，善于总结，坚持不懈地提升自身的综合素质，赢得同事和广大司乘的广泛好评，也赢得上级和领导的肯定和赞许。2017年4月26日，黄水清被交通运输部与中华全国总工会联合授予"2016年度感动交通年度人物"。

爱岗敬业，勤于学习。赣县东收费站毗邻323国道茅店镇附近，该处交通事故较为频发，容易造成拥堵，收费站经常面临着国道车辆分流、车流量较大的情景。为做到快捷服务，缩短车辆在道口的停留时间，黄水清坚持苦练基本功，在唱收唱付的同时，一手收钱找零，一手备票，迎来送别文明语，一气呵成，而且坚持充分利用业余时间反复练习点钞、识别假币等收费技能，练就了一手稳、准、快的收费本领。由于业务突出，他逐渐成为赣县东收费站乃至整个中心的业务标兵，并被大家推选为收费班长，连续多年荣获"无差错之星""文明服务之星"，还被赣州管理中心收费部特聘为收费业务内训师，每年负责新进人员的业务培训工作。

热忱服务，以心换心。黄水清在优化服务上坚持精益求精。每次轮岗轮班时，他都会把岗亭设立的开水箱、卫生箱、工具箱等仔细检查一遍，看是否需要完备。他想司乘之所想,急司乘之所急,提前收集并熟悉周边的汽车修理店、宾馆酒店、旅游景点等信息,把服务做在前面。他利用业余时间,自学汽车维修、水电维修等多项技能,用他自己常说的一句话来讲就是“收费员也是服务员,技多不压身,总有一天用得着。”每次面对庞大的车流,黄水清总能坚持以得体大方的仪容仪表、统一规范的服务手势以及真诚贴心的文明用语,微笑着服务来往司乘。有时候遇到不理解或不配合的司机,他便细致地做好解释,用真诚的服务打动司乘。在工作中,黄水清牢记赣州管理中心“客家行”服务品牌中的服务内涵,切实把服务品牌内化于心,外化于行,用一腔热忱去服务每一位司乘人员,为他们提供力所能及的帮助。2016年10月10日上午,天空下雨,一辆皮卡带着轮毂摩擦地磅的呲呲声缓缓驶入赣县东收费站。正在当班的黄水清马上上前询问,原来是该车的右后轮爆胎,司机在行驶近十千米后勉强到了收费站出口。当得知车上还有一家老小和孕妇时,黄水清马上将他们带到司乘之家安顿休息,随后叫上几个班员合力把车推到收费广场的安全地带,放置好三角故障警示牌。他拿着螺丝扳手、千斤顶等修车工具,冒着雨朝故障车辆奔去。由于他平时学过汽车修理知识,不到20分钟就换好轮胎。看见黄水清湿透的制服和一手的泥灰,驾乘人员感动地连声道谢。7月25日晚,一位轿车司机在赣县东收费站出站缴费时,神情慌张地向正在值班的黄水清求助:“同志,我今天下午走得太着急,手机和钱包都忘带,眼看就在家门口,我急着赶往医院去看望病重的母亲,能不能帮帮忙?”黄水清经询问得知车主夏先生为赣县本地人,在南昌工作,下午接到母亲病重的消息,急着往回赶。他当即决定为夏先生开辟“绿色通道”,由他自己暂替夏先生支付全额车辆通行费,待其到达家中看望母亲之后再通过微信或支付宝的形式返还费款。对此,夏先生十分感动,当即对收费站的人性化服务点赞,也为黄水清的热情帮助表示感谢。一直以来,黄水清都默默把帮助司乘解决困难当成自己的义务和责任,成为赣州管理中心“客家行”服务品牌的一张闪亮“名片”。

任劳任怨,敢于担当。从2003年起,黄水清从事收费一线工作已经接近14年。身为赣县东收费站的收费班长,他所带的班被大家戏称为“老年班”,除黄水清是个80后外,剩下的三个班员都已经快到要退休年龄。面对身上的重担,他从不抱怨牢骚,工作上的杂事脏事都抢着干,碰都班员有急事,每次都第一时间站出来顶岗。2016年4月,班员杨金华因患腰椎间盘突出请两个月长假,黄水清在两个多月的零点班中坚持顶岗。班员们担心他这样会累坏身体,他却总是乐呵呵地回应:“我年轻,身体壮得很,扛得住!”熟悉黄水清的同事都知道,他还有一个“坏毛病”,就是吃饭特别快,尤其是在班员顶岗的时候,他吃饭几乎是往嘴巴里倒进去的,为的就是快点把班员换下来,让他们吃饱吃好。大家心疼他,却也拗不过他,只能用工作上的努力来回报他。在黄水清的影响和带领下,大家眼中的“老年班”成为全所的“先进班组”,班员们也多次获评“微笑服务之星”“无差错之星”等荣誉称号。

无私奉献,乐于助人。黄水清是大家眼中的“业务标兵”“形象名片”“好班长”,同时还有一个更为特别的身份——“献血达人”。14年来,黄水清一直热衷于“无偿献血”公益事业,累计献血百余次,累计献血量达33600CC,因表现突出,历获国家级、省级、市级“无偿献血奉献奖金奖”“无偿献血奉献奖银奖”“赣州好人”等荣誉。黄水清对于“无偿献血”公益事业的支持,可以用“热衷”“执着”来形容,至今在他的柜子里已积攒了厚厚一叠无偿献血证。有一次,黄水清一个同事的叔叔发生车祸,急需输血,而当时医院血库B型血告急,同事找他帮忙,他二话没说就答应。由于得到黄水清输血的帮助,同事的叔叔很快脱离生命危险。那天正好是黄水清白班转零点,输完血后他回到单位坚持上完零点班,没有和任何人提起,而更令人震撼和感动的是在10天前他才刚刚献过血。事后,单位为支持黄水清的善举,为他设立一项“特权”—专车接送他参与无偿献血活动并在献血后给他半天的休假,但他从未使用过一次“特权”。在黄水清的感染和带动下,献血志愿者队伍已经发展到200余人的爱心团体——“水哥”献血团,累计献血超过十万毫升。

(陶光辉)

桂有金 男,1962年5月出生,贵溪市人,1978年3月参加工作,现任鹰潭市龙虎山风景名胜农村公路综合服务站职工。桂有金在龙虎山交通系

统工作二十余年，从事农村公路建设、养护等岗位工作，他坚持出满勤、挑重担，任劳任怨，加班加点，就像一头不知疲倦的老黄牛，情系农村公路事，汗洒平凡岗位，为景区公路建养毫无怨言的贡献自己的热血和青春。自 2010 年起，多次被鹰潭市委、市政府评为先进个人，龙虎山创建国家“AAAAA”景区先进个人，江西省交通系统先进个人。2017 年 4 月 28 日，被中共江西省委、江西省政府授予“2016 年度全省‘五一’劳动奖章”光荣称号。

开拓进取，刻苦钻研。自参加工作以来，桂有金坚持努力学习，提升素养。在思想上积极主动地加强对党的创新理论学习，不断提高政治理论水平；在业务上为能更好地胜任本职工作，通过书本学、同行学、实践学，提升业务水平。他一贯注重理论联系实际，善于总结和创新，不断提高农村公路建设养护管理水平，先后为龙虎山景区起草《龙虎山景区农村公路“三责一体”养护工作实施方案》《龙虎山景区农村公路管理养护办法》《龙虎山景区农村公路路政管理办法》等地方性法规文件。这些实施方案和管理办法是景区农村公路建设管理的政策依据，极大地提高景区农村公路的管养水平。

甘于奉献，忘我工作。桂有金忠于职守，爱岗敬业，模范带头，勇挑重担。无论在平日工作和重大突发任务时，他勇于主动请缨、出谋划策，圆满完成上级交给的各项任务。在基层一线，他脚踏实地，不畏艰难，甘于奉献，时刻不忘全心全意为人民服务。他每日坚持在路上，无论是骄阳似火，还是风雨交加，都能看到他奋力清除路障的身影。为加强景区农村公路养护管理，改变以前农村公路重建设、轻养护的管理模式，他深入基层调研，学习其他养护先进经验，提出适合景区农村公路养护的办法。桂有金用自己的勤奋的工作和创新的管理改变景区农村公路面貌，用自己的执着追求默默付出为人民的旅游出行保驾护航。

创新思想，业绩突出。多年来，桂有金先后负责新游线、汉浦大桥、天洪公路等一批省市重点工程建设。他长期蹲守施工现场，放弃节假日休息，一门心思扑在工作上。他工作认真负责，严谨扎实，善于处理协调好各方面关系，为工程的顺利开展创造坚实的基础。他坚持“百年大计，质量第一”的原则，对工程建设进行严格管理，保质保量完成各项施工任务。他积极参与龙虎山“申遗”创建“AAAAA”等工作，为龙虎山景区的发展做出重要贡献。

作风严谨，清正廉洁。为人正直，遵纪守法，作风正派，品德高尚，事事以身作则，体现全心全意为人民服务的优良作风。在荣誉和成绩面前，桂有金依然甘当景区公路上的一块“铺路石”，依然保持自己一贯的工作作风。在多年的景区公路建设和保养中，他始终保持克己奉公、清正廉洁、艰苦朴素、无私奉献的高尚情怀，严格按规定程序办事，坚持公开、公平、公正，严格工程变更管理，严格工程质量跟踪，严格工程成本管理。用桂有金自己说的一句话，那就是“对得起党，对得起国家，对得起自己良心”。

（夏　言）

林向阳　男，1970 年 9 月出生，分宜县人，2013 年毕业于江西师范大学行政管理专业，中共党员。早在 1999 年，他与人合伙成立“分宜县铃北客运汽车队”，后因业务发展需要，于 2008 年注册成立“分宜县铃北客运有限公司”。他作为一名朴实的农民驾驶员，心里始终装着农民，在全县率先推出“村村通”，解决沿路 9 万农民出行难的问题。他作为一位管理员，始终把安全放在最前面，确保公司 18 年无一起违规违章交通事故发生。他是一位善人好人，倾力建设“好人文化”，为旅客挽回经济损失上百万元，其事迹广为流传。2016 年 4 月获新余市 2015 年度“五一”劳动奖章。2017 年 4 月 28 日，被中共江西省委、江西省政府授予“2016 年度全省五一劳动奖章”光荣称号。

一确保公司 18 年平安运行。为切实把安全摆在最前面，多年来，林向阳主抓安全生产，领头成立“安全生产部”，由他组织公司管理员、安全员、驾驶员、售票员常态化全员培训，反复学习

《中华人民共和国交通安全法》等；每月定期召开安全例会、每月15日组织开展安全生产活动、每季度召开一次安全生产小结会；以“安全生产月”“道路客运安全年”为载体，推进安全团队创建活动，不断增强员工安全运行意识，提高安全生产水平；建立安全生产专项资金、行程安全设施设备台账维修维护清单，为安全运行提供财力物力保障；落实各项安全制度，每年与驾驶员人人签订安全责任状，实行定期安全考核，从管理制度上、资金设备上、人员思想行为上构筑安全生产“三道防线”。在他的推动下，公司创18年无一起违规违章事故、无一起重大交通事故发生的优胜记录。

二开通“村村通”班车。作为土生土长的山里人，林向阳从小见惯北上高岚、南下桥、西去操场当闹赶集的农民，大多数或步行，或骑三轮车等，一个来回就是一整天，既耗时，又不方便，还不安全。分宜“北乡”3个乡镇9万农民，个个梦想什么时候有班车开到家门口，解决他们出行难问题，使分宜“北乡”3个乡镇40个行政村通班车，此举走在全县的最前面，成为民营企业参与地方交通运输建设的一个典范。18年来，当地物价涨3倍以上，但他始终控制票价上涨，与邻近宜春市30千米路程票价为12元对比，他所在的公司大约50千米票价仅售9元；以2016年投入运力8万辆次、输送乘客51万人次计算，当年减免乘客费150余万元，赢得乘客群的一致好评。正因如此，2014年全县投入运行30辆校车，委托他的公司进行管理，体现政府与百姓的高度信任。

三为乘客挽回经济损失上百万元。他在公司带头播善种，建设“好人文化”，在自己一路当“暖男”时，规定乘务员捡到乘客失物，若不能当场找到失主，就要及时交到办公室，再通过办公室想办法物归原主。据统计，林向阳所在的公司，每年员工做好事高达上百次，帮助顾客挽回经济损失五六万元，18年累计达上百万元。

（黄　云）

刘飞春　男，1976年2月出生，广丰区人，本科学历。高级工程师。1995年8月参加工作，2006年7月加入中国共产党。现任上饶市广丰区交通运输局公路运输管理所党支部书记，兼任省道S201快速通道指挥部工程技术部长。2017年4月28日，被中共江西省委、江西省政府授予“2016年度全省‘五一’劳动奖章”光荣称号。

奉献不言苦，追求无止境。刘飞春是一位平凡而又普通的工程师。他从小生长在广丰这块红土地，热爱家乡，深深地扎根基层，真诚守护，在工程技术岗位上兢兢业业、恪尽职守。他以诚恳做人、拼命做事的工作作风，默默无闻、公而忘私的思想品德，身先士卒、尽职尽责的强烈责任感，在平凡的工作岗位中取得不平凡的成绩。参加工作以来，22年如一日，知难而上，任劳任怨。他从技术员干起，一直到助理工程师、工程师、高级工程师，坚持认真负责，对农村基层公路建设一往情深。他甘于奉献、廉洁奉公，把如何又好又省地完成基础建设作为公路工程管理工作的重点，积极探索新时期基层公路建设的新途径，不断创新、开拓进取，以自己不懈的追求、顽强的斗志，用青春、智慧与热血谱写农村公路建设事业辉煌的篇章，促使广丰区农村公路与重点公路项目一年跃上一个新台阶，深受广大干部职工的好评。

注重政治学习，提升自身素养。刘飞春始终坚持党的基本路线，认真执行党的方针政策，模范遵守法律、法规和职业道德。他深刻认识到，只有理论上的成熟，政治上才能更加坚定，行动上才能更加自觉。尽管日常工作很忙，但他始终如一地把加强思想政治学习置于首位，更是注重提升自身修养和思想觉悟，不断地深入学习党的十八大和十八届三中、四中、五中和六中全会精神，坚定不移地以习近平总书记系列讲话精神来指导自己的工作实践。坚持用正确的理论武装自己，提高自身辩别是非，保持清醒头脑的能力，在政治上思想上行动上与党中央保持高度一致。在重视政治理论学习的同时，他充分利用业余时间和岗位锻炼的机会，虚心地向老同志请教学习。

谦虚谨慎，一丝不苟。刘飞春不断地深入学习公路、桥梁、市政工程管理等多项专业知识，不断钻研工程管理与建设的业务知识，努力在工作实践中思考、总结、提高，为做好本职工作奠定了良好的思想基础。他知道，只有自己树立全心全意为人民服务的思想意识，才会对本职工作抱有高度的责任感与与使命感，才会有更高的思想觉悟，才会一心装着群众，为群众办实事、办好事。也只有这样，自己才能把各项工作开展得有条不紊，有声有色。

爱岗敬业，锐意进取。刘飞春注重将所学专业与工作实践相结合，在22年的建筑路桥工作中，充分发挥个人专长，埋头苦干，任劳任怨，为基础建设事业做出应有的奉献。1997年，他亲身参与建设与管理的县重点项目永丰大桥新建工程，建成县城的一道风景线“彩虹桥”，在月兔广场南侧数十年如一日吞吐着大量人流车流。2002年，他受命参与建设及管理的县重点项目上广一级公路改造工程，将上饶城区与广丰城区联成一体，促进广丰县合并入上饶市区的进程。2004年，他参与建设与管理的县重点项目“2233村村通”水泥路“民心工程”，奋战3年建成各等级农村水泥路面600余千米，确保全县各行政村100%、自然村95%水泥道路直达，解决农村群众“雨天一身泥、晴天一身灰”的出行难问题。2006年，他参与建设与管理的广丰县重点项目“渡改桥”工程，将全县25个渡口变为通途，方便群众出行确保了交通安全。2007年，他因为工程管理能力突出，为充实广丰工业园区基础建设管理队伍，被抽调至广丰工业园区工作，在6年中，分别参与管理4片工业产业园区的基础建设工作，负责完成30余项重要市政工程项目，促进广丰工业大发展的进程。2013年，他被抽调到全省重点项目工程广丰区上丰大道项目建设指挥部工作，兼任工程技术负责人，他以高度的责任感和使命感积极投身到建设工作中，不管白天黑夜每天坚守工地现场，坚持对施工过程中的每道工序进行严格的跟踪和监督；同时加强工程质量与安全管理，结合项目特点主持编制上丰大道《现场管理大纲》，全面实现施工技术管理的标准化、程序化，确保工程质量、安全管理有序可控。2014年，他在上丰大道A标段地下溶洞处理过程中，严格把控现场投入，提出的合理化建议获得成功、效果显著，节省成本约600万元。2016年，在上丰大道B标段路基施工中，他更是开动脑筋，结合专业知识，从基础工序逐步摸排核对图纸、现场核查，对不符合的设计和不利于施工的项目，按照相应的变更条件提出合理化建议，在保质保量的前提下先后节约项目投资1000余万元，使工程项目建设取得显著的经济效益和社会效益，为上丰大道的早日通车做出突出的贡献。

立足本职，无私奉献。多年来，刘飞春一直坚持学习不断线，争做学习型干部；坚持创新不减劲，争做创新型干部；坚持工作不放松，争做勤政型干部；坚持自律不动摇，争做廉政型干部。他时时刻刻处处用党员的标准严格衡量、约束自己的言行，不断增强党的观念，加强党性修养，按照党章的规定履行党员义务，严格遵守党的纪律，执行党的决定，以新时期保持共产党员先进性的具体要求鞭策自己，积极完成党的各项任务。无论是工作还是生活中都力求率先垂范，发挥出一名党员应有的先锋模范作用。一直以来，他坚持立足本职，以工地为家，爱岗敬业。作为一线项目管理人员，他发扬“5+2、白加黑”和把休息日当作工作日的忘我精神，吃苦在前，享受在后。在他的时间表里，没有星期天、节假日，除了工作还是工作，不知干了多少个通宵。因长期作息吃饭无规律，已患上严重胃病。参加工作22年仅请过2次公休假。

（黄　云）

许克健　男，1972年11月出生，万年县人，大学本科学历，中共党员。1990年8月参加工作，现任上饶市公路管理局余干分局局长，高级工程师。多年以来，许克健牢记党的教导，努力学习宣传并认真贯彻执行党的路线、方针、政策，始终牢记党的宗旨，为人清正廉洁，业务精益求精，严格要求自己，模范遵守党的纪律。坚持以人为本，以高尚的人格魅力得到广大党员干部的认可。以一名共产党员的事业心、责任感和忘我的工作态度，俯首拉重车，辛勤苦耕耘，把对党和人民的一片深情倾注于公路事业，团结带领全局广大干部职工解放思想，干事创业，加快发展，为余干公路事业持续、健康、快速发展做出突出贡献。2017年4月28日，被中共江西省委、江西省政府授予“2016年度全省‘五一’劳动奖章”光荣称号。

恪尽职守，认真抓好队伍建设。“群雁高飞

头雁领”。作为单位的主要负责人,许克健用实际行动模范地履行自己的职责。加强领导班子建设,坚持民主集中制原则,他带头坚持集体领导与个人分工负责相结合,充分发挥集体领导作用。对重大事项、大额资金的使用和干部的调整全部提交局党支部集体讨论决定,充分发扬民主,从不主观武断。班子成员做到有职、有权,小事分工负责,大事集体研究,充分调动起班子成员工作积极性。重视思想政治建设。作为一班人的班长,他不断提高贯彻执行党的路线、方针、政策的自觉性,带头参加理论中心组学习,带头执行学习制度,带头撰写读书笔记和心得体会,白天没有时间,他就利用晚上学习,努力提高自身政治理论水平和业务素质。他重视提高全局干部职工的整体素质,经常组织开展政治理论和业务学习,多次为干部职工进行专题理论辅导,使全局干部职工素质得到明显提高。同时,他还把精神文明建设紧紧抓在手上,在全局深入开展文明行业创建活动和文明股室评选活动,开展社会公德、职业道德和家庭美德教育,使广大干部职工树立正确的世界观、人生观、价值观,促进各项公路工作的顺利开展。在抓工作纪律和工作作风上,他以身作则,率先垂范,带头执行各项规章制度,并要求全体职工牢固树立“艰苦奋斗、无私奉献、筑路架桥、为民造福”的公路行业精神,转变工作作风,保持昂扬向上的精神状态,争创一流的工作业绩,全体党员干部职工凝聚力、创造力、战斗力进一步增强。在他的带领下,分局先后被江西省委、江西省政府授予“十三届省级文明单位”“十四届省级文明单位”称号。

牢记宗旨,促进公路事业全面发展。许克健紧紧围绕余干公路工作实际,创造性地开展工作。一手抓生产,一手抓管理,他把工作着力点放在基层,把心操在基层,把劲使在基层,县公路养护事业不断发展进步,收到良好效果,取得明显成绩。他始终坚持建养并重的工作方针,按照“五大养护工程”建设的标准和要求,不断加大养护投入和管理力度。他积极向上级部门争取养护资金,先后对昌万公路10千米破损路面进行处治,修补坑槽3000平方米;对国道206线15千米路面裂缝进行处治,修补坑槽2500平方米。为全面提高养护质量,大力开展精品道班和文明样板路创建活动。在他的带领下,全县养护好路率达到75.63%,干线好路率92.12%。为优化干线公路路网布局,先后完成昌万公路38.06千米路面养护大中修工程、206国道黄金埠段2千米路面大中修项目及危桥改造项目。在时间紧、任务重的情况下,他组织施工技术人员科学制定施工组织方案,强化措施,落实责任,迅速组织施工力量,通过招投标确定施工单位。施工过程中,他起早摸黑在施工一线,抓进度,抓质量,抓管理,与施工人员一起研究解决施工中存在的问题,工程建设进展顺利。他坚持质量第一的原则,坚持工程项目全程跟踪,使工程项目合格率达100%,工程优良率达85%,事故率为零,公路工程管理工作一直名列全市前茅。他注重实施依法治路,围绕“文明执法,勤于执法,秉公执法”三个关键环节,不断加强执法队伍建设,严格按法律法规和程序办案,无公路“三乱”和败诉案件发生,树立良好的“窗口”形象。加大公路执法和巡查力度,全年公路巡查天数3449天,里程7万千米,依法处结路政案件20起,下发路产损失补偿通知书21份,检查过往车辆836辆,查处并纠正超载超限运输车辆157辆次,卸载分载货物3175吨,恢复车辆改装40余台,有力地维护路产路权。同时,借全县迎接全国公路养护管理大检查和“建设秀美余干”的有利时机,在全县范围内开展大规模的路域环境综合治理活动,对控制红线内的违章建筑和在公路上打场晒粮、乱搭乱建、摆摊设点、乱设非公路标志等违法行为坚决依法取缔,共清除路肩路面堆放物1326立方米/819处;清除非公路标志317块;取缔摆摊设点211处;清理打场晒谷392处;拆除违章建筑159立方米/处,极大的优化干线路域环境,确保公路安全畅通。为拓宽发展空间,赢得更大的经济效益,他始终坚持一业为主、多元开发的战略思路,积极开拓市场,全年承揽黄金埠金电大道改造、县城城区白改黑等计划外工程2项、计3亿余元,公路施工品牌效应初步形成,产业开发效益逐年提高。

廉洁奉公,永葆党员先进性。“做人要正直,为官要清廉”,这是许克健的座右铭。他视廉政建设重于泰山,带头认真贯彻执行上级党风廉政建设的决策决议和局制定的各项规章制度。时刻严以律己,敏于事,慎于行,始终保持谦虚谨慎、周全细致、追求卓越的态度。他注重加强党风廉政建设教育,在全局实行办事制度、办理程序、办事结果三公开，促进全局党风廉政建设的深入开展。“要求别人做到的，自己首先做到；要求别人不做的，自己坚决不做”，他严要求自己，从不为个人谋私利。在公路工程建设中，他始终本着公开、公平、公正的原则，坚持工程招投标制，对工程分包全部实行“阳光操作”，对材料采购从质量、价格等方面货比三家、择优而用，有效地遏制工程腐败现象的发生。许克健时刻把职工大小事情放在心上，满腔热忱地帮助职工，为职工排忧解难。凡是职工家中有困难，只要他知道，都热心帮助。每当重大节日，他都亲自组织慰问活动，看望老同志和生活上困难的职工。他按照县委的统一安排，实施“精准扶贫”帮扶工程，与帮扶对象结成对子，在给予他们物质帮助的同时，积极为他们出主意、想办法、谋发展，解决生产生活中的实际问题，赢得人民群众的拥戴。

（毛　涛）

刘　艺　女，1985年出生，吉安市人，中共党员，现任昌泰高速吉安南收费所“刘艺劳模创新工作室”主任。自参加工作以来，她一直爱岗敬业，勤勤恳恳，努力提高个人综合素质，学习专研收费业务和礼仪培训工作。她不仅提高自己的业务水平，还影响和引领所站其他职工的工作积极性、主动性，充分发挥示范带头作用。在收费工作中，始终坚持“车主用户至上”的服务理念，为每一位车主用户提供优质、快捷、高效的服务。她用踏实的工作赢得掌声，2014年度被交通运输部、中国交通企业联合会、《中国交通报》《中国高速公路》杂志社联合授予首届“最美中国路姐”荣誉称号，数十次荣获全省交通运输系统、全省高速公路系统和赣粤高速的先进工作者、劳动模范、全省高速公路系统文明服务明星、五星级服务标兵等光荣称号。2017年4月28日，被中共江西省委、江西省政府授予“2016年度全省‘五一’劳动奖章”光荣称号。

“现场四步工作法”。在工作实践中，刘艺总结和推广出“现场观察—现场点评—现场示范—现场讲解”的“现场四步工作法”；开展收费能手岗、服务标兵岗、安全示范岗活动；推出“七训一考一论坛一主题”的收费指导，创新文明服务新水准，推动收费工作的开展，赢得广大司乘人员的喜爱。凭着在工作中的突出表现，2013年被调入收费室专门负责收费内业、文明服务培训等工作。在接触新的工作岗位时，她没有浮躁，而是虚心向业务能力强的领导和同事学习，努力提高自身的业务素质，严格要求自己。一年多来没有因工作失误造成差错，工作得到领导的充分肯定。她严格遵守所里各项规章制度和纪律，对领导布置的工作任劳任怨，勤勤恳恳，一丝不苟地完成；并积极参加公司、所组织的各项活动。

“刘艺劳模创新工作室”。2014年，昌泰高速公司为让刘艺更好的发挥模范带头作用，创建以刘艺名字命名的“刘艺劳模创新工作室”。工作室创办之后，刘艺就负责起路段内部收费人员、新进实习生文明礼仪培训工作，担任本路段礼仪培训师。刘艺创新推出“八个一点”（微笑多一点、嘴巴甜一点、做事多一点、效率高一点、脾气小一点、态度好一点、心态正一点、关心多一点）的温馨服务要诀，让每个普通的敬礼、每句温暖的问候、每个简单的手势都体现出文明服务。2016年11月，她还受邀到赣粤高速培训学校给新进职工培训，兼任赣粤高速的礼仪培训老师。至年末，她开展文明礼仪培训共有30余次，为1000多名职工进行过培训，培训教材也全由自己编写，仅培训费、教材费两项就给企业节省经费6万多元。

“金庐陵”服务品牌创建。吉安南收费站是赣粤高速公路上的大站，收费站通行车辆中、大、重型货车很多。因为计重收费关系着超载货车司机的利益，辱骂、冲卡、堵塞车道等情况时有发生，收费员不仅需要付出大量精力与司乘人员沟通解释，还要学会用微笑化解矛盾。刘艺从走上吉安南收费站岗位开始，就和不息的车流“同呼吸、共命运”，她常说：“收费站是窗口，收费员的一举一动不仅代表江西高速的形象，也代表江西交通的形象”。在“金庐陵”服务品牌创建中，为提升品牌效益，她利用十年的收费经验和长期自我研究的服务方法给全所女职工开设“行为举止．文明礼仪”讲座，从一句话、一个动作、一点要求抓起，经常到岗亭为大家做示范，做到“来有迎声，问有答声，走有送声”，使一个普通的敬礼、每一句温暖的问候、每一个简单的手势都体现出刘艺在文明服务上下的功夫。刘艺的培训方法深深影响全所的收费人员,使吉安南的文明服务水平上了一个新的台阶。虽然大家都是熟悉不过的同事,但在每个人心底,都把她当成可敬的“刘老师”。干练的制服、脸上的微笑,这是刘艺给人的第一印象。刘艺说:“微笑,是她送给过往司乘人员最好的礼物”,刘艺用甜甜的微笑解答司乘人员的询问,说服刁难的司机,帮助他们解决困难。春去秋来,在每一次真挚热忱的迎来送往中,刘艺和同事们一道,让过往司乘人员感受到“看得见的微笑”和“感觉到的温暖”。

忠于职守,尽心尽责。收费室是信息传递、内外沟通的服务窗口。为做好每项工作,刘艺每天不仅要投入超长的时间,而且要倾注大量的精力处理各类文件,并及时传达到各位收费员,确保收费工作井然有序。她做的内业资料细致具体,各项记录清清楚楚、详详细细。她经常放弃休假,有时收费上人手不够,她又总是义务顶班,这种事已经成为家常便饭。她一心扑在工作上,为了事业,家就是所,所就是家。在实际工作中,刘艺用爱心、热心、诚心,参与各种便民、利民活动,如指路服务、车辆通行规费咨询服务、便民信息提示服务等。炎炎夏日,共投入资金1.2万元,为2380人/次过站司机热情地送上清凉的绿豆汤、矿泉水、风油精、十滴水等饮料和药品,深受司乘人员的广泛好评。

热心公益活动,弘扬无私奉献。在每年3月的志愿者活动中,刘艺总是活跃在最前线。在收费广场、沿线村庄,积极参加交通法制宣传、便民服务、扶贫帮困等。刘艺为司乘人员端送茶水,发放交通法规、地图,为村民散发宣传资料1600多份,为车主、乘客做好事累积达680余件,受益车主、乘客人数达2800多人/次。刘艺她把青春与微笑毫无保留的挥洒在高速公路上,把“奉献、友爱、互助、进步”的志愿者精神传承在人们心中。在2016年3月中旬,她作为首届“最美中国路姐”的代表,受邀参加在合肥举办的“全国高速公路品牌和精神文明建设工作经验交流大会”,她将自己“劳模工作室”的好经验与大家进行交流分享,受到交通运输部领导的亲切问候及工作肯定。

刘艺在工作历练中升华自己的思想情操,把坚持钻研理论知识和业务知识当作提升觉悟、武装头脑的学习之源;把身边的同事和领导当作修身为人的参照之本;把日常工作当作升华思想、磨砺品行的平台。正是在孜孜不倦的学习中,培育她对党、对事业的无限忠诚,坚定她扎根高速公路事业、立足本职、踏实工作的决心。

(陶光辉)

曾远忠 男,1968年7月出生,南昌人,中共党员,大学本科学历,1984年12月参加工作,现任上饶汽运集团有限公司总经理。

面对综合运输结构调整和激烈的市场竞争,公司在曾远忠的带领下,坚持求实创新,因地制宜、因企施策,强化安全生产,促进绿色产业和企业文化建设,维护职工权益,实现企业转型发展,公司取得良好的经营业绩和可喜的社会效益。2016年完成德兴市农村班线向镇村公交化改造的项目,获得省试点验收评比第1名好成绩;取得上饶高铁站汽车站东站租赁经营权,实现道路客运与上饶高铁站无缝对接;获得玉山县公交总站经营权等客运经营(租赁)资源,稳步推进旅游、站场、县际公交及交通相关产业项目的布局,为公司转型发展奠定基础。公司十分重视客运服务质量的提高,已连续多年获省服务质量信誉考核“AAA”荣誉称号。企业竞争实力得到进一步增强,公司规模日益壮大。

公司坚持“安全第一、预防为主、综合治理”的安全生产方针,按照安全标准化建设指标要求,抓安全隐患治理,严把安全生产源头关,提升安全监管实效,以科技兴安,提升安全保障水平,以开展安全生产竞赛和宣教活动,增强全员安全责任意识,取得安全考核指标大幅度下降的好成绩,受到行业管理部门和政府安全管理部门的肯定。

夯实内部管理,为企业健康发展提供制度保障。通过强化预算管理,有效控制各项成本费用支出;通过完善和落实劳动用工管理制度,优化企业人力资源结构。曾远忠十分重视企业党建和工会工作,紧紧围绕企业转型升级发展这一主旋律,扎实开展企业党建和工会工作并取得积极成效。2017年4月28日,被中共江西省委、江西省政府授予"2016 年度全省'五一'劳动奖章"光荣称号。

（黄　云）

吴仉华　男，1974 年 7 月出生，崇仁县人，华东理工大学土木工程系毕业，高级工程师，1995 年 9 月参加工作，2005 年 6 月加入中国共产党。现任抚州市公路桥梁工程局局长、江西赣东路桥建设集团有限公司董事长。他在公路建设的第一线奋战 20 多个春秋，从一个普普通通的养路工成为赣东路桥的领头人。他凭着自己的创新改革、责任和担当，带领员工开拓进取，不断创新，为创建文明抚州取得骄人的业绩。短短几年，赣东路桥集团由一家仅凭当地建设维持生计的本土企业发展到现在按 5 个区域划分在 16 个省、市、自治区建立分公司的集团企业，由一家单纯的路桥施工企业逐步参与房建、市政、园林建设，并且对房地产、金融行业进行参股投资的集团企业，走出一条以公路建设为主业、多元化、超常规、跨越式发展的现代化企业集团之路。2011 年获得全省公路系统先进工作者称号；2012 年 9 月，吴仉华被中华全国总工会、国家安全生产监督管理总局授予"全国重安全、讲道德、守信用优秀企业家"荣誉称号，10 月被中华全国总工会评为"全国职工技术创新能手"，2013 年 3 月当选江西省青年联合会第九届委员，2017 年 4 月 28 日，被中共江西省委、江西省政府授予"2016 年度全省'五一'劳动奖章"光荣称号。

积极开拓市场。搞路桥建设，如果没有市场，中不了标，那就是无源之水。赣东路桥公司在吴仉华的带领下，没有坐等靠要，而是主动出击。他提出"立足本地，面向全国，走向世界"的战略目标，提出"做大、做强、做久、做远"的企业愿景，带领大家抢市场，在全国各地设立办事处、分公司，从 2010 年起经营业绩不断飙升，年中标均达 15 亿元。后由于国家经济发展的结构调整，公路建设市场的竞争越来越激烈，吴仉华在市场开拓方面加倍努力，走南闯北，东奔西跑，一方面加强市场调研，不断向同行学习，另一方面加强检查指导，使公司经营业绩在供给侧改革中年年有进步，基本达到稳中求进的目标。2013—2015 年，年均中标金额均在 20 亿元以上，2016 年再创 21.3 亿元新纪录。

工程建设管理。工程建设的质量、进度都关系到企业的生命，吴仉华十分重视。他在工程项目建设管理方面狠下决心，抓质量，抓管理，抓安全生产。他重视人才队伍的培养，他让一大批年轻的管理人员和工程技术人员到第一线参与建设管理，让有经验、责任心强的老同志把关指导，使工程管理有声有色。完善各种项目管理制度，调整管理运行机制，改革薪酬制度，使项目管理精细化、正规化，从管理中得到效益，从管理中提升品牌。2016 年全年实施的工程项目达 59 个，完成项目 24 个，完成产值 21.3 亿元。在房地产项目金莎世纪城的投资建设中，他大胆决策，增持股份，达到控股目的，使这个面临困境的股份制项目步入正常的轨道。赣东路桥集团除路桥建设外，不断扩大经营领域，参与市政、房建、房地产等建设市场竞争，并且取得很好的效益。他不断指导完善公司的各类资质，在园林、房建、水利、房地产各个领域扩张扩展，达到公司做大做强做久做远的目标。

科学技术创新。吴仉华以他的技术创新精神，以他的责任和担当，为抚州的文明城市的创建，为幸福抚州的目标，始终战斗在工地一线。2012 年，抚州市迎宾大道路面改造，是抚州市创建文明城市的重点工程。他引进新工艺——橡胶沥青混凝土技术，并从上海同济大学请来专家，一起探讨新工艺新方法。一天到晚扑在工地上，仅用一个月时间，完成原计划半年的建设任务，改造 6.6 千米高等级公路路面，创造工程建设的奇迹。2013 年，抚北大桥的开工，为保证工期，大胆提出采用两岸同时设立工作面的施工办法。2014 年，昌抚公路改造，他又引进维特根热再生新技术，环保、经济，社会效益经济效益双丰收。他不断鼓励技术改造，不断带头进行技术创新，人们都说，他是一个不知满足的革新主义者，他是一头不知疲倦的老黄牛。

廉洁自律建设。吴仉华恪守廉洁自律，始终做到自重、自省、自警、自励。他坚守四条底线：一是坚守政治底线，在大是大非面前保持清醒的头脑，坚决抵制损害党的利益的行为，始终以党和人民的利益为出发点。二是坚守纪律底线,带头遵守政治纪律、组织纪律,以大局出发,不计小集体和个人利益。三是坚守做人底线,以身作则,以德服人,要求别人做到的自己首先做到,要求别人不做的自己坚决不做,己所不欲,勿施于人。四是坚守诚信底线。对组织的忠诚,对同志的坦诚。在长期的工作中,他坚持做到克己奉公、严格自律,怀着一颗感恩的心对待赣东路桥,对待每一项工作。坚持清清白白做人,认认真真做事,把纪律挺在前面,守住道德底线,不断加强学习,不断提高自己的素养拒腐防变的能力。在单位,他经常教育身边的工作人员要廉洁守纪,在家里,他严格要求妻子儿女亲属要严格防范外来的侵蚀,注重个人道德修养,不要受外界不良思潮的影响。

(毛 涛)

朱耀庭 男,汉族,1982年11月生,东南大学道路工程专业博士毕业,长安大学交通运输工程博士后,历任江西省交通科学研究院研发工程师、部门负责人、中心副主任,现任江西省交通科学研究院道路与材料中心主任。毕业伊始,由于成绩显著,博士生导师曾推荐去美国大学继续深造,还得到国内多家大型设计院、研究院和知名高等院校的邀请,但他都婉言谢绝了,并回到家乡就职,用自己的知识为家乡做出自己的努力。所有亲朋好友对他的选择大惑不解,但他说"将毕生所学服务生于斯长于斯的家乡是我应尽的责任,我无怨无悔"。正是这句"无怨无悔",朱耀庭顶着年轻博士的光环回到南昌,怀着对未来的憧憬,对理想的追求,对交通事业的热爱,开始人生新的征程。

来到省交科院,朱耀庭在院领导和同事们的关怀照顾之下迅速安顿下来,便以饱满的热情投入到科研工作中。作为交科院道路研究课题组的主要研究人员,在科研工作岗位上一年多的时间里,为使自己的科研能力更上一层楼,朱耀庭以交科院博士后工作站为平台,申请长安大学材料学院院长陈华鑫教授为博士后合作导师,在合作导师的谆谆教诲和细心培养之下,业务水平有较大的提升,先后主持国家自然基金1项,省自然基金2项,省交通运输厅科技项目3项,并以主要研究人员参与科研项目5项。道路工程学是集材料、力学、数学和检测的一门工程技术学科,作为传统学科,要在本领域科技创新上有所突破,必须从理论、试验和分析等各环节出类拔萃。朱耀庭以当前沥青路面材料研究的热点—与时间相关性为突破点,创造性地提出利用正则化方法解决沥青材料蠕变和松弛互换的不适定特性,成果发表于美国机械工程师协会的《应用力学杂志》上,得到评审专家的高度评价。路面层间结合滑移是道路工程普遍存在问题,迄今没有形成统一的国家规范。设计、施工和养护过程中随意性较大,使得路面结构出现水损害、裂缝和车辙等病害现象。朱耀庭针对江西省湿热山区的气候特点,研究不同层间材料的强度性能,在发表4篇学术论文的同时,自主研发一套层间结合剪切强度评价仪器,已获得国家专利局实用新型专利证书,并得到相关设备厂家的广泛关注。随着石油资源的枯竭和沥青结合料价格的不断上涨,道路研究者正努力寻求传统石油沥青结合料的替代品或改性材料。由于生物能源较化工能源有可再生性、环保性和经济性等特点,朱耀庭创造性地提出将生物沥青作为结合料,寻求生物沥青和沥青混合料的改良替代方法,该项目已结题验收。

从我做起,带头身体力行,别人做不到的自己要先做到,这是朱耀庭的一个显著特点。由于道路工程是一项实践性很强的学科,技术性数据需要通过大量第一手的室内试验获取,他并没有因为是单位引进的博士就以高位自居,仍然带头操作基础的室内外试验。功夫不负有心人,通过对大量试验数据进行对比和分析,终于确定某防水型路面层间结合材料的配合比,该材料现已完成试验路的铺筑,改善路面使用性能效果明显。朱耀庭自参加工作以来,成果丰富,业绩卓著,兢兢业业,尽心尽责,干一行爱一行,工作中勇挑重担,思路开阔、善于学习、勤于思考,以踏实的工作作风,在学习和实践中锻炼自己,完成并参与20余项交通运输科研项目,发表高质量学术论文20余篇,申请国家专利5项,获江西省科技进步奖和中国公路学会科技进步奖各2项,多项研究成果填补全省道路工程领域多项技术空白,广泛应用于设计、施工与养护,产生显著的社会和经济效益。

朱耀庭的人生格言是“不悔”，不悔是一种强烈的自信，同时又是一种极大的付出。他一路迎着风雨艰辛，伴着祖国建设发展的大潮，先后被评为单位先进个人、江西省交通运输厅优秀共产党员等荣誉称号。2012 年和 2015 年主持参与的两项科技项目被授予江西省科技进步三等奖，2013 年和 2016 年主持参与的两项科技项目被授予中国公路学会科技进步三等奖，同时被省交通运输厅聘为交通工程技术专家，多次参加省交通行业项目设计、咨询和施工的评审，为交通运输事业的发展发挥自己应有的作用。朱耀庭凭着对他所热爱的交通运输事业的执着奉献和吃苦耐劳的精神，在默默无闻的工作中实现着他人生的价值。2017 年 4 月 28 日，被中共江西省委、江西省政府授予“2016 年度全省‘五一’劳动奖章”光荣称号。

（龚仁平）

付利芳　女，汉族，1975 年 12 月出生，临川人，中共党员，本科学历，政工师，现任赣粤高速嘉旺物业公司党支部书记兼总经理。2013 年担任嘉旺物业公司党政主要领导以来，坚持做到“支部工作与公司的经营管理相联合、与公司发展需要的实际相联合”，激发和调动全体员工的积极性，各项工作稳步推进。公司物业服务网点由 3 个发展到 6 个网点，年营业额从 2013 年 372 万元增加到 2016 年 600 余万元，营业利润及净利润增幅达 215%，公司连续多年被评为“赣粤高速优秀团队”。付利芳也连续多年被评为“江西省高速集团先进工作者”、“江西省高速集团优秀共产党员”等荣誉称号。2017 年 4 月 28 日，荣获中共江西省委、江西省政府授予的“2016 年度江西省‘五一’巾帼标兵”称号。

建章建制，做好企业经营管理。付利芳注重加强政治理论知识的学习，关注国家大事，不断提高自己的政治思想觉悟和政治理论修养，明辨大是大非。为提高自身业务能力及管理水平，坚持学习相关业务知识，丰富自己，开阔视野，以适应行业发展的需要。她努力学习物业管理知识，做到学以致用，通过问题研讨，疑难问题的处理，提高解决问题的能力；积极参加上级公司组织的各项培训，提高对公司企业文化认识和对公司的忠诚度与为企业做贡献的信心，学习物业管理政策法规，坚持在日常工作中整理各种物业案例，积累工作经验，参观学习优秀住宅小区先进的管理知识和方法。付利芳常说“事者，生于虑，成于务”，作为嘉旺公司当家人，把精力用在抓管理上，用在抓服务上，用在抓队伍上，这是本职要求。坚持严格要求去安排、布置、检查各项工作，制定并完善各部门工作制度、工作标准和考核办法。她通过制定各岗位的岗位规范及工作的基本要求，使每位员工知道自己的岗位职责。规范办公室工作的基本原则，做到“讲程序”，要求负责文书人员对上级文件的传阅、审批、一些重要文件的签发、重要事项的答复，不折不扣的按程序办理，不简化、不拖拉。并在此基础上，进一步细化和完善基础管理、财务管理、服务管理、车辆管理、环境卫生管理等方面工作。控制支出，强化财务管理，加强成本控制。她要求采购员严格遵守采购程序，争取每一分钱都花在刀刃上。她严格控制经营成本，招待费的支出，开通短信信息平台服务，加大对用户欠费清缴力度，使物业费缴交率达到 90% 以上。她指导各部门开展日常管理工作，并考核各部门、各网点负责人工作绩效，对升、降、调及奖惩做出决定，确保公司的各项利益不受损失。

勇于创新，服务好每一位业主。认真学习物业管理知识和相关的法律法规，拓宽知识面，较好的推动工作的发展。在日常管理中，付利芳能以身作则，处处注重管理技能的培养和提高，不因循守旧，学习用新的思想和新的方法来积极解决问题，在管理上打开新局面。公司通过加强人防技防管理、加强保安队伍监管、开展安全教育和技能培训和严控车辆停放秩序，切实提高办公大楼及小区的安全。尤其在消防检查，及时补全小区楼道灭火器，车库灭火器，消防水带、消防水枪头等，消防知识和技能方面都取得较好效果。做好与上级公司、地方政府、兄弟单位的沟通协调，积极与对面沟南地块的免费停车场取得联系，解决地下车库改造期间的停车问题。加强设施设备管理工作，在公共设施及设备管理方面制定较完善的制度，使设施设备日常的维修和保养做到及时、有记录。为美化亮化小区环境，她组织更换小区广场景观灯、路灯等,四栋下水堵塞进行开挖改造,给司属各网点创造一个和谐、绿色的生活环境。采取绿化外包的形式,聘请专业园林绿化维护公司,负责司属各网点内的绿化培植、养护、杀虫、浇灌等工作,并组织员工拔草,有效解决杂草丛生的问题。她组织公司各部门负责人参观南昌市优秀物业管理企业,学习先进经验,探索并制定出一套自己的管理办法。加强员工的教育,定期组织员工学习物业管理法律法规及物业管理专业知识,提高员工的专业素质,公司服务质量和服务水平得到很大程度的提高。

关爱职工,全力构建和谐企业。付利芳是一位关心职工、谦虚谨慎的人。她坚持一切为了群众、一切依靠群众、从群众中来、到群众中去的工作路线。在嘉旺物业公司有年轻人,也有年龄较大的同事,她充分发挥年轻人工作积极、思想活跃的特点,鼓励员工多动脑,勤学习,为工作出点子、谋思路。对待老同志她既关怀又尊重,向他们学习工作经验,采纳好的建议,在生活中像对待亲人一样关心备至、问寒问暖。她深入群众,倾听群众声音,解决群众难事,解决影响企业职工和管理者之间的诸多矛盾问题。她坚持贴近和温暖职工心窝,想人所想、急人所难,从思想、生活、工作等各方面给予关爱和帮助,与职工建立平等、亲切的感情,让职工切实感受到组织的关心和企业的温暖,把企业营造成为温馨友爱的大家庭。开展“送温暖”活动,做好职工生日慰问、住院慰问等。组织召开群众座谈会,开诚布公地征集意见建议并尽力解决。真情服务职工群众。坚持“服务职工就是服务企业”的理念,积极开展有助于职工和企业双赢的工作。一是开展员工培训工作,提升职工技能素质。通过制定科学的培训计划,积极组织上岗培训、消防安全培训、技能资质培训等,把培育更多的企业人才精英作为公司和职工双赢发展的基石;二是为职工营造良好环境,保证职工群众得到公平公正的待遇,建立起职工和企业之间的相互信任。大力推进“和谐企业”创建,凡是涉及职工权益等重大问题均通过召开职工大会沟通、协商解决,努力为职工营造风清气正的良好环境。

严于律己,做好党风廉政建设。付利芳是一个廉洁自律,不徇私情的人。她十分注意加强自身的党风廉政建设,在各项工作中,坚持做到公平、公开、公正,从来没有利用手中权利为自己谋取私利的行为,没有收受现金、有价证券;没有出现借用公款为自己办私事的行为,清白做人,干净做事。在工作中,她始终坚持做到自重、自省、自警、自励,率先垂范,廉洁自律,自觉做到“常在河边走,就是不湿鞋”,树立领导干部廉洁从政的良好形象。她以公司和职工的利益为重,讲真理不讲面子,讲原则不讲关系,严于律己,宽以待人。并结合物业管理实际,全面自查在执行制度中存在的问题,针对问题提出切实可行的整改措施,重点加强对物业收费、车卡办理、水电费收费环节的复核工作,规范采购、工程维修流程,重大事项严格按程序实施。加强合同管理,严格合同事前、事中、事后各环节的管理。坚持“三重一大”事项民主决策,遇到重大事项时,及时召开班子会,总经理办公会,认真听取班子成员、中层及职工意见,杜绝“一言堂”现象的发生。坚决落实司务公开制度,接受群众监督,重点对财务收支、人事变动、考核奖惩等情况进行公示,切实做到各项工作公开化、透明化。

(陶光辉)

邓艳华 女,1977年12月出生,1995年9月技校毕业,分配吉安长运客运中心站工作,现任吉安市长运有限公司客运中心站售票班班长。她性格开朗、谦虚诚实,具有较强的工作责任感与团队合作精神,有良好的组织协调能力和善于沟通。工作积极主动,勤勤恳恳、任劳任怨。本着吃苦在前,享受在后的精神,始终把旅客当上帝,日常工作中能够真正做到热情周到的服务,体贴入微的关心,想旅客之所想,急旅客之所急,立足本职,爱岗敬业,无私奉献。一年365天,每天清早她都是第一个开启票房大门营业,无论天气好坏,身体状况如何,她不计个人得失,始终坚守一线岗位。通过勤奋踏实、不怕吃苦的工作精神及良好的职业操守,连续多年被评为公司年度“服务标兵”,公司优秀站务员及公司劳模,2015年,她荣获省交通运输厅颁发的“建功立业巾帼标兵”荣誉称:2017年4月28日,被中共江西省委、江西省政府授予“2016 年度江西省‘五一’巾帼标兵”光荣称号。

遵规守纪，爱岗敬业。从 1995 年 9 月参加工作至今，是邓艳华在吉安客运中心站度过的第 21 个春运，也是她自 2003 年 7 月始担任售票班长一职的第 13 个年头。道路客运行业每年的节假日、春运都是客流高峰期，客流增大，工作人员少，邓艳华都能坚持每天从早晨 5 时上班至下午 17 时下班。有的时候，她甚至是忘记用午餐的时间，同事们提醒她“用餐时间晚了，饭菜凉了，赶紧吃吧”，她却微笑地回答“旅客们为赶着回家，或许也和我一样不饿呢，不要让他们着急”。班组其他员工在她的感召下，团结一心，顽强拼搏，发扬能吃苦，能攻关的精神，克服各种困难，完成公司在旅客售票高峰期所规定的各项任务。售票房是一个设施设备较多较复杂的重地，电器设备更需要精心维护，邓艳华每天都能够坚持下班后打扫票房卫生，使得票房环境从来都是窗净地洁。对于电脑、打印机的“呵护”，尤其是做到仔仔细细、小心翼翼地护理，正因为她的这种辛劳努力付出，票房的电脑、打印机在高频率的使用下很少出现突发性故障，保障日常工作的顺利进行。

提高自身素质，争当行业能手。工作中不断学习、不断提高个人素质、增加班组战斗力，用她自己的话说：“我要紧跟时代发展的步伐呀，不然要‘奥特’咯”。她能及时掌握本站及对开站点的班次发班、到站信息和线路站点与公交信息。为更好的服务旅客打下坚实基础。邓艳华真正的特长还有优秀的售票技能，坐在售票窗前，她的打票速度极快，麻利地键盘操作配上熟练的业务技能和干练的标准执行，不但保证准确率，还能做到高效率。她带领的票房班组成员也都能够认真钻研售票技能，交流出票经验，并积极参加公司组织的点钞、出票速度和出票准确率的比赛。取得优异的成绩。邓艳华始终以身作则，以高度的责任感诠释一位共产党员应有模范先锋带头作用。在她的引导下，通过班组成员的学习与交流，全体成员的政治素质，业务素质，文明素质有明显的提高。增强班组战斗力，也使得该班组形成浓厚的比学赶超的学习劲头，为日常工作打下结实的基础。2016 年中心站票房实现年售票金额 3300 万元，个人售票额达到 400 余万元，售票张数 93628 张，名列前茅。工作中，她总是力求尽善尽美，谨小慎微，认真细致，一丝不苟，处处事事争先创优。严格遵守公司规章制度，严格操作规程，从无违规操作的现象。她带领票房班也因此连续多年荣获公司先进集体，为公司提出的“出行便捷、温馨如家、持久满意”的思想指导做出最好答卷。

热情服务旅客，使旅客宾至如归。售票窗口说到底就是车站为旅客服务的第一个窗口，售票员服务质量的好坏直接关系到公司的形象和声誉。在她的带领下，全班组成员牢固树立让旅客满意而归、旅客利益高于一切的服务理念。她在工作中，做到眼勤，多看多观察；嘴勤，多问多介绍。通过观察判断旅客出行的远近缓急，了解掌握旅客出行的中转站和目的地。她热心为旅客服务，全年服务质量零投诉，得到旅客的一致好评。2016 年的一天，邓艳华像往常一样在窗口售票，在售完一个年轻旅客的车票后，发现后面一位旅客犹豫地想拿走在窗台前的一个手提包，她观察到此人神情不对，于是，她立即上前询问，这位旅客赶紧转身离开。邓艳华把手提包收起保管，并立即通过已售出的车票地点寻找前面那位年轻的旅客。此时，这位大意的年轻旅客已验票上车，当邓艳华把手提包送到他的面前时才恍然大悟，连忙说“谢谢！谢谢！”并立刻从口袋里掏出 500 元钱表示感谢，被邓艳华婉言谢绝，后才知道这位旅客手提包里有一台新的手提电脑及重要文件。在售票窗口岗位上，每年她和她所带领的班组成员拾到手机、钱包不计其数，均如数奉还给旅客，赢得来往旅客高度赞扬。邓艳华在工作中是同事们的榜样，是大家心目中的楷模，

（黄　云）

张海荣　女，1973 年出生，九江县人，中共党员，初中文化，现任九江市公交集团公司 25 路女子车队驾驶员。她在平凡岗位做出不平凡的业绩，她以微笑、细心、文明的服务赢得得到广大乘客认可和社会各界的广泛赞誉。先后于 2014 年 3 月、7 月荣获“九江市‘三八’红旗手”“九江市直系统党员创绩先锋”荣誉称号；

2015年9月荣获“江西省劳动模范”荣誉称号;2016年11月,光荣当选江西省第十四次党代会党代表;2017年3月8日,被江西省妇联授予“2016年度江西省‘三八’红旗手”荣誉称号。

缘分,让她成为一名公交人。张海荣出生在一个普通农民家庭。因家境贫寒,张海荣初中毕业后就辍学回家,四处打工贴补家用。1995年,张海荣认识了她的丈夫洪朝阳—九江公交的一名驾驶员,逐步加深对公交的了解,感受到公交职业的崇高。之后,她进入公交5路从事乘务员工作。2005年,张海荣参加九江公交驾校第一期驾驶员培训班培训。2007年毕业后成为一个名副其实的公交女驾驶员,分配在九江市公交集团公司第一营运公司104线路。她一边向老师傅虚心请教,一边自己摸索和积累驾驶经验,以身边的党员、先进为榜样,刻苦学习驾驶本领和服务技能。经过不断的努力,2008年,她以全年无事故、无投诉、收入第一、节油第一的优异成绩荣获集团公司年度先进个人。2010年,市公交公司决定成立公交25路女子车队,在公司范围内选拔优秀女驾驶员,经过激烈的角逐,张海荣从64名女驾驶员中脱颖而出,正式成为25路女子车队中的一员。10月张海荣向党支部递交入党申请书,表明自己想加入中国共产党的强烈愿望和在公交一线干出一番业绩的决心。从此,她的人生开启新的征程。

微笑,让她尽显服务的魅力。每个人站在生活的不同角度,其人生的价值也不一样。张海荣的岗位就是10米车厢,她决心要在这个平凡而又特殊的岗位上,用微笑创造出人生的价值。2015年的一天,张海荣在甘棠公园站看见一个80多岁的老人想上公交车,但步履蹒跚,动作迟缓。这时,她赶紧拉上手闸,下车扶着老人走上车来,并微笑着对车上的乘客说,“哪位乘客能给老人让个座?”,话音刚落,有七、八个坐着的乘客都站起来让座。张海荣接着微笑地说:“谢谢大家,我代表老人的家人感谢你们!”这时车上乘客都向张海荣投去赞许的目光。像这样的事情,在张海荣的工作中举不胜举。

细心,让她赢得众人的夸奖。2012年6月10日上午,张海荣当班时在乘客座位上发现一个包,怕失主担心,她立即将包送往了甘棠公园附近的公交调度室。并和调度室的同事一起打开包,发现里面有4000多元现金、一张病历及许多购物卡。随后张海荣通过病历上的电话,在医院的协助下找到了失主,将4000余元璧归赵。失主张大爷拿到失物后高兴不已,连声道谢:“真是太谢谢你们了,要是没了这钱,这病不但没得治,这个月的饭钱都没了,这可是救命钱啊!”

敬业,让她展现巾帼风采。公交车驾驶员是一个连男人们都叫累的职业,而张海荣和25路女子车队的姐妹们却和男驾驶员一样。每天早上6点20分发车,晚上10点50分收班。一天的辛苦不说,但最感到愧疚的就是不能管到孩子。她和丈夫都是公交驾驶员,父母家又不在九江,读小学的孩子放学后经常一个人在家,有时她工作忙,到晚上11点还没到家,小孩就打来电话:“妈妈,你们怎么还没下班,我饿了……”寒来暑往,年复一年,张海荣带着满腔的工作热情开着25路车,起步、挂挡、避让、刹车、进出站,开门关门,上下乘客,简单而枯燥的动作一天要重复成百次,但她始终没有埋怨。在车厢里,她认识了很多陌生的人,从陌生到熟悉,再到跟朋友一样。就因为许多上车的乘客都像自己的朋友,当她看到无数个上车和自己打招呼的朋友时,感觉再多的付出都值得。

(黄　云)

2016年度全省交通运输系统先进个人

全国巾帼建功标兵

(全国妇联表彰　2017年4月28日颁发)

吕　青　南昌公共交通运输集团有限责任公司一公司副队长

2016 年感动交通年度人物

（交通运输部与中华全国总工会联合表彰　2017 年月日颁发）

黄水清　江西省高速集团赣州管理中心赣州北管理所赣县东站收费班长

2016 年度全国老干部工作先进个人

（中共中央组织部、人力资源社会保障部联合表彰　2016 年 12 月 19 日颁发）

王丽琴　江西省交通运输厅省退休干部管理处，

2016 年全国春运“情满旅途”活动先进个人

（交通运输部、公安部、国安总局、全国总工会、团中央联合表彰　2016 年 7 月 8 日颁发）

邓娟娟　江西省交通运输厅应急指挥中心
阮　津　省公路路政管理总队
熊　芬　省港航管理局
王　华　修水县汽车运输有限公司

2015—2016 年度全国交通运输青年科技英才

（交通运输部表彰　2017 年 6 月 30 日颁发）

彭爱红　江西省公路桥梁工程有限公司　硕士　教授级高工
荣　耀　江西省交通科学研究院　博士　高级工程师

全国交通基础设施重点工程建设劳动竞赛先进个人

（中国海员建设工会表彰　2017 年 2 月 7 日颁发）

唐曙光　江西九江市公路管理局直属分局工程股股长
杜玉辉　江西宜春市路桥工程建设集团有限公司项目经理
李小兵　江西新余市公路管理局渝水分局养护中心主任
刘永明　江西省交通运输科学研究院有限公司质量及项目负责人
余小晴　江西省交通工程集团公司交建事业部第四分部经理
黄　河　江西省公路工程监理公司南外环 J3 总监办总监
黄小斌　中国葛洲坝集团第一工程有限公司常务副经理
任　凯　中交第二航务工程局有限公司第五工程分公司项目副经理
黄小明　江西交通咨询公司检测中心书记
肖　敏　江西万年管理中心副处长
孙　皓　江西赣粤高速公路工程有限责任公司上万 B1 标项目经理

全国“最美家庭”

（全国妇联表彰　2017 年 5 月颁发）

刘镜明家庭　宜春市公路局宜丰分局

最美中国路姐

(中国公路学会表彰　2016 年 11 月 10 日颁发)

冯　艳　省高速集团梨温公司鹰潭西收费站站长
尹西云　宜春管理中心上栗管理所监控员

全国交通运输教育帮扶突出贡献个人

(全国交通运输职业教育教学指导委员会表彰　2016 年 5 月 16 日颁发)

胡文英　江西省交通职业技术学院教师

江西省"五一"劳动奖章

(江西省总工会表彰　2017 年 4 月 28 日颁发)

桂有金　龙虎山风景名胜区交通局农村公路综合服务站职工
林向阳　分宜县钤北客运有限公司安全保全部部长
刘飞春　上饶市广丰区公路运输管理所技术员
许克健　余干县公路分局局长
刘　艺　江西昌泰高速公路有限责任公司吉安南收费所收费员
曾远忠　上饶汽运集团有限公司总经理
吴仉华　抚州市公路管理局公路桥梁工程局局长
朱耀庭　江西省交通科学研究院道路与材料中心主任

江西省"五一"巾帼标兵

(江西省总工会表彰　2017 年 4 月 28 日颁发)

付利芳　江西嘉旺物业管理有限公司总经理
邓艳华　江西吉安市长运有限公司客运中心站售票班班长

2016 年江西省"三八"红旗手

(江西省妇联表彰　2017 年 3 月 3 日颁发　赣妇字【2017】9 号)

张海荣　九江市公共交通集团公司第四营运公司 25 路女子车队驾驶员

2015～2016 年江西省 12 届人大 5 次会议代表建议办理工作先进个人

(省人大常委会表彰　2016 年 12 月 1 日颁发)

崔建林　江西省交通运输厅干部

省交通运输厅优秀共产党员(90 人)

(中共江西省交通运输厅直属机关委员会表彰　赣交直机党字【2017】34 号　2017 年 6 月 23 日颁发)

傅　谨　省公路管理局信息数据中心副主任
聂磊晶　省公路管理局信息数据中心副科级纪检员
叶九发　省公路工程监理公司铜万高速 RJ2 驻地监理工程师
聂　磊　省公路科研设计院设计二所所长
杨　扬　省公路投资有限公司工程师

杨露璐　省公路管理局监察室主任科员
周　玮　省公路管理局宣传处副处长
韩　翔　省公路管理局治超办副主任
胡厚元　省公路管理局机关退休科级干部
沈纪青　省港航管理局机关第五党支部书记
章新明　省港航管理局机关第一党支部书记
黄文平　省港航管理局党委办公室副主任
涂莹莹　省港航设计院副院长
鄢仁平　省港航管理局南昌分局科员
黄友荣　江西交远物流有限公司总经理
田美琴　省航务勘察设计院工程师
黄春贵　省路港工程局司机
郭亚庆　省航道工程局机修所副所长
刘宣旺　省搜救中心鄱阳湖分中心救捞大队副大队长
易晓荣　省公路运输管理局安监处副处长兼省交通技校一部校长
艾才昌　省公路运输管理局监察室副主任科员
袁　科　省公路运输管理局办公室科员
陈　晖　江西公路开发总公司安监部部长
王英华　江西公路开发总公司梨温高速公路公司鹰潭管理处党支部负责人
谌菊辉　江西公路开发总公司万年管理中心鄱阳管理处鄱阳收费站副站长
吴　海　江西赣粤高速昌九管理处昌北收费所收费员
聂　斌　江西赣粤高速昌泰公司峡江收费所收费班长
王兰荣　江西赣粤高速服务区管理中心昌九分中心主任
李　勤　江西赣粤高速嘉圆公司纪检监察员
徐大海　江西赣粤高速方兴公司销售工程师
余小晴　江西省交通建设工程公园第四分公司经理
吴建明　江西公路桥梁工程公司一公司经理
李小平　江西公路工程公司工程部部长
熊继忠　省高速集团赣州管理中心收费部经理
李文星　省高速集团赣州管理中心瑞赣养护中心主任
付小宁　省高速集团抚州管理中心纪检监察室副科级纪检员
邓　文　省高速集团赣州管理中心幽南管理所收费班长
周丽平　省高速集团宜春管理中心万载管理所副所长
刘礼娟　省高速集团宜春管理中心萍乡管理所票管员
吴成钢　省高速集团泰和管理中心收费管理部经理
郭　玮　省高速集团泰和管理中心井冈山管理所井冈山收费站副站长
涂　秋　省高速集团景德镇管理中心塔岭管理所所长
陈建明　省高速集团景德镇管理中心养护应急管理所赋春工区负责人
刘小燕　省高速集团上高管理中心党委办公室党务干事
吴庚华　省高速集团上高管理中心上高收费站收费班长
胡海清　江西畅行公司宜春中心服务区协助人
杨小明　省高速集团都昌至九江项目办副主任
黄晨曦　省高速集团昌九改扩建项目办征迁处处长

刘礼辉　省高速集团广吉项目办工程管理处处长
许荣发　江西省嘉和工程咨询监理公司副总经理
汤新建　省高速集团人力资源部培训处经理
江达危　省高速集团财务管理部干事
贺美兰　江西交通职业技术学院财审处处长
易　群　江西交通职业技术学院机电工程系教务科科长
童　年　江西交通职业技术学院组织人事处干事
胡金明　省交通建设工程质量监督管理局办公室主任
汪　燕　省高速公路联网管理(信息)中心上饶分中心出纳
李梓辉　省高速公路联网管理(信息)中心工会副主席
王媛媛　省高速公路联网管理(信息)中心干事
郑　慧　省交通运输厅规划办公室综合科副科长
余明华　省交通运输厅外经办综合科科长
孙　明　省交通工会组宣部部长
郭　翥　省交通干部学院助理讲师
付　杰　省交通设计研究院桥隧设计所副所长
朱　革　省交通设计研究院档案管理员
丁小文　省交通设计研究院高级工程师
王义胜　江西交通工程咨询监理中心机电监理分公司经理
徐晨光　省路政管理总队南昌支队八大队中队长
万　瓒　省路政管理总队南昌支队四大队中队长
蔡昌文　省路政管理总队赣州支队一大队中队长
罗永胜　省路政管理总队赣州支队五大队副大队长
朱为通　省路政管理总队吉安支队财务科副科长
黄福根　省路政管理总队吉安支队六大队中队长
陈　嘉　省路政管理总队宜春支队一大队路政员
张　弛　省路政管理总队九江支队一大队副中队长
余晓华　省路政管理总队九江支队五大队中队长
张金平　省路政管理总队上饶支队二大队大队长
张　涛　省路政管理总队上饶支队九大队中队长
聂小华　省路政管理总队抚州支队七大队路政员
万光辉　省路政管理总队抚州支队四大队大队长
俞国生　省路政管理总队景德镇支队二大队中队长
李　秦　省路政管理总队萍乡支队一大队中队长
邹云洁　省路政管理总队新支队团支部书记
邹　军　省路政管理总队鹰潭支队一大队大队长
史　云　省路政管理总队办公室科员
吴　欣　省交通运输厅运输处主任科员
廖晓峰　省交通运输厅基本建设监管处主任科员
张慧颖　省交通运输厅组织人事处副处长
崔建林　省交通运输厅办公室副调研员、厅直机关团委书记
刘新妹　省交通运输厅后勤服务中心居友物业副主任

省交通运输厅优秀党务工作者(40人)

(中共江西省交通运输厅直属机关委员会表彰　赣交直机党字[2017]34号　2017年6月23日颁发)

欧棠艳　省公路管理局信息数据中心党办负责人
张换水　省公路工程监理公司党支部书记
刘旭东　省公路管理局组人处处长、机关第一党支部书记
万小俊　省港航管理局机关第四党支部书记
赖浩峰　省港航管理局党委办公室党务干事
李　雯　省港航建设投资有限公司党务干事
万宝莲　省航道工程局检测中心党支部委员、党办主任
邓文霞　省路港工程局机关党支部书记
田跃进　省港航管理局南昌分局机关党支部书记
李剑屏　省公路运输管理局后勤服务中心党支部书记
朱　熹　省公路运输管理局党委办公室副主任科员
杜国平　江西公路开发总公司梨温高速公路公司赣浙收费处党支部书记
解天明　江西公路开发总公司万年管理中心党委办公室干事
郑会宁　江西赣粤高速昌樟管理处温厚收费所党支部书记
张浔军　江西赣粤高速九景管理处新港收费所党支部书记
熊　云　江西赣粤高速党委办公室干事
涂　艳　江西省交通工程集团公司党委办公室主任
肖庚明　江西省交通工程集团投资有限公司机关党支部书记、党群监察部部长
杜忠忠　省高速集团赣州管理中心石城北管理所党支部书记
王　伟　省高速集团抚州管理中心党委办公室主任
朱晓兵　省高速集团宜春管理中心湘东管理所党支部书记
曾　辉　省高速集团泰和管理中心党委办公室主任
程志鹏　省高速集团景德镇管理中心监察室主任
张　伟　省高速集团上高管理中心机关党支部书记、人力资源部经理
吴　琤　江西省高速公路物资公司党支部书记
吴　佳　省高速集团党委办公室干事
欧阳娜　江西交通职业技术学院汽车党总支部书记
周绍芹　省高速公路联网管理(信息)中心党委办公室主任
敖玉平　省交通设计研究院第一公路设计分院党支书记
罗小秀　省交通设计研究院党委办公室主任
方　华　江西交通工程咨询监理中心党委办公室主任
熊际岚　省路政管理总队南昌支队一大队党支部书记
曾海生　省路政管理总队赣州支队一大队党支部负责人
郭晓斌　省路政管理总队吉安支队三大队党支部书记
杨　茜　省路政管理总队宜春支队机关党支部宣传委员
张凯波　省路政管理总队九江支队三大队党支部书记
英正景　省路政管理总队景德镇支队综合科党务干事
万茂宽　省路政管理总队鹰潭支队机关党支部书记
康志雄　省路政管理总队总队党委办公室科员
王亲勇　省交通运输厅离退休干部处处长

2015 年省交通运输厅社会综合治理目标管理先进个人（83 人）

（江西省交通运输厅表彰　赣交综治字〔2016〕6 号　2016 年 6 月 1 日颁发）

李文召　省公路管理局综治办副主任
黄　伟　省交通工程集团公司综治专干
邹玉春　省交通建设工程有限公司工程师
廖　炜　省公路桥梁工程有限公司综治专干
余明红　省公路工程有限责任公司综合部部长
吴　莹　省交通工程集团投资有限公司政工师
屈　圆　省港航管理局综治专干
蔡安德　省港航建设投资有限公司综合部副经理综治办主任
熊晓红　江西远洋运输公司综治办主任
朱闵翔　省港航管理局南昌分局综治专干
杨鲁明　省港航管理局九江分局综治办主任
欧阳亚球　省港航管理局景德镇分局综治办主任
肖　山　省港航管理局萍乡分局综治办主任
姜林峰　省港航管理局新余分局仙女湖地方海事处处长
洪安良　省港航管理局鹰潭分局综治办主任
陈　麒　省港航管理局赣州分局综治专干
贺晓峰　省港航管理局宜春分局综治办主任
汪柳荣　省港航管理局上饶分局综治办主任
余慧华　省港航管理局吉安分局综治办主任
谌治胜　省港航管理局抚州分局综治办主任
刘　亮　省公路运输管理局副主任科员
张文峰　省高速公路投资集团有限责任公司综治干事
陈　晖　江西公路开发总公司安监部部长
张　影　江西公路开发总公司梨温高速公路公司综治干事
瞿　硕　江西公路开发总公司万年管理中心综治干事
薛　方　江西赣粤高速公路股份有限公司安监部经理
杨　明　江西赣粤高速公路股份有限公司昌樟管理处副总经理
蔡寒操　江西赣粤高速公路股份有限公司昌九管理处安监部经理
朱益功　江西赣粤高速公路股份有限公司九景管理处综治干事
贺更新　江西昌泰高速公路有限责任公司总经理助理
陈大久　省高速集团赣州管理中心安监部经理
曹彩凤　省高速集团抚州管理中心安监部经理
徐维维　省高速集团宜春管理中心安监部经理
高琼华　省高速集团泰和管理中心养护中心安监室主任
王焱华　省高速集团景德镇管理中心综治干事
于　强　省高速集团上高管理中心上菁管理所所长
胡海清　江西畅行高速公路服务区开发经营公司宜春中心服务区副总经理
秦　昊　省交通职业技术学院安保处副处长
周　鹏　省交通工程档案馆综治办主任
胡金明　省交通建设工程质量监督管理局综治办主任

周绍芹　省高速公路联网管理中心副科长
黄　春　厅规划办助理馆员
周　斌　厅外经办综治专干
李　明　省交通工会综治办副主任
马吉萍　省交通干部学院办公室主任
义　青　省交通设计研究院有限责任公司综治专干
龚仁平　省交通科研院综治干事
魏文晖　省交通工程咨询监理中心综治专干
徐　钊　厅信息中心综治办主任
陈　浩　厅后勤服务中心经济师
阮　津　省公路路政管理总队综治办副主任
艾晓勇　南昌高速公路路政管理支队综治办主任
余进军　九江高速公路路政管理支队综治办主任
刘建华　景德镇高速公路路政管理支队综治办主任
周良庆　萍乡高速公路路政管理支队副支队长
胡国平　新余高速公路路政管理支队综治办主任
蔡万全　鹰潭高速公路路政管理支队副支队长
徐江前　赣州高速公路路政管理支队综治办副主任
郭　利　宜春高速公路路政管理支队综治办副主任
利赣江　上饶高速公路路政管理支队综治干事
文　仑　吉安高速公路路政管理支队综治办副主任
黄淑萍　抚州高速公路路政管理支队综治干事
康勇平　吉莲项目办综合处处长
肖连铭　昌宁项目办综治办主任
钟海水　昌栗项目办综治专干
万荣华　九江绕城、都九项目办综合处处长
彭晓敏　萍洪项目办综治专干
廉　婷　万宜项目办综合处副处长
叶　华　金抚项目办李渡互通工程管理处处长
吴德红　昌九改扩建通远试验段项目办综治专干
孙福刚　昌樟高速改扩建项目办经济师
荆学锋　昌西南连接线项目办综合处处长
黄　勇　船广项目办综治办主任
李苏平　铜万项目办
王忠斌　修平项目办综合处处长
董子龙　上万项目办综合处副处长
吴燕华　宁安项目办综治干事
李志峰　安定项目办综合处副处长
熊少平　东昌项目办综合处处长
傅顺华　龙头岗项目办综治办主任
谢　玲　井睦项目办
糜向荣　厅综治办主任
胡晋谊　厅综治办综治专干

2016 年度江西省公路服务区先进工作者

(省文明办、省交通运输厅联合表彰　2017 年 5 月 9 日颁发)

李文斌　万绍恬　易　鸿　龚　娜　陈文贞　罗时春　涂庆华　周景秋
刘小琴　黄　铭

(夏　言)

2016 年度全省交通运输系统先进集体

全国"五一"劳动奖状集体

(全国总工会、交通运输部、公安部、国家安监总局、团中央联合表彰　2016 年 7 月 8 日颁发)

江西新世纪汽运集团有限公司

全国工人先锋号

(中华全国总工会　2017 年 4 月 26 日颁发)

江西交通职业技术学院路桥工程系
江西长运鹰潭公共交通有限公司 23 路公交线路
省高速公路投资集团江西公路开发总公司梨温高速鹰西收费站
省公路管理局横峰公路分局笔架山道班

全国巾帼文明岗

(全国妇联　2017 年 4 月 28 日颁发)

南昌公共交通运输集团有限责任公司一公司 3 车队 22 路
江西昌泰高速公路有限责任公司吉安南收费所"刘艺创新工作室"

2015—2016 全国青年文明号

(共青团中央、全国创建"青年文明号"活动组委会联合表彰　2017 年 5 月 4 日颁发)

江西省高速集团景德镇管理中心江湾管理所
江西 12328 交通运输服务监督电话服务中心
江西省高速集团上高管理中心修水管理所

第十四届中国土木工程詹天佑奖

(中国土木工程学会和中国詹天佑土木工程科技发展基金会联合表彰　2016 年 4 月 14 日颁奖)

九江长江公路大桥(九江长江二桥)

2016 年度全国交通运输文化建设优秀单位

（第十一届全国交通运输文化建设高峰会表彰　2016 年 11 月 30 日颁发）

江西省高速集团畅行公司

2014—2015 年度全国交通运输行业精神文明建设先进单位

〔交通运输部表彰　（2016〔149〕号）　2016 年 9 月 29 日颁发〕

江西省公路管理局（机关）
吉水县道路运输管理所
江西省高速公路投资集团有限责任公司上高管理中心
赣州市交通运输局
江西省公路路政管理总队景德镇高速公路路政管理支队

2014—2015 年度全国交通运输行业文明示范窗口

〔交通运输部表彰　（2016〔149〕号）2016 年 9 月 29 日颁发〕

江西 12328 交通运输服务监督电话服务中心
南昌公交运输集团五公司 228/229 路
九江市地方海事局政务中心
宜春市公路管理局路政执法支队
江西省高速公路投资集团有限责任公司景德镇管理中心江湾收费站

全国交通运输系统先进集体

（人力资源社会保障部、交通运输部表彰　2016 年 5 月颁发）

赣州市公共交通总公司 102 路线
12328 交通运输服务监督热线
江西交通建设工程监理所
赣粤高速公路公司服务区管理中心吉安分中心

“十二五”全国公路养护管理先进单位

（交通运输部表彰　2016 年 6 月 16 日颁发）

江西省交通运输厅（综合评价全国排名第 10 位）（不含直辖市）

中国道路运输百强诚信企业

（中国道路运输协会表彰　2016 年 8 月 31 日颁发）

江西长运股份有限公司
江西宜春汽车运输股份有限公司
江西九江长途汽车运输集团有限公司

全国交通基础设施重点工程劳动竞赛优胜单位

（中国海员建设工会全国委员会表彰　海员建设工发〔2017〕4 号　2017 年 1 月 19 日颁发）

江西永修分局 S306 示范公路 A1 标项目经理部

江西宜春公路建设集团有限公司
江西省四通路桥建设集团有限公司
江西省交通工程质量检测中心宁安高速公路项目 JC1 标中心试验室
江西南昌市绕城高速公路南外环 J3 项目总监办
江西省交通工程集团公司交建事业部第四分部
中国葛洲坝集团股份有限公司赣江新干航电枢纽工程 W2 标项目经理部
中交第二航务工程局有限公司江西赣江新干航电枢纽 W3 标项目经理部
江西省高速公路投资集团有限责任公司宁都至安远高速公路建设项目办
江西省高速公路投资集团有限责任公司上饶至万年高速公路建设项目办
江西省高速公路投资集团有限责任公司修水至平江高速公路 A2 标项目部
江西东昌高速 DCJD 项目部

2016 年度中国服务业企业 500 强

(中国企业联合会和中国企业家协会表彰　2016 年 8 月 27 日颁发)

江西省高速集团有限责任公司赣粤高速股份有限公司(连续 12 年)

全国公路交通系统“模范班组”

(中国海员建设工会表彰　2016 年 1 月颁发)

梨温公司玉山管理处
昌泰公司峡江收费所
赣州管理中心瑞金省界管理所
景德镇管理中心江湾女子礼仪收费班

2016 年全国春运“情满旅途”活动先进集体

(全国总工会、交通运输部、公安部、国家总局、团中央联合表彰　2016 年 7 月 8 日颁发)

江西新世纪汽运集团有限公司
江西 12328 交通运输服务监督电话服务中心

2016 年全国春运“情满旅途”活动服务品牌

(全国总工会、交通运输部、公安部、国家总局、团中央联合表彰　2016 年 7 月 8 日颁发)

江西新世纪汽运集团有限公司“温暖伴君行”特色服务

2015 年全国高等职业院校服务贡献 50 强

(全国高职高专校长联席会议表彰　2016 年 7 月 15 日颁发)

江西交通职业技术学院

中国上市公司优秀董事会“金圆桌奖”

(中国证监会表彰　2016 年 12 月 17 日颁发)

赣粤高速公路股份公司董事会(连续 2 届)

第二届中国高速公路优秀服务区管理公司

（第十届中国高速公路服务区管理年会表彰　2016 年 11 月 29 日颁发）

江西省高速集团畅行公司

最美中国路姐团队

（中国公路学会表彰　2016 年 11 月 10 日颁发）

江西省高速集团泰和管理中心井冈山“映山红”收费站
江西省高速集团昌樟管理处“红豆杉”班组

2016 年度全国交通行业“优秀质量管理小组及成果”“质量信得过班组”

（中国质量协会、全国总工会、中国科协、全国妇联联合评定　2016 年 10 月 26 日颁发）

江西省公路桥梁工程有限公司

第十四届江西省文明单位

〔江西省文明办 2016 年 4 月 28 日表彰　2016 年 12 月 27 日江西省文明委下发《关于 2016 年度江西省文明单位年度复查情况的通报》，省交通运输厅（机关）及全省交通运输系统 140 余家单位复查合格〕

江西省交通运输厅
江西省公路运输管理局
江西省交通职业技术学院
江西省交通建设工程质量监督管理局
宜春市交通运输局
抚州市交通运输局
武宁县交通运输局
横峰县交通运输局
省港航管理局南昌分局
省港航管理局景德镇分局
省港航管理局鹰潭分局
省港航管理局宜春分局
省港航管理局抚州分局
江西交远物流有限公司
南昌市港航管理处
九江港航管理局武宁分局
九江港口管理局瑞昌分局
九江港航管理局湖口分局
九江市地方海事局
江西赣粤高速公路股份有限公司
梨温高速公路公司赣浙收费处
梨温高速公路公司上饶管理处
江西省港航管理局
江西省高速投资集团有限责任公司
江西省交通干部学院
赣州市交通运输局
上饶市交通运输局
余江县交通运输局
万载县交通运输局
峡江县交通运输局
省港航管理局九江分局
省港航管理局新余分局
省港航管理局赣州分局
省港航管理局上饶分局
省航道工程局
省港航建设投资有限公司
九江市港航管理局
九江市港航管理局瑞昌分局
九江市港航管理局都昌分局
九江市港口管理局湖口分局
万安县地方海事处
梨温高速公路公司
梨温高速公路公司玉山管理处
梨温高速公路公司鹰潭管理处

梨温高速公路公司东乡管理处
景鹰高速公路公司鄱阳管理处
景鹰高速公路公司桥隧管理处
赣粤高速公路泉港收费所
省高速公路集团抚州管理中心
抚州高速公路管理中心临川管理所
省高速公路集团泰和管理中心
景德镇高速公路管理中心景德镇北管理所
省高速公路集团上高管理中心
江西畅行高速公路服务区开发经营有限公司(本部)
省高速公路集团景鹰高速公路公司
景鹰高速公路公司浮梁管理处
赣粤高速九景高速公路信息中心
省高速公路集团昌泰高速公路公司
抚州高速公路管理中心南昌东管理所
省高速公路集团宜春管理中心
省高速公路集团景德镇管理中心
景德镇高速公路管理中心婺源管理所
上高高速公路管理中心梅棠管理所
宜春中心服务区
江西畅行高速公路服务区开发经营有限公司宁都东服务区
江西畅行高速公路服务区开发经营有限公司庐山中心婺源服务区
赣粤高速公路工程有限责任公司
省公路管理局交通通信总站
省公路工程监理公司
南昌市农村公路管理所
赣州市公路管理局南康分局
武宁公路管理分局
安义公路管理分局
瑞昌公路管理分局
修水公路管理分局
星子公路管理分局
九江市公路管理局
宜春市公路管理局
宜春市公路管理局靖安分局
宜春市公路管理局上高分局
宜春市公路管理局铜鼓分局
景德镇市公路管理局
景德镇市公路管理局浮梁分局
萍乡市公路管理局
萍乡市公路管理局安源分局
新余市公路管理局
新余公路管理局分宜分局
新余公路管理局渝水分局
上饶市公路管理局广丰分局
上饶市公路管理局玉山分局
上饶市公路管理局横峰分局
上饶市公路管理局弋阳分局
上饶市公路管理局铅山分局
上饶市公路管理局德兴分局
上饶市公路管理局婺源分局
上饶市公路管理局万年分局
上饶市公路管理局余干分局
吉安市公路管理局
吉安市公路管理局吉安分局
吉安市公路管理局泰和分局
吉安市公路管理局遂川分局
吉安市县乡公路管理处
遂川县农村公路管理所
抚州市公路管理局
抚州赣东公路设计院
抚州市公路管理局崇仁分局
吉安市公路管理局吉安分局
南昌市公路运输管理处
景德镇市公路运输管理处
萍乡市公路运输管理处
萍乡市湘东区交通运输局
新余市公路运输管理局
南昌市出租汽车有限公司
南昌市第二出租汽车公司
九江市道路运输管理局城区分局
九江市道路运输管理局庐山区分局
萍乡市公共交通总公司
江西新余长运有限公司
铅山县公路运输管理所
省高速公路路政管理总队新余支队
赣州高速公路路政管理支队
上饶高速公路路政管理支队
上饶高速公路路政管理支队五大队
上饶高速公路路政管理支队六大队
吉安高速公路路政管理支队七大队

江西省“五一”劳动奖状

（江西省总工会表彰　2017 年 4 月 28 日颁发）

江西交通职业技术学院
江西省宜春公路建设集团有限公司
江西赣粤高速公路工程有限责任公司。

江西省工人先锋号

（江西省总工会表彰　2017 年 4 月 28 日颁发）

宜春市公共交通总公司 8 路线
江西省港航管理局宜春分局赣道政 207
江西省公路管理局工程监理公司检测中心。

江西省“五一”巾帼标兵岗

（江西省总工会表彰　2017 年 4 月 28 日颁发）

抚州市公路局通信站
江西交远物流有限公司综合行政部
江西省公路管理信息数据中心出行服务与应急处置办。
九江市公共交通集团公司第四营运公司 25 路女子车队

江西省巾帼文明岗

（江西省总工会表彰　2017 年 4 月 28 日颁发）

江西昌泰高速公路有限责任公司峡江收费所“巾帼班”
泰和管理中心井冈山西管理所赣湘界睦村收费站。

江西省 2016 年第一批国家高新技术企业

（江西省高企认定工作领导小组表彰　（赣高企认发[2017]2 号）　2017 年 2 月 24 日发布）

江西交通咨询公司

2016 年江西省“安全生产月”活动先进单位

（江西省安全生产月活动组织委员会表彰　2016 年 8 月 30 日颁发）

江西省交通运输厅

2015—2016 年度江西省十二届人大五次会议代表建议办理工作先进单位

（省人大常委会表彰　2016 年 12 月 1 日颁发）

江西省交通运输厅

2016 年度全省新闻发布工作先进单位、党务政务信息工作先进单位

（省政府表彰　2017 年 3 月 2 日颁发）

江西省交通运输厅

江西省直机关第十三届文明单位

(省直机关文明委表彰 2016年7月18日颁发)

江西省交通运输厅
江西省高速公路投资集团有限责任公司
江西交通职业技术学院
江西省交通建设工程质量监督管理局
江西省高速公路联网管理中心(中国交通报社驻江西记者站)
江西省交通运输厅规划办公室
江西省交通运输厅对外经济联络办公室
江西省交通工会委员会
江西省交通设计研究院有限责任公司
江西交通工程咨询监理中心
江西省公路路政管理总队
江西省公路桥梁工程有限公司
江西省公路工程有限责任公司
江西省公路管理局信息数据中心
江西省公路工程监理公司
江西省水上搜救中心鄱阳湖分中心
江西省高速公路投资集团有限责任公司抚州管理中心
江西省高速公路投资集团有限责任公司上高管理中心
江西省高速公路投资集团有限责任公司泰和管理中心
江西省高速公路联网管理中心鹰潭分中心
江西省高速公路联网管理中心赣州分中心
江西省公路路政管理总队赣州高速公路路政管理支队
江西省公路路政管理总队宜春高速公路路政管理支队
江西省公路路政管理总队抚州高速公路路政管理支队
江西省公路路政管理总队九江高速公路路政管理支队二大队
江西省公路路政管理总队上饶高速公路路政管理支队二大队
江西省公路路政管理总队景德镇高速公路路政管理支队
江西省公路路政管理总队鹰潭高速公路路政管理支队
江西省公路路政管理总队九江高速公路路政管理支队

省交通运输厅优秀先进基层党组织(40人)

(中共江西省交通运输厅直属机关委员会表彰 赣交直机党字[2017]34号 2017年6月23日颁发)

省公路管理局信息数据中心党总支
省公路工程监理公司党支部
省公路管理局机关第一党支部
省港航管理局机关第二党支部
江西交远物流有限公司党支部
省港航管理局南昌分局南昌航道处党支部
省路港工程局检测中心党支部

省航道工程局疏浚工程处党支部
省公路运输管理局机关第一党支部
江西公路开发总公司机关党支部
江西公路开发总公司梨温高速公路公司赣浙收费处党支部
江西公路开发总公司万年管理中心德兴管理处党支部
江西赣粤高速昌九管理处庐岛收费所党支部
江西赣粤高速昌泰管理处梅林收费所党支部
江西赣粤高速昌泰公司峡江收费所党支部
江西赣粤高速九景管理处桥隧管理所党支部
江西省交通建设工程公司第四分公司党支部
江西省公路桥梁工程公司第四分公司党支部
江西省公路工程公司第三分公司党支部
省高速集团赣州管理中心泰赣养护中心党支部
省高速集团抚州管理中心南丰管理所党支部
省高速集团抚州管理中心南昌东管理所党支部
省高速集团宜春管理中心袁州收费所党支部
省高速集团泰和管理中心莲花管理所党支部
省高速集团景德镇管理中心江湾管理所党支部
省高速集团上高管理中心上高东管理所党支部
省高速集团总部机关第三党支部
江西交通职业技术学院路桥党总支
省高速公路联网管理（信息）中心鹰潭分中心党支部
省交通设计研究院有限责任公司第四公路设计分院党支部
省交通设计研究院第二党支部
江西省交通工程咨询监理中心第二监理分公司党支部
省路政管理总队南昌支队三大队党支部
省路政管理总队赣州支队一大队党支部
省路政管理总队九江支队九大队党支部
省路政管理总队上饶支队梨园治超站党支部
省路政管理总队抚州支队五大队党支部
省路政管理总队景德镇支队一大队党支部
省路政管理总队萍乡支队三大队党支部
省路政管理总队机关党支部

2016年省交通运输厅社会综合治理目标管理先进单位

（江西省交通运输厅表彰　赣交综治字〔2016〕9号　2016年10月9日颁发）

省公路管理局
省交通工程集团公司
省交通建设工程有限公司
省公路工程有限责任公司
省交通工程集团投资有限公司
省港航管理局
省港航建设投资有限公司
江西畅行高速公路服务区开发经营公司
省交通职业技术学院
省交通工程档案馆
江西省交通建设工程质量监督管理局
省高速公路联网收费管理中心
厅规划办
厅外经办

江西远洋运输公司
省港航管理局南昌分局
省港航管理局九江分局
省港航管理局景德镇分局
省港航管理局萍乡分局
省港航管理局新余分局
省港航管理局鹰潭分局
省港航管理局赣州分局
省港航管理局宜春分局
省港航管理局上饶分局
省港航管理局吉安分局
省港航管理局抚州分局
江西公路开发总公司
江西赣粤高速公路股份有限公司
省高速集团赣州管理中心
省高速集团抚州管理中心
省高速集团宜春管理中心
省高速集团泰和管理中心
省高速集团景德镇管理中心
省高速集团上高管理中心
昌栗项目办
萍洪项目办
金抚项目办
昌樟改扩建项目办
船广项目办
修平项目办
宁安项目办
东昌项目办
井睦项目办
省交通工会
省交通干部学院
省交通设计研究院公司
省交通科研院
江西交通工程咨询监理中心
厅信息中心(应急指挥中心)
厅机关后勤服务中心
省公路路政管理总队
省公路路政管理总队南昌高速路政支队
省公路路政管理总队九江高速路政支队
省公路路政管理总队景德镇高速路政支队
省公路路政管理总队萍乡高速路政支队
省公路路政管理总队新余高速路政支队
省公路路政管理总队鹰潭高速路政支队
省公路路政管理总队赣州高速路政支队
省公路路政管理总队宜春高速路政支队
省公路路政管理总队吉安高速路政支队
省公路路政管理总队抚州高速路政支队
吉莲项目办
昌宁项目办
九绕(都九)项目办
万宜项目办
昌九改扩建通远试验段项目办
昌西南连接线项目办
铜万项目办
上万项目办
安定项目办
龙头岗综合码头项目办

2016年度全省公路“百姓满意服务区”

(省文明办、省交通运输厅联合表彰 2017年5月9日)

泰和东服务区
石钟山服务区
七里岗服务区
萍乡服务区
会昌服务区
吉安服务区
军山湖服务区
彭泽服务区
南康服务区
宁都南服务区
会昌南服务区
临川服务区
石城服务区
庐山西海服务区
鄱阳服务区
黎川服务区
吉安西服务区
南丰服务区
宁都东服务区
广昌服务区
仙女湖服务区
袁州服务区(320国道)
三清山服务区
南城服务区
龙虎山服务区
于都服务区
宜春服务区
新余服务区
奉新服务区
峡江服务区
铜鼓服务区
婺源服务区

2016 年全省高校平安校园示范先进单位

（省教育厅表彰　2017 年 3 月 10 日颁发）

江西交通职业技术学院（连续 4 年）

（夏　言）

2016 年省交通运输厅厅直单位取得高级专业技术职务任职资格人员

2016 年度厅直单位取得高级专业技术职务任职资格人员一览

表 50

姓名	资格名称	专业名称	工作单位
郭捷菲	教授级高级工程师	公路与桥梁	江西省交通建设工程质量监督管理局
傅　伟	教授级高级工程师	公路与桥梁	江西省高速投资集团抚州管理中心
吴革森	教授级高级工程师	公路与桥梁	江西省赣粤高速公路股份有限公司
汪晓红	教授级高级工程师	公路与桥梁	江西公路开发总公司
王国强	教授级高级工程师	公路与桥梁	江西省交通工程集团公司
李裕洪	教授级高级工程师	公路与桥梁	江西省公路桥梁工程监理咨询中心
廖小春	教授级高级工程师	公路与桥梁	江西省公路工程有限责任公司
周建文	教授级高级工程师	公路工程	江西省高速资产经营有限责任公司
沈　瑾	教授级高级工程师	公路与桥梁	江西交通咨询公司
荣　耀	教授级高级工程师	岩土工程	江西省交通科学研究院
万成涌	高级工程师	公路与桥梁	江西省交通科学研究院
林志娟	高级工程师	公路与桥梁	江西省交通科学研究院
钟红霞	高级工程师	公路与桥梁	江西省交通科学研究院
周致西	高级工程师	公路与桥梁	江西省交通科学研究院
朱学坤	高级工程师	道路与桥梁工程	江西交通职业技术学院
邓　超	高级工程师	公路与桥梁	江西交通职业技术学院
郭能荣	高级工程师	道路与桥梁	江西省交通设计研究院有限责任公司
曾小广	高级工程师	桥梁与隧道	江西省交通设计研究院有限责任公司
李　妍	高级工程师	道路与桥梁	江西省交通设计研究院有限责任公司
陈　通	高级工程师	道路与桥梁	江西省交通设计研究院有限责任公司
卢亚洲	高级工程师	桥梁与隧道	江西省交通设计研究院有限责任公司
周启龙	高级工程师	桥梁与结构	江西省交通设计研究院有限责任公司
侯伟明	高级工程师	桥梁与隧道	江西省交通设计研究院有限责任公司

续表 50

姓名	资格名称	专业名称	工作单位
吴永红	高级工程师	道路与桥梁(试验)	江西省交通设计研究院有限责任公司
俞　娟	高级工程师	道路与桥梁	江西省交通设计研究院有限责任公司
李毅刚	高级工程师	道路与桥梁	江西省交通设计研究院有限责任公司
方　乾	高级工程师	道路与桥梁	江西省交通设计研究院有限责任公司
陈　玮	高级工程师	桥梁与隧道	江西省交通设计研究院有限责任公司
王　超	高级工程师	交通运输工程(公路与桥梁)	江西省交通运输厅规划办公室
邓　强	高级工程师	交通运输工程(公路与桥梁)	江西省交通运输厅规划办公室
蔡华星	高级工程师	公路与桥梁	江西公路开发总公司
廖爱珍	高级工程师	公路与桥梁	江西赣粤高速公路工程有限责任公司
彭国婧	高级工程师	公路与桥梁	江西赣粤高速公路工程有限责任公司
周晓明	高级工程师	公路与桥梁	江西赣粤高速公路工程有限责任公司
朱明元	高级工程师	公路与桥梁	江西赣粤高速公路工程有限责任公司
陈　琦	高级工程师	公路与桥梁	江西赣粤高速公路工程有限责任公司
许阳富	高级工程师	公路工程	赣粤高速公路股份有限公司昌樟管理处
蒋王清	高级工程师	公路与桥梁	赣粤高速公路股份有限公司昌樟管理处
付凯敏	高级工程师	公路与桥梁	赣粤高速公路股份有限公司昌九管理处
孙德谦	高级工程师	公路与桥梁	赣粤高速公路股份有限公司九景管理处
余　军	高级工程师	公路与桥梁	江西省高速公路投资集团有限责任公司抚州管理中心
肖　斌	高级工程师	公路与桥梁	江西省高速公路投资集团有限责任公司抚州管理中心
龙　瑛	高级工程师	公路工程	江西省高速公路投资集团有限责任公司抚州管理中心
刘卫华	高级工程师	公路与桥梁	江西省高速公路投资集团有限责任公司赣州管理中心
刘礼辉	高级工程师	公路与桥梁	江西省高速公路投资集团有限责任公司泰和管理中心
魏　咏	高级工程师	公路与桥梁	江西省高速公路投资集团有限责任公司泰和管理中心
戴　芳	高级工程师	公路与桥梁	江西省高速公路投资集团有限责任公司泰和管理中心
张友华	高级工程师	公路与桥梁	江西昌泰高速公路有限责任公司
高科福	高级工程师	公路与桥梁	江西省高速公路物资有限公司
张嘉林	高级工程师	公路与桥梁	江西省天驰高速科技发展有限公司
刘同宾	高级工程师	公路与桥梁	江西省天驰高速科技发展有限公司
敖志凡	高级工程师	公路与桥梁	江西交通咨询公司
王文松	高级工程师	公路与桥梁	江西交通咨询公司
程　伟	高级工程师	公路与桥梁	江西交通咨询公司
周　欢	高级工程师	公路与桥梁	江西省交通工程集团公司
文松华	高级工程师	公路与桥梁	江西省交通工程集团公司
徐昙云	高级工程师	公路与桥梁	江西省交通工程集团公司

续表50

姓名	资格名称	专业名称	工作单位
熊文勇	高级工程师	公路与桥梁	江西省交通工程集团公司
傅琴华	高级工程师	公路与桥梁	江西省交通工程集团公司
袁建成	高级工程师	公路工程(施工)	江西省交通工程集团公司
刘东杰	高级工程师	公路与桥梁	江西公路交通工程有限公司
万　幸	高级工程师	公路与桥梁	江西省公路桥梁工程有限公司
陈　雁	高级工程师	公路与桥梁	江西省公路桥梁工程有限公司
王咏梅	高级工程师	公路与桥梁	江西省公路桥梁工程有限公司
谭海平	高级工程师	公路与桥梁	江西省公路桥梁工程有限公司
杨红丽	高级工程师	公路与桥梁	江西省公路工程有限责任公司
吴昌明	高级工程师	公路与桥梁	江西省公路工程有限责任公司
孙礼华	高级工程师	公路与桥梁	江西省公路工程有限责任公司
刘信才	高级工程师	公路与桥梁	江西省公路工程有限责任公司
林　俊	高级工程师	江西省公路工程监理公司	江西省公路工程监理公司
余　锐	高级工程师	江西省公路科研设计院	江西省公路科研设计院
周海旺	高级工程师	公路与桥梁	江西省公路科研设计院
于延楼	高级工程师	公路与桥梁	江西省公路工程监理公司
陈春华	高级工程师	土木工程	江西交通职业技术学院
姜小磊	高级工程师	公路与桥梁	江西交通职业技术学院
文　松	高级工程师	交通通信	江西省交通设计研究院有限责任公司
杜汇川	高级工程师	交通通信	江西省交通设计研究院有限责任公司
傅　琨	高级工程师	交通通信	江西省交通设计研究院有限责任公司
欧阳新峰	高级工程师	交通通信	江西省高速公路投资集团有限责任公司
吴云峰	高级工程师	交通通信	江西公路开发总公司
熊晨曦	高级工程师	交通通信	江西公路开发总公司
隋　毅	高级工程师	交通通信	江西省公路管理局信息数据中心
吴丽芳	高级工程师	交通通信	江西省公路管理局信息数据中心
熊　俊	高级工程师	交通通信	江西省公路管理局交通通信总站
吁　亮	高级工程师	交通通信	江西省高速公路联网管理中心
刘明生	高级工程师	交通通信	江西省高速公路联网管理中心
胡军胜	高级工程师	交通通信	江西省交通运输厅信息中心
余　强	高级工程师	水上安全监督管理	江西省港航管理局宜春分局
段　鑫	高级工程师	航道	江西省港航管理局南昌分局
黄　勇	高级工程师	港口与航道	江西省港航设计院
汪国喜	高级工程师	港口与航道	江西省路港工程局
李文海	高级工程师	港口与航道	江西省路港工程局

续表 50

姓名	资格名称	专业名称	工作单位
吕建辉	高级工程师	港口与航道	江西省路港工程局
佟元森	高级工程师	港口与航道	江西省路港工程局
李　育	高级工程师	船舶检验	江西省港航管理局九江分局
冉亮平	高级工程师	船舶检验	江西省港航管理局南昌分局
颜　峰	高级工程师	航道	江西省港航管理局南昌分局
黄国金	高级工程师	船舶工程	江西省航道工程局
张菊平	高级经济师	公路运输	江西省高速公路投资集团有限责任公司
付　丽	高级经济师	人力资源	江西省高速公路投资集团有限责任公司
付　艳	高级经济师	工商管理	江西省高速公路投资集团有限责任公司
朱晓峰	高级经济师	公路运输	江西省高速公路投资集团有限责任公司
曾海祥	高级经济师	公路运输	江西省高速公路联网管理中心
曾建勇	高级经济师	人力资源	江西省公路桥梁工程有限公司
何　敏	高级经济师	人力资源管理	江西省港航管理局上饶分局
王　英	高级会计师	会计	江西交通职业技术学院
曹　菁	高级会计师	会计	江西省公路路政管理总队
傅凡琴	高级会计师	会计	江西省高速集团抚州管理中心
郑　娟	高级会计师	会计	江西公路开发总公司
李春梅	高级会计师	会计	江西公路开发总公司
程劲秋	高级会计师	会计	江西省公路桥梁工程有限公司
丁荔芳	高职教授	艺术设计	江西交通职业技术学院
裘友凤	高职教授	体育	江西交通职业技术学院
帅梅花	高职教授	思想政治教育	江西交通职业技术学院
黄盈盈	高职教授	会计	江西交通职业技术学院
贾颖莲	高职教授	机械电子工程	江西交通职业技术学院
周　娟	高职教授	土木工程	江西交通职业技术学院
苏　焕	高职副教授	英语	江西交通职业技术学院
汪武芽	高职副教授	管理学	江西交通职业技术学院
王　英	高职副教授	会计	江西交通职业技术学院
徐　杰	高职副教授	计算机	江西交通职业技术学院
张　飞	高职副教授	计算机科学与技术	江西交通职业技术学院
黄小花	高职副教授	计算机科学与技术	江西交通职业技术学院
王小龙	高职副教授	计算机科学与技术	江西交通职业技术学院
谢静思	高职副教授	计算机科学与技术	江西交通职业技术学院
廖胜文	高职副教授	汽车运用与维修	江西交通职业技术学院
邓　勇	高职副教授	轮机工程技术	江西交通职业技术学院

续表 50

姓名	资格名称	专业名称	工作单位
易　群	高职副教授	机械设计制造及其自动化	江西交通职业技术学院
宋　喻	高职副教授	机械电子工程	江西交通职业技术学院
秦　昊	高职副教授	数学	江西交通职业技术学院
李　智	高职副教授	数学	江西交通职业技术学院
彭婷婷	高职副教授	数学	江西交通职业技术学院
朱学坤	高职副教授	道路与桥梁工程	江西交通职业技术学院
宣　滨	高职副教授	测绘工程	江西交通职业技术学院
屈永强	高职副教授	道路桥梁与渡河工程	江西交通职业技术学院
熊　婷	高职高级实验师	计算机应用技术	江西交通职业技术学院
陈　英	高职高级实验师	计算机科学与技术	江西交通职业技术学院
付　麟	高职高级实验师	机电一体化	江西交通职业技术学院
张　先	高职高级实验师	公路与桥梁	江西交通职业技术学院
潘丽莉	高职高级实验师	公路桥梁	江西交通职业技术学院
朱馥君	高级工程师	电气工程	江西省交通设计研究院有限责任公司
付琼哲	高级工程师	建设工程(建筑学)	江西省交通设计研究院有限责任公司

（赵　晖）

文件　文献

中华人民共和国国防交通法

(2016年9月3日第十二届全国人民代表大会常务委员会第二十二次会议通过)

第一章　总　则

第一条　为了加强国防交通建设,促进交通领域军民融合发展,保障国防活动顺利进行,制定本法。

第二条　以满足国防需要为目的,在铁路、道路、水路、航空、管道以及邮政等交通领域进行的规划、建设、管理和资源使用活动,适用本法。

第三条　国家坚持军民融合发展战略,推动军地资源优化配置、合理共享,提高国防交通平时服务、急时应急、战时应战的能力,促进经济建设和国防建设协调发展。

国防交通工作遵循统一领导、分级负责、统筹规划、平战结合的原则。

第四条　国家国防交通主管机构负责规划、组织、指导和协调全国的国防交通工作。国家国防交通主管机构的设置和工作职责,由国务院、中央军事委员会规定。

县级以上地方人民政府国防交通主管机构负责本行政区域的国防交通工作。

县级以上人民政府有关部门和有关军事机关按照职责分工,负责有关的国防交通工作。

省级以上人民政府有关部门和军队有关部门建立国防交通军民融合发展会商机制，相互通报交通建设和国防需求等情况，研究解决国防交通重大问题。

第五条　公民和组织应当依法履行国防交通义务。

国家鼓励公民和组织依法参与国防交通建设，并按照有关规定给予政策和经费支持。

第六条　国防交通经费按照事权划分的原则，列入政府预算。

企业事业单位用于开展国防交通日常工作的合理支出，列入本单位预算，计入成本。

第七条　县级以上人民政府根据国防需要，可以依法征用民用运载工具、交通设施、交通物资等民用交通资源，有关组织和个人应当予以配合，履行相关义务。

民用交通资源征用的组织实施和补偿，依照有关法律、行政法规执行。

第八条　各级人民政府应当将国防交通教育纳入全民国防教育，通过多种形式开展国防交通宣传活动，普及国防交通知识，增强公民的国防交通观念。

各级铁路、道路、水路、航空、管道、邮政等行政管理部门（以下统称交通主管部门）和相关企业事业单位应当对本系统、本单位的人员进行国防交通教育。

设有交通相关专业的院校应当将国防交通知识纳入相关专业课程或者单独开设国防交通相关课程。

第九条　任何组织和个人对在国防交通工作中知悉的国家秘密和商业秘密负有保密义务。

第十条　对在国防交通工作中作出突出贡献的组织和个人，按照国家有关规定给予表彰和奖励。

第十一条　国家加强国防交通信息化建设，为提高国防交通保障能力提供支持。

第十二条　战时和平时特殊情况下，需要在交通领域采取行业管制、为武装力量优先提供交通保障等国防动员措施的，依照《中华人民共和国国防法》《中华人民共和国国防动员法》等有关法律执行。

武装力量组织进行军事演习、训练，需要对交通采取临时性管制措施的，按照国务院、中央军事委员会的有关规定执行。

第十三条　战时和平时特殊情况下，国家根据需要，设立国防交通联合指挥机构，统筹全国或者局部地区的交通运输资源，统一组织指挥全国或者局部地区的交通运输以及交通设施设备的抢修、抢建与防护。相关组织和个人应当服从统一指挥。

第二章　国防交通规划

第十四条　国防交通规划包括国防交通工程设施建设规划、国防交通专业保障队伍建设规划、国防交通物资储备规划、国防交通科研规划等。

编制国防交通规划应当符合下列要求：

（一）满足国防需要，有利于平战快速转换，保障国防活动顺利进行；

（二）兼顾经济社会发展需要，突出重点，注重效益，促进资源融合共享；

（三）符合城乡规划和土地利用总体规划，与国家综合交通运输体系发展规划相协调；

（四）有利于加强边防、海防交通基础设施建设，扶持沿边、沿海经济欠发达地区交通运输发展；

（五）保护环境，节约土地、能源等资源。

第十五条　县级以上人民政府应当将国防交通建设纳入国民经济和社会发展规划。

国务院及其有关部门和省、自治区、直辖市人民政府制定交通行业以及相关领域的发展战略、产业政策和规划交通网络布局，应当兼顾国防需要，提高国家综合交通运输体系保障国防活动的能力。

国务院有关部门应当将有关国防要求纳入交通设施、设备的技术标准和规范。有关国防要求由国家国防交通主管机构征求军队有关部门意见后汇总提出。

第十六条　国防交通工程设施建设规划，由县级以上人民政府国防交通主管机构会同本级人民政府交通主管部门编制，经本级人民政府发展改革部门审核后，报本级人民政府批准。

下级国防交通工程设施建设规划应当依据上一级国防交通工程设施建设规划编制。

编制国防交通工程设施建设规划，应当征求有关军事机关和本级人民政府有关部门的意见。县级以上人民政府有关部门编制综合交通运输体系发展规划和交通工程设施建设规划,应当征求本级人民政府国防交通主管机构的意见,并纳入国防交通工程设施建设的相关内容。

第十七条 国防交通专业保障队伍建设规划,由国家国防交通主管机构会同国务院有关部门和军队有关部门编制。

第十八条 国防交通物资储备规划,由国防交通主管机构会同军地有关部门编制。

中央储备的国防交通物资,由国家国防交通主管机构会同国务院交通主管部门和军队有关部门编制储备规划。

地方储备的国防交通物资,由省、自治区、直辖市人民政府国防交通主管机构会同本级人民政府有关部门和有关军事机关编制储备规划。

第十九条 国防交通科研规划,由国家国防交通主管机构会同国务院有关部门和军队有关部门编制。

第三章 交通工程设施

第二十条 建设国防交通工程设施,应当以国防交通工程设施建设规划为依据,保障战时和平时特殊情况下国防交通畅通。

建设其他交通工程设施,应当依法贯彻国防要求,在建设中采用增强其国防功能的工程技术措施,提高国防交通保障能力。

第二十一条 国防交通工程设施应当按照基本建设程序、相关技术标准和规范以及国防要求进行设计、施工和竣工验收。相关人民政府国防交通主管机构组织军队有关部门参与项目的设计审定、竣工验收等工作。

交通工程设施建设中为增加国防功能修建的项目应当与主体工程同步设计、同步建设、同步验收。

第二十二条 国防交通工程设施在满足国防活动需要的前提下,应当为经济社会活动提供便利。

第二十三条 国防交通工程设施管理单位负责国防交通工程设施的维护和管理,保持其国防功能。

国防交通工程设施需要改变用途或者作报废处理的,由国防交通工程设施管理单位逐级上报国家国防交通主管机构或者其授权的国防交通主管机构批准。

县级以上人民政府应当加强对国防交通工程设施维护管理工作的监督检查。

第二十四条 任何组织和个人进行生产和其他活动,不得影响国防交通工程设施的正常使用,不得危及国防交通工程设施的安全。

第二十五条 县级以上人民政府国防交通主管机构负责向本级人民政府交通主管部门以及相关企业事业单位了解交通工程设施建设项目的立项、设计、施工等情况;有关人民政府交通主管部门以及相关企业事业单位应当予以配合。

第二十六条 县级以上人民政府国防交通主管机构应当及时向有关军事机关通报交通工程设施建设情况,并征求其贯彻国防要求的意见,汇总后提出需要贯彻国防要求的具体项目。

第二十七条 对需要贯彻国防要求的交通工程设施建设项目,由有关人民政府国防交通主管机构会同本级人民政府发展改革部门、财政部门、交通主管部门和有关军事机关,与建设单位协商确定贯彻国防要求的具体事宜。

交通工程设施新建、改建、扩建项目因贯彻国防要求增加的费用由国家承担。有关部门应当对项目的实施予以支持和保障。

第二十八条 各级人民政府对国防交通工程设施建设项目和贯彻国防要求的交通工程设施建设项目,在土地使用、城乡规划、财政、税费等方面,按照国家有关规定给予政策支持。

第四章 民用运载工具

第二十九条 国家国防交通主管机构应当根据国防需要,会同国务院有关部门和军队有关部门,确定需要贯彻国防要求的民用运载工具的类别和范围,及时向社会公布。

国家鼓励公民和组织建造、购置、经营前款规定的类别和范围内的民用运载工具及其相关设备。

第三十条 县级以上人民政府国防交通主管机构应当向民用运载工具登记管理部门和建造、购置人了解需要贯彻国防要求的民用运载工具的建造、购置、使用等情况,有关公民和组织应当予以配合。

第三十一条 县级以上人民政府国防交通主管机构应当及时将掌握的民用运载工具基本情况通报有关军事机关,并征求其贯彻国防要求的意见，汇总后提出需要贯彻国防要求的民用运载工具的具体项目。

第三十二条　对需要贯彻国防要求的民用运载工具的具体项目，由县级以上人民政府国防交通主管机构会同本级人民政府财政部门、交通主管部门和有关军事机关，与有关公民和组织协商确定贯彻国防要求的具体事宜，并签订相关协议。

第三十三条　民用运载工具因贯彻国防要求增加的费用由国家承担。有关部门应当对民用运载工具贯彻国防要求的实施予以支持和保障。

各级人民政府对贯彻国防要求的民用运载工具在服务采购、运营范围等方面，按照有关规定给予政策支持。

第三十四条　贯彻国防要求的民用运载工具所有权人、承租人、经营人负责民用运载工具的维护和管理，保障其使用效能。

第五章　国防运输

第三十五条　县级以上人民政府交通主管部门会同军队有关交通运输部门按照统一计划、集中指挥、迅速准确、安全保密的原则，组织国防运输。

承担国防运输任务的公民和组织应当优先安排国防运输任务。

第三十六条　国家以大中型运输企业为主要依托，组织建设战略投送支援力量，增强战略投送能力，为快速组织远距离、大规模国防运输提供有效支持。

承担战略投送支援任务的企业负责编组人员和装备，根据有关规定制定实施预案，进行必要的训练、演练，提高执行战略投送任务的能力。

第三十七条　各级人民政府和军事机关应当加强国防运输供应、装卸等保障设施建设。

县级以上地方人民政府和相关企业事业单位，应当根据国防运输的需要提供饮食饮水供应、装卸作业、医疗救护、通行与休整、安全警卫等方面的必要的服务或者保障。

第三十八条　国家驻外机构和我国从事国际运输业务的企业及其境外机构，应当为我国实施国际救援、海上护航和维护国家海外利益的军事行动的船舶、飞机、车辆和人员的补给、休整提供协助。

国家有关部门应当对前款规定的机构和企业为海外军事行动提供协助所需的人员和运输工具、货物等的出境入境提供相关便利。

第三十九条　公民和组织完成国防运输任务所发生的费用，由使用单位按照不低于市场价格的原则支付。具体办法由国务院财政部门、交通主管部门和中央军事委员会后勤保障部规定。

第四十条　军队根据需要，可以在相关交通企业或者交通企业较为集中的地区派驻军事代表，会同有关单位共同完成国防运输和交通保障任务。

军事代表驻在单位和驻在地人民政府有关部门，应当为军事代表开展工作提供便利。

军事代表的派驻和工作职责，按照国务院、中央军事委员会的有关规定执行。

第六章　国防交通保障

第四十一条　各级国防交通主管机构组织人民政府有关部门和有关军事机关制定国防交通保障方案，明确重点交通目标、线路以及保障原则、任务、技术措施和组织措施。

第四十二条　国务院有关部门和县级以上地方人民政府按照职责分工，组织有关企业事业单位实施交通工程设施抢修、抢建和运载工具抢修，保障国防活动顺利进行。有关军事机关应当给予支持和协助。

第四十三条　国防交通保障方案确定的重点交通目标的管理单位和预定承担保障任务的单位，应当根据有关规定编制重点交通目标保障预案，并做好相关准备。

第四十四条　重点交通目标的管理单位和预定承担保障任务的单位，在重点交通目标受到破坏威胁时，应当立即启动保障预案，做好相应准备；在重点交通目标遭受破坏时，应当按照任务分工，迅速组织实施工程加固和抢修、抢建，尽快恢复交通。

与国防运输有关的其他交通工程设施遭到破坏的，其管理单位应当及时按照管理关系向上级报告，同时组织修复。

第四十五条　县级以上人民政府国防交通主管机构会同本级人民政府国土资源、城乡规划等主管部门确定预定抢建重要国防交通工程设施的土地，作为国防交通控制范围，纳入土地利用总体规划和城乡规划。

未经县级以上人民政府国土资源主管部门、城乡规划主管部门和国防交通主管机构批准,任何组织和个人不得占用作为国防交通控制范围的土地。

第四十六条 重点交通目标的对空、对海防御,由军队有关部门纳入对空、对海防御计划,统一组织实施。

重点交通目标的地面防卫,由其所在地县级以上人民政府和有关军事机关共同组织实施。

重点交通目标的工程技术防护,由其所在地县级以上人民政府交通主管部门会同本级人民政府国防交通主管机构、人民防空主管部门,组织指导其管理单位和保障单位实施。

重点交通目标以外的其他交通设施的防护,由其所在地县级以上人民政府按照有关规定执行。

第四十七条 因重大军事行动和国防科研生产试验以及与国防相关的保密物资、危险品运输等特殊需要,县级以上人民政府有关部门应当按照规定的权限和程序,在相关地区的陆域、水域、空域采取必要的交通管理措施和安全防护措施。有关军事机关应当给予协助。

第四十八条 县级以上人民政府交通主管部门和有关军事机关、国防交通主管机构应当根据需要,组织相关企业事业单位开展国防交通专业保障队伍的训练、演练。

国防交通专业保障队伍由企业事业单位按照有关规定组建。

参加训练、演练的国防交通专业保障队伍人员的生活福利待遇,参照民兵参加军事训练的有关规定执行。

第四十九条 国防交通专业保障队伍执行国防交通工程设施抢修、抢建、防护和民用运载工具抢修以及人员物资抢运等任务,由县级以上人民政府国防交通主管机构会同本级人民政府交通主管部门统一调配。

国防交通专业保障队伍的车辆、船舶和其他机动设备,执行任务时按照国家国防交通主管机构的规定设置统一标志,可以优先通行。

第五十条 各级人民政府对承担国防交通保障任务的企业和个人,按照有关规定给予政策支持。

第七章 国防交通物资储备

第五十一条 国家建立国防交通物资储备制度,保证战时和平时特殊情况下国防交通顺畅的需要。

国防交通物资储备应当布局合理、规模适度,储备的物资应当符合国家规定的质量标准。

国防交通储备物资的品种由国家国防交通主管机构会同国务院有关部门和军队有关部门规定。

第五十二条 国务院交通主管部门和省、自治区、直辖市人民政府国防交通主管机构,应当按照有关规定确定国防交通储备物资储存管理单位,监督检查国防交通储备物资管理工作。

国防交通储备物资储存管理单位应当建立健全管理制度,按照国家有关规定和标准对储备物资进行保管、维护和更新,保证储备物资的使用效能和安全,不得挪用、损坏和丢失储备物资。

第五十三条 战时和平时特殊情况下执行交通防护和抢修、抢建任务,或者组织重大军事演习,抢险救灾以及国防交通专业保障队伍训练、演练等需要的,可以调用国防交通储备物资。

调用中央储备的国防交通物资,由国家国防交通主管机构批准;调用地方储备的国防交通物资,由省、自治区、直辖市人民政府国防交通主管机构批准。

国防交通储备物资储存管理单位,应当严格执行储备物资调用指令,不得拒绝或者拖延。

未经批准,任何组织和个人不得动用国防交通储备物资。

第五十四条 国防交通储备物资因产品技术升级、更新换代或者主要技术性能低于使用维护要求,丧失储备价值的,可以改变用途或者作报废处理。

中央储备的国防交通物资需要改变用途或者作报废处理的,由国家国防交通主管机构组织技术鉴定并审核后,报国务院财政部门审批。

地方储备的国防交通物资需要改变用途或者作报废处理的,由省、自治区、直辖市人民政府国防交通主管机构组织技术鉴定并审核后,报本级人民政府财政部门审批。

中央和地方储备的国防交通物资改变用途或者报废获得的收益,应当上缴本级国库,纳入财政预算管理。

第八章　法律责任

第五十五条　违反本法规定，有下列行为之一的，由县级以上人民政府交通主管部门或者国防交通主管机构责令限期改正，对负有直接责任的主管人员和其他直接责任人员依法给予处分；有违法所得的，予以没收，并处违法所得一倍以上五倍以下罚款：

（一）擅自改变国防交通工程设施用途或者作报废处理的；

（二）拒绝或者故意拖延执行国防运输任务的；

（三）拒绝或者故意拖延执行重点交通目标抢修、抢建任务的；

（四）拒绝或者故意拖延执行国防交通储备物资调用命令的；

（五）擅自改变国防交通储备物资用途或者作报废处理的；

（六）擅自动用国防交通储备物资的；

（七）未按照规定保管、维护国防交通储备物资，造成损坏、丢失的。

上述违法行为造成财产损失的，依法承担赔偿责任。

第五十六条　国防交通主管机构、有关军事机关以及交通主管部门和其他相关部门的工作人员违反本法规定，有下列情形之一的，对负有直接责任的主管人员和其他直接责任人员依法给予处分：

（一）滥用职权或者玩忽职守，给国防交通工作造成严重损失的；

（二）贪污、挪用国防交通经费、物资的；

（三）泄露在国防交通工作中知悉的国家秘密和商业秘密的；

（四）在国防交通工作中侵害公民或者组织合法权益的。

第五十七条　违反本法规定，构成违反治安管理行为的，依法给予治安管理处罚；构成犯罪的，依法追究刑事责任。

第九章　附　　则

第五十八条　本法所称国防交通工程设施，是指国家为国防目的修建的交通基础设施以及国防交通专用的指挥、检修、装卸、仓储等工程设施。

本法所称国防运输，是指政府和军队为国防目的运用军民交通运输资源，运送人员、装备、物资的活动。军队运用自身资源进行的运输活动，按照中央军事委员会有关规定执行。

第五十九条　与国防交通密切相关的信息设施、设备和专业保障队伍的建设、管理、使用活动，适用本法。

国家对信息动员另有规定的，从其规定。

第六十条　本法自2017年1月1日起施行。

道路运输车辆技术管理规定

（交通运输部令　2016年第1号）

《道路运输车辆技术管理规定》已于2016年1月14日经第1次部务会议通过，现予公布，自2016年3月1日起施行。

部长　杨传堂

2016年1月22日

第一章　总　　则

第一条　为加强道路运输车辆技术管理,保持车辆技术状况良好,保障运输安全,发挥车辆效能,促进节能减排,根据《中华人民共和国安全生产法》《中华人民共和国节约能源法》《中华人民共和国道路运输条例》等法律、行政法规,制定本规定。

第二条　道路运输车辆技术管理适用本规定。

本规定所称道路运输车辆包括道路旅客运输车辆(以下简称客车)、道路普通货物运输车辆(以下简称货车)、道路危险货物运输车辆(以下简称危货运输车)。

本规定所称道路运输车辆技术管理,是指对道路运输车辆在保证符合规定的技术条件和按要求进行维护、修理、综合性能检测方面所做的技术性管理。

第三条　道路运输车辆技术管理应当坚持分类管理、预防为主、安全高效、节能环保的原则。

第四条　道路运输经营者是道路运输车辆技术管理的责任主体,负责对道路运输车辆实行择优选配、正确使用、周期维护、视情修理、定期检测和适时更新,保证投入道路运输经营的车辆符合技术要求。

第五条　鼓励道路运输经营者使用安全、节能、环保型车辆,促进标准化车型推广运用,加强科技应用,不断提高车辆的管理水平和技术水平。

第六条　交通运输部主管全国道路运输车辆技术管理监督。

县级以上地方人民政府交通运输主管部门负责本行政区域内道路运输车辆技术管理监督。

县级以上道路运输管理机构具体实施道路运输车辆技术管理监督工作。

第二章　车辆基本技术条件

第七条　从事道路运输经营的车辆应当符合下列技术要求:

(一)车辆的外廓尺寸、轴荷和最大允许总质量应当符合《道路车辆外廓尺寸、轴荷及质量限值》(GB1589)的要求;

(二)车辆的技术性能应当符合《道路运输车辆综合性能要求和检验方法》(GB18565)的要求;

(三)车型的燃料消耗量限值应当符合《营运客车燃料消耗量限值及测量方法》(JT711)、《营运货车燃料消耗量限值及测量方法》(JT719)的要求。

(四)车辆技术等级应当达到二级以上。危货运输车、国际道路运输车辆、从事高速公路客运以及营运线路长度在800千米以上的客车,技术等级应当达到一级。技术等级评定方法应当符合国家有关道路运输车辆技术等级划分和评定的要求;

(五)从事高速公路客运、包车客运、国际道路旅客运输,以及营运线路长度在800千米以上客车的类型等级应当达到中级以上。其类型划分和等级评定应当符合国家有关营运客车类型划分及等级评定的要求;

(六)危货运输车应当符合《汽车运输危险货物规则》(JT617)的要求。

第八条　道路运输管理机构应当加强从事道路运输经营车辆的管理,对不符合本规定的车辆不得配发道路运输证。

在对挂车配发道路运输证和年度审验时,应当查验挂车是否具有有效行驶证件。

第九条　禁止使用报废、擅自改装、拼装、检测不合格以及其他不符合国家规定的车辆从事道路运输经营活动。

第三章　技术管理的一般要求

第十条　道路运输经营者应当遵守有关法律法规、标准和规范,认真履行车辆技术管理的主体责任,建立健全管理制度,加强车辆技术管理。

第十一条　鼓励道路运输经营者设置相应的部门负责车辆技术管理工作,并根据车辆数量和经营类别配备车辆技术管理人员,对车辆实施有效的技术管理。

第十二条　道路运输经营者应当加强车辆维护、使用、安全和节能等方面的业务培训,提升从业人员的业务素质和技能,确保车辆处于良好的技术状况。

第十三条　道路运输经营者应当根据有关道路运输企业车辆技术管理标准,结合车辆技术状况和运行条件,正确使用车辆。

鼓励道路运输经营者依据相关标准要求,制定车辆使用技术管理规范,科学设置车辆经济、技术定额指标并定期考核，提升车辆技术管理水平。

第十四条　道路运输经营者应当建立车辆技术档案制度，实行一车一档。档案内容应当主要包括：车辆基本信息，车辆技术等级评定、客车类型等级评定或者年度类型等级评定复核、车辆维护和修理（含《机动车维修竣工出厂合格证》）、车辆主要零部件更换、车辆变更、行驶里程、对车辆造成损伤的交通事故等记录。档案内容应当准确、详实。

车辆所有权转移、转籍时，车辆技术档案应当随车移交。

道路运输经营者应当运用信息化技术做好道路运输车辆技术档案管理工作。

第四章　车辆维护与修理

第十五条　道路运输经营者应当建立车辆维护制度。

车辆维护分为日常维护、一级维护和二级维护。日常维护由驾驶员实施，一级维护和二级维护由道路运输经营者组织实施，并做好记录。

第十六条　道路运输经营者应当依据国家有关标准和车辆维修手册、使用说明书等，结合车辆类别、车辆运行状况、行驶里程、道路条件、使用年限等因素，自行确定车辆维护周期，确保车辆正常维护。

车辆维护作业项目应当按照国家关于汽车维护的技术规范要求确定。

道路运输经营者可以对自有车辆进行二级维护作业，保证投入运营的车辆符合技术管理要求，无需进行二级维护竣工质量检验。

道路运输经营者不具备二级维护作业能力的，可以委托二类以上机动车维修经营者进行二级维护作业。机动车维修经营者完成二级维护作业后，应当向委托方出具二级维护出厂合格证。

第十七条　道路运输经营者应当遵循视情修理的原则，根据实际情况对车辆进行及时修理。

第十八条　道路运输经营者用于运输剧毒化学品、爆炸品的专用车辆及罐式专用车辆（含罐式挂车），应当到具备道路危险货物运输车辆维修资质的企业进行维修。

前款规定专用车辆的牵引车和其他运输危险货物的车辆由道路运输经营者消除危险货物的危害后，可以到具备一般车辆维修资质的企业进行维修。

第五章　车辆检测管理

第十九条　道路运输经营者应当定期到机动车综合性能检测机构，对道路运输车辆进行综合性能检测。

第二十条　道路运输经营者应当自道路运输车辆首次取得《道路运输证》当月起，按照下列周期和频次，委托汽车综合性能检测机构进行综合性能检测和技术等级评定：

（一）客车、危货运输车自首次经国家机动车辆注册登记主管部门登记注册不满60个月的，每12个月进行1次检测和评定；超过60个月的，每6个月进行1次检测和评定。

（二）其它运输车辆自首次经国家机动车辆注册登记主管部门登记注册的，每12个月进行1次检测和评定。

第二十一条　客车、危货运输车的综合性能检测应当委托车籍所在地汽车综合性能检测机构进行。

货车的综合性能检测可以委托运输驻在地汽车综合性能检测机构进行。

第二十二条　道路运输经营者应当选择通过质量技术监督部门的计量认证、取得计量认证证书并符合《汽车综合性能检测站能力的通用要求》（GB17993）等国家相关标准的检测机构进行车辆的综合性能检测。

第二十三条　汽车综合性能检测机构对新进入道路运输市场车辆应当按照《道路运输车辆燃料消耗量达标车型表》进行比对。对达标的新车和在用车辆，应当按照《道路运输车辆综合性能要求和检验方法》（GB18565）、《道路运输车辆技术等级划分和评定要求》（JT/T198）实施检测和评定，出具全国统一式样的道路运输车辆综合性能检测报告，评定车辆技术等级，并在报告单上标注。车籍所在地县级以上道路运输管理机构应当将车辆技术等级在《道路运输证》上标明。

汽车综合性能检测机构应当确保检测和评定结果客观、公正、准确，对检测和评定结果承担法律责任。

第二十四条　道路运输管理机构和受其委托承担客车类型等级评定工作的汽车综合性能检测机构，应当按照《营运客车类型划分及等级评定》

(JT/T325)进行营运客车类型等级评定或者年度类型等级评定复核,出具统一式样的客车类型等级评定报告。

第二十五条 汽车综合性能检测机构应当建立车辆检测档案,档案内容主要包括:车辆综合性能检测报告(含车辆基本信息、车辆技术等级)、客车类型等级评定记录。

车辆检测档案保存期不少于两年。

第六章 监督检查

第二十六条 道路运输管理机构应当按照职责权限对道路运输车辆的技术管理进行监督检查。

道路运输经营者应当对道路运输管理机构的监督检查予以配合,如实反映情况,提供有关资料。

第二十七条 道路运输管理机构应当将车辆技术状况纳入道路运输车辆年度审验内容,查验以下相应证明材料:

(一)车辆技术等级评定结论;

(二)客车类型等级评定证明。

第二十八条 道路运输管理机构应当建立车辆管理档案制度。档案内容主要包括:车辆基本情况,车辆技术等级评定、客车类型等级评定或年度类型等级评定复核、车辆变更等记录。

第二十九条 道路运输管理机构应当将运输车辆的技术管理情况纳入道路运输企业质量信誉考核和诚信管理体系。

第三十条 道路运输管理机构应当积极推广使用现代信息技术,逐步实现道路运输车辆技术管理信息资源共享。

第七章 法律责任

第三十一条 违反本规定,道路运输经营者有下列行为之一的,县级以上道路运输管理机构应当责令改正,给予警告;情节严重的,处以1000元以上5000元以下罚款:

(一)道路运输车辆技术状况未达到《道路运输车辆综合性能要求和检验方法》(GB18565)的;

(二)使用报废、擅自改装、拼装、检测不合格以及其他不符合国家规定的车辆从事道路运输经营活动的;

(三)未按照规定的周期和频次进行车辆综合性能检测和技术等级评定的;

(四)未建立道路运输车辆技术档案或者档案不符合规定的;

(五)未做好车辆维护记录的。

第三十二条 违反本规定,道路运输车辆综合性能检测机构有下列行为之一的,县级以上道路运输管理机构不予采信其检测报告,并抄报同级质量技术监督主管部门处理。

(一)不按技术规范对道路运输车辆进行检测的;

(二)未经检测出具道路运输车辆检测结果的;

(三)不如实出具检测结果的。

第三十三条 道路运输管理机构工作人员在监督管理工作中滥用职权、玩忽职守、徇私舞弊的,依法给予行政处分;构成犯罪的,由司法机关依法处理。

第八章 附 则

第三十四条 本规定自2016年3月1日起施行。原交通部发布的《汽车运输业车辆技术管理规定》(交通部令1990年第13号)、《道路运输车辆维护管理规定》(交通部令2001年第4号)同时废止。

船舶检验管理规定

（中华人民共和国交通运输部令　2016年第2号）

《船舶检验管理规定》已于2016年1月14日经第1次部务会议通过，现予公布，自2016年5月1日起施行。

部长　杨传堂

2016年1月22日

第一章　总　　则

第一条　为加强船舶检验管理，规范船舶检验服务，保障船舶检验质量，依据《中华人民共和国海上交通安全法》《中华人民共和国内河交通安全管理条例》《中华人民共和国船舶和海上设施检验条例》以及我国缔结或者加入的相关国际公约，制定本规定。

第二条　船舶检验活动及从事船舶检验活动的机构和人员的管理适用于本规定。

本规定所称船舶检验是指对船舶、水上设施、船用产品和船运货物集装箱的检验。

军用船舶、体育运动船艇、渔业船舶以及从事石油天然气生产的设施的检验，不适用本规定。

第三条　交通运输部主管全国船舶检验管理。

交通运输部海事局负责对船舶检验工作实施统一监督管理。

各级海事管理机构依据各自职责权限开展船舶检验监督工作。

第二章　船舶检验机构和人员

第四条　船舶检验机构是指实施船舶检验的机构，包括交通运输部和省、自治区、直辖市人民政府设置的船舶检验机构（以下简称国内船舶检验机构）和外国船舶检验机构在中华人民共和国境内设立的验船公司（以下简称外国验船公司）。

交通运输部和省、自治区、直辖市人民政府依法审批国内船舶检验机构或者外国验船公司时，应当依据《中华人民共和国海事行政许可条件规定》规定的验船机构审批条件作出是否予以审批的决定。予以审批的，同时应当明确国内船舶检验机构和外国验船公司的检验业务范围。

交通运输部海事局应当向社会公布船舶检验机构的检验业务范围。

第五条　国内船舶检验机构按照A、B、C、D四类从事船舶法定检验：

（一）A类船舶检验机构，可以从事包括国际航行船舶、国内航行船舶、水上设施、船运货物集装箱和相关船用产品的法定检验；

（二）B类船舶检验机构，可以从事国内航行船舶的法定检验和相关船用产品的法定检验；

（三）C类船舶检验机构，可以从事内河船舶的法定检验；

（四）D类船舶检验机构，可以从事内河小型船舶，以及封闭水域内船长不超过30米、主机功率不超过50千瓦的货船和船长不超过30米、主机功率不超过50千瓦的客船的法定检验。

第六条　外国验船公司的业务范围包括：

（一）依据船旗国政府授权，对悬挂该国国旗及拟悬挂该国国旗的船舶、海上设施实施法定检验和入级检验；

（二）对本款第（一）项规定的船舶、海上设施所使用的有关重要设备、部件和材料等船用产品实施检验；

（三）对外国企业所拥有的船运货物集装箱实施检验；

（四）经交通运输部海事局认可，在逐步开放的范围内对自由贸易区登记的中国籍国际航行船舶实施入级检验。

第七条 船舶检验机构应当在批准的业务范围内从事船舶检验活动。

第八条 船舶检验机构应当向交通运输部海事局报告年度船舶检验工作情况,包括质量体系运行、检验业务量、检验人员变化等情况。

第九条 船舶检验人员应当具备相应的专业知识和检验技能,满足国家有关船舶检验人员资质的要求。

交通运输部海事局负责统一组织船舶检验人员考试,并按照国家有关规定发放船舶检验人员资格证书。

第十条 国内船舶检验机构应当对船舶检验人员进行岗前培训和不定期持续知识更新培训。

第三章 法定检验

第十一条 法定检验是指船旗国政府或者其认可的船舶检验机构按照法律、行政法规、规章和法定检验技术规范,对船舶、水上设施、船用产品和船运货物集装箱的安全技术状况实施的强制性检验。

法定检验主要包括建造检验、定期检验、初次检验、临时检验、拖航检验、试航检验等。

第十二条 在中华人民共和国登记或者拟在中华人民共和国登记的船舶、水上设施的所有人或者经营人,有下列情形之一的,应当向国内船舶检验机构申请建造检验:

(一)建造船舶、水上设施的;

(二)改变船舶主尺度、船舶类型、分舱水平、承载能力、乘客居住处所、主推进系统、影响船舶稳性等涉及船舶主要性能及安全的重大改建,或者涉及水上设施安全重大改建的。

船舶、水上设施建造或者重大改建,应当向建造或者改建地船舶检验机构申请检验。

第十三条 营运中的中国籍船舶、水上设施的所有人或者经营人,应当向签发船舶检验证书的国内船舶检验机构申请定期检验。

定期检验可以委托营运地国内船舶检验机构代为进行。

第十四条 中国籍船舶、水上设施的所有人或者经营人,有下列情形之一的,应当向国内船舶检验机构申请初次检验:

(一)外国籍船舶、水上设施改为中国籍船舶、水上设施;

(二)体育运动船艇、渔业船舶改为本规定适用的船舶;

(三)营运船舶检验证书失效时间超过一个换证检验周期的;

(四)老旧营运运输船舶检验证书失效时间超过一个特别定期检验周期的。

有前款第(三)、(四)项所列情形之一的,新的检验周期按照原证书检验周期计算。

第十五条 中国籍船舶、水上设施的所有人或者经营人,有下列情形之一的,应当向国内船舶检验机构申请临时检验:

(一)因发生事故,影响船舶适航性能;

(二)改变证书所限定的航区或者用途;

(三)船舶检验机构签发的证书失效时间不超过一个换证周期;

(四)涉及船舶安全的修理或者改装,但重大改建除外;

(五)变更船舶检验机构;

(六)变更船名、船籍港;

(七)存在重大安全缺陷影响航行和环境安全,海事管理机构责成检验的。

对于前款第(三)项所列情形,船舶、水上设施申请检验时,国内船舶检验机构须对失效期内应当进行的所有检验项目进行检验,检验周期按照原证书检验周期计算。

在中华人民共和国管辖水域内的外国籍船舶,有第一款第(一)、(七)项所列情形之一的,应当向原签发检验证书的船舶检验机构申请临时检验。外国籍船舶的发证机构未在中华人民共和国境内设立验船公司的,应当向交通运输部海事局指定的船舶检验机构申请临时检验。

第十六条 中华人民共和国管辖水域内对移动式平台、浮船坞和其他大型船舶、水上设施进行拖带航行,起拖前应当申请拖航检验。

第十七条 船舶试航前,船舶所有人或者经营人应当向国内船舶检验机构申请试航检验,并取得试航检验证书。

国内船舶检验机构在签发试航检验证书前,应当按照相关技术检验要求进行检验,并确认船舶试航状态符合实施船舶图纸审查、建造检验的船舶检验机构批准的船舶配载及稳性状态。

第十八条 在中华人民共和国管辖水域内从事钻探、开发作业的外国籍钻井船、移动式平台的所有人或者经营人，应当向交通运输部海事局授权的船舶检验机构申请下列检验：

（一）作业前检验；

（二）作业期间的定期检验。

第十九条 中国籍船舶、水上设施所使用的有关水上交通安全和防止水域环境污染的重要设备、部件和材料应当进行船用产品检验。

应当进行法定检验的船用产品范围由交通运输部海事局公布。

第二十条 船舶检验机构应当按照船用产品法定检验技术要求，对纳入法定检验范围内的船用产品开展工厂认可、型式认可、产品检验。

第二十一条 船运货物集装箱的制造厂商或者所有人、经营人应当向船舶检验机构申请下列检验：

（一）船运货物集装箱制造时，申请工厂认可、定型设计认可和制造检验；

（二）使用中的船运货物集装箱，申请营运检验，采用定期检验或者按照经检验机构进行技术审核的连续检验计划进行检验。

第二十二条 国内船舶检验机构应当将船用产品和船运货物集装箱工厂认可、型式认可或者定型设计认可及单件产品的检验结果录入国家船舶检验数据库并对外公布。

第二十三条 中国籍国内航行船舶和水上设施、船用产品和船运货物集装箱经检验符合相关的法定检验技术要求后，国内船舶检验机构应当使用国家船舶法定检验发证系统签发相应的检验证书或者技术文件。

中国籍国际航行船舶经检验符合相关的法定检验技术要求后，国内船舶检验机构应当使用经交通运输部海事局认可的法定检验发证系统签发相应的检验证书或者技术文件，并由海事管理机构进行监督管理。

法定检验证书和国内航行船舶的检验报告和记录格式由交通运输部海事局统一制定并公布。

第二十四条 船舶检验机构应当建立和严格执行保证检验发证质量的控制程序和管理制度。

第二十五条 国内船舶检验机构根据船舶法定检验技术规范，对中国籍船舶、水上设施的法定检验要求实施等效、免除的，应当达到海事国际公约或者船舶法定检验技术规范要求的同等效能及安全水平，并向交通运输部海事局报告，船舶法定检验技术规范另有规定的除外。

第四章 入级检验

第二十六条 入级检验是指应船舶、水上设施的所有人和经营人自愿申请，按照拟入级的船舶检验机构的入级检验技术规范，对船舶、水上设施进行的检验，并取得入级船舶检验机构的入级标识。

第二十七条 除本规定第六条第（四）项规定的情形外，中国籍国际航行船舶加入船级的，应当向中国船级社申请入级检验。

第二十八条 下列中国籍国内航行船舶加入船级的，应当向中国船级社申请入级检验：

（一）在海上航行的乘客定额100人以上的客船；

（二）载重量1000吨以上的油船；

（三）滚装船、液化气体运输船和散装化学品运输船；

（四）船舶所有人或者经营人申请入级的其他船舶。

第二十九条 中国籍船舶、水上设施经入级检验符合相关的检验技术规范要求并取得法定检验证书的，船舶检验机构方可签发入级检验证书或者技术文件。

第三十条 从事中国籍船舶、水上设施入级检验业务的船舶检验机构应当将其入级检验技术规范和证书格式报交通运输部海事局备案。

第五章 船舶法定检验技术规范

第三十一条 船舶法定检验技术规范包括与船舶、水上设施、船用产品、船运货物集装箱相关的涉及航运安全及水域环境保护的检验制度、安全标准、检验规程等。

第三十二条 船舶法定检验技术规范，由交通运输部海事局组织制定，经交通运输部批准后公布施行。

限于省、自治区、直辖市内航行的下列船舶的法定检验技术规范，可由省、自治区、直辖市交通运输主管部门制定，并报交通运输部海事局备案；省、自治区、直辖市交通运输主管部门未制定的，参照交通运输部海事局制定的小型船舶法定检验技术规则检验发证：

（一）船长15米及以下的内河渡船；

(二)船长20米以下的普通货船;

(三)12人及以下的载客船舶。

第三十三条 有下列情形之一的,船舶法定检验技术规范的制定机构应当组织开展船舶法定检验技术规范后评估:

(一)实施满5年的;

(二)上位法或者相关国际公约有重大修改或者调整的;

(三)水上交通安全管理环境发生重大变化,影响船舶法定检验技术规范适宜性的;

(四)其他应当进行后评估的情形。

第六章 检验管理

第三十四条 船舶检验机构开展检验活动应当遵守中华人民共和国法律、法规、规章和相关国际公约的规定。

船舶检验机构应当严格按照检验业务范围开展检验工作,不得拒绝满足法定检验受理条件的申请。

船舶检验人员应当严格按照相关的法律、法规和检验技术规范的要求开展检验工作,恪守职业道德和执业纪律。

第三十五条 有下列情形之一的,船舶检验机构不得检验:

(一)船舶和水上设施的设计、建造与修造单位未建立质量自检制度;

(二)按照国家有关规定应当报废的船舶、水上设施;

(三)未提供真实技术资料;

(四)未按照规定取得新增运力审批的建造船舶;

(五)未能为船舶检验人员提供安全保障。

第三十六条 船舶检验机构应当在船舶、水上设施的建造或者重大改建开工前,对开工条件进行检查,经检查合格后,方可开展检验。

第三十七条 在中华人民共和国登记或者拟在中华人民共和国登记的船舶、水上设施未取得海事管理机构授予的船舶识别号的,船舶检验机构不得签发法定证书。

第三十八条 船舶和水上设施的所有人或者经营人,船用产品和船运货物集装箱制造厂商,船舶和水上设施的设计、建造与修造单位应当按照规定如实提交检验相关资料。

第三十九条 中国籍船舶、水上设施报废的,其所有人或者经营人应当报告国内船舶检验机构,国内船舶检验机构应当注销检验证书。

第四十条 中国籍船舶、水上设施变更船舶检验机构,新接受的船舶检验机构在发放检验证书时应当收回存档原检验证书。

按照省、自治区、直辖市交通运输主管部门制定的法定检验技术规范检验的船舶,船舶检验机构变更为其他省、自治区、直辖市的船舶检验机构的,新接受的船舶检验机构可以按照交通运输部海事局或者所在省、自治区、直辖市交通运输主管部门制定的法定检验技术规范重新进行检验。

第四十一条 外国籍船舶、水上设施因存在重大缺陷被强制取消船级的,新接受的境内设立的外国验船公司应当验证缺陷已改正后,方可受理检验。

第四十二条 有下列情形之一的,船舶检验机构应当停止检验或者撤销相关检验证书:

(一)违规建造、违规重大改建;

(二)提供虚假证明材料;

(三)未通过检验。

有前款第(一)项情形的还应当报告交通运输部海事局。

涂改检验证书或者以欺骗行为取得检验证书,船舶检验机构未撤销检验证书的,海事管理机构应当责令船舶检验机构撤销检验证书。

第四十三条 船舶检验机构应当建立船用产品法定检验质量监督机制,发现法定船用产品存在重大质量问题的,撤销检验证书或者禁止装船使用。

第四十四条 船舶检验机构应当对为其提供服务的检修、检测服务机构进行安全质量、技术条件的控制和监督。

第四十五条 船舶检验机构应当建立档案管理制度,妥善保管有关检验档案资料。

中国籍船舶、水上设施变更船舶检验机构的,原船舶检验机构应当将包含图纸的全部技术档案转交变更后的船舶检验机构。

第四十六条 交通运输部海事局应当组织对船舶检验机构检验能力和条件进行核查,对船舶检验机构检验质量进行监督。

第四十七条 海事管理机构发现涉及船舶检验重大质量问题或者有第十五条第一款第(一)、

(七)项所列情形之一的,应当通报相关船舶检验机构。

涉及船舶检验重大质量问题的,应当报告交通运输部海事局组织调查处理。

相关船舶检验机构应当对检验质量问题进行分析整改,并将整改情况通报海事管理机构。

第四十八条　船舶检验机构应当配合海事管理机构开展船舶检验质量监督和调查。船舶检验机构对海事管理机构的监督和调查行为有异议的,可以向交通运输部海事局报告。

第四十九条　申请检验的单位或者个人对检验结论持有异议,可以向上一级船舶检验机构申请复验,接到复验申请的机构应当在 7 个工作日内作出是否予以复验的答复。

对复验结论仍有异议的,可以向交通运输部海事局提出再复验,由交通运输部海事局组织技术专家组进行检验、评议并作出最终结论。交通运输部海事局应当在接到再复验申请之日起 15 个工作日内作出是否予以再复验的答复。

第七章　法律责任

第五十条　违反本规定第十六条,移动平台、浮船坞、大型船舶、水上设施拖带航行,未经船舶检验机构进行拖航检验,由海事管理机构责令其停止拖航,并对船舶、设施所有人或者经营人处以 2000 元以上 2 万元以下罚款,对船长处以 1000 元以上 1 万元以下罚款,并扣留船员适任证书 6 至 12 个月,对水上设施主要负责人处以 1000 元以上 1 万元以下罚款。

第五十一条　违反本规定第十七条规定,试航船舶未经试航检验并持有试航证书的,由海事管理机构责令停止试航,并对船舶所有人或者经营人处以 2000 元以上 2 万元以下罚款,对试航船长处以 1000 元以上 1 万元以下罚款并扣留船员适任证书 6 至 12 个月。

第五十二条　违反本规定第十八条规定,在中华人民共和国沿海水域从事钻探、开发作业的外国籍钻井船、移动式平台的所有人或者经营人未按规定申请作业前检验或者作业期间检验,由海事管理机构责令其停止作业,并处以 5000 元以上 3 万元以下罚款。

第五十三条　违反本规定第三十九条,报废船舶的所有人或者经营人未向船舶检验机构报告,由海事管理机构对其所有人或者经营人处以 5000 元以上 3 万元以下罚款。

第五十四条　违反《中华人民共和国海上交通安全法》第四条的规定,船舶、水上设施和船上、设施上有关航行安全、防治污染等重要设备无相应的有效的检验证书的,依照《中华人民共和国海上交通安全法》第四十四条的规定,海事管理机构应当对船舶、水上设施所有人或者经营人处以 2000 元以上 3 万元以下的罚款。

违反《中华人民共和国内河交通安全管理条例》第六条第(一)项、第七条第(一)项的规定,船舶、水上设施未持有合格的检验证书擅自航行或者作业的,依照《中华人民共和国内河交通安全管理条例》第六十四条的规定,责令停止航行或者作业;拒不停止航行或者作业的,暂扣船舶、浮动设施;情节严重的,予以没收。

本条第一款、第二款所称无相应的有效的检验证书及未持有合格的检验证书,包括下列情形:

(一)没有取得相应的检验证书;

(二)持有的检验证书属于伪造、变造、转让、买卖或者租借的;

(三)持有的检验证书失效;

(四)检验证书损毁、遗失但不按照规定补办。

第五十五条　船舶检验机构有下列情形之一的,所签发的相应检验证书无效,由交通运输部海事局给予警告,责令限期整改,整改期间不得开展相关检验业务,并向社会公告:

(一)超越认可的业务范围开展检验业务;

(二)违反规定开展检验;

(三)使用不符合规定的船舶检验人员独立从事检验活动;

(四)违反检验规程受理检验;

(五)船舶、水上设施的建造或者重大改建开工前,未对开工条件进行检查或者在检查不合格的情况下开展检验;

(六)对未按照规定取得新增运力审批的建造船舶开展检验;

(七)未对向其提供服务的检修检测机构的安全质量、技术条件进行有效管控;

(八)在按规定取得船舶识别号前,签发法定检验证书;

(九)出现重大检验质量问题。

第五十六条 船舶检验机构有下列情形之一的,交通运输部海事局责令改正,并给予警告:

(一)国内船舶检验机构未对检验人员进行培训;

(二)外国验船公司未对外国籍检验人员按照公约要求进行培训;

(三)未按规定向交通运输部海事局报告有关事项;

(四)未建立档案管理制度。

第五十七条 船舶检验人员有下列情形之一的,依照《中华人民共和国船舶和海上设施检验条例》第二十八条的规定,海事管理机构可视情节给予警告、撤销其检验资格:

(一)未进行检验而签发相关检验证书;

(二)超出所持证书范围开展检验业务;

(三)未按照法定检验技术规范执行检验;

(四)未按规定的检验程序和项目进行检验;

(五)所签发的船舶检验证书或者检验报告与船舶、水上设施的实际情况不符;

(六)发生重大检验质量责任问题;

(七)不配合事故调查或者在调查过程中提供虚假证明。

第八章 附 则

第五十八条 本规定自2016年5月1日起施行。

公路工程造价管理暂行办法

(中华人民共和国交通运输部令 2016年第67号)

《公路工程造价管理暂行办法》已于2016年8月31日经第19次部务会议通过,现予公布,自2016年11月1日起施行。

部长 杨传堂

2016年9月2日

第一章 总 则

第一条 为加强公路工程造价管理,规范造价行为,合理控制建设成本,保障公路工程质量和安全,根据《中华人民共和国公路法》等法律、行政法规,制定本办法。

第二条 在中华人民共和国境内的公路新建、改建、扩建工程(以下统称公路工程)的造价活动,适用本办法。

本办法所称公路工程造价活动,是指公路工程建设项目从筹建到竣工验收交付使用所需全部费用的确定与控制,包括投资估算、设计概算、施工图预算、标底或者最高投标限价、合同价、变更费用、竣工决算等费用的确定与控制。

第三条 公路工程造价活动应当遵循客观科学、公平合理、诚实信用、厉行节约的原则。

第四条 交通运输部负责全国公路工程造价的监督管理。

省级交通运输主管部门负责本行政区域内公路工程造价的监督管理。

第二章 造价依据

第五条 交通运输部制定公路工程造价依据。省级交通运输主管部门可以根据交通运输部发布的公路工程造价依据,结合本地实际,组织制定补充性造价依据。

前款所称造价依据,是指用于编制各阶段造价文件所依据的办法、规则、定额、费用标准、造价指标以及其他相关的计价标准。

第六条 交通运输部对通用性强、技术成熟的建设工艺,编制统一的公路工程定额。

省级交通运输主管部门对公路工程定额中缺项的,或者地域性强且技术成熟的建设工艺,可以编制补充性定额规定。

第七条　对交通运输主管部门制定的公路工程造价依据中未涵盖但公路工程需要的造价依据,公路工程建设单位应当根据该工程施工工艺要求等因素组织开展成本分析。

第八条　交通运输主管部门应当及时组织造价依据的编制和修订工作,促进造价依据与公路技术进步相适应。公路工程建设、勘察设计、监理、施工、造价咨询等单位应当给予支持和配合。

第九条　编制造价文件使用的造价软件,应当符合公路工程造价依据,满足造价文件编制需要。

第三章　造价确定和控制

第十条　公路工程造价应当针对公路工程建设的不同阶段,根据项目的建设方案、工程规模、质量和安全等建设目标,结合建设条件等因素,按照相应的造价依据进行合理确定和有效控制。

第十一条　建设单位承担公路工程造价控制的主体责任,在设计、施工等过程中,履行以下职责,接受交通运输主管部门的监督检查:

(一)严格履行基本建设程序,负责组织项目投资估算、设计概算、施工图预算、标底或者最高投标限价、变更费用、工程结算、竣工决算的编制;

(二)对造价进行全过程管理和控制,建立公路工程造价管理台账,实现设计概算控制目标;

(三)负责公路工程造价信息的收集、分析和报送;

(四)依法应当履行的其他职责。

第十二条　勘察设计单位应当综合分析项目建设条件,结合项目使用功能,注重设计方案的技术经济比选,充分考虑工程质量、施工安全和运营养护需要,科学确定设计方案,合理计算工程造价。

勘察设计单位应当对其编制的造价文件的质量负责,做好前后阶段的造价对比,重点加强对设计概算超投资估算、施工图预算超设计概算等的预控。

第十三条　施工单位应当按照合同约定,编制工程计量与支付、工程结算等造价文件。

第十四条　从事公路工程造价活动的人员应当具备相应的专业技术技能。鼓励从事公路工程造价活动的人员参加继续教育,不断提升职业素质。

从事公路工程造价活动的人员应当对其编制的造价文件的质量和真实性负责。

第十五条　公路工程建设项目立项阶段,投资估算应当按照《公路工程基本建设项目投资估算编制办法》等规定编制。

第十六条　公路工程建设项目设计阶段,设计概算和施工图预算应当按照《公路工程基本建设项目概算预算编制办法》等规定编制。

初步设计概算的静态投资部分不得超过经审批或者核准的投资估算的静态投资部分的110%。

施工图预算不得超过经批准的初步设计概算。

第十七条　公路工程建设项目实行招标的,应当在招标文件中载明工程计量计价事项。

设有标底或者最高投标限价的,标底或者最高投标限价应当根据造价依据并结合市场因素进行编制,并不得超出经批准的设计概算或者施工图预算对应部分。建设单位应当进行标底或者最高投标限价与设计概算或者施工图预算的对比分析,合理控制建设项目造价。

投标报价由投标人根据市场及企业经营状况编制,不得低于工程成本。

第十八条　国家重点公路工程项目和省级人民政府相关部门批准初步设计的公路工程项目的建设单位应当在施工阶段,将施工合同的工程量清单报省级交通运输主管部门备案。

第十九条　勘察设计单位应当保证承担的公路工程建设项目符合国家规定的勘察设计深度要求和勘察设计质量,避免因设计变更发生费用变更。发生设计变更的,建设单位按照有关规定完成审批程序后,合理确定变更费用。

第二十条　在公路工程建设项目建设期内,建设单位应当根据年度工程计划及时编制该项目年度费用预算,并根据工程进度及时编制工程造价管理台账,对工程投资执行情况与经批准的设计概算或者施工图预算进行对比分析。

第二十一条　由于价格上涨、定额调整、征地拆迁、贷款利率调整等因素需要调整设计概算的,应当向原初步设计审批部门申请调整概算。原初步设计审批部门应当进行审查。

未经批准擅自增加建设内容、扩大建设规模、提高建设标准、改变设计方案等造成超概算的,不予调整设计概算。

由于地质条件发生重大变化、设计方案变更等因素造成的设计概算调整,实际投资调增幅度超过静态投资估算10%的,应当报项目可行性研究报告审批或者核准部门调整投资估算后,再由原初步设计审批部门审查调整设计概算;实际投资调增幅度不超过静态投资估算10%的,由原初步设计审批部门直接审查调整设计概算。

第二十二条 公路工程建设项目竣工验收前,建设单位应当编制竣工决算报告及公路工程建设项目造价执行情况报告。审计部门对竣工决算报告提出审计意见和调整要求的,建设单位应当按照要求对竣工决算报告进行调整。

第四章 监督管理

第二十三条 交通运输主管部门应当按照职责权限加强对公路工程造价活动的监督检查。被监督检查的单位和人员应当予以配合,不得妨碍和阻挠依法进行的监督检查活动。

第二十四条 公路工程造价监督检查主要包括以下内容:

(一)相关单位对公路工程造价管理法律、法规、规章、制度以及公路工程造价依据的执行情况;

(二)各阶段造价文件编制、审查、审批、备案以及对批复意见的落实情况;

(三)建设单位工程造价管理台账和计量支付制度的建立与执行、造价全过程管理与控制情况;

(四)设计变更原因及费用变更情况;

(五)建设单位对项目造价信息的收集、分析及报送情况;

(六)从事公路工程造价活动的单位和人员的信用情况;

(七)其他相关事项。

第二十五条 省级以上交通运输主管部门组织对从事公路工程造价活动的人员和造价咨询企业的信用情况进行监管,纳入统一的公路建设市场监管体系。

第二十六条 交通运输主管部门应当按照国家有关规定,及时公开公路工程造价相关信息,并接受社会监督。

交通运输部建立公路工程造价信息化标准体系,建立部级公路工程造价信息平台。

省级交通运输主管部门建立省级公路工程造价信息平台,并与部级公路工程造价信息平台实现互联互通和信息共享。

公路工程造价信息公开应当严格审核,遵守信息安全管理规定,不得侵犯相关单位和个人的合法权益。

第二十七条 交通运输主管部门应当对公路工程造价信息及公路工程建设项目造价执行情况进行动态跟踪、分析评估,为造价依据调整和造价监督提供支撑。

第二十八条 交通运输主管部门应当将监督检查活动中发现的问题及时向相关单位和人员通报,责令其限期整改。监督检查结果应当纳入公路建设市场监管体系。

第五章 附 则

第二十九条 公路养护工程可以根据作业类别和规模参照本办法执行。

第三十条 本办法自2016年11月1日起施行。

江西省人民政府办公厅关于加快电动汽车充电基础设施建设的实施意见

各市、县(区)人民政府,省政府各部门:

为贯彻落实《国务院办公厅关于加快电动汽车充电基础设施建设的指导意见》(国办发〔2015〕73号)精神,加快全省电动汽车充电基础

设施建设,经省政府同意,现提出以下实施意见:

一、总体要求

(一)指导思想。全面贯彻落实国务院加快充电基础设施建设的决策部署,结合我省电动汽车推广应用实际,将充电基础设施放在更加重要的位置,加强统筹规划,统一标准规范,完善扶持政策,创新发展模式,加快建设适度超前、布局合理、功能完善的充电基础设施体系,有效增加公共产品和公共服务的投资和供给,积极培育电动汽车消费市场,促进电动汽车产业健康快速发展。

(二)发展目标。到2020年底,全省建成充电站260座,充电桩约10万根,满足超过10万辆电动汽车的充电需求;建立较完善的市场监管体系,形成统一开放、竞争有序的充电服务市场;在科技和商业创新上取得突破,培育一批具有较强市场竞争力的充电服务企业。

二、主要任务

(一)加强规划指导。组织编制全省电动汽车充电基础设施专项规划,研究制定充电基础设施建设运营管理办法。各地要将充电基础设施专项规划内容纳入城乡规划和配电网建设改造规划,完善独立占地的充电基础设施布局,明确各类建筑物配建停车场及社会公共停车场中充电基础设施的建设比例或预留建设安装条件要求,做好与本地区国民经济和社会发展"十三五"规划的衔接。原则上,新建住宅配建停车位100%建设充电基础设施或预留建设安装条件(包括预埋电力管线和预留电力容量,下同);新建大型公共建筑物(商场、宾馆、医院、办公楼等)配建停车场及社会公共停车场,按不少于规划停车位数10%的比例建设或预留充电基础设施建设条件;支持已建、在建的住宅小区、大型公共建筑物配建停车场及社会公共停车场,通过改造、加装等方式建设充电基础设施。各设区市主城区原则上按服务半径每6千米建设1座公共充电站,适合电动汽车运营的重点旅游景区应配建公共充电基础设施。在不影响正常运营的前提下,鼓励具备安全条件的加油站、加气站建设充电基础设施。

(二)构建充电基础设施体系。充电设施建设坚持整体谋划、科学布局、因地制宜、适度超前。以用户居住地停车位、单位内部停车场、公交及出租等专用场站配建的专用充电基础设施为主体,以城市公共建筑物配建停车场、社会公共停车场、路内临时停车位配建的公共充电基础设施为辅助,以独立占地的城市快充站和高速公路服务区配建的城际快充站为补充,加快推进全省充电基础设施建设。

(三)加大示范推进力度。各地要结合电动汽车推广应用需要,积极开展"示范小区与单位""示范区县""城际快充示范区域"等充电基础设施建设与运营模式试点示范。南昌、九江等城市要创新城市充电基础设施建设与运营模式,完善相关配套政策,探索各种先进适用充电技术,总结形成可复制、可推广的充电基础设施发展经验,促进全省充电基础设施加快普及。力争2016年底前完成省行政中心充电基础设施建设,实现沪昆、大广、福银高速公路服务区充电基础设施全覆盖;力争2017年开工建设昌北机场和杭瑞、济广高速公路服务区充电基础设施,力争2020年底前建成覆盖全省所有高速公路服务区的快充网络。

(四)构建充电信息管理平台。充分利用互联网+、移动多媒体等技术,有效整合不同企业和不同城市的充电服务平台信息资源,构建省级充电基础设施信息管理平台,为制定实施财税、监管等政策提供支撑。公用充电基础设施要全部接入平台,鼓励自(专)用充电基础设施接入平台。

(五)探索可持续商业模式。各地应整合公交、出租场站以及社会公共停车场等各类公共资源,通过政府与社会资本合作(PPP)等多种方式培育市场主体,引入社会资本建设运营公共服务领域充电基础设施、城市公共充电网络及智能服务平台。鼓励探索大型充电站与商业地产相结合的发展方式,引导商场、超市、电影院等商业场所为用户提供辅助充电服务。鼓励充电服务企业通过与整车企业合作、众筹等方式,创新建设充电基础设施商业合作模式,并采取线上线下相结合等方式,提供智能充放电、电子商务、广告等增值服务,提升充电服务企业可持续发展能力。

(六)加强安全管理。研究制定充电基础设施电力安全管理规定,加大对用户私拉电线、违规用电、不规范建设施工等行为的查处力度。加强对充电基础设施及其设置场所的日常消防安全检查及管理,及时消除安全隐患。

三、保障措施

(一)加强组织领导。建立由省发改委(省能源局)牵头、相关部门配合的协同推进机制,统筹协调和督促落实全省电动汽车充电基础设施建设工作。各地要切实承担起统筹推进充电基础设施建设的主体责任,将充电基础设施建设管理作为政府专项工作,建立相应机制,明确职责分工,完善配套政策,抓好组织实施。

(二)简化报建手续。各地要按照简政放权、放管结合、优化服务的要求,减少充电基础设施规划建设审批环节,加快办理速度。个人在自有停车库、停车位,各居住区、单位在既有停车位安装充电设施的,无需办理建设用地规划许可证、建设工程规划许可证和施工许可证。建设城市公共停车场时,无需为同步建设充电桩群等充电基础设施单独办理建设工程规划许可证和施工许可证。新建独立占地的集中式充电站应符合城市规划,并办理建设用地规划许可证、建设工程规划许可证和施工许可证。

(三)提升配套电网支撑保障能力。电网企业要根据充电基础设施建设需求,合理提高用电设计标准,修改完善相关标准规范。加强充电基础设施配套电网建设与改造,满足充电基础设施运营需求;要为充电基础设施接入电网提供便利条件,开辟绿色通道,优化流程,简化手续,提高效率。电网企业负责建设、运行和维护充电基础设施产权分界点至电网的配套接网工程,不得收取接网费用,相应资产全额纳入有效资产,成本据实计入准许成本,并按照电网输配电价回收。

(四)加大用地支持力度。各地要将独立占地的集中式充电站用地纳入公用设施营业网点用地范围,按照省内加油加气站用地供应模式,优先安排土地供应。城市公交企业的充电基础设施用地应按《江西省人民政府关于城市优先发展公共交通的实施意见》(赣府发〔2013〕34 号)要求依法提供土地。

(五)完善财政价格政策。省发改委(省能源局)、省财政厅要加快制定充电基础设施省级财政补贴办法,积极引导符合条件的充电基础设施企业争取中央资金支持。各地要结合实际情况,出台本地补贴办法。允许充电服务企业向电动汽车用户收取电费和充电服务费,对于向电力企业直接报装接电的经营性集中式充电基础设施用电,执行大工业用电价格,2020 年前暂免收取基本电费;其他充电基础设施用电按其所在场所执行分类目录电价,充电基础设施用电执行峰谷分时电价政策,充电服务费标准执行政府指导价管理。

附件:责任分工和进度安排表(略)

江西省人民政府办公厅

2016 年 7 月 1 日

江西省人民政府办公厅关于印发《全省深入开展货运车辆超限超载治理工作方案》的通知

各市、县(区)人民政府,省政府各部门:

《全省深入开展货运车辆超限超载治理工作方案》已经省政府同意,现印发给你们,请认真贯彻执行。

江西省人民政府办公厅

2016 年 2 月 3 日

全省深入开展货运车辆超限超载治理工作方案

为贯彻落实《中华人民共和国公路法》《公路安全保护条例》《江西省公路条例》和《江西省公路路政管理条例》等法律法规，深入开展全省货运车辆超限超载治理工作（以下简称治超工作），进一步加强治超工作力度，巩固治超工作成果，保障公路安全畅通，维护人民群众生命财产安全，结合我省实际，制定以下工作方案。

一、目标任务

从2016年2月至2017年6月，在全省范围内开展集中治超行动，综合运用法律、行政、经济等手段和各种科技措施，重点实施路面治超，严格监管货源单位和涉车企业，规范执法行为，加强执法监督，严格依法行政。通过努力，将全省治超站点路段车辆超限超载率控制在1%以内，促使治超长效机制健全巩固、治理能力和水平明显提高、货运市场环境更加有序、道路安全形势持续好转。

二、工作重点

（一）路面治超管理。各地要组织交通运输、公安等部门全面进驻治超站点，坚持长期开展治超联合执法工作。对超限超载情况严重的市县交界地区和路段，要加强区域协作和执法联动，联合打击和遏制超限超载行为。要坚持以固定治超站点为依托，在重点区域、重点路段、重点时段进行流动治超，安排交通运输、公安等执法人员值守，利用移动检测设备进行检查。经流动检测认定的超限超载车辆，应当就近引导至公路超限检测站或者交通运输主管部门、公路管理机构指定的场所进行处理。对短途驳载、避站绕行、车托带车、夜间偷运等逃避检查的行为要依法从严处理。对故意堵路、强行冲关、破坏设施、聚众闹事、阻碍执法、暴力抗法等违法行为，公安部门要依法打击，确保正常的治安环境和交通秩序。

（二）货源单位管理。各地要组织有关部门对货源单位进行排查和梳理，全面掌握辖区内货源单位情况。对货运量大、车辆流量多、容易发生超限超载的煤炭、水泥、采矿及加工（砂、石、土等）、货运场站、物流园区等货源单位，要确定为重点监管单位，按照科学合理、稳步推进的原则，分期分批在当地新闻媒体、政府网站等予以公布，实行重点监管。要组织有关部门采取派驻监督员、日常巡查、技术监控和接受投诉举报等措施，督促重点货源单位自觉接受相关部门的监督管理，落实车辆合法装载责任，确保超限超载车辆不出厂（站、场、矿等）上路。对超限超载情况严重的货源单位，应认定为存在重大安全隐患，由负有安全生产监督管理职责的部门按照《中华人民共和国安全生产法》的有关规定进行处理。

（三）涉车企业管理。各级工信、质监部门要对本地区车辆生产企业加强监管，禁止不符合国家标准和非法改装的车辆出厂，对违反相关规定的企业，要坚决依法查处。各级工商、市场监督部门对本地区生产和销售拼装车辆、非法改装车辆、利用报废汽车“五大总成”以及其他零配件拼装汽车或者出售报废汽车整车等违法行为，要坚决依法查处，有营业执照的，依法吊销营业执照，对无照经营的，依法予以查封。交通运输、公安等部门在查处超限超载车辆时，发现拼装、非法改装情形的，要追踪车辆拼装、非法改装的源头，并将相关线索通报当地工商、市场监督部门。各级交通运管部门要对本地区的货运企业加强行业监管，深入开展道路货运市场“打非治违”活动，从严整治非法营运、非法改装车辆营运等扰乱市场秩序的行为，对累计多次存在超限记录的货运车辆和货运企业，要严格按照《公路安全保护条例》的有关规定进行处理。

三、工作要求

（一）统一行动，把握原则。从2016年2月至2017年6月，全省统一开展治超行动，强化源头监管，突出路面治超，总体按照“普通公路站点执法监管、农村公路限宽限高保护”的原则进行，最终形成“源头管、路面查、追踪罚”的全程治超格局,逐步实现全省治超工作常态化。

(二)统一标准,依法行政。车辆超限超载的认定标准按照交通运输部、公安部、国家发改委《关于进一步加强车辆超限超载集中治理工作的通知》(交公路发〔2004〕455号)等有关规定执行。车辆拼装、非法改装的认定标准按照国家颁布的有关规定执行。对超限超载等违法行为的处罚,严格按照法律法规规章的规定及行政处罚自由裁量权的标准执行。对超限运输不可解体物品、鲜活农产品和危险化学品的车辆,按照国家有关规定处理。

(三)统一规定,严管重罚。按照相关法律法规规定和国家有关要求,此次集中治超行动实行“六严禁八到位”。“六严禁”是:严禁生产销售拼装、非法改装车辆,严禁拼装、非法改装车辆载货营运,严禁货源单位超限超载装载,严禁超限超载车辆上路行驶,严禁逃避执法、暴力抗法等违法行为,严禁执法不作为、乱作为、以罚代管、失职渎职。“八到位”是:对超限超载等违法行为处罚到位,对超限超载货物卸载到位,对违法驾驶人员记分到位,对非法改装车辆恢复到位,对车辆拼装、非法改装窝点追踪到位,对违法货源单位整顿到位,对累计多次超限运输的货运企业、车辆等处理到位,对治超工作不力的市县问责到位。

四、职责分工

省有关部门按职责分工开展治超工作,各地可根据实际需要,适当增加参与部门,明确其职责。

(一)交通运输部门:负责组织协调所在区域的相关部门联合开展治超工作,依法查处超限车辆,加强货运场站等的监管,依法实施道路货运市场监管等。

(二)公安部门:负责维护治超站点及路面执法治安秩序,加强车辆登记管理,严格车辆检验,依法查处车辆超载行为等。

(三)发展改革部门(含物价、煤炭行业管理部门):负责配合有关部门制定相关收费政策和标准,指导、监督收费政策执行;加强对煤矿企业的行业管理,督促煤矿企业依法组织运输,协助有关部门依法查处煤炭超限超载运输行为等。

(四)工信部门:负责对汽车生产企业及产品进行监督检查等。

(五)工商(市场监督)部门:负责查处拼装、非法改装汽车企业等。

(六)质监部门:负责对治超工作所需的检测设备依法实施计量检定,对从事改装、拼装车辆生产企业的生产场所及标准执行情况进行检查,实施车辆强制性产品认证制度等。

(七)安监部门:负责会同有关部门对因超限超载运输发生的事故进行调查处理,依法追究相关地方政府、单位和人员的责任等。

(八)法制机构:负责配合有关部门研究、起草治理超限超载工作的相关规范性文件,依法办理相关行政复议案件等。

(九)财政部门:负责保障治超工作经费,加强资金使用监督管理;监督落实罚缴分离、收支两条线管理;加强收费和罚没收入、票据管理等。

(十)国土资源部门:负责加强对砂、石、粘土、稀土等矿产开采的监督管理,会同有关部门依法取缔非法采矿企业;引导采砂场、采石场、取土场等依法组织运输;对货物集散场所土地使用情况加强监管,依法查处违规行为;对治超站点建设用地给予支持等。

(十一)住房城乡建设部门:负责开展城市渣土专项清理整顿,加大建筑工地治超工作宣传,加强建筑渣土运输车辆的管理,配合相关职能部门查处超限超载行为等。

(十二)水利部门:负责加强对河道采砂活动的监督管理,依法打击违法采砂及运砂船装运非法采砂船舶、机具偷采砂石行为,会同有关部门依法查处砂石超限超载运输行为等。

(十三)新闻部门:负责把握正确的舆论导向,组织协调新闻媒体做好超限超载治理工作的宣传报道等。

五、工作措施

(一)完善工作机制。本次治理行动以属地管理为主,实行“全省统一领导、地方政府负责、部门指导协调、各方联合行动”的工作机制。各地对本行政区域内治超工作负总责,进一步健全议事协调机制,加强综合治理。省有关部门要指导、监督本部门、本系统做好治超相关工作。高速公路治超工作由省交通路政部门、省公安交管部门分工负责,确保履职到位。

(二)加快设施建设。根据全省公路路网建设和交通流量变化情况,调整和建设普通国省干线公路治超站点，对现有治超站点进行升级改造，统一配置移动治超检测车，形成全省覆盖、重点管控、全时执法的治超站点网络。大力推进科技治超，在重点运输通道、重大公路基础设施、重要路段等节点设置车辆超限超载动态监测系统，在重点监管的货源单位，设置实时监控等设施设备，完善监控网络。

（三）加强经费保障。各地要按照国省有关标准和要求，落实与治超任务相适应的执法人员及执法装备，完善检测、卸载、信息化等设施设备，保障治超工作经费，确保治超工作顺利开展。各级治超工作机构要会同本级财政等部门研究提出治超工作经费安排计划，经批准后纳入本级财政预算保障。各地建设治超站点实行以奖代补政策，建成并经验收合格后，由省交通运输厅按标准安排奖补资金。原则上新建治超站点每个奖励350万元，升级改造治超站点每个奖励100万元，配置移动治超检测车每台奖励50万元，经费不足部分由各设区市政府列入财政预算解决。

（四）强化督查考核。各地要把治超工作纳入本级政府年度工作目标考核。由省交通运输厅和省公安厅牵头，采取定期和不定期、明察与暗访相结合的方式，对全省各地治超工作开展情况进行督查和通报。要强化考核结果应用，治超工作开展情况与省安排市县的交通项目实施计划、补助资金挂钩。要严格责任追究，对治超工作组织实施不到位、考核不达标的市县，按照“谁管辖、谁负责，谁主管、谁负责，谁许可、谁负责”的原则进行责任划分和倒查追究。

（五）加大宣传力度。各地要以宣贯《江西省公路条例》为契机，以电视、报纸、网络等媒体为依托，通过实地走访、座谈会、贴标语、拉横幅、印册子、发公告、致公开信、发手机短信等，深入乡镇、街道、社区、企业、厂矿等，开展全方位、多形式的宣传，使治超工作家喻户晓，政策措施众所周知。要抓好正反两方面典型，敢于曝光，发挥舆论导向和监督作用。公布全省统一举报电话（0791－86243965）和当地举报电话，自觉接受社会监督。

六、工作安排

（一）动员部署阶段（2016年2月初）。召开全省深入开展货运车辆超限超载治理工作电视电话会议，动员部署全省集中治超工作。

（二）集中治理阶段（2016年2月上旬至2017年3月31日）。各市、县（区）政府要按照治超工作要求，制定方案、召开会议、发布通告，组织开展辖区内超限超载集中整治行动。各地要推动辖区内有关载货车辆管理单位、运输企业、驾驶员和货物源头单位开展自查自纠工作。省有关部门要根据工作职责，组织开展好本部门、本系统集中整治行动。

（三）总结提高阶段（2017年4月1日至2017年6月30日）。各地、各有关部门要在集中治超工作中把握方式、方法，不断总结经验，研究探索建立健全长效治理机制的途径和做法。集中治超工作结束后，省政府将组织治超成效评价与验收，推广先进经验，转入长效治理。

江西省人民政府办公厅关于印发《全省深化改革推进出租汽车行业健康发展的实施方案》的通知

各市、县（区）人民政府，省政府各部门：

《全省深化改革推进出租汽车行业健康发展的实施方案》已经省政府同意，现印发给你们，请认真贯彻执行。

江西省人民政府办公厅

2016年11月16日

全省深化改革推进出租汽车行业健康发展的实施方案

为贯彻落实《国务院办公厅关于深化改革推进出租汽车行业健康发展的指导意见》(国办发〔2016〕58号),积极稳妥地推进我省出租汽车行业改革工作,促进我省出租汽车行业健康发展,特制定本实施方案:

一、总体要求

(一)工作目标。深入贯彻落实党中央、国务院决策部署,充分发挥市场机制作用和政府引导作用,通过有序推进出租汽车行业结构改革,完善市场准入和退出机制,规范出租汽车行业管理体制和运营模式,切实提升服务水平和监管能力,努力构建多样化、差异化出行服务体系,促进出租汽车行业持续健康发展,更好地满足人民群众出行需求。

(二)基本原则。

——以人为本,改革创新。把保障乘客安全出行和维护人民群众合法权益作为改革的出发点和落脚点,坚持问题导向,加快互联网技术的应用推广,促进巡游出租汽车(以下简称巡游车)转型升级,规范网络预约出租汽车(以下简称网约车)发展,逐步实现两种业态融合,为社会公众提供安全、便捷、舒适、经济的个性化出行服务。

——统筹兼顾,依法规范。统筹公共交通与出租汽车,统筹创新发展与安全稳定,统筹新老业态发展,统筹乘客、驾驶员和企业的利益。推动建立健全出租汽车行业法规体系,依法推进行业改革,规范行业管理,维护公平竞争的市场秩序,保护各方合法权益。

——因地制宜,稳妥推进。落实城市政府主体责任,坚持属地管理,因城施策,将中央顶层设计与地方实际紧密结合,制定符合实际的出租汽车行业改革模式,循序渐进,积极稳妥地推进改革,维护行业稳定。

二、工作任务

(三)科学定位出租汽车服务。出租汽车是城市综合交通运输体系的组成部分,是城市公共交通的补充,为社会公众提供个性化运输服务。出租汽车服务主要包括巡游、网络预约等方式。城市政府要优先发展公共交通,适度发展出租汽车,优化城市交通结构。要综合考虑本地人口数量、经济发展水平及城市交通拥堵状况等因素,合理确定出租汽车运力规模,建立动态监测和调整机制,逐步实现市场调节。网约车车型原则上高于本地主流巡游车水平,车辆的具体标准和营运要求由城市政府结合本地实际情况确定。通过错位发展和差异化经营,为社会公众提供品质化、多样化运输服务。(各城市政府负责)

(四)深化巡游车改革。

1. 改革经营权管理制度。出租汽车客运经营期限为4至8年,同一城市应实行同一期限。新增出租汽车经营权一律实行期限制和无偿使用,并不得变更经营主体。既有的出租汽车经营权,在经营期限内,可以依法变更经营主体,但不得炒卖和擅自转让。已实行经营权有偿使用的,各地要迅速摸清底数,在2017年7月1日前制定过渡方案,合理确定经营期限,逐步取消有偿使用费。对经营权期限届满或者经营过程中出现重大服务质量问题、重大安全生产责任事故、严重违法经营行为、服务质量信誉考核不合格等情形的,按有关规定收回经营权。(各城市政府负责,省交通运输厅指导)

2. 健全利益分配制度。出租汽车经营者要依法与驾驶员签订劳动合同或经营合同,规范双方的权利和义务等事项。采取承包经营方式的承包人和取得经营权的个体经营者,应取得出租汽车驾驶员从业资格,按规定注册上岗并直接从事运营活动。鼓励、支持和引导企业、行业协会、驾驶员、工会组织集体协商并动态调整出租汽车承包费标准或定额任务,有效降低驾驶员负担,切实降低过高承包费用和押金。鼓励企业利用互联网技术更好地构建企业和驾驶员运营风险共担、利

益合理分配的经营模式。（各城市政府负责，省交通运输厅、省总工会、省人社厅指导）

3. 理顺价格形成机制。各地可根据本地区实际情况，对巡游车实行政府定价或政府指导价，并依法纳入政府定价目录。根据本地出租汽车发展定位，合理界定与城市公共交通的比价关系，充分发挥运价调整运输市场供求关系的杠杆作用，完善作价规则，建立健全出租汽车行业成本动态调查制度及出租汽车油气运价联动机制，强化成本监审，科学制定出租汽车运价。（各城市政府负责，省发改委、省交通运输厅指导）

4. 推动行业转型升级。鼓励巡游车经营者与网约车经营者通过兼并、重组、吸收入股等方式，实行公司化经营，实现新老业态融合发展。鼓励巡游车企业转型提供网约车服务。鼓励巡游车通过电信、互联网等电召服务方式提供运营服务，推广使用符合金融标准的非现金支付方式，拓展服务功能，方便公众乘车。鼓励个体经营者实行组织化管理，共同组建具有一定规模的公司，提高服务质量，降低管理成本，增强抗风险能力。鼓励经营者加强品牌建设，主动公开服务标准和服务承诺，开展安全、诚信、优质服务创建活动，加强服务质量管理，提供高品质服务。鼓励推广应用新能源汽车。（各城市政府负责，省交通运输厅、省国税局、省工商局、人行南昌中心支行指导）

（五）规范发展网约车和私人小客车合乘。

1. 规范网约车发展及经营行为。网约车平台公司是运输服务的提供者，应具备线上线下服务能力，承担承运人责任和相应社会责任。要充分利用互联网信息技术，加强对提供服务车辆和驾驶员的生产经营管理，不断提升乘车体验、提高服务水平，保障运营安全和乘客合法权益。加强网络和信息安全防护，建立健全数据安全管理制度，依法依规采集、使用和保护个人信息，所采集的个人信息和生成的业务数据应当在中国内地存储和使用，不得泄露涉及国家安全的敏感信息。网约车实行市场调节价，各地认为确有必要的可实行政府指导价。城市政府要根据相关法律法规规定，结合本地实际，对网约车车型标准、平台接入及驾驶员许可条件等作出具体规定。省商务、公安、交通运输部门要制定我省网约车报废标准的具体规定。省级交通运输部门要商同级通信、公安、税务、网信、人民银行等部门制定网约车平台公司线上服务能力认定的工作规范。（各城市政府，省商务厅、省公安厅、省交通运输厅、省通信管理局、省国税局、省网信办、省工商局、省质量技术监督局、省发改委、人行南昌中心支行按照职责分工负责）

2. 规范私人小客车合乘。私人小客车合乘是以合乘提供者自我出行为前提的共享出行方式，对于提高交通资源利用、缓解城市交通拥堵、减少环境污染，具有积极意义。各地应鼓励并规范其发展，在科学界定私人小客车合乘与营业性运输业务边界的基础上，制定具体实施细则，规范各方权利义务关系，对于以私人小客车合乘名义从事非法营运的，要坚决予以打击。（各城市政府负责）

（六）营造良好市场环境。

1. 完善服务设施。要加快出租汽车综合服务区、专用候客泊位（停靠点）、加气站、充（换）电站等配套服务设施的规划布局和建设。机场、火车站、二级以上汽车客运站、码头等大型交通运输枢纽须设置巡游车专用停车候客区，商场、医院、学校等大型公共场所和居民住宅区应当划定巡游车临时停车位，为出租汽车运营提供便利，切实解决出租汽车驾驶员在停车、就餐、如厕等方面的实际困难，更好地为乘客出行提供服务。（各城市政府负责，省住房城乡建设厅、省公安厅、省交通运输厅指导）

2. 加强信用体系建设。要加强对违法违规及失信行为、投诉举报、乘客服务评价等信息的记录，并作为出租汽车经营者和从业人员准入退出的重要依据。要落实出租汽车行业服务质量信誉考核办法和驾驶员从业资格管理制度，落实出租汽车服务标准、经营者和从业人员信用管理制度。省发改、工商、人民银行部门要将出租汽车行业违法违规信息及失信行为等信息纳入全省公共信用信息平台和国家企业信用信息公示系统（江西），同步推送至全国信用信息共享平台和国家企业信用信息公示系统。（各城市政府，省发改委、省公安厅、省通信管理局、省工商局、人行南昌中心支行、省交通运输厅按照职责分工负责）

3. 强化市场监管。要建立政府牵头、部门参与、条块联动的联合监督执法机制，实现部门间的信息共享与互联互通，形成监管合力，强化事前、事中和事后全过程监管，实现管理的闭环。要将对出租汽车行业的监督检查情况向社会公布,提高监管透明度,把社会各界对出租汽车经营者和驾驶员的评价结果,运用到行业准入和退出过程中,真正实现优胜劣汰。要建立完善政府监管平台,积极运用信息化手段,提高监管能力,强化全过程监管,依法查处出租汽车妨碍市场公平竞争的行为和价格违法行为,严厉打击非法营运、聚众扰乱社会秩序或煽动组织破坏营运秩序、损害公共利益的行为。各地发改、价格、通信、公安、人社、商务、人民银行、税务、工商、质监、网信等部门要按照各自职责,依法对出租汽车经营者实施监督检查,并对违法行为依法处理。(各城市政府负责)

4. 加强法制建设。各地要推动对本地出租汽车地方性法规及相关规范性文件进行修订,同步制定行业管理相关配套实施政策文件,为依法规范出租汽车行业管理提供良好的法规等制度保障。省交通运输部门要对《江西省道路运输条例》及相关法规、规章进行梳理,根据国家有关法律法规规定,并按程序列入年度立法计划后,由省政府法制机构会同省交通运输部门启动相关地方性法规和规章立法程序。(各城市政府,省政府法制办、省交通运输厅按照职责分工负责)

三、保障措施

(七)加强组织领导。各城市政府要成立由政府主管负责同志负责,宣传、维稳、网信、发改、工信、公安、财政、人社、住房城乡建设、交通、商务、工商、质监、信访、法制、工会、国税、通信管理、人民银行、保监等相关部门组成的深化出租汽车行业改革工作领导小组,加强对辖区内出租汽车行业改革工作的组织领导,制定具体实施细则,稳妥推进各项改革任务。省直有关部门要依据各自职责(见附件),切实做好指导全省出租汽车行业改革的各项工作。

(八)维护社会稳定。各城市政府要切实落实主体责任,进一步增强政治意识和责任意识,坚决贯彻好党中央、国务院及省委、省政府决策部署,切实维护行业稳定。要建立协同联动工作机制,积极作为,既要守土有责,更要守土尽责,确保一方平安稳定。要深入摸排影响社会稳定的风险隐患,及时依法处置,防止小苗头酿成大事件。要强化社会沟通,畅通利益诉求表达渠道,主动回应社会关切,防止不满情绪积累蔓延。要完善应急预案,建立预警机制,把矛盾解决在萌芽、解决在基层。对经营权改革、网约车规范管理、过渡方案等重大改革政策的落地,要事先开展社会稳定风险评估。

(九)加强舆论引导。各城市政府要对出租汽车行业改革的相关政策进行深入分析,准确研判本地形势,做好周密准备,强化正面引导。要充分发挥好主流媒体的作用,召开新闻通气会、新闻发布会,全面细致地做好政策宣传和解疑释惑,凝聚各方共识,减少改革实施阻力。要牵头监测舆情,及时掌握舆论反映的热点焦点问题,对人为炒作和不实信息要主动回应,防止误读错读和负面炒作,为深化出租汽车行业改革营造良好的舆论氛围。

附件:省直有关部门关于深化改革推进出租汽车行业健康发展的职责分工(略)

江西省人民政府办公厅转发省公安厅省交通运输厅《关于推进机动车驾驶人培训考试制度改革实施意见》的通知

各市、县(区)人民政府,省政府各部门:

省公安厅、省交通运输厅《关于推进机动车驾驶人培训考试制度改革的实施意见》已经省政府同意,现转发给你们,请认真贯彻执行。

江西省人民政府办公厅

2016年3月18日

关于推进机动车驾驶人培训考试制度改革的实施意见

江西省公安厅　江西省交通运输厅

为贯彻落实《国务院办公厅转发公安部交通运输部关于推进机动车驾驶人培训考试制度改革意见的通知》(国办发〔2015〕88号)精神,结合我省实际,现提出如下实施意见。

一、总体要求

(一)工作目标。2016年,部署驾驶人培训考试制度改革工作,明确各项任务推进计划,启动自学直考等重大改革事项试点;2017年,总结试点经验,建立健全驾驶人培训考试制度改革的配套制度,深入推进各项改革措施实施;2018年,完成各项改革重点工作任务,基本建立开放有序、公平竞争、服务优质、管理规范的驾驶培训市场体系,基本形成服务高效、运行有序、管理规范、权责清晰、公开公正的驾驶人考试管理体制。

(二)基本原则

——保障安全。严把驾驶人培训考试关,严格执行驾驶人培训大纲和考试标准,规范驾驶人培训考试管理,提升驾驶人安全驾驶技能,提高驾驶人安全文明驾驶意识及素养,保障道路交通安全。

——开放有序。开放驾驶培训市场,有序引导社会考场进入驾考领域,科学规划考场布局,规范社会考试员、教练员招聘管理,建立健全公平竞争、择优选用的社会考场工作机制,提高培训考试服务管理水平。

——便民利民。充分尊重群众自主选择意愿,提供多样化培训服务,简化报考手续,优化培训考试程序,提高办事效率,方便广大群众考领驾驶证。

——公正透明。向社会公开驾驶培训、考试预约、考场选用、考试监督全过程,严格违规问责,严查违法腐败,确保驾驶人培训考试工作公开透明、廉洁公正,不断提高政府公信力和群众满意度。

二、工作任务

(一)创新培训方式,建立开放有序培训新格局。

1. 实行驾驶人分类教育培训。推行大型客货车专业化驾驶培训,试点开展大型客货车驾驶人职业教育,将先进的驾驶理念和驾驶技能纳入教学培训内容,强化守法文明驾驶意识,提高大型客货车驾驶人的专业技能和职业素养。优化小型汽车驾驶人培训方式,鼓励采用"一人一车"方式进行培训,在完成规定培训学时要求的基础上,学员可根据自身情况增加培训学时和内容,满足个性化、差异化培训需求。(省交通运输厅、省教育厅、省公安厅、省人社厅负责)

2. 推行培训计时收费。改变驾驶培训机构一次性预收全部培训费用的单一模式,积极引导驾驶培训机构在计时培训的基础上,推行"按学时收费、先学车后付费"的收费服务模式。由学员自主预约培训时段,自主选择教练员和缴费方式等,保障学员自主选择权。试点学员分科目、跨驾驶培训机构参加培训。(省交通运输厅负责)

3. 试点小型汽车驾驶人自学直考。在公安部确定的小型汽车驾驶人自学直考的试点地方,按照公安部自学直考规定要求开展试点工作。根据本地实际情况制定实施方案,完善自学人员交通违法处理、事故责任认定、保险理赔等管理制度,方便自学直考的群众报考。(省公安厅、省交通运输厅、江西保监局负责)

(二)加强培训管理,促进驾驶培训行业健康发展。

4. 进一步开放驾驶培训市场。严格规范驾驶培训机构行政许可程序,提高办事效率,按照"先照后证"的规定,依法依规实施驾驶培训机构行政许可,不得以任何理由、任何形式限制符合许可条件的申请者进入驾驶培训市场,不得增设许可前置条件,不得提高准入门槛。要加强对驾驶培训市场的调研和分析,定期向社会发布市场供求信息,为投资者进入驾驶培训市场提供决策参考,引导社会资金理性进入驾驶培训市场,推动驾驶培训市场健康有序发展。(省交通运输厅负责)

5. 强化驾驶培训机构培训责任。驾驶培训机构应严格按照国家标准和规定配备教练车、教练员和教学设施设备,严格落实培训教学大纲规定的教学内容与学时,强化教学管理,规范教学行为,切实提高培训、服务质量。培训结业的,驾驶培训机构应当向学员颁发结业证书。主管部门要强化监督管理,加强检查,规范驾驶培训市场秩序,保证驾驶培训机构依法依规开展经营服务活动。(省交通运输厅负责)

6. 着力提升驾驶培训专业化水平。驾驶培训机构要改进理论教学内容和方式,强化交通安全意识和文明交通理念的培养,并贯穿到培训全过程。鼓励和倡导驾驶培训机构采取网络远程教学、多媒体教学、交通事故案例教学、交通安全体验等多种方式,促进理论知识培训与实际操作训练交叉融合,提高驾驶培训专业化、系统化水平。(省交通运输厅、省公安厅负责)

7. 推进驾驶培训行业诚信体系建设。健全驾驶培训机构质量信誉考核机制,建立健全驾驶培训机构、教练员信用档案。各级道路运输管理机构与公安交管部门要加强沟通协调,建立定期会商机制、信息交换机制和违法违规信息披露制度,及时向社会公布驾驶培训机构培训质量情况及考试合格率、学员投诉率、学员取得驾驶证后三年内的交通违法率和交通肇事率等信息,引导学员选择质量高、服务好的驾驶培训机构进行学习。推动驾驶培训机构专业化、品牌化发展,不断创新服务模式,提升服务质量。(省交通运输厅、省公安厅负责)

8. 加强教练员队伍管理。驾驶培训机构应选用教学能力强、安全文明素质高的驾驶人担任教练员,不得聘用有交通违法记分满分记录、发生交通死亡责任事故、组织或参与考试舞弊、收受或索取学员财物的人员担任教练员。要强化教练员管理,切实规范教练员教学行为,建立考核和退出机制,及时清退学员投诉多、培训质量和职业道德差的教练员。试点开展教练员职业教育,完善教练员继续教育制度,提高教练员队伍素质和教学水平。(省交通运输厅、省教育厅等负责)

(三)利用社会资源,提高考试供给能力。

9. 规范使用社会考场。按照"合理布局、满足考试、公平竞争、公开择优、规范管理"的原则建设使用社会考场。要制定完善社会考场建设标准、公开招标和选用程序、社会考场租用时限、价格等制度,并向社会公布。有序引导社会力量投资建设考场,积极推行以政府购买服务等方式使用社会考场。社会考场建设完成后,公安交管部门要按照公开招标等法定程序选定社会考场,不得无偿使用。(省公安厅、省财政厅、省国土资源厅等负责)

10. 拓宽考试员选用渠道。建立专兼职结合的考试员队伍,从公安民警和文职人员中选拔熟悉法规业务和计算机专业知识的人员担任专兼职考试员,充实考试员队伍。广泛聘用职业素质高、责任心强的运输企业驾驶人和警风警纪监督员等社会人员组成考试监督员队伍。建立完善考试员和监督员队伍的教育、培训、选拔、聘用和考核机制,实行动态考核淘汰制度,提高考试员和监督员队伍的专业水平和职业素养。(省公安厅负责)

11. 优化考点布局。推进驾驶人考试业务向县级延伸,向县级公安交警部门下放汽车驾驶人科目一、驾驶证恢复和满分学习理论考试权限,具备条件的可以开展小型汽车驾驶人全科目考试。强化大型汽车考场功能,配齐各设区市大型汽车考场考试车型,满足群众考试需求。对报考科目二或者科目三实际道路考试出现排队积压2个月以上的,应当及时组织到省内其他考场参加考试。(省公安厅负责)

(四)改进考试组织,保障考试公开公平公正。

12. 试点推行自主报考。试点推行驾驶人自主预约考试,提供互联网、电话、窗口等多种方式,让学员自主选择考试时间和考试场地预约考试。推行驾驶人考试资料网上审核,提供网上支付、银行代收、窗口收费等多种支付方式。实行考试费分科目收取,不得强制一次性预收全部费用。(省公安厅、省财政厅、人行南昌中心支行负责)

13. 严格执行考试评判规定。推行驾驶人考试远程监考监管模式。建立汽车驾驶人远程监考监管系统,实行公安交警部门专职考试员远程实时监考评判和兼职考试员、辅助考试员或社会考

试监督员在考试现场进行监督相结合的考试监考模式，进一步提升考试组织水平，科学、高效地评判考试。（省公安厅负责）

14. 实行考试随机安排。实行计算机系统当日随机选配考试员和随机安排考生分组，考前随机选取考试车辆和考试路线，实现考试过程中考试员和考生信息、驾驶培训机构信息的相互屏蔽，杜绝考试评判中的人为因素。（省公安厅负责）

15. 实行考务公开。在互联网、车管所业务大厅、考场等公布全省各考场地点、考试车型、考试科目、单日最大承考人数以及各考场考试场次、已约数量、剩余可约数量和考生约考结果。考场应当公布考试场地设施布局、考试流程和考试路线图，考试前应当允许考生自行免费进入考场熟悉场地和线路。公开考试过程，当场公布考试成绩，在考场、办事大厅直播考试视频。（省公安厅负责）

16. 优化考试程序。推行考试受理、预约和各科目考试过程档案电子化，实行考试档案电子签名、网上传递和一次性打印归档，减少纸质档案流转。考生凭身份证报考、领证，提高考试组织效率。（省公安厅负责）

（五）严格监督问责，保证培训考试规范廉洁。

17. 健全驾驶培训监督机制。推广使用全国统一标准的机动车驾驶员计时培训管理系统，建立省级计时培训系统管理平台，强化对培训过程的动态监管，督促驾驶培训机构严格落实培训内容和学时，确保培训信息真实有效。推进计时培训系统管理平台与考试系统联网对接，实现驾驶培训与考试信息共享，确保培训与考试有效衔接。建立学员监督和评价机制，健全驾驶培训投诉处理制度，畅通电话、网络等投诉渠道，及时受理、调查、处理、反馈学员投诉，及时公布调查、处理结果。（省交通运输厅、省公安厅负责）

18. 完善考试监督机制。规范考试评判系统和监管系统的使用和操作，实行考生身份信息指纹认证和人像识别认证，推行考试全程使用执法记录仪。完善考试巡查、档案抽查、举报核查和社会监督员监督机制，加强考试监督。（省公安厅负责）

19. 严格违规培训责任追究。强化驾驶培训市场监管，严厉查处驾驶培训机构违法违规经营行为。对减少培训内容和学时、伪造或篡改计时培训系统数据、违规发放培训结业证书的驾驶培训机构，要依法严肃查处，直至吊销经营许可。对组织或参与考试舞弊、以各种名目向学员索取财物的驾驶培训机构及教练员，依法从重处罚。对未经许可擅自从事驾驶培训经营活动的，依法严肃查处。（省交通运输厅负责）

20. 严格违规考试责任追究。凡是驾驶人取得驾驶证后三年内发生交通死亡事故并负主要以上责任的，倒查考试发证过程，发现考试员违规组织、参与考试作弊或者不履行工作职责，放任考试作弊违规行为的，一律按照相关规定严肃处理，取消其考试员资格，终身不得参与驾驶考试工作；构成犯罪的，依法追究法律责任。严格考场和考试设备生产销售企业监管，发现考试系统、设备生产销售厂商违规进入考试系统参与考试作弊的，一律停止使用该厂商系统设备，全省范围内不得继续使用该企业考试系统和设备，并依法追究法律责任。（省公安厅等负责）

21. 严格执行政府机构不准经办驾驶培训机构的规定。严格执行国家机关以及驾驶培训和考试主管部门一律不得举办或参与举办驾驶培训机构的规定要求，公安交管部门、道路运输管理机构工作人员及其配偶、子女不得以任何形式经营或参与经营驾驶培训机构。严禁将考试事权直接或者变相交给协会、公司、驾校等机构，全面清理设在车管所的驾校、驾协办事点，对违规举办或参与举办驾驶培训机构的，一律督促停办或退出，确保彻底脱钩。（省交通运输厅、省公安厅等负责）

（六）提升服务水平，便利群众学驾领证。

22. 保护学员合法权益。推行驾驶培训服务标准化合同文本，明确学员和驾驶培训机构双方权利义务，切实保护学员合法权益。驾驶培训费用实行市场调节价。驾驶培训机构应将培训收费项目和标准在本机构的经营、服务场所或互联网上进行公开，不得额外收取其他费用。规范考试收费，严禁擅自增加收费项目，严禁提高收费标准，严禁附加收取其他任何费用。不得以收取进场费、训练费等名义额外收取群众费用。（省交通运输厅、省公安厅、省财政厅、省发改委负责）

23. 完善驾驶人体检制度。逐步推行驾驶人网上提交体检证明，进一步规范医疗机构的驾驶人体检工作。完善医疗机构体检点设置，配齐体检人员、设备,加强体检资质管理,规范驾驶人体检行为,加强监督检查,方便驾驶人提交体检证明。(省公安厅、省卫生计生委负责)

24. 落实残疾人驾车要求。落实公安部放宽单眼视力障碍群体、上肢残疾人申请小型汽车驾驶证的条件要求和残疾人驾驶培训大纲,制定完善残疾人培训、考试相关便民利民措施,鼓励有条件的驾驶培训机构开展残疾人驾驶培训,方便残疾人群学车考试。(省残联、省公安厅、省交通运输厅、省工信委、省卫生计生委、省工商局、省质量技术监督局分别负责)

25. 落实驾驶证业务便民利民措施。落实公安部《机动车驾驶证申领和使用规定》便民服务措施,执行驾驶证异地申领和审验、允许重新申领驾驶证直接考试、驾驶证互认换领等要求,方便群众办理相关业务。(省公安厅负责)

三、组织保障

(一)加强组织领导。由省公安厅牵头,会同省交通运输厅、省发改委、省财政厅、省卫生计生委、省残联、江西保监局等部门和单位建立联席会议机制,负责组织协调、指导监督和情况汇总等工作。

(二)完善改革保障配套制度。县级以上人民政府要紧密结合本地实际,制定具体的实施方案,落实经费和人员保障。各部门要按照职能分工,密切协作配合,制定完善配套政策和制度,保障各项改革措施落实到位。

(三)加强指导监督。加强对驾驶人培训考试制度改革工作的督查指导和信息通报,及时掌握工作情况,协调解决工作中遇到的问题,稳步有序推进各项改革任务。做好宣传引导,准确解读改革措施,主动通报改革进展,及时回应社会关切,营造良好社会氛围。

江西省交通运输厅关于印发《江西省农村公路管理办法》的通知

赣交规划字〔2016〕130号

各设区市、省试点直管县(市)交通运输局,省公路管理局,省交通工程质量监督局:

《江西省农村公路建设管理办法》已经厅务会议审议通过,现印发给你们,请认真贯彻执行。

江西省交通运输厅

2016年11月1日

江西省农村公路建设管理办法

第一章 总 则

第一条 为加强和规范全省农村公路建设管理,促进农村公路健康、持续发展,适应建设社会主义新农村需要,根据《中华人民共和国公路法》《江西省公路条例》和交通运输部《农村公路建设管理办法》,并结合我省实际,制定本办法。

第二条 本办法适用于各级人民政府和有关

部门投资本省境内农村公路新建和改建工程的建设管理。本办法所称农村公路，包括县道、乡道和村道及其所属设施。

第三条　农村公路建设应当遵循统筹规划、分级管理、县为主体和因地制宜、经济实用、安全环保、确保质量的原则。

第四条　县级人民政府是本行政区域内农村公路建设的责任主体，负责组织协调有关部门做好农村公路建设工作。其中，县道由所在县（市、区）人民政府负责建设或由县（市、区）人民政府组建项目法人（建设单位）负责建设；乡（镇）人民政府在县级人民政府确定的职责范围内负责乡道的建设以及村道的组织建设工作。

第五条　农村公路建设项目应当根据农村公路建设规划和分阶段建设重点，按照简便适用、切合实际的原则和国家规定的程序组织建设。

第六条　农村公路建设应当保证质量，降低建设成本，节能降耗，保护生态环境，并推广运用新技术、新材料、新工艺、新设备。

第七条　省交通运输厅负责全省农村公路建设的行业管理。省公路管理局负责全省农村公路建设的监督、管理和指导工作。省交通建设工程质量监督管理局负责全省农村公路建设的质量和安全生产监督指导工作。

设区市交通运输局负责辖区内农村公路建设的组织和行业监管，统筹计划编报及监督管理。县（市、区）交通运输主管部门具体负责本辖区农村公路建设的组织实施和监督管理。

第八条　各设区市、县（市、区）人民政府应加强农村公路建设管理工作，建立目标管理责任制，并纳入对下一级人民政府、相关部门年度工作考核的目标体系。

第二章　标准和设计

第九条　县（市、区）交通运输主管部门应当按照因地制宜、实事求是的原则，合理确定农村公路的建设标准。

县道和乡道应当按照等级公路建设标准建设，其中：县道一般应按三级及以上公路技术标准建设，乡道应当按照四级及以上公路技术标准建设，路面宽度应当不低于双车道标准。村道建设标准应当根据当地实际需要和经济条件确定，一般不低于四级公路技术标准。

第十条　农村公路建设的技术指标应当根据实际情况合理确定。对于工程艰巨、地质复杂路段，在确保安全的前提下，经技术安全论证，平纵指标可适当降低，路基宽度可适当减窄。

第十一条　农村公路建设应当充分利用现有道路进行改建或扩建。路面结构应当选择能够就地取材、易于施工、有利于后期养护的结构。桥涵工程应当采用经济适用、施工方便的结构型式，推广使用《江西省农村公路中小桥梁设计通用图（试用）》。

第十二条　农村公路建设应当重视排水和防护工程的设置，提高公路抗灾能力，按照保障安全畅通的要求，同步建设交通安全、排水和生命安全防护设施等附属设施以及危桥改造。

第十三条　农村公路建设应当充分考虑农村客运的发展需要，农村客运候车亭应与农村公路主体工程同步设计和建设。

第十四条　农村公路二级以上（含二级）公路或大桥、特大桥梁、隧道工程项目应当按照国家有关规定，分初步设计和施工图设计两个阶段进行；其他工程项目可直接采用施工图一阶段设计。

第十五条　农村公路二级以上（含二级）公路或大桥、特大桥梁、隧道工程项目的初步设计、施工图设计和三级公路、中桥的施工图一阶段设计由各设区市交通运输局负责审批，报省公路管理局备案，其余农村公路项目由县（市、区）交通运输主管部门负责审批并报设区市交通运输局备案。

第十六条　农村公路四级以上（含四级）公路、桥梁、隧道工程的设计，应当由具有相应资质的设计单位承担；其他农村公路工程的设计，可由县（市、区）交通运输主管部门组织有经验的技术人员承担，但设计文件应具备路线平纵断面图、路基标准断面设计、路面结构图和构造物结构图以及施工图预算等基本文件。

第三章　资金筹集与管理

第十七条　农村公路建设实行政府投资为主、农村社区投入为辅、社会各界共同参与的多渠道筹资机制。

鼓励农村公路沿线受益单位捐助农村公路建设，鼓励利用冠名权、路边资源开发权、绿化权等方式筹集社会资金投资农村公路建设，鼓励企业和个人捐款用于农村公路建设,鼓励积极争取金融部门信贷支持用于有偿还能力的农村公路建设项目,积极探索政府购买服务模式用于农村公路建设。

第十八条 农村公路建设不得采用强制手段向单位和个人集资,不得强行让农民出工、备料。确需农民出资、投入劳动力的,应当由村民委员会征得农民同意。

第十九条 国家和省级对农村公路建设的补助资金应当全部用于农村公路建设工程项目,并严格执行国家和省对农村公路补助资金使用的有关规定,不得从中提取设计、咨询、审查、管理、监督及质量保证金等费用。

省级补助资金在计划下达后100%拨付至各设区市交通运输局,各设区市交通运输局应及时、全额拨付至县(市、区)交通运输主管部门。市级补助资金及县级自筹资金也应同步拨付到位。省级奖励资金待项目交工验收后,由省交通运输厅依据验收备案情况下拨。

第二十条 农村公路项目建设单位应确保建设资金足额落实到位,并按照工程进度分期支付。

第二十一条 农村公路建设不得拖欠工程款和农民工工资,不得拖欠征地拆迁款。

第二十二条 各设区市、县(市、区)交通运输主管部门应当依据职责,建立健全农村公路建设资金管理制度,按规定建立资金使用的明细台账,负责资金使用情况的日常监管工作,并按规定进行项目财务决算和竣工审计。

农村公路建设资金使用应当接受审计、财政和上级行业管理部门的监督检查。

任何单位、组织和个人不得截留、挤占和挪用农村公路建设资金。

第四章 组织管理

第二十三条 农村公路建设应实行“七公开”制度,即年度建设计划公开、建设资金补助政策公开、招标过程公开、施工过程管理公开、质量监督公开、建设资金使用公开、竣(交)工验收公开,鼓励群众代表参与监督工作。

第二十四条 农村公路建设用地依法应当列入农用地的范围,按照国家有关规定执行。

第二十五条 农村公路建设需要拆迁的,应当按照当地政府确定的补偿标准给予补偿,补偿标准应当公开。

第二十六条 农村公路建设项目符合法定招标条件的,应当依据《中华人民共和国招标投标法》和地方政府有关法律法规进行招标。

第二十七条 县级以上交通运输主管部门应当加强对农村公路建设项目招标投标工作的指导和监督,设区市交通运输局可以编制符合本地农村公路建设实际的招标文件范本。

第二十八条 对于规模较大、技术复杂的农村公路建设项目以及独立的隧道、特大桥梁、大桥工程项目应当单独进行招标投标,其他农村公路建设项目可以在同一乡(镇)范围内多项目合并招标。

第二十九条 沥青或水泥混凝土路面、桥梁、隧道等工程,应当选择持有国家规定的资质证书的专业队伍施工。路基改建和公路附属工程在保证工程质量的条件下,可以在专业技术人员的指导下组织当地农民参加施工。

第三十条 农村公路三级以上(含三级)公路或中桥以上(含中桥)桥梁、隧道工程项目应当依法办理施工许可,施工许可由各设区市交通运输局负责受理、审查和批准;其他列入农村公路建设项目,完成相应准备工作并经县(市、区)交通运输主管部门认可的,即视同批准开工建设。

第三十一条 农村公路建设项目应当建立工程质量责任追究制和安全生产责任制。建设单位对工程质量负管理责任,施工单位对施工质量负责。建设单位和施工单位要依据职责,明确质量责任,落实质量保证措施,加强质量与技术管理。

第三十二条 农村公路建设项目应当设定质量缺陷责任期和质量保证金。质量缺陷责任期一般为1年,质量保证金一般为施工合同额的5%。质量保证金由施工单位交付,由建设单位设立专户保管。质量缺陷责任期满、质量缺陷得到有效处置后,质量保证金应当返还施工单位。

第三十三条 农村公路建设过程中,发生工程质量或者安全事故,应当按照有关规定及时上报,不得隐瞒。

第三十四条 县级以上交通运输主管部门要加强对农村公路建设工程质量监督管理工作的领导,建立健全农村公路建设工程质量监督机构。农村公路项目中二级以上(含二级)公路、大桥以上(含大桥)桥梁、隧道工程的质量监督由设区市交通工程质量监督部门负责。其他农村公路项目建设工程质量监督职责划分由设区市交通运输局确定。

第三十五条 农村公路三级以上(含三级)公路、中桥以上(含中桥)桥梁、隧道工程应实行工程监理制度,并应依法实行招标确定监理单位。其它农村公路工程监理可以由县(市、区)交通运输主管部门以县为单位组建一个或几个监理组进行监理;有条件的,可通过招标方式,委托社会监理机构监理。

农村公路工程监理工作应当注重技术服务和指导,配备必要的检测设备和检测人员,加强现场质量抽检,确保质量,避免返工。

第三十六条 农村公路建设实行报告制度,各设区市交通运输局应在每月 28 日之前将本设区市截至本月的工程建设进度、资金到位报表以及其他有关情况报省公路管理局。

第五章 工程验收

第三十七条 农村公路建设项目完工后,交、竣工验收之前应及时向项目质量监督机构申请交工验收质量检测和竣工验收质量鉴定。未经项目质量监督机构进行交工验收质量检测和竣工验收质量鉴定的项目不得组织交、竣工验收。

第三十八条 农村公路建设项目实行验收制度。县道、中桥以上(含中桥)桥梁、隧道工程项目由各设区市交通运输局负责组织验收。乡道、村道、小桥项目由县(市、区)交通运输主管部门负责组织验收,报设区市交通运输局备案。省公路管理局对农村公路工程验收工作进行抽查。

第三十九条 农村公路建设项目的交(竣)工验收可以合并进行。县道、中桥以上(含中桥)桥梁、隧道工程项目一般按项目验收;乡道、村道、小桥可以乡(镇)为单位,按年度分批次组织验收。

第四十条 农村公路建设项目验收合格后,方可正式开放交通。

第四十一条 农村公路建设项目验收合格后,应当落实养护责任和养护资金,加强养护管理,确保安全畅通。

第四十二条 农村公路建设项目验收合格后,各级交通运输主管部门应及时组织对本辖区农村公路数据库的更新维护工作。

第四十三条 农村公路各参建单位必须建立工程项目档案管理制度,由项目建设单位按规定收集、整理、归档,工程结束后移交县(市、区)交通运输主管部门。

第六章 监督检查

第四十四条 省公路管理局应加强全省农村公路工程建设计划执行情况的监督、检查。市、县两级交通运输主管部门应建立有效的监督检查机制,确保农村公路工程建设质量和施工安全。

第四十五条 农村公路建设项目应加强廉政建设。从事建设项目管理的工作人员在建设项目管理工作中,玩忽职守、滥用职权、徇私舞弊的,提请有关部门追究行政责任。对严重违法违纪问题,涉嫌犯罪的,移交司法机关依法追究刑事责任。

第四十六条 有关单位有下列行为之一,省公路管理局应责令限期整改;并视情节轻重,核减、收回专项补助资金,核减或停止下达下年度农村公路建设投资计划,并在全省范围内通报。

(一)提供虚假情况,骗取补助资金的;

(二)擅自减少建设规模、降低技术标准的;

(三)擅自改变农村公路建设专项补助资金使用用途或调整改造项目的;

(四)未按要求及时足额配套地方自筹资金或截留、挤占、挪用建设资金的;

(五)项目计划下达一年仍未组织实施的;项目已开工,资金连续结转两年的;

(六)应招标项目未依法招标的;

(七)发生农村公路工程建设质量或安全事故隐瞒不报、谎报或拖延报告期限的;

(八)拖欠工程款或农民工工资的;

(九)工程质量不合格的;

(十)不按省相关规定,及时报送工程进展情况的;

(十一)其他违反国家法律、法规和本办法相关规定的行为。

第七章 附 则

第四十七条 各设区市交通运输局应根据本办法制定具体的实施细则或补充规定,并报省交通运输厅、省公路管理局备案。

第四十八条 省直管县体制改革试点县

(市)交通运输部门的行业管理权限和职能按照《江西省交通运输厅省直管县(市)体制改革试点工作方案》(赣交规划字〔2014〕150号)执行。

第四十九条 本办法由省交通运输厅负责解释。

第五十条 本办法自发布之日起施行。

自本办法发布之日,原《江西省农村公路建设管理办法》(赣交计字〔2007〕66号)、《江西省农村渡口改渡建桥管理办法》(赣交计字〔2007〕65号)、《江西省农村公路改造工程验收办法》(赣交计字〔2007〕39号)、《江西省交通运输厅办公室关于加快农村公路建设项目验收工作的通知》(厅办字〔2014〕132号)同时废止。

江西省交通运输厅

2016年11月1日

2016年交通运输部分文件、文献名称辑录

1. 中华人民共和国国防交通法(2016年9月3日第十二届全国人民代表大会常务委员会第二十二次会议通过)

2. 道路运输车辆技术管理规定(中华人民共和国交通运输部令 2016年第1号) 2016年1月29日发布

3. 船舶检验管理规定(中华人民共和国交通运输部令 2016年第2号) 2016年2月4日发布

4. 交通运输部关于废止2件交通运输规章的决定(中华人民共和国交通运输部令 2016年第3号)2016年2月15日发布

5. 外H航空运输企业航线经营许可规定(中华人民共和国交通运输部令 2016年第4号) 2016年3月30日发布

6. 公共航空旅客运输飞行中安全保卫规则(中华人民共和国交通运输部令 2016年第5号) 2016年03月30日发布

7. 大型飞机公共航空运输承运人运行合格审定规则(中华人民共和国交通运输部令 2016年第6号) 2016年3月30日发布

8. 民用航空气象探测设施及探测环境管理办法(中华人民共和国交通运输部令 2016年第7号) 2016年3月30日发布

9. 民用航空安全信息管理规定(中华人民共和国交通运输部令 2016年第8号) 2016年3月30日发布

10. 交通运输部关于修改《公路水运工程安全生产监督管理办法》的决定(中华人民共和国交通运输部令 2016年第9号) 2016年3月16日发布

11. 中国民用航空应急管理规定(中华人民共和国交通运输部令 2016年第10号) 2016年4月5日发布

12. 民用航空飞行签派员执照管理规则(中华人民共和国交通运输部令 2016年第11号) 2016年4月15日发布

13. 民用航空情报工作规则(中华人民共和国交通运输部令 2016年第12号) 2016年4月5日发布

14. 民用航空情报员执照管理规则(中华人民共和国交通运输部令 2016年第13号) 2016年4月5日发布

15. 民用航空电信人员执照管理规则(中华人民共和国交通运输部令 2016年第14号) 2016年4月5日发布

16. 民用航空空中交通管制员执照管理规则(中华人民共和国交通运输部令 2016年第15号) 2016年4月5日发布

17. 民用航空气象人员执照管理规则(中华人民共和国交通运输部令 2016年第16号) 2016年4月5日发布

18. 民用航空空中交通管理运行单位安全管理规则(中华人民共和国交通运输部令 2016年第17号) 2016年4月5日发布

19. 航空发动机适航规定(交通运输部令

2016 年第 18 号）　2016 年 6 月 17 日发布

20. 运输类飞机适航标准（交通运输部令　2016 年第 19 号）　2016 年 6 月 17 日发布

21. 民用航空人员体检合格证管理规则（中华人民共和国交通运输部令　2016 年第 21 号）2016 年 4 月 5 日发布

22. 外国航空运输企业在中国境内指定的销售代理直接进入使用外国计算机订座系统许可管理暂行规定（中华人民共和国交通运输部令　2016 年第 22 号）　2016 年 4 月 19 日发布

23. 中华人民共和国防治船舶污染内河水域环境管理规定（中华人民共和国交通运输部令　2015 年第 25 号）　2016 年 1 月 21 日发布

24. 民用航空导航设备开放与运行管理规定（中华人民共和国交通运输部令　2016 年第 24 号）2016 年 4 月 19 日发布

25. 中国民用航空气象工作规则（中华人民共和国交通运输部令　2016 年第 23 号）　2016 年 4 月 19 日发布

26. 民用航空通信导航监视设备飞行校验管理规则（中华人民共和国交通运输部令　2016 年第 25 号）　2016 年 4 月 19 日发布

27. 中国民用航空监察员管理规定（中华人民共和国交通运输部令　2016 年第 26 号）2016 年 4 月 19 日发布

28. 民用航空财经信息管理办法（中华人民共和国交通运输部令　2016 年第 27 号）　2016 年 4 月 19 日发布

29. 民用航空器驾驶员合格审定规则（中华人民共和国交通运输部令　2016 年第 28 号）2016 年 4 月 19 日发布

30. 民用航空通信导航监视工作规则（中华人民共和国交通运输部令　2016 年第 29 号）2016 年 4 月 19 日发布

31. 民用航空标准化管理规定（中华人民共和国交通运输部令　2016 年第 30 号）　2016 年 4 月 19 日发布

32. 通用航空经营许可管理规定（交通运输部令　2016 年第 31 号）　2016 年 5 月 19 日发布

33. 民用航空器维修人员执照管理规则（交通运输部令　2016 年第 32 号）　2016 年 5 月 19 日发布

34. 交通运输部关于修改《中华人民共和国海员外派管理规定》的决定（交通运输部令　2016 年第 33 号）　2016 年 4 月 25 日发布

35. 交通运输部关于修改《道路旅客运输及客运站管理规定》的决定（交通运输部令　2016 年第 34 号）　2016 年 4 月 25 日发布

36. 交通运输部关于修改《道路货物运输及站场管理规定》的决定（交通运输部令　2016 年第 35 号）　2016 年 4 月 25 日发布

37. 交通运输部关于修改《道路危险货物运输管理规定》的决定（交通运输部令　2016 年第 36 号）　2016 年 4 月 25 日发布

38. 交通运输部关于修改《机动车维修管理规定》的决定（交通运输部令　2016 年第 37 号）2016 年 5 月 03 日发布

39. 交通运输部关于修改《定期国际航空运输管理规定》《民用航空国内航线经营许可规定》和《公共航空运输企业经营许可规定》的决定（交通运输部令　2016 年第 38 号）　2016 年 5 月 19 日发布

40. 民用机场专用设备管理规定（交通运输部令　2016 年第 39 号）　2016 年 5 月 19 日发布

41. 民用航空行政检查工作规则（交通运输部令　2016 年第 40 号）　2016 年 5 月 19 日发布

42. 民用航空企业及机场联合重组改制管理规定（交通运输部令　2016 年第 41 号）　2016 年 5 月 19 日发布

43. 民用航空危险品运输管理规定（交通运输部令　2016 年第 42 号）　2016 年 5 月 19 日发布

44. 交通运输部关于修改《港口经营管理规定》的决定（交通运输部令　2016 年第 43 号）2016 年 5 月 3 日发布

45. 交通运输部关于修改《港口工程竣工验收办法》的决定（交通运输部令　2016 年第 44 号）　2016 年 5 月 3 日发布

46. 民用运输机场突发事件应急救援管理规则（交通运输部令　2016 年第 45 号）　2016 年 6 月 13 日发布

47. 民用航空空中交通管制培训管理规则（交通运输部令　2016 年第 46 号）　2016 年 6 月 13 日发布

48. 民用机场建设管理规定（交通运输部令　2016 年第 47 号）　2016 年 6 月 17 日发布

49. 民用航空运输机场航空安全保卫规则(交通运输部令 2016年第48号) 2016年6月13日发布

50. 公共航空运输企业航空安全保卫规则(交通运输部令 2016年第49号) 2016年6月13日发布

51. 交通运输部关于修改《民用航空器领航员、飞行机械员、飞行通信员合格审定规则》和废止《民用航空运输凭证印制管理规定》的决定(交通运输部令 2016年第50号) 2016年5月19日发布

52. 交通运输部关于修改《机动车驾驶员培训管理规定》的决定(交通运输部令 2016年第51号) 2016年5月11日发布

53. 交通运输部关于修改《道路运输从业人员管理规定》的决定(交通运输部令 2016年第52号) 2016年5月11日发布

54.《外商投资民用航空业规定》的补充规定(四)(交通运输部令 2016年第53号) 2016年5月19日发布

55.《外商投资民用航空业规定》的补充规定(五)(交通运输部令 2016年第54号) 2016年5月19日发布

56. 交通运输部公安部国家安全生产监督管理总局关于修改《道路运输车辆动态监督管理办法》的决定(交通运输部令 2016年第55号) 2016年6月13日发布

57. 航班正常管理规定(交通运输部令 2016年第56号) 2016年7月21日发布

58. 交通运输部关于废止20件交通运输规章的决定(交通运输部令 2016年第57号) 2016年6月7日发布

59. 集邮市场管理办法(交通运输部令 2016年第58号) 2016年7月28日发布

60. 危险货物水路运输从业人员考核和从业资格管理规定(交通运输部令 2016年第59号) 2016年7月6日发布

61. 网络预约出租汽车经营服务管理暂行办法(交通运输部 工业和信息化部 公安部 商务部 工商总局 质检总局 国家网信办令 2016年第60号) 2016年7月28日发布

62. 民用航空情报培训管理规则(交通运输部令 2016年第61号) 2016年9月30日发布

63. 超限运输车辆行驶公路管理规定(交通运输部令 2016年第62号) 2016年8月30日发布

64. 交通运输部关于修改《出租汽车驾驶员从业资格管理规定》的决定(交通运输部令 2016年第63号) 2016年9月9日发布

65. 交通运输部关于修改《出租汽车经营服务管理规定》的决定(交通运输部令 2016年第64号) 2016年9月9日发布

66. 关于废止《外商投资铁路货物运输业审批与管理暂行办法》的决定(交通运输部令 2016年第65号) 2016年9月30日发布

67. 交通运输法规制定程序规定(交通运输部令 2016年第66号) 2016年9月9日发布

68. 公路工程造价管理暂行办法(交通运输部令 2016年第67号) 2016年9月20日发布

69. 交通运输部关于修改《中华人民共和国港口设施保安规则》的决定(交通运输部令 2016年第68号) 2016年9月13日发布

70. 交通运输部关于修改《中平人民共和国水上水下活动通航安全管理规定》的决定(交通运输部令 2016年第69号) 2016年9月20日发布

71. 交通运输部关于修改《道路运输服务质量投诉管理规定》的决定(交通运输部令 2016年第70号) 2016年9月20日发布

72. 交通运输部关于修改《放射性物品道路运输管理规定》的决定(交通运输部令 2016年第71号) 2016年9月20日发布

73. 交通运输部关于修改《长江三峡水利枢纽水上交通管制区域通航安全管理办法》的决定(交通运输部令 2016年第72号) 2016年9月20日发布

74. 交通运输部关于修改《中华人民共和国海事行政许可条件规定》的决定(交通运输部令 2016年第73号) 2016年9月20日发布

75. 水运建设市场监督管理办法(交通运输部令 2016年第74号) 2016年12月9日发布

76. 民用机场飞行程序和运行最低标准管理规定(交通运输部令 2016年第75号) 2016年10月27日发布

77. 民用航空安全检查规则(交通运输部令 2016年第76号) 2016年10月27日发布

78. 水路旅客运输实名制管理规定（交通运输部令 2016 年第 77 号） 2016 年 10 月 14 日发布

79. 交通运输部关于修改《国内水路运输管理规定》的决定（交通运输部令 2016 年第 79 号） 2016 年 12 月 22 日发布

80. 交通运输部关于修改《公路水运工程试验检测管理办法》的决定（交通运输部令 2016 年第 80 号） 2016 年 12 月 22 日发布

81. 交通运输部关于修改《路政管理规定》的决定（交通运输部令 2016 年第 81 号） 2016 年 12 月 22 日发布

82. 交通运输部关于修改《道路旅客运输及客运站管理规定》的决定（交通运输部令 2016 年第 82 号） 2016 年 12 月 22 日发布

83. 交通运输部关于修改《中华人民共和国船舶及其有关作业活动污染海洋环境防治管现规定》的决定（交通运输部令 2016 年第 83 号） 2016 年 12 月 27 日发布

84. 交通运输部关于修改《中华人民共和国船舶污染海洋环境应急防备和应急处置管理规定》的决定（交通运输部令 2016 年第 84 号） 2016 年 12 月 27 日发布

85. 中华人民共和国船舶登记办法（交通运输部令 2016 年第 85 号） 2016 年 12 月 27 日发布

86. 汇西省人民政府办公厅关于加快电动汽车充电基础设施建设的实施意见 2016 年 7 月 1 日发布

87. 江西省人民政府办公厅关于印发《全省深入开展货运车辆超限超载治理工作方案》的通知 2016 年 2 月 3 日发布

88. 江西省人民政府办公厅关于印发《全省深化改革推进出租汽车行业健康发展的实施方案》的通知 2016 年 11 月 16 日发布

89. 江西省人民政府办公厅转发省公安厅省交通运输厅关于推进机动车驾驶人培训考试制度改革实施意见的通知 2016 年 3 月 18 日发布

90. 江西省农村公路建设管理办法（江西省交通运输厅 赣交规划字〔2016〕130 号） 2016 年 11 月 1 日发布

91. 关于联合开展 2017 年春运期间打非治违专项整治活动的通知（江西省公路运输管理局 赣运法稽字〔2016〕18 号）

92. 关于 2015 年度江西省具有省、市客运经营范围的道路运输企业、AAA 级道路货运企业、AAA 级一、二级汽车客运站质量信誉考核结果的通报（江西省公路运输管理局 赣运客货字〔2016〕18 号）

93. 关于 2015 年度全省城市客运企业质量信誉 AAA 级企业名单的通报（江西省公路运输管观局 赣运城客字〔2016〕14 号）

94. 关于 2015 年度全省机动车维修企业质量信誉考核等工作情况的通知（江西省公路运输管理局 赣运车技字〔2016〕5 号）

95. 关于表彰 2015 年度全省道路运输安全管理工作先进单位的决定（江西省公路运输管理局 赣运安监字〔2016〕5 号）

96. 关于表彰 2015 年度全省道路运输绩效管理工作先进单位的决定（江西省公路运输管理局 赣运办字〔2016〕3 号）

97. 关于对江西星软科技有限公司车辆卫星定位系统企业监控平台违规断线情况的通报（江西省公路运输管理局 赣运科技字〔2016〕18 号）

98. 关于废止《江西省农村客运站建设要求》的通知（江西省公路运输管理局 赣运法稽字〔2016〕7 号）

99. 关于废止和宣布失效一批规范性文件的通知（江西省公路运输管理局 赣运法稽字〔2016〕16 号）

100. 关于举办全省第三届机动车驾驶培训教练员规范化教学职业技能竞赛的通知（江西省公路运输管理局 赣运驾培字〔2016〕10 号）

101. 关于切实加强全省驾培机构安全生产工作的通知（江西省公路运输管理局 赣运驾培字〔2016〕7 号）

102. 关于切实做好驾驶培训市场供求信息定期发布工作的通知（江西省公路运输管理 赣运驾培字〔2016〕9 号）

103. 关于完善江西省道路运政信息系统道路运输驾驶员诚信考核和继续教育数据的通知（江两省公路运输管理局 赣运从业资格字〔2016〕4 号）

104. 关于印发《2016 年全省春运期间打击非法营运专项整治行动工作方案》的通知（江西省公路运输管理局 赣运法稽字〔2016〕3 号）

105. 关于印发《江西省道路运输驾驶员诚信考核实施细则》的通知(江西省公路运输管理局 赣运从业资格字〔2016〕5号)

106. 关于印发江西省道路运输"互联网+"行动指南的通知(江西省公路运输管理局 赣运科技字〔2016〕15号)

107. 关于在全省道路运输行业开展"爱岗敬业明礼诚信"社会主义核心价值观主题实践活动的通知(江西省公路运输管理局 赣运宣字〔2016〕2号)

108. 关于做好2015年度全省城市客运企业质量信誉考核工作的通知(江西省公路运输管理局 赣运城客字〔2016〕3号)

109. 关于做好2015年度全省机动车维修企业质量信誉考核工作的通知(江西省公路运输管理局 赣运车技字〔2016〕1号)

110. 关于做好机动车驾驶员培训机构业户信息报送工作的通知(江西省公路运输管理局 赣运驾培字〔2016〕8号)

111. 关于做好全省道路客运、货运企业和汽车客运2015年度质量信誉考核工作的通知(江西省公路运输管理局 赣运客货字〔2016〕4号)

112. 关于印发《江西省道路货物运输车辆源头治理超限超载工作方案》的通知(江西省公路运输管理局 赣运法稽字〔2016〕6号)

113. 关于全省第三届机动车驾驶培训教练员规范化教学技能竞赛结果的通报(江西省公路运输管理局 赣运驾培字〔2016〕11号)

114. 关于认真做好2015年度全省驾培机构质量信誉考核工作的通知(江西省公路运输管理局 赣运驾培字〔2016〕1号)

附　录

铁　路

【概况】 2016年，铁路局管辖赣闽两省全部及湘鄂浙3省部分铁路，车站453个（江西境内202个）。其分界站（点）：沪昆线东端（新塘边站）K502+200处与上海铁路局分界，沪昆线西端（株洲站）K1102+000处与广州铁路（集团）公司分界；沪昆高速线东端（江山站）K429+202处与上海铁路局分界，沪昆高速线西端（醴陵东站）K1006+798处与广州铁路（集团）公司分界；杭深高速线北端（苍南站）K664+589处与上海铁路局分界，杭深高速线南端（诏安站）K1259+992处与广州铁路（集团）公司分界；合福高速线（黄山北站）K1307+230处与上海铁路局分界；京九线北端（蔡山站）K1277+000处与武汉铁路局分界，京九线南端（定南站）K2008+200处与广州铁路（集团）公司分界；皖赣线（倒湖站）K342+500处与上海铁路局分界；武九线（西河村站）K185+809处与武汉铁路局分界；合九线（孔垄站）K278+871处与上海铁路局分界；漳龙线（琥市站）K143+037处与广州铁路（集团）公司分界；铜九线（香隅站）K164+000处与上海铁路局分界；吉衡线（严家垄站）K282+108处与广州铁路（集团）公司分界；赣韶线（珠玑巷站）K66+819处与广州铁路（集团）公司分界。

截至年底，铁路局管内营业里程7503.3千米（江西境内3873.1千米）。其中，国家铁路营业里程3768.7千米（江西境内2499千米），合资铁路营业里程3734.6千米（江西境内1374.1千米）。线路延展里程15320.5千米，同比增加121

千米、增长0.8%。复线里程4327.5千米,复线率57.7%;电气化里程5873.5千米,电化率78.3%。区段线路允许时速200千米及以上营业里程2762.4千米。

2016年,铁路局发送旅客19840.4万人,完成计划102.5%,同比增长11.3%;发送货物7244.7万吨,完成计划108.9%,同比增长6.5%;换算周转量1734.63亿吨千米,完成计划102.6%,同比增长4.2%。其中,旅客周转量1055.97亿人千米,完成计划97.6%,同比增长5.1%;货物周转量678.66亿吨千米,完成计划111.6%,同比增长2.8%。货车周转时间2.63天,完成计划97%,同比延长0.08天。

全年,铁路局完成大中型基建(含合资铁路)项目投资379.77亿元,全面完成年度计划;更新改造项目投资11.4亿元,完成计划93.12%。

(刘　仁)

【重点物资运输】 2016年,铁路局运送煤炭1696.4万吨,同比增加93.4万吨、增长5.8%;运送粮食24.8万吨,同比增加8.7万吨、增长53.8%;运送化肥60.1万吨,同比减少22.4万吨、下降27.2%;运送石油297.7万吨,同比碎少1.1万吨、下降0.4%;运送金属矿石1520.2万吨,同比增加240.7万吨、增长18.8%;运送钢铁806万吨,同比增加60.9万吨、增长8.2%。

(刘　仁)

【综合能耗】 2016年,铁路局单位运输工作量综合能耗4.20吨标煤/百万换算吨千米,同比下降0.94%,比指标计划低2.55%。能源消耗72.94万吨标准煤,同比增加2.18万吨标准煤,上升3.07%。其中,煤炭消耗5404.13吨,同比减少618.18吨,下降10.26%;柴油消耗116018.71吨,同比减少25914.40吨,下降18.26%;电力消耗448996.77万千瓦时,同比增加49156.56万千瓦时,上升12.29%;汽油消耗1885.24吨,同比减少278.16吨,下降12.86%;气田天然气消耗85.93万立方米,同比增加1.8万立方米,上升2.14%。新鲜水消耗1982.53万吨,同比减少28.56万吨,下降1.42%。

(刘　仁)

【污染物排放量】 2016年,铁路局化学需氧量排放量77.66吨,比计划减少5.34吨,降低6.43%,同比减少2.58吨,降低3.22%;二氧化硫排放量34.48吨,比计划减少25.2吨,降低42.22%,同比减少17.09吨,下降33.14%。

(刘　仁)

【运输组织高效】 2016年,铁路货运市场回暖,运输需求逐日攀升,特别是9、10月份,日均突破10000辆,最高尽11500辆。铁路局强化运行组织,加强车流调整,采取“以交定接、以卸定装”措施,严格控制列车临时保留和主要站点压车,做到车流与运行线、运行线与机车机班紧密衔接,班计划兑现率90%。全年组织机车在京九线向塘西站“南通北”2793列、“北通南”1725列,在沪昆线鹰潭站“西通东”2357列,减少机车使用1334.1台日,有效缓解沪昆西线机车、机班供需不足矛盾。组织港口站按直达、成组装车,增加始发直达列车比重,组织列车均衡到达、均衡解编、均衡出发,协调解决编组站作业问题,确保编组站运输畅通。全年分界口货车交接日均299.7列(交出149.4列、接入150.3列),同比增加27.3列,增长10.0%,运行图兑现率89.5%,同比提高16个百分点;分界口交接货车13605.9辆,同比增加1109.9辆,增长8.8%。

(刘　仁)

【货运改革成效】 在满足货主个性化运输需求方面,组织开行特需列车,加强管内12.19米、6.10米空箱组织调配,做好对位、装车、挂运组织,全过程盯控列车运行,兑现特需列车开行方案。全年,组织开行特需列车968列、21264辆。同时加大焦炭、钢材、集装箱装车组织力度,焦炭日均装车169辆,同比增加46辆,增长37.4%;钢材日均装车359辆,同比增加36辆,增长11.1%;集装箱日均装车474辆,同比增加106辆,增长28.8%。

(刘　仁)

【列车运行图调整】 2016年,运行图编制10次。其中,参加铁路总公司组织编制运行图5次,管内编制调整图5次。重点做好2016年基本图,郑徐高铁列车运行图,鹰厦、峰福线汛期旅客列车调整图,南昌站改施工第二阶段分号运行图及年底图的编制。至年底,客车开行 447.5 对,同比增加 25 对,运力增长 5.9%。

(刘 仁)

【瑞九铁路正线铺通】 2016 年,各参建单位以南阳随道、吴家铺隧道、庐山枢纽杨家门右线特大桥 26－27#墩连续梁和西南下行联络线特大桥矮塔斜拉连续梁转体施工、瑞昌南站站房、安九铁路引入庐山站Ⅰ类变更工程等为重点,同步推进箱梁架设、铺轨、四电工程、安全防护工程、系统集成、房建工程。3 月 25 日,瑞九铁路完成全线架梁;11 月 15 日,正线铺轨完工(至年底,站前工程基本完工;完成站后四电工程 87%、站房工程 97.5%;投资 14.8 亿元,占年计划 100%)。

(刘 仁)

【昌赣客专建设】 自开工建设截至 2016 年底,完成路基土石方 2860.975 万立方米,占设计量 91.7%;桥梁工程 168491 成桥米,占设计量 77.9%;隧道工程 36715 成洞米,占设计量 51.6%;制梁 2610 孔,占设计量 43.3%;架梁 1780 孔,占设计量 31.2%;制板 38672 块,占设计量 28.5%;供地 1129.11 公顷,占设计量 99.9%;拆迁房屋 903612.37 平方米,占设计量 97.4%。

(刘 仁)

【赣深客专开工】 赣深客专自赣州西站引出,经赣州市南康、信丰、龙南、定南等县,经广东省河源市、和平县、龙川县、东源县及惠州市博罗县、惠城区、惠阳区至深圳市深圳东站,线路全长约 432 千米(江西境内 136.4 千米,广东境内 295.6 千米)。

10 月 9 日,国家发改委批复可研;10 月 18 日,铁路总公司、江西省、广东省联合批复先期开工段初步设计;10 月 19 日,铁路总公司工管中心批复施工图审核报告;11 月 14 日,预审招标资格;11 月 23 日,施工图审核招标;12 月 15 日,指导性施工组织设计报铁路总公司备案;12 月 19 日,开工建设(截至年底,完成投资 0.2 亿元)。

(刘 仁)

【郭学飞内燃机车维修技能大师工作室设立】 2016 年,申报设立省级技能大师工作室,经过江西省组织专家评审、实地考察、社会公示,江西省人社厅发布《关于公布 2016 年江西省技能大师工作室名单的通知》(赣人社字〔2016〕388 号),铁路局在向塘机务段内设立郭学飞内燃机车维修技能大师工作室。

(刘 仁)

【南昌车站】 南昌站位于南昌市西湖区,分本场、客技场和Ⅱ场。南昌站设有东、西两座站房,正线 2 股、到发线 13 股、站台 13 个。高架旅客候车面积 17048 平方米,设有自助票闸机 72 台,扶梯 34 部、直梯 7 部。设置实名制验证口 35 个,安检查危仪 16 台,站房内人工售票窗口 45 个,自动售票机 22 台、自动取换票机 32 台。

南昌西站位于南昌市红谷滩新区九龙湖,站场由北至南分城际场和沪昆场,两个站场合二为一,呈横列布置,正线 4 股、到发线 22 股、站台 22 个。站场东西长 1.8 千米,南北宽 385.5 米,站房设三层,建筑面积 26 万平方米,旅客候车面积 3.7 万平方米。设有自助检票闸机 158 台,扶梯 64 部、直梯 26 部。设置实名制验证口 38 个,安检查危仪 16 台,站房内设有人工售票窗口 28 个,自动售票机 16 台、自动取换票机 39 台。

2016 年,南昌车站旅客发送 2975.5 万人。

(刘 仁)

【南昌车务段】 南昌车务段管辖 44 个车站,分布在沪昆、沪昆高速、京九、向莆、南昌西环线及抚乐、张塘、张建、丰洛 4 条支线(其中:二等站 2 个,三等站 13 个,四、五等站 29 个;客运办理站 13 个,货运营业站 29 个),专用线 53 条,货物线 61 条,货运品类主要有煤、石油、钢材、粮食和集装箱。铁路运营里程 800.23 千米。2016 年,南昌车务段货物发送 838.9 万吨。

(刘 仁)

【抚州铁路】 2016 年,抚州市境内拥有铁路 5 条计 337.7 千米,其中沪昆铁路过境东乡县 23 千米,鹰厦铁路过境资溪县 30.3 千米,向乐铁路伸入临川、崇仁、乐安 92.8 千米,向莆铁路过境抚州 158 千米,沪昆铁路杭南长客运专线(简称“杭长客专”)过境东乡 33.6 千米。

(陈根玲)

【江西省铁投集团公司与抚州市铁路项目对接会召开】 3月29日下午,江西省铁投集团公司与抚州市铁路项目对接会召开。会议认真听取了江西省铁投关于抚州市铁路规划项目情况和有关事项的介绍,以及中铁第四勘察设计院关于昌抚城际铁路等项目方案研究情况的介绍。市领导和市直单位负责人结合实际,围绕完善铁路线路、合作方式、收益比例等踊跃发言。肖毅代表抚州市委、市政府,对省铁投集团公司和中铁第四勘察设计院长期以来对抚州市经济社会发展给予的大力支持帮助表示感谢,对铁路规划项目和昌抚城际等项目方案表示肯定。张鸿星指出,加快抚州铁路规划项目和昌抚城际铁路等项目的建设,是大势所趋,符合省委、省政府的战略部署,顺应昌抚一体化和百姓的需求,希望省铁投集团公司和中铁第四勘察设计院进一步完善方案,实现社会效益和经济效益相统一。熊燕斌说,抚州铁路规划项目和昌抚城际铁路等项目对于全省和抚州的发展都具有重要意义。

(陈根玲)

【东乡火车站新增3趟“K”字头列车停靠】 7月20日,南昌铁路局对途经管内的“K”字开头的80趟旅客列车运行方案进行了优化调整,其中东乡火车站新增福州—洛阳K30/1次等3趟旅客列车停靠,极大地方便了沿线旅客的出行。

此次优化调整共在赣闽湘三省增加120个停靠站点,停靠车站主要集中在京九、沪昆等铁路沿线。东乡火车站停靠站点增加的3趟“K”字头旅客列车分别是福州—洛阳00/1次(0:26—0:28)、成都—宁波K424/1次(13:55—13:59)、杭州—成都K1271/4次(19:49—19:53)。

(陈根玲)

【抚州市3个火车站能办理“高铁快运”业务】 2016年,南昌铁路局为了更好地适应市场发展和满足客户需求,从10月20日起,在管内沪昆、合福、向莆等铁路沿线,新增了47个高铁快运办理站,其中包括抚州市境内的抚州站、南城站和南丰站。

高铁快运是指铁路企业依托高铁列车等运输优势资源,为客户提供的小件物品全程运送服务,具有时效快、品质优、标准高、全天候等特点和优势。高铁快运主要面向批量小、价值高、时效强的商务文件、电商包裹、生物医药、冷链食品、应急物品等市场。

市民可通过“12306”“95306”“95572”客服电话和网站、营业门店等多种渠道办理高铁快运业务。

(陈根玲)

航空运输

【概况】 2016年,江西省机场集团公司(以下简称江西机场)全体员工认真贯彻落实中共十八大、十八届三中、四中、五中、六中全会和习近平总书记系列重要讲话精神,围绕首都机场集团“1-3-5-2”总体工作思路,坚持安全第一、践行真情服务、致力改革创新、抢抓发展机遇、全面加强党的建设,连续14年实现安全运行,生产运输稳中有升,各项重点工作较好完成。江西机场实现旅客吞吐量1051万人次,首次进入千万级机场集团行列,其中南昌机场完成旅客吞吐量786.4万人次,自9月份开始止跌回升,赣州机场旅客吞吐量108.3万人次,成为省内首家百万级支线机场。江西机场第二届党代会胜利召开/总结第一届党代会以来的发展启示,确定了“管理先进高效的机场集团”和“企业发展、员工幸福”两个发展目标。

(蒋护纹)

【生产运输稳中有升】 2016年,江西机场共完成运输起降96877架次,同比增长0.83%;旅客吞吐量1051万人次，增长6.6%；货邮吞吐量6.3万吨，增长0.78%。其中，南昌昌北国际机场完成运输起降6.64万架次，同比增长-1.33%；旅客吞吐量786.4万人次，同比增长5.02%；货邮吞吐量5.06万吨，同比增长-0.93%，通航城市达66个。国际（地区）航线方面，总体发展势头良好，全年国际（地区）旅客吞吐量达54.76万人次，同比增长15.28%，南昌昌北国际机场航空公司和本场运力明显增加，首次开通直飞美国航线及直飞越南芽庄的旅游包机，南昌昌北国际机场过夜飞机总量达到15架，在南昌运营的航空公司达到44家。赣州机场旅客吞吐量108.3万人次，成为省内首家百万级支线机场，吉安机场、景德镇机场旅客吞吐量均突破50万人次。

（蒋护纹）

【航线网络结构得到优化】 2016年底，昌北国际机场定期通航点达到53个，为更好地对接江西省构建开放性经济及“招大引强”要求，国内航线上加密长珠闽、京津冀和东部沿海地区航线，填补广东、江浙等重点区域空白航点；国际航线上主攻东南亚和日韩市场，填补南昌直飞东北亚和东南亚区域的空白航点城市航线，探索打造中部地区至东南亚航空市场的高地，继续配合省政府增开洲际航线。不断提升国内航线网络通达性，增开乌鲁木齐、重庆、成都、大连等热点需求航线，填补石家庄、台州、博鳌等国内干支机场空白航点。与省旅游集团、包机商和旅行社合作，鼓励开发南昌包机航线。

（蒋护纹）

【政府支持力度有所加强】 省委、省政府主要领导高度重视江西民航发展，更加重视从体制、政策、资金等方面支持民航发展，2016年，全省航空发展资金达4.398亿元，航空发展基金稳中有升，同比去年增加1000万元。4月29日下午，南昌市副市长、南昌临空经济区工委书记肖玉文一行调研南昌昌北国际机场，市政府办公厅、南昌临空经济区管委会、市投资促进局等领导陪同调研。各级政府重视民航、支持机场的力度有所加强。2016年8月26日，鹿心社书记在南昌会见首都机场集团总经理刘雪松一行，会谈时提出2018年要将南昌机场建成千万级枢纽机场，11月，刘奇省长批示“应加快南昌等机场的发展”。

（蒋护纹）

【开展“安全提升”专项行动】 2016年，江西机场所属各机场未发生责任范围内的事故及严重事故征候，安全形势总体平稳。持续深化安全质量体系建设，安全管理体系进一步完善，南昌机场安全质量管理体系和宜春机场SMS效能建设顺利通过审核。认真开展了“三看”（看得到、看得出、看得透）专项行动，隐患排查治理进一步强化，安全风险管控水平显著提升。大力开展安全文化宣传，‘员安全意识持续增强。建立健全反恐防暴常态化工作机制，南昌机场作为主备降机场之一，圆满保证G20峰会期间“绝对安全”。深入开展专项安全整治工作，机坪运行、鸟击防范、控制区非法入侵等风险得到集中整治。机场应急保障实战能力进一步加强，成功举办“融合之翼-2016”战备暨应急救援演练，得到省政府、民航局的高度评价。

（蒋护纹）

【开展“服务提升”专项行动】 为进一步提高航班正常性管理工作，专门成立南昌机场运行管理委员会，研讨大面积航班备降保障、国际航班保障、要客航班保障，加强航班运行流程协调优化工作，积极开展平安机场建设，荣获江西省综治先进单位21连贯。各机场提升服务亮点纷呈，南昌机场“服务大咖秀”、吉安机场“庆中秋，喜拍全家福”、景德镇机场与旅客分享“20周年庆”，赣州机场、宜春机场改进航站楼的服务设施，旅客出行更加方便愉悦。四季度南昌机场旅客整体满意度为4.83分，同比提升0.01分，在全球参加测评的266个机场中名列第22位，在首都机场集团公司成员机场中排名第4位。各机场分公司旅客整体满意度也保持较高水平。

（蒋护纹）

【基本建设有序推进】 2016年，江西机场各项建设工作全面推进，作为省重点工程项目的南昌昌北国际机场1号航站楼整体改造工程完成招投标，井冈山机场二期扩建工程、赣州黄金机场改扩建工程、九江机场改建工程有居推进，上饶三清山机场新建工程接收工作全面展开，其他民航基金建设项目陆续收尾。

(蒋护纹)

【九江庐山机场技术改造工程指挥部成立】 2015年12月10日,经市政府和省机场集团共同研究,决定成立九江庐山机场技术改造工程指挥部。

机场改造工程指挥部指挥长由市委副书记、市长林彬杨、省机场集团公司总经理万林、市政协主席杨小华担任,省机场集团公司副总经理李运昌担任副指挥长。成员由市交通运输局、九江县政府、市发改委、市国土局、市财政局、市建设规划局、空军九江场站、市重点办、九江机场分公司、市民航管理局等部门主管领导组成。指挥部下设办公室和四个工作组。

(姚新林)

【九江庐山机场扩建工程可研评估会结束】 11月2—4日,在九江远洲酒店正式召开九江庐山机场改造工程可行性研究报告评审会。此次会议邀请中国国际工程咨询有限公司和江西省政府投资项目评审中心共11位专家对上海民航新时代机场设计研究院有限公司编制的《九江庐山机场改造工程可行性研究报告》进行评审。出席会议的有民航华东地区管理局、民航江西省监管局、江西省机场集团、九江市发改委、市国资公司、市交通局、九江庐山机场、九江县政府、县国土局等相关单位领导和代表参加,九江市政协主席杨小华到场致辞并发表讲话。

会议听取建设单位和编制单位对项目的情况介绍,经专家组讨论研究形成了专家组见,认为该项目的改建可改变庐山机场基础设施条件医落后的现状、有效提升机场整体服务水平和提高机场市场竞争力、对优化地区机场布局、完善区域综合交通运输体系、促进九江经济社会发展、提升全省抢险救灾和国防战备能力有重要意义。一致认为该项目建设是必要的并对报告中出现的问题提出合理的建设方案。

(姚新林 夏 立)

【赣州机场分公司航空运输】 2016年,赣州机场完成旅客吞吐量108.32万人次,成为省内首个百万吞吐量的支线机场,正式迈入全国百万空港行列。起降架次9654次,货邮吞吐量7306.38吨,同比分别增长17.14%、13.84%、24.07%,平均客座率达79%。开通至北京、上海、广州等14个城市的航班,基本形成"米"字形网络架构,赣州旅客可当日直达国内多数重点城市和旅游热点地区。执飞航空公司增至7家,分别为国航、南航、东航、川航、厦航、北部湾、祥鹏航。

(钟剑霞)

索 引

说 明

1. 本索引内容为条目主题词及相关人名、地名、单位名、文件与事物名称。
2. 词条按汉语拼音首字母顺序排列。
3. 词条后的数字表示所在页码,a 代表左栏,b 代表右栏。重复出现的词以多个页码表示。
4. 年鉴的特载、专文、文献文件与附录未编入索引。

D

F

G

J

K

L

M

N

X

Y

Z

萍乡至洪口界高速公路

省交通运输厅副厅长王昭春视察萍洪高速公路建设

省高投集团总经理任东红视察萍洪高速公路建设

桥梁墩柱喷淋养生

隧道掘进

萍洪高速公路位于江西省萍乡市境内，是国家高速公路网中沪昆高速和泉南高速公路的重要联络线，是江西通往湖南的又一出省通道。路线起于萍乡市国家经济开发区叶家坳村与320国道相接，经安源区青山镇，上栗县长平乡、上栗镇、金山镇，终点位于穿越赣湘交界金山镇洪口界，与湖南省长沙至浏阳高速公路相接，路线全长约33.796千米。

2012年12月14日，江西省交通运输厅成立江西省交通运输厅萍乡至洪口界高速公路建设项目办公室，接手停工近6年的萍洪高速公路建设工作。从此，拉开了萍洪项目复工建设的序幕。

萍洪高速由于停工近6年，原遗留的桥梁桩基挖孔、高边坡等已施工工程出现不同程度的病害和缺陷，未知风险多。在项目办进场之初，便组织人员对大临设施进行策划，尤其是拌和站、预制场，施工前绘制鸟瞰图，施工过程中严格按照标准化要求对现场进行布设，项目驻地、拌和站、预制场及钢筋加工场地均达到了标准化施工要求。

项目办还根据现场实际情况，制定了完善的施工现场安全防护设计方案，方案对各施工现场标准化安全防护做了详细要求，施工过程中严格按照标准化要求进行安全防护，有效的保证了现场施工安全。通过定期开展“安全生产月”“平安工地考核评价”“标准化工地”“防坠落、防坍塌、反三违”专项整治、“隐患排查”等专项活动，深入开展“平安工地”达标验收工作。组织开展场站建设、临时用电、安全防护等观摩会，促进各单位安全管理水平的提升。

萍洪高速公路

江西省高速资产经

公司2015年2月11日正式揭牌运营

公司分布式光伏项目：屋顶光伏施工

公司开展迎新年登山活动

江西省高速资产经营有限责任公司（下称“公司”）是经江西省交通运输厅批准，由江西省高速公路投资集团公司出资成立（注册资本5.052亿元），集产业投资、运营于一体的国有独资企业。公司2015年2月11日正式运营。公司内设党群综合部、运营管理部、投资发展部、财务审计部和项目管理部五个部门，下属江西高速传媒公司、江西高速电建新能源公司、江西省交通物资供销有限公司、江西高速天然气公司、上栗高速实业发展公司、江西高速智联科技有限公司6个子公司，代管江西高管实业有限公司。

公司根据“依托高速资源、实施多元经营、打造支柱产业、助推集团发展”的总体发展定位，是江西高速集团路域经济拓展、产业多元化经营的主要平台。公司业务管理范围主要是在整合集团范围内相关业务资源的基础上，依托高速公路

公司分布式光伏项目：光伏车棚（赣城收费站）

营有限责任公司

公司分布式光伏项目：光伏车棚施工

公司为提升管理举办管控培训会

优势，切入路域经济产业，以“产业经营＋金融投资”为主线，以产融互动为手段，通过“持续把握投资机会”、“持续优化运营与管理”、“持续对接优质资本”三大核心能力的发育，将公司打造成产业新、资本强、产融协同发展的现代化企业。公司主要涉及能源投资、金融投资、广告传媒服务、物流商贸服务、信息技术服务等产业。

公司到特殊学校开展学雷锋志愿服务活动

公司分布式光伏项目：
屋顶光伏（罗坳收费站）

公司分布式光伏项目：屋顶光伏、光伏车棚（敖城收费站）

江西省港航建设

省交通运输厅党委书记、厅长王爱和到井冈山航电枢纽工程调研

江西省港航建设投资有限公司是经省政府批准组建，于2009年12月挂牌成立的国有独资有限责任公司。公司主要从事航电枢纽、港口、航道、船闸、物流等港航基础设施的建设、投资与运营管理，以及水资源综合开发利用、水电建设、发电、场所租赁及其他批准的业务。注册资本金为人民币19.8亿元。

公司的设立是省政府为了进一步深化我省港航国有资产管理体制改革，搭建我省省级水运投融资平台，提高江西水运投融资及资本运作水平，提高港航基础设施建设的投资力度，实现港航国有资本的快速扩张和资产的保值增值。

公司紧紧围绕航运、港口、物流、航电枢纽、投融资五大板块，积极推进项目建设，打造我省省级水运投融资平台，使公司尽快成为我省水运行业和现代物流行业龙头企业，最终成为资产规模大、融资能力强、管理水平高的港航产业集团，力争到2020年总资产超200亿元，力争到2030年总资产超600亿元。

按照我省水运“十三五”规划和“两江两港”建设的统筹安排，公司“十三五”期间将建设航道、港口、物流园三个版块共12个项目，分别为新干航电枢纽、井冈山航电枢纽、万安水电站二线船闸、八字嘴航电枢纽、双港航运枢纽、界牌航电枢纽船闸、界牌至双港渠化航道整治、双港至褚溪口湖区航道整治、九江港红光码头一期、九江港红光物流园一期、龙头岗综合码头二期工程、龙头岗综合枢纽物流园等项目。总投资超200亿元，做到2019年底实现赣江干流主要通航船闸基本具备通航条件，2020年底实现信江主要通航船闸基本具备通航条件。

目前，公司运营管理江西远洋运输公司、南昌保税物流中心、赣江石虎塘航电枢纽、南昌龙头岗综合码头、九江阎家渡码头分公司；正在建设赣江新干航电枢纽、赣江井冈山航电枢纽、九江红光港口综合枢纽码头一期工程、信江双港航运枢纽、八字嘴航电枢纽工程等5个项目，正在开展九江港红光物流园、南昌龙头岗综合枢纽物流园等7个项目的前期工作。

省交通运输厅副厅长王昭春到九江红光码头一期工程调研

省港航局局长于钦民宣布江西信江双港航运枢纽工程开工建设

气势磅礴的赣江石虎塘航电枢纽

投 资 有 限 公 司

“江西赣江井冈山航电枢纽工程与九江港彭泽港区红光作业区综合枢纽码头一期工程 PPP 项目”签约

董事长赵卫楚、总经理叶轩宇等领导班子成员参加与中国银行北湖支行开展银企党建共建活动

省港投公司与中国进出口银行江西省分行签订战略合作协议

信江八字嘴航电枢纽开工建设

紧张建设中的赣江井冈山航电枢纽

石虎塘航电枢纽管理处完成首次自主 C 级检修

紧张建设中的九江红光综合码头一期工程

整齐划一的龙头岗综合码头

江西赣粤高速公路

公司承建的铜万 B8 标：精心测量、一丝不苟

路面测量

江西赣粤高速公路工程有限责任公司隶属于江西省高速公路投资集团，成立于 1993 年 8 月，拥有国家公路工程施工总承包一级资质，公路路面工程、路基工程、桥梁工程、隧道工程专业承包一级资质，市政工程总承包二级资质，交通工程交通安全设施施工专项资质，养护一、二、三类甲级资质，境外工程承包等资质，注册资本为 10.067 亿元。具备年完成产值超 15 亿元的能力，是集高速公路建设、养护、投融资、材料加工（沥青砼冷再生、乳化沥青、改性沥青加工）、机械设备租赁为一体的现代化综合性企业。

公司现设党群工作部、综合行政部、人力资源部、财务审计部、材料设备部、工程管理部、经营管理部、养护管理部、安全监管部、纪检监察室、法律事务部、工会等职能部门，下设路桥分公司、路面分公司、养护分公司、高科技材料分公司、设备租赁分公司和质量检测中心。现有专业一级建造师 39 人，各类专业技术人员 103 人，拥有各种土石方工程机械、路面工程机械、养护工程机械、桥梁设备、运输机械等大中型设备。

东昌 CP3 水稳中基层摊铺现场

公司自成立以来，在负责昌九高速公路养护的基础上，承接了昌樟、昌泰、九景、彭湖、昌铜和温厚 6 条高速公路，养护里程突破 800 多千米。同时先后参加了省内大部分重点工程项目建设，主要有福银高速公路昌九段，杭瑞高速公路九景段，沪瑞丽高速公路胡傅段，赣粤高速公路昌泰段，赣粤高速公路泰赣段，京福高速公路温沙段，泰井高速、瑞赣高速、石吉高速、昌奉高速、彭湖高速、德昌高速、永武高速、赣崇高速、德上高速、井睦高速、昌樟高

东昌 CP3 沥青上基层 AT3 25 摊铺现场

工程有限责任公司

铜万 B8 标路面摊铺

水泥预制件

速改扩建等，总里程达 800 千米，为高速公路养护和建设事业做出了显著贡献，多次受到江西省委、省政府的表彰，荣获中国建筑业协会鲁班奖、江西省政府十一五重点工程建设“先进施工单位”、全国安全生产施工企业等称号，并成功开拓了广西、湖南、四川和河南等省外及非洲海外市场。公司坚持“人才引领、科技强企”之路，先后引进了稀浆封层、微表处和冷再生等技术，成功生产 SBS 改性沥青和乳化沥青，尤其是冷再生技术的引进，填补了该项技术在江西省内的空白，“高速公路路面施工、高科技养护”两大品牌逐步形成。

标准化拌合站

公司奉行“建养为主，多元并进，打响品牌，以信致远”的经营理念，倡导“团结、拼搏、创新、超越”的企业精神，坚持以“服务人民、奉献社会”为宗旨，努力争当高速公路建设的排头兵、高速公路养护的主力军。站在新的历史起点，公司合作共赢，愿与社会各界携手共进，共谋发展！

司属分公司实行半军事化管理

五四青年节青工测量技术大比武

东昌 CP3 黑站布置及备料一览

江西赣江新干

省委书记鹿心社视察赣江新干航电枢纽工程

省长刘奇听取江西水运“十三五”发展规划及赣江新干航电枢纽工程建设情况汇报

泄水闸闸墩施工采用扇形拉锚支撑系统

电站厂房土建工程砂石料筛分系统引进先进的污水处理器，经过净化后的水质清澈，极大减少水质污染

江西赣江新干航电枢纽是江西省和交通运输部“十二五”重点建设项目，枢纽位于吉安市新干县三湖镇上游约1.5千米处，上距峡江水利枢纽约56千米，是一座以航运为主，兼顾发电等综合利用功能的航电枢纽工程。

工程建设规模及主要建设内容为：水库正常蓄水位32.50米（黄海高程）；渠化航道56千米，通航标准为内河Ⅲ级，1000吨级船闸一座，船闸有效尺度为230×23×3.5米（长×宽×槛上水深），设计单向年通过能力1802万吨，并预留二线船闸位置；24孔泄水闸，总净宽480米；装机容量112兆瓦发电站1座，年平均发电量5.34亿千瓦·小时；左、右岸土坝及混凝土坝顶宽9.0米，坝顶高程39.50米，枢纽布置沿坝轴线全长1080.27米；右岸连接重力坝、鱼道、坝顶交通桥、库区防护等。该项目的工程可行性研究报告已由国家发改委于2014年12月16日批复，交通运输部于2015年2月28日批复了初步设计，工程总概算为38.45亿元，建设工期54个月，计划于2019年12月底完工。

根据施工总体进度安排，枢纽分两期施工：一期工程主要完成左岸船闸及相邻9.5孔泄水闸，右岸电站及相邻1.5孔泄水闸的施工；二期工程主要完成其余13孔泄水闸的施工。该枢纽主体工程施工单位于2015年6月进场；2015年8

新干航电枢纽工程建设全国首个航电枢纽工程仿自然生态鱼道（鱼道景观全景效果图）

航电枢纽工程

省交通运输厅厅长王爱和视察赣江新干航电枢纽工程

科学布设塔吊，形成流畅作业程序，有效提高施工效率

月 1 日一期围堰开工；2017 年 3 月底实现了左岸船闸及 9.5 孔泄水闸水下工程具备过水条件和库区防护工程 15 座电排站具备挡排水条件的二枯节点目标任务；2017 年 8 月 10 日顺利实现二期围堰截流，2017 年 11 月 15 日船闸完成首次试通航。2018 年 1 月 10 日，新干航电枢纽船闸主体工程、左岸 9.5 孔泄水闸、闸阀门及启闭机装置、电气与控制系统安装、上游和下游引航道、导航建筑物六个单位工程完成交工验收。2018 年 1 月 25 日，电站厂房进、尾水检修钢闸门具备挡水条件。进水口拦污栅吊装完成，二期泄水闸底板混凝土已全部浇筑完毕。三台发电机组管型座已完成安装，首台机组预计 2018 年 6 月底具备发电条件。

工程建成后将大大改善赣江通航条件，使赣江能满足水运货运量增长和船舶大型化的要求，落实长江流域综合利用规划和实现赣江高等级航道规划目标。并对综合利用水资源，发挥综合效益，促进赣江流域经济社会发展具有重要意义。同时，为沿江两岸百姓交通出行带来极大便利。

船闸及左岸泄水闸围堰开始进占

电站进水口拦污栅安装完成

首台发电机组尾水管吊装

新干航电枢纽船闸试通航成功

二期泄水闸围堰截流成功

新干航电枢纽效果图

沈 阳 市 政 集

集团公司承建的广东省深圳市南大道

集团公司承建的沈阳浑河南京桥

沈阳市政集团有限公司始建于1948年，是新中国成立后东北地区第一家大型市政施工企业，2007年转制为有限公司。集团公司注册资金10亿元，年施工能力达80亿元。

集团公司具有市政公用工程施工总承包特级资质；公路工程施工总承包壹级资质；具有桥梁工程、公路路面、公路路基专业承包壹级资质；另有工程设计市政行业甲级资质，主要承担市政、公路、桥梁、轨道交通等工程的建设与运营。

集团公司下设4个事业部、4个区域公司、有地铁管片、质量检测、基础工程、园林绿化、市政路桥、机械加工等9家子公司，另在哈尔滨、济南、西安、重庆、深圳、拉萨等地设立22个驻外分公司，目前呈现市政工程、公路工程、地下空间三大主业并进的良好态势。

为实现从单一承包到投资与总包并举的战略转型，集团公司紧跟国家产业导向，抓住机遇，设立国投海工融资租赁有限公司，整合集团公司司资源，重组成立华翰（上海）控股集团公司；已形成集投融资、设计、工程施工、运营管理等为一体的现代化大型综合性企业。

集团公司坚持科技兴企、科研创新、已获得国家专利17项，国家级工法5项，省级工法47项，多项成果获国家、省、市科技进步奖；是东北地区惟一具有省级企业技术中心的市政企业。

拉林公路兴墨一标施工现场

集团公司承建的广东省深圳市滨海大道

团 有 限 公 司

集团公司承建的沈阳浑河胜利桥

标准化场站建设

集团公司有120余项工程分别获得中国建筑工程鲁班奖、国家银质工程奖、中国市政工程金杯奖、建设部优质工程奖及众多省市级优质工程奖等。集团公司被评为“中国500家建筑业规模最大及最佳经济效益建筑企业”“全国先进施工企业”“全国优秀施工经济效益十佳企业”“辽宁省建筑业优胜企业”等，连续多年获得“全国优秀施工企业”全国和省市级“重合同守信誉企业”称号，自2010年至2014年，连续三届被辽宁省人民政府评为“辽宁省诚信示范企业”。桥连四海，路通五洲。沈阳市政人不忘光荣传统，铭记社会责任，诚信敬业，创新发展，共铸中国梦，高歌大道行，用汗水铸就市政魂，用劳动实现光荣与梦想。

为集团公司建树工勋的西藏拉林公路米墨一标项目部团队全体干部员工

沈阳市政铁军风采

寒区温拌沥青混凝土路面工程技术规程
获批辽宁省地方标准和沈阳市科学技术研究成果

集团公司承建的山东省青威汽专一级路牛乳段第五合同段

泡沫沥青冷再生混合料施工

集团公司承建的江西赣州安定高速公路

中交二公局第三

京沪高速公路

泰州长江公路大桥钢桥面及南接线路面工程

南昌绕城赣江西支特大桥

320 国道富春江特大桥

中交二公局第三工程有限公司（原交通部第二公路工程局第三工程）创建于1964年，是国务院资委管理的特大型世界500强企业——中国交通建设股份有限公司旗下的中交第二公路工程局有限公司的全资子公司，具备公路工程施工总承包壹级和公路路基、路面、桥梁及隧道工程专业承包壹级资质，具有铁路、市政、机场路道、水坝土建、公路养护和工程资询资质。

五十年来，公司以承接国家和省部级重点路桥建设工程为主，工程项目遍布江苏、陕西、湖南、甘肃、江西、青海、山西、广东、安徽、内蒙古、浙江、上海、北京、湖北、辽宁、吉林、河南、贵州、广西、重庆、云南和新疆等22个省、自治区和直辖市，参与了也门、孟加拉和牙买加等国家的公路建设。

公司承建了以京沪高速公路 、沪宁高速公路及其改扩建工程、西汉高速公路、西安咸阳国际机场高速公路、泰州长江公路改扩建等为代表的一大批高速公路工程，累计承建道路工程256个，总里程约7323公里，其中高速公路近4437公里。公司具有丰富的湿陷性黄土、软土、风积沙土、膨胀土、高液限土及高挖、高填地质公路路基修建经验，在SMA、superpave、OGFC、环氧沥青和冷再生、泡沫沥青和橡胶沥青施工方面积累了丰富的经验，占据了路面施工的高端领域，路面工程已成为公司的品牌产品。以泰州长江公路大桥夹江桥、南京长江四桥北接线滁河特大桥、江西赣江西支特大桥、320国道富春江特大桥、甘肃西长凤高速公路泾河特大桥为代表，公司累计承建各类型跨江跨河大桥、特大桥37座，熟练掌握了深水大孔径桩基础、挂篮悬臂现浇是、大跨径大块段支架现浇、桥梁拼宽、大型互通式立交、高墩翻模爬模滑模、悬索桥及钢桥桁架拱梁组合、波形钢腹板

苏州绕城高速公路

工　程　有　限　公　司

沪瑞国道主干线江功溧水至宜兴段高速公路

沪苏浙高速公路

PC组合梁、移动模架施工等成套桥梁施工技术，桥梁品牌日益彰显。

展望未来，三公司将继续以市场为导向，以创新驱动发展，始终秉承“固基修道、履方致远”和“雕铸路桥品牌，筑就现代文明”的企业宗旨，携手各界人士，创造更加灿烂的明天。

西安咸阳机场高速公路

拌合站

架梁施工

铜黄高速公路

西宁南绕城高速公路峡口隧道

长平高速公路碑滩隧道

雷西高速公路

天定高速公路大像山隧道

昌樟高速公路

南 京 交 通 工

江西省委及交通厅领导视察公司宁安高速项目工地

泰州长江公路大桥钢桥面及南接线路面工程

南京交通工程有限公司是专业从事国内国际道路、桥梁、隧道、城市基础设施、房屋建筑、水利、航道等工程建设，兼具国际贸易、电子贸易、金融投资、小额贷款、设备租赁、成品油销售等业务的股份制企业。

公司前身为南京市交通工程总公司，成立于1987年，原为江苏省南京市交通系统经营性事业单位，2004年改制重组为股份有限公司。公司注册资本金66000万元人民币，具有国家公路工程施工总承包一级、市政公用工程施工总承包一级和路基、路面、桥梁专业承包一级和航务、交通安全设施工程等专业资质，具有对外承包工程资格。公司为GB/T19001、GB/T50430、GB/T24001、GB/T28001质量、环境、职业健康安全管理体系认证企业。公司拥有各类专业技术及管理人员1000多名，国内外分支机构20多个，年生产能力30亿元以上。

特大桥梁板架设

公司拥有英国等生产的ACP 4000型等多套沥青砼拌和楼，德国、瑞典生产的沥青砼摊铺机、稳拌机、铣刨机、冷再生机，意大利生产的旋挖钻机以及架桥机等大中型施工设备800多台（套）。在非洲安哥拉拥有成套的沥青路面施工设备、成套的路基和水泥混凝土施工设备、成套的乳化沥青生产设备以及大型桥梁、桩基、采石场设备200余台（套）。

申苏浙皖高速李家巷大型枢纽

程 有 限 公 司

杭州之江大桥（钱江七桥）

特大桥梁板架设施工

30多年来，公司先后承建国内80多条高速公路，1500多万平方米高等级路面，30多座特大型桥梁及多个城市基础设施、隧道等工程，2005年起承建非洲安哥拉道路、桥梁、城市基础设施、房建、水利等10多个项目，承建工程获得中国建筑行业最高奖——“鲁班奖”“詹天佑奖”“扬子杯”以及“南非土木工程技术卓越奖”等多个国内外重要影响力奖项，公司先后获得“全国企业文化优秀单位”“全国安康杯优胜单位”“江苏省重合同守信用企业”“江苏省建筑施工优秀企业”、“江苏省显著贡献奖”“江苏省建筑业百强企业”“南京市五一劳动奖”等多项荣誉。

着眼于战略发展，公司凭借专业的市场化运作，逐步加快产业结构调整，并于2016年成立江苏常润建设集团公司。以“南京交通工程有限公司”为母公司的集团公司总注册资产超10亿元，控股6家境内公司、3家境外公司，形成工程建设、贸易、金融等多产业协同发展的格局，稳步迈向国际化战略发展的道路。

南京交通工程有限公司将秉承“以人为本，追求卓越”的企业宗旨，愿与国内外各界朋友携手共赢，创造更加辉煌灿烂的明天。

钢板铺设的机料运输通道

梁板预制场自动喷淋

杭州湾大桥工程一标

中铁十九局集团第

公司承建的建枫木坳水电站工程

公司承建的广珠轻轨铁路

中铁十九局集团第三工程有限公司是公路工程施工总承包壹级资质企业，是国资委管辖的中央企业中铁十九局集团有限公司的全资子公司。其前身是1949年组建的中国人民解放军铁道兵第九师四十三团。1984年改工并入铁道部，称铁道部第十九工程局第三工程处。1999年12月与铁道部脱钩，划归中央企业工作委员会管理，改称中铁十九局第三工程处。2001年12月26日，正式改制为中铁十九局集团第三工程有限公司（简称工程公司）。2012年7月，工程公司总部机关从辽宁省辽阳市迁址沈阳市，注册在沈阳市沈北新区沈北路76号，2014年7月改迁注册在沈阳市沈北新区沈北路36号。

工程公司下辖辽宁宏远工程检测有限公司一个全资子公司，九个项目管理部、三个代管局指项目指挥部、十一个在建铁路工区六个项目经理部，一个勘察设计公司；辽阳、四川两个基地。现有正式员工2765人，拥有各类专业技术职务人员1473人，其中教授级高工1人，高级职称166人，中级职称481人。各类注册执业人员143人，其中一级注册建造师77人。

安全应急演练

全公司现有各类工程施工资质10项，包括总承包壹级资质2项，总承包二级资质3项，总承包三级资质1项，专业承包资质4项。同时具有公路养护施工二类甲级资质。专业涵盖铁路、公路、水利水电、建筑、市政、矿山、桥隧等工程领域。施工地域遍布全国14省30多个市、自治区等地，年施工能力在50亿元以上。工程公司成立以来，承建了武广、秦沈、京九、青藏、京沈、云桂、京福、厦深、兰渝、银西、衢宁、盘营等数十条铁路客专建设，铁路总里程540余千米；从国内第一条高速公路—沈大高速公路开始，承揽完成了国内外70多条高速公路建设工程，公路总里程1400余千米。主要包括沈大、石安、

公司承建的南钦铁路三岸邕江大桥

三 工 程 有 限 公 司

南宁机场

广州地铁西场站

长吉、沈海、沈山、沈康、铁朝、丹海、伊绥、旺南、桓永、南厦、张花、川大、宁安、甘麦、京承、辽新、朝黑、泉三、京石、阿尔及利亚东西高速公路以及辽滨、灯辽公路 BT 项目。另外在建筑、市政、矿山、特大桥、隧道等领域，也拥有不俗的显著业绩。所建工程曾荣获“中国建筑工程鲁班奖 1 项、中国土木工程詹天佑奖 项、国家优质工程奖 6 项、国家优质工程银奖 25 项、省部级优质工程 25 项。获省部级科技进步奖 2 项。有效专利 27 项。

2012 年 11 月通过国家高新技术企业认定。2015 年通过沈阳市企业技术中心认定，2016 年通过辽宁省企业技术中心认定。工程公司坚持“诚信创新永恒、精品人品同在”的核心价值观，“诚信为本、质量第一、管理至上、业主满意”的企业管理理念，遵循“规范、创新、聚力”的管理思路，积极参与市场竞争，推动企业持续、健康发展。工程公司先后被授予“全国优秀施工企业”、“全国五一劳动奖状”、“全国公路行业百佳诚信企业”、“全国质量效益型先进施工企业”、“世纪中国最佳品牌”、“全国建筑行业 3A 企业、全国设备管理先进单位、辽宁省优秀企业、辽宁省公路建设先进集体、四川省重点工程建设先进单位、四川省质量信得过单位、辽宁省精神文明建设先进单位”等荣誉称号。

中铁十九局承建的黔恩高速互通

江西宁安高速项目跨线桥墩支架预压

盖板通道基础施工

边坡喷播植草

江西宁安高速项目首片梁浇筑

中国铁建大桥工程

路基施工

路基交验

钢筋加工厂

梁板架设施工

中国铁建大桥工程局集团有限公司是世界500强中国铁建所属的中央企业，具有在江、河、湖、海等各种地质、水文条件下修建各类桥梁的能力。集团公司拥有43个类别的111项资质。其中：铁路、公路工程施工总承包资质为特级，铁道行业设计为甲（Ⅱ）级，公路行业设计为甲级，桥梁、市政、水利水电、城轨、房建等61项资质为一级。先后通过质量管理体系、环境管理体系和职业健康安全管理体系认证。集团公司在半个多世纪发展中，获得多项荣誉。其中，鲁班奖11项，詹天佑奖7项，国家优质工程奖20项，国家科技进步奖7项，国家技术发明二等奖1项，国家级工法21项，国家授权专利300多项，其中国家发明专利30多项，填补国内技术空白40余项。获全国优秀施工企业、全国用户满意企业、全国建筑业优秀施工企业、全国模范职工之家、全国企业文化建设工作优秀单位、全国首届工程管理现代化成果奖企业、全国工程建设质量管理小组优秀企业、全国诚信等级“AAA”企业、全国守合同重信用企业、全国和谐劳动关系优秀企业等多项荣誉。

公司有着辉煌的业绩和良好的社会信誉。承建的灵武铁灵武黄河特大桥荣获中国建筑工程鲁班奖；承建的沈大

梁板架设施工

局集团有限公司

梁板浇筑施工

桩基灌注施工

高速公路普店海湾大桥荣获部优质工程；承建的大连市得炉礁立交桥工程荣获国家争质奖；沈山高速公路荣获交通部优质工程一等奖；承建的宁夏石中高速公路吴忠黄河特大桥荣获铁道部火车头优质工程奖。目前，施工足迹遍布全国各地。公司承建的铜鼓至万载A3标起于铜鼓县三都镇境内，标段起点位于三都镇大槽村，经大槽口（两县交界处），与A4标段起点相接，路线全长7.816千米。标段合同金额24324万元。

拌合站料仓

梁板钢筋绑扎及模板打磨

数控钢筋弯曲机

框格锚杆施工

湖 南 路 桥 建 设 有 限 责

省交通运输厅党委书记、厅长王爱和到广吉高速公路项目，察看项目建设情况，项目经理熊淑军为厅长讲解工程亮点

广吉高速 B2 标主管单位领导到工地宣贯十九大精神

B 段在 B2 标召开防塌落棚观摩会

压路机与强夯对比试验

广吉高速 B2 标是江西省交通工程集团公司与湖南路桥建设有限责任公司合作经营的，于 2016 年 10 月 28 日进场。项目位于永丰县上固乡境内，主线全长 10 千米，中标价 4.67 亿元。

自从开工以来，项目部一直围绕半幅通车一阶段目标要求组织施工，加大人力、财力、机械设备投入。广吉高速 B2 标 2017 年 2—3 月份劳动竞赛评比第二名、2017 年 4—5 月份劳动竞赛评比第一名、2017 年 6—7 月份劳动竞赛评比第二名、2017 年 8—9 月份劳动竞赛评比第三名、2017 年一阶段考核评比第三名。编制上报首件方案 20 个，评为 B 段第一名的 7 个，实体总结 15 个，评为 B 段第一名的 5 个。

合约部的清单核查、计量为全线第一个完成，安全部的工作也是在全线的前列，项目部在项目办组织征稿活动中用稿量 112 篇，是一阶段用稿量最多。

广吉 B2 标在项目建设中不断技术更新创新，项目部进行强夯 32 吨压路机对比试验，试验成果通过了专家评审，并在工程上推广应用。

广吉高速 1 号梁场

任公司广吉高速B2标

B2 标召开便道施工观摩会

广吉项目办在 B2 标进行了墩柱施工现场观摩

采用爬模施工工艺进行薄壁墩施工，并准备整理成企业工法申报。

项目部共设置 22 条横向施工便道，将主线与 S319 省道连接，便道，开挖、填筑的土方均进行了边坡绿化。在省道及便道容易滑坡、塌方掉落的地方安装防塌棚，保障行车安全。为了涵洞墙身钢筋保护层达，墙身预埋钢筋采用钢管固定。改变“一刀切”的修坡习惯，采用圆弧过度，打造柔美自然流畅的曲面，将坡面与原生态山林融为一体。

广吉项目办在 B2 标召开盖梁施工观摩会

永丰服务区

上固收费站管理所

广吉项目办在 B2 标召开砼明盖梁板边交叠施工观摩会

广吉项目办在 B2 标召开小构预制现场观摩会

中国铁建二十一局集

东昌高速 BP1 标摊铺施工

吉莲高速公路 B4 路基施工

安全宣传活动

中国铁建二十一局集团第三工程有限公司是国家工程施工总承包一级资质企业，其前身是中国人民解放军铁道兵第十师48团，始建于1947年，60多年来，先后参加了50多条铁路干线的修建，承建了100余条高等级公路以及市政、地铁、机场、水利工程。拥有员工2598人，总资产41.01亿元，拥有当今国内外一流大型机械设备678台（套），年施工能力在60亿元以上。

公司坚持科技兴业，能够独立承担高、难、险、尖、大、新工程项目建设，尤其在长大隧道、特大桥施工中独树一帜。建造的代表工程有：

世界第一高隧青藏铁路风火山隧道；我国首座高原瓦斯隧道南昆铁路天生桥隧道；我国最长的高速公路瓦斯隧道华蓥山隧道；国内首座空地一体化立体交通枢纽贵阳枢纽铁路龙洞堡

沥青拌合站建设

上武高速 S6 标紫溪大桥

团第三工程有限公司

铜万高速 P2 标水稳基层摊铺

喷洒水泥浆

机场隧道；国内海拔最高，全长1.041万米的拉日铁路盆因拉隧道；我国首座铁路高墩连续刚构悬灌桥南昆线天生桥二号大桥；我国最宽的系杆拱桥南京栖霞大桥；我国公路首座双幅同步转体桥崇遵高速楚米一号大桥；我国高速铁路跨度最大的钢桁连续梁兰新高铁跨兰西高速公路特大桥等。

施工项目多次获得国有银奖、詹天佑奖、鲁班奖，火车头工程一等奖等，并获得多项省部级奖项。获中国施工企业协会科技进步奖6项，中国铁建总公司科技进步奖8项、工法8项，省级工法12项，国家级工法3项，拥有发明专利3项，实用新型专利13项。

在多年的市场竞争中，企业竞争力不断提升，被中国企业管理协会评为"全国优秀施工企业"、全国"重合同守信用"单位、"全国厂务公开民主管理先进单位"，全国总工会"模范职工之家"，连续六年获陕西省"重合同、守信用"称号、陕西省"省级文明单位"、"省级文明单位标兵"；获甘肃省五一劳动奖状、中国铁建创先争优先进单位、中国铁建工程公司20强。

广吉项目A1标段是三公司在江西市场铜万高速后深耕细作的成果，管线全长13.092千米，主要工程有桥梁2551米11座，桩基442根，预制梁870片，现浇箱梁3孔，涵洞40座。路基挖方227万方，填方204万方，计划工期20个月，合同金额3.6亿元。

项目严格秉承绿色、品质施工理念，狠抓过程管理，精准细节管控。从大临建设到主线施工，从桥梁下构到边坡绿化，多次受到业主好评观摩。

暗边沟开挖

水稳基层摊铺

上基层摊铺

江 西 省 现 代 路

公司承建的南京新机场高速公路获中国建筑工程鲁班奖

桥隧相连的陕西十天高速第三合同段

架设希望

安全宣传活动

江西省现代路桥工程总公司成立于 1993 年 2 月，注册资本金5.1亿元。公司拥有国家公路工程施工总承包一级，公路路面、路基、桥梁工程专业承包一级，市政公用工程施工总承包二级资质及交通设施工程分项资质，2003 年获商务部颁发的中华人民共和国对外承包工程经营资格证书，银行信用等级 3A ，并顺利通过了ISO9001 国际质量体系认证、环境管理体系认证、职业健康安全管理体系认证。

目前，公司总资产达 9.8 亿元，拥有各类大型公路、桥梁工程配套设备和先进的试验检测仪共 406 台（套），德国产“林泰阁”4000 及 3000、2000 型沥青砼搅拌站，宝马压路机、ABG 摊铺机、日本产小松平地机，美国产CAT320 挖掘机等一大批世界一流水平原装进口设备被广泛使用于各施工工地，为创优质工程奠定了坚实的基础。

总公司自成立以来，面对国内外异常激烈的工程建设市场，以“建一流企业、创一流业绩、树一流形象”为宗旨，遵循“立足国内，拓展国际；主营路桥，多元经营”的经营理念，秉承“依法治企、科技兴企、质量建企、人才强企”的经营方针，不断弘扬“团结、创新、务实、高效”的企业精神，积极、稳妥地拓展市场，先后在国内外承接了一大批国家重点工程，吉莲高速、奉

陕西咸咸北环线 LJ－6 标段

桥工程总公司

包西铁路跨黄延高速公路特大桥——西北第二大跨度预应力混凝土简支箱梁及钢管混凝土系杆拱桥

广吉高速 A1 拌和站

铜高速、抚吉高速、瑞赣高速、鹰瑞高速、上武高速、广州西外环高速、广东广佛高速、湖南潭衡高速等百余各项目，足迹遍布大江南北、长成内外。同时，总公司还冲出国门，打入国际市场，先后承接了也门曼拉一级公路、伊拉克哥美特大桥、科威特加尔汗大桥和戈扎里高速公路等工程；在工程施工中，公司始终按照“安全防范精细到位，质量管理精益求精，环境保护精心呵护，成本控制精打细算”的管理方针，以雄厚的技术力量、先进的机械设备、丰富的施工经验、出色的施工业绩，受到社会各界和业主的广泛好评，在激烈的市场竞争中赢得了地位，争取得了良好社会效益和经济效益，多次获业主嘉奖，连续多年被省政府、省交通厅评为优秀单位，2005 年被江西省人民政府评为“江西省‘十五’重点工程建设先进单位”等称号。

“雄关漫道真如铁，而今迈步从头越”，今后公司将继续坚持走科学发展之路，抢抓机遇，以开拓创新、诚信务实的品牌形象，积极参与市场竞争，努力为客户提供优质、高效的服务，真诚与国内外同行及广大朋友建立广泛密切的联系和合作，争创国内一流、国际知名企业，携手共创中国交通事业的美好明天！

成型路基两旁客土喷播的边坡绿草成荫

场内清洁整齐，美观大方

绿色路，美丽家

幸福的花火

大成工程建设

海沧大桥桥面铺装

集美大桥桥面铺装

福泉高速莆田段 D4 标段

泉厦高速扩建（厦门段）

大成工程建设集团有限公司的前身是厦门市公路局下属的厦门路桥工程有限公司，成立于 1993 年，2016 年更名为大成工程建设集团有限公司。公司注册资本 8 亿元，公司具有国家建筑业公路工程施工总承包壹级资质；市政工程施工总承包壹级资质；路基、路面、桥梁、隧道、交安工程专业承包一级施工资质；以及房建、水工、国外工程承包等多项资质和经营资格。公司主要承建高等级公路、市政、桥梁、隧道及房建等工程项目，经营范围涉及工程施工、基础设施投融资、机械租赁等领域。

公司在公路、市政工程建设上，成果丰硕，业绩累累，以精品工程见证了自身的成长，特别是在软土地基处理、改性沥青 SMA 路面、隧道工程施工方面有独到之处。先后承建了一大批国家、省、市级重点工程项目，工程合格率 100%，优良率 93% 以上。公司多次荣获“安全生产先进单位”、“重点工程施工先进单位”、“守信先进单位”等。公司信誉良好，被银行授予“AAA”资信等级，并成为厦门市唯一一家建行“总行级重点客户”的施工企业。2014 年，公司承建的平潭综合实验区环岛公路龙王头段荣获“闽江杯”，进一步奠定了公司在建筑行业的重要地位。

公司承揽完成的工程项目遍布祖国的大江南北，施工业务也已在广袤的海外市场生根发芽。海外片区

河北承秦高速第五标段

集 团 有 限 公 司

江西永武高速 A6 标段

龙长高速 A18 标段

是公司市场的重要组成部分。目前，在非洲的赞比亚、肯尼亚以及大洋洲的澳大利亚等地，公司的国际化事业已开展运营。根据“新建道路、旧路改造、道路维修等众多小项E叠加起来的合同包”的差异化工程模式，公司在中南部非洲的赞比亚，投资建设了自己的生产基地，建有沥青混凝土拌合站、水泥稳定土拌合站，配置型号齐全的沥青混凝土摊铺机、压路机、冷再生机和大量的施工及运输配套设备，同时建设完成一个石料开采加工厂。公司在赞比亚的人力和装备资源能同时满足两个路面施工作业单元的需要。值得一提的是，在由厦门市贸促会与中国贸促会培训中心联合主办，厦门国际商会、厦门世界贸易中心、渣打银行承办的第四届“走进非洲”圆桌会议上，公司被授予“2015年度非洲最具品牌价值奖”。

厦门环岛路

2016 年 10 月，大成工程建设集团有限公司中标承担广吉高速 B4 标的施工任务。该合同段位于永丰县三坊乡境内，路线长 7.636 千米，工程内容包括路基挖方 237 万方、填方 235 万方，黄家 大桥、三坊 1 号大桥、三坊 2 号大桥、开行船大桥共 4 座（176 根桩基、338 片 T 梁）、单喇叭互通一座。

双永高速 A11 标段

灌新路

厦漳高速扩建 A5 标段

同集路潘涂立交桥

中交一公局厦门

省交通运输厅党组成员、副厅长王昭春察看 A4 标预制梁场

省发改委副主任王前虎、党组成员察看 A4 标“三联防护”

广吉高速 A4 标“安全咨询日”活动

广吉高速 A4 标路基 96 区交验

广吉高速 A4 标自制安全移动滑梯

由中交一公局厦门工程有限公司承建的广吉高速 A4 标，路线全长 11.84 千米，项目合同工期为 18 个月，2016 年 11 月 15 日开工，预计 2018 年 5 月 15 日竣工。标段主要工程量有路基挖方 255.5 万方，路基填方 220 万方，桥梁 5 座总长 1951 米，涵洞通道 25 道，分离立交 1 处，服务区 1 处。

广吉高速 A4 标所处地貌单元复杂，从东到西，既有赣中红砂岩丘陵岗地地形，又有零山山地地形，地势东低西高，高差达 240 多米，施工难度较大。面对地质条件差、工程体量大、施工工期紧，项目部制定科学的前期策划，严格实行规范化、精细化带绿施工，确保工程质量与生产安全，力争社会效益和经济效益双丰收。

广吉高速作为国家首批绿色典型示范公路之一，A4 标项目部以创建绿色公路建设典型示范合同段为目标，坚持大临建设标准化、实体施工精细化、安全生产信息化、团队管理人性化，取得了不斐业绩：开工以来，A4 标曾获得盖梁施工、台背回填、桩基首件总结等 4 个方案评审第一名，在项目办开展的双月劳动竞赛中，曾荣获第一名、第二名各 1 次，第一阶段目标考评第二名；项目部积极响应项目办开展“微创新”活动，为精细化施工注入“新元素”，施工有了“源活力”，工程质量进一步提升，项目办曾在 A4 标召开线外首件、圆弧边坡、路基填筑、

广吉高速 A4 标预制梁场

工 程 有 限 公 司

双月评比考核荣获第一，项目办授予奖旗

广吉高速 A4 标项目驻地

预制梁场 4 个现场观摩会。

项目部全面落实企业安全生产责任制，高度重视安全生产，采取多种方式监管安全生产，特别是借助了科技信息来提高安全生产管理水平。还从网上获取不少信息，为安全生产增添小助手，进一步强化落实安全生产。

开工之初，项目部提出：工程建设上，要把 A4 标建成绿色公路建设典型示范合同段；团队建设上，要为中交一公局厦门工程有限公司培养更多的优秀干部、管理人才。团队管理做到人性化，为员工提供各种成长发展机会，实现企业与个人双赢。

开工至今，A4 标认真落实项目办印发的“一纲五册”，严格按照标准化施工要求铺筑好绿色品质路，工程质量、安全生产总体可控，从未发生一起重大责任事故。

广吉高速 A4 标举行“爱心助学”活动

广吉高速 A4 标为当地敬老院种植树木

广吉高速 A4 标盖梁浇筑采用抱箍法

广吉高速 A4 标修建永临结合漫水桥

广吉高速 A4 标桥面临边防护

广吉高速 A4 标边坡绿化施工

中 铁 十 四 局 集

广吉 B3 标 T 梁生产现场

广吉 B3 标下村大桥施工

天路——青藏铁路

集团承建的荣获中国建筑工程鲁班奖的济南经十路

中铁十四局集团有限公司是经国家建设部核准的具有综合施工能力的铁路特级施工总承包企业，具有公路工程施工总承包一级、市政公用工程施工总承包一级、房屋建筑工程施工总承包一级、水利水电工程施工总承包一级、公路路基工程专业承包一级、公路路面工程专业承包一级、隧道工程专业承包一级、桥梁工程专业承包一级、城市轨道交通工程专业承包增项资质和国土资源部核准的地质灾害防治工程施工甲级资质，并经国家商务部批准，享有对外经营权。集团所辖 11 个全资子公司、3 个专业性分公司、海外分公司和北京、杭州、武汉、广州、成都、青岛、西安等 7 个区域性工程指挥部以及武广客专、广深港客专、达成、宜万、包西、京沪高铁、南京长江隧道、四川五一桥水电站和阿尔及利亚公路等工程指挥部。7 个子公司均具有一级施工总承包和专业承包资质。主要承担铁路、公路、市政、房屋建筑、水利水电、桥梁、隧道、机场、码头、地铁、城市轻轨等各类总承包和专业承包项目。2004 年集团公司开始步入建筑业的高端市场，投资了多项 BT、BOT、BOO 项目，项目代建业务和房地产开发规模不断扩大，资本经营业务呈现良好的发展态势。集团公司积极开拓海外建筑市场，目

机场南线奥运配套工程

团　有　限　公　司

标准化拌合站

已建成开通的浙赣铁路复线公跨铁立交桥

前已成功进入阿富汗、阿尔及利亚、印度、尼日尔等国家，承建工程总量已达 100 亿人民币以上。

集团公司注册资本金 5.1 亿元。集团总资产 118 亿元，拥有各类进口的公路、铁路、水利、桥隧、地下工程等大型工程机械设备 2227 台（套），设备原值 16.93 亿元，集团年施工能力达 130 亿元以上。

中铁十四局集团公司前身为铁道兵第四师，组建于 1947 年，先后参加了近 60 条、长达 2900 余千米的铁路主干线、复线、客运专线的建设；担负过 200 多条 2600 多千米的高速公路的施工任务；承建的特大桥、高架桥、大型立交桥有上百座；完成隧道施工 500 余座，总延长米为 368000 米；参建的机场有 20 余个，承建高层建筑 100 多座，总建筑面积达 268 万平方米；还参加了北京、广州、天津、武汉、南京、成都、沈阳、西安等城市轨道交通工程的建设。集团公司先后荣获“全国企业文化建设优秀奖”“全国工程建设质量管理优秀企业”“全国技术先进企业”“创鲁班奖工程特别荣誉单位”和“中国文化管理先进单位”等荣誉称号。

中国铁建中铁十四局集团有限公司坚持以“诚信、合作、创新、卓越”为经营宗旨，竭诚为国内外用户提供优质的建筑产品和最佳的服务。

青岛流亭立交桥

全国市政工程金奖——武汉市轻轨交通工程

无锡 342 国道

中 交 路 桥 建

省交通运输厅厅长王爱和一行到梨树下大桥现场检查指导工作

省发改委党组成员、副主任王前虎，省交通运输厅副厅长王昭春一行深入施工现场调研

广吉高速项目全线 20 多个标段在 A6 标观摩桥面铺装

井冈山素质拓展，学习红色精神

中交路桥建设有限公司（简称：中交路建），前身为中国公路施工行业首家上市公司——路桥集团国际建设股份有限公司，2012 年 2 月 23 日，按照大股东——世界 500 强中国交通建设股份有限公司（简称：中国交建）"回归" A 股部署，公司成为中国交建的全资子公司。

中交路建是 2002 年国内第一批获得公路工程施工总承包特级资质的企业，2012 年获得公路行业设计甲级资质。公司业务范围涵盖国内外高等级公路、特大型桥梁、市政工程、铁路、隧道、机场、港口等基础设施建设，以及 BOT、投资、智能电子等领域。公司注册资本金 8.24 亿元。

中交路建承建了多项国内外有重大影响的工程，荣获省部以上殊荣 59 项，在业内外享有盛誉。其中，九江长江公路大桥克服了深水基础施工、高塔施工等多项施工难题，荣获"鲁班奖"、"詹天佑奖"两项国家级奖殊荣，是江西省交通工程建设标志性工程。南昌英雄大桥以世界超一流的施工技术打通了南昌城市交通"一环"快速线，为蜿蜒的赣江增添了新的景观，为红色英雄城插上了腾飞的翅膀。

"雄关漫道真如铁，而今迈步从头越"，由中交路建承建的广吉高速 A6 标是广吉项目施工条件最为恶劣的标段，也是该项目全线桥梁比最大的标段，施工环境复杂，拆迁征地、水保环保、安全监管困难大、任务繁重。中交人深入调研、科学谋划，在没有通大电的情况下，自行发电，仅用三个月时间就打通了位于 K64+672 的过水盖板涵洞，完成土石方施工多达 23 万方，在兄弟单位还忙于大临建设

杉树林大桥双幅贯通

设　有　限　公　司

率先建成全线第一座标准化梁场

在江西省率先使用悬挂式激光摊铺机进行桥面摊铺作业

时，就率先建成了全线第一座标准化梁场。

一年多来，他们一路披荆斩棘，攻坚克难，率先建成全线第一座标准化梁场；率先完成第一根桩基、第一根墩柱、第一片T梁；率先贯通全线第一座大桥；率先在江西省使用悬挂式激光摊铺机进行桥面摊铺；率先完成全线首座桥梁桥面系铺装……以绿色为前提打造品质工程，以创新为驱动引领高效施工，他们大力投入新材料新设备，全面推广技术创新，积极开展各类竞赛活动，先后组织承办各类观摩会10余次，4项“微创新”成果获全线推广，在业主组织的4次双月综合评比中，荣获第一名2次，第二名1次，第三名1次，并以优异的成绩在全线20多个标段中取得一阶段评比第一名，先进事迹被交通运输部网站、中国交通新闻网等主流媒体宣传报道多达16次。

“固基修道，履方致远”，以中交人为代表的建设者们正以非凡的智慧书写着属于他们的决心与信心，也描绘着属于赣南人民的美好未来。

典型工程－九江长江公路大桥

使用框格梁定型轻质钢模，修建魅力高速

使用新型模板漆造就砼外观镜面效果

运用T梁梁肋钢筋定位胎架提效又保质

践行绿色施工理念，青山绿水中建高速

广昌至吉安高速

省交通运输厅党委书记、厅长王爱和察看 C3 标泰和北赣江特大桥

交通运输部公路科研院院长张劲泉在 C3 标调研

泰和北赣江特大桥灌桩

C3 标泰和北赣江特大桥门禁系统

广吉高速 C3 合同段长 20.204 千米，约占广吉高速总长的 1/9。中标合同价高达 6.6 亿元，约占广吉项目主体工程总中标合同价的 1/12，被誉为广吉项目的“标王”，也是江西高速公路建设史上最大的路基标。项目位于吉安市泰和县境内，途经 5 个乡镇，与泉南高速石吉段泰和北互通对接。面对工程体量大、工期紧的困难，C3 标项目部优化管理促进度、微创新筑精品、抓安全保质量，努力创建绿色公路建设典型示范合同段，争当路桥施工的标杆。

在第一阶段施工中 C3 标取得了可喜成绩：引进全省首台桩基成孔检测仪设备，大大提高了桩基质量，一类桩高达 97%，位居全线第一，没有 1 根三类桩；2 次荣获项目办双月劳动竞赛第三名，在第一阶段目标考评中荣获第三名，预制梁班组评为“最美班组”，“绿色公路建设”主题演讲比赛获得第二名。

C3 标高度重视安全生产，泰和北赣江特大桥引进了隧道工程的门禁系统，这在江西高速桥梁建设是第一次。针对泰和北赣江特大桥施工临时用电多，钢栈桥全是用导电性能最强的钢制材料搭建而成，第一次采用轻质绝缘的 PVC 材料来作临时用电线槽。钢栈桥施工已有设计方案，根据水下无覆盖层的特殊情况，项目部又请来武汉港湾设计院对钢栈桥加固进行了单独设计。为方便车辆会车不受影响，项目部不惜将钢栈桥桥面设计宽度从 7 米增加到 8 米。项目部还建立了安全体验馆。由于安全管理扎实，开工以来，从未发生重大责任事故。

沙垄大桥全幅贯通

公　路 C3 合　同　段

省交通运输厅副厅长王昭春察看泰和北赣江特大桥施工现场

C3 标项目经理魏金晶在广吉项目办领奖

C3 标坚持带绿施工，全力保护好赣江不受污染；尽力减少临时用地，项目部驻地也是租用废弃厂房。修建泰和北赣江特大桥两岸的施工便道时采用“永临结合”，按永久标准将总长1900 米的便道加宽至 6 米，方便会车，将底层加铺 30 公分的石渣，面层铺筑 25 公分厚的 C30 砼，与当地城乡通道连接；由于填方量较大，2018 年 1 月中旬，项目部考虑新增一个取土场，同时万合镇正为新农村规划用地弃土难发愁，项目领导了解到情况后决定将新农村建设规划用地征为临时取土场，这样一来既有了填方用土又解决了无地弃土的难题，受到了当地村民好评。

“半个月一个新目标，一个月一个新主题”。经过一年时间洗礼，广吉高速 C3 标第一阶段的建设工作圆满落下帷幕，实现了安全无事故，工程质量优的目标，也更加坚定了建设者努力将广吉高速建成绿色路、品质路、平安路、示范路的决心。

利用 LED 屏开展班前安全会

C3 标锥坡防护标准化施工

特大桥首片梁架设

盖梁标准化施工

首段路基交验

中铁二十三局集团

中南铁路通道邬家庄特大桥左右线

公司承建的承唐高速

广吉高速宁都北枢纽钢混叠合梁施工方案专家评审会

中国铁建二十三局集团第一工程有限公司，前身为组建于 1948 年 11 月的中国人民解放军铁道兵第四师第十六团，是国务院国资委管理的世界 500 强企业——中国铁建股份有限公司的下属企业；是具有公路、市政工程施工总承包一级，铁路、水利水电、房屋建筑施工总承包二级，和桥梁、隧道、机场场道、公路路基及路面专业承包一级资质的大型国有建筑施工企业。企业注册资本 2 亿元，经营范围包括铁路、公路、房建、桥梁、隧道、市政公用、城市轨道、水工、机场、电务、机电安装、通讯信号等工程领域的施工；先后通过了 ISO9002—1994 标准质量体系认证和质量、安全、环境三标一体化认证。

公司现有职工 2735 人，其中各类专业技术及管理人员 1029 人，高级专业技术职务 132 人，具有一级建造师职业资格 121 人；拥有机械设备 557 台套，拥有国家专利技术 8 项、22 项省部级工法，年施工能力达 40 亿元。

公司坚持以质量为本、以科技创新为依托，出色的完成了 50 多项高难技术的桥隧工程。以建设世界第六的双塔混合梁斜拉桥——九江长江公路大桥（主跨 818 米）、张花高速公路花垣河大桥（双肢变截面空心墩高 84.52 米）等深水高墩大跨度桥梁为代表，在大型双壁钢围堰、大直径深水桩基础施工、空心薄壁高墩施工技术等方面日臻成熟；承建石武高铁黄龙寺隧道（8.7 千米）、沪昆高铁铜堡隧道、大瑞

承秦高速瀑河大桥

哈齐客专齐泰特大桥

第 一 工 程 有 限 公 司

建成通车的库阿高速公路

常张高速公路获交通部优质工程一等奖

铁路大坡岭隧道（14.5 千米）等工程，研发了 CRTS II 型板式无砟轨道施工、隧道仰拱模架施工等技术，长大隧道技术创新取得新进展，获国家专利技术 3 项。

多年来，公司施工领域不断向地铁、轻轨、房建、水电、港口、航道、电务、机电安装等业务领域拓展。参建了成都地铁、郑州地铁、青岛轻轨等城轨项目，徐州未来城、连云港财校等房建项目，连申线航道和绥中电厂电气化改造、温州机场、日照水运帆船基地等工程，树立了良好的企业品牌。

在传统领域中，公司一如既往的保持良好势头，尤其是在江西高速公路市场，近几年先后参建的景鹰、澎湖、德昌、德上等完工项目获得业主、监理单位及上级领导的一致好评，业绩、信誉评价高；参建的江西昌栗、昌樟、铜万、东昌、安定、广吉高速公路等项目施工，在各级检查、评比中名列前茅，安全质量放心可控。

公司始终秉承“诚信、创新永恒，精品、人品同在”的价值观，弘扬“不畏艰险、勇攀高峰、领先行业、创誉中外”的企业精神，认认真真做好每一项工程，先后荣获“山东省重合同守信用企业”、“国家二级计量企业”、中国工程建设协会“质量安全管理先进单位”、“全国五一劳动奖状”等荣誉称号。

江西广吉高速边坡施工

广吉高速下湾大桥左幅贯通

钢叠梁施工

规范的梁场建设

广吉高速预制梁架设施工

山　东　科　达　基

安全生产例会

酷暑送清凉活动

科达集团成立于 1984 年以山东科达集团有限公司为主体，拥有科达集团股份有限公司、山东科达基建有限公司等 26 家成员企业，在北京、上海、深圳、海南、香港、阿联酋迪拜等地设有下属机构，在全国 12 个省市设有工程项目部。

科达基建有限公司主要从事基础设施投资、建设管理运营，工程设计、咨询，房地产开发等业务。具有市政公用工程、公路工程施工总承包一级资质，水利工程、铁路工程施工总承包二级资质，桥梁、公路路基、路面工程专业承包一级资质，公路工程检测一级资质，计量认证专业资质，市政工程、风景园林、公路工程设计乙级资质，交通安全设施专业承包资质和出国施工经营权，房地产开发一级资质，物业服务二级资质。2006 年以来，获国家专利 32 项，主编国家行业标准 1 项，获国家级工法 3 项，获省部级工法 41 项。公司在基础设施领域，是全国基础设施行业综合能力最强规模最大的民营企业；公司拥有博士后科研工作站、山东省企业技术中心，先后荣获“全国五一劳动奖状”、“中国建筑工程鲁班奖”、“全国优秀施工企业”、“全国守合同重信用企业”、“工程建设科技创新示范单位”等多项国家级荣誉称号。

C4 标预制梁场

广昌至吉安高速公路是《国家公路网规划（2013 年—2030 年）》规划的沈海高速第 7 联络线福建莆田至湖南炎陵：湄洲湾－莆田－三明－建宁－广场－吉安－泰和－井冈山－炎陵中的一段。也是《江西省高速公路网规划(2013 年—2030 年)》“四纵六横八射”公路网主骨架中第三横的中段。广昌至吉安高速公路由广昌主线和吉安支线两部分组成。科达基建有限公司凭借着优秀的实力、良好的信誉，

承建的东营黄河大桥荣获中国建筑工程质量最高奖“鲁班奖”

建　有　限　公　司

梁场遮雨棚

广吉高速 C4 标吉水枢纽匝道桥墩柱施工

拿下了广吉C4标合同段。该标段工程量大、施工工期紧、工程状况复杂。在施工中，公司不断优化施工方案和资源配置，合理安排施工工序，制定多种施工方案，确保工序衔接。公司积极响应业主提出的“方案带绿，建设扩绿，施工带绿”的施工理念，全心打造广吉的绿色公路典范。路基土石方数量大，高填深挖路段多；科达基建以人为本，最大程度减少临时用地，减少了对周边耕地、农田的影响，在当地赢得了村民的信任，促进了后续施工。吉安市副市长朱新堂曾到广吉高速吉安支线调研，重点察看吉水枢纽施工现场，并给予了高度评价。

科达集团实施“一基、一金、一互联”的发展战略，履行“筑就文明、奉献社会“的企业使命，发扬“艰苦奋斗、无私奉献、敬业报国、追求卓越”的企业精神，践行“视企业为生命、建绿色润人民”的核心价值观，以一流的管理、一流的质量、一流的信誉，创造一流的业绩，回报社会。

边坡点栽马尾松

标准化储料棚

路基施工

承建的沭河大桥工程荣获山东省建筑工程质量最高奖“泰山杯”奖

江西省高速公路联网管理中心

全国 ETC 联网运营与服务工作推进会

全省高速公路 ETC 车道建设工作推进会

江西高速"赣通卡"推广新闻发布会

江西高速电子收费自助服务系统开通新闻发布会

江西省高速公路联网管理中心成立于 2002 年 5 月，为交通运输厅直属二级事业单位，经过十余年的积累和发展，创新与突破，在业内已具有较高的知名度。在深化交通运输改革和大力推进信息类事业单位改革的大背景下，2016 年 5 月，江西省高速公路联网管理中心和厅应急指挥中心（信息中心）作为信息类事业单位的两大主力军，成功实现了合署办公，形成了一个集高速联网、应急指挥、路网监测和公众出行服务等为一体的交通信息化综合体系。

合署办公后，中心机关内设 10 个部门，另设工会、团委；下设 11 个分中心和一个直属单位（慧通科技公司）。中心体制、机制的形成，为江西今后进一步以信息化、智能化推动"四个交通"的发展奠定了坚实基础。

近年来，中心紧密结合行业转型升级发展要求，加快信息技术与行业管理、服务的深度融合，把政府履职要求和服务百姓出行需求，作为信息化工作的着力点和出发点，铺设"完善一个网络、构建一个平台、形成两级中心、健全三大体系、建设四类系统"的重点建设任务框架。

中心各项工作得到了交通运输部路网中心等上级机关、广大车主和路网单位的充分肯定，先后多次荣获"全省交通运输系统先进单位"、省厅"目标管理先进单位"、"社会治安综合治理先进单位"等，连续几年荣获市级"文明单位"；在全国交通、江西交通、春运、服务、团委和工会等工作中，都多次荣获优秀先进表彰，其中 1 人先后被评为"全国交通运输行业文明职工标兵"和"全国交通运输行业先进工作者"，多人先后被评为全省春运工作先进个人。满含着 4500 万江西人的深情厚望一路前行，更在未来"四个交通"（综合、智慧、绿色、平安交通）发展的方向持续发挥影响。

ETC"一站式"专场咨询会

江西省高速公路货车整车式称重电子不停车收费（ETC）项目在全国同行业率先取得研究成果